KB111729

# 고조선문명권과 해륙(海陸)활동

윤명철

## 윤명철 尹明喆

동국대학교 사학과를 졸업하고 성균관대학교에서 석사 및 박사학위를 받았다. 주요 연구분야는 고구려사와 동아시아 해양사이며, 광개토태왕을 통해 21세기의 '고구리즘(gogurism)'의 실현을, 장보고를 통해서는 '동아지중해 물류장 역할론'을 꿈꾸고 있다. 현재 동국대학교 다르마 칼리지 교수로 재직 중이며, 동국대학교 유라시아 실크연구소장, 터키 국립 이스탄불대학교 객원교수이다. 고구려연구회 부회장, 한민족학회 부회장, 고조선단군학회 회장을 거쳐 현재 한국해양정책학회 부설 유라시아 해양연구소장, 한국해양정책학회 부회장 등을 맡고 있다.

해양문화 창달에 기여한 공로로 대한민국근정포장을 수훈했으며, 1회 김찬삼여행상을 수상했다. 동아일보 창립90주년 '2020년 한국을 빛낼 100인'에 선정된 바 있다.

《역사는 진보하는가》, 《동아지중해와 고대일본》, 《한민족의 해양활동과 동아지중해》, 《고구려 해양사 연구》, 《광개토태왕과 한고려의 꿈》, 《장수왕 장보고 그들에게 길을 묻다》, 《단군신화, 또 하나의 해석》, 《만주대륙에서 고구려에 길을 묻다》, 《한민족 바다를 지배하다》, 《윤명철 해양 논문 선집 8권》 등 40여 권의 저서와 다수의 공저 및 150여 편의 논문을 발표했다.

## 고조선문명권과 해륙활동
*Land and Sea based activities of GoJoseon Civilization*

초판 1쇄 발행    2018. 10. 26.
초판 2쇄 발행    2021. 11. 15.

지은이    윤 명 철
펴낸이    김 경 희
펴낸곳    (주)지식산업사
　　　　본사 ・ 10881, 경기도 파주시 광인사길 53(문발동)
　　　　전화 (031) 955-4226~7 팩스 (031) 955-4228
　　　　서울사무소 ・ 03044, 서울시 종로구 자하문로6길 18-7
　　　　전화 (02) 734-1978 팩스 (02) 720-7900
　　　　영문문패 www.jisik.co.kr
　　　　전자우편 jsp@jisik.co.kr
　　　　등록번호 1-363
　　　　등록날짜 1969. 5. 8.

책값은 뒤표지에 있습니다.

이 책을 읽고 저자에게 문의하고자 하는 이는
지식산업사 전자우편으로 연락 바랍니다.

# 고조선문명권과 해륙(海陸)활동

윤명철

지식산업사

이 저서는 2013년 대한민국 교육부와 한국학중앙연구원의 한국학특정분
야기획연구사업의 지원을 받아 수행된 연구임(AKS-2013-SRK-1230001)

# 머리말

'흘러간다'

늘
찾아다녔다.

유라시아의 거의 전 공간을 훑으며, '초(草)평선', '해(海)평선', '사(沙)평선', '수(樹)평선' 너머에서 갖은 종류의 사람들을 만나고, 그들의 삶을 느끼고 끌어안으려고 노력했던 것 같다. 그리고 환웅의 푸른 의지와 웅녀의 진깜짱 마음씀씀이를 새김질하면서, 그분들이 굳이 이 터에 몸 푼 까닭을 알려 '천(天)평선'에 걸린 관념과 사유의 굴레를 맴돌았다.

원조선(原朝鮮. proto‑Joseon)은 시원국가이고, 모든 국가들의 모질서이다.

존재는 자체로서 의의가 있지만, 이유와 명분이 있고, 그것이 무엇인지를 알아야 더욱 자유롭고 당당하게 구현할 수 있다. 그 자유로움을 얻기 위해서라도 조선의 정체성은 매우 중요한 일이었다.

유감스럽게도 우리는 조선의 정체성을 잘 모른다.

자료가 부족하고, 그나마 왜곡된 부분들이 많다. 또 하나, 언제부터인지 스스로를 경시하는 습관에 젖어들었다. 역사의식이 부족할 뿐 아니라 역사 자체를 오해하고 있다. 역사를 이해하는 관점이 잘못된 것은 당연하다. 문명에 대한 오해는 말할 나위조차 없다. 개념과 의의에 대한 진지한 노력이 부족하고, 가치척도에 대한 기준이 애매모호하거나 편향적이다. 역시 마찬가지인 내게 '고조선문명권'을 설정하는 일보다 더 관심이 많고, 필요한 일은 조선, 소위 '고조선'을 더 구체적으로 이해하고, 삶과 인식의 영역으로 끌어들이는 것이다.

언제 건국하였고, 어떤 왕들이 재위하였으며, 수도는 어느 곳이고, 영토는 얼마나 넓었으며, 얼마 동안 오래 존재하였는가? 또 정치체제와 정부조직은 어떠했고, 전쟁을 누구와 어떻게 벌였으며, 특히 중국문화를 어떻게 받아들였는가? 이러한 특별한 주제나 소재들이 아니다. 그보다는 주민들은 먹고 살기 위해서 어떠한 산업에 종사했고, 어떤 도구들을 이용해서 생활했을까? 어떤 세계관 즉 신앙이나 종교를 갖고 있었으며, 어떤 아름다움을 추구하면서 삶을 풍요롭고 의미 깊게 누렸을까? 그들의 근원적인 슬픔은 무엇이며, 어떤 아픔들을 겪다가 생을 마감했을까? 그러다 보니 당연한 귀결이지만, 그들이 살아간 환경, 즉 자연과 주위의 사람들에 대해서도 호기심들이 생겼고, 남들과 관계를 맺는 방식과 과정이 어떻게 삶의 질과 방향을 변화시켰을까도 궁금했다. 이러한 소박하고 일반적인 소재와 주제들의 총체가 문화가 아닐까? 그리고 더 나아가 문명이 되는.

고조선은 일반적인 기준에 따르면 '문명(文明, civilization)'이라고 정의하기에는 부족한 면이 있다. 자칫하면 자기주장과 선언에 그칠 수 있다. 그래서 오랫동안 '고조선문화권'이라는 용어로 논리를 전개했었다. 하지만 '문명'일 가능성은 열려 있고, 남다른 이론들과 기준을 적용시킨다면 오히려 바람직한 문명론에 접근할 수도 있을 수 있다는 생각이 든다. 때문에 더 느슨한 개념으로서 '문명권'이라는 용어를 사용하였는데, 이는 내가 그동안 지향해온 문명, 역사, 또는 삶의 본질을 적절하게 표현할 수 있고, 담아낼 수도 있다.

때문에 이 글은 몇 가지 특성을 갖고 작성되었다.
일단 문명의 정의와 개념 등을 이론화시키는 작업을 하였다. 역사학 연구는 불확실한 상식과 비논리적인 추론으로 이루어진 주장이 아니라 연구자의 이론과 모델로서 상호비교와 분석이 필요하다. 그리고 무엇보다도 구체성을 띨 필요가 있다. 또한 거시적인 관점을 갖고 분석하여, 유라시아적인 관점을 토대로 동아시아를 몇 부분으로 유형화시킨 후, 구체적으로 이해하였다. 즉 해양, 만주일대의 숲과 초원 평원, 그리고 강들의 자연환경을 분석하고, 그 생태환경을 중심으로 발전한 사람들의 문화를 이해했다. 그리고 고대에 이러한 자연환경 및 인문환경 속에서 살아온 사람들이 가질 수밖에 없는 관계 방식, 문화와 신앙, 그리고 정치체계 등을 모색하고 이해했다. 그리고 시간적으로 계승성과 정통성에 의미를 두면서 −1 단계에서 시작하여 생성 발전 붕괴과정을 서술하였다.

또 하나 고조선문명권 또는 고조선 세계가 찾았고, 적용하면서 활용한 세계관, 즉 'logic'을 몇 가지 면에서 찾고 입증했다. 나는 이 세계관을 1980년 이래 줄곧 '내적논리', '3의 논리'라고 표현했다. 그리고 혹시나 고조선문명권에서는 내가 지향하는 바람직한 이상사회를 이 논리를 통해서 구현했던 것은 아닐까 했던 가정들을 어느 정도는 입증할 수 있었다. 그리고 이 논리와 삶의 방식은 오랫동안 상실당하였지만, 언젠가는 회생시켜야만 하고, 또 인류가 추구해야 할 신문명의 모델 가운데 하나가 될 수 있다고 판단했다.

또 하나 할 말이 있다.

사실 고조선과 연관해서는 근대 초기에 이른바 민족주의 역사학자들부터 시작해서 여러분들의 방대한 노작들이 있었다. 그런데 그분들의 학설을 무시하고, 심지어는 존재 자체를 지워버리고 있다. 뿐만 아니라 모방하거나 표절하는 사례들도 많다. 이 책에서 일부나마 그분들의 신원을 복원할 수 있어서 약간은 후련하다.

능력도 부족했고, 시간도 촉박해서 그동안 준비해 온 자료들을 제대로 활용하지 못한 아쉬움이 너무나도 크지만, 나름대로 위안을 하고 있다. 또 '비(非)완성'을 지향하는 것이 고조선문명권의 미덕이기도 하니까.

마지막으로 이 글을 작성하는 데 활용한 몇 가지 이론을 소개하면 다음과 같다.

'역사유기체설' '터(field and multi core)이론' '환류시스템 이론' '해륙사관 및 해륙문명론' '단위시간' '동아지중해 모델' '3의 논리' '1山 2海 3江론' 등이다.

"우리 역사와 여러분들께 고마움의 인사를 드린다."

단기 4351년 초 가을날
'간(間)'에서
윤명철

# Land and Sea based activities of GoJoseon Civilization

East Asian history or GoJoseon civilization was born and developed in space where land and sea were organically connected. This study analyzed natural environment of Manchuria and rivers in the Korean peninsula, then assessed relevant cultures and their relics.

This author developed a new concept based on other theories and models; 'A historic view of Land and Sea', 'A theory of Land and Sea civilization', 'A theory of Land and Sea transportation network', 'A theory of River and Sea city', 'A theory of 1 mountain-2 seas-3 rivers'. The civilization had characteristics of 'multi-nature', 'multi-space', 'multi-ethnic group', 'multi-language', 'multi-economy', 'multi-culture', 'multi-experience'. At the same time, it was non-centralized, non-organized and non-visible.

East-Asia encompassed 'Sino central civilization', 'Northern nomad civilization' and 'Eastern complex civilization'. GoJoseon civilization, the core of oriental civilization, was harmoniously blended with diverse cultures such as agriculture, stork-farming, forest, fishery and marine.

In the region of Manchuria, the Korean peninsula and the Japanese Island, GoJoseon civilization would be divided into two major groups; a core group including 'Dong I(동이)' and 'Ye(예)' 'Maik(맥)' 'Han(한)' and a sub group including 'Mongol', Tungus' and 'Turk'. As it developed Land and Sea civilization, it promoted maritime activities and policies, and used transportation network for its expansion.

Bronze culture was developed around coastal areas and other areas such as the Daidong river basin, the Lyaohu basin and the Sunghwa river basin. Around this time, the ethnic group called 'Yi(夷)' lived in the coastal area of Bohai gulf and the Shandong Peninsular. In Manchuria region, bronze culture was developed and Dolmens were built.

In the 7th century B.C, a historic record of 'Joseon' was found. In the 3rd century B.C, 'Wiman –Joseon' was established, Han nation achieved unification in China and 'Hun' empire developed. The capital of 'GoJoseon' was a port city. It used sea and rivers to develop the fishing industry and the traffic network.

The war of 'Wiman–Joseon(朝鮮)–Han(漢)' reorganized the international order in East Asia. It was a war over the trade blocs. There were serious internal conflicts within GoJoseon. 1 year later, GoJoseon lost the war and collapsed. As a consequence, it lost a part of the territory and was overwhelmed by the sense of defeat, and its maritime activities were downsized as well.

On the contrary, GoJoseon civilization was diffused and expanded to the Korean peninsula and the Japanese Islands. During the time, small nations(小國) were established, which had the sense to inherit the Joseon culture. It became the foundation to build the Korean history. Maritime culture as well as sea routes developed. It enabled GoJosen people to enter into the international trading networks that were connected with western Eurasia to import foreign cultures.

Although GoJoseon civilization was collapsed, it still holds its meanings and values to the present. Especially, it suggests a model to overcome challenges that we, the Korean, face and to develop the future of the human race.

Myung—chul Youn
Dong—guk university

# 차 례

# 제1장 서 언

'조선(朝鮮, 이른바 고조선)'은 한국역사의 출발점이자 한민족이 세운 최초의 시원국가이다. 또한 우리 문화의 원형이 생성된 민족문화의 '원핵(原核)'이다.[1] 현재로서는 '단군조선(檀(壇)君朝鮮)' '기자조선(箕子朝鮮)' '위만조선(衛(魏)滿朝鮮)'[2]으로 보고 있으나 다양한 견해들이 있다. 일부에서는 위만이 세웠던 '조선' 이전의 '조선'에 대해서는 사료가 구체적이지 못하므로 실체를 평가절하하거나 존재 자체를 의심하고 있다. 물론 거기에는 다양한 요인들이 있으며, 심지어는 학문 외적인 요인들이 적지 않다.

---

1) 이러한 관점은 단재 신채호가 주장해 온 내용이다. 필자는 '원조선(原朝鮮)'이라는 용어를 부여하면서 조선 계승성과 정통성을 주장해 왔다. 원조선은 기존의 고조선이란 용어가 가진 문제점을 지적하면서 필자가 설정한 개념이다. 동아시아 공동의 핵은 아니지만, 중화 및 북방과는 다른 동방문명의 최초 정치체를 형성한 한민족국가의 시원이다. 동아시아 세계에서 은(殷), 주(周), 흉노(匈奴), 동호(東胡), 한(漢) 등 정치체가 등장하던 시기에 동방문명의 범주 속에서 지리적으로나, 역사적으로, 정치적으로 "원핵(原核)"을 이룬 실체가 원조선이다. 윤명철, 〈고구려의 고조선 계승성에 관한 연구 2〉,《단군학 연구》14호, 2006; ---, 〈고구려 문화형성에 작용한 자연환경의 검토-'터와 多核(field & multi-core)이론'을 통해서〉,《한민족》4호, 2008.

2) 이 부분에 대해서는 연구사 검토가 충분하게 이루어졌으므로 이 책에서는 생략하고 다만 5장 고조선의 영역을 논하는 자리에서 보완 설명할 예정이다. 특히 김만중, 〈위만조선의 성립과 발전 과정 연구〉, 서강대학교 박사학위논문(2013)은 최근의 연구성과이다. 또한 위만조선을 대동강 및 요동지방에 축조한 고인돌 문화 집단과 구분하고자 한다. "국제질서와 해당 시대의 교통망 및 기술력 수준 등을 고려할 경우 소위 위만조선의 대동강 하구 위치설은 수용하기 힘들다"는 설도 있다. 윤명철, 〈해양질서의 관점으로 본 王險城의 성격과 위치〉,《고조선단군학》33, 2015.

하지만 현재 우리 민족 또는 대한민국의 구성원들에게 시원이면서 뿌리는 '조선'이라는 국호를 사용했던 정치적인 실체임은 분명하다. 그럼에도 불구하고 존속을 시작한 시대는커녕 얼마 동안 존재했는지 분명하게 모른다. 또한 어느 지역에서 첫출발을 했고, 어떤 복잡하고 힘든 과정을 겪어가면서 영토와 영역이 확장되거나 축소되었는지, 그리고 멸망했는지 분명하게 모른다. 심지어는 구성원인 주민들의 종족적인 성분과 그들이 사용한 언어들, 또 믿었던 신앙의 성격이 무엇이었는지 모른다. 그 밖에도 모르는 게 많다. 심지어는 '조선(朝鮮)'이라는 국명을 사용한 정치적인 실체들의 차이점도 역시 분명하게 알 수가 없다.

여기에는 몇 가지 이유들이 있다. 우선 관련된 연구 자료가 부족한 면이 있다. 그렇다고 연구나 규명이 불가능하고 어려운 문제는 아니라고 생각한다. '식민사학'이라고 불리워진 역사학의 흐름도 적지 않은 영향을 끼친 것은 분명하다. 일부에서는 부정하려고 노력하지만, 일제시대에 일본인들이 정치적인 형식을 통해서 역사학계에 강요한 몇몇 문건들의 내용을 보면 명확하다.[3] 다만 독립과 해방이 된 이후에 어떤 인식과 방법론을 채택하여 연구를 했는가는 별개의 문제이다. 그리고 오랫동안 우리 역사 속에서 활동한 지식인들의 병폐지만, 그들은 역사적인 계승성을 자각하거나 거시적이고 범공간적인 인식으로 역사를 대하는 자세가 부족하다. '사관'이 미약하거나, 역사인식이 부재한다는 것도 한국의 역사학계가 가진 한계이면서 문제인 것은 분명하다.

그리고 역사를 연구하는 방법론이 편협하고, 다양한 자료들을 다루는 능력이 미숙하다. 문헌을 고증하는 일에 집착하는 풍토 때문이다. 그 무렵에는 역사학 연구에 대략 세 가지의 흐름이 있었다. 하나는 조선조의 전통 역사학을 계승하여 발전시킨 '자강사학(自强史學)'이 있다. 또 하나는 약간의 시차를 두면서 자강사학류의 연구활동이 발전하여 시작된 '민족주의 사학'이다. 그리고 또 하나가 일본인에 의해 시작된 역사학이다. 근대 역사

3) 윤명철, 〈신채호의 고조선 인식〉, 《고조선단군학》 35호, 2016 참고.

학은 앞에 언급한 두 부류의 역사학과는 달리  역사분석의 도구를 지극히 제한하였다. '문자(文字)'를 압도적인 우위로 하는 연구방법론을 채택하였으며, 그것도 특정분야의 문헌을 위주로 하였다. 하지만 그 문헌들은 승자나 지배계급 중심의 관찬사료였으며, 우리 역사에서 경쟁과 갈등을 반복했던 중국사료 및 일본사료들이었다. 그 밖에 분단이 된 이후에 남한의 역사학계는 고조선의 활동공간이었던 북한 지역과 만주 지역을 답사할 수 없었다. 때문에 그 지역은 물론 그 지역과 연관된 역사와 자연스럽게 인식이 멀어졌고, 역사 연구 또한 구체성을 갖기에 어려운 점들이 있었다.

그런데 근대 역사학[4]의 초창기부터 이러한 문제점과 한계들을 극복하려고 노력하면서 고대사 및 고조선을 연구하는 일에 매진한 이른바 '민족주의 역사학자'들이 있었다. 장지연(張志淵), 박은식(朴殷植), 신채호(申采浩), 장도빈(張道斌), 정인보(鄭仁普), 안재홍(安在鴻) 등이다.[5] 그들은 그 시대에는 일부의 지성계에서 긍정적인 평가를 받았고, 상고사 연구에도 상당한 영향을 끼쳤다. 하지만 서양에서 수용한 근대역사학의 연구방법론을 체계적으로 학습하지 못했고, 당시 일본이 구축한 역사학계에 소속되지 않고 전문적인 역사학자가 아니라는 이유 등으로 정당하게 평가받지 못했고, 소외당하였다. 해방이 된 후에도 역사학자로서 존재했던 사실은 물론이고, 학문적인 업적도 정당하게 계승되지도, 평가받지도 못했

---

4) 이 책에서 사용한 근대 역사학은 1895년 이후에 시작된 역사학을 말한다. 필자는 1895년부터 1905년까지 형성되었던 역사학을 '자강사학(自强史學)'이라고 명명하여 전통역사학과 근대 역사학 사이의 단계로 설정하였다(〈韓末 自强史學에 대하여〉, 《국학연구》 2집, 1989). 비판적인 의미로 지적한 근대 역사학은, 조선이 국권을 상실한 1910년을 전후해서 근대적인 서구의 역사학이 도입된 이후에 일본 역사학의 조직 체계 및 역사관에 지대한 영향을 받고 출발한 역사학 연구이며, 문장에 따라서는 해방 이후 지금까지도 이어지는 현대역사학을 지칭한 경우도 있다.

5) 민족주의 역사학의 주체는 1910년대 이후 박은식, 신채호 등과 1930년대 이후의 정인보, 안재홍, 문일평 등을 들 수 있다. 반일, 반제국주의에 입각한 근대적 민족주의 역사학의 기초는 신채호의 〈讀史新論〉(1908)에서 마련되었다. 신채호 지음/ 박인호 옮김, 《단재 신채호의 조선사 연구초》, 동재, 2003. 보론.

다. 물론 그렇게 된 이유와 상황에 대해서는 선학들의 연구가 충분하게 이루어졌고,[6] 필자도 이러한 작업에 동참했다.

고조선의 실체를 파악하고 이해하려면 몇 가지 방법론이 필요하다.[7]

첫째, 학제 간의 연구라는 방식을 적극적으로 도입하여, 구체적으로 시도하는 '연구방법론'이 필요하다. 역사학은 연구의 대상이며, 주체이고, 목적인 '인간 자체[主體]'는 물론이고, '시간(時間)' '공간(空間)' '상황(狀況)'을 비롯한 모든 부분을 철학적이고, 구체적이고, 과학적으로 이해해야 한다. 심지어는 무관한 것으로 여겨졌던 자연과학 등과 밀접한 연계성을 지녀야 한다. 특히 자연환경을 정확하게 이해하고 지식을 습득하는 일이 필수적이다. 우리처럼 장구한 역사의 경험을 지니고, 다양한 자연환경 속에서 성장한 역사공동체인 경우에는 거시적이고 범공간적인 관점에서 역사를 해석할 필요성이 크다. 즉 문명의 관점에서 볼 필요가 있다. 그러므로 학제 간의 연구는 물론이고, 이를 뛰어넘는 통일적인 연구가 필요하다.

또한 역사가 벌어졌던 현장을 답사하고 조사하면서, 서로 다른 내용들과 사료의 비교는 물론이고, 자연환경과 역사활동의 상관성을 구체적으로 확인해야 한다. 한국의 근대 역사학이 가진 또 하나의 치명적인 한계는 '현장주의(現場主義)'의 가치와 필요성에 대한 인식이 부족하다는 점이다. '역사학은 행동학이다.' 모든 행위와 사고의 토대가 되는 '사실'을 파악하려면 정확하고 다양한 정보를 구해야 한다. 하지만 1차 수집자 또는 기록자가 왜곡시킨 정보, 과거의 사실과 다른 지역에서 발생한 사실을 정확하게 규명해야 할 때가 있다. 또 의도적으로 왜곡시킨 정보도 취급하고, 숨겨졌거나 잃어버린, 잊혀진 사실들을 찾는 작업도 해야 한다.

따라서 다양한 방법론과 행동을 동원해야 한다. 그 가운데 하나가 '간접 또는 직접'으로 현장을 방문하는 것이다. 동일하거나 유사한 장소에

---

6) 신채호가 지닌 역사인식의 배경은 이만열, 《단재 신채호의 역사학연구》, 문학과 지성사, 1990; 신용하, 《증보 신채호의 사회사상연구》, 나남출판, 2004, 제1장에 상세하게 서술하고 있다. 그 밖에도 박인호 등이 있다.

7) 윤명철, 《역사는 진보하는가》, 온누리, 1992, 2장 '사관이란 무엇인가' 참조.

서 역사상을 '실체험(實體驗)'함으로써 기록의 한계를 부분적이나마 극복할 수 있다. 이른바 '사고실험(思考實驗, thought experiment)'의 몇 가지 조건을 충족시키고, 유추와 결과들을 어느 정도 검증할 수가 있다. 이렇게 해야 학문과 삶으로 분리된 이분법적인 관계를 지양하고 다수의 삶과 직접 연결되는 살아 있는 역사학이 될 수 있다.

고조선, 고구려, 발해 등 우리 고대 역사상을 이해하는 데 '현장성(現場性)'은 필수요건이다. 사료의 망실, 자료의 왜곡도 문제지만, 더 큰 문제는 영토 및 영역의 상실로 말미암은 '역사적 기억 및 인식의 상실'이다. 만주 일대는 백제, 신라, 가야의 영토가 있었던 한반도와 다른 점이 많다. 기본적으로 지형상 공간의 구획 단위가 다르고, 공간의 성격 또한 다르다. 무엇보다도 구성요소인 자연과 역사 및 문화의 크기와 내용이 다르며, 사람의 형태, 기질 또한 다른 점이 많다. 다양성으로 채워져 있다. 당연한 현상이지만 의식주를 비롯한 삶의 양식이 다르고, 통치방식이나 전쟁방식 등도 동일하지 않다.

일본제국주의 시대에 일본인 학자들이 중요하게 여긴 연구방법론은 오히려 '현장성'이라고 말할 수 있다. 도리이 류조(鳥居龍藏), 이께우찌 히로시(池內宏) 등은 대표적인 현장답사가이다. 그들은 군인들의 도움을 받아 만주와 연해주 오지까지 답사하였고, 그 결과를 바로 연구물로 발표하였다. 이는 지리학의 경우에도 마찬가지였다. 그 발표물들이 제국일본의 정책에 즉각 이용됐음은 물론이다. 그럼에도 불구하고 근대 한국 역사학은 일본인들의 현장보고서와 선택적으로 수용된 연구 성과들을 1차적으로 수용해서 연구해 왔다.

박은식, 신채호, 김교헌, 장도빈 등은 만주와 연해주, 화북 일대를 답사하거나 거주하면서 고조선 및 고구려 등의 유적들을 실사하고 자료들을 수집했다.[8] 만주가 아닌 조선 내부의 역사학자(손진태, 안재홍 등의 학

---

8) 윤명철, 〈신채호의 고조선 인식〉, 《고조선단군학》 35호, 2016 참고. 민족주의 사학자들이 실천한 현장 역사학의 모습을 서술하였다.

자군을 제외하고)들은 현장을 외면했다. 역으로 현장조사나 체험 등의 방법론을 평가절하했으며, 이는 근대역사학의 특성이 돼버렸다. 그 이후에도 그들의 '현장성'은 정당한 평가를 받지 못했을 뿐 아니라 평가절하되는 경향도 있었다.

둘째, 가치지향적인 역사 연구가 필요하다. 역사발전에서 '정신'의 측면을 상대적으로 강조할 필요가 있다. 물론 이 명제에 대해서는 상대적인 개념인 물질, 토대, 구조 등과의 관계를 놓고 오랫동안 논쟁이 있어 왔다. 그런데 인간은 '물질과 정신', '체계와 논리'가 하나로 '통일'되어 활동하는 '유기적인 존재'이다. 따라서 역사의 사실(事實)을 규명하고 역사상(歷史像)을 이해하려면 현상적 측면과 더불어 본질적, 인간의 정신적 측면도 동시에 고려해야 한다. 철학적인 사유 능력과 사물의 이치를 인식하는 통찰력을 양성할 필요가 있다. 이러한 자세를 견지하지 않거나 능력이 결핍되면, 사관이 부재하고, '문명담론'을 만들어 내고 논할 수 없으며, 인간과 미래에 대한 적절한 대안을 제시하는 데 어려움을 느낀다.

필자는 '역사학은 인간학이다'[9]라는 명제를 주장해 왔다. 역사학의 궁극적인 목적은 완성된 삶을 지향하는 데 중요하고 의미 깊은 역할을 할 수 있도록 주체인 인간을 이해하고, 실현하는 방법론을 제시하는 일이라고 생각한다. 그러므로 역사학은 '가치 지향성'을 지닐 수밖에 없다. 물론 강한 목적의식을 고수하고, 사실을 왜곡하는 것은 안 된다. 그것은 역사학의 기본 존재를 부정하는 행위이므로 논쟁할 가치도 없다.

필자는 역사학은 엄격하게 '객관성'을 유지하며 '가치중립적'이어야 한다는 주장에 회의를 갖고 있다. 모든 존재물의 '존재이유'와 '운동'이 그러하듯 역사 또한 '가치(value)'를 지향하고 있다. 그렇다면 역사를 이해하기

---

9) 윤명철, 《역사는 진보하는가》 온누리, 1992, 2장 '사관이란 무엇인가' 참조. 윤명철, 〈인간학으로서의 역사이해를 위한 방법론의 검토〉, 동국대 교양교육원 세미나 발표, 2008; ---, 〈한국역사학, 과거를 안고 미래로-신사학을 제안하며〉, 《근대 100년 한국역사학연구의 반성과 제언》 한민족학회 학술세미나, 2011; ---, 《해양사연구방법론》, 학연, 2012.

위해서나, 역사학의 제 기능을 회복하기 위해서는 가치에 대한 고민과 발굴이 필요하다. 한국의 근대 역사학은 학문적으로 헤게모니를 장악한 일본 제국주의자와 그 질서에 순응하고, 자발적으로 참여한 역사학자들의 책략과 비자발적이고 무의식적이면서도 맹목적인 태도를 묵인해 왔다. 그리고 '객관성과 가치중립적'이라는 미사여구로 위장한 '몰가치성(沒價値性)'을 역사학의 본령으로 삼았다. 현재도 이를 도구로 이용하여 '식민지'라는 특별한 상황에도 적용함으로써 자신들의 몰가치적이었던 학문 경향과 성과에 대하여 면죄부를 받는 동시에 민족주의 사학자들을 부정하고 있다.

다만 '가치지향성'은 추상성과 선언성을 뛰어넘어 현실성을 지녀야 한다는 전제가 있다. 이러한 전제를 경시하면 맹목적이고 교조적인 사고의 위험에 빠질 수가 있다. 그래서 과거 사실들을 단순하게 규명하고, 확인하는 일만으로는 부족하고, 이를 현재의 구체적인 상태와 연결을 짓고, 구체적으로 비교해야 한다. 역사학의 가치지향성이 때로는 정치적인 목적도 갖고 있음을 보여주는 실례들은 허다하다.[10]

나라의 멸망과 식민지라는 한국 근대 역사의 절박한 상황은 역사학이라는 분야에서 '가치지향성'을 갖는다는 일이 절박한 과제였음을 알려준다. 그럼에도 불구하고 근대 역사학은 의도적이건, 또는 미필적 고의건 간에 현실투항적인 자세를 견지하면서 학문 내적인 면(왜곡되었지만)에 안주하였다. 당연히 그들의 역사연구는 주제나 소재 및 내용 등의 모든 면에서 실감이 떨어졌다. 뿐만 아니라 오류가 심각하여 민족 구성원들의 한국사 인식을 왜곡시키는 역할도 하였다. 이러한 학풍은 지금껏 이어져

10) 최근에 벌어진 소위 동북공정과 일본 역사교과서 왜곡 등이 그것이다. 이것은 근대역사학의 출발부터 있었다. 1895년 조선정부의 학부(學部)가 발표한 소학교(小學校) 심상과나 고등과의 교과목에서 국사(國史)교육은 국체(國體)의 대요(大要)를 알게 하여 국민된 지조(志操)를 키운다는 목표라고 밝히고 있다. 반면에 조선총독인 사이토 마코도(齊藤 實)는 1922년에 '조선사람들을 반일본(半日本)사람으로 만드는 이른바 교육시책에서 "조선 사람들이 자신의 일, 역사, 전통을 알지 못하게 만듦으로써 민족혼, 민족문화를 상실하게 하고…"라고 하였다.

역사연구는 분야를 막론하고 현실성이 결여됐고, 실제 외적인 일을 강조함으로써, '실험'과 '검증'이 빠진 자기논리에 매몰됐다.

셋째, 종교, 신앙, 설화 등을 중요시하여 역사연구에 활용할 필요가 있다. 이미 19세기 말 20세기 초엽에 서양의 역사학계가 보여준 연구방식들은 학제 간의 연구가 얼마나 소중한 것인가를 단적으로 입증한다. 현대에는 자연과학, 특히 다양한 세부 분야로 나뉘어진 '생물학' '뇌과학' 등이 역사활동에 작동한 정신의 측면을 더욱 더 강조하면서, 정신과 육체를 통일적인 존재로 파악하는 새로운 이론들이 발표되고 있다.

넷째, 시대상황을 인식하는 태도와 극복하고 실천하려는 '의지'가 필요하다. 역사는 생명이며, 역사학은 '생명학'이다. 역사(행위, 활동개념)가 존재하는 궁극적인 목적은 온전한 생명을 구현하는 과정을 지속시키는 것으로 파악한다. 역사학자들은 일상적이건 절박하건 간에 집단의 생명을 수호하고 발전시키거나, 때에 따라서는 '회생(回生)'시키려는 노력도 기울여야 한다. 그렇다면 사건이나 주체, 상황 등을 관념적이거나 추상적으로 대해서는 인간 존재의 가치와 삶의 진정성(眞情性)을 인식하기 힘들다.

그러므로 역사는 '생존' '생활' 등과 직접 현실성을 지녀야 한다. 과거의 사실을 단순하게 규명하고 확인하는 수준으로는 부족하다. 현재의 구체적인 상태와 연결을 짓고 비교해야 한다. 나아가 미래 지향적이어야 한다. 그러므로 역사학은 인간의 삶이 현상(現狀)을 결코 떠날 수가 없다는 것을 인정하고, 본질과 더불어 현상을 분석의 대상으로 삼아야 한다. 아날학파(Anales School)의 창시자로 알려진 프랑스 역사학자인 마르크 블로흐(Marc Bloch)는 조국의 독립을 위해 싸우다가 끝내는 적에게 체포되어 총살당했다. 페르낭 브로델(Fernad Braudel) 또한 역사학자로서 구체적인 저항운동을 펼친 사람이다. 그는 5년 동안 감옥에 있을 때 《펠리프 2세 시대의 지중해와 지중해세계》(La Méditerranée et le Monde Méditerranéen a l'époque de Philippe II)를 구상하였고, 훗날 출옥한 후에 완성시켰다.

이러한 인식과 방법론을 동원하여 소위 '고조선'의 실체와 직결된 영토범위, 주민의 성격, 수도의 위치, 정치제도와 구조, 경제 형태와 생산방식, 외교관계, 종교 신앙 및 예술 등 문화현상 등의 실상을 구체적으로 규명하고 파악해야 한다. 그러한 시도들은 과거부터 현재까지 꾸준히 있었다. 지금도 다루어야 할 내용들은 많고, 명확하다. 하지만 앞에서 설명한 대로 '고대' 또는 고대 이전이라는 시대적인 한계, 조선이라고 칭해졌던 정치권의 자연환경, 문화적인 특성 등으로 말미암아 고조선문명권을 구체적으로 알고 규명하는 작업에는 몇 가지 한계가 있다. 이러한 한계들을 인식하면서 고조선을 새로운 관점으로 접근하려고 한다.

이 글에서는 필자의 문명이론을 전개하고, 그것을 토대로 고조선문명권의 설정과 실체를 규명하고자 한다. 다만 잠정적으로 '고조선'을 조선이 건국했던 초기부터 이른바 위만조선이 멸망할 때까지로 인식하고, 가능한 한 정치적인 실체로서 규명할 수 있을 정도로 연구한다. 그리고 고조선의 실체와 역사상을 '미시적'이 아닌 '거시적'인 관점으로 분석한다. 즉 '국가'가 아닌 '정치체', 그를 넘어 '체제(體制)'와 '문명(文明)'이라는 관점에서 이해한다. 따라서 '문명권' 개념을 도입하면서 '고조선문명권'이라는 가설을 세운 후에 문명권의 설정 가능성을 모색하고, 문명권을 채우는 실제적인 활동을 규명하는 방법으로서 해륙활동이라는 분야를 규명하려 한다. 이러한 연구 방법론을 설정하여 고조선의 역사와 문화 등을 해석하고 규명한다. 영토, 주민, 제도, 문화, 사상 등의 차이점을 구체적으로 규명하지 않고, '문명권(文明圈, civilization field)의 설정'이라는 틀 속에서 실체를 모색한다.[11]

따라서 고조선을 비롯한 우리 역사에 적용해온 문화 및 문명에 대한 기존의 이론을 탈피하고, 새로운 이론적 틀을 구축한다. 또한 문헌사학과 일부 고고학적 방법론 외에 다양한 연구방식을 도입하고, 적용하는 시도를 한다. 사회과학, 인문지리학, 철학, 종교, 신화, 언어학 등과 함께 자연과학의 분야로서 '기후' '지형' '지질' '토양' 등도 연구한다. 특히 이 책

---

11) 윤명철, 〈고조선 문화 해석을 위한 역사관의 모색〉, 《북방 문화와 한국상고 문화의 기원연구》, 단국대 북방문화연구소, 2009에서 이러한 시도를 했었다.

의 핵심주제와 직결된 해양활동은 해양물리, 해양생물, 해양문명 등의
이론을 적용할 예정이다.

이러한 연구방법론은 그동안 고조선은 물론 한민족 역사 전반에 대하
여 갖고 있었던 몇 가지 통념을 깨뜨리고 교정할 수 있다. 예를 들면 광범
위하고 다양한 국제관계의 실상, 복잡하고 긴박하게 이루어졌던 정치, 다
양한 생태환경에서 발생하고 운영할 수밖에 없었던 산업과 국제 무역, 그
리고 중화문명을 수입하기 이전에 널리 퍼졌던 다양한 종류의 신앙 등도
어느 정도는 이해할 수 있다.

따라서 만주 일대와 한반도에서 해당되는 육지는 물론이고, 강 및 해
양의 자연환경을 비롯하여, 그와 연관된 인문환경 및 종족, 정치, 전쟁,
산업활동 등을 지역 및 시대별로 규명하고 정리한다. 고조선은 현재 요서
(遼西)지방을 중심으로 한 '요하문명(遼河文明)'처럼 동아시아 공동의 '핵'
은 아니지만,[12] 중화 및 북방 유목과는 다른 동방문명권에서 최초로 정
치체를 형성한 시원국가이다. 중국지역에서 은(상), 주, 춘추 전국시대 및
북방 초원에서는 산융(山戎), 훈죽(獫鬻), 월지(月支) 등의 정치체들이 활
동하던 시대에 지리적, 역사적, 정치적으로 동방문명의 '원핵(原核)'을 이
룬 실체가 고조선이다.[13] 필자는 만주와 함께 한강 이남의 공간과 주민
및 역사 또한 '고조선문명권'이라는 하나의 틀 속에서 설명할 수 있도록
'조선·한 공동체(朝鮮·韓 共同體)'라는 단어와 개념을 제시한 바 있다.

---

12) 윤명철, 〈渤海 유역의 역사문화와 동아시아 세계의 이해-'터(場, field) 이론'의
    적용을 통해서-〉,《동아시아 고대학》17집, 2008. 이 글에서 다른 연구자들의
    연구성과를 반영해서 홍산문화와 우리의 관계를 기술하였다. 비록 '요하문명론'
    이라는 중국식의 논리 포장과 용어로 소개되고 있지만, 이 부분에 대해서는 이
    형구, 윤내현, 이지린 등의 소개와 연구가 있었고, 이 유역의 성격과 우리문화
    또는 국가의 성립과 관련해서 신채호 등 선학들의 언급이 있었다. 이형구는 '발
    해문명론'을 제기하였고, 복기대는 '요서문명'이라는 용어를 잠정적으로 사용하
    자는 견해이다. 필자는 동아지중해의 한 중요한 부분이며 초기 핵으로서 '발해
    문명론'을 주장한다.
13) 최남선을 비롯하여 문일평(文一平), 안확(安廓), 정인보(鄭寅普) 등 인물들이 우
    리 역사를 문명의 관점에서 접근하였다.

  따라서 고조선문명권에 적용할 '공간' '주체' '시간' '문화' 등을 다양한 관점에서 살펴본다.

  첫째, 공간(空間)의 문제가 있다.

  역사와 문명의 본질은 각론적(各論的), 미시적(微視的), 소규모적으로 사고하고 분석함과 동시에 총체적이고 거시적, 범시적(汎時的)으로 파악하면서 상호보완할 필요가 있다. 그 가운데 하나는 '하나의 공간', '동일한 공간', '유사한 공간', '관련성 깊은 공간'은 자연 지리의 개념과 틀을 뛰어넘어 역사와 문명의 개념으로 보는 방식이다. 즉 역사 또는 문명이 생성된 '자연공간'들은 자체 생명력을 지닌 '유기체(有機體)', '통일체(統一體)'로 볼 필요가 있다. 일종의 '역사유기체론'이다.

  그동안 고조선 공간을 '통치범위' '관리 범위'에 대한 이론적 탐구나 설정 없이 해석함으로써 공간의 실질적인 가치를 인식하지 못했다. 우선 문명이 발생하는 '공간' 또는는 '장소(Field. Place, Land)'를, 특히 모든 역사활동의 시작이며 근원이면서 영향력이 큰 생태계, 즉 자연환경을 추상적이고 통념적이 아닌 정밀하고 구체적인, 사실에 입각한 분석을 통해서 유형화한다. 따라서 각 공간마다 지리, 지질, 기후, 해양물리, 해양생물, 동물, 식물 등의 자연환경과 인종인류학, 동물행동학, 생태학, 환경 고고학, 신화학, 민속학, 종교학, 사료, 선사고고학 등의 연구성과를 반영한다.

  고조선은 한반도와 평원, 삼림지대, 초원과 해양을 자기의 역사공간으로 삼았고, 만주와 한반도 중부이북, 그리고 바다, 즉 해륙을 하나의 통일된 영역으로 인식하면서  활동하였다. 따라서 고조선문명권이라는 포괄적인 유형화작업을 통해서 현재 한반도 북부, 중만주 이남 일대, 서만주와 동만주를 중핵(中核)지역으로, 나머지는 기타 지역 등으로 분류하여 몇 개의 공간으로 유형화시킨다. 그리고 고조선문명권의 공간을 '1산(山), 2해(海), 3강론(江論)'으로 논리화시켰다. 하지만 고조선문명권에서는 해양과 육지를 유기적인 체계로 조직하고 활용하였으므로 필자의 '해륙사관(海陸史觀)'과 '해륙문명론(海陸文明論)'을 적용하여 유형화시킬 예정이다. 이러한 해석을 위해 예비 작업으로서 필자가 전개해 온 '터이론'을 비롯한 '역사유기체론',[14] '동아지중해 모델'을 제시한 후에, 이를 적용시켜 분석한다.

둘째, '주체(主體)'의 문제는 매우 중요하다.

고조선문명권을 구성한 주체의 이해는 필수적이다. 이 책에서는 필자가 그 동안 전개해 온 이론들을 적용하여 '주인(主人)' 또는 '주체'로 구분한다.[15] 문명권은 공간의 범위가 매우 넓으므로 주민들은 '범공간적'이고 장기지속성을 지닌 '거시적'인 관점에서 파악한다. 해당 공간과 '장소'에 거주하면서 문명의 생성에 중핵역할을 담당하는 주체들의 생물학적, 사회학적, 역사적 성격을 구체적으로 이해한다. 여기에다 기존의 정치학, 서양, 일본, 중국 등의 민족 이론 및 근대 이후의 인류학 이론들을 토대로 삼아서 필자가 구축한 민족이론을 적용시킬 예정이다.

그런데 문명권에서는 민족이나 국가와는 달리 주체인 주민의 종족적 성분을 상대적으로 중요하게 여기지 않는다. 그래서 '단일종족'이 아닌 '다종족'인 관점에서 구성원들의 종족적인 성분을 살펴본 후에 문명권의 귀속 여부를 판단할 것이다. 이를 위하여 '인종' '종족' '민족' '부족' 등에 대한 기존의 견해들을 살펴본다. 특히 혼선을 일으키고 있는 민족 및 민족주의에 대한 일부의 검토와 더불어 필자의 민족이론을 적용시켜 고조선문명권 주체의 성격을 살펴본다.

그러한 관점에서 고조선을 비롯한 고대 역사는 '일민족사(一民族史的)'인 관점, '일문명사적(一文明史的)'인 관점에서 보려는 시도가 필요하다.[16]

---

14) 윤명철, 〈海洋史觀으로 본 한국 고대사의 발전과 종언〉, 《한국사연구》 123호, 2003; ---, 〈한국사 이해를 위한 몇 가지 제언〉, 《한국사학사학보》 9집, 2004; ---, 〈한국 고대사 연구의 반성과 대안〉, 《단군학 연구》 11호, 2004 등 참조.

15) 주인과 주체의 역사철학적인 필자의 견해는 윤명철, 《역사는 진보하는가》, 온누리, 1992, 2장 '사관이란 무엇인가' 참조.

16) 윤명철, 《歷史戰爭》, 안그래픽스, 2004; ---, 〈東北工程의 배경과 21세기 동아시아 신질서의 구축〉, 《단군학연구》 10호, 2004. 일본은 과거에 동아시아라는 공간을 왜곡하면서 '일한일역론(日韓一域論)'을 거쳐 '만선사관(滿鮮史觀)'을

예를 들면 그동안 '비아(非我)'가 의도적으로 적용시킨 '분리 논리'를 극복하기 위해서는 통일적 시각, 즉 자기 완결성을 지닌 '우리 역사체'라는 시각으로 볼 필요가 있다. 고구려, 백제, 신라, 가야 등을 일국사적(一國史的)인 인식으로 해석함과 동시에 상호연결성과 공동의 계승성 등을 추구하여 하나의 역사유기체라는 인식을 갖게 한다. 그렇게 하면 지역적이었던 우리 역사를 통일적으로 이해할 뿐 아니라, 자체의 완결성과 복원력을 지닌 유기체로서의 '모질서(母秩序)'인 고조선의 계승성을 주장할 수 있다.[17]

셋째, '시간(時間)'의 문제가 있다.

'시간'은 시대구분, 집단의 계승성, 종족의 계보 등과 연관하여 문명권을 설정하고 이해하는 데 중요하다. 문명권에서는 시간을 단속적, 한시적으로 파악하지 않는다. 이른바 고대국가인 부여, 고구려, 백제, 신라를 비롯한 후발국가들은 모문명(母文明)이면서 선행국가인 '고조선정통론'과 '계승론'을 유지해 왔다. 결론적으로 고조선이 시원국가, 원핵으로 생성되었고, 이를 모델로 삼아 끊임없이 '분열(分裂) 재생(再生) 통일(統一)'이라는 변증법적인 과정을 반복하여 왔다고 파악한다. 그런데 우리는 우리 역사를 파악하면서 '선행국가'와 '후발국가' 간의 계승성, 계통성을 강조하지 않는 경향이 있었다. 하지만 고조선을 문명권으로 설정하면 '계통화(系統化) 작업'을 원활하게 추진할 수 있다.

이 글에서는 필자의 시간 이론을 적용하여 1단계는 '신화적 시간', 2단계는 '역사적 시간'으로 구분하고, 역사적 시간은 질료(質料)의 종류를 고려하여 '고고학적 시간'과 '사료적 시간'으로 구분한다. 그리고 정치적인 실

---

만들어냈고, 이어 '남양공영권(南洋共榮圈)' '대동아 공영권(大東亞共榮圈)'까지 만들었다. 중국은 '동북공정' '통일적 다민족국가론'을 통해서 고구려, 발해, 심지어는 고조선까지 한민족의 역사를 자국사로 편입하고 있다. 이는 특정한 정치적인 목적을 위해서 주체, 공간, 시간 등에 대한 왜곡을 통해서 자기 역사체의 범위를 의도적으로 확대하고, 상대국의 그것을 축소하려는 행위이다.

17) 윤명철, 〈고구려의 고조선 계승성에 관한 연구 (1)〉, 《고구려연구》 13, 2002; ---, 〈단군신화와 고구려 건국신화가 지닌 정체성(Identity) 탐구〉, 《단군학연구》 6, 2002.

체로서 고조선 시대의 시간 분류는 정치적인 대사건을 기준으로 3단계로 분류한다. 즉 고조선문명이 생성되기 이전 단계를 '선시대'로 하고, 문명권의 원핵이 생성되는 시대를 '고조선 시대', 그리고 정치체가 멸망한 이후를 '후조선' 시대로 설정하여 고조선문명이 지속되는 상황까지 다룬다. 따라서 '선조선', '고조선(3단계로 설정)', '후조선'의 5단계로 구분하여 설명한다. 이러한 방식은 '후발국가' 또는 '후발문화'의 성격을 규명하는 데 필요할 뿐 아니라 '원조선'을 설정함으로써 민족사의 계통성을 설정하는 데 필요하다. 또한 추후에 한민족과 연관된 동아시아문명권을 만들어 가는 데 유효한 모델이 될 가능성이 높다.

그 밖에도 고조선문명권의 실체를 이해하고 규명하는 데 경제와 관련된 상황 등을 살펴본다. 고조선뿐만 아니라 우리 역사를 연구할 때는 주로 정치사를 강조함으로써 '문화공동체'나 '경제공동체' 또는 '정신공동체'로서의 성격을 규명하지 못하였다. 그렇지만 고조선 시대에도 각 집단들은 중심부 간의 물리적인 거리가 멀고, 자연환경에 국부적인 차이가 있으며, 정치체제의 차이가 있어도 동일한 시대에 우리 역사공간에서 발전한 국가들을 별개의 역사체로 인정하는 경향이 강하였다. 그때 시대의 발전 단계에 걸맞는 하나의 '통일체' 혹은 '역사유기체(歷史有機體)'였다. 특히 경제 영역과 경제활동을 공유하는 소박하고 느슨한 의미의 '경제공동체'였다. 따라서 산업의 종류와 발달 정도, 자원의 분포와 활용도, 각종 기술력 문제 등도 언급할 예정이다. 무역과 해양활동 및 어업 등도 규명할 예정인데, 이는 이 책의 주제와 관련하여 비중을 둔다.

넷째, 문화의 문제로서 각종 '지표(指標, sign)'를 이해해야 한다.

문명권에서는 문화 영역을 공유하는 '문화공동체'로서 이들 사이의 유기성을 규명해야 한다. 고조선, 삼국시대 등의 고대역사는 발전지역과 정치체제의 차이점, 문화적 차이가 있다. 하지만 분열과 갈등의 상태로만 보지 않고 공존과 통일의 역사로 보는 관점이 필요하다. 그렇게 하면 중국문명과는 동일하지 않지만, 유사하고, 상호존중하며 교호(交互)하면서도 경쟁을 한, 고조선이라는 고유한 실체를 설정할 수 있다. 고조선이 멸망한 이후에 성립된 고구려에게 백제, 신라, 가야, 왜와의 관계는 중국지역 및 북방 유목국가들과는 분명 다른 성격을 가진 것이었다. 이 책에서는 고조선의 존속 기간, 영토와 정치 구조, 생산양식 등의 구체적인 분석은 생략한다. 오히려 '고조선'과 연관된 문화적 범주를 논구의 대상으로 삼아, 고인돌의 분포와 규모, 고조선식(비파형) 동검 및 세형동검의 제작과 사용처, 청동거울, 토기 등 생활, 민속, 신앙, 종교, 사상 등을 통해서 구체화시킨다.

이렇게 몇 가지 역사 이론과 해석 모델을 적용함으로써 고조선의 역사활동을 독자적인 '문명권'으로 설정하는 작업이 적합하고, 타당성 있는 가를 살펴본다. 이 작업을 통해 큰 단위인 '고조선문명권'에 소속되면서 유기적이며 '상호 호혜시스템'을 갖춘 몇 개 '소문명(小文明)'의 존재 가능성을 찾을 수 있다고 생각한다. 예를 들면 '송화강(松花江)문명', '요하(遼河)문명', '대동강(大同江)문명', '한강(漢江)문명' 등이다.

이러한 관점을 바탕으로 이 책에서는 제2장에서 고조선문명권을 설정하는 문명모델을 제시하고 적용가능성 여부를 제안한다. 문명의 개념, 성격, 역할 등에 대한 기존의 정의, 고전적인 정의는 적용이 곤란하다. 따라서 문명에 대한 각종 이론들을 소개한 후에 새로운 문명의 개념을 모색하고, 설정하는 일이 가능한가를 검토한다. 2절에서는 필자가 구축하였고, 이 책의 작성에 활용할 문명의 이론을 전개한다. 또한 고조선의 역사활동을 '문명(Civilization)'이라는 틀(frame. 本)속에서 본다. 즉 동아시아를 1극(極)의 '중화(中華)문명'만이 아닌 '중화문명', '북방(北方)문명', '동방(東方)문명'이라는 3개의 문명권을 설정하여 3핵 체제로 본다. 그리고 고조선을 '동방문명' 또는 '동이문명(東夷文明)', '조선·한 공동체(朝鮮·韓共同體)'의 '원핵'[18]이면서, 생성의 장(場, field)을 마련한 문명과 역사로 본

---

18) '원핵'이라는 용어는 원형과 유사한 의미와 개념을 지닌 단어일 수 있다. 하지만 원형(原形)이 내용 또는 형식을 표현하는 것과 달리, 원핵은 구성의 기본 요소를 말한다. 이는 필자가 구사하는 '터와 다핵(多核)이론'과 관련이 깊다. 더 적합한 용어로는 'hub'로 생각하지만 잠정적으로 사용하고자 한다. 윤명철, 〈東아시아의 海洋空間에 관한 再認識과 活用-동아지중해모델을 중심으로〉, 《윤명철 해

다. 필자가 설정한 이러한 이론틀과 적용 사례들을 본문에서 설명할 예
정이다.

이 책에서는 '고조선문명권'을 고대에 일부 전제국가나 근대국가들에
게 적용할 수 있는 '국가(state)' '민족(nation)' 등의 정치단위나 조직화된
영토개념 등으로 파악하지 않는다. 그 한계를 넘어 '체계'라는 기준을 적
용하여 '비조직적 체계', '비중심적 체계'라는 관점에서 접근한다. 이는 여
러 분야에서 최근에 사용되는 '탈중심적(脫中心的)' '다중심적(多中心的)'
과 유사한 개념이다. 고대일반문명, 전근대까지의 수렵채취문명, 역시 전
근대까지 발달했던 유목문명 등을 설정할 때 사용한 방식이다. 잉카문명
나 마야문명 등이 이에 해당될 수 있다. 또는 통치를 '직접통치' '간접통
치' '영향권' 등으로 분류하는 '시스템적 관점'으로 파악한다. 이것은 은,
주나 로마제국, 또는 투르크와 몽골 등 유목집단들이 활용한 방식이다.

이렇게 이 책은 기존의 연구 한계들을 지적하면서, 문명의 개념을 재
탐구하고, 고조선문명권의 개념과 성격 역할 등을 재점검함으로써 고조
선의 실체와 문명권의 범주, 다양성을 규명할 수 있다. 고대한국의 역사
및 사회의 정치체를 협의의 종족, 후대에 사용한 언어, 협소한 문화의 틀
로 규정하는 방식을 벗어나 몇 가지 이론들을 적용한다. 즉 만주 일대와
한반도 북부 일대를 포괄하는 하나의 정치공동체 또는 문화공동체, 나아
가 문명권으로 설정하였다.[19] 고조선의 실체와 성격을 거시적이고 문명적
인 관점에서 이해한다.

제3장에서는 고조선문명권의 자연환경을 상세하게 규명한다. 제1절에

---

양논문선집①-해양활동과 해양문화의 이해》, 학연문화사, 2012, p.378~382;
ㅡㅡㅡ, 〈고대 동아시아문명의 네트워크와 부활의 의미〉, 《윤명철 해양논문선집
②-해양활동과 국제질서의 이해》, 학연문화사, 2012, p.339~342 등 참조.

19) 윤명철, 〈한국 고대사 연구의 반성과 대안〉, 《단군학 연구》 11, 2004; ㅡㅡㅡ,
〈고구려 문화형성에 작용한 자연환경의 검토-'터와 多核(Field & Multi-core)이
론'을 통해서〉, 《한민족》 4호, 2008; ㅡㅡㅡ, 〈고조선 문화 해석을 위한 역사관의
모색〉, 《북방 문화와 한국상고문화의 기원연구》, 단국대 북방문화연구소, 2009
등이 있다.

서는 육지환경을 '중핵지역'과 '주변지역'으로 구분한다. 중핵지역은 남만주 일대의 요서 지역과 요동 지역, 송화강 유역, 한반도의 대동강 유역이다. 그 밖에는 주변지역으로 분류한다. 제2절에서는 강 환경을 분석한다. 인류 역사를 보면 문명권의 성립에 강의 역할과 의미는 매우 컸다. 고조선문명권에서도 역시 많은 강들이 큰 역할을 담당했다. 따라서 '요하 수계', '송화강 수계', '대동강 수계'를 중핵으로 삼아 자연환경 등을 분석하고, 주변의 강과 수계들을 조사한다. 제3절에서는 해양환경을 살펴본다. 고조선문명권에서는 발해를 포함한 황해권, 연해주 해안 및 동해권을 중핵으로 파악한다. 이어 주변부로 남해권, 타타르해권, 황해남부 해양, 일본열도의 일부까지를 분석한다. [20)]

　　제4장에서는 고조선문명권 형성의 토대 역할을 한 인문환경을 살펴본다. 제 1절에서는 이론을 전개하고, 제2절에서는 구석기시대, 신석기시대의 문화를 지역별로 유형화시켜 살펴본다. 즉 문화와 문명의 계승성을 중시하면서, '전 단계 문화' 또는 '토대문화'로서 만주와 한반도 일대의 여러 곳에서 시작한 구석기문화를 살펴본다. 이어 이를 계승 또는 새로 발전한 신석기문화의 실상을 살펴본다. 특히 이 책의 주제와 연관해서 큰 강의 유역 및 해양과 연접한 해안가, 섬 지역을 중심으로 살펴본다. 제3절에서는 제2장에서 전개한 이론을 토대로 주체를 현재의 '한민족'을 구성한 기본 토대로 삼고, 이를 역사적으로 소급한 후 '원핵' 개념을 설정하여 파악한다. 따라서 한민족의 핵심을 구성하였던 예맥족(濊貊族)을 원핵에 적용하고, 그들과 공동으로 활동했던 주변의 방계종족들을 모두 포함하여 고조선문명권의 구성원들로 파악한다. 발해가 멸망한 이후 완전하게 이탈한 방계종족들을 고려 이후 최근에 이르기까지 한민족의 역사에서 소외시키거나 무관계한 것으로 인식했다. 그러한 인식의 오류에 대해서는 본문에서 설명한다. 고조선문명권은 동아시아 내부에 존재했던 다양

---

20) 윤명철, 〈고조선 문화의 형성과 멸망에 작용한 해양적 질서〉, 《한국 상고문화의 기원연구》, 북방문화사업단, 2010.

한 부족 및 종족들의 역사와 직접 간접으로 관련 있다. '동이' '동호' '예맥계' '숙신계(肅愼系)' 및 유라시아에서 거주하였던 여러 종족들이다. 특히 만주와 한반도 일대 및 일본열도의 일부 지역에 거주했던 부족 및 종족들은 중핵의 역할을 담당하였다.

제5장에서는 고조선문명권의 핵심인 고조선이라는 정치적인 실체가 생성되는 배경과 과정을 살펴본다. 시간(時間)은 제2장에서 제기할 개념들을 적용하여 '신화적 시간'과 '역사적 시간'으로 구분하고, 사료의 기록이 없는 청동기시대의 시작과 '하가점 하층문화' 시대는 신화적 시간을 적용하여 제1기로 설정한다.

역사적 시간은 사료의 기록을 통한 역사상과 고고학적인 발전단계를 고려하여 은나라가 건국하는 서기전 17세기부터 서기를 전후한 시대까지를 각각 제2기, 제3기로 구분한 후 순서대로 살펴본다. 다만 제2기와 제3기는 시대상황의 복잡한 면을 고려하여 다시 각각 전기와 후기로 다시 분류하여 비교적 정확하게 역사상을 규명한다. 또한 이 시대는 고고학적으로는 청동기문화 및 철기문화의 성립과 발전이 강 유역 및 해안가와 어떠한 연관성이 있는가를 구체적으로 살펴본다. 또한 고조선이 건국한 후 주변 국가 및 문명권과 어떤 방식으로 교류와 경쟁을 하며 발전해 가는가를 해양과 연관하여 살펴본다. 특히 제3기의 후기에 해당하는 위만조선의 발전 및 고조선문명의 붕괴와 연관이 깊은 '위만조선과 한의 국제대전'을 해양활동과 연관시켜 살펴본다.

제6장에서는 고조선문명권의 형성과 확산을 목적으로 추진한 각종의 해양정책과 산업활동을 살펴본다. 제1절에서는 수도(首都, capital) 등 도시의 건설, 정치, 외교, 전쟁, 무역, 문화교류 등을 국가정책이라는 관점에서 파악한다. 특히 '조한(朝漢) 전쟁'의 전장이었던 '왕험성(王險城)'의 위치와 성격을 규명한다. 제2절에서는 고조선문명권의 경제생활에서 비중이 컸던 강 어업 및 해양어업을 일부의 사료와 고고학적인 유물, 남아 있는 현지의 민속 등을 토대로 규명한다. 이어 내부에서 이루어진 상업활동과 광산업 등을 살펴보고, 아울러 동아시아 지역과 연결된 무역의 실

상을 살펴본다.

제7장에서는 고조선문명권에서 전개된 해양활동의 실상과 해양환경을 살펴본다. '발해' '황해' '동해' '남해' 등으로 유형화시킨 후에 교류를 중심으로 해양활동을 검토한다. 이어 문명권의 성립을 가능하게 만든 수단이며 매개체인 '해륙교통망(海陸交通網)', 즉 선사시대부터 고조선 붕괴시대까지 구성된 동아시아의 해양교통망의 실상을 설명하고, 이어 만주지역을 중심으로 고조선 시대의 육로교통망을 규명한다. 다만 한계가 있으므로 그 후 시대의 몇 가지 사례를 동원하여 유추해 볼 작정이다.

제8장은 고조선문명권이 '붕괴(collapse)'한 원인과 과정, 그리고 결과의 문명사적인 의미를 살펴본다. 문명 붕괴에 대한 몇 가지 이론을 검토하고, 고조선문명권이 붕괴한 원인을 국제적 요인과 내부적 요인으로 구분하여 분석한다. 또한 붕괴의 결과 어떠한 현상들이 발생했는가를 부정적 측면과 긍정적 측면으로 나누어 살펴본다. 그리고 그 사건은 '문명사적'으로, '동아시아적'으로, '한민족사적'으로 어떠한 결과와 의미를 지녔는가를 살펴본다. 제9장의 맺음말에서는 전체를 간략하게 정리한 후에 고조선문명권에 대한 필자의 관점을 서술할 예정이다.

# 제2장 문명권 설정의 이론과 모델 검토

## 1. 문명의 개념 검토

고조선의 역사를 '문명(文明, Civilization)'이라는 관점에서 이해하고, 문명권으로 유형화시키려면 기존의 문명 개념을 적용시켜서는 무리가 있다. 이 장에서는 '고조선문명권'을 설정하기 위해서 예비단계로서 기존의 문명개념들을 살펴보고, 필자가 전개한 몇 가지 이론 및 적용모델을 제시하여 고조선의 역사를 '문명권'으로 설정할 수 있는 가능성이 있는가를 살펴본다.

### 1) 문명의 개념

문명(文明)에는 여러 가지 종류가 있다. 소재, 주제, 방식, 내용 및 형식 등에 따른 다양한 종류들이 있다. 우선 지역에 따른 분류가 있다. 여기에는 도시적인 정의와 국가적인 정의와도 연관이 된다. 주민에 따른 분류가 있다. 여기에는 인종, 종족, 민족의 정의와도 연관이 된다. 종교와 사상에 따른 분류가 있다. 또한 의외로 관심의 사례들이 많지 않지만 자연환경에 따른 분류도 있다. 여기에는 '숲 문명', '바다 문명', '초원 문명', '동물 문명', '식물 문명' 등의 용어로서 나타나기도 한다. 그 밖에 생활양식이나 산업방식, 동력을 획득하고 이용하는 방식에 따른 분류도 있다. 그러나 이렇게 주제와 소재에 따른 고유한 문명권을 설정하는 일도 필요하지만, 공통된 기준을 추출하여, 포괄적으로 적용함으로써 인류가 공통으로 고민해야 할 필요성이 점점 커지고 있다.

먼저 필자가 전개하는 문명의 이론들을 열거하면서 문명에 대한 일반적인 이해를 하고, 이를 토대로 고조선문명권을 설정하는 데 적용할 이론들과 갖춰야 할 요소들을 살펴본다.

'역사(歷史, History)'와 '문명(文明, Civilization)'은 동일한 집단으로서 내적인 통합성을 유지한 채 장기간 존속한 집단에게 '존재이유(存在理由)'와 '존재과정(存在過程)'을 확인시켜 준다. 또한 존재 자체의 문제, 즉 존재방식을 이룬 '내적 논리(內的 論理)'를 설명하여 준다.[1] 또한 문명은 복수국가와 다양한 민족들을 포함하는 대단위 공간, 다양한 종족 공동체 등을 '유형화', '범주화'시키는 작업에 필요하다.

문명을 이룩하는 토대 구조, 포괄적 구조는 문화이다. '문화(Culture)'의 정의는 다양하다.[2] 인간이 만든 산물이며, 사람과 다른 생명체의 구분을 가능하게 만든 가장 분명하고 포괄적인 개념이다. 문화는 존재의 근원, 생존, 운영(생활)방식과 긴밀하게 연관되었으므로 생활공동체인 민족을 구성하는 필수요소이다. 따라서 유적, 유물, 문자, 설화, 신화 등으로 나타나는 좁은 의미의 문화활동과 언어, 생활양식, 시장 등 광범위한 내용을 포함한 개념이다. 그러므로 일정한 집단의 문화에서 이러한 다양한 요소들 가운데 비교적 공질성(共質性)이 강한 요소들을 모아 유형화시키거나 구분할 때는 시간보다 비교적, 공간적인 성격을 기준으로 삼는 경우가 많다.

총체론적으로 보면 문화는 '인간 집단의 생활양식'이며, 구성원들이 가진 관습적인 행위 및 그 산물로 볼 수 있다. 인간과 문화적 차원의 관계는 인간과 환경이 서로를 만들어 내는 데 참여하는 관계이다. 문화는

---

1) 윤명철, 《역사는 진보하는가》, 온누리, 1992 참조.
2) 문화란 사람과 다른 생명체를 구분 짓는 가장 분명하고 포괄적인 개념이다. 레이몬드 윌리엄스는 문화라는 단어가 영어에서 가장 까다로운 두세 개의 단어 가운데 하나라고 말했다. 1952년에 알프레드 크로버와 크락혼이 《문화 : 개념과 정의의 한 비판적인 검토》에서 175개의 서로 다른 정의를 검토해 보았을 정도로 문화에 대해서는 실로 다양한 견해들이 있다. 그만큼 중요한 역할을 하고 있음을 반증하는 것이다.

모든 존재물이나 생명체에게 있는 것이 아니라 오로지 인간에게만 있다.
인간이 가진 특징 가운데 하나는 '개인' 또는 '자기집단(自己集團)'을 중심
으로 세계를 해석하고 싶어 하고, 또 만들어 가고 싶어 한다. 그리고 사
물과 사건에 '의미(意味)'를 두고 싶어하며 생존을 넘어서는 것을 추구하
는 경향이 있다. 물론 인간의 문화 창조능력은 생물학적인 특성에서 출
발하였고 그것에 토대를 두지만, 점차 다른 생물체들과는 차이가 커져가
면서 생존의 유지를 위한 단순한 생활양식이나 현상 또는 운동방식이 아
닌 문화가 형성된다.

에드워드 타일러(Tylor, Edward Burnett)는 종교의 정의를 내리는 과정
에서 '문화는 인간 고유의 산물이라고 생각한다'라고 하였다. 지식, 기
술,[3]신앙, 예술, 법률, 도덕, 관습, 그리고 사회의 한 구성원으로서의 인
간에 의해 얻어진 다른 모든 능력이나 관습들을 포함하는 복합총체로 볼
수 있다. 또한 역사상의 모든 산물, 또한 도구의 제작, 불의 사용, 농사짓
기, 어로사업 등도 문화로 본다. 화이트 헤드(A. N. White head)는 '상징
(象徵, symbol)이 문화의 기초'라고 하였다. 인간은 상징을 만들 수 있는
유일한 존재물이라고, 고도의 복잡한 기호(記號, code)나 상징을 통해서
문화가 구성되었기 때문이다.[4] 또한 인간으로서의 정체성을 부여하는 것
은 문화이다. 요컨대 언어, 행위, 자세, 몸짓, 억양, 얼굴표정, 시간과 공
간, 사물을 다루는 방식, 일하고, 놀고, 사랑하고 자신을 지키는 방식인

---

3) 루이스 멈퍼드는 '기계시대'로 정의하고, 18세기에서 그 기원을 찾았는데, 아널드
   토인비가 1780년대를 '산업혁명'이라고 이름 붙인 것에 많은 영향을 받은 것이다.
   그는 수천 년 동안 서구문명의 물질적 기초와 문화의 형식들은 기계의 발전으로
   말미암아 근본적으로 변형되었다고 한다. 그리고 이런 변형은 어떻게 일어났고
   그 기원은 무엇인가? 사람들의 일상생활과 환경을 뒤바꿔 놓은 주요 동인은 무
   엇인가? 여기에 사용된 수단과 방법, 그리고 목표는 무엇이었나? 이 과정에서 생
   겨난 예기치 못한 가치는 무엇인가? 등을 통해서 문명을 이해하고 있다. 루이스
   멈퍼드 지음/ 문종만 옮김,《기술과 문명》, 책세상, 2013, p.23.
4) 상징에 대한 논의는 매우 많다. 플라톤과 아리스토텔레스를 비롯하여, 종교, 철
   학, 문학, 예술가들이 논쟁을 벌였으며, 근대에 들어오면 카시러, 융, 엘리아데 등
   의 연구가 있었다. 한국에서는 이어령의 독자적인 상징해석들이 평가받을 만하다.

모든 '의사소통체제(Communication Framework)'는 문화이다. [5]

　이러한 문화를 구성하는 기본적이고 중요한 요소는 행위의 주체인 '인간', 행위의 터전이면서 중요한 요소들을 제공하는 '공간', 그리고 생성되어가는 과정인 '시간'으로 구분한다. 문화는 이 세 가지 기본 요소가 배합되는 방식과 비율 등에 따라 형태와 성격이 달라진다. 그리고 일단 기본 틀이 만들어진 후에는 운동 방식에 따라서 '질'과 '성격'이 달라진다. 서양에서는 청동기, 문자, 도시 등 일정한 유형문화적인 실물들을 문명 기원의 '표지(標識)'로 정하지만, 무형문화적인 요소들, 예를 들면 예의, 제도 등이 더 중요하다[6]고 볼 수 있다.

　'문명'은 여러가지 면에서 문화와 유사하면서도 다른 점이 많다. 일본에 의해 '문명'으로 번역된 서양의 'Civilization'이란 단어는 1752년 프랑스의 경제학자인 안-로베르-자크 튀르고(Anne-Robert-Jacques Turgot)가 처음으로 사용하였다. 그러나 문화만큼 문명의 정의와 용례는 매우 다양하다. [7] 문화는 사적영역에서 인간이 추구하는 '진·선·미'와 관계되는 활동만을 가리키는 개념으로 독일어 개념이다. 이러한 개념은 전체 레퍼토리가 주어지지 않으면 제대로 파악될 수 없다. 샤무엘 헌팅턴의《문명의 충돌》(The Clash of Civilizations)에서 그가 말하는 문명은 독일어의 문화의 개념을 띠고 있다고 보아야 할 것이다.

---

5) 에드워드 홀 지음/ 최효선 옮김, 《문화를 넘어서-공간의 인류학》, 한길사, 2000, p.76.

6) 문화에 대한 비교적 최근의 연구로서 문화인류학자의 관점에서 다양한 방식으로 접근한 연구가 있다. 특히 제2장 문화 개념이 인간 개념에 끼친 영향과 제4장 문화체계로서의 종교는 이 글과 연관하여 참고할 만한 내용들이 많다. 클리퍼드 기어츠 지음/ 문옥표 옮김, 《문화의 해석》, 까치, 1998; 蔔工, 〈中國模式禮制淵源〉, 《文明起源의 中國模式》, 제1장, 北京: 科學出版社出版社, 2007, pp.1~22.

7) Oswald Arnold Gottfried Spengler, 《서구의 몰락》; Karl Jaspers, the Origin and Goal of History; Herbert Marcuse, 《에로스와 문명》; Arnold Joseph Toynbee, 《역사의 연구》; Will Durant, the Story of Civilization; Samuel.P.Huntington, The Clash of Civilizations; Sigmund Freud, 《문명속의 불만》; 福澤諭吉, 《文明論槪略》; 梅掉忠夫, 《文明의 生態史觀》; 上伊京 俊太郎, 《比較文明》 등 참조.

필자는 다음과 같이 '문화(Culture)'와 '문명(Civilization)'의 차이점을 정리하여 제시한다. 문화는 고유성을 지니고 있으므로 주제별로 적용되는 질적인 개념이며, 비교적 활동하는 장의 규모가 소단위이다. 예를 들면 종족명의 문화, 종교명의 문화, 음식명의 문화, 국가명의 문화, 주제별의 문화 등이 그러하다. 반면에 문명은 개성을 가진 다양한 주제와 소재의 소단위 문화들이 일정한 시대, 자연환경, 정치질서, 종교 등을 고려하여 구분된 일정한 공간에서 조우하고 교류하면서 혼합된, 크고 광범위하고 복합적인 단위이다. 꼭 역사 활동의 가장 큰 단위, 예를 들면 '지구(地球)' '인류(人類)' 등만은 아니지만, 그렇다고 소규모의 단위도 아니다.

또한 문명은 포섭된, 또는 구성된 문화의 내용들이 '확장성(擴張性)'과 '포용성(包容性)'을 지녔다. 창조되고 활동하는 공간의 범위가 일정한 단계까지는 계속 확장되는 경향을 보이는 비교적 '중간 단위'이다. 예를 들면 자연환경이나 생활양식을 고려하여 구분한 문명, 정치질서와 대단위 고등종교를 고려하여 구분한 문명 등이 있다. 초원유목문명, 삼림수렵문명, 농경문명, 해양문명, 불교문명, 유교문명, 기독교문명, 이슬람문명 등이다.

문명은 구성원들이며 창조의 주체인 인간집단들의 혼합이 더 다양하고 역동적으로 이루어졌다. 즉 개개의 인간들이 모여 씨족(氏族)단계, 부족(部族)단계를 거쳐 종족을 구성한다. 하지만 이들이 주체가 된 것은 문명이 아니다. 나아가 질적으로 변화한 '민족(民族)'을 형성하고, 역시 다양한 종류의 민족문화들이 모이고 혼합되고 생성되어 궁극적으로 큰 단위인 '문명'이 형성된다. 그러므로 문명을 구체적이고 현실적으로 이해하려면 인간 자체를 이해할 필요가 있다. 고대 중국에서 '문명'이라는 단어는 최초로 《역》(易) 문언(文言)의 '見龍在田, 天下文明'이라는 명언에서 나왔다. 《상서》(尙書) 요전(堯典)에 있는 '예철문명(睿哲文明)'은 '광명', '밝게 빛나다' 또 '환하다' 등을 뜻한다. 현대중국에서 문명의 정의는 서양과 동일하여 '인류사회의 진보 상태'로 해설된다.[8]

---

8)《辭海·語詞分冊》文明條, 修訂稿, 上海: 上海人民出版社, 1977 참조. 일상생활에

그런데 이러한 고전적인 정의 외에도 문명에 대한 정의들은 계속 등장하고 있다. 때문에 청동기 등 '금속도구'가 실재 존재하고, 사용되었는가의 여부로서 문명의 존재나 성격을 논하는 과거의 태도들은 비판을 받고 있다. 예를 들면 중국, 서아시아, 이집트, 남유럽의 '에게(Age)문명'에는 일찍부터 청동기문화가 있었다. 반면에 중부 아메리카인 멕시코의 'Teotihuacán 문명', '아즈텍(Aztecs)문명' '마야(Maya)문명'에는 청동기가 존재하지 않지만 고도로 문명을 이룩한 실체들이다. '문자(letter)' 또한 문명의 유무를 결정할 수 있는 주요한 요소는 아니다. 남아메리카 페루의 '잉카(Inca)문명', '스키타이(Scythai, 흉노 포함)문명' 등은 강력한 정권을 수립하였고, 고도의 수학과 기하학, 천문학 등 고도의 지식과 기술 등이 필요한 대규모 토목공사들을 벌였지만 문자를 사용하지 않았다.[9]

문명의 중요 요건인 '도시(都市, 城市, polis, city, cavatas 등)'라는 요소도 이와 비슷하다. 'Civilization'의 어원이 암시하듯 문명은 도시의 존재여부, 규모 역할 등에 초점을 맞추는 경우도 있다.[10] 그런데 거대도시 하나 또는 도시 집합체를 '문명'이라 볼 수는 없다. 문명이란 인간이 만든 가장 큰 조직이며, 정치적 의미인 제국(帝國, Empire)보다는 상위개념이지만, 그러면서도 제국과 달리 구체적이고 일정한 형태는 없다. 또한 인간이 환경에 보이는 실질적 반응인 동시에 문화, 종교, 언어공동체이기도 하다.[11] 때문에 문명마다 다양한 구성요소와 배합비율, 정도 등에 차이점이 있으며, 이러한 차이점이 때로는 충돌을 야기시키기도 한다.

샤무엘 헌팅턴은 인류는 문명사라고 규정한 후 '단일 문명'과 '복수 문명'으로 구분하고, 문명은 여러 개이며 각각의 문명은 독자적 방식으로

---

서 사용되는 문명이라는 용어의 내용은 야만, 무질서 등에 대한 반대개념이다.

9) 헌팅턴은 이러한 견해와 달리 문명이 처음 등장하고 3천 년이라는 기간 동안 문명들 사이의 접촉은 일부 예외를 제외하고는 전혀 없었거나 있었다 하더라도 제한적이거나 간헐적이었다고 하였다(《문명의 충돌》에서 참조). 하지만 오히려 그의 견해와는 다른 주장들이 더 많이 등장하고 있다.

10) 니얼 퍼거슨 지음/ 구세희·김정희 옮김, 《시빌라이제이션》, 21세기북스, 2011, p.37.

11) 니얼 퍼거슨 지음/ 구세희·김정희 옮김, 위의 책, p.40.

문명화되었다고 한다.[12] 케네스 클라크(Kenneth Clark)는 텔레비전 시리즈 '문명(Cilvilization)'에서 '문명'이라는 단어를 서양문명으로, 그 중에서도 중세부터 19세기까지 서구 유럽의 예술과 건축으로 정의하였다. 다분히 통념상의 구분인 문화와 예술을 중요시한 것이다. 그는 암흑시대인 로마의 몰락부터 12세기 르네상스 전까지는 문명이라고 보지 않았다. 캐럴 퀴글리(Carroll Quigley)는 인류 역사에서 지난 일만 년 동안에 24개의 문명이 출현했다고 주장한다. 아다 보즈먼(AddaBoseman)은 근대 이전의 문명을 서양문명, 인도문명, 중국문명, 비잔틴문명, 이슬람문명이라는 다섯 개로 본다. 매슈 멜코(Matthew Melko)는 인류역사에는 현존하지 않는 문명 일곱 개(메소포타미아, 이집트, 크레타, 고대 그리스·로마, 비잔틴, 중앙아메리카, 안데스)와 현존하는 문명 다섯 개(중국, 일본, 인도, 이슬람, 서양)를 합쳐 총 열두 개 문명이 있었다고 주장한다. 슈무엘 아이젠슈타트(Shumuel Eisenstadt)는 여기에 유대인문명을 덧붙여 여섯 개로 본다.[13] 거기에 '전자문명' 혹은 '기호문명' 등으로 표현되는 다양한 문명들이 뒤섞인 현대문명이 있다.

특히 샤무엘 헌팅턴은 《문명의 충돌》(The Crash of Civilizations)에서 세계가 다극화(多極化)·다문명화(多文明化)하였으며, 탈냉전세계에서 사람과 사람을 가르는 가장 중요한 기준은 이념이나 정치, 경제가 아니라 바로 문화이며, 가장 중요한 국가군은 7개 내지 8개에 이르는 주요문명이라는 의미 있고, 심각한 말을 하였다. 그는 문명에 대한 자신의 정의를 비교적 분명하게 밝혔다. 즉, ① 문명은 여러 개이며 독자적 방식으로 문명화되어 왔다. ② 문명은 문화적 실체로 파악된다. ③ 문명은 포괄적이

---

12) 헌팅턴은 "문명은 언어, 역사, 종교, 관습, 제도 같은 공통된 객관적 요소와 사람들의 주관적 귀속감 모두에 의해 정의된다. 한 개인이 속해 있는 문명은 그가 강렬한 귀속감을 느끼는 가장 광범위한 수준의 공동체. 문명은 뚜렷한 경계선이 없으며 딱 부러지게 시발점과 종착점을 말할 수 있는 것도 아니다. 따라서 문명의 구성요소와 형태는 시간이 흐르면서 달라진다."고 보았다.

13) 니얼 퍼거슨 지음/ 구세희·김정희 옮김, 위의 책, pp.37~40 참조.

며 유한하긴 하지만 아주 오래 간다. ④ 문명은 정치적 실체가 아니라 문
화적 실체이므로 정부가 하는 일을 처리하지는 않는다고 하면서 문명을
갈등과 충돌로 정의하였다. 반면에 하랄트 뮐러(Harald Muller)처럼 《문명
의 공존》(Das-Zusammenleben der Kulturen)을 주장하는 이론들도 있
다.[14) 그 밖에도 다양한 이론들이 있다.[15)

　　최근에 들어오면서 교통과 통신의 발달은 물론이고 매체인 '기호(code)'
의 확장이 예측 불가능의 속도로 진화하고 있다. 그렇다면 역사와 문명을
바라보는 시좌구조(視座構造, focal-shift)와 기준에 변화가 있어야 한다.[16)

---

14) 헌팅턴의 견해에 반박한 글은 하랄트 뮐러(Harald Muller) 외에 여러 명이 있지
　　만, 서예드 모함마드 하타르가 지은 《문명의 대화》는 이슬람권의 입장에서 갈
　　등이 아닌 대화의 측면을 더욱 강조한다. 서예드 모함마드 하타르 지음/ 이희수
　　옮김, 《문명의 대화》, 지식여행, 2002.
15) 그 외에도 프란시스 후쿠야마, 니얼 퍼거슨, 데이비드 킬스천, 유발 하라리, 이
　　안 모리스, 유아사 다케오, 존 펄린, 엠마누엘 아나티, 하워드 오덤, 조셉 캠벨,
　　제러드 다이아몬드, 신시아 브라운 등이 각각 새로운 시각에서 문명의 상황 등
　　을 분석하였다. 특히 제러드 다이아몬드 외 지음, 《컬쳐 쇼크》(Culture)는 사회,
　　예술, 기술 등 각 분야의 전문가들이 새로운 관점으로 문화를 보고 미래에 대
　　한 조망까지 한다.
16) 다음 책들은 새로운 시각을 갖고 역사와 문명을 바라보면서 집필한 책들이다.
　　물론 이외에도 많이 있으며 본문에서 언급한 경우도 있다.
　　빌 브라이슨 지음/ 이덕환 옮김, 《거의 모든 것의 역사》, 까치, 2007; 제임스
　　E.매클렐란 3세 지음/ 전대호 옮김, 《과학과 기술로 본 세계사 강의》, 모티브북,
　　2006; 앤서니 기든스 지음/ 홍욱희 옮김, 《기후변화의 정치학》, 에코리브르,
　　2009; 유소민 지음/ 박기수 외 옮김, 《기후의 반역》, 성균관대학교 출판부,
　　2005; 앨프리드.W.크로스비 지음/ 안효상·정범진 옮김, 《생태 제국주의》, 지식
　　의 풍경, 2002; 하워드 오덤 지음/ 박석순·강대석 옮김, 《시스템 생태학 1》, 도
　　서출판 아르케, 2000; 브라이언 페이건 지음/ 남경태 옮김, 《기후, 문명의 지도
　　를 바꾸다》, 예지, 2007; 브라이언 페이건 지음/ 《완벽한 빙하시대》(Ice age), 푸
　　른길, 2011; 이시 히로유끼, 야스다요시노리, 유아사 다케오 지음/ 이하준 옮
　　김, 《환경은 세계사를 어떻게 바꾸었는가》, 경당, 2003; 루이스 멈포드 지음/
　　김문환 옮김, 《예술과 기술》, 민음사, 1999; 엘리란 스토로스베르 지음/ 김승
　　윤 옮김, 《예술과 과학》, 을유문화사, 2002; 이인식 지음, 《지식의 대융합》, 고
　　즈원, 2008 기타.

'거시사'[17) '세계학(world studies)'[18) '인류미래사' '빅히스토리(Big history)[19)'에서 보이듯 인식이 확장되고 인류 전체를 조망하는 연구들이 이루어졌다.[20)

또한 1970년에 들어 '환경사(environmental history)'에 대한 관심이 급속하게 높아졌다. 1962년 출판된 레이첼 카슨(Rachel L. Carson)의 《침묵의 봄》(Sielent Spring)은 실증적인 연구와 조사의 결과를 데이터화시켜 놓음으로써 그 시대 일대 충격을 불러 일으켰다. 그의 주장과 데이터에 오류가 발견된 것은 부정할 수 없지만, 인류사회에 경종을 불러일으켰고, 인류 문명의 위기와 종(種)의 가치를 새삼 일깨웠다. 이어 70년대 초에는 미국 플로리다대학에서 '역사 생태학(historical ecology)' 연구 프로젝트가 발족되었고, 70년대 말에는 캔자스대학의 역사학 교수인 도널드 워스터(Donald Worster) 등이 '환경역사학(environmental history)'을 제창하였다. 이로써 숲의 중요성, 물의 중요성이 또 다른 관점에서 제기되었고, '물문명'[21) '숲문명'이라는 용어들도 사용되기 시작했다. 한편 '해양문명'은 중

---

17) 요한 갈퉁·소하일 이나야툴라 편저/ 노영숙 옮김, 《미래를 보는 거시사의 세계》, 우물이 있는 집, 2005; 데이비드 크리스천 지음/ 김서형·김용우 옮김, 《세계사의 새로운 대안 거대사》, 서해문집, 2009; 오스카 할레키, 《유럽사의 境界와 區分》, 탐구당, 1993.

18) w. 워런 와거 지음/ 이순호 옮김, 《인류의 미래사》, 교양인, 2006.

19) 데이비드 퀼스천·밥 베인 지음/ 조지형 옮김, 《빅히스토리》(Big History), 해나무, 2013.

20) 월레스타인, 《The caplitalist world-economy》, Cambridge University Press, 1979; 월레스타인 지음/ 김인중·이동기 옮김, 《근대세계체제》, 1 2 3 까치, 2013; 앤소니 기든스/ 한상진·박찬욱 옮김, 《제 3의 길》, 책과 함께, 2104; 새뮤엘 헌팅턴 지음/ 이희재 옮김, 《문명의 충돌》, 김영사, 2016; 엘빈 토플러/ 이규행 옮김, 《권력 이동》, 한국경제신문사, 1990; 그렉 클라이즈데일/ 김유신 옮김, 《부의 이동》, (주)21세기북스, 2008; 조지 프리드먼 지음/ 김홍래 옮김, 《넥스트 디케이드》, 쌤앤파커스, 2011; 니얼 퍼거슨 지음/ 구세희·김정희 옮김, 《시빌라이제이션》, 21세기북스, 2011; 재레드 다이아몬드 지음/ 강주현 옮김, 《어제까지의 세계》, 김영사, 2013 기타.

21) 스티븐 솔로몬 지음/ 주경철·안민석 옮김, 《물의 세계사》, 민음사 2013. '부와 권력을 향한 인류문명의 투쟁'이라는 부제에서 보이듯 물의 효용성과 문명의 흥

국에서는 '남색(藍色, Blue)문명'으로 불리며, 전통적으로, 또 일반적으로
서양의 선진적 사회 발전과 방식을 특별히 지칭한다. 이 개념은 '농업문
명' 혹은 '황색문명(황하문명)'과 대립한 개념으로 알려져 있다.[22]

## 2) 문명권의 설정과 이론

### (1) 문명권 설정의 필요성

고조선을 고유한 문명 또는 문명권으로 설정하지 못한 데에는 몇 가
지 이유가 있다.

첫째, 문명의 개념과 성격에 대한 인식과 지혜의 한계 및 편향성 때문
이다.

일반적으로 '문명'이란 단어는 서양의 언어(civilization)를 일본이 근대화
되는 과정에서 번역한 단어이므로, 서구의 근대적인 관점 및 일본을 비롯
한 동아시아 세계의 인식도 담겨 있다. 또한 동아시아 세계에서 오랫동안
제국적인 질서를 유지하면서 서구인의 기준으로 보아도 문명으로 설정하는
일이 가능한 전통적인 중국식 사유방식과 사회체제를 기준으로 삼았기 때
문이다. '중화문명(華夏文明)'은 고전적 분류에 따르면 4대 문명의 하나로서
세계에서 지속시간이 가장 긴 문명으로 알려졌다. 중국은 문명의 판정과
표준을 이렇게 정의하고 있다. 도시의 출현, 문자의 발생, 국가제도의 확립
이다. 이 가운데 '성시(도시)의 출현'은 문명의 유무를 확정할 수 있는 전제
조건으로 본다. 중화문명의 기초는 "역(易), 시(詩), 서(書), 예(禮), 악(樂),
춘(春), 추(秋)" 등 8가지 고전 서적이며 이의 기원은 '대지만(大地灣)문화',
'용산(龍山)문화', '앙소(仰韶)문화', '도사(陶寺)문화' 등으로 분류된다.[23]

---

망을 구체적으로 다루었다.

22) 郑敬高, 〈海洋文明的历史类型－兼论欧洲文明不等于海洋文明〉,《福建论坛：人文社
会科学版》, 2004, pp.35－39 참조.

23) 許啟賢 主編,《世界文明論研究》,《濟南: 山東人民出版社》, 2001, pp.1~24 참조.

그런데 중국은 근래에 들어와 황하문명[24] 외에, 장강문명[25], 요하문명 등을 추가한다. 때문에 일종의 신분분화, 전문적인 제사집단의 존재, 정치력을 갖춘 집단에 의한 관리체제의 확립, 농업의 높은 비중과 분업의 발달 등을 이룩한 '고국(古國)'[26]이라고 한다. 일종의 '도시국가'를 이룬 상태로 보고 있다. 이 용어는 주로 홍산문화의 정치적인 발전단계와 성격을 표현하는 데 사용되고 있다. 그런데 장강(하류를 양자강이라고 부른다) 문명은 인류의 4대 문명과는 달리 벼농사와 어업을 생업으로 했다. 이것은 고조선문명권을 규명하는 데 일정한 의미를 준다. 한편 한국에서 최남선이 '불함(不咸)문화권'을 주장했고, 안확(安廓, 호는 自山)은 '조선문명론'을 전개하여 문명에 대한 이론과 함께 우리 문명의 유형화 작업에 공을 들였다.[27] 최근에는 신용하가 '한강(漢江)문명'을 주장한다.[28]

둘째, 문명의 이러한 분류와 유형화 방식은 근대 산업사회 이후에 전개된 세계질서화 과정에서 적용되었던 세계관의 산물이다.

---

24) 許啟賢 主編, 위의 책, pp.1~24 참조.

25) 1996년 일본이 중국과 공동으로 '장강문명 학술조사단'을 결성하여 장강 상류, 사천성의 용마고성보돈(龍馬古城寶墩) 유적을 발굴했다. 이것을 시작으로 1997년부터 문부과학성의 '장강문명의 탐구' 프로젝트가 중심이 되어 장강 중류 성두산(城頭山)(南省 洞庭湖 주변) 유적을 발굴해 왔다. 장강 문명의 발생과 의미 등은 야스다 요시노리(安田喜憲)·사도 요이치로(佐藤洋一郎) 등의 일본학자들이 발굴을 주도했다. 이시 히로유끼·야스다 요시노리·유아사 다케오 지음/ 이하준 옮김, 《환경은 세계사를 어떻게 바꾸었는가》, 경당, 2003 참고.
이 발굴사업에 참여한 학자들의 대담은 '중국에 세계 4대 문명보다 앞선 '장강문명' 실존! '문예춘추' 4월호 장강문명 발굴기 좌담', 월간중앙 〈2002년 5월호〉. 우메하라 다케시(梅原猛·작가), 야스다 요시노리(安田喜憲·국제일본문화연구센터 교수), 사토 요이치로(佐藤洋一郎·靜岡大學 조교수)가 좌담에 참석했다.

26) 중국은 '고국'을 'old state'로 번역한다.

27) 안확 지음/ 송강호 옮김, 《조선문명사》, 우리역사재단, 2015.

28) 신용하, 〈고조선 국가의 형성과 고조선 금속문화〉; ---, 〈고조선문명 형성에 들어간 貊族의 紅山문화의 특징〉; ---, 〈고조선문명 형성의 기반과 한강문화의 세계최초 단립벼 및 콩의 재배 경작〉; ---, 〈고조선의 기마문화와 농경·유목의 복합구성〉.

15세기 중후반 이후 조선술과 항해술의 발달에 힘입어 지리적 공간 영역의 확대와 타 문명에 대한 지식의 양이 축적됨으로써 인류 문명 전체를 조망하는 능력이 생겼다. 상대문화 또는 문명과의 상호비교를 통해서 가치기준이 생겼고, 문명의 생성과 붕괴를 진단하는 능력과 방식도 한층 달라졌다. 특히 탐험가들, 지리학자들, 인류학자들, 초기 고고학자들, 심지어는 종교학 연구자들의 '현장조사(field study)'와 연구는 큰 역할을 담당하였다.

그리고 인류는 처음으로 '제1차 세계대전(The First World war)', '제2차 세계대전(The Second World war)'이라는, 과거의 제한된 지역의 전쟁이 아닌 세계 전체가 본격적인 세계적인 전쟁에 직접, 간접으로 참여하였다. 낙관적인 세계관과 진보과정에 맹신을 갖고, 인간의 이성능력에 확신을 갖고 있었던 서양인들은 경악과 놀라움을 금치 못하며 반성을 하였다. 그리고 대안을 찾는 작업들이 많은 분야에서 일어났는데, 그 핵심은 역사와 문명의 문제였다. 문명이 무엇이며, 그 역할이 진정 무엇인가를 고민한 것이다. 이렇게 해서 문명으로 인류의 역사를 해석한 사람들과 이론들이 등장하였다.

그리고 그 시대에 이르면 근대 이후에 발전해 온 각종 과학들이 질적인 변화와 성장을 한다. 예를 들면 알버트 아인슈타인(Albert Einstein)의 등장으로 '특수 상대성이론(The special theory of relatively)', '일반 상대성이론(General theory of relatively)'이 등장하고, 닐스 보어(Niels Bohr) 등에 의해서 '양자역학(Quantum mechanics)'이 시작되었으며, 찰스 다윈(Charles Robert Darwin)의 진화론과 발전한 유기체론에서 질적으로 변화된 생리학, 유기체론 등이 등장하였다. 그리고 이러한 사상과 과학적인 성과들 및 역사와 문명의 해석들은 상호영향을 끼쳤다.

역사를 '유기체(Organism)'로 보면서 서양문명의 한계를 본격적으로 지적한 대표적인 인물이 오스발트 스펭글러(Osward Spengler)이다. 그는 문명이 생성하고 소멸하는 유기체라는 인식을 하였다. 비교적 다양한 사례를 들어가면서 다른 문명들을 비교하였는데, 이러한 관점에 입각해서 서양문명은 몰락할 것이라는 주장을 담은 《서양사의 몰락》을 펴냈다. 뒤를 이어 아놀드 토인비(Arnold Joseph Toynbee)가 '문명 유기체설'이라는 관점을 갖고, 그 시대의 다양하고 폭넓은 지식들을 섭렵한 후에 《역사의 연구》(A study of histor)를 통해서 26개의 문명을 상세하고 소개하면서 흥망성쇠를 분석했다.

셋째, 개체 또는 집단 등 어떤 존재든 경쟁과 갈등이 생명계의 체계 및 논리이고, 이 속에서 승자가 되기 위해서는 몇 가지 조건을 갖추어야 한다고 주장하였기 때문이다. 이 부류들은 '인류의 역사는 소규모이건 대규모이건 간에 집단 간의 경쟁은 불가피한 상황이 많았으며, 자주 무력대결이 퍼졌다'고 하였다. 주로 전쟁사를 연구하거나 '진화론(Evolution theory)'을 추종하는 학자들, [29] 그리고 인간의 생물학적인 성격을 강조하는 동물학자들의 견해이다.

이러한 종류의 대결에서 승자가 되려면, 또는 승자의 위상을 보존하려면 효율적인 방어와 발전, 내부의 관리와 통제를 위해서, 그리고 타 집단에 대한 우월감과 관리와 통제대상인 일반주민들에게 권위와 자부심을 갖도록 특별한 건축물과 비를 비롯한 기념물, 고도의 논리력을 갖춘 종교 등을 필요로 한다. 이러한 결과물을 낳게 하는 '조직력', '무장력', '논리력', '경제력', '기술력' 등은 실질적인 요소이고, 이것의 집합체가 소위 '문화' '문명' 또는 '문명현상'의 지표물로서 평가의 척도가 되었다고 주장한다. '문화' 또는 '문명'의 문명을 정치 경제적인 승자 중심의 소산물로 보는 것이다. 그래서 소위 '4대 문명(Cradle of civilization)'이 문명의 전범처럼 알려졌다.

사회사학자로서 특히 마르크시즘에 영향력을 끼쳤던 루이스 헨리 모건(Lewis Henry Morgan)은 《Ancient Society or Researches in the Lines of

---

29) 초기 진화론자들은 변화를 선택적 과정이 아니라 단선적인 진보의 선상을 따라 변환(transformation)한다는 시각에서 보았다. 오늘날 인류학자들은 이를 단선진화(uni-lineal evolution)이라고 부른다. 로버트 켈리 지음/ 성춘택 옮김, 《수렵채집사회: 고고학과 인류학》, 사회평론, 2014, p.28.

Human Progress from Savagery through Barbarism to Civilization》에서 세계사를 '야만(Savagery)', '미개(Barbarism)', '문명(civilization)'의 범주로 나누었으며, 야만은 다시 하위, 중위, 상위로 구분하고, 미개 또한 하위, 중위, 상위로 나누어 모두 일곱 개의 시기로 기술하였다. 그런데 이렇게 문명에 서열을 매기는 것은 인종주의에 근거한 것이라고 비판한다.[30]

하지만 세계를 또 다른 관점으로 해석하고 실현시켜 왔으며, 문명의 실체를 규명한 후 이러한 과정과 결과들을 논리와 사상으로 만든 연구들이 많다. 예를 들면 조화와 협력, 상대존재와의 평화로운 교류를 통해야 승자가 될 수 있다고 주장하는 부류들이다. '공존' '상호부조론'을 주장하는 일부 생물학자들과 무정부주의자들이 있다. 페테르 크로포트킨(Pyotr Alkseevitch Kropotkin)은 무정부주의자이면서 지리학, 동물학 등을 연구한 사람이다.[31] 심지어는 일본에서조차 와쓰지 데쓰로(和 鐵郎) 등은 '풍토론'[32] 등을 전개하면서 자연현상이 인간의 정신에 끼치는 영향을 강조하고 있다. 일본의 관학자들이 목표로 삼고 우리역사를 왜곡한 대상은 '반도적 근성론(半島的 根性論)' 등을 비롯한, 조선사람의 정신세계였다.

이러한 부류들은 근대 이후에도 등장하여 유사한 이론과 주장을 하면서 실현시키려는 노력을 기울였다. 이들은 자신들의 이론을 증명할 목적으로 역사상의 몇몇 문명 또는 문화들을 발굴한 후 소개하고, 소수의 인류학자와 종교학자들은 소위 비서구권인 아프리카, 남아메리카, 남태평양의 섬들, 북아시아 일대의 숲과 빙원으로 들어가 원시 미개 부족 또는 종족을 관찰하고 분석하였다.

넷째, 양대 문명 외에도 또 다른 성격과 위상을 지닌 '제3의 문명'도

---

30) 로버트 켈리 지음/ 성춘택 옮김, 《수렵채집사회: 고고학과 인류학》, 사회평론, 2014, p.29.

31) 페테르 크로포트킨(Pyotr Alkseevitch Kropotkin) 지음/ 김영범 옮김, 《만물은 서로 돕는다》, 르네상스, 2005. 그는 무정부주의자이면서, 상호부조론을 주장했다. 알렉시스 카렐, 《인간, 그 미재의 존재》 등의 생리학자 등이 있다.

32) 와쓰지 데쓰로(和 鐵郎) 지음/ 박건주 옮김, 《풍토와 인간》, 장승, 1993.

있었다는 주장들을 한다. 문명을 특정 분야의 학문을 교조적으로 적용
한 결과에 따른 산물로 보았기 때문에 이러한 문명론을 전개했다.[33] 역사
는 인간 활동의 총체인 만큼 온갖 종류의 다양성으로 구성되어 있다. 그
러므로 역사 및 문화의 연구는 여러 분야를 다양하게 수용하고, 분야 간
의 연관성을 긴밀하게 할 필요가 있다. 연구의 주제와 소재는 다양해야
하며, 더욱이 분석의 도구는 다양할수록 '편향성'과 '오류'를 최소화시킬
수 있다.

그럼에도 불구하고 한국의 근대 역사학은 분석의 도구를 지극히 제한
하였다. '문자'를 압도적인 우위로 하는 연구방법론을 채택하였으며, 그것
도 특정 분야의 문헌을 위주로 하였다. 이러한 편향성은 '소재의 선택'에
서도 나타났다. 일종의 '소재(素材)주의'이다. 엄밀한 의미에서 해석의 차
이와 다양성은 세계관이나 가치관뿐만 아니라 분석도구를 다르게 사용
하면서도 나타난다. 결과 또한 판이하게 달라야 한다. 소재주의에 경도된
현상들은 교조적이며 편향성이 있음에도 불구하고, 이를 '미시적인 연구'
라고 주장하기도 한다. 하지만 이러한 이론과 적용방식이 가진 한계에 대
해서는 다양한 관점에서 지적되었으며,[34] 또한 새로운 이론에 근거하여
재해석한 다양한 문명권들이 소개되었다.[35]

다섯째, 고조선을 비롯한 우리의 역사활동이 이루어진 공간과 주체,
시간, 사상 등에 대한 구체적인 이해가 부족했기 때문이다. 특히 해양이
우리 역사에서 상당한 영향력을 끼쳤음에도 불구하고 이에 대한 주목을

---

33) 인류의 4대 문명설, 아놀드 토인비와 오스발트 슈펭글러 등의 문명권 이론들부
　　터 최근의 샤무엘 헌팅턴, 프란시스 후쿠야마에 이르기까지 대부분의 학자들
　　은 그 틀에서 크게 벗어나지 못했다.
34) 윤명철, 〈한국사 이해를 위한 몇 가지 제언〉,《한국사학사학보》9집, 2004;
　　---, 〈한국 고대사 연구의 반성과 대안〉,《단군학 연구》11호, 2004 등 참조.
35) 레비 스트로스 등의 인류학자, 멀치아 엘리아데 등의 종교학자 등이 약간의 다
　　른 관점으로 인류와 문명을 해석하였다. 최근에 제러드 다이아몬드는《어제까
　　지의 세계》를 통해서《총 균 쇠》의 관점과는 약간 다르게, 즉 다소 비판적으로
　　전통세계를 해석하였다.

게을리 했을 뿐만 아니라 반도사관의 굴레를 완전하게 탈피하지 못했기 때문이다. 한반도는 지리적인 용어이지, 역사적인 개념이 아니다. 해양활동이 미약하고, 바다에 포위되어, 소극적이고 제한된 공간으로서의 반도로 인식한 경향이 있다. 심지어는 독자성과 고유성이 미약한, 시대에 따라서는 대륙의 부수적인 '주변부' 역사로서 인식되기도 했다. 또 하나의 오류는 일국사적인 관점에 입각하여 국제관계를 소홀히 취급한 측면이 다분히 있었다. 일민족사적인 관점, 일문명사적인 관점에서 국제관계가 중요했음을 인식해야 한다. 국제관계를 이루는 데 해양의 역할은 매우 컸다.

또 하나의 오류는 역동성이 미약한 농경적 세계관을 투영시켜 우리문화 전체를 해석한 것이다. 고대역사 이전에는 농경문화만을 이루고 산 것은 아니었다. 고조선의 중요한 활동무대인 만주지역은 벼농사 지역이 아니었으며, 평원과 초원에서 목축이 이루어졌고, 동만주 일대에서는 목축과 사냥 수렵과 채취가 중요한 삶의 형태였다. 비록 어로양식과 규모 등 구체적인 증거가 불충분하지만, 사료 혹은 유물 유적들의 비교를 하면 해양을 매개로 각국 혹은 지역 사이에는 교류가 활발했다. 정치·문화·경제적인 교류가 이루어지는 데 해양은 절대적인 역할을 하였다. 우리가 흔히 해양문화라고 생각하는 것들은 육지문화와는 사뭇 다르다. 자연과 풍토도 다르고, 자연현상이나 자연물에 대한 인간의 감정과 태도도 다르다. 또 전쟁을 치르는 방식도 다르고, 더욱이 획득하고 분배하는 방식이 다르며, 통치하는 방식이 다르다.

해양의 관점에서 우리 역사를 해석하면 몇 가지의 특성이 있다. 첫째, 역사의 주체, 즉 역사의 주된 담당세력은 농경민만이 아니라 해양민이 있다. 해양민을 역사의 중심부로 끌어들여야 하며, 그들의 생활양식과 행동방식, 세계관을 통해서 역사상을 이해해야 한다. 해양문화는 모방성(模倣性), 공유성(共有性)이 강하다. 다른 지역이나 나라, 문화 사이에 교류가 빈번하기 때문에 주변 문화와 공통성이 많다. 해양문화는 유목문화와 마찬가지로 '이동성(移動性, mobility)'이 있는데, 해로를 이용하여 문화를 교류할 때에는 동일한 해양을 공유한다. 그러므로 국제 관계 혹은 지역

관계의 입장에서 파악해야 한다.

### (2) 이론적 검토

고조선을 독자적인 '문명' 또는 '문명권'으로 설정하려면 앞에서 일부 소개한 통념들이나 또는 기존의 개념들을 적용하면 무리가 있다. 고조선 문명권은 일반적으로 알려진 고전적 정의와는 여러 가지 면에서 차이점이 있다. 따라서 무리하게 일반적인 영토 개념을 적용하거나, 강고한 조직적인 관리체제가 실재한 것으로 주장해도 안 되고, 고도로 발달된 기술력을 이용해서 나타난 성과들이 있다고 주장해서는 안 된다. 이렇게 해서 내세우는 몇몇 증거들 가운데에서도 사실과도 다를 뿐 아니라 논리상으로도 무리한 점들이 있다. 따라서 필자는 '문명'이라는 용어를 일방적으로 적용하는 대신에 '문명권'이라는 다소 느슨한 개념과 언어를 사용한다. 뒤에서 설명하는 몇몇 문명이론들, 예를 들면 '터이론', '환류시스템 이론', '역사 유기체론', '동아지중해 모델', '해륙문명론' 등을 적절하게 활용하면서 고조선의 문명적 성격을 찾아본다.

따라서 이 글에서는 먼저 '동아시아문명권'을 재설정하고, '고조선문명권'을 성립시킬 수 있는 논리적 근거를 확보하기 위해 '문명' 및 문명권에 대한 논리를 몇 가지 만들었다.

'문화권' 혹은 '문명권' 개념을 설정하려면 구성의 기본요소와 연관하여 몇 가지 기본요건이 갖춰져야 한다. 첫째, '접촉 방식'의 문제이다. 일반적으로 소규모 문화지대와 문화지대의 만남이라든가, 큰 집단 간의 만남이 아닌 소수 주민들 간의 만남으로 끝나서는 안된다. 문화 현상들의 만남이 우발적으로 진행된 것, 무목적으로 이루어진 것, 또는 일회적으로 끝나거나, 연속적으로 이어지지 않고, 단속적이거나 비연속적인 만남으로 끝나서는 안 된다. 목적의식을 지닌 채 연속적으로 만남을 지속해야 한다. 중기적, 장기적으로 지속되어야 한다.

또한 만남의 양식도 단순하거나 편향적이어서는 불충분하다. 상호교차적인 단선적인 만남을 넘어서 복선적(複線的)이어야 하며, 그 복선들은 평면에서 이루어진 것이 아니라 입체적으로 구성된 몇 개의 거점 혹은 '허브(Hub)'를 중심으로 다중적(多重的)이어야 한다. 예를 들면 생활상의 이익을 위해서 특정분야에 국한해서 관련 집단끼리만 만남을 가져서는 안 된다. 물론 정치적인 이익을 위한 정치집단끼리의 일시적이고 의도적인 만남들도 무수히 있었다. 그리고 집단 또는 소문명 내부의 다양한 분야들은 다양한 구성원들의 주도로 복잡하고 다양한 방식으로 관계들이 이루어져야 한다. 예를 들면 공간적으로 문명은 바다와 육지의 만남도 '원양과 연안', '연안과 갯가', '갯가와 내륙'의 관계식으로 확대해야 한다. 이것은 시간도 동일하다. 일시에, 혹은 단기간에 이루어진 접촉과 그 결과만으로 문명권이 생성될 수는 없다. 따라서 다양한 시간대에 지속적으로 접촉을 해야 상호침투하면서 문화의 질이 풍요로워지고, 내적으로 성숙해진다.

둘째, '내부 결속'의 문제이다. 하나로 유형화된 문명은 '공질성(共質性)'을 갖추어야 한다. '동질성' 또는 '통합성'이라는 용어는 다양성, 복합성을 기본요소로 하는 문명의 생성과 발전에는 적합하지가 않다. 이는 역사상을 이해하거나 분석할 때도 마찬가지이다. 공질성이라는 용어는 단어가 가진 의미 그대로 유사한 요소들의 배합비율이 상대적으로 높아서 일견 하나의 동일체처럼 보이는 상태를 말한다. 하지만 분명히 다른 요소들이 다양하게 존재하는데, 다만 조화와 통일을 지향하고, 이질성으로 인하여 분열이나 갈등상태가 심각해지지 않는 상태를 의미한다.

'문명권'이란 1차적으로 내부에서의 '공유(共有)'가 중요하다. 내부에는 모든 분야에서 유사한 요소들이 많고, 각개의 독립성을 지닌 요소들은 통합이나 기계적으로가 아닌 불가분하게 '유기적'으로 연결되어 있어야 하며, 이것은 주관적인 견해나 판단을 넘어 '객관적'으로 확인할 수 있어야 한다. 뿐만 아니라 '주관적'으로도 구성원들의 대부분이 '공동의 문화', '하나의 문명'을 창조한다는 인식을 해야 한다.

또한 문명은 외부적으로는 다른 문명권과 비교할 때는 유사한 보편성을 지녔지만, '문명권'이 생성되는 과정과 결과에서 차이점이 드러나고, 내부적으로는 다른 듯하면서도, 같은 요소들이 모인 결정체이다. 즉 동질성 내부의 이질성이 아니라 작은 이질성들의 합(合)으로서의 큰 동질성이 문명의 중요한 특성이다. 이러한 관점을 적용할 경우에는 문명은 고전적 의미의 개념처럼 제국, 지역, 거대도시 등으로 이루어진 역사 활동의 가장 큰 단위만은 아니라고 판단한다.

셋째, '문명 생성의 전제조건'이라는 문제이다. 소위 잘 알려진 '4대 문명' 또는 '서구문명' 같은 대단위는 피라밋 같은 수직적인 구조 속에서 블랙홀처럼 주변 지역, 주변 국가, 주변 문화 등을 핵에 해당하는 '중심(Center)'으로 빨아들이는 구조가 있다. 반면에 아프리카, 남아메리카, 유라시아의 '오지' 등에 존재했거나 또는 고립된 '소지역'의 문화나 부족 등이 생성한 문화와 같은 '소단위 문명'도 있다.[36] 형체가 분명하지 않고, 다른 문화나 문명과 활발하게 교류한 흔적이 약하며, 심지어는 전혀 흔적이 없는 경우도 있다.

그런데 문명은 기본적으로는 어느 정도의 '자체 완결구조'를 지니고 있어야 한다. 때문에 '교류' '수용' '전파' 등 만남을 전제로 존재할 수밖에 없다. 그러므로 다른 문명권과 활발한 교류와 공동의 생존체계를 갖는 것이 중요하다. 하지만 상황에 따라서는 다른 문명과 적극적인 교류가 없거나, 심지어는 고립한 채로도 장기간 존재와 존속하는 것도 가능하다. 북시베리아의 소수민족들, 중앙아시아의 산간 오지나 사막 한 가운데의 집단처럼 외면적으로는 하나처럼 단순해 보이는 문명도 이러한 관점에서 분석하고 이해해야만 본질을 알 수 있다. 결론적으로 문명은 다양한 종족, 자연환경, 문화, 언어, 종교, 경제양식 등이 섞여 이루어진 하나의 독립된 '완결체(完結體)'이다. 그러므로 이러한 기준을 적용하면 문명 또는 문명권을 설정할 때 더 유연해질 수 있고, 각 문명의 내용을 찾아내고 이

---

36) 이러한 견해는 지리학자인 제러드 다이아몬드의 《어제까지의 세계》에서 표현되고 있다.

해하면, 활용하는 데도 유리할 수 있다.

　필자는 이러한 이론들을 토대로 고조선문명권의 설정과 해석, 신문명의 모델을 모색하는 작업을 위해 세계현상과 사물의 구조, 운동방식, 역사의 발전 등을 설명하는 이론 틀로서 역사 유기체론(歷史 有機體論)[37]을 제기하였다.[38]

　*역사유기체론

　'역사는 생명이며, 역사학은 생명학(生命學)'이라고 생각한다.[39] 인간을 포함한 유기체들뿐만 아니라 역사 자체도 생명의 본질과 성격을 갖추고 있다는 관점이다. 이때 '유기체(有機體)'라는 용어는 서구 근대 사회의 산물로서, 지금까지도 개념에 끊임없는 변화가 생기는 것이다. 간단히 표현하면 '기계적'에 대응하는 개념으로 이해할 수 있다.[40] 하지만 이것은

---

37) 필자는 이러한 서구적인 용어와 개념의 도입에서 발생하는 혼란과 오해를 막을 목적으로 몇몇 논문에서는 대안으로 본문 또는 각주에서 '초유기체', 또는 '생명체'라는 용어를 사용하기도 했으나 가설 상태이다. 필자는 미완성되었지만 이러한 이론을 바탕으로 국가의 정체성, 선행국가의 계승성, 분열된 국가들의 통일성 등을 역사상과 연관하여 분석해왔다.

38) 아래 글의 논리와 내용은 윤명철, 《역사는 진보하는가?》 온누리, 1992. 제2장 내용 및 《해양사 연구방법론》, 학연, 2012 참조.

39) 윤명철, 〈단군신화에 표현한 생명사관의 편린 탐구시론〉, 《한국의 생명담론과 실천운동》, 세계생명문화포럼 자료집, 2004; ---, 〈巫敎에서 본 생명관-'무교사관'의 설정을 위한 시도〉, 《동아시아 고대학》 33집, 2014.

40) 생물학자들은 린네(Carl von Linne)가 유기체를 분류한 이른바 '종(Species)', '속(Genus)', '과(Family)', '목(Order)', '강(Class)', '문(Phylum)', '계(Kingdom)' 이론을 수용하고 있다. 물론 역사적 유기체는 이러한 분류와는 관련이 없고, 생물학적 의미의 유기체와 역사적 유기체는 여러 가지 점에서 차이점이 많다. 다만 그러한 분류의 기준과 방식을 활용해서 역사에 적용한 예들이 있다. 역사에서는 역사의 주체 구성원들을 과학적으로 범주화시키고, 분류하여 정체성을 규명할 뿐 아니라 인류역사의 생물학적 측면을 좀 더 인식시키는 일이 필요하다는 견해를 갖고 있다.

필자가 세계상과 역사를 해석하기 위해 차용한 유기체라는 언어의 개념 및 논리와는 다른 점이 있다. 역사유기체설을 간단하게 약술하면 이는 구조상으로는 일종의 '네트워크 시스템'이며, 형식은 '만남과 운동'이지만, 내용은 '생명현상'을 함유한 개념이다. 동양문화와 우리의 전통사상에서 흔하게 나타나는 '사물관' '세계관' '가치관'과 흡사하다. 필자는 '생명사관' 이라는 용어를 빌어 논리를 전개한 바 있다.

지구에서 40억 년 전에 역사가 시작된 이래 모든 생명체가 탄생하고 진화하는 과정에서, 현재까지 최종 최고의 결정체는 인간이다.[41] 그러한 '인간이라는 최고의 유기체를 중심으로 모든 유기체들이 모여, 다른 무기체들과 작동하며 만들어낸 총체'가 역사라고 생각한다. '자연물' '자연현상' 등 무기체만의 운동과 역할은 '자연사(自然史)'이고, 또 일부의 유기체들만 만나도 자연사이다. 그런데 인간이 '주인' 또는 '주체'가 되어 모든 것들과 만나 운동하는 것은 완벽한 의미의 역사이다. 이러한 역사(행위, 활동개념)가 존재하는 궁극적인 목적은 '온전한' 생명을 구현하는 과정을 지속시키는 것으로 파악한다.

우주 내에 존재하는 모든 존재물, 예를 들면, 사건, 자연현상, 생물, 무생물 등은 이미 그 자체가 완전함을 뜻한다. 역사적 사건이건 자연현상이건, 혹은 인간을 포함한 자연물이건 일정한 조건을 갖추지 못하면 결코 존재할 수가 없다. 비록 부분적이나 일시적으로 결함은 있을지라도 기본은 다 갖추어야 한다. 그래서 우주의 모든 것은 일체의 통일이란 기본 전제에서 시작되고 부분과 전체, 혹은 개체와 전체 사이에서 그 일체

---

41) 생물학자 윅스킬(J.V.Uexkuii)은 "모든 유기체는 가장 저급한 것이라 하더라도 그저 막연한 의미에서 그 환경에 순응하도록 되어(angepasst) 있을 뿐만 아니라, 또한 완전히 그 환경에 적합하도록 되어(eingepasst) 있는 것이다"라고 하였다(에른스트 카시러 지음/ 최명관 옮김, 《인간이란 무엇인가?》, 전망사, 1984. p39에서 재인용). 또한 생물체에는 '체내시계(biological clock)'가 있는데, 이는 생명 메카니즘의 중심으로서 시시각각으로 변화하는 세계에 대응하여 그때마다 적합한 반응이 가능하도록 하는 것이다. 문명에도 유기체와는 성질이 다르지만 일종의 체내시계에 해당하는 요소와 기능들이 있을 수 있다.

감을 완전하게 구현하면서 발전해 나가는 것이다. 마찬가지로 인간과 다른 존재물들과의 만남이며 결과물인 문명 또한 자기완결구조를 지닌다.

이때 움직임은 물리적으로 운동에너지가 발생하는 것도 있지만, 조건 구성을 충족시킬 목적으로 행위를 하고, 본능적으로 온전한 생명을 구현하려는 목적성을 지니며, 재생하면서 자기완결성을 지닌다.[42] 이러한 '자기완결성'은 생리학에서 주장하는 '항상성(恒常性, homeostatis)'과도 맥을 같이한다고 본다.[43] '온전성'[44]은 다른 존재와 관계를 맺을 때는 내부의 통일 지향성으로 나타난다. 역사는 유기체인 인간들이 주체가 된 산물인 만큼 유기체의 성격을 공유하고 있다. '가정', '씨족', '부족', '종족', '민족', '국가', '문화', '문명'은 유기체적 성질이 있어야 되고, 이는 생성조건의 '온전'을 뜻하며, 대립자처럼 보이는 여러 조건들의 통일을 의미하는 '통일체'로 본다.

'역사유기체론'을 통해 보면 역사는 유기체로서의 성격을 가질 수밖에 없다. 역사유기체론을 통해서 역사를 살아서 움직이는 하나의 '생명체'로 파악한다. 물론 여기서 사용하는 생명체라는 말은 본질과 구성양식, 운동방식이 생명체의 그것과 유사하다는 의미이다. 일반적으로 이해하는 동물과 식물을 포함하는 좁은 의미의 개념과 용어는 아니다. 따라서 역

---

42) 윤명철, 《역사는 진보하는가?》 2장.

43) 알렉시스 카렐 지음/ 류지호 옮김, 《인간, 그 미지의 존재》, 문학사상사, 1998. 알렉시스 카렐은 이러한 맥락에서 현대 생리학의 단초를 열었다. "인간에 관한 개념 중에 어떤 것은 인간 특유의 것이지만 모든 생물에 통하는 것도 있고, 화학, 물리학, 기계학의 개념에 통하는 것도 있다는 것을 우리는 알고 있다. 전자나 원자, 분자, 세포 조직에 더하여 기관의 가장 고등한 단계에서는 기관과 체액과 의식으로 이루어지는 하나의 전체가 나타난다. 그렇게 되면 물리·화학과 생리학의 개념으로는 불충분해진다. 인간의 특징인 지능이나 도덕 관념, 미적 관념, 사회적 관념과 같은 심리학적 개념을 더 추가하지 않으면 안 된다."

44) '온전성'은 우리말 '온'과 한자인 '전성(全性)'의 합성어이지만, '완전성'과는 미묘하지만 또 다른 의미를 내포하고 있다. 이러한 인식은 생리학자인 알렉시스 카렐의 다음 말에서도 유사하다는 것을 알 수 있다. '인간 전체는 조직과 액체와 의식으로 이루어져 있다. 그리하여 공간적으로나 시간적으로나 동시에 펼쳐져 있다'(알렉시스 카렐 지음/ 류지호 옮김, 위의 책 참조).

사유기체론을 적용하면 역사를 지식의 파편 또는 파편들의 조합이 아닌, 모든(관계를 포함) 유기체들이 상호작용하면서 합일을 이룬다는 관점으로 연구한다. 그렇게 하면 인간과 역사를 의미가 깊은 과정과 결과로서 이해한다.

이는 문명도 동일하다, 즉 역사 및 문명의 구성원들은 '비아(非我, 상대방)'를 자기 존립(自己 存立)의 필수적인 존재로 인식한다. 따라서 공동으로 정보를 공유하고, 유사한 기호와 도구로 소통하며, 공동의 역사 활동을 벌여나간다. 또한 주변의 자연환경, 문화적 환경, 역사적 환경 등에 영향을 받거나 충격으로 상처를 입는 등 '공동의 이익'에 문제가 생길 때에는 공동의 문제의식을 지닌다. 그리고 국가기구, 제도, 기술, 산업, 이데올로기 등의 수단을 이용하여 주변 환경을 변화시키고 조정한다. 즉, 가장 적합한 요소를 선택하고, 환경에 적응하면서 이러한 경험을 '문화적 유전자'뿐만 아니라 '생물학적 유전자'로 전달하기도 한다.[45]

역사유기체설의 이러한 관점과 이론은 정치력과 결탁했던 과거 19세 후반부터 20세기 중반까지 영향을 끼쳤던 '사회유기체설', '생물학적 결정론' 등과는 다르다. 자연생태학 또는 환경사의 관점에서 본다면 동아시아 전통적인 자연관과 유사하며, '풍수사상'이나 《산경표》에서 지향하는 자연에 대한 해석과 부분적으로는 맥이 통한다. 역사공간에도 적용할 경우에는 다양한 국가, 민족, 문화, 영토 등도 하나의 '통일체' 또는 '역사유기체', '문명공동체'로 파악할 수 있다. 이러한 관점들은 우리 문화와 사상에서 흔하게 나타나는 사물관, 세계관과 흡사하다. 서구적인 용어와 개념의 도입에서 발생하는 혼란과 오해를 막을 목적으로 '초유기체',[46] 또는

---

45) 모든 생물은 끊임없이 스스로를 갱신한다. 세포들은 파괴되어 구조를 만들고, 조직과 기관들은 연속적인 주기로 자신들의 세포를 교체한다. 이러한 계속되는 변화에도 불구하고 생물은 그 전체적인 정체성 또는 조직패턴을 유지한다. 그 외 일종의 '자기조직화(Self-Organization)' 작용을 한다. 프리초프 카프라 지음/ 김용정·김동광 옮김, 《생명의 그물》(The Web Of Life), 범양사, 1998 참조.

46) 초유기체를 영어로 표현하는 방식에 대해서는 일반적인 생물학 특히 곤충연구에서 사용하는 'super organism'으로 할 수도 있고, 필자의 인식을 바탕으로

'생명체'라는 용어를 사용하기도 했으나 가설 상태이다.[47]

그러면 역사 또는 문명유기체는 어떠한 요소로 구성되었고, 어떠한 방식으로 관계를 맺으면서 생성하였을까? 역사 또는 문명은 근본 요소로서 주체인 인간, 공간, 시간들과 협조요소인 상황, 목적, 운동방식 등이 합쳐져서 상호 호혜적으로 작동하는 유기체의 특성인 '온전성'을 지향한다.

앞 글에서 문명 또는 문명권을 구성하는 요소를 몇 가지로 구분하여 살펴보았다. 하지만 이 중요한 요소 외에도 다른 요소들이 혼합해서 공동으로 작동해야 문명이 생성하고 발전한다. 앞에 전개한 이론들을 토대로 문명의 구성요소와 요소들의 작동방식에 대하여 결론을 내린다. 문명이란 '多 공간', '多 기호(언어 신화 문자 등)', '多 생물적 요소( 혈연, 종족)', '多 시간', '多 경제 양식', '多 문화(민속 신앙 종교 관습)', '多 역사적 경험', '多 정치체제', '多 가치관(생활양식 가치관 철학)', '多 인간형'으로 구성되므로써 '다(多)'라는 특성을 갖고 있다. 뿐만 아니라 이 다양한 多요소들은 몇 가지 특성을 갖고 있는데, 느슨한 통일성을 유지하고, 상호연관성을 유지하고, '부분(部分, a parts)'과 '전체(全體, a whole)'가 유기적으로 작동하며, 다핵(多核, multi core)을 중심으로 '환류(環流)시스템(Triple circulation system)'을 유지한다. 때로는 이러한 요소들 사이의 갈등과 충돌이 발생하지만, 궁극적으로는 생명체의 기본 속성과 동일하게 협력을 기조로 경쟁하는 체계라고 생각한다.

### (3) 해륙(海陸)문명론

필자는 고조선문명권을 설정하고, 한민족의 역사와 문화, 동아시아 세계의 문명을 이해하며, 또 다른 성격과 의미를 지닌 새로운 문명의 모

---

'trans-organism'으로 할 수도 있다.

47) 윤명철, 〈동아시아 고대문명 네트워크의 현대적 부활을 위하여〉,《동아시아 문예부흥과 생명평화》, 세계생명문화포럼, 2005; ---, 〈巫教에서 본 생명관-'무교사관'의 설정을 위한 시도〉,《동아시아고대학》33집, 2014.

델을 모색하기 위해 해륙문명론을 제기해왔다.

고조선문명은 대륙문명도 아니지만 해양문명도 아니다. 해양문명이 인류의 초창기부터 경제발전은 물론 사회, 사상 정신 예술 등 여러 면에서 큰 역할을 담당했다고 본다.[48]

필자는 일찍부터 해륙문명론을 전개해 왔고. 고조선, 고구려 등은 해륙적 성격을 띤 국가체제였다는 글을 발표하였다. 고조선문명권을 해륙문명의 성격으로 이해하려면 어떠한 조건을 갖추고 있어야 할까?

첫째, 자연환경은 해륙적 연관성이 깊어야 한다.[49] 대륙과 반도, 해양이 만나는 동아지중해의 중핵에 있으면서 북으로는 육지와 직접 이어지고, 바다를 통해서 모든 지역들과 연결되는 공간이 우리의 역사터였던 한반도와 남만주 일대이다. 그러므로 동아시아의 역사상과 한민족의 역사상은 자연을 통일적이고 유기적인 하나의 단위로 보는 시각, 해륙적인 관점, 즉 해륙사관으로 볼 필요성이 크다.

둘째, 문화의 성격과 생성이 복합적 또는 혼합적이며, 유형화된 문화가 공질성을 갖추어야 하고, 공간적으로는 해륙적인 체계와 성격을 띠어야 한다. 고조선문명권의 주요한 터인 동아지중해는 지리문화적으로 넓은 편은 아니지만 다양한 자연환경과 문화가 뒤섞이는 '혼합문명(混合文明)지대'이다. 동북쪽에서는 동시베리아 및 연해주에서 연결되는 삼림의 수렵, 어렵문화가 내려왔고, 북서쪽에서는 몽골과 알타이에서 내려온 초원의 유목문화, 서쪽에서는 건조한 사막의 실크로드를 거쳐 온 중앙아시아의 문화들과 화북의 농경문화가 들어왔고, 남쪽에서는 화려하고 논리성이 풍부하며 격식 있는 강남문화, 동남아시아에서는 농경과 불교 무역

---

48) 海洋文明是人类历史上主要因特有的海洋文化而在经济发展、社会这点、思想、精神和艺术领域等方面领先于人类发展的社会文化。所以，一种海洋文明之所以能称为文明，一是要领先于人类社会的发展，而是这种领先主要得益于海洋文化，二者缺一不可”. 杨雪冬，〈沃勒斯坦论作为一种文明的现代世界体系〉,《马克思主义与现实》, 1997.

49) 동아지중해의 자연환경에 대한 구체적인 검토는 윤명철,〈해양조건을 통해서 본 고대 한일관계사의 이해〉,《일본학》14, 1995; ---,〈황해의 地中海的 성격 연구〉,《한중문화교류와 남방해로》, 국학자료원, 1997 기타 논문 참고.

품등을 수반한 해양문화가 올라왔다. 따라서 고조선문명권은 크게는 농경의 정착성(定著性, Stability) 문화와 유목 및 해양의 이동성(移動性, Mobility) 문화가 만나 '동화정(動和靜, Oneness of Stability and Motion)형 문화대(文化帶, culture belt)'를 이루고 있다.[50]

셋째, 문명 공동체라는 공간에서 탄생한 몇 개의 정치공동체, 문화공동체들은 성격이 유사하며, 관계 또한 유기적이어야 한다. '농경적 인간', '유목적 인간', '채집적 인간', '수렵적 인간', '해양적 인간'으로 구성되었으며, 그들은 가치관과 신앙 등 생활양식 등 다양한 면에서 다른 점이 있다. 그러나 '공질성', 통일의 논리, 공통의 문화로 구성되었다. 즉 '차단격실 구조'나 '다층 구조'로 구성된 것이 아니라 '통일적'이고 '혼합적'이며 '상호호혜 체계'로 이루어졌다. 문화와 함께 혈연, 언어, 생활방식, 신앙, 문화, 주민관리와 영토, 통치방식 등에서 차이가 있는 종족들 또는 주민들의 정치공간이었지만, '이질 집합체'가 아니라, 하나가 잘게 쪼개져 흩어진 '분할 다양성'이나 여럿이 모여 다름을 유지하면서 하나로 모이는 '통일 다양성'을 지닌 '다문화 국가', '다문화 체제'였다.

넷째, 고조선문명권의 공간에 거주하는 정치체와 주민들은 지경학(地經學)적으로 공동의 생존구조와 함께 해륙적 성격을 갖고 있어야 한다. 동방문명권 내지 고조선문명권 내부에서 각 생활 공동체들은 상호 필요한 존재였다. 농경문화권에서는 모피나 말(운반용과 군수물자), 철, 해산물 등이 필요했고, 반대로 유목이나 삼림문화권에서는 곡식·의복·발달된 문화산물 등 농경문화권의 생산물들과 함께, 소금, 어패류 등의 해산물들이 절대적으로 필요했다. 또한 해양문화권에서는 식량은 물론이지만 조선용 나무들, 모피, 약초 등의 생필품이 필요했다. 그러므로 생활에 필

---

50) 초원 유목민과 사막 유목민의 이동성은 질적으로 다른 점이 있다. 또한 '항해민'과 '어렵민'도 질적으로 다른 점이 있다. 어렵문화의 특성 가운데 하나는 '회유성(回遊性, Migratory)'이다. 이러한 구분과 문화의 차이는 언급한 바 있다. 윤명철, 〈역사활동에 나타나는 '운동성' 문제〉, 《윤명철 해양논문선집⑥-역사활동과 사관의 이해》, 학연문화사, 2012, p.77~94 내용 참조.

요한 물품들은 해륙을 막론하고 필요의 원칙에 따라 정치력과는 무관하게, 심지어는 적대관계에 있더라도 무역을 할 수밖에 없었다. 그리고 이러한 무역과 물류는 육지의 각종 도로와 수로망, 해로를 통해서도 이루어졌다. 동아시아의 전 지역을 연결하는 '해륙 교통망(海陸 交通網)'이 존재했다.

다섯째, 해양문화의 위상과 해양활동의 수준이다. 동아시아 지역은 선사시대에도 바다를 삶의 터전으로 삼고 생활하였다. 이것은 바다와 이어진 곳곳의 패총 유적에서 확인할 수 있다. 뿐만 아니라 바다를 건너다니면서 각 지역 간에 교섭을 하였다. 해양공간은 역사시대에 들어오면서 본격적인 역할을 하기 시작한다. 기원을 전후한 시대 이후에는 황해와 남해, 그리고 동해의 일부 등을 포함한 해양이 역사의 중요하고 영향력을 지닌 공간으로 탈바꿈하였다. 해양과 관련하여 정치세력이 흥망을 거듭하는 일이 자주 벌어졌고, 바다를 건너 주변 지역 및 먼 지역과 무역을 벌이며, 주민들 간에도 접촉이 활발해졌다. 그러므로 대다수 국가들은 대륙과 해양을 유기적으로 연결한 '터' 속에서 생성하고 발전한 '해륙국가(海陸國家)'의 성격을 갖고 있었으며, 그래야만 발전했다. 또한 수도는 '해륙도시(海陸都市)'의 성격을 가졌으며, 중요 도시 또는 성들 또한 수도 및 국토 전체와 유기적인 체제를 가져야 하는 만큼 해륙적 성격을 가졌을 가능성이 크다. 즉 고조선문명권의 공간은 해양과 대륙과 반도로 이루어졌으며, 이 자연 공간들은 유기적으로 연결되었고, 역할 면에서도 상호보완적이었고 일종의 해륙문명이었다.


## 2. 문명권 설정의 핵심 요소

역사와 문명은 구성원들이 인간이므로 '생성과 변화' 등의 운동을 한다. 그런데 이 운동은 시작과 끝이 분명한 직선이 아니라, 매듭은 없지만 역할과 상황에 따라 모여든 '목(項)'이 몇 개 있는 '원(圓)운동'이다.[51] 필자는 문명의 운동을 지리적인 공간에 비중을 더 두면서 시간이 개입된 '터(場, field)'에서 생성한다고 본다. 운동은 '주체' '시간' '공간' '선' 등의 근본 요소 외에 자연(기후, 지리 등), 기호(몸짓, 글자, 언어, 상징 등), 인식(사상, 종교, 신화 등), 경제양식 등 모든 요소들이 복잡한 관계를 이루고 있다.

그 때문에 역사활동과 문명활동을 유형화시키는 작업은 영토, 영역, 장소 등 공간문제들뿐만 아니라, 다양한 종류의 시간들, 자연환경을 포함한 모든 구성요소들의 개별적인 성격과 함께 상호 간에 맺어지는 만남과 접촉방식의 총체적인 '연결망', 즉 네트워크의 개념으로 접근할 필요가 있다. 즉 전체를 구성하는 부분들을 '전체'라는 큰 틀과의 유기적인 연계 속에서 보아야 한다.

그러면 문명을 만들고 구성하는 네트워크에는 어떠한 종류들이 있을까?

## 1) 공간(空間)의 문제

### (1) 역사 속의 '공간'의 개념

'문명권'을 설정하는 데 첫째로 중요한 요소는 '공간의 공유'와 '공질성의 확보'이다.

'공간'은 우리말로 '터', 영어로 'Land', 'Space', 'Place' 'field'[52] 등으로, 한자로는 '장(場)' '장소' 등으로 표현한다. 존재물은 공간과 더불어 탄생한

---

51) 보는 관점에 따라 '태극도(太極圖)'나 의상의 '법계도(法界圖)', 고구려 고분벽화에 그려진 주작도나 현무도 등에서 표현된 나선구조와 유사한 의미이다. 안팎이 없지만 상황에 따라 모습과 역할이 구분되는 '뫼비우스띠(Mobius strip)' 같은 구조이다.

52) 그레이엄 크라크 지음/ 정기문 옮김, 《공간과 시간의 역사》, 푸른길, 2013 참조. 공간을 바라보는 관점은 실로 다양하다. 특히 역사학에서 활용할 만한 책은 문화의 관점에서 바라보는 에드워드 홀 지음/ 최효선 옮김, 《숨겨진 차원-공간의 인류학을 위하여》, 한길사, 2000의 관점 참조.

다. 모든 생명체에게 공간은 태생장소이고, 활동무대이므로 공간의 성격, 공간을 재단하고 범주화하는 일은 생명체의 필수 생존요건이다. 인간은 동일한 곳에서 출발하고 성장했다는 인식이 강하고, 실제로 공간 속에서 생존하고 생활하고 있다. 그래서 공간에 특별한 의미를 부여하고 중요하게 여긴다. 식물뿐만 아니라 인간과 생물학적으로 매우 유사성이 높은 동물들은 지리, 지형, 생태계 등 '공간'이 '시간'보다 더 중요한 요소로 작동한다.

모든 존재에게 공간은 먹이 획득의 장소 및 적의 공격을 방어장소로서 생존전략과 직결되었다.[53] 동물행동학의 이론에 따르면 '행동권' '총생활권' 등 외에 '텃세권'이라는 주요한 공간이 있고, 이것은 생명을 버리면서까지 지켜야 할 절대공간이다.[54] '영토권(Territory)'에 관한 이론도 있다. 동물의 행동을 연구하는 데 하나의 기본개념이 되는 영토권이란, 한 생명체가 특징적으로 한 영역을 설정하여 동일종의 다른 구성원으로부터 그것을 방어하는 행동이라고 일반적으로 정의되어 있다.

이 영토권이라는 용어는 영국의 조류학자인 하워드(H.E. Howard)가 《조류의 생활에 나타난 영토권》(Territory in Bird Life)에서 처음 설명한 최신 개념이다. 영토권은 안전한 삶의 터전을 제공해 줌으로써 번식을 원활하게 해 주며 보금자리와 그 안의 새끼를 편안히 보호해 준다. 하지만

---

53) 동물행동학, 생태학 등을 비롯해서 동물, 식물들이 공간을 이용하는 방식과 태도에 대하여 연구를 진행시키고 있는데, 이는 인간의 역사공간을 이해하는 데 시사하는 바가 매우 크다. 대표적인 동물행동학자인 '데스몬드 모리스'는 일련의 저작들을 통해서 인간의 동물적인 속성과 기능을 밝혀내고 있다. 동물학자인 템플 그랜딘이 함께 저술한 책도 시사하는 바가 많다. 동물의 언어 사용 가능성을 제기하면서 '음악언어'라는 분야를 만들어 개의 반응을 실험하였다(템플 그랜딘, 캐서린 존슨 지음/ 권도승 옮김, 《동물과의 대화》, 샘터, 2006, pp. 414~420). 피부색 등의 차이점에 발생하는 자연적 요인들은 한나 홉스 지음/ 박종성 옮김, 《인간 생태보고서》, 웅진 지식하우스, 2010 참조.

54) 모든 동물들의 영역을 표시하는 행동들에 대해서는 동물행동학을 비롯하여 식물학에서도 충분하게 예를 들고 있다. 현재선 지음, 《식물과 곤충의 공존 전략》, 아카데미 서적, 2007.

종과 환경의 보전 이외에 개인적, 사회적 기능도 영토권과 관련이 있다. 인간 역시 영토권을 가지며 자신의 땅, 영역, 터전으로 여기는 것을 방어하는 다양한 방식을 고안해 왔다. [55]

인간은 공간을 효율적으로 이용할 목적으로 공간의 정의와 성격 역할 등을 모색하는 일을 부단히 시도해 왔다. 공간은 자연, 지리, 기후 등 자연환경뿐만 아니라 생태계를 포함한 영토나 영역 등 인문환경 등이 포함된 총체적인 환경이다. 그러므로 자연지리와 인문지리가 소통되고, 내부의 인간 즉 주민들 사이에도 각종 교류와 문화습합이 활발하게 이루어져야 하며, 그 결과 하나로 유형화된 문화가 공질성을 갖추어야 한다. 이러한 조건들을 갖춰야 비로소 '자연 공간'에서 '역사 공간'으로 탈바꿈하고, 문명의 생성과 발전에 가장 중요한 요소가 된다. [56] 즉 문명이란 직면할 수밖에 없는 공간을 '범주화'하고 '개념화'시키는 일을 인간의 힘을 적용하여 현실적으로 수용한 것이다.

이렇게 공간은 역사나 문명의 발생 및 운동과 직결되어 있으므로 인간이라는 존재의 공간적 구조가 명확해질 때는 인간 연대성의 구조도 또한 그 진상을 드러낸다고 하는 것이다. [57] 따라서 공간의 한계를 극복하는 일은 개체와 문명이 가진 한계를 극복하는 일과 동일하게 된다. 공간의 한계를 극복하고자 할 때 개체의 능력을 확대시키려는 노력은 두 가지 면에서 나타난다. 하나는 공간의 '지양(止揚)'을 통한 방법이고, 다른 하나

---

55) 에드워드 홀 지음/ 최효선 옮김, 《숨겨진 차원―공간의 인류학을 위하여》, 한길사, 2003의 〈동물의 거리조정〉 참고.

56) '聖과 俗' 등 M.엘리아데 방식의 관념적인 구분도 있다. 이 장과 연관해서는 '농경공간', '유목초원공간', '수렵삼림공간', '어렵해양공간'의 구분도 있다.

57) 와쓰지 데스로(和鐵郞) 지음/ 박건주 옮김, 《풍토와 인간》, 장승, 1993 참조. 와쓰지 데스로의 아래와 같은 시각은 유사한 문화권에서 공간을 바라보는 시각을 이해할 수 있게 한다. 즉 인간존재의 공간적, 시간적 구조는 풍토성, 역사성으로서 자기를 나타내 간다. 주체적 인간의 공간적 구조에 기반하지 않고는 모든 사회적 구조는 불가능하며, 사회적 존재에 기반하지 않고는 시간성이 역사성이 되지 않는다. "역사성은 사회적 존재의 구조인 것이다. 풍토성도 또한 사회적 존재의 구조"라는 주장이다.

는 공간의 '연장과 확대'를 통한 방법이다. 그 가운데 문명의 건설에서 중요한 요소는 '공간의 확대작업' 즉 '활용 공간', '점유 공간', '획득 공간', '교류 공간'을 한계수치까지 확대하는 일이다. 따라서 공간의 성격, 공간을 인식하는 자세와 이용방식은 문명의 생성구성의 중요한 요소로 작용한다.

*터와 다핵(field & multi cotr)이론

필자는 세계현상과 사물의 구조와 운동방식, 역사의 발전 등을 설명하는 이론 틀로서 '터와 다핵(field &multi-core)이론'을 제기해 왔는데, 특히 역사공간을 이해하는 틀로서 활용해 왔다. 이는 문명에도 마찬가지로 적용된다. 이 이론의 대강은 다음과 같다.[58] 시간과 공간(또는 시공)은 단순한 영토나 영역, 장소의 문제가 아니라 만남과 연결 방식을 총체적인 연결망, 즉 네트워크의 개념으로 접근할 필요가 있다. 고조선문명권의 네트워크는 전체이면서 부분인 '터(場, field)'와 또 부분이면서 전체이기도 한 3개의 '중핵(中核)'과 주변의 몇몇 '행성(行星)'들, 그들을 싸고도는 '위성들(衛星, multi-core)'이 있고, 중첩적인 선(線, line)들로 이어졌으며, 그 사이에는 곳곳에 작은 '점(點, point, dot)'들이 산재해 있다.[59]

'터(場, field)'는 자연, 지리, 기후 등으로 채워지고 표현되는 단순한 공

---

58) 토니 너틀은 "세포의 위치나 놓여진 장소가 세포에 지령을 내리고 세포를 형성해 나가는 것으로 보인다. 즉 세포의 모임이 생물의 조직을 만드는 것이 아니라, 전혀 반대로 조직 전체의 패턴이 세포의 특성을 결정하는 것이다."라는 소위 '생물장(生物場) 이론'을 주장하였다. 이는 개개의 요소들도 중요하지만 그들이 놓여지고 만나서 관계를 맺는 field가 더욱 중요하다는 개념이다.

59) 이러한 표현과 용어의 사용에 대해서는 하이젠베르그(Weiner Karl Heizenberg)의 '부분과 전체(Der Teli das Ganze)'를 비롯하여, 또는 '통일장 이론(unified theory of field)' 등 유사한 범주의 이론들을 떠올리기 쉽다. 물론 그러한 면이 있고, 시사 받은 바가 있지만, 필자가 다른 글에서 여러 번 표현한 바 있듯이《화엄경(華嚴經)》의 '一中多, 多中一'를 비롯하여 '터'라는 용어와 개념, 용례 등과 친숙한 비유와 개념들이 우리의 삶과 역사 속에는 곳곳에 퍼져 있다.

간은 아니다. 생태계 역사 등등이 다 포함된 총체적인 환경이다. 또한 '다핵(多核, multi-core)'[60]은 역사의 터 가운데에서도 중요한 기운이 뭉치고, 연결하는 여러 선들이 교차하는 곳이다. 일종의 길목이지만 '직선'이나 '나무(tree)형'이 아니라 '방사상'으로 퍼지는 일종의 '허브(hub)형'이다. 이러한 핵은 '관리와 조정기능'을 하고 '집합과 배분기능'도 함께하고 있다. 마치 인체의 '혈(경혈)'처럼 경락들을 이어주는 역할을 한다.

자체적으로도 존재이유가 있고, 또 필요에 따라 다른 상태로 전화가 가능하다. 문명에서는 독자적으로 유형화시킬 수 있는 주요한 특성이 집약된 곳의 역할을 한다. 비교적 그 단위의 정체성에 충실한 곳으로서 주변에 공급하는 능력도 있다. 그런데 한 터에는 핵이 하나만 있는 것은 아니다. 항성(恒星)격에 해당하는 중핵이 있고. 이것 또한 여러 개가 있을 수 있다. 또한 중핵을 싸고돌며 작동하는 행성과 또 위성들이 있다. 이 책과 연관하여 예를 들면 아시아에는 '중국문명', '인도문명', '메소포타미아(Mesopotamian)문명' 등의 중핵이 있고, 기타 문명들인 행성들이 있다.

'선(線, line)'은 주요한 역할을 담당한 핵들과 핵들을 이어 주는 역할을 하면서, 동시에 그 자체도 독립성을 지니며, 문명의 일부분을 창조하는 역할을 한다. 이 선 가운데 하나는 교통로(road 혹은 route)로, 결국 '육로', '수로', '해로' 등의 도로인데, 이 성격을 이해할 때 유념해야 할 일은 선들의 움직임과 구성은 단선이 아니라 복선이고, 또한 이 복선들마저도 한 틀 속에서 국한된 것이 아니라 여러 개의 중핵 또는 중심을 향하여 여러 개의 선들이 입체적으로 연결되는 체계이며, 일종의 '다중 방사상(多重 放射狀) 형태'라는 것이다.

큰 선은 독자적인 동아시아문명과 외부의 독자적인 문명을 연결하는 교통로이다. 일종의 문화접변을 일으키는 수단이다. 유라시아에는 수많은 선들이 있지만, 고조선문명권과 연관해서 큰 선은 '초원의 길(steppe-

---

60) '다핵' 등 용어는 유사성으로 말미암아 인문지리학에서 사용하고 있는 '중핵 (core)' 등의 용어 및 개념과 혼동될 수 있다. 이 책에서는 지리와 철학 등을 포함한 역사개념으로 사용했음을 밝혀둔다.

road)', '오아시스길(oasis-road)', '바닷길(marine-road)'이 있다. 일부는 숲의 길(taiga-road), 이끼의 길(tundra-road), 얼음의 길(ice-road)이다. 작은 선은 유라시아문명의 내부 사이에서 이어지는 길이다. 주로 핵과 핵 사이의 길이 있고, 핵과 행성 사이의 길을 말한다. 북방과 알타이(Altai mt.) 및 파미르(Pamir)고원 지역, 극동 시베리아 지역과 캄챠카(Kamchaka)반도 등이 있다. 또 샛길은 항성들, 행성들, 위성들의 내부에서 이루어지는 만남의 형식들이다.[61]

그 외에 핵 및 선과는 또 다른 의미의 '점(point. dot)'이 있다. 이는 먼지 같은 존재로 미미한 역할을 담당하는 것 같지만, 그렇지 않다. 인간이 실제로 생존하고 생활하는 공간은 점이다. 점들이 모여 선과 핵을 이루지만, 그런 핵과 선들 외에 독립적인 점들도 매우 중요하다. 문명의 핵을 만들기 시작하고 결국은 중핵으로 성장하는 도시들은 점이다. 역사에서 주로 생산의 중심지역이나 교통의 결절점에 만들어진 도시들은 점이며, 특히 사막이나 초원 한가운데, 대삼림지대, 그리고 해안가의 항구처럼 면이 발달하지 않고, 교통로인 선이 활성화되지 않는 공간에서는 절대적인 의미를 지닌 곳이 '점'이다.

그리고 하나의 일정한 단위 내부에서는 환류해야 한다.[62] 이른바 '환류시스템 이론'이다. 이것은 필자가 동아시아의 역사와 문화를 해석하는 틀로서 동아지중해 모델을 설정하고, 그것을 보완하는 부차이론이다. 대

---

61) 윤명철, 《유라시아 실크로드와 우리》, 경상북도, 2015; ---, 〈유라시아 실크로드 문명의 또 다른 해석과 신문명론의 제안〉, 《Silk-Road International Academic Conference》; ---, 〈유라시아 실크로드의 역사와 현재, 그리고 미래〉, 《실크로드 문화창조 융합전략 포럼》, 2015.

62) '환류시스템 이론'은 수년 전부터 여러 편의 글에서 전개하고 있다. 페르낭 브로델이나 허버트 카프라 등 현대 물리학에서 사용한 동일한 명칭과 개념을 지닌 이론과는 직접적인 연관이 없음을 밝힌다. 현대에는 물리학·생물학·생리학·동물행동학·뇌과학 등에서 검증과 실험을 통해서 접근하고 있는 논리라고 생각하면, 필자가 생각하는 이 이론의 원리와 개념은 모든 존재(또는 존재물)에게 적용될 수 있는 논리이다. 또한 전형적인 동아시아적 사고로서 논리와 행동양식, 풍수, 의학 등 문화현상 일반에도 보편적으로 작동하고 있다.

강은 다음과 같다. 강한 문화력(culture power)을 가진 A의 문화는 주변인 B에게 일정한 문화를 전수한다. 그런데 시대와 상황에 따라 지향하는 문화가 다르다. B의 문화 또한 A에게 전수된다. 이 관계는 주(主)와 부(副)가 있고, 일종의 상호작용이라고 볼 수 있다. 그런데 A문화가 B로 갔다가 B의 영향으로 변형을 한 다음에 다시 A에게 와서 영향을 주는 경우가 적지 않다. 마찬가지로 B의 문화가 A에게 전해져서 가공과 변형을 거친 다음에 다시 A의 형태와 포장으로 전해질 수 있다. 그러므로 선의 위치와 역할을 정확하게 파악하고 이해하는 일이 필요하다.

그러면 이렇게 성격이 다른 '단위공간(單位空間)'들은 어떤 형식으로 만날까?

단위공간들은 각각 독자적으로 존재하지만, 어떤 형식으로든 다른 단위공간과 만남의 형식을 가질 수밖에 없다. 그러므로 상호 사이에는 '공질성(共質性)'보다도 '차이성(差異性)'의 배합비율이 높을 수밖에 없다.[63] 물론 각각 중핵들 사에에는 물리적인 거리가 있어서 직접 마주치지는 않는다. 하지만 팽창을 거듭하면서 '간섭과 파동(interference and wave)' 현상으로 말미암아 간접적으로 영향을 끼치는 경우조차 때로는 심각한 충돌을 야기시킴으로써 단위공간의 붕괴를 가져올 위험성이 높다. 그런데 다행스럽게도 공간에는 운행의 독특한 메카니즘이 있다. '목〔項, hub〕'이란 존재이다.

핵과 핵, 터와 터 사이〔間〕에는 '목'이 형성되고, 이 목을 매개로 삼아 두 개의 공간은 핵심 간에 직접 만나지 않는다. 또한 목을 이용해서 하나의 공간에서 또 다른 하나의 공간으로 이동과 전환이 가능할 수도 있다. 이러한 목에는 때때로 '정체(停滯, stagnation)와 간섭(干涉)현상'이 발생하고, 마치 소리와 파동처럼 일종의 '공명현상(resonance)'까지 발생해서 혼합공간, 혼합문명지대가 된다. 이런 공간들은 고유성과 다양한 경험을

---

63) 이 부분은 필자가 전개하는 '배합비율론'을 소략하게 설명한 내용이다. 윤명철, 《역사는 진보하는가》, 1998 및 《해양사 방법론》, 2012 참고.

가진 '단위 공간'들이 합해져서 더욱 넓고 다양한 문명을 생성하게 만든다. 그러므로 문화와 문명을 이해하고, 또한 창조하는 데 공간의 이해란 필수적인 요소이다.[64]

공간은 구성되는 요소나 영향을 끼치는 요소 등에 의해 자연적 공간과 생물학적 공간(생명체), 사회적 공간, 문화적 공간, 역사적 공간 등으로 유형화시킬 수 있다. 인간에게 주어진 갈등 가운데서 그 힘이 가장 크고 극복에 어려움을 느끼며 가장 장기간의 지속성을 가지고 있는 것은 '자연(自然, nature)'이다. 다시 말해서 인간의 역사에서 가장 역할이 크고 영향력이 큰 것이 자연이다.[65] 자연에 대한 인간의 관계는 지리적 조건, 기후적, 풍토적 조건 등 여러 가지 요인 속에서 발생한다.

인간을 포함한 모든 것은 각자가 개별적인 존재로서 우주, 또는 자연의 한 부분이 된다. 그러나 그것들은 동시에 자연 자체이기도 하다. 다시 말하면 '부분'이며 동시에 '전체'로서 상황에 따라서 조정을 하고 상호 변증법(相互 辨證法)적인 관계를 맺는 것이다. 그러므로 자연과 인간과의 관계는 상호보완적인 관계이다. 자연은 인간존립의 근원이며, 인간은 존립의 과정에서 자연의 산물과 현상에 절대적으로 의존하고 또, 죽으면 자연의 한 부분이 된다. 그러므로 전 과정으로서의 인간존재는 자연에게 절대적으로 의존하는 관계이다.

'자연(自然)'은 동아시아에서는 유사한 단어로서 자체적인 의미기능을 해 왔지만, 근대 이후에 사용한 자연은 그리이스어에서 비롯된 'nature'를 번역한 용어이다. 자연은 단순하게 지리, 지형, 기후 등의 공간만을 뜻하지는 않는다. 그 밖에 동식물의 분포 등 생태계를 포함한 영토나 영역 등

---

64) 공간에 대한 필자의 논리는 윤명철, 〈역사해석의 한 관점 이해 - 공간의 문제〉, 《한민족학회 18차 학술회의》, 2010 및 《해양사 방법론》 참고.

65) 앨프리드 w 크로스비 지음/ 안효상·정범진 옮김, 《생태제국주의》, 지식의 풍경, 2002는 생태가 인간의 역사와 서구 제국주의의 팽창과정과 얼마나 깊은 관계에 있는가를 보여주고 있다. 아놀드 토인비는 《역사의 연구》에서 충분과 과잉을 통해서 도전이 클수록 자극도 커진다는 자신의 이론을 전개하였는데, 이때의 도전이란 주로 자연을 의미한다. 예를 들면 땅의 도전 등이다.

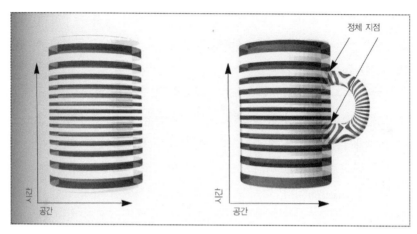

〈그림 2-1〉 스티븐 호킹 지음/ 김동광 옮김, 《호두껍질 속의 우주》, 까치 2007. p.109에서 인용. 시간이 고여 있는 지점을 표현한 도형인데, 필자가 주장하는 '단위 시간' 개념을 설명하기에 적합하다.

역사가 포함된 총체적인 환경이다. 공간을 구성하는 요소 가운데에는 지연, 지역, 영토, 토지, 경계 등으로 표현되는 지리공간, 문화공간이 있다. 역사공간과 문명공간은 사회적인 요소 외에 풍토 기후 등 자연요소가 함께 구성된다. 그런데 전근대사회에서 작용하는 중요도나 인식상으로 보아 인문환경보다는 자연환경이 중요했다.

이처럼 인간은 자연환경에 절대적인 영향을 받았기 때문에[66] 각각 다른 자연환경에 적응한 인간들은 채집, 어업, 수렵, 농경, 유목 등 다른 생활양식을 낳았다. 이는 이에 적합한 적응을 한 집단들의 비자발적인 이동과 정착을 낳았으며, 이러한 공간과 관계를 맺는 방식은 문화가 형성되는 데 영향을 끼쳤다. 동일한 문명의 영역 내부에서도 자연환경은 경도대(經度帶)가 길게 뻗쳐 있을 때, 혹은 동일한 위도대(緯度帶)라 해도 눈에 띌 정도로 다른 경우가 있다. 요서와 요동, 송화강 유역, 흑룡강 중류 유

---

66) 고대 사회에서는 환경이나 기후가 역사발전에 강력한 영향을 끼쳤다. 이러한 예는 이시 히로유끼·야스다요시노리·유아사 다케오 지음/ 이하준 옮김, 《환경은 세계사를 어떻게 바꾸었는가》, 경당, 2003; H.H. 램 지음/ 김종규 옮김, 《기후와 역사》, 한울 아카데미, 2004 등을 참고 바람.

역은 동일한 위도이지만 자연환경은 매우 다르다. 또한 동일한 공간이지만 자연환경이 시대에 따라 변하는 경우 또한 적지 않다. 예를 들면 고조선문명권의 중핵지역인 요동반도 남부와 발해만의 자연환경은 계속해서 변화해 왔다. 요동반도 해안선의 이동은 실제적인 예이다.

또는 한 집단이 자연환경의 변화 또는 정치적인 상황에 따라 다른 자연 환경대로 이동한 다음에는 생활양식을 전면적으로 변화시키는 경우도 많았다. 유목민이 이동하여 수렵민이 된 사례도 적지 않고, 고구려 유민들이 수렵민이 된 경우도 있다. 이러한 예들을 동아시아 지역에서 쉽게 확인할 수 있다. 예맥(濊貊)의 경우 각각 다른 공간에서 다른 생활양식을 영위하였다. 맥인들은 유목 생활과 깊은 연관이 있었고, 반면에 예인들은 농경에 익숙하였다. 만주도 몇 개 지역으로 구분되어 생활양식들이 달랐다. 선비인(鮮卑人)들은 싱안링(興安嶺) 산속에 거주했지만 수시로 넘어 몽골초원으로 이주하였다. 따라서 예맥과 선비, 거란(契丹)은 혈연적으로, 언어적으로 깊은 친연성이 있음에도 불구하고, 각각 다른 생활양식을 유지했다.

심지어는 한반도의 북부와 남부도, 서부와 동부도 생활양식의 차이가 있었다. 반대로 한 문명권 내부에서도 문화적으로 종족적으로 다른 집단들이 인접한 공간에서 동일한 자연공간을 공유하면서 동일한 생활양식을 영위하는 경우도 많다. 생존과 먹이 및 기술의 획득과 공유 전수, 운동방식, 영역, 내부의 사회조직, 정치조직 등 자연환경과 직결되어 있다.

기존의 역사관, 문명관은 공간에 대한 이해가 평면적이고, 사변적이다. 토지, 영토, 영역, 자연환경 등으로 표현되는 '땅'으로 이해하였고, 과학적이고 총체적인 접근을 하지 못했다. 필자는 역사 공간을 이해하고 관리하는 방식 가운데 하나로서 '터 이론'과 함께 보완이론으로서 '면의 관리', '선의 관리', '점의 관리'라는 방식으로 이해해 왔다.[67]

산업문명이 도래하기 이전의 고전적이고 전형적인 문명은 농경인에 의

---

67) 영토와 영역, 또 필자가 일찍이 제기한 '면의 지배, 선의 지배, 점의 지배' 등에 대한 구분은 우리 역사상을 이해하는 데 반드시 필요하다.

해 생성된 '농경문명'을 가리킨다. 농경문명은 정해진 지역, 즉 농토라는 '면의 공간'을 추구한다. 거기다가 속성상 '안정성(Stability)'을 추구한다. 그런데 역사상에는 농경문화나 도시문화와 달리 소외된 문화 또는 문명들이 있었다. 유목인들은 초지를 따라, 일부 수렵인들은 사냥감을 따라 '이동(Mobility)'하면서 '선'의 공간을 추구한다. 그 선은 공간적으로 이어진 '연속성'과 시간적으로 반복되는 '주기성'을 지니고 있다. 삼림문명은 수렵, 어렵, 채집인[68]들로 구성되었다. 농업으로의 이행이 일어나기 전인 서기전 10000년경 지구에는 5백만~8백만 명의 방랑하는 수렵채집인이 살고 있었다.[69]

해양인들, 수렵인들, 어렵인들은 교역과 사냥 및 어업에 적합한 지역을 중심거점으로 삼고, 필요에 따라 이동하면서 활동하는 일종의 '점'과 '선'의 복합적인 이동과 관리 형태를 추구했다. 즉 '이동성'과 '거점성'을 동시에 갖고 있다.[70] 수렵인들의 점은 주위와 교류할 수 없는 '폐쇄성'과 '지역성'을 지녔지만, 해양인의 점은 끊임없이 주위와 교류하는 '개방성'과 '상호호환성'을 지녔다. 그런데 해양인은 유목인의 선과 수렵민의 점이 아닌 그들만의 독특한 관리방식을 지니고 있다. 해양인들의 선은 불연속적이고, 유동적이다. 해양문화의 점은 결국 항구나 도시로 발전할 수밖에

---

68) 로버트 켈리 지음/ 성춘택 옮김, 《수렵채집사회 고고학과 인류학》, 사회평론, 2014, p.10. 수렵채집민(hunter-gatherer)이라는 용어 대신 더 포괄적인 용어인 "포리저(forager)"라는 말을 사용했다. 인류학자들의 초기 모델 가운데는 수렵채집민을 다음의 네 범주로 나누기도 하였다. "자유 유랑(free-wandering)" 집단은 영역적 경계가 전혀 없이 새로운 지역으로 들어가는 유형이고, "제한적 이동(restricted-wandering)" 집단은 영역적 경계 안에서만 더 높은 인구밀도를 이루는 유형이며, "중심지 이동(central-based wandering)"집단은 계절적으로 특정 마을에 돌아가는 유형이고, "반영구적 정주(semipermanent sedentary)" 집단은 연중 한곳의 마을에 살면서 몇 년에 한 번씩 이동하는 유형을 말한다.

69) 유발 하라리 지음/ 조현욱 옮김, 《사피엔스》, 김영사, 2015, p.48.

70) '유목인(the Nomadic People)'들은 상황에 따라서 '해양인(the Sea People)'으로의 전환이나 해양활동에 금방 익숙해진다. 사고자체가 이동적(Mobility)이기 때문이다. 하지만 엄격하게 분류하면 성격에 차이가 있다.

없다. 이것이 '이주(settle)'나 '식민활동(colony)'을 낳고, 때로는 정치력과 결탁하여 약탈과 정복활동을 초래한다.

이렇게 볼 때 일률적으로 적용할 수는 없지만 농경문화는 '면의 문화', 유목문화는 '선의 문화', 수렵문화는 '점의 문화', 그리고 해양문화는 점이 불연속적으로 다중적으로 연결된 '점선의 문화'이다. 모든 문화체계가 그러하지만 특히 해양문화는 인체의 '신경망' 또는 컴퓨터 공학에서 활용되는 '네트워크 시스템'과 유사하며, 필자가 주장해 온 '터이론'의 맥락과 가장 유사하다. 연구의 대상인 고조선문명을 비롯한 전근대 세계는 '농경', '유목', '수렵', '해양' 등 모든 문명의 공간을 입체적, 유기적인 '체계(system)'로 파악할 수 있고, 그에 근거한 역사 활동을 벌여 왔다. 그리고 고조선문명권에서도 면적상으로는 삼림문명권의 공간이 가장 넓었다.

공간은 이렇게 다양한 성격과 기능을 갖고 있기 때문에 다양한 방식으로 유형화되고 이용대상이 된다. 때문에 인간은 공간을 '관념'과 '실제'라는 두 가지 관점에서 동시에 인식한다. 첫째는 관념적 측면이다.

공간은 '지심학(地心學, Geo-Mentalogy, Geo-Psychology)'적[71]으로 소속된 인간과 집단이 세계와 사물을 바라보는 관점, 즉 가치관 등이 생성된다. 때문에 문화 및 신앙의 성격과 형태에 영향을 끼친다. 그 가운데 하나는 '원토의식(原土意識)'이다. 인간은 자신이 출발했거나 탄생했던 공간에 대하여 특별한 심리적인 감정을 갖고 있으며, 집단의 경우에는 이것이 더욱

---

71) '지심학'(Geo-Psychology, the concept of harmony between human and geographical elements)이라는 용어는 필자가 만든 조어인데, 우리의 전통적인 풍수관 등을 보면 지리로 표현되는 자연공간이 마음이나 심리 등과 직결된 것은 분명하다. 분명한 것은 '지(地)', '지형(地形)' 또는 'Land', 'Space', 'Field', '터'라고 개념 정의가 되거나 용어화된 공간에서 마음 또는 정신과 연관된 요소들을 따로 유형화시켜서 부각시킬 필요는 있다. 필자는 '지심학'이라는 용어를 'Geo-Psychology', 또는 'Geo-Mentalogy'로 번역하여 사용한다. 이러한 유사한 논리를 전개한 책들은 많다. 김광언, 《바람·물·땅의 이치》, 기파랑, 2009, 와쓰지 데스로가 주장한 '풍토론(風土論)' 등이나 제임스 러브록(Lovelock) 등의 '가이아 이론(Gaia theory)' 등도 개념상 유사하다고 생각한다.

강력하게 발현된다.[72] 특히 정서적인 요소가 짙게 배인 '민족'으로 범주화된 단위는 '원토'에 대한 집착과 자각이 강하며, 항상 근원을 지향하는 행위를 수반한다. 심지어는 자기 권력의 유지나 집단의 경제적인 이익을 확득하는 일과 무관하더라도 전쟁을 일으키며 원토를 수복하려 한다. 유대교, 기독교, 이슬람, 라마교처럼 종교를 막론하고 전 집단이 원토를 순례하는 행위가 있고, 발원한 공간을 보존하려고 정책적인 시도를 하거나, 역사의 재해석 작업들(신화, 제의 등)을 하는 것은 이러한 의식의 소산이다.

또 다른 하나는 '중심사상(中心思想)'이다.[73] 이것은 발생한 지역과 활동한 무대에 대한 집단인식이다. 자기들과 연관된 공간이 모든 공간의 중심이며, 하늘 또는 신(神)으로부터 선택받거나, 특별한 의미를 지녔다는 인식이다. 따라서 문명권의 생성에서 '중심사상'은 궁극적으로는 공간의 문제로 귀결된다. 민족의 이동 또는 전쟁을 통해서 중심공간이 변하거나 주체가 교체되고, 현실적으로 드러나는 사용 범주가 중복된 경우가 많았다. 이 때문에 종족 간에, 민족 간에는 다양하고 무수한 갈등들이 발생했다. 대표적인 예가 예루살렘을 둘러싼 피할 수 없는 갈등이다.

이러한 중심사상은 핵심지역의 이동이나 수도의 천도, 새로운 국가의 탄생 등으로 새로운 공간을 설정하고자 할 때는 분화되고 복제되어 다른 공간에서 재현하는 상태로도 된다. 예를 들면 유사 공간의 선택, 도시 명칭의 유사성, 산·강·평야 등 지명의 유사성 등을 실현하는 일이다. 다른

---

72) M. Eliade 지음/ 鄭鎭弘 옮김, 《우주의 역사》, 現代思想社, 1976, p.27, 《聖과 俗》 등에서 '우주산', '중심성' 등 특별한 공간이 지닌 의미에 대하여 자기 논리를 전개하였다.

73) M Eiade의 이론들을 원용하였다. 특히 윤명철의 단군신화의 구조적 분석 등에서는 원형과 변형 등 필자의 이론을 전개하였고, 중심사상은 이러한 맥락에서 전개하였다. 미르치아 엘리아데 지음/ 이재실 옮김, 《이미지와 상징 : 주술적-종교적 상징체계에 관한 시론》, 까치글방, 1998, p.46. "신화적 지리학에서 신성한 공간은 본질적으로 실재적인 공간이다.─바로 이 공간을 통해서 사람들은 성(聖)과 직접 접촉할 수 있다. 하늘, 땅, 지옥이라는 우주 삼계의 개념을 알고 있는 문화에서 '중심'은 이 삼계의 접합점을 이룬다. 각 차원 간의 분리가 가능한 동시에 이 세 영역 간의 소통이 가능한 곳이 바로 이 곳이다."

문화권에서 쉽게 확인할 수 있지만, 우리 역사에서는 고대국가의 도시 및 지명들에서 확인할 수 있고, 일본열도에 정착한 후에 남긴 역사와 문화의 흔적들에서도 확인이 가능하다.

공간은 '지리문화적(Geo-Culture)'으로 문화의 생성 및 변형과 발전이 이루어지는 '터(場, field)'이다. 공간은 개체와 집단의 삶에 실질적이고 구체적인 이익을 주는 역할을 한다. 그러므로 인간이 공간과 관계를 맺는 방식은 한 집단이 문화의 성격과 구조를 생성하는 데 영향을 끼쳤다. 대부분의 인간들은 역사를 인식하고 역사를 이해하며 과거지식을 '축적적'으로 이해함에도 불구하고 동시대와 이전 시대를 거의 동일한 두께와 부피로 인식하는 경향이 있고, 이러한 공시적인 인식과 태도는 실제 역사와 문명을 이해하는 데 영향을 끼친다.

반면에 인간의 신체구조, 정신, 생리를 포함한 생태적인 특성은 자연을 대하는 방식과 문화의 질에 큰 영향을 끼쳤다. 예를 들면 각 단위집단들은 문화현상, 종족, 경제양식, 생활도구, 신앙, 신화 등 문명의 구성요소들을 활발하게 주고받으면서 공유하는 범위를 점점 확대시켰다.

따라서 문명, 또는 민족문화의 기본토대는 이러한 문화적 다양성을 갖고 생성된 것이다. 그리고 집단은 구성원들 대부분이 공동의 문화(또는 문명)를 창조한다는 인식을 갖고 있어야 한다. 전근대 시대까지는 변화의 폭이 작은 자연환경, 복잡하지 않은 사회구조, '타(他) 사회'나 '타(他) 문화'와의 갈등이 없거나, 적은 집단들은 공간에 의미와 비중을 두면서 상대적으로 시간의 흐름을 덜 인식하였다. 공간을 중시하는 특성은 현대까지도 잔재를 남기고 있다. 따라서 문명을 분류할 때 일반적으로 자연환경을 기준으로 삼아 농경문명, 초원 유목문명, 삼림 수렵문명, 그리고 해양문명 등으로 구분한다. 이러한 각개 문명권의 생활양식은 자연환경 등 공간의 문제와 관계가 깊다.

공간은 '지리정치적(Geo-Politic)'[74]으로 영토 또는 영역이며, 때문에

---

74) 미즈우치 도시오 편/ 심정보 옮김, 《공간의 정치지리》, 푸른길, pp.22~24. 지정

관리와 지배방식, 사회제도와 정치구조 등과 불가분의 관계가 있다. 실제로 문명의 생성과 연관된 중요한 요소는 정치역학관계이다. 인간 집단이 공간을 효율적으로 이용하는 방식 가운데 하나는 비록 전쟁으로 비화될 가능성도 높지만, 궁극적으로는 공간(영토 또는 영역 등)을 탈취하고 장악하는 일이다. 때문에 공간은 목적에 걸맞는 명칭과 적절한 개념을 부여하고, 유형화시켜서 실제행위를 할 수 있는 명분과 전략을 만든다. 나아가 이미 영토화(또는 영역화)[75]된 공간을 탈취하는 행위에는 인식을 전환시키고, 행위를 정당화시키며, 추진하는 작업을 효율적으로 만드는 논리가 필요했다. [76] 때로는 '비자발적'이거나 '강제적인 방식'을 동원하여 점유하거나 탈취하고, 그것은 규모나 질의 차이는 있을지언정 '국가'나 '민족'이라는 이름을 지닌 정치적 실체에 의해 진행된 경우가 많았다.

마찬가지로 문명은 때로는 정치가 중요한 역할을 하는 구조를 이룬다. 정치적인 중핵(대국 또는 수도 등)에서 발생한 문화의 파장들은 계기를 만나면 특정한 목적을 갖고 주변으로 퍼져나가 토착문화에 영향을 끼친다. 그리고 토착문화는 중핵문화를 수용하여 새로운 형태와 질의 작은 핵들을 생성한다. 그 후에도 '자력'과 '타력'으로 생장하여 일정한 단계에 진입하면 다양한 목적과 방식으로 중심을 향하면서 영향을 끼친다. 그러한 과정을 반복하면서 양자는 비록 시차, 단계, 역할의 차이는 있어도 상호보완적인 관계를 이룬다.

하지만 '중핵'과 '주변'의 차이는 있다. [77] 그런데 어느 정도 체제가 구축

---

학은 영어권에서는 국제정치와 외교정책을 다루는 분야를 지칭한다. 독일에서 '게오폴리틱(Geopolitik)'으로 시작되었지만, 일본에 의해서 '지정학' 혹은 '지정치학(地政治學)'으로 번역되었고, 군국주의 일본에서도 정치적인 목적으로 사용됐다. 이후 기피용어가 되었다가 1980년 전후가 되어 국제정치에서 사용되었다.

75) 생물학에서 영토와 영역, 텃세권 등을 영어로는 동일하게 'territory'로 표현한다.

76) 지정학의 탄생배경, 의미, 역할 등에 대해 미즈우치 도시오 편/ 심정보 옮김, 앞의 책, 2010, pp.19~47 참고.

77) '임매뉴얼 모리스 월러스틴(Immanuel Maurice Wallerstein)'이 주창한 '세계체제론

된 상태에서 갑자기 주변이 없어지면 중심까지도 붕괴의 위험이 발생하고, 반대로 중핵이 없어지면 전체는 전면적으로 문화의 진공상태에 이른다. 자체 붕괴는 주로 중핵에서 시작되고, 외부의 침공에 의한 붕괴는 주변부터 사라지면서 약화되다가 중핵도 붕괴한다.

공간은 '지리경제학(Geo-economic)'적으로 '생산 장소'로서 개체가 생존과 생활에 필요한 생산물의 '취득 장소'였다. 색다른 자연환경은 생산물의 종류를 다르게 하며, 그에 적응한 농경, 유목, 수렵, 어업 등 다른 생활양식을 낳았고, 이는 결국 이에 적합한 적응을 한 집단들의 이동과 정착을 낳았다. 그러므로 실질적으로 문명이 공간을 선택하는 가장 중요하고 필수적인 요소는 지경학적 조건이었다.

'농업', '목축', '어업', '수렵' 등의 생산양식과 산업체계는 전적으로 공간의 문제였다. 공간은 생산장소로서뿐만 아니라 주변 공간과의 물자교환 등과 직결된 상업 체계, 물류망 등과 관련이 깊었다. 따라서 국가의 부강, 문명의 경제적인 풍요로움은 지경학적 공간의 적절한 선택과 활용에 달렸다. 만약 농경문명권에서 기후변동이나 화산폭발, 가뭄 등 자연재앙이 발생하면 농경이 불가능해지면서 갑작스럽게 붕괴한다. 유목문명권은 초지가 상실되거나 대규모 전염병으로 가축들이 병사하면 붕괴한다. 흉노, 돌궐, 몽골의 역사에서는 가끔 일어나는 현상이다. 마찬가지로 삼림문명 또한 화재, 가뭄, 남벌 등의 이유로 나무 등이 사라지면 붕괴한다. 크레타(Creta)문명, 미케네(Mycenae)문명의 붕괴는 삼림 등과 깊은 연관이 있다. 나무와 숲의 중요성과 문명과의 연관성은 일본에서의 연구를 필두로 최근의 연구성과들에 따르면 전 시대, 전 지구적인 범위에서 일반

---

(World System Theory)'에서 파악하는 방식에 시사받은 것은 분명하지만, 이미 그 이전에도 그러한 인식과 해석방법, 연구의 적용은 있어 왔고, 동아시아 세계에서도 서기전부터 이러한 분류와 해석방식은 있었다. 특히 동아시아문명권에서는 약간의 차이를 갖고 있지만, 모든 분야에 적용시켜서 역사와 문명을 이룩해 왔다. 필자는 동아시아문명권에서 사용한 개념은 '중심(center)' 개념이 아니라 '중핵(core)' 개념이라고 생각한다.

화된 현상으로 여겨질 정도이다.[78]

삼림문명권[79]은 '수렵', '어렵', '채집'으로 구성된다. 삼림의 위치와 규모, 그리고 나무 종류에 따라서 다양한 영향을 받는다. 또한 호수, 천(川)을 비롯하여 강들의 규모 수량, 어획물의 종류와 양까지 결정된다. 고대 문명에서 어렵(江)이 우선인 이유는 몇 가지가 있다. 일단 정교한 생산도구가 불필요하다. 어량, 어망추, 낚시바늘 등이 필요할 뿐이다. 생산의 담당주체로서 남녀노소가 모두 가능하다. 반면에 수렵은 육체적인 힘과 정신력이 필수일 뿐 아니라 협동과 우수한 리더를 중심으로 잘 훈련된 조직과 발달된 사냥도구들의 개선과 발명이 필요하다.

해양문명권에서 기후의 변동, 해일 등으로 말미암아 해안이 유실되거나 하구에 토사가 쌓여 항구 기능을 상실하고, 무역을 할 수 없으면 문명이 붕괴한다.[80] 발해만, 요동만, 경기만, 서남해안은 특히 해안선의 변화가 심하고, 토사가 쌓여 항구기능을 상실한 경우가 많다. 전근대까지도 이 때문에 국가는 물론이고 문명이 붕괴는 예는 매우 많다. 다양한 종족, 다양한 자연환경, 다양한 문화, 다양한 언어, 다양한 종교, 다양한 경제양식 등이 섞여 하나의 '완결체'를 이룬 것이다.

### (2) 고조선문명권의 공간

그렇다면 고조선은 이러한 공간 개념을 적용하여 '문화권' 또는 '문명권'으로 설정하는 일이 가능할까?

과거에는 우리 문화 또는 동아시아 세계를 지칭하고 표현할 때에 '동

---

78) 야스다 요시노리·유아사 다케오 지음/ 이하준 옮김, 《환경은 세계사를 어떻게 바꾸었는가》, 경당, 2003.

79) 로버트 켈리 지음/ 성춘택 옮김, 《수렵채집사회 고고학과 인류학》, 사회평론, 2014.

80) 이러한 예는 한국지역과 만주 일대는 물론이고, 중국 지역, 동남아시아, 인도양, 에게해, 아드리아해를 비롯한 지중해권의 도시와 문명에서 흔한 현상으로 발견된다.

양(東洋)'[81]이라는 용어와 개념을 자주 사용하였다. 유럽인들은 'orient'라는 추상적인 세계로 정하고 그것을 해석하는 세계관을 상정하기에 이르렀다.[82] 의도성을 지닌 공간을 설정해서 목적에 맞게끔 유형화시킨 것이다.[83] 공간과 함께 힘의 운영자라는 주체 측면에서 일종의 서구 중심주의, 유럽 중심주의[84]이며, 그 내용은 '인종주의', '민족주의', '제국주의', '식민주의' 등으로 채워져 정치적인 힘으로 작용한 것이었다.[85] 그리고 일본은 이를 모방하여 일본판 오리엔탈리즘[86]인 '식민주의 사관'을 우리에게 적용하였다.[87] 이것이 일종의 '동양론(東洋論)'이다.[88]

일본에서는 근대 역사학이 시작된 직후부터 동아시아 공간을 아시아

---

81) '동양'이라는 단어는 오리엔트 또는 오리엔탈리즘과 무관하게 존재했고 사용되어 왔다. 중국역사에서 해양을 중요하게 여겼고, 국가적으로 동남아지역으로 진출을 시도하던 시대가 있었다. 송(宋)나라를 거쳐 원(元)나라시대에는 현재 동남아시아의 바다를 '동양'이라고 불렀다. 근대에 들어오면서 일본은 서구인들의 오리엔트를 '동양'이라고 번역했다. 그 후 동양은 '오리엔트' 또는 '오리엔탈리즘'과 혼합되면서 사용되기 시작했다.

82) 배철현, 〈'유럽'의 모체를 찾아 《오리엔탈리즘》 다시 읽기〉, 《사상》 가을호(통권 제50호), 2001, p.3.

83) Edward W Said 지음/ 박홍규 옮김, 《오리엔탈리즘》, 교보문고, 1991, p.77. 그가 사용한 'ORIENTALISM'이라는 용어와 개념에서 나타나듯이 유럽은 오리엔트(고대 근동)를 알기 시작한 초기부터 제국주의적 식민사관을 가지고 있었다.

84) 서구중심주의(西歐中心主義, Eurocentrism)는 세 개의 명제, 곧 서구우월주의, 보편주의·역사주의, 서구화·근대화로 요약될 수 있다(강정인·안외순, 〈서구중심주의와 중화주의의 비교 연구: 그 전개과정 및 특성을 중심으로〉《國際政治論叢》제40집 3호, 2000, p.104).

85) 이 부분에 대해서는 윤명철, 〈오리엔탈리즘의 정의 및 역사적 전개—한국과 관련하여〉《한민족 연구》9호 참고.

86) 김외곤, 〈일본식 오리엔탈리즘의 기원에 대한 탐구—스테판 다나카〉, 《실천문학》74호, 2004, p.490.

87) 윤명철, 〈오리엔탈리즘의 정의 및 역사적 전개—한국과 관련하여〉, 《한민족 연구》9호, 2010. 제3장 동양(?)속의 또 다른 오리엔탈리즘—우리와 연관하여 참고.

88) 스테판 다나카 지음/ 박영재 외 옮김, 《일본 동양학의 구조》, 문학과지성사, 2004 참고.

를 식민화시키려는 의도에서 하나의 범주로 만들고 해석하려는 시도들은 있었다. 시라토리 쿠라기치(白鳥庫吉), 도리이 류조(鳥居龍藏)[89] 등 학자들 외에 '조선사편수회',[90] 자료수집을 주도하고 연구서 저술을 지원한 '동양문고(東洋文庫)'를 비롯하여 '남만주 철도 주식회사(南滿洲鐵道 株式會社)'의 조사부(調査部)[91] 등이다. 이들의 연구 대상이 고조선문명권의 공간과 주체, 내적논리였던 것은 말할 나위조차 없다. 이러한 사고들은 그 후에도 계속 이어졌다. 일본을 주축으로 '동아시아'라는 용어와 개념이 1970년대부터 본격적으로 사용되고 있으나 그 범위, 개념, 역할 등에 대해서 삼국 모두가 수긍할 만한 통설은 없다.[92] 한편 근대 이후에 일본식

---

89) 특히 그가 쓴 《인류학자와 일본의 식민통치》(최석영 역주, 서경문화사, 2007)는 현장조사가 얼마나 정치적인 체제와 연관이 깊은가를 알려준다.

90) 윤명철, 〈한국역사학, 과거를 안고 미래로-신사학을 제안하며〉, 《근대 100년 한국역사학연구의 반성과 제언》, 한민족학회 학술세미나, 2011, 2장 참고.

91) 이 부분에 대해서는 고바야시 히데오 지음/ 임성모 옮김, 《滿鐵-일본제국의 싱크탱크》, 산처럼, 2008이 매우 유용하다. 특히 제4부 '두뇌집단 만철의 변모'는 경제사회로의 변신과 역할 등이 소개되어 있다.

92) 김상기·전해종을 비롯한 선학들에 의해 이러한 관점으로 역사를 해석했다. 한편 일본에서는 1970년대 이후부터 과거와는 다른 관점에서 동아시아 역사를 해석해 왔으나 그 범위, 개념, 역할 등에 대해서 통설은 없다. 한국역사학계에서 근래에 수용하고 논의되고 있는 동아시아문제는 이러한 흐름과 깊이 연관되어 있다. 전해종은 동아(東亞)의 지리적 범주를 기본적으로 중국, 한반도, 일본 열도를 지적하는 것이라고 보고, 중국은 주로 중국 본부, 일본열도는 혼슈(本州)와 시코쿠(四國), 큐슈(九州)와 그 부속 도서(島嶼)로 한정하고 있다. 그리고 운남(雲南)이나 양광(兩廣, 광동과 광서)지방을 주변으로 보고 있다(全海宗, 《東亞古代文化의 中心과 周邊에 대한 試論》《東洋史學研究》제8·9합집, 1975, p.3). 이노우네 히데오(井上秀雄)는 고대의 동아시아는 중국왕조의 정치권력이 미치는 지역 혹은 중국문화의 영향을 받았던 지역 등을 가리키는 용어로 추측된다고 하였다. 특히 p.12에서는 지도를 그려서 동아시아의 범주를 분명하게 표현하고 있다. 이 분류는 아시아의 동쪽을 동북아시아, 동아시아, 동남아시아의 3부분으로 본다(井上秀雄, 《變動期の東アジアと日本》, 日本書籍, 1983). 니시지마 사다오(西嶋定生)는 대륙의 역사, 특히 중국왕조를 중심으로 하는 역사를 동아시아 역사로 보고 있다(西嶋定生, 《日本歷史の國際環境》, 日本, 東京大出版社, 1985, pp.2~3). 동아시아를 서아시아·중앙아시아 등과 구별하고 있다(宮崎市

오리엔탈리즘의 피해국이었던 중국은 최근에 '동북공정'을 비롯한 각종 역사작업을 통해서 중국적 오리엔탈리즘을 실현시키려는 움직임이 보인다. 아시아 또는 동양세계에서 '중화주의(中華主義, Sinocentrism)'[93]는 서구의 오리엔탈리즘과는 부분적으로 차이가 있으나 근본적으로는 거의 유사하며, 역사적으로 뿌리가 깊고 분야가 광범위하다. 그들은 궁극적으로 '신중화제국주의'를 실현시키고자 한다.[94]

필자는 이러한 문제점들을 극복하는 시도들을 하면서 '유라시아', '동방문명권', '동아지중해 모델', '해륙문명론', '1산−2해−3강 문명권' 등 고조선문명권과 관련된 몇몇 개념을 단계적으로 적용하면서 고조선문명권의 설정 타당성을 살펴보고, 그 성격 및 범주 등을 파악하고자 한다. 첫 발생한 동방문명권이라는 지역을 '원터' 개념으로 설정하고, 이어 점차 확장해 나가는 단계를 고려하여 지역과 공간을 이해하고자 한다.

---

定,《中國の歷史》2,《秦漢帝國》, 講談社, 1974, pp.3~4). 사에키 아리키요(佐伯有淸)는 동아시아라는 범주를 막연히 설정하고 한반도 세력·일본열도, 그리고 중국대륙을 동아시아로 보고 있다(佐伯有淸,《古代の東アジアと日本》, 日本, 敎育社, 1987). 사사키 고메이(佐佐木高明)는 '조엽수림(照葉樹林) 문화권(文化圈)'이라는 틀을 제시하면서 일본열도와 중국의 원난성·청해성 등을 연관시켰다(佐佐木高明,《照葉樹林文化の道》, 日本放送出版協會, 1988 및 《續 照葉樹林文化》 등). 야스다 요시노리(安田喜憲)는 일본해문화권이라는 또 다른 공간의 유형화가 필요하다고 제기한다(安田喜憲,《日本海をめぐる歷史の胎動》,《季刊考古學》15 號, 日本, 雄山閣出版社, 1986). 후루마야 타다오(古廐忠夫)는 동아시아 세계와 외연으로서 동북아시아라는 시점에서, 즉 동아시아의 서브시스템으로서 환일본해 지역을 보고 있다(古廐忠夫 編,《東北アジアの再發見》, 日本, 有信社, 1994, pp.5~8; 樺山紘一 編 著《長江文明と日本》福武書店, 1987, 기타).
중국은 통일적 다민족국가' 혹은 '다지역문명기원설' 등을 통해서 전체 중국의 현재적 정치영토를 역사적 공간으로 범주화하고 있다. 시간에 대한 새로운 유형화작업도 추진하면서 '하상주 단대공정', '중화문명 탐원공정' 등을 병행하고 있다.
93) 중화주의에 대해서는 강정인, 〈서구중심주의의 이해: 용어 및 개념 분석을 중심으로〉 참고.
94) 윤명철,《역사전쟁》등 다수의 논문에서 '신중화제국주의'라는 용어를 처음 사용하였으며, 다양한 논리들을 전개하였다.

이러한 이론들에 따르면 앞에서 설명한 고조선문명권은 원핵을 토대로 삼아 각 공간의 문화들이 유라시아문명권에 존재한 8개+@의 길(road)을 통해서 교류되는 과정에서 생성되었다. 이러한 유라시아의 부분이면서 넓은 의미의 동아시아는 지리와 지형, 기후 등의 자연환경과 미래 등을 고려할 때 동아시아, 동남아시아, 동북아시아로 유형화시키고 있다. 고조선문명권의 설정과 관련하여 동아시아에는 전형적인 한중일을 포함하는 동아시아 및 동북아시아의 일부 지역(연해주 일대 포함, 동몽골 포함) 베트남, 필리핀 등 동남아시아의 일부 지역을 포함한다. 그리고 해양과 연관해서는 후술할 '동아지중해', '동남아지중해'[95] '동북아지중해(오호츠크해Sea of Ockhosk)'로 구성되었다.

동아시아라는 역사와 문명의 '터'는 일민족사적인 관점, 일지역적인 관점을 포함하면서 더 거시적이고 확장된 문명사적인 관점에서 성격과 역할을 파악할 필요가 있다. 한민족문화 또는 고조선문명은 유라시아 공간과 직접 간접으로 연관되었다. 유라시아 공간은 자연환경, 종족, 언어, 역사상을 종합적으로 고려해 크게 분류하면 7개의 권역으로 나눌 수 있으나 크게 보면 대륙 유라시아와 해양 유라시아로 구성되었다.[96]

1. 극동의 한반도와 일본열도, 만주 및 동시베리아를 포함한 동부 아시아 공간, 2. 중국의 신장성 지역 및 중앙아시아의 5개국과 아프카니스탄의 일부를 포함하는 공간으로서 사막의 오아시스길이다. 3. 극서의 카스피해 남쪽의 연안 지역, 고대 페르시아였던 이란 지역 및 터키의 일부 지역을 포함한 공간, 4. 동남아시아를 가운데 둔 동아시아, 동남아시아, 인도양, 아리비아해를 거쳐 지중해의 일부까지 이어지는 해양 공간, 5. 초

---

95) 윤명철, 〈동아지중해(EastAsian-mediterranean-sea)와 동남아지중해(Southeast Asian-mediterranean-sea)'의 해양 교류 가능성 탐구〉 참조.

96) 윤명철, 《유라시아 실크로드와 우리》, 경상북도, 2015; ---, 〈유라시아 실크로드 문명의 또 다른 해석과 신문명론의 제안〉, 《Silk-Road International Academic Conference》; ---, 〈유라시아 실크로드의 역사와 현재, 그리고 미래〉, 《실크로드 문화창조 융합전략 포럼》, 2015 등 참조.

원지대와 타이가지대가 혼합된 알타이산맥 북부와 남부 시베리아 일대 흑해와 유럽동부의 초원과 평원지대로 이어진 공간, 6. 삼림인 타이가지 대와 북극권과 가까운 툰드라지대로 구성된 공간, 7. 북위 70도 이북인 얼음으로 된 북극권 공간이다. 이렇게 해서 '대륙 유라시아(Continental Eurasia)'와 '해양 유라시아(Marine Eurasia)'로 구성되었다.

따라서 이 공간은 지리문화적으로 모든 자연환경과 모든 문화가 뒤섞이는, 즉 농경의 정주성 문화와 유목 및 해양의 이동성 문화가 만난 '복합문화대'를 이루었다. 각 문화들이 개별적으로 분리되어 독립적으로 존재하는 '복합문명(複合文明)'의 성격이었다. 하지만 유기적으로 이어져 있고, 생활 공동체, 역사 공동체로서 문화가 뒤섞였다. 앞에서 언급하였지만 농경의 정착성(定着性, stability) 문화와 유목 및 해양의 이동성(移動性, mobility) 문화가 만나 '동화정(動和靜, mo-stability)형 문화대'를 이루고 있다. 즉 '차단격실(遮斷隔室) 구조'와 '다층(多層) 구조'로 구성된 것이 아니라 '통일적'이고 '혼합적'이며 '상호호혜체계'로 이루어졌다. 또한 문화현상, 종족, 경제양식, 생활도구, 신앙, 신화 등을 서로가 활발하게 주고받으면서 공유하는 범위를 점점 확대시켰다. 특히 주변의 주민과 문화는 상호 간에 영향을 주고받는 일종의 '환류시스템'을 이루고 있었다.

이 공간에 거주하는 정치체와 주민들은 지경학적으로 공동의 생존구조와 함께 해륙적 성격을 갖고 있어야 한다. 내부의 각 생활 공동체들은 상호 간에 필요한 존재였다. 생활에 필요한 물품들은 해륙을 막론하고 필요의 원칙에 따라 정치력과는 무관하게 심지어는 적대관계에 있더라도 무역을 할 수밖에 없었다. 그리고 이러한 무역과 물류는 육지의 각종 도로와 수로망, 해로를 통해서도 이루어졌다. 유라시아 세계의 대륙과 해양을 유기적으로 연결한 '터' 속에서 생성하고 발전한 '해륙 교통망'이었다. '초원의 길(Steppe-road)', '사막의 길(Oasis-road)', '바다의 길(Marine-road)', '숲과 강의 길(Taiga-road)', '이끼의 길(Tundra-road)', '얼음의 길(Ice-road)'[97]

---

97) 윤명철, 〈극북 시베리아의 역사와 문화의 검토〉, 《우리나라 북극연구의 방향과

등이 종횡으로 엮어진 '망(網)체제'였다.

　　대륙 유라시아 세계는 여러 지역, 여러 자연, 여러 종족들, 여러 언어들, 여러 문화, 여러 신앙 등이 혼재하였다. 그러나 큰 틀 속에서는 중심 역할을 한 공간으로 '알타이문명권'으로 범주화시킬 수가 있다.[98] 주민을 구성하는 요소에 관하여 순서, 비중, 의미의 차이 등이 있지만 혈연, 언어, 지연, 경제, 역사적인 경험, 인식 등 몇 가지 요소로 귀결된다. 특히 언어 또한 유사성이 높았다.[99] 스텝 로드와 오아시스 로드를 통해서 동과 서의 금, 청동기, 철기, 말, 담비, 비단 등이 전파되고, 무역이 이루어졌다.

　　해양도 유라시아 공간의 문명이 발전하는 과정에서 중요한 역할을 하였다. 이 공간은 인도차이나반도와 그 남동쪽에 분포하는 말레이 제도로 구성되었으며, 면적은 4,000,000 ㎢ 가량이다.[100] 이 공간에는 남중국해와 보르네오해로 구성되었으며, 주변에 슬라웨시해(Sulawesi sea)와 반다해(Banda sea) 등이 있다. 남중국해와 보르네오해는 섬들에 둘러싸여 있어 다국간 지중해(多國間地中海, multi national‒mediterranean sea)의 형태를 띠고 있다. 넓이가 약 120만 ㎢이다.

　　고조선문명권의 초기 시대에 이 지역은 자연환경의 영향과 지리적인 교통로라는 특징으로 말미암아 토착문화, 인도문화, 중국문화 등이 습합된 다양성을 가졌다. 신앙도 또한 샤머니즘으로 유형화된 민속신앙을 토

---

과제》, 한국해양정책학회 및 극지연구소 주최, 2018.

98) 알타이(Altay)는 몽골어인데, 의미는 황금산(金山)이다. 알타이문명의 발생 지역은 산지(고르노) 알타이, 평지 알타이 등으로 구분되는데, 현재 카자흐스탄, 중국, 몽골, 러시아의 국경에 걸쳐 있다.

99) 18세기 중반 스타라흐렌베르그가 제창한 '알타이어족설'부터 시작하였다. 알타이어계는 유라시아 대륙의 중앙부인 알타이지방을 중심으로 동쪽으로는 캄차카반도에서 서쪽으로 발칸반도까지, 북으로는 시베리아 북부에서 남으로는 중국 서남부까지 미치는 광대한 지역에서 사용되었다. 알타이어는 사용하는 종족에 따라서 투르크어, 몽골어, 퉁구스어로 구분하고 있다. 이는 근대에 사용한 종족의 명칭을 고려하여 분류한 것이다.

100) 인도네시아, 베트남, 미얀마, 라오스, 타이, 캄보디아, 싱가포르, 인도네시아, 브루나이, 필리핀, 동티모르 등의 국가들이 있다.

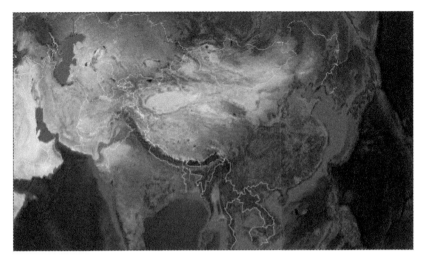

〈그림 2-2〉 유라시아 대륙

대로 불교(베트남, 캄보디아, 타이, 라오스, 미얀마, 싱가폴) 등이 발달하였
다. 그러나 서기전 7세기부터 인도 상인들이 진출하였고, 때로는 정치적으
로도 영향력을 행사하였다. 이후 중국은 진나라, 한나라 시대부터 베트
남, 타일랜드 등 인접지역을 거점으로 삼아 한자와 유교문화 등을 전파하
였다.

그런데 유라시아 세계는 대륙과 해양을 막론하고 언어, 혈연, 문화적
으로 우리와 친연성이 깊다. 일종의 문화공동체 의식을 가질 논리적인 근
거와 사실이 있다. 고대 이전부터 혈연적으로, 언어적으로 유사성이 강할
뿐 아니라 초원의 길, 사막의 길을 통해서 직접, 간접으로 정치, 군사, 경
제, 문화 등 다양한 면에서 우리 역사상에 영향을 끼쳐왔다. 반대로 우리
또한 이 지역과 문화에 영향을 끼쳤다.

'북방기원설'의 관점에서는 한국어와 알타이어계의 유사성이 있다. 우
리나라에 전래된 청동기문화의 유입경로와 청동기가 '카라수크(Karasuk)
문화'의 영향을 받았다는 주장들이 있었다. 물론 이 주장들은 비판을 받
고 있다. 또 하나는 '남북 혼합설'이다. 즉 중국의 남부 지역과 인도 지역
에서 이동한 남방민족과 북방에서 이주한 유목민이 결합했을 것이라는

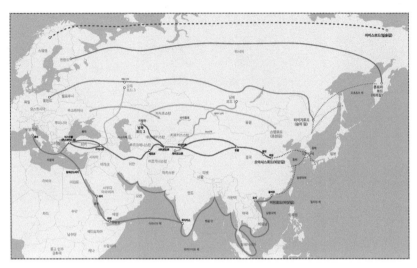

〈그림 2-3〉 유라시아 로드 동서남북 교통망

주장이다. 현재 한국어는 알타이어(드라비다어 및 중국 절강지역의 언어
도 포함되었다는 주장들이 있다)라는 큰 틀 속에 포함되어 각 요소들이
다 나타나지만, 다소 차이가 있어 '예맥어(濊貊語)'라고 분류하고 있다. 우
리와 연관된 몇 가지 핵심단어를 살펴보면 다음과 같다. [101]

칸(khan, kan) 또는 한은 桓·韓·汗·干·丸·漢 등으로 음역이 되어 신
명·인칭·족칭·국명[102]·지명·산명 등에 쓰였다. 또한 '곰' '검' '금' '개마'
'고마' 등은 신, 무당 또는 인간의 의미를 갖고 있으며, 만주어의
niŋgu(上, 頭), 古터키어에서 gam(巫, 神)과 동일한 의미와 발음을 갖고
있다. 그 밖에 '밝' 등이 있다. 대가리는 터키와 몽골어인 탕그리(tangri)와
텡그리(tengri)와 동류어로서 천신을 표상한다.

알타이문명권에서 특징을 이루는 '샤머니즘(Shamanism)', 조상숭배 신

---

101) 이 부분에 대해서는 최남선, 양주동 등의 상세한 연구성과가 있다. 뒷 부분에
서 소개한다.

102) 한국, 킵차크 한국(러시아를 240여 년 지배), 시비르 한국, 부하라 한국, 히바
한국, 크림 한국, 카잔 한국, 아스트라 한국 등이다. 윤명철, 〈'한국(韓國)' 국호
의 어원과 의미 분석〉, 《단군학 연구》 제 37호, 2017 참조.

앙과 하늘숭배 신앙, 해신앙, 새신앙 등이 강하다. 그 밖에 신목신앙, 신산숭배, 서낭당(오보에)신앙 등도 있었다. 뿐만 아니라 단군신화, 동명왕신화, 게세르(Geser)신화[103] 등이 동일한 구조와 유사한 내용 등을 포함하고 있다. 그 밖에 금강산이 무대인 '나무꾼과 선녀' 이야기는 알타이문명권에서는 일반적으로 알려진 설화이다. 적석총과 일부 부장품은 우리와 북방 유목문화의 연관성을 추측하게 하는 요소들이 있다.

해양 유라시아문화도 우리 문화와 유사한 점이 많다. 중국의 남방, 동남아시아, 인도까지 이어지는 곳의 문화를 많이 수용하였다. 난생신화, 신앙, 초분(草墳) 같은 장례풍습 등 남방적인 요소가 적지 않다. 탐라는 오키나와 지역인 유구국(琉球國)과 교류가 있었다. 본도(本島)의 나하(那覇)에서는 오수전(五銖錢) 등이 발견되었는데, 제주도에서 발견된다. 제주도로 추정되는 주호(州胡)는 바다에서 교역을 했으므로 제주도와 연결이 가능하다. 특히 오키나와에서 빗살무늬토기들이 발견되고 있다. 두 지역 사이에는 후대의 표류 사실들이 입증하듯이 해양환경이 교류를 가능하게 하였다. 따라서 고조선문명권의 후기 시대에는 교류가 이루어졌을 가능성이 있다. 《삼국유사》에 실린 〈가락국기〉(駕洛國記)에는 수로왕의 부인인 허황옥(許黃玉)의 고향인 아유타국(阿踰陀國)이라고 되어 있는데, 인도의 '아요디아(Ayodhya)왕국'으로 추정된다.[104] 허황옥은 바다를 항해해서 도착한 이주민 집단임이 틀림없다는 주장이 있다.

이렇게 대륙 유라시아 세계와 고조선문명권은 상호 관련성이 높다. 그럼에도 불구하고 동아시아 세계는 특정한 시기 이후에 실상과는 무관하게 '중화' 또는 '중국'이라는 1극(Center, Pivot, 中華) 중심 체제로 인식됐

---

103) 게세르신화는 영웅신화인데, 유라시아 초원문화권에 유사한 구조의 이야기들이 널리 알려져 있다. 최근에 한국에서도 이와 연관된 책과 논문들이 발표되고 있다. 대표적인 연구 성과는 양민종이 옮긴 《바이칼의 게세르 신화》(솔출판사, 2008)가 있다.

104) 이 주장은 아동문학가인 이종기가 1974년에 발표했고(《가락국탐사대》), 학계에서는 김병모가 현장 답사 등을 통하여 연구성과를 다수 발표했다.

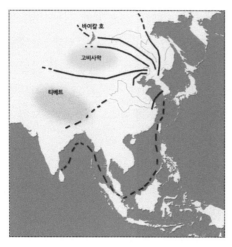

〈그림 2-4〉 한민족문화 성립과 교류도(원핵을 중심으로 8개의 길을 통해서 문화가 유입됨)

을 뿐 아니라, 그 외의 독자성과 고유성을 지닌 다른 문화와 지역, 민족의 위상과 역할, 즉 문명의 존재가 약화되거나 부정되었다. 그러나 앞에서 설명한 '터이론', '환류시스템이론', '역사유기체설' 등 몇 가지 이론의 관점에서 동아시아의 정치, 경제 등 실질적인 질서에 적용하면 기존과는 다른 해석이 가능하다. 즉 '중국공간 중심', '한족 중심'으로 기술하고, 평가하는 '1극 중심체제'나 또는 몇 개의 강대국을 중심으로 하는 '다극 중심체제'의 역사기술 및 해석과는 차원이 다르다.

이것은 다른 위상과 역할을 각각 보유한 여러 개의 핵들이 공존하는 '다핵 체계'이며, 또한 변화하는 주체의 상황과 단위의 필요에 따라 역할과 위상이 달라지는 유동적인 체계이다. 즉 중화문명을 비롯한 4대문명처럼 '면'으로 구성된 것이 아니라 '선', '점'의 위치와 역할이 중요하다는 관점이다. 즉 모든 존재와 위상에 고유의 역할을 부여할 수 있다. 이는 '면 위주', '중심 개념', '물리적인 힘', '조직화된 시스템', '정교한 논리체계' 등으로 구성되는 기존의 문명개념과는 차별성이 있다. 문명에 대해서 이러한 방식으로 접근하면 고조선문명론의 체계와 위상을 알 수 있다.

그러므로 이 글에서는 자연환경을 기초로 동아시아문명을 세분화시켜서 지역, 종족, 정치를 기초로 한 체계 속에서 유형화시키면서 세 체계로 범주화시켰다. 즉 한국지역, 중국지역, 북방지역으로 구분되는 3핵 체계이다. 따라서 동아시아는 3개의 중핵인 항성과 작은 핵들인 주변 행성들, 독자성이 다소 미약한 몇몇 위성들, 그리고 이것들을 이어주는 선들로 구성됐다. 이러한 이론에 근거하여 필자는 우리와 연관해서는 '동방문

명' 또는 '동이문명권'을 설정하였다. [105)

'중국공간' 혹은 '중화문명'은 3핵 가운데 가장 대표적이고 정치적으로 제국을 발전시켜온 핵이다. 이 문명의 핵심은 서기를 전후한 시기에 한족들이 창조했으나, 이미 그 이전부터 동아시아의 동방과 북방의 여러 종족들과 문명들이 협업해서 만들어온 결정체이다. [106) '화이(華夷) 사상'으로 불리기도 한다. '중화(中華)'는 '중국(中國)', '중하(中夏)'와 같은 말로서, 최초의 중국 왕조문명이 발생한 '하(夏)' 지역과 '세계의 중앙'이라는 뜻을 지닌 '중'(中)이 합쳐진 글자이다. [107)

'중화'라는 개념은 사전적인 의미를 떠나 중국의 민족·역사·강역(영토), 문화, 자연 등을 총체적으로 아우르는 말이다. 중화문명의 시발은 서기 20세기를 전후해서 초기에는 화북지방과 산동의 해안가가 중심이었다. 점차 동서남북으로 팽창하여, 때로는 북방 유목종족들 및 동방민족들의 공격을 피해 남쪽으로 도주하는 경우도 있었지만, 동아시아 문명의 거대한 핵을 이루었다. 핵심 역할은 한족(漢族)들이 담당했으나 모든 종족들과 문명들이 합해진 결정체이다.

그런데 최근에는 '황하문명'을 넘어서는 문명권의 존재가 여러 지역에

---

105) 박은식, 신채호, 안확, 정인보, 최남선 등 선학들이 이러한 틀을 제시했다. 예를 들면 박은식 등은 우리민족의 범위를 넓게 설정하면서 여진, 선비, 몽고, 흉노 등을 우리민족과 동족으로 보고, 동이(九夷)도 우리민족의 지파로 생각하였다. 필자는 그 분들의 학설과 약간의 견해 차이는 있지만 큰 맥락 속에서는 유사하다. 윤명철, 〈한국 고대사 연구의 반성과 대안〉, 《단군학 연구》 11, 2004; ---, 〈渤海 유역의 역사문화와 동아시아 세계의 이해-'터(場, field) 이론'의 적용을 통해서-〉, 《동아시아 고대학》 17집, 2008

106) 윤휘탁, 〈중국 중·고교 역사 교과서에 반영된 '중화의식'〉, 《중국 역사 교과서의 민족·국가·영토 문제》, 동북아역사재단, 2006, p.20. 중국과 중화의 개념 및 용례는 시대에 따라 변천하였다. 일반적으로 '중국'이 국가 전체의 범주를 가리키는 말로 굳어진 것은 19세기 후기로 인식되고 있다.

107) 이춘식, 《중화사상: Sino-centralism》, 교보문고, 1998, pp.143~148. '중(中)'은 처음에는 사람들이 많이 거주하는 서울, 곧 경사(京師)를 뜻하다가 점차 '천자의 나라', 곧 천자국을 의미하게 되었다는 의미를 갖고 있다고 해설한다.

서 드러나면서 중국은 '다지역 기원문명설'이라는 이론을 만들어 주장하면서 중화문명의 범주를 확대하고 있다. 장강 중류의 청뚜산(城頭山) 및 하류의 허무뚜(河母渡)문명, 또한 현재 신강성인 구 서역(西域), 티베트인 토번(吐藩), 광동성인 월(越) 지역에서도 고대문명의 존재가 밝혀지고 있다. 중국문명은 이 밖에도 동남아시아 북부에 있는 일부 나라들의 역사와 문명을 수렴한 것이다. 그런데 서만주 지역에서 발전한 '요하문명'을 구성하는 '홍산(紅山)문화', '하가점(夏家店)문화' 등은 중원 중심의 중화문명과는 다른 점이 많다. 발달한 문화, 담당 주체 등을 고려하면 동방문명의 토대가 될 가능성이 큰 문화이다. 일종의 '모문명(母文明)'이다. 이 요하문명지역들은 상술할 예정이지만 해양과 적지 않은 관련이 있다.

'북방유목 문명'은 몇 부분의 공간으로 구성된 스텝(Steppe) 로드로 이어지는 알타이 산록과 중앙아시아 북부지역 일대가 중심이다. 하지만 사막 및 농경문명의 공간인 오아시스 로드로 이어지는 중앙아시아 남부 일대도 있다. 또 수렵 및 어렵이 이루어지는 '삼림(Taiga)문명'의 공간은 동만주 일대에서 시베리아 동부, 바이칼로 이어지는 지대이다. 또 유목 수렵문화의 공간은 시베리아 북부의 툰드라(Tundra) 일대이다. 이 지역에서 구석기시대부터 인간이 거주했음이 각 지역에서 발견되었으며, 심지어는 북위 70도선에서도 후기 구석기시대인의 흔적들이 발견되었다.

그런데 동아시아문명과 고조선문명권과 연관성을 지닌 유목은 현재 대흥안령 및 소흥안령 서쪽 주변의 북만주 일대, 내·외몽골 지역 전체이다. 이 공간을 중핵으로 삼고, 필요에 따라 터를 확대하면서 주변지역들을 행성으로 삼고, 바이칼호, 동시베리아, 알타이 산록, 파미르지역 등을 위성으로 재배치하면서 활용하였다. 고조선문명권 시대에 이 공간에서 활동했던 스키타이인, 산융(山戎), 월지(月支), 흉노(匈奴) 등의 유목종족들은 문명을 창조한 중심핵으로 계승성이 뚜렷하게 나타나지 않았다. 초원을 활동공간으로 삼아서, 범위는 매우 넓지만 공간의 집약도도 낮을 뿐 아니라 활용도는 지극히 미미했다.

따라서 이들은 '이동성(Mobility)문화'로 말미암아 중화문명처럼 농경

과 정착을 전제로 한 문화
를 창조하거나 논리적인 사
상체계를 만들지 못했다.
다만 막강한 군사력과 광
범위한 무역망을 바탕으로
자체적으로 발전했거나, 때
로는 화북지역으로 이동하
여 '호한체제(胡漢體制)'를

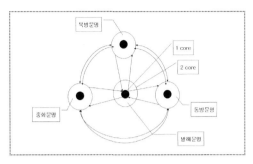

〈그림 2-5〉 '터이론'으로 재구성한 동아시아 문명

만들어 중화문명에 업혀 정체성을 유지하는 방식을 취했다. 하지만 방어
와 보존능력의 한계로 힘을 상실하고 붕괴되어 버렸다. 터의 총체적인 이
동이 아니라 공간만의 이동에 그친 탓이다.

그런데 북방문명의 위성들은 공간 가운데 일부는 중화문명의 '터'와
부분적으로 중복된다. 또한 요서지방 및 발해 연안지역은 선사시대의 문
화 및 동이족과 관련하여 동방문명의 범주와 불가분의 관계에 있으므로
북방문명의 남쪽에 위치한 요서 등의 일부 공간은 동방문명과 깊은 연관
성이 있다. 훗날 이 지역에서 발흥한 거란은 고조선문명권 시대에 있었던
동호와 직결된다. 동호와 우리와의 연관성은 본문에서 설명할 예정이다.
또한 동호의 후신인 선비족들은 때때로 유목민족들이 서쪽으로 이동하
여 정치적으로 빈 공간이 생겼을 때 흥안령을 넘어 몽골 지역으로 들어
가 정착하였고, 때로는 북방유목 민족들과 혈연적으로 섞인 경우도 있었
다. 이는 '지정학적', '지경학적' 조건으로 보아, 또 지문화적인 유사 현상
으로 보아 고조선문명권 시대에도 동일했을 것이다.

'동방문명'은 한반도 북부와 요동과 요서 일부를 포함한 남만주 일대
를 중핵으로 출발하여 사방으로 확장된 문명이다. 이른바 '고조선문명권'
이다. 그 동방문명의 중핵에 해당하는 문화가 고조선문화이고, 정치체가
고조선이다. '원터(原土)'는 만주일대 및 한반도의 자연환경, 역사환경들
이다. 예를 들면 한반도와 남만주 일대에서는 조, 수수, 콩 농사 외에 벼
농사가 이루어졌다. 요서지방의 북부와 북만주 대흥안령 서쪽 일대의 초

원에서 이루어지던 목축문화, 동만주 일대의 삼림과 큰 강 일대에서 이루어진 수렵, 채취 및 어렵문화 등이 있었고, 해양문화가 있었다. 따라서 이 공간의 구성원들은 내부에서 문화현상, 종족, 경제양식, 생활도구, 신앙, 신화 등을 서로가 활발하게 주고받으면서 공유하는 범위를 점점 확대시켰다.

*동아지중해(東亞地中海, EastAsia-mediterranean-sea) 모델

동아시아 세계는 아시아 대륙의 동쪽 하단부에 자리하면서 중국이 있는 대륙, 북방으로 연결되는 대륙의 일부와 한반도, 일본열도로 이루어져 있다. 그런데 이 권에서는 한반도를 중심핵(core)으로 하면서 한반도와 일본열도 사이에는 광대한 넓이의 동해(East sea)와 비교적 폭이 좁고, 넓지 않은 남해가 있고, 중국과 한반도 사이에는 황해라는 내해(inland-sea)가 있다. 그리고 한반도의 남부(제주도 포함)와 일본열도의 서부(큐슈 지역), 그리고 중국의 남부지역(양자강 이남에서 복건성 지역을 통상 남부지역으로 한다)은 이른바 동중국해(East china sea)를 매개로 연결되고 있다. 지금의 연해주 지역 및 북방, 캄차카 등도 동해 연안을 통해서 우리와 연결되고 있으며, 타타르 해협(Tatar-strait, Channel of Tartary, 韃靼 해협)을 통해서 두만강 유역 및 연해주지역과 건너편의 사할린·홋카이도 또한 연결된다. 즉 다국간 지중해(多國間地中海, multinational-mediterranean-sea)의 형태와 성격을 지니고 있다.

황해는 38만 ㎢인데 한반도와 요동반도, 중국대륙을 연결하고 있다. 발해는 7.7만 ㎢인데, 선사시대에는 해안선이 지금보다 더 내륙으로 들어갔다.[108] 남해는 대마도를 55㎞ 사이에 두고 한반도와 일본열도 사이에 있는 협수로이다. 또한 가장 넓은 해역을 가진 동중국해가 있다. 동해는 남북 길이가 1700㎞, 동서 최대 너비는 1000여 ㎞, 면적이 107만 ㎢로서

---

108) 孫光圻, 《中國古代航海史》, 海洋出版社, 1989, pp.13~22.

3분의 1을 차지하고 있다. 여기에는 우리의 인식이 못 미치는 타타르 해협까지 포함한 것이다.[109] 총 340만 ㎢이다. 필자는 이러한 인식을 갖고 '동아지중해(東亞地中海, EastAsian-mediterranean-sea)'라고 명명한 모델을 설정해서 동아시아 역사를 해석해 왔다.[110]

일본에서는 1970년대 '동아시아론'에 대한 논쟁이 벌어지더니 점차 해양과 동해(일본해)에 관심을 갖고, 동해를 '지중해(地中海)'라고 불렀다. 그러다가 1990년대 말에 와서 새삼 동아시아의 지중해적인 성격에 주목하고, 국가전략의 입장에서 바라보는 정치학자들뿐 아니라 일반 역사학자들도 이에 대한 연구를 시작했다.[111]

지중해는 나름대로 몇 가지의 특성을 가지고 있다. 이동성(mobility)이

---

109) 타타르(韃靼) 해협을 중국·일본·러시아 학자 및 일부 한국학자들이 역사 및 고고학 논문 등에서 일본해라고 표기하고 있다. 영국의 William Robert Broughton(1762-1821) 함장은 1797년 Broughton의 한반도의 동해안을 탐사하면서 이 만을 발견하고 'Channel of Tartary'라고 명명하였다.

110) 동아지중해의 자연환경에 대한 검토와 이론 등은 윤명철, 〈해양조건을 통해서 본 고대 한일관계사의 이해〉,《일본학》14, 동국대 일본학연구소, 1995; ---, 〈황해의 地中海的 성격 연구〉,《한중문화교류와 남방해로》, 국학자료원, 1997 기타 논문 참고.

111) 千田稔,《海の古代史─東アジア地中海考─》, 角川書店, 2002. 그는 서문에서 1996~1998년까지 국제일본문화연구센터 지원의 '동아시아지중해세계에 있어서의 문화권의 성립과정에 대해서'라는 연구를 수행하고 그 보고서로서 이 책을 출판한다고 쓰고 있다. 그리고 그들의 동아지중해는 남지나해, 동지나해, 일본해, 황해, 발해를 가리키는 용어라고 규정하고 있다. 또한 이미 오래 전부터 남방해양문화에 관하여 연구를 해 온 코쿠부 나오이치(國分直一)의 예로 들면서 그는 동아지중해를 4개의 지중해로 구성하고서 오호츠크해, 일본해, 동지나해, 남지나해라고 하였다. 뿐만 아니라 과거 필자가 논문에서 소개하고 우려를 표명한 적이 있지만 이러한 시각을 발전시켜 가와가쓰 헤이타이(川勝平太)처럼 '해양연방론' 등의 정치이론으로 확장시키고 있다.
동아시아를 동아지중해라고 부르고 연구를 진행하는 또 다른 학자는 독일 뮌헨대학의 중국사전공자인 Angela Schottenhammer교수이다. 그는 동중국해, 황해, 일본해를 '동아시아 지중해'라고 설정하고 있다(Angela Schottenhammer, 〈동아시아 해양국가의 양상 : 1400-1800 동아시아 '지중해'에서의 한국인들의 활동〉,

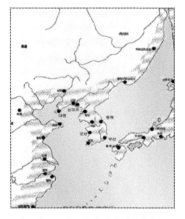

〈그림 2-6〉 동아지중해 범위도

강하여 각 지역 사이의 이동이 비교적 자유롭고, 비조직적이므로 국가의 형성 과정이나 정치집단들 간의 관계도 매우 복잡하다. 해양력의 강약에 따라 국력이 결정되었다고 볼 수 있다. 한편 정치·군사적인 것보다는 교역, 문화 등 구체적인 이해관계를 중시하는 경향이 있다. 항상 개방적이고 여러가지의 다양한 문화를 전파하고, 수용할 수밖에 없다. 전형적인 정착성(stability)문화와 이동성 (mobility)문화가 이곳에서 만나 상호보완한 것이다. 즉 바다를 가운데 두고 주변의 주민과 문화는 상호 영향을 주고받는 일종의 '환류시스템'을 이루고 있었다. 그 결과 농경의 '정주성 문화'와 유목 및 삼림, 어렵, 해양의 '이동성 문화'가 만나 적절하게 공유된 '혼합문화 지대'를 이루었다. 동방문명은 중화문명 지역, 유목문명 지역, 삼림수렵문화 지역, 강어렵문화, 해양문화 지역과는 사뭇 다른 특성들이 있었다.

이러한 '체계'로 이해하면 고조선은 '국가단위', '종족단위', '문화단위'를 넘어 '질서'나 '체제'는 물론이고, '문명'으로 파악할 수 있다. 또한 시간적으로 고조선 멸망 후에 나타났고, 고조선을 계승한 고구려, 백제, 신라, 가야, 왜 등은 서로 단절되고 무관하며 격절된 부분이 아닌 것으로 파악된다. 동방문명권 또는 고조선문명권이라는 전체 속의 부분으로서 항상 유기적인 관계에 있는 부분들이다. 행성들은 각 중핵지역의 주변에 위치한 지역들로서 동, 북 만주 일부, 일본열도의 일부, 연해주 전체이다. 결론적으로 만주(연해주 포함)와 한반도 전역, 일본열도를 '터'로 삼아 꽃

《21세기 동아시아 지역공존과 역사문제》, 동국대학교 건학 100주년 국제학술회의, 2007). 또한 중국에서도 여러 학자들이 동아지중해 모델의 유효성을 평가하는 글들을 발표했다. 최근에 목포대학교 도서문화연구원을 중심으로 동아지중해 모델을 다양한 관점으로 학문해석에 적용하고 있다.

을 피운 문명으로서 한민족문화 생성과 직결된 문명이다.

그러므로 동방문명 또는 고조선문명은 이질적이고, 분절되었던 각 지역, 각 국가 또는 각 종족들의 문화를 직접적일 뿐만 아니라 간접적으로 연결된 관계 속에서 파악해야 한다. 즉 혈연과 언어, 문화에 약간의 차이가 있고, 중심부들 사이의 거리가 멀거나 국부적인 자연환경에 차이가 있으며, 정치체제의 차이가 있어도 느슨한 하나의 '통일체' 혹은 '역사유기체', '문명공동체'였다. 그리고 공간의 특성을 고려할 때 해양과 육지가 유기적으로 작동하는 해륙문명이었다.

### 2) 주체의 문제[112]

존재물은 그 자체가 '온전함'을 뜻한다. 인간은 생물학적으로도 존재를 유지하려는 본능이 있다. 비록 부분적으로, 일시적으로 충분조건에 결함이 생겨도 본능적으로 현재 상태를 지속적으로 유지하려는 강한 의지를 갖고 있다. 따라서 존재물은 구성하는 조건의 충족을 위해서 '행위'를 하고, 본능적으로 온전한 생명을 구현하려는 '자기 완결성'을 지닌다. 이러한 '자기 완결성'은 생리학에서 주장하는 '항상성(恒常性, Homeostasis)'과도 맥을 같이한다고 본다. 다른 존재와 관계를 맺을 때는 '통일 지향성'으로 나타난다. 인간인 주체와 사건(공간), 시간들이 합쳐져서 성립한 단위인 역사도 마찬가지이다. 그러므로 존재의 첫출발점이면서 근본적인 성격을 갖고 있는 존재를 문명 또는 민족의 '원핵'이라고 설정하고, 그 이후의 단계는 배합요소, 배합비율 등에 따라 변형하고 생성하는 것으로 본다.

역사와 문명의 주체는 '인간'이다.[113] 인간은 '생물학적 존재', '사회적

---

112) 역사의 주체인 인간에 관한 필자의 생각은 윤명철의 《역사는 진보하는가》, 외에 《해양사 연구방법론》을 참고하여 작성하였다. 논문으로는 윤명철, 〈한국역사학, 과거를 안고 미래로-신사학을 제안하며〉, 민족학회 학술세미나, 2011, pp.32~34 참조.

113) 역사의 주체인 인간에 관한 필자의 생각은 윤명철, 〈한국역사학, 과거를 안고

존재', '역사적 존재'로서의 성격을 동시에 동일한 공간에서 지니고 있다. 따라서 문명의 생성과 발전에 중핵 역할을 담당하는 역사주체들의 생물학적, 사회학적, 역사적 성격을 구체적으로 이해하는 일이 필요하다. 주체는 활동을 담당하는 '집행자'이며, 거기서 발생한 이익을 받아들이는 실질적인 '수혜자'이다.

그러므로 인간이 어떠한 위치에서 어떤 질의 역할을 실천하며, 외부의 여러 조건들과 맺은 방식에 따라 역사와 문명의 모습들이 영향 받는다. 즉 주체는 누구인가? 어떤 집단인가? 라는 종족, 민족, 주민 등의 주요한 문제로부터 역사와 문명 속에서의 역할은 무엇이며, 차지하는 위상은 어느 정도인가? 등의 지엽적인 문제들로 분화된다. 그러나 근본적인 문제는 역사의 주체는 누구 또는 무엇인가? 하는 자격 및 성격의 문제이다.[114]

우리 역사 공동체의 중요한 구성원이며, 고조선문명권의 핵심적인 주체에 대해서는 '탄생' '성격' '기능' 등의 정의를 놓고 무수한 논쟁들을 벌였다. 그럼에도 불구하고 주체 역할을 담당해 온 '사람', 또는 '집단'을 적합하게 표현하고 규정하는 '용어(표지, mark)'를 만들거나 사용하지 못했다. '한국인', '한민족', '조선족' 등의 추상적이고 불명료한 단어가 있을 뿐이다. 다만 학계와 일반인들에게서 가장 많이 일반적으로 사용되는 단어가 '한민족'이다. 따라서 이 책은 'nation'이라는 근대 이후에 사용된 용어를 일본이 번역한 '민족(民族)'[115]이라는 언어와 개념을 차용하여 전근대의 역사상을 해석한다.

역사활동의 주체인 구성원들을 어떻게 범주화시키는가가 문제이다. 즉 민족인가, 종족인가, 국가인가 등의 용어와 개념의 문제이다.[116] 그리

---

미래로-신사학을 제안하며〉, pp.32~34 참조.

114) 윤명철, 〈사관이란 무엇인가〉, 《역사는 진보하는가》, 온누리, 1992. 제2장 내용 참조.

115) 현재의 한국 중국 일본을 이루고 있는 구성원들을 민족이라고 부르는데, 이는 nation을 일본은 명치 이후에 民+族이라는 조어로 만든 것이고, 중국에서는 손문을 비롯하여 사용하였다.

116) 역사학 연구에서 민족문제를 논하면서 종족과 민족, 국민 등의 구분이 없이

고 그 범주화시킨 단위 속에 주체들을 배치시키는 방식의 문제가 있다. 궁극적으로는 포괄적인 의미의 '민족문제'이다. 그럼에도 불구하고 이 분야에 대한 이론이 부족하거나 기존 이론에 대한 맹신과 오해에서 악용당한 측면이 있다.[117]

현재의 한민족과 친연성이 깊고, 현재 상태를 생성하는 데 핵심적인 역할을 한 존재들의 집단을 '한민족'으로 설정하고, 그들에 의해 구성됐던 역사를 '한민족사', 국가들을 '한민족국가'의 범주로 인식한다.[118] 그러므로 현재의 결정체를 이루게 한 근본을 원핵이라고 설정하고 '민족'이라는 용어를 분석과 이해의 도구로 사용하면서 고조선문명권의 주체를 모색하는 수밖에 없다. 따라서 '민족'이란 용어에 대한 적확한 이해가 필수적이다.[119]

서양의 근대 '민족(nation, naci)' 개념과 동아시아인들이 사용하는 '민족' 개념과 성격은 고대 문명이나 역사상을 해석하는 데는 여러 가지 면에서 차이가 있다. 근대적 의미의 '민족'과 '국민'을 구별해야 할 필요성은 크다. 볼프강 스타펠(W.Stapel)은 근대 국민의 형성 이전 단계의 민족은 혈연과 지연 등 자연적인 유대관계에 의해 결속되는 '종족'의 개념에서 크게 벗어나지 못한다고 하였다. 칼톤 헤이즈(Calton Hayes)는 근대적 의미의 민족은 명백한 단위체로서의 '국가' 안에서 대내적으로는 정치적인 자유의 획득이라는 공동목표를, 대외적으로는 정치적·경제적 독립이라는 공동목표를 추구하면서 성립되었다고 하였다.[120] 한스 콘(Hans Khon)은 민족주의를 '서구형' 과 '비서구형'으로 구분하였고, 헤르더(Johann Gottfried von Herder)처럼 문

---

사용하고 적용하는 것은 학문적인 태도가 아니라고 생각한다.

117) 윤명철, 〈역사학적 측면에서 본 한민족의 정체성〉, 《한민족은 누구인가》, 한민족학회, 동국대학교, 2010.

118) 시대와 상황에 따라 각각 다른 명칭으로 유형화시키고 해석할 필요가 있다. 원시, 준민족, 선민족, 민족체, 전근대민족 등으로도 구분한다.

119) 필자가 가진 민족개념과 역사적인 적용에 대하여는 윤명철의 〈한민족 형성의 질적 비약단계로서의 고구려 역사〉, 〈역사학적 측면에서 본 한민족의 정체성〉, 〈한국역사학, 과거를 안고 미래로-신사학을 제안하며〉 등에 있다.

120) 칼톤 헤이즈 지음/ 차기벽 옮김, 《민족주의: 이념과 역사》, 한길사, 1981.

화적 민족주의 이론을 전개한 경우도 있다. 그리고 경제적인 요인을 중시하면서 '민족체[121]'를 거쳐 민족의 형성을 이야기한 경우[122]도 있다.

서양 또는 근대의 민족주의와 동아시아의 민족주의는 형성의 문제, 발전과정의 문제, 다른 민족과의 관계 등에서 다른 점들이 있다. 심지어는 일본, 중국,[123] 한국이 사용하는 민족 개념도 약간의 차이가 있다. 그리고 그것 또한 19세기와 20세기, 그리고 21세기 지금과는 다른 점이 있다. 이처럼 민족의 개념은 서양과 동아시아 등의 지역과 근대와 전근대, 고대 등 시대에 따라 다르며, 이를 소급해서 역사상에 적용할 경우에는 더욱 복잡해진다.

민족은 왜 이렇게 복잡한 양상을 띨까?

'민족'이란 용어의 설정과 존재, 존재 외적인 역할 등이 집단의 존속 여부와 발전 등에 강력한 힘을 발휘하기 때문이다. 특히 민족문제는 지시 명사로서 사물과 사건을 규정하는 용어에 따른 문제가 있다. 일단 '민족주의'라는 용어로 변하면 강한 생존력을 가진 채 주위 상황에 능동적으

---

121) '민족체'는 요제프 스탈린의 민족이론에 나오는 용어와 개념이며, 원시 공동체 사회가 붕괴된 후에 민족(nation)의 형성 과정에 있던 사회적 집단을 말한다.

122) 이에 대한 이론가로서는 요세프 스탈린(Joseph Stalin)이 대표적인 예이다. 그는 경제생활의 중요성과 함께 '준민족' 등 독특한 이론들을 전개하였다.

123) 모택동의 민족이론과 중국민족의 정리 작업이 아시아 및 중국의 민족주의에 끼친 영향은 크다. '중화민족'이란 개념은 1902년 중국 근대에 역사학자인 양계초(梁啓超)의 저서인《中国学術思想之變遷之大勢》에서 최초로 나타났는데, "중국인과 해외 화인의 총칭"이다. 하지만 많은 중국민족학자들이 주장하듯이 그가 사용한 '중화민족'은 한족만을 가리키는 것이다. '반청복명(反淸復明)'의 정신이 남아 있는 시대적인 상황이 작용한 탓이다. 그러나 모택동은 '중화민족'을 전체의 구성원들을 가리키는 의미로 사용했다. 이것 또한 '한족중심주의'였다.

그런데 후진타오(胡錦濤)에 이르러 '통일적 다민족국가론'이 등장하면서 민족 개념은 또다시 확장된다. 즉 국가 구성원은 중화민족이 된다. 언어, 혈연, 문화 등의 차이가 있음에도 불구하고 민족으로 규정한 것이다. 현재 우리가 이해하는 민족 개념과 용례와는 차이가 분명하다. 하지만 이러한 인식방식은 고대사회의 고구려, 발해의 역사를 이해하는 데 시사점이 있으며 특히 이 책의 주제인 고조선문명권의 주체를 설정하고 이해하는 데 유효하다고 판단한다.

로 적응하여, 시대성을 반영하기 때문이다. 특히 동아시아에서는 언어와 개념이 정치적인 목적으로 섞이고, 근대화가 비자발적으로 추진되는 전환기에 서양의 것을 차용하며, 대응되는 조어를 만들 수밖에 없었다. 그 과정에서 발생한 대표적인 용어가 '민족' 또는 '민족주의'이다.[124]

일반적으로 '민족(民族, Nation)'에 대하여 몇 가지 정의를 내리고 있다.[125] 인류가 이룩한 최초의 기본단위는 혈연공동체인 가족이고, 규모가 확대되면서 씨족단계를 거쳐 부족으로 발전하여 궁극적으로는 종족으로 확장된다. 중국에서 씨족, 부족, 종족, 민족 등의 개념은 고대민족 형성의 다른 단계로 인식된다.[126] 동아시아의 역사상과 연관하여 중국의 민족 개념은 중요하다. 근현대에 들어와 중국에서 맨 처음으로 민족의 정의를 제시한 사람은 양계초(梁啓超, 1903년 민족 정의를 제시)로 인식되었다.[127] 손문, 장태염(章太炎) 등 중국 근대 사상가들이 민족 개념을 사용하기 시작하였다. 또한 손문은 '국족(國族)'이라는 개념도 사용하였다.[128] 1924년

---

124) 민족주의가 근대이후 동아시아에 어떠한 역할을 하였는가는 이재석, 《동아시아 민족주의와 국제질서》, 노스보스, 2017 참고.

125) 〈민족주의란 무엇인가〉, 《사상계》 특집, 1958~1961. 여기 실린 글들은 현대 한국에서 민족주의 문제를 본격적으로 거론한 첫 번째 작업의 일환이다.
韓興壽, 〈민족주의와 민족공동체 형성〉, 《민족주의의 탐구》, 정신문화연구원, 1985, pp.189~192; 진덕규, 《現代民族主義의 이론구조》, 지식산업사, 1983; 차기벽 지음, 《民族主義原論》, 한길사, 1990; 차기벽 편, 《民族主義》, 종로서적, 1983; 신용하 편, 《민족이론》, 문학과 지성사, 1986; Ernest Gellner 지음/ 이재석 옮김, 《민족과 민족주의》, 예하, 1988 등.

126) 인류는 씨족→부락→부락연맹→민족 등 4개의 구체적 다른 단계를 거쳐 결과적으로 고대민족(근대민족과 대립적 개념)이 형성된다는 마르크스주의적 인식이다(文傳洋, 〈不能否定古代民族〉, 《學術研究》, 1964年, 第5期).

127) 중국사회과학원의 관련 연구에 따르면 중국 만청시기의 사상가인 왕도(王韜)는 1882년에 "洋務在用其所長"이라는 논의에서 "我中國, 幅員遼闊, 民族殷繁(중국은 국토와 면적이 넓고, 민족은 부유하다)"라며, 최초로 '민족'에 대해 언급하였다.

128) 馬戎, 〈關於"民族"定義〉, 《雲南民族學院學報(哲學社會科學版)》, 2000年01期, pp.5~13; 韓錦春·李毅夫, 〈漢文 '民族'一詞考源資料〉, 中國社會科學院民族研究所民族理論研究室印. 90년대 중기, 중국학자인 영소(寧騷)는 손문의 이러한 주

손문은《민족주의 제1강》이라는 강의에서 "民族主義就是國族主義"라고 하여 'nation'을 '국족(國族)'으로 표현하였다.

중국이 민족이라는 개념을 사용한 계기는 서양의 문헌과 일본 번역의 영향을 받았기 때문이라는 것이 중국학계의 일반적 인식이다. 일본학자가 '국족'이라는 개념으로 '중화민족'을 대체하여 사용하라는 제안을 하였다. 이러한 방식을 통해서 '중화민족'이라는 거시적 개념과 그 내부의 미시적 개념 예를 들어, '몽골족', '만주족' 등 소수민족의 개념을 혼동하지 않고 구별할 수 있기 때문이었다고 주장하였다. 마융(馬戎)은 "인류의 다른 사회와 역사 발전 단계에 있던 인류의 공동체를 뜻하며 중국어의 '민족'이라는 단어는 현대의 산물"이라고 주장한다. 특히 중국의 고전 사서에서 다른 민족에 대해 'OO족'이라는 표시가 없었으며, 일반적으로 'OO인', 예를 들면 '한인(漢人)', '호인(胡人)', '이인(夷人)', '장인(藏人)', '만인(滿人)'등으로 한다. [129]《중국대백과전서》(中國大百科全書) '민족(民族)'조에는 "씨족 혹은 부락의 유대 관계를 혈연으로 형성된 것이나, 민족은 지연의 관계를 바탕으로 구성된 사람들의 공동체, 또 종족이란 개념이 생물학의 범주에 속하지만, 민족이라는 것은 역사 범주에 속하는 개념이다."라고 주장한다. [130]

그런데 이 글에서 사용하는 민족이라는 용어는 근대 이후에 생성된 개념을 바탕으로 하지는 않는다. 우리 역사에서 최초의 정치공동체인 고

---

장을 근거로 '민족'과 '국족'의 차이를 구별하였다. 그는 국가의 개념 범주와 밀접하게 연동하는 민족의 개념은 '국족(nation)'으로 주장하며, 민족(nationality, ethnic group)은 국족의 일부로 주장하여 양자 사이의 차이를 정확하게 집어내었다. 더 나아가서 그는 '중화민족'은 민족학 범위의 개념이 아닌 국족의 개념으로 주장하였다. 즉 소위 '중화민족'은 민족의 집단이 아닌, 사실은 국가 차원에서 '중국인'이라는 개념과 동일하다는 것을 뿐이었다고 주장하였다. 寧騷,《民族與國家－民族關系與民族政策的國際比較》, 北京大學出版社, 1995 참조.

129) '~족'이라는 용어를 쓴 예로《송사》에서 나와 있는 '非我族類, 其心必異'라는 말이 있는데(《宋史》卷 496), 여기의 '족'은 '민족'이라는 것이 아닌 '部族'이라는 것이었다고 한다. 馬戎, 〈關於"民族"定義〉,《雲南民族學院學報(哲學社會科學版)》, 2000年01期 pp.5~13.

130)《中國大百科全書》, 北京: 中國大百科全書出版社, 1986, p.302.

조선에는 최초로 생성의 주체가 되었던 구성원들이 있다. 이들은 단순한 생활인인 주민들의 집합체는 아니다. 어떠한 형태로든 역사와 생활과 문화를 공유한 정치적이고, 경제적이며, 역사적인 공동체의 구성원들이다. 이들을 핵으로 주변의 집단 구성원들이 이합집산하면서 결국 고조선과 고조선문명권을 생성한 것이다. 그런데 이들을 표현하는 적당한 용어가 한국사회에는 아직 없다. 따라서 민족이라는 용어를 사용하는 것이며, 이 용어 또한 현실에서 인식하는 개념과는 큰 차이가 없다고 생각한다.

민족은 어떻게 구성되었는가? 이는 '존재론', '시원론'적인 접근이다. 민족의 의미와 가치는 무엇인가? 이는 '도구론'적 접근이다. 민족은 어떻게 생성되었는가? 이는 원류와 과정을 살펴보는 '생성론'의 입장이다. 나아가 민족국가의 형성, 민족주의의 형성과 역할 등은 '방법론'적 접근이다. 그런데 무엇보다도 기본적이고 핵심적인 접근은 구성 요소와 구성 방식을 통해서 존재론적 성격을 규명하는 것이다. 민족의 구성요소들은 학자적인 세계관과 정치적인 동기에 따라서 다양하고, 순서, 비중 의미의 차이 등이 있지만, 일반적으로 혈연, 언어, 지연, 경제, 역사적인 경험, 인식 등 몇 가지 요소로 귀결된다. [131]

민족이라는 단어는 'nation'과는 큰 관계없이 이미 '언어(기호)' 자체를 넘어서는 역사성과 다의성(多意性)을 함유하고 있다. 필자는 민족문제에 대한 일정한 견해를 갖고 있으며, 이를 다양한 방식으로 전개하고 있다. 따라서 이 장에서는 약간의 수정을 가하면서 보다 더 과학적이고, 포괄적인 개념으로 재정의하여 사용한다.

첫째, 생물학적 요소이다. 집단의 정체성에서 가장 핵심적이고, 다른 민족과 구분되는 간단한 지표와 기준이 되는 생물학적 요소는 '혈연' 또는 '핏줄' 등으로 표현해 왔던 기존의 개념을 포함하면서 더 구체적이고 광범위하다. 인간의 기본성격 및 역사 문화와 직결되는 문제이기도 하

---

131) 민족형성 또는 민족 구성요소들에 대해서는 숱한 이론들이 있지만, 대체로 이러한 요소들도 모아지므로 따로 각 학설에 대한 분류와 인물 등의 주를 달지 않았다. 李光圭, 《민족형성과 단일민족의식》, 삼성출판사, 1975 참고.

다.[132] 앞에서 설명하였지만 최근에는 체질, 체형, 두개골, 이빨, 신체외모(살색 포함), 소화기관 등의 기관특성(생리학) 또한 민족구성의 생물학적인 요소로서 거론되고 있다.

21세기를 전후한 시기에 이르러 유전자 구조가 발견된 이후에는 인류를 비롯한 모든 생명체를 이해하고, 활용하는 작업에서 생물학적인 특성이 중요해지고 있다. 모든 생명체 또는 유기체는 신체의 구조와 형태 등은 물론이고, 생리적 변화에 따라 모든 상황에 대한 적응능력이 달라지며, 이는 신체의 내부는 물론이고 외부에까지 동시에 작용한다. 예를 들면 자연환경에 대한 적응은 '생리적 적응(生理的 適應)'이다. 피부, 코, 입술, 두발, 신체구조 등의 인종적인 생물학적 차이는 종족의 생물학적 차이를 낳고, 민족의 생물학적 차이를 낳는다.[133]

생물학적인 원형이나 오랜 역사과정으로 말미암아 생성된 유기체의 생리적 부분은 단 기간의 격렬한 환경변화에 의해서 쉽게 변하지 않는다. 따라서 문화를 형성하는 데 한 개체 또는 집단에게는 몸의 체계(기관 조직) 자체를 비롯하여 개체가 가진 생물학적 기억, 유전적 기억 등이 있다. 이런 것들이 '문화적 기억' '사회적 기억' 등과 더불어 전승되면서 더욱 복합적인 문화를 형성해 간다. 물론 인간집단과 인간이 만든 역사에 대해서도 똑같은 논리와 방식이 적용 가능하다. 특히 '동물행동학' 등은 정치

---

132) 이러한 관점에서 인종인류학자, 생물학자, 동물학자 등의 견해들이 있으나, 이 책과 관련해서는 동물학자인 데스몬드 모리스 등의 이론이 주목된다. 그는 '문명의 사회적 구조가 동물의 생물학적 본질을 만들었다기보다는 오히려 동물의 생물학적 본질이 문명의 사회적 구조를 만들었다'고 말하고 있다(데스몬드 모리스 지음/ 김석희 옮김, 《THE NAKED MAN》(털없는 원숭이), 정신세계사, 1991). 최근에는 과거의 생물학자들과는 다른 관점에서 인간의 생물학적 요인과 유전적 요소들을 중요시하는 견해들이 발표되고 있다. 특히 1953년을 기점으로 유전자 구조가 발견된 이후에는 인류를 비롯한 모든 생명체에게 생물학적인 특성이 더욱 중요해지고 있다.

133) 한나 홉스 지음/ 박종성 옮김, 《인간 생태보고서》, 웅진 지식하우스, 2010; 현재선, 《식물과 곤충의 공존 전략》, 아카데미 서적, 2007.

구조 및 영토관리 방식을 이해하는 데 도움이 된다.[134]

도식적인 적용은 아니지만 결국 인종의 생물학적 차이는 종족의 생물학적 차이를 낳고, 이는 민족의 생물학적 차이를 거쳐 역사적 차이, 문화적 차이를 낳는다는 논리를 부정할 수는 없다. 인간의 행동패턴 또는 인간의 심리 등은 다른 동물 및 식물 등의 행태 등을 관찰하고 추론을 통해서 현상을 비교하고 분석하면서 이해하는 일이 가능하다. 다만 이러한 생물학적 요소와 문화의 상관성은 근대 초기에 있었던 인종주의와는 여러 면에서 다르다.

부족들이 확장되면서 확대된 공간을 활동범위로 삼을 때 지질, 토양, 생태계, 심지어는 기후도 달라질 수 있다. '지연' 개념이 더욱 강화된 단위가 '종족'이다. 전근대사회에서는 종족이 민족과 유사한 용례로 사용되었다. 물론 '다종족 국가' '다종족 문명'도 있었지만 그때는 그리스인, 이집트인, 로마인, 중국인 등으로 불려졌다. 그런데 일부 지역, 일부 시대는 종족과 민족이 일치하므로 양자를 구분하지 않거나 못하는 경우도 있다. 대표적인 사례가 한국의 역사를 이루어 왔던 구성원들이다.

한반도와 만주의 자연환경은 약간의 차이가 있으므로, 생물학적으로 미묘한 차이가 생겼다. 예를 들면 언어상으로는 퉁구스(Tungus)계, 몽골(Mongol)계, 투르크(Turk)계, 고아시아(Paleoasias)계 및 기타 등으로 분류되지만, 동일한 계통 속에서도 미묘한 차이들이 있다. 심지어는 남만주 일대와 한반도에서도 예와 맥이 각각 차이가 생기고 달라진다. 예를 들면 동일한 종족이었지만 생활하는 자연환경, 소속된 문화권에 따라서 신체의 구조 일부나 능력에서 다르게 되는 것이다.

이러한 특성들을 고려한다면 고조선문명의 주체를 구성하는 요소로서 생물학적 의미는 대단히 중요하다. 물론 이러한 논리는 '단일민족', 또는 '순혈론(인종주의)'과는 궤가 다르다. 문명은 오히려 다양한 종족들이

---

134) 윤명철, 《역사는 진보하는가》, 온누리, 1992; 데스몬드 모리스 지음/ 김석희 옮김, 《THE NAKED MAN》(털없는 원숭이), 정신세계사, 1991.

모여 구성된다는 사실을 보완한다. 그런데 일반적으로 종족은 '자연적', '혈연적 개념'으로서 민족 또는 문명이 생성되는 '필요조건'은 되지만 '충분조건'은 되지 못한다.

둘째, 역사적인 요소들이다.

고아시아족은 외부에서 다른 인종들이 대거 들어옴으로 말미암아 이미 적응된 생태환경을 버린 채로 강제로, 비자발적으로 위도가 높은 추운 지방으로 이주하였다. 퉁구스인들은 원래는 북만주의 흑룡강 일대와 동만주 지역에 거주하였으나, 일부 세력은 북쪽으로 이주하여 먼저 정착한 고아시아계 주민들과 관계를 맺으면서 또 다른 형태의 어렵 및 수렵 등 그 생활에 적응하였다. 또한 역사상에는 정치적인 의도에 의해서, 또는 포로로서 집단이주당한 경우가 많았다. 고구려와 백제, 발해가 멸망한 이후에 수많은 군인과 백성들이 강제로 끌려가 먼 지역으로 보내졌다. 그러한 경우에도 그 자연환경에 적합한 생활양식을 영위할 수 밖에 없었다. 또한 고조선문명권과 연관해서는 예맥과 관련이 깊은 동호의 지파인 선비와 거란도 각각 다른 모습으로 역사를 영위했다. 생활은 농목적이거나 유목적이었으며, 전투도 기마전 위주였고, 세계관 또한 전투적이며 이동성이 강했다.

이처럼 인류는 부족 단위로 생활하다가 특정한 계기를 만나면 부족들을 신속하게 흡수 통합하면서 제국을 건설하는 방식으로 역사를 영위해 나갔다. 그러므로 지형, 지리, 토질, 기후, 해양 등 공간에 대한 구체적이고 유기적인 이해를 기초로 삼아 인간의 성격을 규명하고, 문명과 관련시켜 해석하는 연구방식이 필요하다.

그런데 해륙문명, 또는 해양문화를 구성하는 주체들은 육지에서 생성된 문명의 주체들과 몇 가지 다른 특성들이 있다. 해양문화에서 활동의 주체, 즉 생활을 주도적으로 담당하는 세력들은 해양인이다.[135] 그들은 바다라는 터에서 생존과 생활을 영위하는 사람들로서 대체로 '어민(fisher men)'

---

135) 필자는 '농경민', '해양민', '유목민' 대신에 '농경인', '해양인', '유목인'이라고 사용해 오고 있다. '민(民)'이 지닌 신분적이고 계급적인 분류보다는 본질에 의미를 두는 '인(人)'이 필자의 역사관을 더 정확하게 반영하기 때문이다.

'항해자(sailer)'들을 주력으로 하면서, '상인(merchant)' '해적(pirate)' 등의 다양한 성분으로 구성되어 있다. 이들은 상황에 따라서는 농경인들보다 경제적으로 우수한 환경에 놓여질 수도 있으며, 특히 해상(海商, sea-treader)들은 공식적, 비공식적인 무역을 통해서 경제적인 부를 축적할 수가 있다. 그런 면에서 계급적으로는 농경인들이나 산골의 수렵인들에 견주어 유연할 수 있다. 하지만 신분적으로는 소외된 사람들이다. 특히 한국 역사상에서는 조선조에 들어오면 사농공상(士農工商)에 이은 직업적 계단구조의 최하층인 직업군이며, 상민 또는 그 이하의 신분에 해당되었다.

하지만 이들은 경제력이 상대적으로 강했다고 볼 수 있다. 중앙정부에서 거리상으로 멀리 떨어져 있으므로 상대적으로 독립성을 유지할 수 있었다. 그러므로 이들은 '호족성(豪族性)'이나 '무정부성'을 지니면서 정치참여방식에도 차이를 보인다. 즉 농경을 국가경제의 기간산업으로 한 중앙정부에 귀속되지 않은 채로 해양과 연관된 자체세력들로 정치력을 행사하고자 한 것이다. 따라서 고조선문명권은 '농경형 인간'으로만 구성된 것이 아니라 북부여 지역의 '초원형 인간', 요동 및 요서의 '평원형 인간', 동북만주의 '삼림형 인간', 그리고 '해양형 인간'이 혼합되면서 생물학적, 문화적 성격을 구성하였다.

셋째가 문화적 요소이다. 문화의 구성요소 가운데 중요한 매체(코드 미디어)적 요소이다. 주로 언어로 이해하고 있다.[136] 하지만 매체는 언어 외에 몸짓, 소리, 신호, 도상(상징), 언어, 글자 기호 등으로 확장시킨 개념이다. 존재는 개체의 합, 전체는 부분의 합으로 이루어진다. 그것을 이어주는 것은 매체이며, 매체의 종류와 매개방식, 성격과 기능에 따라서 존재의 성격이 달라진다. 특히 인간은 추상, 창조, 대체, 전달, 전승능력

---

136) 워프(Benjamin Lee Whorf)는 《언어, 사고, 현실》(Language, Thought, and Reality)에서 보아스의 이론에 진일보하여 모든 언어는 그것을 사용하는 사람들의 지각세계를 실질적으로 형성하는 데 주도적 역할을 한다고 시사했다(에드워드 홀 지음/ 최효선 옮김 《숨겨진 차원-공간의 인류학을 위하여》, 한길사, 2003, 〈6 시각공간〉 참조).

을 갖고 있으며, 동시에 작동시켜 운영할 수 있다. 민족이 생성되기 이전부터 매체의 기능은 컸으며, 발전해 왔다. 매체로서는 비교적 늦게 등장하여 활용된 것이 '언어(language)'이다. 언어학자 에드워드 사피어(Edward Sapir)가 관찰한 대로 "어떤 언어의 완전한 어휘는 사실상 그 언어를 쓰는 공동체의 관심을 끈 모든 관념과 관심사 및 직업의 종합 재고 목록으로 간주할 수 있다." 언어는 생각, 가치, 관심사, 가족 관계 그리고 종교적 신념 등을 묘사할 수 있다. 헤르더(J.G. Herder)는 1780년대에 언어가 범주와 구분(categories and distinctions)을 만들어내고, 인간은 이를 통해 세계에 의미를 전달한다고 말했다.[137]

유발 하라리(Yuval Noah Harari)는 '우리의 언어가 진화한 것은 세상에 대한 정보를 공유하는 수단으로서였다는 데 동의한다'면서도 우리 언어의 진정한 특이성은 전혀 존재하지 않는 것에 대한 정보를 전달하는 능력에 있다'고 하였으며, '허구를 말할 수 있는 능력이야말로 사피엔스가 사용하는 언어의 가장 독특한 측면이다'라고 하여 초기 단계부터 언어를 단순한 매개수단을 넘어섰다고 주장하였다.[138]

언어는 사물과 사건을 지시하고 표현할 뿐 아니라, 해석하는 도구이며, 해석의 방향에 적지 않은 영향을 끼친다.[139] 그래서 언어는 문화의 일부로서 환경과 밀접한 관계를 가지며 일정한 범위에서 선택에 의해 이루어진 것이다.[140] 그리고 사회적으로 공유된 상징이므로 사회적인 내용을 표현하고 있다. 또한 언어는 소통을 효율적으로 만들어 만남과 공존을 가능하게 함으로써 민족을 생성하는 근본요소이다. 그러나 한 국가나 민족의 구성원들은 언어가 동일하지 않은 경우가 많다. 특히 문명의 구성원

---

137) 데이비드 W.앤서니 지음/ 공원국 옮김, 《말, 바퀴, 언어》, 에코리브르, 2015, pp.14~19.

138) 유발 하라리 지음/ 조현욱 옮김, 《사피엔스(SAPIENCE)》, 김영사, 2015, p.45.

139) 소쉬르(Saussuresms) 언어는 기호들의 체계라고 정의 하였다.
    김경용, 《기호학이란 무엇인가》, p.54. '언어체제는 약속된 가치들(또는 계약된 가치들)의 체제라고 생각할 수 있다.'

140) 李光奎, 《문화인류학개론》, 일조각, 1980, p.317.

들은 다양한 공통언어를 사용하고, 때문에 언어를 넘어서는 매체라는 접근이 필요하다. 문명은 공동의 매체를 이해하고, 사용하는 경우가 많다. 그 매체 중에는 설화, 신화, 노래, 춤 등의 예술, 신앙, 종교 등등으로 나타나는 좁은 의미의 정신적인 문화활동, 구체적이고 실용적인 생활양식 등의 광범위한 내용을 포함한 문화도 해당된다.

### 3) 시간의 문제[141]

문명을 구성하는 또 하나 중요한 요소는 시간의 '공유'와 '공질성'의 확보이다.

인간은 사건을 이해하고자 할 때 처음에는 공간 속에서 사건을 파악했다.

19세기 고고학자들은 석기시대, 청동기시대, 철기시대라고 하는 기술 발전의 단계를 제시하였다. 초기 진화론자들은 변화를 선택적 과정이 아니라 단선적인 진보의 선상을 따라서 변환(transformation)한다는 시각에서 보았다. 오늘날 인류학자들은 이를 '단선진화(uni-lineal evolution)'라고 부른다. 루이스 헨리 모건(Lewis H Morgan)은 《고대사회》에서 세계사를 '야만(Savagery)', '미개(Barbarism)', '문명(civilization)'의 범주로 나누었으며, 야만은 다시 하위, 중위, 상위, 미개 역시 하위, 중위, 상위로 나누어 모두 일곱 개의 시기로 기술하였다.[142] 이언 모리스(Ian Moris)는 인간 가치관의 거시적 역사를 제시하면서 인간 발전과정을 연속적 3단계로 나누고, 각 단계의 인간 문화 유형을 결정하는 요인은 에너지 획득 방식이며, 이는 생산성 향상 방향으로 진화하고, 그 방향으로 수렵채집, 농경, 화석연료 이용이라는 세 가지 에너지 획득 방식이 연속적으로 출현했다고 하

---

141) 역사에서 시간의 문제는 윤명철, 〈역사해석의 한 관점 이해-시간의 문제〉, 《한민족학회 17차 학술회의 논문집》, 2010 참조. 윤명철, 《해양사연구방법론》, 학연, 2012.
142) 캘리, 앞의 책, p.27~28.

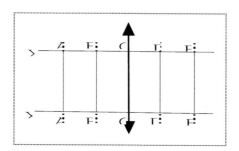

〈그림 2-7〉 시간의 발생과 사건의 중첩성을 표현한 도형

였다.[143]

시간으로 하나의 사건, 하나의 역사적인 실체, 문명 등을 파악하고 이해하고자 할 때 다양한 방법론을 적용할 수 있다. 그 가운데 하나가 '시간의 계기성', '공간의 연속성', '사건의 계승성' 속에서 파악하는 방식이다. 즉 개별 사건이나 부분 자체에 대한 분석이 아닌 연속적인 맥락과 부분들의 통일적인 고려 속에서 파악하는 것이다.

시간과 공간의 분리는 처음부터 없었으며 합일된 상태로 진행되는 존재 그 자체였다. 다만 인식에 의해 인간의 삶이 질서화되면서 시간과 공간을 구별할 필요성이 생겼고, 이는 개념상의 구분일 뿐이다. 다만 시간을 해석하는 방식, 운영하는 방식에 차이가 있을 뿐이다. 인간이 '고유의 시간'을 '하나의 차원'으로 인식하는 능력은, 인류가 영장류 중에서 독특한 존재로서 자신의 정체성을 확인하는 근본적인 방법 가운데 하나라는 견해가[144] 있다. 하지만 모든 생명체들은 시간을 자각할 뿐 아니라, 생존하는 데 필수적인 요소로 삼고 있다는 사실들이 입증되고 있다.

인간은 역사의 초창기에는 사건과 삶을 이해할 때 주로 공간 속에서 파악했다. 전근대 시대까지 대부분의 집단은 변화의 폭이 작은 자연환경, 복잡하지 않은 사회구조, 타 사회나 타 문화와의 갈등이 없거나 적은 집단들은 시간의 흐름을 상대적으로 덜 인식하였다. 식량과 안전의 확보 등 생존에 전력을 기울여야 했고, 사건은 항상 '현재 진행형'이었으며, 또

---

143) 이언 모리스 지음/ 이재경 옮김, 《가치관의 탄생》 (원제: Foragers, Farmers, And Fossil Fuels), 반니, 2015, p.7. 모리스 이론의 핵심은 에너지 획득 방식이 해당 시대에 유효한 사회 체제와 해당 시대에 득세할 사회적 가치들을 '결정'하거나 최소한 '한정'한다는 것이다.

144) 그레이엄 크랄크 지음/ 정기문 옮김, 《공간과 시간의 역사》, 푸른길, 1999, p.75.

그것 자체가 의미가 컸고, 직접적이었기 때문이다. 이러한 성격은 현대에도 잔재를 남기고 있다. 인간들은 동시대와 이전 시대를 거의 동일한 두께와 부피로 인식하는 경향이 있고, 이러한 공시적인 인식과 태도는 실제 역사를 이해할 때 영향을 끼친다.

그러나 공시적인 인식은 즉자적인 판단과 평가이므로 사실을 파악하는 데 미흡하며, 복합성을 지닌 문화권이나 문명이라는 단위 속에서는 비효율적이며, 위험한 사고이다. 인간은 문화가 발생하고 복잡해지면서 현상을 분명하고 정확히 파악하기 위해 원인과 배경,

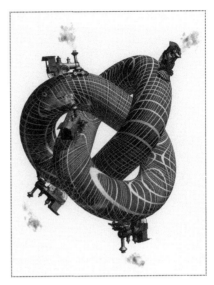

〈그림 2-8〉 스티븐 호킹 지음/ 김동광 옮김, 《호두껍질 속의 우주》, 까치, 2007, p.33에서 인용. 아인슈타인의 상대성원리에서 시간과 공간이 서로 뒤얽혀 있음을 스티븐 호킹이 표현한 도형이다.

경과, 결과 등을 추구하기 시작했다. 그렇지 않으면 사건의 본말이 전도되고, 이러한 오류는 개체는 물론 집단의 파멸을 불러일으켰다. 그러면서 사건 속에 시간의 흐름이 존재한다는 것을 자각하고 구체적이고 진지하게 접근했다.

시간에서 전후 관계의 차이를 인식한 인간은 비로소 계열적(系列的) 사고가 가능해졌고, 시간을 구체적으로 운용할 필요성을 자각했다. 이렇게 해서 역사적 시간이 탄생하였다. 이들은 달력을 만들었다. 고대 사람들이 달력을 만들었던 가장 중요한 이유는 의심의 여지없이 갖가지 종교 관례 -의례, 축제, 단식, 기도-를 위한 일자를 정하기 위해서였다.[145] 중국, 인도, 바빌로니아, 중앙 아메리카, 그리스의 위대한 고대 문명권은 서기전

---

145) F. G. 리처즈 지음/ 이민아 옮김, 《시간의 지도 : 달력》, 까치, 2004, p.5.

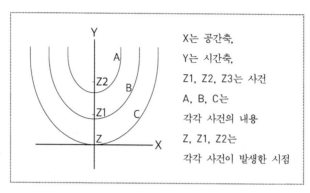

〈그림 2-9〉 역사의 시간성을 표현한 도형

1000년대 어쩌면 그 전부터 진지한 관측활동을 시작했다. 바빌로니아의 여러 도시에서 발굴된 점토판이 있다. 가장 오래된 것은 서기전 2000년쯤 되는 것이지만 서기전 400년이 되어서야 별과 다른 천체의 위치를 정교하게 측정한 기록이 발견되기 시작한다.[146] 하지만 얼마 전까지도 소위 소수 미개부족들이 자기들만의 고유한 시간 측정 양식의 방법들과 도구들을 갖고 있었듯이, '무문자(無文字) 사회'나 형식적인 문명이 발달하지 못한 사회에서도 시간은 구체적으로 인식하고 활용되었다.

그런데 시간은 과거, 현재, 미래가 균질한 상태가 아니며, 더욱이 다른 공간에 있는 시간은 더더욱 비중과 의미가 다르다. 시간도 공간과 마찬가지로 파동 속의 입자처럼 모이는 곳이 있고, 보다 큰 위상으로 '목〔項〕'이 있다. 시간은 이 목을 가운데 두고 하나의 시간에서 또 다른 하나의 시간으로 전환한다. 전환의 진폭이 크면 일종의 전환기나 'epoch'에 해당한다. 구문명이 붕괴하고 신문명이 탄생하는 것이다. 이 두 개의 시간은 동일하고 중복된 부분이 있지만, 차이가 분명해서 구분이 가능하다. 중간에는 '정체와 간섭 현상'이 일어난다. 필자는 이러한 시간의 성격을 규정하면서 '단위공간'과 마찬가지로 '단위시간' 개념으로 설정하는데, '시

---

146) E. G. 리처즈 지음/ 이민아 옮김, 위와 같은 책, p.52.

대구분론'이나 패러다임과 유사한 면이 있다. [147)]

역사와 문명은 소집단이 모여 대집단을 이루고, 소규모 문화들이 모여 대단위 문명을 이루는 것처럼 소단위 시간들이 모여 대단위 시간을 만든다. 반면에 소단위 시간들은 대단위 시간 속에 포함되고 영향을 받는다. 역사와 문명은 이러한 '단위시간'들의 집합체이다. 단위시간이 변화하는 시기에 따라서 역사의 방향, 문명의 질은 물론이고 그 존속 여부가 결정되는 경우가 많다. 시간의 이러한 성격들을 인식하지 못하면 역사적 사고, 문명적 사고가 빈약해지고, 특정한 시대나 현재가 모질서 또는 원핵과의 계승성을 절감하지 못한다. 변화, 발전, 경쟁, 타 문화에 대한 인식이 활발하지 못하다.

한국문화와 역사학은 '공시적(共時的, syncholony) 사고'와 '공간적(空間的) 사고'에 비중을 많이 두어왔다. 그러므로 고대문화나 문명에 대한 인식이 미약하다. 체계와 현상은 물론이고 가치와 의미 등의 본질을 정확하게 알지 못하며, 이를 계승하고 발전시키려는 시도가 미약하다. 1000여 년 동안 농경문화 위주로 생활해 왔으며, 한반도라는 축소된 공간에서 제약된 활동을 해 왔다. 또한 짧지 않은 기간 동안 느슨한 시간대를 가졌으며, 비전투적인 역사를 영위했기 때문이다. 하지만 역사와 문명의 본질을 이해할 뿐만 아니라 역동적으로 발전시키려면 '공시(共時)'와 '통시(通時, diachrony)'를 유기적 체계로 조합하면서 공간을 포섭한 '범시적(汎時的, panchorony)'인 시간의 인식체계를 가질 필요가 있다.

이 책에서는 역사와 문명에서 '계통화'의 문제를 중요하게 여기고 있다. 앞에서 문명의 중요한 요소인 주체 부분을 논하면서 '원핵' 개념을 설정한 바 있다. 시간 또한 마찬가지로 원핵 개념을 적용하여 원핵이 생성된 시대를 시원으로 삼고, 이어 단계적으로 생성하고 발전하는 것으로 본다. 즉 1차, 2차, 3차, 4차, 5차 단계로 설정하는 것이다. [148)] 그리하여 경험이 축적

147) 시간에 대한 필자의 논리는 〈역사해석의 한 관점 이해 – 시간의 문제〉,《한민족학회 17차 학술회의》, 2010 참고.

148) 이 부분에 관한 필자의 견해는 〈역사학적 측면에서 본 한민족의 정체성〉,《한

되고, 인식을 통해 인간의 삶이 질서화되면서 공간과 시간의 구별이 생기게 되었다. 동일한 공간도 시간에 따라 다른 현상이 나타났다. 시간은 생산과 연결되고, 이는 집단의 생존과 직결되는 문제였다.

'채취인'과 '수렵인'은 상대적으로 시간의 변화에 영향을 덜 받기 때문에 시간을 자각하는 빈도나, 진폭이 미약하다. 반면에 어업은 조류와 바람의 영향을 고려하는 산업이다. 따라서 계절풍 지대에서는 1년에 특징적인 계절의 바람을 인식하면 된다. 또한 조류는 영향을 받는 지역이 따로 있을 뿐 아니라 1일 2교대씩 일정한 시간을 갖고 발생한다. 그러므로 '해양인'은 시간의 흐름에 대한 자각이 아주 강하지는 않다. 유목은 회유성을 갖고 있다. 풀이 자라는 계절과 그렇지 않은 계절로 구분하여 거의 동일한 공간에서 왕복운동을 하면서 생활했다. 따라서 유목인들은 그러한 관점에서 시간을 인식하고 재단했다. 그런데 자연을 1차적으로 가공하는 문명 가운데에서 최후의 문명인 농경문명이 시작되면서 시간의 흐름은 매우 중요해졌다.

인간은 생산량이 확장되면서 생활에 여유가 생기고, 정치, 산업, 종교 등의 발전을 통해서 문화는 본격적인 형식을 갖추게 되었고, 점차 대단위의 문화인 '문명'을 생성하기 시작했다. 인간은 시간을 관측하고 적절하게 활용하기 위해 '시각(時刻)'과 '시간(時間)'을 자각하고, 이것을 규칙적으로 범주화시키는 작업을 시도하였다. 특히 거대하고 복잡하며 알 수 없는 사건들이 발생하면서 시간의 필요성은 더욱 커졌다. 사건의 원인과 배경 등을 추구하기 시작했고, 그 속에서 시간의 존재를 강하게 인식하였다.[149] 즉 시간을 통해서 사건 및 존재의 선후관계를 파악하고, 질서를 만들어 갔다. 즉 인간은 체계적인 사고를 하고, 미래를 인식하면서 '예측(predition)'을 할 수 있었다.[150]

---

민족은 누구인가》, 한민족학회, 동국대학교, 2010 등 참고.

149) 윤명철, 〈東아시아의 海洋空間에 관한 再認識과 活用〉, 《윤명철 해양논문선집 ①-해양활동과 해양문화의 이해》, 학연문화사, 2012, pp.374~385 참조.

150) 필자는 역사학이 지닌 중요한 기능 가운데 하나는 '미래예측 기능'이라는 이론

뿐만 아니라 이제는 시간을 가공할 수 있었다. 사건과 흔적인 기억을 보존하고 가공해서 이용하기 위해서는 시간의 자각과 활용이 필수적이다. 사건이나 사고를 무질서하거나 복합적으로 하는 것이 아니라 구분을 하는 '계열적 사고(series thinking)'가 가능해졌다. 인간이 자연상태에서 벗어난 이후 도시가 탄생하고, 국가와 문명이 발생하면서 시간의 기능과 효능은 더욱 중요해졌다. 시간을 인식하고 자각하면서 역사가 탄생하였고, 역사를 통해서 통시적인 사고를 할 수 있게 되었다. 그러므로 역사를 자각하고 문명을 창조하면서부터 시간을 운영하는 방식의 문제는 인간의 생존 및 문화 생성에 절대적인 요소였다.

고대에는 모든 집단, 종족, 국가, 문명마다 시간의 개념과 운영방식에는 차이가 있었다. '달력' '책력(Almanac)'의 발명과 운영 및 보존은 집단의 존재와 직결되었다. 특정한 사람들은 특정한 고급 기술을 계발시켰다. 즉 하늘과 자연현상을 관측하였을 뿐만 아니라 해석하면서, 궁극적으로는 일종의 '책력(冊曆, 月曆, 日曆)'을 만들었다. 그리고 사제 정치권력으로 대표되는 그들은 시간의 창조는 물론 운영까지 독점하였다. 이렇게 시간은 시간 자체의 종류, 운용 주체에 따른 종류, 부여한 의미에 따른 종류 등 다양하다. 또한 '물리적 시간', '생물적 시간', '생리적 시간', '사회적 시간', '신화적 시간', '문화적 시간', '역사적 시간' 등의 구분도 가능하다. 이 장에서 주제상 필요한 것은 '신화적 시간', '역사적 시간'이다.

첫째, 신화적 시간의 의미와 성격을 이해하고 적용할 필요가 있다. 신화는 '역사성'과 '설화성'이 공존하고 있다. 신화는 인간의 역사에서 가장 충격적인 사건, 가장 의미 깊었던 시간, 인물, 밀접한 관계를 맺고 있는 대상물의 의식활동에 대한 기록이다. 즉 현존세계의 존재방식을 무언가의 형태로 결정한 사건에 대한 설화다. 따라서 우주의 창조, 인간의 탄생, 나라의 건국, 생활방식의 변경, 자연에 대한 적응, 그리고 단편적인 생활의 모습과 그것을 영위하던 인간들의 생동 등 다수의 복합적인 요소

---

을 《역사는 진보하는가》 및 여러 논문에서 발표하였다.

가 압축되어 표현되어 있다.[151] 개인에게는 생존이 유지하는 일이 가장 중요하다. 이는 집단도 동일하다. 개체와 동일하게 집단도 생성과 존재의 과정 및 명분이 중요하다. 첫 시작의 상태와 시기가 중요하다.

역사에서 가장 중요한 문제는 우주의 창조, 인간의 탄생, 나라의 건국, 중요한 생활방식의 변경 등이다. 특히 국가, 민족, 문명 등의 출발시간, 즉 '기원 문제'는 집단의 존재 이유와 직결되어 있다. 그러나 모든 기원은 먼 과거에 발생한 사건이며, 기록의 부재에 따른 불분명성과 부정확성 때문에 언제나 '추상'과 '신비'의 영역으로 인식되고 있다. 때문에 대부분의 문화집단들은 이를 '신화적 시간'으로 대체하고 있다. 그 때문에 신화에서는 '옛날 옛적' '그날' '첫 날' 등의 수식어들이 있다. 소위 단군신화에서 '환인(桓因)', '환웅(桓雄)', '웅(熊)', '산신(山神)' 등의 존재는 신화적 공간뿐만 아니라 신화적 시간의 표현일 가능성이 크다.

둘째, 문화적 시간은 집단이 활용하고 응용하는 방식과 그에 따른 영향을 의미한다. 자연환경과 문화 즉 생활양식에 따라서 시간에 대한 인식이 다르다. '농경인의 시간', '유목인의 시간', '해양인의 시간', '삼림인의 시간' 등으로 구분한다. 농경문화권에서 시간을 일률적으로 규정할 수는 없다. 공간에서도 '논농사의 공간' '밭농사의 공간' '산농사의 공간' '오아시스 농사의 공간' 등 다양하므로, 시간의 개념과 표현 양식도 항상 동일하지는 않다. 농경인은 시간을 '순환과 주기'라는 법칙으로 이해하고, 수동적으로 시간의 변화 혹은 시간이 가져온 변화를 맞이한다. 농사는 곡식의 생사, 생명체의 재생과 직결되기 때문이다. 반면에 유목인들은 이동성 문화를 영위하므로 시간이란 변화를 의미한다. 자연환경의 이동, 즉 겨울의 초지와 여름의 초지를 찾아야 한다. 기후의 변화가 무쌍하고, 밤낮 또는 불규칙한 날씨들이 많다. 또한 먹잇감의 이동은 초지의 이동을 의미하므로 쫓아다녀야만 한다.

'사막인', '유목인'의 시간도 있다. 그들은 비교적 느리거나 멈춘 상태로

---

151) 신화의 다양한 정의들을 모아 필자가 재구성한 내용이다.

인식하는 경우가 많다. 사막에서 변화를 인식할 수 있게 하는 것은 낮 동안의 태양의 느린 움직임과 밤하늘의 별들의 이동뿐이다. 해양인은 어민, 항해인, 상인, 해적 등으로 구성되었는데, 그들에게 시간이란 순간순간 변화하고, 그 변화는 생존 그 자체인 경우가 많다.[152] 계절풍, 국지풍, 조류 등 시간의 변화와 관련이 깊고, 이것은 생산의 문제를 넘어 생존의 문제와 직결되기 때문에 더욱 절박하다.

'삼림인'은 '수렵인' '어렵인' '채취인' 등으로 구성되었다.[153] 수렵인의 시간은 규칙성, 계절성을 띤 것이 아니라 사냥감의 종류와 상태, 그리고 사냥환경에 따라서 다르다. 하지만 매우 빠른 시간을 요한다. 따라서 고조선의 문명을 이해할 때 시간의 이러한 면을 고려해야 한다. 또한 문화적으로 생산도구의 분류를 활용하여, 구석기시대, 신석기시대, 청동기시대, 철기시대 등으로 구분하기도 하고, 고인돌의 시대, 청동검의 시대 등 문화지표로 구분하는 경우도 있다. 일본은 '조몬(繩文) 시대', '야요이(彌生) 시대', '고분 시대', '율령 시대' 등 약간은 불규칙한 기준을 적용하여 시대구분을 해 왔다.

셋째, 가장 중요하고, 우리에게 큰 의미로 다가오는 것은 '역사적 시간'이다. 사실을 규명하는 데 사료와 고고학적 유물을 조정하여 산출한 시간을 의미한다. 이 글에서는 이를 다시 '사료적 시간', '고고학적 시간'으로 구분하였다. '시간'은 '시대(時代, period, epoch)'라는 개념으로 역사와 문명의 성격을 규정하고 발전시키는 데 중요한 역할을 했다. 인간은 자신들의 '단위시간'을 만들어 내고, 그 유기체 같은 것의 한 요소가 되었다.[154] 때문에 한 집단의 기원 문제, 생성시기 문제, 이 장의 주제가 되는 한민

---

152) 윤명철, 〈고대 동아지중해의 해양교류와 영산강 유역〉의 '해양문화의 특성과 동아지중해의 이해' 부분 내용 참조; 《윤명철 해양논문선집③-해양활동과 국제항로의 이해》, 학연문화사, 2012, pp.112~120.

153) 수렵채집민(hunter-gatherer)이라는 용어 대신 더 포괄적인 용어인 "포리저(forager)"라는 말을 사용한다. 로버트 켈리 지음/ 성춘택 옮김, 《수렵채집사회: 고고학과 인류학》, 사회평론, 2014, p.10.

154) 윤명철, 《역사는 진보하는가》, 온누리, 1992의 내용 참조.

족의 생성과 성격, 또는 국가의 문제 등은 이러한 시간의 문제와 연관되어 있다. '시대구분론, [155]' '패러다임', 종족, 문명 등의 '계통론', 선발국가 또는 모문명의 '계승성' 문제는 이렇게 해서 대두된다.

만약 시간의 역사적인 성격을 자각하지 못하면 역사적 사고가 빈약해지고, '모'질서 또는 원핵과의 계승성을 절감하지 못한다. 또한 부수적으로 공간의 변동을 적확하게 인식하지 못한다. 예를 들면 고조선과 고구려, 백제, 신라, 가야 등의 고대국가들과 맺은 '연속성' 문제 등이다. 결과적으로 역사의 유기적인 계통에 단절이 발생하는 것이다. 따라서 시간의 문제는 집단에서 '정통성(legitimacy)'과 '계승성(succesion)', 즉 '계통성(systemicity)'의 문제와 직결되어 있다.

그런데 한국 역사학은 시간에 대한 자각, 즉 본질 운영, 특히 흐름에 대한 자각이 부족하다. 고조선문명권의 붕괴와 발해가 멸망한 이후에 '반도(peninsula)'라는 협소하고 해양을 제외한 제한적인 공간에 국한되었으므로 변화의 과정을 체험하지 못했다. 뿐만 아니라 형이상학적이고, 관념적이며, 추상적인 유학의 영향을 받아 변증법(dialectic)적인 사고를 할 기회를 상실하였다. 또한 농경문화 일변도 속에서 벼농사와 연결된 토지의 확보, 토질의 개선 등 제한되고 협소한 공간의 이용에만 주력했기 때문이다.

이러한 영향을 받은 탓에 역사학 연구의 시간과 공간을 고대 이후에 많이 두었으며, 또한 '공시적(syncronic) 사고'와 '공간적(spatial) 사고'에 비중을 많이 두어왔다. 그러므로 고대문화 및 문명에 대한 인식이 미약하고, 체계와 현상은 물론이고 가치와 의미 등의 본질을 정확하게 알지 못하며, 이를 계승하고 발전시키려는 시도가 미약하다.

여기에는 몇 가지 이유가 있다. 그 중에는 시원문명인 고조선문명의 불계승성 때문도 있다. 외적 충격으로 인하여 갑자기 붕괴돼 버렸다. 이후 만들어진 질서가 그 전 시대의 역사적인 사실들을 왜곡시켰고, 그러

---

155) 한국역사학에서 연구해야 할 주제 가운데 하나는 시대구분론에 대한 재정의와 다양한 시대구분론을 만들어서 역사상을 다양하게 해석하는 일이다. 예를 들면 신호(기호)에 의한 분류, 종교에 의한 분류.주체에 의한 분류 등이 있다.

한 결과로 역사기억이 불가능해지면서, 정체성이 약화되었기 때문이다. 또한 시간을 유기적으로 평가하지 못하고, 시간과 연관된 역사상의 독특한 메카니즘을 오해함으로써 우리 역사의 시원과 편년을 설정하고 계통성을 세우는 문제를 소홀히 취급했다. 결과적으로 우리역사에서 '계승성'과 '정통성' 등의 주제를 인식하지 못하였다. 따라서 고대 역사와 문명은 '공시(synchrony)'와 '통시(diachrony)'를 유기적 체계로 조합하면서, 공간을 포섭한 범시적인 인식체계로 분석하고 이해할 필요가 있다.

　이 책에서는 역사와 문명에서 '계통화'의 문제를 중요하게 여긴다. 앞에서 문명의 중요요소로서 '주체'를 논하면서 '원핵' 개념을 설정한 바 있다. 마찬가지로 시간도 원핵이 형성된 시대를 시원으로 삼고, 이어 단계적으로 생성 발전하는 것으로 본다. 즉 고조선문명을 1차로 삼고, 이어 2차, 3차, 4차, 그리고 뒤를 이어 현대인 5차 단계로 설정하는 방식이다.[156]

## 4) 내적논리

　인간은 생물학적 성격을 갖추고 있으므로, 사물을 인식하고 사건을 판단하고, 자기의 행동양식을 결정하는 데 본능적이다. 즉 구체성을 갖고 있으며, 현실적이다. 그러므로 즉자적인 판단을 수시로 한다. 그러한 반면 개체에 따라서는 본능에서 벗어난 판단과 행동을 한다. 추상적·사변적인 성격을 지닌 존재이다. 따라서 인간의 이러한 특성을 놓고 다양한 관점에서 정의한 주장과 논리들이 많다. 앞글에서는 문명에서 차별성을 갖고 독자적으로 유형화할 수 있는 주요한 특성들이 집약되고, 주변에 영향을 끼치거나 공급하는 능력이 집약된 중심은 '내적논리(內的論理, Internal logic)'라고 명명했다.

　내적 논리는 우주관, 세계관, 인간관, 국가관, 공간관, 시간관, 문화관을 비롯하여 실제 생활영역에 다양한 형식으로 구현되어 있다. 그것의 핵

---

156) 윤냉칠, 〈역사학적 측면에서 본 한민족의 정체성〉 참조.

심은 세계관이다. 세계관은 모든 것을 연결하면서 중심에 있는 논리이다. 그리고 그것은 발달된 문명, 고등문명의 경우에는 사상으로 발전하여 나타난다. 정치제도와 구조, 통치방식, 신앙과 예술을 비롯한 문화의 창조와 향유는 물론이고 심지어는 산업, 기술력 등 경제양식과 수도선정시스템의 구축, 국토개발계획, 도시건설, 방어체제의 구축 등 모든 부분에 적용된다.

역사적 과정에는 자연사적 과정과 달리 생존의 유지나 생활의 영위를 넘어서는 '목적지향성'이 있다. 따라서 일정 집단, 또는 일정 체제가 더 공고화되고, 내부의 통일성을 기하고자 할 때 전체를 하나로 연결시켜 주는 논리와 명분이 필요하다. 즉 자기집단의 '존재이유'와 '존재과정'을 효율적으로 설명하고, 즉 '존재방식'을 생산한 '내적논리'가 필요하다. 특히 동일집단으로서 내적 통일성을 유지한 채 장기간 지속되어온 집단에게는 더욱 그러하다.

이러한 내적 논리와 사상의 생성에 영향을 끼치는 요소들은 무엇인가?

사회제도, 정치제도, 역사적인 경험, 전쟁, 자연재해 등과 신앙, 예술 등의 문화는 사상을 포함하는 '내적 논리'의 모든 부분에 영향을 끼쳤다. 그리고 자연환경은 앞 글에서 살펴본 바와 같이 절대적인 역할을 했었다. 그 밖에도, 어쩌면 더 핵심적이고 강력한 영향을 끼쳤을 가능성이 큰 요소가 생물학적인 요소이다. 근대 이후에 등장하여 많은 폐해를 끼쳤던 인종주의 등의 이론 때문에 때로는 인정하고 싶지는 않지만, 인종, 종족의 생물학적인 특성에 따라 내적논리는 달라질 수 있다.

생물학적으로 종족마다 신체적으로 다양한 부분에서 미세한 차이가 있는데, 이 차이가 문화나 문명, 사상의 생성과 성격에 적지 않은 영향을 끼친다. 동물행동학, 유전학 등의 연구성과와 이론들을 살펴보면 이러한 생물학적 요인의 중요성을 전적으로 부정할 수는 없다. 예를 들면, 공간거리 감각이 다르다. 이것은 남녀의 차이뿐만 아니라 종족들 간의 차이, 특히 백인종과 흑인종 사이에는 분명하게 나타난다. 또한 사물을 인식하는 색채 감각도 다르다는 증거들이 발견됐다. 그 밖에도 사물을 바라보는 시좌구조, 용도에 따라 사용하는 근육과 뇌의 운용방식, 소화기능 등도 다르다. 안면의 구조, 턱의 구조에 따라 선택하는 음식물의 종류가 달라지고, 이에 따라 재배식물 및 사냥감의 선택 또한 달라진 사례들이 보고된다.

자연환경과 생물학적인 요인은 상호 변증법적인 관계를 유지하면서 문화의 성격과 내적 논리 등에 영향을 끼쳤다. 농경, 유목, 사냥, 어업 등 생활양식이 달라졌는데, 역으로 선택한 상황에 걸맞게 신체구조 등 생물학적인 적응현상이 일어났다. 그뿐만 아니라 시간을 인식하고 다루는 방식이 달라지고, 심지어는 아직은 가설 수준이지만 언어의 구조 또한 영향을 받을 수 있다.

내적 논리 등은 문화를 통해서 살펴볼 수 있다. 문화는 존재의 근원, 생존, 운영(생활)방식과 긴밀하게 연관되어 있으므로 생활공동체인 문명을 구성하는 요소이다.

문화에는 언어를 비롯한 각종 기호들, 상징물, 건축, 설화, 민속, 의례 등이 있다. 특히 집단의 구성원은 제의(ritual)[157]를 통해서 집단개념을 형성하며 일체감을 갖게 될 뿐 아니라 공동목적을 확인한다.[158] 그러므로 제사의례를 통해서 집단 또는 문명의 내적 논리를 찾을 수 있다. 하지만 고대문명은 사료기록들이 불충분하고, 남겨진 유물 유적이 부족하며, 민속으로 범주화시킨 삶의 방식들마저 보전된 양이 매우 적다.

내적 논리는 몇 가지 요소에 집약적으로 반영되어 있다. 첫째, 인간관이다. 가치관, 생사관, 영혼관, 내세관을 비롯하여 탄생, 장송, 제사의례들로 구현되는 조상관이 있다. 둘째, 자연물과 자연 현상에 대한 평가와 활용방식이 주를 이루는 자연관이다. 하늘을 공경하는 제천관, 동물, 식물을 신령시하는 토테미즘(temism)과 정령숭배(animism), 해, 바람, 구름 등에 대한 생각들이다. 셋째, 가족(family), 씨족(clan), 부족(tribe), 민족(nation) 등에 대한 태도, 수용방식 등인 사회관이다. 또한 재산권과 결혼관, 생활관

---

157) 金烈圭, 《韓國의 神話》, 一潮閣, 1976. 제의가 언어화할 때 신화가 되고 신화가 행동화될 때 제의가 되는 것이다.

158) 에반스·프리챠드 지음/ 金杜珍 옮김, 《原始宗教論》, 探究堂, 1976, pp.108~112 참조.

등으로 구성되었다. 넷째, 역사의 주체는 누구이며, 그 역할은 무엇인가, 대상체인 타 사회 또는 자연에 대한 시각과 접촉방식 등을 포함한다.

그렇다면 내적 논리와 사상을 구성하는 중요한 요소들은 무엇인가? '역사적인 경험'과 '정체성'이다. 이익집단이나 소규모 집단 등 단순한 집단이 아닌, 민족이나 문명 등이 생성되는 데 중요하고 필수적인 요소는 동일한 역사적인 경험과 이로 말미암아 발생한 공통의 인식이다. 이러한 인식의 요소를 '정체성'으로 표현한다.[159] 역사활동을 지속하는 한 단위 속에서 집단의 특성을 파악하고 성격을 유형화시켜 이해하는 것은 필수기본 조건이다. 공동체 의식을 공고히 하고, 확대시키기 위해, 집단이 추구하고 지향하는 목표를 설정하려면 집단의 성격을 명확히 아는 작업이 필요하다. 또한 구성원들이 공속의식(公屬意識)을 갖고, 공동의 역사경험을 지니고 있음을 확인한다면 비교적 갈등과 충돌이 적은 상태를 유지하면서 효율적으로 운영할 수 있다. 그리고 현실적인 측면 외에도 실제 효용성을 지니고, 인간답게 살기 위해 충족될 기본조건 가운데 하나는 관념적이지만 정체성(自我)에 대한 자각이다. 정체성은 자기동일성(自己同一性, identity)으로 이해하는데, 존재의 본질을 확신하고, 그것은 시간의 변화나 공간의 이동에 영향을 받지 않고, 변함없이 유지할 수 있는 근거와 힘을 말한다.

정체성을 이루는 가장 기본적인 요소는 자기존재의 원근거이다. 개별 존재들은 정체성에 충실하지 못하면 자기 삶에 대해 구체적으로 인식하는 힘이 부족하다. 존재감을 상실하기도 한다. 인간은 '융(Carl Gustav Jung)'[160]이나 엘리아데(M. Eliad)[161] 등이 지적하였듯이 심리적으로 근원으로 회귀하려는 본능으로 말미암아 존재의 원근거를 찾는 노력을 의식

---

159) 정체성에 관한 필자의 견해는 〈고구려의 고조선 계승성에 관한 연구 1〉, 《고구려연구》 13, 2002 등에 표현하고 있다.

160) 칼 G. 융 외 지음/ 이윤기 옮김, 《인간과 상징》, 열린책들, 2004.

161) 엘리아데가 이러한 관점을 제시한 대표적인 저서는 미르치아 엘리아데 지음/ 이은봉 옮김, 《성과 속》, 한길사, 1998; 미르치아 엘리아데 지음/ 이재실 옮김, 《이미지와 상징 : 주술적-종교적 상징체계에 관한 시론》, 까치글방, 1998.

적, 무의식적으로 시도한다. 뿐만 아니라 미래의 진행방향과 상태에 대한 불안감 때문에 '불확실성' '미확정성' 속에서 행위의 지표로서 자기인식을 필요로 한다.

정체성은 개별존재들의 집합체인 집단에게도 중요한 의미가 있다. 역사적인 집단은 다른 집단과 경쟁을 하거나 갈등을 빚으며, 다양한 관계를 맺는다. 그 관계성 속에서 자기집단이 존재해야 하는 이유, 자기 집단이 인류의 역사에서 매우 의미 있고 소중한 존재라는 이유가 있고, 또한 그러한 이유를 정당화시키는 자신들만의 독특한 그 무엇을 갖고 있지 않으면 안 된다. 특히 생성과정이 불투명한, 갑자기 역사에 등장한 민족들은 그 출자의 애매모호성 때문에 본능적으로 항상 다른 민족과 구별되려고 하며, 또 선점집단과는 본능적으로 경쟁의식을 갖고 있으므로 자아가 더욱 소중한 의미를 지닌다.

때문에 집단은 경쟁 또는 협력관계에 있는 외부집단과 차별성을 가져야 하며, 이러한 '타'의 인식은 내부의 고유성을 찾고 창조할 필요성을 심화시키면서 정체성을 자각한다. 자연환경을 포함한 역사 등의 객관적인 상황은 변화의 폭이 비교적 작고, 주체집단의 존재 여부와 관련없이 늘 존속하고 있다. 내부상황에서 발생하는 요인과 외부와 관계 맺으면서 발생하는 요인들은 함께 작용한다. 따라서 정체성의 자각과 발현은 승리를 이끌어내는 데 중요한 요소일 수 있다. 인류의 일반적인 역사과정이 말해주듯이 역사적 집단이 계승성과 정통성으로 채워진 정체성을 상실하면 사회와 역사의 발전에 왜곡이 생기고, 내부의 인간들은 자유의지를 포기한 채 비주체적인 삶을 살아가게 된다. 당연히 그 사회는 생명력과 진실을 잃어버리게 되고 인간성은 오염되며, 끝내는 다른 집단과의 경쟁에서 패배할 가능성이 높다. 역사에서 진보의 동력은 주체의 정체성, 자아의식에서부터 나온다.[162] 정체성이야말로 역사와 문명을 진보시키는 에너지이다.

정체성의 핵심인 '자의식'은 관념적이고 주관적 측면이 강하다. 때문에

---

162) 윤명철 《역사는 진보하는가》, 온누리, 1991 참고.

실질적인 이익과 현실적인 필요를 초월하는 요소로서 민족의 생성과 발전에 중요한 요소로 작동한다. 정체성은 문명 기원신화, 건국신화를 비롯한 시원신화 등 근원적이면서도 추상적인 주제에 잘 나타난다. 신화는 인간의 역사에서 가장 충격적인 사건, 가장 의미깊었던 시간, 인물, 밀접한 관계를 맺고 있는 대상물의 의식활동에 대한 기록이다. 우주의 창조, 인간의 탄생, 나라의 건국, 생활방식의 변경, 자연에 대한 적응, 그리고 단편적인 생활의 모습과 그것을 영위하던 인간들의 행동 등 다수의 복합적인 요소가 표현되었다. [163)]

또 하나, 정체성과 연관하여 중요한 요소는 '신앙(faith)'을 포함한 '종교(religious)'이다. 문명권을 성립시키는 요소로서의 종교는 철학 등과 마찬가지로 그 용어 역시 동아시아 역사에서는 근대에 들어와 일본이 'religious'를 번역하여 만들어진 용어이고 개념이다. [164)] 따라서 그 정의에 대해서는 동서양을 막론하고 분야별로 헤아릴 수 없이 많은 견해들이 있다.

다만 동아시아권에서는 현재 보편적으로 이해되는 종교현상과 인식이 있었다. 그것은 단순한 기복신앙이나 견디기 힘든 불안감과 두려움의 극복 등을 목표로 삼은 일반적인, 자연발생적인 신앙 현상과 형태를 넘어선 것이다. 진리를 추구한다는 목적과 실천하는 정교한 교리와 교단 등의 조직 체계를 갖춘 것을 의미한다. 조직적이고 형식적인 틀을 갖춘 국가 체제에 진입했거나, 문명을 생성했을 때 신앙과 연관된 현상들은 이 현대에서 종교라고 표현되는 모습을 띤다.

유발 하라리는 종교를 간단하게 정의할 수 있다고 했다. 인류를 통일시키는 매개체로서 종교는 돈과 제국 다음으로 강력하다. 종교는 '초인적 질서에 대한 믿음을 기반으로 하는 인간의 규범과 가치체계'라고 정의할 수 있을 것이다.

하지만 궁극적으로는 인간이 현상 이전의 본질, 원리를 인식하고, 가

---

163) 王彬, 《신화학 입문》, p.30.
164) 일본은 1860년에 독일과 교류를 시작하면서 '종교'라고 번역했다.

질 수 있는, 또 실현시키고 싶은 모든 것을 표현하였으며, 가지고 싶어하
는 방식에 대한 가치체계의 규범이라고 정의하고 싶다. 그런데 생물학적
특성, 다양한 형태의 언어, 가치관, 생활양식 등이 다른 인간 집단들이
사는 광대한 영역에서 신앙 또는 종교는 시대별로, 지역별로, 주체별로
다른 양식을 띠었다.

고대사회는 제정일치의 성격을 띠고 있으므로 국가종교가 존재하는
것은 필연적이다.[165] 일부 논자들은 우리역사에는 '무교(巫敎)'라고 범주
화된 종교현상이 있었다[166]고 주장하였다. 무교라는 현상이 불교 등의 고
등종교가 유입되기 이전에 국가종교의 기능을 하였으며, 이후에도 민간
신앙의 역할을 물론이고 국가신앙 역할도 하였다고 주장한다. 그런데 신
채호는 근대 초기에 고조선 시대에 존재했던 종교현상을 '신교(神敎)'라고
부르는 경우도 있으며, '수두교'[167]라고 불렀다. 그는 종교와 역사의 관계
를 "고대 제민족의 경쟁은 매양 종교의 충돌로 중심을 삼아, 만일 동일한
신을 받들지 않는 자를 보면 인간에 양립하지 못할 구적(仇敵)으로 알아
그를 괴롭게도 하고 그를 죽이기도 하다가, 마침내 그 나라를 멸하지 않
으면 말지 아니하나니, 그 원인은 곧 종교가 각민족의 특성을 대표한 고
로, 종교가 다르면 그 민족들 사이에 반드시 풍기, 주의, 이익 등이 다 반
대되어 협동이 되지 못한다"[168]라고도 하였다.[169]

또한 신화와 신앙을 행위와 연결시킨 것이 문명의 요소로서 중요한 제
의(祭儀, ritual)이다. 집단의 구성원은 제의를 통해 집단개념을 형성하며

---

165) '단군', '동명', '차차웅' 등 정치적 군장이면서 제사장 역할을 겸한 존재들이 있었다.

166) 유동식, 《민속종교와 한국문화》, 현대사상사, 1978. 저자는 1장에서 무교철학
     이라는 용어를 사용하였다. 유동식, 《한국무교의 역사와 구조》, 연세대학교출
     판부, 1989; 그 외 많은 학자들이 이와 유사한 견해를 표방하고 있다.

167) 丹齋 申采浩 先生 記念事業會, 《丹齋 申采浩 全集 上》(개정판), 형설출판사,
     1995, p.418; 신채호 원저/ 박기봉 옮김, 《조선상고사》, 비봉출판사, 2006.

168) 丹齋 申采浩 先生 記念事業會, 《丹齋 申采浩 全集 上》(개정판) 형설출판사,
     1995, p.418.

169) 위의 책, pp.422~423.

일체감을 갖게 될 뿐 아니라 공동목적을 확인한다.[170] 국가 단위에서 이루어지는 제사의례 외에도 기우제, 산신제, 동제, 가신신앙 등 민속신앙 등이 있다.[171]

이러한 요소들을 연결시켜 내적 논리와 사상으로 보여지는 결과물들을 낳게 하는 기능을 한 것은 무엇일까?

우선 매체가 있다. 존재는 개체의 합, 전체는 부분의 합으로 이루어지는데, 그것을 이어주고 소통시키는 도구와 수단이 매체이다. 소통은 개체의 구성 및 존속뿐만 아니라 크고 작은 공동체를 구성하는 데 필수적인 만남과 공존의 기본조건이다. 따라서 매체의 종류와 매개방식, 성격과 기능에 따라서 존재 여부는 물론 존재의 성격이 달라진다. 사회라고 불리워지는 공동체는 더더욱 중요하다. 모든 존재물 가운데 인간은 특별하게 공통의 약호를 발달시키고 공통분모를 생산한다.

인간은 언제부터인가 추상, 창조, 대체, 전달, 전승능력을 가지며, 동시에 이를 작동시키고 운영할 수 있었다. 문명이 생성되기 이전부터도 매체의 기능은 컸으며, 지속적으로 발전해 왔다. 매체는 몸짓, 소리, 신호, 도상(圖像, 상징),[172] 글자, 기호[173] 등으로 확장시킨 개념이다. 이 가운

---

170) 에반스 프리챠드 지음/ 金杜珍 옮김, 《原始宗敎論》, 探究堂, 1976, pp.108~112 참조.

171) 임재해, 《민속문화의 생태학적 인식》, 당대, 2002, p.246.

172) 칼 G. 융 외 지음/ 이윤기 옮김, 《인간과 상징》, 열린책들, 2004, p.232.
'상징의 역사는, 모든 사물에는 나름의 상징적 의미가 존재한다는 것을 가르치고 있다. 말하자면 자연물(돌, 식물, 동물, 산이나 골짜기, 태양이나 달, 바람, 물, 불 등)에는 물론 인공적인 사물(집, 배, 자동차 같은 것), 심지어는 추상적인 형태(숫자, 삼각형, 사각형, 원 같은)에도 상징적 의미가 깃들여 있다는 것이다. 그러므로 전 우주가 하나의 잠재적인 상징의 덩어리인 셈이다.' '성속(聖俗)을 불문하고, 曼茶羅(mandala, 묶임식 평면 위에 세워진 건축물)는 모두가 외계로 투사된 인간의 무의식 세계에서 나온 원형적인 이미지이다. 도시, 성곽, 사원은 마음의 전체성을 상징한다.'(p.243)

173) 김경용, 《기호학이란 무엇인가》, pp.6~13. '인간 자체가 기호이고, 인간의 생각이 미치는 모든 것에 기호의 망이 펼쳐진다. …인간이 창조적 동물이라고 할 때, 그것은 무엇보다도 인간이 기호들을 엮어, 의미 있는 상징체로 만들어내는

데 비교적 늦게 등장하여 폭발적으로 활용된 것이 '언어(Language)'이다. 그래서 언어는 문화의 일부로서 인간에 의해 창조되고 환경과 밀접한 관계를 가지며 일정한 범위에서 선택에 의해 이루어진 것이다.[174] 또한 사회적으로 공유된 '상징'이므로 사회적 내용을 표현하고 있다. 또한 언어는 소통을 가장 효율적으로 만들어 만남과 공존을 가능하게 함으로써[175] 공질성이 강한 문화집단을 생성하게 만드는 근본요소이다. 한 민족은 언어가 동일할 수 있으나, 그렇지 않은 경우도 있다. 구성원들 사이에 언어상으로 약간의 차이를 느끼면서도 다수가 사용하는 공통어를 중심으로 민족과 국가가 형성된 경우도 많다. 특히 문명은 그러하다. 대단위 공동체이며 복합적인 특성을 지닌 문명에서 공식 언어의 비중과 역할은 상대적으로 약하다. 그러므로 문명권을 이해하려면 과거에 언어로 분류했던 것을 몸짓, 소리, 도상(상징), 언어, 글자, 기호 등으로 확장시킬 필요가 있다.

인간에게는 상징을 만드는 경향이 있어서 무의식적으로 물건이나 형태를 상징으로 변용시키고 이를 종교나 미술로 표현한다.[176] 그런데 상징은 내용상으로는 역사적 사건 내지 경험을 반영하며 형식상으로는 물체나 현상 등으로 나타난다. 더 나아가서는 사건을 발생시키는, 또는 사건을 당해서 경험이라는 결과를 낳게 하는 동인으로서 기호나 논리의 형태를 띤다. 따라서 과거의 이미지, 기호, 표의문자 등은 우리 선조들의 사고방식, 사물을 바라보는 방식, 그리고 의사소통을 했던 방식에 대해 많은

---

능력을 갖춘 존재임을 가리킨다.' 기호학에서는 기호의 조직원리를 코드(code)라고 부르고, 코드에 의해 생산된 산물을 일반적인 말로 텍스트(text)라고 부른다.

174) 李光奎, 《문화인류학 개론》, 일조각, 1980, p.317.

175) 고든 차일드, 《신석기혁명과 도시혁명》, 한국고고학연구소, 주류성, 2013, p.52. 이 글에서 "동일한 언어란, 소리에 따른 의미가 사회 공동의 합의에 의하여 결정되고, 사회 구성원이라면 소리에 담겨진 의미를 똑같게 파악할 수 있는 경우를 말한다. 다시 말해서 발음된 소리와 그 소리와 연관된 의미와 관련하여, 사회 공통의 합의가 유지되는 언어를 말한다. 부모들은 그 자손들에게 단순히 그들의 개인적인 경험에 대한 교훈만을 전달하지 않고 훨씬 더 광범위한 교훈, 즉 집단적 경험을 전달해 준다."고 하였다.

176) 칼 G. 융 외 지음/ 이윤기 옮김, 앞의 책 참조.

것을 보여준다. [177]그 기호 가운데에 '수'가 있다. [178] 고대에서 수(數)[179]라는 것은 단순한 부호라기보다는 고대인의 사상을 지배하고 모든 움직임의 기본이 될 정도로 중요했다. [180] 그리스의 피타고라스학파에서는 수가 가진 절대성을 중시하여 종교화가 되었다.

동양에서도 역시 수의 존재는 절대적이었는데, 중국에서는 〈하도〉(河圖) 〈낙서〉(洛書) 등에서 수리를 정리했다. 후술하겠지만 〈천부경〉(天符經) 등 각종 종교와 철학에서도 수리(數理)는 현상을 나타내고 본체를 규명하는 데 사용되었다. "수의 발생은 자연의 비밀을 그대로 드러내 보이려는 욕구에서 출발한다. 물질의 형태소의 표상으로서만이 아니라 물질이 발생하는 순위 혹은 물질의 성질을 표상하기 위해서 쓰여졌다."[181] 수

---

177) 엠마누엘 아나티 지음/ 이승재 옮김, 《예술의 기원》, 바다출판사, 2008, p.24.

178) 조류즈 이프라 지음/ 김병욱 옮김, 《신비로운 수의 역사》, 예하, 1990; 드니 게디 지음/ 김택 옮김, 《수의 세계》, 시공사, 2005.

179) 'number', 'figure', 'chiffres' 등으로 표현한다. 조르쥬 이프라는 세계적인 수학자는 수를 'chiffres'라고 표현하였다. '수'에 대한 자각과 이용은 인간이 Homo sapience sapience라는 정의에 걸맞는 단계에 도달했을 때부터 시작되었다. 하지만 '수리'에 대한 고민과 담론은 통상적인 의미의 문명이 발달하면서 본격적으로 되었다. 따라서 동서양을 막론하고, 전 지구적으로 문명 지대에서는 이미 초보적인 형태의 수학이 있었다. 그런데 현대에 들어오면 수와 수리는 또 다른 면에서 의미를 지니게 되었다. 쿠르드 궤델(Kurt Godel)이 '괴델의 정리'를 발표한 이후 수학자들뿐만 아니라 상징, 논리학, 기호학, 암각화 연구자들이 참여하여 논쟁을 벌였고, 현재는 유전공학, 문명학, 심지어는 공간이론에 이르기까지 다양한 분야가 참여하면서 더욱 복잡해지고 있다. '수'의 생성과정과 의미, 기능 등에 대해서는 조르쥬 이프라 지음/ 김병욱 옮김, 《신비로운 수의 역사》(Historie universelle des chiffres), 예하, 1990; 수의 철학적 형이상학적 의미에 대해서는 알프레드 레이니 지음/ 조웅천·기종석 옮김, 《數學의 발견》, 과학과 인간사, 1977; 수의 생성과 역사에 대해서는 드니 게디 지음/ 김택 옮김, 《수의 세계》, 시공사, 1998; 문명속에 나타난 각 숫자와 의미, 문명과의 연관성은 피터 데피로·메리 데스몬드 핀코우시 지음/ 김이경 옮김, 《숫자 문명사전》, 서해문집, 2003. 그리고 '3'과 연관해서는 다른 부분에서 언급한 연구서들이 있다.

180) 朴容淑, 《한국고대미술 문화사론》, 일지사, 1976, p.7.

181) 朴容淑, 위의 책, pp.10~11 참조.

리는 샤머니즘에서 중요한 역할을 했다. 특히 중요한 숫자는 3과 7이다.[182] 단군신화는 3이란 숫자와 깊은 관련이 있고, 주몽신화는 '3' '7'과 깊은 연관이 있다.

그렇다면 우리문화에서 '3'이라는 숫자를 통해서 지향하는 논리[183]는 무엇일까? 첫째는 '생명성', '운동성' 및 '온전성'으로 이해하고, 둘째, '조화'와 '합일'로 이해한다. 존재물은 이미 그 자체가 '온전'함을 뜻한다. 그것이 역사적 사건이건 자연현상이건, 또는 인간을 포함하는 자연물이건 일정한 조건을 갖추지 못하면 존재 자체가 성립될 수 없다. 존재를 구성하는 조건이 불충분하면 존립이 위태롭고, 조건이 미비하거나 조건 구성에 오류가 생기면 존재물은 파기된다. 따라서 존재물은 조건구성의 충족을 위해서 어떠한 형태로든 행위를 할 수밖에 없으며, 본능적으로 온전한 생명을 구현하려는 자기완결성을 지닌다.

3이란 숫자는 고대사회에서 가장 신성한 숫자요, 기본적인 숫자이다. 또한 가장 안정된 숫자이기도 하다. 특히 샤머니즘 세계에서 숫자 3의 종교적인 가치는 세계의 우주성을 상징하고 있으며(Eliade) 신비한 힘을 가

---

182) 피터 데피로·메리 데스몬드 판코위시 지음/ 김이경 옮김, 앞의 책, 2003, pp.22~106. 서양문화사 속에서 3과 연관된 다양한 예들을 모아놓았다.

183) 현재까지 한국 문화와 역사 사상을 이해하고 규명할 목적으로 수와 수리에 천착한 인문학자들은 많지 않다. 최근에 알려진 《천부경》을 비롯하여 《삼일신고》 등은 대종교의 경전이고, 《천부경》은 출처와 시원이 분명하지 않다. 근대 초기에 대종교인이었던 윤세복 등은 《천부경》과 《삼일신고》의 수리적 체계와 의미에 대하여 천착하였다. 그 후 최남선을 비롯한 학자들, 민속학자들은 숫자, 특히 '3(셋, 三)'이라는 숫자가 가진 현상적인 의미를 규명하고, 유형화시키는 작업을 했다. 필자는 1985년에 단군신화의 구조와 숫자체계를 분석한 논문을 발표하였다. 또한 《천부경》이 일반인들에게 알려진 이후 최재충이 연구서를 펴냈고, 이후에 여러 연구자들이 《천부경》에 표현된 숫자와 수리체계를 통해서 우주와 인간의 본질, 나아가 우리 문화의 세계관 등을 규명하는 작업을 해왔다. 수와 수리에 대한 관심들이 깊어지고 있다. 이후 우실하 등이 숫자의 논리성을 주목하고 연구성과들을 발표하고 있다. 신성준이 숫자와 논리와 철학, 그리고 한국문화를 결합시키면서 본격적인 연구를 하고 있다.

진 숫자이다. 생명을 상징하는 숫자이기도 하다. 3은 그 숫자가 생명체의 기본구조가 된다.[184] 홀수인 한 일(一)은 음을 뜻하고, 짝수인 두 이(二)는 양을 뜻한다. 일과 이의 합은 남성과 여성의 성적 교합을 의미하여 석삼(三)은 삶의 창조, 생명의 생산을 의미한다.[185]

중국문화 속에서는 3과 연관하여 신화 속에 삼황오제(三皇五帝), 주역(周易) 속에서는 천지인(天,地,人)을 '삼재(三才)'로 표현하였고, 유도불(儒道佛)을 '삼가(三家)'로 표현하였다. 《회남자》에는 하늘은 一, 땅은 二, 사람은 三, 三三은 九……하여 사람의 위치를 삼에다 두고, 삼의 배수에서 만물이 시작된다고 말했다.[186] 노자의 《도덕경》(道德經)에서는 "道生一, 一生二, 二生三, 三生萬物"이라고 하여, 三이 만물이 시작되는 근본임을 말했다. 중국에서는 우주, 사회, 인생의 도리는 3개의 대도문화(大道文化)로 표현, 즉 "소위 '삼생만물(三生萬物)'이라고 보았고, 또한 '삼위일체(三位一體)', '삼위일성(三而一成)' 그리고 '일물삼분(一物三分)'은 우주와 자연계 또한 인류사회 속에 가장 보편적 존재와 현상이라고 보았다. 기타 '삼생만물(三生萬物)'·'삼사준행(三思後行)'·'약법삼장(約法三章)'·'세한삼우(歲寒三友)'·'일심삼관(一心三觀)' 등의 용어[187]에서 보이듯 3을 논리 구성

---

184) 박용숙, 앞의 책, pp.30~32.
185) 전규태, 앞의 책, p.142.
　　李丙允은 〈檀君神話의 精神分析(上)〉, 《思想界》(1963.11), p.259에서 "Freud는 '3'이란 숫자가 남성생식기를 상징한다고 하며 3이란 숫자는 생식력을 위주로 하는 남성 특히 여성신의 전능의 상징이며……"라고 하였다.
186) 《淮南子》, 〈地形訓〉.
187) 謝德民, 〈中國 '三' 文化研究論綱〉, 《學術研究》, 2006, pp.33~39 참고.
　　위의 책에서 사유방식과 가치이념을 이렇게 정리하였다.
　　가. 三位一體: 妳-我-他; 三極之道: 上-中-下
　　나. 三段成一: 始-壯-究; 三題合一: 正-反-合
　　다. 三方聯一: 陰-陽-同; 三體統一: 主-介-客
　　라. 一物三性: 剛-柔-中; 一變三態: 高-低-平
　　마. 一行三方: 進-退-停; 一動三果: 勝-負-和
　　바. 一事三理: 此-彼-實; 一理三素: 時-空-宜

의 핵심체계로 삼았다.[188]

그런데 앞에서 언급한 '자기완결성'은 다른 존재와 관계를 맺는 데서는 통일지향성으로 나타나야 한다. 우주에는 어느 사건, 어느 장소, 또한 시간과 공간을 축으로 해서 완성된 어떤 존재물을 막론하고 두 개의 상대적인 힘이 존재하고 있으며 존재물은 그 두 힘의 작용에 의하여 비로소 성립된다.[189] 이 두 힘에 대해서는 질이나, 성격, 기능 등의 면에서 다른 규정을 내려왔다. 그리고 구체적이고 복잡한 분석에서부터 지극히 추상적이고 간결한 기호에 이르기까지 다양한 형태로 묘사가 되고 있다. '1과 2', '음과 양', '정(正)과 반(反)' 등의 기호와 상징에서 시작해서 '아와 비아', '가진 자와 못가진 자', '행하는 것과 당하는 것', '도전과 응전(Challenge and Response)' 등의 역사성을 띤 구체적인 상태로까지 표현되고 있다.

그런데 두 힘은 동일한 존재물 내부에 상호 병존하고 있으며, 과정의 형태가 어떠하든 합일을 이루어야만 완전한 상태로 움직인다. 그리고 이 합일을 지향하는 운동에 의해 우주는 성립되고 계속해서 형성, 변천된다. 인간은 우주 내의 다른 것들과 마찬가지로 현상인 개별자이며 동시에 본질인 전체자로서 늘 통일을 지향한다. 당연히 인간들의 합인 역사적인 단위의 성립 또한 조건의 온전을 뜻하고, 그것은 대립자처럼 보이는 여러 조건들의 통일을 의미한다. 즉 문화나 역사 자체가 통일체이다. 그런데 숫자 '3'은 '1'과 '2'로 상징되는 정과 반의 대립과 갈등을 해소하고 무화시켜 합의 상태를 실현된 상태를 의미한다. 결론적으로 이러한 논리를 '3의 논리'라고 명명한 것이다.

이러한 '3의 논리'와 사상 등은 문명에 어떠한 방식으로 표현되었을까?

한 집단에게는 자신들만을 나타내는 '징표(徵標, sign)'가 있다. 그 징

---

188) 민영현, 〈삼신사상에 대한 철학적 고찰〉, 《國學研究》 7, 국학연구소, 2002, p.76.
189) 이 부분은 윤명철, 〈역사활동에서 나타나는 운동성 문제〉, 《국학연구》 2, 국학연구소, 1988의 내용을 근간으로 쓰여졌다. 따라서 운동성에 관한 이 장의 미흡한 부분은 이 논문을 참조할 수 있다.

표에는 문화라고 불리우는 자신들의 역사와 삶, 우주와 자기집단, 그리고 자신인 인간을 설명하는 내용들이 담겨 있다. 마땅히 그 징표는 최고의 노력과 능력을 발휘하여 제작한다. 가족 및 씨족제도, 국가조직, 산업시장과 무역 등을 포함한 경제제도, 법률과 윤리, 교육 등에 작동하였다.[190] 무엇보다도 이러한 내적 논리 등이 표현된 것은 상징물, 각종 기호, 설화와 민속, 의례, 예술 등이다. 또한 우리가 문명의 징표라고 여기는 특별한 의미와 기능을 하는 도시, 성, 기념물, 건축물, 무덤, 토기, 무기들, 그리고 건축물과 조각, 악기와 그림 등의 예술품들이 내적 논리를 반영한 결과물이다.

문화의 부분이며 요소인 예술(또는 미학[191])의 역할 가운데 하나는 인간이 지닌 본질적인 정체성을 찾아내고 회복시켜 주며, 갱신시킬 수 있다는 점이다. 예술은 작가의 통찰력, 영감 등이 비교적 자유롭게 작용하며, 인간의 내면적이고 근원적인 문제들을 진지하고 솔직하게 다룬다. 또한 가능성을 제시하고 형상화시킬 수 있으며, 사라진 사실을 다른 형태로 복원할 수 있다. 하지만 예술은 독자적으로 존재하거나 생성할 수 없다. 행위의 주체는 기질 능력, 자연환경, 역사경험을 토대로 창작할 수밖에 없다.

한 존재물을 평가하고, 본질을 간파하고자 할 때에는 다양한 방식을 활용해야 한다. 시각, 청각, 후각, 촉각 등이 있고, 미각도 활용한다. 그 외에 마음(精神), 즉 심각(心覺)[192]이 있다. 특히 한 시대 또는 다수의 목적의식과 공력(工力)이 집합된 기념물은 정신을 중요시해야 한다. 우선 보편적이고, 손쉽게 접근할 수 있는 방식은 시각이다. '시좌구조(視座構

---

190) 피터 스탠스 지음/ 문명식 옮김, 《문화는 흐른다》, 궁리, 2003, p.11. '한 사회의 문화는 기본적인 신념과 가치, 그러한 가치들을 표현하기 위해 사용되는 양식과 수단들로 이루어져 있다.'
191) 이찬주, 《춤 예술과 미학》, 금광미디어, 2008, p.240. 미학은 학문의 하나로서, 철학의 이론적 형태를 취한다.
192) '심각'이라는 용어는 필자가 만든 조어이다. 우리문화의 본질을 이해할 때 필요한 용어와 개념이라고 생각한다.

造)'[193]를 정면, 후면, 측면, 사면은 물론이고, 아래에서 위으로, 위에서 아래로 시선을 다양하게 이동시켜 총체적으로 이해해야 한다. 또한 가능한 한 심각을 활용해서 내부에서 외부를 바라보는 시선(視線) 또한 필요하다.

예술을 구성하는 요소들은 다양하다. 인류는 신화, 설화 등의 논리, 음악, 건물, 고분, 조각, 성, 공예(사치품, 관, 무기, 수레 등), 복식, 운동 등 및 음식 생활도구 등의 문화와 예술에 미와 의미 및 논리를 표현하였다. 특히 고대사회에서는 종교건물[194]을 비롯하여 공공적인 성격, 지배자 및 국가체제와 관련이 깊은 건축물 및 기념물에 시대정신뿐만 아니라 신화 설화, 의장 등 다양한 상징 및 은유 등의 기호(code)를 통해서 의미(meaning)를 담았다. [195] 그렇다면 상징과 은유 등의 기호를 사용하여 미에 담아놓은 의미와 논리체계를 파악하기 위하여 실체를 살펴볼 필요가 있다. [196] 특히 중요한 것은 상징, 신화, 이미지가 정신적 삶의 본질을 이룬다는 사실이다. 때문에 미학 또는 예술의 담긴 '내적 논리'를 '미(美, beauty)' '의(意, meaning)' '론(論, logic)'의 세 가지로 구분한다. 미·의·론의 본질은 모든 요소들을 고려해서 종합적이고 유기적으로 평가할 필요가 있다.

예술의 핵심은 미(美)이다. [197] 미는 인간이 발견하고 발명한 산물이다.

---

193) 이 책에서 사용한 이 용어는 사회학에서 사용한 개념이 아니라 미술 조형 등의 예술에서 사용하는 용어임을 밝힌다. 또는 시선(視線)으로 이해해도 된다.

194) 미르치아 엘리아데, 《우주와 역사(Cosmos and History)》, 현대사상사, 1976, p.35. "모든 공간의 중심은 현저하게 성역이다. 예를 들면 모든 건축은 우주 창조의 행위, 즉 세계의 창조를 반복한다. 실제로 그 길은 하나의 통과제의(rite of passage)이기 때문이다."라고 하면서 건축물의 정신성과 종교성을 부각했다.

195) 마이클 겔브 지음/ 정준휘 옮김, 《위대한 생각의 발견》, 추수밭, 2003, p.84. 건축은 의식을 반영한다. 이를테면 브루넬레스키의 대성당은 인간의 힘과 능력을 존중하는 르네상스 시대의 의식을 온전히 반영하고 있다.

196) 미르치아 엘리아데 지음/ 이재실 옮김, 앞의 책, p.7.

197) 고바야시 신지 지음/ 김경자 옮김, 《무용미학》, 현대미학사, 2000. 제1장의 p.23에서 미의식, 미의 대상, 미적 시각성, 표상성, 미적 체험, 미의 유형이라

한 대상에서 미를 의식한다는 것은 살아 있는 인간이 대상을 보면서 본
연의 자유로운 생(生)을 자각하는 것이다.[198] 미는 존재론적 조건들이 있
다. 즉 개체요소로서 선, 색, 형태, 동작, 소리, 위치(장소), 배열 및 배합
등이 있고, 개체와 전체의 유기성도 고려해야 할 요소이다. 또한 미를 설
정하고 규정하는 기준과 종류는 시대, 지역, 상황 및 주도집단에 따라서
다양하다. 예를 들면 양적미, 질적미, 내적미, 외적미, 자연미, 인공미 등
이 있다. 이 책에서 주제로 삼는 고조선문명권의 미 또는 미학[199]은 말살
되거나 왜곡되었으며 변형된 형태로 계승되어 잔존하고 있다. 여기에는
몇 가지 이유가 있다.

의(意, meaning)는 내면적이고 본질적인 것이 바탕이 되므로 미(美)처
럼 외부로 드러나는 표면적이고 현상적이지는 않다. 하지만 현상과 본질,
미와 의는 상호의존적인 전략적 동반자 관계이다. 미와 예술의 문제, 형
이상학적, 인식론적, 윤리학적인 모든 문제와 근본적으로 깊은 관련을 맺
고 있음은[200] 미와 의미의 연관성을 웅변한다. 고대인들의 보편적인 미에

---

는 여섯 가지 항목으로 나누어 설명하고 있다.

W 타타르 키비츠 지음/ 손효주 옮김, 《미학의 기본 개념사》, 미술문화, 1999.
예술의 정의와 범주 시대에 따른 성격의 변화 등을 열거하고 있다. '미에는 세
가지의 상이한 개념이 있다. 가장 넓은 의미에서의 미는 그리스의 미 개념으로
윤리학까지 포괄하고 있고, 아름다운 것과 완전한 것은 동일하다고 생각했다.
심미적인 의미에서의 미는 색채와 소리 외 정신적 산물들이 주는 미, 유럽문
화에서 미의 기본적 개념이 된다. 또 하나는 심미적 의미나 시각적으로 파악
되는 사물에 한정된 미로 형태와 색채만이 미이며 현대의 일반적인 미의 개념
이다.'라고 했다. 이 책과 연관해서 예술과 미에 관한 분석대상은 가장 보편적
이고 일반적인 개념과 범주로 설정한다.

198) 고바야시 신지 지음/ 김경자 옮김, 《무용미학》, 현대미학사, 2000, p.26.

199) 미학은 이론, 관념으로서 예술뿐 아니라 철학과 논리학의 영역이다. 이 책에
서 사용한 미학이라는 용어와 개념은 예술이라는 포괄적이고 일반적인 개념
으로 논리를 전개한 것이다. 공예, 음악, 미술, 건축, 고분, 체육, 문학 등의 장
르와 공간, 선, 면 등을 비롯한 형태, 색채, 내적미 등을 분석하는 작업은 추
후 발표할 예정이다.

200) 편집부, 《미학사전》, 논장, 1993, p16.

는 근대, 현대의 미보다 더욱 의미를 중요시하고, 의미를 담았다는 사실
은 신화학, 종교학, 심리학, 인류학의 영역에서 입증되고 있다. 마찬가지
로 고대 고조선미도 이와 동일하거나 더욱 강렬할 수 있다. 건국신화, 고
인돌, 고분, 토기, 청동검, 청동거울, 조각품 등의 예술작품들, 풍수사상
등 우리문화현상 등에서는 미 속에서 자연과의 합일을 지향하는 등 미
속에서 의미를 추구하는 목적이 강렬했음이 드러난다.

　이러한 미와 의가 생성하고 구현되는 근거와 명분을 제시해 주는 것
이 논리(論理, logic)이다. 론(論)은 구성 형식에 관한 존재론, 즉 집단과
개인의 세계관, 국가관, 인간관 등의 사상이 있다. 사상에 대해서는 앞에
서 설명하였다. 다만 미와 의의 규명을 통해서 발견할 수 있는 논리를 큰
틀만 살펴보고자 한다.

　일단 논리 가운데 핵심은 '중심성(中心性)'이다. 이것은 공간(터 장소),
시간(정통성과 계승성), 의미(역할과 위상) 등 모든 면에서의 중심을 뜻한
다. 자연물, 자연현상은 모두가 주체의 의지가 작동해서 선택된 역사공간
이기 때문이다.[201] 신화에서는 하늘에 원형(原型)을 가지고 있으며 세계
의 중심점으로 인식되어진 우주산(宇宙山)이 있다. 우주산의 중심에는
우주목(宇宙木)이 있어서 하늘과 땅을, 세계와 세계를 연결해 주는 세계
축(世界軸, axiamandi)으로서 세계의 중심이다. 고인돌, 특별한 의미의 고
인돌은 그 위치나 모양, 분위기를 고려할 때 중심의 중심에 있는 우주목
의 형상과 의미를 지녔으며, 그 역할을 한 것처럼 보인다.

　또 하나는 '생명성(生命性, 역동성)'이다. 역사(행위, 활동개념)가 존재
하는 궁극적인 목적은 주체인 인간이 '온전한' 생명을 구현하는 과정을
지속시키는 것이다. 고대문명에서는 자연물 자체를 신령한 힘을 지닌 인
격체로 여기거나 사람 같은 생명체로 인식하고, 그 영성(靈性)을 인정하
였다. 때문에 모든 존재물에 의도적으로 생명을 불어넣어 주는 인식과

---

201) 엘리아데의 성속(聖俗) 이론에 따르면 천상의 원형을 반복, 즉 신들의 행위를
　　통해서 카오스를 코스모스로 변화시킨 일을 반복한다.

행위(ritual)를 반복하였다. 그래서 고인돌, 건물, 기념품 등은 장소는 물론이고, 형태와 구조 등에서 생명성을 뿜고 있다.

그리고 또 하나 중요한 논리가 '통일성(統一性)'이다. 인간은 자연과 인간들 사이에서 만들어진 관계, 제한된 시간과 공간을 벗어난 상황 속에 놓여지면서 전 존재의 성격을 지닌다. 고대문명은 일반적으로 주체와 대상체의 합일을 지향하는 세계관을 표현했다. 고조선문명권의 예술에서는 세계를 갈등과 대립으로 파악하지 않고 주체인 인간 혹은 집단은 대상체와 '조화와 공존'을 지향하며 역사를 이루어낸다는 '3의 논리'를 표현하고 있다.[202] 단군신화와 고인돌이 그러하고, 비파형 청동검도 그러하다고 생각한다. 문명, 문화, 예술 등이 가진 역사성을 고려할 때 통칭 '고조선의 예술 또는 미학'은 전 시대를 일관하는 특성을 기저로 삼아야 하고 모든 요소들을 유기적으로 파악하여야 한다. 이 글에서는 이러한 내적 논리를 '3(三)의 논리'라고 정의한다.

그렇다면 고조선문명권의 주요한 특성인 해륙문화는 어떠한 내적 논리들을 갖고 있을까?

문화의 생성과 발전이 일어나는 성격, 즉 '운동성' 문제가 있다. 농경인은 토지를 이용하고 지켜내는 것이 생존을 유지하고 문화를 생성하는 배경과 목적이다. 그러므로 농경문화는 지속성을 바탕으로 한 상황을 예측하는 일이 가능하므로 방어적 측면이 강하고, 보수적인 속성을 띨 수밖에 없다. 따라서 '정주형(stability)문화'를 추구하고 고수한다. 이러한 특성이 결국은 도시와 국가의 발생 등 이른바 고등문명의 발생을 가져왔다.

유목인들은 가축을 방목하거나 초지를 찾아 이동하는 가축을 뒤쫓아가면서 이동한다. 초지는 계절의 영향으로 생장장소가 규칙성을 갖고 변환되므로 유목인은 일정한 공간을 주기적으로 순환하는 습성을 갖고 있다. 그러므로 유목문화는 단절없이 전진하는 '직선의 문화'가 아닌 '왕복'

---

202) 이 논리는 비단 관념의 영역뿐만 아니라 통치방식, 수도 선정 시스템의 구축, 국토개발계획, 산성 구축의 체계, 대외관계 등 모든 역사영역에 반영되었을 가능성이 크다.

하면서 '회귀를 반복'하는 문화이다. 삶의 방식이 상대적으로 이동적이고 역동적이며, 세계관 또한 적극적이다. 질적으로는 다소 혼합적인 '이동성(mobility)'문화이다.

수렵인은 짐승들을 사냥하고, 식물을 채취하고, 한편으로는 물고기를 잡아가면서 생활한다. 그러므로 먹이감을 좇아 이동하는 생활이다. 하지만 활동범위가 울창한 산속이나 숲속, 또는 숲속을 흐르는 강가이므로 정주하지도 않고, 그렇다고 적극적으로 이동하지도 않는다. 정주성을 우위로 한 이동성 문화의 특성을 지니고 있다.

해양인들은 '항해인'들과 '어렵인'들로 유형화시킬 수 있는데, 이들 모두 바다와 연관된 공간에서 항해행위를 생활의 기본으로 활용한다. 어렵인들은 항해인들과는 달리 거점을 토대로 단기간씩 이동하면서 어렵생활에 종사하고, 때로는 원양어업을 나간 경우도 어류의 이동을 따라서 회귀하는 '회유성(回遊性, migratory)'을 지녔다.

한편 항해인들은 항구와 소규모 공간을 토대로 필요성과 목적에 따라서 예측불허의 불확실한 공간을 목표로 먼 거리를 이동한다. 상업, 약탈 등의 생활방식을 추구하며 대체로 이익과 함께 귀환하지만, 때로는 상륙지인 항구에 새로운 거점을 확보해서 귀환을 거부하고 정착하는 경우도 있다. 따라서 해양문화는 공간의 활용방식, 즉 이동방식이나 거리, 상황 등이 농경문화나 유목문화, 수렵문화와 비교할 때 불안정적이고 불가측성이 강하다. 거점성과 비정형화된 이동성을 공유한 문화이다. 일종의 '유동성 문화'라고 판단된다. 고조선문명권은 이러한 다양한 문화들이 직접 간접으로 작용하였기 때문에 성격뿐만 아니라 운동관 또한 혼합적임을 알 수 있다.

문화의 생성과 발전을 일으키는 '동인(動因)' 문제가 있다. 특히 자연환경이다. 전근대사회나 고대사회에서는 인간은 자연의 굴레 또는 영향력에서 벗어나려는 시도를 다양하게 전개하였다. 이러한 과정과 방식의 차이에서 문화 또는 문명의 차이들이 생겼다. 자연환경이 혹독한 공간에서 생성된 유목문화, 수렵문화 등도 강력한 자연환경에 순응하는 방식을 택했다. 그런데 해양문화는 또 다른 방식으로 적응했다. 자연환경에 일단 도전을 한 다음에 그것을 이용하는 방식을 취했으므로, 농경의 적응방식과 유목 및 수렵문화의 순응방식과는 다른 방식으로 생성과 발전의 동인인 자연환경을 대하였다.

문화가 전파되고 수용하는 방식의 문제이다. 해양문화는 체계상 '비조직성,' '불연속성'을 띠고 있다. 이동과 교류의 규모 또한 소규모일 수밖에 없었고, 비조직적이며, 불규칙적이므로 연속성이 떨어졌다. 그 때문에 역사의 초기단계에는 자율적인 이동인 이주(settlement) 형태가 주를 이루었다. 하지만 문명이 발달하고 고대국가가 건설되면서 조선술과 항해술이라는 고도로 발달된 과학과 막강한 경제력, 첨예한 기술력이 필요하기 때문에 특별한 정치세력과 기술자 집단의 연합에 의해서 주도되었다. 조직적으로 해양 개척과 '식민지(colony)' 건설 등이 이루어졌다.

또한 다른 문화 및 문명과 관계를 맺는 방식의 문제가 있다. 해양문화는 '다양성'과 '개방성'을 지니고 있다. 일반적으로 농경문화가 생성되는 육지는 '면의 관리'와 '면의 접촉'을 통한 교류이다. 한 문화권 또는 공간이 다른 문화권 내지 공간과 접촉하는 범위가 제한되어 협소하다. 교류와 접촉은 빈도수도 적을 뿐 아니라 유사한 문화 사이에 이루어진 '평면적 교류형태'이다. 거기에 정주형 문화 체계와 세계관을 갖고 있으므로 폐쇄성을 띠는 특성이 있다.

반면에 유목문화는 면적이 넓은 육지에서 지역과 지역 사이에 선으로 이어지는 교류이다. 인간들의 거주가 점의 형태를 이루고 있어서 직접 접촉이 불가능하다. 다만 가축의 이동을 따라 움직이므로 선으로 이어지지만 왕복 운동이기 때문에 단선적인 교류형태이므로 다른 문화권과 교류하는 일이 빈번하거나 대규모가 아니다. 그런데 이동 수단인 말이 있으므로, 정치적, 경제적인, 혹은 문화적인 필요성에 따라서 대규모의 군사력을 동반하여 원거리 이동과 비자발적인 교류를 강요하기도 한다. 이러한 경우에는 몇 개의 선을 동시에 작동시키는 복선적인 교류형태이다. 하지만 일반적으로는 한 점을 기준으로 '회귀와 순환'을 반복하는 평면적인 선이다.

수렵문화는 산속이나 숲속에 거주하면서 숲길을 이동하거나 강을 이용해서 이동을 하는 방식을 통해서 다른 공간과 교류한다. 주민들의 인구밀도가 매우 낮고, 생존과 생활에 필요한 도구들은 단순하며, 기술력이 비교적 낮을 뿐 아니라 교류의 필요성이 낮은 편이므로 외부문화와 관계를 맺는 방식이 소극적이고, 고립적이다. 하지만 그들만의 이동경로와 교류 방식을 통해서 먼 거리를 이동하고 교류하는 경우도 있다. 당연히 불연속적인 점의 형태를 이룬다.

해양문화는 담당주체들이 거주하는 공간이 넓고 다양하며, 신분이나 계급이 비교적 유연하다. 또한 정치체제나 문화양식과는 무관한 사람들이 공동으로 생성하기도 한다. 바다로 이어진 모든 지역과 교류할 수 있는 환경이 조성되어 있으므로 공간이 개방되었다. 뿐만 아니라 다양한 공간, 다양한 주체들과 동시에 교류할 수 있으며, 각각 다른 성격의 문화들을 수용하거나 중계하는 역할도 한다. 해안가의 거점 또는 대양 가운데 섬을 중심으로 삼아 방사상으로 뻗어나간 '다수점(多數點, multi points)' 또는 '다수면(多數面, multi area)'들과의 동시교류가 가능하므로 '다중 복합적(multiful complex)'인 교류형태이다. 그러므로 어떤 형태의 문화보다도 다양성을 지니고 있으며, 모든 문화에 대해 개방적인 인식과 수용체계를 갖추고 있다.

고조선문명은 이러한 문명을 구성하는 내적 논리들이 다양하게 혼합되었으며, 상호호혜와 상생의 세계관을 지향했다.

# 제3장 고조선문명권의 자연환경

　앞 장에서 문명에 대한 정의들을 소개하면서 문명을 넘어 '문명권'을 설정하는 필자의 몇몇 이론들을 전개하였다. 그리고 이 이론을 토대로 문명권 설정에 필요한 공간, 주체, 시간, 내적 논리 등 구성 요소들의 내용과 성격, 기능 등을 살펴보았다. 또한 다른 문명 또는 문명권과는 다른 고유성을 지닌 고조선문명권을 설정하기 위하여 몇 가지 이론과 방식들을 제안하였다. 그렇다면 이제는 고조선문명권의 실체와 기본성격, 생성과 갈등 등을 이해하기 위하여　몇 가지 작업을 해야 한다. 그 가운데 우선 자연환경, 즉 '생태환경'을 구체적으로 검토한다.[1] 자연 환경은 문명 자체를 생성시키고, 주변 문화 또는 문명들과 접촉하고 이동을 촉발시킨 가장 큰 요인이기 때문이다.[2] 고대사회는 물론이고 심지어는 전근대시대까지도 생태환경의 변화에 따라 적합한 '생산도구'와 '생산기술'이 만들어지고, 이를 뒷받침할 '생산양식' '사회조직' 등 시스템이 변화하였다. 그리고 궁극적으로는 생활양식, 가치관 등 문화가 변화하였다. 이렇게 문명이 발생하고, 발전하다가 다양한 요인들과 더불어 일정한 계기를 만나 소멸했다. 따라서 고조선문명권이 생성하고 발전하였던 시대에 문명의 토대로

---

1) 환경에 정의는 다양한데, 생태학과 연계하여 이해하는 환경은 하워드 오덤이 말한 '물, 공기, 토양, 숲, 호수, 하천, 하구, 해양 등으로 이루어져 있고, 생물과 인간이 살아가며, 여기에 화학 물질이 끊임없이 순환하고, 또한 인간이 만든 도시와 문명의 이기도 함께 포함된 개념이다.' 하워드 오덤 지음/ 박석순·강대석 옮김, 《시스템 생태학 1》, 도서출판 아르케, 2000, p.33 참조.
2) 고대 사회에서는 환경이나 기후가 역사발전에 강력한 영향을 끼쳤다. 이러한 예는 이시 히로유끼·야스다 요시노리·유아사 다케오 지음/ 이하준 옮김, 앞의 책; H.H 램 지음/ 김종규 옮김, 《기후와 역사》, 한울 아카데미, 2004 참조.

삼은 공간의 자연환경을 구체적으로 정확하게 살펴본다.

# 1. 동아시아의 기후 및 지형

'자연(自然)'은 동아시아의 자체적인 단어로서 기능을 해왔지만, 근대 이후에 사용한 자연은 그리스어에서 비롯된 'nature'를 번역한 용어이다. 그러므로 철학적으로, 종교적으로, 정치적으로, 그리고 자연과학에서 사용하는 개념에도 차이들이 있고 실로 다양한 관점들이 있다. 존재론적, 구성요소, 운동의 관점 등에서도 개념과 용도에 차이가 있다. 그러니까 시대마다, 지역마다, 즉 문명마다 조금씩의 차이는 있었다는 사실을 부정할 수는 없다. 또한 서양 세계에서 사용하는 자연의 개념과 동아시아문화권에서 생각했던 자연에 해당하는 개념과도 차이가 있다.

나는 '자연'을 다음처럼 정의하면서 역사이론들을 정리해 왔다. 즉 자연은 인간을 제외한 우주 내의 모든 것을 말한다. 이것은 크게 보면 '자연물'과 '자연현상'으로 나뉘어진다. 자연물은 자연을 구성하는 구체적인 상태이다. 예를 들면 수천 m의 높이를 가진 산들, 끝 간 데를 모르는 망망 바다, 고원과 사막, 대평원 등을 말한다. 그뿐만이 아니라 인간의 생명을 위협하거나 인간의 식량을 빼앗아 먹는 여타의 크고 작은 동물들, 또는 인간에게 이익을 주는 식물 그리고 바위나 돌등의 무생물들도 있다. 존재론적 정의이다.

한편 자연현상은 이러한 다양한 종류의 자연물 등을 낳게 하고, 그것을 운영하는 원리 및 그것의 발현을 이야기한다. 자연현상은 인간의 감각에 의해서 확인이 안 되는 경우도 있고, 또한 보고 듣고 느껴지는 경우도 있다. 전자의 것은 이른바 자연법칙으로서 모든 것의 근원임에도 불구하고 감각의 단계에서 벗어나 있기 때문이다. 따라서 자연에 대한 인간의 관념에는 구체적인 영향을 끼치지는 않는다. 그러나 후자의 것은 인간의 감각과 육체에 직접적인 관계를 맺는 것이다.[3] 이것을 달리 표현한다면 인간을 포함한 우주 내의 모든 존재와 관계로 발생하는 운동 등은 자연의 범주에 속한다. 그리고 이러한 것들을 제외한 인간의 힘과 기술에 의해서 가공되고 변형된 산물과 그것을 위해 만들어진 관계와 과정, 결과물들을 '인공(人工, artificial)'이라고 개념화시킨다. 일부에서는 이 '인공' 자체를 문화라고 주장하기도 한다.

이러한 정의가 동아시아에서 사용된 자연의 개념과 가장 유사하다고 생각한다. 즉 고조선문명권을 이해하려는 수단으로의 자연은 일생생활에서 사용하는 인식에서 크게 벗어나지 않는다. 그러므로 이 글에서 사용하는 '자연'이라는 용어는 현대 인류문명에서는 보편적으로 이해되고 있는 것이다. 예를 들면, 인공이 가해진 문화를 제외한 지형, 지질, 기후 외에 동물, 식물의 분포 등 생태계를 포함한 영토나 토지 등 인간의 역사적 활동이 이루어지는 총체적인 환경이다. 동아시아권에서 많이 사용된 '풍토'라는 단어도 사용되었다. 역시 '풍토(風土)'라고 하는 것도 토지의 기후·기상·지질·토질·지형·경관 등의 총칭이다. 옛날에는 '수토(水土)'라는 용어도 있었다.[4]

자연을 구성하는 모든 요소들은 긴밀하고 불가분하게 연결된 유기적인 존재들이고, 인간 및 문명의 생성과 강하게 연관되었다. 일종의 '시스템 이론(System theory)'이다.[5] 따라서 자연 속에서 존재하기 위해서 자연

---

3) 윤명철, 1992.
4) 와쓰지 데스로 지음/ 박건주 옮김,《풍토와 인간》, 장승, 1993.
5) 이러한 관점은 고대 세계, 특히 동아시아 세계에서는 일반적인 관점이었다. 다만 현대 문명의 초창기부터 이와 유사한 세계관들이 다양한 학문분야에서 제기되었고, 지금은 더욱 정교화되고, 적용영역을 넓혀가고 있을 뿐이라고 생각한다. 시스템을 이렇게 정의한 것이 있다. '시스템(system)이란 여러 개의 부분들이 모여 일련의 과정을 통하여 상호작용하는 집단으로 정의할 수 있으며, 오래 전부터 사용된 '전체론(holism)'이란 개념은 상호작용하는 각 부분들이 결합하여 새로운 성질을 갖게 되는 것을 말한다. 이처럼 부분들이 합하여 새로운 성질을 보여주는 전체를 우리는 '시스템'이라고 부른다'(하워드 오덤 지음/ 박석순·강대석 옮김,《시스템 생태학 1》, 도서출판 아르케, 2000, p.36). 하워드는 '생태학적 시스템'을 '환경 시스템'과

과 어떠한 관계를 설정하는가가 가장 중요하다. 자연환경이 변화하면 생존과 생활을 위한 생산물이 달라지고, 이는 생산도구의 변화와 창조를 가져오며, 이어서 생산양식이 달라지고, 생산관계에도 변화가 발생한다. 또한 의식주를 비롯한 생활과 신앙, 민속, 예술 등의 문화가 달라진다. 그러므로 주민의 거주 형태가 달라지고, 이동을 촉발시킨다.

인간은 주어진 자연환경과 어떤 관계를 맺는가에 대해서도 각각 상반된 견해들이 있다. 자연과 인간의 관계 또는 자연 또는 우주의 체계를 상호보완적인 관계로 보는가? 또는 갈등과 경쟁의 관계로 보는가?[6] 이다. 일반적으로 개체적 존재의 입장에서 자연현상이란 인간 존재에 위협적이며 공포의 대상으로서 극복이 가장 힘든 갈등인 것은 분명하다.[7] 화산의 폭발, 태풍, 해일, 지진 등 그 외에도 장마나 홍수, 질병 등이 있다. 이 같은 천재지변이 인간의 의지와는 무관하게 엄습해 올 때 대상체에 대한 이해나 본질의 파악은커녕 진행되는 과정을 채 느낄 사이도 없이 그냥 허무하게 자신의 존재를 지워 버릴 수밖에 없다. 극복하기 힘든 갈등의 관계이다.

---

동의어로 간주한다. '생태계'라는 단어는 일반적으로 인간을 포함하지 않는 자연계만을 일컫는 데 사용한다고 하였다(같은 책 p.69).

6) 이러한 관계의 양면성을 다룬 실험과 관찰 보고서 및 연구성과들은 분야별로 매우 많다. 다만 아래 글은 더 생물학적인 연구 성과이므로 소개한다. '생물군집에 관하여는 두 가지 대표적 인식론이 있어 왔다. Clements(1916)는 생물군집을 구성 생물종들 사이의 밀접한 상관작용 때문에 시간적으로나 공간적으로 통일성을 가진 전체로 보는 것이다. Gleason은 군집은 환경 또는 서식처의 조건적 경사에 따라 실제화되는 것으로 그들 사이에는 명백한 경계가 없고 연속되는 것이라고 생각하였다. Clements의 초생물적군집 개념은 생물군집에 대한 구성종 개체군 사이의 상호작용 관계를 중시하고, 생물군집은 시간이 경과하면서 발전하는 '계'라고 보는 것이다. 이에 대하여 Gleason의 군집개념에서는 군집의 경계는 분명치 않아 군집의 정착이나 발전은 하나의 확률적 실체라고 보기 때문에 군집에서의 구성종의 생활사상의 특성이나 종과 환경의 관계를 더욱 중요시한다.' 현재선 지음, 《식물과 곤충의 공존 전략》, 아카데미 서적, 2007, p.9.

7) 윤명철, 1992, pp.75~94.

반면에 비록 힘의 정도는 약하지만 지속적이고 다양한 형태로 관계를 맺는 것이 자연물 자체이다. 소규모 집단이나 개체로서의 갈등구조 속에 있다. 하지만 자연 자체는 기본적으로 인간과는 적대적 모순(敵對的 矛盾)의 관계였다. 역사의 초창기에 인간은 자연과의 투쟁 내지 경쟁에서 결코 유리한 위치에 있지 못하였다. 자연은 인간에게 일방적인 복종을 요구하였고 인간은 자기 의지와는 무관하게 자연에 예속될 수밖에 없었다. 이른바 '예속과 복종'의 관계였다.

그러나 이러한 관계의 변화를 위해서 인간은 자연과 적절하게 관계를 만들면서 대응책을 만들어 왔다.[8] 비록 정도의 차이는 있을지라도 전근대 세계에서는 피동적으로 수용하면서 해결하는 경우가 많았다. 하지만 상황에 따라서는 때로는 이동하거나, 또는 현장에 남아 있더라도 굴복하지 않고, 자연환경을 선택함으로써 질적으로 변화된 문화를 창조하는 경우도 있었다. 반면에 인간의 행위로 말미암아 자연환경의 변화가 생기는 것은 불가피하다.[9] 일부 학자들, 예를 들면 생태학자들이나 환경론자들은 인간의 부정적인 역할을 강조하면서 인간의 역할이 자연의 변화에 큰 영향을 끼치는 것처럼 주장한다. 물론 과장된 측면이 강하다. 하지만 역시 인간 집단들이 선택했던 농경, 수렵, 목축, 어업, 해양활동 등의 생활양식에 따라서 대상체였던 해당 지역의 자연환경이 변화한 것은 분명하다. 이러한 예를 전 세계는 물론이고,[10] 동아시아 고대역사에서도 찾을 수 있다.[11]

---

8) 인간과 자연의 상관성에 대해서 가진 필자의 견해는 윤명철, 《역사는 진보하는가》 참고.

9) 인간은 단지 풍토에 의해 규정되는 것만이 아니고, 역으로 인간이 풍토에 작용하여 그것을 변화시킨다고 말한다. 역사와 격리된 풍토도 없으며 풍토와 격리된 역사도 없다. 이것은 와쓰지 데쓰로가 주장하는 내용이다.

10) 존 펄린 지음/ 송명규 옮김, 《숲의 서사시》, 따님, 2006.

11) 유재현, 《중국역사지리》, 문학과 지성사, 1999, p.61에서 "화북평원은 진(晉)말 ~16국 시대에는 장기적인 전란과 인구 유망으로 인하여 화북평원의 많은 농토가 황폐해져서 차생초지(次生草地)와 관목총(灌木叢)으로 바뀌었다. 게다가, 수

자연환경 가운데 인간을 비롯한 모든 요소들에 영향을 끼치는 가장 근본적이고 강력한 요소는 기후이다. '기후(climate, weather)'[12]는 자연물이 아닌 자연현상이다. 온도, 습도, 강우량, 강설량, 바람 등을 포함한다. 토양, 지형, 강, 바다의 상태에도 영향을 끼친다. 자연현상들은 각 요소들 사이에 유기적 관계를 맺고 있으므로 기후 또한 단독으로 체험되는 것이 아니며, 지질, 지형, 경관 등과 연관되었다.

추위와 더위는 물론이고, 자연수인 강물의 존재와 강수량, 토양, 심지어는 다른 식물들이나 곤충 동물에 이르기까지 모든 자연이 연관되어 있다. 생태계의 먹이사슬과 직결되고, 궁극적으로 인간의 이동, 문명의 이동 현상을 낳는다.[13] 다른 지역으로 이동하고, 정착하는 일은 인간의 생리적인 신체적인 특성, 심지어는 심리에도 영향을 끼친다.[14]

인간은 하나의 동물로서 온도와 기압이 상당히 변화해도 문화적 적응만이 아니라 생리적(生理的)으로도 자연조건에 적응을 할 수 있는 능력이 크다. 이를테면 태양의 복사와 피부색의 관계 같은 것이다. 기온과 인체 적응의 관계도 중요하다. 남부 칠레의 '알라칼루프족(Alacaluf)'은 생리적으로 낮은 온도에 적응이 되어 있다.[15] 생리적인 적응의 전형적인 한 예를 보여준다. 극지방에 살고 있는 에스키모들은 다른 인종들에게서는 불가능할 정도의 많은 양의 지방을 소화할 수가 있다. 그 밖에도 체중이

---

리 체계가 무너지고 염해(鹽海)가 널리 퍼져 재해가 매년 발생하였으므로 농업이 제대로 발전할 수 없었다."고 한다.

12) 헨드릭 W. 반룬, 《반 룬의 지리학》, 아이필드, 2011, p.34. "기후(climate)의 현재상태(애석하게도 기후에 '당위'란 없다)를 규정하는 세 가지 요소는 땅의 온도, 우세한 바람, 대기 중에 존재하는 수분의 양이다"라고 정의하고 있다.

13) 오모토 케이이치·하마시타 다케시·무라이 요시노리·야지마 히코이치 엮음/ 김정환 옮김, 《바다의 아시아 5-국경을 넘는 네트워크》, 다리미디어,/ 2003, p.69.

14) 이러한 구체적인 예는 데스몬드 모리스의 《털없는 원숭이》(The Naked Ape), 《Human Zoo》, 《Body Watching》 등을 참조하면 된다.

15) 온도가 3,9도에서 8,8도를 오르내리는 혹독한 편서풍 지역에서도 나체로 사는데 그들의 기본 신진 대사율은 유럽인 평균치의 2배나 되며, 땅딸막한 다리는 피부 밑의 지방층으로 절연이 되어 있다.

기온과 반비례한다는 '베르그만(Bergman,s rule)의 법칙'이나 고온기후에서는 신체의 돌출부분이 길어진다는 '알렌의 법칙(Allen,s rule)'은 인간의 생리적 적응의 훌륭한 예이다. 이외에도 인간의 신체적 적응의 예는 수도 없이 많다.

강우량은 식물의 생태계에 직접 영향을 끼친다.[16] 뿐만 아니라 관목지역, 교목지역 그리고 침엽수와 활엽수 지역에 따라서 하나의 종족, 또는 동일한 부족이 생활양식은 물론이고, 심지어는 이질적인 언어와 신앙을 갖는다. 따라서 식물 집단의 경계선은 집단의 거주 경계선이 되기도 한다. 또한 식물을 채취하고 인공적으로 번식시키는 고도의 기술력을 필요로 하는 농업에는 강우량이 절대적인 영향을 끼친다. 관개 도입에 따른 농지의 확대는 대량 수확과 함께 '도시화', 즉 '문명화'라고 하는 거대한 에너지를 가져오게 되었다. 칼 비트포겔(k. wittfogel)은 관개 농업에 기반을 둔 사회를 '수력사회(水力社會, hydraulic society)'라 총칭하였다.

사냥 또는 동물을 사육하는 유목도 자연현상과 직결되어 있다. 기후는 동물들의 사료가 되는 식물의 번식 여부를 결정함은 물론이고, 기후의 변화에 따라 가축들의 생사 또한 결정되기 때문이다. 동물들이 먹는 사료의 종류에 따라 거주지역과 이동지역이 달라지면서 종족과 부족 심지어는 씨족이 갈라진다. 이러한 예를 동시베리아에서도 찾을 수 있다. 스타노보이산맥을 넘어 사하(Sakha) 공화국 안에 위치한 타이가(Taiga)지대에서는 주로 소와 말을 기르고, 툰드라(Tundra)[17]및 타이가(Taiga)[18]지대에서는 주로 순록을 길러 생계를 꾸려나간다.

동아시아 역사에서 가장 큰 영향력을 끼쳤던 선비족(특히 6세기에 활동을 활발하게 한 실위는 선비족의 일파이다)은 출발 당시에는 고조선문

---

16) 유아사 다케오 지음/ 임채성 옮김, 《문명 속의 물》, 푸른길, 2011, p.22.

17) 툰드라는 회색 삼림토(농작물을 기르기에는 척박한 토양)로서 순록의 주요한 서식처가 되고, 곰을 비롯한 내한성이 강한 동물들과 새들이 살고 있다.

18) 북위 40~70° 범위에는 타이가지대로서 북서지대와 서부지대에는 낙엽송과 소나무(적송)가 많고, 동부와 남동부에는 전나무와 가문비나무 등이 분포되었다.

〈그림 3-1〉 혁철족이 수렵하는 광경(동강시박물관)

명권과 깊은 연관이 있었을 것으로 추정되지만, 이탈한 이후에도 거주지역에 따라서 부족들이 달라졌다. 그들은 흥안령을 경계로 삼아 동서로 넘나들면서 삼림과 초원이라는 다른 자연환경 속에서 다른 문화로 적응하였다.

주로 동만주의 삼림일대와 흑룡강의 주변지역에 거주한 퉁구스계 종족들도 흑룡강변에서는 고기잡이를, 산맥이나 삼림지대에서는 어렵과 수렵을 병행한다. 어렵이든 수렵이든 획득기술을 필요로 하는 생활은 대상체 생태에 따라 형성된다. 특히 수렵은 이동성과 공격성이 강한 동물들의 생태조건에 따라서 생활양식 문화와 문명의 성격에도 현저한 차이를 만든다. 흑룡강 유역의 주변지대와 연해주 일대에는 헤아릴 수 없는 종족과 부족들이 명멸했었는데, 이들은 실제로는 동일하거나 유사한 종족의 범주 속에 있었다. 다만 자연환경에 따라서 소원한 관계와 이질적인 문화를 갖게 된 것이다.

극동 시베리아와 사할린 등 동아시아의 아한대 지방과 동해를 사이에 둔 양쪽의 산맥지대에서 기후가 강력하게 작용한다.

일부 지역에서는 눈〔雪〕과 얼음 또한 문화에 절대적인 영향을 끼치는 요소였다. 천연장애물의 역할을 하므로 동물과 가축의 이동은 물론 인간의 이동에도 중요한 변수로 작용했다. 대규모 군사의 이동을 어렵게 만들기 때문에 이 계절에는 전쟁이 발생하는 확률이 낮았다. 모든 전쟁들이 다 마찬가지였지만, 우리 역사와 관련되어서는 고구려와 당나라 사이에 벌어진 대전쟁에서도 나타났다. 또한, 식수 및 호수 강의 수원을 공급하였다. 대표적인 예가 타클라마칸 사막과 중앙아시아의 건조지대에 물을 공급하는 동서 사이의 길이가 2500㎞에 달하는 천산〔天山(Than Shan), 킬로만(하늘산), 탱그리다르(하늘산)〕산맥이다. 사막이나 비가 안 오는 극북 지역에 가까워질수록 눈은 이끼와 이끼를 먹고사는 '순록 유목민'들에게 중요한 자연요소였다. [19] 또한 운반이나 교통에 필수적인 썰매의 사용을 가능하게 하였다. [20] 예니세이강 하류는 10월 중순부터 이듬해 6월 초순까지 결빙되었다.

문명과 연관하여 중요한 자연의 구성요소는 '바람(세기와 방향)'이다. '시베리아(Siberia)'와 '오호츠크해역(Sea of Okhtosk)'에서 발생한 고기압은 늦가을부터 초봄 사이에 강한 북서풍을 몰고 온다. 시베리아 고기압의 영향을 받는다. [21] 사하(Saha) 공화국과 추코트반도(북극 기후)를 제외한 극동아시아 지역의 대부분은 몬순 기후의 영향을 받는다. 사하(야쿠티야) 지역으로부터 차가운 바람으로 겨울 몬순은 건조하고 심한 추위를 갖고 온다. 극동지역의 북부지역은 겨울 평균기온 영하 18도 이하이고, 영하 70도까지 내려가는 경우도 있다. 추코트반도는 가장 북쪽에 있는데, 11개월, 캄차트카반도는 10개월에서 10개월 반이 겨울이다. 반면에 여름에는

19) 고아시어계의 축치, 캄차달족(Kamtchadal), 이텔멘족(Itelmens), 니부흐족, 유카기르족 등이 거주하며, 기타 퉁구스계의 여러 종족들도 함께 생활하고 있다.

20) 조지 케넌 지음/ 정재겸 역주, 《시베리아 탐험기 출판사》, 우리역사연구재단, 2011, p38. 그는 오호츠크에서부터 볼가강까지 약 8,000㎞에 달하는 육로를 썰매를 타고 겨울여행을 했다. 그가 쓴 탐험기에는 원주민들이 겨울에 썰매를 활용하는 생활이 기록되었다.

21) 극동 시베리아의 자연환경에 대해서는 윤명철, 〈극북 시베리아의 역사와 문화의 검토〉, 《우리나라 북극연구의 방향과 과제》, 한국해양정책학회 및 극지연구소 주최, 2018 참조.

〈그림 3-2〉 동아시아의 해양환경도 1(왼쪽)과 동아시아의 해양환경도 2(출처: 《東
アジアの 地圖帳》, 草思社, 2011)

태평양으로부터 몬순이 불어오는데, 그 영향을 받아 습기와 안개, 비들
이 많다. 반면에 동남아시아에서는 늦봄부터 초여름 사이에 남서 계절풍
인 몬순(Monsoon)[22]이 불어온다. 넓은 의미의 동아시아 연안 일대의 중
국과 일본은 풍토적으로 몬순지역에 속한다. 몬순지역의 풍토는 서열과
습기의 결합을 그 특성으로 한다.

바람은 육지환경에도 영향을 끼치지만 해양환경에서는 절대적이다.
세계 어느 해역에서도 동일한 현상이지만 바람의 방향은 항해하는 시기
와 항해 방법은 물론이고, 항해술, 심지어는 조선술에 이르기까지 인간
이 해양에서 생활하는 모든 부분에 결정적인 요소로 작용한다.[23] 이러한
관계가 가장 극명하게 드러나는 것은 발해의 해양활동이다. 또 하나는
해류, 조류 및 해역의 범위인데, 해양과 연관된 주민과 문명이동에 결정
적인 영향을 끼친다.

---

22) 몬순(Monsoon)은 아라비아어의 Mausim(계절)에서 유래한 것. 여름 반년은 남
   서 몬순이 육지를 향해 불고, 겨울 반년은 북동 몬순이 바다를 향해 분다. 계절
   풍이다.
23) 바람이 항해나 조선술, 그리고 유럽의 제국주의적인 팽창과 깊은 관련이 있는
   구체적인 실례들은 앨프리드 W 크로스비 지음/ 안효상·정범진 옮김, 《생태제국
   주의》, 지식의 풍경, 2002, pp.124~154 참고.

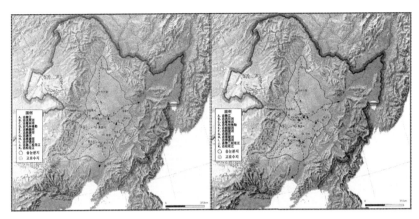

〈그림 3-3〉 만주지역 송요분지(松遼盆地)의 모습과 강물(출처: 劉嘉麒, 《東北地區
自然環境歷史演變與人類活動的影響究》, 科學出版社, 2001.2. 부록)

　또 하나의 자연환경은 '지형(地形)'[24]이다. 아시아 대륙의 동쪽 하단부
에 위치해 있으면서 중국이 있는 대륙, 북방으로 연결되는 대륙의 일부와
한반도, 일본열도, 그리고 해양이 함께 구성되어 있다. 고조선문명권인
만주는 동북평원과 송눈(松嫩)평원 등의 대평원, 대흥안령 및 소흥안령
지구대와 흑룡강 일대의 대삼림, 훌룬보이르 초원과 동몽골 일대의 고원
과 초원, 수십 개의 거대하고 긴 강들 그리고 바다로 구성되어 있다. 특
히 강은 산, 평야와 더불어 육지를 구성하면서 유기적인 상호 보완관계를
이루고 있다. 연해주 일대나 동해안처럼 평원이 발달하지 못하고 산과 숲
이 발달한 지역은 내부의 물류망을 비롯해서 바다와 연결된 교통망으로
서 강의 중요성이 컸다.
　그런데 이러한 자연환경은 고조선문명이 처음 생성하고 발전한 초기
부터 현재까지 꾸준히 변화해 왔음을 인식해야 한다. 현재의 자연환경이
해당시대의 자연환경인 것으로 오해하는 경향이 있지만 사실과 다르다.
약 1만 5,000년 전 빙하시대가 끝나고 온난한 시기가 시작될 무렵 사냥꾼

---

24) 지표면의 기복 형태를 말한다. 해수면상에 돌출되어 있는 부분의 지형을 육상
　　지형, 해수면 아래에 있는 지형을 해저지형이라고 한다.

〈그림 3-4〉 만주 지형도(출처: 劉嘉麒, 《東北地區自然環境歷史演變與人類活動的影響究》, 科學出版社, 2001.2. 부록)

의 일부가 여름 동안에 일시적으로 시베리아 북동단으로 이주하였다. 플린트(R.J.Flint)와 오스트리아의 브랜트너(F.Brandtner)는 북반구의 기후와 변화의 상황을 이렇게 설명한다. 지금부터 1만 2천 년 전에서 1만 년 전 사이에 빙하기가 끝나고 온도가 상승하기 시작하여 1만 년 전에서 5천 년 전 사이에는 온도 상승의 속도가 비교적 빨라졌고, 지금부터 5천 년 전을 전후해서 온도가 최고조에 달하였다고 설명한다. 이후 온도는 완만히 하강하기 시작, 많이 내려가지는 않았으며, 5천 년 전에 최고봉에 달했던 시기의 연평균 기온은 현재에 비해 2℃ 내지 3℃ 높았다. 그래서 산동·요녕·산서·하북·섬서·하남 등의 신석기 유적지에서 호저(豪豬, 아프리카 바늘 두더지)·노루·죽서(竹鼠, 죽순과 대나무 뿌리를 먹는 쥐의 일종) 등 열대 동물의 유해가 발견되는 것이다.

빙하기에 서해안은 해수면이 현재보다 150m 낮았으므로, 바다가 아닌 평원 지대였다. 이러한 기후 상황은 남만주 일대와 한반도 북부도 유사했을 것이므로 고조선문명권의 기후 상황을 유추할 수 있다. 고조선문명기의 여명에 해당하는 삼림기는 서기전 3천 년경인데, 육지가 상승하고 강우량이 충분하였으며 삼림이 우거졌다.

도시문명이 탄생한 5,700년 전은 기후가 한랭·건조화했는데, 4,000년 전, 즉 기원전 2000년 전경에 기후가 몹시 한랭·건조화되었다. 이 건조기는 큰 혁명을 일으켜 동쪽 아시아에서는 밭농사와 유목을 하는 민족이 폭발적으로 확대되었다고 한다.[25]

E.Huntingtun은 《아시아의 맥박》(The Pulse of Asia)에서 5,000여 년 동안의 중국지역의 기후를 대체로 4개의 온난기와 4개의 한랭기로 구분하고 있다.[26] 2차 형성기인 고대에도 마찬가지였다.[27] 이에 따라 지형의 변화가 생겼고, 해안선의 이동이 있었다. 이러한 상황에서 자연스럽게 식물, 동물, 어류 등 생태계의 변동이 있었지만, 큰 틀에서는 변화가 없었다고 보는 것이 합리적이다.

'토탄 소택기(The peat bog phase)'는 서기전 1천 년(주周나라 목왕穆王 시대)경으로 육지가 가라앉고 삼림이 매몰되었다. 기후가 습기로 눅눅하고, 삼림이 부패하여 토탄으로 되었다. 건기(The dry phase)는 서기전 200년(한漢나라 고제高帝 7년), 강우량이 적고 기후가 건조하였다. 이어 습기(The wet phase)는 서기전 100년(한漢나라 무제武帝), 북반구의 기온이 따뜻하고 비가 많았으며 농업이 풍작이었다. 이어 건조 한랭기가 되어 200년~1200년에는 기후가 한랭하고 강우량이 적어 하천이 고갈되고 농업이 부진하였다. 이러한 기후 때문에 춘추시대에 황하 유역과 장강 유역에 코뿔소와 코끼리가 많았으며, 군대도 전투에 이를 이용하였다. 전국 시대에

---

25) 이시 히로유끼·야스다요시노리·유아사 다케오 지음/ 이하준 옮김, 앞의 책, 〈인도유럽어족과 한족〉에서 야스다의 말 참조.

26) 유재헌, 앞의 책, pp.2~3. 온도 변화의 폭은 저위도 지대 또는 서부 지방보다 고위도 지대 또는 동부 지방이 컸다. 예를 들면 서안시(西安市) 반파촌(半坡村) 양사요(仰韶)문화 유적지에서 6000년 전에 살았던 노루〔獐〕, 쥐〔鼠〕, 담비〔貂〕 등의 동물 유해가 발견되었다.

27) 기원 초(서한 시대 말기)부터 서기 7세기(隋 시대)까지 약 600~700년의 비교적 오랜 기간 동안 한랭한 기후가 중국대륙 전역에 엄습하였다. 지금보다 2~ 4도 낮았을 것으로 추정한다. 유재헌, 앞의 책, p.50.

도 코뿔소와 코끼리는 여전히 장강과 황하 유역에 살고 있었다.

〈표 3-1〉 만주 각 지역 습지 전신세(全新世) 변화 대비표

| 삼강평원 습지 | | 장백산 습지 | | 송눈평원 습지 | |
|---|---|---|---|---|---|
| 시간/a B. P. | 환경특징 | 시간/a B. P. | 환경특징 | 시간/a B. P. | 환경특징 |
| 12000 ~ 9500 | 小葉灌叢林, 年均溫-2~-4℃, 年降水 600~700mm, 低溫高濕環境 | 13400 ~ 11400 | 低溫期,年均溫約比現今低8℃左右 | 10000 以前 | 低溫冷濕氣候 |
| 9500 ~ 5000 | 溫性闊葉樹大發展, 年均溫3℃~6℃, 年降雨 600~757mm — 先鋒樹種榆和榛, 增溫期 / 蒙古櫟爲主, 高溫期 | 11400 ~ 8300 | 升溫期 — 10300~9800 氣溫上升; 9800~8300 氣溫接近現在, 略干 | 10000 ~ 7260 | 增溫期, 溫度升高, 降水址增加, 600mm降水線位置與現在相同, 溫幹氣候 |
| 9500 ~ 8000 | | 8300 ~ 2300 | 適宜期 — 8300~4000 高溫適宜期; 4000~2300 減溫期, 氣溫下降, 接近當前 | 7260 ~ 5400 | 高溫期, 降水量膂遍增加, 600mm降水獄等值線西移至前郭, 鋼源以東一線, 溫幹氣候 |
| 5000 ~ 2500 | 針葉樹占優勢的針闊葉林時期, 北部山地雲冷杉集中, 別拉洪河爲針闊葉林 | | | 5400 - 3600 | 5400 ~ 3600高溫一適宜期, 600mm等降水線四移至大布蘇湖一帶, 暖濕氣候 |
| | | | | 3600 ~ 2700 | 降溫期,降水量開始減少, 600mm降水等值線經過哈爾濱一長春以西一線, 涼幹氣候 |
| 2500 ~ 現在 | 松占優勢的紅松林時期, 氣溫從-3℃逐漸升高, 降雨是800~1000mm | 2300 ~ 現在 | 降溫期, 氣溫多次波動 | 2700 ~ 現在 | 降溫期, 降水持續減少, 其中也存在次一級的波動, 600mm降水線等值線和幹燥度1.0等值線均與現在位置相當, 涼幹氣候 |

(劉嘉麒, 《東北地區自然環境歷史演變與人類活動的影響究》, 科學出版社, 2001, p.25)

전한(前漢) 시대의 대부분은 온난다습한 시기에 속하지만 춘추전국 (春秋戰國) 시대만큼 따뜻하지는 않았다. 그래도 화북 지방 등에는 코끼리가 많아서 코끼리가 수레를 끌게 하였다.[28] 그런데 진한(秦漢) 말기부터 후한(後漢) 말기까지의 250년 동안 한랭 건조한 기후대가 지속되었다. 당시의 연평균기온이 현재보다 0.5~1℃ 낮았다고 추산하는데, 후한 이후에 가뭄은 더욱 심각해졌다. 한반도 북부와 만주 일대는 냉대기후인데, 북부의 한랭지역은 침엽수림이, 남부 한랭지역은 침엽수와 활엽수의 혼합림이 발달되었다.

이처럼 서기전에 고대의 중국지역과 만주 일대는 기후, 지형, 토양 등의 면에서 현재 한반도 지역과는 다른 다양한 자연환경이 펼쳐졌다. 따라서 당시의 자연환경을 근거로 역사적 성격을 규명하고, 구체적인 사건들과 관련시켜 해석하는 방식이 필요하다. 중국 역사에 발생한 정치 동란의 대부분은 장기적인 한랭건조 기후로 인한 심각한 기아와 황폐로 말미암아 발생하였으며, 역사상 각 왕조의 정치·군사·경제·사회·문화 및 물질문명의 진보와 발달도 역시 기후의 한랭건조 또는 온난다습과 밀접한 연관이 있다고 결론을 내렸다. 이는 고조선문명권에서도 또한 동일했을 것이다.


## 2. 고조선문명권의 육지 환경(인문 지리적 관점)

고조선문명권의 위상과 역할을 구체적으로 알고, 다른 종족들과의 관계와 문화 등을 이해하려면 거주하는 공간의 자연환경을 비교해 볼 필요가 있다. 앞에서 언급하였지만 동일한 종족과 집단이었음에도 불구하고, 자연환경의 변화로 말미암아 종족의 명칭이나 생활양식, 언어의 차이가 발생했다. 이러한 예는 유라시아 초원지대의 유목문화, 한대지방의 수렵

---

28) 유소민, 《기후의 반역》, 성균관대학교 출판부, 2005, pp.92~106.

문화 등 인류 역사 전체에서 발견됐다. 실제로 동아시아 세계와 고조선문
명권에서 이러한 현상들이 많았다. 퉁구스계와 고아시아계의 종족들은
이러한 현상이 더욱 심했다.

후술하겠지만 고조선의 영토 또는 영역에 대해서는 다양한 의견과 주
장들이 있다. 북한은 《조선문화사》에서 고조선의 범위를 조선반도, 요동,
요서를 포괄하는 발해연안 일대와 송화강 유역의 넓은 지역으로 보고 있
다. 하지만 이 글은 앞 장에서 언급한 대로 문명권 개념을 적용하여 더욱
광범위한 공간을 대상으로 분석한다.

'문명권'이라는 개념을 기반으로 중요한 공간인 만주(滿洲)[29]의 자연환
경을 구체적으로 살펴보면 몇 개로 유형화가 가능하다. 육지는 남만주의
밭농사지대, 중만주의 농경 및 초원지대, 서만주의 건조지대, 북만주의
초원 삼림지대, 동만주의 삼림지대이다. 그리고 해양은 요동반도와 황해
북부 해역, 요동반도와 발해, 두만강 하구와 동해북부 해역, 연해주와 타
타르 해역, 대동강 하류와 황해 중부 해역, 한강 하류와 경기만 해역, 압
록강 하류와 서한만 해역 등으로 범주화가 가능하다. 또한 육지와 해양
을 이어주며 중요한 역할을 하는 제3의 존재인 수량이 풍부하고, 긴 강
들이 있다. 만주에는 요하(遼河), 대릉하(大凌河), 난하(灤河), 대량하(大
梁河), 송화강(松花江, 북류 및 동류), 눈강(嫩江), 목단강(牧丹江), 흑룡
강(黑龍江, 아무르강), 우수리강이 있고 한반도에는 압록강, 두만강, 청천
강, 대동강, 한강 등이 있다. 중국 지역 또는 북방 초원 등과는 또 다른
자연환경을 가진 독특한 공간이었다.

이러한 자연환경과 인문환경을 고려하면 고조선문명권의 공간은 육지
와 해양이란 두 가지 관점에서 동시에 접근해 들어가야 하며, 특히 소외
되었던 해양의 위치와 역할을 재인식하는 '해륙사관(海陸史觀)'이 필요하
고, 이렇게 해야 '해륙문명(海陸文明)'이라는 틀을 설정할 수 있게 만든다.

---

29) 만주 일대와 한반도 포함—약 420만㎢, 동북 지역은 대략 동경 116°~135°, 북위
   39°~53° 사이에 있다. 북쪽에는 이륵호리산(伊勒呼里山)과 소흥안령이 있고, 동
   쪽에는 장광재령(張廣才嶺), 노부령(老斧嶺)과 장백산(長白山)이 있다.

이 장에서 다루는 것은 육지환경 전체를 파악하고 구체적으로 조사하는 것이 아니다. 다만 '해륙사관' 또는 '해륙문명론'의 관점에서 해양과 유기적인 관계를 맺은 육지 환경만을 기본적으로 언급한다. 예를 들면 만주 내륙이나 한반도 내륙은 상세하게 분석하지 않는다. 다만 송화강 수계, 요하수계, 대동강 수계, 흑룡강 수계의 주변 육지환경 및 요동반도와 압록강 유역, 대동강 유역, 연해주 일대, 한강 유역 등의 해안가에 비중을 둔다. 따라서 고조선문명권의 자연환경은 지리적인 관점에서 육지·강·해양으로 구분하고 지형, 지질, 기후 등을 고려해서 몇 개의 권역으로 유형화시킨다.

따라서 이 절에서는 육지의 남만주 일대, 대·소흥안령 주변지역, 흑룡강 중류 일대, 연해주 남부와 두만강 일대, 요동 및 요서 등 5개 지역과 한반도 북부 일대를 포함하여 6개 지역을 살펴본다. 또한 문명권의 주변 공간으로서는 남으로 평양 지역을 넘어 한강 하구 및 경기만 및 강원도 일대, 서쪽으로 내몽골 지역, 북족으로 대흥안령 지역, 소흥안령 및 흑룡강 상중류 지역, 동쪽으로 연해주 북부와 사할린, 그리고 일본열도의 일부지역까지 살펴본다.

이 장에서는 이러한 자연환경과 인문환경을 고려하여 공간을 몇 개로 범주화시킴으로써 '1산-2해-3강권'이라는 모델로 범주화시켰다. '1산'은 실질적인 역사공간이면서 동시에 관념적, 상징적인 존재인 백두산(白頭山)이고, '2해'는 황해 중부 이북과 동해 중부 이북의 해양이며, '3강'은 송화강계, 요하계, 대동강계를 말한다.

한편 중국 학자들은 만주라는 공간의 신석기문화를 몇 가지의 일반적인 특성으로 정의하였다. 보통은 만주를 중국의 행정구획인 동북지방으로 이해하고 있으나, 중국학자들은 대단히 광범위하게 범주화시키고, 자연 생태환경과 역사적인 상황을 고려하여 만주공간을 몇 개로 유형화시키고 문화적인 특징을 전개한다.[30]

---

30) 郭大順, 〈東北文化區的提出及意義〉, 《邊疆考古研究》, 2002 (1), pp.170-181. 여기

경제 유형으로 구분하면 만주는 어렵활동을 위주로 한 경제활동을 벌인 문화지대이다. 중원지역은 주로 조 등을 비롯한 농업이 위주로 된 밭농사 문화권이고, 양자강과 회하 등을 중심으로 한 동남의 연해 지역은 농경문화를 영위하였다. 이러한 지역적인 생태환경의 차이는 이미 일본의 아키야마 신고(秋山進午), 코모토 마사유키(甲元真之) 등이 제시하였고, 현재는 일본학자들은 물론이고 중국학자들도 동일한 관점을 취한다. 또한, 고고문화의 특징으로 구분했을 때, 고고학자 임법(林法), 풍은학(馮恩學)은 신석기 시대의 '통형관(筒形罐)'의 주요문화 특징으로 만주문화지역을 구별해 왔다. 엄문명(嚴文明), 곽대순(郭大順)은 더 나아가 이 통형관을 중원지방의 전형문화인 채도(彩陶), 첨저병(尖底瓶)과 정(鼎)을 구분시킴으로서 현재 만주지역을 중국 사전(史前)문화의 3대 구역 가운데 하나로 규정하였다. 중국 정부가 주도한 '환발해고고(環渤海考古)'라는 작업을 통해서 만주 지역의 어렵문화적인 특성을 정리해 갔다.

1994년 중국과 일본 학자는 "환발해∈환일본해고고(環渤海∈環日本海考古)"에 대해 언급했을 때, 이러한 만주의 문명에 대해 '백산흑수(白山黑水)', 그리고 2해(환발해와 환일본해), 3반도(요동반도, 산동반도, 한반도), 사방(중국, 한국, 일본, 러시아)으로 규명했고, 문명의 시점을 상주(商周)시대에 이 기록을 남긴 '숙신연호(肅慎燕毫)'로 규명하였다. 즉 '1산, 1수, 2해, 3반도, 4국'으로 설명한 것이다. 소병기(蘇秉琦)는《중국문명기원신탐》(中國文明起源新探)이라는 책에서 '만족'이라는 용어를 사용하면서 이들은 어렵민족이고 신석기 문화인 신개류문화와 신락문화 등도 어렵문화의 특성을 갖고 있다고 하였다.[31]

중국학자들의 주장을 소개하면 다음과 같다. 장충배(張忠培)는 8대 구역으로 분류하였다. 즉 '연요(燕遼) 지구', '요동(遼東) 지구', '길장(吉長)

---

서 사용한 '동북 문화구'란 것은 만주 지역의 문화를 뜻한다.

31) "(滿族)...起源於白山黑水間的滿族, 是漁獵民族, 從黑龍江新開流文化到沈陽新樂文化都以漁獵爲特色, 兩者不能說沒有關系漁獵民族天生沒有國界概念, 卻能同賴以生存的自然界保持協調一致, 這是漁獵民族優於農牧民族的地方."

〈그림 3-5〉 만주 지형과 흐름(출처: 劉嘉麒, 《만주지역 자연환경 역사변화와 인류활동의 영향연구》, 科學出版社, 2001.2. 부록)

지구', '송눈평원(松嫩平原) 지구', '삼강평원(三江平原) 지구', '목단강·수분하(牡丹江·綏芬河) 지구', '도문강(圖們江) 지구', '혼강 압록강(渾江 鴨綠江) 지구'이다. 또는 동서로 구분한다. 즉 동쪽은 해양을 지향하고, 서쪽은 대륙을 지향하는 것으로 파악하여 동서로 구분한 것이다. 다시 분류하여 동과 동북, 서와 서북, 남, 중 등 4개 공간으로 분류한다. 동과 동북부에는 백두산 지역, 삼강평원, 흑룡강 유역이 있다. 울창한 삼림으로 어렵생활을 한다. 남부는 연산산맥을 가운데로 북방계의 동쪽과 환발해 지구의 북쪽이 있다. 그래서 이 곳을 '연요 문화구역'으로 부른다.

이 서남만주 지역의 자연환경은 몽골초원이 화북평원으로 가는 중간지대이며, 만주 지역에서는 최초로 농업지대와 접촉한 곳이다. 즉 만주에서는 농경활동이 일찍 출현한 지역이다. 또한 이곳은 만주문화와 중원문화가 접촉한 문화의 교류지대이다. 만주의 서부, 서북부 지역은 대초원으로 몽골초원과 연결되었다. 당연히 북방초원의 유목부락과 접촉이 많고, 자연환경 때문에 목축업이 발달했다. 반면에 만주 일대의 중부는 송눈평원을 포함한 '동북 대평원'이 있고, 여러 방향으로 뻗은 산맥과 사이를 흐르는 요하, 송화강을 비롯한 강들, 그리고 크고 작은 하천들이 흐른다. 다양하고 풍성한 문화가 발전할 만한 생태환경을 갖고 있다.

더구나 만주 지역은 산들이 대부분 동북-서남 방향으로 이루어졌다. 따라서 이곳은 황하 유역의 중원과 교류하는 데 편리한 통로이다. 그래서 이러한 분류법을 적용하여 연남(燕南) 지구, 요서(遼西) 지구, 하요하 유역, 요동 산지, 요남반도 지구, 장길 지구 즉 제2 송화강 유역, 송눈평원 지구, 삼강평원 지구, 압록강 우안, 혼강 유역, 수분하, 목단강 유역, 도문강 유역 등 모두 11개의 고고학 문화지구로 분류한다. 이 문화권의 기본 특징은 신석기시대부터 형성되었고, 특징을 가진 토기들이 있으며, 또한 옥기가 있다는 것이다. 하지만 시대적으로, 공간적으로 차이가 있다는 견해이다. 이러한 중국인들의 주장은 동북공정과 관계가 있음을 부인할 수 없다고 판단한다.

### 1) 중핵 지역

#### (1) 백두산(白頭山)[32]

백두산은 북한의 양강도 삼지연과 중국 길림성 안도현(安圖縣) 이도백하진(二道白河鎭) 사이에 있으며, 북위 41도 01분, 동경 128도 05분에 위치한다. 최고봉의 높이는 해발 2,774m[33]이고, 2,500m 이상의 봉우리가 16개 있다. 정상은 백두봉(白頭峯)인데, 북한은 장군봉(將軍峯), 일제시대에는 대정봉(大正峰)으로 불렀다. 백두산은 형태가 독특했다. 만주에서 가장 높은 산군인 데다가 산 정상에는 칼데라호인 천지(용왕담, 달문)가 있는데,[34] 면적 9.17㎢, 둘레 14.4㎞, 최대 수심 384m, 수면 고도 2,257m

---

32) 양태진, 〈民族地緣으로 본 白頭山 領域 考察〉, 《백산학보》, 28호, 1984 참고.
33) 북한은 2750m, 중국은 2749.2m로 측량했다.
34) 명칭이 많아 향토인은 '천상수'라 하고, '대택' 또는 '회택'이라고 한다. 중국인은

〈그림 3-6〉 중국 쪽에서 촬영한 백두산 천지

이다. 장군봉(2,750m)보다 약 550m 아래에 있다. 250만 년 전에 활동을
멈춘 사화산이라고 알려졌으나, 역사를 보면 고조선시대 이전은 물론이
고, 10세기 초엽, 근대 무렵,[35] 심지어는 1903년에도 소규모의 화산활동이
있었다.

　백두산은 지형상으로 남만주 일대와 한반도를 갈라놓고 있으며, 일부
에서는 '장백산맥'이라고 부를 정도로 규모가 크고 넓은 큰 산군이다. 지
질학상으로 동북아시아의 크고 작은 산들이 시작되는 근원이다. 동북쪽
으로 완달(完達)산맥, 장광재령(張廣才嶺)이 있는데, 해발 600~1,000m이
다.[36] 또한 산기슭에 있는 '백두고원'은 한반도의 등줄기인 백두대간의 출
발점이자 평균 해발 고도가 1,400m에 이르는 고원지대이다. 또한 백두산
으로부터 남동부로 100㎞ 이상 넓게 펼쳐진 현무암 용암대지로 이루어져
있다.

　《산해경》(山經表)[37]은 '산은 물을 가르고 물은 산을 가르지 않는다'는

---

　'용왕담'이라 하고 만주어로는 '달문지'라 한 것이다. 안재홍, 《정민 교수가 풀어
　읽은 백두산 등척기》, 해냄, 2010, p.103.

35) 《조선왕조실록》에는 1700년경에 큰 화산 분화가 있었다고 기록하였다.

36) 김태정·이영준, 《백두고원》, 대원사, 2002, p.23.

37) 영조때 신경준이 편찬한 역사지리에 관한 책이다. 우리나라의 산수 개념을 정
　리하였는데, 이는 현재 우리가 배우는 지리개념과는 다른 점이 적지 않다. 특히
　산계를 수계와 연결시켜서 산과 물을 유기적인 관계로 파악한다.

〈그림 3-7〉 천지 바로 위에 있는 북한쪽의 장군봉

원리에 의해 우리나라의 산줄기를 1대간, 1정간, 13정맥으로 나누었다. 그런데 백두대간의 시작이 백두산이다. 백두산은 산뿐만 아니라 강의 시원이다. 최소한 3개 이상의 큰 강과 깊은 연관성이 있다. 달문(天池)을 빠져나온 물은 비룡폭포(장백폭포)로 낙하한 다음에 제2송화강(북류 송화강)을 통해서 북류하다가, 몽골고원과 시베리아산맥 지대에서 남류한 눈강과 합수한다. 북류 송화강은 이어 동쪽으로 선회하여 '동류 송화강'으로 먼거리를 흐르다가 발해의 수도권인 흑룡강성 영안현의 경박호에서 출발한 목단강과 목단강시 부근에서 만난다. 이후 북상하여 동강시(同江市)에서 흑룡강을 만나 동류하다가 마지막으로 연해주 남부인 항카이(興凱湖)에서 발원한 우수리강(烏蘇里江)을 만나 거대한 물줄기를 이룬다. 이어 하바로프스크(khabarovsk)시 일대에서 합수한 다음에 장거리를 동북상하다가 니콜라예프스크(Nikolayevsk)에서 바다로 빠져나간다. 즉 남쪽으로는 '타타르해(Tatar strait, 韃靼海)', 북쪽으로는 '오호츠크해(Sea of Okhotsk)'와 연결된다. 즉 백두산 물이 동해와 오호츠크해로 흘러들어 가는 것이다.

압록강은 병사봉 방향으로 내려와 해발 1,950m 지점에 있는 양강도 삼지연군의 사기문 폭포가 발원지이다.[38] 이후 흘러가면서 남쪽과 북쪽의 삼림과 평원에서 크고 작은 강물들이 흘러들어 와 남향하다가 중류에서

---

38) 사기문 폭포는 3단으로 구성되어 있으며, 제일 상부의 바위 틈새에서 물이 흘러나오고 있다. 이는 천지의 수면보다 약간 아래에 위치하므로, 여기가 천지의 물이 지하수 이동에 의하여 처음 밖으로 나오는 지점이라고 해석할 수 있다. 김태정·이영준, 앞의 책, 2002, p.39.

〈그림 3-8〉 집안지역의 압록강

요녕성 환인시에 혼강을 만난다. 이어 하류로 내려가면서 각각 남과 북에서 흘러들어 온 지류들과 섞이다가 최종적으로 신의주와 단동(丹東) 사이를 흘러 서한만에서 서해로 흘러 들어간다.

그리고 두만강은 백두산록인 양강도 삼지연군에 있는 '석을수(石乙水)'와 '원지(圓池)'에서 내려가는 '홍토수'는 분수령에서 70리이다. 무두봉 저쪽에서 시작된 두만강 근원의 최고 지점인 신무치수에도 훈춘과 선봉군의 가운데를 통과하여 동해로 흘러들어 간다. 따라서 백두산은 고대부터 만주 일대에 개설된 수륙교통의 기본 틀을 제공해주었다.

이러한 위치와 산의 형태, 천지의 존재와 역할을 가진 백두산은 동아시아의 여러 민족들에게는 특별한 존재로서 다양한 명칭들로 불려졌다.[39] 글자의 표기방식이나 발음을 전달하는 데 발생하는 차이도 있지만 동북아시아에 있는 많은 산과 강들이 발원한 위치, 또 각 민족의 시원지로서 숭배의 대상이 되었기 때문이다. 역사상에는 현재 백두산의 명칭과 관련된 기록들이 아래와

〈그림 3-9〉 단동 외곽 박작성 밑의 일보과. 압록강의 지류이다(왼쪽이 북한).

---

39) 안호상, 《민족의 주체성과 화랑얼》, 배달문화연구원, 1967, p.136 참조.

〈그림 3-10〉 숙종(1675~1720) 시기에 발간된 것으로 추정되는 '서북피아양계만리 일람지도'의 백두산 주변 환경도(이주환, 이형석 자료 재인용)

같이 많이 있다.

《삼국사기》: 盖馬山(大武神王때 盖馬國); 高句麗殘孼 類聚北依大白山下 國號爲渤海

《삼국유사》: 新羅古記云 高麗舊將祚榮姓大氏 聚殘兵 立國於大伯山南 國號渤海'

《제왕운기》:《東國李相國集》, 盖馬山 熊心山 熊神山

《고려사》: 遂鴨綠江外 女眞於白頭山外 居之; 女眞本高句麗之部落, 聚 居於蓋馬山東雲…東至於大海西比介於蓋馬山, 南接於長定二州[40]

《와유록》: 白頭山 俗稱朴達 世稱檀君下降之地云

《산해경》: 大荒北經 大荒之中 有山 名曰不咸 有肅愼之國

---

40)《고려사》열전 권 9.

《후한서》 동이전: 東沃沮在高句麗 蓋馬大山之東 東濱大海 北與挹婁接

《위서》: 勿吉傳. 國有徒太山 魏言太白 有虎豹熊狼 不害人人不得上山溲

汗 行逕山者 皆以物盛

《진서》: 挹婁傳. 肅愼氏, 一名挹婁, 在不咸山北

《북사》: 勿吉傳 國南有徒太山者 華言太皇 俗甚敬畏之 人不得山上溲汗

行經山者 皆以物盛

《당서》, 北狄傳 其著者曰 粟末部 居最南抵太白山 亦曰徒太山 與高麗接…

《금사》, 黑水靺鞨居古肅愼地 有山曰白山蓋長白山 金國之所起焉.[41] ;

'生女直地有混同江·長白山 混同江亦號黑龍江 所謂白山黑水是也.'[42]


위의 기록들을 종합하여 비교하면 고대의 문헌에서 보이는 '불함(不
咸)',[43] '개마(蓋馬)',[44] '태백(太白)', '도태백(徒太白)', '장백(長白)', '백두(白
頭)' 등의 위치와 형태의 묘사 등은 모두 같은 산, 즉 현재 백두산을 가리
키며, 따라서 다른 명칭임을 알 수가 있다.[45] 그 밖에도 《한서》 지리지,
《통전》, 《괄지지》, 《문헌통고》, 《용비어천가》, 《동국여지승람》, 《성경지》,
《삼재도회》, 《원일통지》, 《대청통일지》, 《성경통지》 등에서도 백두산에 관
하여 기술하였다.

그런데 현재 사용하고 있는 '백두산'이라는 명칭은 《고려사》의 기록인
성종(成宗) 10년에 "압록강 바깥 여진(女眞)을 백두산 밖으로 몰아냈

---

41) 《금사》 열전 73 고려.

42) 《금사》 본기 제 1.

43) 불함산은 바로 '배음'의 '잉산'이요, '배어따' 혹은 '배달'이란 지명의 기원이다.
'배어따'는 원생지를 의미한다. 안재홍, 앞의 책, 2010, pp.120~121.

44) 《한서》 지리전, "서개마현이 있는데 그 산의 서쪽에 있기 때문에 그렇게 이름한
것이다. 또 서개마현에 마자수가 있는데 그 수원은 백산(白山)에서 나온다."

45) 백두산의 명칭 및 의미, 어의 등에 대해서는 윤명철, 〈단군신화에 대한 구조적
분석〉, 《한국사상사학》 2집, 1988; - - -, 〈단군신화에 대한 변증법적 분석〉,
《동국사학》 23집, 1989 참고.

다"[46]는 데에서 처음 보인다. 《삼국유사》에서는 고조선조 단군신화와 연관된 부분에서 환웅이 하강한 '태백산정(太伯山頂)'항을 풀이하면서 '즉태백 금묘향산'이라고 하여 오늘날의 묘향산을 가리키고 있다. 일부 학자들 사이에서 이 설이 지지되어 왔으나, 그 근거는 희박하다. 태백산(太伯山)은 오늘의 백두산을 지칭하고 있다.

정약용은 《아방강역고》 〈백두보〉(白山譜)에서 백산(白山)은 동북의 여러 산들의 조종인데 불함(不咸), 개마(蓋馬), 도태(徒太), 백산(白山), 태백(太白), 장백(長白), 백두(白頭), 가이민상견(歌爾民商堅) 등 여덟 개의 이름으로 불려졌다고 하였다.[47] 또 백산은 남북의 2종(宗)으로 갈라져, 북종(北宗)은 말갈(靺鞨) 7부 및 대황동계(大荒東界), 남종(南宗)은 조선팔도(朝鮮八道)로 되었다고 하였다. 이는 만주와 한반도를 백두산을 매개로 삼은 하나의 유기체로 보는 인식이다. 그는 또 같은 책에서 백두산에서 발원하는 9개의 큰 물줄기 이름을 밝혔다.

그렇다면 백두산은 왜 한민족은 물론이고, 동아시아의 모든 종족들에게 자연환경이나 생태계, 또는 생활공간을 넘어서는 특별한 의미를 부여받고 있었을까?

첫째는 '상징성' 때문이다.[48]

백두산을 구성하는 두 글자 가운데 '두(頭)'보다는 '백(白)'의 의미가 더 중요하다. '백(白)'은 우리 말 '붉'을 한자로 표기한 것이다. 많은 차자를 갖고 있는 '붉'은 무슨 의미를 갖고 있을까?[49]

만주 일대를 발원공간으로 하는 종족들은, 태백·백두를 머리가 희고

---

46) 《고려사》, 세가 권 3, "逾鴨綠江外 女眞於白頭山外 居之"라고 기재하였다.

47) 조선 순조 때 실학자 정약용의 《疆域考》 10권을 장지연이 증보한 《大韓疆城考》에 서술되어 있다.

48) 미르치아 엘리아데 지음/ 이재실 옮김, 《이미지와 상징 : 주술적-종교적 상징체계에 관한 시론》, 까치글방, 1998.

49) 이 부분에 대해서는 윤명철, 〈단군신화에 대한 구조적 분석〉, 《한국사상사학》 2집, 1988에 총정리되어 있다.

그 곳의 초목도 짐승도 모두 하얗고 신령스러운 장소라고 묘사하였다.[50] 그런데 실제로 백두산은 만년설은 아니지만 겨울이 아니더라도 멀리서 보면 희게 보이는데, 이것은 정상 가까이에 분포한 '경석(硬石)' 때문이라 한다.[51]

양주동은 "'붉'(붉)이 '광명(光明), 국토(國土)'의 의미로 고사(古史)에 '發, 我, 佛, 沸, 不, 夫餘, 夫里, 火, 原, 平, 坪, 評, 赫, 昭, 明' 내지 '白, 百, 伯, 貊, 泊, 朴, 夸' 등 글로 국명, 지명, 족명, 인명 등에 차자됨은 주지의 일이다…"[52]라고 하였다. 여기서 박(朴)은 백(白), 백(伯)등의 글자로, 발(發), 아(我), 불(佛) 등의 글자로 표기 되었는데, 이것은 모두 붉의 각각 다른 표현이다. 위의 내용을 다시 정리하면 '붉'은 '발'과 '박'으로 나뉘어 져 쓰이고 있으며, 백(白)으로도 사용되지만 '백', '밝', '벽'은 '배'로 변화되어 사용되고 있다.[53] 이처럼 '붉'은 우리 언어에서 일반적으로 '밝다' 즉 광명(光明)을 의미한다.

백두산을 성산(聖山)으로 묘사한 이유는, 백두산을 발원으로 삼은 종족들의 흰 것 즉, 밝음(光明)에 대한 인식의 정도가 깊게 반영되었음을 보여준다. 이는 이집트문명부터 중국문명에 이르기까지 고대 세계에서 보편적으로 보이는 '태양숭배 신앙'의 소산이다. 유목이동 민족들은 물론이지만, 하늘 및 태양에 대한 숭배 내지 관심은 전 인류에게 보편적이었으며, 때문에 동쪽 또는 동방 자체가 신성한 곳으로 여겨지기도 했다.[54]

최남선은 '붉'의 개념을 확대하고, 그 의미에 더 큰 가치를 부여했다. 즉 "고어에 붉이란 것이 있어 우리의 원시문화 및 고철학의 핵심이 되었으니, '붉'은 후에 가서는 다만 광명을 의미하게 되었으나 본디는 최고급의

---

50) 金泰坤, 앞의 책, p.51; 金圭泰, 앞의 책, p.79.
51) N. G. 가린 지음/ 金鶴秀 옮김, 《저것이 백두산이다》 上, 민족사, 1980, p.224.
52) 梁柱東, 《朝鮮古歌研究》, 박문서관, 1942, p.4.
53) 안호상, 《민족의 주체성과 화랑얼》, 배달문화연구원, 1967, pp.10~11.
54) 이필영, 〈단군신화의 기본구조〉, 《白山學報》 26, 1981, p.21.

'거룩한 것'에 대한 절대적 명칭이요."[55]라고 하였다. 최남선은 이를 근거로 '불함문화론'을 제기하면서, 그 문화는 인류의 3대 문화권 가운데 하나이며, 그 중심은 조선이라고 하였다. 그리고 불함문화권의 범위는 조선·일본 및 동부중국, 유구(류큐, 琉球)를 남극(南極)으로 하여 하이(蝦夷, 에조) 장백산(長白山)의 만주(滿洲), 불아한산(不兒罕山: 보르항산, 부르한산, 바이칼호 남부)의 몽골, 등격리산(騰格哩山, 텡그리산 내몽골), 포류해(蒲類海, 현재 중국 신강성 위구르족 자치구의 합밀(哈密) 지역에 있는 파리곤巴里坤, Ba Li kun) 호수의 중앙아시아로, 서쪽으로 그 연결선을 명백히 찾을 수 있어서 적어도 발칸산의 발칸반도까지는 그 분포 범위로 상정할 수 있다고 하였다.[56]

최남선은《백두산근참기》(白頭山覲參記)[57]에서 또 이렇게 표현하고 있다. "불함(不咸)은 '붉은'의 의역이요 '붉은'은 천주(天主)인 신명(神明)을 의미한다. 백두산은 동방의 고민(古民)에게 천(天)의 대신이요 천주(天主)의 신경(神京)이라... 불은, 붉, 북(혹 불), 백(白−혹 비로, 풍류, 반야, 부아)이 최고 신성을 의미한다. 북방에서 태백(太白)이니 장백(長白)이니 하는 것은 되글붉, 당굴붉 등의 약어로 대신(大神), 천신(天神)의 유리독역(遺吏讀譯)일 것이다."《성경통지》는 장백산은 곧 '가이민상견아린(歌爾敏商堅阿隣)'이라고 했는데, 크고 흰 산이라는 뜻이다.[58]

백두산은 또 다른 의미의 명칭을 갖고 있다. 즉 '개마산(蓋馬山)', '개마대산(蓋馬大山)', '웅신산(熊神山)' 등 '곰'계의 언어이다.[59] '곰'은 신령스러움, 중심이라는 의미를 담은 단어이다.《후한서》동옥저(東沃沮)에서 '동옥저는 개마대산의 동편에 있다'고 하였다. 이규보가《동국이상국집》

---

55) 崔南善,《六堂 崔南善 全集》(V), 현암사, 1973, p.194.

56) 최남선 지음/ 정재승·이주현 역주,《불함문화론》, 우리역사연구재단, 2008 내용 참조.

57) 최남선의 백두산 기행문. 1926년 7월 24일부터 동아일보에 연재한 글이다.

58) 김주환·이형석·한국하천연구소 공편,《《國境河川硏究》 압록강과 두만강: 백두산 천지》, 홍익재, 1991 내용 참조.

59) 이 부분에 대해서는 윤명철,〈단군신화에 대한 구조적 분석〉에 총정리되어 있다.

에서 기록한 고구려 건국신화를 보면 유화부인의 거주 공간을 표현하면서 '웅신산' '웅심연' 등을 등장시켰다. 백제인들은 수도를 '웅진(熊津), 고마성(固麻城)'[60]이라고 불렀고, 신라는 '금성(金城)'이라고 불렀다. 모두 '곰'계 언어를 사용했음을 알 수 있다. 이때 사용한 '개마'나 '곰[熊]'은 역시 '감계'의 언어를 의미한다. 때문에 고구려는 백두산을 '개마대산'으로 불렀다. 그리고 일본에서는 고구려를 '고마'라고 칭했다. 그리고 언제부터인지 모르지만 백두산 근처의 고원지대를 개마고원이라고 부르고 있다.

'곰'계의 언어는 알타이어 계통에서는 '신(神)', '군(君)', '인(人)'의 뜻을 가지고 있는 말로서 우리말 '곰'과 일치한다. 동북 시베리아에서는 무당의 명칭을 'kam', 'gam' 등으로 부르고 있다. 아이누어로 'kamui'는 신, 곰[熊]을 가리키며 터키·몽고·신라는 'kam', 일본은 'kami'라는 음으로 신을 나타낸다. 곰은 '곰' '검' '개마' '고마' 등으로 신 또는 인간의 의미를 나타내는 발음과 유사하다. 안자산(安自山)은 환(桓)과 해모(解慕)를 〈곰〉의 사음(寫音)이고 웅(雄)과 수(漱)는 숫컷을 나타낸다고 하였다.

양주동은 《증정고가연구》(增訂古歌硏究)의 서설 〈상대가요의 일반〉에서 "'곰'은 곰, 검, 곰, 금 등으로 호전(互轉)되는 신(神)의 고어로 왕(王)의 고훈(古訓) 《니질금(尼叱今), 매금(寐錦) 내지(乃至) 상감(上監)》에 인용되었다"[61] 하여 '곰'은 신(神)의 고어임을 말했다. 동시에 웅을 뜻하는 곰이 신의 고어인 '곰'과 동일한 것으로서 단군신화에서 곰이 등장한 것은 왕검(王儉)의 검(儉) 때문이라는 주장을 하고 있다. 또한 이병도(李丙燾)는 "종족의 기호가 '고마' '개마'에서 지신을 대표한 곰[熊]의 방어(邦語)와 일치

---

60) 서울의 몽촌, 경주의 금성도 웅진의 고마나루와 동일하다. 《梁書》, 《周書》, 《北史》(固麻城), 《日本書紀》에도 동일한 의미로 기록하였다. '곰'을 kuema로서 예맥족의 물가를 뜻하는 언어라는 주장도 있다.

61) 梁柱東, 《增訂古歌硏究》, 일조각, 1908, p.8; 안호상, 《민족의 주체성과 화랑얼》, 배달문화연구원, 1967, p.129에서 "곰이 우리말 감(龕)과 검(儉=神)의 이두문 적기인 한자 적기란 깃은 정인보님을 비롯해 양주동, 이병도, 조지훈님 등 여러 학자들의 보편적인 이론이다"라고 하였다.

한다"하여 역시 곰을 지신으로 보았다. [62)

그런데 조선 시대의 실학자인 한진서(韓鎭書)는 《해동역사》(海東繹史) 속에서 유득공(柳得恭)의 설을 인용하여, 유득공은 백두산의 산명이 개 마산과 동일하다고 하였다고 말하면서 '개(蓋)'의 초음은 '해(奚)'와 동일하 고, '해(奚)'는 우리말의 백(白)을 지칭하는 '희'이며, 우리말에서 '馬'는 '머 리' 곧 '흰머리', 즉 '백두'가 된다는 설을 지지하였다.

이상과 같이 백두산은 상징적인 '붉, 곰'계라는 종교적이고 문화적인 의미를 모두 담은 언어들을 공동으로 사용하는 의미가 깊은 존재였다.

또 하나 백두산의 상징성을 더해주는 것은 '천지(天池, 달문, 용왕담)' 라는 존재이다. [63) 백두산의 정상에는 다른 산들의 정상과 달리 화산이 폭 발한 후에 생긴 칼데라호가 있다. [64) 면적 9.17㎢, 둘레 14.4㎞, 최대의 수 심은 384m, 수면의 고도는 257m이고, 물빛이 맑고 푸르다. "천지(天池)란 명칭은 1908년에 청나라의 유건봉(劉建封)이 작명하고, 그가 지은 《장백 산강강지략》(長白山江崗志略)에 기록하였다. 그 이전에는 모든 문헌이나 지도에서 '백두산 천지'란 이름은 찾아볼 수가 없고 '용왕담(龍王潭)', '대 택(大澤)', [65) '대지(大池)', [66) 달문지[67) 등으로 기록되었다. 1888년에 영국인 인 H.E.M. James가 저술한 《Long White Mountain》(白頭山)에는 천지를 'The dragon Prince's Pool'(龍王潭)이라고 기록하였다. 천지의 이름이 '용왕 담'임을 알 수 있다. 즉 천지는 '대택(大澤)', '용왕담(龍王潭)', '신분(神溢)',

---

62) 李丙燾, 《한국고대사연구》, 박영사, 1979, p.30.

63) 북한의 양강도(兩江道) 삼지연군(三池淵郡) 신무성(神武城)로 동자구이며 북한 의 천연기념물 제351호로 지정되어 있다.

64) 명칭이 많아 향토인은 '천상수'라 하고, '대택' 또는 '회택'. 중국인은 '용왕담'이 라 하고, 만주어로는 '달문지'라 한 것이다. 안재홍, 《정민 교수가 풀어 읽은 백 두산 등척기》, 앞의 책, p.103.

65) 안정복(1712-1791)의 《동사강목》(지리강역 考正 및 經緯線 分野圖)에 있다.

66) 조선 숙종 연간(1675-1720)에 제작된 것으로 추정되는 '西北彼我兩界萬里一覽之 圖' 등 참조.

67) 이홍직, 《국사대사전》, 일중당, 1978, p.1526.

'요문택(閾門澤)', '요문지(閾門池)', '용궁지(龍宮池)', '천상수(天上水)'라고
부른다. 요문(閾門)을 만주인들은 대궐문이라고도 한다. 이러한 이름들은
천지가 지닌 신비한 형태와 대대로 나타난 현상들 때문이다. 정상 부근에
는 날씨가 일정하지 않고 안개가 끼어서 정상 전체 또는 천지가 전혀 안
보이는 경우가 많아 신비감을 불러일으킨다.

천지는 물의 호수인데, 인간은 기본적으로 '물(水, water)신앙'을 갖고
있다. 농경, 목축 등의 경제적 가치, 식수 등 다양한 이유들이 있다.[68] 하
지만, 근본적으로 생명의 탄생과 직결된 인식으로 말미암아 물을 신령스
럽게 여긴다. 즉 남녀가 결합하는 과정을 물의 교환으로 보는 관점이다.
이것을 신화학에서는 '원초적 물(primitive water)'이라고 부른다.

원초적 물의 이미지는 무엇보다도 물이 생명의 원천, 창조의 모태로
생각되었기 때문에 생긴 경우도 있으며[69] '대홍수설화(veluge myth)'와도
관계가 있는 듯하다. 특히 북아시아 Buryat족의 홍수설화와 한국의 〈남
매의 혼인〉, 〈목도령과 홍수〉 등의 설화는 인류가 살게 된 대지가 세계를
뒤덮고 있었던 물속에서 생겨났다고 구성되어 있다.[70] 때문에 전 세계적
으로 연못신앙 등이 발달했고, 특히 시베리아 지역에서는 물신앙과 함께
동물, 인간의 탄생 등과 연관된 신화 등이 많이 분포하고 있다.[71] 《동국
이상국집》에 따르면 유화부인이 위화(葦花), 원화(苑花)와 함께 노닐다가
해모수를 만난 장소가 '웅심연(熊心淵)'인데, 이는 '신령스러운 연못'이라는
뜻이 있다. 더구나 인간이 가장 두려워하는 화산이 폭발하였고, 언제는
그럴 가능성이 있는 것을 알고 있었다. 발해의 영토에서는 현무암들이 많
고, 유물들도 현무암을 많이 이용하였다. 만주 흑룡강성의 오대련지(五大

---

68) 스티븐 솔로몬 지음/ 주경철·안민석 옮김, 《물의 세계사》, 민음사, 2013. 부와
　　권력을 향한 인류문명의 투쟁이라는 부제에서 보이듯 물의 효용성과 문명의 흥
　　망을 구체적으로 다루었다.

69) 王彬, 《신화학입문》 pp.81~82; 張秉吉, 〈한국원시신앙에 관한 小考〉, pp.39~40.

70) 이필영, 위의 논문, p.13.

71) 알타이신화에는 백조와 호수의 관계에서 인류가 탄생한 설화들이 포함되어 있
　　으며, 어진족의 시조신화도 백두록의 호수와 연관이 깊다.

〈그림 3-11〉 흑룡강성 오대련지 화구호

蓮池)도 화산 폭발이 일어났던 흔적이 남아 있다. 한편 백두산도 천지가 분화한 사실은 조선조의 《선조실록》(宣祖實錄)과 《숙종실록》(肅宗實錄)에 기록되었다.

또한 정상에는 만년설은 아니지만 여름에도 잔설이 남아 있다. 백두산 지구는 겨울이 길고 추우며 온도가 낮았고, 여름에는 온난하고 습하다. 만주의 대륙성 찬 기후와 해발고도가 높은 고봉의 특성상 온도가 낮기 때문이다. 눈의 존재는 흰빛과 태양의 상징성으로 말미암아 종교적인 심성을 불러 일으켰을 것이다. 또한 험준한 지형 때문에 인간의 접근이 어려워 생태계가 다양하고 오랫동안 원형이 보존될 수 있었다. 봉우리 주변에는 풀과 꽃들, 관목이 있고, 아래로 내려가면 거대한 침엽수림이 발달했다. 때문에 호랑이[虎]·표범[豹]·담비[貂]·곰[熊] 등의 짐승류가 출몰하고[72] 인삼·부자(附子) 등의 희귀한 약재가 많이 산출된다.

산마루부터 평원이 펼쳐졌다. 삼지연에서 신무성을 지나 '원지(圓池)'에 이르는 일대는 높이 1,500m, 반경 30㎞의 광대한 평탄면(平坦面)을 이루고 있다. 예로부터 '천리천평(千里千坪)'이라 일컬어 왔는데, 이곳이 대

---

72) 1993년 북한에서 발간한 《백두산총서》(동물)는 백두산을 포함한 백두고원의 포유동물상이 총 6목 18과 39속 54종이라고 기록하고 있다(p.45).

표적인 용암대지의 지역이다.《대동여지도》에 '천평(天坪)'이란 이름이 삼
지연의 동북쪽에 표기됐으며 동북쪽으로 두만강을 넘어 중국 숭선(崇善)
동쪽에 '하천평(下天坪)'이란 지명이 중국지도에 표기되어 있다.

둘째는 위치이다. 우리 민족이 지닌 국토지리의 인식은 김정호(金正
浩)가 지은《대동여지전도》의 발문에서 잘 표현되고 있다. 그는 백두산을
조산(祖山)으로 삼고, 모든 산맥들은 거기에서 뻗어 나온 것으로 이해하
고 있다.[73] 이중환(李重煥)은《택리지》(擇理志)에서 백두산은 티베트(西
藏), 위구르(新疆) 방면의 곤륜산(崑崙山) 일지(一枝)가 중원의 남동쪽으
로 뻗어 내려와서 의무려산이 되고, 거기서 요동평야를 건너 백두산이 일
어섰다고 하였다. 장지연(張志淵) 역시 지방의 주산(主山)인 의무려산의
내맥(來脈)이 호곤퇴(虎坤堆, 길림성 서쪽의 산명)를 지나 백두산이 되었
으며, 그 아래는 혼돈강(混同江)이 흑룡강을 합하여 백두산이 되었고,
혼동강이 흑룡강을 합하여 북해로 들어가는데, 이러한 명산 대천이 있음
으로 하여 요동 방면에서는 인재가 배출하고 물화가 풍부하며, 옛날부터
중국과 항전하는 마당이 되고, 요(遼), 금(金), 원(元)이 이 지방을 중심으
로 크게 일어났기도 하다고까지 말하였다.

정약용(丁若鏞)은 〈강역고〉(疆域考)에서 "〈백산〉(白山) 즉 백두산은 동
북 제산의 조종이자 동방의 곤륜산이며 곤륜산을 조종으로 받들고, 백
산(白山)을 손자로 아래에 두어야 한다는 이유는 없는 것이다. 백산이야
말로 동방의 곤륜산으로서, 칠보호곤퇴(七寶虎坤堆)라는 것은 백산의 한
북쪽 지맥인 것이요, 백산이 호곤퇴에서 온 것이 아니다."라고 하였다.[74]
또한 〈산수고〉(山水考)의 목차를 4편으로 나누어 우리나라의 산천을 논하

---

73) 이존희, 〈서울의 자연과 입지조건〉,《서울역사강좌》, 서울특별시사편찬위원회,
2004, p.28; "16세기부터는 백두산을 중시하여 국토의 '조종, 뿌리'로 생각하기
시작하였고, 한양을 우리 민족의 '수도'로 보는 이원적(二元的) 사고체계가 형성
되어 갔다. 그리하여 이 시기에 편찬되는 모든 지도에 백두산을 크게 그려 강조
하였고, 한양으로 뻗은 산줄기를 뚜렷하게 표시하여 백두산과 한양이 조선 산천
체계의 중심으로 자리잡게 되었다."고 하였다.
74) 양태진, 〈民族地緣으로 본 白頭山 領域 考察〉,《백산학보》28호, 1984, p.101.

였다. 그 가운데 백두산을 위시하여 12개의 대표적인 산을 들었고, 압록
강, 두만강을 포함하여 12개의 강을 열거하면서 백두산은 압록강과 토문
강 중간에 자리 잡고 있다고 하였다.

이러한 백두산이 '조종'이라는 인식은 이전부터 있었다.《국조보감》(國
朝寶鑑) 영조보감에는 정해년(1767) 가을 7월에 좌의정 한익모(韓翼暮)[75]
가 "백두산은 바로 우리나라의 조종이 되는 산이고, 봉조하 유척기가 "우
리나라의 여러 산은 모두 백두산에서 지맥이 일어났습니다"라고 말했다
는 기록이 있다.[76] 또한 지리학자인 신경준(申景濬)의 설에 따르면 백두산
은 한, 중, 일 3국 중산(衆山)의 조종이 되는 것으로 동쪽으로 뻗어나간
한줄기 산맥이 바다를 건너 일본의 여러 산이 되었다는 것이다.

조선 통신사로 일본에 갔던 김세렴(金世濂)은 그가 쓴 〈해사록〉(海槎
錄)에서 일본은 부사산(富士山)을 조종으로 삼는데 부사산맥은 무쓰(陸
奧) 지방(현재 아오모리靑森현)에서 왔으며, 무쓰 지방의 지형은 백두산맥
이 건너간 것이라는 설과 격암(格菴) 남사고(南師古)의 백두산맥이 동쪽
으로 바다를 건너 일본이 되고 남쪽으로 바다를 건너 탐라(耽羅, 제주)가
되었다는 설을 인용하였다.[77] 홍양호(洪良浩)가 지은《북새기략》(北塞記
略)[78]의 〈백두산고〉(白頭山考)에서는 "큰 못의 물은 신령한 원기가 모인
바다. 물의 어귀가 북쪽으로 터져 징푸호(鏡泊湖)로 흘러든다. 사방의 큰
맥은 모두 저들의 소유다."라는 글이 있다.

안재홍은 또 이렇게 말하였다. '백두산은 동방에서 가장 큰 산이다.
조선과 만주의 여러 산이 이 산으로 조종을 삼는다. 천리에 잇닿은 기세

---

75) 한익모는 백두산 망사(望祀)를 지냈다.
76) 안재홍, 앞의 책, p.131 내용 참조.
77) 양태진, 앞의 논문, 1984, p.102.
78) 조선 후기의 문신 홍양호(洪良浩)가 지은 함경도 지방의 풍토(風土)를 기록한
　 책. 공주풍토기(公州風土記)·북관고적기(北關古蹟記)·교시잡록(交市雜錄)·강외
　 기문(江外記聞)·백두산고(白頭山考)·해로고(海路考), 영로고(嶺路考) 순으로 기록
　 되어 있다. '백두산고'에서는 산의 위치, 산명의 유래, 천지의 크기, 거느리고 있
　 는 주요 산봉(山峯)과 천지에서 발원하는 강들의 형세를 설명히고 있다.

가 9천 5백여 척의 높은 봉우리와 가로세로 4,5백 리의 대수해(大樹海)에 잠긴 큰 고원이다.'[79]라고 하였다. 1960년대에 권태훈은 백두산의 의미를 부각시키면서 '백두산족론(白頭山族論)'과 '백산대운론(白山大運論)'을 주장하였다. 즉 우리가 백두산을 중심으로 이룩된 고대문화의 창시자이며 담당자라고 하여 민족의 발원을 백두산에 두고 있다. 또한 동양사상의 근원이 이에서 비롯되었으며, 인류사의 '황백 전환론(黃白 轉換論)'이 우리에게 '백산 대운론'으로 다가온다고 주장했다.[80]

청나라 4대 황제인 성조 강희제(聖祖 康熙帝)는 명산 대악으로 유명한 태산(泰山)의 장백산(長白山) 지맥설을 주창하기도 하였다. 그의 문집 가운데 잡저(雜著, 권 26)를 보면 "장백산 즉 백두산 남록에서 갈린 두 줄기의 산맥 가운데 서남쪽으로 향한 것은 고려 제산의 근간이 되고, 서쪽에서 북쪽으로 나가 납록와집(納祿窩集) 후면에서 두 갈래로 나뉘었는데, 그 가운데 북쪽 지맥은 성경(盛京)으로 가서 천주륭업산(天柱隆業山)이 되고 다시 서쪽으로 꺾여서 의무려산이 되며, 서쪽 지맥은 흥경문(興京門)으로 가서 개운산(開運山)이 되고 거기서 꾸불꾸불, 울퉁불퉁 겹겹이 뻗어서 금주(金州) 여순구(旅順口)의 철산(鐵山)에 이르러서는 등마루가 숨었다 나타났다 하며 바다 가운데에 솟아 황성(皇成), 귀(龜) 등의 섬을 이루고 백두산명에서 출발한 것이다.[81]"라고 주장하였다. 이렇게 다양한 관점에서 살펴본 것처럼 백두산은 관념상 풍수지리로 보아도 동아시아에

---

79) 1931년 간행된 민세 안재홍 선생의 《백두산 등척기》는 1930년 7월 23일 밤 11시에 경성역을 출발하여 8월 7일 오후 5시 기차로 북청역을 떠나기까지 16일 동안의 기행문이다. 8월 11일부터 9월 15일까지 총 34회에 걸쳐 사진과 함께 《조선일보》에 연재했다. 1931년 6월에 유성사에서 단행본으로 펴냈다. 안재홍, 앞의 책, 2010 참조.

80) 권태훈 구술/ 정재승 편, 《백두산족에게 告함》, pp.68~69; 윤명철, 〈鳳宇 權泰勳 선생의 생애와 사상〉, p.24. 그에 따르면 이 운은 황백이 전환되는 인류사의 대전환기에 기존의 백문화를 대체하는 황문화의 주체가 바로 백두산족이라는 것이다. 이 운은 3000년 만에 돌아온 것으로서 앞으로 5000년을 이어가는 대운이라고 한다.

81) 양태진, 〈民族地緣으로 본 白頭山 領域 考察〉, 《백산학보》 28호, 1984, p102.

있는 모든 산의 조종이라고 한다.

셋째, 제의와 밀접한 관련이 있다.

'제의(祭儀, ritual)'는 그 소속 집단의 구성원이 필요한 의식을 고양시키기 위해 그 제의에 바탕이 되는 이념을 구현하면서 행하는 행위로서, 주로 종교적 성격을 띠고 있다. 집단의 구성원은 제의를 통해 집단개념을 형성하며 일체감을 갖게 될 뿐 아니라 공동목적을 확인하는 것이다. [82] 또한 제의가 언어화할 때 신화가 되고 신화가 해동화될 때 제의가 되는 것[83]이라고 할 만큼 신화와 제의의 관련성은 깊다.

백두산은 단군신화와 연관성이 있다. [84] 백두산은 〈붉달〉, 〈배달〉로 〈단군(檀君)〉의 〈단(檀)〉이 곧 〈밝달〉 또는 〈배달〉과 마찬가지로 우리 민족을 가리키는 칭호로도 불려져 왔다. [85] 고조선(왕험조선), 부여, 고구려, 발해, 금, 청 등의 국가들은 현재 한민족의 주요 본원인 예맥족, 거란족, 여진족 등이다. 이 종족들은 백두산과 연관된 건국시조 신화들을 갖고 있다. [86] 특히 금나라 시조의 탄생은 깊은 관련이 있다. [87] 물론 이 신화는 고구려의 건국신화와 구조적으로 동일하며 사용된 신화소(神話素)들도

---

82) 에반스 프리챠드, 《원시종교론》, 탐구당, 1976. pp.108~112 참조; Durkheim은 "인간이 신성한 대상물의 현전에서 어떻게 자신을 완전하게 하는가를 규정하는 행동규약이다"고 한다.

83) 金烈圭, 《한국의 신화》, 일조각, 1976.

84) 윤명철, 〈단군신화에 대한 구조적분석〉; ---, 《단군신화, 또 하나의 해석》, 백산, 2008.

85) 梁泰鎭, 〈民族地緣으로 본 백두산 령역 고찰〉, 《백산학보》, 제28호, 1984. 1. p.100.

86) 박시인, 《한국상고사의 제문제》, 한국정신문화연구원, 1996. pp.98~198 참조.

87) 이계회 외 지음/ 장진근 옮김, 《만주원류고》, 파워북, 2008. p.61에서 "장백산의 동쪽에 포고리산(布庫哩山)이 있고 그 산 기슭에 못이 있었는데 포고리호(布庫哩湖)라고 하였다. 신작(神鵲)이 막내 선녀의 옷에 주과(朱果)를 물어다 놓았다. 막내 선녀는 그 주과를 입속에 물고 있다가 문득 뱃속으로 들어가 곧 임신을 했다 뒤이어 사내 아이 하나를 낳았는데, '애신각라(愛新覺羅)'라는 성씨를 내려주고 이름은 포고리옹순(布庫哩雍順)이라고 하였다."고 한다.

매우 유사하다.

미르체아 엘리아데(M. Eliaderk)가 창안한 '우주산(宇宙山)'[88]의 개념을 '태백산'에다 적용시키면 글자의 의미나 연관된 풍습, 제의 등으로 볼 때 태백산은 우주산이 아닐 수 없다. 우주산의 개념은 산악신앙과 밀접한 관련을 맺고 있다. 산이 많고 험하며 생활과 직접적인 관계를 맺은 특정한 지역에서 보편적인 성산의 개념이 자연 환경의 영향을 받아 산 자체를 신이 깃들인 곳으로 인식하고 숭배하기 때문이다.[89] 우주산의 중심점을 통하여 하늘과 땅과 지옥은 연결이 되어 있으며 땅을 배꼽으로 하여 천지창조가 시작된 것이다.[90]

백두산 꼭대기에는 '천왕당(天王堂)' 따로 '존경당(尊敬堂)' '백두종기(白頭種氣)' '홍단령사(紅端靈社)'라고 쓴 한 짝의 주련이 적혀 있다. 기둥에는 '만고명산 일국조종(萬古名山 一國祖宗)'이라는 글이 있다. '대천왕령신지위(大天王靈神之位)'라는 일곱 글자가 있다. 무산으로부터 이쪽 연도에 있는 몇 곳의 천왕당은 모두 촌사람들이나 행인들이 치성을 드리는 사설의 신사이다. 영조 43년(1767) 정해년 가을 7월에 "백두산은 우리 나라의 조종이요, 북도는 국조 발상의 땅이다"라고 하였고,[91] 《금사》(金史)에는 금은

---

88) Ural-Altai인들에게는 수메르산이란 것이 있어 하늘에 그 원형을 가지고 있으며 세계의 중심점으로 인식되어 왔는데 이것이 바로 성산, 즉 우주산이다. 이 우주산은 세계의 중심이다.

89) 琴章泰, 〈韓國古代信仰과 祭儀〉, 《文理大學報》 19, 1963, pp.15~16; 孫晉泰, 〈朝鮮古代山神의 性에 구하여〉, 《진단학보》 11, 1934 참조; 안호상, 〈古代韓國思想에 관한 硏究〉, 《아세아연구》 9, 1962 참조.

90) M. Eliade 지음/ 鄭鎭弘 옮김, 《우주의 역사》, 현대사상사, 1976, p.27.

91) 천왕당은 거금 240년 전 숙종대와 10년 갑자(甲子)에 무산부 설치와 동시에 농사동 서남방 40리쯤 되는 대홍단(大紅湍)에 사당을 세워 천왕당이라 칭하여 단군을 봉사(奉祀)하다가 후 철종 9년 무오(1858)에 이 땅에 옮기게 된 것이다. 이후 해마다 황실에서 칙사를 파견 참배하든지 혹은 본지 군수를 대참(代參)케 하다가 나중에 와서 이것조차 폐하고 말았다. 무산 또는 혜산부터 성악(聖嶽)에 올라가는 연도에 다소 천왕당이 있으나, 이것은 촌인행객들을 위하는 사설 신사(神社)로되 오직 천왕당(天王堂)은 국가에서 관장하던 대령사(大靈祠)로 된 바이다. 그뿐 아니라 태종 원년(1401)에 동림돈(東林墩)에 사우를 세워 해마다 향폐

〈그림 3-12〉 백두산 산신과 관련한 유적의 실제 현황

1172년에 '영응산(靈應山)이'라고 하여 제사를 지냈으며, 대정 12년(1172)에 장백산신을 봉해 '흥국 영응왕(興國 靈應王)'으로 삼았다. 청은 이곳을 왕조인 애친각라(愛親覺羅)의 발상지라 하여 숭배하였고, 1684년에는 장백산신을 제사지내게 하였다.

백두산 산록인 포륵호리〔圓池〕에는 청조의 발생과 연관된 세 천녀의 전설이《만주원류고》(滿洲源流考)[92]에 기록되어 있다. '장백산 동쪽에 포고리산이 있고 그 아래 포륵호리〔圓池〕라는 연못이 있는데 서로 전하기를 천녀(天女)가 목욕하러 왔다가 신작〔神鵲〕이 입에 문 붉은 열매(주과, 朱果)를 막내의 옷에 놓았는데, 막내가 입에 물자 홀연히 뱃속으로 들어와 한 남아를 낳았다'는 것이다.

이 아이는 소리를 내고 말도 하면서 걸으므로, 어머니는 어느 날 내력을 말하고 '이 물을 따라 내려가면 국토가 있을 것이다'라고 말하면서 작은 배 한 척을 주었다. 그리고 천녀는 하늘로 올라갔다. 이것이 청나라를 세운 국조인 '누르하치'의 출생내력이다. 이 설화는《청태조 무성제실록》(淸太祖 武皇帝實錄)에도 실려 있다.

1926년 육당(六堂) 최남선(崔南善)이 동아일보에 연재했던 '백두산 근참기' 중에서 옥수밀림이 천리에 이른다는 천평에 관한 부분을 정리하면

---

(香幣)로써 두만강갑(岬)을 제하였고, 영조 43년 정해(丁亥: 1767) 추7월에 백두산은 아국조종이요 북도는 '국조발상지지'라 하여 갑산부 80리 운룡 이북 망덕평에 각을 세워 백두산을 망사(望祀)하였다. 허항령은 무산·갑산의 군계라 이 영척 복판에도 일좌 사우가 놓였으니 이 사우가 도대체 누구의 청건인지는 알 길이 없으나, 간소한 목제로 그 속에는 북벽에 다가서 '천왕지위(天王之位)'를 봉안하였다.

92) 강희제의 명으로 아계(阿桂) 등이 1778년 완성하였다.

〈그림 3-13〉 백두산 가는길(왼쪽)과 백두산 계곡

다음과 같다.《북새기략》(北塞記略) 저자의 말대로 두만강 토문강의 북과, 압록강 파저강의 서쪽, 혼동강의 좌우 양쪽을 모두 천평이라 할진대, 그 가로세로 넓이가 실로 불가량(不可量)할 것이다. 천평을 백두산 기슭의 총 명칭이라 하면 간도(間島)도 물론 그 일부가 아닐 수 없거니와 그 남반(南 半)인 조선 부분만 하여도 엄청나게 넓은 지역을 포괄하여 사람의 흉금을 시원케 함이 있다. 오랜 전승에 따르면 조선 인문의 창건자는 실로 이 백 두로서 그 최초의 무대로 삼아 이른바 홍익인간(弘益人間)의 희막(戱幕) 을 열고 그 극장을 이름하되 신시(神市)라 하였다고 한다. 이것이 단군의 탄강지요 조선국의 출발점이라 한다. 조선 최초의 입국지(立國地)를 천평 이라 추측하기는 십수 년 전에 우리 옛 글을 모아 발표한 바가 그 시초인 데 그때의 이유로는 조선의 전승에 따르면 나라의 뿌리인 환국(桓國)도 천 국을 의미하고, 수군(首君)인 환웅(桓雄)도 천국을 의미하는 등 약간 남 아 있는 명구가 모두 천(天)으로 일관하였다는 점이다.'

넷째, 백두산이 가진 가치이다. 우선 경제적으로도 가치가 무궁하다. '밀영(密營)'으로 불리울 만큼 수목이 울창하다. 나무는 무려 300과가 분 포한다. 분비나무, 가문비나무, 종비나무, 잎갈나무, 좀잎갈나무, 백두산 자작나무가 많은 비중을 차지한다. 2,700여 종에 달하는 식물이 서식하 고 있다. 특히 인삼 또는 산삼은 우리의 특산물이라는 것이 오래 전부터

〈그림 3-14〉 연해주 호랑이

기록에 나왔다. 고구려, 백제, 신라, 발해,[93] 고려의 인삼은 유명했고, 또한 귀중한 수출품이었다. 7세기에 쓰인 《한원》(翰苑)의 고려기(高麗記)에는 "마다산은 나라 북쪽에 있다. 고려(고구려)의 중앙이다. 이 산이 가장 크다. 거기에서 인삼 등이 많이 난다."라는 기록이 있다. 그러나 인삼은 재배한 것이고, 원조는 산삼이다. 그 산삼이 가장 많이 나고 뛰어난 품질을 갖고 있는 곳이 백두산 일대이다.

또 하나 중요한 수출품은 흑요석이다. 금속이 발견되기 이전에 흑요석은 금속을 대신하는 문명의 이기이면서 제품이었다. 따라서 전 세계에서 보편적으로 흑요석 무역이 벌어졌는데, 일본도 북부 지역과 남부 지역 사이의 흑요석 무역을 중요시하고 있으며 흑요석문화권이라는 용어도 사용하고 있다. 북한지역에서는 여러 곳에서 흑요석제 석기가 발견되었다. 또한 남한지역에서는 남양주 및 동해안의 유적지에서 흑요석 제품들이 발견되었는데, 백두산이 생산지로 알려져 있다. 하지만 부산의 동삼동(東三洞)과 조도(朝島)에서 발견된 흑요석 제품들은 큐슈의 산물로 알려졌다.

또 하나 중요한 경제적인 가치는 모피의 산지라는 점이다. '호랑이〔虎皮〕', '표범〔豹皮〕', '곰〔熊皮〕', '담비〔貂皮〕'를 비롯한 온갖 종류의 모피 등이 생산된다. 고조선에서 모피를 수출한 사실은 《관자》(管子)에 기록된 문피가 있으나 고구려, 발해 등은 유명한 초피의 수출국이었다. 부여도 모피 제품의 생산이 활발했다. 발해는 다양한 종류의 모피들을 수출하는 본격적인 모피무역을 실시하였다. 그 밖에도 질 좋은 목재 등과 효능

---

93) 739년에는 발해국의 문왕(文王)이 일본에 인삼 30근을 일본에 수출하였다(《續日本紀》).

성이 뛰어난 약초 등도 중요한 경제적인 가치가 있었다.

백두산은 이처럼 지리, 풍수, 상징과 역사성이 깊고, 경제적인 가치가 높아서 주변에서 살아온 주민들에게는 실생활에 필요한 다양한 이익을 제공하고, 신령스러운 의미를 제공해 주었기 때문에 존중하고 외경스러운 존재로 인식되었다. 때문에 동아시아의 모든 종족들에게 특별한 의미와 가치를 지녔다. 우리 민족의 탄생인 고조선의 건국과 깊은 연관도 있다.[94] 이러한 가치와 의미의 중요성으로 인하여 중국은 근래에 '동북공정'과 같은 맥락에서 '장백산 공정'을 추진하고 있다.[95] 동북공정은 장백산으로 불리는 백두산을 거점으로 동북, 특히 남만주 일대의 역사를 초기 중국의 역사로 편입시키는 문화적인 해석이며, 이는 중국이 추진하는 신 중화제국주의, 동북진흥계획 등과 긴밀하게 연결되어 있다. 필자는 고조선문명권의 핵심으로서 백두산을 설정하고 '1산'으로 표현한다.

## (2) 남만주 일대

고조선문명권에서 중핵에 해당하는 공간은 남만주 일대와 대동강 하류 유역이다. 우선 만주의 길림성 남부일대는 논농사와 밭농사를 짓는 광활한 지역 외에도 건조하기 그지없는 밭농사지역이 있다. 산들과 강들이 동서 양쪽으로 해양과 닿았으므로 해양과 불가분의 관계에 있었고, 그러한 조건들

---

94) 정인보는 백두산과 송화강 일대에 단군조선이 흥기하여 요동방면까지 영역을 확대했다고 주장했다.

95) 1994년 8월 '長白山文化研土會'에서 장백산문화에 대한 공식적인 언급이 있었다. 王素玲, 〈'長白山文化研土會' 綜述〉, 《社會科學戰線》, 1994, 6期. 후에 劉厚生, 〈장백산지구 역사 문화 및 그 귀속문제 연구〉, 2004도 진행되었다. 유후생은 "장백산문화는 지역문화로서 상당한 정도로 역사, 민족, 강역 등의 문제와 서로 연관되어 있는 동시에, 국제정치와도 연관되어 있는데, 예컨대 고구려문화, 발해문화는 장백산문화의 중요한 내용이자, 중화문명의 한 부분이기도 하다. 이러한 문제에 정확히 대처하는 것은 국가와 중화민족의 근본 이익과 연결된다."고 말하였다.

〈그림 3-15〉 대흥안령 산로에서 방목 중인 소떼들(왼쪽)과 흥안령 삼림지구에 서식하는 흑담비

이 남만주를 고조선문명권의 중핵지역으로 만든 것이다. 우선 육지 영역을 살펴보면 ㉠ 북류 송화강 및 동류 송화강 일부의 유역권으로서 길림성의 남부 지역 ㉡ 압록강 유역권 ㉢ 요하 유역권(요동 및 요서) 등 3개의 권역으로 분류할 수 있다. 즉 현재 길림성의 남부 지역과 요녕성의 일부 지역이다.

　길림성의 길림지역을 통과하여 북류한 송화강이 남하한 눈강 하류와 만나 동류 송화강으로 흘러들어 가는 곳이 대안(大安) 일대이다. 이 지역은 충적평야이고, 수량이 풍부하며 해발 120m~250m로서 지세가 비교적 낮은 편인데, 이른바 동북평원의 핵인 송눈(松嫩)평원의 일부이다. 고대에는 남만주 일대와 농안(農安) 이남인 중만주 일대가 국경을 이루면서 별개의 정치권을 이루었을 가능성은 희박하다.《삼국지》위서 부여전 등 몇몇 사료에서 표현되었듯이, 이 지역은 끝없는 초평선, 검고 비옥한 흙, 간간이 산과 구릉들, 넓은 연못이 있는 농목문화 지역이다.《삼국지》위서 부여전에는 부여에서 여우·살쾡이·원숭이·담비 등이 생산된다고 기록되었다. 물론 북부여 일대의 값비싼 담비가죽〔貂皮〕은 귀중품으로서 시대를 막론하고 중요한 수출품이었다.

　이곳은 일찍부터 인간이 거주하고 있었다. 세석기문화와 청동기문화가 일찍부터 곳곳에서 발달해서 하가점문화의 흔적들이 발견됐다. 서기전 12~13세기 무렵의 예맥계 유물들이 여러 장소에서 발견된다. 그 가운데에서 백금보(白金寶)문화(조원肇源을 중심), 한서(漢書)문화(대안), 망해둔(望

海屯)문화(자오둥) 등이 대
표적이다.[96] 역사상에 기
록된 예인(濊人)들은 송화
강과 눈강 초원지구에 거
주하던 어렵부락 사람들이
었다고 한다.[97] 그런데 《삼
국지》 위서 부여전에 기록
된 "夫餘 多山陵廣澤 於東
夷之域最平敞 土地宜五穀
不生五果"라는 내용을 보
면, 고조선문명권의 중요
한 정치적 실체인 부여는
농업도 발달했음을 알 수
있다.

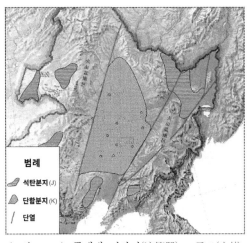

〈그림 3-16〉 중생대 연산기(演算器) 고구조(古構
造 출처: 劉嘉麒, 《東北地區自然環境歷史演變與
人類活動的影響究》, 科學出版社, 2001 부록)

요동지방 등은 산이 적고 지형이 평탄하여 농사지을 수 있는 토지가
넓다. 특히 흥륭와를 비롯해서 요하문명권에서는 농사가 발달했다. 하지
만 강수량이 부족하고 건조지대여서 주로 밭농사가 이루어졌다. 발해만
요동만 그리고 황해 북부해양과 접하였으므로 해양과 해안가에서는 어업
과 소금생산이 활발했다. 또한, 석재·철·동·아연 등의 지하자원이 풍부
했는데, 요동의 해성 지역 등은 철생산지였다. 발해 시대에는 '철주(鐵州)'
라는 명칭이 붙었다.

---

96) 백금보문화, 한서문화, 망해둔(肇東, 肇源)문화 등 눈강 및 송화강 유역의 청동
　기 문화에 대해서는 譚英傑·孫秀仁·越虹江·幹志耿 著, 《黑龍江區域 考古學》, 中
　國社會科學出版社, pp.34~46 참조.
97) 송화강변에 있는 서단산문화 역시 초기에는 고숙신족과 관련이 있는 것으로 보
　았으나(東北考古發掘團, 〈吉林西團山 石棺墓發掘報告〉, 《考古學報》, 1964. 第1期)
　최근에는 李健才·孫進己, 《東北各民族文化交流史》, 春風文藝出版社, 1992, p.43.
　등을 비롯해서 예맥인의 유지로 보고 있으며, 백금보문화 등과 관련을 맺고 있
　다고 주장한다.

〈그림 3-17〉 의무려산의 주봉오리(왼쪽)과 2014 압록강 겨울

또한 요동반도의 남쪽 끝을 경계로 동쪽 근해에는 남동쪽 방향으로 돌출한 '장산군도(長山群島)'라는 섬밀집 지역이 있다. 요동반도 남부와의 사이에 폭이 좁고 비교적 얕은 바다인 리장산(裏長山) 수도를 사이에 두고 있는 장산군도는 행정 지역명으로 장해현(長海縣)에 속한다. 112개의 섬, 암초 등으로 구성되었고, 수심이 20여 m 안팎인 경우가 많고, 바닷물이 맑고 모래도 깨끗한 곳이다. 보란점시 바로 남쪽에 장산군도의 핵심지역인 대장산도(大長山島, 대련에서 52해리)와 소장산도 및 몇몇 섬들이 있다. 약간 서쪽으로 대련과 더욱 가까운 곳에는 광록도(廣鹿島, 대련에서 38해리)와 주변 섬들이 있다. 군도의 동쪽에는 장하시 바로 앞바다에는 석성도(石城島)와 대왕가도(大王家島)가 있는 석성렬도(石城列島)가 있다. 그리고 외장산 수도(外長山 水道)를 가운데 두고 정남으로 멀리 떨어진 곳에 장자도(獐子島, 대련에서 54해리), 대모도(大耗島), 소모도(小耗島), 대막정(大莫頂) 등이 있고, 동남방향으로 가장 먼 거리에 단일 섬인 해양도(海洋島, 78해리)가 있다. 압록강 하구에서 대련까지는 159해리(294㎞)이다. 황해 북부 근해항로에서 중요한 역할을 담당한 지역이다.

남서쪽으로는 섬들로 이어진 묘도군도(廟島群島)가 징검다리처럼 놓여져 산동반도의 북부해안과 연결되고 있다. 한편 연산산맥의 양대 지맥이 서남과 동남방향으로 뻗고, 노로아호산(努魯兒虎山), 의무려산이 있다. 요서지방에는 내몽골에서 발원한 대릉하(大凌河), 노합하(老哈河), 시라

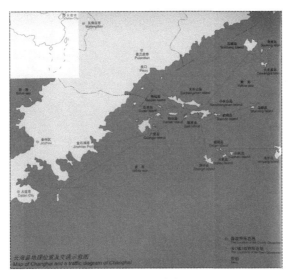

〈그림 3-18〉 장산군도

무롄강이 흐르고 있다. 발해와 연결되므로 강하구와 해안가에서는 어업
과 소금생산을 비롯한 해양문화도 발달하였다. 이러한 자연환경으로 말
미암아 동아시아문명의 근원이라고 평가를 받는 소위 '요하문명'의 발상
지 역할도 했다. 주민들은 이러한 자연환경 속에서 대체로 농업과 유목
을 겸하며 해안가에서는 어업을 한 세력들이다.

　이 지역에 거주했던 동호(東胡)에 이어 선비(鮮卑), 오환(烏桓), 거란
(契丹)은 유목생활을 하였다. 《후한서》 오환전에 따르면 '해마다 소·말·
양 껍질을 실어온다.' 또 《위서》 고막해전에는 거란 계통인 고막해(庫莫
奚)가 5세기 무렵부터 북위에게 매년 명마(名馬)와 문피(文皮)를 보내는
등 교역을 하였다고 하였으며, 《위서》 거란전(契丹傳)에도 거란이 해마다
명마와 문피 등을 북위에 보냈다고 되어 있다. 이들은 일반적으로 풀과
물을 따라 이동하며 가축을 키우고 털과 가죽으로 옷을 해 입으며 양과
말, 소 등의 고기와 젖 등을 먹었다. 거주지역 또한 흙집이나 영(營)인데,
이는 유목종족의 이동성 취락이나 군영을 나타낸다.[98] 이 지역에 거주하

―――――――――――――

98) 다께다 유키오(武田幸男)는 '유기적 통일체'란 막연한 표현을 쓰면서 '성' '촌'에

〈그림 3-19〉 내몽골 건조지대에 방목되는 양떼(왼쪽)와 내몽골 건조지대

는 주민들은 문화 언어상은 물론이고, 혈통상으로도 우리와 어느 정도 연결이 있었을 것이다. [99] 동북으로는 조양(朝陽), 오한기(敖漢旗), 적봉 (赤峰) 등을 거쳐 흥안령 지역으로 연결되었다.

현재 '오르도스(Ordos)' 등 동몽골지역인 서북쪽의 초원에서는 목축생 활을 하였는데, 서북부로는 내몽골 초원으로 이어지면서 북방 유목종족 들의 남하 루트가 되었다. 고조선시대에는 동호인들이 거주하였고, 삼국 시대에는 거란인들의 농사와 유목이 이루어졌었다. 이렇게 해서 북쪽 내 륙의 유목을 주로 하는 북방경제권과 교류하는 공간을 만들었고, 반도의 남쪽으로 황해 북부와 요동만, 발해만을 이용하는 해양물류망을 형성하 였다. 지리적으로 다양한 물자들이 몰려들고 공급될 수밖에 없는 물류거 점일 뿐 아니라 생산지이기도 한 경제 전략지구였다.

## 2) 주변 지역

고조선문명권에는 몇 군데의 중핵지역을 중심으로 몇몇 주변지역들이

---

대응하는 개념으로 보았다.

99) 거란은 특히 고구려와 깊은 관련을 맺고 있다. 미천왕, 고국원왕 시기에 화북의 후조와 매우 긴밀한 관계를 맺었는데, 후조는 흉노계이며 유목생활을 하던 종족 이다. 《위서》 석륵전(石勒傳)에는 그의 외모를 서구인에 가깝게 묘사하였다.

〈그림 3-20〉 오르도스 지역 남쪽 요서 건조지대(왼쪽)와 풀이 다 사라져 사막지대로 변한 내몽골 지역

있다. 우선 내몽골 및 몽골 지역의 일부이다. 내몽골은 몽골고원과 직결되는 지역으로서 오르도스(ordos) 지역과도 이어진다. 유라시아 대륙 내부에 위치한 네이멍구(내몽골)는 면적이 118.3만 ㎢에 달하며[100] '東林西礦, 南農北牧'(동쪽에 산림지역, 서쪽에 광산지역, 남쪽에 농경지역, 북쪽에는 방목지역으로 구성)으로 불릴 정도로 자원이 풍부하다. 5000년 이전부터 이미 앙소문화, 홍산문화에 영향을 미치고 있었고, 《사기》의 기록에 따르면 하(夏)나라 걸왕(夏桀)의 아들인 순유(淳維)는 하나라가 멸망한 이후 북으로 도망가서 흉노(匈奴)를 건립하였다고 하였다. 물론 믿을 수는 없지만 주민들의 이동과 관련은 있었다고 판단된다. 고조선문명권 시대에는 이 지역에 동호와 흉노의 일부가 거주하였고, 후에는 유연, 돌궐 등이 거주하였다.

　5세기 광개토태왕 및 장수왕 시대에 전개된 동아시아의 상황을 고려한다면 고조선문명권과 동몽골 고원의 자연 및 역사는 서로 연결됐을 가능성이 높다. 이 지역에 거주한 사람들은 주로 각종 가축들을 사육하는 유목민들이었다. 후대에 거란인들의 상황을 다음과 같이 기록하였다. 이

100) 현재 중국 총 면적의 12.3퍼센트에 해당한다. 한족·만주족·몽골족·회족 그리고 다우르족(Daur) 및 오원커(Ewenki)족 등 총 49개의 민족들이 혼합집거하는 지역으로 알려져 있나.

〈그림 3-21〉 소흥안령의 작은 시내에서 서식하는 물고기들(왼쪽)과 훌룬호 근처 정주 방목인 가옥의 양, 염소떼

것은 고조선문명권이 발전했던 시대에도 유사한 상황이었을 것이다.

휘파람으로 사슴을 부르는 초록(哨鹿), 얼음을 깨고 고기를 낚는 낚시〔鑿氷 取魚〕를 했고, 소털로 만든 공놀이 및 씨름〔角觝〕 경기를 아주 좋아한다. 또한 출정하기 전에는 쑥과 말똥으로 양의 비파골을 태우고, 뼈가 불에 터지면 출정하며, 터지지 않았을 경우에는 출정을 포기하였다. 그런데 현재 소흥안령 지역에 일부 거주하는 다호르족은 거란의 골복(骨卜) 풍속을 그대로 계승하였다. 그들은 과거에는 산에서 수렵을 하고, 담비가죽 등 모피를 생산하였다. 그리고 이 지역은 명마의 산지이기도 하였다. 흉노, 거란, 돌궐, 실위 등의 종족들은 말을 키우고 생산했다.

또 한 지역이 북만주와 흑룡강 상류 일대이다. 이 지역은 흥안령 지역으로도 불리운다.

현재 넓은 의미의 북만주는 서쪽은 초원이 발달해서 말들을 키우고, 동쪽은 수렵과 어렵이 이루어지는 삼림지대이다.[101] 북대황(北大荒)이라고 기록된 이곳의 자연환경을 알기 위하여 사료들의 기록과 현재 상황을 비교하여 동일하다고 판단하면 혼란이 생긴다. 자연환경이 기후의 변화 또는 인공으로 말미암아 적지 않게 변했기 때문이다. 뿐만 아니라 시대별

---

101) 段英 主編, 《走上高高的 興安嶺》, 작가출판사, 2006 참조. 필자는 이 지역들을 여러 차례 답사했으나 현재의 상황이 과거의 사료 또는 유물, 생활습속 등과 꼭 일치하지 않음을 여러 곳에서 발견하였다.

〈그림 3-22〉 훌룬호(왼쪽)와 후룬베이얼 초원의 말떼들

로 사료들 사이에도 혼란을 일으키게 하는 표현들이 있다. 이 지역은 그
만큼 자연환경이 다양했다는 반증이다.

바이칼호의 남동부 지역, 즉 부리야트(Buryat) 공화국 내부의 타이가
지대에서 동몽골의 초원지대로 나와 회랑지대를 통과하면 전형적인 초원
지대가 나온다. 훌룬호(呼倫湖), 보이르호(貝尒湖)를 중심으로 한 세계 3
대 목양지인 훌룬베이얼 초원이 있다. 대흥안령의 서쪽에 위치해 있으며
지세가 동고서저(東高西低)의 형태로 분포되었다. 높이는 해발
650m~700m에 달하고, 초원의 총 면적은 약 10만 ㎢이다.[102] 3,000여 개
하천이 가로 세로로 뻗어 있으며 500여 개의 큰 호수와 셀 수도 없을 만
큼의 많은 작은 못들이 널려 있다. 목초지에는 120개 이상 다른 종류의
목초들이 자라고 있다.

시기별로 자연환경의 변화가 있었다. 대흥안령의 남단은 탁발선비족
(拓拔鮮卑族)이 살았던 대선비산(大鮮卑山)으로 자작나무가 숲을 이루었
다. 또한 후룬베이얼(呼倫貝爾) 초원은 현재는 나무가 많지 않지만, 일대
가 삼림으로 뒤덮여 있었다. 하이라얼강(海拉爾河)·커루룬강(克魯倫河)·
이민허(伊敏河)의 주변에도 자작나무와 소나무숲이 무성하였다. 발견된
한묘(漢墓)에서 사용된 관목(棺木)을 보면 전부 껍질을 벗겨내지 않은 자

___

102) 이 가운데 천연목장의 면적이 80 퍼센트 이상을 차지하고 있으며 세계 3대 자
연 방목지 가운데 하나로 유명하다.

〈그림 3-23〉 1. 동강시박물관에 전시된 혁철족 무구, 2. 소흥안령 지구에서 사용된 자작나무 배, 3. 상품용으로 가공된 사슴뿔, 4. 대흥안령 산속의 사슴들

작나무와 소나무로 만들어졌다. 고고학자와 고동물학자들은 지금 내몽골 서남부의 오르도스고원과 황토고원의 서북부는 갱신세(更新世) 말기에 초원과 삼림으로 덮여 있었다고 한다. 이 지대는 역사 시기에 들어와 유목민족이 이동을 하며 목축이나 사냥활동을 하는 장소가 되었다. 한나라 시대의 기록에 따르면, 이 일대에는 초원과 삼림 속을 노니는 들짐승이 많았다. [103] 또한 전형적인 샤머니즘문화가 발달하였고, 우리 민족의 종교 및 민속 제례와 관련 있는 것들이 많다. 현재 이 지역에 거주한 다호르족 및 실위족, 몽골족 등의 선비계와 말갈에서 여진으로 이어지는 퉁구스계 주민들은 대부분 다른 신앙들과 함께 샤머니즘을 신봉했다.

　　예를 들면 무구(巫具), 의상(衣裳), 신물(神物) 등이다. 특히 오론촌

---

103) 유재헌, 《중국 역사 지리》, 문학과 지성사, 1999, p.57.

〈그림 3-24〉 북만주와 시베리아 일대에 자생한 자작나무숲(왼쪽)과 막하 일대의 숲 지역에서 나오는 버섯류

족, 에벤키족, 다구르족 등의 일부는 우리, 특히 부여, 고구려의 영역 속에 있었을 가능성이 많다. 한편 오룬춘기(鄂倫春旗), 가격달기(加格達奇)의 도시들과 아리하(阿里河), 감하(甘河) 등이 흐르는 소흥안령 지역은 산이 완만하면서 구릉모양의 대지를 이루었다. 그리고 북쪽에는 흑룡강의 본류가 시작되는 막하 지역 등이 있다. 대흥안령의 북단에 넓게 펼쳐진 한온대림은 시베리아의 대삼림이 만주 일대까지 연속된 것으로 볼 수 있다. 소흥안령과 장백산 지대의 식물들을 화분 분석한 바에 따르면 이곳은 전신세의 침엽수와 활엽수의 혼합림이 우거져 있었다.

이 일대는 전신세의 중기 이후에는 기후가 온난하여 소나무와 활엽수종이 공동으로 우점종이 되었지만, 후기부터는 기후가 다시 한랭해지면서 활엽수가 감소하여 소나무만이 우점종으로 남게 되었다. 청대의 기록에 따르면, 지금의 길림성의 산간 지방은 밀림이 풍부하였으며, 오늘날까지 변함없이 중국의 주요 삼림 지대이다. 지금도 석탄, 철. 금, 동 등의 광물 자원이 풍부하다. 다양한 동물들이 서식하여 질 좋고 다양한 종류의 모피생산이 많았고, 만주 최대의 담수 어장 가운데 하나로서 현재는 어류 77종을 보유하고 있다. 또한 토지가 비옥하여 콩 등 농작물이 잘 자란다. 기후는 북방의 온대 계절풍 기후 지역으로 사계절이 뚜렷하다.[104] 일반적

___

104) 1월 온도가 가장 낮고 월간 평균기온이 −20℃ 이하로 가장 추울 때는 −42.6℃

〈그림 3-25〉 소흥안령 북쪽에 펼쳐진 평원지대(왼쪽). 이 지역의 일부는 1960년대까지 숲지대였다. 오른쪽은 소흥안령의 작은평원들을 흐르는 시내들이다.

으로 투르크계와 몽골어계인 선비족 등 동아시아 초원유목민족의 발원지이며, 기마문화와 관련이 깊다.[105] 이 지역은 기후와 마찬가지로 종족, 언어, 풍습 등이 서로 섞인 지역이다.

소흥안령의 남쪽 주변 지역은 발해시대에는 회원부(懷遠府), 철리부(鐵利府) 등이 있었던 곳이다.[106] 흑수말갈(黑水靺鞨)을 거쳐 현재의 다구르,[107] 에벤키(鄂溫克),[108] 오로춘(鄂倫春), 우디거(兀底改, 赫哲, 나나이)족이 거주했으며, 지금도 이들 가운데 일부가 곳곳에서 거주하고 있다. 그 지역은 대흥안령, 소흥안령이 있는 지역과 관련이 깊다. 천과 호수들이 많아서 어업이 발달하고 말, 양, 소 등을 방목하기에 최적의 환경이다.

사료상으로는 이 지역에는 '설비' '사비'로 불리기도 한 선비족의 갈래인 탁발씨(拓跋氏)가 거주했다가 고구려가 초기국가일 무렵인 기원 1세기

이른다.

105) 林占德 편, 《呼倫貝爾考古》, 香港天馬圖書有限公司, 2001; 《呼倫貝爾民族文化》, 內蒙古文化出版社, 2006 참조.

106) 王承禮 지음/ 송기호 옮김, 《발해의 역사》, p.104.

107) 다호르족의 명칭이 처음 보이는 것은 17세기이다. 북만주의 흑룡강성 치치하얼시 주변과 부근의 눈강 및 지류들의 연안 지방에 거주했다. 또한 내몽골자치구인 호륜패이(holonbair) 지역이고, 그 밖에는 신강위구르자치구에도 있다. 역사적으로 다호르어와 거란어는 많은 양의 어휘가 서로 같다.

108) 巴德瑪 외 3명, 《鄂溫克族歷史資料集》, 內蒙古文化出版社, 1993 참조.

경에 남쪽으로 이동했다. 이 지역에서는 고고학적으로 선비 계통의 유물들이 발견되고 있다. 시대에 따라 주체 종족의 성격과 명칭은 변화가 있지만, 이 지역은 기본적으로 선비족의 일파인 몽골 계통의 주민들이 거주하면서 각각의 나라들을 세웠다. 어룬춘(鄂倫春) 자치기 아리하진(阿里河

〈그림 3-26〉 1970년에 발견된 알선동 동굴 입구

鎭)에 있는 알선동 동굴은 북위를 세운 선비족의 일파인 탁발부의 원향으로 알려져 있다.

여기서 동남쪽으로 초원을 따라 남하하면 치치하얼(齊齊哈爾)을 거쳐 눈강 하류인 대안(大安)지역이 나온다. 고조선을 계승한 부여 및 고구려와 관련이 있다.[109] 토양이 습하고, 조와 보리 기장을 재배했다는 사료의 기록과 유적을 보면 농경은 분명히 했다. 그럼에도 표피(貂皮)가 많이 생산되고, 부여인은 남녀가 흰 사슴가죽으로 만든 옷을 입었다는 기록들이 있다. 사냥 또한 생활습속이었음을 알 수 있다. 결론적으로 이 지역은 종족, 언어, 풍습 등이 서로 섞인 혼합문화지역이다.

동만주 북부에는 소흥안령 지구와는 흑룡강계와 울창한 삼림으로 연결된 '삼강평원(三江平原)' 지구가 있다. 동류 송화강의 하류 일부는 가목사시(佳木斯市) 지역에서 남만주와 백두산록에서 출발하여 북상한 목단강(牧丹江)과 만난다. 동강시(同江市)에서 다시 서북쪽에서 흘러온 흑룡강의 중류와 만나 동북상한다. 삼강평원의 주변은 풍부한 강물과 함께 대평원이 펼쳐졌다. 퇴적되어 지세가 낮고 토양이 비옥하므로 농경에 적당하다. 또한 넓은 평원 외에는 삼림이 울창하고 호수와 강물이 매우 많다. 겨울에는 날씨가 매우 추워 짐승들이 많고, 특히 '황어(黃魚)' 같은

---

109) 박원실, 주재혁등이 이 견해를 표명하고 있다.

〈그림 3-27〉 흥개호(왼쪽)와 발해의 솔빈부였던 우스리스크 숲의 방목 사슴떼들

엄청난 크기의 물고기들이 생산되었다.[110] 여기서 흑룡강은 흥개호(興凱湖) 등에서 발원한 우수리강과 하바로프스크 지역에서 합쳐진 후, 아무르라는 이름으로 다시 동북향으로 길게 흘러가다 연해주 끝인 니콜라예프스크시에서 빠져나가 타타르 해협으로 흘러들어 간다.

부여가 멸망한 후에 세워진 유민국인 두막루국(豆莫婁國)도 동류 송화강 지역 및 삼강평원 일대와 연관이 있다. 《위서》에는 이러한 기록이 있다. 즉 '두막루국'은 물길 북쪽 천여 리에 있다. 옛날의 북부여이다. '실위'의 동쪽에 있고, 동쪽은 바다와 닿아 있고, 방 이천 리이다.[111] 그렇다면 두막루국의 영토는 동류 송화강의 끝은 물론이고, 그 이동까지도 가능했을지도 모른다.

《후한서》,《삼국지》,《진서》 등의 부여전에는 부여의 영토를 "夫餘 在長城之北 去玄菟千里 南與高句麗 東與挹婁 西與鮮卑接 北有弱水 方可二千里"라고 하였다. 이때 약수는 송화강 또는 흑룡강이란 두 견해가 있다. 그런데 현 흑룡강성 북부의 자연지리적 조건과 농목문화라는 부여의 문화적 특성으

---

110) 이 강가에 주변에 사는 퉁구스 계통의 혁철족(赫哲族, 러시아에서는 나나이족)은 물고기를 잡아 식용으로 사용할 뿐 아니라 껍질로 옷 등 각종 생활용품을 만들어 살고 있다.

111) 《魏書》 列傳 豆莫婁, "豆莫婁國在勿吉北千里, 舊北夫餘也. 在室韋之東, 東至於海, 方二千餘里";《北史》 列傳 豆莫婁國, "豆莫婁國. 在勿吉北千里, 舊北夫餘也"라고 하였다.

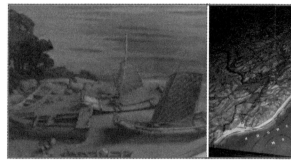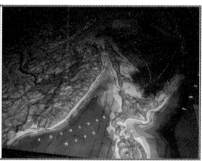

〈그림 3-28〉 대나무로 기간목을 만들었고, 갈대 등으로 돛을 만든 19세기 말 뗏목 모형(블라디보스토크 향토박물관, 왼쪽)과 하바노프스크 향토박물관에 전시된 지도. 연해주 북부와 사할린 사이의 타타르해협 해류가 표시되어 있다.

로 보아 부여가 흑룡강까지 관련이 있을 가능성이 충분하다.

목단강 하류인 이 지역은 발해 시대에 15부 가운데 하나인 동평부가 있었던 곳인데, 동남쪽으로 흥개호(興凱湖)를 거쳐 발해시대에는 정리부(定理府, 블라디보스토크 지역)와 솔빈부(率賓府, 우스리스크 지역) 등이 있었던 연해주 남부지역으로 이어진다. 일부 지역에서는 밭에서 조, 보리, 기장을 재배했지만, 주로 삼림에서 수렵을 하고 강에서는 어렵을 했다. 수십 개의 물줄기가 흘러 들어가는 흥개호는 면적이 4380만 ㎢이고, 수심이 4~5m인 거대한 담수호인데 현재 중국 쪽에서는 8개의 강물이 러시아 쪽에서는 15개의 강물이 흘러들어 가고 있으며, 러시아가 많은 면적을 차지하고 있다.

주변에 농경지가 발달해서 쌀과 대두를 기르고 포도도 재배했다. 또한 넓은 호수에서 어렵이 활발했다. 5~6세기 무렵에 이 지역에 거주했던 물길(勿吉)에 대하여 기록한 《북사》(北史)에 따르면 곰과 표범과 이리가 있고, 소는 없으며, 돼지는 많고 말이 있다고 하였다. 신앙도 구체적인 자연현상이나 호랑이나 곰 같은 맹수들, 나무 같은 자연물을 숭배한다.

또한 연해주 일대에는 연해주 남부인 블라디보스토크에서 하바로프스크 지방까지 북동-남서 방향으로 길이 1,300㎞인 시호테알린(Sikhote-Alin)산맥이 뻗어 있고, 타르드캬니산(2,078m)이 최고봉을 이룬다. 시호테알린산맥은 중생대에 형성된 후 알프스 조산기에 융기된 것으로 짐작되며 평균고도 800-1,000m의 중산성 산지가 서쪽으로 완만하게 경사지고 있다. 연해주의 서쪽은 우수리강과 홍개호(Khanka)호가 위치한 평야 지역이다. 반면에 동해와 접한 동쪽의 해안 지역은 기후가 온화하여, 일부 지역에서는 대나무가 자란다.

연해주의 북쪽인 아무르강 유역(黑龍江 하구), 사할린 등의 지역은 기후가 몬순성이다. 이 산맥의 남서부 지역이 연해주의 대부분 지역에 해당된다. 시호테알린산맥의 서쪽에는 아무르(Amur)강의 지류인 우수리(Ussuri)강이 산맥과 나란히 북동 방향으로 흐르다가, 아무르강에 합류한다. 아무르강 역시 하류에서는 산맥의 서쪽 가장자리를 따라 북동류하여, 오호츠크해와 동해 사이의 타타르(Tatar)해협에서 바다로 유입된다.

동쪽 해안 쪽으로 비교적 급경사를 보이는 것은 한반도의 태백산지의 형성과정과 유사한 과정을 겪었기 때문으로 보인다. 즉 동해 해분의 확장에 의한 대륙변(continental margin)을 압박하면서 산지를 융기시키면서 해안 쪽을 급경사로 만드는 것으로 추정된다.

동부 시베리아의 북위 50도 이남은 졸참나무 혼합림대가 넓게 퍼져 있었는데,[112] 신석기시대에는 호도나 도토리 등의 견과류를 식량으로 할 수 있었다. 어업자원이 풍부해서 연어, 송어 등의 어류들이 살고, 특히 아무르강 유역에도 많은 종류의 어류들이 있었다. 심지어 하류까지 상어와 고래가 올라왔다.[113] 곰, 사슴, 호랑이, 담비, 여우 등을 비롯한 야생동물과 말이 서식했다. 높이가 크고 무성한 삼림과 험준하고 높은 산들, 길고 수량이 풍부한 강들을 서식지로 삼아 생태계가 발달하였고, 이러한 생태계와 연관하여 생활양식과 문화가 영향을 받았다.

---

112) 동아시아 삼림대에서 특징적인 농경문화 유형을 인지해서 'ナラ林文化'로 명명한 사람은 나카오 사스케(中尾佐助)이다. 이 문화는 서기전 3000년경부터 500년 정도까지 있었다. 이 문화는 대륙 동부에서 도래하여 순무와 W형 대맥 등으로 대표되는 북방계의 중요한 작물군을 받아들인 농경문화라고 생각된다. 松山利夫, 〈ナラ林の文化〉, 《季刊 考古學》15號, 雄山閣出版社, 1986, p.43.

113) 加藤晉平, 〈東北アジアの自然と人類史〉, 《東北アジアの民族と歴史》( 三上次男 神田信夫 編), 山川出版社, 1992, pp.9~10.

《삼국지》 동이전에 따르면 읍루
는 오곡농사를 짓고, 소와 말〔牛·馬〕
을 키우며, 삼베〔麻布〕도 사용했다.
반면 바다와 맞닿아 바다에서 물고
기도 사냥하였으며, 조선술도 뛰어
났다.[114] 《후한서》(後漢書) 동이전은
'읍루는 옛 숙신국 땅이다. 남으로
는 북옥저와 접해 있다.'고 기록하여
3~4세기 전후의 상황을 말한다. 그
렇다면 읍루의 위치는 흑룡강 중류
와 함께 연해주 북부였을 것이다.

연해주의 건너 편에는 사할린섬
이 있다. 두 개의 산맥이 평행선을
긋고 있는데, 최고봉은 해발 1,609m

〈그림 3-29〉 나나이족의 공예품 안에
그려진 고래 등의 어류들. 반구대 암각
화와 유사한 그림들이 있다.

이다. 흘러나온 물들이 팀강과 포로나이강으로 유입된다. 서부 해안은 가파
른 돌산이고, 동부 해안은 평평하다. 이 지역에 거주하는 주민들은 역시 다
양한데, 아이누를 비롯한 고아시아 계통의 주민들이 많으며, 일부는 퉁구
스계도 거주하였다. 당나라 때 이곳에 거주하는 유귀(流鬼)가 당나라의 수
도를 방문한 기록이 있다.[115]

---

114) 松山利夫, 앞의 글, 1986, p.44.

115) 《신당서》 유귀전(流鬼傳). 정관 14년(640년)에 왕자 가야여 등이 초피를 가지고
세 번 통역을 거쳐 조공, 기도위 벼슬을 주었다는 기록이 있다. 이때 유귀의 위
치에 대하여 캄차카설 또는 사할린설이 있지만, 캄차카에는 야차가 있었으므로
사할린일 가능성 높다. 현대의 초입에는 안톤 체홉이 방문하여 사할린 기행문
을 남겼다(안톤 체호프 지음/ 배대화 옮김, 《안톤 체호프 사할린섬》, 동북아 역사재
단 2013). 17세기 중반부터 극동에 진출한 러시아는 표트르 대제의 즉위 이래 베
링해와 알래스카, 캐나다 북부에까지 뻗어나갔다. 동시에 흑룡강과 캄차카 반도
를 탐사하며, 이와 연결된 사할린과 쿠릴열도, 나아가 홋카이도에까지 출몰을
개시했다. 1711년 8월, 러시아는 캄차카반도와 연결된 치시마 열도(쿠릴열도) 최
북단의 시무슈(占守島)섬과 파라무시르(島幌筵島)섬에 상륙하였다. 일본은 1808

〈그림 3-30〉 사할린 남쪽인 오호츠크만의 겨울바다

캄차카반도는 길이가 1200㎞에 달하며 화산이 발달하였고, 호수가 많다. 해발 3000m 급의 산들이 있고, 스레딘니산맥과 보스토치니산맥에서 만년설이 녹은 물이 캄차트카강과 엘로브카강으로 흐른다. 화산은 120여 개로 22개는 활화산이다. 동시베리아해와 베링해와 오호츠크해는 1년 중에 10개월 이상 동결한다. 추코트반도는 가장 북쪽에 있는데, 11개월, 캄차카반도는 10개월에서 10개월 반이 겨울이다. 반면에 여름에는 태평양으로부터 몬순이 불어오는데, 그 영향을 받아 습기와 안개, 비들이 많다. 그런데 이러한 지역에도 구석기시대는 존재했었다. 인류의 이동거리와 생존능력을 짐작할 수 있는 증거들이다. 인디기르카 하구에서 150㎞, 북위 71°의 베레료프강 기슭에서 양면석기편, 끌 모양의 석기·박편들이 출토됐다. 추코트반도와 캄차카반도의 일부 극북지역에서 구석기인이 널리 살고 있었다. 당연히 신석기문화도 있었는데, 캄챠카반도의 우쉬키 제4층에서는 서기전 5000~서기전 4000년대로 추정된 석기들이 발견됐다. 그 후에는 청동기 제품들도 발견됐는데, 우스티벨리스키 8호묘에서 발견된 소형 청동제 송곳이나 조각칼들, 그리고 골제 회전식 작살도 있었는데, 이들은 형질인류학적으로 'proto 에스키모'로 추정된다. 그런데 점차 퉁구스족들이 들어

년에는 마미야 린조(間宮 林藏)를 파견해 가라후토(사할린)지역의 탐험과 측량을 실시했다. 그는 가라후토 건너편의 아무르강 하구까지 탐사, 사할린과 아무르 사이의 해협은 후일 일본에서 마미야 해협으로 불리게 된다.

〈그림 3-31〉 현재도 집안시 외곽에서 사용하고 있는 발구(왼쪽)와 사할린 지역에서 발구를 사용하는 모습

와 살기 시작한다. 이들은 동북만주 일대에서 밀려난 주민들이다.

연해주의 남부지역은 구릉성 산지가 발달하였고, 곳곳에 초원과 평원이 발달하였다. 후대인 발해시대에 솔빈부(率濱府)인 이곳은 명마의 산지였다. 북으로는 우수리(오소리)강 수계, 스이푼하(綏芬河), 두만강, 얀치하가 흐르고 있다. 산세가 험준하며 삼림이 무성해서 쑥〔槁草〕 등이 생산됐다. 동으로는 바다를 끼고 있으므로 반어피(班魚皮)라는 독특한 물고기 껍질이 생산되었다. 그러므로 두만강 하구나 얀치하, 우수리강 등과 바다에서 고래잡이를 비롯한 어업이 활발했다. 이 지역은 산과 숲이 우거지고, 두만강, 크고 작은 강들 그리고 많은 호수들이 있었다. 때문에 옥저인들의 어업이 이루어졌다.

두만강을 사이에 두고 한반도와 마주하고 있는 핫산(핫산스키)의 지형은 서쪽에는 산맥이, 북쪽에는 고원, 중부와 동쪽에는 언덕이 남쪽에 평원이 있다. 해안선이 곡절(曲折)하여, 남쪽에는 크고 작은 만들과 사호들이 많다. 중·북쪽의 해안선은 직선의 형태로 이루어져 있다. 북쪽은 기복이 큰 산맥들이 이어지고 있다. 흑산산맥의 분수령이 중·러의 국경이 되어 있다.[116] 핫산의 남쪽은 평평한 해양지역으로서 22개의 섬들로 구성되어 있다. 노야령(老爺嶺)의 동쪽에는 높고 낮은 산봉우리가 줄줄

---

116) 북쪽 산간지역인 '설송산'에는 '극동 표범' 등을 사육하고 있다.

〈그림 3-32〉 사할린박물관에 전시 중인 발구의 실물(왼쪽)과 사할린 지역의 시내에서 고기 잡이하는 아이누족

이 이어졌다. 해발 500m~800m인데도 곳곳에는 충적의 산간분지들이 있다. 현재 허룽(和龍)인 노성(老城)은 발해 시대에 쌀의 산지로 유명했다. 이러한 토양을 가졌다면 고조선문명권 시대에도 농경이 발달했을 것이다. 이 지역은 두만강 하구와 연결되는데, 하구인 혼춘(琿春) 지역은 분지가 발달하여 농경이 이루어졌다.

이렇게 자연환경을 살펴본 결과 고조선문명권은 남만주 및 대동강 유역이라는 중핵 지역과 함께 내·외몽골의 일부지역, 대소 흥안령(興安嶺) 지역의 일부, 흑룡강 중류 이북 및 연해주 남부지역까지 하나의 문명권 범주에 속할 가능성이 많다고 판단한다. 훗날 고조선을 계승한 고구려는 전성기에 이르러 정치적인 영향력을 바탕으로 이러한 자연공간들을 자기 문화권과 영향권 안으로 흡수했다.


## 3. 고조선문명권의 강 환경[117]

고조선문명권에서 비중이 높은 또 하나의 자연환경은 '강'이다. 인류

---

117) 윤명철, 〈동아시아 문명의 생성과 강의 연관성〉, 《강과 동아시아》, 동아시아 고대학회 42회 발표회, 2010.

역사에서 문명의 시작과 발전, 도시의 생성과 발전 또한 강과 절대적인 관련이 있다. 이것은 고조선문명권도 동일했다. 그동안 우리 역사에서 강의 역할과 기능, 강에서 발전한 문화의 구체적인 실상들을 제대로 파악하지 못했다. 특히 만주 지역에 많은 강들이 절대적인 역할을 했음에도, 만주 지역의 자연환경에 대한 오해로 말미암아 강의 존재를 무시했고, 강의 다양하고 실질적인 역할과 위상을 인식하지 못했다.

고조선이 멸망한데 이어 고구려, 발해의 멸망과 더불어 활동영역의 상당히 넓은 부분이 우리역사의 영역에서 벗어났다. 그러므로 자연환경과 그 환경을 바탕으로 생성된 고조선문명은 충분하게 계승되지 못했다. 고조선문명권의 역사와 문화, 국가적인 성격을 파악하고 규명하지 못한 몇 가지 오해가 있다. 그 가운데 하나가 그 지역의 수계들, 그리고 강물 주변의 지리와 지형, 기후, 생태계 등의 자연환경과 그에 따른 생활양식과 문화 등을 파악하지 못한 것이다. 그러므로 상실했던 우리의 역사상과 문화를 이해하고, 회복한다는 의미에서도 고조선문명권의 자연, 특히 '수문지리(水文地理)'적 환경[118]과 문화생성에 대한 이해는 불가피하다. 앞에서 제시한 '1산-2해-3강권'에서 보이듯, 고조선문명권을 이루는 3강은 '송화강(松花江)' '요하(遼河)' '대동강(大同江)'이다. 따라서 이 장에서는 강물을 중심으로 고조선문명권의 자연환경을 구체적으로 살펴본다.

## 1) 강의 성격과 체계

강은 육지라는 '전체'에 부속된 단순한 '부분'이 아니다. 내륙 깊숙하게 있는 넓은 부분과 규모가 크고 작은 '선(支川, 지천)'들을 매개로 사방으로 연결된 굵은 동맥같은 '선'이다. 자체의 동력과 활동범위를 갖고 있는

---

118) 수문지리학(水文地理學, Hydrogeography, гидротафия)은 16세기 유럽에서 최초로 형성되어 자연계에서 일어나는 물의 각종 변화와 운동 현상에 대한 지리적 자연 연구이며, 동양에서는 《주례》(周禮) 卷六, "水有時以凝 有時以澤 此天時也"(수계의 매라과 물길은 기후 변화에 의해 변화된다)라고 기재한다.

독립된 존재이면서, 다른 요소들과 유기적으로 관계를 맺으면서 전체적인 '시스템'을 유지한다. 아래에서 그 체계와 기능을 살펴보고자 한다.[119]

고조선문명권에서 강은 의미와 기능, 역사적인 역할이 있었다. 특히 해륙적인 성격이 효율적으로 구현될 환경을 갖춘 지역이 정치, 경제, 군사, 문화 등의 영역에서 중핵역할을 담당하기 위해서는 강의 효율적인 활용이 필수적이다. 이러한 관점에서 우선 강의 체계와 의미, 성격을 살펴볼 필요가 있다.

첫째, 교통망(交通網)[120]의 역할이다. '교통'이란 사람과 물자의 장소적 이동을 의미[121]한다. 교통은 교통로를 따라 사람과 물자의 이동뿐만 아니라 국가 간, 지역 간의 경제, 문화 교류를 촉진시켰으며, 군사적 공격이나 방어에서도 매우 중요한 역할을 하였다. 강은 육로 교통과 다른 점이 몇 가지 있다. 강은 산, 평야와 더불어 육지를 구성하면서 유기적인 상호보완관계를 이루고 있다. 뿐만 아니라 산과 호수, 초원, 평원 등으로 분리되고 막혀 있는 내륙의 내부지역들을 길고 중첩적인 선으로 면과 면을 연결한다. 자연과 역사적인 측면에서 연결하고 있다. 물동량이 월등하게 많을 뿐더러, 인위적으로 노동력을 투입해서 도로공사를 할 필요가 없다. 때문에 고대사회에서는 육로보다는 수로가 주로 사용되었다.

초원 지대에서도 서기전 7세기경부터 기마가 보편적으로 활용되기 전

---

119) 윤명철, 〈고구려 문화형성에 작용한 자연환경의 검토-'터와 多核(field & multi-core)이론'을 통해서〉, 《한민족》 4호, 2007; ---, 〈한민족 歷史空間의 이해와 江海都市論 모델〉, 《동아시아 고대학》 23, 2010.2; ---, 〈동아시아 문명의 생성과 강의 연관성〉, 《강과 동아시아》, 동아시아 고대학회 42회 발표회, 12.04 등 참고.

120) "'로(路)'와 '망(網)'은 체계와 역할뿐만 아니라 문명적·철학적인 의미가 다르다. '망'은 일종의 시스템 이론으로 입체적이며 상호 중첩적인 교통을 의미한다.

121) 독일 경제학자인 K. Knies는 인간의 욕망을 만족시키는 재화의 유용성을 소재 가치와 형태가치 그리고 장소가치라는 3가지 측면에서 고찰하고, 이른바 장소 가치는 '물자의 장소적 이동'이고 상업이 곧 장소가치를 창출하는 것이라고 하였다. 富永祐治, 《交通學の生成-交通學說史研究》, 《富永祐治著作集》 弗1卷, やしま書房, 1989, pp.151~153 재인용.

까지는 수로를 많이 활용하였다. 주로 타이가 지역인 시베리아 지역은 근대 직후까지도 강을 다각도로 활용하였는데, 목재, 광물, 식량, 모피 등을 운반하는 데 매우 독특하고 유용성 높은 시스템이어서 '연수육로(沿水陸路) 시스템'이라고 부른다. 고조선문명권의 공간인 북만주, 동만주 일대와 한반도 내부에서도 육로보다 수로가 연결 매개체의 역할을 더 많이 했을 뿐 아니라 효율적이었다. 만주의 약 60여 개에 달하는 강들, 한반도 일대의 18여 개의 강들이 전근대에는 중요한 교통매개체였다.

강 유역에는 퇴적현상이 일어나고 고도가 원만하므로 충적평야가 형성되고, 주거지가 만들어지므로 강을 통해서 평야지대는 물론 주거지 즉 마을 사이에도 연결된다. 지역과 행정구역을 구분하는 데도 물길을 중요시하는 것은 물리적인 거리의 멀고 가까움이 아니라 실질적인 통로이기 때문이다. 이러한 현상은 선사시대는 물론 고대사회에서 일반적인 현상이었다. 또한 강은 육지와 해양을 연결한다. 육지와 해양은 면대면으로 만나면서 관계를 맺기도 하지만 육지의 안쪽 깊숙이와 해양을 직접 연결하는 것은 강뿐이다.

동시에 강은 육지와 해양이 직접 마주치지 않은 각각 다른 공간들도 이어준다. 예를 들면 경기만의 북쪽인 해주만(海州灣)의 내륙지역과 남쪽인 남양만(南陽灣)의 내륙지역을 이어주며, 한강의 하계망을 통해서 간접적으로 이어진다. 송화강의 중류는 만주의 내륙과 타타르해를 연결해 주고, 혼강은 남만주의 산속과 황해를 연결하였다. 대릉하(大凌河), 난하(灤河) 등은 요서지방의 건조한 농목문화 공간을 발해와 연결시켰다. 또한 한강은 경기만의 해주만과 한강 중류지역을 연결시켜 준다.

강은 해양과 해양을 연결해 준다. 예를 들면 요하는 발해만과 요동만을 이어주고, 한강과 대동강은 경기만과 남포만을 연결한다. 흑룡강은 오호츠크해와 타타르해 등을 이어준다. 이렇게 강과 강이 지역과 지역들을 연결하는 것은 고대사회에서 일반적인 현상이며, 때문에 대부분의 도시들은 강과 연관되어 있다. 강과 도시의 관계는 뒤에서 구체적으로 설명한다.

둘째, 강은 경제공간이었다. 교역뿐만 아니라 농경과 상업, 어업, 수렵 채취, 그리고 사금 등이 채취가 가능한 경제공간이었다. 강 주변이나, 특히 하류에는 바다와 가까워 뻘층이 섞여 있고, 이것은 토지를 비옥하게 만들었다. 이러한 충적평야가 발달하여 농경지가 집중적으로 분포하였다. 중국의 경우, 은 시대(서기전 14세기~서기전 11세기)에는 하남을 중심으로 한 황하 유역의 연변과 구릉의 하천 부근이 농지가 되었다. 특히 벼 농사 등 수전농업인 경우에 강의 존재는 절대적이다.[122] 쌀은 화전으로 재배하는 육도(陸稻)를 제외하면 본래 물가의 식물이므로 초기의 논은 소하천의 사이나 작은 삼각주에 만들어졌다.

뿐만 아니라 강 주변에는 식생대가 다양하게 발전하여 수산물뿐만 아니라 임산물을 비롯하여 각종 식료품들과 다양한 종류의 약초들이 생산되었다. 특히 가장 값비싼 모피인 담비 등은 물가에 서식했다. 고조선문명권에서는 이러한 공간이 여러 곳에 있었다. 예를 들면 무허(漠河)와 퉁장시(同江市) 등 흑룡강과 송화강의 주변에서는 약초 생산이 중요한 생업이었다. 또한 강 주변에서는 고대사회에 다양한 용도로 사용되는 목재가 생산되고, 강을 통해서 운반이 가능했다. 고대문명뿐만 아니라 근대까지도 목재는 다양한 관점에서 중요했다. 건축물의 자재로서 절대적인 가치가 있었으며, 난방과 취사는 물론 금속품을 제련하고, 토기 등을 제작할 때 필요한 연료의 기능을 하였다.[123]

---

122) 하지만 야스다는 세계의 곡창지대는 대부분 지하수 의존형의 관개라고 주장하였다. 이시 히로유끼·야스다 요시노리·유아사 다케오 지음/ 이하준 옮김, 앞의 책, 〈관개농업과 문명의 한계〉에서 참고.

123) 야스다는 "토기를 만들자면 먼저 부드러운 흙이 필요한데, 그 경우에는 심림토양이 가장 적절합니다. 굽기 위해서는 땔나무가 필요하고, 반죽에는 물이 필요합니다. 숲에는 이런 모든 것이 갖춰져 있지요." 이시는 "정주혁명은 숲 속에서만 일어납니다."라고 말하였다(이시 히로유끼·야스다 요시노리·유아사 다케오 지음/ 이하준 옮김, 앞의 책, 참조). 로마가 갈리아와 스페인 지역을 식민지로 만든 주된 이유 가운데 하나는 그곳의 풍부한 삼림을 이용해서 광석의 채취와 가공에 필요한 연료를 조달하려는 것이었다(존 펄린 지음/ 송명규 옮김, 《숲의 서사시》, 따님 2002, p.10).

숲의 중요성을 주장하는 학자들은 문명의 발생은 물론이고, 문명이 붕괴하는 심각한 요인으로서 숲의 붕괴와 나무의 벌목을 예로 든다.[124] 마케도니아는 그리스가 연료와 건축자재를 마케도니아의 숲에 의존하게 되자 지중해에서 가장 부유하고 영향력 있는 강국으로 부상했다. 나무 부족은 대체 공급원을 찾을 수 없었을 때 그 문명의 사회적·경제적 쇠퇴를 몰고 왔다. 고대 그리스의 도시국가들은 목재 공급원의 상실과 함께 나무가 풍부한 마케도니아에 굴종하게 되었다.[125] 크레타문명은 절대적으로 나무와 연결됐다. 그리고 강을 이용한 동력의 생산도 가능했다. 예를 들면 물레방아 및 디딜방아의 설치와 이용,[126] 대장간의 설치와 이용 등은 물과 직결되었다.

강은 상업활동과 직결되었다. 근대 이전 세계에서 물자가 이동하는 물류의 매개체는 강이고, 수단은 배이다. 뗏목은 물론이고, 모피 등 기타 물품들도 강을 통해서 운반되었다. 무역일 경우에는 항로, 항구 선정, 정치체제(국경검문소, 관세징수 등)의 메카니즘으로 말미암아 외국에서 들어오는 물자들은 강 하구에서 1차적으로 집산된 다음에 강을 역류하여 내륙으로 들어왔다. 곡식, 소금, 수산물, 심지어는 사치품도 강을 이용해서 교환되었다. 강은 또한 사금의 산지였다. 따라서 항해업과 조선업에 종사하는 집단들, 일부상인들은 강 주변과 항구에 거주하였고, 이것은 도시로 발전하였다.[127]

---

124) 존 펄린 지음/ 송명규 옮김, 위의 책. 이 책에는 숲으로 인한 인류문명의 발전과 붕괴의 다양한 예들을 소개한다. 지중해 세계에서 이루어진 나무 무역과 나무 쟁탈전도 상세하게 소개했다.

125) 13세기의 이집트인들은 오만의 시장들에서 인도산 티크나무 통나무 하나에 거의 30디나르를 지불했는데, 그 만큼이면 특출한 흑인 노예 한 명을 살 수 있는 거금이었다. 존 펄린 지음/ 송병규 옮김, 위의 책, p.152.

126) 이 부분에 대한 고고학적인 증거는 아직 발견되지 않았다. 하지만 만주 일대의 신석기시대 유적 등에서 발견될 가능성은 매우 많다.

127) 이형석은 "물이 있어야 사람이 살고 정기도 모인다. 큰 물가에 부유한 집과 큰 마을이 많은 것도 물이 재화를 상징하기 때문이다."라고 주장하였다. 이형석, 《한국의 강》, 홍익재, 1997, p.16.

〈그림 3-33〉 흑룡강 최상류에서 잡히는 각종 물고기들

셋째, 강은 어업이 발달하는 최적의 장소였다. 인류 역사상 가장 손쉬운 경제행위는 채집과 강어업이다. 인간은 영장류를 탈피하면서 채집을 시작하였다. 소위 '채집민'들은 산과 들에서는 식물과 과일을, 강가와 호수, 해안가에서는 풀과 조개 등을 채집하였다.[128] 이어 나무창, 화살, 돌과 나무로 만든 어량 등 원시적인 도구를 이용하여 어렵을 하였다. 강의 상류와 중류에서 서식하는 대형 민물고기들이 많았다. 또한 크고 긴 강들은 하구에서 내륙 깊숙한 지역까지 조수의 영향을 받기 때문에 하구에는 바다를 오고가는 생선들도 서식하였고, 각종 어패류 등이 풍부했다.

고조선문명권과 연관하여 중요한 만주지역의 강들은 엄청난 크기와 길이, 넓은 유역천, 수풀 등이 발달한 생태계의 특성상 본격적인 어업을 하는 어렵경제지역도 있었다. 송화강 유역뿐만 아니라 눈강 하류 지역, 흑룡강 중류 아래 지역 등은 대단한 규모의 어렵활동이 있었다.[129] 대형 초어(草魚) 등이 잡혔고, 흑룡강의 하류에서는 연어, 상어, 고래 등이 잡혔다. 연해주의 우수리강, 스이픈강과 사할린 내부의 강과 천들에서도 연어 등 물고기들이 많이 잡혔다. 극동 시베리아의 강들, 셀렝가강, 오논강 등도 강어업이 발달했다.

---

128) 인간이 이룩한 수렵채집문화에 대한 새로운 시각들이 역사학자, 인류학자들을 비롯하여 많이 나오고 있다. 실제로 수렵채집사회는 정주농경문화보다 다양한 관점에서는 우월한 면이 있다고 주장한다. 로버트 켈리 지음/ 성춘택 옮김, 앞의 책, 2014에는 이 사회의 행동양식과 문화를 다양한 학문연구방법론을 적용하여 설명하고 있다. 또한 '해양 수렵채집사회'라는 용어가 있는데, 선사시대의 어업에는 매우 타당성이 있다고 생각한다.
129) 이러한 구체적인 예들은 후술하는 고조선의 산업 부분에서 언급한다.

〈그림 3-34〉 부리야트 공화국 울란우데 근처의 셀렝가강 유적지

한반도 내부의 강들도 인간의 식생활에 매우 필요한 어업행위를 할 수 있었다. 근대까지도 배가 다닐 수 있는 강이 18개 있다. 대표적인 한강에서는 어업이 발달했는데, 암사동(岩沙洞) 유적의 제5층에 살았던 주민들은 강변에 살며 어업을 했음이 밝혀졌다. 파주 등에서는 숭어, 붕어, 쏘가리, 피라미, 메기 등 각종 민물고기와 조개, 참게 등이 유명했다.

넷째, 강은 정치 공간이었다. 주민들을 정치 세력으로 형성시키는 데 유리하였다. 강 유역은 인간이 집단적으로 거주하는 데에 최적인 환경이다. 뿐만 아니라 부두, 여관, 시장, 세금 징수처, 창고가 세워지고 상업이 발달하여 도시가 발달한다. 그러면 정치세력들은 물류망의 보호, 세금의 징수, 방어 등을 위하여 군대를 주둔시킨다. 따라서 정치력·경제력을 집중시키면서 주민들을 세력화시키기에 유리했다.

또한 정치적으로는 관리시스템을 효율적으로 조직화시키는 데 유리했다. 평지, 산악 등의 자연지형 경계를 따라서 분열된 정치지형을 하나의 시스템으로 통합시키는 데 유리하다. 더욱이 지류들이 모여든 큰 강의 하구를 장악하면, 그 강들과 연결된 바다의 해상권을 장악하고 진출하는 데 매우 유리하다. 역으로 강의 주변, 즉 부채살처럼 활짝 펼쳐진 다양한 하계망(河系網)과 소위 '내륙수로'를 통해서 전체에 대한 영향력을 행사할 수 있다. [130] 그래서 바다와 연결된 큰 강의 하구나 부두에는 크고 작은 정치세력들이 형성되었다.

중국은 양주(揚州), 남경(南京) 등의 항구도시들이 있었다. 오카다 히데히로에 따르면 하인(夏人)들이 세운 도시는 모두 친링산맥(황하와 양자강의 분수령) 남쪽 기슭의 수계 북단의 선착장이었다고 한다. 6,000년 전부터 시작된 나일 하곡 범람원의 이용은 나일강 유역의 각 부분에 그리스어로 '노모스(Nomos)'라 불리는 원시 국가(취락이 발전한 고대 이집트의 지방 행정 구획)가 형성되면서 시작되었다. 로마를 비롯하여 유럽의 '한자동맹(Hanseatic League)' 도시들, 러시아의 볼가강, 돈강, 레나강 등에서 도시들이 발전하였고, 일본의 도시들도 강의 항구도시들이 많았다.

한반도의 남부에서 본격적인 고대국가가 성립되기 이전에 존재했던 삼한의 소국들은 이러한 위치에 있었다. 이 소국들은 주변의 소국이나 외국과 교섭하고, 바다를 통해서 들어온 물품들을 수로를 이용하여 내륙지방으로 공급해야 한다. 때문에 공급지와 수요지, 집결지를 연결시켜 주는 큰 강의 나루나 바다의 만(灣) 내부, 포구(浦口) 등에서 성장한 일종의 '항구도시' 또는 '항구도시국가'였다. 우리말로는 '나루국가'[131]이고, 유럽 지중해의 고대에 번성했던 'Polis'이다. 당연한 현상이지만 군사적으로 비중이 커져 군사 활동과 연관된 각종 시스템이 구축되었다.

---

130) 헨드릭 W. 반룬, 《반 룬의 지리학》, 아이필드, 2011, p.90에서 "러시아 대평원은 북빙양과 우랄산맥, 카스피해, 흑해, 카르파티아산맥, 발트해 사이에 위치해 있어 중앙집권화된 제국을 건설하기 위한 토대로는 기막히게 이상적이다. 마드리드로부터 모스크바까지 선 하나를 그어보면 모든 강들이 예외 없이 내륙 각 지역으로부터 바다로 곧바로 접근할 수 있도록 남쪽이나 북쪽으로 흐르고 있음을 알 수 있다. 문명이란 땅의 산물이기보다는 오히려 물의 산물이었던 까닭에 이렇듯 축복받은 물의 배치는 유럽을 지구상에서 가장 부유한 대륙으로 만들고 이 행성의 지배적인 중심지로 만드는 데 지대한 공헌을 했다."고 하였다.

131) 윤명철, 〈한반도 서남해안의 海洋歷史的 환경에 대한 검토〉, 전주박물관 죽막동유적학술회의, 1995; ---, 〈西海岸一帶의 海洋歷史的 環境에 대한 檢討〉, 《扶安 竹幕洞祭祀遺蹟 研究》, 국립전주박물관, 1998.

다섯째, 강은 중요한 '문화공간'이었다. 강의 주변지역에 거주하면서 생활을 의지하는 주민들은 신앙, 민속, 생활양식 등에서 강과 불가분의 관계를 맺었다. 만주의 일부지역과 동만주 일대에서는 생태계의 특성상 생활과 '신앙' '예술' '설화' '암각화' 등 문화 면에서 강의 비중이 절대적이었다. 강은 길게 뻗고 단절된 내륙의 지역들을 연결하고, 공유와 혼합된 문화를 형성하였다. 강 문화와 해양 문화가 혼합되는 것이다.

또한 외국문화를 비교적 유리한 조건에서 수입하였다. 유럽의 내륙 국가들은 강을 경계로 국경이 나뉘어진 경우가 매우 많다. 또한 강문화는 정주적인 성격의 농토와 달리 역동성을 지닌 세계관과 문화를 발전시켰다. 암각화 등도 강변, 호수가, 해변 등에 많이 만들어졌다. 기타 물고기 신앙, 물고기 관련 신화와 설화, 민속과 어렵에 사용된 생활용구, 어피 (魚皮)문화 등은 현재도 퉁구스계 주민들에게 남아 있다. 이는 한반도의 강들에서도 동일한 양상이었다.

여섯째, 강은 '의미적(意味的, meaning)' 기능을 갖고 있다. 강은 구조와 역할 자체가 만남과 '소통'과 '창조'를 낳는다. 면과 면을 연결하고, 선과 선을, 또한 선과 면을 연결한다. 수천 ㎞에 달하는 유역의 모든 지역을 연결할 수 있다. 고조선문명권과 연관해서는 백두산 주변 지역의 문화와 세계관 등이 수천 ㎞ 떨어진 흑룡강의 하구 지역과 공유할 수 있다. 또한 초원문화와 짧은 거리로 이어지는 흑룡강 상류지역의 문화들이 역시 수천 ㎞ 떨어진 하류의 수렵, 삼림, 어렵, 해양문화 등과 신앙과 세계관 등을 공유할 수 있다. 즉 강은 개방과 소통의 공간이고, 물자의 교류와 교환이 이루어지는 공존의 공간, 호혜구조의 공간을 만든다.

이러한 다양한 체계와 유익한 역할을 하는 강은 우리 역사터에서 어떤 모습으로 인식하고 존재했으며, 또한 작동했을까?

우리 역사에서 강의 중요성을 언급한 사람들은 많다. 조선시대 후기의 학자인 신경준(申景濬)이 제작한 《산경표경》(山經表經)[132]이나 다산 정

---

132) 신경준이 제작한 《여지편람》은 2권 2책으로 구성되어 있는데 건(乾)책이 바로

〈그림 3-35〉하바로프스크시 외곽 아무르강 옆의 시카
치알리안 암각화지대

약용(丁若鏞)이 집필한《대동수경》(大東水經)의 내용과 관점은 조선조뿐
만 아니라 우리민족이 산과 물을 어떻게 인식하고 있는가를 잘 보여준
다.[133] 특히 정약용은《대동수경》에서 하천의 중요성을 강조하면서 사람
들이 하천을 따라 생활권이 형성되고 있으니, 하천을 단위로 자연을 인식
하는 자세가 필요하다고 역설하였다. 그리고 큰 강의 발원지로부터 입해
처(入海處, 하구)에 이르기까지, 또 그 강의 원류와 지류들 및 거기에 합
류되는 다른 강들에 관해서 하류로 내려가면서 명칭과 경유하는 지역을
설명하였다.[134] 이외에 정항령의 지도와 윤두서의 지도를 비롯한 일련의
지도들이 이용되었으며 자신이 답사한 곳도 적지 않다. 한 가지 아쉬운
점은 우리 국토의 전체 하천을 망라하지 못하고 북한지역의 하천들만 취

〈산경표〉이며 곤(坤)책은 〈거경정리표〉(서울과 각 지역 간에 거리표기)이다.

133) 이존희, 〈서울의 자연과 입지조건〉,《서울역사강좌》, 서울특별시사편찬위원회,
2004, p.2.

134) 이형석, 앞의 책, p.23. 그는 "다산은《대동수경》을 집필하면서 우리나라와 중
국의 사서, 지리서, 기타 저작물 100여 종을 참고·인용하였다. 그중 대표적인
우리나라 서적들을 열거하면《삼국사기》,《삼국유사》,《삼국사략》,《고려사》,
《동국통감》,《여지승람》,《국조(國朝)보감》,《동사강목》,《석담(石潭)일기》,《동
국지지》,《징비록》,《고사촬요》,《류형원의 여지고》,《동문휘고》,《통문관지》,
《미수기언》,《동국총목》,《관방도설》,《문헌비고》,《성호사설》,《만기요람》,《사
군지》,《택리지》,《항해일록》등이다."라고 보았다.

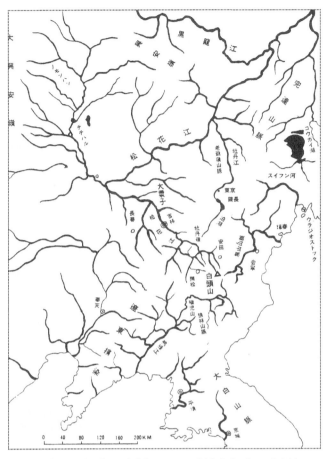

〈그림 3-36〉 만주 지역을 흐르는 강(이형석 자료 재인용)

급한 점이다. 즉 록수(淥水 : 압록강)를 비롯, 만수(滿水 : 두만강), 살수
(薩水 : 청천강), 패수(浿水 : 대동강), 저수(猪水), 대수(帶水 : 임진강) 등
북한지역의 6대강과 그 지류들만 다루고 있다는 점이다.

　이중환은《택리지》에서 "물줄기가 흘러나가는 어귀는 꼭 닫힌 듯하
고, 그 안에 들이 펼쳐져 있어야 재산이 흩어지지 않고 후손이 이어받는
다. 물이 거슬러 흘러서 들과 집터를 막아야 하며, 물줄기는 여러 겹일수
록 좋다."하였다. 강을 지경학적인 관점에서 설명한 것이다. 또한《신증동
국여지승람》에서는 한강, 낙동강, 금강물이 나눠지는 이분수에 대하여

기술하였다. [135] 물이 산봉우리에 떨어져 갈라지면 '이분수(二分水)' 또는 '이파수(二派水)'라 하며, 또한 분수령에서 세 갈래로 나누어지면 '삼분수(三分水)' 또는 '삼파수(三派水)'라고 한다. 백두산의 천지가 대표적이다. 이는 산과 물이 하나에서 생성됐으며, 유기적인 관계임을 표현한다.

강에 대한 이러한 인식들은 그들이 제작한 지도에서도 찾을 수 있다. 대표적으로 김정호는 《대동여지전도》와 발문에서 백두산을 조산으로 삼고, 모든 산맥들은 거기에서 뻗어나온 것으로 이해하고 있다. 즉 "무릇 동방은 삼면에 바다와 연접해 있고, 한 면이 대륙에 접해 있으니 둘레가 10,920리이다. 무릇 세 바다에 연접해 있는 길이가 128읍에 총 8,043리이며, 두 강에 연접한 길이는 총 2887리요, 압록강에 연접한 길이는 총 2043리이고, 두만강은 843리이다." 이 글들은 비록 역사지리적인 인식이 현재의 한반도인 당시 조선영토에 머무르고 있지만, 기본적으로는 우리 역사의 활동터전을 강을 포함한 해륙적인 관점에서 보고 있음을 알려준다. 그래서 《대동여지전도》를 살펴보면 일반적으로 접하는 등고선 지도가 아니라 '산계수계도(山系水系圖)'인 것이다. [136]

그렇다면 이러한 체계와 기능, 의미를 가진 강은 만주와 한반도의 역사에서 어떤 위치에 있었으며, 어떤 자연환경을 갖고 있었을까?

## 2) 만주 공간의 강

근대를 기준으로 삼으면 만주에는 대략 60여 개의 크고 작은 강들이 흐르고 있다. 그 가운데에서 영향력이 크고, 우리 역사와 연관이 깊은 몇 개의 강이 있다. 필자가 주장한 3강(송화강, 요하, 대동강) 가운데 만주에는 송화강, 요하 등 두 강이 있고, 나머지 강들은 그 두 강의 수계와 직접 간접으로 연결되었다.

---

135) 이형석, 위의 책, p.15.
136) 이형석, 위의 책, p.42.

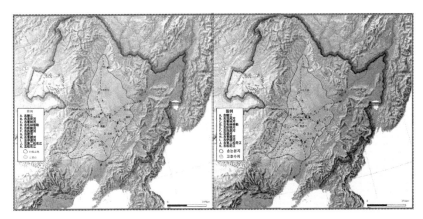

〈그림 3-37〉 경신세(更新世)말기 송요(松遼) 분지의 모습과 주변의 강물들(왼쪽)과 경신세(更新世) 만주 하류의 변화(출처: 劉嘉麒, 《東北地區自然環境歷史演變與人類活動的影響究》, 科學出版社, 2001. 부록)

### (1) 송화강(松花江) 유역

송화강은 우리민족의 역사상과 관련하여 관계가 깊다. '송화강'이라는 명칭은 만주어인 '송알오랍(松戛烏拉, 숭가리강)'에서 나왔으며, 뜻은 '천하(天河)'이다. 이전에 고조선과 고구려 발해인들이 부르는 명칭이 있었다고 판단된다. 하지만 한자 기록은 없다. 송화강은 만주어로 송우리라고 하는데, 송우리는 속우리가 변한 것으로 속우리는 나라 속의 우리라는 뜻이다.[137]

〈표 3-2〉 만주 송화강의 명칭 표

| 시기 명칭 | 동진 남북조 | 수·당 | 요 | 금 | 원 | 명 이후 (선덕년) |
|---|---|---|---|---|---|---|
| 상류 | 速末水 | 粟末水 | 混同江 | 宋瓦江 | 宋瓦江 | 松花江 |
| 하류 | 難水 | 那河 | 鴨子河 (今扶餘) | 混同江 | 宋瓦江 | 松花江 |

---

137) 신채호가 이러한 설을 주장하였다.

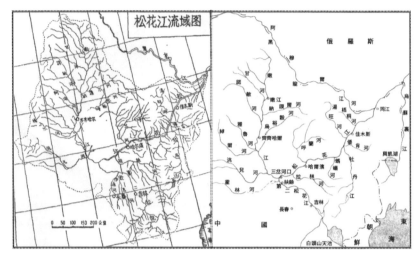

〈그림 3-38〉 송화강 유역도(이형석 자료 재인용, 왼쪽)과 송화강 유역 수계분포도

북위(北魏)시대에는 '속말수(速末水)', 당(唐)시대에는 '속말수(粟末水)', 요(遼)시대에는 '압자하(押子河)', 금(金)시대 및 원(元)대, 명(明)대의 초기에는 '송와강(宋瓦江)'이라고 불리웠다. 뿐만 아니라 위치, 즉 강의 상류와 하류를 다르게 불렀다. 송화강의 길이와 유역권을 보여주는 자료들이 있다.

위 지도에서 보이듯 만주를 남만주와 북만주로 구분할 때 중간에 있는 경계가 송화강이다. 송화강의 수계와 유역의 범위는 송화강 수계, 눈강 수계, 목단강 수계가 모두 모이는 범위이다. 그 송화강이 흑룡강 본류와 동강시 및 하바로프스크시에서 합수하여 동해(타타르해 포함)로 흘러 들어간다. 송화강은 남과 북 2개의 수원으로 구성되었으며, 전체 길이가 1,900km, 유역면적이 52만 km²로서, 북위 41°42′∼51°38′·동경 119°52′∼132°31′ 사이에 있다. 즉 만주 일대의 8분의 5를 차지하였으며, 산간 61퍼센트, 구릉 15퍼센트 평원 23.9퍼센트, 늪과 호수는 0.1퍼센트 등으로 구성되었다.[138]

---

138) 중국 요녕성, 흑룡강성, 내몽고 자치구의 하얼빈(哈爾濱), 대경(大慶), 치치하얼

주류인 북류 송화강(제2 송화강)의 수원은 백두산의 달문(龍王潭, 天池, 闥門)이다. 이곳을 통해 유출되는 물줄기는 약 600m 하류로 내려가서 높이 40m의 비룡(長白) 폭포로 떨어진다. 이어 북쪽으로 흐르다가 남만주 일대의 여러 산간계곡에서 발원한 유하(柳河), 휘발하(輝發河) 등과 만나면서 흘러가다 현재의 길림시에 들어오면 큰 물줄기를 형성한다. 길림시 지역은 신석기시대, 청동기시대 유적인 서단산 유적지가 있고, 강변에는 부여의 남성자성(南城子城)과 고구려와 발해가 사용한 용담(龍潭)산성 및 동단(東團)산성 등이 있는 내륙 하항도시이다.[139] 이후 계속해서 서북으로 흘러들다가 음마하(飮馬河)를 만나고 장춘시 근처에서 북류해온 이통하(伊通河)와 만난다. 북상을 계속해서 농안시(夫餘市)를 지나 넓은 평원과 호수들이 있는 대안(大安)에 이른다. 도중에 두도강(頭道江), 이도강(二道江), 대류강(大柳河), 납법하(拉法河), 망우하(牝牛河) 등의 지류들이 합류한다.

한편 또 다른 수원인 주류는 눈강(嫩江)이다. 눈강은 대흥안령의 산속인 이륵호리(伊勒呼里, 일러흘리)산맥에서 발원하여 남으로 흘러 내려와 이곳 대안지역에서 북상해 온 북류 송화강과 만난다.

'북류 송화강'과 '눈강'이 합류하여 이루어진 제1 송화강은 '동류 송화강'이라고 불리운다. 이곳에서 동으로 방향을 틀어 흐르다가 중간에서 하얼빈 시내를 통과한다.[140] 이후 계속 동류하다가 길림성의 동쪽 일대와 흑룡강성의 남부지역을 거치면서 동북상하다가 발해의 수도였던 영안시 발해진의 경박호(鏡泊湖)에서 출발한 목단강을 만나고, 목단강시를 지나

---

(齊齊哈爾), 가목사(佳木斯), 장춘(長春), 길림(吉林) 등 107개 행정구역을 경유하고 있다.

139) 여진어로 즉 '지린우라' 하안(河岸)이라는 뜻이다. "吉林烏拉(Girin ula)는 沿江(강물의 옆), 송화강 옆의 도시라는 뜻이다." 叢佩遠, 〈略論吉林省境內現存的滿語地名〉, 《延邊大學學報》(社會科學版), 1983(3), pp.38~56. 예를 들면, '흑룡강'의 명칭은 '薩哈連烏拉(Sahaliyan ula)' 즉 흑수(黑水)의 의역 이름이다.

140) 6세기 무렵 북부여의 후예인 두막루가 있었던 지역이다. 張博泉, 《《魏書·豆莫婁傳》中的幾個問題〉, 《黑龍江文物叢刊》, 1982(02) 내용 참조.

〈그림 3-39〉 만주 지역을 흐르는 강(이형석 자료 재인용)

〈그림 3-40〉 송화강 수계

서는 가목사(佳木斯, 자무스)시를 지나 흑룡강성의 북동단인 동강시에서 흑룡강과 합수한다. 이때까지 길이가 1,927㎞이다.[141]

그런데 현재 알려진 일반적인 인식과는 달리 천지에서 흘러나온 송화강이 흑룡강의 본류라는 인식을 보여주는 글이 있다. "천지는 남만주의 전체를 유역권를 하는 송화강의 근원이다. 천지의 물이 북으로 달려 넘는 곳은 달문이다. 병사봉의 불쑥 나온 비탈이 못 가운데로 들어 이것을 중심으로 감도는 수면은 휘감아 돈 둘레산과 함께 천지 전체에서 일종의 '산태극 수태극'의 형국을 나타낸다. 달문으로 넘는 물이 송화강의 근원이 된다. '숭가리우라'는 천하(天河)를 뜻한다. 송화강 계곡은 단군과 부여 수천 년에 조선 선민이 나고 자란 근거지다. 천산과 천지, 천평과 천하로 대백두 수원의 정맥을 받은 줄을 수긍하겠다. 그리고 폭포가 된다. 이것이 바로 흑룡강의 근원이다."[142] 이 말은 흑룡강 중류 이하의 유역권은 송화강 유역권의 한 부분

---

141) 《魏書》 列傳 豆莫婁, 《北史》 列傳 豆莫婁國 기록을 보면 이 수로망 주변지역은 관련이 있다.

142) 안재홍, 앞의 책, p.102.

〈표 3-3〉 만주 자원 분포 설명

|   | 자원 | 특징 | 비고 |
|---|------|------|------|
| 1 | 수력 자원 | 지하 수자원: 880.28억 ㎥, 지표 수자원: 734.7억 ㎥, 예상 에너지 잠재량: 659.85만 kW | 에너지 잠재량 만 kW 이상 지류 71개. |
| 2 | 삼림 자원 | 백두산, 대흥안령 및 소흥안령. 목재 소유량: 10억 ㎥ 중국 면적 가운데 가장 큰 삼림구역 | 원시삼림 |
| 3 | 광산자원 | 석탄, 철, 금, 동 등 | |
| 4 | 동물 자원 | 동북지방 최대 담수 어장 가운데 하나로 어류 77종을 보유하고 있으며, 잉어, 초어, 메기 등 산량이 40,000,000kg 이상. | 담수 어장 |
| 5 | 식물 자원 | 토지가 비옥하며 농작물은 콩과 옥수수가 위주이며 그 외 벼와 옥수수, 면화, 담배, 아마, 사과, 사탕무 등이 자란다. | 수수 주요 원산지 |

이라는 필자와 유사한 견해이다.

송화강 유역은 북방의 온대 계절풍 기후 지역으로 사계절이 뚜렷하며, 여름에는 후덥지근하고 비가 많다. 반면 겨울에는 춥고 건조하며 일교차가 크다.[143] 감수기에는 항행이 쉽지 않고, 현재 농안시 부근에는 강물에 진흙들이 비교적 많아서 통항하는 데 장애가 된다. 하지만 전반적으로는 항해에 유리하여, 통항 거리가 1,890㎞이다. 운항할 수 없는 결빙기간이 약 5개월이지만, 그때는 배 대신 썰매를 이용한다. 송화강은 만주 최대의 내륙수로로서 흑룡강과 만나면서 만주 전체를 하나의 수운망으로 연결시킨다. 하얼빈부터 하류까지는 근대에도 기선의 항행이 가능하고, 상류도 길림시까지 범선이 다닐 수 있다. 과거에도 어업과 수상교통의 중심지였다.

이러한 자연환경의 영향으로 신석기시대부터 문화가 발달하였다. 이후 《삼국사기》나 광개토태왕비문에 기록되었듯이 주몽이 남으로 이동할

---

143) 1월 온도가 가장 낮고 월간 평균기온이 −20℃ 이하로 가장 추울 때는 −42.6℃ 이른다. 연간 평균기온은 3∼5℃, 7월 평균 온도는 20∼25℃이며, 최고 40℃ 이상에 이른다.

때 건넌 강은 '엄리대수' '엄호수' 등이라고 기록하였는데, 송화강과 눈강 일대일 가능성이 있다.

## (2) 눈강(嫩江) 유역

〈그림 3-41〉 하얼빈 시내를 통과하는 제1 송화강

눈강은 사료에 처음 기록될 때는 '난수(難水)'로 불리웠으나 청나라 시대에 처음으로 '눈강'으로 불리워졌다. '눈(嫩)'은 여진어로 '벽(碧)'과 '청(青)'을 뜻하고, 몽골어의 의미는 '벽록(碧綠) 색의 강물'이다. 따라서 눈강은 압록강과 마찬가지로 물 색깔을 고려하여 붙여진 이름이다. 만주족의 언어로는 '매강(妹江)'으로 불렸다. 이 외에도 압자하(鴨子河), 낙니목륜(諾尼木倫), 나오목련(那悟沐漣), 낙니(諾尼) 등의 명칭으로 불렸다. 중국 사서에는 눈강의 명칭을 다음 도표처럼 시대별로 다르게 표현하였다.

〈표 3-4〉 시대별 눈강의 명칭

| 시기 | 남북조 | 당 | 요 | 원 | | 명 | | 청 | | |
|---|---|---|---|---|---|---|---|---|---|---|
| 사서 | 《위서》《북사》 | 《신당서》 | 《료사》도종기 | 《원사》 | 《원사》지리지 | 《명일통지》 | 《청통지》 | 《龍沙紀略》 | 《蒙古遊記》 |
| 명칭 | 難水難河槐河 | 那河水 | 烏納水納河 | 納兀河腦連水 | 孛苦江那兀江 | 腦溫江 | 諾尼江 | 碧諾尼 | 嫩江 |

눈강은 송화강 최대의 지류로서, 2대 원류의 하나이다. 이륵호리산에서 발원하여, 서쪽의 대흥안령과 동쪽의 소흥안령산맥으로 각각 흘러내

려 30여 개의 하천이 합류하면서 남쪽으로 향한다. 전체 길이는 1,370㎞에 이르며, 유역 면적은 28.3만 ㎢이다. 눈강의 상류지역은 강, 하, 호수, 늪지 등이 발달하였는데, 대흥안령의 림구에만 7,146개의 내〔川〕가 있다.

이 지역의 모든 강들은 액이고납하(額爾古納河)와 눈강이라는 양대 수계에 속하였다. 이륵호리산맥에서 서로 흐르는 것이 액이고납하(Argon 강, 1608㎞)인데, 하이랄강(海拉爾河, 715㎞), 넬슨강(烏爾遜河), 하라하 강(哈拉哈河), 이민하(伊敏河), 휘하(輝河), 근하(根河, 428㎞), 크로룬강 (克魯倫河) 등이 있다. 동으로 흐르는 것이 눈강계이다. 눈강의 동쪽에는 아리하(阿裏河), 감하(甘河, 493㎞) 등이 있다.

눈강은 송눈(松嫩)평원에 이르러, 다시 하얼빈(哈爾濱)의 서쪽 약 150 ㎞의 지점인 대안시(大安市)에서 제2 송화강과 합류한다. 송화강과 눈강 하류를 포함하는 유역의 토지들은 임용흑토(淋溶黑土)가 광범위하게 펼쳐져 있어서 비옥하다. 흔히 《산해경》 등의 사료에서 '북대황(北大荒)'이라고 부르는 지역이다. 인구는 희소하고, 고대에는 선비계의 소수 민족들이 마을을 이루고 살았다. 눈강의 수문(水文) 특징은 아래 표와 같다.

〈표 3-5〉 눈강의 수문 특징

| 중국명칭 | 눈강 | 주요지류 | 감하·낙민하·눌모이하·아륜하 |
|---|---|---|---|
| 수 계 | 흑룡강 지류·<br>송화강 지류(북쪽원류) | 길 이 | 1370㎞ |
| 지리위치 | 흑룡강성 서남부 | 하류면적 | 29.7 만㎢ |
| 경유지역 | 내몽고·길림성·<br>흑룡강성의 경계 | 평균유량 | 823.4㎥/s |
| 발 원 지 | 대흥안령 이륵호리산 남측 | 낙 차 | 902m 평균 FALL: 6.6‰ |
| 하 구 | 길림성 송원시(松原市)<br>삼차하(三叉河) | 결 빙 기 | 11월 중순-다음 해 4월 중순 |

눈강의 수로망은 눈강현 이하의 하류에서는 큰 선박들도 항행이 가능하다. 중간지점인 치치하얼(齊齊哈你)시 부근은 수심이 비교적 깊어서 큰

〈그림 3-42〉 대안 눈강가의 어렵민

배들의 항해가 가능했다. 그런데 10월부터 다음 해 3월까지 강이 동결하고[144] 강바닥이 얕은 곳이 많다. 따라서 10월 하순이 되면 항해가 종료되고, 6개월은 항해가 불가능하다. 그런데 그 가운데 4개월은 발구 등을 이용하여 얼음 위로 수송이 가능하다. 하지만 여름에는 강우로 말미암아 수량이 풍부하고, 초봄에는 눈 녹은 물들이 내려와 역시 수량이 풍부하다. 그래서 해빙기가 되면 '도화수(桃花水)'라고 부르는 물이 흐른다. 평균 강수량이 600mm이다. 세석기문화와 청동기문화가 일찍부터 발달했던 앙앙계는 치치하얼에서 서남쪽으로 25㎞ 지점에 위치하고 있다.

### (3) 모란강(牡丹江) 유역

목단강(모란강)은 옛날 명칭으로 '홀한수(忽汗水)'[145], '호이합하(瑚爾哈河)' 등이 있었다. 현재의 흑룡강성 영안현에 있는 경박호(鏡泊湖)를 홀한하(忽汗河)라고 불렀는데, 《신당서》에는 '오루하(奧婁河)'라고 기록하였다.[146] 고대에는 경박호를 기준으로 아래를 호이합해(湖爾哈海), 호이합해

144) 송화강(하얼빈 부근) 결동의 하한이 2m 정도이다. 宋小燕 외, 〈松花江哈爾濱站近100年來徑流量變化趨勢〉,《自然資源學報》, 2009(10) 등 참조.

145) 발해의 수도인 홀한성의 옆을 흐르고 있다. 홀한은 홀(터 + 큰, 왕)로서 수도라는 의미이다.

146) 王承禮 지음/ 송기호 옮김,《발해의 역사》, 한림대학 아시아문화연구소, 1988, p.105.

〈그림 3-43〉 동강시를 흐르는 흑룡강

(呼爾哈海), 호이합해(虎爾哈海), 부이한하(富爾翰河), 호리개하(胡裏改河), 홀한하(忽汗河)라고 하였다. 위나라는 목단강(穆丹江, 木丹江, 牡丹江) 등으로 불렸고, 청나라 이후부터 목단강(牡丹江)으로 개칭하였다.

목단(mudan)강의 명칭은 '목단(mudan)합달'이라는 만주족 언어에서 나온 것이다. '합달(哈達)'이란 만주족어로 '산령(山嶺)'을 뜻한다. '목단(穆丹)'은 역시 만주족어로, 그 뜻은 '만(彎)', '곡(曲)'을 의미한다. 때문에 《금사》에서도 한 때는 목단강을 '곡강(曲江)'으로 기재하였다. '곡(曲)'은 만주족어의 발음으로 목단(穆丹, 彎·曲)이기 때문이다. 따라서 목단강은 만주족어에 따르면 "산줄기 옆의 만곡(彎曲, 구불구불한)한 강"이라는 뜻이다.

목단강은 길림성 돈화현(敦化縣) 목단령의 동북쪽에서 발원하여 장광재령과 노야령 사이를 뚫고 지난다. 중요한 지류는 주이다하(珠爾多河), 해랑하(海浪河), 오림하(五林河), 오사혼하(烏斯渾河), 삼도하(三道河) 등이다. 목단강은 흑룡강성의 동남부 구릉지대와 크고 작은 분지들을 경유하다가 의란시(依蘭市) 부근에서 송화강으로 흘러 들어간다. 목단강은 물의 흐름이 급하고 강바닥에는 암초가 많아서 항해하는 데 위험하다. 전체 길이가 666㎞에 달하며, 유역의 총면적은 37,023㎢이다.

노야령 동쪽으로 이어지는 산지는 높고 험한 산이 줄줄이 이어지며 해발 500m~800m인데도 곳곳에는 충적의 산간분지들이 있다. 주변에 산림이 울창해서 유명한 목재산지이고, 현재도 약초 생산지로 유명하다.

〈그림 3-44〉 경박호의 겨울

농업이 이루어졌는데, 발해 시대에는 노성의 쌀이 유명했다. 신석기시대 유적은 주로 경박호 부근 및 강 양쪽 언덕의 대지 위에 분포되었다. 목단강 중류의 양안과 목릉하(穆棱河) 상류에 아포력북사장(亞布力北沙場)문화, 영가령 하층문화, 석회장(石灰場) 하층문화 등이 발달했다. 호란하(呼蘭河)는 포륜산령(布倫山嶺)의 남쪽에서 발원하여 길이가 375㎞인데 호란현 근처에서 송화강과 합류한다. 보통은 흘수 1m 정도의 운반선들이 항해할 수 있다. 지류로서 납림하(拉林河)와 항행 거리가 50~60㎞인 아십하(阿什河) 등이 있다. 그 밖에 음마하(飮馬河), 이통하(伊通河) 등이 송화강으로 흘러들어 간다. 전반적으로 송화강 수계, 유역에는 어업이 활발하고 주변에 평원이 많이 농사에 적합했다.

## (4) 흑룡강 유역[147]

흑룡강(黑龍江)은 고대 사서에는 '흑수(黑水)'로 표기되었고, 퉁구스어로 '검은색 물'이라는 의미의 '하라무렌'으로 불리웠다.[148] 러시아인들이 부르는 '아무르(амур)'는 '에로스(사랑)'라는 뜻이다. 《북사》, 《구당서》, 《통고》, 《금사》, 《원사》 등 중국 사료에는 기록이 많다.

특히 당나라 시대에는 이 지역에 거주하는 흑수말갈로 말미암아 중국

---

147) 吳文衡, 〈明代黑龍江民族分布及其社會經濟狀況〉, 《黑龍江民族叢刊》, 1989(總16期), p.69.

148) 航運史話編寫組, 《航運史話》, 中國科學技術出版社, 1978. p.70. "흑룡강 고대 명칭은 '흑수'라고 하여, 녹색과 검은색의 강물이 용처럼 구부리고 흐르기 때문에 그렇게 부르게 되었다"고 설명하였다.

의 역사와 밀접해졌다. 때문에《구당서》는 비교적 상세하게 흑룡강의 원류, 지류 등을 소개하였고, 주변의 종족들에 대해서도 자세하게 기록하였다. 흑룡강은 시베리아 남동쪽과 중국 동북쪽의 국경 부근을 동쪽으로 흘러 오호츠크해로 빠져나가는 강으로 전체 길이가 4,730㎞이다.[149] 지류가 200여 개에 달하며 유역의 면적은 185만 5,000㎢이다. 발원지는 크게 두 지역이다.

본류는 몽골고원의 북부에서 발원한 울란우데의 셀렝가(Selenga)강, 오논(Onon)강으로 흘러오다가, 북쪽 발원지인 러시아쪽에서는 야블로노비산맥에서 발원한 실카(Shilka)강과 스타노보이산맥에서 발원한 제야(Zeya)강 등과 만난다. 중국 쪽에서는 동몽골의 초원과 대흥안령의 서쪽인 훌룬호(呼倫湖), 보이르호(貝尒湖)가 있는 홀론보이르 초원을 통과한 아르군(Аргу́нь, 얼군허)강과 대흥안령, 소흥안령의 골짜기와 초원을 거쳐 온 강물들이 모여 무허(漠河) 부근에서 흑룡강의 본류를 이룬다. 이곳까지를 상류라고 부른다.

막하(漠河; Mohe; 漠河縣)[150]는 최북단의 도시로서 흑룡강을 경계로 러시아와 마주하고 있다. 자연환경은 온대 대륙성 기후이지만, 저온 지역이며 겨울에 대륙 계절풍과 몽골 고압 기류에 크게 영향을 미친다. 액목이하(額木爾河), 노조하(老潮河), 대림하(大林河) 사이의 충적평원에 위치하여 수자원이 풍부하다. 흑룡강, 중하액목이하(中河額木爾河) 등 큰 수계는 물론이고, 작은 하류와 지류가 800여 개 있다. 식물자원이 풍부하지만 지리와 기후조건의 영향으로 종류가 많지 않다.

---

149) 김추윤·장산환 공저,《中國의 國土環境》, 대륙연구소, 1995. 흑룡강의 길이는 약간씩의 차이가 있다.《航運史話》p.70에서 "막하(漠河) 서쪽에 있는 낙고하(洛古河) 근처 이고납하(爾古納河)와 합류하여 동향으로 동강(同江)시 부근에서 송화강과 합류한 후, 백력성(伯力城, 하바로프스크) 일대에서 다시 우수리(烏蘇里)강과 합류, 니콜라에프스크(廟街) 근처에서 바다로 흘러들어 간다며, 전체 길이 4350㎞이다"라고 해설되어 있다.

150) 연 평균 강수량이 77.12억㎦이다. 삼림 면적 716635㏊, 지역 총면적의 97.89퍼센트를 차지하고 있다.

〈표 3-6〉 중국 사료에 기록된 흑룡강의 표기들

| | 출처 | 기재 내용 |
|---|---|---|
| 1 | 《북사》 | 烏洛國 西北有完水 東北流合於難水. |
| 2 | 《구당서》 | 室韋 大山之北有大室韋部落 其部落傍室 建河居.<br>其河源出突厥東北界俱倫泊 屈曲東流 經西室韋界 又東經大室<br>韋界 又東經蒙兀室韋之北 落俎室韋之南又東流與那河 忽汗河<br>合 又東經南黑水秣羯之北 北黑水襪羯之南 東流註於海. |
| 3 | 《대금국지》 | 黑水 其水掬之則色微黑 契丹日爲混同江.<br>深可二十丈餘 狹處可六七十步 闊者至百步. |
| 4 | 《통고》 | 黑水部 其水掬之則色微黑 目爲混同江. |
| 5 | 《금사》 | 肇州 始興縣 有黑龍江.<br>勿吉 有黑水部 唐置黑水府 有黑龍江 所謂 白山 黑水是也. |
| 6 | 《원사태조기》 | 元年 帝即皇帝位於鄂嫩. |
| 7 | 《명통지》 | 黑龍江 在开原城北二千五百里. |

현재까지 발견된 야생식물은 8,000종, 23목, 41과, 99속 등이 있다. 곰·스라소니·검정담비·갈색곰·수달·사향노루·마록·타록·고산토끼 등 희귀동물들이 있다. 현재는 금·석탄·사금 등이 생산된다.[151] 노구(老溝) 유적과 낙고하(洛古河) 유적은 1-3만 년 이전의 후기 구석기시대 유적이다. 유물로 보아 어렵생활이 활발했다.《이윤조상서》(伊尹朝商書)에 따르면 은(殷)나라 때는 동호(東胡)와 산융(山戎)의 속지였다. 또《일주서》왕회편(王會篇)에서 주나라 초기에 동호족이 막하에서 거주하였다고 한다. 양한 시대에 막하는 오환, 선비의 땅이며, 선비의 동쪽부락의 속지였다.[152] 주로 동호계의 주민들이 거주했었다.

151) '한극(寒極)' 또는 '북극촌(北極村)'이라고 한다. 주로 한족이 살고 있으며, 이외에 만·몽고·조선·회·석백·악륜춘·악온극 등 16개 소수민족이 있다.
152) 5~6세기에는 '결단실위지지'라고 되었으며, 당나라 시대에는 '결단거실위산'이

〈그림 3-45〉 1. 막하 주변에 발달한 습지대, 2. 막하시 북쪽에 있는 러시아와 국경을 이루는 흑룡강, 3. 국경선을 표시하는 비석, 4. 막하 지역의 끝없는 숲지대

흑룡강은 그 후에 중국의 흑하시와 러시아의 블라고베셴스크 (Blagoveshchensk, 海蘭泡)시[153] 사이를 지나 동남으로 흐르다가 북상한 송화강과 동강시(同江市) 근처에서 합류한다. 흑하시(Heihe, 黑河)는 흑룡강성 서북부, 소흥안령의 북쪽에 위치하여 Haiilan boo와 흑룡강을 750m 사이에 두고 있다. 크고 작은 하류가 총 621개 있다. 시베리아 초원과 가까워 온대 대륙성 계절풍 기후의 특징이 뚜렷하다. 산지의 면적은 상대적으로 넓지 않고 산도 해발 평균 500~900m 정도이다. 그런데 화산이 여러 곳에

---

라고 하였다. '실위산'은 막하의 서남에 위치하여 막하 일대는 실위국이었다. 고구려와 교류가 있었던 지역이다.

153) 원래 명칭은 '맹가둔(孟家屯)'이며 해란포(海蘭泡)는 몽골어의 '합라박(哈喇泊)'의 발음으로 "흑색의 작은 호수"를 의미한다. 또 해란포는 만주어이며 "느릅나무 아래의 집"을 뜻한다는 주장도 있다.

〈그림 3-46〉 흑룡강 전체 유역 분포도

있다. 흑룡강성의 3대 삼림 지구 가운데 하나로서 마록(馬鹿), 타록(駝鹿) 등 야생 동물들이 많고 인삼·녹이(鹿茸) 등 야생약재들이 많다. 몽골족 외에도 오론춘(鄂倫春)·다구르(達斡爾) 등의 소수민족들이 있다.

　구석기시대 후기부터 인류가 살았고, BC 16세기에 동호, 예맥 등이 흑하시의 북부와 눈강 유역 일대에 활동하였다. 즉, 《일주서》 왕회편에 나와 있는 것처럼 상(商) 시대부터 "東胡黃羆, 山戎戎菽" 거주하였다. 서기전 11세기를 전후해서 숙신족이 흑룡강 유역에 살았는데, 3세기 무렵에는 부여 영토였다. 강물은 동북쪽으로 흐르다가 중국과 연해주에 걸쳐 있는 흥개호(興凱湖)에서 발원한 후 북상한 우수리강과 하바로프스크에서 합류한다. 여기까지가 중류에 해당한다.

　하바로프스크시(habarovsk; 만주어는 Bohori; 伯力城)[154]는 흑룡강과 우수리강이 합류하는 지역의 동쪽 연안에 위치해 있다.[155] 면적의 70퍼센트

---

154) 만주어로 발리(勃利), 부아리(剖阿利), 파리(頗利), 파리(婆離), 박화리(博和哩), 파력(波力), 백력(伯利) 등이라 한다. 그 의미는 '완두콩'이다.

155) 1860년 러시아제국은 《베이징 조약》(中俄北京條約)을 통해 이곳의 소유권을 탈취한 뒤 명칭을 백력(伯力)에서 1883년에 '하바로프스크'(러사아 17세기의 탐험

〈그림 3-47〉 흑룡강이 흐르는 흑하시(Heihe, 黑河, 왼쪽)와 흑하시 중국의 군함

는 산간지역으로 삼림이 풍부하고 해발 2,889m이다. 당나라 시대에 흑수도독부(黑水都督府)가 있었다. 물길을 따라 송화강의 상류를 경유해서 중국지역으로 넘어갈 수 있고, 또한 스이픈강(綏芬河)을 이용할 수 있다.

아무르강(흑룡강), 우수리강, 송화강의 3개 하천이 합류하는 지점이기 때문에 '하천무역'이 성했다. 이렇게 해서 만주 일대와 동시베리아 지역의 물길을 모은 아무르강(흑룡강)은 계속해서 동북상하는데, 곡류와 하적호(河跡湖)[156]들, 습지들이 발달했다. 마지막으로 타타르해(Tatar strait)와 오호츠크해(Okhotsk)가 만나는 니콜라예프스크항에서 바다로 들어간다. 이 강은 총 거리 4730㎞에 달하는 동안에 주변에서 200여 개의 지류 등을 포함하면서 다양한 자연환경과 만나고, 만들어냈다. 그리고 몽골계, 퉁구스계, 고아시아계의 주민들이 성장하는 데 유익한 생태계를 만들었다. 이 지역 전체는 수많은 웅덩이와 수로들이 거미줄처럼 얽혀 있는 곳이었다. 19세기 때 이 지역을 탐험한 보고서에 따르면 오로지 길략족 원주민들만이 길을 알고 있었다고 한다.[157]

한반도의 백두대간을 타고 올라가면 900㎞ 뻗은 연해주의 시호테알린(Sikhote-Alin)산맥과 이어진다. 아무르강을 따라 형성되어 있는 스타노보

가 하바롭의 이름)라고 개칭하였다. 시베리아횡단철도가 이곳을 경유한다.

156) 하적호는 강물이 흐르다가 흐름이 변하면 원래 흐르던 곳에는 물이 고여서 호수를 이른 상태를 말한다.

157) 세임스 포사이스 지음/ 정재겸 옮김, 《시베리아 원주민의 역사》, 솔출판사, 2009.

〈그림 3-48〉 하바로프스크 외곽인 시카치 알리안 마을의 암각화문화 유적(왼쪽)과 하바로프스크시의 아무르강

이(Stanovoi)산맥이 동쪽으로 태평양 연안까지 뻗어 있고, 스타노보이산맥의 동쪽 가장자리에는 지맥인 주그주르(Dzhugdzhur)산맥[158]이 오호츠크 해안을 따라 북동쪽으로 솟아 있으며 이 산맥은 다시 콜리마(Kolyma)산맥으로 이어져 추코트카(Chokotka) 반도까지 뻗어져 있다.

흑룡강 유역은 계절풍 기후(몬순 기후)로, 계절에 따라 대륙과 해양에서 바람이 번갈아 불어온다. 겨울에는 시베리아에서 건조하고 찬 공기가 불어와 맑고 건조한 날씨를 형성하며, 서리가 심하게 내리기도 한다. 반면에 여름에는 습기가 많은 해양풍이 세력을 떨친다. 또한 5~10월 사이에는 계절풍이 비를 내려서 유량이 불어나고[159] 지역에 따라서는 거대한 호수가 생긴다. 반면에 겨울에는 상류는 11월 상순에, 하류는 11월 중순에 동결하며 4월에야 녹는다. 눈이 녹는 봄에서 초여름에 수위가 가장 높으며, 몬순으로 비가 내리는 가을도 수위가 높다. 따라서 겨울에는 항해가 불가능하다.

아무르강 유역(흑룡강 하구), 사할린 등의 지역은 서기전 1000년기에는 잡곡을 재배하는 데 적지였다. 토양은 반습지적인 초지의 흑색토양으로서, 비옥도가 높고, 봄용 작물에 적합하였다. 북위 50도 이남은 졸참나

---

158) 극동시베리아 지역과 오호츠크해가 만나는 산맥으로서 북동에서 북서방향으로 700㎞ 벋었으며, 가장 높은 봉오리는 1906m이다.
159) 헤이룽강의 연평균 유수량은 1만 900㎥/sec이다.

무 혼합림대가 넓게 퍼져 있었다.[160] 신석기 시대에는 호두, 도토리 등의 견과류를 식량으로 할 수 있었다. 저지대에서는 참나무, 단풍나무, 호두나무, 물푸레나무, 라일락나무 등과 같은 낙엽수림이 발달했다. 고지대에는 큰 낙엽송은 사라지고, 낮은 산등성이를 통과할 수 없을 정도로 빽빽하게 뒤덮은 키 작은 히말라야 삼나무와 소나무가 주종을 이루었다.[161] 얼룩사슴, 히말라야 흑곰, 호랑이, 늑대, 담비 같은 동물들이 살고 있다.

아무르강은 내륙에서는 물론이고, 바다와 이어진 하류지역에서도 어업이 활발했다.[162] 연어, 송어 등 많은 종류의 어류들이 서식했다.[163] 상업적 가치가 있는 어류가 25종이 넘고, 말린 연어들은 캄차카에서와 마찬가지로 긴긴 겨울 동안 사람과 개들의 주요 식량원이 된다.[164] 흑룡강의 가장 중요한 경제적인 가치는 선사시대나 근대에 이르기까지 수운으로 사용된 것이

---

160) 동아시아 삼림대에서 특징적인 농경문화 유형을 인지해서 'ナラ林文化'로 명명한 사람은 나카오 사스케(中尾佐助)이다. 이 문화는 서기전 3000년경부터 500년 정도까지 있었다. 이 문화는 대륙 동부에서 도래하여 순무나 W형 대맥 등으로 대표되는 북방계의 중요한 작물군을 받아들인 농경문화라고 생각된다(松山利夫, 〈ナラ林の 文化〉, 《季刊考古學》15號, 雄山閣出版社, 1986, p.43). 그는 식물학자로서 사사끼 고메이 등의 학자들과 공동으로 양자강 유역과 운남 지역의 조엽수림문화를 일본고대문화의 기원으로 설정한 인물이다. 그 이후에 일본인들은 꾸준하게 일본 고대문화의 양자강 유역설과 장강문화권 조엽수림 문화권 등을 주장하고 있다.

161) 제임스 포사이스 지음/ 정재겸 옮김, 앞의 책, 2009, p.25.

162) 吳文衡, 앞의 글, 1989, p.70에서 "黑龍江 하류 일대에서 거주한 '女真野人'(즉 淸의 赫哲族)과 乞裏迷(즉 淸의 費雅咯)'以捕魚為食'(대대로 어로업에 종사해왔다), '暑用魚皮, 寒用狗皮'(여름에 어피로, 겨울에 개가죽으로 추위를 막다), '不食五穀, 六畜唯狗多'(오곡을 먹지 않아 육축 가운데 오로지 개가 많다.; 外興安嶺 일대의 '北山野人'(즉 淸의 使鹿鄂倫春)'養鹿, 乘以出入(사슴을 사육해 타고 다닌다)', 어렵 사냥감이 海驢, 海豹, 海豬, 海牛, 海狗皮, 兀角, 象牙, 鮥須 등이 있다."고 구체적으로 설명했다.

163) 加藤晉平, 〈東北アジアの自然と人類史〉, 《東北アジアの民族と歷史》, 三上次男 神田信夫 編, 山川出版社, 1992, pp.9~10.

164) 리차드 부시, 〈순록과 함께한 시베리아 탐험 일지, 흑룡강-캄차카-축치 반도 탐사 기록〉, 《우리역사 연구재단》, 2016 참조.

〈그림 3-49〉 물색이 까만 하바로프스크 시내의 흑룡강(왼쪽)과 나나이족이 거주하는
외곽지대 시카치알리안 마을의 창고(고구려의 부경과 동일), 배 그리고 흑룡강의 모습

다. 2400㎞는 증기선이 운행할 수 있었고, 수많은 지류들이 약 200만 ㎞ 이
상의 넓은 지역을 관통해 흘러가고 있다. 아무르강의 하류는 너비가 거의
약 1.5㎞에 달한다. 때문에 군사적인 가치가 풍부했었다.

조선과 러시아 사이에는 '나선(羅禪)정벌'이라는 사건이 있었다. [165] 그
뒤에는 1920년대 초에 장작림(張作霖)의 군대가 해군을 결성하고, 그 나
중에는 일본의 관동군이 송화강과 흑룡강에서 '강방함대(江防艦隊)'를 운
영했다. [166]

주민들은 다양한 성분의 종족들로 구성되었는데, 주로 퉁구스어를
사용하는 집단들이다. [167] 그 밖에 하류로 가면 축치, 캄차카어족인 이텔

---

165) 나선(羅禪)은 그 시대 러시아를 가리키는 명칭이다. 17세기 중반에 러시아가
     흑룡강 일대에 진출하면서 청나라는 이를 방어해야만 했다. 그때는 병자호란
     이 끝나고 얼마 안 된 시기인데 청나라는 조선에 포수병을 요청했다. 처음에는
     조총군 100명과 초관(哨官) 50여 명이 파견됐다. 이 군대는 1차 전투에서 승리
     하였다. 그 후 1658년인 효종 9년에 다시 2차로 더 많은 군사를 파견하였다.
     이 전투에서 신유는 동강시, 즉 흑룡강과 송화강이 만나는 강 위에서 전투를
     벌여 승리했다.
166) 傅大中著, 〈第六章 东北江防舰队投敌〉《満洲国军简史》, 吉林文史出版社出版, 1999.
     6장에는 당시 강방함대의 함정 명칭과 제원 등이 상세하게 소개되어 있다.
167) 퉁구스란 명칭의 최초의 출현은 '야쿠트인'이 '어웬키인'을 부르던 이름에서 시
     작되어 유럽인들이 사용하였다. 지금은 퉁구스어족에 편입된 민족은 11개이
     다. 헤젠족, 오르치, 오로키, 오로치, 우드카이, 어웬키, 오로첸, 아이웬니, 니
     에기다르 등. 헤젠의 칭호는 청대에 처음 보이며 혁철(赫哲) 등으로 적었다. 우
     디거와 우디허, 헤젠은 모두 같은 종족 명칭이다. 퉁구스, 만주어족-나나이
     족, 네기다르족, 오로치족, 우데게족, 우리치족, 에벤크족 등으로 구성된다.

멘족, 코랴크족, 추반족, 축치족 등이 있고, 에스키모, 아레우트족 등 에 스키모족, 니브흐족, 유카기르족 등 고아시아어족이 있다. 이들은 고조선 문명권이 발전하고 있었을 때 간접적으로 연관되었을 것이다.

### (5) 우수리강 유역

우수리강(烏蘇里江)은 발해의 솔빈부 내부를 흘렀던 강이다. 당나라 시대는 '안거골수', 금나라 시대는 '아리문하', 원나라 시대는 '홀려고강', 명나라 시대는 '아속강' 또는 '속리하', 청나라 시대는 '오소리강'으로 불렀 다. 한카이호(興凱湖)는 면적이 4,380㎢, 호수면이 해발 69m, 평균 수심 이 4-5m, 최대 수심이 7.03m이다. 중국의 흑룡강성과 러시아의 국경을 이루는 호수이다. 북부의 약 1/4이 중국 헤이룽장성에 속하고, 남부의 약 3/4이 러시아의 연해주에 속한다.

우수리강은 이곳에서 발원하여 중간에 많은 지류들을 모아 연해주의 동쪽 허리에 해당하는 시호테알린산맥을 따라 북쪽으로 흐른다. 그리고 최종적으로 하바로프스크시 부근에서 흑룡강(黑龍江, 아무르강)에 합류 한다. 길이가 909㎞(본류의 길이 588㎞)이고, 유역의 면적은 18만 7000㎞ 이며, 연간 수량이 70㎢이다. 강폭은 비교적 넓은 편이나, 초가을의 태풍 기에는 범람하며, 흐름은 불규칙하게 변화한다.

스이픈하(綏芬河)는 발해시대의 솔빈부, 현재 우스리스크시를 통과하 는 백두산계의 강으로서 길림성의 왕청현(汪淸縣)의 경계에서 발원하여 동녕현(東寧縣)을 경유하여 러시아 경내를 통과한 후 블라디보스토크시 부근에서 동해로 들어간다.[168] 이들 산간분지들은 토지가 비옥하고 동해 때문에 기후가 습하며, 숲과 물에 가까워 농경에 편리하고, 어업과 수렵에 도 유리하다. 또한 목축업도 발달하여, 발해시대에는 이곳 솔빈부에서 말

---

168) 이 지역의 고고학적인 발굴성과는 潭英傑; 孫秀仁; 趙虹光; 幹志耿, 《黑龍江區 域 考古學》, 中國社會科學出版社, 1991, p.21~22 참조.

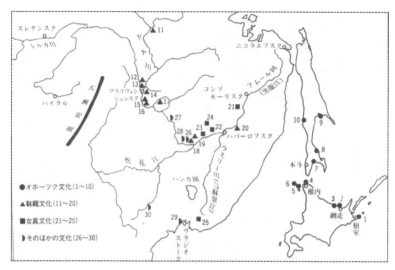

〈그림 3-50〉 흑룡강 유역 및 연해주 사힐린 일대 유적 분포도(菊池俊彦 著, 《北東 アジアの 古代文化の研究》, 北海道大學 圖書刊行會, 1995, p.71.)

을 키웠다.[169] 전체적으로는 산지가 발달하여 소나무, 자작나무, 백양나무 등의 각종 침엽수들이 삼림을 이루고 있었다. 하류에는 농경지도 발달하였다.

### (6) 요하 유역

요녕성의 수계는 크게 '요하(遼河)', '혼하(渾河)', '태자하(太子河)', '대릉하(大凌河)', '소릉하(小凌河)'로 나눌 수 있으며, 구체적으로 '양식목하(養息牧河)', '포하(蒲河)', '북사하(北沙河)', '공하구하(公河寇河)', '이도하(二道河)', '횡도하(橫道河)', '시하(柴河)', '범하(凡河)', '초소대하(招蘇臺河)' 등 423개의 하천과 45개의 지류들로 나눈다.[170]

요하는 지리적으로는 서만주에서 요동과 요서를 가르는 지표이다.

---

169) 王承禮 지음/ 송기호 옮김, 《발해의 역사》, 한림대학 아시아문화연구소, 1988, pp.105~106.

170) 〈遼河水系〉, 中國:百度百科, http://baike.baidu.com/link, 검색일: 2015.11.2

〈그림 3-51〉 우스리스크의 발해산성에서 바라다 본 수분하(綏分河)(왼쪽)와 고려인 들이 슬픈 강이라고 불렀던 수분하(스이푼강), 발해의 솔빈부를 흐르고 있었다.

또한 역사적으로는 한민족의 역사와 중국의 역사가 조우하는 지점이므로 양국의 영토 내지는 문명권의 설정에 중요한 지표가 된다. 그런데 지명, 특히 산이름(山名), 강이름(江名) 등은 변화가 심하고, 동일한 강과 산이름들이 많아서 해석의 어려움을 가져온다. 따라서 특정한 시대, 특정한 상황과 연관된 '요하' 또는 '요수'를 어디로 규정하는가는 매우 중요한 역사적 평가와 직결된다. 따라서 이 글에서는 요하와 연관된 역사적 상황 등은 배제하고, 현재 요하라고 불리워진 강의 자연환경을 검토한다.

현재의 요하는 중국 만주지역의 서남 지방에 위치하며, 요하 유역의 동쪽은 천산(天山)산맥의 산간지역으로서 서남쪽은 해발 200~1000m인 연산(燕山)산맥이 동쪽으로 연장되는데 해발 500~1500m이며, 서북쪽은 대흥안령의 남쪽 끝이다. 남쪽은 발해를 마주하고 있으며, 요하 평원은 그 중부에 위치한다. 요하는 수계의 총길이가 1390㎞이고, 유역 면적은 21.9만 ㎢으로 중국에서 일곱 번째로 크다. 또한 지형은 산지, 구릉, 평원 외에도 사막, 습지 등이 배치된 매우 복잡한 환경이다.

요동반도 근처에서 발원한 대부분의 수계는 요하(遼河)로 연결된다. 중국의 하북 내몽고 길림 요녕 등 4개 성을 경유하면서 반산(盤山, 錦州)에서 발해로 들어간다. 하북성의 수계는 크게 해하(海河) 수계, 난하(灤河) 수계, 요하 수계, 빈해소(賓海小) 수계, 서북내륙 수계 5개로 나누어지

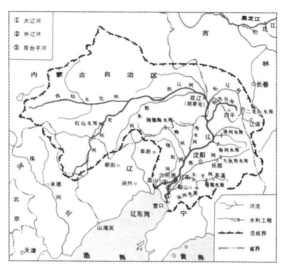

〈그림 3-52〉 요하 수계 분포

며, 조백하(潮白河), 영정하(永定河), 상간하(桑幹河), 양하(洋河), 대청하(大淸河), 자아하(子牙河), 남운하(南運河), 무열하(武烈河), 청룡하(靑龍河), 노합하(老哈河), 두하(陡河), 대하(戴河), 부양하(滏陽河) 등의 지류로 구별된다. 이 수계들은 결국 발해만으로 들어가므로 요하 수계와 유기적인 관계를 맺고 있다.[171]

요하는 소위 '요하문명(遼河文明)'의 발상지 역할을 담당하였다. 요하라는 이름은 시대에 따라서 역사적으로는 다양한 명칭을 가졌음은 《한서》 지리지, 《삼국지》, 《수경주》, 《수서》 《통감》, 《통전》, 《요사》, 《금사》,

---

171) 요하 수계는 동부지역 남쪽 최대의 수계이며, 어렵적인 경제가치가 매우 높다. 주요 어류는 10여 종류가 있으며, 이 가운데 연어(鰱魚)와 전어(鱄魚)는 전체 생산량의 80퍼센트 이상 차지하고 있으며 잉어(鯉魚), 붕어(鯽魚), 초어(草魚) 등 12퍼센트, 그리고 방어(鯿魴) 등 다양하다. 1949년 이전 연간 생산량이 1000~2000톤, 1959년까지 4000~5000톤, 1961년에 1.3만 톤으로 기재된다. 농업과 연관해서는 요하 유역의 총면적은 21.9만 ㎢이며, 산지는 35.7퍼센트, 구릉 23.5퍼센트, 평원이 34.5퍼센트 그리고 사구가 6.3퍼센트 차지하고 있다. 그리고 서쪽은 대흥안령, 그리고 칠노도산(七老圖山), 노로아호산(努魯兒虎山)이 있고, 동쪽은 합달령(哈達嶺), 용강산(龍崗山), 천산(千山) 등이 있다.

〈표 3-7〉 요하의 자연환경 특징

| 요하의 자연 환경 특징 | | |
|---|---|---|
| 1 | 1개 만 | 요동만을 거쳐 발해로 들어간다. |
| 2 | 2개 지류 | 동요하와 서요하 |
| 3 | 3개 산맥 | 장백산맥, 대흥안령산맥, 연산산맥 |
| 4 | 4개 행정지역 | 하북성 요녕성 내몽고 길림성 |
| 5 | 5개 자연 환경 | 산지 구릉 평원 사막 습지 |

《명통지》,《만주원류고》등에서 확인할 수 있다. 그 가운데 고조선 역사와 연관이 있는 내용이 기록된 책은《한서》지리지,《삼국지》위지이며, 주목할 만한 것은《수경주》의 기록이다.《통감》은 고구려와 수나라, 당나라가 전쟁을 벌일 때 요하의 상황을 기록하였다. 그러나 각 사서에 기록된 모든 요하가 현재 요하와 동일한 것은 아니다. 또한 요하 또는 요수가 현재와 일치하는 것도 아니며, 항상 동일한 것은 아니다. 이 책에서는 이러한 점들을 인식하면서 가능하면 고조선문명권과 연관하여 관련된 상황 속에서 요하의 역사성을 언급한 것이다. 다만 몇 가지 문제점이 있다. 사료 기록의 비공정성, 주석자의 주관, 정치적인 의도 작용, 자연환경의 변화 등이 있기 때문이다.

요하의 하구인 영구(營口)는 앞글에서 제시한 지형도를 통해서 확인하였듯이 구석기시대부터 현재까지 지형의 변화[172]가 심했다. 요하의 하구인 영구는 원래 명대 말기~청대 초기에 요하의 하구 밖에 있는 하나의 모래섬에 지나지 않았다. 현재의 지형을 토대로 고대의 역사와 문화를 이해하는 데 얼마나 오류가 있을 수 있는가를 알려주는 예이다.

요하는 강상수운(江上水運)에도 활용되었다. 고조선 시대, 한나라 위나라 등이 전쟁을 벌일 때도 활용되었다. 후대의 상황을 기록한 것이지만

---

172) 유재헌,《중국역사지리》, 문학과 지성사, 1999, p.92.

〈그림 3-53〉 요하 하구인 영구시 항구(왼쪽)와 산해관

거란은 이 강에서 일찍부터 독특한 배를 사용하여 운송에 활용하였고,[173] 심지어는 군사작전에도 활용하였다.[174] 서요하는 내몽골 지역의 극십극등기(克什克騰旗) 백차산(白岔山)에서 발원한 380㎞인 시라무렌하(西拉木倫河)와 칠노도산(七老圖山) 남쪽의 하북성 평천현(平泉縣) 광두령(光頭嶺)에서 발원한 426㎞의 노합하가 합수한 강이다.

〈위지〉 선비전에는 "그 땅의 동쪽은 요수에 접하고 서쪽은 서역에 이른다. 매년 봄철이 되면 작낙수(作樂水, 《후한서》에는 요낙수饒樂水라고 기록)에서 크게 모인다"라고 되어 있다. 작낙수는 오늘날 요하의 상류인 시라무렌(西拉木倫)이다. 그 밖에도 대릉하 난하 등 크고 작은 강이 금주만(錦州灣), 연산만(連山灣) 등의 작은 만을 거쳐 발해로 흘러들어 간다.

'대릉하'는 현재 중국 요녕성 서쪽에 위치해 있으며 총길이 397㎞, 유역 면적 2.35만 ㎢로 요서지방에서는 가장 큰 하류이다. 명칭은 '유수(渝水)', '백랑수(白狼水)', '백랑하(白狼河, 北魏, 隋, 唐)', '영하(灵河, 遼)', '릉

---

173) 馮繼欽 外,《契丹族文化史》, 黑龍江人民出版社, 1994, p.125에서 "契丹 최초 사용하였던 배가 '사선(梭船)'이라고 불렸다"라는 내용이 있다. 또한 《契丹國志》 卷25 〈張舜民使北記〉에서 洪皓의 《松漠紀聞》에 실린 내용을 인용하여 "(女真) 其俗刳木爲舟 長可八尺 形如梭 日 '梭船'上施一槳 止以撲魚 至渡車 則方舟或三舟"라고 설명한 적이 있다.

174) 馮繼欽 外, 위의 책, 1994, p.127.

〈표 3-8〉 중국 사료에서 요하라는 명칭에 대한 기술

| | 출처 | 내용 |
|---|---|---|
| 1 | 《한서》 지리지 | 大遼水出塞外 南至安市入海 行一千二百五十裏. |
| 2 | 《위지》 | 司馬懿伐公孫淵 圍襄平 會大霖雨 遼水暴漲 運船自遼口竟至城下 平地水數尺 |
| 3 | 《수경》 | 大遼水出塞外衛囪平山 東南入塞 過遼東襄 平縣西 又東南過房縣西 又東安市縣西南入於海. |
| 4 | 《수경주》 | 遼水亦言出砥石山 自塞外東流 直遼東之 望平縣西 屈而西南流 逕襄平縣故城丙. 又東逕遼隊縣故城西. 又南 小遼水註之伍. 又右會白狼水. 至安市縣入海. 稱遼水過房接西 右會白狼水 又稱狼水經古貧龍柳械之北 與今土河相合 故或疑白狼水即土河. 然按之《水經註》難一吻合 且李勣自南蘇班師. |
| 5 | 《수서》 | 開皇八年命漢王諒討高麗 軍次遼水. 高麗遺使謝罪 乃罷兵. |
| 6 | 《통감》 | (隋)大業七年 諸軍會遼水 高麗阻水拒守 隋兵不得濟. 命宇文愷造 浮橋三道於遼水西岸 既成 引橋趨東岸 橋短丈餘. 士卒赴水接戰 高麗乘高擊之 為所敗. 乃引橋復就西岸 命何稠接橋 二日而成 諸 軍進戰於東岸. (唐)貞觀十八年 遣營州都督張儉討高麗 值遼水漲 儉等久不得濟. 次年車駕至遼澤 泥淖二百餘裏 人馬不可通. 詔閻 立德布土作橋 既濟 撤之 以堅士心. 及師 還 遣長孫無忌將萬人 翦草填道 深處以車為梁 上自系薪於馬鞘以助役. |
| 7 | 《통전》 | 貞觀二十一年 李勣破高麗於南蘇 班師至頗利城 渡田狼黃巖二水 皆由膝以下. 勣怪二水狹淺 問契丹遼源所在 雲此二水合而南流 即稱遼水 更無遠源可得也. 按:遼河二源 一為吉林之赫爾蘇河 一為潢河. 又有喀蝸沁之土河 東淹合於潢河. 大遼水源出秣鞨國西南山 南流至安市入海. |
| 8 | 《요사》 | 東京遼陽府 遼河出東北山口會範河 原本會 誤作為 範河海出菇穢 呼山 入遼河 別系一河也. 今攻正西南流為大口 入於海. |
| 9 | 《금사》 | 遼陽府 瀋州 章義縣 有遼河. |
| 10 | 《원일통지》 | 遼河在遼陽路西一百五十裏. |
| 11 | 《명통지》 | 遼河 源出塞外 自三萬衛西北入境 南流經鐵嶺 瀋陽 都司之西境 廣寧之東境 又南至海州衛入按遼河 東深出吉林西南之庫垺訥窩集 為赫爾蘇河 北流出邊 西北燒鄧子村 又西南折與演河會I其西泡即 潢河也. 二河合流 自開原縣入邊 經鐵嶺入雙峽口分為二 曰內遼河 外遼河 繞縣之西南 復合為一 至開城為巨流河 亦名句面河 又作 枸柳河. 又分流復南匯 經海城縣西 與太子河會 遂為三漢河入海. |

〈그림 3-54〉 1. 영평부의 조선성 유적, 2. 산해관에서 시작하는 만리장성, 3. 요서 지방의 백랑산, 4. 갈석산에서 바라본 갈석항

하(凌河, 金)’, ‘릉수(凌水, 元)’ 등으로, 명나라 시절부터 소릉하와 구별 하기 위해 이름을 최초로 대릉하(大凌河)라 하였다. 고대 북방 지역과 중원 사이에 사용된 주된 교통의 허브로서 산융의 공격, 위나라의 오환 공격, 전연의 중원 공격, 북제의 결단 공격, 특히, 수나라 당나라가 고구 려를 공격하였을 때 모두 대릉하의 계곡을 행군하는 군사도로로 사용 하였다.

한시대에 도하(徒河)로 변칭되어 요서군 치하의 한 현이며 강물의 이름 도 동일하다. 즉《후한서》선비전에서 나타나는 ‘오후진수(烏侯秦水)’인 것 이다. 수나라 시대에는 ‘탁흘신수(托紇臣水)’, 당나라 시대에는 ‘토호진수 (土護真水)’, 금나라 시대에는 ‘사하(土河)’, ‘도하(塗河)’, 원나라 시대에는 ‘도하(塗河)’로 명칭이 변화해 왔다. 갈석수(碣石水)·빈수(賓水)가 있는데 모 두 남쪽으로 흘러 바다로 들어간다.

요동에는 태자하(太子
河)가 있는데, 전국시대에
는 '연수(衍水)' 또는 '대양
수(大梁水)'라고 하였다. 한
시대에는 '대양수(大梁水)'
또는 '양수(梁水)라고 하였
다. '동양하(東梁河)'라고도
한다. 명시대에는 '대자하
(代子河)'로 불리기도 하였

〈그림 3-55〉 삼차하(해성하와 요하가 만나는 곳)

다. '양수(梁水)', '대자하(代子河)', '태자하(太子河)'는 같은 지역을 나타
내는 명칭의 다른 발음일 뿐이다. 청시대에는 태자하를 만주어의 '오륵호
필라(烏勒呼必喇)'(만주족어의 오륵호烏勒呼는 갈대라는 뜻, 필라必喇는
하라라는 뜻)라고 호칭했다.

수원이 두 개가 있다. 북쪽은 신빈현(新賓縣)의 평정산향(平頂山鄉)
홍안구(鴻雁溝)에 있으며, 남쪽은 환인(桓仁)시의 동영방(東營坊) 양호구
(洋湖溝) 초모자산(草帽子山)에 있다. 이 두 개 수원이 본계시(本溪縣) 마
성자촌(馬城子村) 고자암(姑子庵)에서 합류하여 본계시(本溪市)를 경유한
후 요양 경내에 유입된다.[175] 본계에서 등탑현의 백암성을 거쳐 요양 앞을
통과한 다음에 해성(海城)을 거쳐 온 물길인 해성하와 만난다. 다시 남쪽
으로 내려오다 바로 혼하를 거쳐 내려온 대요하와 만나 최종적으로 영구
(營口)에 모인 다음에 발해의 요동만으로 들어간다. 전체 길이가 325㎞이
다. 일부 강들은 복주만(復州灣), 보란점만(普蘭店灣), 금주만(金州灣) 등
으로 흘러들어 간다. 따라서 요하변에 있는 심양, 요양, 해성, 개주 등은
'내륙항구도시'이다. 실위수는 요동군의 거취현(居就縣) 실위산(室僞山)에
서 발원하여 북쪽으로 양평(襄平, 현재 요양)에 이르러 마지막에는 바다
로 들어간다.

---

175) 자연환경은 王禹浪; 程功, 앞의 논문, pp.1~2의 내용 참조.

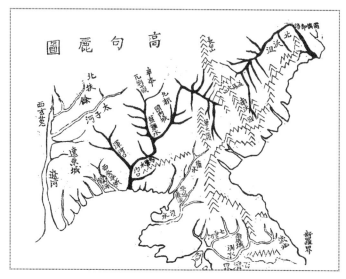

〈그림 3-56〉 고구려 강 일대를 소개한 고지도

## 3) 한반도의 강

강은 한반도 내부로 들어오면 더 특별한 의미를 지닌다. 한반도는 육지의 70퍼센트가 노년기의 산악지형으로서 육로 교통이 불편하다. 한반도의 동쪽 허리인 백두대간(白頭大幹)[176]은 바다와 붙어 있으므로 동해해안가에는 사람들이 모여 살 만한 터가 부족했다. 반면에 서쪽은 악산맥, 마식령산맥, 차령산맥, 노령산맥 등이 뻗어내리면서,[177] 지형이 낮기때문에 자락이 넓고 물길 또한 서해안으로 흘러들어 가며 하계망(河系

---

176) 1769년에 편찬된 《여지변람》(輿地便覽)의 〈산경표〉(山經表)에 따르면 '대간(大幹)', '정간(正幹)', '정맥(正脈)' 등으로 구분하고 있다. 산과 물을 하나의 유기적인 시스템으로 보는 관점이다.

177) 우리나라 산맥은 동경제국대학의 이학박사인 고토 분지로(小藤 文次郎)가 1900년부터 1902년 사이에 2회에 걸쳐 우리나라를 방문, 14개월 동안 전국을 답사·연구한 이론(산맥의 명칭과 개요)이다. 주로 밑의 지질구조에 따라 산맥을 분류하여 실제로 지표면의 산세와 맞지 않는다. 이형석 지음, 《한국의 강》, 홍익재, 1997, p.18.

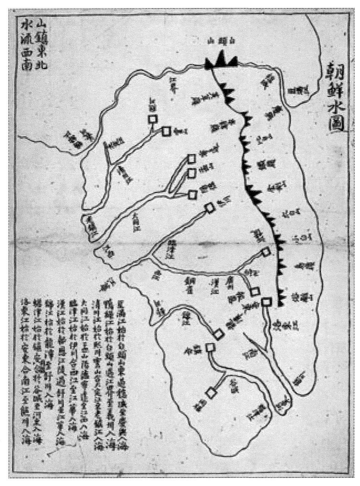

〈그림 3-57〉 朝鮮水圖(1903년, 27×17.6cm, 필사본, 개인소장)

網)을 만들고 있다.

　한반도에는 압록강, 두만강, 청천강, 대동강, 예성강, 한강, 임진강을
필두로 금강, 만경강, 동진강, 영산강, 형산강, 태화강, 낙동강 등 비교적
커다란 배들이 항행할 수 있는 강들이 18개나 된다. 정약용은 〈산수고〉
(山水考)의 목차를 4편으로 나누어, 산천을 논하였고, 압록강, 두만강을
포함하여 12개의 강을 열거하였다. 이들 하천의 하구는 일반적으로 나팔
모양을 유지하면서 바다 쪽으로 개방되어 있으므로 해안선이 복잡하다.

또한 연안에는 크고 작은 만들과 섬이 많다.[178] 이러한 현상은 서해 남부와 남해 서부에 많다.

우리나라의 하천들은 계절적으로 유량의 변동이 매우 심하다. 고조선문명이 발전할 당시의 강 환경을 정확하게 알 수는 없지만 지형상 유황(流況)은 불안정할 수밖에 없다. 온대 몬순기후 지역이므로 연강수량의 60퍼센트 이상이 6·7·8월의 3개월 동안에 집중되고 있다. 또한 하천들은 유역면적이 좁아 한 번의 집중호우가 유역분지의 상당한 부분이나 또는 전체에 걸쳐서 내리는 수가 종종 있다. 서부와 남부에는 노년기 지형이 탁월하게 발달되었으므로 황해와 남해로 흐르는 주요 하천들은 사행천(蛇行川) 또는 곡류하천(曲流河川)을 이룬다. 또한 황해와 남해로 흐르는 하천들은 해수면과 고도 차이가 별로 크지 않으므로 바닷물이 잘 섞이는 바람에 조석(潮汐)의 영향을 많이 받는다. 밀물 때 낙동강에서는 삼랑진 부근, 금강에서는 부여 부근까지 강물이 역류하였고, 한강에서는 마포까지 바닷배들이 들어왔다.

## (1) 압록강(鴨綠江) 유역

압록강은《신증동국여지승람》에서 물빛이 오리머리색과 같이 푸른 색깔이라고 하여 '압록'이라 이름을 붙였다고 기록하였다. 거리가 2,229리이다. 6개 고을을 거치는 육로는 838리요, 삼산사(三山社)에서 발원지까지 300여 리로서 총 1,140여 리이다.《대동수경》은 압록강을 '대총강(大總江)'으로 부르는데, '록수(淥水)', '애하(靉河)', '고진강(古津江)'이 모두 모여 합하여 흐르기 때문이라고 한다. 고구려에서는 '청하(靑河)'라고 불렀다. 중국에서는 압록강을 황하(黃河), 양자강(揚子江)과 더불어 천하의 삼대수(三大水)라고 일컬었다. 또한 '아리나례강(阿利那禮江)'이라고도 부

---

178) 權赫在,〈韓國의 海岸地形과 海岸分類의 諸問題〉,《高大敎育大學院》3, 1975, p.80.

르는데 이는 아마도 아리가 '태양'의 신령성을 나타내는 우리 고어에서 유래된 말일 것으로 보인다. 만주족어로는 'Yalu(邊界之江)'라 부르고 영어로는 '얄루(Yalu)'라 표기한다.

《사기》 조선전이나 《한서지리지》에는 패수(浿水), 염난수(鹽難水), 마자수(馬訾水)' 또는 '청수(靑水)' 등의 이름도 나온다. [179] 《통감》, 《요사》, 《통고》, 《선화봉사고려도경》(宣和奉使高麗圖經), 《원일통지》, 《명통지》 등에도 기록되어 있다. 《한서》 지리지에는 서안평이라는 지명이 나온다. 《통감》은 상황을 비교적 정확하게 묘사하고, 북송의 서긍(徐兢)이 쓴 《선화봉사고려도경》은 자연환경을 비롯하여 지리도 서술하였다. 그 밖에도 안민강(安民江), 요수(遼水), 마자수(馬訾水), 청하(淸河), 아리수(阿利水), 염난수(鹽難水), 패수(浿水), 엄수(淹水), 엄리수(淹梨水), 엄체수(淹遞水), 시엄수(施淹水), 욱리하(郁里河), 비류수(沸流水) 용만(龍灣), 익주강(益州江), 애양강(靉陽江) 등이 있다.

《신당서》에는 마자수(馬訾水)는 말갈의 장백산(長白山)에서 발원한다고 되어 있다. 색깔이 오리머리같이 녹빛을 띠고 있어서 압록수(鴨綠水)라고 불렀다. 이 강은 서북으로 염난수(鹽難水)로 들어가 서남으로 서안평(西安平)에 이른 다음 바다로 들어간다. 《통전》에도 유사한 기록이 있다. [180] 《후한서》 동이전에 구려(句驪)를 일명 맥이(貊耳)라고 한다. 별종(別種)이 있는데 소수(小水)에 의지해서 살기 때문에 이를 '소수맥(小水貊)'이라고 부른다고 하였다.

압록강은 한반도와 만주를 구분짓는 강으로서 백두산록인 병사봉의 남쪽 기슭에서 시작한다. [181] 상류인 혜산강(惠山江)에서 동쪽으로 두만

---

179) 《한서》 지리지에서 "玄菟郡 西蓋馬縣 馬訾水 西北入鹽難水 西南至西安平入海 過郡二 行二千一百里"라는 기재가 있다.

180) 《통전》 권1 86 변방 2 동이 하 고구려전. "…馬訾水一名鴨綠水東北水源出靺鞨白頭…西南至安平城入海…所經津濟皆貯大船…."이라고 하였다.

181) 최장 발원지는 백두산 남록이 아니라 허천강의 최상류로, 함경남도 풍산군 안수면(安水面) 수상리(水上里)-명당봉(明堂峰, 1809m) 북동계곡이었으며 하구까지의 길이는 925.5km이었다(이형석).

〈표 3-9〉 압록강에 대한 사료의 기술

| | 출처 | 내용 |
|---|---|---|
| 1 | 《한서》 지리지 | 元菟郡 西蓋馬縣 馬皆水 西北入鹽難水 西南至西安平入海 過郡 二 行二千一百裏. |
| 2 | 《통전》 | 馬訾水一名鴨綠江 源出秣羯白山 水色似鴨頭 故名 |
| 3 | 《통감》 | 業八年伐高麗 分道並進 皆會於鴨綠水西. 貞觀十九年 程名振等拔卑沙城 遣將耀兵於鴨綠水. 又龍朔元年 契苾何力討高麗 高麗守鴨綠 不得濟 何力乘堅冰渡 水 大破之. 乾封二年 李勣伐高麗 管記元萬頃檄文曰: 不知守鴨 綠之險. 高麗報曰: 謹聞命矣 即移兵拒守 唐兵不得渡. |
| 4 | 《료사》 | 聖宗統和二十八年 自將伐高麗. 大軍渡鴨綠江 康肇拒戰 敗之. |
| 5 | 《통고》 | 女真世居長內山 鴨綠水之源. |
| 6 | 《원일통지》 | 鴨綠江在遼陽路東五百六十裏. 按《唐書》馬訾水出襪褐白山 西與 鹽難水合 又西南至安平入於海. 唐太宗征高麗 造邱孝忠耀兵於 鴨綠水 即此 今考其源 出於長白山 西南流經故博索府見前趙域門. 東南入海. |
| 7 | 《고려도경》 | 鴨綠之水 源出襪鞲 其色如鴨頭 故以名之 去遼東五百裏. 又西 與一水合 即鹽難水也. 二水合流 西南至安平城入海. 高麗之中 此水最大 波瀾清澈 其國恃此以爲天塹. 水闊三百步 在平壤城 西北四百五十裏 遼水東南四百八十裏二. 自遼水以東即屬契丹 大金以其地不毛 不復城守 徒爲往來之道而已. 按鴨級水其色如 鴨頭 乃史家傳會之論 詳見完顏部條. |
| 8 | 《명통지》 | 鴨綠江在遼東都司城東五百六十裏 鴨綠江在吉林烏拉南 九百七十裏 源出長白山 西南流與朝鮮分界 至鳳風城東侑入海 即古馬脅水 亦名益州江 盌勘海盜蜊所治也. 見前趙域門. |

강(豆滿江) 상류까지의 거리는 120리이다. 내려오면서 남과 북에서 흘러 온 강들과 만나 서한만을 통과하여 황해로 접어든다. 중류에서는 북쪽 의 혼강(渾江)이 용남산(龍南山)에서 발원하여 환인(桓仁)시를 거쳐 압록 강으로 흘러든다. 혼강은 많은 지류와 깊은 계곡으로 둘러싸여 있으며

〈그림 3-58〉 환인시의 혼강(오른쪽)과 집안시를 흐르는 압록강의 중류. 건너편이 북한 만포지역이다.

평야도 발달해 있다.[182] 상류에는 비류수인 부이강(富爾江)을 비롯하여 6개의 지류가 흘러들어 오고 수심이 2.76m이고 최대 수심은 4.4m이다. 총 445㎞이다. 하구인 단동시의 구란성(九連城, 고구려 박작성泊灼城)에서 수로가 189㎞인 애하(靉河)와 만난다.

한편 남쪽으로는 지류들인 허천강, 자성강, 장전강, 독로강 등이 있다. 독로강(禿魯江)[183]은 낭림(狼林)산맥에서 발원하여 강계시를 흘러 압록강으로 들어가는데 길이가 239㎞이고, 103㎞가 수로망으로 활용되었다. 압록강은 수심이 깊고 배들이 다닐 수 있는 수로인 통항 거리는 750㎞이다.[184] 강

---

182) 李金榮 主編,《桓因之最》, 1992;《桓因縣 蠻族自治縣地方志辦公室》, 1994. 8월의 필자 답사에 따르면 인삼 농사 등으로 산에 나무가 거의 없는 실정에도 불구하고 현재 혼강은 홀수가 낮은 고대의 선박들은 충분히 활동할 수 있을 정도의 수심이다. 수심이 더욱 깊었을 가능성이 크다.

183)《고려사》지리지, 참고;《신증동국여지승람》義州牧, 압록강은 "마자(馬訾) 또는 청하(青河) 또는 용만(龍灣)이라고도 한다. 서쪽으로 요동도사(遼東都司)와 거리가 5백 60리며, 그 근원은 만주 땅의 백두산에서 나오고, 수백 리를 남으로 흘러서 강계(江界)와 위원(渭源)의 지경에 이르러 독로강(禿魯江)과 합치고" 라고 되어 있다.

184) 이형석이 1918년, 조선총독부(육지 측량부)에서 제작한 축척 1:50,000 지형도에서 곡선자로 압록강 하구에서 백두산 남록까지의 길이를 계측하였던바 790㎞보다 16.5㎞ 더 긴 806.5㎞였다. 한편 중국측 기록은 795㎞이었으며 북한측의 기록은 803㎞로 각종 문헌에 기록되었다.

〈그림 3-59〉 압록강과 애하가 만난 합수지점 근처의 서안평성 유지

하류에는 하상도서(河上島嶼)가 많이 있고[185] 끝나는 곳에는 만이 발달되어 황해로 접어든다.[186] 통항거리가 길고(750km) 큰 규모의 선박이 항행할 수 있고 많은 선박들이 동시에 운행할 수가 있다. 주요 지류와 현황을 정리하면 아래와 같다.

압록강 유역에서는 구석기문화, 신석기문화가 발달하였다. 중국 쪽에 발달했던 신석기시대의 유적은 대부분 하류 연안의 대지와 산 언덕에 분포되었다. 집안시와 환인시의 혼강 중류와 부이강(富彌江)의 하류 양안 등을 두 차례 조사해서 상당수의 신석기시대 유적을 발견하였다. 구련성

---

185) 《신증동국여지승람》, 의주목(義州牧)에 따르면 "어적도(於赤島), 란자도(蘭子島), 검동도(黔同島), 위화도(威化島) 등이 있다. 대총강(大總江), 록수(菉水), 애하(靉河), 고진강(古津江) 등으로 불리워진다"는 기재가 있다.

186) 《한서지리지》권 28, 지리지 제8 하1에는 황해 북부로 흘러들어 가는 강들에 대해서 본문과 주를 통해서 상세하게 설명하고 있다. 특히 현도군(玄兎郡) 서개마현(西蓋馬縣)의 주에는 "馬訾水 西北入監難水 西南至西安平 入海 過郡二 行二千一白里"라고 하였다.

〈표 3-10〉 압록강의 지류

|   | 명칭 | 발원지 | 길이 | 유역면적 | 특징 |
|---|------|--------|------|----------|------|
| 1 | 혼강 | 길림성 백산시 북 합이아범산 (北 哈爾雅範山) | 445km | 15,044㎢ | 압록강의 가장 큰 지류 |
| 2 | 애하 | 요녕성 단동시 관전(寬甸) 쌍타자진(雙山子鎭) 목타자령(木垛子嶺) | 189km | 5,902㎢ | 구련성(九連城)에서 압록강과 합류 |
| 3 | 포석하 | 요녕성 관전현 북사방 정자(北四方頂子) | 121.8km | 1,212㎢ | |
| 4 | 독로강 | 낭림산 서남쪽 소백산 | 238.5km | 5,207㎢ | 북한 북부에 위치하여 북한 경내 압록강의 가장 큰 지류. |
| 5 | 허천강 | 부전령(赴戰嶺) 산맥 | 210.7km | 4,948㎢ | 남 → 북 개마고원 중부를 횡단 혜산(惠山) 서남 4km의 지역에서 압록강과 합류. |

진(九連城鎭)의 애하(靉河) 상첨촌(上尖村)인 서안평성에서는 오수전 등이 발견됐다. 일찍부터 상업교역의 중요한 통로가 되었음을 알려준다. 《삼국지》 고구려전과 《후한서》 고구려전에 의거해[187] 현재의 압록강인 대수(大水)와 그 북쪽 지류인 소수(小水)인 혼강(渾江) 유역의 흘승골(紇升骨)에서 건국하였다고 한다.[188] 소수와 대수의 위치비정에 대해서는 소수

---

187) 《삼국지》 권30 위서30 동이전 고구려. '又有小水貊 句麗作國 依大水而居 西安平縣北有小水, 南流入海, 句麗別種依小水作國, 因名之爲小水貊.' 《後漢書》 卷85 東夷列傳 75. 句驪 '句驪一名貊 有別種 依小水爲居 因名小水貊.'

188) 이와 달리 이용범(李龍範)은 계루부(桂婁部)가 철생산지인 두만강 유역에서 동가강(佟佳江) 유역으로 팽창하였다고 주장하였다. 〈高句麗의 成長과 鐵〉, 《韓滿交流史》, 동화출판공사, 1989, p.106.

〈그림 3-60〉 압록강에서 사용한 뗏목 운반(왼쪽)과 압록강 하구인 신의주의 북한쪽

가 혼강이 아니라는 견해도 있으나 현재로서는 보통 혼강 중류인 환인
(桓仁) 지역으로 이해하고 있다.[189]

한편 남쪽인 한반도쪽 유역에서는 신석기시대의 주거지와 토기·석기·
골각기 등의 유물이 발견되었다. 중류의 중강군 토성리, 하류의 의주군
미송리, 용천군 용연리·신암리·쌍학리 등은 대표적인 유적지이다. 청동
기시대의 유적으로는 중강군 토성리, 시중군 심귀리, 노남리, 강계시 공
귀동, 벽동군 송련리, 의주군 의송리, 용천군 신암리 등에서 거주지가 발
굴되었으며, 이들 유적에서는 청동기를 비롯하여 토기와 반달칼(半月刀),
돌도끼, 방추차, 석검, 돌화살촉 등 유물이 출토되었다. 그리고 강계시의
풍룡동과 공귀동에서는 청동기시대의 석관묘가 발견되었다. 초기 철기시
대의 유적으로 시중군 노남리에서 야철지(冶鐵址)와 주거지, 심귀리에서
는 분묘가 발견되었으며, 이들 유적에서는 철기·토기를 비롯하여 명도
전, 오수전 등의 화폐들이 출토되었다. 이 밖에 중강군 토성리, 자성군

---

189) 북한에서는 그동안의 발굴성과로 보면 고구려족은 이미 서기전 3~2세기경에
요동지방 압록강 중류지역, 한반도 북부지역에서 철기를 사용하면서 농업경제
가 매우 발전한 국가단계로 진입했으며, 또 주몽이 건국하기 이전에 이미 2개
의 고구려 국가가 있었다고 주장하고 있다(《최초의 高句麗 國家》,《백산학보》40,
pp.78~79). 고조선문명권의 중요한 정치세력이 이미 이 지역에 있었다는 주장
이다. 그런데 고구려가 건국된 위치가 현재의 환인이 아니라고 주장한 견해도
있다. 필자는 통화시 또는 길림시 일대를 고구려의 첫수도로 추정하고 있다.

〈그림 3-61〉 단동시내에서 바라본 압록강 하구(왼쪽)와 압록강 하구인 신의주 근처 북한 내부

서해리, 위원군 용연동 등에서도 초기 철기시대의 유물이 출토되었다. 고구려의 대규모 적석총고분군들이 밀집해 있다.

청천강(淸川江)도 있다. 평안남도 웅어수산(雄魚水山)에서 발원하여 중간에 태천이 있는 대령강 등과 합류하면서, 총 길이는 약 199km이며 유역 면적은 5,831km², 가항로는 152km이다. 청천강 상류 지역에 위치한 희천군은 적유령산맥과 묘향산맥에 둘러싸여 대부분이 산지이다. 희천 남부에서 희천강(熙川江)과 합류하고 묘향산맥과 적유령산맥 사이를 지나 영변 남쪽에서 구룡강(九龍江)과 합류한다. 이 강은 하류에서 평안남도와 평안북도의 경계를 이루며, 안주·박천의 충적평야를 형성한다. 안주는 동쪽은 동해로, 서쪽은 서해, 남쪽은 평양으로 이어지는 길목이다. 북쪽으로는 박천과 구성, 영변과 의주를 거쳐 요동지방으로 통하고 동쪽으로는 개천, 순천 등을 거쳐 함경남도와 강원도로 통하며 서쪽으로는 서해, 남쪽으로는 평양과 황해도를 통하는 길목에 있다. 또 주변에는 안주벌, 박천벌, 열두삼천벌 등 기름진 옥토들이 있다.[190] 영변, 개천, 안주 등의 강변도시들을 형성한다.

---

190) 서일범, 〈북한의 고구려산성〉, 신형식·최근영·윤명철·오순제·서일범 공동 지음,《고구려산성과 해양방어체제연구》, 백산자료원, 2000, p.145.

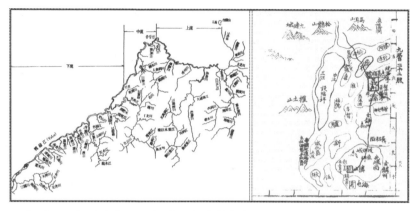

〈그림 3-62〉 압록강 본류와 지류의 명칭(왼쪽)과 《대동여지도》의 압록강 하구

### (2) 두만강 유역

두만강(豆滿江)은 '고려강(高麗江)', '도문강(圖門江)'[191], '도문강(徒們江)', '토문강(土們江)', '통문강(統們江)' 등으로[192]명칭이 다양하다. 길이 610.75㎞의 강으로서 백두산 산록에서 발원하였다. 동해로 들어가는 두만강의 지류들로서는 한반도에서는 보을천·회령천·팔을천(八乙川) 등이 있다. 만주지역에서는 홍기하(紅旗河), 해란하(海蘭河), 포이합통하(布爾哈通河), 알하하(嘎呀河) 및 훈춘하(琿春河) 등이 백두산의 동쪽에 위치하며 경유하는 지역은 길림성 연변 조선족 자치주의 중부와 동부이다.[193]

그런데 폭이 좁고 수량이 부족하여 수심이 얕을 뿐 아니라 불규칙한데다가 수로가 험악하여 해양으로 가는 접근성이 좋지 않다. 하구는 북한 쪽에는 나진 등이 있는데, 선사시대의 유적들이 있다. 중국 쪽에는 훈춘, 방천 등의 도시들이 있는데, 진주 등이 생산됐다. 훈춘은 분지가 발

---

191) 여진어로 '새가 많이 사는 골짜기'라는 뜻의 '도문색금(圖們色禽)'에서 비롯되었다. 이형석, 《한국의 강》, 홍익재, 1997.

192) 이형석, 위의 책, p.73.

193) 趙賓福 著/ 崔茂藏 譯, 《中國東北新石器文化》, 集文堂, 1996, p.240.

〈그림 3-63〉 훈춘 외곽, 북한을 바라보는 방천항의 겨울(왼쪽)과 방천항서 보이는
북한과 러시아 그리고 바다

달하여 농경이 이루어졌고, 강 하구 안쪽으로 들어와 있지만 해양으로
진출하는 전진기지 역할을 할 수 있다. 고구려의 책성(柵城), 발해의 동경
성(東京城)이었으며, 일종의 강해도시(江海都市)였다. 러시아 쪽으로 핫산
(러시아) 등이 있다. 연해주로 이어지는 대규모의 삼림지대였으며, 남쪽인
개마고원 일대와 도시들은 삼림지대로서 낙엽송이 밀생하였다. 금곡(金
穀) 유적의 초기 유물이 대표적이 되어 '금곡문화'라고 불리고 있다. 서기
전 2500년 정도이고, 가장 이른 시기 것이 서기전 3000년 이전이다.[194]

　　두만강 연안의 동관진(潼關鎭) 유적이 한반도 쪽에서는 최초의 구석
기인의 생활 흔적이다. 그 뒤 이러한 사실로 미루어, 구석기문화의 한 흐
름은 두만강을 건너 최초로 유입되었을 것으로 추정된다. 신석기 유적으
로서는 1963년에 함경북도 화대 장덕리의 홍적세유적, 웅기 굴포리 서포
항 조개더미유적 등이 보고되었다. 그 밖에도 웅기 송평리(松坪洞), 청호
리(淸湖里) 농포동(農圃洞) 등의 빗살무늬토기 유적을 들 수 있다.

### (3) 대동강 유역

　　대동강(大同江)은 고조선 시기에 '열수(洌水)', 고구려시대에는 '패수

---

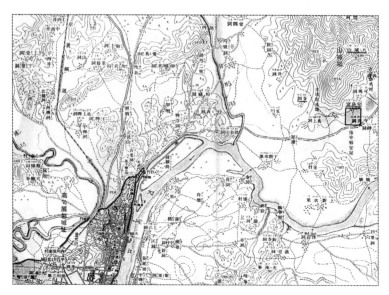

〈그림 3-64〉 평양 주변 대동강 지도(1898년 측도 1911년 제작)

(浿水)', '패강(浿江)' 또는 '왕성강(王城江)', 고려시대 이후로 '대동강'이라
불리웠다. 길이가 441.5㎞에 달하는 강이다. 상류는 비류강이 흘러 성천
시[195]를 이루고 순천을 거쳐 평양 주변지역으로 오면 합장강·장수천 등
이 합류한다. 다시 평양 시내에서 보통강(普通江)과 만나 평양 지역을 에
워싸며 돈 다음에 하류로 흘러간다. 청암리 토성이 있는 평양시 대성구역
의 동문 근처에는 작은 운하가 있어 성안으로 배를 끌어들일 수 있게 하
였다. 대동강의 평양 주변에는 능라도(綾羅島)를 비롯하여 두로도(豆老
島), 독발도(禿鉢島), 두단도(豆段島), 이로도(伊老島), 벽지도(碧只島) 등
섬들이 많이 있었다.[196] 이어 황해도의 황주천(黃州川), 재령 지역에서 북

---

195) 비류강 연안의 산봉우리들과 강변절벽을 이용하여 쌓은 산성이었다. 이곳은
   북쪽으로 개천-영변-구성-의주로 통하는 서북지역 내륙통로와 동쪽으로 원
   산지역으로부터 양덕-신양을 거쳐 평양으로 들어오는 통로가 합쳐지는 요충
   지이다. 서일범, 앞의 논문; 신형식, 《고구려산성과 해양방어체제연구》, 백산자
   료원, 2000, p.151.
196) 《신증동국여지승람》 참조.

〈그림 3-65〉 평양 대동강

상한 재령강(載寧江)을 만나 남포만을 경유하여 서해로 흘러들어 간다. 항구도시인 남포는 평양시에서 약 44km 떨어진 지역이다.

대동강 수계는 지류가 많아 평안남도의 내륙 지역은 물론이고 황해도의 일부 내륙도 곳곳을 이어준다. 북으로 청천강이 있고, 남쪽으로는 예성강, 임진강, 한강이 하계망을 구성하면서 서해 중부로 흘러들어가 범경기만을 구성한다. 따라서 대동강 하구와 남포만을 장악하면 경기만을 장악함으로써 한반도 중서부지방을 통합하는 계기를 마련하기에 유리하다. 남포만은 몇 개의 내항과 연결하는 데 매우 유리하다.[197] 또한 남포만은 위치상 황해 동쪽 해안의 남북을 종단하는 '황해연근해항로'가 반드시 거쳐가야 하는 곳이다. 또 산동반도와는 거리가 가까우므로 중간의 백령도를 활용하면 '황해중부 횡단항로'를 쉽게 이용할 수 있다.

대동강(大同江), 재령강(載寧江) 유역은 농경에 유리한 조건을 갖추고 있어 생산성이 다른 지역보다 높았다.[198] 뿐만 아니라 어렵경제로서의 조

---

197) 《신증 동국여지승람》에 따르면 중간 중간에 적교포(狄橋浦), 양명포(揚命浦), 연포(燕浦), 자포(紫浦), 남포(南浦), 마둔진(麻屯津) 등을 비롯하여 대동강진(大同江津), 리천진(梨川津), 금탄진(梨川津), 의암진(衣巖津), 관선진(觀仙津), 봉황진(鳳凰津), 한사정진(閑似亭津), 구진강진(九津江津), 석호정진(石湖亭津) 등 항구 역할을 할 수 있는 진과 포가 있었다.

198) H. Lautensach 지음/ 金鍾奎 옮김, 《韓國의 氣候誌》, 한울아카데미, 1990, pp. 78~79에는 대동분지의 기후조건에 대해서 설명되어 있다.

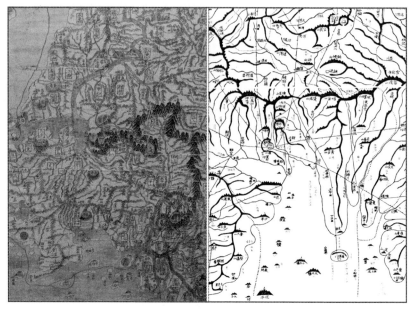

〈그림 3-66〉 대동강 하구 재령강과 합수(왼쪽)와 《대동여지도》의 해주지역.

건이 좋다. 숭어·잉어·붕어·농어 등의 물고기들이 잡혔다.[199] 이처럼 대
동강 유역은 지경학적으로 의미 있는 곳이었다.

　이러한 환경 덕분에 대동강 유역은 일찍부터 문화가 발달했다. 북한
에서는 '대동강 문화론'을 주장했다.[200] 즉 평양을 중심으로 구석기시대부
터 고대의 유적과 유물이 많이 조사된 대동강 유역을 중심범위로 설정하
였으며 인류와 고대 문명의 발상지라고 해석하고 있다.

　평양은 해륙교통과 수륙교통의 합류점으로 내륙지방에서 생산한 물품
을 바다로 운송할 수 있다. 해안지대와 가깝고 대동강, 예성강 등의 강을
통해 내륙 깊숙이 연결되므로 해산물과 소금산지 등을 확보할 수 있고 공

<hr />

199) 《신증동국여지승람》 참조.
200) 리순진, 〈《대동강 문화》의 기본내용과 우수성에 대하여〉, 《조선고고연구》
　　 1999−1호(110호), p.6. 이 글에는 대동강 문화론과 관련해서 각종 논문들이
　　 실려 있다.

〈그림 3-67〉 예성강 하구와 영안성(경기도 개풍군)

급할 수도 있었다.[201] 즉 강, 수로와 해로를 유기적으로 활용해서 공급지
와 수요지, 그리고 집결지를 연결시켜 주기에 적합한 하항도시이다.

《사기》 조선열전에 '(浿)水西至增地入海',《삼국사기》에 "高麗王談德
(392~413) 陣於浿水之上", "水在古百濟國北", 또 《수서》 고려전에 "高麗都
於平壤城 亦曰長安城 東西六裏 隨山屈曲 南臨浿水" 등등의 기록들이 있
다. 이 패수(浿水)를 오늘날의 대동강으로 추정하는 견해들이 있다. 《사
기》 조선열전에서 위만이 국경을 넘었을(出塞) 때 패수(浿水)를 건넜다는
기록이 있는데, 역시 대동강으로 추정한다. 정약용은 《아방강역고》 아방
편에서 패수(浿水)는 압록강, 대동강 외에 평주(平州)와 요동의 네 곳에
있었던 것으로 되어 있다고 하였다.

또한 예성강(禮成江)이 있다. 예성강은 황해도의 수안군에 있는 대각
산에서 발원하여 산성, 신계, 남천, 금천 등을 경유하여 개성에서 30리
떨어진 예성항인 벽란도에 닿는다. 수로가 187㎞로서 비교적 짧은 거리
인데, 가항 거리가 하구에서 약 64㎞ 정도이고, 수로의 종점(가항 종점)
은 금천 북쪽의 한포였다. 이 강은 강화도의 북부에서 만나 교동도를 사
이에 두고 수로를 이용하거나, 또는 강화도와 마주보는 김포반도 사이의
염하(鹽河, 급수문)를 통과한 후 서해로 빠져나간다.[202] 그리고 북으로

201) 《新增東國輿地勝覽》 권42·권43의 황해도 편, 권51·권52 평안도 편 참조.
202) 이 해역의 해양적 환경과 역사적 전개에 대해서는 윤명철, 〈江華지역의 해양방
     어체제연구-關彌城 位置와 관련하여〉, 《사학연구》 58,59 합집호, 1999 참조.

는 장수와 해주만까지도 연결할 수 있는 환경을 갖추고 있다. 황해도의 앞바다에서 남행하면 경기만의 영향권으로 들어가고, 북행하면 바로 대동강 하구로 들어간다. 따라서 예성강은 북진하는 세력과 남진하는 세력 사이에 교섭과 충돌이 자주 빚어지는 해양전략적인 위치였다.

### (4) 한강 유역

한강(漢江)은 사서에서 '욱리하(郁里河)', '대수(帶水)', '한수(漢水)'로 불리웠고, '아리수(阿利水, 광개토태왕릉비)' 등으로도 불렸다. 한강의 '한'은 앞에서 설명하였지만 크다, 길다, 하나다, 중심이다, 넓다 등의 뜻을 가지고 있는데, 여기서는 '긴 강' 또는 '큰 강'이라는 뜻을 담고 있다. 수로가 481㎞이고, 유역 면적이 압록강 다음으로 넓다. 백두대간 중간 부분의 산과 골짜기에서 발원하여 시내(川)에서 내려온 물들은 강을 이루었다. 북한강은 강원도 화양면 또는 내린천에서 발원하여 인제, 춘천, 가평 등의 도시들을 경유하면서 내려온다. 남한강의 주류는 오대산의 우통수 및 태백시의 황지(黃池)를 출발하여 여량, 정선, 영월, 단양, 여주, 이천 등의 도시들을 경유한다. 두 강은 경기도의 양평군 양수리에서 합쳐져 본류를 이룬다.

이어 북서 방향으로 틀어 도중에 팔당을 통과한 다음에 왕숙천(王宿川), 한천(漢川), 탄천(炭川), 양재천(良才川), 안양천(安養川), 창릉천(昌陵川) 등의 지류와 합류한다. [203] 이어 뚝섬과 잠실 사이를 통과하여 용산(龍山)의 남쪽을 흘러 서해로 들어가는 부분을 말한다. [204] 바다에서는 해수가 밀물 때에 역류하는 현상을 보이는데, 마포 양화진까지는 큰 배들도 들어왔다. 하지만 가항 종점(可航終點)은 남한강은 영월이 끝이고, 북한강은 춘천까지이다.

---

203) 서울특별시사편찬위원회, 《漢江史》, 1985, pp.28~29.
204) 盧道陽, 《서울의 自然環境》, 서울六百年史 제1권, 1977, pp.53~54.

또한 한강 수계에는 임진강(臨
津江)이 있다. 함경남도의 덕원군
마식령에서 발원하여 연천군 파주
군 등을 거쳐 내려오다가 한강과
만난다. 수로가 254km이다. 1945
년까지 고랑포에 큰 배가 들어갈
수 있어서 조선시대에는 연평도
조기배는 물론 조운선이 안쪽 깊
숙이 들어갔다. 임진강은 중간에
서 한탄강을 만난다. 강원도 평강
군에서 철원군을 거쳐온 한탄강
은 연천군의 전곡에 와서 임진강
과 만난 후 내려오다가 파주 교하
면에서 한강과 만나 조강이라는
이름으로 김포와 현재 황해도 지
역을 통과한 후 김포반도와 강화

〈그림 3-68〉 천지명도(경기도 18C 후반,
52×32㎝, 목판본, 개인소장)

도 사이의 염하를 거쳐 하구로 빠져나간다.


## (5) 기타 주요 강 유역권

금강(錦江) 유역권(수계)이다.

금강은 전라북도 장수군의 신무산에서 발원하여 중간에 전라북도의
남대천(南大川)과 합류하고 충청북도의 시내들을 만난다. 이어 충청남도
부강에서 미호천(美湖川)과 합류한다. 이어 공주, 부여, 강경 등을 거쳐
군산앞 서해바다(황해)로 들어간다. 수로가 401km로 노년기 지형에다가
충적 평야가 발달하였으므로 물길이 느린 탓에 수로교통이 발달하였고,
조수의 영향이 부조군 규암면 규암리까지 미친다. 밀물 때에는 큰 배가
부여까지 운항되고, 작은 배는 부강까지 운항되는 등 활발하였다. 더구나

하구에서 만경강(萬頃江)이 합세하고 있다.

현재의 군산지역은 상당한 부분이 바다였을 것으로 추정되는데,[205] 《대동여지도》를 보면 하구가 내륙 깊숙하게 들어왔음을 알 수 있다. 만과 포구가 발달하고, 강력한 해상세력이 있었을 가능성이 매우 높다. 따라서 금강 하구로 연결된 수로를 통해서 전북 일대 및 충남 일대 전체의 깊숙한 곳까지 교통이 가능하다. 따라서 물자의 교역 및 운송에 적합하다.[206] 또한 만경강은 조선시대에는 '사수(泗水)'라고 불렸다. 만경강은 전라북도의 완주군 동상면에서 발원하여 서쪽으로 흘러 서해로 들어간다. 길이 74㎞인데, 지천에는 완주의 고산천, 전주의 전주천과 소양천, 익산의 익산천, 군산의 탑천 등이 있고, 유역 면적은 1,571㎢이다.

금강 하구유역은 과거에는 현재의 지형과 매우 달라서[207] 하구와 만경강이 합류하고 있다.[208] 익산·만경·군산·삼례·전주 등의 도시들이 발달하면서 유기적으로 연결되고 있다. 조석 간만의 차이가 커서, 만조 시에는 전주천과 소양천 및 고산천이 합류하는 대천(한내 마을, 삼례대교)까지 바닷물이 들어왔다. 전라북도의 해역은 육지와 섬 지역을 포함하여 해안선의 총 길이가 592,94㎞인 것으로 조사됐다.[209] 고대에도 사용되었을 가능성이 있는 항구들은 해당 시대의 유적, 유물을 살펴보면 가능하다.

그리고 동진강(東津江)이 있다. 전라북도 정읍시 산외면(山外面) 풍방산(豊方山)에서 발원하여 서해로 흘러들어 간다. 길이가 51㎞인데 칠보천, 축현천, 용호천, 정읍천, 덕천천 고부천, 원평천 등의 지천이 발달하였고, 유역 면적이 1,124㎢이다. 정읍, 태인, 부안, 만경, 김제를 연결하면서 내륙으로는 전주와도 연결된다. 이곳은 포구들이 많았다. 동진나루

---

205) 이 지역의 지리지질적 조사와 유적은 김중규, 《잊혀진 百濟, 사라진 江》, 신아출판사, 1998, pp.74~80.
206) 羅燾承, 〈금강수운의 변천에 관한 지리학적 연구〉, 《공주교대론문집》 16, 1980, pp.74~80.
207) 1898년에 측도하고, 1911년에 발행한 지도 참고.
208) 현재의 군산지역은 상당한 부분이 바다였을 것으로 추정된다.
209) 국립해양조사원 2011년 조사.

210), 장신포, 김제의 남포, 해창포, 태극포 등이 대표적이다. 특히 해창포는 동진강과 만경강이 만나는 지역으로서 서해바다와 직접 연결되는 지역이다. 구전에 따르면 이곳은 옛날부터 일본과 당나라에 이르는 무역항로로서 반드시 통과해야 했다고 한다.

낙동강(洛東江)도 있다. 백두대간의 중심부인 강원도 태백산록인 황지(黃池)에서 발원하여 중류의 금호강, 황강 등과 합류하고 하류에서 밀양강, 양산천 등과 합류하여 남해로 들어간다. 수로가 525.15km이며 고대부터 수운이 발달하였다. 낙동강은 상주까지 배로 거슬러 올라갔다. 그리고 태화강은 1000m급인 울주군의 가지산(迦智山), 고헌산(高獻山) 등에서 발원한 남천(南川)을 본류로 울산 시내를 관통한 후 동쪽으로 흐른다. 그 밖에 신화천(新華川), 대암천(大岩川), 사연천(泗淵川), 동천(東川) 등의 지류와 만난다. 물길은 언양, 범서, 울산 등을 지나 울산만에서 동해로 빠져나간다. 수로는 총 46.02km로서, 지금은 불가능하지만 고대에는 강물의 양이 많고 해수면이 높았기 때문에 태화교 인근까지는 충분히 뱃길이 가능했을 것으로 추정된다.[211]

또한 영산강(榮山江)이 있다. 전라남도 노령산맥의 용추봉에서 발원하여 남서방향으로 내려와 나주를 거쳐 서해로 들어간다. 본류는 89.7km로서 비교적 짧은 편이나 지류는 322.5km가 된다. 지류는 황룡강, 화순천 등을 거쳐 문평천, 고막원천, 삼포천,[212] 영암천 등이 있다. 이 하천들은 행정구역상으로 담양군, 장성군, 광주시, 나주시, 화순군 함평, 영암, 무안 등 전남지역 전체를 관류하고 있다. 때문에 일찍부터 수로교통이 발달하였다.

---

210) 《신증동국여지승람》, 《여지도서》에 "부안현의 동쪽 16리에 있다." 부안군 동진면 동전리 신룡마을.

211) 전덕재·고석규·강봉룡 외 9명 지음, 《장보고 시대의 포구조사》, 재단법인 해상왕 장보고 기념사업회, 2005, p.564.

212) 삼포천은 조수가 밀고 올라오던 시절에 포구가 여러 곳에 있었는데, 남해포, 수문포, 석해포 등의 세포구에서 유래했다. 《영산강유사연구》, 한국향토사연구전국협의회, 1997, p.43.

조수의 영향은 영산포 부근까지 미쳤었다. 밀물 때에 40여 ㎞에 달하는 영산포까지 큰 배가 올라갈 수 있었다. 영산강 하구댐이 만들어지기 전에는 삼포천, 영암천 등이 독립된 강이었다. 영산강에는 평야 사이를 흘러온 지류가 많으므로, 필연적으로 지류와 본류가 이어지는 수계의 결절점에는 일찍부터 문화가 발달하고, 정치세력이 형성되었다. 따라서 이렇게 하계망(河系網)이 발달한 영산강의 하구를 장악하면 내륙으로 이어지는 물길을 장악할 수 있으므로 결국은 전남내륙 전체에 영향력을 행사할 수 있다. 그리고 남부의 해상권까지도 장악할 수 있다.

이 밖에 섬진강(蟾津江)은 전라북도의 진안군 팔공산에서 흘러나오면서 보성강 등과 합류하다가 광양만을 통해 남해로 흘러간다. 수로가 212.3㎞이다. 중간 중간에 하동·송정리·화개 등이 있었는데 가항종점은 구례이다. 하지만 강해도시에 해당하는 도시는 하동이다.[213] 섬진강 하구 해역은 순천만과 광양만 일대를 포괄적으로 말한다.[214] 순천은 순천만, 보성만, 광양만, 사천만과 직접 간접으로 연결된다.

이렇게 살펴본 대로 만주와 한반도에서는 내륙의 곳곳을 수없이 많은 대소 강과 천들이 흘러가면서 산악과 초원, 숲과 평원 등을 연결시켜 주었다. 그리고 이러한 강들은 어김없이 서해 ,남해, 동해 타타르해까지 흘러들어가 모든 육지 지역들을 직접 간접으로 연결시켰으며, 바다 건너 일본열도와 중국지역과 교류할 수 있는 조건을 조성하였다. 고조선문명권은 만주 일대와 한반도의 북부를 포함한 육지영역과 삼면의 해양영역, 그리고 실핏줄처럼 이어진 강들이 유기적으로 이어져 하나의 역사권을 운영해 왔다. 그리고 그 정치·경제·문화 등의 중심핵인 수도와 대도시들은 강 및 바다와 밀접하게 연관성을 맺을 수밖에 없었다.

---

213) 충청남도역사문화연구원, 《백제의 기원과 건국》, 충청남도역사문화연구원, 2007, pp.26~37.

214) 《신증동국여지승람》, 권40 순천도호부에 따르면 광양군과 15리 서쪽은 낙안군과 31리 남은 바닷가까지 35리이다.

## 4. 고조선문명권의 해양 환경

고조선문명권을 설정하고, 실상을 파악하는 데 중요하고, 문명권의
생성에 영향력이 큰 것은 해양이다. 따라서 해양환경의 성격을 정확하게
아는 일이 필수적이다. 그러므로 동아시아 공간을 지리·지형·역사상을
토대로 몇 개의 해양 및 해역으로 유형화시켰다. 그 가운데 고조선문명권
과 직접 연관이 깊은 해양공간은 다음과 같다. 우선은 '요동만' '발해만'
'래주만'의 3만이 포함된 발해, 압록강 하구와 서한만 해역, 대동강 하구
와 산동반도의 해양이 포함된 황해 북부 해역으로 구성되었다. 또한 연
해주 남부인 피터대제만과 두만강 하구인 동한만이다. 그리고 남쪽으로
내려와 경기만 및 동해 중부 해역이다. 남해 제주도 및 일본열도의 일부
도 간접적으로 고조선문명권의 해양활동과 연관이 있다.

### 1) 해양의 체계와 성격

고대 사회에서 '해양(sea)'은 인간의 의지 또는 문화의 발전과는 관련없
이 인간과 문화를 이동시켜 준다. 그러므로 해양환경의 성격을 이해하는
1차적인 요소는 해류, 조류, 바람〔季節風〕 및 거리, 해안(海岸), 도서(島
嶼)의 숫자, 크기, 위치 등의 해양의 구조와 특성이다.

### (1) 해류와 조류

해류의 흐름은 항해술이나 조선술 등 인간의 행위와는 관련이 없이
인간과 문화를 일정한 장소에서 일정한 장소로 이동시켜 준다.

대양에서 거대한 규모의 흐름인 해류의 방향이 항해에 절대적인 영향
을 끼친다.[215] 북태평양의 북적도(北赤道) 해류는 동쪽에서 서쪽 방향으

---

215) 북반구에는 북적도 해류, 남반구에는 Humboldt 해류가 있다.

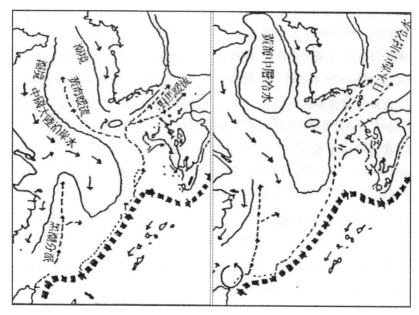

〈그림 3-69〉 황해 해류도(출처: 일본 동해대학교 자료)

로 유속 1노트로 북태평양을 횡단한 다음 필리핀 군도의 동쪽바다에 도
달한다. 이곳에서 남북으로 2분되어 남류의 가지는 민다나오 해류를 경
유해서 적도의 곧바로 북측을 동류하는 적도반류와 이어진다.[216] 또 한
갈래는 남쪽바다에서 발리섬 등을 거쳐 보르네오섬 북쪽의 바다에서 남
서풍을 이용하여 북상하면 필리핀 북부인 루손섬 부근부터 쿠로시오(黑
潮)에 편승할 수 있다. 북류하는 난류계의 해류이다.[217]

쿠로시오의 일부는 통킹만을 감돌며 남중국으로 상륙하였다가 다시
쿠로시오와 합류한다. 북상을 계속하다가 제주도 동남쪽 해상에 이른다.

---

216) 흑조(黑潮, kuroshio)를 가장 협의로 한다면 동중국해로 들어서면서부터라고
　　말하는 것이 된다. 그러나 흑조의 원류, 협의의 흑조, 흑조속류로서 대마난류,
　　쓰가루(津輕)난류, 소야(宗谷)난류를 일괄하여 흑조해류계라고 부른다. 《한국
　　의 근해항로지》참고.
217) 흑조에 대하여 역사적 입장을 전제로 하면서 이론적 접근을 한 내용은 茂在
　　寅南, 《古代日本の航海術》, 小學館, 1981, pp.88～90 참고.

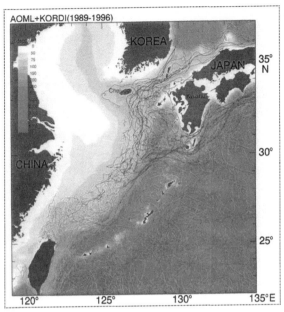

〈그림 3-70〉 해류병을 사용한 쿠로시오 해류의 흐름(출처: 결과사진, 한국해양연구원 이홍재박사)

한 갈래는 한반도의 서해 쪽으로 흘러드는 황해난류로, 다른 한 갈래는 쓰시마 쪽으로 흐르는 대한난류(혹은 對馬海流)로 각각 갈라진다.[218] 이어 일본 전역에 걸쳐 중요한 영향을 미치면서 일본 북륙(北陸)지방의 외해(外海)에서 북태평양으로 흘러간다.

이처럼 광범위한 영역에서 작용하는 쿠로시오는 동남아시아 일대를 포함하는 남방문화의 전파는 물론이고, 중국대륙과 한반도, 일본열도 사이의 교섭에 큰 역할을 했다. 이러한 해류의 흐름을 이용한다면 전반적으로 동남아시아는 물론이고 인도양에서도 물길로 대만지역 등을 거쳐 일본열도 혹은 한반도 남부로 북항하는 것이 가능하다. 동중국해에는 쿠로시오 외에 큐슈 서안의 쿠로시오 분파가 있고, 또한 이 해류에서 갈라져

218) 《근해항로지》, 대한민국 수로국, 1973, pp.44~47; 李昌起, 〈대한해협 서수도의 해류 및 조류에 관하여〉, 《국립수산 진흥원 조사보고서》12 참조.

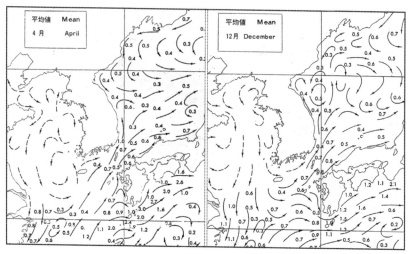

〈그림 3-71〉 월별 해류도 1(왼쪽)과 월별해류도 2(출처:《韓國海洋環境圖》 12월, 대한민국, 水路局)

황해중앙부를 북상하는 것이 있다.

　황해로 들어오는 난류는 일 년 내내 존재하는 것이 아니고 겨울 동안 에만 생기는 현상이다. 발해에는 연안류가 흐르는데, 북에서 움직여 남 으로 나온다. 유속은 여름에 강하고 겨울에는 약한 편이다. 발해안의 요 동만 우측으로 돌면서 회전하고, 나머지는 좌로 돌아 회전한다. 그리고 마지막에는 발해해협의 남쪽을 통해서 황해로 빠져나온다.[219] 중국대륙 연안을 따라 남하하다 남중국해 방면으로 사라지는데, 동계에는 수온이 낮다.

　쿠로시오의 일파인 대한난류는 쓰시마를 가운데에 두고 동수도(東水 道)와 서수도(西水道)로 나뉜다. 양쪽의 협수도를 통과하면서 물의 흐름이 빨라지고 파도도 높아진다. 동해해역에 영향을 미치는 주 해류는 대한해 협에서 분지된 제3분지류이다. 동해연안을 따라 북상하면서 동해의 중남 부 해상에서 만나 원산의 외해와 울릉도 부근에 이르고, 그 일부는 방향

---

219)《한국해양환경도》, 대한민국 수로국.

을 동으로 움직여 횡단하다가 올
라간다. 그리고 일본열도의 혼슈
중부 지방인 노토(能登)반도의 외
해에서 대마해류의 주류와 합류한
다.[220] 때문에 한반도의 동남부를
출발하면 해류를 따라 산인(山陰)
지방의 해안에 도착할 수 있다.

한류세력과 만나 동쪽으로 방
향을 바꾼다. 리만(liman)해류는
연해주의 연안을 통과한 후 서북
한 근해에서 북한해류로 형성되어
함경도 연안을 따라 남하하면서
동해해역 남부까지 영향을 준다.
경상북도의 연안에서 침강되어 영
일만 이남에서는 저층수나 연안용
승으로 나타난다.[221]

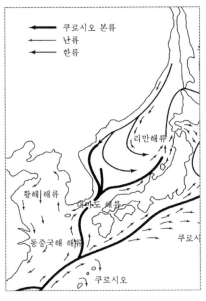

〈그림 3-72〉 동아시아 해류도. 동아지중
해 지역은 한류와 난류가 교차하는 지
역으로 해류의 흐름과 함께 문화가 전
파되었을 것으로 생각된다.

항해와 교섭에 결정적인 영향을 끼치는 요소는 조류이다. 예를 들면
동아시아의 해양에는 항상 북동방향으로 진행하는 대한난류와 함께 조
석 간만에 따라 1일 2교대씩 진행방향이 바뀌는 조류가 있다. 조류의 흐
름은 항해에 매우 큰 영향을 끼치며, 특히 협수로의 경우에는 해안선이
복잡하고 도서가 많은 지역에서 항해에 절대적인 영향을 끼쳤다. 연안항
해인 경우에는 그 영향력이 더욱 증폭된다.

한반도의 서남해안과 중국의 동해안은 조류의 흐름이 매우 빠르고,
방향의 지역적인 편차가 심하다.[222] 동해의 조류는 황해나 남해에 견주어

220)《근해항로지》, 대한민국 수로국, 1973, p.46.

221) 김복기 외 10인, 《한국해양편람》 제4판, 국립수산진흥원, 2001, p.53.

222) 이석우·김금식 공저, 앞의 책, pp.329~374. 특히 pp.350~356에는 우리나라
    조석에 대한 설명이 나와 있다. 조류의 법칙과 항해에 관한 해석에 관해서는

움직임이 미미해서 항해에 큰 영향을 미치지 못한다. [223] 항해(표류)신화·설화 등은 주로 조류의 중요성을 표현하고 있다. 특히 연안항해일 경우에는 조류가 제일 중요하다. 지역 물길에 익숙한 집단은 그 해역의 해상권을 장악하고 세력화하였다. 고대사회에서 해안 근처에 고분이나 거주지 등 주민이 집단 분포한 흔적이 있는 것은 의미심장한 일이다.

### (2) 바람

해양기상은 바람, 구름, 해수면의 상태 등 여러 가지로 구성되어 있으나[224] 항해환경에서 가장 중요하고 영향력 있는 인자는 바람〔風〕이다. [225] 특히 돛을 사용할 경우에 바람은 항해의 성패 여부에 결정적인 요소가 된다. 바람 중에서 특히 영향을 주는 것은 '계절풍(季節風)'이다. 또 계절에 따라 일정한 방향성을 가지고 있기 때문에 바람을 상시적으로 활용할 수가 있다.

남중국해, 동중국해, 황해는 겨울철에는 북서풍에 풍력 3~5이고, 때때로 편북(偏北)에서 편북동풍(偏北東風)이 되며 여름철에는 편남(偏南) 또는 편남동풍(偏南東風)이 많고 풍력은 3~4이다. 그리고 4월 말에서 5월 초 및 9월에는 부정풍(不定風)이 많다. 그러나 때에 따라서 다르고 지역에 따라서 다른 것이 바다의 바람이다. 동남아시아의 계절풍은 '무역풍'이라고 부른다. 이곳에서는 여름과 겨울에 편차가 심각하게 나타난다. 겨울, 곧 12월부터 3월까지는 대만의 북동쪽으로부터 불어온다. 여름에는

---

茂在寅南,《古代日本の航海術》, 小學館, 1981, pp.174~179 참조. 특히 씨는 일본《古事記》의 내용을 조류와 관련시켜서 해석하고 있다.

223) 《근해항로지》, 대한민국 수로국, p.1.

224) 바트J.보크 지음/ 정인태 옮김, 《기본항해학》, 대한교과서주식회사, 1963, pp.333~346.

225) 바람이 항해나 조선술, 그리고 유럽의 제국주의적인 팽창과 깊은 관련이 있는가와 구체적인 실례들은 앨프리드 W 크로스비 지음/ 안효상·정범진 옮김, 《생태제국주의》, 지식의 풍경, 2002, pp.124~154.

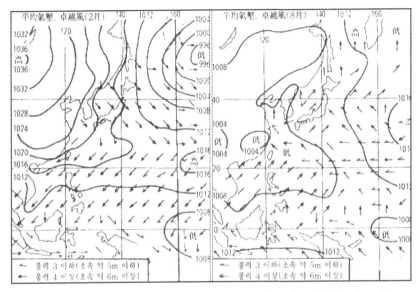

〈그림 3-73〉 계절풍 도표(왼쪽은 2월, 오른 쪽은 8월). 대한민국 수로지

남서계절풍이 분다. 그런데 바람은 해류의 방향을 움직이게 한다. 즉 벵갈만에서는 겨울에 서쪽으로 해류가 흘러가고, 반대로 여름에는 동쪽으로 흘러간다. 이러한 바람의 움직임을 안다는 것은 당시로서는 가장 고급의 기술이었다. 지구의 북반구에는 4,5월경에 남동 내지 남서계절풍이 불어온다. 따뜻한 공기를 동반하고, 비교적 바람이 강하지 않으며 해류의 방향과 일치하여 파도도 높게 일지 않는다.

인도양에서는 매년 6~9월에 '히포로스풍(Hipolos)'이라는 남동계절풍이 불기 때문에 7월경 이집트나 아덴 등 홍해 입구에서 출발하여 인도양을 항해하는 것이 최적기다. 벵갈만은 12~2월 사이에 북동계절풍이 불고 3~5월 사이에 서풍이 불기 때문에 이 기간에 맞춰 항해했다. 계절풍을 이용하여 항해가 순조로울 경우, 홍해 입구부터 인도 서안 무지리스 항까지는 40일밖에 안 걸린다.

동아시아는 계절풍 지대이다. 〈그림 3-73〉의 도표를 보면 계절 혹은 월별에 따라 바람의 방향이 다른 것을 확인할 수가 있다.

동아지중해는 기본적으로 방향성을 지닌 계절풍을 활용하는 항해였

다. 하지만 내해적인 성격이 강하고, 특히 남해나 황해 중부해역은 계절
풍 외에 국지풍이 불고 있다. 그런데 그 해역의 환경에 익숙한 해양인들
은 이 국지풍도 이용했다. 위의《계절풍도》에서 보듯이 여름에는 풍력이
약하고 남풍 계열의 바람이 분다. 동남풍은 4월 중순에 시작하여, 8월에
들어서면 제일 강성하며, 9월 이후에는 쇠퇴하기 시작한다. 반면에 서북
풍이 주력풍인 북풍 계열의 바람은 9월 하순부터 시작하여 11월에 최강
이 되고, 다음 해 3월까지 계속된다.

　　이러한 해양환경을 지닌 동아지중해는 몇 가지 특성을 지니고 있다.
봄에서 여름에 걸쳐 부는 남풍 계열의 바람은 중국 남부해안과 한반도 혹
은 일본열도와의 교류를 가능하게 한다. 반면에 가을에서 겨울에 걸쳐 부
는 북풍 계열의 바람은 한반도 북부와 중국의 중부 또는 남부해안과의 교
류를 가능하게 한다.[226] 한편 남풍 계열의 바람은 일본열도에서 한반도로
의 교류를, 북풍 계열의 바람은 한반도에서 일본열도의 남부와 서부해안
과의 교섭을 가능하게 한다. 특히 동해와 관련하여 〈발해사 항해시기 도
표〉[227]를 보면 발해인들은 일본에 갈 때는 늦가을부터 초봄에 걸쳐 부는
북풍 계열의 바람을 이용하였다. 동해의 계절풍은 북서—북으로서 발해
사가 방일하는 데는 거의 순풍이다. 귀환할 때에는 늦봄부터 여름에 걸
쳐 부는 남동풍 계열을 이용하였다. 때문에 각 해역마다 선박의 구조가
다르고, 돛의 모양과 기능에 차이가 있다. 황해 북부와 남부, 동남아시아
인도양 아리비아 지중해의 선박은 돛이 다르다. 또한 연안배와 원양배는
구조가 다르다. 길이와 폭의 비례, 키, 돛의 형태가 다르다. 이것은 이러
한 해류와 조류의 흐름 등이 작용하기 때문이다. 바람 특히 계절풍을 활
용하는 데 따른 차이도 크다.

---

226) 윤명철, 〈해양조건을 통해서 본 고대한일 관계사의 이해〉,《일본학》15, 동국
　　대 일본학연구소, 1995; 윤명철, 〈渤海의 海洋活動과 동아시아의 秩序再編〉,
　　《고구려연구》6, 학연문화사, 1988 등에 도표 등이 자세하게 나와 있다.
227) 마사토시 요시노(吉野正敏)는 발해의 견일사(遣日使)들의 월별분석을 통해서
　　항해가 계절풍의 영향을 절대적으로 받았음을 보여준다.

## 2) 황해권의 해양환경

### (1) 해양

황해의 범주는 통상 한반
도의 근해를 지칭하는 서해,
북부의 발해만, 중국에서는
양자강 하구를 바다로 잇는
선의 북쪽바다를 가리킨다.
중국과 한반도의 서부해안 전
체, 그리고 만주 남부의 요동
지방을 하나로 연결하고 인접
한 각 나라들이 공동으로 활
동하는 장소의 역할을 하고
있다. 황해는 수심이 평균
44m로서 낮고, 동쪽 연안, 서

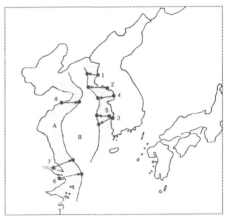

〈그림 3-74〉 황해에서 시인거리(A구역은 눈
으로 보면서 항해가 가능한 해역, B구역은 눈
으로 위치 확인이 불가능한 해역)

쪽 연안 모두 해안선이 복잡한 데다 발달된 만과 섬들이 산재해 있다. 연
안을 따라 먼 거리에 있는 사람들은 쉽게 접촉할 수 있었다. 발달된 섬들
은 활동범위를 넓혀주어 반대편 지역과 접촉할 수 있게 하였다.

서한만, 백령도 및 연평군도, 경기만의 군도와 덕적도, 충정도, 고군
산도, 흑산도, 발해의 군도들, 산동반도, 주산군도 등이 있기 때문에 근
해 항해의 가능성이 많다. 각 지역 사이의 거리도 긴 편은 아니다. 산동
반도에서 황해도의 가장 가까운 육지까지는 직선거리로 약 250㎞이다. 지
문항법을 활용한 근해항해의 가능성을 알아보기 위해 다음과 같은 방식
을 사용하였다.

해안 전체에서 양 지역 사이에 항해의 기점이 될 수 있는 몇 개의 지
점을 자연환경 역사상을 고려하여 선정하였다. 이 지점은 항구나 항로의
기점으로 이용됐던 곳이며, 기록에 남아 있고 현재도 활용되고 있는 곳

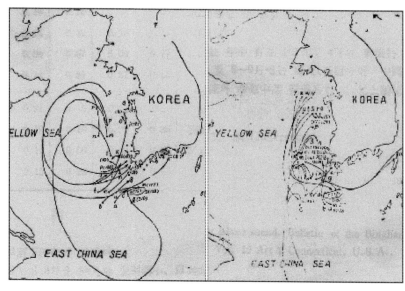

〈그림 3-75〉 남서해역 주변의 해류병 표류도

이다. 그 다음 선택한 지점을 바다에서 인지할 수 있는 최장거리를 계산한다. 그러면 육지에서 가장 멀리 떨어져서 항해가 가능한 해역이 나온다. 그리고 이 점들과 해역을 연결하면 황해 전체에서 근해 항해를 할 수 있는 범위가 나온다. 계산법은 아래와 같다.[228]

K(해리) = 2.078($\sqrt{H}$ + $\sqrt{h}$ )

** H =목표물의 최고 높이

h= 관측자의 눈 높이(7m)

이러한 계산을 종합해서 결론을 내리면 다음과 같다. 즉 황해 어느 지역에서든 육지를 보면서 자기 위치를 확인하고 항해를 할 수 있는 해역은 검은 색인 A 부분이다. 자기 위치를 알지 못한 채 망망대해를 항해하

228) 시인거리를 계산하는 방법이다. Bart J. Bok·Frances W. Wright 지음/ 정인태 옮김, 앞의 책, p.26; 茂在寅南, 《古代日本の航海術》, 小學館, 1981, p.22 참조.

는 해역은 B 부분이다. 그런데 이 부분은 그다지 넓지 않다. 그리고 나머지 해역은 경험을 통해서 또는 다양한 방법, 즉 물색의 관찰, 바람의 방향과 해와 별의 위치와 이동과정 등을 고려하면 충분히 항해가 가능하다. 이처럼 황해는 내해의 성격이 있기 때문에 지문항법을 활용한 근해 항해에 큰 난관은 없었을 것이다.

한반도의 서남해안과 중국의 동해안은 조류의 흐름이 매우 빠르고 방향의 지역적 편차가 심하다. 조류의 움직임은 고대 황해나 남해안에서 절대적인 영향을 끼친다.[229] 위 표류도[230]를 보면 한반도 서해안의 조류의 움직임이 얼마나 복잡한가는 몇몇 특정 지역의 조류를 보아서 알 수가 있다.

(2) 만

황해에는 고조선문명권과 연관하여 몇 개의 중요한 만(灣)이 있다. 발해는 북위 37도 11분에서 북위 41도에, 동경 117도 30분에서 동경 122도 사이에 걸쳐 있다. 바다가 계란 모양으로 동북 방향에서 서남 방향으로 뻗어 있는데, 남북이 550km이고, 동서는 330km로서 면적은 7.7만 km²에 달한다. 수심은 평균 20m, 중심부에서도 40m에 미치지 못한다. 연해안 부근은 10m 내외로 얕다. 육지는 산동성 북부, 하북성의 동부, 요녕성의 남부 연해지역으로 구성되어 있다. 동부와 북부해안은 바위벽으로 되어있고, 대부분의 해안은 모래해안이다. 해안선은 래주만(萊州灣)의 일부를 빼놓고는 리아스식 해안이 아니라 비교적 일직선에 가까우며 암초들은 적은 편이다.[231]

이곳으로 많은 강들이 흘러들고 있다. 현재의 해안선은 전 시대의 해안

229) 柴田惠司; 高山久明, 〈古代人の航海術對馬海峽圖解시뮬레이션〉, 《考古學 저널》 212, 1982.

230) 이창기, 〈한국서해에 있어서의 해류병 시험조사(1962~1966)〉, 《수진연구보고》 1, 1974, p.38.

231) 孫光圻, 《中國古代航海史》, 海洋出版社, 1989, pp.13~22.

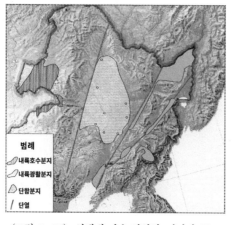

범례

　내륙호수분지

　내륙광활분지

　단함분지

　단열

〈그림 3-76〉 신생대 송눈평원의 지리적 구조

선과 다르므로 비교할 필요가 있다. 8,000년~5,000년 전에 빙하가 후퇴하면서 지구의 해수면이 전체적으로 상승할 때 발해의 해안은 지금보다 4m가량 높았다. 이것은 해안선이 육지 쪽으로 확장되었음을 의미한다. 발해는 요동만, 발해만, 래주만 등 3개의 만과 군소 만들, 그리고 묘도군도 같은 섬들로 구성되어 있다.

첫째 요동만이다. 신생대에 요동만은 단함분지로서 물이 찼을 가능성이 높다. 요동만의 북쪽을 흐르는 '하요하(下遼河, 동·서 요하가 합류하는 지점 이하의 요하)' 유역의 평원 중에서 제 4기 후빙기의 해안침식으로 말미암아 물에 잠기지 않았던 해안 부분은 배수가 불량했기 때문에 호수와 늪지대(湖沼地帶)를 형성하였다.

북쪽에는 요하를 사이에 두고 요서 및 그 위쪽의 동몽골지역이 있는데, 동아시아 문명의 핵심지역이다. 연산산맥의 양대 지맥이 서남과 동남 방향으로 뻗고 서에는 노로아호산이, 동에는 의무려산이 있다. 이곳에는 대릉하 ,노합하, 시라무렌강, 서요하 등이 흐르며 금주만, 연산만 등의 작은 만으로 이루어져 있다.

자료에서 보는 바처럼[232] 미시적인 지형 분석에 따르면, 요동반도의 고(古)해안선은 개주시가 있는 개현(蓋縣)을 출발하여 우장(牛莊)을 거쳐 사령(沙嶺)에 도달하는 선으로 추정된다. 이곳은 고대 사료에서 '안시(安市)'로 나타나는 '해성(海城)' 근처이고, 고대 교통로의 항구지점이다. 역사시

---

232) 薛春汀, 〈7000年來渤海西岸南岸海岸線變遷〉, 《地理科學》, 2009年02期; 莊振業
외, 〈渤海南岸6000年來的岸線演變〉, 《青島海洋大學學報》, 1991年 02期 등 참조.

대에도 해안선이 변화되었고, 현재
와 지형이 달랐다는 사실은 몇몇 사
료기록에서 확인할 수 있다. 한나라
부터 요나라까지 요하의 하구는 계
속 해성 부근에 있었다. 서한 시대에
는 "南至安市入海"란 말이 있었다.

또한 333~336년에는 요동만 서
북안과 동남안의 소택(작은 못)들이
모두 3년 동안 연속해서 얼어붙어
군마와 군수품이 통과할 수 없었다.
북위시대의 요하 하구는 서남쪽의
안시까지 이어진다. 한나라, 당시대
에 안시현은 현재 해성의 동남인 영
성자(營城子) 부근에 있었다. [233] 진
시대 말기~당시대 초기에 요서 지방

〈그림 3-77〉붉은 선을 경계로 황해
와 발해가 나뉘어진다. 요동반도 최남
단 노철산의 등대 지역.

과 요동 지방 사이를 왕복하며 남긴 기록에도 이러한 정황은 그대로 반
영되어 있다. 《신오대사》(新五代史) 권17〈진가인전〉(晉家人傳)에서 "過平
川 出楡關 饑不得食 遣宮女 從官 又行七八日 至錦州"라고 한다. 이는 요동
만에 있는 금주(錦州)지역의 평원들은 당나라 말기에서 오대시대까지도
형성되지 않았다는 뜻이다. [234] 아래 그림〈3-79〉는 그림〈3-78〉의 그림
을 시대별로 구분하여 재단한 다음에 재작성한 것이다.

요동반도의 남쪽 끝에서 서한만까지 이어지는 동쪽 근해에는 서쪽으

233) 한나라부터 요나라 시기까지 요하 하구의 위치는 해성 부근에 있었다. 서한
시대에 대요수라고 불리며 남으로 안시를 통해 바다로 흘러들어 간다. 북위시
기에 서남방향으로 흘러들어 안시로 간다.
234) 孟繁清 主編,《中國古代環渤海地區與其他經濟區比較研究》, 河北人民出版社,
2004, 第1版. 遼河 및 大·小淩河 三角洲의 變遷(王育民 著,《中國歷史地理概論》,
上冊, 人民出版社, 1987년 11월판. 제 160항).

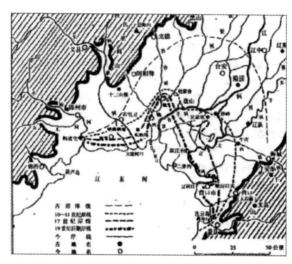

〈그림 3-78〉 요하 및 대,소릉하 삼각주의 변천(王育民
著,《中國歷史地理槪論》上冊, 人民出版社, 1987년 11월
판, 제160항)

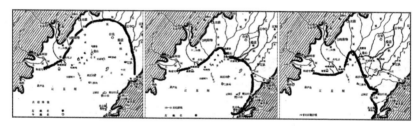

〈그림 3-79〉 발해만의 고해안선(왼쪽)과 발해만의 10~11세기 해안선(가운데) 및
발해만의 현재 해안선

로 장산군도, 동쪽으로 석성(石城) 열도라고 불리우는 섬밀집 지역이 있
다. 가장 큰 장산군도는 행정구역상으로 장해현(長海縣)이다. 황해의 북
부 해역에 위치한다. 동쪽으로 한반도와 마주 보고, 서남쪽은 산동성의
묘도군도와 대치하며, 서쪽과 북쪽은 대련시의 보란점시, 동쪽으로 석성
열도, 해양도와 가깝다. 총 112개 섬(島), 타(坨), 암초(礁)로 구성되었다.
해역이 넓고, 수심이 10m~40m이며, 해저가 평평하고 물이 깨끗하다. 또
한 해안선에 굴곡이 많아 만이 발달하고 항구들이 많다. 생선(魚), 새우
(蝦), 조개(貝), 해초(藻) 등 해양 천연자원이 400여 종류나 된다. 성게,

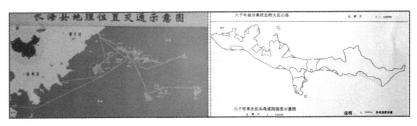

〈그림 3-80〉 장산군도의 현황(왼쪽)과 6000년 전의 장도(중국 장해현 발행 長海縣志)

흑군어, 우럭바리, 미역, 소라, 조개 등은 득산물이다. 따라서 장해는 황해 북부의 역사상을 이해하는 데 매우 중요하다. 선사시대의 유적들을 비롯하여 그 후 역사시대의 해양 관련된 유적들이 많이 있다. 요동반도와 장산군도는 고구려의 진출거점 겸 방어진지로서 결정적인 역할을 담당하였다.[235]

결론적으로 발해 유역은 선사시대부터 청대 이전에는 해안선이 지금보다 더 내륙으로 들어갔다.[236] 요동만의 해안선은 오랜 시간에 걸쳐 서서히 발해 쪽으로 확장되었다고 추정된다.[237] 다시 강조하면 고조선문명권 시대에 요동반도의 해안지역은 고대에는 해양 또는 해안선이었다.[238]

둘째는 발해만이다. 발해의 서쪽에는 하북성과 천진시 및 산해관(山海關), 진황도(秦皇島), 창려(昌黎), 갈석산(碣石山) 등의 고대 해안가 도시들이 있다. 발해만으로는 난하(灤河), 해하(海河), 황하(黃河) 등이 흘러든다. 역사적으로 의미 깊은 난하는 내몽골의 동남부를 거쳐 연산산지를 뚫고 창려현에서 발해만으로 들어온다. 발해만과 연변한 하북성 지방은 토지가 비옥하여 밭작물 등 농경이 발달하였고, 산동반도의 북부 또한 구릉성 산지와 평원이 많아 농경문화가 발달하였다. 또한 어렵생활과 함

235) 徐娜娜,〈廟島群島在古代海上交通史上的歷史地位研究〉, 中國海洋大學 석사학위 논문, 서론부분 내용 참조.

236) 王錦州,《中國古代環渤海地區與其他經濟區比較研究》, 河北人民出版社, 2004年 12月, 第1版, p.92.

237) 王錦州, 위의 책, p.95.

238) 우실하,〈요하문명, 홍산문화 지역의 지리적 기후적 조건〉,《고조선 단군학》 30호, 2014.

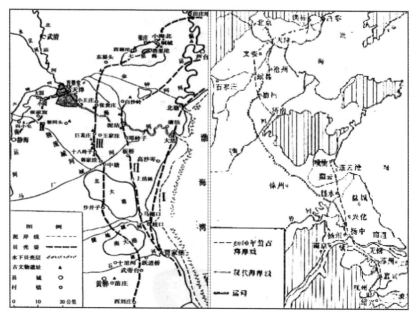

〈그림 3-81〉 발해 해안선(왼쪽)과 빙후기(氷後期) 해침(海浸) 고조 때 해안선

께 요동반도 및 한반도와 무역을 활발하게 벌였다.

발해의 남쪽은 래주만(萊州灣)이다. 산동반도의 북쪽에 있는 만이다. 청해성에서 시작해서 5,464㎞를 흘러온 황하는 산동성 간리현에서 발해의 래주만으로 들어온다. 래주만은 삼면이 자루 모양 육지로 둘러싸여 해양교통에 편리하다. 앞에는 묘도군도, 장산열도 등이 있는데, 대표적인 섬은 장도[239]이다.

산동반도의 동북단인 봉래두(蓬萊頭)에서 요동반도의 남단인 여순까지는 묘도군도가 점점이 이어졌다. 발해와 황해를 가르고 있으므로 발해해협이라고 부른다. 1997년도 영국에서 발행한 해도에 따르면 10m 미만의 얕은 해역도 넓다. 길이가 35해리인데, 섬들이 많아서 오호도(烏呼島),

---

239) 장도는 남북장산도(南北長山島), 남북황성도(南北隍城島), 대소흑산도(大小黑山島), 대소흠도(大小欽島), 묘도(廟島), 고산도(高山島), 후기도(候磯島) 등 32개의 섬으로 구성된다. 고산도(高山島)는 해발 202.8m로 가장 높고 가장 낮은 섬은 7.2m인 동취석도(東嘴石島)이다.

〈그림 3-82〉 래주만에 있는 옛 등주의 수성

대사도(大謝島), 구흠도(龜歆島), 유도(遊島) 등을 징검다리식으로 이용한
다면 큰 무리가 없이 요동반도로 상륙할 수가 있다.[240] 래주만의 중심도
시인 봉래(蓬萊, 登州)는 요동반도와 산동반도를 이어주는 노철산(老鐵
山) 수도의 출발점이고 도착점이었다. 요동반도를 지나 서한만에 도달하
고, 결국은 연안항해를 통해서 대동강구까지 갈 수 있다.《신당서》권 43
지리지에 인용된 가탐(賈耽)의《도리기》(道理記)에는 이 항로에 대한 상
세한 묘사가 있다. 즉 '登州東北海行, 過大謝島, 龜歆島, 末島 烏湖島三百
里'[241]라고 하였다.

   셋째, 서한만(西韓灣)이다. 서한만은 동아지중해에서 일본열도를 출발
하여 압록강 하구와 요동반도를 경유하여 산동까지 이어지는 남북 연근
해항로의 중간기점이다. 또한 산동 및 화북에서 발해만을 지나 한반도
북부지역으로 오는 항로가 마주치는 해양교통의 십자로이다. 만약 압록

---

240) 尹明喆,〈黃海文化圈의 形成과 海洋活動에 대한 연구〉,《先史와 古代》, 한국고
    대학회, 1998, p.142 참조.
241) 이 기사로 인하여 마치 신라인들이 사용한 중요한 항로처럼 인식되었다. 그러
    나 기본적으로는 많이 이용하지 않았을 것이다. 이 항로는 반드시 한반도 북
    부의 연근해와 서한만 유역을 통과해야 한다. 하지만 그 해역은 발해인들의
    활동영역이었다.

강 하류를 장악하면 서한만을 장악하고, 서한만을 장악하면 황해 북부의 해상권에 강력한 영향력을 행사할 수 있다. 또한 서한만과 압록강 하류로 모여드는 크고 작은 강들을 거슬러 올라가면 광범위하게 퍼진 하계망을 이용하여 내륙의 상당한 지역에 영향력을 행사할 수 있다. 즉 정치적으로 내륙통합의 계기를 마련하고, 경제적으로 물류체계를 원활하게 하여 경제권을 형성한다. 따라서 압록강 하류와 서한만은 지정학적·지경학적·지문화적인 입장에서 보아 필연적으로 각국 사이의 질서와 힘이 충돌하는 현장이었다. 신석기 유적인 단동시 동구현(東溝縣) 마가점향(馬家店鄉) 삼가자촌(三家子村) 후와(後洼)유지 아래층(6000년 이상 된 곳)에서 배모양(舟形)의 도기(陶器)가 3개 발견되었다.

넷째는 남포만(南浦灣)이다. 대동강 한반도는 동고서저형으로 서쪽은 지형이 낮기 때문에 강들이 서해안으로 흘러들어 가는 하계망을 구성하고 있다. 대동강과 청천강이 있고, 남쪽으로는 예성강, 임진강, 한강이 하계망을 구성하면서 서해 중부로 흘러들어가 경기만을 구성한다. 대동강은 지류가 많다. 또 바깥의 남포만(南浦灣), 남포만(大東灣), 옹진만(甕津灣), 해주만(海州灣), 경기만(京畿灣) 등과 이어지면서 해안을 장악하여 한반도 중서부지방을 통합하는 계기를 마련하기에 유리하다. 대동강 하구에서 남행하면 경기만의 해역권으로 들어가고, 북행하면 청천강 하구의 해역권으로 들어간다.

남포만은 항로라는 관점에서 보면 황해 동쪽 해안의 남북을 종단하는 연근해항로가 반드시 거쳐가고 통제받아야 하는 곳이다. 또 산동반도와 거리가 가까우므로 황해 중부 횡단항로를 이용한 세력들이 이용하는 해양통로상에 있다. 서한만을 출항하여 요동만, 발해만을 거쳐서 산동반도, 또는 그 이하까지 내려가는 것보다는 대동강 하구나 그 위로 조금 북상하였다가 직항하거나, 남진한 후 장산곶(長山串)에서 중부사단항로를 타는 것이 항해조건상 유리하다. 만의 안에는 흐름을 조절할 수 있는 섬들이 있어야 한다. 대동강의 평양 주변에는 능라도(綾羅島)를 비롯하여 두로도(豆老島), 독발도(禿鉢島), 두단도(豆段島), 이노도(伊老島), 벽지도

〈그림 3-83〉《해좌승람》의 경기도

(碧只島) 등의 섬들이 많이 있었다(《신증동국여지승람》). 청암리토성이 있는 평양시 대성구역의 동문 근처에는 작은 운하가 있어 성안으로 배를 끌어들일 수가 있었다.

다섯째 경기만이다. 경기만은 황해도와 충청도 사이에 있는 한반도 최대의 만인데, 북으로는 대동강 수계, 남쪽으로는 예성강, 임진강, 한강이 하계망을 구성하면서 서해중부로 흘러들어가 구성하는 경기도의 서쪽 지역과 옛 경기도의 일부인 개성 남쪽의 풍덕과 옹진, 해주 등 황해도의 남부해안 일대가 마주치는 북부 경기만이 있다. 또한 경기도의 인천 안산 화성지구 및 당진과 만나는 남부 경기만이 있다.

따라서 경기만을 장악하면 중부해상권의 장악은 물론 그 주변, 하계 망과 내륙수로를 통해서 한강유역·임진강 유역·예성강 유역·옹진반도·장 연군의 장산곶 등 내륙통합의 계기를 마련할 수 있다. 항해에서 매우 유리한 위치에 있었다. 고대의 항해는 항해술과 조선술의 한계로 말미암아 연안항해와 근해항해의 범위를 크게 벗어나지 못하였다. 때문에 한반도 북부를 통해서 내려오는 길과 남부에서 북으로 올라가는 길, 중국의 산동에서 들어오는 길, 그리고 제주도에서 북상하는 길, 일본열도에서 북으로 올라가거나, 대방을 거쳐 중국으로 건너가는 길, 이러한 모든 길이 상호 교차하면서 반드시 거쳐야 할 곳이 바로 경기만이다. 이른바 해양교통의 결절점이다. 특히 한중교통의 요지로서 후대에도 활발하게 사용되었다.

때문에 한반도 내에서도 경기만은 지정학적·지경학적·지문화적 입장에서 필연적으로 분열된 각국 간의 질서와 힘이 충돌하는 현장이었다. 경기만은 고조선문명권의 초기단계부터 중요한 역할을 담당했다. 중국 지역과의 관계에 대해서는《후한서》,《삼국지》등에 기록을 통해서도 확인이 된다. 일본열도에서도 마찬가지였다. 강 따라, 해안가를 따라 고인돌, 비파형 동검, 주거지 등이 발견되었다.

경기만에는 크고 작은 섬들이 있었다. 장연(長淵)군의 흑도(鵠島, 白翎鎭) 등은 삼국시대에는 고구려 소속이었는데, [242] 후대에도 등주(登州)의 어부들이 경유하는 곳이고, [243] 중국의 배가 국경을 범하여 들어오면 반드시 먼저 이곳에 이르게 된다. [244] 백제도 중국과 교섭을 할 때 이러한 경기만 해역을 확보하지 않고서는 자유롭게 바다로 나갈 수 없다. 그렇다면 산동 지역을 출항한 서복의 선단 또는 진나라의 고역을 피해서 황해를 건넌 사람들이 가장 쉽게 접근할 수 있는 곳이다. 준왕이 남천할 때 직접적이건 간접적이건 간에 연관됐을 가능성은 많다.

백령도 (白翎島)는 신석기시대의 패총이 있다. 빗살무늬토기편이 발견되었는데 단사선문과 생선뼈무늬이다. 말등 패총에서 둥근(뾰족)밑 토기들이 출토됐고, 각종 석기들, 갈돌, 갈판[碾石], 간도끼 등이 출토되었고, 그 밖에 조개류와 멧돼지 이빨 등이 발굴되었다. 시기는 B.P 3200±250으로 판명되었다.

---

242)《증보문헌비고》18권, 군현연혁 4.
243)《증보문헌비고》35권, 관방.
244)《증보문헌비고》34권, 관방.

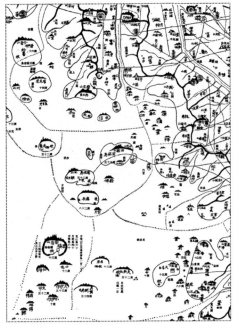

〈그림 3-84〉《대동여지도》의 경기만

강화도는 한강이 최종적으로 흘러들어 가는 곳이므로 물류망을 활용하고, 대외교섭을 할 때 출해구(出海口)로 사용할 수 있는 곳이다. 그러므로 일찍부터 인간이 살고 있었다. 하점면의 삼거리에는 신석기시대 주거지와 고인돌군이 있다. 우도(牛島)의 신석기시대 패총 등이 있으며, 청동기시대, 철기시대의 지석묘와 주거지 등이 곳곳에서 발견되었다. 또한단군과 관련된 설화 유적 등이 있다.

여섯째는 군산만이다. 한반도 서남해역은 약 26,669㎢(섬과 연안 포함)의 해역에 총 2,078개(전국의 65.6퍼센트)의 도서가 분포하고 있으며, 복잡한 리아스식 해안이다. 줄포만, 함평만, 영암만, 도암만, 부성만, 순천만, 여수만 등 작은 만이 많다. 그리고 만과 만 사이에는 변산반도, 무안반도, 화원반도, 해남반도, 고흥반도, 여수반도 등이 있다.[245] 뿐만 아

─────────────

245) 최근에 금호 방조제의 건설로 영암만은 없어졌고 화원반도는 반도의 형태를

〈그림 3-85〉 교동도

니라 연안에는 광양항·여수항·완도항·목포항·군산항 등과 같은 양항
(良港)이 발달되어 있다. 금강(錦江) 유역의 청동기문화권은 해양과 관련
하여 관심을 끈다. [246]

　　금강 하구유역은 과거에는 현재의 지형과 매우 달라서[247] 하구와 만경
강(萬頃江)이 합류하고 있다. [248] 익산·만경·군산·삼례·전주 등의 도시들
이 발달하면서 유기적으로 연결되고 있다. 조석 간만의 차이가 커서, 만
조 시에는 전주천과 소양천 및 고산천이 합류하는 대천(한내 마을, 삼례
대교)까지 바닷물이 들어왔다. 전라북도의 해역은 육지와 섬 지역을 포함
하여 해안선의 총길이가 592,94㎞인 것으로 조사됐다. [249] 군산도(선유도)
의 안쪽 입구를 통과해 내부로 들어오면 해안선의 형태가 매우 복잡했
다. 중간에 만들과 몇몇 섬들이 있었다. 대부분의 섬들은 만경강 하구와
동진강 하구, 그리고 변산반도 앞의 해양에 밀집되어 있다. 특히 두 강이

　　잃어버렸다.

246) 全榮來의 금강문화권은 〈한국청동기 문화의 연구 《錦江流域圈》을 中心으로〉,
　　《마·백》6, 및 〈금강유 청동기 문화권 신자료〉, 《마·백》 10 참조.
247) 1898년에 측도하고, 1911년에 발행한 지도 참고.
248) 현재의 군산지역은 상당한 부분이 바다였을 것으로 추정된다.
249) 국립해양조사원 2011년 조사.

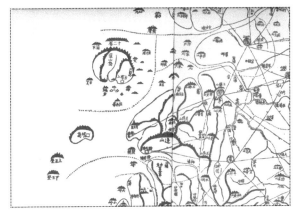

〈그림 3-86〉《대동여지도》의 군산만

바다와 만나는 유역은 각각 작은 만들이 있었다. 내부에는 개야도, 곶리도, 내초도, 말도, 비안도, 야미도, 오식도, 장자도 등이다. 또한 동진강 하구 바다에는 계화도(界火島)를 비롯한 크고 작은 섬들이 있었는데, 지금은 육지로 메꾸어졌다. 바깥 바다에는 고군산이 있었던 군산도(선유도)를 비롯하여 여러 섬들이 일종의 군도를 이루고 있었다. 이 섬들과 작은 만들은 유기적인 체제를 이루고 있었다.

　마지막으로 영산만과 서해 남부 해양이다. 서남해역이란 남해 서부의 해남을 포함한 화원반도 및 서해 남부의 나주군도·목포·무안 일대를 비롯하여, 그 위로 군산 서부지역이 해당된다. 해남에서 목포에 이르는 해역은 리아스식 해안과 크고 작은 섬들로 구성되어 있어서 물길이 매우 복잡하다. 또 강물과 바닷물이 만나는 지역으로 조류의 흐름이 불규칙하다. 해류 역시 북동진하던 쿠로시오의 한 갈래가 다도해의 섬들에 걸려서 물길의 방향이 일정하지 않다. 따라서 서남해역은 해양토착세력이 형성되고, 장기간 웅거하기에 좋은 조건을 갖춘 곳이다. 이 가운데 역사적으로 가장 주목되는 해안은 만경강 하구, 영산강 하구, 섬진강 하구 유역이다.

　특히 영산강 유역, 즉 영산만(榮山灣)은 남부 최대의 만이고, 해양활동의 핵심지역이다. 한반도 남부에 있는 세력들과 제주도 그리고 일본열도를 오고가는 경우에는 반드시 통과해야 하는 해양교통의 길목이었다.

또 한반도 북부를 통해서 내려오는 항로, 중국 강남지역에서 들어오는 항로, 그리고 제주도에서 올라오는 항로, 한반도의 남부 동안에서 오는 길, 그리고 일본열도에서 오는 항로, 이러한 모든 항로들이 상호교차하면서 반드시 거쳐야 할 곳이다. 그래서 일찍부터 문화가 유입됐으며, 전달통로가 됐다. 서남해안의 다른 지역과 마찬가지로 신석기시대부터 해양활동이 있었다. 뿐만 아니라 흑산도 등의 해안 도서에 선사시대의 토기들이 발견된 사실들은 양 지역의 섬들을 통해서 인간의 이동이 가능하다는 추론을 하게 한다.[250]

영산강 하구지역과 함께 부안(扶安)·고창(高廠)지역은 대표적인 고인돌 분포지역이다. 고인돌 전파는 해양과 관련이 없을 수가 없다. 남방식인 이 지역의 고인돌은 연안을 따라서 요동반도를 거쳐서[251] 한반도 북부를 통해서 남하했을 가능성과 함께, 근해 항해를 통해서 직접 먼 거리를 이동했을 가능성도 있다. 특히 전라도 지역에 영향을 주었을 것으로 판단되는 남방문화의 존재[252]는 이러한 추론을 가능하게 한다.

선사시대의 토기들과 유구석부 등의 농기구는 황해를 직항해서 벼농사 문화가 전파되었을 가능성을 보여준다.[253] 한편 나주(羅州)군 다시면(多侍面) 가흥리(佳興里)에서 발견된 화분(花粉)은 이 지역과 중국의 화중(華中), 화남(華南)지방과의 문화적 접촉관계에 대해서 일정한 시사를

---

250) 흑산도는 진도에서 38마일 거리에 있으며, 가는 중간에는 조류의 흐름이 매우 복잡하여 해양환경에 대한 관찰과 지식, 그리고 경험이 없으면 불가능한 일이다(崔盛洛, 〈전남지방의 마한문화〉, 《마·백》 12, 1989). 서남해안의 기타 섬들의 유적지 및 유물에 대해서는 《도서문화》 참조.

251) 《遼東半島石棚》, 遼寧省文物考古研究所編, 遼寧科學技術出版社, 1994.

252) 李光奎는 〈마한사회의 인류학적 고찰〉《마·백》 12에서 이러한 논의를 하였고, p.72에서는 마한지역이 해양적 성격을 가지고 있다고 하였다. 이외에 李杜鉉 등은 초분(草墳)을 남방문화의 소산으로 보고 있다(崔吉成, 《한국민간신앙의 연구》, 계명대 출판부, 1989의 〈세골장의 비교〉 부분 참조). 이광규는 〈한국문화의 기원〉이란 주제발표에서 복장제의 남방 유입을 주장했다.

253) 崔夢龍, 위의 논문 p.7, p.19.

주고 있다. [254] 역사적으로 보면 여수·해남·목포 등 다도해 지역은 자체 내에서 해양활동이 있었을 가능성은 매우 많다. 이미 신석기시대부터 인간활동의 흔적이 나타난다. [255] 특히 목포지역의 여러 섬들에서는 독자적인 해양세력이 존재해 있었을 가능성이 높다. [256]

서남해안 혹은 남해 서부 해안에서 출발하여 큐슈 서북부로 직항하는 항로도 있다. 이 항로는 마한을 거쳐 4세기 이후에 백제계가 본격적으로 활용하였다.

### 3) 동해권의 해양환경

#### (1) 해양환경

남북 길이가 1700km, 동서 최대 너비는 1000여 km, 면적이 107만 km²로서 동아지중해 전체 해양면적의 3분의 1을 차지하고 있다. 여기에는 우리의 인식이 못 미치는 타타르해협(Tatar strait) 까지 포함한 것이다. [257] 홍적세에는 (2백만 년 전~1만 년 전) 빙하로 말미암아 한반도와 중국, 일본 열도가 연결됐다. 그러다가 지금부터 1만 년을 전후인 충적세에 들어와

---

254) 李榮文, 〈전남지방의 선사문화〉, p.83.

255) 李海濬 〈新安 도서지방의 역사문화적 성격〉, 《도서문화》, 1989, pp.60~64에는 삼국시대까지 이 지역 문화유적에 대한 종합조사를 정리하고 있다.

256) 李海濬, 위의 논문, p.63.

257) 타타르 해협은 동해의 일부분이다. 영국이 발견하여 타타르해협(러시아어: Татарскийпролив, 韃靼海峽)이라고 명명했다. 사할린 지역은 17세기 중반부터 극동에 진출한 러시아가 표트르 대제가 즉위한 이래 베링해와 알래스카, 캐나다 북부까지 뻗어나갔다. 동시에 흑룡강과 캄차카 반도를 탐사하며, 이와 연결된 사할린과 쿠릴열도, 홋카이도까지 출몰했다. 일본의 막부는 1808년에는 마미야 린조(間宮 林藏)를 파견해 가라후토(사할린)지역의 탐험과 측량을 실시했다. 그는 가라후토 건너편의 아무르강 하구까지 탐사하였다. 이후 일본은 '마미야 해협'으로 부른다. 타타르 해협을 중국, 일본, 러시아 학자 및 일부 한국 학자들이 역사 및 고고학 논문 등에서 일본해라고 표기하고 있다.

빙하가 녹고 수면의 상승이 이루어졌다. 8000년 전경에 들어와 대한해협과 황해, 동해가 형성되었고,[258] 동해는 20만 년 전에 하나의 거대한 호수였다. 동해의 현재 해안선은 약 8000년경 부터 4000년경 사이에 형성되었으며, 약 6000~4000년 전에는 현재보다 온난한 기후였으므로 수면이 4~5m 높다는 주장도 있다.

동해는 해안선이 비교적 단조롭고, 해안선으로부터 서쪽으로 해발 1000m 이상이 되는 시호테알린에서 백두대간의 능선이 발달해서 동해안은 해안가의 면적이 좁아 농경에 적합하지 않다. 또한 해안선이 직선에 가까우며 수심이 깊어 조석 간만의 차이가 거의 없어서 조류의 영향도 적다. 연근해 항해에는 좋다. 《북새기략》(北塞記略)[259]의 '해로고(海路考)'에서는 동해안에 있는 주요 고을에서 다른 고을로 가는 뱃길의 방향과 거리를 적고 있다. 그런데 모래나 뻘, 평지가 없고, 암초지대가 발달해서 배를 대기에 좋은 항구시설이 부족하다. 겨울에는 파도가 3~4m로 높은 편이어서 항해에 부적합하다. 육지의 유기물질이 부족하고, 흘러드는 강이 적으므로 수산물이 적다. 반면에 먼 바다는 난류와 한류가 섞여 수산물의 종류가 다양하고 수량이 풍부하다.

리만 해류(Liman Current)는 오호츠크해 방면에서 연해주(沿海州)를 따라 남하하는 한류인데, 쿠릴(Kuril Current)해류의 지류이다. 블라디보스토크의 앞바다에서 동해의 중앙부로 진입하는 동해 중앙해류와 동해안을 따라 남류하는 북한해류 등으로 나뉘어진다. 한편 쿠로시오는 대한해협에서 분지된 난류는 제3분지류로 동해연안을 따라 북상한다. 이 두 개의 해류는 동해의 중남부 해상에서 만나 원산의 외해와 울릉도 부근에 이르러 그 일부는 방향을 동으로 움직여 횡단하다가 올라간다. 혼슈 중부인 이시가와(石川)현의 노토(能登)반도 외해에서 대마 해류(대한난류)의 주

---

258) 박용안 외 25인, 〈우리나라 현세 해수면 변동〉, 《한국의 제 4기 환경》, 서울대학교 출판부, 2001, pp.117~155.

259) 조선 시대 후기의 문신인 홍량호(洪良浩)가 지은 함경도 지방의 풍토를 기록한 책인데, 백두산고(白頭山考)도 있다.

〈표 3-11〉 일본(倭)의 대신라관계 월별통계[261]

| 내용＼월별 | 1 | 2 | 3 | 4 | 5 | 6 | 7 | 8 | 9 | 10 | 11 | 12 | 불명 | 계 |
|---|---|---|---|---|---|---|---|---|---|---|---|---|---|---|
| 侵犯 | | 1 | 2 | 11 | 5 | 4 | 3 | 1 | | | | | 7 | 34 |
| 交聘 | 1 | 3 | 7 | 3 | 3 | | 2 | | | 1 | | 1 | | 21 |
| 計 | 1 | 4 | 9 | 14 | 8 | 4 | 5 | 1 | | 1 | | 1 | 7 | 54 |

류와 합류한다.[260] 이러한 해류의 흐름 때문에 한반도의 동해 남부해양을 출발하면 산인(山陰) 지방이나 그 위쪽 지역의 해안에 도착할 수 있다.

동해는 황해나 남해에 견주어 계절풍의 영향을 강하게 받았다. 여름에는 풍력이 약하고 남풍 계열의 바람이 분다. 동남풍은 4월 중순에 시작하여, 8월에 들어서면 제일 강성하며, 9월 이후에는 쇠퇴하기 시작한다. 반면에 서북풍이 주풍인 북풍 계열의 바람은 9월 하순부터 시작하여 11월에 최강이 되고, 다음 해 3월까지 계속된다. 따라서 북쪽에서는 겨울철에 동해연안을 내려오는 한류에 편승하여 연안수의 영향, 지역조류의 도움을 받아서 북서 계열의 바람을 활용하면서 항해를 하면 동해남부 해역으로 진입이 수월하다. 다만 북서풍은 일반적으로 풍속이 빠르고 풍력이 강하므로 파고가 높게 인다.

동해의 남부 해안와 일본열도 사이의 교류도 바람의 영향을 많이 받았다.

동해 남부의 계절풍이 역사에 끼친 영향은 위 도표를 보면 신라와 왜의 관계에서는 왜의 침입이 일정한 시기, 일정한 지역에 집중되었음을 확인할 수 있다. 봄에 집중된 남풍 계열, 즉 남동풍을 활용하였기 때문이다. 반면에 늦가을에 걸쳐 겨울까지는 바다의 기상상태가 나쁘고, 북풍이 주류를 이루었으므로 일본열도에서 한반도 남부로 항진(航進)하기가

---

260)《근해항로지》, 대한민국 水路局, p.46.

261) 申瀅植,《新羅史》, 이화여대출판부, 1988, p.212 도표 인용.

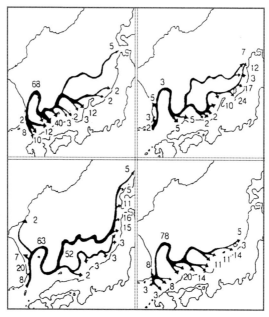

〈그림 3-87〉 해류병도(설명: 대한해협에서 투입한 표류
병의 도착 상황. 겨울에는 전체의 40%가 이즈모 지역에
도착하고 있음)

매우 힘이 든다. 반대로 한반도에서 일본열도로 가는 시기는 늦가을에서
초봄까지이다.

또 발해인들의 항해시기를 보면 이와 같은 해양의 메카니즘을 완벽하
게 확인할 수 있다. 발해인들은 동해북부 해안 또는 연해주 일대의 해안
에서 남동방향으로 항해해야 하므로 북서풍을 이용해야 하고, 때문에 출
항 날짜가 주로 음력 10월부터 다음 해 1월 사이에 집중되었다.[262] 동해
는 면적이 매우 넓고, 남북은 물론, 동서로도 한반도와 일본열도 사이의
거리가 매우 넓다. 중간에 징검다리 역할을 하는 섬들이 거의 없다. 따라

---

262) 이러한 동해 해양활동의 항해 메카니즘에 대해서는 윤명철의 논문들이 있다.
　　발해와 연관된 논문은《윤명철 해양논문 선집》8권, 학연, 2012;《장보고 시대
　　의 해양활동과 동아지중해》학연, 2002;〈渤海의 해양활동과 동아시아의 질서
　　재편〉,《고구려연구 6》, 학연문화사, 1998 참고.

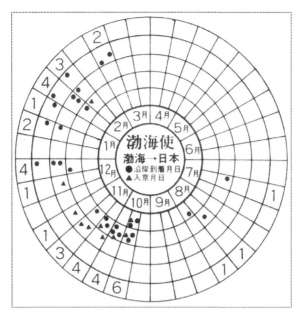

〈그림 3-88〉 발해사 항해시 계절풍 이용도(출처: 吉野正
敏,〈季節風と航海〉,《Museum Kyushu》1 4號, 1984, p.15)
도표에는 650년부터 850년까지 당과 일본 간의 교섭과정
이 월별로 구별되었다.

서 교류활동은 고난도의 천문항법을 구사하고 위험도가 높은 원양항해
구역이 넓다.

동해에서 황해와 같은 방식을 동원하여 근해항해 범위를 설정했더니
연해주 남부 해역에서 동해 남부까지는 범주 내에서는 큰 무리 없이 연근
해항해가 가능하다는 결과가 나왔다. 하지만 동해는 지문항법을 적용할
수 있는 구간이 좁다. 따라서 넓은 바다는 원양항해를 병행해야 한다. 이
러한 환경은 고조선문명이 동해지역이며, 동해 너머로 확장되는 데 불리
한 조건으로 작용하였다.

(2) 주변지역 및 만

첫째, 연해주 남부 지역이다. 동해와 접한 지역, 즉 연해주(프로모리예,

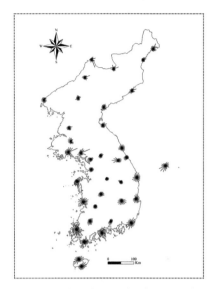

〈그림 3-89〉 7월의 풍향도(kiost 자료)

Primorye라고 부름) 지역은 연해지역 또는 강해지역이다. 여름에 더 따뜻한 날씨를 보이며, 몬순풍의 영향으로 태평양에서 많은 비가 올라온다. 그리고 연해주와 사할린 홋카이도 사이의 해협은 '타타르 해협(Tatar Strait)'이다.[263] 유라시아 대륙과 사할린섬을 가르는 해협으로, 북쪽으로 오호츠크해, 남쪽으로 동해로 연결된다. 길이는 약 663km, 폭은 넓은 곳이 남쪽으로 324km, 좁은 곳은 북쪽으로 약 7.3km(네벨리 해협, Пролив Невельского,

길이 약 56km)이다. 깊이는 최대수심 100m에서 가장 얕은 곳은 7m이다. 그래서 겨울 동안에는 얼어붙어서 해협을 가로질러 횡단하는 일도 가능하다.

시호테알린산맥의 최남단인 연해주의 남부에 북쪽으로 들어간 블라디보스토크(Vladivostok; Владивосто́к, 海参崴·符拉迪沃斯托克)는 숙신족의 원주민 언어로 '연해의 어촌' 또는 '그물을 말리는 해변'을 뜻한다.[264]

---

263) 해협 사이로 리만해류가 형성되어 해류 속도는 평균적으로 약 1km/h이며, 빠른 곳은 2-2.5km/h에 달한다. 이 해류로 말미암아 연해주의 기후에 영향을 끼쳐 여름은 서늘하고 반대로 겨울은 따뜻한 편이다. 또한 여름엔 심한 안개가 생기는 원인이 되기도 한다. 염분 농도는 아무르강이 합류하는 영향도 있어 비교적 낮은 편으로 약 16-18‰ 정도이다(세계 해양 평균 염분농도 34.72‰). 좁은 해협 사이로 만들이 형성되어 있으며 대표적인 데-카스트리(Де-Кастри)만은 만조시 해수면 높이 2.7m, 임페라토르스꼬이항은 1.2m를 유지한다. 해안가 주변으로는 침엽수림이 형성되어 있으며, 주로 전나무, 낙엽송, 자작나무, 오리나무, 단풍나무 등이 주류를 이룬다.

264) 청나라 초기부터 중국 관내(산해관 이남의 지역) 산동 일대의 사람들이 이곳으로 이주할 때 이름을 '와이즈(崴子)'로 불렸으며 해삼(海參)이 있는 곳으로 착

아무르 반도 남쪽 동해 연안에 위치하고 있다. 동·남·서쪽 순서대로 우스리만, 大피터만(Peter the Great Gulf), 아무르만이 있다. 표트르 대제(Petra Velikogo)만의 길이는 70km, 만 입구의 너비는 200km이며, 만의 형태는 굴곡이 심하여 아무르스키, 우수리스키, 포세타, 오스토크, 아메리카, 스토레르카 등 여러 개의 작은 만으로 갈라진다.

〈그림 3-90〉 동해의 시인거리(설명: 점선 안의 구역은 눈으로 보면서 항해가 가능한 해역)

금각만(金角灣)은 입구 너비는 2,000m이며 수심은 20~30m이다. 한온대 계절풍 기후의 특징을 지니고 있는데, 겨울에는 편북풍의 영향으로 춥고 건조하다. 반면, 여름에는 동남풍이 성행하여 따뜻하고 강수량이 많다.

포시에트 혹은 블라디보스토크, 그 북쪽지방에서 타타르 해협을 건너 사할린 또는 홋카이도의 오타루(小樽)까지는 항해가 가능하다. 우선 블라디보스토크와 오타루는 동일한 위도상에 있어 지리적으로 매우 조건이 좋다. 봄·여름에 남풍 계열의 바람을 이용하면 바다를 건너서 홋카이도에 상륙하거나, 육지에 근접한 다음에 연안 항해를 통해서 혼슈 북부에 도착할 수 있다. 연해주 북부에서는 소베츠카야가반에서 건너편의 오롤보까지는 불과 150km이고, 더 북부는 거의 사할린과 붙어 원시적인 노를 저어서도 항해가 가능하다.

둘째는 두만강 하구와 동한만이다. 서포항(西浦港) 유적지 4기층에서

___

각해서 중국어의 이름을 '해삼외(海參崴)'로 정하였다. 근대 러시아제국의 동방 확장때 이 지역의 명칭을 '동방을 지배하라'는 뜻으로 '블라디보스토크'로 개칭히였다.

고래뼈로 만든 노가 발견되었는데, 4기의 경우 서기전 4000년기 후반으로 편년을 정하고 있다.[265]

셋째는 포항만과 울산만 등 동해 남부지역이다. 울산만은 구조곡만으로 만구는 남쪽으로 열려 있고 해안선은 비교적 단조롭다. 태화강·동천·외황강 등의 작은 하천들이 흘러든다. 또한 피항(避港) 조건을 잘 갖춰 태풍, 폭풍 등을 피하기에 양호하다. 동해는 겨울에 북서풍이 몰아치고, 파고가 높아서 황천항해가 불가피한 시기가 많다.[266] 또한 먼 바다를 항해하거나 외부에서 진입할 때는 1000m 이상의 산들을 지표삼아 먼 거리에서 관측이 가능하다. 동해 남부인 포항, 감포, 울산 등을 출항하여 혼슈 남단인 산인(山陰)지방의 돗토리(鳥取)현의 다지마(但馬)·호우기(伯耆), 시마네(島根)현의 오키(隱岐)·이즈모(出雲), 야마구치(山口)현의 나가도(長門) 등에 도착하는 항로이다. 이렇게 상륙한 후에 연안 혹은 근해 항해를 이용하여 북으로는 후꾸이(福井)현의 쓰루가(敦賀) 지역,[267] 남으로는 큐슈 지역으로 들어갔다.

## 4) 남해권의 해양환경

남해는 동쪽으로는 울산까지 서쪽으로는 진도 서안, 남쪽은 제주도까지를 가리키는 바다이다. 면적은 7,5000km²이고, 평균수심이 100m이며, 서해안보다 더 심한 리아스식 해안으로서 해안선의 길이가 직선거리보다 무려 8.8배나 길다. 2200여 개의 섬들이 있는 다도해 권역이다. 대한해협

---

265) 이 서포항 유적지의 편년에 대해서는 대체로 의견이 일치되고 있다. 특히 임효재의 경우는 김용간의 초기 견해를 수용하고 있다.

266) 해수부,《한국의 해양문화》, 동남해역(上) 해양수산부, 2002, p.13.

267) 쓰루가(敦賀)는 머리에 뿔이 난 사람들이 왔으므로 고대에는 쯔누가(角鹿)라고 불리웠는데, 이것은 투구를 쓴 가야인들이 왔기 때문이다. 그러나 신라계와 관련이 깊었으므로 지금도 신라계 지명 및 신사가 곳곳에 남아 있다. 武藤正典,〈若狹灣とその周邊の新羅系遺跡〉,《東アジアの古代文化》, 大和書房, 1974, pp.88~94 참조.

은 한반도 남부에서 대마도를 거쳐 일본열도까지 연결되는 해역을 의미한다. 1만 년 전을 전후한 시기에 충적세가 시작되면서 빙하가 녹고 바다가 생겼으며, 중간의 높은 고산들은 쓰시마(對馬島) 이끼(一岐), 그리고 해안의 몇몇 섬들로 되었다.[268]

이곳의 해양환경은 다음과 같다. 대한난류는 쓰시마를 가운데에 두고 동수도와 서수도로 나뉘어진다. 이 양쪽의 협수도를 통과하면서 물의 흐름이 빨라지고 파도도 높아진다. 서수도를 통과한 해류는 한반도 남동단을 지나 북북동으로 흘러 원산(元山) 바깥바다[外海]와 울릉도 부근에 이르러 동쪽으로 전향하고 동수도를 통과한 해류는 북동방향으로 흐르면서 일본서안을 끼고 올라간다. 이 해류의 유속은 계절과 지역에 따라 약간의 차이가 있으나 평균 1kn 내외이며, 물의 방향은 항상 북동으로 향하고 있다. 이 해류는 항상 일정한 방향으로 흐르기 때문에 항류(恒流)라고 하는데, 이 항류가 북동방향으로 진행하는 것은 이 지역 항해의 기본방향을 우선 1차적으로 북동향으로 조건 짓는다.

조석 간만에 따라 1일 2교대씩 진행방향이 바뀌는 조류가 있다. 조수의 높이에 따라서 밀물 때에는 창조류(漲潮流, 밀물)가 되어 남서방향으로 진행을 하고, 전체적으로 흐름이 정지되거나 시간상이나 지역에 따라 심한 경우에는 역류되는 현상마저 일으킨다. 썰물 때에는 낙조류(落潮流, 썰물)가 되어 북동방향으로 진행한다. 이 조류의 흐름은 항해에 매우 큰 영향을 끼치며 특히 협수로의 경우이거나 연안항해인 경우에는 그 영향력이 더욱 증폭된다. 항류의 유속과 낙조류의 유속이 합해져서 3kn 이상의 빠른 속도를 갖고 북동으로 진행한다. 한반도 서해안 조류의 움직임이 얼마나 복잡한가는 몇몇 특정 지역의 조류를 보아서 알 수가 있다. 이러한 해류와 조류의 미묘한 흐름을 파악하고, 그 속도와 힘의 관계를 인지하면 두 지역 사이의 항해는 비교적 안전하고 성공적으로 수행할 수가 있다.

---

268) 한반도와 일본열도 사이의 지질학적 환경에 대해서는 國分直一, 〈古代東海の 海上交通と船〉, 《東アジアの古代文化》 29號, 大和書房, 1981, pp.28~30.

〈그림 3-91〉 1629~1840년 동안 조선에서 일본에 표류한 선박들의 길(시바다게이시·손태준 작성). 울산, 포항, 울진 등에서 출발한 배들은 야마구치현과 시마네현에 집중적으로 닿고 있다.

한·일 두 지역은 전체거리가 약 280여 ㎞에 달한다. 하지만 부산에서 쓰시마까지의 최단거리는 약 53㎞, 거제도에서는 약 80여 ㎞이다. 한편 쓰시마의 최남단인 쯔쯔(豆酘)와 이키섬까지는 53㎞ 정도이고, 이키섬에서 큐슈까지는 중간에 작은 섬들이 있는 데도[269] 약 20여 ㎞ 남짓하다. 이 같은 지형적 특성은 몇 개의 섬을 징검다리로 이용할 경우에 항해를 더욱 쉽게 한다. 항해자들은 양쪽으로 지형지물을 확인하고 유사시에는 피항을 하면서 항해를 할 수 있다. 부산에서는 날씨가 맑은 날 쓰시마가 뚜렷이 보인다. 거제도 역시 아주 맑은 날이면 쓰시마의 관측이 가능하다. 그 반대의 경우도 물론 가능하다. 거제도 서쪽 지역에서 출발하면 쓰시마의 북섬 중부 해역인 아소완(淺茅灣), 그리고 큐슈의 고또(五島)열도나 서부 지역에 도착할 수 있다.

한편 쓰시마의 중부 우에미사카(上見阪)에서는 날씨가 맑은 날 동남쪽으로 이키섬 및 히라도(平戸)의 섬들도 보인다.[270] 심지어는 고또(五島)열도 북부의 우구섬(宇久島), 고치카도(小値賀島)에서는 가을날의 쾌청한 날 등에는 한반도의 서남부의 해상에 있는 제주도의 한라산을 보는 것이 가능하다.[271]

269) 城田吉之,《對馬·赤米の村》, 葦書房, 1977, pp.9~11.
270) 城田吉之, 위의 책, p.5.
271) 江阪輝彌, 〈朝鮮半島 南部と西九州地方の先史·原史時代における交易と文化交

한반도 남해 동부와 동해 남부 일부에서 발견되는 일본계 조몬 토기의 존재는 두 지역의 교류가 활발히 진행되었음을 보여준다.[272] 반대로 일본열도계의 유물이 한반도 남해서부 즉 부산의 동삼동(東三洞)이나 조도패총(朝島貝塚)에서,[273] 그리고 동해남부인 울산의 서생포(西生浦) 등에서 발견된 것은 일본열도 또는 대마도에서 흘러오는 해류의 흐름을 자연스럽게 이용한 것을 입증하기 때문이다.[274]

또한 제주도의 해양환경은 남해 지역 및 일본의 큐슈, 대마도 등과 교류하기에 중요한 역할을 하였다. 쿠로시오 해역에서 동중국해로 들어온 후에 서쪽해역으로 북상한 해류는 제주해협으로 흘러들어 동진하며, 동쪽으로 북상한 해류는 북동방향으로 흘러 대한해협으로 흐른다. 해류의 속도는 겨울에는 30cm/sec, 여름에는 50cm/sec 정도로 계절 차이가 있다. 조류는 일반적으로 밀물 때 북서방향, 썰물 때 남동방향이다. 그러나 연안에서는 해안선의 영향을 받아 방향이 바뀌고 흐름도 강해진다. 심지어는 3~4kn 정도에 이른다. 제주도의 바람은 겨울의 북서계절풍과 여름의 남동계절풍이다. 북서계절풍은 평균 5-7m/sec, 남동계절풍은 2-3m/sec이다. 하지만 저기압이 통과할 때 바람의 방향은 정반대로 바뀔 수 있다. 이외에 강한 바람은 태풍으로 인하여 발생한다.

3장에서 고조선문명권의 자연환경과 공간을 '해륙사관'과 '터이론' 및

流〉,《松阪大學紀要》, 第 4號, 1986, p.7.

272) 林墩, 〈조도의 사적고찰〉,《해양대 논문집》11, 1976, p.380; ――, 〈조도패총 유물소고〉,《해양대학교 논문집》13, 1978, p.224에서 조도를 선사시대의 중요한 거점으로 보고 있다; 임효재, 앞의 논문 p.5 등에는 울산 서생포에서 발견된 조몬기에 대해 나오고 있다.

273) 林墩, 〈조도의 사적고찰〉 외; 孫兌鉉, 〈고대에 있어서의 해상교통〉,《논문집》15, 한국해양대학, 1980; 江阪輝彌, 앞의 논문,《松阪大學紀要》제4호, 1986.

274) 조류에 흐름에 대해서는 많은 논문이 있으나 가장 정확하게 길을 제시한 논문은 市田惠司; 高山久明, 〈古代人の航海術對馬海峽 시뮤레이션〉,《考古學 져널》12月, 通倦 212號, 1982에 컴퓨터 분석에 의한 각종 도표가 있다. 尹明喆, 〈해로를 통한 선사시대 한일 양 지역의 문화접촉 가능성 검토〉,《한국 상고사 학보》2, 1989 등 참조.

'중핵 개념'을 적용하여 공간을 '1산 2해 3강체제'로 유형화하였다. 즉 육지의 중핵은 '백두산', 해양의 중핵은 '황해 북부 해양'와 '동해 북부 해양', '강'은 '송화강 유역', '요하 유역', '대동강 유역'(3 core)으로 하였고, 그 밖에 주변의 여러 지역과 해역들을 분석하였다.

그 결과 동아시아 공간은 '평원' '삼림' '초원' '강' '해양' 등이 복합적으로 구성되었으며, 고조선문명권은 이러한 자연환경이 집약된, 즉 다양한 자연환경의 핵에 있었다. 기후 또한 크게는 대륙성 기후와 해양성 기후가 혼재하고, 건조지대, 초원지대, 삼림지대, 평원, 해양 등이 상호연관성을 가질 수밖에 없는 지형과 지리적 틀을 가졌다. 따라서 모든 자연환경들은 유기적인 체계 속에 있었다. 즉 고조선인들은 해륙을 하나의 통일된 영역으로 인식하였고, 활동하였다. 한반도의 북부와 만주 일대의 평원과 대삼림지대, 초원, 길고 수량이 풍부한 강들, 광활한 해양을 자기의 문명 공간으로 삼았다. 이러한 환경은 고조선문명권의 인문환경에도 영향을 끼쳤을 것이다.

# 제4장 고조선문명권의 인문환경

## 1. 문화의 토대

  문명은 다양한 자연환경과 함께 多종족, 多언어, 多문화 등의 인문환경을 갖추고 있다. 그렇다면 동방문명 또는 고조선문명, 인문환경의 토대가 생성된 시기는 언제이며 내용은 무엇일까?

  고조선문명권을 설정하는 데 중요한 인문환경적인 요소는 '시간(時間, time)'이다. 문명권에서 시간이 가진 의미와 역할 등은 앞에서 설명하였다. 고조선문명권을 계승한 우리 문화의 형성과 역사는 시간적으로 축적의 부피가 크므로, 시간의 정리가 필요하다. 그러기 위해서는 '미시'와 함께 동시에 '거시'적으로 파악하면서 상호보완해야 한다. 고조선의 건국과 직결된 단군의 존재와 고조선을 이해하려면 우선 신화적 시간의 의미와 성격을 이해하고 적용할 필요가 있다. 단군신화는 3부로 구성되어 있다. 역사성과 신화성이 공존하고 있는 고조선 기록에서 신화적인 기술 부분은 전반부와 후반부를 제외하고 '석유환인(昔有桓因)'부터 '호왈단군왕검(號曰壇君王儉)'까지이다. 이 부분을 살펴보면 전체문장은 3부의 구조로 되었고, 그 내부에 24개의 주요한 신화소(神話素)로 구성되어 있다. 1부는 천손강림신화(天孫降臨神話)이고, 2부는 지모신(地母神) 신앙이며, 3부는 2개의 이질적인 신앙 내지 문화가 습합하는 과정과 단군왕검(壇君王儉)으로 상징되는 '통일체'를 완성하는 대단원이다.

  이른바 '단군신화'에서 '환인(桓因)', '환웅(桓雄)', '웅(熊)', '산신(山神)' 등의 존재는 신화적 공간뿐만 아니라 신화적 시간의 표현일 가능성이 크다. 총 4단계로 구성되었다. 1단계는 환인의 시대, 2단계는 곰범 시대, 3

단계는 환웅의 시대, 4단계는 단군의 시대이다. 그리고 문화적 시간이다.

고조선문명을 이해할 때 시간은 문화라는 관점에서도 중요하다. 자연환경과 문화 즉 생활양식에 따라서 시간에 대한 인식이 다르다. 고조선의 문화를 이해할 때 시간의 다양한 면을 고려해야 한다. 특히 가장 중요하고, 우리에게 큰 의미로 다가오는 것은 역사적 시간이며 사료와 고고학적 유물을 조정하여 산출한 시간을 의미한다. 따라서 시원 국가 및 민족의 설정을 시도할 필요가 있다. 즉 계열화(系列化)시키는 작업이 필요하다.

이 책에서는 문명의 중요한 요소인 '주체'와 '공간'을 논하면서 '원핵(原核)' 개념을 설정하여 적용하였다. 이와 마찬가지로 시간 또한 원핵 개념을 설정하였다. 따라서 고조선문명권의 원핵이 형성된 시대를 고조선으로 삼고, 이어 단계적으로 생성하고 발전하는 것으로 본다. 또 고조선문명을 이해하는 데 시간이 중요한 것은 멸망 후의 '계승성' 때문이다. 역사에서 계승성이 지니는 의미는 중요하다. 정체성은 개별존재들의 집합체인집단에게도 중요한 의미가 있다. 거기서 중요하고 의미 있는 것이 계승성이다. 특히 다양한 동기와 원인, 명분을 놓고 갈등과 충돌을 벌이는 정치집단들은 가장 완벽했다고 평가받은 완성된 국가나 또는 선행국가를 계승했다는 명분과 당위성이 있어야 한다.[1]

고조선문명권의 마지막 단계인 위만조선이 역사에서 사라진 후 그 진공 상태를 메꾸기 위해 문명의 주변부 또는 소핵 등을 중심으로 구심력이 강화되면서 힘이 집중되기 시작했다. 원부여(原扶餘), 북부여(北扶餘), 동부여(東扶餘), 홀본부여(忽本扶餘), 고구려(高句麗), 비류국(沸流國), 개마국(蓋馬國), 행인국(荇人國), 옥저(沃沮), 동예(東濊), 삼한(三韓) 등의

---

1) 윤명철, 〈壇君신화와 고구려 건국신화가 지닌 正體性(IDENTITY) 탐구〉, 《단군학연구》 6호, 2002, 2장 참조; ---, 〈고구려의 고조선 계승성에 관한 연구 1〉, 《고구려연구》 13, 2002; ---, 〈고구려의 고조선 계승성에 관한 연구 2〉, 《단군학 연구》 14호, 2008.

소국들이 생성 난립하면서 국가들 사이의 경쟁이 치열하게 벌어졌다.[2] 소국들은 필연적으로 역사공동체 내부에서 모두의 어머니[母] 질서이며 선행국가인 고조선 계승성을 강하게 표방하였고, 실제적으로 조선적 질서를 복원해야 했다. 따라서 '고조선 계승성'은 일종의 생존전략이었고, 건국을 성공시키는 국가전략의 일환이었다. 또한 국가의 발전 모델로 삼을 당위성이 있었다.

고조선의 후예 국가들은 계승성과 정통성을 표방했다. 그 증거들은 여러 곳에 있다. 《삼국유사》는 첫 부분에 후에 조선(왕검조선, 고조선)을 최초의 국가로 설정하고, 그 후에 건국한 국가들의 역사를 차례대로 기술하고 있다. 이른바 조선정통론이 보인다. 그런데 왕력(王曆) 편에 주몽을 단군의 아들('朱蒙…鄒蒙 壇君之子')로 기술하여 고구려의 '조선계승성'을 언급하고 있다.

《삼국유사》는《단군기》를 인용하면서 단군이 비서갑(非西岬)의 딸과 결혼하여 부루(夫婁)를 생하였음을 밝히고 있는데, 이는 단군이 해모수라는 인식이다. 유사한 시대에 집필한《제왕운기》또한 '故屍羅 高禮 南北沃沮 東北扶餘 穢與貊皆檀君之壽也.'라고 하여 고구려, 옥저계, 부여계, 예맥계 등의 국가들은 단군의 자손임을 칭했다고 기술하고 있다. 이어〈漢四郡及列國紀〉에도 "…三韓各有幾州縣…數餘七十何足徵, 於中何者是 大國, 先以扶餘沸流稱,次有屍羅與高禮 南北沃沮穢貊부…世系亦自檀君承." 이라고 하였다.

《제왕운기》는《국사》(國史)의 단군본기를 인용하여 비서갑 하백의 딸이 부루를 생하였다 하고, 또한 송양(宋讓)이 '의단군지후'라고 하여 단군과의 계승성을 주장하고 있다. 이러한 기록들은 비록 후대에 작성된 것이지만 고려 지식인들의 일반적인 인식이었던 것으로 판단한다. 심지어는

---

2) 북한에서는 '고구려는 일찍부터 고조선의 실력 있는 지방정치세력, 즉 후국(候國)이 되었다'고 하여 후국체제를 설정하고 있다, 조선사회과학원 역사연구소 지음/ 연변대학 조선문제연구소 옮김,《조선전사》제3권, 연변대학출판사, 1988 등 참조.

《삼국사기》고구려본기 동천왕 21년(247년)조에 "春二月 王以丸都城經亂
不可復都 築平壤城 移民及廟社 平壤者 本仙人王儉之宅也 或雲王之都王
儉"이라는 기사가 있다.

　　이는 단군이 평양과 특별한 관련이 있는 인물이라는 인식을 보여준
다. 한편 중국 측의 사료에도 고구려의 고조선 계승성을 엿볼 수 있는 기
록들이 있다. 《후한서》에는 예전에서 "濊及沃沮 句驪本皆朝鮮之地也."라
고 하여 영토적으로 고조선을 계승하였음을 알려준다. 고조선문명이 생
성되고 발전하려면 적합한 자연환경뿐만 아니라 체계화되고 이론을 구비
한 문화의 토대가 갖추어져야 한다. 필자는 앞에서 원핵이 생성되기 이전
을 '1단계'라고 표현하면서 모(母 또는 先)문명을 설정했다.

　　특히 첫 단계 또는 1단계로서 '원조선(原朝鮮)'[3]이라는 정치적 실체의
탄생과 그에 따른 '조선공동체'의 생성을 설정했다. 이때 '조선공동체'라는
것은 앞에서 약술한 공간의 해석과 운용방식 및 역사유기체론 등 몇 가
지 이론들을 전제로 성립할 수 있다. 그런데 고조선이 생성되는 청동기시
대 이전에 토대문화로서 구석기문화, 신석기문화가 발전해야 한다. 따라
서 이 절에서는 고조선문명권의 중핵지역인 내륙의 강 및 해안가, 해양
등을 선택해서 관련 유적과 유물들을 살펴본다.

---

3) 최초의 민족국가로 알려진 조선은 그 후 우리 역사에서 생성한 모든 국가들에게
　계승의 대상이었다. 즉 우리 민족국가의 시원이면서 후에 세워진 조선 등의 근원
　이 되는 국가이므로 고조선이라는 추상적인 용어보다는 원(本, proto, begining)
　의 의미를 지닌 원조선이라는 용어를 선택했다. 이후 문장에서는 원조선이라는
　용어를 사용하는 것을 원칙으로 삼되 문장의 전개과정이나, 아직 채 정리되지
　않은 고대사의 현실을 고려하여 다른 용어를 사용하기도 하였다.

## 2. 구·신석기문화의 발전 및 특징

### 1) 구석기문화의 발전

#### (1) 만주 지역 구석기문화의 발전

만주 일대도 구석기문화가 일찍부터 발달하였다. 학자들마다 구석기문화의 시작연대, 발전한 지역, 주체 성분에 대하여 다양한 견해들을 표명한다. 이 장에서는 문명권과 해륙활동의 규명이라는 목적을 고수하면서 일반적인 견해들을 중심으로 요동, 요서, 남만주, 동만주순으로 문화의 실상을 전개한다.[4]

요하 주변유역에도 구석기유적이 있다. 요하유역은 동-서 방향으로 넓고, 남-북은 비교적 협소한 지형 구조 때문에 구석기유적들은 대체로 서요하, 동요하, 하요하의 3개 구역으로 구성되었다.[5] 대표적인 유적은 20여 곳이며, 이 가운데 15개 지역은 이미 발굴되었다. 요하 유역에서 확인되는 대표적인 후기 구석기시대의 유적은 능원현 초모산(草帽山) 서팔간방 유적을 들 수 있다. 또한 건평현에서도 후기 구석기시대를 살았던 사람의 어깨뼈 화석이 조사되었다. 그 외에 요녕성 해성현의 소고산(小孤山) 선인동 동굴 유지(요녕성 해성시 고산향孤山鄕), 요녕성 와방점(瓦房店)시의 고룡산(古龍山) 유지, 유명한 영구 지역의 금무산(金牛山) 유지(營口 永安鄕 西田村), 길림성 유수시(楡樹市)의 주가유방(周家油坊) 유지, 수산(壽山) 유지(楡樹市 劉家鄕 大橋屯), 흑룡강성 황산 앙앙계(昻昻溪)의 십팔참 유적 등에서 관련된 유적들이 조사되었다. 유물들로 보아 생태계는 주로 삼림과 초원이었다. 발굴된 지역은 구체적으로 아래와 같다.

압록강 하구 유적으로는 요녕성 단동시 동구현(東溝縣) 전양향(前陽

---

4) 중국 구석기문화에 대하여는 한국에는 일찍이 소개된 조빈복 지음/ 최무장 옮김, 《중국동북 구석기 문화》, 집문당, 1996 참고.

5) 王禹浪; 劉述昕, 〈遼河流域的古代民族與文化〉, 《黑龍江民族叢刊》, 2007, pp.57~62.

〈표 4-1〉 만주의 대표적 강물 주변 유적지

| | 명칭 | 위치 | 시기 | 발굴 시기 | 대표 유물과 의미 |
|---|---|---|---|---|---|
| 1 | 고룡산 유지 (요녕성 와방점) | 북위 40°07′ 동경 122°16′ | 1층: 17,160년 ±240년 4층: 40,000년 | 1982 | 유물: 골기 332개 (동물: 77종): 화북지역의 고인류가 한반도, 일본열도로 이동하는 단서를 제공. |
| 2 | 소고산 유지 (요녕성 해성시 고산향 소고산) | 북위 40°34′ 동경 122°58′ | 3~2만 년 이전 | 1981 1983 1990 | 대표유물: 인류화석·제골기·장식품·불을 이용한 유적 등 석기가 10,000개 이상. 당시의 생태 환경은 삼림과 초원이 주. |
| 3 | 금무산 유지 (요녕성 영구 영안향 서전촌) | 북위 40°34′ 동경 122°30′ | 플라이스토세 말기 (28만 년 이전) | 1974 -1975 1984 1986 -1988 | 마제골기, 동물화석, 인류화석, 석기, 만주지역 구석기 시기 최초의 고인류 유적. |

鄕) 백가보(自家堡)의 근처로서 전양인(前陽人) 유적이 대표적이다. 1982년에 발굴되었는데, 4개층으로 나누어졌고, 인류화석, 동물화석 등이 3층에 집중된다. 젊은 여성의 두개골과 아래턱 뼈 등이 발견되었다. 전양인의 구치는 중국 산동성의 신태인(新泰人)의 구치와 유사하다. 또한, 울창한 숲 속에서 생활한 곰, 늑대 멧돼지 등 17종의 동물 뼈가 발굴됨으로써 이 지역의 자연환경과 현재의 기후, 온도 등이 대체적으로 같은 것을 입증하였다.

송화강 수계에서는 구석기유적이 약 10여 군데 있다. 26600±550년의 안도인(安圖人, 길림성 안도현 明月鎭 동남)을 비롯하여, 2층은 34290±510년이고, 4층은 3-10만 년 전인 수산 선인동(壽山 仙人洞, 길림성 화전시樺甸市 유목교자榆木橋子 수산촌壽山村)이 있다. 눈강 유역의 구석기유적은 치치하얼시(제제합이, 齊齊哈爾市) 앙앙계(昂昂溪) 동남 18km의 대흥둔(大興屯) 동남에 위치해 있다. 1981년, 1982년, 1986년, 세 차례에 걸쳐 총 128개의 석기가 발굴되었다. 제조방식을 보면 화북의 세소석기 제조방식과 비슷하면서도 독특한 문화 특징을 지니고 있다.

야생토끼(lepussp), 보씨야생소(普氏野馬, Equus przewalskyi), 동북양생소(Bisonexiguns), 원시소(原始牛, Bossp) 등 포유동물화석 11종이 발굴되었으며, 시기는 11800±150년 전으로 추정된다. 이곳이 삼림초원 기후였음을 입증하였다. 24500±400의 오상학전(五常學田, 흑룡강성 오상 용봉향 학전촌)에서는 각종 포유동물의 화석들이 발견되어 삼림과 초원이라는 자연환경과 수렵 문명의 기원지임을 알려준다. 아래 도표는 만주 일대 구석기문화의 이러한 현황을 보여준다.

〈표 4-2〉 만주 일대 구석기문화의 특징

| | 명칭 | 위치 | 시기 | 유물 | 의미 |
|---|---|---|---|---|---|
| 1 | 안도인 (길림성 安圖縣 明月鎭 동남) | 북위 43°51' 동경 128°55' | 26600± 550년 전 | 인류의 이빨화석, 등 뼈 발견, 포유동물화석 19종 | 삼림초원 환경, 한랭한 기후, 수렵문명의 존재 |
| 2 | 무송 선인동 (길림성 撫松縣 동남 仙人洞) | | 구석기 말기 | 石核·石片·砍砸器·刮削器·동물화석 등 발굴됨 | |
| 3 | 수산 선인동 (길림성 樺甸市 榆木橋子壽村) | 북위 43°9' 동경 126°37' | 2층: 34290± 510년전 4층: 3-10만년 | 유물과 동물화석 등 250여 개 발굴됨 | 인류가 10여 만 년 전부터 활동한 증거 |
| 4 | 구참서산 (길림시 九站 西山) | 북위 43°05' 동경 26°28' | 플라이스토세 말기 | 타제석기(16개) | |
| 5 | 홍취차 (장춘시 伊通河) | 북위 43°41' 동경 125°15' | 구석기 말기 | 포유동물 화석 25개 발굴됨 | |

| | | | | | |
|---|---|---|---|---|---|
| 6 | 유수 주가주방 (길림성 楡樹市 周家油坊) | 북위 44°43' 동경 126°21' | 40000년 전 | 포유동물 화석 12 종. 골기 28개, 석 기 21개 등 발굴됨 | |
| 7 | 유수 대교둔 (楡樹市 劉家 鄕 大橋屯) | 북위 44°43' 동경 126°20' | 플라이스토세 말기 | 석기 17개(石核 6, 石片 3,刮削器 5,尖 狀器 2, 砍砸器1), 동물화석 16종 발굴됨 | 초원 위주로 된 수렵 원시문화 존재를 입증 |
| 8 | 오상학전 (흑룡강성 五常龍鳳鄕 學 田村 서남) | 북위 44°47' 동경 127°33' | 24500 ±400 전 | 포유동물 화석 8종, 총 560개 발굴됨 | 삼림과 초원 자연환경과 원시 수렵 문명 기원지 |
| 9 | 대포소 (길림성 서부 乾安縣 大布蘇 泡子 동안) | 북위 44°48' 동경 123°42' | 1만년 이전 | 석기 486개(細石核 4, 細石葉 121, 石 片 110, 硏磨石塊 1, 廢品 242, 工具 8개) 발굴됨 | 석기 가공 공장 으로 추정 |
| 10 | 국가강 (하얼빈 서남 송화강 우안 閻家崗 농장) | 북위 45°36' 동경 126°18' | 22370 ±300 전 | 포유동물 화석 3000여 개 발굴됨 | 태원과 초원 위 주의 삼림 기후, 임지와 수역이 인류 생활에 적합한 환경 |

동만주 우수리강 유역의 대표적인 구석기유적은 요하 소남산(饒河 小南山) 유적이다. 우수리강 좌측 강변의 소남산 산기슭에 있는데, 13000±460년 전의 유적이다. 1980년에 유물들이 잇달아서 발굴되어 고인류가 활동하였음을 알 수 있다. 이 밖에도 털맘모스(眞猛碼象, Mammuthus primigenius)등의 포유동물 화석도 발굴되었다. 흑룡강 유역에는 구석기 말기인 호마 십팔참(呼瑪 十八站, 흑룡강 우안 탑하塔河) 대흥안령 호마 하(呼瑪河, 좌안) 유적과 1-3만 년 전으로 추정되는 무허(漠河) 노구(老溝, 흑룡강성 막하현 노구 금광 일대) 유적이 있다. 흑룡강 유역의 고고학

문화 유적은 아래 표에서 제시된 바와 같다.

〈표 4-3〉 흑룡강성 막하 주변 대표 유적 및 출토 유물

| | 명칭 | 위치 | 시기 | 유물 | 의미 |
|---|---|---|---|---|---|
| 1 | 호마 십팔참 (흑룡강 우안 塔河 대흥안령 東坡 呼瑪河 좌안) | 북위 52°25' 동경 125°25 | 구석기 말기 | 석기 1000여 개, 포유동물 화석 등 없음. | 화북 일대의 "장석편-세석기" 문화 계열로 추정 |
| 2 | 막하 노구 (흑룡강성 막하현 南 老溝 金礦 일대) | 북위 53°20' 동경 122°30' | 1-3만 년 전 추정 | 석기 14개, 제조 방식이 단일함. | |

## (2) 한반도 구석기문화의 발전

과거에 남한 역사학에서는 한반도에 구석기문화가 존재하지 않았다고 주장하였다. 반면에 북한은 현대 역사학의 초창기부터 구석기문화의 존재를 인정했다. 그 후 남북한 고고학계는 꾸준하게 발굴을 계속하여 많은 구석기문화의 존재를 확인하였다. 현재는 100곳 이상이 확인됐고, 발굴된 것만 100여 곳이다.

주로 강 유적, 해안가 유적, 그리고 동굴 유적으로 분류할 정도로 강 및 해안과 밀접한 관련이 있다.

강 및 해양 중심으로 유적의 분포와 성격을 정리하면 다음과 같다. 북한은 구석기시대의 문화에 대하여 1960년대부터 조사와 연구를 시작하였는데, 근래까지 약 30여 곳을 지표조사하거나 발굴하였다. 대동강 유역과 남포만 일대에서도 구석기유적이 발견되었다. 평양시 상원군 흑우리(검은모루)에 발견된 검은모루 유적은 상원강 기슭에 있는 석회암동굴 유적이다. 코끼리, 코뿔소, 물소, 상원 말, 상원 큰뿔사슴, 물소, 원숭이, 멧돼지 등 29종의 짐승뼈 화석과 거칠게 깨뜨려서 만든 석기들이 발견되었다. 유

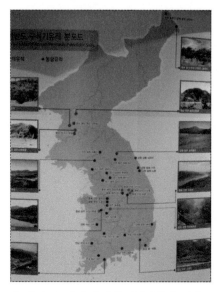

〈그림 4-1〉 단양 수양개 선사박물관 전시도

물을 분석한 결과 100만 년 전의 유적으로서 원인 단계의 사람들이 남긴 것으로 확인되었다.[6]

평양시 역포구역에 있는 동굴에서는 많은 짐승뼈 화석과 함께 사람뼈 화석 및 뼈로 만든 노동도구들이 나왔다. 이 도구들은 주먹도끼와 찍개, 그리고 격지석기가 있다. 사람뼈 화석으로는 사람의 앞머리뼈와 윗머리뼈, 옆머리뼈 조각이 발굴되었는데 모두 한 개체분에 속하는 것이다. 여기서 발굴된 사람을 '역포사람'이라고 하는데 '역포사람'은 검은모루 유적 시기의 원인과 고인인 '덕천사람' 사이의 시기에 살았던 사람으로 추정되고 있다. '역포사람'이 검은모루 유적 시기의 '원인'과 '고인'인 '덕천사람' 사이에 살았던 사람이라는 것은 그 진화 정도와 같은 유적에서 나온 사슴과에 속하는 짐승뼈 화석으로 확인되었다.[7]

덕천의 승리산 유적은 평안남도 덕천군 대동강 기슭에 위치한 석회암 동굴 유적이다. 여러 시대의 층으로 구성되었다. 구석기시대층에서는 '고인'과 '신인' 단계 사람의 이빨과 어깨뼈 화석과 함께 다양한 짐승뼈가 발견되었다. 이 사람뼈는 바로 '덕천 사람', '승리산 사람'이라고 부르는 매우 중요한 자료이다. 사람뼈가 출토되어 민족 기원 문제를 밝히는 데 새로운 자료가 되고 있다. '덕천사람'은 인류진화 단계로 보면 고인에 속한다. 평양 대현동 유적은 평양시 역포 구역 무진천 기슭에 있는 동굴 유적

6) 김신규·김교경, 〈상원 검은모루 구석기시대유적 발굴보고〉,《고고학자료집》 4, 1974; 이융조, 〈구석기유적〉,《북한의 문화유산》 I, 1990.
7) 북한 사회과학원 역사 연구소·김일성 종합대학 역사학부 저, 한국과학사 편찬

이다. 역시 중기 홍적세의 유물들
이 발견되었는데, 7~8살 되는 어
린 아이의 뼈들이 발견되었다. 고
인 단계의 화석이다. 그런데 현대
사람과 비슷한 점이 많아 민족기
원 문제를 밝히는 데 중요한 의의
가 있다. [8]

평양 화천동 유적은 평양시 승
호구역의 채석장에서 발견된 동
굴이다. 주로 동물뼈들이 발견되
었는데, 큰 코뿔소·사슴·노루 등
온대 남부종이 많아 당시의 기후
를 복원하는 데 귀중한 자료이
다. [9] 평산 해상 동굴유적은 현재

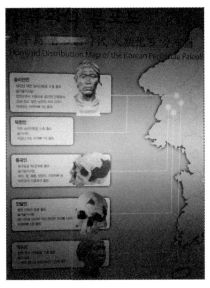

〈그림 4-2〉 한반도 구석기시대 인류화석
분포도(단양 수양개 선사박물관)

황해북도 평산군 해상리에 있는 석회암동굴 유적이다. 인골은 없고, 동
굴곰 등 다양한 홍적세 말기의 동물뼈들이 발견됐다. [10] 승호구역 동굴은
평양시 승호구역에 있으며 구석기시대에 해당하는 동물 화석들이 발굴되
었다. 검은모루보다는 늦지만, 승리산이나 대현동 유적보다는 이른 시기
의 유적으로 판단된다. [11] 청청암 동굴유적은 평양시 상원군 상원읍 검은
모루 유적 근처에 있다. 구석기시대의 다양한 동물 화석들이 출토되었

위원회 편저,《한국과학사》, 여강 출판사, 2001 참고, 이 부분은 원시 고대편 제
1장 우리나라에서 기술의 시원과 원시 시대의 일반기술 제1절 우리나라에서 석
기 제작기술에서 재인용.

8) 김신규 외,《평양부근 동굴유적 발굴보고》, 평양: 과학백과사전출판사, 1985.

9) 김신규 외, 위의 책 참조.

10) 김교경, 〈청청암 및 해상동굴유적 발굴보고〉,《고고학자료집》4(북한자료),
1974; 이융조, 〈구석기유적〉,《북한의 문화유산》Ⅰ, 1990.

11) 김신규, 〈승호 제3호 동굴에서 새로 알려진 만달 짧은턱 하이에나에 대하여〉,
《조선고고연구》4(북한자료), 1987.

다.[12] 독재굴 유적은 평양시 상원군 중리의 산 아래에 있다. 동물 화석과 구석기시대의 석기가 발굴되었다.[13]

용곡 동굴은 상원군의 용곡리에 있는 석회암동굴 유적이다. 1호 동굴, 2호 동굴에서 모두 구석기시대와 신석기시대의 유물들이 동물화석들과 함께 나왔다. 일부에서는 신석기시대의 예술품도 출토되었다.[14] 만달리 유적은 평양시 승호구역 만달산에 있는 석회암동굴 유적이다. 시대를 달리하는 3개층으로 구성되었는데, 신인 단계의 사람뼈 화석과 흑요석과 규암제의 석기, 뼈연모 그리고 동물화석들이 발견됐다. 사람뼈도 발견되어 구석기시대의 유적지로서는 매우 중요한 의의를 갖고 있다.[15] 평안남도 덕천시의 승리산동굴 유적에서 발견된 '승리산사람'의 뼈화석, 직립원인(直立猿人, Homo erectus)과 네안데르탈인(Homo sapiens neanderthalensis)의 중간형태로 보이는 소녀의 두개골이 발굴되었다. 평양시 상원군 중리의 금천동굴에서 나온 5개체분에 해당한 사람뼈 화석도 신인 단계의 뼈화석이다.

결국 북한의 견해는 '만달사람'은 '용곡사람', '승리산사람' 및 금천동굴에서 나온 신인보다 늦은 시기의 신인으로서 현대 한민족에 가깝다는 것이다. 검은모루 유적을 남긴 사람들이 만든 석기 가운데 가장 대표적인 것은 주먹도끼형 석기와 제형석기, 뾰족끝 석기이다. 이후 늦은 구석기시대의 다른 유적들에서 주먹도끼와 찍개, 자르개, 긁개, 마치, 격지, 양면찍개 등이 발굴되었다.[16]

두만강 유역과 동한만에서도 구석기문화가 존재했다. 함경북도 웅기

12) 김교경, 〈청청암 및 해상 동굴유적 발굴보고〉, 《고고학자료집》(북한자료) 4, 1974; 국립문화재연구소 편, 《북한 문화재 자료 목록》, 1992.

13) 리상우, 〈평양시 상원군 중리 독재굴유적에 대하여〉, 《조선고고연구》(북한자료) 1, 1988.

14) 김일성 종합대학 인류진화연구실, 《룡곡 동굴유적》, 1986; 국립문화재연구소 편, 《북한 문화재 관계 문헌 휘보》, 1990.

15) 김교경, 〈새로 발견된 만달리 동굴유적〉, 《력사과학》 4, 평양: 과학백과사전출판사, 1981.

16) 《조선고고학전서》, 과학백과사전종합출판사, 1990, p.22.

군의 굴포리 유적 제1기층(10
여만 년 전)은 구석기 중기 유
적, 굴포리문화 제2층(3만
~4,5만 년 전)은 구석기 후기
유적이다. 북한 지역에서는
처음으로 발굴된 구석기 유적
으로서 막집터와 석기 제작소
를 찾았고, 다양한 수법으로
제작된 많은 타제석기가 출토
되었다.[17] 화대 장덕리 유적

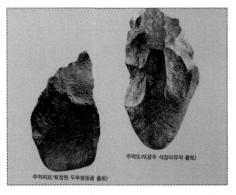

주먹도끼(공주 석장리유적 출토)

주먹찌르개(청원 두루봉동굴 출토)

〈그림 4-3〉 남한에서 발굴된 구석기시대의
석기들(단양 수양개 선사박물관)

은 함경북도 화대군 장덕리에 있다. 인골은 발견되지 않았고, 맘모스의
유골을 발견하였다.[18] 연해주 지역에서는 '오시노브카(Osinovka)' '셀렘자'
등에서도 후기 구석기시대 유적이 조사되었다.[19] 이처럼 한반도의 북부에
서는 구석기문화가 발달하였다.

　　남한의 구석기문화는 과거에는 존재가 부정되었으나, 지금은 여러 곳
에서 관련된 유물들이 발굴되었다. 공주 석장리(公州 石壯里)에서는 1964
년 남한에서 처음으로 구석기시대의 전기와 후기 유물이 모두 출토되었
다. 또한 단양의 상시리 바위그늘 등 구석기시대의 슬기사람 인골이 발굴
되었다. 경기도의 연천(漣川) 전곡리(全谷里) 유적 등 구석기 유적들에서는
유럽식 아슐리안계 주먹도끼와 동아시아식의 찍개문화가 출토되었는데,
아슐리안계 주먹도끼는 아시아에서 최초로 발견되었다. 약 20만 년 전으

17) 도유호, 〈조선의 구석기시대 문화인 굴포문화에 대하여〉, 《고고민속》(북한자료),
　　1964; 국립문화재연구소 편, 《북한 문화유적 발굴개보》, 1991.
18) 김신규, 〈함경북도 화대군에서 털코끼리(맘모스)의 유골 발견〉, 《문화유산》2(북
　　한자료), 1962; 국립문화재연구소 편, 《북한 문화재 관계 문헌 휘보》, 1990.
19) 이헌종, 〈동북아시아 후기구석기시대 세형돌날몸돌의 기술체계 비교 연구 : 아
　　무르강 중류 셀렘자 후기구석기문화를 중심으로〉, 《동북아 문화연구》 16,
　　2008, pp.86~87 참고. 제야강을 통해서 아무르강 중류로 유입되는 셀렘자 강
　　가에 있는 이 유적은 27,000년 전부터 10,000년 전의 다층위 유적이다.

〈표 4-4〉 한반도 북부의 구석기문화 유적

| 일련번호 | 유적명 | 위치 | 비고 |
|---|---|---|---|
| 1 | 상원 검은모루 유적 | 평양시 상원군 흑우리 | |
| 2 | 용곡 동굴 | 평양시 상원군 용곡리 | |
| 3 | 평양 만달리 유적 | 평양시 승호구역 만달리 | |
| 4 | 덕천 승리산 유적 | 평안남도 덕천군 승리산 | |
| 5 | 평양 대현동 유적 | 평양시 역포구역 대현동 | |
| 6 | 평양 화천동 유적 | 평양시 승호구역 화천동 | |
| 7 | 평산 해상동굴 유적 | 황해북도 평산군 해상리 | |
| 8 | 웅기 굴포리 유적 | 함경북도 웅기군 굴포리 | |
| 9 | 화대 장덕리 유적 | 함경북도 화대군 장덕리 | |
| 10 | 평양 승호구역 동굴 | 평양시 승호구역 | |
| 11 | 청청암동굴 유적 | 평양시 상원군 상원읍 | |
| 12 | 독재굴 유적 | 평양시 상원군 중리 | |
| 13 | 종성 동관진 유적 | 함경북도 온성군 강안리 연대봉 | |

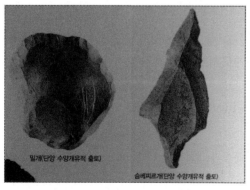

밀개(단양 수양개유적 출토)

슴베찌르개(단양 수양개유적 출토)

〈그림 4-4〉 단양 수양개 선사박물관 전시

로 추정된다. 경기도에서는 한탄강 유역에서 전기 구석기시대 유물들이 발견되었는데, 중기, 후기, 구석기시대 유물들도 발견되었다. 고양지역은 중기 구석기시대부터 인간이 거주하였다. 한강 하류 지역인 일산(一山) 신도시 건설지역에서 주먹도끼와 자르개 등 구석기시대의 유물이 발굴되었다. 이곳에서 일산구(전 송포면) 대화동 성지마을, 가와지마을, 주엽동 새말 등 한강 하류 언저리에 발달한 낮은 언덕지대의 세 유적지가 조사되었다. 양

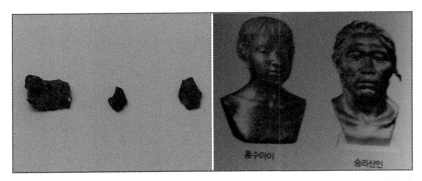

〈그림 4-5〉 흑요석 석기들(단양 수양개 선사박물관 전시)(왼쪽)과 구석기시대인의
복원도(단양 수양개 선사박물관 전시)

평군의 도곡리 유적에서도 후기 구석기시대 유적지가 발견되었다.[20]

또한 중기에 들어서면 더욱 많은 유적들이 있다. 충청북도 제천의 점
말동굴 유적에서는 인골과 사람의 얼굴을 새긴 코뿔소의 뼈가 출토되었
다. 역시 근처인 충청북도 청원군의 두루봉동굴에서는 '홍수아이'로 명명
된 3~5세 소년의 인골과 뼈, 그리고 동물뼈와 화덕자리 등이 발굴되었는
데, 한편에서는 시기에 대해서 의구심을 표명하고 있다.[21]

단양 수양개 유적은 충청북도 단양군 적성면 애곡리의 남한강 바로
곁인 수양개(垂楊介)에서 발견된 유적지이다. 후기 구석기시대인 3만 5천
년 전의 유적지에서 사람 얼굴모양의 돌 조각품도 발굴되었다. 중기 구석
기시대부터 유적들이 있다. 이곳에서 발굴된 세석기문화를 대표하는 좀
돌날 기법은 약 20,000년 전 무렵 시베리아의 일대에서 한반도로 유입된
것으로 보고 있다. 여기서는 흑요석제 석기도 발굴됐다. 석기 자체를 수
입했거나, 또는 흑요석을 수입하여 제작했을 것이다.[22] 또한 단양군 하진

20) 이정철 지음,《한강유역의 구석기 문화》, 진인지, 2012 참고.
21) 이 시대의 농업과 관련한 아래의 글들은 기존의 견해와 다르다.
    이융조,《한국선사문화의 연구》, 평민사, 1980; ---, 〈구석기시대의 소로리
    볍씨 발굴과 관제〉, 한국대학박물관 협회 학술대회, 2003; 박태식·이융조, 〈소
    로리 볍씨 발굴로 살펴본 한국벼의 기원〉,《농업사연구》3-2, 2004.
22) 뒷 장에서 해양무역을 설명하면서 흑요석 무역에 관하여 설명할 예정이다. 그런
    데 2017년에 대구 월성동 유적에서 발견된 후기 구석기시대 유적에서 발견된

〈그림 4-6〉 구석기시대 주먹도끼. 양평군 도곡리 출토(국립박물관)

리 유적에서는 눈금이 새겨진 돌자〔石尺〕를 비롯하여 다양한 후기 구석기시대의 유물들이 대거 발견되었다.

거창군 임불리에서는 중석기시대의 세석기 유물들이 발굴되었고, 홍천군 하화계리에서도 후기 구석기유적이 발견됐다.[23]

동해 중부지역에서도 구석기문화가 발전하였다. 강릉지역에서 많이 출토되었다. 강원도 강릉시 박월동의 구석기 유적은 주먹도끼, 뚜르개, 찌르개, 밀개, 긁개, 격지 등이 나왔다. 강릉 담산동 일대도 후기 구석기시대의 유적이 있다. 약간의 긁개·몸돌·격지·주먹대패 등이 5점 출토되었다. 주수리의 구석기 유적은 강릉시 옥계면의 바다와 1.5㎞ 떨어진 곳으로서 많은 구석기시대의 유물들이 출토되었다. 강동면 심곡리의 정동진 해안에서도 역시 석기와 몸돌, 망치돌 등 102점의 구석기 석기를 발굴하였다. 바로 근처인 정동진(正東津)에서는 석기와 석영제 몸돌 1점만이 확인되었다. 그 밖에 동해시 발한동 유적, 동해시 망상동 기곡마을 유적 등도 조사·발굴되었다. 소양강의 상류지역인 강원도 인제군 부평리 일대에서도 후기 구석기시대의 유물들이 발견되었다.

경상북도 예천군 삼강면, 상주군 신상리에서 전기 구석기시대, 달성군 하빈면에서 중기와 후기 구석기시대의 유적이 발굴됐다. 경상북도 동해안 지역에서는 영덕군 영해면 삼계리 유적, 영덕군 지품면 오천리 유적, 포항시 남구 동해면 임곡리 유적, 남구 장기면 산서리 새터마을 유적 등이 조사되었다. 울진 지역에서도 북면 주인리 석수동에서 구석기 유적

---

흑요석은 분석 결과 원산지가 백두산이라고 국립대구박물관은 밝혔다.
23)《한국고고학 사전》, 국립문화재연구소 편집부, 2001 참고.

이 조사·발굴되었다.[24] 뿐만 아니라
전라남도 신북에서도 후기 구석기시
대의 유적에서 간돌자귀들이 발견되
었다. 순천 월평에서도 후기 구석기
유적이 대규모로 발굴되었다.

제주도에서는 65,000년(?)~35,000
년 전의 것으로서 어음리의 빌레못
동굴에서 발견된 석기들이 있다. 또

〈그림 4-7〉 혹요석 구석기 호평동 출
토(남양주 박물관)

한 천지연(天地淵) 근처의 바위그늘 집터에서 발견된 구석기들은
25,000~15,000년 전의 것이다. 섬의 면적은 1,820㎢ 정도이고, 가장 가까
운 육지인 전남 해안 지방에서 추자군도를 중간에 두고 100㎞ 이상의 거
리가 된다. 하지만 후기 구석기시대에는 연륙되었으므로 걸어서 이주하였
을 것이다. 그런데 말기 구석기 또는 신석기시대의 것으로 추정되는 고산
리토기들의 주인공들은 바다가 생긴 이후라서 해로를 이용했을 가능성도
있다.[25] 그동안의 연구에 따르면 후기 구석기시대에 만주지역, 연해주, 한
반도, 일본열도는 기술적인 면에서 서로 연관성이 있었다고 한다. 현재도
한반도 남부에서도 여러 지역에서 구석기시대의 유적과 유물들이 계속해
서 발굴되고 있다. 따라서 이미 전기 구석기시대부터 한반도에는 남북한
을 막론하고, 전 지역에 걸쳐서 주민들이 거주하고 있었음을 알 수 있다.
다만 이들이 인종 인류학적으로 현재의 한국인과 어떤 정도의 연관성이

24) 박월동 구석기 유적 (博月洞舊石器遺蹟), 한국향토문화전자대전, 한국학중앙연
   구원; 홍영호·김상태, 〈경북 동해안지역의 새로운 구석기유적〉,《한국구석기학
   보》3, 2001.

25) 고산리(高山里)식 문화의 편년과 성격에 대하여 임효재는 '고신석기(古新石器)' 단
   계를 설정하였고(임효재, 1995 참조) 12,000~8,000 B.P.로 편년하였다. 최몽룡은
   후기 구석기시대부터 신석기시대, 이헌종은 시대는 조금 아래로 잡고 있으면서
   고산리 출토 토기는 고토기의 일종으로 아무르, 연해주, 바이칼, 일본, 중국, 한
   국을 걸쳐 넓은 분포를 보이고, 우스티노브카 3유적, 아무르 유역에 위치한 가
   샤 유적, 그로마투하 유적과 노보페트로브카 유적에서 유사성을 찾았다.

있는지는 아직은 확인할 수 없다.

## 2) 신석기문화의 해륙적 특징

고조선문명권에서 발생하고 발전한 구석기문화는 신석기시대로 이어
졌다. 인류의 역사에서 신석기시대의 시작과 문화가 가진 의미는 너무나
크다. 간빙기 즉 충적세가 시작되면서 지구의 생태환경 자체가 달라졌고,
이 상태는 아직도 진행되고 있는 중이다.

따라서 인류는 근대가 시작되기 이전까지는 이러한 기후에 절대적으
로 의존했고, 모든 문화와 문명의 시작과 발전은 이 시대에 시작했다. 때
문에 신석기시대의 의미를 강조하면서 '신석기혁명(neolithie revolution)'이
라는 표현을 사용하기도 한다. [26) 이러한 현상과 의미는 동아시아 지역,
고조선문명권도 동일하였다. 하지만 이 책의 목적은 고조선문명권이 발
아되고, 형성되는 데 토대가 되었던 부분들을 이해하면서, 그 가운데 하
나로서 '해륙활동'을 밝히는 것이다. 따라서 이미 연구된 신석기문화의 현
상과 특성을 토대로 해륙적인 관점에서 재구성하여 공간의 유기적인 망
을 찾아내고, 아울러 해륙활동과 연관 있는 구체적인 증거들을 제시하려
고 한다.

북한역사학은 '대동강문화론'을 주창한 이후에 신석기문화에 대해서
도 수정하였다. 즉 신석기문화는 "질그릇을 만들어 쓸 줄 알게 되고 돌

---

26) 고든 차일드 지음/ 김성태·이경미 옮김, 《신석기혁명과 도시혁명》(Man Makes
Himself), 주류성, 2013. 이 책은 신석기혁명의 중요성과 의미, 그리고 도시의
기원과 연결시켜 설명하고 있다. 레비스트로스(K. Lebistros) 등의 인류학자들도
이 시대의 중요성을 인식하여 이 용어를 일찍부터 사용하였다. 신석기시대라는
단어는 고도의 기술력을 필요로 하는 토기의 발명과 함께 시작되었다고 하지
만, 서방 고고학에서는 사회가 식품 생산(목축이나 농경, 혹은 둘 모두)에 기초
한 경제를 갖고 있는 경우에만 오직 신석기라는 명칭을 붙일 수 있다. 사냥꾼이
나 채집민은 토기를 갖고 있다 할지라도 중석기시대 사람으로 불렸다(데이비드
W. 앤서니, 《말, 바퀴, 언어》, 에코리브르, 2015, p.187).

을 갈아서 석기를 만들게 된 때로부터 청동기를 만들어 쓰기까지의 시대"
라고 규정하고 있다.[27] 그 시기에 대해서는 황기덕이 1962년 이후에 처음
정하였는데, 이후 여러 차례에 걸쳐 변화하였다. 즉 신석기를 서기전 4천
년대에서 서기전 1천 년대 초까지를 초기, 전기, 후기, 말기의 4단계로 구
분하였다. 그러나 점차 기원이 올라가는 현상을 보이고 있다.[28] 그러다가
신석기문화는 구석기시대 문화를 바탕으로 신인단계의 사람들에 핏줄을
잇대고 있는 조선 옛 류형 사람들에 의하여 창조되었으며,[29] 주변의 중국
인, 일본인들과 현격한 차이가 보인다고 하였다.

신석기인들은 흑요석, 응회석, 점판암, 사암과 같은 돌을 채취하고,
이것을 다듬어 무기와 농기구를 만들었다. 또한 고령토, 석면, 곱돌, 모
래, 운모 등을 섞어 질그릇도 만들고, 불을 일으키는 데 쓰는 '부싯돌'도
채취하였다. 지표문화로서는 몇 가지 종류의 토기들이 있는데, 요서, 요
동 및 압록강 유역에서 발견되는 '之'형 토기들, 동해안과 남해안 및 제주
도에서 발견되는 융기문 토기, 그리고 시기가 조금 늦은 빗살무늬 토기
들이 있다. 두텁고 무늬 없는 것, 붉은 색을 바른 것 등의 토기 등이 있
었다. 무덤은 초기 형태의 적석총과 석관묘, 그리고 이른 시기의 고인돌
들, 농경의 시작과 도구들이다. 괭이나 곰배괭이 및 그물추는 때려깨기
수법으로 만들었다. 그리고 무엇보다도 석기가 타제에서 마제로 변하여
도끼, 자귀, 반월형 석도 등이 제작됐다. 심지어는 활비비[舞錐, bow
string]도 있었다. 무산군 범의구석에서 출토된 원판형 석기는 활대식 활
비비 축에 설치한 돌고리였던 것으로 추정된다.

그들은 집터에서 흑요석, 수정, 화강암 등을 이용하여 타제와 마제석
기를 만들었고, 사슴, 노루, 돼지, 새뼈를 이용하여 여러 종류의 도구를

27) 배기동, 〈북한 선사고고학의 성과와 평가〉,《北韓의 韓國學 硏究成果 分析》, 한
국정신문화연구원, 1991, p.30.
28) 배기동, 위의 논문, p.32.
29) 김용간, 〈대동강 류역은 신석기시대문화의 중심지〉,《조선고고연구》1호(110호),
1999, p.13.

만들었다. 마제품으로 활촉, 창끝, 비수 등도 발견되었다. 날을 가진 도끼
나 자귀 같은 데 쓰인 돌들은 화강암, 섬록암, 수성암 등이다. 마제석기
의 용도에 대해서는 여러 설이 있고, 곡식재배에 용이하기 때문이라는 설
도 있다.[30] 실제로 다양하게 사용되었다.

그런데 이들은 수렵과 어업을 활발하게 했다. 신석기시대의 유적에서
발굴된 짐승뼈를 감정한 결과는 말사슴(누렁이), 노루, 사슴과 같은 동물
을 비롯하여 멧돼지, 사향노루, 산양 등 동물, 표범, 곰 같은 맹수와 족제
비, 여우, 승냥이 등 고기 먹는 류의 동물들, 청서와 같은 쥐목동물, 물
개, 넝에, 고래 같은 바다짐승이었다. 이 밖에도 궁산유적의 한 개 문화
층에서는 지금은 볼 수 없는 물소도 있었다. 이러한 자료는 당시의 사람
들이 여러 종류의 짐승을 사냥하였다는 것을 보여준다.[31]

짐승사냥에 직접 쓰인 것은 창끝과 비수이다. 신석기시대에는 창끝을
돌로 만든 것과 사슴뿔로 만든 것이 있다. 돌창끝을 만들 때 활촉을 만
들 때와 마찬가지로 각혈암이나 흑요석과 같은 굳은 돌에는 눌러뜯기 수
법을 사용하였고, 편암이나 편마암으로 만들 때에는 갈기 수법을 적용하
였다. 형태는 크게 두 가지로 나누어 볼 수 있는데, 하나는 창몸과 구별
되는 뿌리를 형성한 것이고, 다른 하나는 창몸과 뿌리의 구분이 따로 없
는 것들이다. 뿌리를 창몸과 구별되게 만든 돌창 끝에서 뿌리는 비교적
넓고 투박한 것이 특징이다. 이 밖에도 몸체 뒷부분을 좁게 하여 뿌리를
이루게 한 것도 있다.

사슴뿔을 쪼개어 갈아 만든 창끝들도 모두 뿌리와 몸체가 뚜렷이 갈라
지지 않는 것들이다. 창끝도 활과 마찬가지로 구석기시대 이래로 짐승사냥
에 이용된 사냥도구였다. 지금까지 신석기시대의 유적들에서 발견된 창끝
은 그 수가 많지 못하며 주로 한반도 동북부 삼림지대의 유적들에서 많이
나왔다. 따라서 창은 일부 특수한 짐승사냥에 쓰인 것으로 짐작된다. 민속

30) 북한 사회과학원 역사 연구소·김일성 종합대학 역사학부 지음/ 한국과학사 편
    찬위원회 편저,《한국과학사》, 여강출판사, 2001, p.14.
31) 위의 책 참조.

학적인 예에 따르면 범이나 곰
또는 멧돼지와 같은 맹수들을
사냥할 때에는 활을 쓰지 않
고 주로 창을 썼다. 창이 공격
기능과 함께 방어기능도 수행
하였기 때문이다.

비수는 창끝과 비교하면
형태는 비슷하지만 두께가 얇
고 너비는 좁으며 길쭉하게
생겼다. 신석기시대의 비수는
편암으로 만든 것과 짐승뼈로

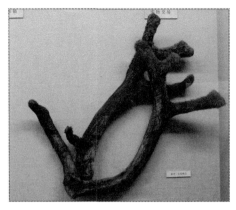

〈그림 4-8〉 고대에도 무역품목으로 활용된 사슴뿔.

만든 것이 있다. 편암을 매끈하게 갈아서 만든 비수는 궁산 유적과 지탑
리 유적에서 나왔다. 지탑리 1호 집터에서 나온 것은 길이 25㎝, 너비
3.2㎝, 두께 0.6㎝의 것으로서 그 형태가 세련된 것인데, 자루목 부분 좌
우 측면에 1㎜ 정도의 사이를 두고 길이 2㎜ 미만의 가는 선을 여러 개
가로 그은 흔적이 있다. 지탑리 유적 제1지구 퇴적층에서는 자루 부분의
두 측면에 2㎜의 사이를 두고 2㎜ 너비의 홈을 여러 개 파내어 톱날을
이루게 한 비수가 나왔다. 이 홈은 비수를 자루에 비끌어 매기 쉽게 하
였다.

서포항 유적 2기층에서는 짐승뼈를 쪼개어 끝부분에 예리한 날이 서
도록 비수를 만든 것이 나왔는데 이것은 짐승을 찌르는 데 많이 쓰였을
것으로 추정된다. 신석기시대의 창끝과 비수는 돌과 뼈로 혹은 뿔로 만
든 것이 있으며, 그 형태도 단일하지 않다. 농포리 유적에서 신석기시대
의 개조소품이 출토됐다. 이미 수렵에 개를 이용하는 방법도 적용하였던
것 같다. 유적들에서 토끼, 수달, 검은돈 같은 작은 털가죽 짐승도 적지
않다. 그런데 북한에서는 이미 이 시대에 금속기가 사용되었다고 주장한
다. 평양시 상원군 용곡 4호 고인돌은 4,593년 전으로 추정되는데, 비파
형 창끝과 청동단추가 나왔다. 남양 16호 집터에서 비파형 창끝이 출토

되었다. 평안남도 성천군 백원 9호 고인돌은 서기전 14세기로 비정하는데, 놋비수, 좁은 놋단검, 청동장식들과 함께 금, 은 등도 채굴하였다고 주장하였다.[32]

그리고 신석기인들은 어로활동을 활발하게 하였다. 대부분의 유적들은 강을 끼고 있거나 바다 가까운 곳에 자리잡고 있으며, 유적들에서는 어로와 관련된 유물들이 많이 나오고 있다. 그런데 바닷가와 강가에서 사용된 어로도구는 차이가 있다. 그물추들이 많이 발견된 것으로 보아 고기잡이에 그물을 사용했음을 알 수 있다. 그러나 한편으로는 찌르개살과 작살을 이용하여 어로작업을 진행하였다. 작살은 쌍민지를 가진 것과 독특한 형태의 묶음식 작살이 있다. 이러한 작살은 서포항 유적 4기부터 나타난다. 또한 갈고리낚시와 묶음식낚시를 사용했다. 서포항 유적에서는 멧돼지 이빨을 갈아서 만든 갈고리낚시들이 나왔다. 묶음식낚시는 서포항 유적과 부산의 동삼동 유적에서 여러 개 나왔다.

북한사학은 남한 사학과 견해가 다른 점이 있다. 그들은 신석기인의 활동무대를 한반도와 요하 유역으로부터 남연해주 일대에 이르는 송화강 이남의 넓은 지역으로 본다. 특히 한반도에서는 두만강 유역, 압록강 유역, 그리고 대동강 유역 및 황해도 지역이다.[33] 압록강 유역에는 신암리, 미송리, 용연리 유적이 있는데, 미송리에서 발견된 토기는 이 시대를 대표하는 토기형식이다. 그런데 대동강 유역에서 발견된 신석기시대의 유적과 유물은 다른 지역의 유적 유물과 구별되는 특색이 있고, 고유한 모습으로 나타나고 있다. 예를 들면 궁산문화의 고유한 현상들이 가장 짙게 나타나는 곳은 대동강 유역이며, 그 밖의 지방에서는 그러한 문화 현상들이 희미해진다[34]고 하였다. 이 주장은 역시 대동강문화권을 강조한 논

---

32) 앞의 책, 제2장 광물 채취 및 금속 가공기술 제 1절 광업의 발생과 광물 생산기술 참조.

33) 배기동, 〈북한 선사고고학의 성과와 평가〉, 《北韓의 韓國學 研究成果 分析》, 한국정신문화연구원, 1991, p.31.

34) 김용간, 앞의 논문, 같은 곳.

〈그림 4-9〉 중국 경내 선사시대 문화유적 분포도

리와 연관이 있다.

## (1) 만주지역 신석기문화[35]

첫째, 요하(遼河) 유역의 신석기문화와 특징을 알아본다.

요하의 자연환경에 따라 주변은 어렵문명, 유목문명, 농업문명 등 복합적 문명 유형[36]을 육성할 수 있는 기본적인 자연조건을 제공하고 있다. 고조선문명의 발생과 관련이 깊은 요서 및 요동 지방은 신석기문화가 발달했다. 최근 중국학계의 고고학적 발굴성과와 연구에 따르면 동아시아 문명의 핵심은 요서지방에서 발전한 소위 '요하문명'이다.[37]

---

35) 만주 지역의 신석기문화에 대한 개괄적인 소개는 조빈복 지음/ 최무장 옮김, 《중국동북 신석기 문화》, 집문당, 1996.

36) 중국학자는 "요하문명은 요하 수계의 자연지리에 의해 형성된 생태지리, 경제지리, 인문지리 등 다문화 요소가 섞인 복합적 다원사회와 인문문화의 특징을 공유하고 있다"고 주장한다. 王綿厚, 〈縱論遼河文明的文化內涵與遼海文化的關系〉, 《遼寧大學學報(哲學社會科學版)》 제40권 제6기, 2012, p.12.

37) 문화의 발전과정은 수평적인 한 가닥의 선으로 보기가 어려우며, 면으로 고증해야 된다고 본다. 예를 들면, 특히 요서의 사해 홍륭와문화, 요동의 신락문화, 또한 송눈평원의 앙앙계문화, 삼강평원의 신개류문화 등의 기원이 각각 존재하

소하서(小河西)문화는 서기전 7000년 무렵에 시작되어 500여 년 동안 지속되었다. 맹극하(孟克河), 교래하(敎來河), 노합하(老哈河) 유역의 강 양쪽에 분포한다. 특징으로는 홍갈색의 가는 모래를 이용해 만든 평평한 질그릇을 들 수 있다. 서기전 6500년 무렵을 전후하여 사해(舍海)문화로 계승되었다. 사해 유적은 대릉하 상류에 자리한 요녕성 부신현(阜新縣) 사해촌의 해발 310m 구릉에 자리한다. 완만한 언덕의 남쪽 경사지에 위치하며, 북쪽은 약간 높고 평탄한 단구를 이루고 있다. 그 동북쪽으로 사해산이 장벽을 형성하여, 북쪽은 내몽골의 초원과 마주한다.

이곳에서 토기와 석기 및 옥기, 무덤 등이 조사되었다. 주거지 60여 곳이 도시계획을 한 것처럼 규격화된 상태로 배열되어 있다. 사해문화를 영위한 사람들은 농경활동 위주의 씨족 부락을 이루었다. 납작밑 빗살무늬토기와 세석기, 옥기 등을 사용하였다. 또한 규모가 19.7m, 폭 1~2m에 이르는 용 모양의 형상물이 발견되어 주목을 끌었다. 동북아지역은 서기전 6000년을 전후하여 납작밑 빗살무늬토기를 사용하는 단계로 접어들었다. 시베리아의 빗살무늬토기는 무늬를 새기는 방법과 그릇 모양 등에서 대릉하 유역 및 내몽골지역의 빗살무늬토기와 계통이 다르다고 한다.

흥륭와(興隆窪)문화는 약 8000여 년 전에 발전한 신석기시대 문화이다. 농경과 수렵, 목축이 함께 이루어졌다. 조개도 발견되었는데, 이것은 발해 연안과 교류가 있었음을 알려준다. 집자리에서 출토된 목탄을 이용한 C14 측정 결과 서기전 5290±95년으로 확인되었다. 또한 '之'형 빗살무늬와 '人'자 형 빗살무늬 및 사선 빗살무늬와 교차형 빗살무늬 등이 함께 조사되었다. 1983년에 이루어진 발굴조사를 통해 170여 기의 반지하식 집자리를 포함한 대규모 취락지가 드러났다. 또한 무덤 11기, 다량의 토기 석기 및 옥기, 골기 등이 확인되었다.

그 밖에 무덤 주위를 두르는 장식으로 일종의 종교시설에 해당하는 밑바닥이 없는 원통 모양의 질그릇 항아리가 확인되었다. 또한 높이 30

---

다는 주장도 있다.

〈그림 4-10〉 사해문화 전시관(왼쪽)과 신석기시대의 갈돌(사해문화 전시관)

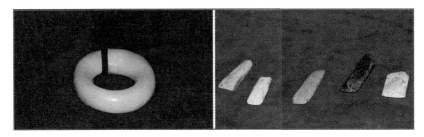

〈그림 4-11〉 사해 옥결(왼쪽)과 사해 돌제품들(사해문화 전시관)

㎝ 정도의 돌로 만든 반인상 2점이 조사되었다. 집터의 중심에 놓인 것으로 볼 때 가옥의 보호, 불신, 풍요를 기원하는 신앙의 대상이었다. 방어시설의 일종인 해자의 원형도 조사되었다. 야생 멧돼지와 사슴 등을 사냥하면서 어렵과 농업을 병행하였다. 이들이 한반도 방면으로 이주한 흔적은 빗살무늬토기의 무늬와 제작 기법이 유사한 면모를 통해 유추된다. 옥결(玉玦)은 고성군 문암리(文巖里)와 양양 오산리(鰲山里) 등에서 출토되었다. 특히 빗살무늬토기는 서쪽의 시베리아 방면에서 동방으로 전파된 것이 아니라, 그 반대 방향으로 퍼져 나갔을 가능성도 제기되고 있다. 38)

이어 연산(連山)산맥 일대는 조보구(趙寶溝)문화가 서기전 4300년에 일어나 서기전 4000년 무렵까지 지속되었다. 홍산문화와 조보구문화의 분포 범위는 일부 겹치기도 하며, 인접한 상태에서 평행 발전한 것으로

---

38) 문안식, 앞의 책, pp.40~44.

〈그림 4-12〉 사해문화 전시관 앞의 용모양 돌무더기(왼쪽)과 신흥룡와 유지

보고 있다.

홍산(紅山)문화[39]는 서기전 4500년에서 서기전 3000년 사이에 발전한 문화로서 요하문명의 핵심이다. 이 문화는 요서지방인 우하량(牛河梁)과 동몽골의 남쪽인 적봉시(赤蓬市) 일대를 중심으로 발달한 문화이다. 그 주변 지역에서는 이미 8000여 년 전부터 농경이 발달하였고, 주민들이 집단으로 모여 살면서 큰 마을을 이루었다. 흥룡와문화, 사해문화를 이어 조보구문화에 이르기까지 수천 년 동안의 기간이다. 서기전 3500~2300년경에 이 일대는 동아시아에서 가장 문화가 뛰어났고, 가장 오래된 문화의 터전이었으며, 정치제제를 갖춘 도시의 형태가 시작되었고, 농업, 어업, 광업 등의 산업도 발달했으며, 경제력도 풍부한 곳이었다.

무덤들을 본격적으로 발굴하자 엄청난 크기의 유적들에서 헤아릴 수 없는 숫자의 무덤들과 몇몇 거대한 제단터 등이 드러났고, 더욱이 대규모 적석총들에서는 놀랄 만하게 수준이 높은 유물들이 쏟아져 나왔다. 요녕성 건평현(建平縣) 우하량(牛河梁) 유적지에는 길이 160m에 너비 50m의

---

39) 홍산문화는 이미 20세기에 들어오면서 일본인인 도리이 류조(鳥居龍藏)가 처음 발견했다. 그 후 중국인 등이 일부를 발굴하면서 소개되었다. 그런데 1945년대 중반에 이르러 그 문화가 중원의 앙소문화와 다른 것을 발견하면서 이론을 제시하고 발견된 지역의 이름을 따서 '홍산문화'라고 명명하였다. 1954년에 이르러 앙소(仰韶, Yangshao)문화와 세석기문화가 상호 영향을 미치면서 요서 일대에 새로운 유형의 문화가 생겼다고 주장하면서 "홍산문화"라고 이름 붙여졌다.

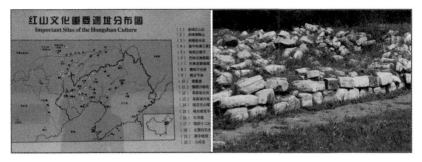

〈그림 4-13〉 요녕성박물관에 전시된 홍산문화유적지 분포도(왼쪽)과 정비되기 이전 우하량 유적지 계단식 적석묘

〈그림 4-14〉 재정비한 우하량 유적지 내부의 원형적석묘(왼쪽)와 정비되기 이전 우하량 유적지

규모인 거대한 적석총들이 줄지어 있었다. 우하량 유적의 조성 연대는 적석총에서 출토된 유물의 방사성 탄소 연대 방식으로 측정한 결과 서기전 3500년 무렵으로 확인되었다. 우하량의 적석총은 다른 지역에서 전파된 돌무덤의 영향을 받아 만들어진 것이 아니라, 내재적인 발전을 거쳐 축조된 것으로 보고 있다. 예컨대 우하량 2지점보다 앞선 시기에 만들어졌다. 그런데 후기 홍산문화의 대표적인 유적은 우하량 외에 적봉 홍산후와 서수천, 객좌현의 동산취(東山嘴) 유적 등을 들 수 있다. 사회 등급이 구분되고, 권력층이 출현하는 등 발전된 면모를 보인다.

무덤 내부에서 발견한 석관에서는 용, 돼지, 각종 새들, 곤충들, 개구리 등을 비롯한 상징물들을 다양한 색상과 형태로 가공한 우수한 옥제품들이 쏟아져 나왔다. 또 거대한 제단터들이 곳곳에서 발견되었고, 큰

〈그림 4-15〉 석관 내부의 인골과 옥제품을 비롯한 부장품(요녕성박물관)

규모의 여신사당이 발굴되었는데, 서기전 3500년경의 여신상을 구성했던 얼굴과 손, 발 등 신체의 파편들이 동물 흙 인형들의 부분들과 함께 출토되었다. 여신사당[女神廟]은 남북 길이 18.4m, 동서 너비 7m 정도이다. 가운데 '中' 자형의 전실, 후실과 측실로 구성된 다실 건물, 별도의 단실 구조물 등으로 이루어졌다. 적석총은 우하량 유적의 16지점 중에서 13곳에 형성되어 있다. 하나의 언덕 위에 단독으로 있거나 둘 혹은 군집을 이룬다.

따라서 이 시대를 제정일치 사회라고 보고, 국가단계에 들어온 '고국(古國)'이라고 주장하고 있다. 청동제조 도기, 청동 광재(鑛滓)들이 발견되었으므로 이미 청동기시대에 돌입했다는 주장도 있다. 건평현 우하량의 대형 적석총 정상부에서 흙으로 만든 도가니가 발견됐다. 우하량 제2지점 4호 적석총 내부에서도 홍동질의 원시 청동으로 만든 귀걸이가 출토되었다. 우한치(敖漢旗)의 서태자(西台子) 유적에서는 낚시 바늘을 만드는 데 사용한 주물틀이 확인되었다.

흥륭와문화와 홍산문화의 계승관계는 흥륭와 유적에서 확인된 175기의 집자리 중에서 5기가 홍산문화 단계에 해당하는 사실을 통해서도 입증된다. 홍산문화는 1000년 동안 주변지역의 여러 문화와 다양한 관계를 맺으면서 발전하였다. 분포지역은 북쪽으로 시라무렌하를 넘어 내몽골 초원지대, 동쪽으로 의무려산을 경유하여 동요하의 서쪽 강안, 남쪽으로는 발해의 연안과 연산산맥을 넘어 화북평원 북부에 이른다. 서쪽은 노합하와 대릉하 유역 일대였다. 홍산문화에서는 수렵과 어로 및 채집 위주에서 벗어나 농업이 점차 중요한 위치를 차지하였다.

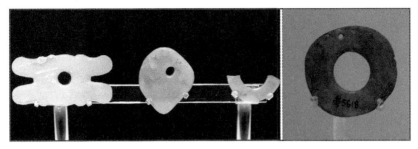

〈그림 4-16〉 구름 등 각종 형태의 옥제품(왼쪽)과 둥근 고리 모양의 옥제품(요녕성박물관)

홍산문화의 존재는 일찍부터 알려졌으며,[40] 국내에서도 이형구(李亨求)[41]가 연구한 이래 윤내현(尹乃鉉),[42] 한창균,[43] 복기대,[44] 오강원 등이 연구성과를 발표하였다. 최근에는 소위 '요하문명론'과 관련하여 우실하가 중국학계의 연구성과와 함께 그 내적논리를 소개하고 있다.

요하문명은 우리 민족문화와 역사의 생성과 직접 또는 간접적으로 연관성이 있다. 우선 하가점 하층문화의 시기가 묘하다. 《삼국유사》에 따르면 고조선은 서기전 2333년에 건국한 것이 되는데, '하가점 하층문화'의 개시연대는 서기전 23세기로 비정한다. 거의 유사한 시기로 보인다. 그런데 단군신화에는 조선 이전에 환웅이 다스리던 시대 또는 문화가 있었다는 것을 표현하고 있다. 그런데 이 시대는 홍산문화 시대에 해당한다.

또 하나 흥미로운 점이 이러한 추정에 힘을 실어준다. 바로 곰(熊)의 존재이다. 단군신화에 보면 '동혈이거(同穴而居, 한 굴에 살고 있다)'라고 해서 '곰(熊)'과 '호랑이(虎)'가 공존하면서 환웅과의 결합을 원하는 상황

40) 郭大順, 《龍出遼河源》, 天津: 百花文藝出版社, 2001 내용 참조.

41) 이형구, 〈발해연안 석묘문화의 원류〉, 《한국학보》 50, 1988; 이형구, 〈발해연안 빗살무늬토기문화의 연구〉, 《한국사학》 10, 1989.

42) 윤내현, 《고조선연구》, 일지사, 1994.

43) 한창균, 〈고조선 성립배경과 발전단계 시론〉, 《국사관논총》 제33집, 1992.

44) 복기대, 《요서지역의 청동기 시대 문화연구》, 백산자료원, 2002; 복기대는 〈한국상고사와 동북아시아 청동기문화〉, 《단군학연구》 14, 2006에서 요하문명론을 비롯해서 요동지역의 문화까지 폭넓게 소개하고 있다.

〈그림 4-17〉 동산취 유적지에 있는 원형제단 유적

을 묘사하고 있다.[45] 한국의 역사학계에서는 이 '熊'을 곰(bear)으로 해석하면서, 심지어는 '곰토테미즘'이 있었다고 주장한다. 환웅으로 대표되는 청동기문화 집단이 들어오기 이전에 농경과 수렵을 하는 선주민 집단들이 있었던 것은 분명하다.

곰을 생물학적으로 파악하면서 신령스럽게 생각한 '곰 숭배' 또는 '곰 토템'은 근대까지도 동아시아 최초의 주민인 고아시아족은 물론이고, 퉁구스계가 거주한 북만주와 극동 시베리아 일대에 남아 있었다. 이들에게 곰은 신(神)이었으므로, 곰계의 언어인 '곰'은 신의 옛말(古語)이었다. 따라서 곰계의 언어는 '지모신(地母神) 신앙'의 표현으로 전환이 되었다. 그러한 논리라면 홍산문화에 나타나는 소조상, 조각, 옥제품(雙熊) 등의 곰 관련 유적과 유물은 이미 생물학적 의미, 또는 야수주의의 관점에서 바라보는 곰이 아니다. 농경문화를 영위하면서 지모신 신앙을 지닌 집단을 상징한 것일 가능성이 높다.[46]

홍산문화에 나타나는 곰뼈 등이 곰으로 상징되는 여신신앙을 표현한다는 주장을 한 이는 중국 학자인 곽대순(郭大順)이다. 홍산문화의 계단식

---

45) 이하의 내용과 연구성과들은 윤명철, 〈단군신화의 구조적 분석〉 및 《한국사상 사학》 2호를 비롯한 논문들과 윤명철, 《단군신화 또 다른 해석》, 백산출판사, 2008에 설명되었다.

46) 필자는 홍산문화의 존재를 알기 이전에 단군신화의 신화소와 논리구조 등을 분석하여 문화권의 변천과정과 동아시아 문화의 변화를 발표하였다.

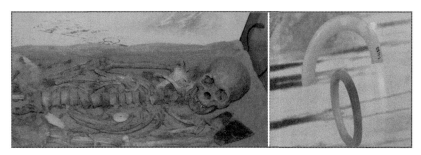

〈그림 4-18〉 인골과 주변에 놓아둔 각종 옥제품들(왼쪽)과 옥팔찌(이루크츠크 향토박물관)

적석무덤과 유사한 무덤들 안에서 곰뼈들이 발견됐고, 수많은 정교한 옥기 가운데에 곰과 용을 닮은 것들이 있었으며, 우하량 지역에서도 가장 중요한 의미를 지닌 여신묘에서 곰으로 보이는 흙인형이 발견됐다. 그뿐만 아니라 다른 시대의 유적에서도 곰과 연관된 채색그림이나 장신구 토기 등이 발견되었으므로 '곰신앙'이 있었다는 주장을 했다. 그런데 한편으로는 이 곰신앙을 단군신화의 '一熊一虎 同穴而居'에 등장하는 곰과 연관시킨다면 홍산문화는 고조선과 관계가 깊다. 우하량 등에서 대규모로 나타나는 무덤들의 양식, 제단의 존재, 토기, 옥제품 등을 보면 우리 문화와 연관 있는 부분이 적지 않다. 문제는 장소이다.

홍산문화는 거대한 계단식 무덤들, 거대한 제단, 신전 등의 건물을 축조했는데, 이는 엄청난 기술적인 진보를 이루면서 토목공학도 발전했음을 의미한다. 또한 강도 높고 질이 높을 뿐만 아니라 다양한 색상을 넣어서 토기들을 대량을 생산하였다. 이것은 역시 불의 강도를 높이고 흙을 효율적으로 다루는 능력을 갖고 있었음을 의미한다.

거기에 각종문양과 기호들은 그 문화의 주인공들이 고도로 발전하고 복잡한 논리를 갖춘 세계관을 갖고 있었으며, 그것을 미학적으로 표현하는 능력도 겸비했음을 증명한다. 따라서 홍산문화는 동아시아 고대문명의 초기 핵을 완성한 결과물이다. 필자는 이러한 이유 때문에 '모문명'이라는 명칭을 부여하고, 그 자식에 해당하는 문명 또는 문화의 존재를 설정하고, 그 가운데 중요한 가지가 고조선문화라고 주장해왔다. 그리고 최

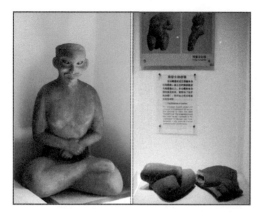

〈그림 4-19〉 우하량 유적지 초기 전시관에 전시된 여신상 모조품(왼쪽)과 흙으로 빚은 임부상(지모신) 및 발굴된 여신의 다리 부분(요녕성박물관)

〈그림 4-20〉 우하량 유적지에서 발견된 흙조상의 짐승모양 발(요녕성박물관)

근에는 이를 다시 고조선 문명이라고 변경하면서 논리를 만들고 내용을 채워 가고 있다.

뒤를 이어 '소하연(小河沿)문화'가 일어났다. 이는 동석(銅石)병용기 시대[47]에 해당되며, 정착 농경생활을 영위한 성격이 강하다. 그런데 후기 홍산문화와 소하연문화를 영위한 집단은 체질인류학적인 측면에서 볼 때 같은 계통의 사람들이었다. 소하연문화는 도기를 대량으로 사용하였으며, 원시 문자가 출현하는 등 문명 형성의 초입에 이르렀다고 한다. 웡뉴터기(翁牛特旗)의 대남구 석붕산의 5호묘에서 확인된 몸통 주위에 7개의 부호가 새겨진 직통관이 참조된다. 각획부호(刻劃符號) 또는 도기문자부호(陶器文字符號)라고 부르며,[48] 의사를 표현하는 가장 원시적인 문자 형태로 보고 있다.

이 문화는 남쪽 경계는 발해 연안 및 연산을 넘어 화북평원 북부 일대까지 미쳤으며, 북쪽으로는 시라무렌하에 이르렀다. 하지만 앙소(仰韶)문화

---

47) 중국에서 사용하는 명칭인데, 과거에 한국은 '금석병용기 시대'라는 용어를 사용하였다.
48) 뼈 금속 등으로 도기 표면에 새긴 부호들을 말한다.

와 밀접하며, 대문구(大汶口)문화와의 연관성도
있다. 특히 토기, 석기, 부호들은 영향을 주고
받은 것 같다. 그리고 요동지역과 한반도 일대
에 영향을 미쳤다. 평북 신암리 유적에서 출토
된 침선기하문이 있는 장경호(長頸壺)가 주목
된다. 또한 울산 신암리에서 출토된 장경호는
소하연문화의 유적에서 확인된 주연채도와 관
련이 있는 것으로 보고 있다.[49)]

〈그림 4-21〉 복골(요녕성
박물관)

　　이러한 사실들을 토대로 요서지방과 동몽
골지방의 문화를 정리하면 다음과 같다.

　　구석기시대부터 인류는 거주하고 있었다.
그 후 신석기시대가 시작되어 주민들의 교체가
일어나면서 문명이 시작되었다. 이들은 현재까
지 발견된 유적과 유물을 통해서 보면 요서 지
방의 사해문화, 흥륭와문화를 필두로 농업을
시작했는데, 이 이전부터 영위해 온 어렵·수렵

〈그림 4-22〉 소하연 문화
(5000년 전) 적봉시 옹우
특기의 대남구 출토품

문화도 병행했다. 그리고 홍산문화 시대에 이르
러 비약적인 발전을 이룩했다. 그리고 이 홍산
문화는 동아시아 일대의 문화와 문명
의 발생하고 발전하는 데 기본적으로
필요한 다양한 요소들을 공급하는
모문명의 역할을 담당하였다.

　　한편 요동 지역도 이와 유사한
상황으로 추정한다. 다만 요동 지역
은 현재까지 발견된 유적과 유물의

〈그림 4-23〉 도기에 새겨진 각획문자

양이 동일한 시대의 요서지역에 견주어 적다. 하지만 앞으로 더욱 더 많

---

49) 문안식 지음, 앞의 책, pp.54~56.

〈그림 4-24〉 신락문화의 위치도(신락 유적지 박물관)(왼쪽)와 신락문화에서 상징물을 든 모계신 상상도(신락 유적지 박물관)

〈그림 4-25〉 신석기시대 하층문화에서 발견된 목조예술품. 여신관의 상징물로 사용됐다(신락 유적지 박물관).

〈그림 4-26〉 신락문화 시대의 주거지 (신락 유적지 박물관)

은 유적과 유물이 발견될 개연성이 크며, 이 또한 문화의 성격과 질의 차이로 말미암아 요서지역과는 다른 양상을 띠운 것이라고 추정된다. 1970년대 이후에 심양의 신락 유적과 편보자(偏堡子)문화, 신민현의 고대산(高台山) 유적의 발견, 발굴을 실시하였다. 대표적인 신락 유적은 태자하(太子河)가 관통하는 심양시 북쪽에 위치하고 있다. 그곳은 요하와 운하 사이의 동서 방향으로 놓인 황토 언덕 위에 있다. 하층문화는 6800±145년 전이다. 이들은 농경을 겸한 정착 생활을 했는데, 유물들을 보면 채집과 어렵도 음식을 채취하는 중요한 수단이었다. 새모양의 목조(木彫) 장식품이 나왔는데, 편평한 긴 막대 모양, 입·머리·눈·코가 있다.

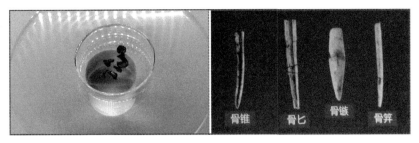

〈그림 4-27〉 채집경제가 이루어졌음을 알려주는 과일씨 껍질(왼쪽)과 신락 유적지
에서 발굴된 뼈로 만든 제품들(신락 유적지 박물관)

〈표 4-5〉 요동 일대의 출토 유물과 특징

|   | 유물 | 물품 분류 | 제조 특징 | 비고 |
|---|---|---|---|---|
| 1 | 토기 | 사홍도·홍갈도·회갈도·협활석흑도·니질홍도·니질회갈도 | 주로 우문·현문 무늬로 전체를 장식한다. 광점문·인우문·사선문·추자문 등. | 복합적 문식으로 장식과 제조 |
| 2 | 석기 | 석엽·첨상기·석핵·곽살기칼 등 | | 수량이 많다. 간석기 위주로 제조 |
| 3 | 옥기 | 장식품 | 착식·부식·쌍인부식·쌍인착식의 조각방식으로 제조. | 수량이 비교적 적다 |
| 4 | 골기 | 송곳, 화살촉, 장식품 | | 소량 존재 |
| 5 | 木器 | 鳥型의 목조 장식품 | 편평한 긴막대 모양, 입·머리·눈·코·꼬리 등이 있어, 투조(透彫)한 방식으로 제조. | 토템 무늬가 존재. 권위 상징으로 추정됨 |

편보자(偏堡子)문화는 4390±150년 전 또는 4680±100년 전의 두 종
류로 나누며, 범위가 넓고 북-남 방향으로 심양에서 요동반도 일대까지
분포한다. 발견된 토기들은 주로 홍갈색 도기이며, 흑도도 있는데, 주로
마름모무늬·삼각 라인 무늬로 장식되었고 '人'자형 문양도 있다. 요동반도
와 한반도는 신석기시대 문화 사이에 대단히 강한 공통점이 있다. 하나
는 토기에 압인 '지(之)'문과 압인 돗자리 문양[押印文]이 대표적이며, 다

른 하나는 거획 '人'자문, 사단선문이 대표적이다.[50]

요동지방에서 발달한 또 하나의 중요한 신석기문화는 요동반도 남단인 대련 및 장산군도에서 발달한 것으로서 지리적인 위치로 보아도 해양문화와 연관이 깊다. 중국학자들은 이 지역을 따로 구분하여 '요남'으로 부르기도 한다. 대련 지역은 요동반도 남쪽의 해안지대이고, 발해 동북부이며 황해 북부이다. 대련 지역의 신석기시대 문화는 여러 시기로 나누어지는데, 주위의 신석기문화와 연관성이 깊다. 유적들은 여순구(旅順區)와 장해현(長海縣)에 많이 있다. 우선 대련 지구에는 곽가촌(郭家村) 유적, 노철산(老鐵山) 적석묘지 대반가촌(大潘家村) 유적, 또 가둔(家屯) 유적, 감정자구(甘井子區) 문가둔(文家屯) 유적, 사평산(四平山) 적석묘지, 보란점시(普蘭店市)의 탑사둔(塔寺屯) 유적, 윤점시(尹店市)의 삼당촌(三堂村) 유적, 장하시(莊河市)의 북오둔(北吳屯) 유적이 있다.

곽가촌 유적은 여순구구 곽가촌의 북쪽 언덕에 있다. 각종 도구와 뼈로 만든 비녀, 토제 구슬, 석제 구슬, 석옥 팔찌, 조개껍질 팔찌 등의 장신구들이 발견됐다. 또한 집돼지, 꽃사슴, 개, 사향노루, 너구리, 포(抱), 들고양이 등의 동물류와 바다 연체동물인 홈소라(繡螺), 붉은 소라(螺), 굴껍질(牡蝸介殼), 물고기와 멍게 등이 있었다. 노철산 적석묘지는 여순구구 곽가촌 동쪽인 노철산의 장군산 산마루상에 위치하고 있다. 사평산 적석묘지는 감정자구 사평산 마루에 위치하고 있는데, 훗날 고조선문화가 발전한 지역이다.

장산군도는 요동반도 남쪽에 펼쳐진 교통로이다. 선사시대에도 황해 연근해항로를 사용할 때는 반드시 통과할 수밖에 없는, 어업 무역 등의 지경학적인 가치가 풍부한 곳이다. 장해현(長海縣)의 소주산(小珠山) 유적, 오가촌(吳家村) 유적, 상마석(上馬石) 유적 등이 있다. 대표적인 소주산 유적은 장해현 광록도(廣鹿島) 중부의 오가촌 서쪽인 소주산 동쪽 언덕에 위치한다. 제 1, 2, 3기 문화로 나누어지며, 소주산 1기 문화는 내

---

50) 趙賓福 지음/ 崔茂藏 옮김, 《中國東北新石器文化》, 集文堂, 1996, p.142, pp.147~280.

륙 깊숙한 곳이 있는 신락문화와 관계가 밀접하였다. 시기는 신락문화와
유사하거나 조금 늦다.

신락문화는 요하 유역에서 신석기시대의 이른 단계를 대표하고, 소주
산 1기 문화는 황해 연안 및 그 섬들의 신석기시대 이른 단계를 대표한다.
여기서 발견되는 '之'자 무늬는 광범위한 입장에서 보면 중국 동북, 내몽
골, 하남, 하북, 산동반도, 그리고 한반도, 러시아의 연해지역 등까지 파
급되었다. 그러므로 이 무늬의 파급은 동북아시아 고고학에서 연구되어야
할 중요한 문제의 하나이다.[51] 특히 대련 신석기시대의 문화와 산동반도
신석기시대의 문화는 관계가 밀접하였고, 이것은 두 반도의 특수한 지리
조건 때문에 그러하다. 소주산 1기 문화 시기에 산동반도와 요동반도 사
이에는 왕래가 빈번해졌다. 몇 가지 증거물들이 있다. 대문구문화와 소주
산문화는 교류가 활발했다. 이 문화의 하층에서 어망추 등이 발견되었고,
짐승이나 개, 돼지뼈 외에 놀라웁게도 고래뼈도 나왔다.

상마석 유적은 장해현의 대장산도(大長山島) 동쪽에 위치한 신석기시
대 유적이다. 오가촌(吳家村) 유적은 장해현 광록도(廣鹿島)의 중부에 위
치하며, 서쪽으로 소주산과 접근해 있다. 타제 석기로서 칼(刀), 화살촉,
어망추, 긁개 등이 있었으며 마제 석기로는 도끼, 삽(鏟), 자귀(錛), 어망
추, 화살촉, 공이, 연석, 돌공이 등이 있었다.[52] 장식품으로는 뼈비녀, 옥제
팔찌, 조개 팔찌, 조개 장식품 등이 있으며, 각종 연체동물의 뼈들이 발견
되었다. 토제 조소 예술품으로는 돼지가 있다. 북둔산(北吳屯) 유적은 장
산군도에서 동쪽으로 멀리 떨어진 장하시(莊河市) 동쪽의 흑도반도(黑島半
島)의 동쪽 끝에 위치하며, 하층에서는 5개의 주거지와 어망추, 옥제 끌
등이 발견되었다.

신석기시대의 초기와 중기에 요남지역의 문화가 중원에 견주어 낙후되
지 않았고, 약간의 선진화된 유물은 오히려 중원보다 출현이 앞섰다. 예를

---

51) 유준용 지음/ 최무장 옮김, 《중국대련고고연구》, 학연문화사, 1997, pp.42~43.
52) 유준용 지음/ 최무장 옮김, 위의 책, p.28.

들어, 소주산 하층에서 장방형 석도(石刀, 돌칼)의 조형(祖型)이 되는 장조형 석편(長條形 石片, 신락 하층에서도 출토됨)이 발견되었고, 소주산 중층에서도 제작수법이 아주 정밀한 장방형 석도가 나왔다. 그렇지만 중원지구에서 가장 이른 시기의 이러한 석도는 앙소문화 후기에야 나타난다. [53]

또 하나 해양을 통해서 요동반도와 산동반도 사이에 교류가 활발했던 증거로 활용할 수 있는 유물은 '반월형 석도(半月形 石刀)'이다. [54] 이 유물은 고인돌과 마찬가지로 주로 한국과 중국 사이의 황해 연안에 분포하고, 일본열도 안에서도 발견되었다. [55] "반월형 석도는 요서지역에서 발달한 홍산문화의 서수천(西水泉) 유적에서 출토된 것이 가장 이른데, 지금으로부터 5,500년 전이다."[56] 산동성의 경우에는 대문구문화 가운데, "강소성 북부의 유림(劉林) 유적에서 두 개의 구멍이 있는 반달형 돌칼이 발견되었으며 용산문화에 이르러 수량이 증가한다."[57] 한국의 반달형 돌칼은 약 3500년 전부터 중국에서 유입되기 시작했는데[58] "요동지역의 어형석도(魚形石刀)에서 기원했다"[59]고 보고 있다. 해양을 통한 교류이다.

53) 傳波 지음/ 吳正潤 옮김, 〈新石器時代 中國東北과 中原의 關係〉, 《東北地方史》 84년 1기, 1984.

54) 김인희, 〈한민족 문화의 형성과 중국 문화〉에서 재인용.

55) 瑜瓊, 〈東北地區半月形穿孔石刀硏究〉, 《北方文物》 1990年 第1期, p.5.

56) 요서지역 반달형돌칼의 유행연대는 지금부터 5,500년에서 2,400년 사이이고, 요동반도 반달형돌칼은 신석기시대와 청동기시대에 유행하였으며 지금으로부터 4,900년에서 3,000년 전후에 소멸하였다. 길장(吉長, 길림과 장춘을 포함한)지역은 서단산(西團山)문화 시기, 즉 서기전 1,100-200년 사이에 대량의 반달형 돌칼들이 발견된다. 흑룡강성 동남부지역에서 반달형 돌칼이 유행한 시기는 서기전 400-70년 좌우로 전국시대 초기에 출현하여 서한 말에 소멸하였다. 瑜瓊, 위의 논문, pp.7~8.

57) 山東省文物管理處; 齊南市博物館 編, 《大汶口─新石器時代墓葬發掘報告》, 文物出版社, 1974, p.120.

58) 최정필, 〈농경도구를 통해 본 한국 선사농경의 기원〉, 《한국선사고고학보》 7, 2000, p.69.

59) 김원룡, 〈한국 반월형석도의 발생과 전개〉, 《사학지》 6-1, 1975; 안승모, 〈한국 반월형석도의 연구─발생과 변천을 중심으로〉, 서울대학교 석사학위논문, 1985.

신석기시대에 요동반도와 산동
반도 사이에는 문화의 전파와 상호
교류가 묘도 군도의 섬들을 이용해
서 이루어졌다. 산동반도의 북부인
봉래부터 시작해서 남장산도(南長
山島), 북장산도(北長山島), 대흑산
도(大黑山島), 교기도(較機島), 대흠
도(大欽島), 소흠도(小欽島), 남황성

〈그림 4-28〉 적봉지구 출토 홍산유물
들(600~5000년 전)

도(南皇城島), 북황성도(北皇城島)를 경유하여 요동반도 최남단의 노철산
(老鐵山)에 이르렀다. 이 교통로는 어려운 환경이 아니었으므로 신석기시
대 사람들도 징검다리처럼 섬들을 이용해서 왕래하였다. 이미 소주산 2기
문화 시기부터는 간단한 배를 교통수단으로 이용하였다. 용산문화 시대에
이르면 묘도군도에서는 초보적인 구조의 목선이 사용되었던 증거들이 발
굴됐다.

그런데 산동지역에서 발달한 용산문화의 연대는 비교적 늦은 편이며,
이 유형에 해당되는 초기 유적지의 하나가 삼리하(三里河) 유적이다. 여기
서 발굴된 사람뼈〔人骨〕를 탄소 측정하였더니 서기전 2010±140년으로 밝
혀졌다. 늦은 시기는 서기전 1530±100년이다. 그러나 요동반도 남쪽의 소
주산 상층문화 유형의 측정 연대는 지금으로부터 4400±110년이다.

둘째, 송화강 수계의 신석기문화이다. 흑룡강성에 있는 앙앙계(昻昻
溪)문화는 송요(松嫩)평원의 서쪽 그리고 눈강의 중류지역에 위치한다.
유적지들에서 석촉(石鏃), 돌그물추(石網墜), 골어표(骨語鏢), 도제 그물
추〔陶網墜〕, 물수리조각 토기, 방(蚌),[60] 배(环) 및 조개칼〔蚌刀〕 등 어렵
경제의 전형적 유물이 발굴됨으로써 어렵을 위주로 농업과 목축업, 그리
고 수공업 등을 겸유한 북방 세석기문화 및 북방 어렵문화의 대표적 원
시 혼합문화 유적으로 추정된다. 송화강변과 남만주 일대에는 길림성 대

---

60) 민물에서 사는 조개의 일종.

안(大安)의 장신남산(長新南山) 유적의 연대가 심양의 신락 하층문화에 해당되거나 약간 늦지만 부하(富下)문화와 앙앙계문화보다는 이른 시기이다. 이 유적에서 출토된 도기에 새겨진 '之' 무늬는 신락 하층의 것과 매우 비슷하다.[61] 눈강 유역에는 덧무늬 토기들이 발견됐다.

흑룡강성인 목단강(牡丹江) 일대의 아포력(亞布力) 유적과 영안(寧安)현 앵가령(鶯歌嶺) 유적은 신석기시대의 강변문화를 대표하는 유적이다.[62] 제 2송화강 수계에도 주변에 유역이 있다. 좌가산(左家山)의 1·2·3, 그리고 단양산(斷梁山)의 1·2 유적, 요정자(腰井子) 유지, 파산(靶山) 묘지 등의 유적이 대표적이다. 좌가산 유적은 전기부터 후기까지 3종 문화로 분류하여, 하층문화, 중층문화 및 상층문화 등으로 명명되었다. 하층문화 후기의 연대는 대략 서기전 4,800~4,600년 정도이다. 어로 위주의 경제였지만, 야생 곡식과 과일을 채집하는 등 초보적인 농사를 지었음을 나타낸다.

도기하 하류에 분포한 신석기문화의 유적은 24곳이다. 대체적으로 6,500~7,000년으로 추정하고 있다. 길림성 장령현(長嶺縣) 요정(腰井)의 신석기시대 주거지에서 돌로 만든 유물, 골기(뼈제 도구), 조개 껍질제 도구 등이 출토되었다. 이러한 예는 한반도 신석기시대에 해당되는 강원도 양양 오산리 유적과 비교할 만하다. 영안시 앵가령 유적의 하층에서 출토된 '人'자와 '之'자의 형태가 있는 참빗무늬[篦紋]도기는 홍산문화에서도 나타난다. 다만 홍산문화에 나오는 '삼족기(三足器)', '채도(彩陶)' 등은 영가령 하층문화에서 발견되지 않았다. 상층문화에서는 석기를 제조하는 기술이 발전을 이루어 마제제품이 주를 이룬다. 농업생산 도구도 상당한 수준으로 발전하였고, 또한 도저(陶猪, 돼지모양의 도기)와 같은 예술품도 만들었다. 상층문화에서 출토된 유물들을 보면 중국 동북지역의 남부

---

61) 傅波 지음/ 吳正潤 옮김, 앞의 논문.
62) 앵가령문화와 서단산문화를 중국학자들은 비단이 생산된 곳이므로 '천잠사주(天蠶絲綢)문화'라고 부른다.

〈그림 4-29〉 길림시 송화강변의 서단산 유지(왼쪽)와 길림시 송화강변의 서단산 유지 설명판

및 중원문화의 영향을 비교적 많이 받았음을 알 수 있다.[63] 아무르강 하류지역에 위치한 '가샤(Gasya)' 유적을 비롯하여 노보페드로브까 유적 등에서 출토되었다.

삼강평원(三江平原) 일대에는 신개류(新開流)문화, 소남산문화가 있다. 신개류 유적지 상층에서 출토된 사람뼈는 탄소 측정을 한 결과 연대가 B.P. 5,430±90년이며, 나이테를 이용하여 측정한 교정 년대가 6,080±130년이다. 유적지 하층의 연대는 적어도 6천 년 전 이전에 해당된다. '신개류 유적'은 흑룡강성의 흥개호 호반에 있으므로 호수에서 이루어진 어렵문화를 알려준다. 이곳에서는 물고기 저장 구덩이가 10기 발견되었는데, 이 유적의 나무 나이테 교정연대는 서기전 4,100년 정도이다.

이 문화가 분포한 범위는 북쪽으로 흑룡강 하류, 남쪽으로 흥개호(興凱湖), 동쪽으로 동해, 서쪽으로 노부령(老斧嶺)과 왜긍하(倭肯河)로 이어진다. 출토된 유물들을 분석하면 거주민의 한 흐름은 어업과 수렵을 겸업하는 부족으로 여겨진다. 토기들의 능형문(菱形紋), '지(之)'자문, 종엽문(縱葉紋) 등은 하북의 자산, 심양의 신락, 대련의 소주산문화에 나타나는 종류와 같다. 신개류문화와 치치하얼(齊齊哈爾)의 앙앙계, 안달(安達)의 청긍포(靑肯泡) 등의 문화는 러시아의 연해주 지역과 흑룡강 하류의

---

63) 문안식 지음, 앞의 책, p.31.

〈표 4-6〉 제2 송화강(松花江) 주변 문화유적 및 출토 유물 상황

| 유적 | | | 유물 | 특징 | 비고 |
|---|---|---|---|---|---|
| 1 | 좌가산<br>유적 | 1<br>기 | 석기: 부, 마반, 마봉 석영;<br>옥기: 조각기;<br>골기: 추, 침, 사형기, 화살촉,<br>찬, 모, 산 등. | 상대적 수량이<br>적다 | |
| | | 2<br>기 | 석기: 부주, 모, 마반, 찬, 괄삭<br>기·환<br>골기: 추·침·착·칼 | 간석기 | |
| | | 3<br>기 | 석기: 부, 추, 석마, 마봉, 모,<br>화살촉 | 간석기, 골기<br>수량 확대 | |
| 2 | 단량산<br>유적 | 1<br>기 | 붉은 갈색의 토기가 가장 많고,<br>황갈색 토기와 흑갈색 토기가<br>상대적으로 적다. | 마름모무늬와<br>'之'자 무늬. | |
| | | 2<br>기 | 붉은 갈색 토기, 황갈색 토기,<br>흑갈색 토기, 장식품, 석기. | 마름모무늬, '之'자<br>무늬 소실, 평행선<br>무늬, 물결무늬 출현. | |
| 3 | 요정자<br>유적 | | 유적 7 개 | | |
| 4 | 파산묘지<br>유적 | | 무덤 유적 5 개 | | |

신석기시대 문화가 연계성이 있었음을 말해준다.[64] 소남산(小南山) 유적
은 우수리강변에 있다. 무덤은 규모가 크고, 부장품도 풍부하며, 수장된
옥기의 수량이 매우 많다.

　셋째, 흑룡강 주변의 문화유적이다. 흑룡강의 중류지역, 우수리강 상
류지역 등에서 신석기유적들이 조사되었다. 그 중에서 가샤(Gasya) 유적
을 비롯하여 노보페드로브까(Novopetroka) 유적 2호 주거지에서 출토된

---

64) 傅波 지음/ 吳正潤 옮김, 앞의 논문.

덧무늬 토기의 연대는 B.P. 11,000~B.P. 9,000년까지 올라간다.[65] 흑룡강 하류 및 우수리강 동쪽의 해안지역은 중원지구 문화와 밀접한 관련이 있다. '오크라트니코프'는 자신의 연구결과를 이렇게 주장하였다. 즉 "조개무덤에서 발견된 자귀[錛]는 화북지구의 앙소문화에서 광범위하게 유행하였던 자귀와 대단히 근접한 유물이며, 또한 조개무덤에서 출토된 돌칼, 돌낫 등은 화북지구의 신석기시대의 석기와 아주 비슷하다. 또한 해안지역에서 발견된 도기는 흑도문화와 대단히 접근하여 매우 가까운 연계성을 가졌다는 사실을 말해준다."고 하면서 중원문화가 이 지역의 문화에 전파되었다고 설명한다. 덧무늬토기는 흑룡강 중류지역에서 출현하여, 송화강 하류, 우수리강 하류, 연해주 지방을 경유하여 해안가를 따라 한반도 동해안지역으로 확산되었을 가능성이 높다. 또한 동해의 해류를 따라 일본열도의 호쿠리쿠(北陸)지역의 해안지방을 거쳐 내륙지방으로 퍼져 나간 것으로 보는 견해도 없지 않다.[66] 결국 동북아시아의 여러 지역에서 확인되는 원시 고토기와 덧무늬 토기의 존재는 후기 구석기시대의 문화와 전통이 단절되지 않은 채 조기 신석기시대로 이어졌음을 의미한다.

양자의 계승관계는 원시 고토기와 덧무늬토기 외에 요서지역과 한반도 일대에서 조사된 여러 유적의 층위를 통해서도 확인된다. 후기 구석기시대에서 신석기시대로 이행하는 과정을 볼 수 있는 유적은 오한기(敖漢旗)시의 초모산(草帽山) 유적에 위치한 '서팔간방'을 들 수 있다. 또한 평안남도 상원(祥原)의 용곡 유적에서 출토된 인골을 통해서도 계승관계가 확인된다.

넷째, 두만강 유역이다. 두만강 유역에는 금곡(金穀) 유적에서 발견된

---

65) 이 유적의 오시포프카(Osipovka)문화층에서는 가장 이른 시기의 토기가 발굴되었다. 이곳에서 발굴된 조흔문(무문양)의 토기들은 제주도 고산리 등에서 발견된 것과 유사하고, 번개무늬 등은 두만강에서 발굴된 신석기 시대의 토기들과 유사하다. 그 밖에도 여러 종류가 우리문화와 유사하다.

66) 문안식, 앞의 책, pp.31~34.

초기 유물이 대표적이므로 '금곡문화'라고 불린다. 시작 연도가 서기전 2,500년 정도로서 가장 이른 것은 서기전 3000년 전 이전이다. 흑룡강 하류 지역에서 발견된 말르이쉐보(Malyshevo)문화는 연해주의 보이스만 문화 및 한반도 함경북도의 서포항 유적을 비롯한 동해안 등과 관련성이 있다. 대표적인 유적으로 가샤 유적과 수추섬(Suchu Island) 유적이 있다.[67] 연해주 남부의 보이스만(Boisnan)문화는 서기전 4천 5백−3천 년 전으로 편년된다. 또한 신석기시대 후기인 '자이싸노브까(Zaisanovka)문화'는 빗살무늬 토기, 번개무늬 토기 등이 한반도의 신석기 토기와 동일한 양상을 보이고, 제주도와 연결된다. 이렇게 흑룡강 하구와 연해주 해안, 동해안과 제주도에 이르는 지역은 토기를 매개로 삼은 공통의 문화권이다.

또한 일본학자들은 근대 역사학의 초창기부터 이러한 인식을 지니고 있었고, 지금도 그러하다.[68] 에가미 나미오(江上波夫)는 다른 각도에서 동아시아 지역에 교통교류가 존재했었다고 하였다. 즉 동북아시아의 석도(石刀)문화, 특히 세석기문화가 타타르 해협(Tartar strait)을 건너 홋카이도와 혼슈로 전래했고, 더욱이 특이한 석도촉(石刀鏃)이 홋카이도로 전파됐다고 하였다.[69]

---

67) 수추섬 유적은 2001년부터 2003년까지 국립문화재연구소가 발굴 조사하였다. 이 부분에 관한 연구는 홍형우, 〈아무르강 하류의 신석기문화 고찰−수추섬 유적을 중심으로〉, 《선사와 고대》 34, 2011 참고.

68) 요시노리 야스다(安田喜憲)는 도리이 유조(鳥居龍藏)의 《東部シベリアの以前》를 인용하면서 다음과 같이 보고 있다. 즉 일본인의 본거지, 일본문화의 고향으로 보여지는 것은 동부 시베리아에서 흑룡강 유역 연해주, 그리고 만주에 이어지는 일본해의 대안이다. 그리고 이것에 조선을 잇고, 사할린(樺太) 북해도, 그리고 사도섬(니가타현), 노토반도(이시가와현) 등 일본해 일대의 지방을 일괄해서 볼 필요가 있다. 그는 이러한 논리 속에서 '졸참나무숲 문화권'을 소개하고, 사사기 고메이의 남방문화론, 에가미 나미오의 기마민족설까지 소개하면서 소위 일본해문화권에 대한 다각적인 연구의 필요성을 제기하고 있다. 安田喜憲, 〈日本海をめぐる 歷史の胎動〉, 《季刊考古學》 15號, 雄山閣出版社, 1986, pp.14~16.

69) 江上波夫, 〈古代日本の對外關係〉, 《古代日本の國際化》, 朝日新聞社國際심포지움,

한편 신석기문화는 강가와 바닷가 등에서 발달되었는데, 이는 농사
및 어렵과 관련이 있기 때문이다. 두만강 유역, 압록강 유역, 대동강 유역
및 황해도 지역이다. 신석기시대 말기의 용천군 신암리 청동말래 유적과
요녕성 여대시 쌍타자 유적 1기층에서는 돌로 만든 반달칼이 나왔고, 서
포항 유적 5기층에서는 조개껍질로 만든 반달칼이 나왔다. 이 밖에 부산
시 영도 동삼동 유적과 강릉시 포남동 유적에서도 돌반달칼이 나왔다고
한다.[70] 청천강, 대동강 유역은 팽이형토기문화의 중심지역으로 배모양
〔舟形〕과 생선모양〔魚形〕의 반달형 돌칼의 양이 비약적으로 증가하는 현
상이 관찰된다.[71] 이로 보아 한국의 반달형 돌칼은 요서지역보다는 요동
반도 일대에서 기원하였을 가능성이 더 높다. 주로 서해안 지역에서 많이
발견되는 것도 관련성이 깊던 사실을 증명한다.

대련지구는 한반도와 밀접한 관계를 가지고 있었다. 조사된 자료에 따
르면, 한국 경기도의 여주 흔암리(欣岩里), 부산의 동삼동, 동래, 다대포
(多大浦) 등의 유적에서 소주산 1기 문화와 같은 압인의 돗자리무늬의 수
직구연 원통형 단지가 발견되었다. 북한의 평안북도 미송리(美松里) 동굴
안에서도 소주산 2기 문화와 같은 거획 평행 사선문의 수직구연 원통형
단지가 발견되었다. 함경북도 서포항에서 출토된 거획 무늬 가운데 보조
개 무늬〔螺旋文〕는 소주산 2기 문화와 산동반도 봉래 근처에서 발견된
보조개 무늬〔雙句滿文〕의 채색토기 문양과 일치한다. 산동반도, 요동반
도, 압록강 하구, 두만강 하구가 교류했다는 증거들이다.

요하문명에 대한 중국학계의 몇 가지 관점을 요약하면 다음과 같다.

1990, p.52; 윤명철, 〈동해 문화권의 설정 가능성 검토 ―고대 동아지중해문명
의 이해를 위한 한 접근―〉,《동아시아 역사상과 우리문화의 형성》, 한국학중
앙연구원 동북아고대사연구소, 2005.

70) 장국종,《조선농업사》1, 백산자료원, 1989, p.16.
71) 손준호, 〈한반도 출토 반월형석도의 변천과 지역성〉,《선사와 고대》17, p.127.

〈표 4-7〉 요동반도 압록강 하구, 두만강 하구가 문화 교류한 흔적

| 특징 | 고고학과 역사적 증거 | | 사료 해설 |
|---|---|---|---|
| **관점 1.**<br>1 요하수계에 의해 형성된 자연자원과 문명권. 강 위주로 구성된 이러한 자연환경은 요하문명의 물질적 토대이다. | 출처 | 인용 내용 | 요하의 풍부한 자연자원은 요하문명의 탄생에 좋은 조건 |
| | 《盛京通志》 | | |
| | 《奉天通志》 | | |
| | 《陪都賦》 | | |
| **관점 2.**<br>2 고고학, 인류학의 연구 성과에 의해 요하문명은 중국 북방문명의 기원이고 '중심'이다. | 고고학인 증거 | ① 요하 지류 태자하 묘후산 유지<br>② 요하 하류 영구 금무산<br>③ 요하 상류 조양 합자동 하류 해성 선인동<br>④ 8000년 전 흥륭와·부신·사해<br>⑤ 7000년 전 신악 유적<br>⑥ 5000년 전 요서 홍산문화 | 요하 주변에서 구석기, 신석기 등 유적과 유물 등이 발견되었다. 다지역기원문명설의 한 축으로 황하문명, 장강문명처럼 북방문명의 기원. |
| **관점 3.**<br>3 요하와 그 주변 자연자원에 의해 다른 경제발전 구역과 산업방식이 점차 형성되었다. | 경제형태 | 특징 | 강 문화에서 파생한 다원적인 경제 형태와 생산방식 |
| | 백두산 문화<br>(요하 하류동) | 삼림자원에 의해 수렵, 포로, 채집 등 종합성 경제특징 | |
| | 초원문화<br>(요하 상류 서쪽) | 유목 | |
| | 농경문화<br>(요하 충적평야) | 농업 위주, 어업과 목축 | |
| **관점 4.**<br>4 한문화 이외의 3개 문화 탄생. 요하 유역의 다른 생태환경과 자원을 이용하여 다원적인 종족공동체, 독특한 민족과 민속 문화가 점차 형성되었다. | 위치와 민족 계열 | 문명의 대표 | 요하유역 고대민족 문화의 발전에 따라 독특한 다원적 문화 내용 형성됨<br><br>※ 다원적 문명 내용<br>※ 다차원 문명 구조 |
| | 북(肅愼) | 하가점 하층문화<br>(方國 문화)<br>하가점상층문화<br>(東胡 문화)<br>홍산문화 (古國 문화) | |
| | 동(穢貊) | | |
| | 서(燕毫·東胡) | | |

| | | 분류 | 내용(예) | | |
|---|---|---|---|---|---|
| 5 | 관점 5.<br>요하문화에<br>영향으로 탄생된<br>독특한 정신문화 | 종교 | 샤머니즘 | ① 契丹 '歲除儀'大巫<br>(祝火神)<br>② 女真 先人<br>"山川靈星" 숭배<br>③ 清나라 薩滿과 '堂子祭天' | ① 자연숭배<br>다신교<br><br>② 홍산문화<br>홍산옥인=<br>샤먼문화<br><br>③ 요하의 고대<br>동북아 지역<br>문화의<br>'모문명' |
| | | 민속 | 색다른민속문화 | ① 상류-초원문명유목 생활방식 위주,<br>② 중하류-해양문화<br>(예맥·부여·고구려) 영석숭배·적석화장·산천일월·동향숭배·기사 | |
| | | 예술 | 다원융합 | | |

## (2) 한반도의 신석기문화

근래에 한국의 역사학계는 신석기시대인의 문화범위와 활동 범주를 남만주 일부 지역으로 확대시키고 있다. 이는 반도사관을 극복하고, 중국학자들의 고고학적인 발굴성과와 현장 답사들을 통해서 인식을 확대시킨 데에 원인이 있으나, 민족주의 사학자들의 축적된 선행연구와 그에 영향을 받은 북한사학의 역사인식과 연구성과에 영향을 받은 바가 있다.

첫째, 압록강 유역과 서한만(西韓灣) 주변이다. 신석기시대의 유적들은 혼강 및 압록강 중상류 지구의 집안(集安), 환인(桓仁), 통화(通化)와 혼강 등 대부분 하류 연안의 대지와 산 언덕에 분포되었다. 환인시의 혼강 중류와 부이강(富彌江) 하류의 양안 등을 조사해서 상당수의 신석기시대 유적을 발견하였다. 여기에는 어렵을 했던 증거들이 매우 많다.

한반도로 들어오면 용곡 동굴은 평안북도 상원군의 용곡리에 있는 석회암 동굴유적이다. 구석기시대 유물도 동반 출토됐는데, 1호 동굴, 2호

동굴에서 신석기시대의 유물들이 동물 화석들과 함께 나왔다. 일부에서는 신석기시대의 예술품도 출토되었다. 용천 용연리 유적은 평안북도 용천군 용연리 산능선에 있는 신석기시대의 마을 유적이다. 집터 안에서는 기둥구멍 자리가 발견되었다. 출토된 유물은 돌도끼·반달돌칼·가락바퀴 등의 석기류의 번개무늬가 있는 토기 등이다. 비교적 내륙에 있으므로 평안북도 내륙지역의 신석기문화 성격을 이해하는 데 도움이 된다.[72]

토성리 유적은 자강도 중강군 토성리에 있다. 신석기시대와 청동기시대의 많은 집터들이 발굴되었다. 시대를 달리하는 집터가 층위를 이루었고, 흙으로 만든 여러 종류의 예술품과 다양한 짐승뼈가 발견되었다.[73] 선사문화의 계승성을 규명할 수 있는 대표적인 유적이다.[74] 미송리에서 발견된 토기는 이 시대를 대표하는 토기형식이다.

둘째, 두만강 유역과 동한만(東韓灣)이다. 나진(羅津) 초도(草島) 유적은 함경북도 나진군 초도의 바닷가 언덕에 있는 1949년에 발굴된 패총유적으로서, 집터가 발견되었다. 흑요석, 수정, 화강암 등을 이용하여 타제와 마제 석기를 만들었고, 사슴, 노루, 돼지, 새뼈를 이용하여 도구를 만들었다. 두텁고 무늬가 없거나, 붉은 색을 바른 토기들이 있었다. 청동방울과 치레걸이가 발견되어 신석기시대에서 청동기 시대까지 이용되었음을 알 수 있다.[75] 웅기 서포항 유적은 함경북도 웅기군 굴포리 서포항에 있는 바다와 이어진 산비탈에 위치한 패총이다. 신석기시대의 문화층은 5기로 구분되며, 21기의 집터가 발굴되었다. 신석기시대의 집터에서 가장 다양하고 많은 유물이 출토되었다.[76] 4기층에서 흙으로 빚은 인물상이

---

72) 강중광, 〈룡연리유적 발굴보고〉, 《고고학자료집》 4(북한자료), 1974; 국립문화재 연구소 편, 《북한 문화재 관계 문헌 휘보》, 1990.

73) 리병선, 〈중강군 토성리 원시 및 고대유적 발굴 중간보고〉, 《문화유산》 5(북한 자료), 1961; 서국태, 《조선의 신석기시대》, 1986.

74) 리병선, 위의 책, 같은 곳.

75) 정백운·도유호, 《라진 초도 원시유적 발굴보고》, 평양: 과학원출판사, 1955; 국립문화재연구소 편, 《북한 문화재 자료 목록》, 1992.

76) 김용간·서국태, 〈서포항 원시유적 발굴보고〉, 《고고민속론문집》 4(북한자료),

나왔다. 형태로 보아 여성으로 추정되는데, 풍요와 다산을 비는 신앙의 도구로 사용되었을 것이다.

함경북도 선봉군 굴포리 서포항 유적 제1기층과 선봉군 부포리 덕산 유적은 서기전 5,000~4,000년기 전반기에 속하며 함경북도 선봉군 굴포리 서포항 유적 제2기층은 서기전 4000년기 후반기에 속한다. 이미 4,000년 전부터 콩이 두만강 유역을 비롯한 여러 지역들에서 밭 알곡 작물의 하나로 재배되었다는 사실을 보여준다. 선봉군 굴포리 서포항 1기, 2기층에서도 사슴뿔을 잘라서 만든 괭이날들이 나왔다.[77]

경성 원수대 유적은 함경북도 경성군 원수대 남대천 하구의 해안 기슭에 있는 패총유적이다. 집터의 흔적들이 있었는데, 많은 양의 흑요석제 석기, 전나무 잎깔무늬의 토기, 번개무늬 토기 등이 발견되었다. 동북지역 신석기문화의 대표적인 유물인 번개무늬 토기가 발견되어 교류관계를 이해하는 데 중요하다.[78] 청진 농포리 유적은 청진시 농포리에 있는 패총유적이다. 산기슭에서 흑요석제 타제석기와 많은 양의 토기조각, 조가비 그리고 짐승뼈 조각이 발견되었고, 토제 예술품도 발견되었다. 이곳에서 많은 어망추가 발견된 사실은 어업이 발전했음을 의미한다.[79]

셋째, 대동강 유역과 남포만, 특히 청천강 유역이 포함된 지역이다. 북한 역사학계는 '대동강 유역에서는 홍산문화의 고유한 현상들이 짙게 나타난다. 그 밖의 지방에서는 그러한 문화현상들이 희미해진다.'[80]고 하였다. 즉, '대동강 중심성'을 강조하고 있다. 온천 궁산 유적은 평안남도 온천군 운하리에 있는 패총유적지이다. 제1기층은 서기전 4,000년 전·후반

1972; 국립문화재연구소 편, 《북한 문화유적 발굴개보》, 1991.

77) 장국종, 《조선농업사》 1, 백산자료원, 1989, p.9.

78) 렴주태, 〈함경북도에서 새로 알려진 유적과 유물〉, 《고고민속》 2(북한자료), 1965; 국립문화재연구소 편, 《북한 문화재 관계 문헌 휘보》, 1990.

79) 고고학연구실, 〈청진 농포리 원시유적 발굴〉, 《문화유산》 4(북한자료), 1957; 국립문화재연구소 편, 《북한 문화유적 발굴개보》, 1991.

80) 김용간, 〈대동강 류역은 신석기시대문화의 중심지〉, 《조선고고연구》 1호(110호), 1999, pp.13~25.

기이다. 움집과 반움집 등 5기가 조사되었다. 화덕자리, 완형의 빗살무늬토기, 화살촉, 돌창, 그물추 등의 다양한 석기류, 토제품과 관옥, 옥도끼가 있다. 그리고 사슴·영양 등의 짐승뼈, 준어, 대구 등의 물고기뼈가 발굴 되어 농사와 함께 어업이 이루어졌음을 확인할 수 있다. 서해안의 독특한 패총으로서 '궁산(宮山)문화'라고 부른다.[81]

마찬가지로 황해북도 봉산군 지탑리 유적의 제1기층도 서기전 4,000년기 후반기에 속한다. 궁산 유적에서는 25점의 사슴뿔괭이가 나왔다. 그 가운데서 온전한 것은 3점뿐이다. 뚜지개도 나왔다. 궁산문화 1기층에 속하는 궁산유적 아래층과 봉산군 지탑리 유적 아래층에서는 갈돌이 나왔는데, 낟알껍질을 벗기거나 가루를 내는 데 쓰던 일종의 맷돌 비슷한 것이었다. 멧돼지의 송곳니를 쪼개서 만든 낫이 나왔다. 지탑리 유적 제2지구에서 돌보습날과 그 조각이 수십 개 나왔다.

평양 금탄리 유적은 평양시 사동구역 금탄리의 남강 유역이다. 신석기시대와 청동기시대 유적이 층위를 이루고 있다. 신석기시대 집터에서는 많은 간석기와 그물추, 숫돌 이깔잎 무늬의 완전한 빗살무늬토기가 발견되었다. 청동기시대 집터에는 팽이형토기가 출토되며 다양한 석기류와 청동기(끌), 화살촉 등이 조사되었다. 평양 장촌 유적은 평양시 용성구역의 어은동 장촌에서 집터 2기가 발견되었고, 돌도끼, 갈돌, 자귀 등의 석기와 빗살무늬토기가 출토되었다. 특히 이 유적을 통해서 신석기시대의 주민들이 강가를 떠나서 산기슭에까지 분포하였음을 알 수 있다.[82]

넷째는 황해도 일대이다. 봉산의 지탑리 유적은 황해북도 봉산군 지탑리에 있는데, 제1지구와 제2지구로 구분된다. 신석기시대의 집터 2기와 청동기시대의 집터 2기가 발굴됐다. 신석기시대의 집터에서는 화덕자리, 기둥구멍, 저장 구덩 등이 발굴되었고, 빗살무늬토기와 다양한 종류의 간석기, 조·피·수수 등의 곡식이 발견되었다. 농경의 시원과 관련이 있으

---

81) 황기덕·도유호, 《궁산 원시유적 발굴보고》, 평양: 과학원출판사, 1957; 서국태, 《조선의 신석기시대》, 평양: 사회과학출판사, 1986.

82) 석광준·허순산, 〈장촌유적 발굴보고〉, 《조선고고연구》 4(북한자료), 1987.

므로 중요하다. 청동기시대의 집터는 반움집으로 토기를 거꾸로 박아 놓은 저장시설이 발견되어 많은 간석기와 짐승뼈들도 찾았다.[83] 봉산 마산리 유적은 황해북도 봉산군 마산리에 있다. 모두 12기의 신석기시대 집터가 발굴되었는데, 갈돌, 돌보습, 대패날, 돌끌 등 상당히 많은 양이 출토되었고, 토기들의 무늬도 새김무늬, 전나무잎 무늬, 점선타래 등 여러 가지였다.[84]

해주 용당포 유적은 황해남도 해주시 용당리의 패총유적지이다. 집터가 있었을 가능성은 많은데, 빗살무늬토기와 민토기, 화살촉, 곰베 괭이, 그물추 등이 출토되어 농경과 어렵이 병행되었음을 알 수 있다.[85] 송화 덕안리 유적은 황해남도 송화군 덕안리 안골에서 발견되었다. 평행사선줄/이깔잎/삼각형 등의 토기는 근처의 학월리 패총유적에서 발견된 토기와 비교된다. 대체적으로 궁산문화와 깊은 관계가 있는 것으로 해석된다. 은천 학월리 유적은 황해남도 은천군 학월리 반월동의 패총유적이다. 굴, 밥조개, 백합조개, 섭조개, 골뱅 등의 다양한 조개들이 발견됐다. 여러 무늬의 빗살무늬(이깔잎 모양, 줄무늬 모양, 삼각형 무늬)토기와 돌도끼 등이 출토됐다. 특히 신석기 후기의 대표적인 납작밑 토기가 많이 발견되어 시기 설정에 시사하는 점이 많다.[86]

다섯째, 예성강 유역이다. 황해도 송림시 석탄리에는 주거지와 분묘들의 유적이 발굴되었다. 신석기시대 말기에서 청동기시대에 이르는 시대의 것인데, 많은 유물들이 있었지만, 다른 지역에서는 출토된 경우가 거의

---

83) 도유호, 《지탑리 원시유적 발굴보고》, 평양: 과학원출판사, 1961; 김용간, 《조선 고고학전서−원시》, 1990.

84) 변사성·고영암, 〈마산리유적의 신석기시대 집자리에 대하여〉, 《조선 고고연구》 4, 1989; 신숙정, 〈북한의 신석기문화 연구 40년〉, 《북한의 고대사 연구와 성과》, 대륙연구소 출판부, 1994.

85) 김용남, 〈해주시 롱당리 조개무지유적 조사보고〉, 《고고민속》 1(북한자료), 1963; 한영희, 〈신석기시대 유적〉, 《북한의 문화유산》 1, 고려원, 1990.

86) 리원조, 〈황해남도 북부지방 유적 답사〉, 《문화유산》 6(북한자료), 1961; 한영희, 〈신석기시대 유적〉, 《북한의 문화유산》 1, 1990.

없는데, 비파형 동검을 모방해 만든 돌칼이 출토되었다. 농사와 연관되어 독특한 형태의 반월형 석도도 출토되었다. 또한 석탄리 유적 39호 집자리에서는 팥도 나왔는데, 이것은 오동 유적에서 나왔다. 금탄(金灘)리 유적 삼석구역 호남리 남경마을에서는 신석기시대 집터 5기가 발굴되었는데, 1기층에서 발굴된 7호 집터에는 사각형의 평면에 진흙으로 테두리를 한 화덕이 있었다. 송화 덕안리 유적은 황해남도 송화군 덕안리 안골에서 발견된 신석기시대 유적지이다. 갈돌과 평행사선줄, 이깔잎, 삼각형 문양 등의 토기가 발견됐다.[87] 은천 학월리 유적은 황해남도 은천군 학월리 반월동의 산구릉에 있는 패총 유적지이다. 덕안리 유적지 출토와 유사한 문양의 빗살무늬토기와 돌도끼 등이 출토되었다.[88]

여섯째는 한반도의 경기만 일대이다. 강화도의 하점면 삼거리에는 신석기시대 주거지와 고인돌군이 있다. 우도(牛島)의 신석기시대 패총 등이 있으며, 청동기시대, 철기시대의 지석묘와 주거지 등이 곳곳에서 발견되었다. 또한 단군과 관련된 설화와 유적 등이 있다. 전곡리 유적 등 구석기 유적들이 발견되었고, 김포평야와 일산평야는 한강을 끼고 발달한 평야이므로 김포,[89] 고양, 일산 등지에서 벼농사의 유적들이 발견되었다. 일산구의 지영동·가좌동·오부자동에서는 빗살무늬토기가 출토되어 신석기시대에 농경이 이루어졌음을 알 수 있다. 또한 강화의 우도에서는 장두형(長頭形)의 볍씨가 발견되었다. 지금도 고양·파주·김포·강화 등 한강 하류지역은 우리나라의 대표적인 벼농사 지역이다.[90]

고양 시내의 주엽동, 지영동, 가좌동, 오부자동 등 강변 충적지의 산포지, 포함층에서 출토된 선사유물은 이미 신석기문화가 발달했음을 알

---

87) 리원조, 앞의 책, 같은 곳.

88) 리원조, 위의 책, 같은 곳.

89) 임효재, 〈京畿道 金浦牛島의 考古學的 調査研究〉, 《서울대박물관 연보》 2, 1990, p.13에서 '이는 양자강 하구에서 직접 바다를 건너 도달한 것이 아닌가 생각한다'고 하였다.

90) 서울特別市史 編纂委員會, 앞의 책, p.140.

려준다.[91] 이 시기에는 중국의 어느 지역과도 해양교류가 가능하다고 판단한다.[92] 고양 일산 유적이라 불리는 제2지역 대화동 가와지 마을과 제3지역 주엽동 새말의 한강 하류 지역은 논과 낮은 구릉지대로서 토탄층이 발달해 있었다. 특히 대화동 지층은 바닷물이 나들면서 쌓인 개펄층으로 한강 쪽에서부터 발달하여 언덕 골짜기 쪽에 오면서 두께가 얇아지고, 그 위에 가와지 토탄이 언덕 사이의 골짜기에 발달하였다.

가와지층은 대체로 2m 두께로 쌓였는데,[93] 이곳 제1지역 발굴에서 모두 10점의 볍씨가 발견되었으며, 약 5천 년 전의 유물이다. 한강 맞은편의 김포지역과 더불어 최초로 논농사를 지은 곳임이 밝혀졌다. 즉 고양 가와지 1형 볍씨는 약 5,000년 전, 고양 가와지형 2형 볍씨는 약 3000년 전의 것으로 알려졌다.[94] 가와지 마을 유적에서는 여러 형태의 덧띠토기 조각, 굽잔토기, 쇠뿔모양 손잡이 등과 흙가락바퀴, 돌화살촉이 발굴되었

---

91) 경기도사편찬위원회, 《경기도사》 11, pp.142~143; 한국고고학연구소, 〈한국고고학지도〉, 《한국고고학보》 특집1, 1984; 김원룡, 《한국사전유물유적지명표》, 1965, 재인용.

92) 위안리 지음/ 최성은 옮김, 《도작문화로 본 한국 문화의 기원과 발전》, 민속원, 서울대학교 출판부, 2005.
중국 동부연해지역, 한반도, 일본열도, 류큐군도, 대만, 팽호열도는 '동아시아 지중해'를 형성하였고, …동아시아 지중해문화의 특징은 수도를 재배하는 것, 간란식 주택, 새숭배 토템, 옥기 애호하는 것, 이를 뽑는 것, 문신, 엽두(목을 자름) 습속 등이다. pp.18~19.
일반적인 중국 농업의 대한 관점은 憑恩學 主編, 《田野考古學》, 中國 吉林大學 出版社, 2008; 장쥐쭝·천창푸·양위쨩, 〈중국의 농업기원과 조기 발전의 동태 비교〉, 《고양가와지 볍씨와 아시아 쌀농사의 조명》, 고양 600주년 기념 학술회의, 2013 참고.

93) 고양시사 편찬위원회, 《高陽市史》 제1권, 2005, p.46; 이융조·박태식·우종윤, 〈고양 가와지 볍씨의 발굴과 농업사적 의미〉, 《고양가와지 볍씨와 아시아 쌀 농사의 조명》, 고양 600주년 기념 학술회의, 2013.

94) 손보기 외, 《일산지역 고고학조사》, 일산 새도시 개발지역 학술조사보고, 1992; 박태식·이융조, 〈한국선사시대 벼농사에 관하여: 고양 가와지 1 지구 출토 벼 낟알〉, 《한국 작물학회 학술발표대회 논문집》 39(2), 1994; 박정미, 〈한국 선사시대 재배벼의 특징에 관한 연구〉, 《충북사학》 18, 2007.

〈그림 4-30〉 오산리 유적에서 발견된 토제 얼굴(오산리박물관)

다, 덧띠토기가 출토되는 문화층의 연대는 2450 B.P.로 밝혀졌다. 벽제 원당 일산 등에서 고인돌 등이 발견되었고, 한강가는 아니지만 동모 주범, 돌도끼, 토기류 등이 출토되었다.[95]

한강 중류지역인 경기도 하남시 미사리 030호 주거지에서는 단립 벼 볍씨자국이 찍혀 있는 신석기시대 중기 구멍무늬[孔列] 1기 토기조각들이 출토되어, 이미 신석기시대 중기에 한강 유역에서는 단립벼 경작이 진전되고 있었음을 알려 주었다.[96] 남한강 유역에서는 서기전 10,550년경부터 단립벼의 재배가 시도되었음을 증명하는 것이다. 충주시 조동리 유적에서 서기전 4,250년(B.P. 6,200년경)과 서기전 4,190년(B.P. 6,140년경)의 단립벼 탄화미가 탄화된 밀·보리·수수·기장·알 수 없는 열매 껍질·도토리·박씨·복숭아씨 등과 함께 출토되었다.[97] 강원도에서는 강들이 풍부하고 동해안이 있어서 사람들이 일찍부터 거주하였다. 따라서 현재까지 약 50여 곳에서 신석기시대 유적이 발굴되었다.

일곱째는 동해 중부 일대이다. 고성의 문암리 유적, 양양의 용호리, 가평리, 오산리, 지경리 유적이 있고, 강릉의 초당리 유적이 있다. 고성의 문암리 유적은 바닷가 바로 곁에 있는 야산의 안쪽으로 평평한 대지 위에 있다. 신석기시대 전기의 유적인데, 서기전 4000년 이전부터 생성된 것으로 본다. 독특한 형태의 돌칼 등 다양한 석기들도 있지만, 동해안의 특징인 덧무늬토기와 무문양토기들이 출토되었으며, 옥결도 발견되었다. 또한 흑요석 돌촉들도 나와 흑요석의 무역과 전파를 추정할 수 있다. 해양환경

95) 정신문화연구원,《한국민족문화대백과사전》, 고양 및 한강 조항 참조.
96) 고려대 미사리 발굴 조사단(윤세영·이홍종),《渼沙里》V, 1994 참조.
97) 이융조·우종윤 편저,《선사유적 발굴도록》, 충북대 박물관, 1998, p.282; 충주시,《조동리 선사유적박물관》, 2005, pp.57~61 참조.

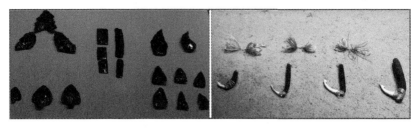

〈그림 4-31〉 흑요석으로 만든 도구들(왼쪽)과 길이음 낚시 바늘(결합식 조침)

과 유적들이 발굴된 지점과 유물들의 종류와 성격을 고려하면 동해안 주민들의 이동은 당연히 배를 이용한 동해 연근해항로를 이용했다.

오산리 유적은 우리나라 신석기문화를 이해하는 데 가장 중요한 의미와 가치를 지닌 곳이다. 연해주부터 한반도 남부를 거쳐 일본열도까지 이어지는 해안 문화루트의 중간이며, 또한 강릉 지역과 동일하게 강원도 영서지방을 통해 내륙과 이어지면서 문화를 교류한 흔적들이 있다. 두만강 하구인 서포항의 것과는 다른 점이 있으나 흙으로 만든 인면상이 출토되었다.

제작연도를 서기전 6,000~4,000년으로 추정하는 덧무늬토기(융기문토기)와 함께 누른 무늬토기들, 그리고 다음 시대인 전형적인 빗살무늬 토기들과 심지어는 공열토기들도 출토됐다. 그 밖에도 백두산지역의 것으로 알려진 흑요석 덩어리들이 나옴으로써 흑요석 무역의 주체일 가능성도 고려할 수 있다. 현재까지는 북에서부터 서포항, 농포리, 문암리, 오산리, 신암리, 부산 범방, 욕지도 그리고 경기만의 오이도에서 흑요석으로 만든 도구들이 나왔다. 또한 울산 및 동삼동, 그리고 일본열도까지 비교할 수 있는 결합식 낚시바늘이 출토되었다. 그 밖에도 근처인 양양의 송전리에서는 농사를 지을 수 있는 갈돌, 갈판 등과 함께 가락바퀴 등이 발견되어 완전한 정착농경생활도 했음을 알 수 있다.

강릉의 초당리 유적은 신석기시대 중기 유적인데 주거구조와 출토된 유물들을 볼 때 농경을 주로 하였지만, 백두대간의 한줄기와 만나고 있기 때문에 자연환경에 걸맞게 수렵과 채집활동을 했으며, 또한 해안가에서 어로도 하였음을 알 수 있다. 남대천처럼 연어잡이를 한 증거들도 있

〈그림 4-32〉 제작연도를 서기전 6000~4000으로 추정하는 덧무늬토기(융기문 토기)(왼쪽)와 민무늬 토기(오산리)

〈그림 4-33〉 누른 무늬토기(押文)(왼쪽)와 빗살무늬 토기(오산리)

다. 이처럼 신석기시대 영동지방 주민은 해안가에서 집중적으로 거주했다. 이 시기 대부분의 유적은 석호 연변의 사구지대에서만 발견된다. 석호와 바다에서 구할 수 있는 식량자원에 거의 전적으로 의존한 생활을 하였기 때문에 신석기인의 마을은 해안가 사구지대에 집중되었을 것으로 여겨진다. 그러나 이와는 상당히 다른 구릉성 주거도 발견된다. 강릉시의 지변동 유적과 같은 경우는 발굴조사 결과 바다로부터 상당히 떨어진 구릉 위에 거주하였던 사람들이 버린 토기편과 석기들이 구릉 하단의 곡저에 퇴적된 상태로 발견되었다.[98]

여덟째는 남해안 일대이다. 남해를 통해서 한반도와 일본열도는 활발하게 교류하였다. 한반도의 덧무늬〔隆起文〕토기는 1932년 부산 동삼동

---

98) 강릉의 선사유적과 유물〔先史遺蹟-遺物〕(한국향토문화전자대전, 한국학중앙연구원);《강릉시사(江陵市史)》, 강릉문화원, 1996.

〈그림 4-34〉 빗살무늬 토기들. 오른쪽은 양양 지경리의 것이다.

패총에서 출토된 이후에 쓰시마와
규슈 지역에서 발견되었다. 1960년
대에 들어서면서 동삼동에서 조몬
시대 전기의 융기문토기 계통인 도
도로키식〔轟式〕 토기와 빗살무늬
계통인 소바다식〔曾畑式〕 토기, 규
슈의 이마리(伊万里)산 흑요석제 석

〈그림 4-35〉 빗살무늬 토기(오산리)

기가 출토되었다. 조개 껍질에 두 눈과 입을 상징하는 구멍이 뚫린 예술
품 겸 신앙 유물이 발견됐다. 바다 건너 일본열도의 그 시대 신앙과 관계
가 있었다고 본다. 계속해서 부산의 조도 패총과 울산의 서생포 등에서
도 조몬 토기가 발견됨으로써 두 지역이 교류했음을 알 수 있다. 특히 쓰
시마 중부에 있는 고시다카(越高) 유적지에서 출토된 융기문 토기는 연대
가 6,860+120 B.P., 6,590+160 B.P.로 밝혀져 동삼동 패총 하층의 시기와
비슷하다. 또한 그릇의 형태나 문양 등에 공통성이 있어서 한국 융기문
토기 계통임을 알 수 있다.

또한 서기전 3000년경 전후의 것인 일본의 소바타식 토기는 한국의
빗살무늬토기 문화의 영향을 직접, 간접으로 받았다. 규슈 서부의 고토
(五島)열도에서도 발견된다. 심지어는 오키나와의 '이레이바루(伊禮原)' 신
석기 유적지에서는 4000여 점의 소바타식 토기들이 발견되었다. 이 유적
에서는 청동기시대 한반도에서 많이 제작된 구멍 뚫린 공열 토기도 발견

〈그림 4-36〉 울진 후포리 무덤 출토 신석기시대 돌도끼

〈그림 4-37〉 풍요와 다산을 비는 지모신 신앙의 상징물

〈그림 4-38〉 포항 흥해 암각화

되었다.[99] 해양을 이용한 문화 교류나 주민의 이주 사실을 입증한다. 토기 외에도 낚시바늘[結合式 釣針] 등 고기잡이 도구가 서북 규슈에서 발견된 것이 강원도 오산리에서 발굴된 것과 동일하다. 흑요석을 이용해서 만든 돌톱[石鉅] 등을 통해서도 두 지역의 교류가 확인된다. 아무르강 하류의 첨두기, 횡장[舟·形] 세형몸돌[核]을 중심으로 하는 초기 신석기문화는 사할린이나 홋카이도를 거쳐 일본 동북지방으로 이어지는 교류 루트가 형성되었고, 또 하나는 아무르강 중류에서 발생한 융기문 토기문화가 중국의 동북지방을 들러 내륙지역으로 한반도를 거쳐 일본의 규슈지방으로 이어지는 교류 루트가 있었던 것으로 보는 견해가 있다. 각각 강창화와 오연수의 견해이다.

아홉째는 제주도 일대이다. 제주도에서는 소형 타제석기들과 융기문토기, 원시무문토기, 압인문토기 등과 타제 석창이나 돌도끼 등이 동반되어 출토됨으로써 적지 않은 수의 인간들이 집단으로 살았음이 증명된다. 제주도는 신석기시대에도 사람들이 거주하였는데, 북제주군의 바닷가에 위치한 한경면 고산리 유적이 대표적이다. 그런데 제주도

---

99) 임효재가 작성한 자료를 활용하였다.

고산리 초기 신석기문화는 아
무르강 하류의 제3단계 문화와
관련이 있고 '之'자문 토기는
중국 동북부지역과 러시아 아
무르강 하류 일대의 횡주 압날
지자문과 형태상 유사하다. 남
해안의 신석기 전기의 토기들
이 온평리 유적, 용담동 어영

〈그림 4-39〉 장해현 광록도 오가촌 유적지

유적, 삼양동의 유물산포지, 삼달리의 유물산포지에서 일부 확인된다.
제주도에서 출토되는 이 단계의 토기형식은 남해안지역과 도서지역에 분
포하고 있다. 따라서 제주도 역시 융기문토기를 사용한 시기 이후에도 지
속적으로 남해안 지역에서 토기문화가 유입된 것으로 파악된다. 이 시대
에 제주도와 남해안 일대에는 주민들이 오고가며 문화교류가 있었던 것
이다.

신석기시대 후기의 토기인 변형 빗살무늬토기도 제주도의 여러 지역
에서 발견된다. 북촌리 바위그늘 집자리 유적은 대표적인 유적인데 신석
기시대 문화층에서는 서기전 1100년을 전후한 시기의 인공유물과 조개
류, 동물뼈, 탄화된 열매 등이 발견되었다. 결국은 이 시대에 사람들이
남해를 건너다니며 교류한 흔적이라고 하겠다.

결론을 내리면 다음과 같다. 우선 요동반도의 남단인 대련 지역의
신석기시대 문화는 여러 시대에 걸쳐서 주위의 신석기문화와 영향을 주
고받았다. 특히 소주산 3기 문화는 산동반도에서 발전한 용산문화의 영
향을 가장 강하게 받았다. 그리고 요서와 요동, 대동강 하구, 경기만,
두만강 하구, 동해안은 신석기시대부터 직간접으로 영향을 주고받았다.
특히 산동반도, 요동반도, 한반도 서북부 지역은 자연환경이 유사한 조
건을 갖추고 있다. 즉 육지의 환경이 지역별로 크고 작은 성격의 차이가
있지만, 큰 강의 하구 유역들은 해양을 공유하면서 직접·간접적으로 관
련이 있으며, 문화교류 또한 해양을 이용했다. 때문에 선사시대부터 해

〈그림 4-40〉《東興圖》제16층 일부
(金正浩, 1860년경, 서울대학교 규장각
소장)

양을 이용해서 자체 발전을 하였
고, 상호교류가 활발했다. 반면에
송화강 등이 있는 내륙지역은 지역
간의 교류가 상대적으로 적었다.

이 밖에 남부의 군산권에서도
신석기시대의 유물과 패총들이 발
견되었다. 발견된 것으로 보아 생활
반경이 바다와 밀접했다. 비응도,
노래섬, 가도(駕島), 오식도 등에서

많은 숫자의 패총이 발견되었다.[100] 특히 가도 패총은 신석기시대의 전기
후반부터 후기까지 사용되었다.[101] 그 밖에 지석묘도 많이 분포되었다.[102]
부안군에서도 패총유적을 비롯하여 신석기시대, 청동기시대 및 원삼국시
대에 이르는 유적들이 조사되었으며, 고인돌도 많이 발견되었다.[103] 계화도
유적에서는 압인문 토기가 출토되었고, 옥으로 제작된 돌도끼는 신앙의 대
상이었다.

## 3. 문명의 주체와 종족의 기원 검토

문명권을 설정할 때 주민을 구성하는 주체의 범주와 성격은 중요한
의미를 갖고 있다. 그런데 주체는 지형, 지리, 토질, 기후, 해양 등의 자연

---

100) 군산대 박물관,《옥구지방의 문화유적》, 전라북도 옥구군, 1985.

101) 韓英熙,〈호남지역의 신석기문화〉,《호남고고학보》7, 1998.

102) 군산대 박물관,《옥구지방의 문화유적》, 전라북도 옥구군, 1985; 군산대박물
    관,《군산시의 문화유적》, 군산시, 1995.

103) 부안군,《扶安郡誌》, 원광대학교 마한백제문화연구소, 1991; 전라북도 부안
    군,《전라북도문화재지표조사보고서(부안군편)》, 1984.

환경 등과 더불어 혈연, 언어, 생활관습 등 인문환경뿐만 아니라 복잡한 역사상을 종합적으로 고려하여 성격을 규명해야 한다. 그런 후에 질서 및 문명이라는 거시적인 관점에서 파악할 필요가 있다.

주체를 구성하는 요소는 단일한 것이 아니라 여러 가지 모든 요소들이 만나 상호작용하면서 문명을 생성 발전시킨다. 그 다양한 요소 가운데에서 가장 중요한 것은 생물학적인 요소이다. 물론 여기에는 피, 핏줄, 혈연, 유전인자, 피부색, 신체구조, 신체기관의 특성 등의 외모가 포함된다. 하지만 이러한 생물학적 요소들이 곧 역사적인 요소는 아니다. 앞에서 역사적 공동체로서 민족의 성격과 기능에 대하여 언급을 하였지만, 종족은 다양한 요소들이 복합적으로 작용하여 만들어지고, 또 평가되는 것이다.

고조선문명권을 구성하는 종족이 무엇인가에 대해서는 다양한 견해가 있다. 하지만 일반적으로는 예와 맥, 혹은 예맥과 깊은 관련이 있는 것은 부정할 수 없다. 고조선문명권의 중핵인 '동이'와 '예맥'은 종족 명칭으로 추정되기도 하고, 또는 살고 있는 지역에 따라서 구분된다는 견해도 있다. 예와 맥, 또는 예맥은 고고학적으로는 청동기시대인이면서 철기시대인이다.

그런데 한국의 전통 역사학은 중화주의(中華主義)적인 사료와 서술로 말미암아 주체인 종족의 개념과 위상을 협의적, 미시적으로 설정하면서 그 범주와 성격을 축소시켰다. 또한 근대 역사학은 서구 근대에서 수용한 '민족' 개념 등에 영향을 받았고 또한 동아시아 및 한국역사와 혼동하고 있다. 뿐만 아니라 우리 역사와 중국역사의 메커니즘을 여러 면에서 오해하고 있다.

따라서 고조선문명권은 국가체제와 직접 또는 간접으로 연관성을 맺었으며, 고조선문명권에 속해 있던 정치체와 종족, 수없이 많은 부족 집단들을 우리 역사에서 깨끗하게 소외시켰다.

한국의 역사학은 첫째, 고대 이후 현재까지도 중핵 공간에서 벗어나 주변부에 거주하였던 종족들과 부족들을 전혀 별개의 역사체로 인식해 왔다. 심지어는 한반도 중부 이남의 백제, 신라, 가야, 동예, 왜 등과 북쪽의 부여, 고구려, 동예, 옥저, 두막루 등이 하나의 역사체라는 사실을 의심하는 인식과 주장들이 있다.

둘째는, 후발국가들과의 계통성(系統性) 문제를 소홀히 인식했다. 계승성은 생물학적, 역사적으로 존재와 집단에게 매우 중요하다. 존재의 정당성을 부여할 뿐 아니라 공동체 의식을 강화시킨다. 때문에 가계와 역사 등이 중요한 것이다. 위만조선이 멸망한 후에 고조선문명권까지 일시에 붕괴된 것은 아니다. 고조선이라는 정치체의 공간과 동일한 또는 유사한 공간에서는 구려, 부여, 고구려, 동예, 옥저, [104] 백제, 신라, 가야, 왜 등으로 발전한 무수한 정치체들이 생겨났다.

초기 단계인 소국들 간에는 역사적인 경험은 물론이고, 연관된 자연환경에도 차이가 있다. 북부여와 홀본부여, 동예, 옥저보다 더 남쪽의 소국들은 탄생과 발전의 과정은 물론이고, 자연환경, 생태환경, 역사적 환경이 다름에도 불구하고 공간적, 생물학적, 문화적, 역사적으로는 동일하게 고조선을 계승하였다. [105]

그 외에 필자가 설정한 동방문명권(東方文明圈)의 구성원이며, 조선적 질서에 속한 기타의 종족들도 고조선문명권의 성립과 연관 있었다. [106] 그들의 성격과 실체 및 우리 역사와의 연관성은 고구려를 통해서 유추해 볼 수 있다. [107] 예를 들면 고조선 말기에 '동호'에서 분파된 선비계(鮮卑

---

104) 《삼국지·옥저전》에는 옥저의 언어가 고구려와 크게는 같으나 때때로 약간의 차이가 있다고 본다.

105) 윤명철, 〈東아시아의 海洋空間에 관한 再認識과 活用-동아지중해모델을 중심으로〉, 《동아시아 고대학》 14, 경인문화사, 2006; ---, 〈고구려 문화형성에 작용한 자연환경의 검토 '터와 多核(Field & Multi-core)이론'을 통해서〉, 《한민족》 4호, 2008 외 참고.

106) 중국은 지역적으로, 혈연적으로, 문화적으로, 역사적으로 중핵인 우리와 직접 또는 간접적으로 연관성 있는 동방의 주민 또는 종족들에 대하여 다양한 면에서 기록하면서 유형화시키고 해석해 왔다. 하지만 이러한 분류, 성격, 지역, 생활양식 등은 중국측의 인식, 지식, 경험, 이익을 토대로 한 기록에 의해 정의되고 남겨진 것이라는 데 유의할 필요가 있다.

107) 윤명철, 〈한민족 형성의 질적 비약단계로서의 고구려 역사〉, 《한민족 연구》 제

系), 오환계의 종족들은 후대로 내려오면서 각각 분류되거나 다른 이름으로 자기 집단의 표식을 삼았다. 선비는 각종 부(部), 몇몇 실위부, 몽골로 변화했고, 오환계는 거란(契丹)의 고막해·해 등 다양한 부족으로 나뉘어졌다. 하지만 이들은 6세기 무렵의 상황을 기록한 중국의 사서를 보면 언어가 통했다고 되어 있다.

반면에 숙신계(肅慎系)에서 분파된 읍루, 물길, 말갈의 종족 및 부족들은 비록 중핵종족과는 언어와 혈연, 생활방식의 차이가 있지만, 역사적으로는 오랫동안 고조선문명권 및 그 잔재문명과는 관련이 깊었던 일종의 '생활 공동체'였다. 그 밖에도 고조선문명권의 공간에서 살았던 선주민이면서, 일부는 잔재를 남겼던 고아시아계의 기타 종족 등이 있다. 이들의 생물학적 성격, 언어적 성격과 문화의 정체성 등은 최근에 들어서 보면 고고학적인 유물들이 많이 발견되고 문화 인류학적인 보고서, 생물학적 특성 등에 대한 연구가 활발해지면서 고조선문명권과 연관성이 있었을 가능성이 높아지고 있다.

셋째는 언어문제이다. 모든 존재물 가운데 인간은 특별하게 공통의 기호 또는 약호를 발달시키고, 공통분모를 생산한다. 몸짓, 표정,[108] 소리, 신호(음악), 언어, 글자 등이 그러하다. 매체는 만남과 공존을 가능하게 만든 기본조건이며, 소통수단이다. 하지만 거기에 머물지 않고 사고, 행동양식, 심지어는 근육, 얼굴표정 등의 생물학적 특징, 예술(음악 문학) 등의 행동양식에도 영향을 끼친다.

일부 민족 및 국가들에게는 언어가 동일한 경우가 많지만 그렇지 않은 경우도 있다. 구성원들 사이에 언어상으로 약간의 차이를 느끼면서도 다수가 사용하는 공통어를 중심으로 민족과 국가가 형성된 경우도 많다. 민족국가가 형성되어 가는 단계인 고대국가들에서는 자연스럽게 나타날

---

5호, 2008.

108) 데즈몬드 모리스의 《바디워칭》(Body Waching), 《People Watching》 및 피터 콜릿의 《몸은 나보다 먼저 말한다.》(The Book of Tells) 등은 수없이 많은 예를 들어 언어 이전의 몸짓 등이 최초의 기본언어임을 증명하고 있다.

수 있는 현상이다. 이러한 민족 및 국가 등의 정치적인 단위가 확장되면서, 특히 대단위 공동체이며 복합적인 특성을 지닌 문명에서는 언어의 비중과 역할이 상대적으로 약하다. 그러므로 고조선문명권에서는 과거에 언어로 분류했던 매체를 기본적으로 몸짓, 소리, 도상(상징), 언어, 글자, 기호, 신화, 설화, 문양 등으로 확장시킬 필요가 있다.

고조선문명권의 언어는 알타이어계에 속한다. 고조선을 계승한 고구려는 주변의 일부지역을 빼놓고는 언어가 유사하여 의사를 교환하고, 국가를 경영하는 데 차질이 생기지 않았다. 《후한서》 고구려전에서는 고구려가 부여의 별종이라고 기술하였고, 《동옥저전》에는 그들의 언어가 고구려와 대체로 같다고 했으며, 〈예전〉에는 노인들이 스스로 말하기를 고구려와 같은 종으로서, 언어와 법속이 대체로 비슷하다고 말함으로써 종족적인 계승성을 나타낸다. 또한 부여, 고구려, 옥저, 백제 등은 동일한 언어를 사용하였다는 것이 기록의 남아 있다. 《위서》와 《북사》에서는 실위에 대해 "실위어는 고막해, 거란, 두막루와 같다"[109]고 기술하였다. 그런데 두막루국은 북부여의 유민들이 세운 나라이므로, 결국 실위어는 부여계인 고구려와 큰 차이가 없었던 것이다. 물론 특정한 사료를 활용한 이러한 교차비교에 의한 방식이 정확하고 절대적이지는 않다. 하지만 고조선문명권은 광의의 언어공동체였던 것은 분명하다. 결론적으로, 만주 일대에서 시대를 막론하고 다양한 종족들에게는 기본적으로 공통의 요소들이 많았다. 앞에서 설명한 생물적 유사성, 언어적 유사성 외에 자연관, 조상관, 신앙 등 세계관에서 유사한 면이 많았다. 고구려의 '고조선 계승성(繼承性)'[110]과 5~6세기의 고구려와 연관된 상황 등을 고려하여 고조선 시대를 유추하면 공통된 부분이 많은 것은 당연하다.

---

109) 《魏書》, 《北史》 실위에 '실위어는 고막해 거란 두막루와 같다'(語與 庫莫奚 契丹 豆莫婁國同)라고 했다. 거란어는 몽고어에 속한다.
110) 윤명철, 〈고구려의 고조선 계승성에 관한 연구 1〉, 《고구려연구》 13, 2002; ---, 〈고구려의 고조선 계승성에 관한 연구 2〉, 《단군학 연구》 14호, 2006 등에 표현하고 있다.

## 1) 연구 관점의 이해

우리 역사에 대하여 몇 가지 오해하는 사실들이 있다. 그 가운데 하나는 '중국'이라는 '정치체'와 '중화'라는 '문화'를 구성한 종족들에 대하여 정확한 이해를 못한 것이다.[111]

중국과 중화의 개념 및 용례는 시대에 따라 변천하였다. 역사적으로 중화사상은[112] 화이사상으로 불리기도 한다.[113] '중화'라는 개념은 사전적인 의미를 떠나 중국의 민족·역사·강역(영토)·문화·자연 등을 총체적으로 아우르는 말이다.[114] 하지만 그 단어는 매우 다양하고 복합적이며, 목적 지향적인 함의를 담고 있다. 가능하면 중국 역사 속의 왕조들이 지닌 생물학적·언어학적·민속학적 사실에 대하여 구체적이고 정확한 사실을 알 필요가 있다. 또한 중국의 정복왕조가 되었고, 중국문화의 생성에 일정한 기여와 역할을 담당한 몇몇 종족들과 우리와의 연관성을 부정확하게 알았다. 예를 들면 오랑캐(兀郞介, 兀良哈)라고 표현했던 그들은 퉁구스계의 한 부족으로 고구려와 발해·영토 내부에 거주하던 말갈의 후손이었다.

민족을 구성하는 요소에 관하여 각각의 연구자들이 주장한 요소들은 순서, 비중, 의미의 차이 등이 있다. 그렇지만 혈연·언어·지연·경제, 역사

---

111) 공봉진, 〈'중화민족' 용어의 기원과 정체성에 관한 연구〉,《CHINA 연구》제2집, 2007, p.2에서 "중국은 중화주의적 관점에서 고대부터 중화민족이 이미 존재하였던 것처럼 해석하였다. 이미 청말 민초시기에 그렇게 해석한 학자들도 있기는 하였으나, 1980년대에 들어와서 본격적이고 체계적으로 진행하고 있다." 라고 표현하였다.

112) 중화주의(中華主義, Sinocentrism)에 대해서는 강정인·안외순, 〈서구중심주의와 중화주의의 비교 연구:그 전개과정 및 특성을 중심으로〉,《國際政治論叢》제40집 3호, 2000, p103. 중화주의에 대해서는 강정인, 〈서구중심주의의 이해: 용어 및 개념 분석을 중심으로〉 참고.

113) 강정인·안외순, 위의 논문, p.105.

114) 윤휘탁, 〈중국 중·고교 역사 교과서에 반영된 '중화의식'〉,《중국 역사 교과서의 민족·국가·영토 문제》, 동북아역사재단, 2006, p.6; 윤휘탁,《신(新)중화주의: '중화 민족 대가정 만들기'와 한반도》, 푸른역사, 2006 참고.

적인 경험, 인식 등의 몇 가지 요소로 귀결된다. 최근에는 개체나 종족의 특성 및 민족문제뿐만 아니라 인간의 본성 및 역사와 직결되는 요소로서 생물학의 의미와 비중이 높아진다. 생물적 요소는 '혈연' 또는 '핏줄' 등으로 표현해 왔던 기존의 개념을 포함하지만, 그 범주는 확대되는 중이다. 필자는 민족을 구성하는 요소 가운데 생물적 요소를 제1의 근본요소로 중요시한다.

고조선문명권에는 다양한 '종족', '부족', '씨족' 등이 구성원으로서 속해 있었다. 이러한 분류들은 시대와 지역, 기록하는 주체에 따라서 복합적이고 중복적이므로 정확하고 구체적으로 실체를 파악하기 힘들다. 따라서 이 글에서는 부족, 종족, 민족이 아니라 문명권의 주체인 '주민'의 관점에서 구성원들을 분석한다.

7세기 중엽에 신라가 통일한 이후부터 근대까지 한민족의 역사에 등장한 모든 국가들의 구성원은 종족적으로, 공간적으로, 언어적으로, 문화적으로, 또한 역사적 경험으로 보아 현재 우리와 직결되었음은 분명하다. 다만 10세기 초에 발해국이 멸망한 이후에 만주 지역에 거주했던 여러 종족들과 현재 한민족, 그리고 고조선문명권의 구성원과의 관련성에 대해서는 다소 혼란스러울 뿐 아니라 불확실한 부분이 적지 않다.

그런데 14세기 말에 조선의 건국을 주도한 세력들은 중화사상인 성리학적인 세계관을 갖고 적용시켰다. 그렇게 만들어진 일부 종족에 대한 오해와 편견을 만들었고, 이것은 현재까지 영향을 끼쳐 그들에 대한 정확한 이해를 더욱 어렵게 만든다.

이러한 몇 가지 이유 때문에 '고조선문명권'을 생성하는 큰 범주 속에 소속된 주체의 혈연적인 성격, 문화, 역사 등을 파악하고 이해하기 위해서는 몇 가지 새로운 관점과 기준이 필요하다.

고조선문명권은 공간적으로는 현재의 중화문명 지역 및 북방유목 문명 지역과 구별되는 곳으로서 한반도 및 넓은 의미의 만주 일대, 연해주 및 주변지역 등이다. 그리고 그 지역에서 살아온 주민들은 혈연, 언어, 문화, 역사적인 경험, 역사관 등 공통성이 있다. 주민들을 역으로 추정해 올라가면 '조선(朝鮮)'이란, 정치체와 만난다. 그러므로 조선이란 정치체를 중핵으로 생성되고 발전했던 문명권에서 활동했던 주민들은 고조선문명권의 주체이다.

그러한 관점에서 이 지역의 연구를 해온 중국학자들의 견해는 참고할 만하다. 그들은 한족(漢族) 중심의 '중화사상'을 보완하고 강화시킬 목적으로 '통일적 다민족국가론' '중화민족론' 등의 이론을 만들었는데, 이 작업들은 역설적으로 만주 지역과 우리와의 깊은 연관성을 주장하고 입증할 수 있는 근거를 제시한다.

특히 손진기는 다음과 내용으로 이 지역에 거주했던 주민들을 이해한다. 즉 만주 지역에는 자연환경이 불규칙하고 다양하기 때문에 민족 또는 종족들의 '이동과 융합' 현상이 빈번하였다. 또한 대부분의 민족 또는 종족들은 자신들의 역사를 문자(文字)로 기록하지 못했고, 오히려 한족의 사학자들이 기록하였다. 그런데 각각 다른 시대의 기록자들은 자기의 국가와 종족 그리고 세계관의 입장에서 만주의 종족과 민족들에게 다양한 명칭을 부여했다. 또한 한자로 표기할 때 '차음(借音)'과 '차훈(借訓)'을 하는 과정에서 많은 혼선이 생길 수밖에 없었다. 또한 중국 지역과 먼 거리에 있어서 직접 접할 기회가 없는 종족과 나라에 대해서는 전언을 바탕으로 기록하였다. 이러한 문자 표기의 메커니즘 속에서 그들의 역사와 문화가 왜곡되는 것은 물론이고, 심지어는 실질과는 무관하게 인식상으로는 동일집단의 혈연적 계승성이 단절되는 일들도 자주 생겼다. 또한 민족들의 융합과 이동 등 상황이 너무나 복잡하다.

이러한 몇 가지 이유 때문에 특정한 민족에 대해서는 독립적인 연구가 불가능하다. 그러므로 주변 민족과의 관계와 연관성을 고려해야 한다. 또한 민족과 종족 간의 대외 관계 등을 참조하여 체계적으로 연구해야 한다. 그리고 그것은 한 분야의 연구로는 불가능하다. 즉 지역, 언어, 경제, 문화, 체질 등을 종합적으로 고찰해야 하며 역사학, 고고학, 민족학, 민속학, 언어학, 인류학, 역사지리학 등을 함께 연구해야 한다.[115]

---

115) 중국에서는 만주에서 존재한 민족 원류 연구는 2개 시기로 나눈다. 1) 19세기

중국학자들의 이러한 이론과 관점을 일부는 동의하지만 몇 가지 점에서 다른 견해를 가지고 있다. 그러므로 필자가 전개해 온 '민족이론'을 토대로 고조선문명권의 주체 문제에 접근한다. 즉, 고조선문명권이 가진 자연환경의 다양성과 복잡한 역사상을 고려하여 혈연의 차이, 언어의 차이, 문화의 차이 등을 배타적으로 해석하지 않고 수렴하는 의미로서 '종족'개념을 설정한다. 예를 들면 몽골어 계통과 퉁구스어 계통, 일부의 투르크어 계통과 고아시아어 계통의 주민들은 그 시대는 물론이고, 현재까지도 지속된 차이들을 갖는 집단이다. 하지만 뿌리가 같은, 문명적으로는 관계가 밀접한 동일한 범주로 파악할 근거가 있다.

우선 구성원들의 혈연, 언어 등의 친연성과 활동범위와 생활양식이 유사하거나 상호협조체계를 이루어 생활의 공동권을 이루었는가, 또한, 유사한 기술과 신앙을 비롯한 유사한 문화를 공유했던가를 판단한 후에 종합적으로 고려한다. 그 다음 단계로는 각 종족집단들의 역할과 비중, 숫자, 거주한 위치 등의 비율을 고려하여 '서열'과 '경중'을 설정한다. 그러면 1차적으로 '중핵(中核) 종족'과 '방계(傍系) 종족'을 구분할 수 있다. 그러므로 이 글에서는 중핵 종족과 방계 종족으로 구분하여 고조선문명권을 설명한다.

그런데 이러한 일종의 가설과 자의적인 방법론은 일부 선학들이 시도했음을 발견하였다.[116] 최남선은 종족을 '문명'이라는 큰 틀 속에서 보았다. 즉 "앞으로 아이누, 일본, 유구(流球)와 뒤로 만주, 몽골, 퉁구스가 다 상당한 고사(考查)연구를 지내었지만, 아직까지 이 모든 것이 제각기 유리(遊離)하고 끼리끼리 연결될 뿐이지 이 여러 족속을 크게 한가지로

---

말~20세기 초: 呂思勉, 《中國民族史》; 馮家升, 〈肅慎系之民族〉; 傅斯年, 《東北史綱》; 白鳥庫吉, 《塞外民族》; 蔡誌純譯, 《蒙古史參考資料之二》; 鳥居龍藏, 〈滿洲的史前居民〉, 《鳥居龍藏全集》, 2) 20세기 중기와 이후, 金毓黻, 《東北通史》, 1941 등.

116) 김교헌, 신채호, 최남선을 비롯하여 안재홍, 정인보 등과 북한의 역사학이 이러한 관점을 유지한다.

묶는 일대문화 계통을 성립시키지 못하는 것이다. 이 문화 계통에 붙이는 민족의 주거지에는 반드시 '불함'으로써 어원을 삼는 일대 영장(靈場)이 있기 때문이다."[117]라고 하여 '불함문화권' 속의 종족들을 문화공동체의 일원으로 보는 견해를 가졌다.

또한 이 문명권에 속한 종족들을 고조선이라는 정치체 속에서 판단한 경우도 있다. 신채호는 구성원들을 '주족(主族)'과 '객족(客族)'이라는 독특한 개념을 설정한 후에 그 비중과 성격을 구분하여 '주족'뿐만 아니라 '객족' 또한 우리 역사의 한 부분으로 넣었다. 즉 제1객족(방계)을 "선비－모용－탁발－우문 등 오환－거란－다오르"; 제2객족을 "숙신－읍루－물길－말갈－여진－만주－우데게 등"; 제3객족을 "흉노－철륵－돌궐－정령"으로, 또한 제4객족을 "고아시아족, 유귀, 아이누" 등으로 하였다.[118] 즉, 고조선을 이은 부여족을 주족으로 삼고, 이와 연결되는 고구려, 백제, 신라, 가야 등을 핵심으로 삼았다. 반면에 고조선이 멸망한 후에 만주 일대에 거주하였던 선비계, 거란계, 말갈계 종족들은 객족으로 삼은 것이다. 이는 우리 고대사를 혈족 중심이 아니라 문화, 자연환경, 역사 등을 고려하여 '질서'나 '체제개념'으로 파악한 것임을 알 수 있다.[119] 이외에 여러 학자들이 이와 유사한 분류를 시도하였다. 고조선 정통성을 주장하면서도 고조선 및 한민족의 범주를 확산시킬 뿐만 아니라 활동범위 또한 넓힐 수 있는 이론이라고 판단한다.

이 장에서는 '역사유기체설' '터이론' 등에서 언급한 '중핵(core)' 개념을 적용하여, 현재 한민족의 직계조상이며, 역사적인 계승성과 정통성을 입증할 수 있는 종족들을 중핵종족 또는 '종족(宗族)'이라고 범주화시킨다. 그리고 그 범주 안에 있는 '조선족', '예맥', '한족', '부여족' 등으로 불리는 중핵종족들을 살펴본다. 또한 사료와 민족지적 분석을 통해서 거란계와

---

117) 최남선 지음/ 정재승·이주현 옮김, 《불함문화론》, 우리역사연구재단, 2008, p.13.
118) 丹齋 申采浩 先生 記念事業會, 《丹齋 申采浩 全集 上》(개정판), 형설출판사, 1995, pp.33~35.
119) 윤명철, 〈丹齋 申采浩의 古朝鮮 인식〉, 《고조선 단군학》 35호, 2016, p.166.

선비계가 속했다고 알려진 동호계는 물론이고, 말갈계 등의 조상격인 숙신과 산융, 흉노계 등을 방계 종족으로 설정하여 살펴본다.[120]

서기전 2천 년대의 흥안령 일대는 알타이어족의 본거지였다. 알타이어

〈표 4-8〉 중국 사료와 민족지에서 나타난 국가 종족 구성표

| 시대 | 명칭 | 연대 | 기간 | 중심지역 | 종족 | 개국황제 | 주변종족 (북방 및 서방) | 주변 종족 (동방) |
|---|---|---|---|---|---|---|---|---|
| | 夏 | BC2033-BC1562 | | 山西 夏縣 | 東夷族 | 禹 | 東夷·北狄 | 朝鮮 |
| | 殷 | BC1562-BC1046 | 30대 | 河南 商丘 | 東夷族 | 湯 | 犬戎 羌 東夷 氏 | 朝鮮 |
| 주 | 西周 | BC1046-BC771 | 12대 | 陝西 西安 | 夷·戎·狄· 庸·蜀·羌· | 文王 姬昌 | 夷·蠻·越· 戎·狄 | 朝鮮·夫餘 東胡·肅愼 |
| | 東周 | BC771-BC256 | 22대 | 河南 洛陽 | 髳·微·盧· 彭·濮 | 姬宜臼 | | |
| 춘추전국 | 齊 | -BC379 | 32대 | 山東 臨淄 | 華夏族 | 齊太公 呂尚 | 山戎·匈奴· 羌·鬼方·孤 竹·九夷·東夷 | 朝鮮·夫餘 東胡·肅愼 |
| | 魯 | BC1055-BC249 | | 山東 曲阜 | 華夏族 | 伯禽 | | |
| | 秦 | BC10세기-BC221 | | 陝西 鹹陽 | 西戎 | 秦非子 | | |
| | 燕 | -BC222 | | 北京 | 華夏族 | 召公奭 | | |
| | 宋 | BC3세-BC286 | | 河南 | 華夏族 | | | |
| | 衛 | BC1050-BC209 | 44대 | 朝歌 | 華夏族 | 衛康叔 | | |
| | 楚 | BC223 | 47대 | 丹陽 | 華夏族 | 熊繹 | | |

---

120) 주체의 성격을 논할 때 씨족, 부족, 종족, 민족에 대한 구분은 해야 한다. 고조선은 강한 공동체의식을 지닌 민족 단계에 진입했다고 보는 것은 무리라고 판단한다. 하지만 현재를 기준으로 역으로 추산하여 역역적으로 '조선민족'이라는 단어의 차용은 가능성이 있다고 판단한다.

| | | | | | | | |
|---|---|---|---|---|---|---|---|
| 越 | BC500초-BC334 | 48대 | 浙江 諸暨 | 華夏族 | 越侯無餘 | | |
| 韓 | BC453-BC230 | | 河南 禹縣 | 華夏族 | 韓武子啟章 | | |
| 魏 | BC403-BC225 | 8대 | 山西芮城 | 華夏族 | 魏武子魏犨 | | |
| 趙 | BC403-BC228 | | 山西 太原 | 華夏族 | 趙成子趙衰 | 朝鮮·東胡匈奴·肅愼 | |
| 진 | BC221-BC206 | 3대 | 陝西 鹹陽 | 華夏族 | 始皇帝嬴政 | 匈奴·烏孫·月氏·羌 | 朝鮮·肅愼·高句麗·夫餘·三韓·東胡 |
| 전한 | BC206-AD8 | 12대 | 陝西 西安 | 漢族 | 高祖劉邦 | 匈奴月氏·羌 | 朝鮮·夫餘·高句麗·東濊·沃沮·三韓·鮮卑·烏桓·肅愼 |
| 신 | 9-25 | 2대 | 陝西 西安 | 漢族 | 王莽 | | |
| 후한 | 25-220 | 14대 | 河南 洛陽 | 漢族 | 劉秀 | 南匈奴大月氏·大夏 | 高句麗夫餘 百濟新羅 伽倻沃沮 東濊鮮卑 烏桓 |
| 삼국 | 魏 230-265 | 5대 | 河南 洛陽 | 漢族 | 曹丕 | 南匈奴·羌 | 高句麗·夫餘·百濟·新羅·伽倻·沃沮·東濊·鮮卑·烏桓 |
| | 蜀 221-264 | 2대 | 四川 成都 | 漢族 | 劉備 | | |
| | 吳 222-280 | 4대 | 江蘇 南京 | 漢族 | 孫權 | | |

의 원류를 추적한 독일 언어학자 '구스타프 람스테드(Gustaf John Ramstedt)'
는 알타이어족의 원거주지를 흥안령 일대로 추정했다. 지금부터 약 4,000
년 전에 퉁구스인과 조선인의 조상은 흥안령 동쪽에 살았고, 몽골인과 원
시 터키어족의 조상은 그 서쪽에 살았다는 주장이다. 물론 이 주장이 다
옳은 것은 아니며, 다른 견해들이 계속 발표되었다. 특히 우리 민족의 언어
계통과 연관해서는 다른 언어 계통이라는 주장들도 있다.

〈표 4-8〉은 중국학계의 주장을 토대로 중국의 역사상에서 정복 왕조
를 실현했던 종족들의 계통성을 정리한 것이다.[121] 구체적인 내용은 아래
'중국 사료와 민족지에서 나타난 국가 종족 구성표'[122]에서 제시하는 바
와 같다.

## 2) 문명 주체의 생성과 발전과정

만주 지역에서 사람이 살기 시작한 것은 전기 구석기시대부터이다. 남
한은 구석기인은 한민족과 직접 연관이 없다고 하였고, 북한은 앞에서
예로 들었지만 한민족과의 연관성을 언급해 왔다.

북한은 구석기시대부터 대동강을 중심으로 인류가 발생하고 문화가
발달하였으며, 이곳에서 최초의 국가가 세워졌다는 '중심성', '계통성', 민
족의 '단일 시원론'을 주장하였다. 구석기시대의 시작 연대를 약 150만 년
정도로 올려보고 있으며, 인류가 처음 발생한 시기부터 이곳에 살고 있었
다는 주장을 내세운 것이다.

북한은 민족의 기원 문제를 설명할 때 초기에는 '외지기원설'과 '민족
이동설'이 지배적이었다.[123] 그런데 1950년대, 1960년대를 거쳐 1970년대

---

121) 윤명철, 〈동아시아 고대국가의 계보〉《동양정치사상사에서 본 동아시아국제질
    서-과거와 미래-》, 동양정치사상사학회, 2015.
122) 정재남, 《중국의 소수민족》; 손진기 지음/ 임동석 옮김, 《東北民族源流》, 동문
    선, 1992 등 중국의 연구 성과를 반영하였음.
123) 이선복, 〈民族 單血性起源論의 檢討〉, 《북한의 고대사연구》, 일조각, 1993, p.2.

에 들어오면서 변화하여 조선사람'의 기원에 대한 문제에 집착하였다. 1980년대에 들어와서는 '민족단혈성론'과 '본토기원설'이 본격적으로 제기되었다.[124] 따라서 구석기시대를 중시하여 그 이후 시대와의 계기성을 강하게 인정하고 있다. 북한은 초기 거주민으로서 '원인(原人)'의 존재를 설정하였다.

리순진은 "상원군의 검은모루 동굴의 유적에서 발굴된 석기들을 분석한 후 인류기원 최초의 사람인 원인들이 남긴 것으로 확증되었다"[125]고 하였다. 웅기군 굴포리 유적 제1기층(10여만 년 전)은 구석기 중기, 굴포리문화 제2층(3만~4,5만 년 전)은 구석기 후기 유적이다.

원인들의 뒤를 이어 고인들이 등장하였다. 평양시 력포구역 대현동 유적과 덕천시 승리산 유적에서 발견한 고인의 화석을 '력포사람' '덕천사람'으로 부르는데, 이들은 고인에서 신인으로 이어지는 발전된 징표들을 지니고 있다. 또한 현대사람에 가깝게 발전된 특징도 인정된다. 1977년에는 평양시 승호구역 화천동의 불무지 유적과 평양시 상원군 로동리의 몰이사냥터 유적이 발견되었는데, 이곳에서는 신인들이 계속해서 거주하였으므로 인류화석이 세계사적으로도 손꼽힐 정도로 많이 발굴되었다.

상원군 룡곡리 1호 동굴유적의 룡곡사람, 중리 금천동굴 유적의 금천사람, 승호구역 만달리 동굴유적의 만달사람, 북창군 검은능동굴 유적의 풍곡사람, 덕천시 승리산 동굴유적의 승리산사람 등은 모두 신인이다. 그외에도 대흥사람, 금평사람 등이 있다. 만달리 유적발굴보고는 가운데층을 후기 구석기시대의 늦은 시기인 약 2만 년 전으로 잡았었는데, 다시 중석기시대의 것으로 시기를 설정하였다.[126] 이 신인들은 현재 조선사람

124) 최광식, 〈민족의 기원과 국가의 형성에 대한 북한의 연구성과〉, 《북한의 고대사 연구와 성과》, 대륙연구소출판부, 1994, p.113.

125) 리순진, 〈대동강 문화의 기본내용과 우수성에 대하여〉, 《조선고고연구》 1호(110호), 1999, p.6.

126) 한창균, 〈북한의 구석기문화연구 30년〉, 《북한의 고대사연구와 성과》, 대륙연

의 직접적 선조인 '조선옛류형 사람'들이 창조한 신석기문화와 청동기시대 문화에 이르는 문명 이전의 모든 문화발전단계를 순차적으로 밟으면서 이룬 문명의 담당자라고 주장했다.

이를 통해서 조선사람의 기원이 매우 오래고, 이들이 이웃나라와 체질유형이 다르다고 주장한다. 결국 조선사람, 우리 한민족은 구석기시대부터 이 땅에서 출발했다는 주장이다. 그럼에도 불구하고 신석기문화의 담당자인 주민이 후기 구석기문화의 담당자와 동일하다는 표현은 잘 나타나지 않는다. 다만 그것의 계기적인 측면을 인정하는 듯한 표현은 여러 군데에서 보인다. 그런데 1990년대가 끝나가면서 '대동강문화론'이 종합적으로 정리되면서 분명한 모습을 드러냈다.[127]

이렇게 해서 신석기 초기부터 말기에 이르러 만주와 한반도 북부지역에서는 공동 언어를 사용, 공동의 민족성을 지니는 종족집단이 형성되었다는 주장을 했다. 고조선의 기본은 '신인'이라는 논리이다. 그리고 신석기문화는 조선반도와 료하 유역으로부터 남연해주 일대에 이르는 송화강 이남의 넓은 지역에 살던 '조선옛류형 사람'들이 창조한 것으로 주장하고 있다.[128] 그러므로 대동강 유역은 인류 최초의 사람들이 남긴 구석기시대

---

구소출판부, 1994, p.37.

127) 《조선고고연구》, 1999년 1호(110호)에 본격적으로 정리되어 있다. 이 호에 실린 논문 제목은 〈'대동강 문화'의 기본내용과 우수성에 대하여〉, 부교수 학사 리순진; 〈단군조선의 국가적 성격에 대한 고고학적 고찰〉, 박사 부교수 박진욱; 〈대동강류역은 신석기시대 문화의 중심지〉, 박사 부교수 김용간; 〈대동강류역은 인류의 발상지이며 조선사람의 발상지〉, 교수 박사 장우진; 〈대동강류역은 청동기 시대문화의 발원지이며 중심지〉, 부교수 학사 석광진; 〈대동강류역 고대성곽의 성격〉, 김일성 종합대학 부교수 학사 남일룡; 〈대동강류역일대의 고대 부락터 유적에 대하여〉, 학사 김종혁; 〈대동강류역에서의 도기문화의 발생 발전〉, 박사 부교수 김영진; 〈대동강류역은 좁은 놋단검문화의 발상지〉, 조선중앙력사박물관 학사 리정남; 〈대동강류역에서의 금속가공기술에 대하여〉, 로철수; 〈대동강류역은 고대 천문학의 발원지〉, 학사 김동일 등이 있다.

128) 김용간, 〈대동강 류역은 신석기시대문화의 중심지〉, 《조선고고연구》 1호(110호), 1999, p.13.

전기문화, 고인들이 남긴 구석기시대의 중기문화, 신인들이 남긴 구석기 시대의 후기문화가 발달한 곳이며, 이들은 현재 조선사람으로 이어졌다 고 주장한다.

　반면에 남한 학계의 일반적인 견해는 구석기 주민들과 신석기 주민들 을 현재 한민족과 직접 연관시키지는 않는다. 남한 지역에서 발굴한 인골 분석 및 구석기문화의 존재는 앞 장에서 언급하였다. 특히 고인류 화석 은 상시동굴, 도담리 금굴, 점말용굴, 홍수굴 등지에서 출토되었다. 신석 기시대의 인골이 발굴된 곳은 안면도 고남리 패총, 춘천 교동, 통영 산등 패총, 울진 후포리, 부사 범방 패총, 통영 연대도 패총, 여수 안도 패총, 부산 동삼동 패총, 거제 대포 패총, 부산 가덕도 장항, 통영 욕지도, 진주 상촌리 등으로 많다. 그런데 남한 학계에서는 한국인의 기원과 연관하여 현재 몽골 시베리아 알타이 지역과 연결된 북방 계열의 특성을 많이 보이 는 점에 주목한다. 그리고 한국인은 일본인, 몽골인, 중국인순으로 가까 우며, 그에 비해 퉁구스족과는 거리가 멀다고 주장한다.

　청동기시대의 것으로 웅기(서포항과 송평동)의 승리산에서 출토된 청 동기시대 머리뼈는 모두 머리가 짧다. 하지만 충청북도 제천시 청풍면 황 석리의 고인돌군 유적에서 출토된 인골은 긴머리형인 점에서 북유럽 계 통의 유전자 유입을 고려해 볼 수 있다. 조용진은 이 인골의 머리뼈를 복 원한 결과 서양인의 얼굴형과 거의 똑같은데, 서부 시베리아형(알타이형) 북방계의 특징을 띠고 있다고 보았다. 적어도 청동기시대에는 북방 유목 민족들의 남하가 있었음을 알 수 있다.[129] 늦어도 청동기시대 한반도에 거주한 사람들의 몸속에는 이미 북방계의 유전자가 있었다고 판단된다. 필자는 만주 및 한국인이 외부 문화의 영향에 따른 문화 복합 과정에서 형성된 것으로 판단하고 있다. 필자는 유라시아 지역의 8개 방향에서 오 랫동안 들어온 집단들이 모여 원핵을 이루고, 그 후에도 유이민 집단들 이 계속 들어왔지만, 원핵을 피괴시키지는 못할 정도였다고 본다.

---

129) 방민규,《치아 고고학으로 본 한국인의 기원》, 맑은샘, 2017, p.145.

외부기원설과 관련되어서는 일반적으로 '시베리아 기원설'과 '발해연안 기원설'이 제기되고 있다. 시베리아 기원설은 예와 맥이 한민족의 직접적 선조라고 보면서, 고아시아족인 예와 맥이 남방의 퉁구스족과 혼혈이 이루어져 한민족이 형성되었다는 것이다. 특히, 김정배는 신석기시대에서 청동기시대로 변화하면서 빗살무늬 토기인에서 무문 토기인으로 주민이 교체되었다는 설을 제시한 바 있다. 그런데 선사시대 한국의 토기와 석기는 시베리아 지역과 동일하지 않다. '발해연안 기원설'은 이형구의 주장인데, 신석기시대의 '之'자문과 '人'자문 빗살무늬 토기와 석묘(돌무덤)문화가 발해 연안에 널리 분포하는 점에 착안한 것이다. 그러나 발해 연안의 선사문화는 커다란 다양성을 나타내고 있다.

한편 중국 측의 이론은 다음과 같다. 크게는 '화하(華夏)종족', '동이(東夷)종족', '북적(北狄)종족', '원시 돌궐(突厥)종족', '원시 몽고(蒙古)종족', '원시 퉁구스어족', '고아세아 종족' 등으로 분류한다. 만주지역의 종족들은 경제와 습속이 유사하고, 심지어 공동의 고고문화(考古文化)를 가지고 있다. 특히 언어학 면에서 볼 때, 원시 돌궐종족과 대응한 종족은 원시 돌궐어족이고, 원시 몽고종족과 대응한 원시종족은 원시 몽고어족이며, 원시 퉁구스종족과 대응하는 종족은 원시 퉁구스어족이다. 고숙신(古肅愼), 물길(勿吉), 말갈(靺鞨), 여진(女真), 만족(滿族)은 퉁구스어족이며, 통고사어(通古斯語, 퉁구스어), 몽골어, 돌궐어는 알타이어계이므로 이들은 알타이어공동체로 볼 수 있다. [130]

이러한 중국학계의 이론은 만주 일대가 거주했던 모든 종족들의 언어공동체, 즉 알타이어 공동체였음을 주장하는 것이다, 여기에는 고아시아족 이전에 거주했던 구석기인이 빠져 있다. 그럼에도 불구하고 사용한 언어들이 약간의 차이가 있었지만 넓은 의미의 '언어공동체'였다는 필자의 주장과 일맥상통한다.

---

130) 朱學淵, 《中國北方諸族的源流》, 華東師範大學出版社, 2010, p.19 참조. 이러한 주장과 논리는 만주가 하나의 문화권, 문명권임을 인식한 결과이다.

〈표 4-9〉 중국학자가 만든 '동방 민족 교류의 위상 표[131]

| 時代 \ 族名 / 今地 | 内蒙 西部 | 呼盟 | 哲盟 | 赤峰 | 河北 | 遼西 | 遼東 | 吉林 西部 | 吉林 東部 | 朝鮮 北部 | 朝鮮 南部 | 黑龍江 | 濱海 地區 |
|---|---|---|---|---|---|---|---|---|---|---|---|---|---|
| 先秦 | 匈奴 | 玄丘之民 | 東 | 胡 | 燕 | 山戎 | 東夷 | 穢貊 | 肅慎 | 箕氏朝鮮 | 韓 | 韓 | 肅慎 |
| 漢 | 匈奴 | 拓跋 | 鮮卑 | 烏桓 | 漢人 | 漢人 | 漢人 | 高夫句餘 | 沃沮 沮慎 | 衛氏朝鮮 | 辰韓弁韓馬韓 | 眞番 | 挹婁 |
| 北魏 | 柔然 | 失烏洛韋侯 | 契丹 宇文 | 奚 | 漢人 | 漢人 | 漢人 | 高夫句麗餘 | 高句麗 | | 新羅 濟 | 勿吉 | 吉婁 |
| 隋 | 突厥 | 大室韋 北室韋 南室韋 | 契丹 | 契丹 奚 | 漢人 | 漢人 | 漢人 | 高句麗 | 粟末靺鞨 末咄山 | 高句麗 | 百新 濟羅 | 號拂 室涅 | 黑水 |

필자는 앞에서 원핵 이론을 적용하여, 이 지역에서 구석기시대 또는 신석기시대부터 살던 사람들을 원핵이라고 설정하고, 오랜 세월에 걸쳐 유라시아의 8+α의 방향을 통해서 이입됐다고 주장하였다. 다만 주류는 흔히 북방이라고 표현하는 유라시아의 몇몇 지역에서 온 주민들과 연관이 있다고 판단한다. 고조선문명권의 핵을 이룬 주민에 대해서는 현대 학문에서 연구되고 명명되고 밝혀진 용어와 상관이 없이 문화, 지역, 때로는 종족 개념으로서 '동이(東夷)'로 기록되고 알려졌었다. 따라서 동이에 대한 이해가 필요하다. 이어 구체적인 종족 개념을 도입하여 중핵 종족인 예, 맥, 한에 대해서 살펴보고, 그 외 방계종족은 3개로 유형화시켜 살펴본다.[132]

(1) 동이(東夷)

동이의 시원과 종족적인 성격, 사용한 언어, 활동범위, 문화단계, 우

---

131) 孫進己 지음/ 임동석 옮김, 《東北民族源流》, 동문선, 1992.

132) 이 네 분류는 중국학자들이 시도하였고, 그에 대한 연구성과가 많다. 이 책에서 이를 차용하면서 우리의 연구 성과와 필자의 이론을 부가하여 분류 및 설명한다.

리와의 연관성, 구체적으로 예, 맥, 한과의 연관성 등에 대해서는 고대부터 동아시아의 많은 사람들이 깊은 관심을 갖고 있었다.[133] 그러므로 매우 혼란스럽고, 다양한 견해와 주장들이 있는 주제이다. 동이의 성격과 명칭 등에 대해서도 시기별로, 공간별로, 관련된 종족 또는 국가별로 각각 다른 견해들이 많다. 따라서 우선 큰 틀에서 동이에 관련하여 간단하게 약술하면서 연관된 복잡한 성격을 이해하려고 한다.

고조선문명권으로 설정할 수 있는 공간은 넓은 의미의 만주 일대와 연해주, 발해만 일대, 그리고 한반도 북부 일대와 연관된 해양이다. 동이의 초기 역사 무대는 산동반도와 발해 주변의 화북 일대 등이다. 이 지역에서는 이미 구석기시대부터 인간이 거주했고, 신석기시대에 들어오면 몇몇 지역을 중심으로 문화가 매우 발달했다. 훗날 동이인들이 거주하던 지역과 연관해서 발달한 문화는 산동반도에서 발전한 용산문화, 화북 황하의 중류 지역에서 발전한 이리두(二里頭)문화, 그리고 요서 및 요동반도에서 발전한 홍산(紅山)문화 등이 있다. 최근에는 홍산문화의 존재로 인하여 중국의 '중국문명 중원 기원론'은 문제가 생기기 시작했다. 이것은 팽창을 지향하는 중국정부의 정책방향과 맞물려 중국문명 '다지역 문명 기원설'을 내세우고, 홍산문화를 포함하는 요하문명이 서남방으로 내려가 황하문명의 앙소(仰韶)문화와 만나 발전했다는 이론으로 나타났다.[134]

이(夷) 및 동이와 연관됐다고 알려진 최초의 문화는 흑도문화로도 알려진 용산문화이다. 그러나 흑도문화의 이(夷)와 요동(소주산 등 포함) 및 한반도에 거주한 동이의 빗살 무문토기 문화는 다르다. 이 및 동이의 연관성을 추론할 수 있는 또 하나의 문화가 홍산문화이다. 그동안 동아시아 전체에서 시원이 가장 오래되었고, 중심이라고 생각했던 문화는 황하의 중류 유역에서 배리강(裵李崗)문화, 자산(磁山)문화를 이어

---

133) 동이에 대한 종합적인 연구는 기수연의 연구 성과들이 있다.

134) 이 과정에서 과거에 등장했던 동이의 존재와 역할은 경시되고 있다. '하상주(夏商周) 단대공정(斷代工程)', '탐원공정(探源工程)' 등이 있다.

꽃을 피운 앙소(仰韶)문화였다. 이른바 '황하문명론'의 근거가 된 문화이다. 한편 서기전 4,330년 정도로 추정되는 산동성 태안현의 대문구(大汶口)문화는 동이계(東夷系) 문화로 추정되고 있다. 이 문화의 분포는 상당히 넓은데 산동성, 강소성의 북부까지 넓었으며. 황하 중류의 문화와는 다르며 독자적이었다. [135] 그리고 용산(龍山)문화라는 신석기시대 말기의 농경문화가 있다.

그런데 최근에 소개되는 고고학적인 발굴성과와 연구에 따르면 동아시아 문명의 시원이자, 발전단계로 보아 동아시아 문명의 핵심은 요서지방과 동몽골에서 발전한 '요하문명'의 중심인 '홍산(紅山)문화'이다. [136] 홍산문화의 존재는 일찍부터 알려졌다. 신석기시대인 홍산문화의 뒤를 이은 문화가 서기전 23세기부터 시작된 하가점(夏家店) 하층문화이고, 청동기 시대의 시작단계로 파악한다. 발해만의 당산(唐山) 대성산(大成山) 유적에서 초기 청동기시대에서만 보이는 붉은 색을 띤 순동(純銅, copper)으로 만든 장식이 2점 발견되었는데 서기전 2000년 무렵의 것으로도 추정하고 있다. 뒤를 이은 하가점 상층문화의 담당자로 주장되는 동호계(東胡系)는 뒤에서 언급하겠지만, 후대로 계승되는 계보를 보면 동이계로 추정된다. 그들이 종족적으로 후대에 어떻게 계승되었는지, 즉 이 또는 동이와 어떤 관계를 맺고 있는지는 정확하지 않다.

그런데 청동기시대가 발달했던 시대에 '이'라는 존재가 역사상에 기록이 되기 시작했다. 즉 은나라가 세워지면서 '이(夷)' 또는 '인방(人方)'이라는 명칭을 부여받은 존재들이 나타났고, 그들은 동아시아 역사와 고조선 문명권에서 상당한 비중을 차지한 것으로 기록됐다. 이어 중국의 역사에서 은나라의 멸망과 새로운 이주 집단에 의해 주나라가 건국하면서 동아시아의 역사에는 거대한 파장과 혼란이 일어났고, 그 과정에서 동이라는

---

135) 山東省文物管理處; 濟南市博物館編, 《大汶口》, 文物出版社, 1974, pp.1~2.

136) 곽대순, 《龍出遼河源》, 백화문예출판사, 2001에 종합적으로 정리되어 있다. 이 장에서는 우실하를 비롯한 몇몇 연구자들의 연구성과를 재인용했음을 밝힌다. 또한 해양과 관련된 논리전개를 위해 간략하게 소개하였다.

명칭이 등장했다.

이후 동이라는 명칭은 수정됨이 없이 계속해서 사용되었다. 특히 춘추전국 시대라는 혼란스러운 정치적인 상황 속에서 중국인들의 활동영역이 확장되고 주변 지역과 주민들에 대한 인식이 확장되면서 동이라는 명칭에 대한 혼란은 더욱 가속화되었다. 그러다가 한이 성립하고 중화주의가 싹트면서 다시 변화가 생겼다. 중국학계는 이렇게 정의한다. 중화(中華)'[137]는 '중국(中國)', '중하(中夏)'와 같은 말로서, 최초의 중국 왕조문명이 발생한 '하(夏)' 지역과 '세계의 중앙'이라는 뜻을 지닌 '중(中)'이 합쳐진 글자이다. [138] 화(華)는 하(夏, 華)를 중핵으로 확대 발전한 한족(漢族)이며, 이(夷)는 역대 만·이·융·적(蠻·夷·戎·狄)으로 불리운 주변의 비한족 집단들이다. [139]

시대와 상황, 지역에 따라 동이의 주체, 활동 지역, 문화의 성격 등은 다르게 인식되었고, 다르게 이용되었다. 특히 후대로 내려오면 동이로 지칭되던 존재는 우리 역사 속의 고대국가들이었다. 중국의 사서에 등장하는 〈동이전〉 조항에 포함된 고구려를 비롯한 국가들이다. 이러한 혼란은 동아시아 역사의 문제이고, 비한족권의 문화가 가질 수밖에 없었던 역사적인 운명이다. 이러한 불가피한 혼란과 한계를 전제로 삼아 고조선문명권과 연관된 동이에 대하여 살펴본다.

'동이'는 고유명사로서 특정한 종족을 지칭하기보다는 중국의 한문화(漢文化)와 상대적인 문화개념으로 동북방에 분포한 민족을 한족이 부르던 호칭이다. 중국의 한족과는 종족, 언어상으로 구분이 된다. [140] 한국에

---

137) 강정인·안외순, 〈서구중심주의와 중화주의의 비교 연구: 그 전개과정 및 특성을 중심으로〉, 《國際政治論叢》 제40집 3호, 2000.

138) 이춘식, 《중화사상: sino-centralism》, 교보문고, 1998, pp.143~148.
    '중(中)'은 처음에는 사람들이 많이 거주하는 서울, 곧 경사(京師)를 뜻하다가 점차 '천자의 나라', 곧 천자국을 의미하게 되었다.

139) 이성규, 〈中華思想과 民族主義〉, 《철학》 37, 1992, p.32.

140) 이 문장은 필자가 집필한 《민족문화대백과 사전》, 한국학중앙연구원 동이(東夷) 조항을 차용한 것이다.

서는《삼국사기》에 '동이'라는 기록이 나온 이래 일찍부터 기자(箕子)와 관련지어 관심을 가졌다. 조선 후기에 들어오면 실학자들이 동이를 상고사 문제와 관련시켜 진지하게 인식하였다. 특히 한치윤(韓致奫)은《해동역사》(海東繹史)에서《동이총기》(東夷總記)를 두고 우리의 기원과 동이족에 대한 중국의 고기록들을 정리하였다. 이어 근대화 초기에는 민족의 정체성을 찾고 회복시키려는 시도들이 나타났고. 이와 연관하여 동이에 대한 연구가 활발해졌다. 이능화(李能和)는 고조선과 동이족과의 관련성을 처음으로 논했다. 김교헌, 신채호, 최남선, 정인보 등을 비롯한 그 시대의 민족주의 역사학자들도 관심을 가지면서 자기 주장들을 전개했다. 해방 이후에 김상기에 이어 윤내현, 이형구 등이, 북한에서는 비교적 뒤늦게 관심을 갖고 동이에 관한 연구를 해왔다.

중국인들도 자국의 상고문화와 관련해서 관심을 기울였으므로 동이에 대하여 시대를 막론하고 다양한 종류의 책들에서 언급하였다.《갑골문》,《죽서기년》,《논어》,《예기》,《산해경》,《설문해자》 등에 '이' 또는 '동이'에 대한 언급이 있었으며,《사기》를 비롯한《전한서》,《후한서》,《삼국지》,《송서》,《남제서》,《위서》 등 사서에는 시대에 따라 변하는 동이에 대한 인식태도를 기술하였다.[141] 근대에 들어와서도 학문의 영역에서 많은 연구들이 있었다.

우선 동이에 대한 용례를 사료 속에서 살펴본다.

'이'는 은(殷)나라 시대부터 집단의 명칭으로 나타나지만, 동이라는 명칭으로 비교적 구체적으로 기록한 사료는《후한서》동이열전이다. 거기에서 "夷有九種, 曰畎夷, 於夷, 方夷, 黃夷, 白夷, 赤夷, 玄夷, 風夷, 陽夷"라고 하였다. 또한《예기》왕제편에서는 "동방은 이(夷)라 말한다. 이(夷)는 뿌리이다. 천성이 유순하고 도(道)로써 다스리기 쉬우며 군자의 나라, 불사의 나라도 있다. 공자도 구이(九夷)의 땅에서 살고자 했다. 이와 비슷한 내용이 〈한서〉에 있다."고 하였다.《산해경》에서는 "동이는 군자국이

---

141) 서욱생,《中國古史的傳說時代》, 廣西師範大學出版社, 2003 내용 참조.

다, 오래 살아서 안 죽는 사람들이 동방에 있다."고 기록했다. 허신(許愼)은 〈설문〉에서 "동이는 대(大)를 좇으니 대인(大人)이다. 동이의 풍속이 어짊으로 오래 산다. 군자가 죽지 않는 나라가 있다고 하여 공자도 뗏목으로 가고 싶어 했다."라고 하였다.

'동이'라는 단어가 생기기 이전에 사용된 '이'라는 표기는 산동반도로부터 회(淮)와 사(泗) 유역, 즉 현재 강소성, 안휘성의 황해연안 등과 양자강 내륙에 분포된 집단이 한족과 접촉을 시작하는 은(殷)시대부터 역사에 등장하였다. 은 시대의 갑골문에 '이'에 대한 기록이 보인다. "순임금은…동이사람이다"라는 기록을 근거로 삼는다면 은나라의 시조인 순임금도 동이인이다.

그런데 은(상)나라의 조상은 발원지가 요동반도의 서쪽 또는 조선의 서북 경계지역이라는 주장들이 있다. 부사년(傅斯年)은 동이에 대하여 연구를 한 이후 상의 발원지를 발해의 밖 요동반도 쪽으로 보았다. 그리고 '이하동서설(夷夏東西說)'을 주장하여 동이족은 은과 더불어 서방의 화하족(華夏族)과 대립하였다[142]고 보았다. 이후에도 많은 중국 학자들이 유사하게 주장했다. 은허(殷墟)에서 발굴한 복사(卜辭)에는 은나라의 고조인 제준(帝悛)이 거주하던 곳인 동쪽을 가리킨다고 하였다. 동이족의 일부는 중국의 서북부에서 수렵생활을 하다가 동으로 이동하여 한 줄기는 산동반도 방면으로 내려가고, 다른 한 줄기는 다시 동쪽으로 나와 만주·한반도 일대에 분포하였다[143]는 주장도 있다. 은족이 중원지역으로 내려간 시기를 중국학자들은 서기전 17세기경으로 본다.

이형구는 갑골문화와 더불어 발해연안의 북부에서 기원한 것으로 추정되는 초기 청동기문화, 즉 하가점 하층문화는 동이족이 창조한 것이며,[144] 이들 동이족들은 서기전 17세기경에 황하 하류지역으로 향한 후에

---

142) 傅斯年, 〈夷夏東西說〉, 《中國上古史論文選集》(上), 華世出版社, 1979, pp.519~576.
143) 金庠基, 〈韓·濊·貊移動考〉, 《東方史論叢》, 서울대출판부, 1974, p.366.
144) 이형구, 〈고조선 시기의 청동기문화연구〉, 《고조선문화연구》(역사분야 연구논문집 99-1), 한국정신문화연구원, 1999, pp.80~81 참고.

은을 도와 하를 멸하고, 은(상)제국(은민족)을 건설하였을 것으로 추측된다고 하였다. 그런데 용산 문화의 담당자들이 동이로 계승되었다면, 그 시대에 홍산문화 또는 송화강 유역, 대동강 유역의 문화를 담당한 주민들은 동이의 범주에 넣을 수 없다. 은의 주체들은 '이'라는 존재를 알고 주목했다. 그리고 그들과 연합하여 은을 성립시키는 데 도움을 받았다. 은은 이의 도움을 받았으나, 공격함으로써 멸망시켰다.

서기전 15세기부터 서기전 12세기까지 발해만 전체와 산동 지역 화북 지역은 이(夷)라는 집단들이 장악하면서 자체 내부에서 이합집산을 하고 있었다. 하지만 후에는 동이를 대규모로 공격하였다. 또한 산동성과 하북성의 발해연안, 강소성의 해안지역을 포함하였을 것이다. 반면에 바다 건너인 한반도 서해안 지역과 요동반도 남부 해안은 '이'로 불려지지 않았다. 이는 은나라와 주나라의 문서에서는 '인(人)', '인방(人方)'으로 불리었으며 '시방(屍方)', '이방(夷方)'으로도 불렸다.

그런데 서기전 11세기에 정치질서에 변화가 생겼다. 이(夷)와 다양한 면에서 관련이 깊은 은나라가 멸망하고, 서기전 1046년에 주나라가 건국했다. 주나라는 강력한 통일국가가 아니었고, 봉건 제후국이었다. 이후에 주와 은의 유민, 은의 제후국들 사이에는 전투들이 벌어졌다. 서주시대에 벌어진 주나라의 제후국과 토착민인 동이 사이의 대표적인 대결은 주와 회이(淮夷)의 전쟁, 제(齊)와 래이(萊夷)의 전쟁이다. 또 동이계로 추정되는 제(齊)와 연(燕), 역시 동이계로 추정되며 발해만 지역의 은나라 제후국이었던 고죽국(孤竹國), 영지(令支) 등과의 전쟁도 있었다.

이때 사료에서 비로소 동이(東夷)라는 단어가 등장했다. 서주(西周) 시대의 금석문에는 동이(東夷), 남이(南夷), 회이(淮夷)라는 명칭이 보인다. 화북지역, 산동지역, 요서지역에서는 주족과 범동이계, 산융 및 서융 등으로 지칭된 북방에서 내려온 종족들이 이합집산하면서 전쟁을 벌였다. 이러한 상황 속에서 이미 개설되었던 교통로들을 활용하여 황해와 발해를 건너간 주민들이 있었고, 이들은 현지의 토착민들과 습합하면서 문화를 발전시켰을 것이다. 따라서 이의 범주가 확장되고, 동이라는 인식도 생기면서, 그 용어를 적용하는 범위에도 불가피한 변화가 생겼을 것이다.

이 무렵, 고죽국의 유민이었던 백이(伯夷)와 숙제(叔齊)가 역사상에 등장하고, '기자(箕子)'라는 존재와 그 집단의 동천(東遷)이라는 사건이 발생하면서 우리 역사에는 일대 혼란이 야기된다. 이 기자의 존재로 말미암아 동이는 기자조선과 밀접한 관련이 있다는 주장이 있다. 흑도문화(黑陶文化)가 훗날 동이라고 칭해진 집단들이 살았던 지역의 분포와 일치하고, 용산문화가 은문화로 연결이 되는 것을 전제로 할 때 은나라는 동이족의 한 부류가 되고, 따라서 은나라의 후예인 기자가 세운 기자조선은 동이족이 세운 나라라는 것이다. 그러나 엄격하게 말하면 흑도문화와 동이인의 분포지역은 다 같지 않다. 또한 시간적인 계승의 문제도 있고, 용산문화는 지역에서조차 은문화로 곧바로 연결된 것이 아니다. 앙소문화, 홍산문화, 용산문화가 합쳐져서 하문화를 이루고, 그 다음 단계로 동북방에서 내려온 은족의 문화와 합쳐진 것이 은문화이다.

그리고 이 무렵에 비로소 '동이'라는 말이 처음 등장한 것이다. 즉 서기전 11세기~서기전 6세기경 사이에는 이렇게 이의 성격이 변하면서, 동이라는 명칭으로 역사상에서 중요한 역할을 한다. 당연히 시대 상황을 반영한 것이지만, 주나라의 동쪽인 산동·요서지방은 동이의 신거주지였을 가능성이 크다. 종족들의 성분은 불확실하지만, 문화의 혼합이 생기는 시점이다. 실제로 전란이 계속되면서 하북에서 산동지역, 요서지역으로 주민들이 이주하는 현상들이 나타났다. 하지만 그런 주장이 설득력을 얻으려면, 특히 요서지역에서 고도로 발전된 홍산문화, 하가점 하층문화, 하가점 상층문화를 담당했던 주민들 또는 정치세력과 갈등과 경쟁을 벌여서 승리해야만 했다. 특히 그 시대 '비파형 동검문화'를 영위하는 집단과 경쟁하고 승리했어야만 했다. 뿐만 아니라 그 시대에는 이미 발달된 청동 무기들을 적극적으로 활용하는 유목문화 집단들이 요서 지역까지 영향을 끼치고 '북방식 단검문화'가 남하하는 상황이었다.

하지만 그러한 증거들은 아무것도 없다. 다만 중국식 '공병식 단검'과 청동 의기제품들이 있을 뿐이다. 문화의 전파나 상호교류는 전쟁을 수반한 정치적인 경쟁이나 전쟁과는 다르다. 더구나 요하에서 먼 동쪽인 남만주 일대와 한반도 일대에 '기자(箕子)'로 상징되는 소수집단들은 도착도 못하거니와, 더욱이 정착할 수는 없었다. 만약 기자가 동천한 범위를 확장시키려고 한다면, 그 시대에 개설되거나 사용된 교통로의 존재를 확인해야 하고, 중간 중간의 거점 지역에서 직접 연관 있는 문화의 증거들이 발견되어야 한다. 때문에 은나라와 동이의 종족적인 관련성을 부인하는 견해도 있다. 설사 기자가 은나라의 후예이고, 은나라가 동이의 하나였다고 해도 동이가 한민족이며, 동이문화가 곧 고조선 문화라는 등식은 위험하다는 견해도 있다.

이 무렵 황해의 연해지역, 특히 발해의 래주만 지역에 거주하던 래이(萊夷)는 동이족의 한 지파로서 산동 지역에 이전부터 거주했던 토착인들이었다. 이들의 강역과 위치에 대해서는《춘추좌씨전》과《서경》등의 문헌 기록들을 볼 때 지금의 교래(膠萊)평원 일대로 추측된다.[145] 이들은 교동(膠東)반도의 신석기문화인 대문구(大汶口)문화와 산동의 용산문화를 창조한 집단으로 알려져 있으며, 나의 관점에서는 황해의 해양문화를 본격적으로 발전시킨 담당자들이었다. 이들은 서주시대에도 '동이'라는 범주 내에서 산동반도 일대에 거주하고 있었다.

그런데 춘추전국시대가 되고, 국가들 사이에 전쟁이 일어나면서 동이의 주거지에도 변화가 발생하고, 혈연적인 성격에도 변화가 생길 수밖에 없었다. 이때 동이는 범주가 다양하고, 분포 공간이 넓다.《후한서》동이전에 나오는 "이유구종(夷有九種)"의 내용은 이 무렵의 상황을 표현한 것으로 추정한다. 이 내용은《죽서기년》과 연관 있다고 한다. 현재 요녕성과 발해만 지역에는 동이 계통의 종족들과 제후국 또는 부락(부족)연맹들이 분포했다. '청구(青丘)', '도하(徒河)', '유인(俞人)' 등이다.[146]《관자》에도 이러한 구분이 표현되었다. 이 시대에는 동이가 특정한 종족을 지칭

145) 杜在忠,〈萊國與萊夷古文化探略〉,《東嶽論叢》1984-1, pp.74~75.
146) 孫進己 지음/ 林東錫 옮김, 앞의 책, p.29.

하는 고유명사라기보다는 동방의 이민족에게 붙였던 범칭으로서, 방위개념을 첨가한 한족에 대한 상대적인 개념이었다. 따라서 좁은 의미의 동이는 산동반도로부터 회수(淮水) 유역에 거주하였던 추이(邾夷), 회이(淮夷), 래이(萊夷), 서융(徐戎) 등을 가리킨다.

그 후 중국인들이 점점 여러 종족들과 접촉을 하고, 교류의 필요성과 각각의 차이들을 인식하면서 '만(蠻)', '융(戎)', '적(狄)'의 구분이 생겼다. 그 뒤에 음양오행사상이 발달함에 따라 방위개념이 첨가되어 동이(東夷), 서융(西戎), 남만(南蠻), 북적(北狄) 등의 명칭으로 고정되었다. 특히 북방에서 내려오는 종족들로 말미암아 요서 이동의 주민들과는 또 다른 구분이 필요했을 것이다. 따라서 이때의 동이는 주나라와 대립관계를 가지고 황하 하류, 산동반도를 포함한 발해, 회하 유역을 중심으로 한 해안가, 그리고 요동 북만주 일대, 한반도 등 기타 지역에 거주하는 혈연적이나 언어상으로 한족과 차이가 있고, 문화도 달랐으며, 협력의 관계이기도 했지만 경쟁의 관계였고, 때로는 생존을 위협하는 넓은 의미의 북방계 종족을 일컬었다. 이들은 발해, 황해를 둘러싼 황하, 요하, 대동강 등의 환황해연안 지역의 평원에 골고루 분포되었으며, 독특한 문화가 발전하는 데 큰 역할을 담당하였다.

동이는 역사상에서 또 다른 모습으로 등장한다. 그 계기가 된 것은 서기전 3세기, 진나라가 전국시대를 마감하고 최초의 통일왕조를 세운 사건이다. 우선 만리장성(萬里長城)이 축조되면서 동아시아 세계에서는 최초로 중원과 기타 세계 사이에 인공적·지리적인 장벽이 세워졌다. 이 성으로 말미암아 하북과 요서가 나누어졌고, 요서와 산동의 교섭도 일부 제한을 받았다. 장성 안쪽의 주민들은 중국역사에 흡수, 동화되었다. 그리고 그 체제에 저항하거나 동화되지 못한 집단들은 장성을 넘어갔고, 일부는 황해를 건너 한반도 및 요동 각지로 이주를 시작했다.《후한서》동이열전의 서에 나타난 '秦竝六國其淮泗夷皆散爲民戶'라는 기록은 이러한 역사적인 상황을 반영한다.

이로써 동이의 성격, 역할, 위치 등에는 본질적인 변화가 생겼다. 한족의 활동영역이 확대되고 지리적인 지식의 양이 증가하면서 점점 종족적 개념의 성격을 띠게 되었고,[147] 중국 동쪽의 비중국인들을 가리키는 명칭으로 변화되었다. 따라서 이 시대에 이르면 우리와 직결된 역사공동체로서 동이라는 개념의 생성과 적용이 가능해졌다. 즉 발해만을 끼고 만주와 한반도로 분포한 한, 예, 맥을 '동이'라 불렀다. 하지만 역시 내륙의 한가운데나, 한반도 남부까지 포함한 전체를 가리키는 용어는 아니었다.

동이는 고대의 중국민족을 형성한 근간 종족이었던 동시에 한국 상고사의 주인공이었던 한·예맥계가 그 주류를 이루었던 종족이라는 주장이 있다.[148] 《설문》에는 예맥(濊貉)이 동이를 가리키는 이름이라고 하였다. 역사상으로는 동이와 예맥이라는 명칭이 거의 유사한 시기에 등장하지만, 그 이전에는 이미 분명하게 종족 또는 국가로 된 예맥 또는 조선과 동이는 꼭 일치하는 것은 아니었다. 종합적으로 정리하면 멀게는 서기전 7세기, 짧게는 서기전 3세기 이후부터 동이는 고조선문명권의 핵심을 이룬 예맥 및 조선을 가리키는 용어가 되었다. 물론 일부의 예외는 있었다. 그 후 《후한서》, 《삼국지》의 동이전 속에는 부여, 고구려, 백제, 신라, 마한, 진한, 변한 등 현재 우리 역사 또는 한민족과 직접 관련 있는 나라들이 기술되었다.

그런데 이 시대 중국인들이 가진 동이의 범주와 개념 속에는 현재는 우리와 민족 및 역사를 달리하는 읍루(挹婁), 왜(倭) 등이 포함되었다. '숙신(肅慎)'과 한(漢) 시대에 처음 등장하는 이름인 '왜(倭)'도 동이에 속했다는 사실을 확인할 수 있다. 또한 선비, 오환 등도 사료에 따라서는 '동이전'과 '북적전' 양쪽에 서술되었다. 이와 같이 동이의 범주에 관해서는 나라와 학자 또는 시대에 따라 서로 다른 견해가 나오고 있다.

그렇다면 동이와 우리와의 연관성, 즉 고조선문명권과는 어떤 관계

---

147) 金庠基, 〈東夷와 淮夷·徐戎에 대하여〉, 《東方學志》 2, 1955, pp.1~35.

148) 徐榮洙 외 역주, 《중국정사조선전역주》 1, 국사편찬위원회, 신서원, 2004 참고.

일까?

　적어도 서기전 17세기경(서기전 1600년)에 은을 건국한 종족들이 요서 지방에서 내려간 이상 연관성을 부인할 수는 없다. 그 이후 그 지역과 발해만 산동성의 해안 지역 등에 거주했던 주민들이 어떠한 족명과 이질적인 언어문화를 가졌더라도 요서 지역과 관련 있는 고조선문명권과 연관된 것은 분명하다. 또한 산동성의 해안 지역, 발해만, 요동만, 한반도 서북부 해안 사이에는 신석기시대부터 문화의 교류가 있었음이 토기 등을 통해서 입증된다. 또 하나는 난생신화이다. 만주일대의 민족들과 회이(淮夷)가 난생신화를 갖고 있다는 점이다. 서주 시대에 동이의 대표적인 수장으로 알려진 서언왕(徐偃王)의 탄생신화는 고구려 동명왕의 신화와 구조적으로 유사하다. 또한 은족과 고조선문명권(부여를 비롯한 예맥족)은 유사한 풍습들을 갖고 있다. 많은 이들이 지적했듯이, 활쏘기〔弓矢〕에 능하였고, 부여·거란·삼한과 동일하게 복골(卜骨)풍습이 있었다. 《삼국지》 부여전 등의 기록[149]과 강상무덤 등에서 확인되듯 순장의 풍습도 성행했고, 무엇보다도 백의(白衣)를 숭상하였다. [150] 이러한 것들은 은나라와 동일하거나 유사했다.

　결론적으로, 동이에 관해서는 초기에는 '이(夷)'라는 존재로서 흑도(黑陶)문화와의 관련성, 민무늬토기, 청동기문화의 담당자로서의 역할과 구체적인 종족적 특징 등 앞으로 연구되어야 할 과제가 많다. 또한 역사적인 실체로서 거주 지역 및 유적·유물조사 등을 통해서 구체적인 활동 모습을 찾아야 한다.

　이 책과 관련하여 의미가 있고, 분명한 사실이 몇 가지가 있다. 이

---

149) 《후한서》, 권 85, 〈동이열전〉 제75에서 "살인 순장되는 자가 많으면 수백 명이 었다"(殺人殉葬, 多者以百數)고 하였다.

150) 《삼국지》〈위서〉 오환·선비 동이전에서 "나라에서 백색의 옷을 숭상하고 상중에는 남녀가 모두 흰옷을 입었다"(居喪, 男女皆純白); 또한 《통전》 권 185 〈邊防〉에서도 비슷한 내용이 나와 있으며 "其國在長城之北, 去玄菟千里, 南與高句麗, 東與挹婁, 西與鮮卑接. 北有弱水. 地可方二千里, 有戶八萬…多山陵廣澤… 居喪, 男女皆純白"라고 하였다.

(夷)는 후대의 화하족(華夏族)과는 혈연상·언어상·문화상으로 구분되는 존재였으며, 용산문화와 연관이 깊었고, 중국쪽 황해안의 해양문화와 깊은 연관이 있었다. 또한 서기전 17세기부터는 오히려 요서지방의 문화 및 주민과 은문화와 관련을 맺었으며, 교류하면서 깊은 연관을 맺었다. 이어 서기전 11세기에는 '동이'라는 명칭으로 사료에 등장하면서, 일종의 방위개념이 덧붙여졌고, 중국의 주족(周族)과 대립하면서 북방 유목종족들과는 다른 독특한 문화전통을 유지, 발전하였다. 이때부터 동이는 광의의 종족개념이며, 한민족의 근간이 된 '예·맥(예맥)족'을 포함하는 것이 드러난다. 특히 서기전 3세기 이후에는 의미와 성격이 질적으로 전환되어, 현재의 우리와 직접 관련이 깊어졌다. 그리고 이 책의 주제와 연관해서 중요한 사실은, 이들이 선사시대부터 동아시아 해양문화의 창조와 발전을 담당한 세력들이라는 점이다. 특히 산동과 발해, 요동, 황해에서 교류의 주체가 되었으며, 해양문화의 기술과 산업 발달 등에 직접 연관이 깊었다.

### (2) 예맥 계열[151]

고조선문명권을 주도했던 주민의 성격을 이해할 때 가장 중요한 요소가 '예(濊 穢)'와 '맥(貊, 貉)'이다. 예맥의 종족적인 성격, 활동과 이동 위치, 향유한 문화 등에 대해서는 역사 이후 현재에 이르기까지 다양한 종류의 해석들이 있었다. 따라서 이 장에서는 '예' '맥'에 대한 상세한 사료 분석과 연구성과의 본격적인 검토는 생략한다. 다만 고조선문명권을 구성하는 중핵 집단 또는 중핵민족으로서 어떠한 위상을 갖고 있으며, 역사

---

151) 예맥에 관한 이 부분은 필자의 연구성과가 아니라 그동안 발표했던 학자들의 기록을 토대로 이 장의 목적에 맞게 변형한 것이다. 신채호, 최동 등의 선학들이 본격적으로 거론하면서 연구하였고, 김상기, 김정배, 이옥, 윤내현 등이, 북한에서도 이지린 등이 또 다른 관점에서 확장해서 연구를 진행했다. 이러한 연구성과를 토대로 특히 고구려, 부여 등의 역사상을 더욱 구체적으로 파악한

와 문화에 어떠한 영향을 끼쳤는가를 살펴본다.

'조선'은 극히 일부의 자료들을 제외하고는 초기부터 국명으로 나타났다. 거기에 반하여 '예와 맥' 또는 '예맥', '한'은 집단을 가리키는 경우도 있었고, 때로는 종족을 가리키는 경우도 있다. 그런데 사료의 기록들을 보면 고조선 후기에 등장하여 갈등을 벌이면서, 수백 년을 존속했던 부여, 고구려와는 종족적으로 동일하고, 역사사적인 계승성도 분명하다. 따라서 고조선문명권, 또는 고조선의 중기 이후의 주민 구성에서 주도적인 역할을 했음은 분명하다. 특히 고조선문명권의 계승자인 고구려의 구성원들이 누구인가를 놓고 예, 맥의 정확한 성격을 규명하는 일은 중요하다.

우선 예맥에 대한 몇 가지 논쟁점을 간단하게 열거해 본다. 정약용처럼 맥과 예가 다른 것을 가리키는 관용어라고 보는 견해가 있다. 정약용은 '맥'은 종족 명칭이고, '예'는 지역 또는 강의 이름이라고 보아, 예맥은 맥족의 아홉 갈래〔九貊〕 가운데 하나를 지칭한 것이라고 하였다. 대만학자인 릉순성(凌純聲)도 예는 예수(濊水)지역에 거주했던 맥족이라고 하여 예와 맥을 동일하게 이해하였다. 또 시대에 따라 중국측 사료에 기록된 용어가 다를 뿐이라는 주장들이 있다. 미시나 쇼에이(三品彰英)는 선진(先秦) 문헌에 보이는 '맥'은 북방족에 대한 범칭이며, '예'는 진(秦)나라 시대의 문헌에서 처음 보이는데, 한나라 시대에 범칭되는 '예'는 고구려·부여·동예를 포괄하는 민족명이라고 보았다. 예와 맥이 각각 다른 존재가 아니라 하나의 종족을 가리키는 범칭이라고 보는 관점이다.

윤무병(尹武炳)은 예맥이라는 명칭은 《사기》부터 사용되었는데, 예족과 맥족을 합친 범칭이 아니라, 맥족인 고구려를 지칭하는 것이었고, 한나라 시대 이후의 예와 (예)맥은 동일계통 내에서 각각 구분되어졌던 실

───────

글들이 발표됐다. 최근에 박대재(《중국 고문헌에 나타난 고대 조선과 예맥》), 문안식(《요하문명과 예맥》)을 비롯하여 몇몇 연구자들이 예맥에 관해서 다양한 종류를 거론하고 용례를 통해서 예맥의 종족적 성격, 거주 지역, 역사 활동 등에 대해서 살피고 있다.

체였다고 보았다. 김정배는 '예맥족'이라고 부르면서 한민족의 주체구성원으로 파악하였다.[152] 한편 예와 맥, 또는 예맥은 고고학적으로는 청동기시대인이다. 또 예와 맥을 각각 다르게 보면서 그들이 거주했던 지역으로 구분하는 경우도 있다. 많은 이들이 공감하지만 예족은 한반도 중북부와 송화강·길림·눈강지역 등에 살았고, 맥족은 산동·요동·발해만 연안 등에 거주해, 거주지역의 분포에 따라 구분되었다고 보았다.

한편, 이동설이 있다. 즉 예와 맥이 현재 남만주 일대에 거주하기 이전에 다른 지역에서 살다가 이주해 왔다는 것이다. 이 설은 많은 견해들이 나와 혼란을 일으킨다. 특히 은나라 이후에 발해만 유역과 요서 지방 등에서 벌어진 역사상과 연관하여 중국측의 사료를 해석하는 과정에서는 복잡하기 이를 데 없다. 과거에는 신채호, 최동 등이 이러한 관점에서 동이와 예, 맥 등의 관한 자신들의 주장을 펼쳤다. 이후에 이옥(李玉)은 맥족과 예족은 원래 중국의 산서성·하북성 방면에 각각 거주하다가 점차 동으로 이동해 왔는데, 서기전 3세기 무렵 장춘·농안 방면에 먼저 정착해 있던 예족은 이어 이동해 온 맥족에게 밀려 남으로 왔다가 고조선에 쫓겨 요동군(遼東郡)에 예속하게 된 것이 예군(濊君) 남려(南閭)의 집단이었고, 이 예의 일부가 맥족에 흡수되어 서기전 2세기경 새로운 종족인 예맥이 성립했으니 이것이 고구려족이라고 주장하였다. 고구려와 연관되어서는 소수맥, 대수맥의 문제가 있고, 그들이 각각 거주하는 위치의 규명 등도 다양한 견해들이 있다.[153]

북한에서는 일단 고구려 이전의 맥에 관해서는 집중적인 연구가 이루어지지 않았다. 《전사》에서는 고대 조선족의 한 가지인 맥족이, 서기전 8세기에 고조선 변방인 혼강 유역과 압록강 중류 일대에서 살아왔다고 하였다. 그런데 맥국은 기원전 3세기 초경에 연나라에 멸망했고, 그들의 후신이 고조선의 옛 땅에서 고구려를 이루었으며, 특히 고구려가 발생한 홀

152)  金貞培,《韓國民族文化의 起源》, 고려대출판부, 1973, pp.44~45.
153) 이 부분은 한국민족문화 대백과의 예맥 조항을 토대로 약간의 문장을 수정한 것이다.

본(졸본)지역은 '이 지방에 수많은 고조선인이 살고 있었다'고 하여 주민의 자연적 계승성을 주장하고 있다. 결국 북한은 고조선의 중심종족은 예족이지만, 부여·고구려의 기본주민인 맥족도 고조선을 구성한 주요종족의 하나라는 다소 애매한 태도를 보이고 있다.[154]

《후한서》고구려전에는 '구려 맥이(句麗 貊夷)'라고 하였다.《삼국지》에는 소수(小水)에 의탁한 소수맥(小水貊)과 대수(大水)에 의탁한 대수맥(大水貊)이 있었다고 하였다.《한서》에서는 고구려를 가리키는 용어로서 예맥을 사용한 사례도 있다. 최근에는 '만발발자 유적'의 연구와 유물들을 통해서 고구려가 맥족이라는 견해가 또 나오고 있다. 고구려의 별명 가운데 하나는 '맥이(貊夷)'이다. 이는 맥인(貊人), 맥아(貊兒)이며, 즉 고구려는 맥의 후계자를 뜻한다. 또한 북위시대의 두막루(豆莫婁), 당나라 시대의 막리(莫離), 고구려의 고리(高離) 등 종족의 명칭은 모두 예맥에 나온다는 주장도 있다. 이러한 주장들은 대부분 예맥이 고조선의 주민이었음을 표현한다. 이지린은《고조선연구》에서 "《일주서》에 기록된 고이(高夷), 고죽(孤竹), 불령지(不令支), 불도하(不徒何), 산융(山戎), 동이(東夷) 등의 부족 이름이 나오지만 맥족이란 언급은 없다. 그것은 북동쪽의 이(夷) 문화에 속한 부족들이 모두 맥족이란 뜻이다."라고 하였다. 따라서 맥족의 거주 시한과 거주 범위를 확장한 것이다.

이 분야를 일찍부터 연구한 김상기는《시경》에 나오는 '한(韓)'은 서기전 7세기에 내륙인 섬서 지역 등에서 살다가 하북으로 이동한 후에 다시 만주와 한반도로 옮겨왔다고 하였다. 즉 한은 서쪽에서 온 집단으로 본 것이다. 이 시대의 한과 그 무렵 비슷한 지역에 있었던 맥과의 관계는 불확실하다. 한에 관한 기록으로 가장 오래된《시경》의 한혁편(韓奕編)을 보면 '한후(韓侯)'가 연(燕), 한(韓), 퇴(追), 맥(貊)을 다스렸고,《수경주》는 이 한이 방성현에 있었다고 기록하였다.

'예맥'의 종족적 성격에 대한 중국학자들의 일반적인 견해는 다음과

---

154) 리지린·강인숙,《고구려사 연구》, 사회과학출판사, 1976, pp.15~16.

같다. 예맥의 명칭은 예(穢), 위(薉), 예(獩)로, 맥(貊)은 맥(貉),[155] 맥(陌), 목(沐), 퇴(退) 등으로 다양하게 표기된다.[156] 예는 동이 가운데 한 갈래의 옛 칭호이며, 《상서》에서는 와이(蝸夷)로 하였다.[157] 예라는 명칭은 나중에 나타난다. 예와 맥이 합쳐서 하나의 종족 명칭으로 된 것은 최초로 《시》 대아·한(大雅·韓)에서 나왔으나, 예의 명칭은 '추(追)'라는 글자로 하였다.[158] 이처럼 중국은 맥과 예가 최초에는 같은 민족이 아니었다고 한다. 맥은 즉 맥(貘), 고전(古典)에서 명이(明夷), 맥이(貊夷), 목이(目夷), 묵이(墨夷) 등의 여러 명칭으로 기록되었다. 예는 동예(東穢)로, 맥은 북맥(北貊)으로, 즉 동북 지방에서 사는 종족이라는 뜻이다. 《일주서》 왕회편 및 《산해경》에는 예·맥에 대해서 주변에 "발인, 백민, 고이, 량이, 낙랑지이(發人, 白民, 高夷, 良夷, 樂浪之夷)" 등이 있는데 '백민(白民)은 맥국(貊國)'으로 인식되었다.[159] 따라서 예국 또는 맥국의 위치는 여러 군데가 거론되고 있다. 사료의 기록들을 정리하면 아래 표에서 제시하는 바와 같다.[160]

---

155) 맥(貊)은 맥(貉)의 오기 또는 동일한 의미로 본다.

156) 崔鶴根, 〈한국어의 북방유래(Altaic, 語族說)의 가능성〉, 《한국 고대어와 東北아시아》, 백산학회, 1966, p.321. 맥(貊, 貉) 혹은 '예맥', 고대음은 "Khouei-mai". '고마'란 칭호에 대하여 옛날 중국인은 '貊' 혹은 '濊貊' 또는 '蓋馬'라고 서칭하였고, 일본인은 이를 'コマ'(Ko-ma)라고 일컬어 왔던 것이다.

157) 穢는 嵎夷다. 嵎夷는 嵎鐵 또 鬱夷로 불리며, 東北 九夷 중의 於夷가 있다. 《후한서》 선비전에 "聞倭人善網捕"라는 기록이 있는데, 또 왕담이 《위서》에서 '왜인'를 '汗人'으로 해설하였다. 그 '왜'는 사실 우이였다고 보기도 한다. '왜'와 '우'가 발음이 같기 때문이다. 와이, 왜인, 어인은 모두 穢로 기록되었다. 그는 "嵎夷, 蝸夷, 穢, 符委, 夫餘, 沃沮"는 같은 예의 종족의 다른 명칭들일 뿐이었다"고 주장하였다. 최동도 이와 유사한 주장을 했는데, 뒷글에서 설명할 예정이다.

158) 陳碩甫는 《毛詩傳疏》에서 "謂追 穢聲相近 疑追即穢"라고 해석하였다.

159) 王綿厚, 〈高夷濊貊與高句麗－再論高句麗族源主體爲先秦之高夷即遼東"二江"流域貊部說〉, 《社會科學戰線》, 2002, pp.171.

160) 王綿厚, 위의 글, pp.168~176 등 자료를 참조해서 작성하였다.

〈표 4-10〉 중국학자 정리한 예맥의 위치를 정리한 표

| | 사료 | 내용 | 주 및 출처 |
|---|---|---|---|
| 1 | 《일주서》 왕회해 | 北方中正東, 高夷嗛羊嗛羊者, 羊而四角. | 孔注: 高夷, 東北夷, 高句麗;《일주서》권 7, 〈王會解〉. 晉孔晁注 |
| 2 | 《상서》 대전 | 三者十稅一, 多於十稅一謂之大桀,小桀;少於十稅一謂之大貉(貊)、小貉. | 《尚書》대전, 권 6 |
| 3 | 《맹자》 고자 하 | 子之道, 貉(貊)道也. | 《맹자》卷 12, 〈고자〉 (중화서국영인본, 십삼경주) |
| 4 | 《순자》 권학편 | 幹,越,夷,貉之子, 生而同聲, 長而異俗, 教使之然也. | (唐)楊倞注 "貉, 東北夷",《순자》권학편, 권 1 (중화서국 제자집성본) |
| 5 | 《묵자》 겸애 | 鑿爲龍門, 以利燕,代,胡,貉與西河之民. | 《묵자》권 4, 兼愛中 (중화서국 제자집성본) |
| 6 | 《후한서》 동이· 고구려 | 句麗, 一名貊耳, 有別種依小水爲居, 因名曰小水貊. | 《후한서》권 85, 〈동이열전〉 |
| 7 | 《삼국지》 동이전 | 麗作國, 依大水而居, 西安平縣北有小水, 南流入海, 句麗別種依小水作國. 因名之小水貊. | 《삼국지》권30, 〈위서·동이전〉 |
| 8 | 《위씨춘추》 | 遼東西安平縣北有小水南流入海, 句麗別種因名之日小水貊. | 《삼국지》권30, 〈위서·동이전〉 |

이 밖에 〈수경주〉 등의 사료에서도 "주선왕(周宣王) 시기에 예, 맥, 한족이 탁군(涿郡) 방성현(方城縣)에 있었다고 했다"라는 내용이 있다. 유자민(劉子敏)과 왕면후(王綿厚) 같은 중국학자는 예맥은 선진(先秦)시대에 《일주서》에서 '고이(高夷)'로 기재되어 있으므로 예맥의 위치를 현재 혼강유역 부근이라고 추측하였다.[161] 그런데 제환공(齊桓公)이 추진한 '패호맥(敗胡貉)'기사를 통해 볼 때, 제나라가 북쪽을 공격하는 과정에서 예맥과 직접 접촉하여 교전하였을 가능성이 있다고 추정한다. 그러므로 서기전

---

161) 劉子敏,《高句麗歷史研究》, 延邊大學出版社, 1996에 관련 내용 참조.

7세기 이전에는 맥(貊)이 연(燕)나라 북방의 연접지인 하북의 북변에 분포하고 있었다고 이해한다.[162]

사마천의 《사기》 조선열전 외에 화식열전에서 예맥(穢貉), 흉노열전에서도 예맥(穢貉) 등이 나온다. 이러한 기록들을 검토하면 서기전 9~8세기부터 서기전 5세기까지, 즉 춘추 전국시대에 중국인들의 인식 속에 들어온 예, 맥은 현재 하북 및 요서지방에 있었다. 그런데 《사기》 흉노열전에 따르면 흉노의 좌방왕장(左方王將)들은 '상군(上郡)에서 곧바로 가면 동으로 예맥·조선에 접했다'고 했다. 이곳은 현재 산서성의 북부지역이다.

이렇게 중국의 사료들을 보면 예와 맥에 대해 각각 별칭으로 나오고, 때로는 예맥이 연칭되기도 했다. 사료의 기록들을 검토하고 시대적인 상황을 고려하면 예와 맥은 각각 다른 형태와 방식으로 존재했다가 이후 정복을 통해서 하나의 집단으로 변했을 가능성이 높다는 것이 일반적인 견해이다.

중국학자들은 맥족의 성격을 설명하면서 그들의 언어와 풍습은 부여, 고구려, 숙신, 물길과 공유했다고 본다. 또 맥족은 백금보(白金寶)문화의 주체라고 하고, 예족은 길림시 주변의 서단산(西團山)문화의 주체라고 하면서, 하가점 상층문화가 맥족 문화의 연원일 수 있다는 지적도 있다. 손진기가 대표적이다. 이 맥이 사료에 등장하는 탁리국(橐離國),[163] 부여로 이어진다. 동명(東明)은 고리국에서 기원했다는 기록이 있는데,[164] 북한에서는 고리국(槀離國)을 북류 송화강의 하류 또는 동류 송화강 및 눈강 유역으로 추정하였다. 즉 지금의 대안과 농안 일대이다.[165] 근래에 연구

---

162) 박대재, 《중국 고문헌에 나타난 고대 조선과 예맥》, 경인문화사, 2013, p.153.

163) 北夷의 索離國, 《後漢書》 橐離國, 《論衡》, 《梁書》, 槀離國, 《魏略》 등 다른 명칭이 있다.

164) 《梁書》의 열전 고구려조. "고구려는 東明에서 시작했다. 동명은 북이(北夷)인 고리국왕(槀離國王)의 아들이다. 남쪽으로 달아나 엄표수(淹淲水)를 건너 부여(夫餘)에 닿아 왕이 되었다."라고 하였다.

165) 황기덕 등은 백금보문화가 동명의 출자로 알려진 탁리국(橐離國)을 조동(肇同), 조원(肇原)지방으로 비정하고 있다. 황기덕, 〈료서지방의 비파형단검문화

를 통해서 부여는 탁리에서 기원했고, 탁리의 선인들이 이룩한 문화가 바로 백금보문화임이 알려졌다.[166)

실제로 눈강 하류와 제2 송화강 하류가 만나는 지역인 조원(肇源) 지역에서는 백금보문화가, 제2 송화강 중류에서는 서단산문화 등이 발전하였다. 약간의 이설이 있지만 백금보문화는 맥족의 문화이고, 서단산 문화는 예족의 문화라고 한다. 그리고 백금보 문화 유적에서 하가점 상층문화의 유물들이 나타나므로 맥족과 하가점 상층문화의 관계를 주장하기도 한다. 즉 맥은 백금보 문화와 요서에 이르는 지역에 거주하였고, 예는 맥의 서쪽, 즉 요동 이동에 거주하였다는 것이다.

그런데 그 무렵에 사료에 등장하는 예와 맥은 요서 또는 하북 일대와 가까운 곳에 거주한 것만은 분명하다. 그 시기 요서지방은 하가점 상층문화의 후기 단계이면서 비파형 동검문화가 발달하였고, 점차 세형동검이 만들어질 무렵이었다. 즉 요서와 요동 지방에는 발달된 문화와 정치력, 그리고 군사력을 겸비한 집단이 거주하였고, 이들은 '조선' '부여' 등 국가를 이루고 있었다. 부여는 5세기경에는 건국했다고 본다. 부여의 주체세력은 후대의 기록뿐만 아니라 위만조선이 한 무제와 공방전을 벌일 때 무려 3만여 호를 거느리고 항복한 예군(濊君)인 남려(南閭)의 예에서 보이듯 이미 존재했다. 《삼국지》 위지에는 '예왕지인(濊王之印)'이라고 새겨진 부여왕의 인장이 있고, '예성(濊城)'이라고 불리는 성의 존재와 유래를 기록하였다. 또한 고구려를 건설한 주체로서 '소수맥(小水貊)'과 '대수맥(大水貊)'이라는 명칭이 등장한다.

이러한 후대의 기록들을 소급해서 해석함으로써 서기전 5세기 이후의 예맥과 그 이전의 예맥의 연관성이 입증된다면 예맥의 활동범위는 매우 넓고, 고조선문명권의 핵심 공간도 확장될 수 있다. 물론 이 시기의 예맥이 하가점 하층문화 또는 고인돌문화의 주민들과 혈연적으로 동일하다는

---

와 그 주민〉, 《비파형단검 문화에 대한 연구》, 과학백과사전출판사, 1987, pp.146~147.

166) 孫進己 지음/ 임동석 옮김, 《東北民族源流》, 동문선, 1992, p.235.

주장은 아니다. 당연히 이들은 새로 들어온 집단일 가능성이 높다. 요서 지방부터 한반도 서북에 걸쳐서 비파형 동검, 돌무지무덤, 돌널무덤, 무 문토기 등이 출토되기 때문이다. 한편 뒷글에서 북한쪽의 연구와 고고학 적인 발굴성과들을 설명하겠지만, 한반도의 서북부를 비롯한 지역에서도 청동기문화가 매우 높은 수준으로 발달하였다. 다만 이들의 존재가 정치 적인 실체 또는 종족 명칭으로 기록되지 않았을 뿐이다.

북한은 예맥의 활동 범위를 구체적으로 이렇게 설정하였다. 흑룡강과 송화강이 합류한 곳을 시점으로 서북으로는 흑룡강과 정기리강(精奇里 江, 結雅河)을 거슬러 올라가, 다시 서남쪽을 향해 대흥안령의 북쪽 산록 으로 올라가고, 다시 대흥안령의 서측을 따라 눈강 이동으로 올라가다가 납림하(拉林河)에 도착한 후에, 동으로 장광재령(張廣才嶺), 그리고 남하 하여 압록강 하구의 박작성(泊灼城)에 도착하여, 동으로 방향을 바꾼 후 청천강 북부를 지나 단단대령(單單大嶺)에 도착한 다음 동남을 향하여 강릉(江陵) 남쪽으로 가고 나서, 동해안을 북상하여 동해가에서 서쪽으 로 홍개호를 지나 다시 장광재령까지 연결되는 한 바퀴의 거대란 범위이 다. 이 주장은 지명을 표기하는 데서 약간의 혼선을 일으키고 있으나 만 주일대를 가리키는 것은 분명하다.

중국학자들의 견해도 이와 다르지 않다. 즉 예·맥어족은 요서, 요동, 길림, 흑룡강, 북한의 북쪽, 심지어 현재 연해주 남부 등 여러 곳에서 넓 게 분포하고 있었다. 이러한 분포 범위에서는 부여, 고구려, 북옥저는 맥 인 위주로 구성되었으나, 예를 위주로 한 동옥저와 예의 집단은 두만강 이남, 한강 이북의 해안가 지역에 있었다고 한다.[167]

물론 요서지역의 주민들과 요동 및 남만주 한반도 서북부의 주민들은 동일한 문화와 유사한 혈연, 다소 차이가 있을 수 있는 언어를 공유한 정 치 공동체였을 가능성이 매우 높다. 즉 하나의 통일된 국가는 아니었지

167) 柳金明, 〈東北亞古代民族的出現與分布〉, 《黑龍江民族叢刊》, 1998(4), p.120 '예 맥계열 분포지역 부분'의 내용 참조.

만, 중국 지역의 은, 주처럼, 후대의 삼한처럼 다수의 국가들이 공존했을 가능성은 높다. 그렇다면 예, 맥으로 표현된 종족집단은 요서 이동부터 요동반도, 중만주 일대, 남만주와 두만강 하구 및 연해주 일대, 한반도 서북부까지 걸치는 넓은 지역에 분포한 '종족공동체', '문화공동체'였을 가능성이 높고, 그것의 핵심은 현재 우리와 연결된 고조선문명권의 핵심 세력들이 생성되었음을 의미한다.

예맥을 구성한 주민들의 성격과 역사상을 고려하여 정리하면 다음과 같다. 요서지방 또는 발해만에는 용산문화의 후예들인 이(夷)가 있었고, 이들은 은의 주체세력인 요서지방의 하가점 하층문화를 담당한 주민들과 섞였다. 그 후 서기전 11세기에 이르러 은의 멸망과 주나라의 성립, 북방종족들의 진입으로 말미암아 동아시아 세계는 확장되고, 국제질서가 재편되었다. 이 무렵에 산동, 강소의 해안지방과 하남, 요서 및 요동을 포함하는 주민을 '동이'라는 이름으로 표현하였다.

이들 가운데 요서 이동의 주민들은 주로 비파형 동검문화를 영위하였고, 석관묘, 돌무지무덤, 무문토기를 사용했다. 이들 가운데 일부는 사료에 명칭으로 등장하는 '예' '맥'이다. 이들은 각각 다른 길을 통해서 몇 차례에 걸쳐서, 송화강 수계와 동몽골에서 남진했을 가능성이 크다. 또한 일부는 고고학적인 유물분포도에서 보이듯 한반도 북부로 내려갔을 것이다.

이 시대에 제나라와 연나라가 성장하고 팽창하는 과정에서 예맥은 요서로 후퇴하면서 조선이라는 국가와 밀접한 연관을 갖는다. 조선이라는 정치체 안에는 이러한 다양한 성분의 주민들이 국민으로 소속됐으며, 고조선문명권의 구성원이었을 것이다.

이 무렵에 역사상에는 '부여'라는 존재가 등장한다. 이 부여는 예 또는 예맥과 깊은 관계에 있는데, 조선과 병렬적인 관계에 있었다. 그리고 서기전 2세기에 이르면 위만이 세운 조선과 갈등을 일으키며 일부 세력이 한무제에 투항한다. 하지만 부여인들은 국권을 상실하지 않은 상태에서 고조선문명권의 핵심세력이 붕괴된 이후에 고구려 등을 통해서 이 문명을 계승 발전시키는 역할을 담당한다.

## (3) 동호 계열

《사기》에 동호(東胡)는 흉노의 동쪽에 있으며, 이인은 동호의 동쪽에 있다고 하였다. [168] 중국학계의 일반적인 견해는 역사적으로 동호 계열의 종족을 '동호', '오환', '선비', '유연', '고막해', '실위', '몽고' 등으로 본다. [169] 동호는 융(戎)과 적(狄)을 위주로 하면서 만주 서북부지역에 거주한 어족 집단이다. 그러나 동호가 형성되기 이전의 융(戎)과 적(狄)은 '산융(山戎)' 과 '도화(屠和)'로 불리기도 한다. 산융의 명칭은 《일주서》왕회편에 "孔氏 曰: 山戎 亦東北夷 戎菽 巨豆也"라고 하였다. 또《좌전》장공 삼십년에는 "齊人伐山戎"이라고 하였고, 두예(杜預)의 주에 "山戎 北戎 蓋今鮮卑也"라 고 하였다. 그런데 《사기》흉노 열전에는 "산융(山戎), 검유(撿猶), 훈죽 (葷粥)"은 동일한 명칭이라고 하였는데, 훈죽은 흉노의 다른 이름이라면 산융은 후대의 흉노로 연결되는 집단이다. 그럼에도 불구하고 위의 기록 들은 선비 계통임을 말하고 있다. 《정의》(正義)에도 "山戎 今奚國"이라고 하여 선비 계통으로 분류하였다. 불확실한 부분이 있다.

그런데 동호는 발해연안에 있었고, 은나라의 제후국으로 알려진 도하 (屠何) 또한 적(狄)이라는 종족계열로 알려졌고, 사서와 갑골문에서는 '토 방(土方)'으로 기록되었다. 《일주서》왕회편에서 "不屠何, 靑羆 , 東胡, 黃 羆"라고 하였으며, 공조(孔晁)의 주에서는 "不屠何 亦東北夷也"라고 하여 동호는 도하(屠何)의 후예로 주장했다. [170] 또한《이아》(爾雅) 석지(釋地)에 서 "東方之夷種有九"라고 하였다. 《관자》소광편(小匡篇)에서 동호에 대해 "中救晋公, 禽狄王, 敗胡貉, 破屠何"라고 하였는데, 이 '도하'를 동호의 선 조라고 하는 주장도 있다. [171] 당나라 때 고구려를 침공한 일과 깊은 연관 을 가진 방현령(房玄齡)은 "屠何東胡之先也"라고 하여 동일한 견해를 갖고

---

168)《사기》권 110, 〈흉노열전〉 "東胡在匈奴東, 夷人在東胡東."

169) 이 분류는 중국학계의 일반적인 학설이다.

170)《일주서》권 3 上海: 上海古籍出版社, 2007.

171)《管子》, 杭州: 浙江人民出版社, 2000.

있었다.[172]

다른 한편 동호가 '토방(±方)'으로 된 기록이 갑골문과 고고문물에서 나왔다. 동호의 족원은 하, 은(상) 시대의 '토방'인데, 은나라가 멸망한 이후에 '족명'을 '도하'로 바꾸었다. 이어 춘추 초기에 제나라가 도하와 산융을 정복하자 명칭을 동호로 하였다. 때문에 동호는 하와 은(상) 시대에 토방으로부터 이어져 내려온 종족[173]이라고 주장한다. 조선이라는 존재를 가장 먼저 언급한 《관자》에서는 "屠何 東胡之先也"라고 하였다. 이처럼 많은 기록들이 동호와 동이 또는 예맥, 심지어는 흉노와의 관계를 이해하는 데 혼란스럽게 한다. 이러한 복잡함과 당시의 국제적인 상황으로 말미암아 산융은 후에 흉노·동호 등을 포괄적으로 포함하고 있다는 견해들이 제기되었다.

서기전 3세기 이후 동호의 이동과 변화는 아래 표[174]에서 제시하는 바와 같다.

〈표 4-11〉 다른 시기에 동호 계열의 이동과 명칭의 변화

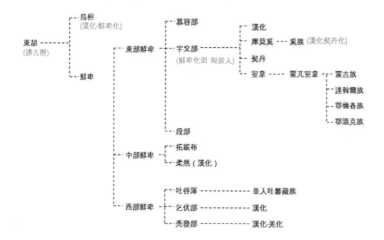

---

172) 劉恕, 《通鑒外紀》, 上海: 上海人民出版社, 1987.

173) 金岳, 〈东胡源于±方考〉, 《民族研究》, 1987.3.

174) 佟東, 《中國東北史》, 吉林文史出版社, 1987; 張博全, 《東北古代民族考古與疆域》, 吉林大學出版社, 1998에서 관련된 내용을 참조하여 집중 작성함.

즉 《사기》 흉노열전 등의 사료에서 자주 등장하는 '상곡(上穀)', '어양 (漁陽)', '우북평(右北平)', '요서(遼西)', '요동(遼東)'의 오군과 '새외(塞外)' 일대는 현재 중국 내몽골의 고석림곽륵맹(古錫林郭勒盟)의 중부와 동부 지역, 그리고 적봉시의 북부, 하북성의 북부, 요녕성의 북부지역을 포함 한다.[175]

동호의 한 지파이면서 중국은 물론 동아시아 역사상에서 가장 중요한 역할을 한 선비의 기원에 대해 4개 설을 제기한다. 즉 '동호설', '동이설', '산융설', '한인설'이다. 그렇다면 여기서는 동호와 동이를 구분하고 있는 것이다. 그런데 동호는 특정한 종족을 가리키는 종족명칭은 아니다. 서기 전 3세기 무렵에 동아시아 지역에서 가장 강력한 군사력과 정치력을 가 진 나라 또는 정치집단을 가리키는 일반명사이다. 이러한 강력한 세력이 었으므로 당시 흉노를 표징하는 '호(胡)'와는 다른 동쪽 호라는 의미로서 '동호'라고 기록되었을 것이 분명하다. 그러니까 동호는 특정한 종족명도 특정한 국명도 아닌 것이다.

그 시대 요서 지역은 이미 하가점 하층문화와 상층문화를 거치면서 동아시아지역에서는 문화가 가장 발달하였고, 유적의 국호와 종류에서 드러나듯이 강력한 정치세력들이 있었다. 서기전 5~6세기부터 동아시아 지역에서는 전국 시대의 강국인 제(齊) 및 연(燕), 조(趙), 조선(朝鮮) 등 이 상호 각축전을 벌이면서 전쟁을 벌이고 있었고, 그 세력은 조선 또는 조선과 연관된 '국(國)'들이었다. 그렇다면 당시 동쪽 흉노, 또는 동쪽 오 랑캐(중국측 사관)로 불리워진 정치체는 '조선'일 가능성이 크다. 북한을 비롯한 일부 학자들은 동호의 기본주민을 '맥(貊)' 또는 낙(駱)이라고 불 리워진 맥족이라고 주장한다.

동호의 위치를 알려주는 또 다른 기록들이 있다. 《해내서경》에서 '東 胡在大澤東, 夷人在東胡東'[176]이라고 하였다. 즉 "동호는 대택의 동쪽에

175) 《후한서》 오환 · 선비열전; 《삼국지》 오환 · 선비 · 동이전; 《위서》에는 "烏桓者, 本東胡也. 漢初, 匈奴冒頓滅其國, 餘類保烏桓山, 因以爲號焉"이라고 하였다.

176) 林干, 《东胡史》, 呼和浩特: 內蒙古人民出版社, 1989(10), 제1판, p.1《산해경》 해내

있고, 이인은 동호의 동쪽에 있다." 맥국은 한수 동북쪽에 있으며, 그 땅이 연에 가깝고 연에 의해 멸망했으므로, 그 위치를 짐작할 수 있다. 대택(大澤)은 습지이므로 동호의 위치는 지금 시라무렌강과 노합하(老哈河) 유역이다. 그 시대 맥의 이남에 있는 통로이며, 거주지역이었다. 그래서 비파형 동검과 북방식 동검 등이 함께 발견된다.

그런데 중국에서는 동호가 활동한 범위를 북만주 끝과 동북 만주의 흑룡강 중류의 일대까지로 본다. 막하(Mohe; 漠河縣)는 흑룡강을 경계로 러시아와 마주하고 있는데, 노구(老溝) 유적과 낙고하(洛古河) 유적은 1~3만 년 이전의 후기 구석기시대 유적이다. 또 이 지역은 《이윤조상서》(伊尹朝商書)에 따르면 상나라 때는 동호와 산융의 속지였다고 한다. 또 《일주서》 왕회편에서도 주나라 초기에는 동호족이 막하에서 거주하였다고 한다. 전한과 후한 시대에 막하는 오환, 선비의 땅이며, 선비에 속한 동쪽부락 속지였다. 이처럼 북만주 일대는 동호와 연관이 깊은 종족들이 거주하였다.

흑하(黑河) 일대는 중국의 흑하시[177]와 러시아의 블라고베셴스크(Blagoveshchensk, 海蘭泡)시[178] 사이에 흑룡강이 흐르는 지역을 말한다. 화산이 여러 곳에 있고, 현재는 흑룡강성의 3대 삼림 지구 가운데 하나인데, 선비족인 몽골족 외에도 퉁구스계의 오룬춘(鄂倫春)·다구르(達斡爾) 등의 소수민족들이 살고 있다. 그런데 이 지역에서도 이미 구석기시대 후기부터 인류가 살았다. 서기전 16세기에는 동호, 예맥 등이 흑하시의 북부와 눈강 유역 일대에 활동하였다. 즉, 《일주서》 왕회편에 나와 있는 "東胡黃羆, 山戎戎菽"처럼 은(상)시대부터 동호가 거주하였다. 서기전

---

서경 재인용).

177) 서기전 16세기, 동호, 예맥 등이 흑하시의 북부, 또 눈강 유역 일대에서 활동하였다. 즉, 《일주서》·왕회편에 나와 있는 "東胡黃羆, 山戎戎菽"이란 것이다.

178) 원래 명칭은 '맹가둔(孟家屯)'이며 '해란포(海蘭泡)'는 몽골어의 '합라박(哈喇泊)'의 발음으로 '흑색의 작은 호수'를 의미한다. 또 '海蘭泡'는 만주어이며 '느릅나무 아래의 집'을 뜻한다는 주장도 있다.

11세기를 전후해서 숙신족이 흑룡강 유역에 살았는데, 3세기 무렵에는 부여 영토였다.

3세기 상황을 서술한 《삼국지》 위지 선비전에서는 '그 땅의 동쪽은 요수(遼水)에 접하고, 서쪽은 서역(西域)에 이른다. 매년 봄철이 되면 작락수(作樂水,《후한서》에는 요학수(饒樂水)라고 기록, 오늘날 요하의 상류인 시라무렌)에서 크게 모인다.'라고 기록하였다. [179] 어문씨(於文氏), 모용씨(慕容氏), 탁발씨(拓跋氏)가 있는데, 탁발선비(拓跋鮮卑)는 북위를 건설한 부족으로서, 거주지는 호륜패이맹(呼倫貝爾盟)의 오룬촌자치기 근처이다. [180] 즉 초기 거주지로 알려진 가쎈퉁(嘎仙洞) 동굴은 대흥안령산맥과 소흥안령산맥이 만나는 지점이다. 실제로 이 지역에서는 선비 계통의 유물들이 발견되고 있다. 또한 거란은 344년에 선비족 우문부가 모용부에 격파당한 뒤에 일부 부락민들이 달아나 송막(松漠) 지역에 거주했을 때 거란과 '고막해(庫莫奚)'의 명칭으로 나타났다. 고막해는 동쪽으로 거란과 인접하고, 시라무렌 상류의 남부 지역에 있었다.

그런데 선비와 거란의 선조라고 기록된 사료의 기록을 따르면, 후에 동호는 분할되면서 선비와 오환이 된다.《위서》연연전(蠕蠕傳)에서 "蠕蠕(即 柔然), 東胡之苗裔也"라고 하였다. 그런데 유연(柔然)은 선비의 후예이기도 하다. 중국 측은 이렇게 말한다. 동호부락 연맹이 해체된 후에 그 종족들은 대략 3단계의 변화과정을 거쳤다. 1단계는 북조가 생기기 이전의 단계로서 오환(烏桓), 동부선비(東部鮮卑)로, 2단계는 북위가 생긴 이후로 실위(室韋), 해(奚), 거란(契丹)으로, 그리고 3단계에서 '몽골'로 변해 왔다.

하지만 이 부분은 후대의 사료들을 해석한 것이며, 사료 또한 각각 다르게 기록한 경우도 있다. 선비와 오환은 많은 사료들의 기록이 일치하듯이, 오환의 후예인 거란은 시라무렌강 유역과 오르도스(Ordos) 지역에

---

179) 250년에 선비는 우문씨(宇文氏), 모용씨(慕容氏), 단씨(段氏), 탁발씨(拓跋氏)의 4개부로 분리된 후에 서로 경쟁을 벌였다.

180) 刘金明, 〈东北亚古代民族的出现与分布〉,《黑龙江民族丛刊》, 1998(4), p.120.

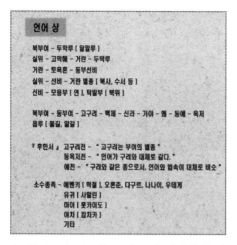

언어 상

북부여 - 두막루 [ 달말루 ]
실위 - 고막해 · 거란 - 두막루
거란 - 토욕혼 - 동부선비
실위 - 선비 · 거란 별종 [ 북사, 수서 등 ]
선비 - 모용부 [ 연 ], 탁발부 [ 북위 ]

북부여 - 동부여 - 고구려 · 백제 · 신라 · 가야 · 왜 · 동예 · 옥저
읍루 [ 물길, 말갈 ]

『후한서』고구려전 - "고구려는 부여의 별종"
동옥저전 - "언어가 구려와 대체로 같다."
예전 - "구려와 같은 종으로서, 언어와 법속이 대체로 비슷"

소수종족 - 예벤키 [ 혁철 ], 오룬춘, 다구르, 나나이, 우데게
유귀 [ 사할린 ]
하이 [ 홋카이도 ]
여차 [ 캄차카 ]
기타

〈그림 4-41〉 사료를 토대로 각 종족들의 언어 연관성을 작성한 도표

거주하였다. 한편 선비는 몇 개의 유력한 부로 구성되어 대흥안령, 소흥안령을 비롯하여 흑룡강 상류 지역에 거주하였고, 때로는 현재의 몽골초원으로 진입하여 흉노계의 생활 터전을 차지하였다.

그런데 동호로 표현된 실체들은 고조선문명권의 중핵과 동일하거나 중요한 방계종족일 가능성이 크다. 혈연적으로도 유사한 부분이 많다. 동호의 후예들로 기록된 거란계와 선비계가 거주하고 활동한 공간의 자연환경을 고려하면, 동일하거나, 설사 종족적인 성분이 다르더라도 예, 맥과 습합이 빈번하게 일어날 수밖에 없었다. 또한 선비와 거란은 고조선과 부여를 계승한 부여 및 고구려와 언어가 통했었다. 이러한 사실은 실위를 중간 매개로 삼아 입증할 수가 있다. 6세기경부터 이름이 등장한 선비계의 부족이고, 훗날 징키스칸을 낳은 몽올실위(蒙兀室韋)는 이 실위 부족의 한 지파이다.

실위는 남북조 시대에서 요, 금 시기까지 문헌에 등장하는 종족인데, 한문 문헌에서는 동호-선비 계통을 총망라해서 '실위'라고 했다.《위서》,《북사》의 실위 편에는 '실위어는 고막해, 거란, 두막루와 같다.'('語與 庫莫奚 契丹 豆莫婁國同.')라고 기록되었다.[181] 또, '실위는 거란의 별

---

181) 파리에 소장된 돈황 문서 권 P.1283호에서는 "거란의 언어는 토욕혼과 대체로 통한다"고 되어 있다. 토욕혼은 선비의 모용부에서 서쪽으로 갈라져 나온 선비인이다. 거란은 토욕혼의 언어와 대체로 통하며, 또한 동부 선비의 언어와도 서로 통한다. 실위어는 거란어와 같으므로, 선비어와는 서로 통한다. 쑨진지는 "언어적 측면에서도 실위어는 기본적으로 몽골어족에 속한다", "고대 몽골

류이다'라는 기록도 있다. 거란어는 몽골어에 속한다. 그런데 두막루국은 부여의 후손이니, 결국 실위어는 고조선을 계승한 고구려와 큰 차이가 없었을 것이다. 이러한 기록들을 교차하면 아래 결론이 나온다. 즉 동호계로 알려진 선비, 거란어는 서로가 통하고, 선비어나 거란어는 부여와 통한다. 그렇다면 고구려, 백제, 동예 등은 동호계와 언어가 다 통하는 것이다.[182]

그렇다면 분화되기 이전, 또는 분화되었다고 해도 고조선 시대에는 언어공동체였다. 그러므로 동호의 성격을 규명하고, 위상을 부여하는 일은 매우 중요하다. 비파형 동검문화의 주체에 대해서는 '동호족'이라는 중국 학자들과의 주장과 고조선의 것이라는 한국학자들의 주장이 있다. 또 하나는 비파형 동검과의 관계이다. 비파형동검에 대해서는 특성, 하가점 상층문화와의 관계, 담당주체에 대해서는 상세하게 논한다. 이 책에서는 '동호'라고 표현된 집단이 고조선문명권과 밀접한 연관이 있으며, 어쩌면 조선일 가능성이 크다고 추정한다. 따라서 비파형 동검 또한 고조선의 것이라고 본다.

### (4) 흉노(匈奴) 계열

흉노라는 이름에서 '흉(匈)'은 한자의 뜻과는 무관하다. '훈(Hun 혹은 Qun)'의 음사이며, '훈'은 퉁구스어에서 '사람'이란 뜻으로 흉노인 스스로가 자신들을 '훈(Hun, 匈)'으로 불렀다고 추정한다.[183] 그들의 거주지였던

---

어족이 동호, 예맥, 실위의 3대 어족으로 나뉘었을 가능성이 비교적 크다"고 주장했다.

182) 서영수는 '동호'를 이민족 국가로 보지만 동일 문화권 내에서도 고조선 외에 부여, 예맥, 진번, 임둔, 진국 등 다양한 국가가 있었다고 추정한다(서영수, 〈고조선과 우리민족의 정체성〉, 《백산학보》 제 65호, 2003).

183) 흉노 조항은 아래 연구자들의 연구를 참고하여 작성하였다.
최동. 《조선상고민족사》, 동국문화사. 1966; 박원길, 《유라시아 초원제국의 역사와 민속》, 민속원, 2001; 이희철, 《튀르크인 이야기》, 리수, 2017; 쉴레이만

몽골과 바이칼 남부의 역사를 보면 신석기시대를 거쳐 청동기문화가 일찍부터 발달했고, 특히 기마문화를 발전시켰다. 중국측 사료에 따르는 학자들은 알타이산맥 주변을 투르크족의 발상지로 여긴다. 러시아 고고학자들은 기원전 1700~1200년 사이 알타이산맥 북서쪽 미누신스크(Minusinsk) 지역의 안드로노보(Andronovo)문화에서 발견된다고 한다. 투르크족은 단두형 백인종으로 구성돼 있는데, 알타이산맥의 남서부에 거주했다. 가장 먼저 알려진 투르크족은 서기전 8세기경 카자르 인근과 아시아 중심부에 거주하던 사카 부족이었다. 서기전 6세기에서 4세기 무렵에 드네프로(Dnieper)강과 디니에스터 지역 사이에 정착했다. [184] 그리고 이들의 문화가 오르도스 지역에 정착하면서 현재의 만주 일대와 중국의 화북지역에 어떠한 형태로든 영향을 주었다. 오르도스문화와 남산근 유적을 볼 때 최소한 서기전 11세기 이후부터는 밀접한 관계가 있었다고 판단된다.

다만 중국 측의 기록에는 비교적 뒤늦게부터 기록되었을 뿐이다. 《산해경》에는 하왕조의 일족이라고 하는 하후씨의 자손들로 이루어졌고, 이름을 순유라고 했다고 한다. 물론 이 책의 진위 문제와 집필된 시기로 보아 전폭적으로 신뢰성이 있는 내용은 아니다. 그 밖에 《사기》, 《한서》, 《후한서》 등에도 기록들이 있다. 은 시대에는 '귀방(鬼方)'으로, 서주 시대

---

세이디, 《터키 민족 2천년사》, 애플미디어, 2012; 르네 그루쎄 지음/ 김호동 외 옮김, 《유라시아 유목제국사》, 사계절, 1998; 스기야마 마사아키 지음/ 이경덕 옮김, 《유목민의 눈으로 본 세계사》, 시루, 2013; 사와다 이사오 지음/ 김숙경 옮김, 《흉노》, 아이필드, 2007; 오다니 나카오 지음/ 민혜홍 옮김, 《대월지, 중앙아시아의 수수께끼 민족을 찾아서》, 아이필드, 2008; 孫進己 지음/ 林東錫 옮김, 《東北民族源流》, 동문선, 1992; 지배선, 〈匈奴·鮮卑에 관한 二·三〉, 《동양사학 연구》 제25호, 1987; 이종호, 〈게르만 민족 대이동을 촉발시킨 훈족과 韓民族의 親緣性에 관한 연구〉, 《백산학보》 제66호; 김성숙 〈모용선비와 탁발선비의 발전과정 비교〉, 《한국의 고대문화 형성》, 백산학회 편, 2007; 김성숙 〈산융·동호와 초기 선비족의 민족관계 소고〉, 《고조선 단군학》 18, 2008 기타.

184) 쉴레이만 세이디, 위의 책, p.14.

에는 훈죽(葷粥)·험윤(玁狁) 등으로 기록됐으며, 일부 서적에는 주나라
때의 견융(犬戎)이라고도 한다. 그런데 융은 상족과도 매우 밀접한 관계
가 있어서 많은 사서에는 흔히 은을 '은융(殷戎)'으로 불렀다고 한다.[185]

융의 존재는 의외로 중요해서 기록이 많다. 《사기》에는 산융을 흉노열
전에서 다루고 있다. '오제본기'에도 요순 때의 땅은 5천 리였으며, 북쪽
에는 산융(山戎)·발(發)·식신(息愼) 등이 있었다고 하였다. 즉 산융과 고
조선의 연관성을 알 수 있는 대목이다. 서기전 8세기에 산융이 제나라까
지 공격하여서 맞아 싸웠다는 기록이 있다. 이어 서기전 7세기에는 산융
이 연을 공격해서 제나라에 도움을 청했고, 제나라의 환공이 공격해서
산융이 도망갔다는 기록이 있다.[186] 그런데 흥미로운 사실은 《국어》 및
《관자》 등의 책을 보면, 제환공이 산융을 칠 때 영지(令支)와 고죽(孤竹)
을 동시에 공격한다는 점이다.[187] 《사기》 흉노열전에는 진(晉)나라 문공
(文公) 목공(穆公) 때에 연나라의 북쪽에 '동호' '산융'이 있다고 하였다.
따라서 이때 산융이 어떠한 혈연을 가졌으며 무슨 언어를 사용하는 존재
인지는 분명하지 않지만 흉노와 연관이 있다고 본다.

흉노의 선조들과 후손들은 동아시아의 역사와 문화에 매우 큰 영향
을 끼쳤다. 중국에서 '흉노'라는 명칭은 서기전 318년에 처음 나타났다.
한, 조, 위, 연, 제나라가 흉노와 연합하여 진나라를 공격하였다. 전국시
대에 조(趙)나라의 무령왕이 서기전 307년에 북방유목민들의 복장〔胡
服〕, 무기, 기마를 비롯한 군대의 체제를 개혁했다. 이러한 흉노의 군사적
인 우월성을 《사기》에서도 표현할 정도였다. 흉노에서는 두만(頭曼)선우
[188]가 중국지역을 압박했고, 진시황은 몽염(蒙恬)에게 30만의 병력을 제

---

185) 孫進己 지음/ 林東錫 옮김, 앞의 책, p.85.

186) 《사기》 흉노열전 권 110, "……山戎伐燕, 燕告急于齊, 齊桓公北伐山戎, 山戎走.'

187) 《국어》 제어, "遂北伐山戎, 刜令支, 斬孤竹而南歸, 海濱諸侯莫敢不來服.", 《史記》·齊太
　　公世家 권 32. "桓公二十三年, 山戎伐燕, 燕告急于齊, 齊桓公救燕, 遂伐山戎, 至于孤竹
　　而還."

188) 투르크어의 중국 음역으로 '만인의 우두머리'라는 의미이다. 서기 220년경에
　　즉위하였다.

공하여 그들의 근거지인 오르도스를 공격하게 하였다. 그리고 점령한 후
에는 황하의 주변에 44개의 성을 쌓았다. 그리고 만리장성을 쌓았다.

이어 등장한 '묵특(冒頓)'[189]선우는 동호를 제압한 이후에 중국을 재통
일한 한나라 고조의 북상정책과 충돌을 시작하였다. 흉노가 만리장성을
넘어 한을 계속 공격하자 위기감을 느낀 고조(서기전 206~서기전 195년)
가 서기전 198년에 32만의 친정군을 거느리고 흉노를 공격하였다. 묵특
은 40만[190]의 기병으로 한나라 군대를 포위하여 백등산(白登山) 전투에서
패배시켰다. 한나라는 흉노와 형제의 맹약과 함께 불평등 조약을 맺고
살아올 수 있었다. 이른바 '평성의 치욕(平城 恥)' 이후 한나라는 흉노에
굴복하고 해마다 조공품으로 솜, 비단, 술, 쌀 등을 바친다. 그리고 흉노
는 동호를 공격하여 패배시켰다. 고조가 죽은 후인 서기전 194년에 연왕
인 노관(盧綰)이 흉노로 망명[191]하는 사건이 일어났고, 이 과정에서 위만
의 동천이라는 사건이 발생하였다. 이렇게 국제정세가 혼란한 무렵에 위
만조선이 건국했다.

묵특 선우는 서기전 174년인 한나라의 효문제(孝文帝)에게 서한을 보
냈다. 거기에서 흉노대선우(匈奴大單于) 즉 '탱리고도 선우(撑犁孤塗 單
于)'라고 하였다. 알타이어로 '탱리'는 하늘을 뜻하는 'tängri', '고도(kodo)'
는 아들을 뜻한다. [192] 즉 '하늘의 자식'이라는 선언이다.

서기전 174년에 묵특선우가 죽을 때 흉노의 국경은 동쪽으로는 만주
지역, 서쪽으로는 아랄해, 남쪽으로는 오르도스와 티베트 고원과 카라쿰
산맥, 북쪽으로는 바이칼호수까지 이르는 방대한 제국을 이루게 되었다.

---

189) 묵특(冒頓): 모돈(冒頓)의 고대 발음은 묵독·묵돌(墨毒·墨突) 등과 유사. 투르
크-몽골계 언어에서 '영웅'을 뜻하는 바가투르(baγatur)를 옮긴 말.

190) 《사기》의 흉노열전에서는 묵특의 정예병을 "40만 기"라고 쓰고 있으나 다른 곳
에서는 "활을 쏘는 자 30여 만"이라고 기록하였다.

191) '盧綰, 聞高祖崩, 遂亡入匈奴.'

192) 흉아리어(匈亞利語, Magyar)와 돌궐어(突厥語, Turkish)에도 천녀(天女) 또는 여
신을 당그리 엄(Tengri-Eum)이라고 하였다. 최동, 《조선상고민족사》, 동국문화
사, 1966, p.53.

흉노는 3대인 노상(老上)선우(서기전 174~서기전 161년) 때에 이르러 더욱 성장하였다. 현재 신강 지역에 있었던 '월지(月支)'[193]를 격파하였고, 그들을 실크로드의 서쪽인 이리 지역(伊犁, 현재 신장 위구르 자치구의 서북부)으로 축출하였으며, 서역(타클라마칸 지역)의 26국을 탈취하였다. 중국과 몽골, 퉁구즈족을 포함해 26개의 민족을 지배했다. 그 영역은 만주에서 아랄해, 시베리아 서부에서 고비사막에 이를 정도로 광대했다.[194]

뒤를 이은 3대 노상선우도 동일하게 한나라에 보내는 서한에 "天地所生日月所置匈奴大單于敬問漢皇帝無恙"라고 하였다. 역시 서기전 89년에 호록고(狐鹿姑)선우는 한나라의 무제에게 글을 보냈다. "남에는 대한(大漢)이 있고 북에는 강호(强胡)가 있다. 호(胡)는 하늘의 총애를 받는 아들이다." 이후 한나라에서 무제가 즉위하고, 서기전 121년에 표기장군인 곽거병을 파견하여 1만의 기병으로 흉노의 서쪽을 습격하여 승리하였다. 이때 흉노는 일단 타격을 받았다.

이러한 흉노의 성격을 놓고 많은 설들이 있다. 주나라 시대의 험윤, 훈죽 및 전국시대의 의거와 결부시켜 서방으로부터 들어온 야금기술을 몸에 익혀 웅비했던 몽골리아 토착민족이 흉노라고 하는 설도 있다. 코즐로프는 기원후 1세기 외몽골의 노인울라(Noin −Ula) 분묘에 매장되어 있던 유골을 보고 흉노인을 아리아인의 일종으로 보면서 서방에서 온 외래민족이라 추정하였다. 유목생활을 하고 있던 민족이 재빨리 스키타이의 기마전법을 습득하고 남하하여 내몽골 지역에 정착하였다고도 한다. 또는 외몽골의 반농반목민을 정복하여 '흉노'라 불리는 하나의 정치세력을 결집했던 것이 아닌가 생각된다.[195]

《위서》석륵(石勒)전 및 《진서》에는 "눈은 움푹 들어가고 코는 높으면 턱수염이 많았다"고 전한다. 후조 석씨는 남흉노계의 강거종계에 속한다.

---

193) 오다니 나카오 지음/ 민혜홍 옮김, 《대월지, 중앙아시아의 수수께끼 민족을 찾아서》, 아이필드, 2008.
194) 쉴레이만 세이디, 《터키 민족 2천년사》, 애플미디어, 2012, p.19.
195) 사와다 이사오 지음/ 김숙경 옮김, 《흉노》, 아이필드, 2007, p.23.

그렇다면 아리안계의 피가 섞였던 것은 분명하다. 그런데 그 무덤에서는 인골 유해에서 변발이 발견되어 몽골로이드계라고 주장하기도 한다. 그 무렵 알타이 지역의 분묘에서 발견된 유물과 돌비석 등을 보면 흉노에서 투르크(突厥)로 이어지는 집단은 몽골인종과 아리안종의 피가 섞였다고 보는 것이 합리적이다. 그리고 실제로 이들이 거주하였고 팽창한 지역들은 동에서 서로 이어지는 유라시아의 초원 일대였다.

에가미 나미오는 〈유라시아 고대 북방 문화-흉노문화 논구〉에서 흉노문화를 4기로 나누어 고찰하고 있다. 즉 제1기는 흉노 발흥시대로서 수원(綏遠, 오르도스) 청동기문화시대에 해당하며, 제2기는 세력이 실추된 시기로 수원문화가 소멸하고 한의 철기문화가 보급된 시대, 즉 청동기에서 철기로 넘어가는 과도기가 된다. 제3기는 소강 시대로 '노인울라'문화의 시대,[196] 곧 철기시대에 해당하고, 제4기는 쇠망 및 이동의 시대로 흉노문화와 한문화가 서방에 유전된 시대로 편년, 구분되어 있다.

수원(綏遠) 청동기문화, 또는 오르도스문화는 전기와 후기로 구별할 수 있다. 전기는 미누신스크의 카라스크문화, 적봉의 홍도문화와 병행하여 서주로부터 춘추시대에 걸쳐서 험윤, 견융, 산융 등의 반농반목인 문화에 상당하다. 그에 대하여 후기는 스키토사카(Scytho-Saka)문화의 계통으로 유라시아 초원지대 전역에 성립됐던 기마유목민족의 문화이며 흉노의 소산이다.[197] 따라서 후기 수원(Ordos) 청동기문화의 담당자가 흉노임에는 의심할 여지가 없다. 그 문화의 특징은 기마전에 적합한 단검, 화살촉, 갑주 등의 무구와 마면, 고삐 등의 거마구류가 다수 출토되는 것이다.

흉노가 유라시아 문명사에서 한 역할은 크다. 흉노의 존재와 활동으로 말미암아 극동 지역부터 동유럽 일대까지 유목문명이 발달하면서 유사한 성격을 띠게 되었다. 또한 아직도 약간의 서로 다른 설들이 있지만, 청동기문화의 시작이 어느 지역이었던 간에 흉노로 대표되는 집단들에

---

196) 서기 후 1세기에 건축되어 한나라의 문화적 영향을 강하게 받은 고분 문화를 '노인울라(Noin -Ula) 문화'라고 부른다.

197) 사와다 이사오 지음/ 김숙경 옮김, 《흉노》, 아이필드, 2007, pp.105-107.

의해서 청동기문화가 확산될 뿐 아니라 상호 교류를 통해서 질적으로 향상되고, 문화 또한 우수해졌다. 에가미 나미오(江上波夫)는 훈(匈奴)이 세력권으로 삼았던 볼가강(Volga river)유역에서 판노니아(Pannonia) 평원에 걸쳐 한나라 문물 및 그 영향을 받아 제작되었던 흉노식 기물이 광범위하게 출토되는 것을 흉노의 서천에 의해서 설명할 수 있음을 증명했다.

동복(銅鍑)은 제사의례용 제기로, 또 삶고 끓이는 일상 조리용기로, 북방 유라시아의 기마유목민족들 사이에 널리 사용되었다. 스키타이식과 흉노식의 두 종류가 있다. 그런데 하야시 도시오에 따르면 시베리아, 오르도스(Ordos) 지구에서 출토된 흉노식 구리솥이 유럽의 판노니아 평원에서도 광범위하게 분포되어 있다.[198] 경제적으로는 금 및 말을 취급하는 무역 등이 발달하는 데 결정적인 역할을 담당하였고, 실크로드의 개척과 실질적으로 동과 서 전체를 연결하는 일은 이들에 의해서 시작되었으며, 후에도 역시 이들의 역할이 컸다.

그렇다면 흉노는 고조선과는 어떠한 관계에 있었을까?

직접적인 관계는 다음 몇 가지로 요약할 수 있다. 우선 우리가 사용하는 언어는 기본적으로 알타이어계이고, 특히 고조선문명권 시대에는 알타이어계가 주를 이루었다. 그리고 알타이어는 일반적으로 투르크어계, 몽골어계, 퉁구스어계로 구분하는데, 우리는 이 세 종류의 언어가 섞였지만, 일부의 핵심 단어들은 투르크어 계통이다. 혈연적으로도 우리는 흉노계와 연관이 있다. 흉노 이전 시대부터 흉노가 역사에서 사라지고 난 후에 재등장한 흉노계와 연관이 깊다.

공간적으로도 고조선과 흉노는 관련이 깊다. 다양한 사료들의 기록을 비교하고, 발견된 유물들을 비교하면 공간적으로 붙어 있었다. 그리고 아직은 정체를 확정하기 어려운 동호와 맺은 관계 또한 고조선문명권과 흉노의 관계를 짐작하게 한다. 남산근 유적에서 비파형동검과 북방식 동검이 함께 발견된 것을 비롯하여 고조선문명권에서는 이러한 오르도스식의

---

198) 사와다 이사오 지음, 위의 책, p.218.

청동기문화를 수용한 흔적들이 많이 발견됐다. 그렇다면 그러한 환경에서 발생하는 다양한 종류의 접촉과 교류는 빈번하고, 의미도 컸을 것이라고 생각한다.

위만조선이 건국하는 과정, 발전과 멸망이라는 과정 속에서도 동아시아의 국제환경 질서 속에서 흉노는 직접 연관이 있었다. 심지어는 고조선문명권이 붕괴가 되고, 부여, 고구려를 중심으로 수많은 정치체들이 생기며, 고구려가 초기에 빠른 속도로 성장하는 데에는 흉노의 역할이 적지 않았다.

### (5) 숙신 계열

숙신(肅愼)은 동호, 예맥과 달리 알타이어계의 퉁구스족으로 알려져 있다. 숙신이라는 명칭은 시대에 따라 숙신(肅愼), 읍루(挹婁), 물길(勿吉), 말갈(靺鞨), 발해(渤海), 여진(女眞), 만주(滿洲)로 변하였다.[199] 이 가운데에 ① 숙신·읍루·여진의 명칭은 같은 의미 ② 물길·말갈·발해의 명칭은 다른 의미 ③ 만주는 위에서 제시된 2개 계열과 별도의 다른 의미로 한다.

언어상 숙신, 읍루, 여진이라는 명칭은 우리와 같은 의미라는 ①은 다음과 같다. 즉 '동' 혹은 '동이'라는 내용이다. 숙신과 여진의 본명은 '주리진(朱理眞)'인데, 이것도 '동이'로부터 나온 명칭이다. '주리진' 즉 '동이'이다. 여진어에서 동은 '주륵(朱勒)' 혹은 '주륵실(朱勒失)'로 발음한다. 숙신이 '주리진'으로 불렸던 이유는 '동(東)'과 '주(朱)'의 발음이 비슷하여 고대에 서로 전환된 경우가 많았기 때문이다. 동인은 즉 주인(邾人), 주리진은 만주어로 하면 주갑(珠申), 그 뜻은 '동(東)', '동인(東人)'이다. 즉 숙신·읍루·여진이라는 명칭은 '동(東)' 혹은 '동이(東夷)'라는 뜻이다.

---

199) 張博泉, 〈肅愼·挹婁·女眞考辨〉, 《史學集刊》, 1992年 第1期; 張博泉, 〈勿吉·靺鞨·渤海名稱別議〉, 《博物館研究》, 1994年 第3期 등 참조.

숙신족은 동한 시대와 삼국 시대에는 읍루로 변한다. 《후한서》 공융전에 "昔肅愼不貢桔矢"라고 하였다. 《위략》에 "挹婁一名肅愼氏" 즉 '읍루'는 숙신의 다른 명칭이라는 것을 뜻한다. 북조·수나라·당나라 시대에 숙신·읍루·여진은 물길·말갈·발해로 불리기 시작하였다. 물길·말갈은 만주어의 '삼림'과 '물'이라는 뜻한다. 물길은 '거산수(居山水)'라는 뜻이고, '말갈'은 '물 옆에서 거주하는 사람'이라는 뜻이다. 그런데 《후한서》〈읍루전〉에서 읍루인은 "모습이 부여와 비슷했으나 언어가 각기 달랐다"고 했다. 《삼국지》〈위지·동이전〉에는 읍루인은 "언어가 부여·고려와 같지 않다"고 했다. ③의 만주라는 명칭은 원래 '만주(滿珠)'라고 하였고 이름은 '발해진국(渤海震國)'에서 나오는 것이다. 만주족이 '호리개(胡裏改)'라는 곳에서 흥기하였고, 뜻은 옛 "발해 진국왕 용주(渤海 震國王 龍州)"가 소재한 지역이었다.

숙신 및 후대 읍루의 위치에 대해서는 많은 사서들이 기록하였다. 《삼국지》 위지 관구검(毌丘儉)전에 '過沃沮千有餘里, 至肅愼氏南界'라고 하였다. 《괄지지》에 고숙신(古肅愼)이 '在京東北八千四百里' 그리고 '萬里已下'라고 하였다. 이때 읍루는 흑룡강 중류와 함께 연해주 북부에도 걸쳤었을 것이다. 《삼국지》에 읍루는 '부여의 동북 1천여 리에 있고 바다를 접하고 있으며, 남으로는 북옥저와 닿고, 북으로는 그 끝이 어디까지인지 알 수 없다'는 기록이 있다. [200] 북옥저는 두만강의 북쪽인 흥개호 일대 또는 그 이북에 위치하였다. 그런데 흥개호의 북쪽은 숙신의 활동 공간으로 볼 수 있다. 그렇다면 숙신은 흑룡강 하류(중류 부분 포함)에 거주했었다고 추정할 수 있다. 물길·말갈·발해는 "물 옆에서 거주하는 사람"이라는 뜻이다.

이 지역은 후대에는 다구르, 에벤키(鄂溫克), [201] 오로춘(鄂倫春), 우데게(兀底改, 赫哲, 나나이) 등의 이름을 가진 부족들이 거주했으며, 지금도

---

200) 《삼국지》 위서의 '烏丸·鮮卑'에 挹婁在夫餘東北千餘裏, 濱大海, 南與北沃沮接, 未知其北所極.

201) 巴德瑪 外 3名, 《鄂溫克族歷史資料集》, 內蒙古文化出版社, 1993 참조.

일부가 북만주와 러시아 지역에 거주한다. 우데게는 수나라, 당나라시대
에는 발해의 통치 밖에 있었던 말갈의 흑수부가 발전해서 생긴 종족인데,
일부가 뒤에 따로 발전하여 혜젠(赫哲, 나나이), 오로첸(鄂倫春), 어웬키(에
벤키, 鄂溫克) 등의 종족으로 된다. [202] 일부에서는 한나라, 위나라 때의
옥저가 뒤의 '올자(兀者)' '혁철(赫哲, 혜젠, Nanai)' 등이 된 것으로 본다.
그런데 《삼국지》 옥저전에는 옥저의 언어가 고구려와 크게는 같으나 때때
로 약간의 차이가 있다는 기록이 있다. 그렇다면 고구려와 혁철(나나이족)
은 종족적, 언어적, 문화적인 연관성들을 진지하게 검토해 볼 필요가 있
다. [203] 언어의 동일함과 차이를 떠나서 이 지역은 고조선문명의 핵심권과
밀접한 관련이 있고, 일부는 주변부였음을 알 수 있다.

에벤키(Evenki)족은 동쪽으로는 태평양 연안에서 서쪽으로는 오비
(Obi)강, 이르티시(Irtysh)강에 이르는 넓은 지역에 흩어져 살고 있다. 과거
에는 캄니간(Khamnigan), 퉁구스(Tungus), 오르촌(Olunchun), 솔론
(Solon), 야쿠트(Yakut) 등으로 불렸으나 지금은 에벤키[204]라는 종족명으
로 통일되었다. 그 밖에 흑룡강의 하류지역에 살았던 군리(窘說) 등은 곧
고아시아 종족의 일부였다. [205] 수나라와 당나라 시대에 현재 캄차카 반도

---

202) 孫進己 지음/ 임동석 옮김, 《東北民族源流》, 동문선, 1992, p.65.

203) 高靑山 外, 《東北古文化》, 春風文藝出版社, 1988; 백산자료원 再刊, 1994. 方衍
主 編, 《黑龍江少數民族間史》, 中央民族學院出版社, 1993.

204) 에벤키, 곧 '거대한 산림 속에 사는 사람들' 주로 시베리아 산림에서 순록을
키우고 사냥을 하는 유목 수렵생활을 하고 있지만 중국. 몽골의 북동부 지역
에 사는 에벤키인들은 소나 말을 사육하면서 농업에 종사하기도 한다.

205) 제임스 포사이스 지음/ 정재겸 옮김, 《시베리아 원주민의 역사》, 솔출판사,
2009, p.116. 흑룡강(아무르강) 하류의 우수리강 합류점 너머에, 그리고 우수
리강과 시호테알린(Sikhote Alin)산맥 사이에 현대의 나나이(Nanai)족, 울치
(Ulchi)족, 우데게(Udeghe)족, 그리고 오로치(Oroch)족 등의 조상인 만주-퉁구
스족이 살고 있었다. 또한 아무르강 하구 주변에 그리고 사할린섬의 북서부
해안을 따라서 니브흐(Nivkh)족이나 길랴(Gilyak)족이 살고 있었다. 아무르강
계곡, 특히 그 중류와 하류 지역에는 인구가 아주 조밀했다. 다후르족이 약
9,000명, 주체르족과 기타 만주족이 1만 4,000명 이상, 그리고 퉁구스족과 니

에는 야차(夜叉), 사할린에는 유귀(流鬼)라는 어렵과 사냥 종족이 살고
있었다. 《신당서》 유귀전에는 '늪과 못이 많고 물고기와 소금이 풍부하다.
정관 14년(640년)에 왕자 가야여 등이 초피를 가지고 세 번 통역을 거쳐
조공해 오므로, 이들에게 기도위라는 벼슬을 주어 보내었다', 《통전》 유
귀전에는 '말갈은 배를 타고 바다를 건너 이 나라(유귀)와 무역을 하며'라
는 기록이 있다. 이때 유귀의 위치에 대해서는 지금의 캄차카 반도라는
설과 지금의 쿠릴섬(사할린섬)이라는 설이 있다.[206]

　고조선문명권과 직접 또는 간접적으로 관련을 맺었던 이들은 자연환
경과 생활조건상 독자적인 정체체를 형성하거나 문명을 생성시키는 일이
불가능했다. 따라서 보다 큰 정치체 또는 문명권의 범주에서 고조선과 연
결되었을 가능성을 제안하면서, 증거들을 찾을 필요성이 있다. 결론적으
로 필자가 설정한 고조선문명권의 주체들은 국가, 종족, 부족, 씨족 공동
체들의 각각 다른 구성원들이며, 그들이 거주한 자연환경은 앞장에서 살
펴본 바와 같이 크고 작은 차이점들이 있다. 또한 역사적으로도 경험한
내용들이 다소 차이가 있다. 하지만 사용한 언어와 역사적인 경험들을
고려하면 '문명공동체'일 가능성이 크다. 즉 한반도 북부와 만주지역에서
명멸했던 예맥 계통의 주민들, 동호계통의 선비계, 거란계 주민들, 숙신
계의 주민들, 그리고 기타 종족들은 고대에는 강고하진 않지만 느슨한 역
사공동체였다.[207]

　고조선문명이 붕괴한 후 종족적으로는 부여의 지파인 두막루(豆莫

---

　브흐족은 수천 명에 달했다.

206) 원나라 때 길리미는 지금의 흑룡강 하류에 있었고, 외골은 지금의 사할린섬
　　에 있었다. 손진기의 앞의 책 참고.

207) 필자는 박은식, 신채호, 최남선, 문정창, 윤내현, 그리고 최근의 신용하 같은
　　분들의 학설과 약간의 견해 차이는 있지만 큰 맥락 속에서는 유사하다. 필자
　　의 관점에 대해서는 다음 논문들을 참고할 것. 윤명철, 〈한국 고대사 연구의
　　반성과 대안〉, 《단군학 연구》 11, 단군학회, 2004; ---, 〈고구려를 바라보는
　　몇가지 관점〉, 한민족학회 창립기념학술회의 발표논문, 한민족학회, 2006 등.

婁)[208]는 물론이고, 선비 오환 거란을 비롯해, 거기서 갈라져 나온 실위, 해, 고막해 등 또한 후대 사료에 나타나는 다호르 등의 몽골계 여러 종족들은 언어 풍습 등에서도 유사한 점이 많다. 또한 숙신, 읍루, 물길, 말갈로 시대에 따라 명칭이 변하는 종족과 그들의 주변부에 거주했거나 가지를 친 에벤키(鄂溫克), 오로춘(鄂倫春), 우디거(兀底改, 赫哲, 나나이) 등 군소종족 등 북방 퉁구스계, 유귀(流鬼) 등 고아시아계통의 종족들 일부도 고조선 시대에는 고조선문명권의 범주로 파악할 필요가 있다. 일부는 비록 주변부인 위성의 위치에 있었지만 고조선문명이 발전하는데 간접적으로나마 자기역할을 한 존재였다.[209] 이러한 고조선의 주민들은 고조선문명권이 붕괴한 이후, 이어 고구려와 발해가 멸망한 이후에는 각각 여러 방향으로, 여러 지역에서 국가의 형태를 이루었고, 또는 독립되었다.

## 4. 고조선문명권의 내적논리(內的論理)

'내적논리'라는 것은 무엇일까? 2장에서 설명하였지만 간략하게 설명한다. 인간은 다른 무엇과 관계를 맺고 자신을 전달하며, 사건과 현상을 해석하기 위해서는 반드시 '논리(logic)'와 도구인 '기호(code)'를 필요로 한다. 역사적 과정은 자연사적 과정과 달리 생존의 유지나 생활의 영위를 넘어서는 '목적지향성'이 있다. 따라서 역사에서는 일정집단, 또는 일정체제가 더욱 공고화되고, 내부의 통일성을 기하고자 할 때 전체를 하나로

---

208) 《북사》 권 94 열전 82, "豆莫婁國 豆莫婁國 在勿吉 北千里 舊北夫餘也".
209) 단재 신채호 선생 기념사업회, 《단재 신채호 전집 상》(개정판), 형설출판사, 1995, pp.33~35. 《조선상고사》에서는 〈제1장 조선고대 총론〉의 1. 조선민족의 구별에서 "조선족이 분화하여 朝鮮, 鮮卑, 女眞, 蒙古, 퉁구스 등의 종족이 되고 흉노족이 흩어져서…"라고 하였다.

연결시켜 주는 논리와 명분이 필요하다. 즉 자기집단의 '존재이유'와 '존재
과정'을 효율적으로 설명하고, 즉 '존재방식'을 생산한 '내적논리(內的論
理)'가 필요하다. 특히 동일집단으로서 내적 통일성(內的 統一性)을 유지
한 채 장기간 지속되어 온 집단에게는 더욱 그러하다. 이 논리는 우주관,
세계관, 인간관, 국가관, 공간관, 시간관, 문화관을 비롯하여 실제 생활
영역에 다양한 형식으로 구현되어 있다.

자연환경을 포함한 공간의 연속성, 주민과 문화의 부분적인 계승성을
고려하고, 주변 지역의 상황 등을 고려할 때 신석기시대 이후부터 고조선
문화와 사상은 생성되고, 문명권의 원핵(原核)은 만들어졌을 것이다. 고
조선의 건국과 발전 및 장소 등에 대해서는 다른 견해들이 있지만, 고고
학적인 유물과 유적 등을 보면 서기전 15세기쯤에는 국가의 형태와 성격
을 갖추었을 것이다. 특히 서기전 6~7세기부터는 도시가 생성되었고, 주
변의 다른 종족 및 정치체들과 정치적인 경쟁과 교환의 경제활동을 했으
며, 문화 교류와 갈등도 있었다. 이렇게 발전된 정치체를 구성하고 문명
권의 핵 역할을 하면 신앙, 사상, 또는 종교, 예술 등의 논리는 어떠한 형
태로든 존재해야만 한다.

그런데 지금도 고조선 사상의 유무(有無)에 대한 논의가 계속되고
있다.[210]

왜, 고조선문명권은 사상이나 예술 등의 논리가 빈약하거나 또는 없
었다고 인식되었을까? 이러한 현상은 다른 주제들과 동일하게 고조선
과 연관된 사료 등 자료의 부족 등 때문도 있지만, 중화적 사관, 일본
인들의 규정, 서양적인 판단 기준을 적용한 탓도 있음을 부인할 수 없
다. 그리고 문명과 문화, 종교, 사상, 논리 등의 정의와 성격에 대한 오
해가 있었기 때문이다. 즉 고등종교, 고등문명, 거대국가, 복잡한 논리
체계를 전제로 사상과 문명권의 핵을 파악하였기 때문이다. 그리고 오
랫동안 우리 문화권에 대한 자의식을 상실하면서 존재 여부에 대한 심

---

210) 임재해는 고조선의 설화, 종교, 민속, 놀이 등을 종합적으로 분석하여 규명하

각한 고민이 부족하였고, 또 구체적인 내용을 탐구하려는 노력도 부족했었다고 생각한다.

이 장은 몇 가지 목적을 갖고 작성한다. 우선 고조선 사상과 미학은 존재했다는 것을 전제로 삼는다. 때문에 어떤 논리와 형태로 존재했고, 역사에 어떤 방식으로 표현되었으며, 어떻게 작동하여 왔는가를 찾고 규명하는 방식을 취한다.

첫째, 우리 정체성의 핵심과 역사상의 본질을 알아야 한다. 이것은 고조선의 존재 가치를 확인하고 고조선문명권의 본질을 확인하는 작업이다. 모든 존재물은 탄생한 이유가 있고, 왜 탄생했는가를 추구하고 알려는 작업은 개인 집단을 막론하고 불가피한 작업이다. 그 존재 이유는 '세계관' '가치관'을 포함한 사상의 '원핵'에 집약되어 있다. 필자는 이를 '내적 논리'라고 표현했다. 우리 민족국가와 문화의 첫 시작은 원조선이고, 그들에 의해 생성된 문명이다. 따라서 고구려, 부여, 백제, 신라, 가야 등을 통해서 현재의 우리에게 전승되어 온 사상의 원핵을 찾는 것은 정체성의 핵심을 이해하는 길이다.

둘째, 고조선문명권 또는 우리 역사 발전을 이해하고 평가하며, 객관성을 유지하면서 다른 문명권과의 비교를 할 필요가 있다. 주변에는 고조선문명 또는 우리의 역사를 압도했다고 자타가 믿는 중화문명이 있다. 모든 존재물은 고유한 존재양식과 고유양식을 겸비한다. 다만 보편성과 고유성의 배합비율만 차이가 있을 뿐이다. 그리고 고유성이라는 것은 독특하고 필수적인 존재 가치와 이유를 뜻한다. 그렇게하면 고조선문명권을 정확하게 이해하고, 고유성과 존재가치를 정확하고 구체적으로 인식하려면 상대 또는 주변 문명과 비교해야 할 필요가 있다. 이때 비교의 유효한 수단 가운데 하나가 사상, 종교, 예술 등을 포함한 '내적 논리'의 비교이

---

여다(임재해, 《고조선문화의 높이와 깊이》, 경인문화사, 2015). 김양동은 한국 고대문화의 원형을 빛과 연관시켜서 글자를 비롯한 부호 및 문헌, 그리고 다양한 상징들을 분석하였다(김양동, 《한국 고대문화 원형의 상징과 해석》, 지식산업사, 2015).

다. 따라서 우리의 내적 논리를 규명할 필요가 있다.

그 밖에도 몇 가지 이유들이 있다. 예를 들면, 한민족은 물론 인류에게 새로운 문명이 필요하다면 대안모델로서 어떠한 가치가 있을까 등이다. 따라서 이 부분에서는 고조선 또는 고조선문명권이라는 실체가 지닌 또 다른 가치인 사상 등을 살펴본다. 이어 미학으로 표현하는 예술의 내적 논리를 살펴보고, 사상과 비교해 본다.

그런데 이러한 작업을 하는 데는 몇 가지 한계들이 있다. 고조선의 사상과 미학을 탐구할 대상들이 매우 부족하다. 탐구할 자료들의 내용과 논리들은 소박하고, 구체성이 덜하다. 즉 고대국가나 문명권이 보유한 흔적들이 많지 않다는 것을 의미한다. 또한 고조선문명권이 존재했던 자연환경의 특이함도 큰 이유가 된다. 이에 따른 생활양식, 예를 들면 대규모 농경을 기반으로 한 정주문명이나 이동성과 조직력이 강력하여 군사적인 유물이나 행적을 기록한 자료들이 많지가 않다. 고조선은 정주형 중앙 집권적인 국가로서 발달하지는 못했으며, 정치와 경제, 문화 등이 소규모 공간으로 집약된 도시국가가 아니었고, 고도로 집약된 율령국가(律令國家)가 아니었으며, 복잡한 논리나 신앙 또는 체계적이고 조직적인 종교 등이 존재한 것도 아니었다. 제정일치적 성격이 강한 국가였기 때문이다.

그렇다면 고조선문명권의 내적 논리, 사상의 내용 증거들, 증거들은 어디서 어떤 방식으로 찾을까? 전체적으로 내적 논리의 본질과 실체를 파악하려면 '논리', '시스템', '문화'의 세 부분을 종합적으로 규명해야 한다. 그리고 구체적으로는 첫째, 신앙을 포함한 종교, 둘째, 시원신화, 건국신화, 셋째, 문화, 철학, 미학, 넷째, 제도 등 몇 가지 요소를 살펴본다.

우선 명시적인 증거가 되는 역사적인 자료들을 살펴보아야 한다. 고조선 또는 고조선문명권과 연관된 해당 시대의 사료들은 많지 않으므로, 후발국가이면서 고조선문명권을 계승한 고구려(高句麗) 및 삼한(三韓) 등의 사료를 이용하면 된다. 그 밖에 비역사적인 자료들이 많다. 비록 암시적인 증거들이지만, 내적 논리 자체가 추상적이고, 상징적이며, 암시적인 성격을 띄고 있으므로 이러한 것들 또한 내적 논리를 탐구하는 데 유용한 자료들이 될 수 있다. 예를 들면 언어, 국호, 왕명과 특별한 위치에 있는 존재에 대한 인명, 특정한 자연물과 자연현상에 대한 칭호 등은 다 분석의 대상이다. 그리고 우주의 탄생을 반영한 시원신화, 단군신화 같은 시조신화 겸 건국신화 등의 신화, 다양한 종류의 문화, 설화, 민속 행사와 의례(ritual)를 갖춘 신앙 등[211]이 있다.

또한 '미학'이 반영된 그림 조각 등의 예술품, 기능적 관점이 아닌 의미와 미의식을 반영한 의복, 실용성과 함께 자연관, 방위관 등의 세계관을 반영한 거주지의 선택기준과 과정, 심지어는 음식까지도 집단과 문명의 내적 논리가 반영되었고, 숨겨져 있다. 특히 상징성을 반영한 건축물이나 기념비 등은 기본적으로 중요하다.[212] 또한 특정한 형태 속에 의미를 담은 용품들, 예를 들면 비파형 동검, 청동거울, 토기 소조품 등의 장식품들도 중요한 분석의 대상이다. 그리고 문화집단의 다양한 점을 반영하여 쌓은 무덤들이 있다. 예를 들면 고인돌 같은 독특한 형태의 무덤은 위치와 형태, 놓여진 방향 등이 특별한 논리를 반영하고 있다.

이 장에서는 주된 분석 대상으로 비역사적인 자료로서 가치가 높은 단군신화와 연관된 신앙 등을 살펴본다. 신화는 현존세계의 존재방식을 무언가의 형태로 결정한 사건에 대한 논리체계이다.[213] 단군(壇(檀)君)신화는 고조선의 건국과 과정을 배경으로 삼고 있으며, '자연관', '세계관'

---

211) 윤명철, 〈巫敎에서 본 생명관-'무교사관'의 설정을 위한 시도〉, 〈동아시아고대학〉 33집, 2014.

212) 윤명철, 〈壇君神話 해석을 통한 장군총의 성격 이해〉, 《단군학연구》 19호, 2008; ---, 〈역사를 통해서 본 고구려 미학의 탐구〉, 《미술문화연구》 3호, 2013; ---, 〈광개토태왕비, 美 論 意 -광개토태왕비에 표방한 미학과 논리-〉, 《고조선단군학》 30집, 2014; ---, 〈고구려 문화 속의 '3의 논리' 탐구 시론〉, 고조선단군학회 제64회 학술발표회 -고대문화와 숫자-, 2015.

213) 王彬, 《神話學 入門》, 금란출판사, 1980. 신화에 대한 일반적인 학설 등을 소개하고 있다. 위의 내용은 신화의 정의 등 다양한 학설 등을 필자의 견해에 따라 재정리한 것이다.

등을 포함한 '우주관', '인간관', 그리고 '운동관' 등을 포함한 역사관 등을 가장 논리적이고 체계적으로 표현하고 있다. 따라서 단군신화를 분석함으로서 고조선문명권의 내적 논리 즉 사상, 제의, 습속 등과 문화의 변천, 역사의 흐름 등을 인식하며, 또한 현재까지 영향력 있는 집단논리로서 작용하는 고대 세계 등을 이해할 수 있다.[214]

## 1) 단군신화 속의 내적 논리

단군신화(壇君神話)는 철저히 조직적으로 구성되어 있고 자신의 논리를 치밀하고 정확하게 표현하고 있다. 특히 분석의 대상으로 삼고 있는 《삼국유사》의 고조선 조항에 기록되어 있는 단군신화는 이승휴(李承休)가 쓴 《제왕운기》(帝王韻記)에 실려 있는 단군신화 및 기타의 기록과 여러가지 면에서 차이가 있으며 매우 치밀하고 논리적이다. 신화적으로 기술한 부분은 '석유환인(昔有桓因)'부터 호왈단군왕검(號曰壇君王儉)'까지이다. 이 부분은 전체문장이 3부의 구조로 되었고, 내부에 24개의 주요한 신화소(神話素)로 구성되어 있다. 1부는 천손강림신화이고, 2부는 지모신 신앙이며, 3부는 두 개의 이질적인 신앙 내지 문화가 습합하는 과정과 '단군왕검(壇君王儉)'으로 상징되는 통일체를 완성하는 대단원이다.[215]

첫째는 우주관이다. 앞 글에서 세계의 운동방식과 구성체계를 '터와 다핵(多核, field & multi core)이론'으로서 설명하였다. '터'는 공간을 시간과 주체가 합친 개념으로서, 공간 또한 지리·기후 등 자연지리의 개념과 틀을 포함하면서, 생태계·인간의 거주형태·국가 등의 정치체제·역사와 문화 등 모두 아우르는 총체적인 환경이다. 생명력을 가진 유기체로 본다.

단군신화는 우주관에서 공간의 구성을 천(天)과 지(地)를 기본으로

---

214) 윤명철, 〈근대사관 개념으로 분석한 단군신화〉, 《경주사학》 10집, 1991 참고.

215) 윤명철, 〈壇君神話에 대한 구조적 분석〉, 《한국사상사학》 2집, 한국사상사학회, 1998에서 상세하게 논하고 있다. 아래 글에서 전개하는 단군신화의 논리와 구조는 이 글을 토대로 기술하였다.

본다. 하지만 하늘에 상대적으로 비중을 많이 둔다. 때문에 신화의 첫 부분은 '천손강림신화'로서 석유환인(昔有桓因)부터 재세이화(在世理化) 까지를 나타내고 있다. 그리고 천숭배 집단의 문화적 특성을 보여주는 다양한 신화소가 신화 전체에서 반복 중첩되면서 표현되고 있다.[216] 첫 문장에서 우주관을 표현하면서 하늘을 상정하고 있다. 우리가 하늘을 숭배했다는 증거들은 제의, 언어, 풍속, 신화 등에서 다양한 형태로 강하게 나타났다.

석유환인(昔有桓因, 謂帝釋也)이라는 문장에서 환인은 발음으로 그 의미를 분석하면 '환'은 '크한(可汗)'과 함께 '한'의 전음(轉音)으로서 〈환하다〉와 같이 '밝음'을 나타내며, '인'은 임(님)으로서 최고의 구원(究遠)의 존재, 지고(至高)의 존재, 숭배(崇拜)의 대상을 나타낸다.[217] '한'은 고대의 한자 이두로 그 음을 가차할 때, 환(桓)·한(韓)·한(汗)·간(干) 등 다양한 글자로 음역이 되어 신명·국명·산명 등에 쓰여 왔다. 그리고 지고·최고·진리·완전 등의 다양한 뜻을 지니고 있다.[218] 따라서 환인은 다른 건국신화에서 보이는 바와 같이 태양신이 되어 천숭배사상의 대상이 된다.[219] 환웅(桓雄)의 성격에서 〈환〉(桓)의 의미는 태양신 내지는 천신(天神)이 됨을 알 수 있다. 또한 환웅은 태백산정(太伯山頂)에 내려와서 신시(神市)를 건설하였는데, 태백산(太伯山)은 말뜻에서 보듯 태양숭배사상을 표상하

---

216) 宋恒龍은 〈한국고대의 도교사상〉, 《철학사상의 제문제》, 정신문화연구원, 1984, p.245에서 "檀君神話는 우리 고대인이 가졌던 하늘에 대한 신앙 곧 천사상을 드러내고 있는 신화라 할 수 있다"라고 하였다.

217) 李鍾益, 〈한밝思想考〉, 《동방사상논총》, 1975, pp.424~425; 안호상, 〈고대한국사상에 관한 연구〉, 《아세아연구》 5-1, 1962, p.175.

218) 안호상, 위의 논문, pp.164~170.

219) 琴章泰, 〈한국고대신앙과 제의〉, 《문리대학보》 19, 1963, p.7. 참조.
주몽신화의 예에서 천제인 해모수의 성이 '해'인 것은 우리말 태양을 가리킨다. 주몽에 관한 표기를 보면 天帝子(《삼국유사》 권 제1 고구려조), 皇天之子(廣開土王陵碑), 日月之子(牟頭婁墓誌), 日子(《위서》 권 100 고구려전) 등으로 日과 天을 동일시했다.
최남선, 김정학, 황패강, 이만열 등은 역시 환인을 태양신으로 보고 있다.

고 있다.[220] 그런데 하늘은 구체성을 띨 때 빛 또는 해〔太陽〕 등으로 형상화된다. 때문에 다수의 신화소 즉 환인·환웅·태백산·천왕 등이 직접적으로, 기타 신화소들은 간접적으로 빛을 상징하고 있다. '붉'신앙은 바로 이같은 형태로서 천숭배 신앙과 궤를 같이한다.

두 번째는 대지를 상정하고 표현한다. 지(地)는 일반적으로 토지로 인식되고 있으나, 이러한 인식은 농경문화권의 소산일 뿐 모든 분야에 적용되는 것은 아니다. 유목문화권에서는 가축 등의 식량원인 풀이 중요하므로 초원을 의미한다. 삼림문화권에서는 숲과 나무가 중요해서 신목(우주목 세계수), 성스러운 숲 등이 등장한다. 역시 호수와 강이 많은 곳에서는 그것들이 우주를 구성하는 중요한 요소로 등장한다. 다만 고조선문명권의 일정한 단계를 표현한 단군신화에서는 지는 지모신(地母神) 신앙과 결합하여 토지를 의미한다. 이미 구석기시대 이후로 곰〔熊〕숭배신앙이 있었는데, 신석기시대에 이르러 곰〔熊〕은 동면동물이 지닌 재생관념과 검은 피부라는 신체적 특성으로 말미암아 농경문화와 결합했다. 그리고 고조선문명권에서는 지모신인 곰신으로 전화되었다.

이러한 공간은 특별한 의미와 가치를 지녀야 하고, 그러기 위해서는 명분과 정당성이 있어야 한다. 때문에 무교에서는 공간의 신령성을 확보하는 작업들이 이루어졌고, 공간 사이의 교환과 '합일의례' 등이 시행됐다. 이를테면 제의 장소나 수도를 선정하는 일은 절대적인 의미를 지녔다. 단군신화에는 하늘과 땅을 이어주는 특별하고 의미깊은 공간을 설정했다. '천' '신시' '삼위태백' '태백산정' '신단수하' '혈' '백악산' '아사달' '궁홀산' '금미달' '장당경' 등이다. 이러한 자연물 자연현상은 모두가 주체의 의지가 작동해서 선택된 역사공간이다.[221] 이러한 예는 고구려의 '웅신산(熊神山)' '웅심연(熊心淵)' '대혈(隧(燧)穴)' 등 마한의 '소도(蘇塗)'와 '별읍(別邑)' 등과 신라의 '계림(鷄林)' 등 역사상의 여러 부분에서 나타난다. 또

---

220) 李種益, 앞의 글, p.419와 pp.432~434 참조.

221) 엘리아데의 '성속 이론'에 따르면 천상의 '원형'을 반복, 즉 신들의 행위를 통해서 '카오스'를 '코스모스'로 변화시키는 일을 반복한다.

한 '터닦이' '개토제' 등의 민속이나 당굿 등의 신앙으로서 곳곳에서 다양한 모습을 띠고 행해져 왔다.

또한 시간의 문제가 있다. 인간은 의도적으로 시간을 주재하며 구애받지 않는다. 시간의 지양을 통해서 영속성을 가진 신을 만들어 내고 신을 통해서 자기의 정신능력을 강화시켰다. 때문에 신화와 무교에서는 역사가 발전한다는 인식을 갖고 있지 않다. 이는 시간의 흐름이나 진보를 불인정[222]하고, 시간은 태초부터 미래까지 연속적으로 이어진 것으로 인식하는 태도이다. 한편 시간의 외연을 확대시키는 일을 할 목적으로 재생(再生)과 연관된 의식을 실현한다.[223]

재생이라는 것은 '옛날 옛날', '태초에――' 등으로 표현되는 사물과 사건의 기원 또는 국가와 종족의 탄생과 연관된 사건을 기억하고 재현하면서 반복행위를 하는 것이다. 즉 시간에 생명성을 부여하고 재생을 반복하는 것이다. 그런데 새해 행사를 비롯하여 부여의 영고, 고구려의 동맹, 동예의 무천 같은 제의는 이러한 특별한 시간에 생명성을 부여하는 행위이다. 이러한 논리와 형식 그리고 제의는 무교의 범주에 속하거나 깊은 관련성을 맺고 있다. 단군신화와 연관이 깊을 뿐만 아니라 고조선문명권의 신앙적인 성격을 띠었을 형태를 '무교'라고 설정했다.[224]

또한 단군신화는 우주관 속에서 '생명성'을 표방한다.[225] 고대 세계에서는 자연과 자신의 위치를 설정하는 일이 중요했고, 그에 따라서 개체는

---

222) 역사적 시간, 신화적 시간, 무교적 시간, 현실적 시간 등의 분류가 있다.

223) 멀치아 엘리아데(M, Eliade) 지음/ 鄭鎭弘 옮김, 《우주와 역사》(Cosmos and History), 현대사상사, 1976. 엘리아데는 전통사회 혹은 고대사회의 인간들은, 자기들이 살고 있던 여러 제도의 모델이나 여러 행동의 범주를 위한 규범이 시간을 비롯한 태초에 '계시'된 것이라고 한다. '원형(原型, archetype)', 모범이 되는 '모델(exemplary)', '本(paradime)' 등의 용어들은 그러한 독특한 사실들을 강조하기 위한 것이다.

224) 윤명철, 〈巫敎에서 본 생명관-'무교사관'의 설정을 위한 시도〉, 《동아시아고대학》 33집, 2014.

225) 윤명철, 〈동아시아의 상생과 동아지중해모델〉, 《21세기 문명의 전환과 생명문화》, 경기문화재단, 2003.

물론 문명의 흥망성쇠가 결정되었다. 인간은 사실 여부, 분석, 검증 여부 와는 무관하게 본능, 직관, 간단한 표면적인 관찰과 비교를 통해서 자연 의 일부라는 인식을 끊임없이 확인하고 재생하는 작업을 전개해 왔다. 그 때문에 천지창조신화, 건국신화 등을 비롯한 각종 신화들은 다양한 자연현상과 자연물에 대한 인식을 표현하고 있다. 단군신화에서는 해· 달·바람·비·구름·산·신단수·곰·범 등의 동물, 식물 등에 신성을 부여 하고, 신으로 대하고 있다.[226] 그리고 단군신화의 내용을 재현하는 제천 의례, 마을굿(동제, 도당굿, 부락제), 농신제, 산천제, 산신제, 용왕제 등 에서는 '자연성' '생명성' '신령성'을 인정하고 재생시킨다.

고조선문명권의 내적인 논리를 계승한 우리 역사와 신앙에서는 자연 은 생명력과 신성한 힘이 있다고 인식한다. 마찬가지로 공간은 자체의 생 명력을 갖고 있으며, 이 생명력은 끝없이 갱신 재생되어야 한다는 인식이 있다. 즉 생기처(生氣處) 또는 생기의 결정체라는 의미를 내포하고 있는 데, 이를 '생기신앙'으로 표현하기도 한다. 산신고사, 개토제 등은 바로 이 러한 공간의 재생작업을 의미한다. 자연물과 자연현상을 생명체로 인식 하고, 그 영성(靈性)을 인정하였다.[227] 정령신앙(精靈信仰)은 인류의 역사 에서 가장 원초적인 신앙형태이며, 보편적인 신앙이다. 특히 무교(巫敎)로 범주화시킬 수 있는 신앙과 종교 등은 자연친화적이고, 자연을 경배와 공 존의 대상으로 여긴다. 동시에 무교는 '역할론'에 비중을 두면서 전체로서 의 자연 속에서 부분으로서의 인간의 가치와 위상을 높게 평가한다.

두 번째는 인간관이다. 단군신화는 고도의 논리로 구성된 인간관을 표방하였다. 역사의 주체는 신과 함께 인간이고, 신의 선택과 인간의 의 지가 작용해서 비롯된 것임을 밝히고 있다. 또한 역사운동의 목적이 '홍 익인간(弘益人間)'이라고 명시하여, 주체의 변천이 환웅, 웅 등의 신에서 변신과 복잡한 재생 과정을 거쳐 신인(神人, demi-god)을 지나서 인간으

---

226) 全圭泰, 《韓國神話와 原初意識》, 二友社, 1980, p79.

227) 임재해, 앞의 책, pp 252~256.

로 가는 과정을 사건의 전개와 아울러 상세히 표방하고 있다. 이 신화에
서 궁극적인 목적은 단군왕검의 탄생이라는 새로운 질서의 완성이고, 그
질서를 이루는 논리의 핵심은 홍익인간이다. '數意天下 貪求人世 父知子
意 下視 三危太伯 可以 弘益人間'이라는 문장은 처음부터 목표가 분명했
다. 다만 그것을 실현하는 과정이 매우 복잡하고 치밀하게 구성되었다.
'常祈于神雄 願化爲人 時神遺靈艾一炷 蒜二十枚曰 爾輩食之 不見日光百
日……而不得人身'이라는 문장은 웅·호는 인간이 되기 위한 의지를 강력
하게(常) 표방했으며 그 기원의 대상은 神(桓)雄이다. 이것은 환웅이 인세
(人世)를 구하여 수의천하(數意天下)하는 것과 같은 의지의 표방이다.

'忌三七日 熊得女身 虎不能忌 而不得人身'이라는 문장에서 나타나는
'삼칠일(三·七日)'은 탄생의례를 표현한 것이다. '웅득여신(熊得女身)'과 '호
부득인신(虎不得人身)'이란 말은 웅이 처음부터 여자의 몸을 원했고 호는
여자 아닌 사람 즉 남자를 원했다는 것을 뜻한다. 그리고 환웅이 그들에
게 부과한 금기의 시간적 한계는 '백일'이었다. '3·7'은 우리 민속에서 산
욕(産俗)과 관련되어 흔히 사용되어 왔다.[228] 따라서 삼칠일(三·七日)이
'생명탄생'의 원리를 갖고 있다면, 그와 대체 또는 공통의 의미를 갖고 있
는 백일은 생명의 탄생 즉 재생을 위한 준비기간 즉 죽음의 기간을 상징
한다고 볼 수 있다.

그리고 여신을 얻은 웅녀는 혼인할 상대가 없어 신단수 아래에서 자
주 빌면서 인간이 되려는 자기확인을 계속한다(熊女者無與爲婚 故每於壇
樹下 呪願有孕生者). 그리고 비로소 환웅과 결합한다. 이렇듯 철저한 인
간주의는 여성 몸을 획득한 웅녀와 결합할 때 환웅이 신이 아닌 '가화인
(假化人)'의 모습으로 나타나면서 거듭 확인이 된다. 즉 신들의 자식인 단
군이 신이면서도 '인격'을 갖추기 위해서, 즉 '반신반인(半神半人, demi

---

228) 김성배, 《한국의 민속》, 集文堂, 1980, pp.150~152 참조. 金圭泰, 《한국 신화
와 原初意識》, 二友社, 1980, p.142 참조. 어린애를 낳으면 '세·이레' 즉 '21'일
이 지나야 비로소 생명을 시작한다고 여겨 대문 앞에다 왼새끼 인줄을 드리워
신생아를 보호하였다.

god)'이 아닌 완전한 인간으로 변신하기 위하여 제1단계로 웅의 '여신화 (女身化)'가 필요했고 그 다음은 환웅 자신의 '가화인(假化人)'이 필요했 다. 환웅은 신의 자격이 아니라 '가화(假化)'하여 '신인(神人)'의 성격을 갖 고 결합을 한다. 이렇게 볼 때 단군은 신인과 신인과의 결합에서 탄생한 인간이었다. 그리고 환인이 부여했고, 환웅이 실현하고자 했던 '홍익인간' 의 주체자였다. 다만 마지막에는 결국 산신으로 돌아간다. 결론적으로 이 문장은 신인의 성격을 가진 단군의 탄생을 이야기하고 '가화'에서 볼 수 있듯이 철저한 '인간주의'로 구성되어 있는 것이다.

세 번째는 운동관이다. '常祈于神雄~號曰壇君王儉' 부분은 천손인 환 웅과 지모신인 웅이 결합하여 금기와 중간 단계, 예비상황 등 변증법적 인식과 행위를 통해서 단군왕검이 탄생하는 과정이다. 철저한 2중의 갈 등구조를 설정하고 그 갈등구조를 조화와 균형의 구조로 해결해 가는 과 정을 치밀하고 입체적으로 나타내고 있다.

그리고 그 갈등구조는 다양하고 중첩되어 나타나고 있다. 우선 신과 신들의 갈등(환인과 환웅, 환웅과 웅·호, 웅과 호)이 있고, 신과 신인(환웅 과 웅녀)의 갈등도 있다. 그런가하면 신인과 신인(웅녀와 가화한 환웅)의 갈등이 있어 중첩적이다. 그리고 성격상의 갈등구조도 많이 있다. 농경과 유목문화, 삼림문화 사이의 문화적 갈등이 있는가 하면, 천신과 지모신 의 종교적 갈등관계. 천과 지, 아버지와 아들, 남과 여, 광명과 암흑 등 성격 간의 갈등이 있다.[229] 하나의 상황과 질적으로 다른 또 하나의 상황 이 관계를 맺을 때는 어떤 형태의 강한 운동이 발생을 하고 그것은 갈등 의 형태를 갖는다. 그런데 두 상황의 과도한 대립과 파국, 즉 생명을 파기 를 막기 위해 완충장치를 설정하거나 갈등의 근원 자체를 흡수하여 통합 된 상황을 만들어 낸다. 그 완충장치는 예비상황이나 중간단계의 설정인 데[230] 단군신화의 상당부분은 바로 이 완충장치를 설정하는 과정에 할애

---

229) 윤명철, 〈단군신화에 대한 구조적 분석〉, 《한국사상사학》 2집, 한국사상사학 회, 1988, p.192, pp.195~202 참조.
230) 중간단계와 예비상황 등 완충장치에 대한 견해는 윤명철, 〈단군신화에 대한

하고 있다.

즉 환웅의 상대적 존재이면서, 지도를 받는 곰과 호랑이는 굴('同穴而居')에 유폐되어 햇빛을 보지 못하였다가('不見日光百日') 웅은 금기를 잘 지켜 사람 몸을 획득하였다. 그 후에 다시 '無與爲婚 故每於壇樹下 呪願有孕生子'하자 가화한 웅을 다시 만나 혼인하여 단군왕검을 낳았다. 이는 하늘 또는 해가 곧 단군탄생의 원천임을 여러 단계를 거쳐 표현한 것이다. 하지만 웅은 신질서를 수용하는 과정에서 외부의 충격과 압력을 받아 기존질서를 포기하고 피동적으로 신질서를 수용한 것으로 보여질 가능성도 있다. 그러나 환웅이 일방적으로 자신의 질서를 강요하는 것이 아니라 웅과 부분적인 타협을 시도하는 일은 웅이 일방적으로 굴복한 것이 아님을 보여준다. 더구나 환웅이 질적전화를 한 웅녀와 혼인하여 단군왕검을 탄생케 한 것은 두개의 질서가 몇 단계를 거치고, 일정한 타협을 통해서 성립된 사실을 보여준다. 공동주체자의 자리를 확보한 것이다.

단군왕검[231]이라고 하여 단군과 왕검으로 나타나는 '붉신'과 '굼신'이 결합하여 만든 '밝감'이라는 합성명사로서 합일의 모습을 마지막으로 강조하고 있다. 천과 지, 부와 모, 남과 여, 광명과 암흑의 철저한 이원적 대립을 상징한 환웅과 웅녀의 양 존재가 결합한 결정체로서, 우주의 모든 2원 대립을 해소함으로써 합일되는 '3(三)의 논리'를 상징하고 있다.

단군신화가 지향하는 것은 갈등과 대립이 아니라 조화와 합일을 지향하는 것임을 보여준다. 다시 말해서 이 신화를 창조하고 영위한 집단의 역사관이 역사발전의 목적을 상생에 두고 있다는 것을 말한다. 이는 신

---

변증법적 분석〉, 《東國史學》 23집, 동국사학회, 1989, p.29 참조.

231) 단군왕검이라는 용어는 일연의 삼국유사에만 기술되어 있는 용어로서 승려 일연의 역사인식을 추측케 하며 단군신화가 가진 합일 역사관을 가장 본질적으로 함유하고 있는 합성명사이다. 일반적으로 단군과 왕검을 따로 해석하고 단군을 제사장, 왕검을 정치적 군장으로 해석하는 경향이 있다. 그러나 필자는 두 단어는 의미상으로는 분리될 수가 없으며, 성격을 구분하자면 단군을 정치적 성격으로, 왕검을 종교적 성격으로 이해한다. 윤명철 〈壇君神話에 대한 구조적 분석〉, 《한국사상사학》 2, 1988, pp.183~204 참조.

화를 구성요소 또는 논리, 형식으로 활용하는 무교도 마찬가지이다.[232] 필자는 단군신화는 이 '3의 논리'로 철저하게 구성되어 있음을 주장한 바가 있다.[233] 3의 논리는 갈등을 무화시키고 대립을 지향하며 합일을 추구하는 이론체계로서, 변증법을 의미한다. 양보다는 질을 중시하며, 갈등보다는 부분적 양보와 부조(扶助)를 전제로 '상호조화'를 이루어 가는 논리이다. 이 같은 '3의 논리'가 철저치 실현된 결정체를 바로 '단군왕검'의 탄생과 '조선'이란 나라가 핵이 된 고조선문명권이다.

## 2) 지표유물 속의 내적논리

우선 고인돌을 살펴본다. 고인돌은 고조선문명권을 상징하는 대표적인 지표유물이다. 고인돌은 약간의 형태와 형식을 다르지만 세계의 여러 곳에 분포되었다. 시베리아에서 흑해 연안, 유럽북부 지역, 오끼나와, 인도네시아와 인도 남부 지역 등 헤아릴 수 없이 많다. 그런데 하나의 역사공간 속에서 숫자로서도 가장 많이 만들어져서 약 4만 기 정도로 추정한다. 또한 다양한 지역에 골고루 분포되었으며, 다른 문화 현상들과 내적 논리를 공유하고 있다. 따라서 고조선문명권에서 고인돌은 한 시대의 문화 또는 문명을 대표할 만한 자격을 갖고 있다. 때문에 각별한 의미를 지닌 고인돌은 발생연도에서부터 시작해서 분포한 지역, 밀집한 지역, 그리고 개별적으로 위치의 공간적인 의미, 그리고 용도와 의미에 대해서 많은

---

232) 유동식,《민속종교와 한국문화》, 현대사상사, 1978, pp.59~60.

233) '3(三)'이란 숫자와 연관하여 많은 연구성과들이 발표되고 있다. 물론 육당 최남선이 효시를 이룬 것은 분명하다. 필자는 1982년에 '3의 논리'를 설정하고 집필한 이후 1985년 석사학위 논문을 필두로 다양한 관점에서 논리를 보강 발표해왔다.〈고구려 문화속의 '3의 논리' 탐구 시론〉《고조선단군학회 제64회 학술발표회 ─고대문화와 숫자─》, 2015. 이 밖에 이은봉, 이강식, 민영현 및 민속학자들의 연구가 있고, 우실하는 삼수분화라는 논리를 다양한 관점에서 주장하고 있으며, 김주미도 삼족오 연구를 통해서 3의 문제를 언급하고 있다. 최근에는 다양한 분야에서 3이란 숫자와 연관된 연구와 활용이 이루어지고 있다.

관심들을 불러일으킨다.

고인돌의 기능에 대해서 많은 연구와 주장들이 있었는데, 결론은 기본적으로는 무덤이면서, 때로는 의례의 대상이고 장소였다는 점이다. 특히 근래에 들어서는 표면에 성혈 자국이 있는 고인돌들이 적지 않게 발견되어 신앙행사와도 연관이 있다는 주장들이 있다.[234]

중국에서는 고인돌을 초기에는 일종의 종교기념물이나 제사기능을 하는 장소로 인식하기도 하였다. 고인돌을 '석붕자(石廟子)' '석붕묘(石棚墓)'라고 부르는 것은 이러한 의미와 관련이 있다. 후에 발굴이 이루어져 고인돌이 무덤의 기능을 하였음을 알고 나서는 제단과 무덤의 기능을 동시에 갖고 있다고 이해한다. 요녕지역에서 발견된 고인돌 가운데에 조영위치도 좋고, 지석(支石)과 개석(蓋石)에 기호와 신상(神像)이 새겨진 것도 있는데,[235] 이러한 가능성을 보여주는 것이라고 생각한다. 북한에서도 은률의 관산리와 운산리, 배천의 용동리, 용강 석천산에서 조사된 지석묘 등은 조영상의 특징 면에서 제단기능을 겸비한 것으로 보기도 한다. 우리는 통시대적으로 유난히 조상을 숭상했고, 특히 시조에 대해서는 각별한 의미를 두었다. 이것이 발전하여 조상숭배신앙으로 발전하였고, 무덤은 단순한 매장처를 넘어서는 신앙의 대상체일 가능성도 있다.[236]

따라서 고인돌이 놓여진 위치, 방향 등 공간에 대한 정밀한 분석이 이루어지고, 형태 및 색 등을 포함한 구조도 분석해야 한다. 특히 형태는 내적논리를 규명하는데, 의미있는 단서를 제공한다. 고인돌의 형태는 실질적이며, 추상적이다. 그래서 고인돌의 의미는 내부의 구조뿐만 아니라 외부형태에서

---

234) 우장문, 〈고인돌을 만든 사람들의 사유에 관한 연구〉, 《선사와 고대》 29권, 2008; 박창범, 〈청원 아득이 고인돌유적에서 발굴된 별자리판 연구〉, 《한국과학사학회지》 23권 1호, 2001; 김일권, 〈별자리형 바위구멍에 대한 고찰〉, 《고문화》 51권, 1998.

235) 許玉林, 《遼東半島 石棚》, 遼寧省 文物考古研究所 編, 遼寧科學技術 出版社, 1994.

236) 이 부분에 대해서는 논리의 비약이 있다고 생각하는데, 이 분야 연구자들의 견해를 참조해서 보완할 필요가 있다.

도 표출된다. 건축물의 각 요소
들이 형태와 표면, 구조, 재료
등으로 파악되는 것과 동일하
다.[237] 고인돌의 형태에 반영된
상징과 의미를 살펴본다.

고인돌은 모든 문화 현상
들과 마찬가지로 '원형'과 '변
형'이 있다. 때문에 지역에 따

〈그림 4-42〉 강화도 제천단(원방각의 의미를
구현한 체계이다.)

라서 '북방식 고인돌' '남방식 고인돌' 또는 북한처럼 '침촌리형 고인돌' '오
덕리형 고인돌' 형태에 따라서 '탁자식' '개석식' '바둑판식' '위석식' '탑파
식' 등으로 구분한다. 그리고 '변형 고인돌'로 부르는 경우도 있다. 따라서
본질적인 성격과 의미를 파악하려면 원형을 대상으로 삼아야 한다.

고인돌의 기본적인 형태는 대지라는 바닥에 2개 또는 4개의 판석을
수직으로 세우고, 내부 공간을 확보한 다음에, 그 위에 크고 넓은 돌판
을 덮은 것이다. 여수 율촌면의 고인돌은 크기가 860㎝, 580㎝이다. 하지
만 이 고인돌은 전형적인 고인돌의 형태가 아니다.

일단 '산'의 형태를 연상할 수 있다. 산은 인류문명에서 실용적인 면
뿐만 아니라 종교적으로도 특별한 의미를 지니면서, 의미심장한 역할들
을 담당하였다. 그 가운데 하나가 성산(聖山) 개념인 '우주산(宇宙山,
Cosmic mountain)'이다. 우주산이란 '우주의 중심점'이라고 하는데 이 중
심점을 통하여 하늘과 땅과 지옥은 연결이 되어 있으며 땅을 배꼽으로
하여 천지창조가 시작되었다고 한다.[238] 인간을 천계(天界)와 결합시키
고, 성역이며 신성한 곳이다. 성산(聖山)의 개념 즉, 우주의 중심은 확대
되어 도읍을 정하면 그곳은 성도(聖都)가 된다. 또 하늘의 명을 받은 신

---

237) 로버트 벤투리 지음/ 임창복 옮김, 《건축의 복합성과 대립성》, 동녘, 2007,
   p.45.
238) 미르치아 엘리아데 지음/ 鄭鎭弘 옮김, 《우주와 역사》, 현대사상사, 1976, p.27.
   이러한 견해와 설명은 崔南善, 《朝鮮의 山水》, 동명사, 1947 참조.

의 대리자인 왕의 주거지 혹은 사원 등이 되어 많은 원형의 모방을 파생시킨다. 이 우주산(聖山)의 개념은 전 세계적으로 보편화되어 있다.[239] 우리 문화권에서는 '신산(神山)' '당산(堂山)' 등 우주산에 해당하는 산들이 곳곳에 산재하며, 이곳에는 하늘을 향하여 제의를 올리던 제단이 있었다.

그 거대하고 높은 산꼭대기에는 나무가 있다. 즉 우주목(宇宙木) 즉 '기적의 나무(kien-mu)', '세계수(世界樹, world tree)'이다. 이 우주산과 우주목은 우주의 가장 중심에 있다. 세계와 세계를 연결해 주는 기능을 한다. 이곳이 '세계축(世界軸, axiamandi)'이 되어서, 주위로 확산되는 세계의 중심이 된다는 의미이다. 때문에 산과 꼭대기에 서 있는 나무는 하늘 또는 신과 땅을 연결해 주는 장소이고 존재이다. 신화와 종교 등에서는 인간 또는 동물들이 하늘 또는 신들에게 갈 때는 산에 들어간 후에 나무 꼭대기를 통해서 올라가고, 신들은 산꼭대기나 나무를 통해서 지상으로 내려온다. 우리 문화권에서는 이러한 산숭배 신앙과 나무숭배 신앙이 있었음은 여러 기록들을 통해서 증명이 되고, 또 근래까지도 민속의 형태로서 존재하였다. 이러한 신앙이 가장 논리적으로 표현된 것이 앞에서 예로 든 단군신화이다.

정형화된 고인돌은 형태, 위치, 분위기를 고려할 때 우주산의 상징일 수 있다. 고인돌이 산 모양의 형태를 갖추었다면 단군신화의 논리와 연관시켜 해석할 수 있는 단서를 제공한다.

고인돌이 우주산의 기능이나 제사터로서의 역할을 했었다면 기본적으로 하늘(天)을 숭배하고, 조상을 숭배하는 우리에게는 종교적인 성소,

---

239) M. Eliade, 위의 책, pp.27~34.
　　 예를 들면 Ural-Altai인들에게는 수메르산이란 것이 있어 하늘에 그 원형을 가지고 있으며, 세계의 중심점으로 인식되어 왔는데, 이것이 바로 성산, 즉 우주산이다. 우주산은 세계의 중심이므로 그 정상에는 북극성이 고정되어 있다. 이 중심점을 통하여 하늘과 땅과 지옥은 연결이 되어 있으며, 땅을 배꼽으로 하여 천지창조가 시작된다고 한다.

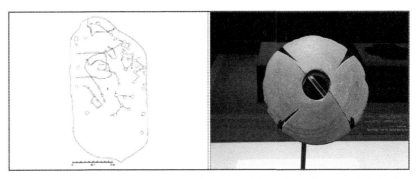

〈그림 4-43〉 지석리 고인돌 별그림(왼쪽)과 청동기시대 성형 석부(우두머리의 별도끼), (김포 출토, 국립중앙박물관)

즉 제의를 지내는 장소의 의미를 지니고 있었으며, 그러한 사상과 신앙 등의 내적논리들이 표현되었을 가능성이 크다. 고인돌이 있는 지역이나 또는 고인돌과 함께 서 있는 선돌은 하나의 구조로서 제사와 연관되었음을 강력하게 시사한다. 북한지역에서 발견된 돌돌이 유적들은 고인돌과 함께 고조선문명권에서 제사처의 존재와 논리를 추론할 수 있게 한다. 고구려가 고조선을 계승했다는 근거들 가운데 하나가 고조선문명권의 고인돌과 적석총이 고구려 무덤으로 계승되었다는 것이다.[240] 그런데 근래에 압록강 중류 좌안(左岸)의 조선 경내인 자강도 초산군(慈江道 楚山郡), 만포시(滿浦市) 등지에서 많은 고구려 적석묘가 발굴되었는데 무덤 언덕에 낮은 제단 시설이 발견되었다.[241]

그렇다면 고조선문명권에서는 고인돌을 통해서 내적 논리를 어떻게 표현하였으며, 그 내용은 무엇일까?

전형적인 고인돌은 커다란 판석을 2장 또는 4장을 수직으로 세워서 벽과 기둥을 만들고, 그 위에 넓은 판석을 독특한 모양으로 덮었다. 그리고 그 평평한 지붕 겸 바닥에는 뭔가를 올려놓거나 올라갈 수밖에 없는

240) 윤명철, 〈고구려의 고조선 계승성에 관한 연구 1〉,《고구려연구》13, 2002; 〈고구려의 고조선 계승성에 관한 연구 2〉,《단군학 연구》14호, 2006.

241) 柳嵐, 〈高句麗 積石串墓研究〉,《高句麗 遺蹟發掘과 遺物》(제7회 고구려 국제학술대회발표문집), p.488.

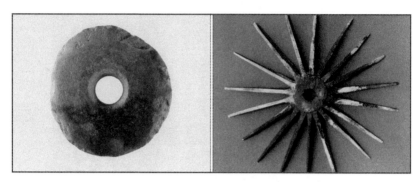

〈그림 4-44〉 자강도 공귀리 청동기 초기 유적에서 발견된 달도끼(왼쪽)와 황해도 석탄리에서 발견된 돌도끼

구조이다. 고인돌을 만드는 기술적인 능력과 노동력을 비롯한 경제력을 감안한다면, 공공기념물의 성격뿐만 아니라 그 이상의 의미를 갖고 집단의 중요한 역할을 했을 장소와 도구였음은 분명하다. 그렇다면 그 위에는 제사의례에 사용되는 제물이나 희생물을 올려놓을 수 있다. 이러한 추론은 다른 문화권에서도 쉽게 확인하고 비교할 수 있다.

또한 고인돌에 새겨진 성혈 또는 그림들이 별자리라는 주장도 있다. 주로 북한에서 나온 주장들이다. 즉 용덕리 고인돌별 그림에서는 그 당시 북극점이 용별자리의 별이라는 것을 보여주었다. 이보다 약 1,500년 후의 것인 지석리 고인돌 별그림에는 북극점에 해당하는 별이 없다. 그 후 〈천상열차분야지도〉에서 북극점 가까이에는 항성목록 G.C. 18,223호별이 있다. 이렇게 용덕리 고인돌무덤의 별그림의 발견으로 약 3,000년 동안에 걸치는 북극점에 관한 관측자료가 이어지게 된 셈이다. 이와 같이 고인돌별 그림은 그것이 객관적 사실을 반영하고 있으므로 북극점의 세차운동을 실물로 보여주는 역사적 관측 자료이다.[242]

그렇다면 고인돌은 놓여진 장소로서뿐만 아니라, 형태상 하늘과 대지를 연결하는 제 3의 존재로서 적합하고, 상징성을 강하게 갖고 있는 의미 있는 존재이다. 즉 이것을 수리(數理)로 표현한다면 '1(一)' '2(二)' '3(三)'

---

242) 한국과학사 제9장 제2절 고조선 시기의 고인돌 별그림.

이 된다. 또한 다른 표현
을 사용한다면 '천' '지'
'인'을 표방할 수 있다.

고구려의 사상과 미학
을 논하면서 삼족오를 거
론한 바 있다. 삼족오는
태양새로서 다리가 3개,
날개가 2개, 머리의 뿔이
1개인데, 이는 '3-2-1'
'1-2-3'의 변증법적 순환

〈그림 4-45〉 중국 요녕성 개주시 석붕산고인돌. 제사의례처의 성격을 보여주고, 또한 형태상으로 '3의 논리'를 구현하고 있다.

체계를 표상한다. 이것은 고구려가 단군신화에서 계승한 '3의 논리'[243]로
서 변증법적 논리와 운동의 논리를 표현한다. 고구려는 이러한 논리를 주
몽신화, 장군총의 구조와 장소, 광개토태왕릉비의 형태와 미, 벽화고분,
산성 체계 등에서 표현하였다고 판단한다.

그런데 고인돌의 형태와 구조, 의미도 삼족오, 장군총 광개토태왕비
등과 동일하고 표방한 내적 논리도 유사하다고 판단한다. 고인돌은 장소,
형태, 크기, 색 등에서 보이듯 세계를 갈등과 대립으로 파악하지 않고 주
체인 인간 혹은 집단은 대상체와 '조화와 공존'을 지향하며 역사를 이루
어낸다는 '3의 논리'를 표현하고 있다.[244] 궁극적으로는 시대정신이 대립
적이거나 갈등의 관계인 존재들을 배제하는 안이한 방식보다는 자기희생
을 감수하면서 수용하여 합일을 이룩하는 방식임을 표방한 것이다.

또한 고인돌은 몇 가지 미를 표현했다. 즉 글자의 존재와 문장을 넘어

---

243) 윤명철, 〈壇君神話에 대한 구조적 분석〉, 《한국사상사학》 2집, 1988; ---,
〈壇君神話에 대한 변증법적 분석〉, 《동국사학》 23집, 1989; ---, 〈壇君神話
해석을 통한 장군총의 성격 이해〉, 《단군학연구》 19호, 2008.
244) 이 논리는 비단 관념의 영역뿐만 아니라 통치방식, 수도 선정 시스템의 구축,
국토개발계획, 산성 구축의 체계, 대외관계 등 모든 역사영역에 반영되었을
가능성이 크다.

크기와 형태, 장소(place) 등의 표상성도 복합적으로 작용하여 중요한 미의식을 생성한다.[245] 본질적인 미는 '장엄미'이다. 장엄미란 크기 및 부피 등과 연관된 '웅장미'와 내면의 정신같은 '감동미'가 혼합된 미라고 생각한다. 존재물은 크기 자체가 의미가 있다. 그리고 형태에서 느낄 수 있는 의미는 '생명성'이다. 우리문화는 태생의 근본배경으로 말미암아 기본적으로 자연과 밀접한 관계를 맺고 있으며, 자연물 자체를 신령한 힘을 지닌 인격체로 여기거나 사람 같은 생명체로 인식하고, 그 영성을 인정하였다.[246] 때문에 모든 존재물에 의도적으로 생명을 불어넣어주는 인식과 행위(ritual)를 반복하였다. 몇몇 중요한 고인돌은 세워진 장소는 물론이고, 독특하고 역동적인 형태와 입체성이 강한 표면 등에서 생명성을 강렬하게 뿜고 있다.

고인돌은 거대한 크기와 함께 독특한 형태가 강렬하게 시선을 끈다. 기하학적인 비례에 맞춘 직육면체가 아니고 자연석에 가까운 불규칙적인 입체이다. 또한 일부를 빼놓고는 반듯한 직육면체가 아니고 표면도 매끄럽거나 평평하지 않다. 표면은 약간 다듬은 흔적을 보이지만 기본적으로는 자연상태를 유지하고 있다. 불규칙적이고 비정형화된 형태를 갖고 있는데, 깊이감과 부피성을 느껴 입체성을 강화시킨다. 또한 '질감(質感, texture)'을 부각시킴으로써 시각과 촉각을 동시에 느끼게 한다. 실제로 대면할 경우에는 손이나 몸으로 만져보고 싶은 충동을 일으킨다. 촉각은 생물과 인간에게 특별한 감성과 이성을 유발시킨다.[247] '생기

---

245) 고바야시 신지 지음/ 김경자 옮김, 《무용미학》, 현대미학사, 2000, p.36. 표상성이란 시각성에서 미를 형성하는 활동을 의미하는 것이다. 대상을 보는 인간의 내면에서 끊임없이 유동하고 있는 자유로운 생명을 통해, 내면적으로나 외면적으로 미를 창조해 나가는 활동을 말한다.

246) 임재해, 앞의 책, p.256.

247) 이 이론에 대해서는 동물행동학자인 데스몬드 모리스의 《바디 워칭》, 《피플워칭》을 비롯한 몇 권의 저서와 피터 콜릿의 《몸은 나보다 먼저 말한다》(The Book of Tells) 등을 참고하면 된다. 기타 인류학적인 보고서 등이 이러한 현상을 과학적이고 실증적으로 규명하고 있다.

(生氣)'가 가득 차 있어 그 자체가 완결된 존재임을 느끼게 한다. 또한 돌이 지닌 영원성은 또 다른 의미에서 고인돌의 생명성을 자연적으로 표방한다.

조선의 미학이 정립되는 초기의 대표적인 학자인 세키노 타다시(關野貞)는 조선미를 이렇게 정의하였다. 즉 "커다란 하천, 평야가 비교적 빈약하다. 국민의 기질에도 영향을 주어 웅대하고 강건한 기상이 결여된 면도 없지 아니하다. 이 속에서 생겨난 미술 역시 아기자기하고 섬약한 면을 가지고 있다." 그런데 고인돌은 매우 역동적이다. 뿐만 아니라 일반적인 웅장함이나 역동성으로 표현할 수 없는 묘한 특성이 있다. 고구려문화와 마찬가지로 강력한 힘을 외부로 발산하는 한편 외력(外力)을 수용하고 수렴하는 질적으로 성숙된 형태이다. 율동이 느껴지는 유동성(流動性)이 강하면서도 사유와 정적이 담긴 안주성(定住性)이 함께 있다. 즉 강렬하고 힘찬 동(動)을 주조로 삼았지만, 정(靜)의 문화를 수렴한, 즉 '동중정(動中靜, mo-stability)'의 논리이며, 문화였다.

그리고 고조선문명권에서 고인돌은 만주 일대뿐만 아니라 한반도, 심지어는 일본열도에 이르기까지 대부분이 해안과 가까운 지역에, 특히 탁자식 고인돌은 황해를 둘러싸고 분포하였다. 내륙에서도 요하 수계와 송화강 수계, 대동강 수계, 한강 수계 등을 비롯하여 강들과 깊은 연관이 있다. 고인돌이 세워진 장소로서뿐만 아니라 형태와 미, 논리 등에서도 해륙문명과 연관성이 깊은지는 더 찾아볼 필요가 있다.

다음은 청동거울〔銅鏡〕이다. 고조선문명권에서 지표유물로서뿐만 아니라 예술로서, 또는 신앙 및 종교와 연관된 물건이 청동거울이다. 청동기시대라는 시대 상황과 거울이 가진 특별한 의미와 상징성이 결합된 물건이 청동거울이다. 정치 군장들의 정치도구나 특별한 계급의 여인들이 사용한 사치품으로서, 그리고 무엇보다도 다양한 사례들에서 보이듯 제사장들이 신물(神物)로서 사용하였다. 시베리아의 샤먼이 사용하는 것은 칼·방울·거울 등의 세 가지 신기(神器)이다. 우주를 상징한다는 그들의 삼지창(三枝槍)이 세 갈래로 나누어져 있는 것은 우리나라에서는 물론 시베리

아 샤먼승의 무구(巫具) 등에서도 발견(예니세이족)되고 있다.[248]

이 청동거울은 만주 일대와 한반도, 일본열도에 이르기까지 고조선문명권의 전 지역에서 발견되고 있다. 현재 사용되는 민속상의 무구(巫具)와 출토된 고고학적 유물 등을 비교해 볼 때 3종의 신기란 대체로 거울·칼·방울 등으로 압축되고 있으며 이것은 역시 천부인 3개와 밀접한 관련을 맺고 있을 가능성이 크다.[249] 따라서 청동거울은 고조선문명권의 미학은 물론 사상과 논리를 알려준다. 그렇다면 이 청동거울에는 고도의 미와 의미, 심오하고 필수적인 '내적 논리'가 상징의 형태로서 반영되었을 것이다.

고조선의 청동거울은 기본적으로 형태가 완벽한 '원형(圓形)'이다. 형태는 사용용도, 제작한 시기, 사용한 주체의 성격에 따라서 약간씩 차이가 있다. 즉 나라마다, 지역마다, 시대에 따라서 차이가 있다. 고조선의 청동거울은 얼굴을 비춰보는 면의 약간 위쪽으로 2개 또는 3개의 꼭지가 있고, 가장자리는 둥글게 턱이 져 있다. 그런데 무늬선의 곱고 거친 정도와 꼭지 주변부의 모양에 따라서 보통 '다뉴세문경(多紐細文鏡, 잔무늬 거울)'과 '다뉴조문경(多紐粗紋鏡, 거친무늬 거울)'으로 나눈다. 잔무늬거울은 선이 마치 실낱처럼 가늘고, 삼각톱니 무늬와 동심원 문양, 복잡하고 정교한 기하학무늬가 특징이다. 서기전 5~6세기의 작품인 다뉴세문경은 직경 21㎝인데, 0.3㎜의 가는 평행선이 1만 3천 개 새겨졌는데, 그 선들에 수많은 동심원들과 그 원들을 등분하여 새긴 직사각형과 정사각형, 그리고 삼각형들이 정확하게 제도되어 있다. 그런데 밀랍 주조법을 사용할 수밖에 없어서 한 번밖에는 사용할 수가 없다.

거친무늬 거울은 무늬선이 거칠며, 번개 무늬(雷文), 별모양 무늬(星形文), 방사상 무늬(放射狀文), 동심원 무늬(同心圓文) 등이 조합되었다. 크기는 대체로 7~12㎝인데, 전라북도 완주에서 발견된 동경은 지름이 14.6

---

248) Nioradze, 앞의 책, p.107.

249) 張壽根, 〈三國遺事의 巫俗記錄의 考察〉, 《三國遺事의 研究》, 東北亞細亞研究所, pp.81~84.

㎝, 무게는 447g이었다. 그런데 어떤
청동거울과 검집에 새겨진 번개무늬
는 직경이 0.25㎜ 밖에 안 되는 가
는 구리실을 뽑아서 만들었다. 서기
전 7세기 이전에 이미 고온 야금을
이용한 제철 제강법이 개발되었으니
그만큼 기술력이 뛰어났었음을 알
수 있다.

〈그림 4-46〉 청동 다뉴세문경

또 형태와 함께 주목할 것은 '선'이 지닌 미와 논리이다. 선은 점의
외부로부터 가해지는 힘에 의해 발전한 형태이며 무한한 운동성과 무한
한 방향성을 갖추고 있다.[250] 종류가 다양하다. 그 가운데 직선에는 수
평선, 수직선, 사선, 꺾은선의 네 종류가 있다.[251] 나선형은 혼돈을 나
타내는데, 순환을 상징한다. 또한 실선들은 빗살무늬 토기와 연관시켜
서 계승성을 주장하기도 하지만, 전체적인 흐름과 구도, 배치된 다른 도
형 등을 고려하면 빛을 상징하는 것이 확인된다. 특히 내부의 동심원을
가운데 두고 구연부(아가리 부분)를 향하여 수천 개의 실선이 방사상으
로 뻗치게 한 것은 고조선문화의 배경인 하늘숭배, 태양숭배 등과 깊은
연관이 있다. 거치문(톱니무늬)들이 많은데, 삼각형과 사선으로 이루어
진 띠 문양이다. 삼각형은 주술적으로 재생의 뜻이며, 여성의 성기를 상
징하므로 삼각형의 배열은 곧 다산과 풍요의 여성적 상징물이라 해석하
기도 한다.

그런데 고조선인들은 왜 이러한 청동거울을 제작했을까? 용도의 문
제, 즉 기능적 관점에서는 설명하지 않는다. 또한 장식품, 사치품으로 제
작하였기 때문에 아름다운 것은 말할 나위조차 없으므로 미학적 관점에
서도 설명을 하지 않는다. 다만 이 글의 주제와 연관하여 논리적 관점에

250) 고바야시 신지 지음/ 김경자 옮김, 《무용미학》, 현대미학사, 2000, p.106.
251) 고바야시 신지 지음/ 김경자 옮김, 위의 책, p.107.

서 청동거울의 성격을 살펴본다.

거울은 개체마다 약간의 차이를 갖고 있지만 전체적으로는 원과 녹청
색을 띤 색채를 갖고 있다. 완벽한 원과 몸체와 가는 선들로 이루어진 다
양한 도형들, 찬란하게 빛나는 면은 미(美, beauty)의 극치를 보여준다. 미
에서 색이 가진 의미와 비중은 여러 관점에서 논의들이 있지만, 아름다
운 색, 마음에 드는 색을 얻기 위해 청동제품을 만들 때 혼합하는 주석
과 아연의 양을 조절해야 하고, 불의 세기와 시간을 조절해야 한다. 따라
서 토기나 자기를 굽는 일보다 더 고도의 기술이 필요로 하는 공정이다.
이러한 이유들 때문에 청동경은 제한된 장소에서 제작되었고, 수량이 많
지 않았다. 고대사회에서 청동거울은 중요한 무역품이면서, 정치의 도구
로서 예속관계를 설정하는 데도 이용이 됐고, 종교인들에게는 신적인 권
위를 부여하는 가장 효율적인 도구였다.

하지만 더 가치가 있고, 신비감을 불러일으키는 요소는 상징성과 숨겨
놓은 '논리'이다. 정확한 '원(圓)'은 태양을 상징한다. 또한 일부에서 보이
지만 내부의 '방(方)'은 대지를 상징하고, 삼각형의 도형들은 '각(角)'으로
서 인간을 상징한다. 때문에 '원 방 각'을 압축적으로 표현한다는 주장들
이 있고, 필자도 이에 동의한다. 그 이유 가운데 하나는 '3의 논리'가 반
영됐다고 판단하기 때문이다. 거울은 비록 평면이지만, 이 평면을 입체로
변화시키면 장군총과 유사하다고 판단한다.

장군총은 화강암을 계단식 피라미드형으로 쌓아올려서 완성한 조적
식(組積式) 건축구조물이다. 중국에서는 방단계제식석실묘(方壇階梯式石
室墓), 또는 금자탑이라고 부른다. 전체의 모양은 정방형의 사각뿔로서
네 면의 길이는 동일하다. 기하학적으로 완벽한 산 모양의 형태이다. 완
벽한 수직 3등분 체제로서 몸체, 현실(묘실), 신전〔墓頂〕의 세 부분으로
구분된다. 맨 위는 빈 공간으로 남아 있지만, 실제로는 건물이 있었다.
증거들은 묘정(墓頂)의 바깥돌 위를 사면으로 돌아가면서 구멍이 20여
개가 있었다. 그리고 여러 곳에서 와당 등이 발견되었다. 2003년도에 조
사를 끝낸 광개토태왕릉은 9층의 계단을 가진 계단식적석무덤으로서 위

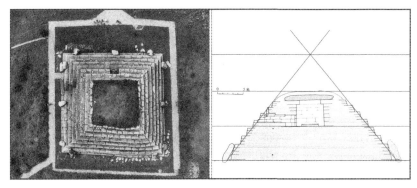

〈그림 4-47〉 장군총 조감도, 만다라의 체계와 의미를 지녔음을 알수 있다(《集安 高句麗 王陵》인용)(왼쪽)와 장군총 등분 비(《集安 高句麗 王陵》p.339 참조하여 작도)

에 건물이 있었다고 한다.[252] 그렇다면 대지인 원안에 건물이 사각뿔의 형태로서 방을 이루고 마지막 묘상의 건물은 삼각형을 이룬다. 실제로 필자가 조사하여 형태를 만들어 본 결과 아래 그림처럼 정삼각형으로 나타났다.

더구나 장군총은 철저하게 '3의 구조'이다. 전체 형태가 몸체(기단부 포함)와 묘실, 그리고 묘상건축물(신전)의 3공간구조로 되었다. 7층 계단은 각 층이 3개의 돌들로 세트를 이루어 총 21개로 되었다. 이는 3과 7이라는 숫자와 깊은 관련이 있다. 위치와 터, 전체 형태와 기본구조 및 주변구조들 모두에서 '3의 논리'를 담고 있다. 이러한 상징성과 내적 논리 때문에 고조선문화권과 우리 문화에서는 청동거울을 중요시하였고, 후대에도 이를 모방하여 제작하였다.

또 하나의 지표유물은 '비파형(琵琶形) 동검'으로 알려진 청동단검이다. 검신의 전체 형태가 꽃봉오리나 나뭇잎 같기도 하지만, 비파모양으로 보인다고 해서 '비파형동검'으로 이름을 정했다. 일부에서는 '고조선식 동검' 또는 '요녕식 동검'이라고도 부른다.

252) 이 견해는 발견과 조사 초기부터 일인들을 비롯해서 주장해 온 것이지만 최근의 조사를 통해서도 같은 견해를 표방하고 있다. 吉林省 文物考古硏究所·集安市 博物館 編著, 〈將軍墳〉, 《集安 高句麗 王陵》, 文物出版社, 2004, p.345.

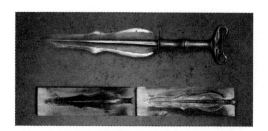

〈그림 4-48〉 청동장인 현응 이완규가 재현한 비파형 동검

고대사회에서 칼이 가진 용도는 의미심장했다. 효용성 때문에 무기로서의 역할뿐만 아니라 질서를 상징하기도 했고, 정치력을 의미했으며, 상상할 수 없는 상징성이 있었다. 그리고 제작재료인 동, 주석, 아연, 운석 등 지하자원을 습득하고, 제작하는 기술의 난이도 등으로 말미암아 무기뿐만 아니라 정치 군장들이 정치 도구로 사용하였다. 또한 다양한 사례들에서 보이듯 무당 등 제사장들이 신물로 사용하였다. 그렇다면 청동검 또한 고도의 상징성과 함께 내적 논리가 반영되었을 것이다.

청동검들은 단군신화에 나오는 '천부인 3개', 일본의 건국신화에 등장하는 '3종 신기(神器)',[253] 한국을 비롯한 유라시아의 샤먼들이 가진 3무구(巫具) 가운데 하나이다. 즉 청동거울, 청동 방울과 함께 특별한 가치와 의미 논리 등을 반영한 중요한 상징물이었다. 특히 비파형 동검은 특별한 형태와 의미로 말미암아 그랬을 가능성이 더욱 높다.

청동검은 우선 형태가 지닌 특징이 있다. 검신은 손잡이 부분에서 위로 넓고 부피가 커지면서 유선형으로 올라가다가 중간쯤에서 다시 좁아지면서 앞부분이 뾰족하게 되었다. 그런데 검신의 중간은 세로로 길게 선이 돋아 있다.[254] 외면상 여리고 선한 느낌마저 주는 아름다움이 흐른다. 또한 청동검의 문양은 이전 시대와의 연속성과 계승성이 표현됐다고 해석된다. 이 부분은 주로 북한에서 연구하였다. 요동지방에서 발견된 비파

---

253) 엘빈 토플러는 《권력이동》(powr shift)에서 일본의 건국신화에서 천손인 '니니기 노니코토(瓊瓊杵尊)'가 가지고 내려온 '3종 신기'를 21세기라는 새로운 시대의 논리를 담고 있는 상징물이라고 주장하면서, 칼(劍)을 'power', 경은 'knowledge', 옥은 'wealth'라고 표현하였다.

254) 백산자료원, 《비파형 단검 문화에 관한 연구》, 과학백과사전출판사, 1987, p.6.

형 동검은 자루의 무늬들이 신석기시대 빗살무늬 토기에서 보이는 전나무잎 무늬와 비슷하면서도 기하무늬를 갖고 있다. 검자루에 보이는 번개무늬는 압록강 하류 등에서 발견된 서기전 3000년대 말~2000년대 초엽의 번개무늬와 유사하다.

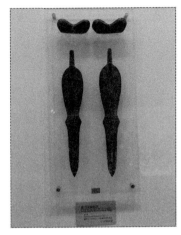

〈그림 4-49〉 중국 요녕성 박물관에 전시된 십이대영자 1호분 출토 비파형 검

선(線)을 주로 하는 기하무늬는 서북조선과 요하 유역의 주민들이 독자적으로 만들어낸 무늬였다. 그리고 이 기하무늬는 우리나라 신석기시대 이후에 즐겨 쓰이던 무늬였다. 신석기시대 후기인 연해주 남쪽 지역의 '자이싸노브까(5400년전~3500년전)문화'[255]는 빗살무늬 토기, 번개무늬 토기 등이 한반도의 신석기 토기와 동일한 양상을 보이고, 제주도와 연결된다. 토기들의 무늬도 새김무늬 토기, 전나무잎무늬 토기, 점선타래 토기 등 여러 가지였다.[256] 여러 무늬의 빗살무늬(이깔잎 모양, 줄무늬 모양, 삼각형 무늬) 토기와 돌도끼 등이 출토되었다.

또한 검신과 검자루 및 검자루 맞추개를 따로 만들어서 조립하게 되었다. 손잡이는 돌려서 검신에 끼울 수 있게 만들었다. 일종의 조립식 검으로서 통짜 주조품과 달리 뛰어나고 정교한 기술력을 필요로 하는 것이다. 제련업이 발달하였고, 화학 등의 지식도 많이 습득했음을 의미한다. 요녕성 심양시의 정가와자 6,512호 무덤에서 발견된 비파형 동검은 합금의 비율이 구리 72.4퍼센트, 아연 6.84퍼센트, 주석 13.52퍼센트이다. 이

255) 특히 이 문화의 패총에서는 근처의 보이스만문화와 함께 굴과 소라껍질들이 발견되었다.

256) 변사성·고영암, 〈마산리 유적의 신석기시대 집자리에 대하여〉,《조선 고고연구》 4, 1989; 신숙정, 〈북한의 신석기문화 연구 40년〉,《북한의 고대사 연구와 성과》, 1994.

러한 아연청동은 동(銅)에 석(錫), 아연(亞鉛) 등을 넣어 그것을 주성분으로 만든 것으로서 기술적으로 뛰어난 제품이다.

그런데 고조선인들이 왜 이렇게 고난도의 기술력을 필요로 하는 청동검을 제작했는지 분명한 이유는 알 수 없다. 또한 조립식인 고조선의 동검과 통짜식인 북방식 동검 가운데 어느 것이 무기로서의 기능을 충실하게 반영하는지는 알 수가 없다. 하지만 만약 이것이 살상 등의 기능이나 또는 외견상 보여지는 미의식을 넘어서는 다른 무엇이 있다면 그것은 형태가 가진 의미이고, 그 안에 담아놓은 논리를 반영한 것으로 가정할 수 있다. 즉 고조선 문화의 사상과 논리를 엿볼 수 있는 구조이다.

청동검은 3개의 부분으로 분리(分離)된 것을 다시 조립하여 '하나'라는 '전체(全體)'로 변화시킬 수 있다. 이것은 '구조적 사고'가 아닌 '시스템적 사고'를 반영한 것이다. 또한 사물을 고정불변의 것으로 보는 형이상학적 인식과는 달리 변화와 재생이 가능한 변증법적 세계관이 반영된 것으로 추론한다. 때문에 청동검을 비롯한 그 시대의 지표유물과 단군신화 등을 고려하면 이 조립식 구조는 '3의 논리'도 일부 반영했을 가능성을 높여준다.

뒤를 이어 나타난 청동칼이 '세형동검' 또는 '한국식 동검'이다. 검신(몸체)의 하반부가 비파형과는 달리 좁고, 대신에 전체 길이는 길어져서 보통 30㎝ 정도이다. 모양과 형태가 다소 투박하고, 손잡이 부분이 상대적으로 짧다. 외견상 미적인 가치는 떨어지고, 길쭉하고 끝이 뾰족해졌다. 또한 무기로서의 기능은 조금 떨어진 것으로 판단하는데, 이 시기에는 이미 철을 다루는 능력이 발달해서 무기로서의 기능은 약해졌을 것이다. 하지만 동검이 의기의 역할과 기능을 유지했다면, 완벽하게 제작할 만한 이유가 약해졌거나, 시대상황의 변화가 원인일 수도 있다. 예를 들면 '문명의 쇠퇴'나 '논리의 변화' 또는 주도 집단의 성격 변화와 공간의 이동 등의 이유이다. 한반도의 전역에서 많은 숫자의 세형동검들이 발견되었고 일본열도에서도 발견되었다.

이렇게 해서 다양한 관점과 분석방식을 동원하여 고조선의 대표적

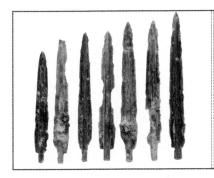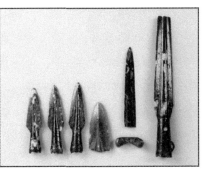

〈그림 4-50〉 충주에서 발견된 서기전 2~1세기 세형동검(왼쪽)과 부여군 세도면에서 발견된 세형동검과 창(청동거울과 청동방울 등도 함께 출토됨)

인 지표유물인 고인돌, 청동거울, 청동검의 안에 표현된 내적 논리를 살펴보았다. 결과는 필자가 설정한 '3의 논리'와 직접 간접으로 관련이 되었다.

그렇다면 '3의 논리'란 무엇이며, 고조선문명권에서 어떠한 사상적 문명적인 위상을 갖고 있고, 다른 문화 등에 어떻게 반영되었는가를 살펴볼 필요가 있다.

우선 '3(三)'의 의미를 살펴본다.

문화에서 '수(數)[257]'는 독특한 위상을 갖고 다양한 상징과 기호의 역할을 담당했다. 인간에게는 상징을 만드는 경향이 있어서 무의식적으로 물건이나 형태를 상징으로 변용시키고 이를 종교나 미술로 표현한다. 과거의 이미지, 기호, 표의문자 등은 우리 선조들의 사고방식, 사물을 바라보는 방식, 그리고 의사소통을 했던 방식에 대해 많은 것을 보여준다.[258]

---

257) 앞에서 설명하였지만, '수'에 대한 자각과 이용은 인간이 Homo sapience sapience 라는 정의에 걸맞는 단계에 도달했을 때부터 시작되었다. 하지만 '수리'에 대한 고민과 담론은 통상적인 의미의 문명이 발달하면서 본격적으로 되었다. 이 글과 연관되서는 최근에 알려진 《천부경》을 비롯하여 《삼일신고》 등이 있다. 필자는 1985년에 단군신화의 구조와 숫자체계를 분석한 논문을 발표하였다.

258) 엠마누엘 아나티 지음/ 이승재 옮김, 《예술의 기원》, 바다출판사, 2008, p.24.

그 기호 가운데에 '수'가 있다. 그리스의 '피타고라스(Pythagoras)학파'에서
는 '수'가 가진 절대성을 중시하여 종교화가 되었다.

동양에서도 역시 수의 존재는 절대적이었는데, 중국에서는 〈하도〉(河
圖) 〈낙서〉(洛書) 등에서 수리를 정리했다. 후술하겠지만 〈천부경〉(天符經)
등 각종 종교와 철학에서도 수리(數理)는 현상을 나타내고 본체(本體)를
규명하는 데 사용되었다.[259] "수의 발생은 자연의 비밀을 그대로 드러내
보이려는 욕구에서 출발한다. 물질의 형태소(形態素)로서의 표상으로서만
이 아니라 물질이 발생하는 순위 혹은 물질의 성질을 표상하기 위해서 쓰
여졌다."[260] 특히 동서양을 막론하고 가장 중요한 숫자는 '3'과 '7'이다.[261]

'3'이란 숫자는 고대사회에서 가장 신성한 숫자요, 기본적인 숫자이다.
또한 가장 안정된 숫자이기도 하다. '3'은 숫자가 생명체의 기본구조가 된
다.[262] 홀수인 한 일(一)은 음(陰)을 뜻하고, 짝수인 두 '이(二)'는 양(陽)을
뜻한다. 일(一)과 이(二)의 합은 남성과 여성의 성적 교합을 의미하여 석
'삼(三)'은 삶의 창조, 생명의 생산을 의미하는 것이다.[263] 또한 《천부경》에
서는 "시일석삼극(始一析三極)"이라 하여 1에서 3이 분절하여 만물이 생
하는 근본으로 보았으며,[264] 《삼일신고》에서는 이 세상을 천, 지, 인의 삼
계로 보아 세상을 이루는 기본구조를 '3(三)의 원리'로 보았다. 수리는 샤

259) 《천부경》이 일반인들에게 알려진 이후 최재충이 연구서를 펴냈고, 이후에 여
러 연구자들이 《천부경》에 표현된 숫자와 수리체계를 통해서 우주와 인간의
본질, 나아가 우리 문화의 세계관 등을 규명하는 작업을 해 왔다.
260) 朴容淑, 앞의 책, pp.10~11 참조.
261) 피터 데피로메리·데스몬드 판코위시 지음/ 김이경 옮김, 《숫자 문명사전》, 서
해문집, 2003, pp.22~106. 서양문화사 속에서 3과 연관된 다양한 예들을 모
아놓았다.
262) 朴容淑, 앞의 책, pp.30~32.
263) 全圭泰, 앞의 책, p.142.
이병윤은 〈檀君神話의 精神分析(上)〉, 《思想界》 1963, p.259에서 "Freud는 '3'이
란 숫자가 남성생식기를 상징한다고 하며 3이란 숫자는 생식력을 위주로 하는
남성 특히 여성신의 전능의 상징이며……"라고 하였다.
264) 《천부경》 천부경 해의에 관한 책은 많이 있다.

머니즘에서 중요한 역할을 했다.

샤머니즘의 세계에서도 여러가지 '수' 개념이 보인다. 그 수 가운데에서는 홀수의 숫자가 신성한 것으로 되어 있으며 실제로 그들은 그 숫자를 영혼이나 내세의 세계, 혹은 무당의 기구나 일반생활의 많은 범위에 적용하고 있으며 그 숫자 중에서도 3이란 숫자는 매우 특별한 의미를 지니고 있다. 예를 들면 '미누신스크'의 일부 타타르인들은 황천을 3으로 나누고 영혼은 3년을 배회한다고 여기며 이것은 에스키모인들에게도 마찬가지인 것이다.[265] 샤먼의 계급 자체도 3분화되었으며[266] 샤먼이 사용하는 것은 칼·방울·거울 등의 세 가지 신기이다. 또한 삼(三)은 '셋', '세', '삼', '샘' 등으로 삼의 어원에서 보는 바와 같이 수(水)와 깊은 관련을 맺고 있다. 음양오행설에서 음양이 오행으로 발전되는 것은 세 번째의 변화에서 발생한다.[267]

이처럼 다양한 의미와 기능을 갖고 있는 '3(三)'이란 숫자는 우리의 문화 속에서 여러 가지 형태로 표현이 되고 있다. 단군신화는 3이란 숫자와 깊은 관련이 있고, 주몽신화는 '3' '7'과 깊은 연관이 있다. 동명왕(주몽) 신화에서도 천제인 해모수는 오룡거(五龍車)를 타고 내려와 수신(水神)의 딸인 유화와 결합하여 천(天)과 수(水)의 결합을 상징하고 있다.[268] 해모수를 만날 때 웅심연(熊心淵)에 있던 하백(河伯)의 딸은 3명이었고 주몽이 부여를 떠날 때도 거느린 신하는 3명이었으며, 모둔곡(毛屯谷)에 도착하였을 때도 역시 이상한 옷차림의 3명을 만나 나라를 건국(生)하는 것으로 되어 있다.[269] '3'이란 숫자와 밀접한 관련이 있는 외에도 동명왕신화는 모두 3의 수직이동으로 구조화되어 있다.

---

265) Nioradze, 위의 책, p.35.

266) Nioradze, 위의 책, p.116.

267) 朴容淑, 앞의 책, p.47.

268) 李玉, 《고구려 민족형성과 사회》, 교보문고, 1984, pp.113~156 참조. "한국사람들의 물에 관한 종교적 감정은 고구려 이후까지도 간직되어져 왔다"(p.156).

269) 李奎報, 《東國李相國集》, 조선고전간행회, 1913.

이 같은 '3의 논리'는 우리네 옛날 이야기나 풍습 등 민속의례에서도 쉽게 발견된다.

① 무슨 일이나 행동에는 반드시 '삼세번'의 풍습이 있다. [270]

② 세시풍습에는 삼성(三姓)받이 [271]

③ 절은 삼배를 한다. [272]

④ 삼신을 숭배한다. [273]

⑤ 아기를 낳았을 때 태는 삼일 내에 처리하며 세 이레(三·七日) 동안 인줄[禁蠅]을 친다. [274]

⑥ 상(喪)을 당하면 저승사자가 세 명이 오고 사자상(使者床)도 셋단 위로 차린다. [275]

⑦ 무당(巫堂)은 삼지창(三枝槍), 삼신기(三神器)를 갖고 있다. [276]

이외에도 신화, 설화, 습속, 건축양식 등에서 3의 구조는 무수히 발견되고 있다.

이와 같이 3의 구조와 의미에 대해 고찰을 해보았듯이 3이란 숫자는 신성한 숫자요, 가장 기본적인 숫자이다. 고대세계, 특히 샤머니즘 세계에서 숫자 3의 종교적 가치는 세계의 우주성을 상징하고 있으며(Eliade) [277] 신비한 힘을 가진 숫자인 것이다. [278] 때문에 천부인(天符印) 3개는 하늘의 주재자인 환인이 인간세상으로 이동하는 환웅에게 정통성을 인정하는 징

---

270) 김성배, 《한국의 민속》, 집문당, 1980 참조.

271) 김성배, 위의 책.

272) 김성배, 위의 책.

273) 朴容淑, 앞의 책, p.32.

274) 이두현 外, 《한국민속학 개론》, 乙酉文化社, 1975, p.64.

275) 이두현 外, 위의 책, p.77.

276) 朴容淑, 앞의 책, p.32.
   그 외에도 삼수는 삼원(三元), 삼기(三氣), 삼군(三君), 삼계(三界) 등 도교(道敎)에서 상용(常用)되는 삼수를 연상케 한다.

277) 朴容淑, 앞의 책, p.8.

278) 金圭泰, 앞의 책, p.142. 우리나라에서도 삼국시대 이래로 '삼'은 '옹글고' '완전한 전체'를 뜻해 왔다.

표로서 내려준 것이며 그것은 지도이념일 수도, 상징물일 수도, 또는 원리가 될 수도 있는 것이다. 이것은 반복되는 삼의 숫자와 이 신화의 전체구조에서 확인된다.

그렇다면 우리문화에서 '3'이라는 숫자를 통해서 지향하는 논리[279]는 무엇일까? 첫째는 '생명성', '운동성' 및 '온전성'이고, 둘째, '조화'와 '합일'이다. 존재물은 이미 그 자체가 '온전'함을 뜻한다. 그것이 역사적 사건이건, 자연현상이건, 또는 인간을 포함하는 자연물이건, 일정한 조건을 갖추지 못하면 존재 자체가 성립될 수 없다. 존재를 구성하는 조건이 불충분하면 존립이 위태롭고, 조건이 미비하거나 조건구성에 오류가 생기면 존재물은 파기된다. 따라서 존재물은 조건구성의 충족을 위해서 어떠한 형태로든 행위를 할 수밖에 없으며, 본능적으로 온전한 생명을 구현하려는 자기완결성(自己完結性)을 지닌다.

그런데 '자기완결성'은 다른 존재와 관계를 맺는 데서는 통일지향성으로 나타나야 한다. 우주에는 어느 사건, 어느 장소, 또한 시간과 공간을 축으로 해서 완성된 어떤 존재물을 막론하고 두 개의 상대적인 힘이 존재하고 있으며 존재물은 그 두 힘의 작용에 의하여 비로소 성립된다.[280] 그런데 두 힘은 동일한 존재물 내부에 상호 병존하고 있으며, 과정의 형태가 어떠하든 '합일(合一)'을 이루어야만 완전한 상태로 움직인다. 인간은 우주 내의 다른 것들과 마찬가지로 '현상'인 '개별자'이며 동시에 '본질'인 '전체자'로서 늘 '통일'을 지향한다. 당연히 인간들의 합인 역사적인 단위의 성립 또한 조건의 '온전'을 뜻하고, 그것은 대립자처럼 보이는 여러 조건들의 통일을 의미한다. 즉 문화나 역사 자체가 통일체이다. 그런데 숫

---

279) 논리의 정의 개념 등은 다양하다. 필자는 발표한 몇몇 글에서 어떠한 방식으로 논리를 이해했는가를 밝혔다.

280) 이 부분은 윤명철, 〈역사활동에서 나타나는 운동성 문제〉, 《국학연구》 2, 1988의 내용을 근간으로 쓰여졌다. 따라서 운동성에 관한 이 장의 미흡한 부분은 위 논문을 참조.

자 '3'은 '1'과 '2'로 상징되는 정과 반의 대립과 갈등을 해소하고 무화(無化)시켜 합(合)이 실현된 상태를 의미한다.

단군신화와 주몽신화는 중간단계와 예비상황을 설정함으로써 부분적인 양보와 대립적인 존재를 인정하면서 궁극적으로 조화와 합일을 지향하는 한국적인 변증법을 '3의 논리'로 표현한 것이다. 샤머니즘이나 또는 한국적인 샤머니즘인 무교는 이러한 논리를 갖고 있다.[281] 이러한 3의 논리가 이론화되고, 실천된 종교가 대종교(大倧敎)이다.[282] 하나는 둘로 말미암아 셋에 미치고, 셋은 둘로 말미암아 하나를 잇는다.[283] 우리는 고유의 천지인(天地人) '3신사상'이 있는데, 그 구조(structure)는 대표적으로 《천부경》에서 잘 확인할 수 있다.[284] 그 밖에 '회삼경(會三經)' '삼진귀일론(三眞歸一論)' '삼교융합' 등은 3이란 숫자가 가진 논리와 철학적 함유를 알려준다.

고조선문명권은 내적인 논리를 갖고 있었으며, 그 논리의 구체적인 형식과 내용은 소위 '3의 논리'이다. 그러한 논리를 구축하게 된 배경으로서 몇 가지를 제시할 수가 있으며, 그것은 이 장에서 이미 일부는 언급하였고, 또 이후의 장에서는 구체적이거나 혹은 추상적인 사례들을 들 것이다. 간단하게 설명하면 다양한 자연환경, 즉 해륙적인 자연환경과 혈연, 언어, 생활방식, 역사적 경험이 다른 집단들이 공존하는 문화환경 속에서 '3의 논리'로 표현하는 조화와 상생의 세계관을 구축하고 이를 실천하는 일은 필수불가결하다. 또한 고조선문명권의 중핵을 이룬 주민들은 주변의 몇몇 다른 집단에 견주어 생물학적으로 '조화(調和)'와 '상생(相生)'에 의미를 두는 가치관을 가진 사람들이었다.

---

281) 류동식, 《한국무교의 역사와 구조》, 연세대학교출판부, 1989, pp.65~66에서 '1. 성속변증법, 2. 신인강합의 엑스타시, 3. 화복 조절'이라고 유형화시켜 무교의 논리를 표명하고 있다. 이러한 견해는 임재해, 《민속문화의 생태학적 인식》, 당대, 2002를 비롯한 민속학 또는 종교학에서 일반적으로 주장된다.

282) 이은봉, 앞의 논문, p.19에서 재인용. 《譯解神理大全》, 대종교 총본사, p.65.

283) 김교헌·박은식·유근 엮음/ 김동환 해제, 《단조사고》, 한뿌리, 2006, p.16.

284) 이강식, 〈천지인 3신사상의 조직론적 구조, 기능과 과정〉, 《國學研究》 7, 2002, p.30. 대체로 동일한 견해들을 표방하고 있다.

# 제5장 고조선문명권의 생성과 국가발전

앞글에서는 고조선문명권이 생성되는 토대를 살펴보았다.

그렇다면 고조선문명 또는 한민족 문화의 원핵이 생성된 시기는 언제일까? 고조선이라는 정치적인 실체가 완성된 시기는 언제일까? 또 중핵지역은 어느 곳일까?

이 글의 기본적인 주제는 고조선이 건국한 시기, 단계별로 차지한 영토, 수도의 위치와 변천 가능성 여부, 중앙 및 지방의 정치구조나 국가를 관리하는 시스템 등을 정확하게 구체적으로 탐색하는 작업이 아니다. 그러므로 앞 장에서와 마찬가지로 이 장에서도 '문명권'이라는 틀 속에서 고조선문명의 생성 과정과 건국 과정, 그리고 국가가 성립하고 발전하는 과정을 해륙활동과 연관시켜 간략하게 설명한다.

'조선(朝鮮)'은 한민족이 처음 만든 정치체이며, 현대 한민족을 토대로 소급해 올라가면 계승성과 정통성의 근거가 되는 정치체이다. 소위 '고조선(古朝鮮)'이다. '동이', '예', '예맥'과 달리 '조선'과 '한(韓)'[1] 등은 정치적

---

[1] 문창로, 〈星湖 李瀷(1681~1763)의 삼한 인식〉, 《한국고대사연구》 74, 2014에서 韓과 함께 고조선의 계통성에 대한 실학자들의 견해를 밝히고 있다. 이익이 제시한 삼한 정통론은 ① 동국(東國) 역사의 시종이 중국과 같이 한다는 '역대흥폐(歷代興廢)', ② 기준(箕準)의 마한을 동국의 정통이라고 논설한 '마한정통', ③ 기자의 팔교 및 교화의 흔적을 설명한 '기자교화', ④ 춘추필법(春秋筆法)과 강목(綱目)의 범례에 준한 서술을 강조한 '필법론', ⑤ 마한-진·변한의 영속 및 진한의 유래를 언급한 '삼한 관계' 등을 주요 내용으로 한다. 그의 입론은 고조선과 삼국의 중간시기에 존재했던 역사적 실체로서의 삼한을 인식하고, 시·공간적으로 단군·기자의 정통을 삼국에 연결시킴으로써 고조선 이래로 굳건히 계승된 '삼한의 정통성'을 강조하려는 데 있

인 실체인 국가의 국호이다. [2] 모든 존재물들에게 '이름(name)'[3]이란 존재의 의미 및 가치와 직결된다. 즉 정체성의 핵심으로서 '기호(sign)'이고[4] '지표(index)'이다. [5] 특히 국호와 계보는 정체성의 출발점이고 핵심이다. 특히 '조선'은 우리 민족사에서 시원이 가장 오래 됐고, 모든 역사의 출발점이며, 최초의 강력한 정치체였다. 그만큼 고조선문명권에서 '조선'이라는 단어가 지닌 의미는 크다.

* 조선이란 명칭의 검토

《삼국유사》는 '고조선' 또는 '왕검조선'[6]으로 기록했다. 《제왕운기》는 후조선(위만조선) 이전의 조선을 '고조선'으로 불렀으며, 또한 영토도 표현하였다. [7] 그런데 중국의 사서들은 한국의 사서들보다 오래 전에 쓰여진 것들이다. '조선'이라는 명칭이 문헌 사료에서 객관적으로 확인되는 것은

---

없다(p.218). 후기 성리학자의 단군–기자–마한의 정통론은 실학자들에게도 이어졌다. 고종이 국호를 '조선'에서 '한국(韓國)'으로 변화시키고자 한 이유는 이러한 기자 계통론에 대하여 부정하면서 자주성을 찾고자 하는 의도로도 보여진다.

2) 국호를 국명(國名)만으로 나타내는 경우와 국명과 국체(國體) 또는 정체(政體)를 함께 나타내는 경우가 있다. 전통시대에는 모든 나라가 국명이 곧 국호였는데 근대국가 성립 후에는 국체를 함께 나타냈다(《우사 조동걸 전집》 1권 6장 2 우리 국호의 변천). 지식콘텐츠. 국호로서 '한(韓)'이 가진 어원과 의미, 한국문화 속에서의 위상 등은 윤명철, 〈한국(한국)의 국호의 어원과 의미 분석을 통해본 한민족의 정체성〉, 《한국사 속의 나라이름과 겨레 이름 3》, 한국학중앙연구원 현대 한국학연구 센타, 2015 등 참조.

3) 'name'이 가진 철학적, 사회과학적 의미와 기능에 대한 논의는 생략한다. 다만 기호로서 '이름(名, name, naming)'이 가진 중요성을 강조하고자 한다.

4) 우리는 기호를 통하여 세계를 이해하며, 기호를 가지고 다른 사람들과 의사소통을 하고, 기호에 의해서 우리가 소망하는 새로운 삶을 꿈꾼다(김경용, 《기호학이란 무엇인가》, 민음사, 2005, p.11).

5) 기호에는 '도상(圖像, icon)', '지표(指標, index)', '상징(象徵, symbol)'의 세 가지 유형이 있다고 하지만 기호와 지표를 구분하기도 한다.

6) 《삼국유사》의 고조선(王儉朝鮮) 조항에는 "唐 裵矩傳云 高麗本孤竹國(今海州), 周以封箕子爲朝鮮, 漢分置三國, 謂玄菟樂浪帶方(北帶方)"이라고 하였다.

7) "遼東別有一乾坤 鬥與中朝 區以分 洪濤萬頃 圍三面 於北有陸 連如綜 中方千裏 是朝鮮."

중국의 전국시대에 편찬된 것으로 알려진 《관자》(管子)이다. 기타 《사기》, 《전국책》, 《한서》, 《염철론》, 《후한서》 등에도 '조선'이 보인다. 특히 《관자》에서는 조선이 산동반도에 있었던 제(齊)나라에 문피(文皮)라는 물건을 수출했음을 기록하였다. 이 시기는 서기전 7세기이다. 조선을 숙신과 연관시킨 주장들도 있다. 《관자》에 나오는 기록인 '발조선불조(發朝鮮不朝)', '발조선문피(發朝鮮文皮)'는 《사기》에 기록된 '발숙신'과 동일한 것이니 결국 조선과 숙신(肅愼)은 한자로는 다르지만 동일한 것이며, 발음도 유사하다는 것이다.[8] 그리고 '九夷者. 爲肅愼, 本東夷也. 仲尼先言'라는 상서의 기록을 근거로 숙신은 동이이고, 조선이라는 논리이다.[9]

당나라 때 편찬된 《괄지지》(括地志)는 지리서로서 평양성을 '왕험성(王險城)'이라고 하였다. 또한 조금 늦게 편찬된 《통전》(通典)도 평양성을 옛 조선국 왕험성이라고 하였다. 당나라 시대의 금석문 가운데 연개소문의 아들인 연남산의 비인 《천남산묘지명》(泉男産墓地銘)이 있다. 여기에는 "동명의 후예가 참으로 조선을 세워 호를 위협하고 맥을 제어하여 서주와 통하고 연을 막아 지켰다('東明之裔, 寔爲朝鮮, 威胡制貊, 通徐拒燕")라는 문장이 있다. 그러니까 조선이라는 용어를 사용했고, 그 시대에는 고구려나 중국 측이나 고구려의 조선 계승의식을 갖고 있거나 인정했음을 알려준다.

기자와 위만을 조선과 연관시킨 것은 몇 가지의 간단한 기록들에서 시작되었다. 《후한서》에는 "옛날 무왕이 기자를 조선에 봉하였다. 그 후 40여 세가 지나 조선후인 준에 이르러 스스로 왕이라 칭하였다… 연나라 사람인 위만은 준을 공격하여 깨뜨리고 스스로 조선의 왕이 되어 나라가 손자 우거에까지 이르렀다."[10]라는 내용이 있다. 이와 유사한 내용을 기술한 책들이 계속 나타났다.

---

8) 최동 《조선상고민족사》, 동국문화사. 1966, p.82 참고.
9) 이러한 논리는 신채호 이후에 여러 연구자들에 의해 제기되었다.
10) 《후한서》 권85, 동이열전 濊 "昔武王封箕子於朝鮮 箕子敎以禮義田蠶…其後四十餘世 至朝鮮侯準 自稱王…而燕人衛滿擊破準而自王朝鮮, 傳國至孫右渠"

'조선'이라는 국호의 어원과 의미에 대해서도 여러 설이 있다. 《후한서》
에는 《사기집해》의 주석에서 장안(張晏)의 말을 인용해서 이렇게 말했다.
즉 "조선에는 습수(濕水)·열수(洌水)·산수(汕水)가 있다. 세 강이 합하여
열수(洌水)가 되는데, 낙랑(樂浪)의 조선은 이에서 비롯된다." 이 밖에도
'조선'이라는 명칭은 강과 연관이 있다는 기술들이 있다. 《사기》 소진(蘇
秦) 열전에 "燕動有朝鮮遼東"이라는 부분이 있다. 사기의 주석서인 《사기
색은》[11]에서도 "조선의 음이 '조선(潮鮮)'이다. 두 강물의 이름이다."라고
하였다. 그 밖에 《박물지》 등도 유사한 내용을 기록하였다.

이러한 고조선의 실체에 대하여 다양한 관점에서 한중일의 학자들이
고조선의 시대와 단계를 몇 가지 방식으로 구분하였고, 적합한 이름을
부여했다. 한국 역사학계는 다양한 견해들을 주장하고 있다. 평가기준은
비록 다르지만 조선을 정치적인 실체, 즉 국가로 인정하고, 단계별로 명칭
을 부여했다. 지배자의 일반 명칭 또는 정치적인 수장의 이름을 원용하여
'단(檀, 壇)군조선' '기자조선' '위만조선(위씨조선)'으로 구분한다. 《삼국유
사》, 《제왕운기》, 《동국통감》, 《동사》 등에서도 유사한 구분을 하였다.

현대 역사학에서는 '고조선'이란 단어와 개념 속에 '기자'와 '위만'을 포
함시키는 견해도 있고, 반면 기자를 부정하기 위하여 '개아지 조선(최남선
설)' '한씨 조선(이병도설)', '예맥조선(김정배설)' 등의 용어를 설정하고, 그에
합당한 발전단계를 부여한 견해도 있다. 여기에 반해 윤내현처럼 기자조선
및 위만조선은 고조선과 직접관계가 없다는 주장도 있다. 또는 그것을 일
부 원용하면서 시간의 선후 관계를 고려하여 '선(전)조선', '중조선' '후조선'
으로 구분한다. 이 구분과 명명은 고대부터 고려, 조선시대를 거쳐 현재까
지 있다.[12] 그 밖에도 정치발전단계와 통치조직 또는 사회발전 형태에 근거
해서 단계별로 부족국가, 부족 연맹, 영역국가순으로 보기도 한다.

---

11) 중국 당나라 때에 사마천의 후손이라는 사마정(司馬貞)이 《사기》를 주석한 책.
    30권으로 구성되었다.
12) 최남선 저, 《단군론》, 경인문화사, 2013 p.11; 태종 때 권근·이색·하륜 등이 편
    찬한 《동국사략》 참조.

한편 통치자의 칭호와 사회발전단계를 고려하여 분류한 경우도 있다. 신정국가 시대의 통치자였던 단군왕검이 다스리던 단군조선(단군왕검-아사달사회, 성읍국가)-신정이 분리된 후 '한(韓)'으로 불리던 대군장이 지배하던 연맹국가시대인 한조선(칸-한 예맥사회, 성읍연맹체 국가)-왕호를 쓰던 영역국가 시대인 고조선 왕국(검, 왕-대고조선, 중집적 왕국)/후조선 만(위만)조선으로 보는 견해이다.[13]

그런데 고조선의 건국 이전 시기를 선고조선(왕국)시기로 설정하고, 이전의 경우에도 국명이나 정치체의 성격이 명확히 밝혀지면 고조선 국가사와 구분하여 논의해야 하며, 이 시기의 주체인 환웅 세력에 주목할 필요가 있고, 그 원주지를 중원의 은(상)이라고 보는 견해도 있다.[14] 사용한 생산도구와 토기를 기준으로 전기 청동기시대의 고인돌 무문토기, 후기 청동기시대의 적석총 비파형(요녕식) 동검, 미송리형 토기, 철기시대의 움무덤 세형동검, 팽이형 토기로 구분한다.

이렇게 살펴보았지만, 한국의 역사학계는 일반적으로 고조선을 '단군조선', '기자조선', '위만조선'으로 구성되는 포괄적인 체계로 이해하고 있다. 따라서 선사시대에서 벗어나 역사시대로 넘어오는 과도기에 첫 출발했고, 상당히 오랜 기간 동안 존속했던 시대를 의미한다. 물론 이때도 서기전 24세기설부터 서기전 7세기설까지 편차는 있다.

고조선의 영토 및 활동공간에 관해서도 해당 시대에 따라서 다양한 주장과 견해들이 있다. 이 영토문제는 왕험성 및 한사군 문제와 연관하여 매우 중요하므로 다양한 설들이 있다. 《산해경》의 한 부분인 《해내북경》에서도 '조선'이란 명칭과 함께 위치를 표현했다. 즉 조선은 열양(列陽)의 동쪽에 있고, 연(燕)에 속한다는 내용으로 설명하였다. 《해내경》에는 바다를 기준으로 동해의 안쪽이면서 '북해(北海)'[15]의 한쪽에 있다는 내용이다. 이는 조선이 발해와 깊은 연관이 있음을 알려준다.

13) 서영수, 〈고조선의 대외관계와 강역의 변동〉, 《동양학》 29, 1999 참조.
14) 서영수, 위의 논문, p.34.
15) 북해는 산동반도의 북쪽 바다, 즉 래주만(萊州灣)을 의미한다.

《사기》조선열전은 "처음 연(燕)나라의 전성시대에 '진번조선(眞番朝鮮)'
을 공략하여 복속시키고, 관리를 두어 요새를 쌓았다. 그 후에 진(秦)나라
가 연나라를 멸망시키고 요동의 변방에 속하게 하였다. 한(漢)나라가 일어
났으나 너무 멀어 지키기 어렵게 되자 요동의 옛 성을 수리하고 패수를 경
계로 하였다. 위만이 상투와 오랑캐 옷을 입고서 동쪽으로 달아나 요새
를 넘었으며, 패수(浿水)를 건너 왕험(王險)에 도읍하였다."고 하였다. [16]

그 밖에 《후한서》 예전, [17] 《후한서》 고구려전(高句驪傳)에서 "고구려는
요동의 동쪽 천 리 밖에 있다. 남쪽은 조선, 예맥과 동쪽은 옥저와, 북쪽
은 부여와 경계를 접하고 있다." [18] 등의 기록들이 있다. 물론 《후한서》와
《삼국지》에 보이는 이 '조선'의 존재에 대해서 많은 학설들이 있다. 북한
에서는 최씨 '낙랑국(樂浪國)'을 없애고 세운 조선의 후국(侯國), [19] 즉 고
조선이 붕괴한 후에 단군과 그 일족의 후손들이 거주했던 곳으로 보는
견해도 제기되었다. [20] 하지만 낙랑군과 연결시키는 견해가 지배적이다. [21]

---

16) 신채호, 《조선사연구(초)》, 참조.
17) 《후한서》 권 85 東夷列傳, 예전. "濊北高句驪 沃沮 南與辰韓接 東窮大海 西至樂
   浪 濊及沃沮 句驪 本皆朝鮮之地也"라고 한다. 이 기록을 역사적인 사실로 믿을수
   없고, 종족적인 통념으로 보는 견해도 있다. 전해종, 《東夷傳의 文獻的研究》, 일
   조각, 1980, p.115.
18) 《후한서》 권 85 고구려전에서 "高句驪 在遼東之東千裏 南與朝鮮 濊貊 東與沃沮
   北與夫餘接"과 같은 내용이 《삼국지》 고구려전에도 있다.
19) 박득준 편, 《고조선의 력사개관》, 백산자료원, 2000, p.189.
20) 윤내현은 고조선이 붕괴하고 거수국(渠帥國)들이 독립하는 과정에서 고조선의
   단군과 그 일족의 후손들은 비록 통치권은 잃었지만 일정한 지역에 거주하면서
   '조선'이라는 명칭을 사용했던 것으로 보면서, 이와 같이 이전의 통치자와 그 일
   족을 보호해 주는 것은 동아시아 고대 봉국제(封國制)의 통치조직이 붕괴되는
   과정에서 볼 수 있는 보편적인 현상이었다고 주장한다. 윤내현, 《고조선연구》,
   일지사, 1995, p.63.
21) 리지린은 《삼국지》 예전의 '금조선(今朝鮮)'이 서기 3세기 낙랑군을 가리킨다고
   주장하며 진수(陳壽) 당시 예의 위치는 압록강유역으로 당시 예는 낙랑군의 서
   쪽에 있었다고 주장한다(《고조선 연구》, 사회과학원출판사, 1963, p.187).; 전해종
   은 별다른 근거의 제시 없이 이 조선을 낙랑군과 대방군이라고 규정하고 있다

《후한서》에는 고구려, 옥저, 예 등은 조선 땅에 있다고 하여,[22] 조선의 국명을 기록하고, 후발 국가들의 조선 계승성을 주장하였다. 《위략》은 "조선은 후에 자손이 점차 교만하고 포악해졌으므로 연나라가 장군인 진개를 보내어 그 서쪽 지방을 쳤다. 이에 2천여 리에 달하는 땅을 차지하여 '만번한(滿潘韓)'을 경계로 삼자 조선이 드디어 쇠약해졌다. 한나라 때에는 노관을 연나라 임금으로 세워 조선과 연은 격(溴, 《해동역사》에서는 패浿라고 하였다)수를 경계로 하였다."고 하였다.

이러한 위치에 관한 여러 설들을 정리하면 크게 보아 '요동 중심설', '대동강 중심설', 그리고 '이동설'로 구분할 수 있다.[23]

북한은 1960년대 초반기에 집중적으로 고조선문제에 대하여 연구하였고, 토론회 등을 활발하게 개최하여[24] 1963년도에 《고조선에 관한 토론집》을 출판하였다. 리지린은 1963년에 《고조선 연구》를 출판하였고 1963년부터 1965년까지 중국 동북지방의 유적을 중국 측과 공동으로 발굴조사하였다. 그리고 북한은 고조선이 한반도의 서북지방과 요하유역에 걸쳐 있었다는 것을 역사 지리적인 관점에서 설명하고 있다. 즉 산동의 제나라와 교역을 하였다는 《관자》의 기록을 통해서, 또 《산해경》, 《전국책》 등을 인용하여 고조선이 요동을 중심으로 하여 존재해 있었다고 주장하였다. 또한 고인돌, 돌상자 무덤(석관묘)의 분포, 붉은 간그릇〔丹陶磨研土器〕 등 토기, 비파형 동검 등을 통해서 요동과 한반도가 동일한 문화권, 생활영역임을 주장하고 있다. 그러나 기본적으로는 '요동중심설'에 비중을 두었다.[25]

---

(기수연, 앞의 책, p.114).

22) 《한서》권 85 동이열전, 예전에서 "濊及沃沮 句驪本皆朝鮮之地也"라고 하였다.

23) 영토와 중심지에 관한 대표적인 주장들은 서영수, 〈고조선의 대외관계와 강역의 변동〉, 《동양학》 29, 1999에 정리되어 있다.

24) 權五榮, 〈고조선사 연구의 동향과 그 내용〉, 《북한의 고대사 연구》, 역사학회편, 일조각, 1993, pp.28~29에는 이 시기 연구활동에 대해서 소개하고 있다.
   조법종, 〈고조선관련연구의 현황과 과제〉, 《단군학연구》 1, 1999 참조.

25) 이강승, 〈요령지방의 청동기문화〉, 《한국고고학보》 5, 1979 참조.

그런데 1990년대 들어와 고조선의 '요동 중심설'을 '대동강 중심설'로 수정하였다. 미송리형토기를 동반하는 청동기문화는 후기에는 주변으로 확산되어 길림의 서단산문화와 대동강 유역의 팽이형토기에도 영향을 주었다고 하였다. 결국 북한사학은 《조선문화사》에서 '조선반도, 요동, 요서를 포괄하는 발해연안 일대와 송화강 유역의 넓은 지역이 아세아 대륙의 가장 오래된 문화 발상지의 하나였다'라고 하였다. 이는 고조선의 활동무대가 동북아의 대부분을 점하고 있었으며, 아세아문화의 중요한 시원지임을 주장한 것이다.

북한 역사학계는 대동강 유역을 몇 년 동안에 걸쳐 대대적으로 발굴한 후에 다음과 같은 내용을 주장했다. 즉 '평양을 중심으로 대규모 부락터들이 존재했었고, 대동강 유역에는 5천 년경에 쌓은 고대 성곽들이 평양을 중심으로 각각 100여 리를 사이에 두고 동·서·남의 요충지마다 배치되었다. 평양시 룡성구역 화성동에서 고조선 시기의 제단 유적 2개를 새로 조사 발굴하였는데,[26] 이는 서기전 3천 년기 전반기 즉 단군조선 초기의 유적이라는 것을 말해준다.'[27]고 하였다. 또한 평양 시내의 청암동 토성은 단군조선 시기에 처음으로 쌓았다고 하면서 '왕검성'이라고 볼 수도 있다고 하였다.[28] 북한은 이외에도 단군의 존재와 고조선의 평양설을 실증할 목적으로 단군에 대한 다양한 연구와 단군릉의 연구를 본격적으로 하였다.[29] 그리고 고조선 후기에 해당하는 서기전 후의 시대에 한반도

---

26) 류종성은 〈새로 발견된 룡성구역 화성동 고대제단유적〉이라는 글을 통해서 단군조선의 평양중심설을 주장하고 있다.

27) 박득준 편, 《고조선의 역사개관》, 백산자료원, 2008 참조.

28) 남일룡·김경찬, 〈청암동 토성에 대하여1〉, 《조선고고연구》 1998, 제2호(루계 107호), pp.14~15 참조. 1995년부터 1997년까지 4차례의 발굴이 있었다.

29) 1994년에는 력사편집실에서 《단군과 고조선에 관한 연구 론문집》을 발간하였는데, 그 논문들은 다음과 같다. 〈단군릉 발굴보고〉, 조선민주주의 인민공화국 사회과학원; 〈단군 및 고조선과 관련하여 하신 교시는 력사연구에서 새로운 전환의 계기를 열어놓은 강령적 지침〉, 사회과학원 력사연구소 소장 교수 박사 전영률; 〈단군릉의 발굴정형〉, 박사 부교수 박진욱; 〈단군릉에서 나온 사람뼈에 대한 연대 측정결과〉, 김교경; 〈단군릉에서 나온 사람뼈의 인류학적특징〉, 장우

의 남쪽 지역에 있었던 '한(韓)'의 존재는 고조선문명권과 연관하여 매우 깊은 관계가 있다고 하였다.

그런데 요서지방도 고조선과 관련 있다는 견해들이 고고학자들 사이에서 주장되고 있다.[30] 앞글에서 설명하였지만 '하가점 상층문화'에서는 고조선의 전형적인 유물인 비파형동검과 그와 관련된 유물들이 출토되었다. 김원룡이 동호족의 것으로 본 이후, 김정배가 '예맥 1기문화'로 분류하였다. 김정학은 요서지역을 주목하여 역시 조양(朝陽)문화로 이름짓고, 이 문화를 고조선을 맹주국으로 하는 연맹국가의 중심지 가운데 하나로 추측하였다.[31] 그 후 한창균 역시 요서지역이 고조선과 관계가 깊음을 주장하면서 이를 '고조선 3기문화'라고 파악하였고, 하층문화는 고조선 2기문화로 편입시켰다.[32] 그는 나아가 고조선은 유사의 기록을 넘어 그 이전부터 발전해 왔다는 연속성을 주장하고 있다. 윤내현은 요서의 범주를 더욱 넓혀 난하 이동지역을 고조선문화로 보고 있다. 한편 남으로도 인식을 확대하여 다른 조선의 존재를 설정하고 청천강 유역도 고조선 영토 안에 속한다고 하였다.[33] 임병태 역시 요서의 고대문화 주인공은 예맥족이 이룬

진; 〈단군릉에 대한 력사자료〉, 리준영; 〈단군의 출생과 활동〉, 강인숙; 〈고조선의 성립과 수도문제〉, 현명호; 〈단군의 건국사실을 전한 《위서》〉, 김병룡; 《《단군신화》의 주요특징〉, 신구현; 〈평양은 고대문화의 중심지〉, 석광준; 〈일제의 단군말살책동〉, 박시형; 〈우리민족은 고조선 시기부터 고유한 민족글자를 가진 슬기로운 민족〉, 류렬; 〈단군과 대종교〉, 최태진; 〈단군숭배와 관련한 의례와 풍습〉, 조대일; 〈조선민족은 단군을 원시조로 하는 단일민족〉, 손영종; 〈력대 단군화상들의 사료적 가치〉, 리철; 〈조선민족은 반만년의 유구한 력사를 가진 단일민족〉, 허종호; 〈평양은 조선민족의 발상지〉, 장우진.

30) 卜箕大, 〈하가점 하층문화의 기원과 사회성격에 관한 試論〉, 《한국상고사학보》 19호, 1995; ---, 〈서기 전 12~11~7~6세기의 중국 요서지역의 고대문화에 관하여〉, 《박물관기요》 12, 단국대 중앙박물관, 1997.

31) 金廷鶴, 〈古朝鮮의 기원과 국가형성〉, 《한국상고사연구》, 범우사, 1990.

32) 韓昌均, 〈고조선의 성립배경과 발전단계시론〉, 《국사관논총》, 1992, pp.13~33; 한창균 엮음, 《요하문명과 고조선》, 지식산업사, 2015.

33) 尹乃鉉, 《古朝鮮 研究》, 일지사, 1994, p.63.

고조선이라는 주장을 한다. 복기대는 요동지역 및 한반도문화권과 가까운 관계임을 주장하였다. 그 외 중국의 적덕방(翟德芳), 임운(林澐) 등은 비파형 동검문화가 조선이나 예맥 계통임을 주장하였다.[34]

이처럼 지역적으로, 시간적으로 차이가 있고, 심지어는 주체 종족에 대해서도 다른 견해들이 많다. 그런데 중요한 점은 고조선문명권의 중핵지역은 변동이 가능했으며, 주민 또한 교체와 같은 변화가 있었을 가능성이 있다는 것이다. 또한 고조선이라는 정치적인 실체와 문명권은 개념이 약간 다르다는 점도 있다. 따라서 고대라는 시대적인 배경과 다양한 자연환경과 문화가 혼재하는 고조선 공간의 복합성을 전제로, 국가의 시스템 및 지배방식 등에 질서와 체제 등 다양한 기준을 통해서 정치공간의 범주에 대한 다른 정의를 내릴 수 있다.

필자는 '비조직적(지방 분산적) 체제', '비중심적 체제(多極 체제)'라는 관점에서 고조선이라는 정치체를 분석한다. 또한 통치 또는 관리방식을 '직접통치 지역', '간접통치 지역', '영향권' 등으로 체계화시킬 필요가 있다.[35] 이는 기존의 국가체제나 조직화된 영토개념, 농경토지 중심 등의 한계를 넘는 방식이다. 이러한 이론을 적용하여 문명권, 영역 등의 공간을 설정할 경우에 수천 년 동안에 생성되었던 고조선문명권은 서남만주 일대와 중만주 일대, 대동강 등 한반도 서북부 일대를 중핵으로 서북만주, 북만주, 동만주 일대, 한반도 중부이남 또한 고조선문명권의 주변 공간으로 해석할 수 있다. 아울러 남해안 일대와 일본열도의 일부 지역까지도 문명권의 범주에 해당할 수 있다. 이는 '3핵 체제'와 유사한 관점이다.

그리고 고조선의 건국 시기는 또 다른 관점에서 매우 중대한 의미를 지니고, 불확실성 때문에 많은 주장과 견해들이 등장했다. 이 글에서는

---

34) 이 글의 요서지역에 대한 각 학자들의 견해는 복기대의 〈中國遼西지역 청동기시대문화의 역사적 이해〉, 《단군학연구》 5, 2001 참조.

35) 이러한 이론과 실제 적용에 대해서는 몇 편의 논문이 있다. 근래에 출판한 윤명철, 《해양사연구방법론》, 학연문화사, 2012 참조.

해당 공간의 특수성과 시대적인 한계를 고려하여 앞글에서 간략하게 설명한 '시간' 및 시대구분의 이론, '공간'의 해석과 운용방식 및 '역사유기체론' 등 몇 가지 이론들을 이용하여 고조선문명권의 생성인 고조선의 건국과정과 영역 등을 살펴본다. 고조선 또는 고조선문명권을 신화의 내용, 발굴된 유적 유물의 연구성과, 그리고 사료들을 통해서 단계적으로 구분한 후에 1기·2기·3기로 나누었다.

　제1기는 서기전 24세기 전후한 시대부터 서기전 16세기까지이다. 요서지방에서는 하가점 하층문화시대이고, 요동에서는 고인돌과 무문토기고 청동기가 사용되는 시대이다. 한반도에서는 대동강 유역을 중심으로 고인돌과 벼농사가 시작된 시대이다. 제2기는 청동기 후기부터 서기전 15세기부터 서기전 6세기경까지이다. 다시 이를 세분하여 전기와 후기로 구분하여 전기는 서기전 15세기부터 서기전 12세기까지, 후기는 서기전 11세기부터 서기전 6세기까지로 삼았다. 고고학적으로 전기는 하가점 상층문화시대이면서 후기 청동기시대이고, 후기는 기자의 동래부터 고조선이 정치 세력화되는 시대이며, 비파형 동검과 미송리형 토기와 고인돌의 확산 과정시대이다. 제3기는 서기전 5세기부터 서기후 1세기까지이다. 전기와 후기도 나누는데, 전기는 춘추전국시대의 갈등이 격화되고, 기본적으로 북방유목문화의 영향이 강력해지면서 동아시아의 국제질서가 재편되는 시대이다. 또한 고조선이 강력한 정치세력으로 등장하면서 중국 세력과 갈등을 벌이기 시작한다. 후기는 한무제의 등장과 팽창정책, 한나라와 흉노의 전쟁, 그리고 위만조선의 성장과 이로 인한 위만조선과 한의 전쟁이다.

## 1. 고조선의 생성(제1기)

　제1기는 맹아로서, '조선'이라는 정치체가 발생, 또는 건국하는 첫 단계를 의미한다. '고(原)조선'[36)]이라는 정치적 실체의 탄생과 그에 따른 '조선공동체'의 생성과정을 설정했다. 그리고 이 시대는 고고학상으로 전기 청동기시대에 해당한다. 1기는 시대적인 특성을 고려하여 '신화적 시간', '고고학적 시간'으로 구분하여 시기와 문화의 내용을 살펴본다.

## 1) 신화적 시간

앞 장에서 신화적 시간이 무엇인가를 설명하였다. 그 이론을 이 시대에 적용하면서 상황을 검토한다. 고조선의 건국과 연관된 신화는 몇 가지가 있다. 하지만 직접 연관이 있고, 현재까지 가장 오래되었으며, 많은 자료들의 전범이 되는 것은 일연이 기록한 고조선(王儉朝鮮) 조항이다.[37)] 단군신화(壇(檀)君神話)[38)]의 서술을 근거로 해석하면 고조선의 건국은 단군이 건국한 서기전 2333년이고, 주체는 환인 환웅과 그의 집단, 그리고 단군이다. 단군은 즉위 기간이 1500년이고, 나이[壽]는 1908세였다. 이 기록을 역사적 사실로 직접 대입하려는 인식은 《동사강목》 등 전통사서에서 부터 근대를 거쳐 현대에 이르기까지 많은 이들에 의하여 시도되었다. 이종휘는 《수산집》(修山集)에서 《동사》의 단군본기를 인용했다. 박은식은 망명지인 고구려의 수도권이었던 환인의 동창학교에 재직할 무렵에 《대동

---

36) 최초의 민족국가로 알려진 조선은 그 후 우리 역사에서 생성한 모든 국가들에게서 계승성의 대상이었다. 즉 우리 민족국가의 시원이면서 후에 세워진 조선 등의 근원이 되는 국가이므로 고조선이라는 추상적인 용어보다는 原(本, proto, begining)의 의미를 지닌 원조선이라는 용어를 선택했다. 이후 문장에서는 원조선이라는 용어를 사용하는 것을 원칙으로 삼되 문장의 전개과정이나, 아직 채 정리되지 않은 고대사의 현실을 고려하여 다른 용어를 사용하기도 하였다.

37) 일연의 《삼국유사》 紀異 권 제1 고조선(왕검조선)항을 원전으로 하고, 의미의 명확한 규명을 위해 이승휴의 《제왕운기》를 참고로 하였다.

38) 이것에 대한 설명은 이 논문을 구성하는 주요내용 가운데 하나가 된다. 대다수 사서 및 학자들은 '단(檀)'을 쓰고 있으나 여기서는 《삼국유사》를 원전(原典)으로 하여 '단(壇)'을 사용했다. 그것은 '단(壇)'을 사용함으로써 이 신화의 논리전개가 치밀해지고 전체구조와 일치하기 때문이다.

고대사론》을 집필하였다. 그는 거기에서 단군을 "태백산에 내려와 동방민족의 시조가 되었다(擅君降于太白爲東方民族之祖)"고 하여 한국사의 시작을 단군의 강세(降世)에서 시작되는 것으로 보았다. 또한《명림답부전》과《천개소문전》에서는 서론의 간기에서 '大皇祖降世紀元 四千三百六十八年 九月 日 著者 識'이라고 하여 단군=대황조의 '강세(세상에 내려오는 일, 일연의 고조선 조항에 기술된 '剖卵降世'의 한 부분이다.)'를 한국사의 기원으로 삼았다. '단군(檀, 壇君)'이라는 명칭은 민족 또는 건국의 시조로서 '오랜 세월(신화적 시간)' 동안 한민족의 사고와 행동의 규범으로 존재해왔다. 따라서 단군에 관하여는 역사학자뿐만 아니라 학계의 각 분야에서 선학들의 훌륭한 연구 업적이 축적되어 왔다.

'신화적 시간' 이론을 적용하려면 이와 연관된 신화의 특성을 이해해야 한다. 신화적 시간 또는 단군과 고조선의 존재를 설명하는 단군기록을 신화라고 표현하면 오해가 발생할 수 있다. 하지만 단군기록의 신화적인 면을 표현하고 단군이라는 존재의 신령스러운 면을 부각시킨다고 해서 문제가 되는 것은 전혀 아니다. 신화적인 표현과 살재성 여부는 관계가 없다. 오히려 신화적인 요소가 충만해야 더 가치가 있다. 신화의 정의를 정확하게 알 필요가 있다.

일반적으로 신화는 '허구의 이야기', '꾸며진 이야기', 또는 역사적 사실이나 인간의 생활과는 직접 관련이 없이 필요에 의해 '무원칙'하게 양산된 것으로 여겨지고 있다. 그러나 신화는 한 집단이 경험하였거나 또 그렇게 믿고 있는 역사적 제 사건에서 구성단위를 취하여 그 집단이 심층에 감추고 있는 무의식의 경험과 꿈을 체계화시킨, 합리적이면서 또한 초논리의 세계를 인정하는 종합적인 '논리체계'인 것이다. [39] 그 논리체계는 고대인이 가진 정신성에 의해 형성된 것이다. 몇 가지 특성들을 갖고 있지만, 이 글의 내용과 연관하여 직접적인 부분만 열거한다.

신화는 '역사성과 설화성'이 공존하고 있다. 신화는 인간의 역사에서

---

39) 李光奎,《레비·스트로스》, 대한기독교서회, 1979, p.103 참조.

가장 충격적인 사건, 가장 의미 깊었던 시간, 인물, 밀접한 관계를 맺고 있는 대상물의 의식활동에 대한 기록이다. 즉 현존세계의 존재방식을 무언가의 형태로 결정한 사건에 대한 설화다. 즉 우주의 창조, 인간의 탄생, 나라의 건국, 생활방식의 변경, 자연에 대한 적응, 그리고 단편적인 생활의 모습과 그것을 영위하던 인간들의 행동 등을 사실적인 기록이 아닌 설화적인 성격을 띠면서 표현하였다. 그러므로 단순한 설화로서가 아니라 현실을 정당화하고 전통을 강화하며, 살아서 작용하는 '헌장(憲章, Charter)'으로서의 기능을 해 온 것이다.[40]

또한 신화는 '원형(原形)'[41]과 '변형(變形)'의 두 형태를 갖고 있다. 신화가 발생된 처음의 상태를 '원형'이라 한다. 그런데 장소, 인물들, 시기 등이 시간적으로 변화하고, 공간적으로 이동하면서 서로 다른 문화와 접촉하거나 또는 생활환경이 변화하며, 이념과 사상의 변천 등도 생긴다. 그러면 이러한 요인들로 말미암아 부분적으로 수정이 가해질 수밖에 없다. 이 변화된 상태를 '변형'[42]이라 한다. 유라시아 일대에서는 단군신화와 유사한 신화로서 '게세르(Geser)신화'[43]를 비롯한 많은 영웅신화 또는 시조

---

40) 王彬, 《神話學入門》, p.30. Malinovski는 1914~1918년에 걸쳐 멜라네시아의 Trobriand제도의 원주민을 상대로 치밀한 인류학적 현지연구(field work)를 실시한 것을 근거로 신화를 위와 같이 정의하였다.

41) 여기서 사용하는 '원형(原形)'의 개념은 Eliade나 또는 정신분석학에서 사용하는 Archetype(原型, 祖型)과는 다른 의미로서 신화가 구성되는 기본적인 형태를 뜻한다. Eliade는 모범이 되는 Model, 본(本, paradime)과 원형(原型, Archetype)을 동일하게 사용한다(Eliade의 《宇宙와 歷史》 참조). Jung은 고대로부터의 유전물을 원형(Archetype)이라 본다(王彬의 《神話學 入門》 참조).

42) 변형 또한 물리학 건축 등에서 사용하는 'Strain', 또는 신화나 정신분석학에서 사용하는 '변형('Transfiguration)' '변신(Metamophosis)' 등과는 의미가 다르다. '원형과 변형' 개념은 필자가 역사학에서 전개해온 '역사유기체설', '터이론', '환류시스템' '중핵종족 방계종족' 등 이론들과 연관성을 갖고 있다.

43) 게세르 신화에 대해서는 최근에 연구성과들이 많이 발표되고 있다. 특히 단군신화와의 연관성을 주장하기도 한다. 신화의 구조적인 특성이 유사한 점은 인정하지만, 원형을 창조한 주체로서의 성격과 자격문제는 숙고가 필요하다. 역사적인 관점에서 시기와 변형의 상태와 과정, 여러 지역과의 상호비교가 필요하다.

탄생 신화들이 있고, '나무꾼과 선녀이야기' 같이 약간만 변형된 상태의 것들이 헤아릴 수 없을 정도로 많다.[44]

그런데 문제는 원형을 얼마나 보존하고 있는가이다. 물론 대부분의 신화는 원형이 거의 남아 있지 않다. 단군신화에도 변형의 요소들이 상당히 많이 내재해 있는데 이것은 신화 자체의 전파나 신화를 향유하고 있는 집단들이 먼 거리를 이동하는 과정에서 도중에 수많은 내적, 외적 충격을 받으면서 변화해 왔기 때문이다. 그럼에도 불구하고 비교적 원형을 남기고 있다. 따라서 해당 시대와 전개되었던 상황들을 파악할 수 있는 단서들을 찾을 수 있다. 신화에서 문화의 변천, 사상의 변화, 집단의 이동 등을 알 수 있는 것은 바로 이 때문이다.

또한 신화는 '은유법'을 사용하며 '상징(象徵, symbol)'으로서 사건을 형성한다. 상징은 단일한 매개를 통하여 좀 더 복잡하고 많은 의미를 전달하는 것으로서, 신화 속에서는 언어의 형태로서 세계와 인간의 교통을 이루게 한다. 환인, 환웅을 천신(天神), 곰, 호랑이를 '산성한 동물(神聖獸)' '그 분', '산신령' 등으로 표현하는 등이 그것이다. 따라서 신화를 구성하는 비합리적 요소들을 종교적인 관점으로만 보아서는 안 된다.

이러한 신화의 성격을 토대로 조선이 건국되기 이전인 초기의 상태를 추측할 수 있다. 이 작업은 연대 등 사실 여부와는 무관하게 문화사적으로, 사상적으로 의미 있는 작업이다.

첫 단계는 곰(熊)과 범(虎)의 시대이다('時有一熊一虎…同穴而居'). 이 존

---

현재 바이칼 주변 지역의 몇몇 문화 현상들과 거주민을 우리와 직접 연관시킬 뿐 아니라 심지어는 존재시간의 선후를 구분하지 못한 채로 논리와 주장을 하는 사례들이 있다.

44) 시베리아와 극동민족 구비문학 기념비/ 안동진 옮김, 《시베리아 설화집, 돌간인 이야기》, 지식을 만드는 지식, 2017; 시베리아와 극동민족 구비문학 기념비/ 엄순천 옮김, 《시베리아 설화집, 에벤키인 이야기》, 2017; 시베리아와 극동민족 구비문학 기념비/ 김은희 옮김, 《시베리아 설화집, 유카기르인 이야기》, 2017; 시베리아와 극동민족 구비문학 기념비/ 이경희 옮김, 《시베리아 설화집 셀쿠프인 이야기》, 2017.

〈그림 5-1〉 곰을 잡아놓고 제의를 행하는 광경
(사할린시박물관)

재들은 토착세력이면서, 환웅이 하강하고, 조선이 건국하기 이전부터 존재했었다. 이때 곰은 문화적으로는 고조선문명권이 생성되는 첫 단계와 연관이 있다. 만주 일대, 사할린 일대, 연해주 일대, 동시베리아 일대의 숲과 강에서 '수렵삼림문화'를 영위하는 집단들이 있었다. 이들은 신석기시대 이후 최초의 주민으로 여겨지는 고(古)아시아계인들이다.[45] 이들은 정령숭배 등 다른 신앙들과 함께 생물인 곰을 숭배하는 신앙(야수주의 관념) 또는 'totemism'을 가졌다.[46] 우리 민족문화는 좁게는 동북아시아, 넓게는 지구의 북반구와 유사성 내지 친연성을 보이고 있다. Tungus족,[47] 몽골족, 원시베리아족과 친연성을 보이며 체레미슈족, 보그트족, 야구트족, 부리야트족, 그 밖의 유럽과 아시아의 북부종족들과 문화적 공질성을 갖고 있다.[48] 그들이 가진 곰신앙은 유별나다.[49]

---

45) 한종만·김정훈·김태진 공저, 《러시아 우랄. 시베리아, 극동 지역의 이해》, 배재 대학교 한국 시베리아 센터, 2008; 한양 대학교 아태지역연구쎈터, 러시아·유라 시아 연구 사업단 엮음. 《시베리아 근대성과 소수민족 담론: 시베리아 이야기 2》, 민속원, 2107.

46) Nioradze 지음/ 李弘稙 옮김, 《시베리아 諸民族의 原始宗敎》, 신구문화사, 1976, p.63; 金貞培, 〈고조선의 민족구성과 문화적 복합〉, 《백산학보》 12, 1972, pp.19~20.

47) 조윤경, 〈중국 어룬춘족 어원커족의 기원신화와 한국 熊津전설을 중심으로〉, 《동북아문화연구》 20집, 2011에서 곰신앙과 설화를 비교하고 있다.

48) 金烈圭, 앞의 책 p.18. 이 부분은 좀 더 구체적으로 연구가 진행되어야 한다. 일반적으로 신석기문화도 시베리아 여러 지역과 밀접한 관련이 있는 것으로 여겨 진다.; 윤명철, 〈극북 시베리아의 역사와 문화의 이해〉, 한국해양정책학회, 극지 연구소 주관, 2018.

49) 1. 시베리아의 거의 모든 샤먼교도들은 곰이 특별한 정령. 대숭배.

동일하게 범〔虎〕 또한 후대의 상황을 기록
한 동예(東濊)의 풍습(爲虎山神)[50]에서 보이
듯 역시 동만주 일대와 시베리아 일부 지역에
서는 신앙의 대상이었다. 우리 문화권에서도
'그분', '산신령', '영감' 등의 칭호로 불리워졌
으며, 모든 짐승의 왕인 동시에 바로 산신령
자체라고 여겨지기까지 한다.[51] 이러한 모습
들은 '산악숭배 사상'과 '야수주의적' 관념에
서 발생한 것이고, 일부 문화권에서는 'totem'
으로 발전하였다.

〈그림 5-2〉 곰의 모습을 조
각하여 나무에 박아놓고 예
의를 표한다. 흑룡강성 동강
시박물관

토테미즘에 대한 일반적인 개념은 '집단의
전원이 특정한 동물이나 식물 또는 다른 자
연물(totem)을 자기집단과 특수한 관계가 있다고 생각하고 그것을 신앙과
결부시키는 제도'라는 것이다. 이러한 토테미즘은 이른바 미개사회에서
현저한 현상으로서 초기 인류학자들은 원시종교의 일종이나 태고 시대의

---

2. 우르얀챠이(소요트인), 카라가스와 마누신스크의 타타르인은 '곰은 옛날에
   사람이었는데, 악마 엘릭 칸의 청탁으로 곰으로 변형하였다'라고 하면서 곰을
   절대 먹지 않는다.
3. Tungus인은 곰을 신앙하고 사웅을 집에 끌어들이면 'kuk'이라는 큰 잔치를
   벌이는데, 이때 곰을 죽인 책임을 러시아인에게 돌리며 빈다.
4. 보티악인은 경건한 말을 수풀에서 갑자기 만나면 모자를 벗고, 때론 무릎을
   꿇는다.
5. 돌간족은 곰을 여자로 여기며, 만치인들은 '숲의 여인' '산의 여인'으로 여긴다.
6. 곰을 신화상의 첫 번째 인간으로 취급하여 조상으로 숭배한다.
7. Gilyaks와 Ainu는 붙잡힌 곰을 그들의 거주지 수호신으로 여긴다.

50) 《三國志》〈魏志〉東夷傳 濊條; 조자룡, 《韓虎의 美術》, 에밀레미술관, 1974; 김
   호연, 《韓國의 民畵》, 경인문화사, 1977.
51) N. G. 가린 지음/ 金學秀 옮김, 《저것이 백두산이다》, 民族社, 1980, p.146 참
   고.; 孫晉泰, 〈古代山神의 性에 就하여〉, 《朝鮮民族文化의 硏究》 pp.264~275에서
   호랑이를 산신의 상징으로 보았다. 그러나 그가 여성격으로 본 산악(山岳)은 위
   논문에서 보듯이 오히려 곰과 가깝다.

〈그림 5-3〉 사찰의 산신당 또는 서 낭당에 걸린 산신령과 호랑이가 그 려진 민화

유물로 취급하였고, 논리 이전의 부조리한 원시적 사고를 반영한 것으로 보았다.[52] 그러나 C.L. Strauss는 토테미즘이란 종교의 일종이 아니며 주술도 사회현상도 아닐 뿐더러 토테미즘은 인간 사고의 보편적 특징을 표현한 것이라고 하였다. 그에 따르면 'totem(토템)'은 신의 상징도 아니고, 시조의 씨족이 소유한 동물 사이에는 인과관계도 없으며 '민족생물학(ethnobiology)'과도 전혀 상관이 없고 다만 '민족논리(民族論理, ethnologic)'에 속할 뿐인 것이다.[53]

그런데 단군신화에서 토템적 성격을 띠었던 '곰(bear)'은 문화가 달라지면서 성격이 변화되었다. 곰신앙 집단이 고아시아족이나 일부의 퉁구스족처럼 다른 지역으로 이동하거나 또는 농경문화라는 새로운 생활양식을 하면서 문화의 성격이 변화하였던 것이다. 농경민들은 일반적으로 '재생(re-cycling)'과 관련이 있는 동식물을 '신'으로 숭배하는 습속이 있다. 곰은 동면동물이라는 생물학적 특징을 지녔기에 '달동물(Runar Animal)'로서 지모신의 성격을 갖고 있다. '지모신(La Terre Mere)'은 일종의 곡물신앙으로서 죽음과 삶을 반복하는 재생의례와 밀접한 관련을 맺고 있다.

그러므로 곰은 최초의 단계에서는 단순하게 생물학적 의미를 갖고 신

---

52) 李光奎, 《레비스트로스》, 대한기독교서회, 1973, p.75.
　　"Totem이란 말은 Ojibwa족에서 유래한 것이다. 이 부족은 씨족을 동물명으로 표시하고 그 동물을 씨족의 수호신이라고 생각한다."
53) 李光奎, 위의 책, pp.77~78.

수(神獸)로 숭배를 받았었다. 그런데 시간의 흐름과 공간의 이동 등에 따라서 문화권이 변천하면서 곰이라는 주체는 사라지고, 다만 '신'의 의미를 가진 '곰(감계의 언어)'으로 발음되는 언어로서 존재하게 되었다. 즉 농경을 시작하는 고조선 초기문명권 속에서 신

〈그림 5-4〉 경북 봉화군의 당집. 수목신앙을 함께 볼 수 있다

또는 '무(샤먼)'를 표현하던 '곰'은 언어로만 남아서 '금'('검' '개마' '고마' 등의 표현)계의 지모신 상징으로 변화되었다. 신을 가리키는 용어인 하늘이 자연인 하늘과 동일한 것과 같은 것이다. 따라서 신화적 시간의 고조선문명권은 이제 문화적으로 농경문화 단계 또는 농경문화 시대인 신석기문화 시대에 이르렀다.[54]

그런데 농경문화와 깊은 관련이 있는 홍산(紅山)문화의 핵심 지역인 우하량(牛河梁) 유적지에서 곰과 연관된 뼈, 그리고 지모신으로 여겨지는 여신의 토우상과 사당 등이 발견됐다. 이러한 지모신 신앙은 시베리아의 일부 지역에서 근대까지도 계속됐다.

2단계는 '환웅의 시대'이다. 환웅은 이미 아버지인 환인이 다스리는 '세상(天上)'에 살고 있었다. 그리고 '천강(天降, 太伯山頂 神壇樹下)'이라는 행위를 통해서 새로운 세상으로 이동했거나 또는 이주하였다. 그가 주재하거나 또는 다스리는 세계는 '신시'였다(謂之神市). 이 신시가 신들이 살고 있는 곳인지, 또는 신에 의해서 직접 통치가 이루어지거나 신의 의지가 작용하는 곳인지 그 의미는 분명하지 않다.

---

54) 윤명철, 《단군신화, 또 다른 해석》, 백산출판사, 2008; ---, 〈壇君神話에 대한 構造的 分析〉, 성균관 대학교 석사학위 논문, 1985; ---, 〈壇君神話에 대한 構造的 分析〉《韓國思想史學》2집, 1988; ---, 〈壇君神話에 對한 辨證法的 分析〉《東國史學》23집, 1989 기타

〈그림 5-5〉 우하량 유적의 제단터에서 발견된 도소수. 진흙으로 만든 여신의 손 또는 곰발로 추정한다(요녕성 박물관).

다만 환웅이 거느린 집단의 성격은 서만주 일대에서 '天符印 三箇'로 표현된 '삼종신기'를 제작한 청동기 문화를 영위하는 집단을 상징한다. 또 하늘과 해를 신앙의 대상으로 삼고, 일정한 정치조직을 갖추었으며(將 風伯 雨師 雲師), 그 일들을 담당할 인적 자원들과 관리집단(徒三千)인 기능신(主穀 主命 主病 主刑 主善惡 凡主 人間三百六十餘事)들을 보유한 정치체임을 표현한다.[55]

이러한 문화적인 배경과 그 시대의 역사적인 상황 등을 고려하면 몇 가지 상황 등을 추측할 수 있다. 즉 이들이 사용한 언어는 알타이어계에서 몽골어 계통과 투르크어 계통이었을 개연성이 크다. 또한 이들은 청동기문화를 영위하고, 무덤양식은 초원지대에서 유행한 적석총 또는 석관묘를 사용하며, 새와 하늘을 경배하는 문화집단일 가능성이 크다. 그리고 '하가점 상층문화'와 연관된 모습이 보여진다. 이들이 활동하는 영역 또는 초기에 정착한 지역은 북만주의 서쪽 일대 또는 요서지역을 포함한 서만주 일대였을 것이다. 서기전 23세기부터 서기전 16세기에 해당할 수 있으며, 일부 지역에서는 서기전 6세기경에 해당할 수도 있다.

이들은 각각 '웅'과 '호'로 상징되는 토착집단과는 갈등 또는 협력의 관계를 맺으면서 지내다가 끝내는 하나의 통일된 질서와 체제를 완성한다. 왜냐하면 신화의 내용과 구조를 보면 '쑥〔艾〕 한 줌' '마늘〔蒜〕 20개'라는

---

55) '도(徒)'는 무리를 뜻하는데, 문맥으로 보아 일단 지상에 내려온 다음에는 각자 스스로의 기능을 발휘한다. 풍백, 우사, 운사 등의 여러 신들은 모두 이 무리 안에 속하거나 아니면 이들을 통제하는 기능을 한다. 《제왕운기》에는 동일한 문장을 놓고 '귀삼천(鬼三千)'이라 했다. 삼천(三千)의 도(徒)는 양 기능을 가진 특별한 존재들의 집단을 상징하고 있다.

질적으로 변신을 가져오는 기능을 지닌 식물들이 특별한 의미를 지닌 숫자(三 七日, 二十一日, 百日)와 함께 등장하고, '불견일광백일'에서 보이듯 특별한 공간에서 벌인 의례를 통해서 질적으로 변신하는 상황을 맞이했다. 즉 주도적인 위치에 있는 환웅이 인간이 되고 싶어하는 곰·호랑이에게 필요한 질적 변화를 위해 필요한 taboo를 설정함으로써 자격을 제한한 것이다(常祈于神雄 願化爲人 時神遺靈艾一炷 蒜二十枚曰 爾輩食之 不見日光百日……而不得人身).

이러한 의례로 표현된 역사과정에서 결국은 곰만이 인간의 몸〔人形〕을 얻었고, 호랑이는 여기서 탈락했다. 이러한 신화의 구조와 의미는 역사적으로는 '갈등' '전쟁' '공존' 등의 단계를 거쳤음을 의미한다. 이러한 상황은 유물과 유적 등에서 나타나는 문화의 성격과 미의식 등을 통해서 어느 정도의 추론이 가능하다. 따라서 상반되는 2개의 이질적인 집단 또는 문화가 습합하는 과정은 길지 않은 시간이 걸렸을 것으로 판단된다.

3단계는 '단군'의 시대이다. 환웅과 곰으로 상징되는 두 집단의 결합으로 '단군왕검'이라는 새로운 존재가 탄생한다. 이러한 가치 있고 의미 깊은 상황을《삼국유사》에서는 '……孕生者 號曰壇君王儉'이라고 표현하였고,《제왕운기》에서는 '……而生男 名檀君'이라고 표현하였다. 즉 역사적으로는 새로운 문화의 탄생, 새로운 질서의 탄생을 의미한다. 조선은 건국하고, 단군은 수도를 정한 후에 비로소 정치를 시작하였다. 그리고 그러한 작업을 다 끝내고 말년에는 산으로 들어가 산신이 된다(後還隱於阿斯達爲山神).[56] 그런데《제왕운기》의 단군조선에는 아사달에 들어가 산신이 되었는데(殷虎丁八乙未入阿斯達産爲神), 단군이 재위한 기간이 1,208년이었고 기자조선이 시작되기 164년 전이었다"고 하여 구체적으로

---

56)《삼국유사》'以唐高卽位五十年庚寅 都平壤城(今西京) 始稱朝鮮 又移都於白岳山阿斯達 又名弓(一作方)忽山 又今彌達 御國一千五百年 周(武)王卽位己卯 封箕子於朝鮮 壇君乃移於藏唐京 後還隱於阿斯達爲山神 壽一千九百八歲.'

　　《동사》의 단군본기에는 이렇게 서술하였다. '入阿斯達山爲神. 或曰. 至周. 避箕子於唐莊之京. 年千有餘歲云. 檀君居平壤之邸. 而當殷. 周之際. 後世子孫. 徙於白岳.'

역사적인 사실처럼 기록하였다. 이 시대의 영토는 일연의 기록을 근거로 삼으면 몇 번의 이동이 있었다. 즉 평양성 → 백악산 → 아사달(弓忽山, 今彌達) → 장당경(藏唐京) → 아사달이다.[57]

고대 역사에 관한한 '신화적 시간'이나 '사료적 시간'이 지닌 한계는 명확하다. 특히 고조선을 비롯한 우리 고대 역사는 '무문자 시대'였다는 시대적인 한계가 있었고, 그 후에도 초기에 기록을 한 주체는 중국이었다. 그러므로 숱한 오류와 부정확함, 그리고 특정한 목적에 의해 역사와 문화의 상당한 부분이 왜곡되었음은 분명하다. 이후 고려시대와 조선시대를 거치면서도 해결하지 못했고, 지금까지 극복되지 못한 상태이다. 따라서 글자로서 추론과 복원이 불가능한 이러한 한계는 고고학 등을 비롯하여 다양한 주변학문들을 이용하여 윤곽을 추론할 수밖에 없다.

## 2) 고고학적 시간

북한사학을 비롯하여, 남한의 일부에서는 고조선문화가 고고학적으로 신석기시대부터 시작했을 가능성을 제기하고 있다. 하지만 현재 남한 학계의 일반적인 견해는 고조선은 청동기시대가 시작하고, 발전하는 단계에 해당하는 것으로 본다. 북한은 1990년대에 들어와 '대동강문화론'을 주장한 이후에 몇 가지 증거들을 제시하면서 고조선이 건국한 시기를 매우 앞당기고 있다. 즉 대동강 유역에는 5천 년경에 쌓은 고대 성곽들이 평양을 중심으로 각각 100여 리를 사이에 두고 동·서·남의 요충지마다 배치되었다고 하였다. 평양지역을 대도시 또는 수도로 설정하고, 일정한 형태와 체계로서 중소도시들이 만들어졌다는 것을 의미한다. 또한 평양시 룡성구역 화성동에서 고조선 시기의 제단 유적 2개를 새로 조사 발굴하였는데,[58] 이는 서기전 3천 년기 전반기 즉 단군조선 초기의 유적이라

---

57) 일연은 '평양' '아사달' 등 영토와 연관된 지명들을 해석하면서, 현재 한반도의 평양 및 황해도 지역으로 비정하였다.
58) 류종성은 〈새로 발견된 룡성구역 화성동 고대 제단유적〉이라는 글을 통해서

는 것을 말해준다고 하였다.[59]

특히 단군릉을 발굴한 후에 발견한 두 사람분의 인간뼈를 전자상 공명법으로 측정한 후에 그때부터 5011년 전의 유골이라고 발표하면서 단군의 존재를 주장하였다. 그리고 여기서는 금동관 앞면의 세움장식과 돌림띠 조각이 각각 1개씩 나왔다.[60] 그런데 고대에 수도나 거대한 도시가 되려면 몇 가지 조건들을 갖추어야 한다. 다음 장에서 상세하게 설명할 예정이므로 간단하게 설명하면, 궁성 신앙시설, 방어시설을 구비해야 한다. 그렇다면 신석기 후기 또는 청동기 초기, 하가점 하층문화 시대의 상황과 동일한 것이다.

고조선문명권이 성립하고 발전하는 데에 많은 영향을 끼쳤고, 고조선이라는 정치체가 생성하는 일과 연관이 깊은 문화는 요서지방에서 발전한 '하가점 하층문화'이다. 중국학계는 만주지역의 청동기문화는 서기전 2000년을 전후하여 시작하였고, 대략 1800년 동안 지속하였다고 주장한다.[61] 그런데 일부에서는 요하 유역의 청동기문화는 중국의 화북지역 또는 북방 유라시아를 비롯한 외부 지역에서 유입된 것이 아니라 내재적인 발전의 결과로서 후기 홍산문화와 소하연문화의 전통을 계승하였다는 주장들이 있다.

하가점 하층문화 시대에 요서지방은 산업과 농업이 발달하였는데, 이러한 상황은 요녕성의 북표시(北票市) 풍하(豊下)와 건평현(建平縣)에 있

---

단군조선의 평양중심설을 주장하고 있다.; 로철수·김광명·김정희 지음, 《단군릉과 고대성곽 및 제단》, 《조선 고고학전서》 10, 고대편 1, 사회과학원 고고학연구소, 2009.

59) 박득준 편, 앞의 책 참조.

60) 장우진 등 지음, 《단군릉의 발굴과정과 유골감정》, 백산자료원, 2008; 허종호 외, 《고조선 력사개관》, 도서출판 중심, 2001 참조.

61) 하가점 하층 및 상층문화에 대해서는 우실하가 주로 중국학계의 연구동향과 고고학적인 발굴성과들을 소개하고 있다. 그 밖에 복기대도 《요서지역의 청동기문화》, 백산자료원, 2002에서 유사한 성격의 연구와 함께 연구사 및 쟁점들을 소개하고 있다.

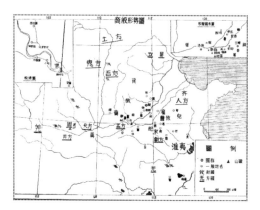

<그림 5-6〉 상은 형세도(출처: 吉林師範大學 歷
史系 中國古代及中世紀史歷史地圖 吉林師範大學
函授育院, 1912)

는 수천 개 유적의 구덩이
에서 확인된 대량의 곡물
을 통해 입증된다. 또 대전
자 묘지의 제 1117호 무덤
에서 획득한 식물 표본 샘
플을 분석한 결과, 그 시대
의 요하 유역은 삼림과 초
원 및 소택과 논밭 등이 공
존했던 사실이 밝혀졌다.
기온은 현재의 6~8°C보다
3°C 정도 높았으며, 고온다

습하여 농경에 적합한 조건을 갖추었다.

또한 청동기문화가 발달하였다. 그런데 청동기는 주석을 섞어야 제 기
능을 할 수 있다. 고대 세계에서 추석은 희소했으므로 '주석 합금—청동'
은 훗날 주석 매장층을 발견한 뒤에야 등장했다. 따라서 청동기시대는
대장장이들이 정식으로 녹인 광물을 섞어 자연에서 발견한 구리보다 우
수한 합금을 만들기 시작한 바로 그 시기를 말한다. 유럽에서 가장 오래
된 청동기시대는 서기전 3700~서기전 3500년 무렵, 대장장이들이 근동
과 흑해—카스피 해 초원의 자연적 변경인 북캅카스산맥에서 비소 합금
청동을 만들면서 시작되었다. 동유럽에서는 몇 세기 후인 서기전 3300~
서기전 3200년 무렵에 시작되고, 중부 및 서부 유럽에서는 다시 1000년
이 늦은 서기전 2400~서기전 2200년 무렵에야 겨우 시작되었다. 초원에
서 청동기시대에 선행하는 시대를 동석기시대라고 부른다.[62]

요녕성 금현(錦縣, 현재 凌海市)의 수수영자(水手營子) 무덤에서 출토된
청동자루로 된 창(槍, 銅戈)은 하가점 하층문화에서 이루어졌던 청동기를

---

62) 데이비드 W.앤서니 지음/ 공원국 옮김, 《말, 바퀴, 언어》, 에코리브르, 2015,
    pp.185~186.

제작하는 수준을 대표한다.
제사 유적지로서 대표적인 객
좌현(喀左縣) 동산취(東山嘴)
유적에서 발견된 청동 제련
덩어리 4점을 방사성탄소 연
대 측정법으로 조사하였더니
놀라운 결과가 나왔다. 서기

〈그림 5-7〉 하가점 하층 유적지(하가점 마을)

전 2000년 무렵으로 밝혀졌으며, 구리를 주성분으로 주석과 납이 혼합된
사실도 밝혔다. 또한 청동기를 주조하는 데에 사용된 흙으로 만든 용범까
지 확인되었다.

또한 대전자(大佃子) 유적에서는 나무 자루에 청동으로 만든 덮개를
부착한 돌도끼가 조사되었다. 그렇다면 내범과 외범을 조합하는 공법을
채용하여 벽체의 기물을 주조할 만큼 기술력이 발전했음을 보여준다. 이
밖에도 청동뿐만 아니라 금과 납 등의 금속제품들도 등장하였다. 대전자
무덤에서 확인된 황금은 가장 오래된 유물이다. 연패와 연질의 덮개도
조사되었다.[63]

발해만 쪽인 당산시(唐山市)의 대성산(大成山) 유적에서도 초기 청동
기시대에서만 보이는 붉은색을 띤 순동(純銅, copper)으로 만든 장식이 2
점 발견되었는데, 서기전 2000년 무렵으로 추정한다. 요녕성 적봉현 하가
점 유적(하층)과 소유수림자(小楡樹林子) 유적 등에서도 이른 시기의 청
동기가 발굴되었다. 또 우한치(敖漢旗)의 대전자(大甸子) 유적에서도 소형
동기가 출토되었다. 이런 결과들을 토대로 중국에서는 청동기는 발해 연
안의 북부에서 자생했다고 추측하기도 한다. 당연히 이들 지역에서는 정
치세력이 형성되었다. 농사를 짓는 기술이 발달하면서 생산량이 급속하
게 확대되었다. 그리고 이러한 현상은 내부적으로는 계급과 신분의 발달
을 야기시켰고, 생산물의 보호와 획득을 목적으로 집단과 집단, 마을과

---

63) 문안식 지음, 앞의 책, pp.60~61.

〈그림 5-8〉 치구조가 있는 삼좌점 성벽(왼쪽)과 삼좌점 유적지 전경. 주거지와 성벽 등이 있다.

마을 사이에는 갈등이 유발되었다. 특히 살상력이 뛰어난 청동제 무기의 발달은 이러한 현상을 촉진시켰다.

하가점 하층문화가 발달한 요서지역에서는 여러 지역에서 주거지와 함께 대략 70여 개에 달하는 석성들이 발견되었다. 동남부 지역은 석성 유적이 수천 곳에 이르며, 오한기 경내에도 맹극하 유역과 교래하 유역에서 각각 400여 곳과 500여 곳에 이르는 관련 유적들이 확인되었다. 적봉(赤峰)시 일대에서도 43개소에 달하는 성과 유적이 조사되었다. 영금하(英金河)를 따라서 분포된 소석성 등은 그 후 시대인 연(燕)나라 및 진(秦)나라 시대의 성곽과 평행하거나 중복된 모습을 보인다. 따라서 축성하고 나서 1천여 년 후에 출현한 장성의 원형으로 보고 있다.

대표적인 성은 지가영자성(遲家營子城)이다. 면적은 무려 10ha 정도이며, 돌을 좌우 협축으로 쌓아서 두께가 무려 4~5m 되는 원형의 성이다. 내부에서는 600여 곳에 이르는 집자리가 확인되었다. 축조된 연대를 서기전 20세기로 본다. 또한 적봉시 외곽에 있는 삼좌점성(三座店城)은 산의 윗부분에 석성을 둘러쌓고 내부에 규격화된 거주지를 마련하였다. 부분에 따라서 이중의 방어벽을 구축했고, 성돌 가운데에는 잘 다듬은 견치석들도 보이고 치(雉)가 무려 13개나 된다. 일종의 '산상도시' 형태이다. 때문에 중국학자들은 하가점 하층문화가 발달했던 이 시대를 '고국(古國)' 단계보다 더 체계화된 '방국(方國)' 단계에 이르렀다고 주장한다. 방

〈그림 5-9〉 중국 요녕성 개주시 석붕산 고인돌(왼쪽)과 개주 대석붕 고인돌

국은 영토의 방어를 위한 성곽이 구축되고, 사회등급의 분화와 예제가 완성된 고도로 발전된 단계에 해당된다. 그렇다면 이 지역에는 일종의 도시국가들이 생성됐을 가능성이 높다.

그렇다면 이 '하가점 하층문화'의 담당자는 구체적으로 누구일까? 고조선문명권과는 어떠한 관계에 있을까?

남북한의 학자들은 하가점 하층문화를 고조선문화로 주장한다. 북한의 김영근은 최근 북한학계의 견해를 반영하며 하가점 하층문화를 고조선 주민들이 창조한 문화로 해석한다.[64] 김정학은 하가점 하층문화의 중심지인 요서지역을 주목하여 '조양문화(朝陽文化)'로 이름을 짓고, 이 문화를 고조선을 맹주국으로 하는 연맹국가의 중심지 가운데 하나로 추측하였다. 한창균 역시 요서지역이 고조선과 관계가 깊음을 주장하였고, 이를 '고조선 3기문화'라고 파악하였고, 하층문화는 고조선 2기문화로 편입시켰다. 그는 나아가 고조선은 유사의 기록을 넘어 그 이전부터 발전해 왔다는 연속성을 주장하였다. 한창균은 하가점문화 자체를 고조선문화로 보아 단군조선의 건국 연대를 소급해야 한다는 설[65]을 제시했다. 임병태는 요서지역에서 고대 문화를 형성한 주인공은 예맥족이 이룬 고조선이라는 주장을 했다.

윤내현은 난하 동쪽 지역도 고조선문화의 영역으로 보았다. 뿐만 아

64) 김영근, 〈하가점 하층문화에 대한 고찰〉, 《단군학연구》 제14, 단군학회, 2006.
65) 한창균, 〈고조선의 성립배경과 발전단계시론〉, 《국사관논총》, 1992, p.33.

〈그림 5-10〉 요녕성 해성 고인돌(요녕성박물관)

니라 남쪽으로도 인식을 확대하여 또 다른 조선의 존재를 설정하면서, 청천강 유역도 고조선 영토 내에 속한다고 하였다. 이것은 신채호를 비롯하여 근대의 민족주의 사학자들이 주장하였고, 이를 계승하여 북한학자들도 이러한 관점에서 해석하고 있다. 이형구는 갑골문화와 더불어 발해연안 북부에서 기원한 것으로 추정되는 초기 청동기문화는 동이족이 창조하였다고 주장하였다. 또한 이들 동이족들은 서기전 17세기경 황하의 하류지역으로 이동하여 '하(夏)'를 멸하고, 은(殷, 商)제국(은족)을 건설하였을 것으로 추측된다고 말하며[66] 문화의 동진이라는 입장을 표명한다. 이와 유사한 주장은 곽대순(郭大順)을 비롯한 여러 중국학자들에게서 나왔다.[67] 그 외에도 정도의 차이는 있지만 다수의 학자들은 요서의 하가점 하층문화는 고조선과 관련성이 깊다는 다양한 주장들을 전개한다.

그런데 능하 유역과 발해만 연안에는 위영자문화가 서기전 14세기 또는 서기전 21세기를 전후하여 출현하였다.[68] 이 또한 북서쪽의 '오르도스(Ordos)'문화와 동쪽의 고대산(高臺山)문화의 영향을 받아 형성된 것으로 이해한다. 하지만 역시 위영자문화는 발견된 집자리와 무덤 및 단단한 질그릇을 통해 볼 때 유목생활이 아니라 정주문화의 성격을 지녔다. 또 다른 종족집단 또는 문화인지는 모른다.

이 시대를 대표하는 고조선문명권에서 가장 중요한 지표유물은 '고인

---

66) 이형구, 〈고조선 시기의 청동기문화연구〉, 《고조선문화연구》(역사분야 연구논문집 99-1), 한국정신문화연구원, 1999, pp.80~81 참조.

67) 郭大順, 〈東北文化與紅山文明〉, 《東北史地》, 2008年 05期; 〈遼河文明的提出與對傳統史學的沖擊〉, 《尋根》, 1995年 06期 등 관점 참조.

68) 이청규, 조진선의 〈요하문명의 확산과 중국 동북지역의 청동기문화〉 참고.

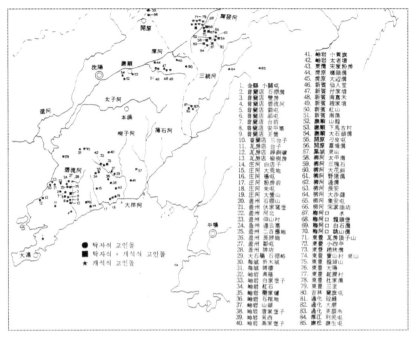

〈그림 5-11〉 만주 일대(중국 동북지방)의 고인돌 분포도

돌〔支石墓〕'이다.

서기전 2000년기 요동반도와 한반도의 북서부 지역은 고조선의 지표 유물인 '고인돌문화'가 꽃을 피우고 있었다.[69] 고인돌은 분포한 지역, 형태 등에 따라 몇 가지 종류로 구분된다. 우선 요동지역의 지석묘를 살펴보면 남북 두 개의 밀집 분포권을 형성하고 있다. 남부 밀집권은 천산 산지의 여맥에서 뻗어 나온 구릉성 저산지대에 속한다. 동·서·남의 삼면은 바다에 접하며, 북쪽은 백두산맥으로 연결된다. 산지의 동남쪽은 비교적 평탄하고 완만한 경사를 이루며, 벽류하(碧流河)와 대양하(大洋河) 등이 황해로 유입된다. 또한 서북쪽은 비교적 험준한 편인데 대청하(大淸河)와 복주하(復州河) 등이 발해로 유입된다. 현재까지 발견된 지석묘는 모두

---

69) 하문식, 〈고조선사람들이 잠든 고인돌과 동굴무덤〉, 《고조선의 역사를 찾아서》, 2007; ---, 《고조선 지역의 고인돌 연구》, 백산자료원, 1999 참조.

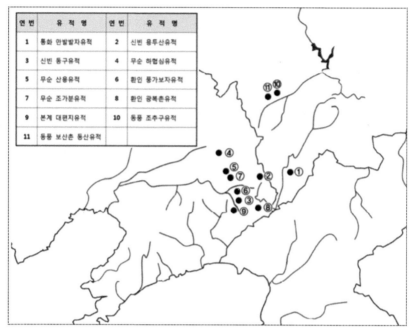

| 연번 | 유적명 | 연번 | 유적명 |
|---|---|---|---|
| 1 | 통화 만발발자유적 | 2 | 신빈 용두산유적 |
| 3 | 신빈 동구유적 | 4 | 무순 하협심유적 |
| 5 | 무순 산용유적 | 6 | 환인 풍가보자유적 |
| 7 | 무순 조가분유적 | 8 | 환인 광복촌유적 |
| 9 | 본계 대편지유적 | 10 | 동풍 조추구유적 |
| 11 | 동풍 보산촌 동산유적 | | |

〈그림 5-12〉 요북지역 고인돌 분포도(출처: 하문식, 《선사와 고대》 40권0호, 2014)

300여 기가 넘으며 이 가운데 발굴조사를 통해 자료가 발표된 것은 대략 150여 기 정도이다.[70]

예컨대 요남(遼南)지구의 보란점(普蘭店)시, 와방점(瓦房店)시의 북부와 개주(蓋州) 남부의 구릉지대와 낮은 산기슭에는 비교적 큰 규모의 고인돌이 약 100여 기가 존재하고 있다. 요동반도 남쪽인 장해(長海)의 소주산 유적에서도 고인돌이 발견되었는데, BP 4000년경으로 추정한다.[71] 그런데 금현의 양갑점, 북현의 화동광, 만가령, 삼대촌, 은현의 허가둔,

---

70) 이러한 숫자는 다음의 논문내용을 분석하여 통계한 숫자이다. 許明綱,〈大連古代石築墓葬研究〉,《博物館研究》, 1990-2; 許玉林,〈遼東半島石棚〉, 遼寧科學技術出版社, 1994; 崔德文,〈遼寧省營口地區石棚研究〉,《中國考古集成(東北券)》, 青銅時代(二), 1996; 華玉冰,《中國東北地區石棚研究》, 科學出版社, 2011; 국립나주문화재연구소,《중국지석묘》, 동북아시아지석묘(5), 2011 등 참조.

71) 許玉林,《遼東半島石硼》, 遼寧科學技術出版社, 1994, p.74; 하문식,〈중국요북(中國遼北) 지역 고인돌의 성격〉,《선사와 고대》 40권, 2014.

해성현의 석산산, 석목성, 장하현
의 석산자촌 등 요동반도 일대의
넓은 지역에서는 모두 돌곽이 지상
에 드러난 '오덕형 고인돌'뿐이고,
무덤구역 시설이 있는 '침촌형 고인
돌'은 보이지 않는다.

　북부 밀집권은 요동반도 북부지
역의 산간 평야지대이다. 동쪽은
용강산맥(龍崗山脈)과 길림(吉林)
합달령(哈達嶺)으로 이어지며, 서
쪽은 요하 평원지역에 속한다. 이
지역의 주요한 수계는 태자하(太子
河), 혼하(渾河), 청하(淸河), 휘발

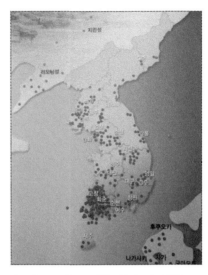

〈그림 5-13〉 고인돌 분포도(고창군 고
인돌 박물관)

하(輝發河), 혼강(渾江) 등이 있다. 지석묘들은 대체적으로 용강산맥 서
쪽의 여러 대·소 하천유역을 중심으로 분포해 있으며, 주로 동요하 상류
와 혼하, 휘발하 유역 등에 밀집해 있다. 남만주 일대인 고구려의 중심
영역에서도 고인돌은 많이 발견되고 있다.[72] 요녕성의 본계(本溪), 무순
(撫順), 개경(開原), 청원(淸原), 요원(遼源), 동풍(東豊), 동요(東遼), 길림
성의 환인(桓仁), 통화(通化), 유하(柳河), 매하구(梅河口), 무송(撫松) 등
이다. 현재까지 조사된 지석묘는 310여 기 정도이며 이 가운데, 대략 140

---

[72] 《통화현 문물지》의 소개에는 고구려 이전의 청동기시대 묘장인 입봉석붕(砬縫
　石棚)과 서강묘지(西江墓地) 두 곳을 소개하고 있다.《통화시 문물지》에는 고구
　려이전의 고분으로서 서산남파묘군(西山南坡墓群)은 원시사회의 무덤이고, 금창
　남두둔(金廠南頭屯)에 석붕이 두 곳 있다고 소개하였다. 무송현의 송교향(松郊
　鄕) 무생(撫生)석붕, 유화현(柳河縣)의 난산향(蘭山鄕) 야저구(野猪溝)석붕, 선가
　점향(善家店鄕) 삼괴석(三塊石)석붕, 태평구(太平溝)석붕(이 지역에 또 석관묘가 있
　다), 안구(安口) 대사탄(大沙灘)석붕, 장안(長安)석붕, 태평천(太平川) 집안둔(集安
　屯)석붕 등이 있다. 하문식, 〈혼강(渾江) 유역의 적석형 고인돌 연구〉,《선사와
　고대》 32권, 2010 참조.

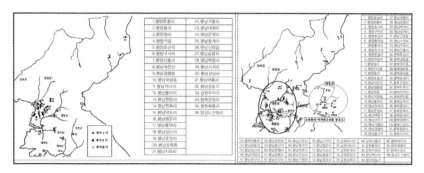

〈그림 5-14〉 북한지역 개석형 고인돌 분포도 1(출처: 오대양, 《선사와 고대》 40권 2014, p.79)(왼쪽)과 북한지역 개석형 고인돌 분포도 2(출처: 오대양, 같은 논문, p.80)

여 기의 지석묘에 대한 자료들이 보고되었다.[73]

또한 적은 숫자지만 산동성 일부지역에서도 고인돌이 발견된다.[74] 절강성은 현재 주산만(舟山灣) 등에서, 또 서안(瑞安), 평양(平陽), 창남(蒼南), 삼문현(三門縣) 등의 지역에서 약 50기 정도가 발견됐다.[75]

결론적으로 만주 일대에서 발견된 고인돌은 대부분이 해안과 가까운 지역에, 그리고 내륙에서는 요하 수계와 송화강 수계와 밀접한 연관이 있다. 그리고 만주 지역의 탁자식 고인돌은 황해를 중심으로 요동반도의 개주시 석붕산, 보란점시 석붕구, 장하(莊河)시 대황지(大黃地), 해성(海城) 석목성(石木城)의 고인돌들이 둥글게 호(瓠)를 이루면서 분포하고 있다. 그러므로 고인돌의 교류 가능성은 물론 문화권 설정에도 암시하는 바가 많다. 고인돌뿐만 아니라 송화강 이남의 여러 지역에서 나타나는 청동기시대 문화는 전 시대와 계기성을 갖고 있으며, 넓은 범위에 걸쳐서 강한 공통성

---

73) 다음의 논문 내용들은 고인돌들의 성격과 숫자들을 열거하고 있다. 王洪峰, 〈東豊縣南部故遺跡調査〉, 《考古》, 1987; 〈吉林南部石棚及相關問題〉, 《遼海文物學刊》, 1993; 許玉林, 《遼東半島石棚》, 遼寧科學技術出版社, 1994; 華玉冰, 《中國東北地區石棚硏究》, 科學出版社, 2011 등 참조.

74) 하문식, 《고조선 지역의 고인돌 연구》, 백산자료원, 1999 참조.

75) 陳元甫, 〈중국 浙江의 지석묘 試論〉, 《호남고고학보》 15집, 2002, p.103 참조.

〈그림 5-15〉 강화도 하점면 고인돌 길이 710㎝, 너비 550㎝(왼쪽)와 고창 도산리 고인돌

〈그림 5-16〉 고창 고인돌군(왼쪽)과 북방 지석식 형태의 고창 도암리 고인돌

이 인정되지만, 동시에 지역별로도 상대적인 독자성을 가지고 있다.

북한지역에서는 고인돌 유적들이 청천강 유역, 대동강 유역, 함북 지역 등 전 지역에 분포하고 있다. 북한이 1990년대에 이르러 '대동강문화론'을 종합적으로 정리하면서 고인돌의 양상이 분명한 모습을 드러냈다. 평양이 고대문화의 중심지라는 근거로서 평양 일대에 수천 개의 고분을 제시하였는데, 안주군과 연탄군 일부를 포괄하는 황주천 유역 일대에만 약 1100여 기가 있다. 특히 평양 일대는 초기의 시초형으로부터 중기형, 말기형에 이르기까지 다양한 형식이 다 보인다. 묵방리 유형의 변형 고인돌은 서북조선과 요동지방의 문화적 공통성을 잘 보여주며, 두 지역 사이의 연계가 다른 어느지방과도 깊었다는 것을 보여주고 있다. 시대가 뒤떨어지지만 대동강지역의 팽이형토기문화는 고조선문화인데[76] 이는 요동

---

76) 서영수·김희찬, 〈미송리형 토기와 청동기시대 유물에 대하여〉, 《고구려연구》 5

〈그림 5-17〉 영광군 대산면 삼금리 지석묘(왼쪽)와 흑산도의 고인돌(오른쪽)

반도의 영향을 강하게 받은 것이다.

황해도 일대에도 고인돌이 많이 분포되어 있다. 그리고 남으로 내려오면서 양평 앙덕리처럼 서기전 200년을 전후한 시기의 것도 있다. 하지만 대부분은 시대가 뒤떨어져서 고조선문명권의 제2기, 제3기에 해당한다. 남한 지역에서도 고인돌들의 크기와 형식은 다르지만 경기도 강원도, 충청도를 비롯하여 전국에 다 분포되어 있다. 특히 서남 해안의 전라남도 지방에서는 현재까지 대략 2만여 기의 고인돌들이 발견되었다. 심지어는 신안군의 섬들지역에도 많이 있고, 흑산도에도 있다. 제작연도도 빠른 것은 양평 양수리 두물머리에 있는 고인돌로, 무덤방 안에서 발견된 숯을 연대측정하여 BP 3900±200이 나왔다.

고인돌은 규슈 북부에도 일부 있다. 북규슈의 가라쯔(唐津) 부근에 있는 이다츠케(板付) 유적지에서는 야요이시대의 농경문화 유물들이 다수가 발견되었다. 또한 그 시대의 대표적인 장법인 옹관묘는 규슈 북부의 여러 지역에서 대량으로 발굴되었다. 요시노가리(吉野ケ里) 유적은 대표적인 야요이시대의 것으로서 집단거주지와 함께 옹관묘군이 같이 발견되었다. 그 옆의 이토시마(系島)반도에는 100여 기가 밀집된 대규모의 고인돌군이 있으며, 근처인 지토오(志登)에도 약 10여 개의 고인돌이 있다.

두만강 유역도 신석기문화를 계승하여 청동기문화가 발달하였다. 서기전 2000년기 전반기에 갈색 민그릇을 기본으로 하는 청동기시대의 질그릇 갖춤새가 형성되었다. 서포항 유적의 청동기시대 아래문화층과 오동 유적의 제1기층에서 흑요석 격지석기와 그것으로 만든 활촉을 비롯하여 곰배괭이, 갈돌, 가락바퀴, 뼈바늘, 뼈송곳 등이 출토되었다. 또한 뼈피리, 뼈숟가락, 흙을 빚어서 만든 인형 등은 특이한 유물들이다.

서기전 2000년기 전반기 무덤인 2개의 움무덤과 두만강 지류인 과야하 유역의 연길소영자의 돌상자무덤떼도 있다. 무덤 내부에서 동해에 서식하는 조개의 껍질로 만든 팔찌, 연옥제의 구슬 등 장식품류와 갈색 간그릇, 붉은 간그릇 등이 출토됐으며, 심지어는 사람의 얼굴을 조각한 것도 있었다. 그 밖에 무산 범의구석 유적, 제2, 제3, 제4기층, 회령 오동 유적 제2, 제3기층, 라진 초도 유적 및 연해주의 빼스챠늬 유적이 있다. 장식품인 머리꽂이가 한반도와 만주의 모든 유적에서 골고루 출토되는데 고조선시대의 틀어 올린 머리모양이 신석기시대부터 형성되었다고 한다. 또한 머리꽂이의 몇몇 문양들은 신석기시대에 한반도와 만주지역에서 출토된 질그릇이나 가락바퀴 등에 보이는 문양과 같은 양식으로서 고조선으로 계승되었다고 한다.[77]


## 2. 고조선의 건국(제2기)

이 제2기는 사료적 시간으로는 서기전 16세기부터 서기전 6세기까지이다. 소위 단군조선 후기로서, 중국에서는 은시대 말인 12세기까지이고, 고고학적 시간으로는 후기 청동기시대이다. 청동기문화의 지표유물은 고인돌, 청동단검(비파형, 세형),[78] 청동거울(다뉴조문경), 토기(미송리형)등

---

77) 박선희, 《고조선복식문화의 발견》, 지식산업사, 2011 참조.
78) 비파형 동검 및 세형동검의 명칭은 매우 다양하다. 이 글에서는 비파형 동검과 세형동검이라는 용어를 기본으로 하고, 특정 학자의 학설을 소개할 때는 그와 연관된 명칭을 사용한다.

이다. 이 유물들의 발견지역과 유물들의 발전 단계 등을 서술하면서 고조선의 제2기에 해당하는 시대상을 살펴본다.

북한은 고조선이 청동기시대에 해당하며, 서기전 2000년기 전반에 시작된 청동기문화는 신석기문화를 계승한 토대 위에서 발전한 것이라고 주장하였다. 돌도끼와 돌화살촉은 신석기시대의 것과 다름이 없고, 반달칼(반월형 석도) 등은 신석기 말기부터 사용된 것이며, 토기 등도 신석기시대 것을 그대로 사용하였다고 한다. 그리고 이에 맞춰 서기전 2000년기 후반기 및 서기전 1000년기 전반기 초의 문화를 유물 갖춤새의 지역적 특성에 따라 구분한다. 즉 대동강 유역 서북 조선과 요하 유역, 압록강 중상류 및 송화강 유역, 동해 연안과 두만강 유역, 남부조선 등 몇 개 지역으로 갈라서 본다. 그리고 후기는 고조선문명에서는 기자조선(箕子朝鮮)[79]이 존재한 시대로서 서기전 11세기부터 '위만조선(衛滿朝鮮)'이 건국하기 이전인 서기전 6세기까지로 본다. 중국 지역에서는 주가 성립하고, 서주가 멸망하는 전국시대 말기까지이다.

고고학상으로는 요하문명에서는 하가점 상층문화 시대이며, 고조선문명권에서는 고인돌문화의 남진이 이루어지고, 적석총과 석관묘의 등장, 청동거울의 등장, 비파형 동검의 활발한 사용과 남진이 시작된다. 한반도 북부에서는 미송리형 토기, 민무늬토기 등이 사용된 시대이다. 또한 한반도 중부를 중심으로 벼농사가 진행됐고, 반월형 석도 등 농기구들도 대량으로 제작됐다.

한국 고고학에서는 과거에는 청동기시대의 존재를 부인하고, '금석병용기(金石倂用期) 시대'라는 일본인들의 용어를 사용하였었다. 이후에는 북방 유목문화의 영향을 강조하여 청동기문화는 시베리아 카라수크

---

79) 기자조선에 관한 상세한 연구사적 검토는 조원진, 〈기자조선 연구의 성과와 과제〉, 《단군학연구》 20호, 2009; 沈隅俊, 〈기자조선 문제 신고찰〉, 동국대 석사학위논문, 1957; 金映遂, 〈箕子朝鮮은 中國蒙縣 : 東國朝鮮과는 異地 同名일 뿐〉, 《논문집》 3, 전북대학교, 1960; 이형구, 〈대릉하유역의 은말주초 청동기문화와 기자 및 기자조선〉, 《한국상고사학보》 5, 1991.

(Karasuk)문화의 영향으로 보았다. 하지만 카라수크문화의 연대는 서기전 12세기에서 서기전 8세기까지 매우 늦었다. 현재 한국학계는 독자적인 청동기문화권을 설정하고, 그 시원도 서기전 15세기에서 서기전 13세기라고 올려 잡고 있다. 그런데 현재는 강릉, 정선 등을 비롯한 강원도 지역, 김포 등 경기도 지역 등에서 새로운 청동유물들이 발견되면서 서기전 20세기 무렵에 청동기시대가 시작됐다고 주장하기도 한다.

제2기의 후기에는 몇몇 대표적인 유물들이 있다. 우선 '비파형 청동검'이다. 동검의 형태는 지역과 사용한 족속, 국가에 따라 서로 달랐으며, 자기의 고유한 특징을 가지고 있었다. 고조선의 동검은 '비파형(琵琶形) 동검'이라는 명칭으로 알려졌는데, 형태가 비파형으로 생겼기 때문에 붙인 이름이다. 때문에 이를 고조선식 동검 또는 요녕식 동검이라고도 부른다.[80]

검몸이 비파모양으로 생긴 것 외에도 검몸과 검자루 및 검자루 맞추개를 따로 만들어서 조립하게 되었고, 검몸의 한가운데에 세로 등대가 두드러져 나와 있다.[81] 전체 형태가 꽃봉오리나 나뭇잎 같기도 하지만, 비파모양으로 보인다고 해서 '비파형동검'으로 부른 것이다. 손잡이는 돌려서 검신에 끼울 수 있게 되었고, 이것은 특징이기도 하면서 동시에 고조선문화의 사상을 엿볼 수 있는 구조이다. 외면상 여리고 선한 느낌마저 주는 아름다움이 흐른다.

칼이 가진 용도 및 고조선의 문화와 기술력을 압축적으로 보여주는 상징성과 재료인 청동 등의 자원 습득과정, 제작기술의 난이도 등으로 말미암아 정치 군장들은 정치의 도구로서, 제사장들은 신물(神物)로서 사용하였다. 형태가 아름답고 청동이기 때문에 강하지 못해서 무기용이 될 수 없다는 견해들이 주를 이루었다. 그런데 직접 제작하여 실험한 결과 오히려 살상력이 더 뛰어남을 입증하였다. 요서지방에서 발견된 비파형 동검은 그 길이가 거의 모두 30~35㎝ 정도이다. 그러나 시대가 흘러

---

80) 나라마다 연구자마다 이 칼을 부르는 명칭은 각각 다르다. 그러므로 이 글에서는 특별한 경우를 제외하고는 '비파형 동검'으로 통일하여 사용한다.

81) 백산자료원, 《비파형 단검 문화에 관한 연구》, 과학백과사전출판사, 1987, p.6.

〈그림 5-18〉 규슈 사가현에서 발굴된 청동검(요시노가리박물관)

가면서 점차 검신이 길어지고, 또한 철제장검으로 교체된다.

비파형 동검은 '하가점 상층문화'의 거의 전 기간에 가장 보편적으로 나타나는 유물이다. 요서 지방의 비파형 동검문화는 서기전 9세기 중엽까지 소급시킨다. 이형구는 요동 지방에서 발달한 비파형 동검의 상한 연대를 서기전 12세기, 송화강 상류 지방에서 발달한 연대는 서기전 11세기, 그리고 요서 지방에서는 서기전 9세기 중반에 시작된 것으로 본다.[82] 하가점 하층문화의 요소를 내포하는 이른바 '남산근(南山根)문화'는 은나라 말 및 주나라 초의 청동기 형태와 제작기술을 받아들여 토착문화와 섞이면서 지역적인 특성을 갖춘 독특한 형태로 변모한다.[83] 그것이 '발해 연안식 청동단검(비파형 청동단검)'의 출현이다.[84] 남산근 101호 돌곽무덤에서 나왔다. 중국에서도 비파형동검은 서기전 9세기에서 시작됐다고 본다.[85] 하지만 북한은 이보다 조금 이른 시기로 본다.

비파형 동검이 출토된 지역은 어디일까? 분포도가 넓다. 요하 상류인 영성현과 오한기에서 남쪽으로 하북성 서북부의 승덕 및 연산산맥 이남의 탁현과 망두에 이른다. 동쪽으로 압록강을 건너 한반도의 모든 지역, 일본열도의 규슈 지방, 서쪽으로 의무려산을 넘어 내몽고 동남부지역에

---

82) 승천석 지음, 《고대 동북아시아와 예맥한의 이동》, 책사랑, 2009, p.110.

83) 이형구, 〈남산근 청동기문화〉, 《중국동북신석기시대 및 청동기시대의 연구》, 국립대만대학교 석사논문, 1978, pp.147~200. 남산근 문화는 요녕성(遼寧省, 현재는 내몽골고자치주) 영성현(寧城縣) 남산근(南山根) 유적에서 유래되었으며 대체로 서기전 9~7세기경에 발달한 청동기문화로 이해된다.

84) 최몽룡·이형구·조유전·심봉근, 〈고조선문화 연구〉, 한국정신문화연구원, 1999, p.77.

85) 백산자료원, 위의 책, p.94.

〈그림 5-19〉 적봉시 남산군 M 101고분에서 출토된 청동검과 청동창(요양시박물관)
(왼쪽)과 요양 이도하자 석관묘에서 출토된 청동단검(요양시박물관)

서 조사되었다. 심지어는 산동지역에서도 발견되었고, 연해주 일대에서도
확인되었다.

구체적으로 살펴보면 현재로서는 요녕성 조양현성의 십이대영자 지역
에서 처음으로 발견되었다. 3호 무덤에서는 도제 가락바퀴[陶製紡錘]를
비롯하여 말재갈, Y자형 동기, 십자형 동기를 비롯하여 Z자형 다뉴동경
이 있다.[86) 남산근 101호 돌곽무덤에서 출토되었고, 요녕성 여대시의 후
목성역촌에 있는 대표적인 적석무덤인 강상무덤에서는 비파형 청동단검
9자루를 비롯하여 청동도끼, 끌, 동곳 거푸집 등 청동으로 만든 여러 가
지 종류의 청동기가 180여 점이 나왔다. 또 근처인 루상무덤에서는 치레
거리를 비롯하여 조립식으로 만든 청동단검이 나왔으며, 무기, 수레부속
품, 마구류, 치레거리 등과 함께 청동공구들이 많이 생산되었다.

그런데 2017년도에 요녕성 신민(新民)시 법합우진(法哈牛鎭) 파도영자
촌(巴圖營子村)의 북외유지(北崴遺址)에서 비파형동검 1개가 발굴되었다.
곽대순(郭大順)은 이 동검이 현재까지 만주 지역에서 발견된 비파형동검
가운데 가장 이른 비파형동검이라고 한다.[87)

---

86) 이 지역 유적유물에 대한 자료조사와 연구는 매우 많이 있고, 특히 고조선과의
연관성은 이형구가 주목한 이후에 윤내현, 최몽룡, 임병태 등 많은 연구자들이
동일한 견해를 갖고 있다(이 문장은 문안식의 앞의 책을 참고하여 작성하였다).
87) [中國新聞網], 2018-02-10, 〈辽宁北崴遺址出土东北地区年代最早青铜剑〉. 이 기
사와 정보는 우실하가 제공한 것이다.

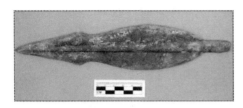

〈그림 5-20〉 신민(新民)시 북외유지(北崴遺址)에서 발견된 비파형동검

이러한 분포도를 비교하면 비파형 동검문화의 발원지와 중심지는 요동지방이다. 하지만 요서지방에서 비파형 동검이 더 많이 나왔다. 이 이유는 요하 하류의 동쪽 유역은 요하가 빈번하게 범람하면서 퇴적현상이 심하고, 많이 파묻힌 지대이기 때문일 가능성이 크다.[88] 비파형 동검 시기의 무덤형식에서는 돌상자무덤, 돌곽무덤, 돌무지무덤, 고인돌 등 돌무덤이 압도적 비중을 차지하고 있으며, 움무덤은 매우 드물다. 다만 상마석 3호 무덤, 관둔자, 조공가, 정가와자 1지점의 무덤은 움무덤이다.

그렇다면 이 독특한 모양의 비파형 동검을 제작하고 사용한 주체는 누구일까?

한국의 학자들은 대부분 고조선의 대표적인 유물로 보기 때문에 주체를 고조선인으로 본다. 김정배는 이 시대를 '예맥 1기문화'로 분류하였다. 김정학도 요서지역의 비파형 동검문화시기, 즉 능하(淩河)문화 시기의 문화를 고조선문화로 이해하여 조양문화로 이름짓고, 이 문화를 고조선을 맹주국으로 하는 연맹국가의 중심지 가운데 하나로 추측하였다.[89] 이형구는 비파형동검을 '발해연안식 청동단검'이라고 명명하고, 고조선 강역에서 발견된다고 하였다. 한창균 역시 이를 '고조선 3기문화'라고 파악하였고, 하층문화는 고조선 2기문화로 편입시켰다. 그 외 중국의 적덕방(翟德芳), 임운(林澐) 등은 비파형 동검문화가 조선이나 예맥 계통임을 주장하였다.

결론적으로 요서지방은 하가점 상층문화와 비파형 동검문화가 발달했다. 이 시대에 요서 지방의 비파형 단검문화와 요하 동쪽의 비파형 단

88) 민성기, 위의 책, p.58.
89) 복기대, 앞과 같은 논문, 《고대에도 한류가 있었다》, 지식산업사, 2007 같은 곳.

검문화와의 공통성은 무덤구조형식을 포함한 매장풍습에서도 뚜렷이 나타난다.[90] 질그릇 갖춤새와 무늬장식수법, 무덤의 구조 형식과 매장풍습 등 문화 갖춤새 전반에서 인정되는 요서지방의 비파형 동검문화와 요하 동쪽의 비파형 동검문화와의 공통성은 같은 기원에서 파생한 한 갈래의 문화였다는 가능성을 제기한다.

북한은 서기전 1000년 전반기의 문화는 발전된 청동기문화라고 하였다.[91] 이지린은 고조선 시대 동호족을 맥족으로 본다.[92] 박진욱은 비파형 동검문화를 고대 조선족 전체의 문화로 본다. 그리

〈그림 5-21〉 비파형 청동단검의 출토지 분포(출처: 김정배 교수 작성, 김정배, 〈동북아의 비파형 청동검문화에 대한 종합적 연구〉)

고 분화를 시도하여 요동 서북조선의 비파형 단검문화는 고조선문화, 즉 예족의 문화로 보고, 반면에 요서지방, 길림-장춘지방 등 양 지역의 비파형 단검문화는 맥족문화로 본다.[93]

조양의 십이대영자 유적, 금서의 오금당 무덤에서 나온 청동으로 만든 도끼, 원판형기 및 방울, 장식판 등에 돋쳐져 있는 3각, 4각 등 선을 위주로 한 기하무늬 도안이 있다. 그런데 이 도안들은 요동지방의 비파형 단

---

90) 문안식 지음, 앞의 책, p.116.

91) 조선민주주의인민공화국 사회과학원 고고학연구소, 〈고조선 문화의 특성과 그 발전〉,《고조선문제 연구논문집》, 사회과학출판사, 1976, p.3.

92) 이지린,《고조선연구》, 평양: 과학원출판사, 1964, p.398.

93) 송화강변에 있는 서단산문화 역시 초기에는 고숙신족과 관련이 있는 것으로 보았으나(東北考古發掘團, 〈吉林西團山 石棺墓發掘報告〉,《考古學報》, 1964 第1期), 최근에는 李健才, 孫進己,《東北各民族文化交流史》, 春風文藝出版社, 1992, p.43 등을 비롯해서 예맥인의 유지로 보고 있으며, 백금보문화 등과 관련을 맺고 있다고 주장한다.

〈그림 5-22〉 춘천 하중도 유적에서 발견된 선형동부와 비파형동검(예맥문화연구소, 약보고서, p.330)

검자루를 비롯하여 강상, 루상 무덤에서 나온 각종 청동 장식판들에서 엿볼 수 있으며, 나아가서 함경남도 금야군 금야강변 유적에서 나온 도끼, 방울 거푸집에서도 볼 수 있다.

　잔줄무늬 양식은 마구류와 도끼, 방울, 각종 장식품 등 청동기와 질그릇들에 보편적으로 나타나는 전통적인 무늬장식 수법이었다. 이것은 사슴, 양, 말 등 여러 가지 짐승을 사생적으로 형상한 오르도스-카라수크식(Ordos-Karasuk) 북방계 청동장식품과도 다르고, 중국지역과도 다른 독자적인 것이다. 따라서 대부분의 한국 학자들은 요서지방에서 발전한 비파형 동검문화와 북방계의 청동기문화는 성격이 다르다고 판단하며, 비파형 동검문화를 요동과 요서지방에 살았던 주민들이 제작한 것으로 주장한다. 다만 현재까지 비파형 동검은 요서지방에서 더 많이 출토되고 있으므로 발생지역의 선후와 주민들의 동일성 여부는 판단을 유보하고 있다. 또 하나 중요한 사실은 한반도 전역에서도 비파형 동검이 출토되고 있다는 점이다.

　비파형 동검은 한반도에서도 여러 군데에서 발견되었다. 평양시 형제산 구역 서포동, 황해북도 신평군 선암리, 황해남도 배천군의 대아리 무덤에서도 출토됐다. 심지어는 함경남도 금야읍에서도 출토되었다.[94] 황해북도 연탄군의 오덕리 10호 고인돌에서 나온 돌단검은 검몸과 손잡이를 한데 붙여 만든 것으로서 매우 세련된 형식을 띠고 있다. 검몸의 끝부분에

---

94) 전남 여천시 적량동 상적 제7호 고인돌.

는 등날을 세웠으며 검자루는 비파형 단
검에 특징적인 나팔모양의 검자루처럼
'검코'가 있다. 남쪽 지역에서는 충청남
도 부여군 송국리의 돌상자 무덤에서도
서기전 6~5세기의 비파형 동검이 나왔
다.[95] 전라남도 여수 월내동에서 출토된
비파형 동검은 가장 긴 것이다. 북한강
과 소양강이 만나는 춘천의 중도(中島)
고인돌 무덤에서는 비파형 동검의 경부
쪽의 검신부가 반파된 채 수습되어[96] 또
다른 해석을 낳게 한다. 경상북도 청도
군 예전리를 비롯하여 경상남도 창원시
덕천리, 김포 등에서 출토되었다.

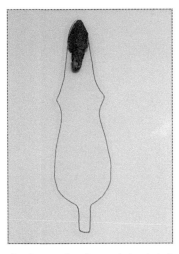

〈그림 5-23〉 제주도에서 발굴된
비파형동검의 조각(제주 국립박물관)

　　반면에 중국 및 일본학자들은 산해
관(山海關)과 요하(遼河) 사이의 대릉하
(大凌河) 주변에서 집중적으로 나타나
므로 이곳에 거주했던 동호족[97]의 문화
로 본다. 한편 김원룡도 동호족의 것으
로 보았다. 동호족은 고조선을 구성하
는 예맥과 어떠한 방식으로든지 관계가

〈그림 5-24〉 제주도에서 발굴된
동검의 부분(제주 국립박물관)

깊었을 것이다. 앞에서 살펴본 바처럼 동호에 속한 선비와 거란은 부여와
언어가 통했다. 즉 고조선과 깊은 관련이 있을 가능성이 높다. 이 시대에
요령지역에는 광의의 개념인 '동이'와 관련된 주민들이 거주하고 있었다.

　　서기전 12세기부터~서기전 6세기까지는 고조선의 정치세력들이 본격

---

95) 민성기, 앞의 책, p.40.
96) 춘천중도유적지(맥국)수천점 유물, 유네스코등재를 위한 비상 긴급대회, p.67.
97) 《山海經》 권11 〈海內西經〉에 "동호는 큰 호수의 동쪽에 있으며 夷는 동호의 동
　　쪽에 있다"라고 가록하였다.

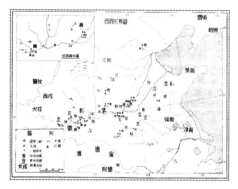

〈그림 5-25〉 서주시기 형세도(출처: 吉林師範
大學 歷史系 中國古代及中世紀史歷史地圖 吉
林師範大學 函授育院, 1912, p.2)

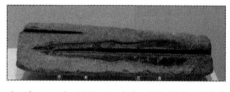

〈그림 5-26〉 중국 요녕성 박물관에 전시된
비파형 동검의 용범

적으로 중국 지역 및 서북방
의 유목국가 등 주변의 강력
한 정치세력과 경쟁과 교류,
갈등을 벌이는 시대였다. 주
왕조의 무왕이 '기자를 조선
에 봉했다'고 하였는데, 그 시
기는 은말 주초인 서기전
1,100~서기전 1,000년경이라
고 하여 기자조선의 존재를
인정하고 있다. 또한 객좌현
에서 출토된 기후방정(其候方
鼎)과 고죽명뢰(孤竹銘罍)를
들어서 그 지역이 고죽국의
터라고 주장하였다.[98] 하가점
하층문화와 상층문화 사이에
과도기적인 문화가 있는데,

시기적으로는 은말 주초이다. 이 문화는 하층문화를 계승한 것으로 이해
된다. 이 시기의 청동기 유물이 요녕성의 객좌현 북동(北洞), 산만자(山灣
子), 소전산자(小轉山子), 화상구(和尙溝) 등 주로 대릉하 유역에서 출토
된다. 이 현상을 근거로 이형구는 이 지역과 문화의 담당자를 기자조선과
연관시키고 있다.[99]

---

98) 이형구, 〈발해연안 대능하유역 기자조선의 유적·유물〉,《고조선과 부여의 제문
   제》, 신서원, 1996, pp.65~75.
99) 이형구,《中國東北新石器及靑銅器時代之文化》, 1978; ---, 〈고조선 시기의 청
   동기문화연구〉,《고조선문화연구》(역사분야 연구논문집 99-1), 한국정신문화연구
   원, 1999, p.81. 이형구는 이 주장을 위해 갑골문화와 더불어 발해연안 북부에서
   기원한 것으로 추정되는 초기 청동기문화는 동이족이 창조한 것인데, 이들 동이
   족들은 서기전 17세기경 발해연안 서남부 황하 하류지역으로 향하여 하를 멸하
   고, 은상제국(은민족)을 건설하였을 것으로 추측된다는 견해를 밝혔다.

이 시대부터 중국을 물론이고 조선을 비롯한 주변세계에 대한 기록들이 나타난다. 따라서 고고학적인 유물과 함께 사료를 활용하여 고조선문명권을 규명하고자 한다. 우선 산융(山戎)이 있다. 서기전 11세기 무렵에 출현하여 서기전 6세기까지 요하의 지류에 해당

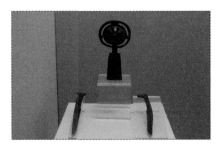

〈그림 5-27〉 내몽골 호화호특시박물관에 전시된 청동말모양 자루 삭도

하는 노합하 유역을 중심으로 명멸을 거듭한 요하 유역 청동문화의 한 담당자였다. 그 가운데 십 연대는 대표 유적인 임서현 대정 동광의 경우 서기전 8세기~서기전 6세기 사이로 밝혀졌다. 《사기》 오제본기에는 요순시대에 북방에 산융, 발, 식신이 있었다고 하였으며, 《사기》의 흉노열전에는 요순 이전부터 산융의 존재를 인정하였다.

그런데 요동에서는 고인돌 무덤 외에 대련시(大連市) 여순구(旅順區)에 서기전 8~7세기의 것인 강상(崗上)무덤, 서기전 7~서기전 5세기의 것인 루상(樓上)무덤 등을 비롯하여 적석총들이 만들어졌다. 고인돌과 다른 적석총 양식이며, 내부에서 비파형 동검이 출토되었다. 앞으로 고조선이 하가점 상층문화와 어떠한 연관성을 맺고 있는지 주목할 만하다.

위영자성 및 삼좌점산성 등 하가점 하층시대부터 나타나는 석성은 거대하고 정교한 구조를 갖추고 있다. 그런데 고구려와 구조 및 기능, 위치 등 유사성이 매우 깊어 연관성 면에서 적지 않은 논란을 일으킬 것으로 보인다.

그런데 요서지방에서는 북방 단검도 출토된다. 곧은날 비수식 청동단검 및 곧은날 주머니자루식 청동단검 또는 '촉각식' 이라고도 부른다. 형태는 검몸과 검자루를 함께 붙여 만들었는데. 검날은 곧고 검자루 끝은 초기에 짐승대가리 모양과 방울 모양의 장식이 유행하다가 후에는 '촉각식'(마주 대하고 있는 두 마리의 새 대가리 모양의 것)으로 되고 마지막에는 고리자루(환두)로 되었다.

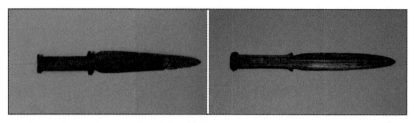

〈그림 5-28〉 전국시대 말[馬]문양의 청동단검 적봉시 영성현(왼쪽)과 요전국시대 오로도스식. 호랑이무늬 자루 청동단검

　북방계 문화에서는 공구로서 칼날의 부분이 안으로 휜 손칼이 많이 사용되었다. 주로 동물들을 처리하는 데 쓴 것으로서 유목생활에 종사했고, 가축을 순장하는 풍습이 성행했기 때문이다. 또한 장식패쪽들이 많이 나왔는데, 말, 범, 사슴, 양 등 짐승들을 형상화하였거나, 그러한 무늬를 새겼다. 특히 4각형의 패쪽을 연결하여 만든 패쪽띠(과대)와 허리띠장식이 많았다. 이 문화에 속하는 무덤은 모두 움무덤(토광묘)이다. 항금기 도흥파랍에서 발굴된 무덤들이 서기전 7~서기전 5세기 무덤의 대표이다. 양성현 모경구의 무덤도 구조 형식과 매장풍습이 도흥파랍의 무덤과 같다.

　그런데 이러한 스키타이의 '동물양식'과 같은 외래조형이 한반도 남부에서 발견됐다. 영천 어은동 출토의 청동마형대구(靑銅馬形帶銅)와 청동호형대구(靑銅虎形帶飾)가 있다. 또 대구 비산동 출토의 청동 검파두식에 나타난 대칭 구도의 오리형 등은 알타이 지역이 조형의 출원지로 믿어진다고[100] 한다. 비록 후대의 것이지만 천마총에 출토된 말다래에 그려진 천마도 또한 북방 유목문화와 연관 있다고 본다. 오로도스 지역에서는 장식패쪽들이 많이 나왔는데, 말, 범, 사슴, 양 등 짐승들을 형상화하였거나, 그러한 무늬를 새겼다. 특히 4각형의 패쪽을 연결하여 만든 패쪽띠(과대)와 허리띠장식이 많았다. 그런데 이 문화에 속하는 무덤은 모두 움무덤(토광묘)이다.

　오르도스식 단검문화는 황하 중류(황하가 내몽골의 서남부 지방에서

───────────

100) 권영필 지음,《실크로드의 에토스》, 학연문화사, 2017,

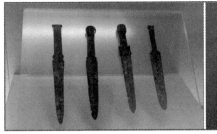

〈그림 5-29〉 하가점 상층문화(3000년~2600년 전) 적봉시 남산근 M101고분 출토 (왼쪽)와 몽골에 있는 알타이 파지릭 고분 발굴모습. 마구, 동검, 동경 등 청동제품 들이 출토되었다.

동쪽으로 흐르다가 남쪽으로 굽어진 일대)인 오르도스(水源이라는 뜻) 지 방을 중심으로 하고 내몽골과 하북성 북부, 외몽골 및 남시베리아를 포 괄하는 넓은 범위에 분포되어 있다. 이 문화는 서주 이전에 성립되어 서 주, 동주 시대를 거쳐 전국시대, 한나라 초까지 계속된 것으로 이야기되 고 있다. 그 기간에서 서기전 5세기경(춘추시대 말)까지가 청동기시대이며 그 이후는 철기시대로 인정되고 있다. 이 가운데서 서기전 4~3세기(전국 시대)의 유적이 가장 많이 드러났는데 그것은 《사기》에 나오는 흉노의 문 화로 인정된다. 오르도스문화와 비슷한 유형의 문화는 중앙아시아와 흑 해 연안까지에 이르는 유라시아 대륙 북부지대의 넓은 지역에 분포되어 있다. 그러므로 이 문화를 통틀어서 '북방계 문화'라고 부르며 그 단검은 북방계 단검이라고 부른다.

이 오르도스식 단검은 하북성 동북부로부터 옛 수원(오르도스)지방까 지에 걸쳐서 분포되어 있는데, 그 분포의 동쪽계선은 남산근 지구이다. 남 산근 101호 무덤에서 비파형 단검과 함께 오르도스식 단검이 여러 개 출토 되었다. 《사기》흉노열전에서 장성 동북부에서 활동한 종족을 지적한 첫 기사는 '진나라 북쪽에 융에 속하는 임호(林胡), 루번(樓煩)이 있었고, 연나 라 북쪽에 동호, 산융이 있었다.' 하지만 이미 서기전 7세기경에 산융은 연 나라와 그 남쪽에 있었던 제나라에 강한 공격을 하였다. 그런데 산융이 거 주한 지역은 난하 중상류로부터 연산, 군도산 일대에 걸쳐서 나타나는 이

〈그림 5-30〉 카자흐스탄 이식고
분군에서 발굴된 황금인간(카자
흐스탄 이식박물관). 금관의 형
태와 새장식을 놓고 신라금관과
의 연관성을 주장한다.

른바 북방청동단검의 분포지역이다.

따라서 연나라 북쪽에서 산융과 접하
고 있는 동호는 난하 중상류 동북쪽의 노
로아호산맥의 좌우, 특히 노합하 및 영금
하 유역을 중심으로 한 지역에서 나타나
는 남산근 유형의 비파형 단검문화가 분
포된 지역의 주민을 가리킨 것으로 된
다.[101] 1928년 카자흐스탄 북쪽에 위치한
보로보예 마을 근처에서 돌 아래 구덩이
에서 보석이 박힌 황금들이 쏟아져 나왔
다.[102] 그리고 청동단검들도 출토되었다.
몽골 알타이의 파지릭 고분에서도 말장식
품, 청동검, 청동거울 등이 확인되었다.

또 하나의 동검이 중국 단검인 '주머니
자루식〔鞏柄式〕단검'이다. '동주식 단검'
으로도 불리우는데, 검몸과 검자루를 함께 붙여 만든 점에서는 북방계
단검과 같다. 그러나 검몸이 일반적으로 좀 길고 릉형의 검코가 있다. 자
루에는 2~3줄의 돋친 띠가 돌아간 것이 많고 자루 끝은 모두 작은 원판
으로 되었다. 과(戈)는 고대 중국무기의 특징적인 것으로서 서주, 동주시
기에 보편적으로 사용된 무기이다. 이 단검문화의 분포 범위는 황하 유역
을 중심으로, 북쪽으로는 하북성, 산서성, 섬서성 등의 남부지대까지, 남
쪽으로는 장강 북안까지의 지역이다.[103]

---

101) 백산자료원, 《비파형단검 문화에 관한 연구》, 과학백과사전출판사, 1987,
    p.136.
102) 1973년 경주 대릉원을 정비하면서 계림로에서 신라 고분들이 발견되었는데,
    카자흐스탄 보로보예에서 출토된 것과 똑같은 황금 보검이 나왔다. 두 보검은
    제작 방법이나 형태 등이 너무도 흡사하다.
103) 백산자료원, 위의 책, pp.61~62.

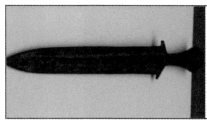

〈그림 5-31〉 유목민족들이 사용한 청동검(왼쪽, 카자흐스탄 이식박물관 소장)과 카자흐스탄 알마티 외곽의 이식 고분군 지역

이 시대 요서 지역과 일부 요동지역에서 각각 다른 세 단검문화를 창조한 주민들은 생업과 생산활동, 생활양식이 달랐다. 즉 북방계 문화를 창조한 주민은 유목종족이며, 고대 중국계문화를 창조한 주민은 전문적으로 농업에 종사한 사람들이고, 비파형 단검문화를 창조한 주민은 농업을 기본으로 하면서 그 밖에 여러 가지 생업에 종사한 사람들이었다.[104] 하지만 이들은 넓게 보면 동일한 공간에서 생활하면서 서로 다른 문화들을 공유했을 것이다. 그러므로 창조와 제작 주체가 사용 주체와 동일한 것은 아님을 전제로 해야 한다.

이 시대 고조선문명권에서 또 하나의 지표유물이며, 의미와 사상을 지닌 상징물이 청동거울이다. 고조선인들이 산업과 기술력을 이용해 제작했고, 동아시아의 넓은 지역에서 사용되었다면, 이 청동거울에 어떤 가치와 의미를 부여하였고, 그 청동 동경들은 고조선문명권에서 어떤 의미를 지니고 있었고 있었을까?

발견된 지역을 근거로 제작의 중심지역과 주변지역들을 알 수 있는데, 그것은 청동거울문화권이기도 하고, 제작한 주체들의 성격을 알려주는 지표이기도 하다. 현재까지 대략 90여 개 정도가 한반도 전역과 만주 일대, 특히 요동과 요서지방에서, 소량이지만 일본열도에서도 발견되었다. 특히 요서지방인 요녕성 조양 근처 십이대영자 것처럼 비파형 동검들과 함께 출토된 사실은 고조선의 영토가 요서지역도 포함했을 것이라는 근

---

104) 백산자료원, 위의 책, p.65.

거를 마련해 준다.

청동거울이 활용되었고, 발견된 지역들은 고조선의 영토, 생활권 또는 무역권의 범주에 해당한다. 전라북도 완주군 갈동 유적에서 발굴된 초기 철기시대 무덤군에서 다른 유물들과 함께 청동으로 제작한 고조선식의 다뉴세문경 2점이 발견됐다. 주조성분과 제작방식을 통해서 기술력이 매우 뛰어났으며, 발견되는 범위를 통해서는 고조선의 문화권 또는 무역권의 범위를 알려준다.

고조선시대에는 뒷면에 꼭지가 중심에서 벗어난 곳에 2개 이상 있으며 번개무늬를 새긴 둥근 청동거울이 유행하였다. 반면에 그런 형태의 거울은 고대 중국문화와 북방계 문화에서는 보이지 않는다. 이 청동거울을 만들고 전파시킨 주체는 고조선인들이었다. 중국의 청동거울과는 다른 점이 많고, 동반되어 나타나는 유물들이 '비파형 동검' '세형동검' 등의 청동 제품들, 고인돌을 비롯한 고조선문화의 문화지표들이기 때문이다.

이 시대 고조선문명권에서 또 하나 주목되는 지표유물은 미송리형 단지이다.[105] 처음으로 알려진 유적지의 이름을 따서 미송리형 토기라고 칭한다. 토기 가운데서 조롱박의 아래·위를 잘라버린 것같이 생긴 독특한 형태의 토기 표면을 갈았으며, 그릇 몸과 목 부분에 가는 줄 여러 개를 합쳐 띠무늬를 돌렸다. 보통 그릇의 허리부분에 고리형 또는 꼭지형 손잡이를 대칭으로 한 쌍씩 달고 그 사이에 입술모양의 독특한 귀(장식)를 붙인 토기이다. 미송리형 토기는 서기전 1000년 전반기 요동과 서북조선 지방에 전형적인 것이 있고, 요녕 지역의 고인돌과 돌널무덤에서 미송리형 무문토기가 출토된다. 길림, 장춘 지방에도 그것과 비슷한 '서단산자형' 단지가 있다.[106]

비파형 단검과 함께 나온 질그릇은 미송리형 단지와 목긴 단지, 굽접

---

105) 평안북도 의주 미송리에서 발견되었으므로 미송리형 토기라고 명명했다.

106) 김용간, 〈미송리동굴유적 발굴 중간보고〉, 《문화유산》 1961-1, 2호(북한); 김용간, 〈미송리 동굴유적 발굴보고〉, 《고고학자료집》 3집, 1963(북한); 김신규, 〈미송리 동굴 유적의 동물 유골에 대하여〉, 《고고학자료집》 3집, 1963.

시, 바리 등인데, 전반적으
로 갈색 간그릇이다. 무늬가
있는 것은 그리 많지 않은
데, 3각무늬, 그물무늬, 선
무늬 등이며, 멍석무늬는 전
혀 보이지 않는다. 발해 유
역에서 하가점문화시대에 청
동기문화를 담당한 주민들
은 주변의 거의 모든 지역의
문화와 교류하였다고 한다.
거리상 가까운 곳은 고대산
(高台山)문화, 그리고 멀리로
는 북방초원지대 문화까지도
교류가 있었던 것으로 보인
다.[107] 마찬가지로 이들은

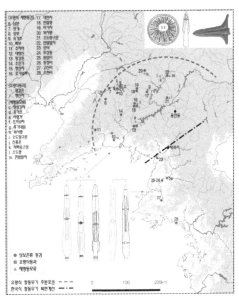

〈그림 5-32〉 이후석 요동~서북한지역의 세형
동검문화와 고조선(출처: 《동북아역사논총》 44
호, 2014, p.57, pp.149-205)

연안과 해양을 통해서도 여러 지역과 교류하였을 것이다.

이 시대의 고조선의 존재와 역사는 중국 지역을 중심으로 전개된 국제
관계를 다룬 기록에 나타난다. 몇몇 기록들을 종합해 보면 서기전 11세기
에 은은 멸망하였다. 그 후에 은나라의 유민들과 주나라 세력들 간에는
갈등이 심화되었다. 그 과정에 나타난 사건이 고죽군(孤竹君)의 두 아들인
'백이와 숙제의 고사'가 있고, 또 다른 하나가 '기자의 동천'이라는 사건이
다. 은의 유민들이 동북상을 하고, 뒤쫓아서 주족들이 북상하였다. 현재
하북성 난하(灤河) 하류의 천안(遷安)·노룡(盧龍)·창려(昌黎) 일대에는
은주시대 제후의 국(방국)인 도하(屠何)·고죽(孤竹),[108] 영지(令支) 등이 있

---

107) 복기대, 〈요서지역의 청동기시대 문화와 황하유역 문화와의 관계〉, 《고대에도
    한류가 있었다》, 지식산업사, 2007, p.97.
108) 도하, 고죽에 대해 《일주서》 왕회해에 "不屠何靑熊, 東胡黃羆" 등이 있다.

었다.[109]특히 영지와 고죽은 모두 유수(濡水, 현재 난하) 하류의 근해 지역
에 있었다.

고죽은 은나라 탕왕(湯王)에 의해 제후국으로 봉해졌는데 영지국의 동
남쪽에 있는 나라였다.[110] 《수경주》 유수조에는 "東南流經令支縣故城東…南
流, 經孤竹城西, 左合玄水"라고 하여 고죽과 난하가 아주 가까운 위치에 있
음을 설명하였다. 이것은 영지성이 고죽성의 서북쪽인 난하의 서안에 위치
하였다는 뜻이다.[111] 황하(黃河) 고도(古道)에서 발해만의 서북을 거쳐 바다
에 들어갔다(현재 天津). 즉 고죽의 연해를 통했다. 이곳은 어양(漁陽)에서
바다로 연결되는 곳이고, 상곡군(上穀郡)의 계현(薊縣), 탁군(涿郡, 현재 북
경시 외곽)에서 발해로 나오면 천주항(泉州港), 지금의 천진 안쪽 지역에 도
착한다. 천주의 북쪽 항구는 창성(昌城, 지금 당산시)이고, 그 북쪽이 해양
(海陽) 노룡(盧龍)이 있는 고죽성이었다. 고죽은 발해와 중원으로 동시에
진출할 수 있고, 요서와 산동 화북을 연결하는 전략적인 요충지였다.

그런데 이러한 상황에서 고조선 또는 고조선과 깊은 연관이 있을 것
으로 추정된 숙신(肅愼), 발(發), 조선(朝鮮), 예맥(濊貊), 진번(眞番) 등의
존재가 기록된다. 숙신은 비교적 일찍부터 등장한다. 《좌전》, 《국어》에는
은나라 시대에 숙신이 북쪽에 위치하였으며 '호시석노(楛矢石砮)'를 무역
하였다고 이미 기록하였다.[112] 또한 《상서》에 "武王旣伐東夷, 肅愼來賀"[113]
라는 기록이 있으며, 기타 자료들이 있다. 최소한 서기전 11세기부터 알
려졌고, 은나라의 말기 및 주나라의 초기에는 숙신과 중원 사이에 교류

---

109) 晉王隱, 《地道記》에 "孤竹, 在肥如南二十里, 秦之離支縣, 漢令支也"라고 하였다.

110) 고죽성(孤竹城)은 요서군(遼西郡) 영지현(令支縣), 하북성(河北省) 노령현(盧龍
    縣) 일대, 또는 산해관(山海關) 부근, 조양현(朝陽縣)의 서남 지구 등으로 나타
    난다. 세력 범위가 난하 하류에서 대릉하에 걸치는 발해만 북안 일대이고, 그
    가운데 심지는 대릉하 상류의 요녕성(遼寧省) 객좌현(喀左縣) 지역이었던 것으
    로 추정된다(한국 민족 문화대백과 '고죽성' 조항).

111) 《水經注》 卷六 濡水조.

112) 《左傳》 昭公 9년, 《國語》 魯語 하.

113) 《尙書》 권 11 周書序.

가 있었음을 알 수 있다.

이때 기록된 숙신의 성격과 위치에 대해서는 다양한 견해들이 있다. 산동성 연해 지역이라는 주장이 있으나, 상나라 말부터 주나라 초기에 동북으로 이주하였다는 주장도 있다.[114] 《산해경》 대황북경(大荒北經)에는 "東北海之外…大荒之中有山, 名曰不咸, 有肅慎之國"이라는 기록이 있다. 이때 불함산의 위치는 일반적으로 백두산으로 알려졌으나, 견해가 다를 수 있다. 곽복(郭璞)은 "肅慎國去遼東三千餘里"라고 하였다. 그런데 매우 먼 거리인 송화강의 중·하류 유역, 또 목단강 유역 일대에서는 숙신의 특산물인 석노(石砮) 같은 고고학적 유물들이 발견된다. 그렇다면 숙신은 그 시대 송화강 중류 일대에 있었고, 서기전 11세기부터는 거기서부터 요동, 요서를 경유하여 중원과 이어지는 교통로가 있었음을 알 수 있다.

이 무렵에 소위 '기자'가 동래하였다고 한다. 《상서대전》에는 다음과 같은 내용이 있다. 즉 "주무왕이 은나라와 벌인 전쟁에서 승리를 거두었다. 기자를 석방시켜 주었다 …, 은나라를 도망하여 조선으로 갔다. 무왕은 곧 기자를 조선으로 봉하였다." 또 《사기》에는 '周武王滅商後 封箕子于朝鮮侯'라는 내용이 있고, 《삼국지》 위지 동이전에는 "옛날 기자가 조선으로 가, 8조목으로 조선인을 가르치자, …"라는 기록이 있다. 이러한 기록으로 말미암아 조선은 기자와 불가분의 관련을 맺게 되고, 기자조선이라는 용어도 만들어졌다. 이 기자라는 존재의 정체와 실제 활동 여부 등은 동아시아 역사상을 이해하는 데 매우 중대했다.

영지국은 서기전 7세기 초에 기병을 동원하여 연나라를 공격한 후에 점령하였다. 산동지방에는 제나라가 있었고, 곡부(曲阜)에는 노나라가 있었다. 즉 연, 제, 노, 영지국, 고죽국은 발해의 발해만과 래주만에 있었던 나라들[國]이었다. 서기전 7세기 후반 연나라는 현재 북경 동북쪽인 계성(薊城)까지 진출했다. 제나라는 연, 노와 연합하여 북상한 후에 영지국과

---

114) 吳澤, 《中國歷史大系:古代史》, p.36에 숙신 위치에 대해 "當今山東濟南一帶"로 주장한다.

고죽국을 격파하고, 역수(易水) 이북의 5백 리를 빼앗아 연나라에 주었다. 전쟁이 발발한 것이다.

이러한 상황을 알려주는 기록이 있다. 즉 《사기》 제태공세가에 '제환공 23년(서기전 663년)에 제 환공이 연나라를 구하기 위해 마침내 산융을 치고 고죽에 이르러 돌아왔다'는 기록이다. 제와 연에게 산융 또는 영지와 고죽국은 경쟁의 대상이었다. 고죽국은 《구당서》의 기록을 보면 고구려와 연관이 깊었다. 이 시대는 중국 사료 속에 북방의 '산융' '험윤' 등의 존재가 기록되고, 은 및 주와 갈등이 유발되는 상태였다. 그리고 유라시아 동부에서 북방계 문화가 본격적으로 내려오는 시대였다.

중앙아시아 초원지역에서 온 강한 전투 기마유목민인 스키타이인[115] 들은 석기시대와 청동기시대 알타이에 살았던 주민들을 정복한다. 이 결과 유라시아 지역에는 백인종과 황인종의 혼혈이 탄생한다. 알타이문화와 정복자들의 전통이 합쳐진 문화이다. 투르크인은 언어, 혈연, 문화, 신앙 등이 고조선문명권과 연관 있는 종족이다. 서기전 15세기경에는 흑해의 북안에서 남러시아를 거쳐 중앙아시아의 북쪽을 거쳐 스키타이문화가 전파되었다. 특히 서기전 9세기 기마유목민들이 탄생하면서 중앙아시아의 넓은 초원지역에 살았던 이 사람들은 동진하면서 만주 일대에 살았던 주민들에게 다양한 면에서 영향을 끼쳤다.

중앙아시아가 역사에서 본격적으로 등장하는 것은 서기전 7세기부터이다. 페르시아의 아케메네스 제국(Achaemenid Empire)은 동쪽으로 진출하면서 현재 중앙아시아의 아프카니스탄 북부 지역, 이란의 동쪽인 파르티아(Parthia) 지역을 장악하고, 다시 중앙아시아의 남쪽 지역을 지배하였다. 그리고 교통로를 체계적으로 개설하고 무역망을 확충시켰으며, 이들에 의해 본격적인 실크로드(Silk road)가 열렸다. 이어 서기전 4세기 중반에 알렉산더 대왕(Alexander the Great)이 동쪽으로 진군하면서 그리스인

---

115) '스키타이(Scythai)'라는 명칭의 기원은 *sak, *skuthes, *skua 등과 연관된 것으로 추정된다. 그리스인들은 Scythai 혹은 Skuthes라고 불렀으며, 헤로도토스에 따르면 스키타이인들은 스스로를 Skolotoi/Skulatai라고 불렀다고 한다.

들이 이 지역을 점령하였고, 이들은 이 지역에 알렉산드리아(Alexandria) 같은 도시들을 여러 곳에 건설하여 그리스문화를 이식하였다. 예를 들면 서기전 3세기에는 '대하(大夏)'로 기록된 '박트리아(Bactria)' 등이 있다.

이때 충격을 받은 유목종족들은 동쪽으로 밀려나면서 기마문화와 기마습속, 무기 전술 등을 보급하고, 동물을 소재와 주제로 삼은 문화와 유물 등을 전달하였다. 현재 타클라마칸(Talla Makan)사막 지역에 정착한 월지(月支, 月氏)는 훗날 흉노와 실크로드의 무역권을 놓고 경쟁하다가 패배한 후, 중아아시아로 후퇴했다가 남쪽으로 진출하여 쿠샨(Kushan)왕국을 세웠다.

스키타이의 발원지로 인정되고 있는 투바(Tuva)공화국의 아르잔(Arzan) 제2쿠르간의 제 5호묘에서는 총 9,300점의 유물이 출토되었는데, 그 가운데 금제가 5,600점에 달한 것으로 보고되고 있다. 에가미 나미오(江上波夫)는 1970년대와 2000년 초, 두 차례에 걸쳐 이 아르잔 지역을 발굴하였다. 그리고 스키타이의 발흥 연대를 종래의 서기전 7세기에서 서기전 9세기 말로 끌어올리는 성과를 거두었다. 따라서 스키타이는 알타이 지역에서 서쪽의 흑해연안으로 퍼져 나간 것으로 결론을 짓게 된 것이다.[116] 그러나 이 문제는 아직 결론이 나지 않은 상태이다.

이 유라시아 초원 문화를 대표하는 상징물이 고분과 출토된 유물들이다. 기마문화와 기마습속, 무기, 전술 등을 보급하고, 동물을 소재와 주제로 삼은 문화와 유물 등을 전달하였다. 알타이 지역의 파지리크 고분은 적석 목곽분과 마찬가지로 무덤 주변에 둘레돌〔護石〕을 두르고 무덤 위에도 돌을 두껍게 쌓았으며, 그 안에는 나무로 만든 무덤방을 만들었다. 쿠르간은 북쪽에서 남쪽을 향해 한 줄로 쌓고, 돌무지 밑 구덩이에는 나무나 돌로 만들어진 상자들과 화려한 물건들(금속, 칼, 거울, 상아 장식품, 승마용 마구)이 발굴되었다. 물론 세세한 차이는 있다. 파지리크(Pazyrik) 문화에서는 돌 위에 흙을 덮지 않았다.

---

116) 권영필 지음, 《실크로드의 에토스》, 학연문화사, 2017, p.76.

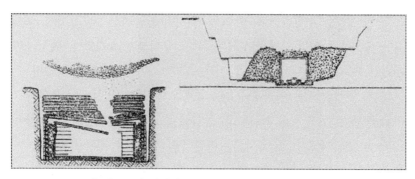

〈그림 5-33〉 파지리크 고분(왼쪽)과 신라고분(이형구)

　　파지리크문화를 형성한 사람들의 실제 이름은 이란계 언어를 사용하
는 월지(月支)족인데, 이 문화는 서기전 7세기부터 2세기까지 번성하였다.
알타이지역의 파지리크까지 들어온 이란의 카펫(서기전 5세기)통로가 몽
골의 노인울라(Noin Ula,노용 올)의 흉노고분까지 연장되었다. 타가르
(Tagar)문화는 미누신스크 지역에서 서기전 7세기부터 1세기경까지 발전
한 스키타이계의 문화이다. 이 문화는 동남쪽으로는 몽골을 지나 오르도
스 지역으로 남하하였다. 이 문화가 이른바 오르도스 청동기라고 부르는
양식의 청동제품들을 만들었다. 하지만 이 무렵에 스키타이의 원향 또는
중요한 활동지역인 카프카스산맥과 흑해 주변에 거주하던 스키타이인들
의 문화는 그리스문화와 관계를 맺으며 또 다른 양식으로 변화되었고,
그 문화는 동쪽의 스키타이문화와는 다르다. 따라서 우리 문화와 스키타
이문화의 연관성을 살펴볼 때는 이 부분을 염두에 두어야 한다. 따라서
스키타이문화를 특정한 지역, 특정한 종족에 의해서 만들어진 문화가 아
니라 그 시대, 유라시아 초원 일대에서 발전한 문화로 보고, 그 문화가 발
전한 공간과 범위를 '스키타이 세계'라고 부르는 학자들의 견해가 합리적
이다.
　　하가점 상층문화 유적에서는 북방 스키타이 계통의 부장품도 조사되
고 있는데, 이 스키타이 문화는 동쪽 지역의 문화를 말한다. 중국 고고
학계는 근년의 발굴을 통해 북중국의 감숙성 남부지역이 서융이 활동했
던 곳임을 밝혀내었다. 출토품 중에는 금제유물들이 주류를 이루고, 특

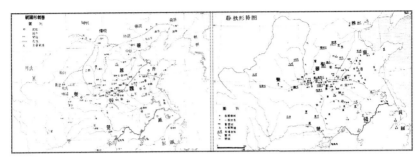

〈그림 5-34〉 전국시기 형세도 1(출처: 吉林師範大學 歷史系 中國古代及中世紀史 歷史地圖 吉林師範大學 函授育院, 1912, p.5)(왼쪽)과 춘추시기 형세도 2(출처: 吉林師範大學 歷史系 中國古代及中世紀史歷史地圖 吉林師範大學 函授育院, 1912, p.4)

히 후기 스키타이 조형의 특징인 동물투쟁 주제의 금제유물이 다수 출토되었다.[117] 동주시대인 서기전 6~5세기의 작품 중에 동물표현은 "전형적인 스키타이 환상 동물양식을 중국식 디자인으로 번안한 것"이라는 해석이 붙기도 한다. 그런데 뒤에서 살펴보겠지만 이 문화와 강한 연관성을 지닌 문화와 유물들이 더 늦은 시기에 한반도 남부에서도 발견됐다. 그렇다면 이 시기 기자와 연관이 깊은 것으로 알려진 고조선이 활동한 중심 공간은 어디였을까?

이 시대 고조선문명권에서 청동기문화가 발달한 지역을 살펴본다.

### 1) 요서지방

와룡천 무덤 유적은 요녕성 금현 동가구 와룡촌에 있는 돌곽돌 무덤이다. 서기전 7세기~서기전 5세기의 유적으로, 안에서 비파형 단검, 검자루, 검자루 맞추개, 청동도끼를 비롯한 여러 가지 유물이 나왔는데, 여러 구들은 겹쳐져 있었다. 비파형 단검의 생김새가 루상무덤의 것과 비슷하므로 같은 시기에 만들어진 것으로 본다.[118]

---

117) 권영필, 위의 책, p.92.

118) 조중 공동 고고학 발굴대, 《중국 동북 지방의 유적 발굴 보고》, 평양: 사회과학원출판사, 1966; 〈서기전 천년기전반기의 고조선 문화〉, 《고고민속논문집》 1,

십이대영자 석곽묘는 요녕성 조양현의 십이대영자에 있는 무덤유적지이다. 서기전 8세기~서기전 7세기의 것으로서 요하의 서쪽 지역에서 알려진 대표적인 비파형 단검 관계 유적 가운데 중요한 하나이다. 3기의 돌곽무덤이 알려졌는데 1호 무덤에서는 비파형 동검 2자루, 칼, 도끼, 활촉, 청동거울, 치레거리 등 10여 점의 청동기들과 가락바퀴, 질그릇 조각들이 출토되었다. 비파형 동검은 강상무덤에서 나온 것과 생김새가 동일한 형식이다. 2호 무덤에서는 비파형 동검과 청동거울을 비롯한 80여 점의 유물이, 3호 무덤에서는 청동거울과 검자루 맞추개 등이 출토됐다. 청동거울은 모두 이른 형식의 것으로 3호 무덤의 거울은 뒷면에 번개무늬 장식과 3개의 꼭지가 달린 것으로서 고조선 후기에 사용한 잔줄무늬거울의 원형으로 추측된다.

오금당(烏金塘) 석곽묘 유적은 요녕성 금서현 오금당에 있는 돌무덤이다. 서기전 8세기~서기전 7세기의 유물인데 비파형 단검을 비롯하여과, 활촉, 투구 등 무기류와 도끼, 끌, 수레부속품들, 그 밖에 여러 가지 부장품들이 출토됐다. 방울달린 수레굴대끝 마구리는 서기전 1000년기 후반기의 좁은 놋단검 관계 유적에서 발견되는 것과 형태상 공통성을 보인다.

남산근문화의 대표격인 요녕성 영성현의 남산근 3호묘(M3)에서는 재갈멈치, 재갈, 종과 방울, 머리 장식과 마면같은 마구가 출토되었다. 그 외에 말을 탄 사냥꾼 두 명이 토끼를 쫓는 모습을 장식한 등자 모양의 청동 고리 등이 있었다. 102호 석곽묘에서 출토된 서기전 9세기~서기전 8세기 무렵의 차마녹문, 수렵인물 골판에도 두 마리 말이 끄는 쌍두마차 두 량이 그려져 있다. 하가점 상층문화 유적에서는 북방 스키타이 계통의 부장품도 조사되고 있다. 그 외에 서주의 의례용 청동기와 오르도스 양식의 유물, 백금보 문화의 영향을 받은 유물 등이 확인되었다.

사회과학출판사, 1969; 문화재연구소, 《北韓文化財實態와 現況》, 1985; 조선유적유물도감편찬위원회편, 《조선유적유물도감》1, 1989(북한).

서기전 11세기를 전후하여 전기 청동기문화는 쇠퇴하고 비파형 동검과 다뉴세문경을 같이 생산하는 새로운 문화가 출현하였다. 비파형 동검과 다뉴세문경을 전형적인 특징으로 하는 요서지역의 청동문화를 '능하문화'라고 부르고 있다. 서기전 9세기 중엽 무렵에 출현하여 서기전 4세기를 전후하여 중원 지역의 철기문화가 전파되었다. 분포 범위는 동쪽의 의무려산에서 서쪽의 노노아호산 산록에 이르며, 북쪽의 부신(阜新, 몽골족 자치현) 일대에서 남쪽으로 요녕성의 남부 지역과 하북성의 동북부 지역이 만나는 지역까지이다. 이 문화를 이룩한 집단은 내몽골 동남부 일대에서 하가점 상층문화를 담당한 산융 등과는 혈연적인 성격이 달랐다. 오히려 '십이대영자' 혹은 '오금당' 유형의 비파형 동검문화를 영위한 집단과 관련이 있다.

## 2)요동 지방

강상무덤은 요녕성 여대(旅大)시 감정자구(甘井子區) 후목성역(後牧城驛) 근처의 작은 언덕에 있다. 서기전 8세기~서기전 7세기의 유적이다. 1960년대 초에 발굴한 후 방치된 상태로 있다가 최근에는 전시장을 만들어 놓았다. 23개의 무덤 구덩이들이 7호 무덤을 가운데 두고 방사형으로 배치되었다. 7호 무덤에서는 아이들을 비롯한 140여 개체분에 달하는 화장된 사람뼈가 출토되었다. 무기, 부장품을 비롯한 청동기, 석기, 질그릇 등 20여 종에 해당하는 870여 점의 유물들이 출토되었다. 가장 중요한 비파형 단검이 나왔으며, 또한 미송리형 토기가 출토되었다. 그 밖에 1호 구덩이에서 발견된 장식품인 청동덩어리는 표면에 직경이 0.25㎜ 정도로 가는 실이 붙어 있었다. 구슬은 모두 770여 개가 출토되었는데, 마뇌, 돌, 뼈, 흙 등 여러 가지 재료이다. 색깔도 다양해서 붉은색, 푸른색, 회색, 흰색, 검은색, 갈색 등이었다. 그리고 모든 구슬들은 중간 또는 한쪽

끝에 작은 구멍이 뚫려 있다. [119)]

　루상 무덤은 역시 요녕성 여대시 감정자구에 있는 '돌곽돌 무덤〔石槨墓〕'이었다. 서기전 7세기~서기전 5세기의 것으로서 강상무덤 근처에 있었다. 1호, 2호 돌곽을 중심으로 10개의 돌곽이 있고, 내부에서 많은 사람들의 뼈가 여러 개의 돌곽에서 확인되었다. 또한 중심묘광인 1호, 2호 돌곽 안에서 비파형 동검을 비롯한 마구류, 수레부속, 방패, 활촉, 도끼, 끌, 치레거리 등 껴묻거리의 대부분이 발견되었다. 그러나 비파형 동검은 강상무덤의 것과 형태가 달라서, 조금 늦은 시기인 서기전 7세기~서기전 5세기의 유적으로 본다.

　정가와자(鄭家窪子) 유적은 요녕성 심양시 우홍구 정가와자촌에 있는 서기전 7세기~서기전 5세기의 청동기시대 대규모 집터 유적이다. 움무덤으로서, 사람뼈, 토기, 뼈단검 고리 등이 부장품으로 출토되었다. 질그릇은 쌍타자(雙駝子) 유적을 비롯한 청동기시대 유적들에서 나온 것과 동일하다. 이로써 서기전 2000년기의 문화와 서기전 1000년기 전반기 문화의 계승관계를 잘 보여주고 있다. 3지점에서는 비파형 동검 관계의 나무곽 무덤이 발굴되었다.

　여기서 비파형 동검, 검자루, 검자루맞추개, 검집을 비롯한 무기류, 공구 및 마구류 그리고 몸치레거리 등 800점에 가까운 부장품이 발견되었다. 대부분은 청동제품인데, 그 가운데는 다른 유적에서 찾아볼 수 없는 새로운 것이 적지 않다. 특히 검집에는 섬세한 '번개무늬'가 화려하게 새겨져 있으며, 적지 않은 마구류도 출토되었다. 마구는 루상무덤이나 금주구(金州區) 동가구진(董家溝鎭)에 있는 와룡천(臥龍泉) 적석총무덤에서도 나왔지만, 이 유적에서처럼 네 마리분에 해당하는 청동 말자갈을 비롯한 각종 마구들과 말치레거리가 발견되었다. 그리고 시신의 다리 쪽 부

---

119) 조중 공동 고고학 발굴대, 《중국 동북 지방의 유적 발굴 보고》, 평양: 사회과학원출판사, 1966; 〈서기전 천년기전반기의 고조선 문화〉, 《고고민속논문집》 1, 사회과학출판사, 1969; 조선유적유물도감 편찬위원회편, 《조선유적유물도감》 1, 1989(북한).

분에서 수십 개의 청동단추가 나왔는
데, 이것은 장화에 붙은 청동단추로 추
정된다.[120] 그 밖에도 요동반도 남쪽인
여대시 노철산(老鐵山) 남쪽 끝인 장군
산(將軍山), 사평산(四平山) 등 여러 곳
에서 발견되는 돌무지무덤과 요동반도
동쪽인 벽류하(碧流河) 부근에 있는 비
자와(媲子窩) 유적의 단타자(單駝子)섬
에서 움무덤이 발견됐다.[121]

〈그림 5-35〉 영길(永吉) 오리하
(五里河) 전산두(轉山頭)에서 출토
된 청동창 돌거푸집, 서단산문화
(길림시박물관)

### 3) 송화강 수계

송화강 유역권에는 아래 도표와 같이
여러 지역에서 청동기문화가 발달하였
다. 송화강 유역에서 나타나는 서단산자
유형의 유적과 망해둔(望海屯) 유형의
유적이 있다. 가장 대표적인 유적은 서단
산(西團山) 유적이다. 길림 지구는 송화
강의 중·상류 지역에 위치해서 동쪽으로
교하현, 남쪽으로 만석현, 북쪽으로 서
단현 등이 있고, 북부와 중부에는 많은

〈그림 5-36〉 영길(永吉) 오리하(五
里河) 전산두(轉山頭)에서 출토된
청동창, 서단산문화(길림시박물관)

낮은 구릉과 충적평야가 있으며, 나무가 울창하고 백두산의 주산맥과 연결

---

120) 조중 공동 고고학 발굴대,《중국 동북 지방의 유적 발굴 보고》, 사회과학원출
　　판사, 1966; 문화재연구소,《北韓文化財 實態와 現況》, 1985; 조선유적유물도감
　　편찬위원회편,《조선유적유물도감》1, 1989.
121) 백산자료원,《조선의 청동기시대》, 사회과학출판사, 1984, p.24. 이곳에서는
　　기하학적 문양을 갖춘 채도들이 발견되었다. 근처인 고려채(高麗寨)에도 선사시
　　대 유적이 있다. 회도 및 청동기, 철기 등만이 아니라 명도전 등도 발견되었다.
　　이 유적은 해양 활동 및 해안 통로의 사용과 연관하여 중요한 유적이다.

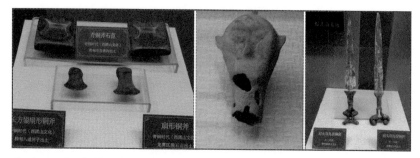

〈그림 5-37〉 화전(樺甸) 팔도하자와 용담구 후석산 출토 청동도끼와 돌거푸집(왼쪽)
과 사람모양의 청동제품(가운데) 및 길림성 교하 신농향과 길림시 용담구 왕둔 출토
부여인들의 쌍조머리동검(길림시박물관)

되어 있다. 유적은 길림시내 송화강가의 평야 지대에 있다.[122]

이 유적은 1930년대부터 조사되었고, 1946년에 이곳의 석관묘 발굴보
고서를 내면서 '서단산문화'라고 불리게 되었다.[123] 절대 연대가 전기는 서
기전 1105년, 중기는 서기전 390년, 후기는 서기전 155년으로 추정된다.
비파형동검을 비롯하여, 돌널무덤[石棺墓], 서단산토기(미송리형 토기) 등
이 발굴됐다. 청동검은 요녕성 남산근 유적의 석관묘에서 출토된 청동검
(서기전 9세기) 및 부여 송국리 유적에서 출토된 청동검(서기전 7세기)과
동일하다.

서단산자 유형의 무덤들에서 흔하게 나오는 조롱박 모양의 단지의 모
양은 미송리형 질그릇에서 특징적인 단지의 생김새와 비슷하다. 따라서
미송리형 질그릇의 연대를 참작하여 여유 있게 서기전 8~7세기 전후로
보아야 할 것이다. 길림 서북쪽의 평원지대에서 나타나는 망해둔 유형의
유적들은 상한은 서기전 2000년기로 소급시켜야 할 것이다.[124]

---

122) 이형석의 개인 자료를 인용했다.

123) 1946년 동북고고발굴단이 '길림 서단산 석관묘 발굴보고서'를 출판하면서 '서
단산(西團山)문화'라는 이름이 생겼다.

124) 오강원, '청동기시대 길림성 일대의 지역군 분류와 서단산문화', 동북아역사재
단, 2008 참고.

〈표 5-1〉 서단산문화 주요 관련 지역군의 유물 유적 조합과 공간(오강원, 〈청동기시대 길림성 일대의 지역군 분류와 서단산문화〉,《한국상고사학보》60권 60호, 2008)

| 유적/<br>공간역 | 유물 | 유적 | 공간역 |
|---|---|---|---|
| 백금<br>보문화<br>(白金寶文化<br>−눈강<br>유역군) | • 백금보형토기, 홍도,<br>눌러 뗀 석기, 와제(蚌製)<br>도구, 골기, 청동손칼,<br>청동단추장식, 동물형식 | 순수토광묘 | • 눈강 북안의 송눈평원, 치치하<br>얼시(서)∼하얼빈시(동), 肇源縣,<br>海倫市; 눈강 남안(大安)의 洮<br>兒河(白城, 洮南), 제2송화강<br>하류(松源, 前郭), 拉林河 하류<br>역(楡樹, 德惠 북부); 霍林河 상<br>류역(通楡, 乾安) |
| 장령권<br>(長嶺圈) | • 손톱문·도들띠문·<br>오목점문 토기<br>• 한서(漢書)문화 양식의<br>홍도와 기하비정문(幾何<br>篦點文)토기(극소) | 순수토광묘 | • 장령현 일대 |
| 서단산<br>문화(西團<br>山文化−<br>길림 중부<br>지역군) | • 서단산형토기<br>• 각종 마제 석기<br>• 비파형동검, 비파형동모,<br>선형동부, 청동손칼,<br>청동단추장식 | 석관묘 | • 제2송화강 중류(길림,永吉), 蛟河<br>(蛟河), 霧開河 중상류역(九臺)<br>• 細鱗河·霍倫河 상류역(舒蘭)<br>• 伊通河 중류(伊通), 제2송화강<br>과 휘발하 합수처의 북쪽 지대<br>(樺甸), 飮馬河 최상류역(磐石) |
| 돈화권<br>(敦化圈) | • 묘제와 석기는 서단산문화<br>에 보다 가깝고, 토기에서<br>는 까우면서 토기에서는<br>목단강 중상 유역과 유정<br>동 유형의 요소가 복합되<br>어 별개의 지역성 | 석관묘 | • 돈화시 일대 |
| 유정동유형<br>(柳庭洞<br>類型,<br>길림 동부<br>지역군) | • 유정동형토기<br>• 각종 마제 석기와 흑요석기<br>• 각종 골기와 각문골판<br>(刻文骨板)<br>• 청동단추장식 | 적석 토광묘<br>변석 토광묘<br>석관묘 | • 해란강 유역(和龍, 龍井),<br>부루하통하 유역(延吉, 圖們,<br>安圖), 嘎呀河 유역(왕청),<br>琿春河 유역(훈춘) |
| 길림 남부<br>지역군 | • 보산형토기<br>• 각종 마제 석기<br>• 비파형동검, 파형동모,<br>선형동부, 청동손칼 | 대석개묘<br>석관묘 | • 동요하 중상류역(東遼, 遼源, 東<br>豊) |

| 매하구권<br>(梅河口圈) | •묘제, 토기, 석기(흑요석기, 타제 신발 꼴 괭이) 조합은 길림 남부 지역군 및 대이수구 유형과 유사하면서 완전히 일치하지 않은 별개의 지역성 | 지석묘<br>대석개묘 | •휘발하 상류 유역(梅河口市) |
|---|---|---|---|
| 무송(撫松)<br>-정우권<br>(靖宇圈) | •주변 지역 유물 요소 혼재하면서 별개의 지역성 형성 | 지석묘<br>석관묘 | •二道江과 頭道江 유역(撫松, 靖宇, 長白) |
| 대리수구<br>(大梨樹溝)<br>유형 | •대이수구형 토기, 각종 마제 석기와 타제석기 | 석관묘<br>대석개묘<br>지석묘 | •혼강 유역(通化, 渾江, 集安, 臨江) |

결론적으로 서단산문화는 백두산 천지에서 발원하는 '송화강 유역권'으로서 고조선, 부여, 고구려, 발해의 역사가 발흥하였던 지역이다. 그렇다면 이 지역과 고조선문명권의 연관성에 대하여 전문적이고 과학적인 연구가 필요하다.

그 밖에도 여러 지역에서 고조선 및 부여 등과 연관된 청동 유물들이 발견되었다. 유수현(楡樹縣) 노하심촌(老河深村) 유적지는 서기후 1~2세기의 유적지로서 무덤군들과 함께 유물들이 대거 발견된 곳이다. 선비족의 유물이라는 주장도 있으나 부여 계통의 유물들이다. 그런데 김포시 운양동의 주구묘에서 철도, 투겁창 화살촉 등이 발견되었는데, 노하심 것과 유사하다.

### 4) 압록강 수계[125]

압록강 유역의 선사시대 유물·유적들은 강의 본류보다는 주로 지류들에 산재해 있다. 평안북도 중강군 토성리, 시중군의 심귀리·노남리, 강

---

[125] 이하 북한지역의 유적을 설명하는 글은 북한의 보고서를 재인용하였으므로 북한식의 표현과 한글원칙으로 되었음을 밝힌다. 다만 일부는 원문을 변화시켜 한자로 전환하였다.

계시의 공귀동, 벽동군 송련리, 의주군의 의송리, 용천군 신암리 등에서 거주지가 발굴되었다. 이 유적들에서는 청동기를 비롯하여 토기와 반달형 돌칼·돌도끼·가락바퀴[紡錘車]·석검·돌화살촉 등 유물이 출토되었다. 그리고 강계시의 풍룡동과 공귀동에서는 청동기시대의 석관묘가 발견되었다. 다만 우리나라 청동기시대의 대표적인 유물이라 할 수 있는 비파형동검과 세형동검은 아직 출토된 예가 없다.

용천의 신암리 유적은 평안북도 용천군 신암리에 있는데, 청동칼, 청동단추 등의 청동제 유물이 발견되었다. 1지점에서는 신석기시대의 토기가 출토됐고, 집터에서는 미송리형 토기와 변형 팽이형 토기, 다량의 석기류가 발견되었다.[126] 동하 유적은 평안북도 룡천군 쌍학리 동하의 구릉지대에 있다. 서해와 연결되는 들판 지역에 있는데, 청동기시대의 토기와 돌도끼 등이 발견되었다. 특히 솥모양의 토기는 금속 제작과 관련 있는 유적일 가능성을 보여준다.[127]

의주의 미송리 유적은 평안북도 의주군 미송리에 있는 석회암 동굴유적이다. 아래층에서 빗살무늬토기와 석기가, 위층에서 서기전 8세기~서기전 7세기의 목달린 단지와 청동도끼, 뼈송곳, 화살촉, 벽옥으로 만든 관옥 등이 발견되었다.[128] 그런데 청동도끼는 날이 부채살처럼 펴진 주머니 도끼로서 크기와 생김새가 요동반도 남쪽인 강상무덤의 거푸집에 출토된 도끼와 유사한 형태이다.

이곳에서 발견된 토기 가운데서 많이 출토된 것은 지역의 이름을 따서 '미송리형 토기'라고 명명하였다. 조롱박의 아래와 위를 잘라버린 것 같이 생긴 독특한 형태에 표면을 갈았으며, 그릇 허리 부분에 고리형 또

---

126) 신의주력사박물관, 〈1966년도 신암리유적 발굴 간략보고〉, 《고고민속》 2(북한), 1967; 국립문화재연구소 편, 《북한 문화유적 발굴개보》, 1991.

127) 김례환, 〈평북지방에서 발견된 원시유적〉, 《문화유산》 4(북한), 1958; 국립문화재연구소 편, 《북한 문화재 관계 문헌 휘보》, 1990; 정찬영, 〈심귀리 무덤떼유적 발굴 보고〉, 《압록강·독로강 유역 고구려유적 발굴보고》, 1983.

128) 김용간, 〈미송리 동굴유적 발굴보고〉, 《고고학자료집》 3(북한), 1963; 국립문화재연구소 편, 《북한 문화재 관계 문헌 휘보》, 1990.

는 꼭지형 손잡이를 대칭으로 한 쌍씩 달고 그 사이에 입술모양의 독특한 귀(장식)를 붙였다. 이 토기는 서기전 1000년 전반기 한반도 서북지방과 요동 일대의 문화를 특징짓는 중요한 지표유물로서[129] 요동지방과의 연관성을 입증한다.

주의리 유적은 평안북도 염주군 주의리 마을 부근의 늪지대에서 발견된 서기전 8세기~서기전 7세기의 농사 유적지이다. 발견된 평후치는 'ㄴ'자형으로 구부러진 참나무를 이용하여 만들었다. 참나무로 만든 수레바퀴 조각에는 바퀴살을 끼우던 네모진 4개의 구멍이 뚫려 있는데, 바퀴살의 수는 24개로 추측된다. 유물의 연대를 1000년기 전반기로 추정한다.[130] 시중 심귀리 유적은 자강도 시중군 심귀리 압록강의 지류인 독로강(禿魯江) 옆의 구릉지대에 있다. 용천의 왕산 유적은 평안북도 용천군 왕산에 있다. 압록강 근처이며 서한만과 연결된다. 여러 종류의 화살촉이 있는데, 특히 독특한 모양의 달도끼와 그물추 등이 발견되었다. 그런데 달도끼는 신석기시대의 전통을 지니고 있어 문화적인 계승성을 확인할 수 있다.[131]

강계의 공귀리(公貴里) 유적은 자강도 강계시 공귀동 독로강 옆의 하안단구에 위치한 청동기시대 집터유적지이다. 집터와 돌널무덤에서는 유물이 많이 출토되었다. 돌화살촉·돌도끼·대팻날·자귀·반달돌칼·그물추·흑요석기·가락바퀴·숫돌·배부리형석기·활비비 등 석기제품이 560

---

129) 김용간, 〈미송리동굴유적 발굴 중간보고〉, 《문화유산》 1961-1, 2호(북한); 김용간, 〈미송리 동굴유적 발굴보고〉, 《고고학자료집》 3집, 1963(북한); 김신규, 〈미송리 동굴 유적의 동물 유골에 대하여〉 《고고학자료집》 3집, 1963(북한); 문화재연구소, 《北韓文化財實態와 現況》, 1985; 조선유적유물도감편찬위원회편, 《조선유적유물도감》 1, 1989(북한); 문화재연구소, 《北韓文化財關係文獻彙報》, 1990; 문화재연구소, 《北韓文化遺蹟發掘概報》, 1991 등 참조.

130) 문화재연구소, 《北韓文化財實態와 現況》, 1985; 조선유적유물도감편찬위원회 편, 《조선유적유물도감》 1, 1989(북한).

131) 정일섭, 〈평안북도 벽동군 송련리와 룡천군 왕산 원시유적 답사 보고〉, 《문화유산》 1(북한), 1962; 국립문화재연구소 편, 《북한 문화재 관계 문헌 휘보》, 1990.

점이며, 토기는 110점이다. 특히 이곳에서 출토된 민무늬토기는 서북한 팽이그릇과 동북한 청동기시대 토기의 특징이 결합된 성격을 가지고 있다. 즉 동북한과 서북한 사이의 문화적인 교류를 증명하는 자료이다. 토기의 형태로 미루어 대체로 청동기시대 초기인 서기전 7~서기전 5세기에 형성된 것으로 추측된다.[132]

벽동 송련리 유적은 평안북도 벽동군 송련리의 구릉지대에 있는 청동기 유적지이다. 근처에 압록강이 흐르고 있는데, 농사와 관련된 유적지이다. 집터가 있고, 반월형 석도나 민무늬토기 등이 발견되었다.[133] 압록강 중상류의 청동기시대 유적들의 선후관계는 공귀리 유적의 층위관계와 유물 갖춤새의 변천에 따라 결정되었다.[134]

〈표 5-2〉 한반도 문화 유적 1

| 번호 | 유적명 | 위 치 |
|---|---|---|
| 1 | 의주 미송리 유적 | 평안북도 의주군 미송리 |
| 2 | 용연 석교리 유적 | 황해남도 용연군 석교리 |
| 3 | 봉산 신흥동 유적 | 황해북도 봉산군 신흥동 |
| 4 | 배천 대아리 유적 | 황해남도 배천군 대아리 |
| 5 | 황주 침촌리 유적 | 황해북도 황주군 침촌리 |
| 6 | 황주 긴동 유적 | 황해북도 황주군 침촌리 긴동 |
| 7 | 연탄 오덕리 유적 | 황해북도 연탄군 오덕리 |
| 8 | 송림 석탄리 유적 | 황해북도 송림시 석탄리 |
| 9 | 사리원 상매리 유적 | 황해북도 사리원시 상매리 |

132) 김용간, 〈강계시 공귀리 원시 유적에 대하여〉,《문화유산》1958-4(북한); 고고학 및 민속학 연구소,《강계시 공귀리 원시 유적 발굴 보고》, 유적발굴보고 제6집, 과학원출판사, 1959(북한); 조선유적유물도감편찬위원회편,《조선유적유물도감》1, 1989(북한); 이강승, 〈청동기시대 유적〉,《북한의 문화유산》Ⅰ, 1990 등 참조.

133) 정일섭, 〈평안북도 벽동군 송련리와 룡천군 왕산 원시유적 답사보고〉,《문화유산》1(북한), 1962; 황기덕,《조선의 청동기시대》, 1984(북한).

134) 김용간,《강계시 공귀리 원시유적 발굴보고》, 과학원출판사, 1959(북한) 참조.

| 10 | 사리원 광성동 유적 | 황해북도 사리원시 광성동 |
|---|---|---|
| 11 | 북청 중리 유적 | 함경남도 북청군 중리 |
| 12 | 금야 유적 | 함경남도 금야군 금야읍 |
| 13 | 영흥 유적 | 함경남도 영흥군 영흥읍 |
| 14 | 무산 범의구석 유적 | 함경북도 무산군 호곡동 |
| 15 | 시중 심귀리 유적 | 자강도 시중군 심귀리 |
| 16 | 회령 오동 유적 | 함경북도 회령군 오동 |
| 17 | 동림 당모루 유적 | 평안북도 동림군 인두리 당모루 |
| 18 | 용천 왕산 유적 | 평안북도 룡천군 왕산 |
| 19 | 용천 동하 유적 | 평안북도 룡천군 쌍학리 동하 |
| 20 | 박천 용흥리 유적 | 평안북도 박천군 용흥리 |
| 21 | 벽동 송련리 유적 | 평안북도 벽동군 송련리 |
| 22 | 선천 원봉리 유적 | 평안북도 선천군 원봉리 |
| 23 | 염주 항봉리 유적 | 평안북도 염주군 항봉리 |
| 24 | 정주 당터산 유적 | 평안북도 정주군 석산리 |
| 25 | 정주 석산리 유적 | 평안북도 정주군 석산리 |
| 26 | 배천 홍현리 유적 | 황해남도 배천군 홍현리 |
| 27 | 서흥 천곡리 유적 | 황해남도 서흥군 천곡리 |
| 28 | 안악 복사리 유적 | 황해남도 안악군 복사리 |

## 5) 청천강 수계

동림(東林) 당모루 유적은 평안북도 동림군 인두리 당모루 청천강변의 언덕에 있는데 서한만과 관계가 있다. 주변에 청동기시대의 집터와 고인돌 유적이 있으며, 굴조개껍질, 소라껍질, 토기, 석기류 등이 발견되었다.[135] 박천(博川) 용흥리 유적은 평안북도 박천군 용흥리 구릉에 위치한

---

135) 신의주 력사박물관, 〈동림군 인두리 당모루 원시유적 조사 간략보고〉, 《문화유산》 5(북한), 1959; 국립문화재연구소 편, 《북한 문화재 관계 문헌 휘보》, 1990.

청동기 유적지이다. 돌도끼와 화살촉 등의 석기류, 팽이형 토기가 발견됐다.[136] 선천(宣川) 원봉리 유적은 평안북도 선천군 원봉리에 있는 청동기시대 집터 유적지이다. 농사와 연관된 민무늬토기, 돌도끼, 반월형 석도, 가락바퀴 등의 유물이 출토되었다.[137] 염주(鹽州) 항봉리 유적은 평안북도 염주군 항봉리의 들판에 있는 청동기시대 유적지이다. 집터에서는 화덕시설 등과 토기들이 확인되었다.[138]

정주(定州) 당터산 유적은 평안북도 정주군 석산리 당터산 기슭에 있다. 패총이 있는데, 굴껍데기 토기 조각들이 발견되었다. 다양한 종류의 조개들이 발견되었으므로 어업이 이루어졌음을 알 수 있다. 특히 팽이형 토기가 출토되었다.[139] 정주 석산리 유적은 평안북도 정주군 석산리에 있는 청동기시대 유적지이다. 다양한 종류의 토기들이 발견되었다.[140]

영변(寧邊) 세죽리 유적은 평안남도 영변군 세죽리 청천강 일대의 하안 퇴적층에서 발굴된 집터 유적이다. 청동기시대 집터에서는 여러 종류의 토제품과 청동 유물들이 발견되었다.[141] 알곡과 가공식료품을 저장하는 데 쓸 수 있는 항아리류들이 많이 나왔다. 북창 대평리 유적은 평안남도 북창군 대평리 청천강가에 있다. 주변지역에는 청동기시대의 집터, 고인돌, 돌상자 무덤 등이 분포되었다. 간돌검 등 다양한 석기류와 치레

136) 안병찬, 〈평안북도 박천군·녕변군의 유적 조사보고〉, 《문화유산》 5(북한), 1962; 이강승, 〈청동기시대 유적〉, 《북한의 문화유산》 Ⅰ, 1990.

137) 리원근, 〈선천 원봉리 및 정주군 석산리 원시유적 조사보고〉, 《고고민속》 1(북한), 1964; 국립문화재연구소 편, 《북한 문화재 관계 문헌 휘보》, 1990.

138) 리병선, 〈평안북도 룡천군, 염주군 일대의 유적 답사 보고〉, 《문화유산》 1(북한), 1962; 국립문화재연구소 편, 《북한 문화재 관계 문헌 휘보》, 1990.

139) 신의주 력사박물관, 〈정주군 석산리 당터산 원시유적 조사 간략보고〉, 《문화유산》 5(북한), 1959; 국립문화재연구소 편, 《북한 문화재 관계 문헌 휘보》, 1990.

140) 리원근, 〈석천군 원봉리 및 정주군 석산리 원시유적 조사보고〉, 《고고민속》 1(북한), 1964; 이융조 등, 《우리의 선사문화》(Ⅱ), 지식산업사, 2000.

141) 김정문·김영우, 〈세죽리유적 발굴중간보고〉, 《고고민속》 2(북한), 1964; 이강승, 〈청동기시대 유적〉, 《북한의 문화유산》 Ⅰ, 1990.

걸이, 미송리형 토기 등이다. 고인돌은 개석식이 2기 발굴되었으며, 대롱
구슬, 팽이토기 등이 발견되었다.[142]

〈표 5-3〉 한반도 문화 유적 2

| 번호 | 유적명 | 한반도내의 청동기문화 위치 |
|---|---|---|
| 1 | 남경독무덤 | 평양시 참석구역 호남리 |
| 2 | 정백동 1호무덤 | 평양시 낙랑구역 정백 |
| 3 | 토성동 4호무덤 | 평양시 낙랑구역 정백 |
| 4 | 정백동 3호무덤 | 평양시 낙랑구역 정백 |
| 5 | 정백동 37호무덤 | 평양시 낙랑구역 정백 |
| 6 | 어을동 토성 | 평안남도 온천군 성현리 |
| 7 | 지탑리 토성 | 황해북도 봉산군 지탑리 |
| 8 | 부덕리 나무곽무덤 | 황해남도 재령군 부덕리 |
| 9 | 태성리 10호무덤 | 남포시 강서구역 태성리 |
| 10 | 강상무덤 | 요녕성 려대시 감정자구 |
| 11 | 십이대영자돌곽무덤 | 요녕성 조양현 십이대영자 |
| 12 | 오금당돌곽무덤 | 요녕성 금서현 오금당 |
| 13 | 루상무덤 | 요녕성 려대시 감정자구 |
| 14 | 와룡천무덤 | 요녕성 금현 동가구 |
| 15 | 정가와자 유적(1,2지점) | 요녕성 심양시 우홍구 정가와자촌 |
| 16 | 주의리 유적 | 평안북도 염주군 주의리 |
| 17 | 공귀리 유적 | 자강도 강계시 공귀동 |
| 18 | 단군릉 | 평양특별시 강동구 문흥리 대박산 기슭 |
| 19 | 미송리유적(상층) | 평안북도 의주군 미송리 |
| 20 | 대아리 돌상자무덤 | 황해남도 배천군 대아리 |
| 21 | 선암리 돌상자무덤 | 황해북도 신평군 선암리 |
| 22 | 묵방리 고인돌 | 평안남도 개천군 묵방리 |

---

142) 정찬영, 〈북창군 대평리 유적 발굴 보고〉, 《고고학자료집》 4(북한), 1974; 장호
　　수, 〈청동기시대와 문화〉, 《북한 선사문화 연구》, 백산자료원, 1995.

| 23 | 범의구석 유적 | 함경북도 무산군 무산읍<br>서북 두만강가에 위치 |
| 24 | 고산리 움무덤 | 황해남도 재령군 고산리 월미산 기슭 |
| 25 | 명사리 유적 | 황해남도 신천군 명사리 |
| 26 | 정봉리 돌곽무덤 | 황해북도 신계군 정봉리에서 동쪽<br>약 5km지점 원평마을 |
| 27 | 천곡리 돌상자무덤 | 황해북도 서흥군 남한리 |
| 28 | 송산리 솔뫼골 돌무덤 | 황해북도 봉산군 송산리 |
| 29 | 범의구석 유적(6문화층) | 함경북도 무산군 무산읍 |
| 30 | 세죽리 유적(철기시대층) | 평안북도 영변군 세죽리 |
| 31 | 낙랑토성 | 평양시 낙랑구역 낙랑동 |

## 6) 대동강 수계

묵방리 고인돌 유적지는 평안남도 개천군(价川郡)의 묵방리에 있는 서기전 7세기~서기전 5세기의 유적이다. 대동강 옆의 들판에 고인돌 40여 기, 돌무지무덤, 산성, 가마터, 쇠부리터 등 각각 시기를 달리하는 여러 가지 유적들이 백수십 기가 분포되어 있다. 이곳의 고인돌은 특징이 있다. 모두 무덤칸을 지상에 마련하고, 무덤칸은 납작한 점판암으로 수직으로 올려 쌓아서 네 벽을 만들었으며 문은 한 장 혹은 두 장의 판석을 세워서 막았다. 무덤들에서 미송리형 단지의 다음 시기에 해당하는 갈색질그릇인 묵방리형 단지를 비롯하여 회색질그릇과 반달칼, 돌단검, 돌활촉 등의 유물들과 사람의 팔다리뼈 및 치아가 출토되었다.[143]

평양 남경(南京) 유적은 평양시 삼석구역 호남리 남경마을로서 대동강 기슭에 위치한다. 대규모의 취락유적지로서 신석기시대, 청동기시대, 초

---

143) 김기웅, 〈평안남도 개천군 묵방리 고인돌 발굴 중간보고〉, 《문화유산》 1961-
　　2(북한); 〈평남 개천군 묵방리 고인돌 발굴 중간보고〉 《고고학자료집》 1963-
　　3(북한); 이정남, 〈묵방리 고인돌에 관한 몇 가지 고찰〉, 《역사과학》 1(북한),
　　1985; 하문식, 《고조선지역의 고인돌 연구》, 백산자료원, 1999.

기 철기시대의 집터와 무덤이 있다. 특히 이곳의 신석기문화의 성격은 청동기시대와 밀접한 관련성이 있으므로 두 문화의 계승성을 시사하고 있다. 청동기시대의 집터 주변에서 같은 시기의 돌상자 무덤이 발굴되었다. 31호 집터는 아랫단의 가운데에는 화덕을 설치하였다. 윗단에는 각종 토기, 그물추 2,000여 개, 갈돌·갈판 등이 많이 깔려 있었다. 아랫단에서는 그물추 600여 개, 갈돌 10여 개, 좁쌀 1되 등이 출토되었다. 강상어업이 이루어진 증거이다. 36호에서는 벼·수수·기장·콩·조 등이 탄화된 채 발견되었는데 곡식을 방사성탄소연대측정법으로 검사한 결과 서기전 10~서기전 11세기에 이 지방에서 잡곡 및 벼농사가 활발했음이 증명되었다. 반달칼·활촉·갈돌·그물추·끌·가락바퀴·단검·돌돈〔石貨〕·흙구슬 등과 팽이그릇이 있다.

덕천 승리산 유적에서는 청동기시대층에서는 19종의 짐승뼈와 짧고 넓은 단두형의 사람뼈가 발굴되었다. 이때 조사된 돌화살촉, 옥구슬, 달도끼, 미송리형 토기조각 등은 청동기시대의 동굴 생활을 이해하는 데 중요한 자료이다.[144] 용강 석천산 유적은 평안남도 용강군 석천산 기슭에 있는 고인돌 유적지이다. 수백 기가 있는데, 동쪽 기슭에는 보존 상태가 좋은 30여 기의 탁자식이 있다.[145]

평양시 승호구역 입석리 유적은 평양시 승호구역 입석리 남강 옆의 강안 퇴적지 유적이다. 2기의 집터가 발굴되었는데, 화덕자리가 있다. 민무늬토기와 화살촉, 돌도끼, 돌자귀, 돌끌, 반달칼 등의 다양한 석기류와 사슴뿔 등이 있었다.[146] 서기전 2000년기 말~1000년기 초의 청동기시대 유적들에서 길들인 소의 뼈가 적지 않게 나타났다.

144) 김교경, 〈새로 발견된 만달리 동굴유적〉,《력사과학》4(북한), 1981; 평양: 과학백과사전출판사,《조선전사》1(북한), 1991.

145) 전주농, 〈평안남도 룡강군 석천산 동록의 고인돌〉,《고고학자료집》3(북한), 1963; 하문식, 앞의 책, 1999.

146) 리원근·백룡규, 〈평양시 승호구역 립석리 원시유적 발굴 간략보고〉,《문화유산》4(북한), 1962; 국립문화재연구소 편,《북한 문화유적 발굴개보》, 1991.

평양 금탄구역은 대동강 지류인 남강기슭의 충적층에 있다. 평양 쉴바위 유적은 평양시 북구역 미림리 대동강 옆에서 발굴된 집터 유적이다. 집터 옆에서 돌널무덤이 발견되었는데, 돌도끼, 간돌검, 화살촉, 반달돌칼, 달도끼, 뼈송곳, 토기 등과 함께 조가비와 돼지뼈, 사슴뼈 등이 출토되었다.[147] 평양 원암리 유적은 평양시 강남구 원암리 대동강 연안의 구릉지대에서 발굴된 집터 유적지이다. 화덕자리는 발견되지 않았는데, 많은 종류의 석기와 전형적인 팽이형토기가 출토되었다.[148]

강서(江西) 태성리 유적은 평안남도 강서군 태성리에 있는데, 많은 무덤들 가운데 개석식 고인돌이 2기와 같은 시기의 돌상자 무덤이 발굴되었다. 대동강 유역에서 처음 조사된 개석식 고인돌 유적이다.[149] 중화군 강로리 유적은 평안남도 중화군 강로리 운봉산 아래의 구릉지대에서 발견된 집터 유적지이다. 집터에서 간돌검과 가락바퀴, 반달돌칼 등의 석기류와 팽이토기가 출토되었다. 서북지역의 대표적인 팽이토기가 출토되었다.[150]

송림(松林) 석탄리 유적은 황해북도 송림시 석탄리에 있는 서북지방 최대의 대규모 취락유적지이다. 대동강변 매상천 근처에 있다.[151] 황주(黃州)의 침촌리 유적은 황해북도 황주군 침촌리 대동강으로 흘러가는 재령강(載寧江) 옆에 있는 청동기시대 유적지이다. 정방산 언덕과 들판에는 수십 기씩 고인돌이 떼를 이루고 있으며, 주변에서는 집터가 있었다. 고인돌은 대부분 탁자식이고 대형이며 축조 과정을 볼 때 상당히 발달된

---

147) 고고학연구실, 〈미림 쉴바위 원시유적 정리보고〉, 《문화유산》 3(북한), 1960; 국립문화재연구소 편, 《북한 문화유적 발굴개보》, 1991.

148) 정백운, 〈강남 원암리 원시유적 발굴 보고서〉, 《문화유산》 1(북한), 1958; 국립문화재연구소 편, 《북한 문화재 관계 문헌 휘보》, 1990.

149) 채희국, 《태성리 고분군 발굴보고》, 과학원출판사(북한), 1959.

150) 김영우, 〈중화군 강로리유적 조사보고〉, 《고고민속》 1(북한), 1964; 장호수, 《북한의 선사고고학 : 청동기시대와 문화》, 1992.

151) 리기련, 《석탄리유적 발굴보고》, 평양: 과학백과사전출판사(북한), 1980; 국립문화재연구소 편, 《북한 문화재 자료 목록》, 1992.

기술 수준을 가지고 있었음을 추측할 수 있다.[152]

연탄(燕灘) 오덕리 유적은 황해도 연탄군 오덕리에 있는 청동기시대 고인돌 유적지이다. 대동강으로 흘러들어 가는 황주천 유역과 정방산 일대에는 수백 기의 고인돌이 분포하고 있다. 이 지역의 고인돌은 네 유형으로 분류할 수 있다. 우리나라 고인돌의 변천 과정을 한 지역에서 보여주는 매우 중요한 유적지이다.[153] 오덕리 10호 고인돌에서 나온 돌단검은 검몸과 손잡이를 한데 붙여 만든 것으로서 매우 세련된 형식을 띠고 있다. 검몸의 끝부분에는 등날을 세웠으며 검자루는 비파형 청동단검에 특징적인 나팔모양의 검자루처럼 '검코'가 있다. 은천(銀泉) 약사동 유적은 황해남도 은천군 덕양리 언덕에 위치한 탁자식 고인돌 유적지인데, 대동강과 연결된다. 지금은 굄돌만 남았고, 청동 화살촉과 돌도끼, 돌화살촉 등이 발견되었다.

그런데 고인돌에서는 드물게 발견되는 청동 유물이 있었다.[154] 봉산(鳳山) 어수구 유적은 황해북도 봉산군 어수구의 구릉지대 유적지인데 재령강과 연관되어 있다. 집터, 돌널무덤, 고인돌이 조사된 복합 유적으로서, 고인돌은 개석식이며 주변에서 세형동검이 출토되었고, 네모난 집터에서 팽이형토기가 발견되었다. 판암으로 축조된 돌널무덤에서는 돌화살촉, 간돌검, 대롱구슬 등이 출토되었다.[155] 사리원 상매리 유적은 황해북도 사리원시 상매리에 있다. 전형적인 2기의 돌널무덤이 발굴되었는데, 화살촉과 청동 화살촉, 사람뼈, 돌검 등이 있었다.[156] 사리원(沙里院) 광성동 유적은

---

152) 황기덕·이원군, 〈황주군 침촌리 청동기시대 유적〉, 《고고민속》 3(북한), 1966; 하문식, 앞의 책, 1999.

153) 석광준, 〈오덕리 고인돌 발굴보고〉, 《고고학자료집》 4(북한), 1974; 하문식, 앞의 책, 1999.

154) 라명관, 〈약사동 고인돌 발굴보고〉, 《조선고고연구》 2(북한), 1988; 하문식, 앞의 책, 1999.

155) 황기덕, 〈1958년 춘하기 어지돈지구 관개공사 유적 정리 간략보고(I)〉, 《문화유산》 1(북한), 1959; 하문식, 앞의 책, 1999.

156) 과학원 고고학 및 민속학연구소, 〈황해북도 사리원시 상매리 석상묘 조사보

황해북도 사리원시 광성동에 있는 고인돌 유적지이다. 역시 정방산 근처
에는 수십 기의 고인돌이 떼를 이루고 있다. 고인돌에서 청동 유물과 팽
이토기 조각, 돌화살촉이 출토되었고 묘역을 이룬 채 조사되었다.[157]

　　연산 공포리 유적은 황해북도 연산군 공포리 산기슭에 위치한 남강과
연관된 유적지이다. 고인돌은 탁자식으로 굄돌이 잘 남아 있었으며, 대롱
구슬이 발견되었다. 돌널무덤은 판자돌을 가지고 비교적 정교하게 축조
되었는데, 사람뼈와 여러 종류의 화살촉, 팽이형토기가 발견되었다. 대표
적인 팽이형토기 문화의 유적인데, 돌널무덤과 고인돌의 상호관련성을 시
사하고 있다.[158] 은파(銀波) 묘송리 유적은 황해북도 은파군 묘송리의 구
릉지대에 있는 집터유적지이다. 반움집인데, 돌도끼와 팽이형토기가 발견
되었다.[159]

　　은천 이포도리 유적은 황해남도 은천군 이포도리의 흥골마을 구릉지
대 위에 위치해 있다. 대동강과 관련이 있는데, 넓은 범위에서 다양한 형
식의 돌화살촉, 돌도끼, 돌끌, 대패날, 반달돌칼 등의 석기들이 발견되었
다.[160] 선암리(仙巖里) 돌상자무덤 유적은 황해북도 신평군 선암리에 있
다. 서기전 7세기~서기전 5세기의 돌무덤인데 2기가 있다. 1호 무덤에서
비파형 단검 1개와 돌활촉 5개, 대롱구슬 2개, 2호 무덤에서는 돌활촉 4
개가 출토되었다. 2개의 구슬은 섬세하게 잘 만든 것인데, 연한 푸른색을
띠고 있다.[161]

　　고), 《고고학자료집》 2(북한), 1959; 이강승, 〈청동기시대 유적〉, 《북한의 문화
　　유산》 1, 1990.

157) 김동일, 〈사리원시 광성동 고인돌 발굴에 대하여〉, 《조선고고연구》 4(북한),
　　1988; 하문식, 앞의 책, 1999.

158) 석광준, 〈황해북도 연산군 공포리 무덤발굴 간략보고〉, 《문화유산》 1(북한),
　　1962; 이융조 등, 앞의 책, 2000.

159) 정백운, 〈강남 원암리 원시유적 발굴 보고서〉, 《문화유산》 1(북한), 1958; 국립
　　문화재연구소 편, 《북한 문화재 관계 문헌 휘보》, 1990.

160) 리원조, 〈황해남도 북부지방 유적 답사〉, 《문화유산》 1(북한), 1961; 국립문화
　　재연구소 편, 《북한 문화재 관계 문헌 휘보》, 1990.

161) 과학백과사전출판사, 〈신평군 선암리 돌상자무덤〉, 《고고학자료집》 제6집,

## 7) 예성강 수계

봉산(鳳山) 신흥동 유적은 황해북도 봉산군 신흥동 봉산벌에 있는 집터 유적지이다. 모두 7기의 집터가 발굴 조사되었는데, 대부분 반움집 형태이고, 청동단추, 팽이형토기, 간돌검, 달도끼, 돌끌 등의 다양한 석기류 등이 출토되었다.[162] 인산(麟山) 주암리 유적은 황해북도 인산군 주암리 마을의 구릉지대에 있다. 집터, 고인돌, 돌널무덤 등이 발굴되었는데, 반움집으로 팽이형토기와 다양한 종류의 석기가 발견되었고, 돌널무덤에서는 30여 점의 돌화살촉과 돌도끼가 출토되었다. 고인돌은 개석식인데, 많이 파괴된 상태였다. 예성강 유역의 청동기시대 유적 분포와 문화 정형을 알 수 있는 대표적인 유적이다.[163]

용연(龍淵) 석교리 유적은 황해남도 용연군 석교리에 있는 청동기시대 유적지이다. 집터 4기와 고인돌 4기, 돌널 1기가 조사되었는데, 모두 지상 가옥이었고, 팽이형토기와 간토기, 돌단검, 돌도끼 등의 석기류가 발견되었다. 고인돌은 개석식으로 집터와 관련이 있는 것으로 해석된다.[164] 배천(白川) 대아리 유적은 황해남도 배천군 대아리에서 발견된 돌널무덤이다. 비파형동검, 청동 화살촉, 돌화살촉, 대롱구슬 등이 출토되었다.[165] 고조선 전기의 돌무덤들인 돌상자 무덤 및 돌무지 무덤과 같은 갈래의 무덤임이 뚜렷하다.[166]

---

1983; 문화재연구소, 《北韓文化財實態와 現況》, 1985; 조선유적유물도감편찬위원회편, 《조선유적유물도감》 1, 1989; 문화재연구소, 《北韓文化財關係文獻彙報》, 1990; 문화재연구소, 《北韓文化遺蹟發掘槪報》, 1991.

162) 서국태, 〈신흥동 팽이그릇 집자리〉, 《고고민속》 3(북한), 1964; 이강승, 〈청동기 시대 유적〉, 《북한의 문화유산》 I, 1990.

163) 백룡규, 〈린산군 주암리 원시유적 발굴 간략보고〉, 《고고민속》 2(북한), 1966; 하문식, 앞의 책, 1999.

164) 황기덕, 〈황해남도 룡연군 석교리 원시유적 발굴보고〉, 《고고학자료집》 3(북한), 1963; 국립문화재연구소 편, 《북한 문화재 관계 문헌 휘보》, 1990.

165) 리규태, 〈배천군 대아리 돌상자무덤〉, 《고고학자료집》 6(북한), 1983 참조.

166) 과학백과사전출판사, 〈배천군 대아리 돌상자무덤〉, 《고고학자료집》 제6집,

배천 홍현리 유적은 황해남도 배천군 홍현리 정촌 뒷산에 있는 돌곽무덤 유적지이다. 예성강과 연결되는 곳인데, 청동 화살촉, 돌화살촉, 대롱구슬과 옥돌구슬 등이 출토되었다.[167] 서흥(瑞興) 천곡리 유적은 황해남도 서흥군 천곡리 예성강의 샛강 옆에 위치한 높은 산기슭에서 발견되었다. 돌상자 무덤에서 한국식 동검, 십자형 검자루 맞추개, 돌화살촉 등이 발견되었다.[168] 안악(安岳) 복사리 유적은 황해남도 안악군 복사리 낮은 구릉지대의 집터 유적지로, 출토 유물은 없었다. 연안 장곡리 유적은 황해남도 연안군 장곡리 동림산의 남쪽 언덕에 있는 돌널 무덤이다. 간돌검과 돌화살촉이 발견되었으며,[169] 연백벌은 바다와 이어졌다.

## 8) 두만강 수계

두만강 유역에서 발견되는 이 시기의 유적으로는 무산 범의구석 유적의 제2기층, 제3기층, 제4기층, 회령 오동유적 제2기층, 제3기층, 라진 초도 및 연해주의 빼스챠늬 유적이 있다. 서포항 유적의 청동기시대 제1기층과 오동유적의 제1기층은 서기전 2000년기 전반기로, 범의구석 유적 제12기와 서포항 유적의 제2기, 초도 유적의 붉은 간그릇층은 서기전 2000년기 후반기 또는 후반기 초로서, 오동유적 제3기층과 제4기층, 범의구석 유적 제3기층은 서기전 2000년기 말 1000년기 전반기 초로, 범의구석 유적 제4기층은 서기전 1000년기 전반기 초로 각각 추정된다.

서기전 2000년기 전반기에 두만강 유역의 질그릇에서 일어난 변화는 갈색 민그릇을 기본으로 하는 청동기시대의 질그릇 갖춤새가 형성되는

---

1983.

167) 리규태, 〈배천군 홍현리 돌관무덤〉, 《조선고고연구》 4(북한), 1987; 이융조, 앞의 책, 2000.

168) 백련행, 〈천곡리 돌상자무덤〉, 《고고민속》 1(북한), 1966; 국립문화재연구소 편, 《북한 문화재 관계 문헌 휘보》, 1990.

169) 방성흥, 〈황해남도 연안군 장곡리 돌상자무덤 조사보고〉, 《고고민속》 4(북한), 1967 참조.

과정을 뚜렷이 보여준다. 서포항 유적 청동기시대의 아래 문화층과 오동 유적 제1기층에서 흑요석 격지석기와 그것으로 만든 활촉을 비롯하여 곰 배괭이, 갈돌, 가락바퀴, 뼈바늘, 뼈송곳 등이 나왔다. 서기전 2000년기 전반기에 이르러 흑요석 격지석기는 급속히 줄어든다. 김책 덕인리 유적 은 함경북도 김책군 덕인리의 논 한가운데에 있는 4기의 고인돌 유적지이 다. 굄돌이 있는 탁자식 고인돌이며, 사람뼈, 돌도끼, 토기조각이 발견되 었다.[170) 회령 남산리 유적은 함경북도 회령군 남산리 검은개봉의 서남쪽 산기슭에 있는 움무덤 유적지이다.

서기전 2000년기 후반기 이후 시기에 두만강 유역 청동기시대 주민들 이 쓴 무덤은 이전 시기부터 써오던 움무덤과 돌상자 무덤이다. 수백 기 의 떼를 이룬 소영자의 돌상자 무덤들이 있고, 움무덤은 회령군 창효리, 영수리 검은개봉, 선봉군 굴포리, 서포항 및 라진 초도 등 여러 유적들에 서 드러났다. 이처럼 이 시대 이 지역의 청동기문화는 전반기 문화를 계 승 발전한 것으로서 이 지방의 지역적인 특성을 띠고 있다. 그러나 그와 함께 이웃한 압록강 중상류 및 송화강 유역의 청동기시대 문화와의 공통 성도 인정된다.

두만강 유역인 초도 유적에서 나온 청동방울은 높이 7㎝ 정도이다. 초 도 및 창효리 무덤에서 나온 청동기들은 서기전 2000년기 후반기 이후 시 기에 두만강 유역의 주민들 사이에 청동기가 점차 보급되어 가던 정형을 잘 보여준다. 회령 오동 유적은 함경북도 회령군 오동의 대규모 취락 유 적지이다. 두만강 지류인 회령천 동쪽 강기슭에 있다. 집터는 대부분 움 집이고 기둥구멍과 화덕자리 등의 시설을 갖추고 있으며, 강돌들이 화독 부근에 흩어져 있었다. 많은 유물이 발굴되었는데, 특히 흑요석제의 타제 석기와 많은 뼈연모가 발견됐다.[171)

170) 전수복, 〈함경북도 김책군 덕인리 고인돌정리 간략보고〉, 《문화유산》 3(북한),
      1961; 하문식, 앞의 책, 1999.
171) 고고학 및 민속학연구소, 《회령 오동 원시유적 발굴보고》, 과학원출판사(북
      한), 1960; 국립문화재연구소 편, 《북한 문화유적 발굴개보》, 1991.

무산(茂山)의 범의구석 유적은 함경북도 무산군 호곡동에 넓게 펼쳐진 집터 유적지이다. 신석기시대부터 철기시대까지 오랜 시기에 형성된 유적으로 모두 6기로 구분된다. 제1기는 신석기 후기층이고, 제2기~제4기는 청동기시대층이고, 제5기~제6기는 초기 철기시대층이다. 제5기층은 서기전 7세기~서기전 5세기에 해당하는데, 집자리가 15개 발견되었다. 제1기층에서는 흑요석제의 타제석기와 뼈연모가 많이 출토되었고, 청동기층에서는 다양한 형태의 석기, 뼈연모, 치레걸이가 발견되었다. 특히 청동기층의 갈색과 검정 간토기는 이 지역의 토기문화 성격을 이해하는 데 도움이 된다.[172] 쇠창은 청동기시대의 버들잎모양 흑요석창끝과 비슷하며 구두칼 모양의 쇠칼도 앞선 시기의 점판암으로 만든 칼과 유사하다. 이미 서기전 7세기~서기전 6세기를 전후한 시기에 질 좋은 선철제 도끼를 생산하였다.

두만강 이남인 함경남도를 중심으로 한 동해 연안에서 발견된 청동기시대 무덤은 모두 오덕형 고인돌이다. 오덕형 고인돌은 북쪽으로 마천령을 넘어 김책시, 길주군, 화대군 일대에 미치고 있다. 평안북도 지방의 고조선 주민들과도 긴밀한 문화적 연계를 가지고 있었던 것은, 용흥강 기슭의 유적에서 나온 고조선식 청동기 거푸집이라든가 묵방리 형질 그릇의 특징을 띤 검정 간그릇이 잘 말해 준다.

함경남도 지방은 남으로 강원도 북부와 북으로 함경북도 남부에 걸친 동해연안에는 붉은 간그릇이 나오는 신포시 강상리, 호만포 유형의 유적과 검정 간그릇이 나타나는 용흥강 기슭의 금야류 형의 청동기시대 유적들이 있다. 용흥강 기슭의 유적에서는 고조선 시기에 특징적인 비파형창끝 거푸집을 비롯하여 도끼, 방울 등 4개의 곱돌제 거푸집이 발견되었다. 통천에서 나온 깨진 거푸집은 용흥강 기슭에서 나온 것과 같은 비파형창끝 거푸집이었다. 덕성 월근대리 유적은 함경남도 덕성군 월근대리

---

172) 황기덕, 〈무산범의구석유적 발굴보고〉, 《고고민속론문집》 6(북한), 1975; 이강승, 〈청동기시대 유적〉, 《북한의 문화유산》 I, 1990.

차서천 기슭의 구릉지대의 집터 유적지이다. 이 집터에서 갈색과 줄구멍, 검정색과 가는 선무늬가 있는 간토기가 발견되었다. [173]

북청(北靑) 토성리 유적은 함경남도 북청군 토성리 구릉지대의 집터 유적지이다. 두 채에서 다양한 종류의 석기와 간토기, 여러가지 청동기(도끼, 끌, 방울, 토시, 구슬) 등이 발견되었다. 북청 중리 유적은 함경남도 북청군 중리 남대천 유역 야산 기슭에 있는 집터 유적지이다. 다양한 형태의 토기와 화살촉, 간돌검 등의 석기와 사슴뿔·뼈가 출토되었다. [174]

금야(金野) 유적은 함경남도 금야군 금야읍 금야강 기슭에 위치한 집터 유적이다. 금야강은 동해 북부로 흘러들어 가는 강이다. 집터에서 비파형 청동 창끝, 청동도끼 거푸집, 청동방울 거푸집, 검은 간토기, 반달돌칼, 화살촉, 달도끼 등 종류가 다양한 간석기가 대량으로 출토되었다. 청동기시대 이 지역에서 청동 주조업과 제련술이 발달하였음을 알 수 있다. [175] 영흥(永興) 유적은 함경남도 영흥군 영흥읍 용흥강 기슭에 위치한 집터 유적이다. 10기의 집터에서 많은 토기조각과 창끝, 방울, 도끼 거푸집, 간돌검, 화살촉, 달도끼 등의 다양한 석기가 출토되었다. 특히 여러 종류의 청동거푸집이 발견되어 당시 수준 높은 청동 주조술이 있었음을 알 수 있다. [176]

## 9) 기타 지역의 수계

그 시대 고조선문명권의 주변부인 한반도 중부 이남에서는 고인돌과

---

173) 안영준·김용간, 〈함경남도, 량강도 일대에서 새로 알려진 청동기시대 유물에 대한 고찰〉,《조선고고연구》 1(북한), 1986.

174) 안영준, 〈북청군 중리유적〉,《고고민속》 2(북한), 1966; 국립문화재연구소 편,《북한 문화재 관계 문헌 휘보》, 1990.

175) 김용간·안영준, 〈함경남도, 량강도 일대에서 새로 알려진 청동기 유물에 대한 고찰〉,《조선고고연구》 1(북한), 1986.

176) 서국태, 〈영흥읍 유적에 관한 보고〉,《고고민속》 2(북한), 1965; 국립문화재연구소 편,《북한 문화재 관계 문헌 휘보》, 1990.

돌상자무덤, 돌무지 무덤 등의 청동기시대 무덤양식들이 있다. 돌무지 무덤 가운데 강원도 춘성군 천전리의 것이 있다. 북한강과 소양강이 만나는 춘천의 중도(中島)에서 고인돌 101기, 집터 917기, 마을 주변을 네모꼴로 둘러싼 약 404m의 도랑〔環濠〕 등 청동기시대의 대규모 유적이 확인되었다. 고인돌 무덤에서는 비파형 동검의 경부 쪽의 검신부가 반파된 채 수습되었다.[177] 남쪽 지역에서는 충청남도 부여군 송국리의 돌상자 무덤에서도 서기전 6~5세기의 비파형 동검이 나왔다.[178]

서기전 1000년기 전반기의 유적들로서는 경상남도 김해군 무계리의 고인돌에서 나온 3개의 청동 활촉을 비롯하여 강원도 춘천 부근, 전라남도 고흥군 운대리, 금강 유역의 무주, 공주군 탄천면 남산리 등에서 나온 청동단검 등이 있다. 경기도 용인군 초부리 및 강원도 고성군 거진리에서 나온 비파형 동검 거푸집들은 비파형 동검을 직접 주조했다는 것을 확증하여 준다. 부여 송국리 유적의 돌널무덤에서 비파형 동검, 석검, 석촉, 관옥, 식옥 등이 나왔다. 전북 장수군의 여천 적량동 고인돌에서 비파형 동검 7개를 비롯하여 요녕식 동모, 벽옥제 관옥(5점) 등이 출토되었다.

발해 유역에서 하가점 문화시대에 청동기문화를 담당한 주민들은 주변의 거의 모든 지역의 문화와 교류를 하였다고 한다. 거리상 가까운 곳은 고대산(高台山)문화, 그리고 멀리로는 북방초원지대 문화까지도 교류가 있었던 것으로 보인다.[179] 마찬가지로 이들은 연안과 해양을 통해서도 여러 지역과 교류하였을 것이다.

결론적으로 고조선문명의 본격적인 생성은 청동기시대의 시작으로 보고, 요서지방은 하가점문화, 요동지방은 강가 해안가 섬 지역에서, 대동강 유역에서 고인돌문화가 발달한 것으로 판단할 수 있다. 즉 고조선문명권과 연결된 고인돌은 서북한 및 요동이 중심지이고, 자생지일 가능성을

177) 춘천중도유적지(맥국)수천점 유물, 유네스코등등재를 위한 비상 긴급대회, p.67.

178) 민성기, 앞의 책, p.40.

179) 복기대, 〈요서지역의 청동기시대문화와 황하유역문화와의 관계〉, 《고대에도 한류가 있었다》, 지식산업사, 2007, p.97.

높여준다. 그 밖에 무덤양식들, 비파형 동검, 미송리형 토기, 청동거울 등을 보면 유사성이 발견된다. 그리고 시대가 내려오면서 자유로운 의지로, 또는 정치적인 상황으로 말미암아 고조선문명권은 확산되었고, 한반도의 중부 이남 지방에서도 고인돌이 다량으로 축조되고, 비파형 동검 및 미송리형 등의 토기들이 출현하였다.

## 3. 고조선의 발전과 조한(朝漢)전쟁(제3기)

### 1) 고조선의 발전과 주변세력과의 갈등

제3기는 사료에 근거한 '역사적 시간'으로서 서기전 5세기부터 서기후 1세기까지이다. 이를 다시 전기와 후기로 분류한다. 전기는 준(準)왕이 마지막 왕이었던 조선이 성장하면서 주변세력과의 갈등이 벌어지고, 중국지역에서는 전국 시대가 시작되면서 분열과 갈등이 더욱 심화되다가 진나라가 통일을 이룩해 가고 있었으며, 북방 유목민족들은 흉노가 급속하게 성장하여 주변지역으로 팽창을 거듭하면서 중국지역을 공격하는 시대이다. 고고학적으로는 후기 청동기인 세형동검과 철기시대에 해당한다. 후기에는 위만조선이 성립하고 발전을 거듭하고, 중국지역에서는 한이 재통일을 추진하였고, 흉노의 압박을 받아가다가 한무제 때에 이르러 정복활동을 추진하였다. 한편 북방에서는 팽창하던 흉노가 한족과 전쟁을 벌이고, 이어 결정적인 타격을 받는 시대였다. 그리고 위만조선과 한나라 사이에 국제대전이 일어났다.[180] 이 시대를 몇몇 사료들과 고고학적인 유물을 활용함으로써 고조선문명권의 실재를 규명하도록 한다.

---

180) 최몽룡, 〈고대국가성장과 무역—위만조선의 예〉,《한국고대의 국가와 사회》, 일조각, 1985; 윤내현, 〈위만조선의 재인식〉,《사학지》19, 1985; 서영수《위만조선의 형성과정과 국가적 성격》,《한국고대사연구》9, 1996.

이 시대 고조선문명권의 대표적인 지표 유물은 '세형동검'이다. 서기전 5세기를 전후로 탄생한 한국식 세형동검은 '좁은 놋단검' '한국식 동검' 등으로 부른다. 서기전 4~3세기부터 만들어졌다고 했는데, 이 설은 현재 수정 중이다. 북한은 서기전 5~4세기의 것이

〈그림 5-38〉 서기전 2~3세기의 토광묘에서 출토된 청동거울

라고 주장한다. 또한 하한은 서기전 1세기 말로 본다. 비파형 단검의 고유한 특징이 그대로 남아 있다. 예를 들면 검몸, 검자루, 검자루 맞추개를 조립식으로 만드는 등이 같다. 다만 검신(몸체)의 하반부가 비파형과는 달리 좁고, 대신에 전체 길이는 길어져서 보통 30㎝ 정도이다.

고조선문화의 계승성을 입증한다. 하지만 모양과 형태가 다소 투박하고, 손잡이 부분이 상대적으로 짧다. 외견상 미적인 가치는 떨어지고, 길쭉하고 끝이 뾰족해졌다. 무기로서의 기능은 조금 떨어진 것으로 판단하는데, 이 시기에는 이미 철을 다루는 능력이 발달해서 무기로서의 기능은 약해졌기 때문으로 여겨진다.

이 동검은 한반도와 중국 동북지방의 요동, 길림 및 장춘 지방에 걸치는 넓은 지역, 북쪽은 눈강하류 지역과 동류 송화강의 중상류 지역, 동쪽은 연해주 일대까지 사용되었다. 다만 요서지방에서는 발견되지 않는다. 한반도에서는 청천강에서 발견되었고, 경기만 일대, 부여의 송국리, 그리고 전라북도 완주군 갈동 유적에서 청동칼과 동모가 발견되었다. 그밖에 제주도를 비롯하여 모두 400여 개 이상이 나왔으며, 일본 열도의 규슈, 혼슈 중부에서도 확인되었다. 한반도 남부에서는 이 시대에 청동방울이 만들어졌다.

한편 청동거울이 있다. 거친무늬거울[粗文鏡]과 잔줄무늬거울[細文鏡]의 두 종류가 있다. 뒷면에 새긴 무늬는 번개문 무늬와 기하무늬가 있다.

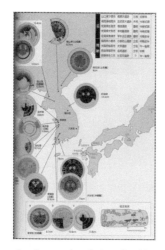

〈그림 5-39〉 한반도의 다뉴세문경(출처: 《渡來人 登場》, 大阪府立 彌生文化博物館, 1999, p.52)

길림, 장춘 지방에서는 기하무늬거울 1개가 발견됐고, 집안현 오도구문 무덤에서 나왔으며, 함흥시 회상구역 리화동 무덤. 황해북도 봉산군 송산리 솔뫼곰 무덤에서도 출토되었다. 북한은 "이 검이 집중적으로 발견된 지역을 근거로 한반도 서북부와 요동지방, 남부지역, 그리고 길림 및 장춘 지방의 세 지방은 고조선, 부여, 진국의 세 국가가 있었다"고 주장하였다.

전기에 해당하는 서기전 5세기경부터 서기전 3세기까지의 상황은 다음과 같다. 요녕지방에는 진번과 조선 등 예맥족이 자리 잡고 있었다. 즉 《위략》을 인용한 《삼국지》 한전에는 다음과 같은 기사가 실려 있다. "주나라가 쇠하자 연나라가 왕을 칭하고 동쪽으로 땅을 넓히며 침략을 감행하려 함을 알고, 조선도 역시 왕을 일컫고 계속하여 군사를 일으켜 연나라를 공격할 계획을 세웠으나 중단되었다. 조선후가 연과 전쟁을 벌인 것이다.

중국 지역에서 벌어지는 춘추전국시대의 동란으로 말미암아 동이족을 비롯한 소수 종족들이 고조선 쪽으로 넘어왔다. 《삼국지》 한전과 《후한서》에는 연, 제, 조의 주민 4, 5만이 고조선의 준왕에게 넘어왔다고 기록하였다. 하지만 많은 이들이 지적하였듯이 이들의 주류는 한족이 아니라 발해연안과 산동 해안에 포진해 있었던 동이계의 종족들이었으며, 조선이 상실했던 지역에 거주했던 유민들도 있었을 것이다.

조선의 위치에 대해서도 다양한 설들이 있다. 《사기》 조선전에는 고조선이 상곡(上谷) 동쪽이라고 했다. 그런데 상곡은 영정하(永定河)[181] 동쪽

---

181) 산서성에서 발원했지만 화북에서 베이징의 외곽을 거쳐 천진에서 해하(海河)를 만나 발해로 흘러 들어간다.

으로 오늘의 창평과 장가구 동쪽으로서 현재 요서지역이다. 《위략》에는 조선이 난하 동쪽에 있었다고 기록되었다. 신채호는 이를 근거로 고조선 영역이 난하의 동쪽까지였다는 뜻이라고 해석했다(서기전 4세기) 또 《산해경》해내경에는 고조선이 '東海之內北海一隅'라고 했다. 물론 이때 동해는 황해를 의미하고, 북해는 발해, 특히 더 좁게 말하면 '래주만(萊州灣)'이다. 따라서 이 기록을 근거로 고조선이 산동반도의 북안과 하북과 요서 사이에 있었음을 말한다.

일부에서는 이 기록들은 대릉하 상류인 조양에 있는 고조선과는 다른 또 하나의 '조선후국'이라고 주장한다. 즉 《사기》에서 말하는 조선은 《위략》에서 연나라 장군인 진개(秦開)에게 요서 1천 리를 잃고 동쪽으로 물러간 고조선이고, 《산해경》에서 말하는 조선은 산동반도의 북안 어디에 있던 기자가 봉해졌다는 나라라고 한다.

두 번째 단계인 서기전 3~2세기의 문화는 토광묘, 목곽묘 등 중국에서 온 철기문화의 영향을 받으면서 철기시대가 시작되었다. 관련된 유적과 유물이 고조선의 거의 전 영역에서 드러났다. 그런데 북한에 따르면 청천강 이북의 요동지방과 청천강 이남의 한반도 북부는 일정한 차이가 있다. 즉 한반도 북부의 놋단검 관계 유적과 유물은 서기전 1000년 전반기의 고조선문화를 계승 발전시킨 문화이다. 특히 동주 시대(서기전 6~서기전 5세기)의 작품 중에는 자연주의적인 동물표현이 살아난 것도 있어서, "전형적인 스키타이 환상 동물양식을 중국식 디자인으로 번안한 것"이라는 해석이 붙기도 한다.[182] 이와 동시에 동물양식의 또 다른 주요 주제는 '동물투쟁'이다.

이미 그런 조형이 북부지방을 거쳐 내려왔음을 알려준다. 그 조형의 출원지로 믿어지는 알타이지역으로부터 한국에 이르는 통로가 이미 확보되었음을 의미한다. 알려진 대로 서기전 139~서기전 126년에 장건(張騫)이 재차로 중앙아시아로 갔을 때는 페르가나를 비롯한 소그드 지역까지 진출

---

182) 권영필, 앞의 책 참조.

하였고, 후한(後漢)의 감영(甘英)은 서기후 97년에 중아아시아의 서쪽 끝을 지나 파르티아의 접경지역까지 갔다. 이미 알타이 파지리크까지 들어온 이란의 카펫(서기전 5세기) 통로가 몽골의 노인 울라(Noin-Ura) 흉노고분에 까지 연장, 연결되었던 것이 다시금 한반도로 흘러갔을 가능성이 있다.

압록강 유역의 역사와 문화유적은 상당히 발전되어 있었다. 철기시대의 유적으로 시중군(時中郡)의 노남리에서 야철지와 주거지가, 심귀리에 서는 분묘가 발견되었으며, 이들 유적에서는 철기·토기를 비롯하여 명도 전(明刀錢)·오수전(五銖錢) 등의 화폐들이 상당하게 출토되었다. 이 밖에 중강군의 토성리, 자성군의 서해리, 위원군의 용연동 등에서도 초기 철기 시대의 유물들이 출토되었다. 세죽리(細竹里) 유적은 평안북도 영변군 세 죽리에서 발견된 집터 유적지이다. 신석기시대부터 청동기시대, 철기시대 에 이르는 여러 시기의 문화층이 있는데, 맨 윗층이 서기전 3세기~서기 전 2세기인 철기시대층이다. 5개의 집자리를 발굴하였는데, 2개의 집자리 에서 구들시설이 발견됐다. 제1호 집자리의 구들은 외곬구들이다.

쇠로 만든 호미, 괭이, 낫, 도끼, 끌, 칼, 과 등을 비롯하여 청동으로 된 검코, 활촉, 거푸집, 검자루 맞추개, 질그릇, 치레거리 등도 출토되었 다. 토기 중에는 바탕흙에 활석가루나 모래를 섞은 것이 보이는데, 이것 은 서기전 5세기~서기전 4세기의 좁은놋단검 관계 유적에서 발견된 토기 와 동일한 수법이다.[183] 고산리(孤山里) 움무덤 유적은 황해남도 재령군 고산리 월미산 기슭에 있는 토광묘이다. 서기전 5세기~서기전 4세기의 무덤으로 좁은놋단검, 검자루, 놋자귀 등이 출토됐다. 놋자귀는 요동의 루상무덤 및 와룡천 무덤에서 발견된 것과 생김새가 유사하다.[184] 명사리

---

183) 〈녕변군 세죽리 유적 발굴〉,《문화유산》, 1962-6(북한); 김정문, 〈세죽리 유적 발굴 중간보고(1)〉,《고고민속》 2호, 1964(북한); 김영우, 〈세죽리 유적발굴 중 간보고(2)《고고민속》 4호, 1964(북한); 〈서기전 천년기전반기의 고조선 문화〉, 《고고민속논문집》 1, 사회과학출판사, 1969(북한); 문화재연구소,《北韓文化財 實態와 現況》, 1985; 조선유적유물도감편찬위원회편,《조선유적유물도감》 1, 1989 등 참조.

184) 문화재연구소,《北韓文化財實態와 現況》, 1985; 조선유적유물도감편찬위원회

(明沙里) 유적은 황해남도 신천군 명사리에 있는 독무덤, 움무덤 유적지
이다. 서기전 5세기~서기전 4세기의 것으로서 발굴된 손잡이 토기는 서
기전 5세기~서기전 4세기로 편년된 윤가촌 유적(아래층 2기 문화)의 토기
와 거의 유사하다.[185]

정봉리(丁峰里) 돌곽무덤은 황해북도 신계군 정봉리 원평마을에 있는
석곽묘이다. 서기전 4세기~서기전 3세기의 무덤인데 좁은 놋단검, 좁은
놋창, 청동도끼, 돌활촉 등 출토되었다. 좁은 놋단검 관계 문화가 앞선
비파형 단검 관계 문화를 이어받았다는 것을 실물로써 반증한다.[186] 이외
에 천곡리(泉谷里) 돌상자[石箱] 무덤은 황해북도 서흥군(瑞興郡) 서흥읍
의 대동강으로 흘러 들어가는 서흥강 상류의 산줄기에 있다. 서기전 4세
기~서기전 3세기의 유적으로 무덤 안에서 좁은 놋단검 1개, 검자루 맞추
개 1개, 돌활촉이 다수 출토되었다. 돌활촉은 루상무덤에서 나온 돌활촉
과 유사한 형태이다.[187]

송산리(松山里) 솔뫼골 유적은 황해북도 봉산군 송산리에 있는 '돌돌
이 무덤[圍石葬]'이다. 서기전 3세기의 무덤으로서 남북으로 긴 장방형의
무덤구덩이를 파고 구덩이변두리를 따라 자갈돌을 2~3돌기 올려 쌓은
돌돌림 무덤 형태이다. 좁은 놋단검, 청동비수, 잔줄무늬거울, 청동괭이,
청동도끼가 각각 1개, 청동끌 2개, 쇠로 만든 주머니도끼 1개 출토되었다.
청동비수는 몸체의 한가운데에 한 줄의 등날을 세웠으며 칼끝이 예리한

편,《조선유적유물도감》1, 1989.

185) 도유호, 〈신천명사리에서 드러난 고구려 독널에 대하여〉,《문화유산》1962-
3(북한); 문화재연구소,《北韓文化財實態와 現況》, 1985; 조선유적유물도감편찬
위원회편,《조선유적유물도감》1, 1989.

186) 과학, 백과사전출판사, 〈신계군 정봉리 돌곽무덤〉,《고고학자료집》제6집(북
한), 1983; 문화재연구소,《北韓文化財實態와 現況》, 1985; 조선유적유물도감편
찬위원회편,《조선유적유물도감》1, 1989.

187) 〈천곡리 동상자 무덤〉,《고고민속》1(북한), 1966; 문화재연구소,《北韓文化財
實態와 現況》, 1985; 조선유적유물도감편찬위원회편,《조선유적유물도감》1,
1989.

형태로, 이 비수는 반천리 유적과 김해의 회현리 조개무지에서 드러난 실례가 있다. 또한 잔줄무늬거울(세형동경)은 무늬를 짧고 가는 선으로 톱날무늬와 삼각무늬를 놓고, 그 안에 가늘고 짧은 선으로 공간을 채웠는데 주조술이 매우 정밀하고 세련된 형태이다. 서기전 1000년기 후반기 고대조선의 대표적인 유물 가운데 하나이다. 무덤에서 발견된 청동팽이는 자루를 맞추는 쪽이 주머니모양이고 날 부분이 타원형으로 된 매우 독특한 형태이다.[188]

낙랑토성은 평양시 낙랑구역 낙랑동 대동강가의 토성 유적지이다. 서기전 2세기의 것으로서 한 변의 길이가 350~400m로써 총 길이가 약 1.5km인 토성이다. 토성 안에서 관청터, 살림집터, 병영터와 벽돌로 쌓은 우물자리가 3개 발견되었다. 청동활촉, 고리자루 긴칼, 마름쇠 등의 무기류와 순금목걸이, 청동가락지, 유리, 뼈, 돌로 만든 구슬 등의 치레거리, 그리고 청동방울과 청동거울, 맷돌, 시루, 도기 가마와 같은 생활용품들이 발견되었다. 또한 고사리무늬를 비롯한 여러가지 무늬가 있는 막새기와와 '대길', '길', '의' 등의 글자와 사선격자무늬를 새긴 벽돌 등의 건축부재들도 나왔다. 토성주변에는 나무곽 무덤과 귀틀 무덤 및 벽돌 무덤들로 이루어진 무려 2,000여기의 무덤이 떼를 지어 형성되어 있는데, 두 유적은 밀접한 관계를 가진다.

그동안 유적의 성격, 문화적 의의 등을 살펴보면 북한 측의 견해는 다음과 같다. 서기전 1세기 말로 인정되는 가장 이른 시기의 귀틀무덤들에서 나무곽 무덤에서 나오는 대표적인 유물인 좁은 놋단검이나 좁은 놋창끌이 발견된 사실이라든가 그 밖에 귀틀무덤과 벽돌무덤의 부장품 구성이 서로 통한다. 이러한 증거들은 계승관계를 보여주는 것으로 이 토성이 평양 일대에서 강력한 정치세력을 이루고 있던 고조선유민들이 남긴 것임을 알 수 있다고 하였다.[189] 남경 독무덤(甕棺葬)은 평양시 삼석구역 호

---

188) 문화재연구소, 《北韓文化財實態와 現況》(북한), 1985; 조선유적유물도감편찬위원회편, 《조선유적유물도감》1, 1989.

189) 문화재연구소, 《北韓文化財實態와 現況》, 1985; 조선유적유물도감편찬위원회

남리 남경유적에 있다. 서기전 3세기~서기전 2세기의 것으로서 9개의 독무덤이 발견되었다. 이 가운데 대표적인 유적에 대해 몇 가지 예를 들면 아래와 같다.

우선, 정백동(貞栢洞) 1호 나무곽 무덤은 대동강으로 흘러드는 무진천의 하구 근처인 정백동에 있었다. 서기전 2세기 말~서기전 1세기 초의 나무곽 무덤으로서, 내부에서는 좁은 놋단검, 좁은 놋창을 비롯한 청동 및 철제의 무기무장, 마구, 수레부속, 치레거리, 질그릇, 은도장 등 110여점의 유물들이 출토되었다. 무덤에서 발견된 좁은 놋단검, 좁은 놋창을 비롯한 무기류들과 마구 및 수레부속 등 유물 갖춤새 전반은 고조선 말기(서기전 2세기)의 여러 유적에서 알려진 것과 공통적이다.[190] 거북모양의 손잡이가 있는 도장에는 소전체로 된 《부조예군》(夫租薉君)이라는 글자가 새겨져 있으므로 일명 부조예군 무덤이라고도 부른다. 북한학계에서는 '부조'는 고조선의 중심지였던 왕검성의 동쪽에 있던 영동 땅의 한개 지방을 의미하는 것으로, 영동땅에는 '예'사람이 살고 있었는데 무덤의 주인공을 부조 지방에 살았던 옛사람들의 우두머리로 있던 귀족으로 추측하고 있다.

특히 정백동 3호 무덤은 평양시 낙랑구역인 정백동 구릉에서 발견된 나무곽 무덤〔板槨墓〕이다. 서기전 1세기 후반기의 무덤인데, 내부에서는 좁은 놋창과 창집, 쇠칼, 쇠도끼, 배부른 단지와 화분형 단지 등이 출토되었다. 좁은 놋창은 칼집에 꽂힌 채로 발견되었는데 좁은 놋단검과 유사한 형태이다. 내부에서는 감투, 천, 은가락지, 도장, 띠고리, 청동거울, 벼루, 양산, 화장용구와 화장품곽, 각종 구슬, 칠기류 등 거의 200점의 유

편,《조선유적유물도감》1, 1989.

190) 〈정백동 무덤 발굴 보고〉,《고고민속》1967-2호(북한); 사회과학원 고고학연구소 전야고고대,〈나무곽무덤-정백동 37호무덤〉,《고고학자료집》제5집, 과학·백과사전출판사, 1978; 리순진,〈부조예군 무덤 발굴보고〉,《고고학자료집》1집(북한), 1974;〈락랑구역 일대의 고분 발굴 보고〉,《고고학자료집》제6집(북한), 1983; 문화재연구소,《北韓文化財實態와 現況》, 1985; 조선유적유물도감편찬위원회편,《조선유적유물도감》1, 1989.

물이 나왔다.

이러한 유물들 가운데서 옻칠한 귀잔, 쟁반, 상, 나막신 등 일부 유물들에 '주(周)', 혹은 '대주(大周)'라는 글자가 있으며 특히 은으로 만든 도장에는 '주고(周古)'라는 글이 음각되어 있다. 때문에 이 무덤을 일명 '주고무덤'이라고도 하는데 무덤짜임새와 유물 갖춤새의 특징으로 보아 무덤주인공인 '주씨'는 고조선 유민이었다고 인정된다. 이 가운데 여성의 나무널에서 나온 청동거울은 이른바 '명광호문경(明光弧文鏡)'으로서 무덤의 축조연대를 알 수 있다.[191]

정백동 37호 무덤 유적은 평양시 낙랑구역 정백지역에 있는 나무곽무덤이다. 서기전 1세기 후반기의 무덤으로 남북으로 각각 2기인데 부부합장묘이다. 무덤에서는 긴 쇠칼, 쇠단검, 짧은 쇠칼, 쇠뇌, 창고달이 있는 창 등의 강철제 무기류와 활, 화살, 다섯 쌍의 청동제 수레굴대끝을 비롯한 다섯 대분의 수레부속품이 출토되었다. 또 6개의 금동 말관자와 200여 개의 금동말굴레장식품, 금판과 보석으로 장식한 띠고리, 칠기류, 청동거울, 화분형 단지와 배부른 단지, 그 밖에 여러 가지 치레거리 등 실로 700여 점의 유물이 확인되었다.

그런데 띠고리는 말기의 나무곽 무덤인 정백동 92호 무덤과 초기 귀틀무덤들인 석암리 9호 무덤을 비롯한 일부 무덤들에서 나왔으므로 나무곽 무덤과 귀틀무덤 사이의 계승관계를 증명하는 좋은 실례이다. 특히 같은 시기 다른 나라의 무덤들에서는 이런 종류의 띠고리가 나온 일이 없으므로 이 고장의 독특하고 우수한 문화임을 알려준다. 37호 무덤은 현재까지는 서북지방의 나무곽무덤들 가운데서 규모가 제일 크고 꺼묻거리의 종류와 가짓수도 특별히 많으며 그 품위도 대단히 높은 유적이다. '地節四年二月'(서기전 66년)이라는 기념명이 있는 칠곽(漆槨)도 출토되었으므로 무덤의 축조연대를 알 수 있다. 다양한 해석과 달리 이 유적은 나

---

191) 〈락랑구역 일대의 고분 발굴 보고〉, 《고고학자료집》 제6집, 1983; 문화재연구소, 《北韓文化財實態와 現況》, 1985; 조선유적유물도감편찬위원회편, 《조선유적유물도감》 1, 1989.

무곽 무덤의 마지막 시기인 서기전 1세기 후반기 평양지방의 문화발전정형과 서기전 1세기 말경부터 시작된 귀틀무덤과의 계승관계를 밝힐 수 있다는 점에서 주목되는 유적이다.[192]

또한 토성동 4호 무덤은 평양시 낙랑구역에 있는 나무곽무덤이다. 서기전 1세기 전반기의 것으로서 좁은 놋단검과 은제 검집장식품, 검자루끝, 검코, 금동제 창고달, 긴쇠칼과 쇠칼검코, 화살과 화살통, 청동제 수레부속들과 마구류들, 청동거울, 청동접시, 화분형단지, 배부른단지, 천 등 여러 가지 유물들이 출토되었다. 수레부속의 양이 많아지고, 강철제의 긴 쇠칼 등 새로운 것들이 발견되었다.[193]

어을동(於乙洞) 토성 유적은 평안남도 온천군 성현리 온천벌의 구릉 위에 있으며 서기전 2세기의 성이다. 둘레가 1.5㎞ 가량되고, 내성은 동서 170m, 남북 120m이고, 외성은 동서 약 450m, 남북 약 300m이다. 주변에 토성과 직접적으로 연관된 서기전후 시기의 무덤들이 수많이 분포되어 있다. 토성 안에서는 관청터를 비롯한 여러 채의 건물터와 벽돌 혹은 돌을 깐 시설물들이 발굴되었으며 여러 가지 질그릇들과 좁은 놋단검 자루 맞추개가 나왔다. 좁은 놋단검시기에 만들어진 것임을 알려준다. 그리고 부덕리(富德里)의 나무곽 무덤은 황해남도 재령군 부덕리의 평탄한 지대에 자리잡고 있다. 서기전 2세기 후반기의 나무곽 무덤으로 좁은 놋단검, 쇠도끼, 쇠끌, 쇠갈모 등의 철기가 발견되었다. 이곳에서 발굴된 좁은 놋단검은 늦은 시기의 형식에 속하며, 자루를 끼우게 된 부분에 '□□□□皇朝用'이라는 글자가 새겨져 있다. 글의 내용을 보면 왕실에서 쓰는

---

192) 〈락랑구역 일대의 고분 발굴 보고〉《고고학자료집》제6집, 1983; 문화재연구소, 《北韓文化財實態와 現況》, 1985; 조선유적유물도감편찬위원회편, 《조선유적유물도감》1, 1989.

193) 김종혁, 〈토성동 제4호무덤 발굴 보고〉, 《고고학자료집》제4호(북한), 1974; 〈락랑구역 일대의 고분 발굴 보고〉, 《고고학자료집》제6집(북한), 1983; 문화재연구소, 《北韓文化財實態와 現況》, 1985; 조선유적유물도감편찬위원회편, 《조선유적유물도감》1(북한), 1989.

용도였을 것이다. [194]

태성리(台城里) 10호 무덤은 평안남도 남포시 강서구역 태성리에 있는 나무곽 무덤 제10호묘이다. 서기전 2세기 후반기의 무덤으로서 평양시에서 서남쪽으로 32km 떨어져 있는 태성리무덤 떼에 있다. 10호 무덤은 2개의 무덤구덩이를 한 봉토 안에 마련한 부부 함께 묻기의 나무곽 무덤이다. 남자를 묻은 서쪽무덤 구덩이에서는 좁은 놋단검, 좁은 놋창, 수레굴대끝, 일산대꼭지와 일산 살꼭지, 청동고리 등 청동제품들과 쇠창, 쇠도끼, 쇠끌, 쇠낫 등 철제품들이 드러났으며 화분형 단지와 배부른 단지가 쌍으로 나왔다. 여자를 묻은 동쪽무덤구덩이에서는 청동접시, 수레굴대끝, 일산 살꼭지, 은가락지 각종 구슬들과 화분형 단지 그리고 자그마한 단지들이 드러났다. 서쪽무덤구덩이에서 알려진 좁은 놋단검은 옻칠한 나무 집 속에 들어 있었는데 그 생김새로 보아 늦은 시기의 놋단검이고, 함께 드러난 좁은 놋창은 날의 아랫부분이 양옆으로 펴진 짤록한 형태이다. [195]

또한 이와 동시에 두만강 유역의 청동기와 철기 발전 상황을 보면, 범의구석[虎谷] 유적(제6문화층)은 함경북도 무산군 무산읍에 있는 집터 유적지이다. 철기시대 초기층인 제5문화층과 함께 서기전 4세기~서기전 2세기에 해당하는 6문화층이 발견되었다. 6개의 집자리가 발견되었는데 서기전 4세기~서기전 2세기의 것이다. 여러 가지 모양의 검은색, 회갈색의 토기가 출토되었는데, 쇠도끼, 쇠낫, 쇠반달칼, 쇠자귀, 쇠낚시 등 여러 가지 종류의 철제 생산도구가 출토되었다. 제17호 집자리에서는 쇠도끼만 다섯 개가 발견되었는데 모두 등과 날부분이 비슷한 너비로 된 좁고

---

194) 문화재연구소, 《北韓文化財實態와 現況》, 1985; 조선유적유물도감편찬위원회 편, 《조선유적유물도감》 1, 1989.

195) 〈태성리 고분군 발굴보고〉, 《유적발굴보고》(북한), 1958; 〈태성리 저수지 건설장에서 발견된 유적정리에 대한 개보〉(1);(2), 《문화유산》(북한), 1958-1,2; 고고학 및 민속학 연구소, 《태성리 고분군 발굴 보고》, 과학원출판사(북한), 1958; 〈서기전 천년기전반기의 고조선 문화〉, 《고고민속논문집》 1, 사회과학출판사(북한), 1969; 문화재연구소, 《北韓文化財實態와 現況》, 1985; 조선유적유물도감편찬위원회편, 《조선유적유물도감》 1, 1989.

긴 주머니도끼로서 주조한
것이다.[196)

그런데 청천강 이북의
요동지방과 청천강 이남의
서북조선 사이에는 일정한
차이가 있다. 즉, 세죽리 연
화보류형 유적은 서북조선
문화로서 좁은 놋단검 관계
유적이 발견된다. 집자리들
도 발견되었는데, 구들시설
이 있었다. 무역의 흔적인

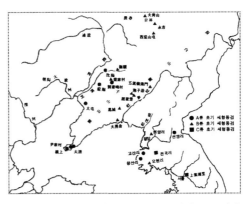

〈그림 5-40〉 박선미, 서기전 3~2세기 요동지역
의 고조선문화와 명도전 유적(한국고대학회,《선
사와 고대》14권)

명도전 등이 대량으로 나왔으며, 철제 농기구 등도 발견되어 농사가 발전
하였음을 알려준다. 결국 서북조선의 놋단검 관계 유적과 유물은 서기전
1000년 전반기 고조선문화를 계승 발전시킨 서기전 3~2세기의 고조선문
화였다. 이 시기 고조선의 영역은 동남쪽은 예성강 계선에서부터 서쪽은
요서의 대릉하 일대에 이르는 매우 넓은 지역을 포괄하고 있었다.

그리고 서해안의 대동강 유역, 한강 유역, 금강 유역, 영산강 유역, 보
성강 유역 등은 특색을 가진 청동기문화권이다. 특히 서기전 4~3세기로
부터 서기전 1세기의 유물층으로 알려진 양평군 유적에서 쇠도끼와 쇠손
칼 등이 나왔는데 쇠도끼는 주조품이며 쇠손칼은 단조품이다. 최근에는
인천과 경기도 김포 지역에서도 초기 철기시대의 유적들이 조사됐다. 검
암동 신도시 유적지에서는 세형동검 흑도장경호, 무문 초기 주조철부 등
이 출토되었고, 김포의 운양동 유적에서도 세형동검이 발견되었다.[197)

---

196) 문화재연구소,《北韓文化財實態와 現況》, 1985; 조선유적유물도감편찬위원회
    편,《조선유적유물도감》1, 1989.
197) 따라서 묘제와 세형동검, 주조철부, 점토대 토기, 흑도, 장경호 등의 유물 조
    합관계로 보아 후기 고조선(위만조선) 단계의 고조선 유이민 집단과의 상관성이
    있다는 주장이 있다. 김길식,〈원삼국~백제 초기 한강 하류 지역집단의 성격-

〈그림 5-41〉 충주에서 발견된 청동 잔줄무늬거울(왼쪽)과 충주에서 발견된 세형동검 서기전 2~1세기(오른쪽)

금강(錦江) 유역의 청동기문화권은 해양과 관련 있다.[198] 부여 구봉리(九鳳里)와 평장리(平章里)에서 출토한 거울 등을 통해 금강(錦江)의 청동기문화권은 준이 망명한 이후, 중원과의 교류를 통해서 제작방식을 수용한 것이라는 견해가 있다.[199] 익산(益山), 완주(完州) 등의 금강, 만경강 유역과 함평(咸平)이라는 영산강 유역에서는 중국계의 도씨검(刀氏劍)이 발견된다. 완주(完州) 상림리(上林里)에서는 26점이 발견되었다. 따라서 이 지역의 주민을 도씨검 수입의 주도세력일 것으로 보고, 황해를 직항해서 강남(江南)지방과 교역했을 것이라고 주장하기도 한다.[200]

전남 화순군 대곡리에서도 세형동검, 잔줄무늬거울, 청동 새기개와 더불어 청동 방울 등이 발견되었다. 경주 입실리, 구정리, 김해 회현리 패총, 웅천 조개무지, 동래 조개무지, 쇠돌을 녹이던 터가 드러났다. 진한, 변한 지역의 여러 유적들에서 청동기와 함께 철기가 나왔다. 구석기 유물 포함층을 필두로 초기 철기시대(서기전 3세기~서기 전후) 무덤 3기, 돌무

김포 인천지역을 중심으로〉,《金浦 定名 1260년. 기원을 말하다》 김포문화재단, 2017, p.23.

198) 금강문화권은 全榮來,〈한국 청동기문화의 연구-금강 유역권을 中心으로〉, 《마·백》6 및〈錦江流域 청동기문화圈 新資料〉,《마·백》10 참조.

199) 全榮來,〈금강 유역 청동기문화권 신자료〉, p.113.

200) 權五榮,〈고고자료를 중심으로 본 백제와 중국의 문물교류〉,《진단학보》66, pp.181~182.

지 나무널무덤〔積石木棺墓〕 1
기, 나무널무덤 2기, 특히 적
석 목곽분에서 '세형동검'(길
이 23~30㎝) 7점과 다뉴세문
경 1점, 청동창인 청동투겁창
3점, 청동꺾창 1점, 청동도끼
1점, 청동새기개 4점, 청동끌
2점 등 청동제품 19점 등등이
발굴되었다.

제주도 지역에서는 남제주
군 대정읍 상모리에서 청동기
시대의 유적이 발견되었는데,
생활유적과 패총유적이 함께
공존하고 있었다. 특히 여러
곳에서 발견되는 겹아가리 토
기는 제주도를 포함한 전남과
경남의 해안지방 등 남해권에

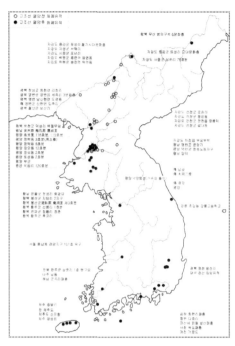

〈그림 5-42〉 한반도 출토 한대화폐와 고조선
멸망 이후 삼한지역 교역체계의 변동(출처: 박
선미, 한국고대학회, 《선사와 고대》 28권, 2008)

서 발굴되는 특징적인 토기이므로 빈번하게 교섭하였음을 알 수 있다. 이
외에도 각 지역에서 농사도구인 반달칼 등이 있다. 삼양동 유적의 지석
묘 등 170여 기가 알려져 있으며, 남방식, 개석식, 제주도식이 혼재되어
있다. 이처럼 매우 다양한 형태이며, 일반적으로는 소위 원삼국시대 후기
이고, 남해안의 영향이 많다고 한다.

한편 북제주군의 삼양동(三陽洞) 바닷가에서는 청동기 말에서 초기
철기시대에 해당하는 원형의 주거형태가 발견되었다. 집자리에서는 다양
한 유물들과 함께 중국제 옥환(玉環) 한 점이 발견되었다. 결국 고조선문
명의 영향으로 청동기문화가 전국적으로 확산되었다.

《후한서》와 《삼국지》 동이전 한전 등에 기록된 것처럼 한나라 초에 하
북과 산동의 조, 제, 연 사람들이 난리를 피하여 조선으로 수만 명이 피

〈그림 5-43〉 영천 어은동에서 출토된 마형 대구(왼쪽)와 영천 어은동에서 출토된 호형 대구(혁대 바클)

난 갔다는 기사가 있다.《삼국지》동이전 한(韓)전에는 '진말 한초에 천하가 어지러워졌다. 연, 제, 조 등의 백성이 몹시 괴로움을 받아 차츰 도망하여 준에게로 수만 명이 갔다. 준은 이 사람들을 서쪽 지방에 와서 살게 하였다.'고 한다. 이 기사들은 그 시대의 정치적 상황과 문화적인 확산을 파악하는 데 도움이 된다.

이 무렵 동아시아 세계의 역학관계와 진나라의 정책을 알기 위해서는 북방유목세력의 현황과 해양 실크로드의 상황을 동시에 고려할 필요가 있다. 먼저 상대적으로 중요했던 북방 세력의 움직임을 살펴본다.

《사기》흉노열전에 보면 흉노(匈奴)[201]족은 중국 최초의 전설적인 왕조로 알려진 하나라의 '하후씨(夏侯氏)'의 후예로 시조는 '순유(淳維)'라고 한다. 이는 중국적인 해석임은 말할 것도 없다. 은나라 때는 훈죽(葷粥), 주나라 때는 험윤(獫狁)으로 불렸다.[202] 흉노를 포함하는 범투르크족의 대부분을 차지하는 '사카족'[203]은 서기전 6세기에서 서기전 4세기 무렵에

----

201) '흉노'라는 하나의 종족집단이 주도적 역할을 수행해 그 이름 아래 여타 종족과 씨족들을 망라한 것으로 추정된다. 사실상 흉노 자체도 휴도(休屠, 도각屠各)·우문(宇文)·독호(獨狐)·하뢰(賀賴)·강거(羌渠) 등 여러 부족으로 구성되어 있으며, 한 부족도 몇 씨족으로 구성되었다(정수일 편,《실크로드 사전》, 흉노(匈奴)조항. 2013).

202)《사기》와《한서》의 흉노열전,《후한서》의 남흉노전에 기록되어 있다.

203) 그리스인들은 스키타이인들을 '샤카'라고 불렀다. 한자로는 '새(塞)족'이라고 한다.

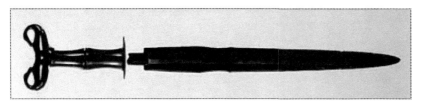

〈그림 5-44〉 대구 비산동에서 출토된 백조형 안테나식 세형동검(호암박물관 소장)

드니에퍼강과 디니에스터 지역 사이에 정착했다. 스텝 지역에 건설된 최초의 제국이었다.[204] '흉노'라는 이름이 처음으로 문헌에 나타난 것은 서기전 318년이다. 이때 한(漢), 조(趙), 위(衛), 연(燕), 제(齊)나라가 흉노와 연합하여 진(秦)나라를 공격하였다. 전국시대 말에 이르러 서쪽에서 강국으로 성장한 진은 동진을 하면서 중원, 산동, 화북지방의 국가 및 소국들을 압박했기 때문이었다.

조나라의 무왕은 서기전 307년에 군대를 개혁했는데, 그 모델이 된 것은 이들 유목민족들이었고, 상황으로 보아 흉노였을 것이다. 다시 말하면 고조선 후기에는 전국의 국가들, 진, 한이 있었던 화북지역과 요동·요서 지역은 교류가 더욱 빈번하였다. 또한 이들은 이미 그 이전부터 서북쪽인 오로도스 지역에 거주하고 있었던 흉노 등의 유목종족들과도 교류가 활발했을 것이 분명하다.

서차구(西岔溝) 유적은 요동지역인 심양 동쪽에 있는데, 안테나식 칼자루와 동물무늬들을 표현한 오로도스식 동패들을 부장한 고분군들이 발견되었다. 그런데 거울 무기마구 토기 등의 생활용구들은 한대 제품들이었고, 오수전, 반량전(半兩錢) 같은 화폐들도 나왔다. 고분의 주인공들은 서기전 1세기 흉노족의 동서 분열에 따른 불안한 시기에 요녕지역으로 이주해온 흉노족의 한 집단으로 생각된다. 마찬가지로 예맥족에게도 영향을 줌으로써 한반도에 스키타이계 요소가 들어올 계기를 만들었다고 한다.

장두장식(Pole Top)으로서 스키타이 지역에서 나오는 형식과 비슷한

---

204) 쉴레이만 세이디 지음,《터키 민족 2천년 사》, 애플미디어, 2012, p.18.

〈그림 5-45〉 서기전 2~3세기의 토광묘에서 출토된 간두령(왼쪽)과 국보 제14602
호, (서기전 1세기) 경주 죽동리 간두령(가운데) 및 신라의 기마인물상(경상북도 경
주시 노동동 금령총, 높이 23.5㎝, 길이 21.5㎝, 국보 91호)

것이 우리나라 초기 철기 유물에서 나오고 있는데, 이것은 시베리아의 샤
머니즘을 기반으로 하는, 방울에 대한 공통된 개념에서 연유했을 것이
다.[205] 스키타이의 '동물양식'과 같은 외래조형이 한반도 남부까지, 예컨
대 영천 어은동(漁隱洞) 출토의 말형〔馬形〕, 호랑이형〔虎形〕의 대구(혁대
바클)를 비롯하여 대구 비산동에서 출토된 새모양을 장식한 청동 검파두
식(劍把頭飾), 경주 천마총에서 출토된 장니(말다래)에 그려진 천마도 등
은 스키토시베리아문화와의 연관성을 보여준다.

그 밖에 고조선문명권이 초원의 유목민족들과 연관이 깊었을 가능성
이 큰 증거 가운데 하나로서 동복(銅鍑)이 있다.[206] 동복은 유목민들의
상징적인 유물로도 간주되는데 '스키타이식'과 '흉노식(훈식)'의 두 가지가
있다. 스키타이식 동복은 반구형 기체에 둥근 손잡이가 한 쌍 달려 있고
손잡이에 작은 돌기가 있는 것이 특징이다. 반면 흉노식 동복은 심발형
(深鉢形) 기체에 곧은 직사각형의 손잡이가 한 쌍 달려 있고, 손잡이에는
작은 돌기가 있는 것과 복잡하고 화려한 장식이 있는 것으로 구분된다.
흉노식 동복은 내몽골의 오르도스 지방에서 다수 발굴되었고 평양지역
에서도 발견되었다. 이후 가야지방과 신라의 기마인물상(경상북도 경주시

---

205) 김원룡, 〈스키타이족과 그 미술〉, 《스키타이 황금》(편집 국립박물관), 조선일보
　　　사, 1991, pp.296~297.
206) 이하 글은 이종호의 논문 참조.

〈그림 5-46〉 1. 우즈베키스탄에서 출토된 동복(우즈베키스탄 국립박물관), 2. 이식 고분군에서 출토된 동복(카자흐스탄 이식박물관), 3. 타지키스탄에서 출토된 동복, 4. 평양지역에서 출토된 동복

노동동 금령총, 높이 23.5㎝, 길이 21.5㎝, 국보 91호)에서 나타났다.

김원룡은 말 궁둥이에 있는 것은 솥이 아니라 '등잔형 주입구'라고 설명했다. 존 카터 코벨(Jon Carter Covell)은 무덤에서 술잔과 함께 말 모양 토기들이 많이 발견된다는 점에 주목했다. 그리고 시베리아의 무속에서 말을 제물로 바쳐 죽인 뒤 의례의 하나로 그 피를 받아 마시는 과정이 있다고 적었다. 즉 가야지방에서 살았던 사람들이 동부여에서 내려온 민족이며 기원전 109년 한나라의 무제가 한반도 북방 지역에 한사군을 설치했을 때 패배한 일단의 부여족이 남하하여 김해에 새로 정착하여 가야를 건설했으며, 이들이 신라와 합류되었다고 추정했다.

또한 무덤의 양식도 일부는 연관이 있다. 서기전 1세기부터 서기후 1세기까지로 추정되는 몽골의 '노인 울라(Noin Ula)'에서 고분 212기가 발견됐다. 노인 울라[207)는 몽골의 수도 울란바토르 북방 약 100㎞ 지역에 있다. 외형상으로는 적석무덤인 '쿠르간(러시아어로 고분)'과 유사하지만 내부는 전형적인 목실분이다. 이 고분 형식은 중국의 전국시대부터 한 대에 이르는 시기에 유행했고 한반도의 낙랑 유적지에서도 발견된다. 북방계 유목문화의 요소가 상당히 흡수되어 있다는 것을 지적한다.

고조선은 춘추시대에도 산동에 있었던 제(齊) 등과 교역을 하였고, 《관자》에는 조선의 명산물로 문피를 거론한다. 그 후에 발해만의 안쪽 지역을 장악한 연나라 사람들도 고조선과 교류를 했을 것이다. 교류의 가능성은 명도전과 오수전 등 화폐들의 분포도를 보아서 확인된다.[208) 당연히 조선과 연은 국경을 마주하면서 교류와 갈등을 계속했을 것이다. 그런데 《위략》에는 서기전 3세기 초 무렵에 연나라의 장수인 진개(秦開)가 조선의 서쪽을 쳐서 2천여 리를 빼앗아 '만번한(滿番汗)'에 이르러 국경을 삼았다는 기사가 있다. 그런데 이 사건을 《사기》 흉노전에는 '1천 리'라고 기록했다. 또 이후에 "조선은 약해졌다"고 하였다. 고조선의 서부 국경선이 이동하였고, 만번한이 조선과 연의 국경이 된 것이다.

만번한의 위치는 명확하지 않지만 고조선은 그곳부터 서쪽으로 2000여 리 또는 1000여 리까지가 영토였던 것이다.[209) 그때 연나라가 설치한 요동군은 현재 요서와 하북 일대이다. 그런데 또한 그 시기에 연은 동호를 공격하여 1000여 리의 땅을 빼앗았다. 이때 동호와 조선이 동일한 존재인지는 모른다. 《사기》에는 '연나라 동쪽에 조선요동(朝鮮遼東)이 있다'고 하였다. 정약용은 《아방강역고》에서, 신채호는 《조선상고사》에서 '만

---

207) 몽골어로 '왕후(王侯)의 산'

208) 화폐분포도는 최몽룡이 〈고대국가의 성장과 무역〉, 《한국고대의 국가와 사회》, 일조각, 1985, pp.71~73에서 작성 인용한 것이 널리 이용되고 있다. 서기전 2~3세기의 유적인 평안북도 영변군 세죽리 유적에서는 명도전 2000여 매가 발견되기도 하였다.

209) 이 사건에 대하여 주목을 하고 논리를 전개한 사람은 단재 신채호였고, 이후 북한도 주목하였다.

번한'이 《한서지리지》의 요동 문번한임을 고증하고 있다.[210] 요동군은 요양과 문번한 2현이고, 문번한은 진나라 때에 다시 문현과 번한현으로 분리된 것이라고 하였다.

이어 진나라와 흉노 사이의 대결이 벌어졌다. 중국지역의 세력과 유목제국 사이의 전면적인 전쟁이 최초로 벌어진 것이다. 진시황은 서기전 215년에 장군인 몽염(蒙恬)을 파견하였다. 그는 10만 명의 병사를 동원하여 흉노를 공격한 후에 오르도스(Ordos, 綏遠, 현재 황하 이남, 동몽골 지역)를 장악하였다. 본거지를 상실한 흉노는 타격을 받았다. 하지만 그것은 일시적인 일이었다. 서기전 210년 진시황제가 사망하고, 진나라 내부에의 모함이 심해지자 몽염은 자살하였다. 그리고 흉노에서는 다음 해인 서기전 209년에 '묵돌(冒頓 單于, Tu-man)'이 선우로 등장하였다.[211] 오로도스는 다시 흉노의 영토가 되었다.

진시황은 해양활동과 함께 해양 유라시아, 특히 해양실크로드에 깊은 관심을 갖고 있었다. 해양 유라시아 세계에서는 서기전 8세기 말부터 인도의 서남부나 인더스강 하구, 페르시아만이나 홍해를 통해 바빌론 항로가 개통되었다고 추정한다. 서기전 7세기에 홍해의 선박이 중국 해안에 도달했다(Elliot Smith). 서기 70년경의 저술로 알려진 〈에리트라해 안내기〉에는 실론도(다프로파네)로부터 미얀마의 페쿠(Suvarna Bhumi, 黃金國)와 말레이 반도를 지나 데이나(秦尼), 즉 중국에까지 이어지는 항로가 소개되었다. 진나라는 이미 인도양까지 진출했다. 중국과 로마의 첫 공식 교섭은 월남(日南, 越南)을 통해 이루어졌다. 훗날 '남해로(南海路)'라고 불리운 이 교통로는 "도기로(陶器路)", "향료로(香料路)"라고 불리워졌는

210) 《한서》 지리지에는 요동군의 속현이 기록됐는데, 문현과 번한현이 있다. 이 두 현을 한꺼번에 만번한으로 불렀다는 주장이 있다.
211) 서기전 209년~서기전 174년까지 흉노제국의 선우. '묵돌'은 투르크어에서 'Bayatur(바야투르)' 즉 '용감한 자'라는 뜻이다. '단우(單于)'는 '선우'라고 발음하는데, 흉노어로서 '넓고 크다'는 뜻이다. 추장을 존경하는 단어이지만 임금을 뜻한다. 북방계 추장들을 부를 때 사용되었으며, 오나라의 손권도 고구려의 동천왕을 '단우'라고 불렀다.

데, 그 시기에도 향료는 중요한 무역품목이었다.[212] 따라서 해양진출을
통해서 발생하는 무역의 이익을 인식할 수밖에 없었고, 해양정책을 중요
하게 여길 수밖에 없었다.

중국의 남부해안과 동남아시아 지역까지 확대된 진나라의 광범위한
해양활동과 무역은 황해 동부지역, 즉 한반도와 일본열도를 대상으로 더
욱 광범위하게 이루어졌을 개연성이 크다. 그는 서기전 221년에 전국을
통일시킨 후부터 서기전 210년에 죽을 때까지 12년이라는 짧은 기간 동
안에 모두 4차에 걸쳐 황해안 지역을 순수했다. 제1차 순해(巡海)는 서기
전 219년에 지부(芝罘, 현재 煙臺), 성산(成山, 城山), 랑야(琅邪) 등 산동
반도의 해안가 도시들을 순방하였다. 소위 '銘功會稽嶺, 聘望瑯琊臺'이
다.[213] 《사기》에 따르면 바로 이 해인 서기전 219년에 진시황은 누선으로
구성된 함대를 동원하여 월국(越國, 현재 산동성 랑야에 소재)을 공격하
였고, 번우(番禺, 현재 광동성 광주)를 통해서 일남(日南, 현재 베트남 북
부)과 해상교역을 실시하였다.

제2차 순해는 서기전 218년에 발해 서쪽의 해안가에 위치한 고죽국의
근처인 박랑사(博浪沙, 현재 하남성 양무현)를 갔다가, 지부(芝罘, 현재 연
대시)에서 배를 타고 산동반도의 남안을 거쳐 최후로 랑야대(琅邪臺, 지
금 諸城 교남현 부근)에서 3개월 남짓을 머물렀다. 그리고 수도인 함양(咸
陽)으로 귀환했다.[214] 제3차 순해 때는 발해의 서북안인 갈석항(碣石港,
현재 하북성 창려현 경내, 그 시대는 연국의 해항이다)에서 출항한 후 발
해를 지나 남으로 내려갔다. 한편 서기전 214년에는 군사를 동원하여 남
쪽 지방을 개척하고 계림(桂林), 상군(象郡), 남해(南海)라는 삼군을 설치

---

212) R.Mookerji의 《인도 항해사》; 정수일, 《고대문명교류사》, 사계절, 2001, p.340.

213) 彭德淸, 《中國航海史(古代航海史)》, 中國航海學會, 人民交通出版社, 1998, p.36
   에는 진시황의 순해일정이 소개돼 있다. 이 시대 중국 지역 및 동남아시아, 인
   도양, 서아시아 지역과의 해양 교통로와 해양활동에 대해서는 윤명철, 〈한국의
   고대문화 형성과 해양남방문화-소위 해양실크로드와의 관계를 중심으로〉, 《국
   사관 논총》 106, 2004 등 참조.

214) 李鵬, 《秦皇島港史(古,近代部分)》, 人民交通出版社, 1985, pp.42~43.

했다. [215] 남해는 현재 광동성으로서 동남아시아 인도 등과 연결되는 서남 해상의 거점이었다. [216] 그리고 마지막인 제 4차 순해는 재위 37년인 서기 전 210년에 더 멀리 남쪽인 절강지방까지 이루어졌다. 또 현재 절강성에 위치한 동월(東越國)과 그 이남 지역에 있었던 민월(閩越國, 현재의 복건 성 지역)을 점령하였고, 이 지역에 군을 설치하였다. [217]

결국 그가 실시한 순해는 중국의 대외무역항구로서 중요한 기능을 수 행하였던 발해 북부의 갈석(碣石)에서 남부의 회계(會稽)에 이르는 해양 도시들을 계속해서 방문한 것이었다. 진시대의 해양능력을 살펴보기로 하자. 진시대는 항해사업이 발전했고, 특히 북양항선인 산동반도와 한반 도 일대의 해상교통이 빈번했다. 누선관(樓船官)을 설치하고, 선박의 일 을 관장했으며, 선대의 조직이 컸다. 남방해상교통이 시작됐고, 《회남자》 (淮南子) 인간훈(人間訓)에 따르면 당시에 남방의 특산물들을 구해서 이 익을 얻었다. [218] 진시대에 들어오면 해양활동은 더욱 빈번해지고 규모도 커진다. 1974년에는 광주(廣州)시 주강(珠江) 북쪽 강안에서 진대의 대규 모 조선공장이 발견됐다. 30톤을 적재할 수 있는 배가 만들어졌다. [219] 당 시의 해운산업이 매우 활발하였음을 알 수 있다.

그런데 이 무렵 제나라의 방사(方士)인 서복(徐福, 徐市)이라는 인물이 역사에 등장한다. 《사기》 진시황본기에 따르면 바다 가운데 세 신산에 선 인이 살고 있는데, 서복이 그곳에 동남동녀를 데리고 가서 선인과 불로초 를 구해오겠다고 글을 올렸다. 그러자 진시황은 동남동녀 3천을 주어 동 방으로 출발하게 하였다. 서복은 진시황이 남방으로 진출한 즉위 28년(서 기전 219)에 1차로 동도하였다. 《자치통감》에 기록된 진시황의 순수(巡狩)

215) 《사기》 권 6 진시황본기.

216) 藤田豊八; 池內宏編, 〈支那港灣小史〉, 《東西交涉史の硏究, 南海編》, 萩原星文館, 1943, p.636.

217) 《사기》 권 114, 동월열전.

218) 汶江, 《古代中國與亞非地區的海上交通》, 四川省 社會科學院 出版社, 1989, p.14.

219) 李永采, 王春良, 盖莉, 魏峰 著, 《海洋開拓爭覇簡史》, 海洋出版社, 1990, p.52~57 참조.

조에 따르면 그가 1차 순행을 한 서기전 219년에는 낭야에 머무르고 있었
다. 낭야는 산동반도의 하단부에 위치한 지역이다.

그런데 영파항을 출항한 후 최종적으로 주산군도를 떠나 바다로 진입
했다는 주장도 있다. 《영파부지》, 《자계현지》에 보면 서복은 영파(寧波)
자계(慈溪) 달봉산(達蓬山) 해역에서 돛으로 바다를 건너 봉래선도(蓬萊
仙島)를 찾아 장생불로약을 얻을 기도를 하면서 한국 제주도 남안(지금
서귀포시 교외)에 상륙하여 일단 시간을 갖고 휴식하면서 보급을 받은 후
에 최종적으로 일본에 도달하였다고 한다.[220]

그렇다면 이 작업은 불로초를 구한다는 진시황의 개인적인 욕망을 실
현시키는 것뿐만은 아니었을 가능성이 크다. 오히려 국가의 입장에서는
국제질서, 정치 경제적인 목적을 배경으로 삼고, 해양활동 능력과 다양한
경험, 주변세계들에 대한 지리, 산물, 정치상황 등의 정보 수집 등을 토대
로 추진된 국가사업이었을 가능성이 높다.[221] 정치적이고 해양적인 의미를
담은 해양활동으로 평가될 수 있다. 또한 다수의 인원들이 참가한 것은
이주사업의 일환일 수도 있다. 그런데 한반도에는 서복과 관련된 전설 및
서각이 있던 곳이 제주도를 비롯하여 몇 군데 있다.[222] 서복이 제주도에
도착했을 가능성은 적지 않다.[223] 뿐만 아니라 일본열도에서도 그러한 흔

---

220) 錢起遠, 〈中世紀寧波與韓國間的航海交往〉, 《海洋文化硏究》, 제2권, 海洋出版社,
    靑道大學校 海洋文化硏究所, 2000, p.63.
221) 윤명철, 〈서복의 해상활동에 대한 연구-항로를 중심으로〉, 《제주도연구》 21,
    제주학회, 2002; - - -, 〈徐福의 해상활동에 대한 연구-항로를 중심으로〉, 《윤
    명철 해양논문선집③-해양활동과 국제항로의 이해》, 학연문화사, 2012,
    pp.81~108.
222) 경남 남해군의 이동면 양하리 즉 금산 부소암에 '서불각자', '남해각자' 등으로
    불리워진 글자가 쓰여 있다. 여수시의 삼산면 동도리에 속한 백도에도 서불 전
    설이 전해 내려온다. 이형석 같은 글 12회. 서복 집단이 영주산(瀛洲山)을 찾아
    올 때 맨 처음 도착한 곳이 조천포(朝天浦)였으며, 돌아갈 때 떠난 곳이 서귀포
    라고 한다. 그들은 떠나기에 앞서 서시과지(徐市過之, 일설에는 徐市過此)라고
    새겨놓았다고 한다.
223) 洪淳晩, 〈서복집단의 제주도래설〉, 《제주도사 연구》 2, 1992, p.30

적들이 와까야마(和家山) 등 몇 군데에 남아 있다.

이러한 행위는 대외정책 및 무역과 깊은 관련이 있으며, 필연적으로 해양정책 및 해양활동과 관련이 깊었다. [224] 이 사실은 그의 정책방향과 관심의 정도를 짐작할 수 있게 한다. 특히 4차로 행해진 순해 가운데 무려 3번이 발해 유역에 집중되었다는 사실은 진나라의 정치·외교·경제적인 관심의 소재를 알려준다. [225] 진시황은 33년(서기전 214)에 병사를 파견하여 남방을 개척하고 계림(桂林), 상군(象郡), 남해(南海)의 3군을 설치했다. [226] 남해는 광동성으로서 그곳의 번우(番禺)는 옛날부터 서남해상무역의 거점이었다. [227]

이러한 진나라의 정책들에는 고조선의 위치와 역할도 작용했을 것이다. 고조선은 진나라가 통일하기 전인 춘추전국시대에 산동의 제 등과 교역을 하였다. 제환공(齊桓公)은 상공업을 중시하고 어염(魚鹽)의 이익〔利〕을 얻는 것을 중시했다. 《관자》에는 조선의 명산물이 문피(文皮)임을 말하고 있는데 교역의 중요한 물품이었다. 산동반도의 동남단에 있는 현재 영성시의 척산(斥山)은 그러한 문피의 집산처였다. [228] 모두 해양활동을 통해서 이루어진 일들이었다. 그 후에 연나라 사람들도 조선과 교류를 했을 것이다. 이러한 교류의 가능성은 명도전과 오수전 등 화폐들의 분포도를 보아서도 확인이 된다. 결국 고조선은 활발하게 주변지역과 교역을 하고 있었으며, 그 주변지역을 통일한 세력은 바로 진나라였다. 갈등의 조건은 성숙되어 가고 있었던 것이다.

실제로 그는 연나라를 공격했다. 장군인 몽념(夢恬)이 황하 이남의 44개 현을 수복한 후 군대를 주둔시키고 있을 때, 진나라의 대형 선대들은

224) 汶江, 《古代中國與亞非地區的海上交通》, 四川省 社會科學院 出版社, 1989. p.14.

225) 彭德清, 《中國航海史-(古代航海史)》, 人民交通出版社, 1988, pp.36~38, 참고.

226) 《사기》 권 6 진시황본기.

227) 藤田豊八·池內宏編, 〈支那港灣小史〉, 《東西交涉史の研究, 南海編》, 萩原星文館, 1943, p.636.

228) 陳尙勝, 《中韓交流三千年》, 中華書局, 1997, p.50.

현재 산동성 연해의 항구들을 출항하여 발해를 건넜다. 이어 황하를 거슬러 올라온 후 북하(北河)를 향하여 양식을 운송했다. 이는 중국에서 벌어진 최초의 해상조운(海上漕運)이었다.[229]

이렇게 중국의 진·한 시대는 북방에서 흉노가 번성하던 시기이다. 소위 위만조선이 건국하고 존재했던 시기이다. 서기전 230년경 조선의 왕인 준(準)은 왕위에 올랐으나 30여 년 후인 서기전 194년경에 망하고 만(滿)왕조로 교체되었다. 소위 위만조선이 역사에 등장한 것이다. 위만조선에 대해서는 전 국가인 조선과의 계승성 문제, 위만을 비롯한 건국주체의 성격, 수도인 왕검성의 위치, 문화발전단계 등의 면에서 통일된 학설이 없는 상태이다.

북한은 위만은 단순한 망명객이 아니라 요동지역에서 장기간에 걸쳐서 이미 상당한 정치세력을 형성하고 거느리던 고조선계 인물로 보았다.[230] 북한 사학은 소위 위만조선을 고조선의 범주에 넣고 있으며, 새로운 국가가 수립된 것이 아니라 내부모순의 폭발로 인한 혁명투쟁의 결과로서 성립된 것으로 단순한 왕조의 변천으로 파악하고 있다.[231]

남한에서는 위만조선을 본격적인 '국가(State)' 단계로 보고 있다.[232] 하지만 위만조선 이전인 고조선이 '국가(State)'를 형성했는가의 여부에 대해서는 통일된 견해가 없는 실정이다. 고조선 시기에 이미 국가 단계에 도달했다고 보는 견해와 위만조선에 이르러야 본격적인 국가 단계라고 할 수 있다는 입장이 있고, 근래에는 고조선에서 위만조선으로 넘어가는 과도기부터 '국가'단계로 보는 시각도 제기되었다. 그런데 《史記》는 전성기 위만조선의 강역을 '방수천리(方數千里)'의 대국으로 기술하고 있다.

위만이 조선을 탈취한 배경과 상황, 영토 등은 《사기》의 다음 기록을

---

229) 張鐵牛; 高曉星, 《中國古代海軍史》, 八一出版社, 1993, pp.18~19.

230) 이러한 해석은 이병도를 비롯해서 남북에서 수용하는 학자들이 많다.

231) 윤명철, 〈남북역사학의 비교를 통한 공질성 회복〉, 《國學硏究》 3집, 1990, pp.128~129.

232) 서영수, 〈고조선의 쟁점과 역사현장〉, pp.28~29; 서영수 등 지음, 《고조선사 연구 100년》, 학연문화사, 2009.

통해서 알 수 있다. "衛滿燕人. 燕王盧綰反, 入匈奴. 滿亡命, 聚黨千餘人, 椎結蠻夷服而東走出塞, 渡浿水, 居秦故空地下鄣." 즉 "위만은 연인인데, 무리 천여 인을 모아 새(국경)를 달려나가 패수를 건넜다. 위만의 무리는 옛 빈 땅 우, 아래 장(塞)에서 살았다."《위략》은 이 지역을 조선의 서쪽 지대의 '100리 봉토'라고 하였다. 사기는 준왕이 만에게 100리 땅을 주어 서쪽 변방을 지키게 하였다고 한다. 조선은 진, 연과 패수를 사이에 두고 각각 존재했다.

준은 망명을 온 위만에게 조선의 영토이면서 연, 제, 조의 난민들이 거주하는 이 지역을 다스리는 권리를 위임하였고, 위만은 이 지역을 근거 지로 삼아 세력을 확장하였다. 그 후 만은 왕험성(王險城)을 탈취하였다. 결국 고조선의 말왕인 준왕은 자신이 지지세력을 거느리고 남쪽으로 이 주하여 한왕(韓王)이 되었다. 즉《삼국지》동이전 한전에 나오는 '……將 其左右宮人走入海 居韓也 自號 韓王 ……'이라는 기사에 따르면 남쪽에 있는 한이라는 정치단위가 있었는데,[233] 준왕 세력은 바다를 통해서 남천 에 성공하고, 마침내 한왕이 되었다. 삼한 사회의 구성원들 가운데 적지 않은 경우가 황해를 건너온 사람들이다.[234] 이 기사는 남쪽지역이 이미 고조선의 영향력 아래 있었고, 항해를 인도했던 사람들 역시 영향권 안 에 있었음을 반영한다.

위만조선의 등장 및 발전은 이러한 진 및 연, 흉노 사이에 벌어지는 역학관계에 어떠한 작용을 했을까?

진나라가 이러한 대외정책과 해양활동을 펼치는 데는 국제관계의 긴 장된 힘들이 조우하는 고조선의 지정학적인 위치와 역할도 작용했을 가 능성이 크다. 고조선의 영토에서 범위와 수도권 등 핵심지역에 대해서는

---

233)《사기》조선열전에도 '又未嘗入見眞番旁衆國欲上書見天子, 又擁閼不通 ……' 이 라는 기사가 나온다. 진번의 위치문제, 중국에 대한 해석상의 문제가 있다. 그 러나 이들이 고조선의 이남지역에 있었다는 것은 일반적인 견해이다.

234) 이러한 견해는 金哲俊,〈魏志東夷傳에 나타난 韓國古代社會의 性格〉,《한국문 화사론》, 서울대학교 출판부, 1993, p.108.

아직 다양한 설들이 있다. 하지만 당시의 상황들과 기록들, 그리고 지표 유물들이 출토되는 지역을 근거로 하면 남만주의 일대, 한반도의 서북부 지역, 발해 등을 포함하는 공간이었을 것이다. 즉 진나라와 해륙으로 영역을 접하는 지정학적 관계에 있었고, 이러한 상태는 상호 경쟁과 긴장관계를 만들었을 가능성이 크다.

또한 발해는 양국이 수군을 이용하면 상대국의 해안을 단시간에 공격할 가능성이 높았다. 따라서 고조선과 진나라 사이에는 항로권, 도시, 주민들의 이동과 정착, 무역권 등을 둘러싼 갈등이 유발되었을 가능성을 배제할 수는 없다. 이러한 경쟁구도는 한나라가 서기전 206년에 진을 이어 분열된 중국을 통일하고, 서기전 198년에 위만이 조선을 찬탈하면서 새로운 양상으로 심화되었다.

그럼에도 불구하고 이러한 국제질서와 역학관계는 큰 변화가 없었다. 다만 위만조선과 한, 흉노, 동호라는 '4각 구도' 또는 위만조선, 한, 흉노라는 '3각 구도'가 계속되었다. 흉노에서는 두만(頭曼)에 이어 '묵특(冒頓)'이 등장하였다. 그는 서기전 174년인 죽기 직전에 한나라의 효문제(孝文帝)에게 서한을 보냈다. 거기에서 '흉노대선우(匈奴大單于)'라는 호칭을 사용하였다. 정식 명칭은 '탱리고도 선우(撑犁孤塗 單于)'이다. 알타이어로 '탱리'는 하늘을 뜻하는 'tängri'이며, '고도(kodo)'는 아들을 뜻한다. 즉 '하늘의 자식'이라는 선언이다. 뒤를 이은 3대 노상단우(老上單于)도 동일하게 한나라에 보내는 서한에 "天地所生日月所置匈奴大單于敬問漢皇帝無恙"라고 하였다. 이 시대는 북방 유목문화가 본격적으로 남진을 추진하였다. 그런데 이 시대에 흉노와 대결할 수 있는 정치체 또는 국가는 '동호(東胡)'라는 일반명사로 기록되었다.

'호'로 기록된 흉노의 선우인 묵특(冒頓)은 아직 국력이 강하지 못했으므로 동호가 묵특이 타는 천리마를 달라고 했을 때 신하들의 반대들을 무릅쓰고 주었고, 이에 만족하지 못한 채 또 다시 선우의 연지(閼氏) 가운데 한 명을 보내라고 요구했을 때도 이를 허락하였다. 그런데 동호는 또 다시 사신을 파견하여 두 나라 사이의 황무지 1,000여 리 빈 땅을 달라고 했다. 그러자 분노한 묵특은 동호를 급습하여 멸망시켰다. 이후 동호라는 명칭의 정치체는 일단 역사에서 사라졌다. 중국 사서에 따르면 동호는 선비(鮮卑)와 오환(烏桓)으로 나뉘어져 존속하였다고 기록하였다.

그런데 이 '동호'라고 기록된 존재의 정치적인 성격과 국가명칭은 알 수가 없다. 서기전 273년에 조(趙)나라는 '동호가 몰고 가는 대(岱)지역의 사람들을 도로 찾은 일'이 있었다. 동호가 대지역에 진출하였다는 사실이다. 또한 진나라가 '북쪽에서 호(胡)와 맥(貊)을 내쫓았고, 남쪽으로는 월족(越族)들을 정복하였다. 진나라가 강대하였음을 시위하였다.'는 기록이 있다. 이때의 상황들을 고려하면 호는 흉노이고, 맥은 동호일 가능성이 크다. 그 전 시대에 그 지역을 중심으로 발전했던 집단들이 창조한 북방 유목적인 성격이 강한 청동기문화의 담당자라고 추정한다. 즉 비파형동검과 연관이 있고, 하가점 상층문화의 담당자라고 보고 있다. 실제로 적봉(赤峰) 부근에서 진나라 유적들이 발견됐다.

호가 흉노라면, 동호는 진과 한의 동쪽에 있는 적대국가인 이민족을 가리키는 일반명사이다. 그렇다면 이 시대 이 지역에 거주했던 강력한 정체로서는 조선 이외에는 다른 대안이 없어 보인다. 그리고 만약에 기자조선이라면 말기에 해당한다. 하지만 조선과 약간 거리가 있을 수 있다. 그렇다고 해도 동호의 가지로 나타난 선비와 오환계의 종족 내지 부족들이 그 후에 부여, 고구려와 언어가 통했다는 기록들이 있다.

그렇다면 조선을 구성한 예맥인들과 혈연적으로, 언어적으로 큰 차이가 없으므로 큰 범주 내에서는 동일한 집단으로 볼 수도 있다고 판단한다. 이를 고려한다면 종족적으로 큰 차이는 없었을 것이 분명하다. 앞에서 언급한 이론을 적용하여 방계 종족으로 분화되었을 가능성이 크다.

묵특선우는 동호를 제압한 이후에 중국을 통일한 한 고조의 북상정책과 충돌을 시작하였다. 흉노가 만리장성을 넘어 한을 계속 공격하자 위기감을 느낀 고조(서기전 206~서기전 195년)가 서기전 198년에 32만의 친정군을 거느리고 흉노를 공격하였다. 하지만 평성의 백등산(白登山) 전투에서 40만의 흉노기병에게 포위되었다. 그는 많은 재물을 준 후 화친조

약을 맺고 살아올 수 있었다. 유명한 '평성(平城)의 치욕(恥)'이다. 이는 형
식적으로나 경제적으로 흉노에게 엄청난 양보를 한 불평등 조약이었다.
바로 이 무렵에 위만조선이 건국했다.

이후 서기전 174년에 묵특선우가 죽을 때 흉노는 동쪽으로는 만주 지
역, 서쪽으로는 아랄해, 남쪽으로는 오르도스와 티베트 고원과 카라쿰산
맥, 북쪽으로는 바이칼호까지 이르는 방대한 제국을 이루게 되었다. 흉노
는 3대인 노상(老上)선우(서기전174~ 161년) 때에 이르러 더욱 성장하였다.
현재 신강 지역에 있었던 월지(月支)를 격파하였고, 그들을 실크로드의 서
쪽인 이리(伊犁, 현재 신장 위구르 자치구 서북부)로 축출하였으며, 서역(西
域, 타클라마칸 지역)의 26국(또는 26개 민족)을 탈취하였다. 중국과 몽골,
퉁구즈족을 포함해 26개의 민족을 지배함으로써 그 영역은 만주에서 아
랄해, 시베리아 서부에서 고비사막에 이를 정도로 광대했다.[235]

패배한 월지는 서쪽으로 이주하여 '대월지(大月氏)'를 세웠다. 현재 우
즈베키스탄의 남부, 키르키즈스탄 등에 거주하고, 아프카니스탄 등에 있
었던 '大夏(박트리아)'를 점령한다. 대월지는 왕궁(람지성)을 '사마르칸트'에
두었다는 주장도 있다. 이때 일부는 다시 파미르(Pamir)고원을 넘어 인도
의 서북부 지방으로 내려가 쿠샨왕조를 세웠다. 그 시대에 중앙아시아에
는 그리스 페르시아계인 '파르티아(Parthia)'[236]와 '박트리아'[237]가 있었다.
박트리아는 알렉산더가 세운 헬레니즘 세계의 동쪽 식민거점이다. 박트리

---

235) 쉴레이만 세이디, 《터키 민족 2천년사》, 애플미디어, 2012, p.19.

236) 서기전 247~서기후 226년까지 존속한 대국. '아르사크 왕조'라고도 부른다.
중국에서는 '안식(安息)'이라고 불렸다. 로마와 대등한 관계를 유지했고, 실제로
실크로드 무역을 주도했다. 월지와 마찬가지로 페르시아적인 요소가 강한 나
라였다.

237) 서기전 246년~서기후 138년까지 존속한 대국. 알렉산드로스가 동방원정을
한 후 그의 부하들에 의해서 세워진 시리아 왕국의 태수인 디오토투스가 '박트
라(아프가니스탄 북부의 발흐)'를 수도로 삼아 세웠다. 따라서 그리스적인 요소
가 강하였고, 헬레니즘 문화가 확산되는 데 큰 역할을 담당하였다. 파르티아와
경쟁을 벌이는 관계였으나 월지에 의해 멸망하였다. 중국에서는 '대하(大夏)'라
고 기록하였다.

아는 소그디아나(현재 우즈베키스탄의 사마르칸드Samarkand, 오시Osi, 타지키스탄의 판자켄트Panjakent 등을 포함하는 지역), 간다라와 함께 사산조 페르시아제국에 매년 세금을 받쳤다.

그런데 아직은 약체였던 한나라는 흉노제국의 노상선우와도 불평등한 관계였다. 서기전 162년에 한 문제는 사절을 보내 필요한 모든 물자를 다 줄 터이니 서로 국경을 침범하지 말고 평화롭게 살자는 내용의 서한을 흉노의 단우에게 보냈다. 그럼에도 불구하고 흉노는 계속해서 한나라를 공격하였고, 그때마다 한나라는 조공을 늘려 위기를 넘길 수밖에 없었다. 이것이 당시 새로 건국한 위만조선이 맞이한 동쪽 유라시아의 국제환경이었다.

## 2) 위만조선의 성장과 漢의 전쟁

### (1) 국제 환경

후기는 서기전 2세기 말에 이르러 위만조선과 한나라의 전쟁이 발발한 후에 위만조선이 멸망하는 시대까지이다. 고고학적으로 철기시대이며, 전기의 산물인 비파형 동검을 계승하여 한반도 내에서 처음 만들어진 것으로 추정되는 세형동검이 남쪽으로 확산되고, 고조선문명권이 한반도 남부와 일본열도로 확장되는 시대이다. 중국의 한과 한반도 남부의 진(辰)으로 대표되는 삼한(三韓)의 교류가 시작되었고, 일본열도에서는 한반도에서 건너간 주민들이 주체가 되어 야요이(彌生)문화를 건설하는 시대였다.

당시 동아시아의 국제사회에서 위만조선이 가졌던 국가적인 위상을 새롭게 조명할 필요가 있다.[238] 한나라의 무제 시대에 이르러 질서재편의 축은 흉노에서 한나라로 이동하였다. 무제는 몇 차례의 전쟁을 통해서 흉노

---

238) 서영수, 앞의 논문; 서영수 등 지음, 《고조선사 연구 100년》, 학연문화사, 2009,
    p.33.

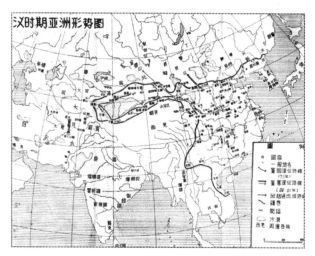

〈그림 5-47〉 동한 시기 형세도(출처: 吉林師範大學 歷史系
中國古代及中世紀史 歷史地圖 吉林師範大學 函授育院, 1912,
p.9)

를 물리치고 관계를 역전시키면서 주변으로 세력을 확장시켰다. 장건(張
騫)을 파견하여 현재 중앙아시아의 '이식쿨(Isik kul)' 지역으로 이주했던 월
지를 만나 흉노를 압박하는 외교정책을 구사하려 하였다. 물론 이 시도는
실패로 끝났다. 하지만, 한나라가 실크로드로 진출할 수 있는 정보와 경
험 등을 제공하였고, 2차로 파견된 장건의 활약으로 한나라는 타클라마
칸 사막인 하서회랑(河西回廊)을 개척할 수 있었다. 또한 오손(烏孫), 월지
(月支), 대완(大宛) 등의 국가들과 외교관계를 맺을 수 있었다.

한무제는 흉노를 공격할 준비를 마친 다음 서기전 129년에 위청(衛靑)
과 곽거병(霍去病)이 지휘하는 대규모의 군사를 파견하였다. 이후 양 대
세력은 동아시아의 패권을 놓고 40여 년 동안 치열하게 공방전을 펼쳤으
나 결국 한나라의 승리로 끝이 났고, 동아시아 지역에서 흉노의 힘과 역
할은 약화되었다. 이 사업은 한족 및 중국의 전 역사에서 가장 중요한 일
이었다. 동아시아에서 한을 중심으로 하는 체제가 처음 확립이 되었고,
이 일은 동방의 세력들, 당시 위만조선에게는 국제질서에서 아주 불리한
환경으로 변화되었음을 의미한다. 한편 흉노는 분열된 상태에서 서쪽으

로 진출하여 현재 중앙아시아 지역은 물론이고, 그 서쪽 지역까지 영향력을 확장하게 되었다.

그런데 이 시대에 급박하고 격렬하게 전개된 한나라와 흉노의 관계를 보면 한의 정책은 육지 위주의 정책, 군사전 위주의 정책으로만 판단할 수 있다. 실제로 전투용에 적합한 말을 구하기 위하여 장건을 파견했고, 군마를 키우는 데 공을 들이고 흉노를 모방해 기갑부대를 양성했다.

하지만 그는 경제문제와 해양활동에 깊은 관심을 쏟았다. 수군을 동원하여 중국의 남쪽 지방을 장악하고, 동남아시아로 연결되는 해양무역망을 발전시키고자 하였다. 건원(建元) 3년(서기전 138) 오늘날 복건성 민후현(閩侯縣) 지방을 근거지로 삼던 민월국(閩越國)이 북쪽의 동구국(東歐國, 회계군 영령현)을 공격했을 때, 그는 엄조(嚴助)에게 명하여 회계(會稽)로부터 군병을 동원, 바다를 건너 구원하게 하였다. 한나라의 무제는 동방으로 관심을 돌려 서기전 128년에는 예(濊)의 남려(南閭) 등을 유인하여 그와 결탁하였고, 창해군(滄海郡)을 설치하였다. 위만조선을 압박한 것이다. 하지만, 위만조선은 이를 용납하지 않았고, 한나라와 2년 동안 갈등을 벌였고, 서기전 126년에는 결국 창해군을 몰아냈다.

한편 한무제는 서기전 112년에는 노박덕(路博德) 양복(楊僕)에게 10만의 수군을 주어 현재의 광동, 광서, 베트남 북부지역인 남월을 공격하게 한 후 그 지역에 9군을 설치했다. 이 사업은 한나라의 정책방향과 목표는 물론이고, 위만조선이 직면할 수밖에 없는 국제질서의 역학관계를 이해하는 데 매우 유용하다. 이후 중국 지역과 동남아시아 지역, 인도의 관계는 밀접해졌다. 이른바 해양을 통한 남해무역이 발달하였고, 해양실크로드가 만들어졌다. [239] 《한서》 지리지에는 한무제 시기에 남해(동남아시아 일대)와 무역을 한 기록이 있다. 한은 동남아시아 인도 등과 해로를 통한 다양한 교역을 하였다. 해양을 이용하여 방직제품 등을 로마까지 수출하

---

239) 윤명철, 〈한국의 고대문화 형성과 해양남방문화─소위 해양실크로드와의 관계를 중심으로〉,《국사관 논총》106. 2004.에서 종합적으로 다루고 있다.

였다.[240] 이는 모두 해양을 통한 교섭이었다.[241]

서기전 1세기 중엽에는 이집트 선박이 아라비아 반도 및 발루치스탄 (Balochistan, 아라비아해와 접하고 있는 파키스탄 지역) 연안을 따라 항행 하여 바르바리콘(Barbarikon)과 바리가자(Broach)에 도달하였다. 서기전 1 세기에서 3세기 중엽에 걸쳐서 서방의 상선은 인도의 전 지역에 도착하여 로마와 교섭을 한 흔적들이 있고, 2세기까지 자바, 수마트라, 캄보디아 방 면에서는 인도인의 식민지 경영이 최고조에 달하였다. 이후 인도의 선박 은 정기적으로 중국의 항만에 내항[242]하였다.

1982년에 남월국의 문제릉(文帝陵)에서 페르시아풍의 원형 은합, 티그 리스강과 유프라테스강 유역의 공예품인 금화포식(金花泡飾) 등의 수입품 이 출토되었다. 인도, 페르시아만 지역부터 값비싼 물품이 판위(番禺)로 수출되기 시작한 것을 알 수 있다.《후한서》에 따르면 기원 161년(환제 연 희 9년)에 로마(대진) 황제인 안돈(安敦, 마르크수안토니우스)의 사절이 일 남(日南) 밖에서 와서 상아(象牙), 물소뿔〔犀角〕, 바다거북껍질〔玳瑁〕을 헌상했다. 당시 일남은 동서교역의 중계 역할을 수행하였다. 물론 이 무 렵에 천축, 단국, 엽조 등에서도 사절단이 왔다. 수마트라, 쟈바, 보르네 오에서 서기전 45년의 연대가 새겨진 전한 시대의 도기들이 출토되었다.

기원을 전후한 시기 로마와 한 사이에는 인도를 중계지로 한 간접 교 역뿐만 아니라, 육·해로를 통한 직접 교역과 인적 내왕도 진행되었음을 여러 종류의 문헌기록과 유물에 의해 확인할 수 있다.[243] 월남(日南)의 요 새인 서문(徐聞), 합포(合浦)로부터 항행 5개월 만에 도원국(都元國, 수마 트라 서북안의 고길달古吉達)에 이르고 다시 4개월 동안 항행하면 읍로몰

240) 藤田豊八 著/ 池內宏 編, 위와 같은 책, pp.83~88 참조. 특히 당시의 무역루트 및 정치상의 거점과 무역진흥에 대해서 논하고 있다.

241) 李永采; 王春良; 蓋莉; 魏峰 著, 앞과 같은 책, p.55 참조.

242) 조셉 니담 지음/ 이석호 옮김, 《중국의 과학과 문명》, 을유문화사, 1989, 서언 부분 내용 참조.

243) 정수일, 《고대문명교류사》, 사계절, 2001, p.343.

〈그림 5-48〉 그 시대에 무역품목인 상아(남월 박물관, 왼쪽)와 침향(agilawood, 남월 박물관, 가운데) 및 용뇌향(Dipterocarpaceae, 남월 박물관)

국(邑盧沒國, 미얀마 동남쪽의 다눙)이 있으며, 또 20여 일 동안 항행하면 심리국(諶離國, 파캉 부근의 사라)이 나타나는데 거기에서 10여 일 동안 보행하면 부감도로국(夫甘都盧國, 미얀마 Irrsouaddy강 좌안의 Papam, 포감고성蒲甘古城)에 도착한다. 부감도로국에서 2개월 동안 항행하면 황지국(黃支國)에 이르는데 이곳 민속은 대체 주애(珠崖, 해남도)와 비슷하다. 황지로부터 8개월 동안 항행하여 피종(皮宗, Pulaw Pisan, 말레이반도 서남해안)에 이르고 다시 거기서 2개월 동안 항행하여 일남과 상림(象林)의 경계에 도착한다. 황지의 남쪽에 이정불국(已程不國)이 있는데 한의 통역사가 거기로부터 귀환했다. 이 사료를 통해서 서기전 시기에 전개된 중국-인도 사이의 역상과 항로를 알 수 있다. 당시는 기술 부족으로 아직 원양항해는 하지 못하고 주로 해안선을 따라 연안항해를 함으로써 항해시간이 많이 소요되었다. 중국과 로마의 첫 공식교섭은 일남(월남)을 통해 이루어졌다.[244]

　한의 무제(서기전 141~서기전 87)는 정국거(鄭國渠)의 남쪽에 경하(涇河)와 위수(渭水)를 연결하는 백거(白渠) 등의 관개용수를 조성하였다. 한대는 이처럼 사회경제가 매우 발달하여 상공업 등 민영수공업이 발달하

---

244) 무함마드 깐수, 〈신라·아랍-이슬람 제 국가 관계사 연구〉, 단국대학교 박사논문, p.116부터 해로에 대한 설명이 있다.

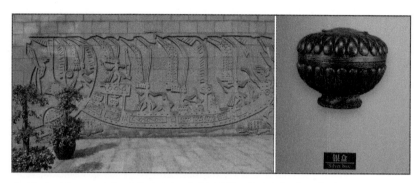

〈그림 5-49〉 그 시대 사용되었던 선박(남월왕 무덤에서 출토된 은그릇의 조각을 재현한 것, 왼쪽)과 옆 선문이 있는 은제 그릇

였다. 《사기》식화열전에는 각 지역의 특산물이 기술되어 관심의 정도를 반영하고 있다. [245] 한무제는 경제정책에서도 관심을 기울여 재정수입의 확대를 위하여 통일 화폐인 오수전을 주조하고 염철법을 실시한다. [246] 또한 군수자원을 확보하기 위한 정책의 일환으로서 말을 수입할 목적으로 장건을 재차 페르가나(Fergana)[247]에 파견하였고, 월지와 흉노가 개척한 비단 무역망을 이용하여 육로로 수출을 시도하였다.

동남아시아 및 북방초원뿐만 아니라 만주 일대 및 한반도, 심지어는 일본열도와의 무역을 원하는 단계에 이르렀고, 해양활동능력은 비약적으로 성장하였다. 따라서 한무제가 추진한 일련의 정책들은 군사적인 진출의 목적이 영토획득과 함께 경제적 이익의 획득이었음을 보여준다. 한의 입장에서는 흉노와 위만조선의 가치와 역학관계는 동일하였을 것이다. 위만조선과 무역이 중요해졌고, 말이나 철, 소금 같은 자원을 확보하는 사업이 필요했다. 요동에 '평곽'을 설치하고, 염관·철관을 두었다.

이러한 국제질서의 상황과 한나라가 추진한 내부의 정책들을 고려한

---

245) 李春植, 앞의 책, p.141.

246) 尹乃鉉, 《중국사 1》, 民音社, p.163.

247) 현재 중앙아시아 우즈베키스탄의 동남부 지방과 파미르 고원 사이에 있는 협곡지대. 실크로드의 주요 통로이면서 '페르가나(汗血馬)'라고 불리우는 명마의 산지였다.

다면 한나라의 입장에서 전쟁을 일으킨 원인은 두 가지로 압축시킬 수 있다. 첫째는 위만조선이 정치 경제적으로 성장함으로써, 자국을 중심으로 한 동아시아의 질서를 구축하는 데 방해가 될까 하는 한나라의 우려이다. 둘째는 새롭게 형성되는 무역권의 이익을 둘러싼 양국 간의 대결이며,[248] 황해 해양의 해상권 내지 무역권을 둘러싼 갈등이었다.

한나라가 해양을 이용해서 요동지역을 경영하려고 했었다는 사실은 다음 기록에서 나타난다. 즉《사기》권30 평준서의 "東至滄海郡…築衛朔方轉漕遼遠…費數十萬巨萬…"이라는 기록은 요동을 경영하는 사업에 수로(水路)를 이용했었다는 사실을 입증한다. 그리고 또 다른 기록이 있다. "遼東太守卽約滿爲臣, 保塞外蠻夷, 毋使盜邊. 蠻夷君長欲入見天子, 勿得禁止. 以故, 滿得以兵威財物侵降其傍小邑, 眞番臨屯皆來服屬, 方數千里." 즉 이 기록의 내용을 압축하면 한은 국경을 접하고 군사적으로 능력 있는 위만에게 경제적으로나 정치적으로 큰 이익이 없는 변방세력에 대한 위임권을 준 것이다. 군사적으로 한나라의 방파제 역할을 하는 보상의 댓가로서 양 지역을 연결하는 과정에서 생기는 무역상의 이익을 챙기게 했다. 국가 간에 이루어지는 일종의 정치적 타협이었다.

그런데 위만조선의 성장속도와 국력이 일정한 한계를 넘어서고 활동권의 범위가 간접관리의 범위를 넘어서자 한에게 위협이 되었다. "傳子至孫右渠, 所誘漢亡人滋多, 又未嘗入見. 眞番辰國, 卽辰韓, 欲上書見天子, 又雍閼弗通. 雍讀曰壅 又未嘗入見 眞番旁衆國…終不肯奉詔."라는 기록에서 보여지듯 위만조선은 실제로 한의 이러한 체제에 도전을 하였다. "以故滿得兵威財物侵降其旁小邑"[249]이라는 기록은 위만조선의 경제적 성장과 함께 한의 상대적 손실을 표현하고 있다.

한은 초기에는 주변국인 흉노, 동호의 잔여세력, 남월 등과의 갈등으로 인한 군사적인 능력의 결핍과 낮은 경제적 가치로 말미암아 위만조선

---

248) 高柄翊,《東亞交涉史의 研究》, 서울대 출판부, 1970, pp.8~9 참조.
249)《사기》, 제 115 조선열전 55 참조.

에게 무역활동의 일정지분을 양보하였다고 보여진다. 한나라가 한반도와 일본열도에 대해서 관심이 많았을 것 같지는 않았다. 한반도와 일본열도를 포함하는 황해지역은 동남아시아 지역에 견주어 경제적 이익을 획득하는 데에는 상대적으로 효용성이 적었기 때문이다. 그러나 무역권의 범위는 점차 확대되고 사료에 나타나듯 빈번한 교섭에서 발생하는 이익도 적지 않았을 것이다. 한이 한반도 중부 이남인 삼한(三韓) 지역 및 일본열도 지역에 경제적 관심을 가진 것은 '조한(朝漢) 전쟁' 직후에 나타난 대외정책과 교류의 정도에서 확인된다.

《후한서》와 《삼국지》의 위서 동이전에는 기원을 전후한 시기부터 약 3세기까지 동아시아의 각국을 소개하고 있다. 정치적인 상황과 특성 외에도 경제적인 측면에 대해 비교적 깊은 관심을 지니고 있어서 생산되는 물산물과 무역과정, 그리고 중국세력과의 관계에 대해서 상세하게 기술하고 있다. '… 其後遂通接商賈, 漸交上國 …'[250]이 기록 자체는 삼한의 여러 소국들이 입견(入見)하고 입조(入朝)하는 일에 관한 것이지 무역을 말한 것은 아니다. 하지만 삼한에 대한 정보들이 기술되었으며, 행간에는 그러한 정보들이 무역과 관계 있는 듯하다. 예를 들면 각국의 정황을 설명하는 글 중에서 특산물에 대한 것이 많이 나오고, 교역의 산물인 듯한 구슬과 금, 보화, 비단, 모직물 등을 귀하게 여기지 않는다는 기록도 있다. 물론 입조와 입견을 통한 교역의 가능성은 충분히 있으며,[251] 이는 해양을 매개로 한 것이다.

《삼국지》 한전(韓傳)에는 항해관련 기사가 있다. 삼한(三韓)이 철(鐵)을 매매하고 있었으며 교역의 범위는 바다 건너 주호(州胡)와 왜(倭)에 이

---

250) 《후한서》 권 80 동이열전 한전.

251) 全海宗의 〈古代 中國人의 韓國觀〉, p.71에는 조공관계 기사를 분류하고 있고, p.75에는 지리·산물에 대한 기사가 나와있다.

동덕모의 〈한국 대외관계의 력사적 배경〉, 《조선조의 국제관계》, 박영사, 1970에는 전통외교와 조공에 대한 약간의 이론과 내용을 소개하고 있다.

르렀다는 사실이다.[252] 이 삼한에는 현재 제주도를 지칭하는 주호에 대한 기록이 있다. 이는 두 지역 사이의 관계를 이해하는 데 의미가 크다.《사기》에는 도이(島夷)에 관하여 백제국의 서남 바다 가운데 큰 섬 15개가 있는데, 모두 마을이 있으며 사람이 살고 있다고 되어 있다. 이러한 지리적 설명 때문에 도이를 현재의 제주로 보는 견해도 있다.

《삼국지》와《후한서》의 동이전에는 "주호가 마한의 서해 가운데 큰 섬에 있다. 그들은 대체로 키가 작고 말도 한(韓)과 같지 않다. …배를 타고 왕래하며 한중(韓中)에 와서 매매한다…"라고 되어 있다.[253] 이 내용은 제주도가 동아시아의 질서 속에 편입되고 있었고, 중국인들의 관심영역에 속해 있었으며, 서로 사이에 교역이 이루어졌음을 알 수 있다. 그런데 이러한 '삼한' '주호' 같은 남부 지역은 중국지역뿐만 아니라 북방의 조선과도 밀접한 해양교류를 했을 것이다.

이 시대 직후의 상황을 기록한 것이지만 이들 한반도 남부와 일본열도의 일부지역은 정치적, 경제적, 문화적으로 상승하여, 한과 정치적인 교류 및 무역을 원하는 단계에 이르렀다. 왜의 소국들이 중국 및 삼한 각국과 교섭하는 과정들이 중국의 문헌과 일본의 고고학적 유물들을 통해서 그 전모가 드러났다.《한서》지리지에는 "夫樂浪海中有倭人分爲百餘國 以歲時來獻見云"이라고 하여 왜란 명칭으로 100여 개의 소국이 있었음이 나타난다.

또한《삼국지》동이전에는 "舊百餘國, 漢時有朝見者, 今使譯所通三十餘國"이라는 기록이 나온다. 특히《후한서》동이전에는 "倭在韓東南大海中 依山島爲居凡百餘國 自武帝滅朝鮮 使譯通於漢者三十許國 國皆稱王 世世傳統 其大倭王居邪馬臺國"의 기록이 있다. 일본열도에는 B.C. 2C 무렵

---

252)《삼국지》위서 동이전 한전 '… 又有州胡在馬韓之西海中大島上,… 乘船往來, 市買韓中…'(李丙燾,〈州胡考〉,《韓國古代史研究》, 1976)

253)《삼국지》권 30 위서 동이전 한전.
'又有州胡在馬韓之西海中大島上 其人差短小 言語不如韓同 −其衣有上無下 略如裸勢 乘船往來 市買韓中'

부터 100여 개의 나라가 있었으며, 이후 무제가 조선을 멸망시킨 후에는 삼십여 국이 있었으며, 각자 왕을 칭했다는 것을 알 수가 있다. 중국 지역과는 한반도 남부를 통한 간접교역의 형태도 있었고 직접교역도 있었던 것 같다. 그리고 뒤를 이어 《후한서》 제기편에는 "東夷倭奴國王遣使奉獻"이라고 기록되어 있어, 왜의 노국(奴國)이 한과 교섭을 하고 있음을 보여준다.

당시 일본열도에서 수입한 물품 중에는 전한경(前漢鏡), 후한경(後漢鏡), 위경(魏鏡), 오경(吳鏡) 등이 있었다. 특히 오경은 양자강 유역의 오와 일본열도가 직접 교섭했을 가능성을 보여준다.[254] 그 밖에 관옥(管玉), 곡옥(曲玉) 등이 적지 않았다. 1세기 후반경에는 전한경을 다량으로 매장한 왕묘들이 일본열도에서 조성되었다.[255] 이러한 문헌자료와 고고학적 유물을 볼 때 두 지역 사이의 교류는 활발했다.[256]

그런데 두 지역 사이에 교류할 때에는 몇 가지 문제가 있었다. 교통로의 문제이다. 당시의 항해능력이나 사회발전 단계를 고려하면 한반도 남부 또는 일본열도에서 황해를 직접 건너서 중국지역과 교섭할 정도의 단계는 안 되었다. 따라서 한반도 남부나 일본열도에서 한이나 후대의 위 등과 교섭을 하고자 할 때 합리적이고 안전한 항로는 한반도 서안을 연근해 항해를 하는 것이다.[257] 그리고 이것이 동아시아의 무역질서에 영향을 끼치고 결국은 위만조선과 한 나라 사이에 전쟁이 발생하는 한 배경이 되었다.

---

254) 王仲殊, 〈古代の日本關係〉, 《古代日本の國際化》, 朝日新聞社, 1990.

255) 후꾸오까현 이토시마군(伊都國)의 미구모 미나미쇼우지(三雲 南小路) 유적 일대에서는 2개의 대형옹관(甕棺)을 비롯한 유물들이 발견되었다. 야요이 후기(1~2세기)에는 후한경, 유리옥(琉璃玉), 파형동기(巴形銅器) 등이 발견되고 점차 신상(神像)과 신수(神獸)로서 신선사상을 표현한 삼각신수경(三角神獸鏡)이 많이 발견된다.

256) 王仲殊 지음/ 桐本東太 옮김, 《中國からみた古代日本》, 學生社, 1992 참고.

257) 윤명철, 〈東아시아의 國際秩序와 海洋力의 상관성〉, 《윤명철 해양논문선집②－해양활동과 국제질서의 이해》, 학연문화사, 2012, pp.464~475에 '동아시아의 歷史環境과 해석모델'에 대한 일부 참조.

《위서》 왜인전에는 그 시대 사용한 항로가 기록되어 상황을 구체적으로 이해할 수 있다. 3세기 전반에 왜지역(일본열도)으로 가는 수행(水行)의 길을 보면 중국 쪽의 출항지와 항로 경유항구 등이 없다. 한반도의 서해안을 경유하여 가는 것을 볼 수가 있다.[258] 따라서 왜와 중국지역과의 교섭에서 한반도의 서해안은 중요한 길목의 역할을 하였다. 왜의 입조는 황해를 직횡단한 후에 경기만으로 접근하거나, 또는 연안항해 내지 근해항해를 이용해서 서한만과 요동만을 통과하는 해로로 교섭했을 것이다. 따라서 두 나라 사이의 전쟁발생은 필연적인 상황이었다. 결국은 위만조선의 성장배경이 되었던 해륙교통로의 확보와 무역상의 이익의 독점은 정치 군사적인 팽창과 전쟁을 야기시켰다.

위만조선 또한 국가발전 정책을 취할 수밖에 없었다. 즉 정치력을 신장시키고, 경제를 발전시키면서 내치에 전력을 기울였을 것이고, 외부로는 외교와 군사활동을 병행하면서 강력한 국가를 지향했을 것이다. 위만조선의 중심 위치는 정확하게 규명되지 않았다. 하지만 전반적인 상황을 고려한다면 이러한 항로상의 지정학적, 지경학적 위치에 있었던 것은 분명하다. 그렇다면 이러한 국가발전 정책들은 중국지역의 세력과 한반도 중부이남 세력 사이의 교섭에서 해양교량 역할에 비중을 두었을 것이다.

이 시대 위만조선의 위치와 역할은 하나뿐인 교섭통로의 목을 장악하여 황해 연안의 해양활동을 장악함으로써 정치적이고, 경제적인 이익을 모두 획득하는 것이었다.[259] 당연히 해양활동이 활발했고, 해양을 중시하는 정책을 추진했을 것이다. 동아시아 지역의 이러한 시대적인 상황들과 지리적인 환경을 고려할 때 위만조선은 일정한 정도의 수군력을 갖추고

---

258) 《삼국지》 위지 동이 왜인전에는 한반도 서해안을 떠나 남해안을 거쳐 일본열도에 닿아 야마다이국까지 가는 길과 거리수, 그리고 거쳐야 되는 소국들을 명시해 놓았다. 왜인전에 나타난 행정에 대해서는 松永章生, 〈魏志 倭人傳 行程〉, 《東アジアの古代文化》, 大和書房, 1987 참조.

259) 전해종, 〈古代 中國人의 韓國觀〉, 《진단학보》 (46;47) 1979; 최몽룡, 〈上古史의 西海交涉史 研究〉, 《국사관논총》 3, p.22 참조.

있어야만 한다. 하지만 사료의 한계로 말미암아 이러한 해양정책의 내용들을 구체적으로 알 수는 없다. 따라서 이 절에서는 위만조선과 한의 전쟁 기록과 일부사료와 고고학적 자료를 이용해서 위만조선의 해양활동을 살펴본다.

## (2) 전쟁 과정과 주변 영향

발해만과 황해를 둘러싸고 위만조선으로 대표되는 동방세력과 화북과 산동지방을 장악한 한세력은 국제질서를 재편할 목적으로 부단한 정책들을 펼쳤고, 그것은 외교와 전쟁으로 나타났다.《한서》무제기에는 원삭(元朔) 원년(서기전 128)에 동이의 예군인 남려 등이 항복을 하자, 그 지역을 창해군(蒼海郡)으로 만들었다.[260] 그런데 여기서 몇 가지 중요한 내용이 있다. 창해군의 명칭과 연관된 역사의 해석,[261] 위치[262] 등이다. 남려는 일단 우거왕 또는 위만조선과는 적대관계였음이 분명하다.

또 하나는 위만조선의 국력을 유추할 수 있는 비교대상으로 기록이 된 창해군의 인구수이다. 28만구라는 숫자는 그 시대로서는 대단한 국력을 반영하는 것이다. 인구수는 노동력이고 군사력의 증강을 의미하므로 동서양을 막론하고 고대 전쟁에서는 포로를 획득하는 것이 중요한 목적인 경우가 매우 많았다. 그런데《한서》지리지의 기록을 근거로 살펴보면 조금 후대의 상황을 기록한 것이지만 요동군은 5만 5천 900호에, 인구가 27만 2천 5백 30구였다. 또한 낙랑군은 위치의 여부를 떠나서 6만 2천 820호에 4십만 6천 748구였다.[263] 그렇다면 창해군의 크기와 인구수 및

---

260)《후한서》'漢武帝元遡元年, 穢君 南閭等 畔右渠. 率二十八萬口, 詣遼東, 內屬. 以
    其地, 爲蒼海郡. 三年春, 罷蒼海郡.'
261) 최동,《조선 상고민족사》, 동국문화사, 1966, p.368에서 '창해군 명칭의 유래를
    고찰하면 창해의 뜻은 창·낭·대·해'라고 해석하였다.
262)《사기》, '彭吳賈滅朝鮮, 置蒼海郡'. 그런데 색인에서는 彭吳人名, 朝鮮番名也라
    고 하고 있다.
263) 遼東郡 '戶, 五萬五千九百. 口, 二十七萬- 二千五百三十九'

군사력, 국력 등을 추정할 수 있고, 이를 근거로 본다면 창해군에 있었던 정치집단이 속했던 위만조선의 인구와 국력 또한 상당한 규모였을 것이다. 그러나 저항이 심해서 결국은 3년 만에 없앴다.

그 후 본격적으로 벌어진 조한전쟁에서 위만조선은 패배하고, 고조선 문명권은 붕괴하였다.[264] 이 전쟁은 몇 가지 특성을 지니고 있다. 양국 사이에 1년에 걸쳐 치열하게 진행된 전쟁은 향후 동아시아의 역사전개와 해양활동 및 군사전의 양상에 적지 않은 영향을 끼쳤다. 또한 전쟁이 발생한 배경에 해양질서가 작동하였으며, 전투 또한 해륙 양면전쟁으로 이루어졌다.

그렇다면 위만조선의 해양능력, 즉 군사능력은 어느 정도였을까? 두 나라 사이에 벌어진 전투상황을 기록한 내용은 짧다.《사기》조선열전에는 이 전쟁의 상황이 의외로 간단하게 묘사되어 있다.[265] 내용을 보면 몇 가지로 요약할 수 있다. 첫째, 이 전쟁은 "朝鮮怨何, 發兵襲攻殺何"라는 기록에서 보이듯, 위만조선의 선공으로 시작되었음을 알 수 있다. 사건의

---

樂浪郡 '戶,六萬二千八百十二。口、四十萬六千七百四十八'

264) 전쟁을 벌인 주체를 놓고 신채호는 서로 다른 조선이라고 주장하였다. 즉 한 문제가 침입한《조선》(朝鮮)이 둘 있으니, 하나는《漢書》식화지(食貨志) "武帝 卽位數年 彭吳 穿濊貊朝鮮 置滄海之郡 則燕齊之間 靡然騷動"의 예맥조선이 하 나이고, 또 하나는 양복과 순체가 멸망시킨 위만조선이라는 것이다.

265) 당시의 전황을 기록한 부분이다. '將軍破浿水上軍, 乃前, 至城下, 圍其西北. 樓船亦往會, 居城南. 右渠遂堅守城, 數月未能下. 左將軍素侍中, 幸, 將燕代卒, 悍, 乘勝, 軍多驕. 樓船將齊卒, 入海, 固已多敗亡;其先與右渠戰, 因辱亡卒, 卒皆恐, 將心慚, 其圍右渠, 常持和節. 左將軍急擊之, 朝鮮大臣乃陰間使人私約降樓船, 往來言, 尚未肯決. 左將軍數與樓船期戰, 樓船欲急就其約, 不會;左將軍亦使人求間郤降下朝鮮, 朝鮮不肯, 心附樓船:以故兩將不相能. 左將軍心意樓船前有失軍罪, 今與朝鮮私善而又不降, 疑其有反計, 未敢發. 天子曰將率不能, 前使衛山諭降右渠, 右渠遣太子, 山使不能剸決, 與左將軍計相誤, 卒沮約. 今兩將圍城, 又乖異, 以故久不決. 使濟南太守公孫遂往之, 有便宜得以從事. 遂至, 左將軍曰:"朝鮮當下久矣, 不下者有狀. "言樓船數期不會, 具以素所意告遂, 曰:"今如此不取, 恐為大害, 非獨樓船, 又且與朝鮮共滅吾軍. "遂亦以為然, 而以節召樓船將軍入左將軍營計事, 即命左將軍麾下執捕樓船將軍, 並其軍, 以報天子. 天子誅遂.'

발발은 이러하다. 한 무제 원봉 2년인 서기전 109년에 한은 사신인 섭하 (涉何)를 보내어 위만조선의 문제점을 지적하고, 우거를 꾸짖고 타일렀다. 하지만 우거왕은 끝내 한나라의 요구에 응하지 않았다. 그러자 섭하는 왕험성을 나와 패수가에 도착하였고, 후에 전송나온 자를 부하로 하여금 자살(刺殺)케 하고 돌아갔다. 그러자 한무제는 섭하를 요동동부도위(遼東東部都尉)로 임명하였다. 그러자 조선은 섭하의 행위를 원망하여 병력을 일으켜 요동을 신속히 공격하여 섭하를 죽였다.[266]

한 무제는 전쟁을 선포하고, 죄수들을 모아 군대를 편성하였는데, 수륙 양면군으로 이루어졌다. 수군 장군인 양복(楊僕)은 원정(元鼎) 4년인 서기전 113년에 한나라가 남월을 공격할 때 10만의 수군을 이끌고 참여했었다. 그 양복의 지휘를 받은 제의 병사 7천 인이 누선(樓船)과 함께 동원되었다. 즉 "…그 가을 누선장군 양복을 파견하여 제에서 발해로 항해하게 하고, 좌장군 순체(荀彘)는 군사 5만 명으로 요동에 출진하여 우거(右渠)를 토벌하게 하였다…조선은 누선(장군)과 화평을 유지하고, 항복교섭도 누선(장군)과 하려 했다는 기록이다." 그런데 한나라가 동원한 제 지역의 산동병은 화북 및 산동지방에서 수군활동이 제일 활발한 병사들이다. 즉 한 수군의 침공기지 및 교통로가 되는 '래주만' '발해만' '요동만'의 해양환경에 익숙한 병사들이었다.[267]

한나라군은 1차 전투에서 패배하였다. 수군은 물론이고, 좌장군 순체

---

266) 元封 二年, 漢使涉何譙諭右渠, 終不肯奉詔. 何去至界上, 臨浿水, 使馭刺殺送何者朝鮮裨王長, 即渡, 馳入塞, 遂歸報天子曰"殺朝鮮將". 上爲其名美, 即不詰, 拜何爲遼東東部都尉. 朝鮮怨何, 發兵襲攻殺何.

267) 당시에 사용된 수군의 침공로에 대해서는 김재근, 〈韓國 中國 日本 古代의 船舶과 航海術〉, 《環黃海 韓中交涉史 硏究 심포지움》, 진단학회, 1989; 손태현, 〈古代에 있어서의 해양교통〉, 《해양대 논문집》 15, 1980; 임돈, 〈韓半島에 있어서의 先史時代 海洋文化의 전파경로〉, 《해양대논문집》 12, 1977. 그 외 분들이 당 시대의 가탐(賈耽)이 지은 《도리기》(道理記) 또는 《당서》 권43 지리지의 기사를 인용하여 노철산 항로의 사용을 이야기하고 있다. 물론 필자의 견해는 다음 장에서 설명하지만 이 주장들과는 다르다.

가 거느린 육군도 요동을 공격했으나 패한 후 흩어져서 도망했다. 한무제
는 장수를 교체한 후에 한편으로는 공격을 시도하며, 한편으로는 회유를
했다. 하지만 이러한 시도들은 실패로 돌아갔고, 결국 책임자인 위산은
참수를 당하였다. 그 후에도 전황은 진척되지 못했고, 수군은 오히려 패
하고 있었다. 이러한 상황 속에서 조선의 대신들은 은밀하게 누선(장군)
에게 항복을 약속하였다. 그러나 결정되는 과정은 연기됐다. 좌장군 순체
는 누선(장군)과 싸움 날을 정하였지만, 누선군(수군)은 위만조선의 반란
측과 약속으로 말미암아 회전하지 않았다. 좌장군도 또한 우거왕 쪽으로
항복을 권하였다. 상호 복잡한 관계가 되어 가고 있었다. 결국 두 장군의
사이는 나빠졌다. 그러자 좌장군은 속으로 누선장군이 위만조선 측과 내
통한 것으로 의심을 했다. 이 무렵 한 무제의 명을 받은 공손수(公孫遂)
가 도착하였다. 좌장군은 누선장군을 의심하는 내용을 고하고, 누선이
반란을 일으켜 한의 군을 공격할 수도 있다고 사주하였다. 수는 누선장
군을 소환한 후 포박하고, 누선군을 좌장군인 순체에게 병합시켰다.

이렇게 해서 좌장군이 조선을 공격하였다. 그러자 조선의 상(相)인 로
인(路人), 한도(韓陶), 니계상(尼谿相)인 참(參), 장군인 왕협(王唊)은 모의
한 끝에 한도, 왕협, 노인은 한나라에 투항하였다. 이어 서기전 108년에
니계상인 참은 우거왕을 죽이고 항복하였다. 그래도 왕험성은 항복하지
않았다. 전 대신인 성기(成己)가 저항군을 조직하면서 한의 군대를 습격
하였다. 그러자 좌장군인 순체는 우거왕의 아들인 장(長)과 로인(路人)의
아들인 최(最)를 이용하여 백성들이 성기(成己)를 죽이게 하였다.[268] 이러
한 전황을 상세하게 살펴보면 이 전쟁은 한나라의 일방적인 우세로 진행
된 것이 아님을 확인할 수 있다. 1년 넘게 치열한 공방전이 펼쳐지는 상황

---

268) '左將軍已並兩軍, 即急擊朝鮮. 朝鮮相路人, 相韓陰, 尼谿相參, 將軍王?夾相與謀
曰:"始欲降樓船, 樓船今執, 獨左將軍並將, 戰益急, 恐不能與, 王又不肯降."陰,
唊, 路人皆亡降漢. 路人道死. 元封三年夏, 尼谿相參乃使人殺朝鮮王右渠來降. 王
險城未下, 故右渠之大臣成巳又反, 復攻吏. 左將軍使右渠子長降, 相路人之子最告
諭其民, 誅成巳.'

〈그림 5-50〉 요시노가리에서 출토된 최고의 동검(왼쪽)과 서기
전 2세기~서기후 1세기 사가현 가라쓰시 출토 형동모

에서 위만조선의 내분을 유도한 끝에 겨우 항복을 받은 것이다.

당시 전쟁의 상대였던 한나라의 수군력을 구체적으로 살펴보면 다음
과 같다. 《한서》 식화지에는 한무제가 남월을 공격할 때 누선을 사용하
여 병사 20만 명을 동원하였다는 기록이 있다. 위만조선을 공격할 때도
수군장군인 양복을 '누선장군'이라고 부른 데에서 나타나듯이 전투에는
'누선'을 동원하였다. 갑판에 몇 층의 루(樓, 누각같은 층집)를 세우고, 그
안에 많은 병사와 물자를 실을 수 있는 대규모의 선박이다.[269] 이처럼 한
은 이 전쟁에 최고의 전선들을 동원하였다. 따라서 이들에 맞서서 장기
간 항전할 수 있었던 위만조선의 해양활동 능력은 당연히 뛰어났고, 동원
된 선박의 크기나 규모 등 조선술도 뛰어났다고 추정할 수 있다.

이러한 시대상황 속에서 일본열도에서는 한반도와 마주하는 해안지역
을 중심으로 정치세력이 형성되었다. 물론 여기에는 거리, 해류와 조류,

---

269) 송나라 시대 증공량(曾公亮)이 저술한 《武經總要》에는 "누강(樓舡)은 배위에
삼중으로 루(樓)를 세우고 전사와 격군을 현장 뒤에 두고…마치 그 모양이 성
루(城樓)와 같고, 그 길이는 가히 수레(車)를 달리고 말을 뛰게할 만하다"라고
되어 있어 그 전체적인 모양을 짐작케 한다. 김재근 《우리배의 역사》 서울대학
교 출판부, 1989 참조.

바람이라는 해양환경이 작용
했다. 따라서 고조선문명권
은 해안가 도시들을 중심으
로 생성되고 확산되었다. 그
런데 양 지역 사이의 교섭은
정치를 기초로 하는 소국 사
이의 교류형태만 있는 것은

〈그림 5-51〉 일본 출토 자루 가지 장식이 된
4개의 동검

아니고, 특정한 목적으로 일관되지도 않았다. 이주, 무역, 정치적 진출 등
다양한 목적들을 부분적으로 성취하면서 고조선문명권은 확산되었다.

이 시대는 일본열도에서 야요이문화가 발전하고 있었다. 일본열도에서
는 신석기시대에 해당하는 조몬(繩文)시대가 끝나고, 야요이(彌生)시대[270]
에 들어오면서 변화가 생겼다. 야요이문화는 서기전 3C~3C에 이르는 기
간에 존재했던 문화로서 일본문화의 근간을 이루며 한륙도(韓陸島)에서
는 철기시대와 원삼국시대에 해당된다. 즉 한륙도 남부에서 대규모로 건
너온 주민들로 고조선문명권의 확장이 이루어지는 시기이다.

야요이문화의 가장 큰 특색은 벼농사의 시작과 야요이토기의 제작, 그
리고 금속기의 사용과 소국가(小國家)의 형성이다. 규슈 북동부에 위치한
현재의 후꾸오까 지역도 적합한 도착지점 가운데 하나이다. 깊숙하고 잘
발달된 만으로 이루어졌고 혼슈(本州)와 규슈를 분리시키면서 좁은 협수
로에 해당하는 간몬(關門)해협 등을 통제할 수 있는 해상거점으로서 훌
륭한 곳이다. 근처인 가스카(春日)시의 스쿠(須久) 유적지는 노국(奴國)으
로 추정되는데, 지석묘 안에 옹관 및 전한경(前漢鏡) 등 유리벽(璧)이 있
었다.[271] 그리고 근처인 다카우타 유적지에서 자루식 동검과 동탁을 만드

270) '야요이'란 용어는 당시 문화의 특징을 기준으로 해서 설정한 용어가 아니다.
야요이식의 특징을 가진 토기가 처음 발견된 곳이 도쿄도 문경구(文京區) 야요
이정(彌生町)이기 때문에 그 지명의 이름을 따서 명명한 것이다.
271) 이 부분에 대한 기본적인 서술은 윤명철, 《동아지중해와 고대일본》, 청노루,
1988 참조.

〈그림 5-52〉 서기전 2세기~서기후 1세기 사가현 우키군뎅 유적(왼쪽)과 야요이 인골들을 복원한 모습(출처: 《渡來人 登場》, 大阪府立 彌生文化博物館, 1999, p.13, 가운데) 및 일본 야마다이국의 비미호 상상화

는 데 사용하는 석제 용범(돌거푸집)이 발견됐다.

규슈 북부지역인 이토시마(系島)반도에는 고인돌이 100여 기 밀집되었고, 지토오(志登)에도 약 10여 개의 고인돌이 분포되었는데, 기반식 형태의 고인돌이다. 제주도 가파도의 기반식 고인돌과 유사하다. 고인돌군과 함께 옹관묘도 확인된다. 사토타바루(里田原) 지석묘는 3기로 남방식 고인돌이다. 야요이 전기 유적으로 알려져 있다. 이타요에(井田用会) 석묘는 후쿠오카현에서도 가장 큰 고인돌로 길이 3m 이상 된다. 2~3매의 지석이 확인되며, 야요이 중기에 해당된다. 지석묘 주변에서 중국 고대화폐인 화천(貨泉)도 확인되었는데, 서기전 4세기경 말부터 전파된 것으로 추정된다.[272] 상자식 석관의 경우에도 규슈 북부를 중심으로 해서 서일본 지역에서 발견되고 있다.

규슈지방의 농경이 발달한 지역에는 요코쿠마야마(橫隅山) 유적, 횡우과창(橫隅鍋倉) 유적, 후쿠오카시 모로오카(諸岡) 유적, 요시노가리(吉野ケ里) 유적 등이 있다. 제작기법이나 그릇형태 면에서 계통을 같이하는 한반도계 무문토기가 정돈되어 출토되고 있다.[273] 김해(金海) 회현리(會峴

272) 沈奉謹, 〈韓日 支石墓의 관계〉, 《한국고고학보》, 제10·11집, 1981(7), p.103.
273) 奧野正男, 《鐵의 古代史》, 白水社, 1994, PP.63~64.

〈그림 5-53〉 시마네현 이즈모시 고진다니(荒神谷) 유적의 358개 동검 출토(왼쪽)와
고진다니 유적 출토 유물 복원 전시(이즈모 박물관)

里) 패총의 유물은 이다츠케(板付) 유적지의 것과 동일하고, 후쿠오까현
의 이다츠께(板付) 유적지, 사가현(佐賀縣)의 나바타케(菜畑) 유적지에서
는 한류도계의 경질토기 등이 함께 출토될 뿐만 아니라, 그 외에 세형동
검, 동경 등이 출토되었다. 다호리 유적 11호분에서 발견된 철촉 등은 야
요이시대 후기 전반에 속하는 유적들에서도 나타나고 있다.[274]

규슈 북부의 여러 지역에서 옹관묘가 대량으로 발굴되었는데,[275] 내
부에서는 무구와 함께 다뉴세문경 등 다수의 청동제품, 유리제 곡옥(曲
玉) 및 관옥(菅玉)이 세트로 부장되었다. 요시노가리 유적은 대표적인 야
요이시대의 것으로서 집단거주지와 함께 옹관묘군이 같이 발견되었다.
야요이 중기에는 한반도에서 만들어진 세문경이나 세형동검, 세형동모
등 실용무기가 집단이주에 의해 사용된다. 다호리 출토의 동검은 요시노
가리의 동검과 계통을 같이하고 있다. 가라스관옥은 한국제일 가능성이
높다.[276]

그 외 동경·동모·동과 등이 한국제이다. 후쿠오카현의 우키군뎅(宇木
汲田) 패총에서는 초기 철기시대의 유적지인 김해패총과 같은 종류의 탄

---

274) 李健茂 외 3, 《의창 다호리유적 발굴진전 보고》, 《고고학지》 1, 한국고고미술
    연구소, 1989.
275) 특히 최근에 발견된 요시노가리(吉野ヶ里) 유적은 대표적인 야요이시대의 것으
    로서 집단거주지와 함께 옹관묘군이 같이 발견되었다.
276) 西谷 正, 〈吉野の里遺蹟と韓國〉, 마·백, 12집, p.10.

〈그림 5-54〉 서기전 1세기~1세기 한반도에서 전래된 토기들. 이즈모시 산모치(山持) 유적(왼쪽)와 서기 2세기~1세기 시마네현(島根縣) 마쓰다(益田市) 수전상(水田上) 유적

화된 단립미가 발견되었다. 이와 같은 사실들은 야요이문화의 시원지가 규슈 북부지역임과 동시에 한반도 남부와 밀접한 관련성을 맺었음을 알려준다.

그렇다면 고조선문명이 확산되면서 남쪽으로 내려와 발전과 변형을 한 후에 다시 일본열도로 건너가 야요이문화를 건설한 것이다. 야요이문화를 담당하는 주민들의 혈연적인 성격과 분포범위를 확인하기 위한 실험이 있었다. 인구증가율에 의한 모의실험과 두개골 형태의 장기적인 변화에 기초한 형태변화의 모델을 통해서 서기전 300년경부터 서기후 700년까지의 약 1000년 동안을 원주민과 이주민의 구성 비율로 조사했다. 그 결과 앞의 실험을 통해서는 조몬 직계자손인 원주민의 비율과 도래인(渡來人, 진출자)의 비율이 1:9.6이라는 수치를 얻었다. 또한 두개골의 변화를 통한 실험에서는 서부 일본, 쥬코쿠(中國), 긴키(近畿) 등의 세 고분 인구 집단은 이주계이며, 그 혼혈율이 1:9 내지 2:8에 가깝다는 결과를 얻었다. 한편 원주계라고 여겨지는 간토오(關東) 지방의 인구집단의 경우에도 그 혼혈율이 원주민:이주민= 3:7이라는 숫치를 얻었다.[277] 이 연구 결과에 따르면 야요이시대부터 고분(古墳)시대가 끝날 때까지 규슈 지역

277) 하니와라 가즈로(埴原和郎) 교수의 조사로서 〈Estimation of Early Migrants to Japan, A Simulative Study〉,《人類學》95(3), 1987; 崔在錫 지음,《百濟의 大和倭와 日本化 過程》, 일지사, 1990, pp.31~39에서 재인용.

과 서부 일본 지역은 물론이고 간토
오(關東)지방까지도 대규모의 주민
이주가 이어졌다.

　그렇다면 이 시대 일본열도의 주
민들은 한륙도 남부에서 대규모로
건너온 주민들임을 알 수가 있다. 고
조선이 멸망한 직후의 상황을 기록
한 내용이지만 해양을 매개로 두 지
역 사이에는 교류활동이 활발했던
것이다.

〈그림 5-55〉 서기 2세기~1세기 시마네
현(島根縣) 마쓰다(益田市) 수전상(水田
上) 유적

# 제6장 고조선의 해양정책
## -도시와 경제- [1]

  고조선문명권의 핵인 고조선의 실체를 규명하려면 국가로서 어떠한 정책을 추진하고 실현시켰으며, 특히 국가의 힘과 직결되는 경제력과 군사력을 확장시키는 정책은 무엇이었고, 그 구체적인 내용과 활동들은 무엇이었는가를 규명해야 한다. 이 책은 해륙활동이라는 주제를 놓고 해양과 연관하여 고조선의 정책을 규명하는 것이다. 일반적으로 해양정책은 몇 가지 부분으로 나눌 수 있다.

  첫째, 정치적인 면에서 해양 시스템을 확립하고 발전시켜야 한다. 그 가운데 핵심은 관련된 정부 조직들을 갖추고, 해양정책을 효율적으로 집행할 수 있도록 체계화시키는 것이다. 중국지역에서는 이러한 조직들이 정부 안에 있었다. 고조선은 물론 우리 역사 속의 고대 국가들에서는 구체적인 예가 등장하지 않았다. 하지만 가장 역사발전이 더디고 국가체제를 뒤늦게 완성한 신라는 해양조직을 갖추었다. 병부(兵部)에 속한 대감과 제감이 주로 선박과 연관된 일을 담당했다가 583년인 진평왕 5년에 공식적으로 선부서라는 독립적인 관부를 설치하였다. 그리고 이어 삼국통일전쟁을 끝낸 이후인 678년, 즉 문무왕 18년에 선부(船府)를 설치하였던 것이다. 그렇다면 고구려는 물론이고 백제는 국가적으로 외교뿐만 아니라 전쟁 등 해양활동을 한 기록과 증거들이 많이 있다. 뿐만 아니라 조선술을 왜국에 전수해 준 증거들이 있다. 그러므로 당연히 정부에서 관할 기관은 설치되었을 것이다. 이것은 국제관계에서 벌어진 정치적이고 군사적

---

1) 윤명철, 해양논문선집 5-《해양역사상과 항구도시들》, 학연문화사, 2012 및 논문들 참고.

인 상황을 고려할 때 고조선도 동일했었다고 판단한다.

또한 해양과 연관하여 도시를 선택하고 발전시켜야 한다. 문명이 발생하고 발전시키는 데 핵심이 되는 요소가 도시의 발달이라는 사실은 앞에서 설명하였고, 실제로 그러한 예는 충분하다. 따라서 적합한 도시를 선정하고 수호하면 발전시키는 일은 국가를 발전시키고 문명을 장기간 유지시키는 데 가장 중요한 업무이다. 여기에 해양활동(수상활동을 포함)은 불가분의 관계를 맺고 있다.

해양활동과 문명의 발달 및 국가의 발전은 근대에 들어오면서 그 중요성과 필요성이 극대화되었지만, 전근대 사회에서도 매우 중요했고, 지역에 따라서는 절대적인 의미를 지니고 있었다. 그러므로 거의 대부분의 수도 및 대도시들은 항구와 밀접한 연관을 맺게끔 건설해야 한다. 실제로 인류가 문명을 발생시키고 도시를 건설한 이후에 거의 모든 도시들은 물과 직접 연관이 되었다. 식수를 공급한다는 생존과 관련된 차원의 기능은 일부의 사막지역을 빼놓고는 부차적인 기능이었고, 실제로는 농업, 목축업 등의 산업과 함께 물류망이라는 교통로와 깊은 연관이 있었다.

또한 해양과 연관된 군사력을 강화시키는 일이 필요하다. 해양군사력은 좁은 의미의 '해양력(海洋力, sea power)'이라고 부를 수 있다.[2] 현대세계에서는 마한의 해양력을 요약한 내용으로 이해되고 있다. 즉 '해양력(sea power)'은 국가가 지닌 힘의 한 형태로서 전시나 평상시를 불문하고, 자국의 군사, 무역 등에 종사하는 선박이 자국에 필요한 해역을 자유롭게 통항(通航)할 수 있도록 보장하는 힘을 말하는 것이다. 동시에 필요한 경우에는 적국이 그 해역을 이용하는 것을 방해하거나 저지하는 힘이기도 하다. 따라서 해양력은 단순히 군사력에 의해서가 아니라, 보다 넓게 국제 정치 가운데에

---

2) '해양력(海洋力)'이라는 단어는 'Sea Power'의 번역어이다. 19세기 말 미국의 해군 대령인 마한(Alfred Thayer Mahan)은 《역사에 끼친 sea power의 영향》(The Influence of Sea Power upon History)이라는 저서에서 sea power와 국가의 흥망성쇄의 관계에 대하여 분석을 시도하였다. 그리고 일본은 이를 1896년에 '海上權力史論'이라는 이름으로 번역하였다.

서 국가 간의 힘의 균형에 기초하여 유지되는 것[3]이라고 이해되고 있다.

한편 Colin S.Gray는 전통적으로 사용되는 해양력의 의미를 '한 국가의 전략적인 전망에 비추어 볼 때 대륙 지향적인 특성에 대비되는 해양 지향적인 특성과 국가의 경제적 번영을 위하여 해양교통에 얼마나 결정적으로 의존하는가 하는 것'이라고 보았다. 이러한 해양국가는 국가안보를 위하여 해양교통에 대한 해군의 통제가 건전하게 수행되도록 해야 하며, 또한 해양분야에 대한 국가이익을 증진시키기 위해 유력한 해양지향적 공동체를 보유해야 한다.[4] 그 밖에도 여러 연구자들이 해양력의 중요성을 언급하면서 자신의 이론을 만들고 주장하였다.

그런데 '해양력'이라는 개념은 '해양활동과 연관된 모든 기능을 합친 것'이라고 정의해야 옳다. 이러한 일반적인 특성을 해양력이라고 할 경우에는 동아시아의 근대 이전 역사상에도 적용이 가능하다고 판단된다. '해양력'의 역사에서 가장 기초적인 요소는 그 시대의 국제관계와 각국의 정치 상황[5]이라고 한다. 해양력은 우선 수군 또는 해군을 장기간에 걸쳐 육성해야 한다. 육군과 달리 해군은 다양한 기술적인 능력이 숙달되어야 하고, 열악한 환경에 잘 견딜 수 있어야 한다. 수군을 관리하는 일의 어려움은 조선정부가 취한 몇 번의 수군정책에서 충분하게 확인할 수 있다.

또한 국가의 존망, 문명의 흥망은 다양한 요인들에 의하여 결정되는데, 가장 파괴력이 심하고, 결정적이며, 후유증이 심각한 것은 외부의 공격, 즉 적의 공격에 무너지는 일이다. 따라서 어떤 국가나 문명체들도 방어력을 최대한도로 강화시키면서 방어체제들을 효과적으로 구축하는 사업에 몰두한다. 당연히 해양과 연관해서는 해양방어체제,[6] 강과 연관해

3) 靑木榮一 지음/ 최재수 옮김, 《시파워의 세계사−해군의 탄생과 범주해군의 발달》, 한국해사문제연구소, 1995.
4) Colin S.Gray 지음/ 임인수·정호섭 공역, 《역사를 전환시킨 해양력》(The Leverage of Sea Power−The Strategic Advantage of Navies in War), 한국 해양전략연구소, 1998.
5) 최재수, 앞의 책, p.40.
6) 윤명철, 《윤명철 해양논문 선집》 4권, 《해양방어체제와 강변방어체제》, 학연문화사, 2012; −−−, 〈江華지역의 해양방어체제연구−關彌城 위치와 관련하여〉, 《사

서는 강변방어체제,[7] 등의 체계적이고 강력한 구축이 필요하다.

두 번째는 '해양경제'이다. 해양경제[8]에는 여러 부분들이 있으나 본고에서는 어업 및 어업을 보완하는 산업과 무역을 규명하는 것으로 제한한다. 그러므로 선사시대부터 고조선문명권의 발전기까지를 선택하여 어업활동이 활발했었다는 사실과 가능성을 살펴본다. 그를 위해서 각종 유물들과 여러 지역의 유적에서 발굴된 어업도구들 및 어획물, 그리고 몇몇기록들을 통해서 살펴본다. 또한 경제의 중요한 부분을 담당하는 무역을살펴보기 위하여 발굴된 철, 동, 금, 모피 등의 자원과 완제품들을 통해가능성을 모색해 본다. 그리고 발굴된 유물과 사료들을 통해서 입증한다. 셋째는 기술적인 면으로서 '조선술의 발달'을 살펴본다. 하지만 이러한 부분들에는 '불보존성'이라는 해양문화의 한계로 말미암아 유물 및 사료 등 자료가 충분하지 않다는 한계가 있다.[9] 그러므로 중국 지역 및 일본열도의 유적과 유물 그리고 일부의 사료들을 통해서 전반적인 상황과단계를 추정하는 방식을 취한다.


## 1. 고조선문명권의 항구도시

고조선이 추진한 정책 가운데 중요하고 의미 깊은 것 중 하나가 '도시

학연구》, 58·59 합집호, 1999; ---, 〈遼東지방의 해양방어체제연구〉, 《정신문화연구》, 겨울호, 통권 77호, 1999; ---, 〈천리장성의 구축 SYSTEM 및 해륙적 성격의 검토〉, 《韓民族共同體》 제16호, 2008 외.

7) 윤명철, 〈한강 고대 강변 방어체제 연구-한강하류지역을 중심으로-〉, 《향토서울》 61, 2001; ---, 〈국내성의 압록강 방어체제연구〉, 《고구려 연구》 15, 2003; ---, 〈고대 한강 강변방어체제연구 2〉, 《鄕土서울》 64호, 2004.

8) '해양경제'에 대해서는 아직 학문적인 논의가 심도 깊게 이루어지지 못했고 독립적인 학문영역으로 완성되지 못했으므로 학문적인 정의가 없다.

9) 윤명철, 윤명철 해양논문 선집 1권, 《해양활동과 해양문화의 이해》, 학연, 2012.

의 선정과 발달'이다. 특히 수도(首都, capital)의 선정은 동서고금을 막론하고, 국가의 발전 및 운명과도 직결되었다. 필자는 항구도시 이론을 전개하면서 '해항도시(seaport-city)' '하항(riverpor-city)도시'들이 중요했음을 입증한 후에 몇몇 항구도시들을 소개하였다.[10] 특히 해양질서와 해양역사상 등을 고려하여 분석한 후 왕험성(王險城)은 항구도시였으며, 그 시대에는 요동만과는 요하로 가깝게 연결되는 양평(襄平, 현재 요양시)일 가능성을 제시하였다.[11]

정치의 주체, 경제활동을 하는 중심, 문화를 창조하는 일 등과 직결된 것들은 중심핵인 수도와 대도시이다. 따라서 고조선문명권에 위치한 중요한 도시들을 선택해서 구체적인 특성을 알아본다. 그 후에 문명과의 연관성을 검증하는 작업은 필요하다. 이 장은 고조선문명권과 연관된 수도 및 도시를 선택한 다음에 해륙적 성격을 살펴본다. 특히 위만조선의 수도로 알려진 '왕험성(王儉城)'은 위만조선의 정치 경제적 성격, 영토와 지배방식을 추측할 수 있는 지표이다. 성의 기능에 대하여 여러 견해가 있다. 그 가운데 하나로 도시기능도 있다. 필자는 특히 도시의 선정과 역할을 국제질서의 변동 그리고 국가발전전략과 해륙사관이라는 관점에서 수도에 대한 견해를 피력해 왔다. 우선 '도시'의 일반적인 정의를 소개하고, 그것을 토대로 이 장의 주제인 항구도시에 대한 이론을 만들어 적용하고자 한다.

---

10) 윤명철, 윤명철 해양논문 선집 5권, 《해양역사상과 항구도시들》, 학연, 2012;
    ---, 〈고구려 수도의 해륙적 성격〉, 《백산학보》 80, 2008; ---, 〈경주의 해항도시적 성격에 대한 검토〉, 《동아시아 고대학》 20집, 2009; ---, 〈서울지역의 강해도시적 성격검토〉, 《동아시아 고대학회 학술발표대회》, 2010; ---, 〈신라도시의 항구도시적 성격과 국가정책〉, 《동아시아 고대도시와 문화》, 2012; 〈고대 도시의 해양적 성격(港口都市)에 대한 체계적 검토-고대국가를 대상으로-〉, 《동국사학》, 2013.
11) 윤명철, 〈해양질서의 관점으로 본 王險城의 성격과 위치〉, 《고조선단군학》 33, 2015.

## 1) 도시의 체계와 성립 조건

우선 도시의 일반적인 체계와 특성을 살펴보는 순서를 취한다. 인류의 문명은 도시의 발달과 깊은 연관이 있음은 앞글에서 충분하게 살펴보았다. 관심들이 집중된 분야이므로 도시에 관해서는 위치, 일반적인 기능,[12] 구조,[13] 성격, 사상성, 미학,[14] 정치권력, 심지어는 기술적인 문제에 이르기까지 다양한 부분이 규명의 대상이었다.[15] 그렇지만 도시에 대한 보편적인 정의는 불가능하다는 것이 일반적인 견해이다. 도시의 위치[16]와 체계는 정치·군사·경제·문화 등의 실질적인 요구에 부응해서 형성된다. 물론 이러한 요인들도 전략적인 가치, 시대적인 상황, 역할의 비율과 놓여 있는 위치에 따라서 달라진다.

첫째, 도시는 정치와 외교의 중심지(중핵지)여야 한다.[17] 중앙정부의

---

12) 강대현, 《도시지리학》, 교학사, 1980, p.12. 초기의 '도시지리학'은 Kohl, J.G., Richithofen, G., Hettner, A. 등 독일의 지리학자들에 의해서 시작되었다. 이들은 도시의 교통적 위치나 기능에 관한 연구를 주로 했으며, 도시를 하나의 점으로 보고 그 분포나 역할에 대하여 논하였다.

13) 이 부분에 대해서는 윤명철, 〈壇君神話의 해석을 통한 장군총의 성격이해〉, 《단군학연구》 19호, 2008 참고.

14) 윤명철, 〈광개토태왕비, 美 論 意-광개토태왕비에 표방한 미학과 논리-〉, 《고조선단군학》 30집, 2014 참고.

15) 董鑒泓 等 편/ 成周鐸 역주, 《中國 都城 發達史》, 학연문화사, 1993, p.7. '중국도성발달사는 도성을 여러 종류의 물질적 요소로 구성된 하나의 종합체로 보고 이를 연구하는 것이다. 말하자면 도성의 총체적 배치의 변천(도로망, 주거지역, 상가분포, 녹지 및 수로 등을 포함), 도성 계획의 이론과 중심사상, 도시 공간 배치의 예술성, 도성의 유형 및 그 분포 등등을 종합적으로 연구하는 것이다.' 이 외에 동양사학회 편/ 〈中國歷代 수도의 유형과 사회변화〉, 《역사와 도시》, 서울대학교출판부, 2000 참고.

16) 도시를 건설하는 위치에 대해서는 에머리 존스 지음/ 이찬·권혁재 옮김, 《人文地理學 原理》, 법문사, 1985, p.207 참조.

17) 수도는 중핵지(中核地)가 된다. 한 장소가 중핵지가 되려면 많은 인구와 풍부한 자원, 집중된 정치권력, 교통상의 결절점(結節點, nodal point) 및 비농민을 부양할 수 있는 토지 등을 갖추어야 한다. 중핵지의 개념에 대해서는 임덕순, 《정치

명령이 신속하게 전달되고, 그 조치된 결과가 집결되어야 한다. 지방정부에서 일어나는 중요한 일들은 정확하고 신속하게 보고되어야만 한다. 따라서 교통과 통신망이 발달하여 정보를 쉽게 입수해야 한다. 그리스의 '폴리스(polis)'나 로마의 '키비타스(civitās)'는 농업중심지가 아니라 상업이 더 비중이 큰 도시들이었다. 따라서 대부분은 항구에서 하루면 오갈 수 있는 곳에 있었다. 고대에도 중요한 도시들은 가능한 한 물리적으로 거리가 짧고, 일정한 단위의 지리적인 중앙뿐만 아니라, 교통의 이점 등을 포함한 역할과 기능의 핵심에 있었다.

둘째, 도시는 각종 군사 활동이 이루어지고, 관리가 가능한 역할의 중심지이며, 또한 적합하고 완벽한 방어공간이어야 한다. 특히 고대사회는 모든 권력과 기능이 지배계급들이 거주하는 수도 및 대도시로 집중되었으므로 적의 공격으로부터 안전해야 한다. 실제로 도시의 위치는 방어를 위한 절대적(局地的)인 입지[18]였다. 도시 중에는 방어적 목적에 충실한 산정도시(hiltop town)들이 있다.[19] 그리스의 '아크로폴리스(Acro-polis)'는 '고지의 도시'라는 의미이다. 다양한 의미가 있지만, '방어가 중요한 기능임은 말할 나위조차 없는 도시'라는 뜻이다. 그리스 반도의 미케네(Mycenae), 아나톨리아(Anatolia) 반도의 힛타이트(Hittite) 등도 완벽한 산정도시였다.

중국고대사에서는 '도시'라는 말 대신 '성시(城市)'라는 용어를 사용하는 것은 '성'과 '시'가 갖는 또 하나의 의미를 잘 말해주고 있다. 중국고대

지리학 원론》, 일지사, 1988, p.249 참조.

18) 도시의 입지는 고정적인 자연환경을 중심으로 평가되는 절대적 입지(site)와 가변적인 인문환경을 중심으로 평가되는 상대적 입지(situation)로 분류된다. 류제현 편역/ 테리 조든 비치코프. 모나 도모시 지음, 《세계문화지리》, 살림, 2008, p.254.

19) SIBIL MOHOLY-NAGY 著// 崔宗鉉 陳景敦 譯, 《都市 建築의 歷史》, 1990, p.22. Ionia인이나 Achaean인 더 나아가 후세의 Dorian인들은 정복할 민족에 대한 지배를 유지하기 위해 성채를 구축하였으며, 그 성채가 후의 도시의 발전으로 이어졌던 것이다. 필자와 견해가 다르지만 고구려의 첫수도가 현재 환인(桓仁)의 오녀산성이라면 전형적인 산정수도가 된다.

〈그림 6-1〉 터키 핫투샤(Hattusha)에 있는 힛타이트 도시유적

에서는 도읍을 원래 '성(城)'이라고 불렀다. 성은 정치적인 권위[王]를 보위하기 위한 고장벽루(高墻壁壘)라는 뜻이었다. 하지만 시(市)의 의미가 덧붙여지면서 도시의 기능을 하게 되었다.[20] 현재 중국의 하가점 하층문화가 발달한 삼좌점 등 몇몇 지역에서 규모가 크고 넓은 도시형태의 거주지들이 발견되었는데, 이 또한 산중턱 또는 구릉 위에 있다. 북한 측에 따르면 현재 평양 지역을 중심으로 조시 자체는 물론이고 주변에도 일정한 간격을 두고 방어체제들이 구축되었다고 한다. 훗날 고구려는 《구당서》에 따르면 60여 개의 성에 주와 현을 두어 정치를 했다. 그런 의미에서 고구려에서 성이란 도시에 해당하는 중요한 역할을 했다.

셋째, 도시는 경제의 중심지 역할을 담당해야 한다. 일반적으로 고대에는 내부에서 다양한 형태의 생산이 이루어지고, 물자의 집결이 용이하고 상업이 활발하게 이루어지는 장소이다. 또한 외부 세계와 상업뿐만 아니라 무역이 이루어지는 곳도 도시와 수도이다. 때문에 전통적으로, 도시의 입지를 선정하는 데에는 방어뿐만 아니라 상업과 무역에 대한 욕구가 가장 많이 반영되었다. 고대 그리스의 '도시(polis)'는 궁전 제단 등이 갖춰진 '아크로폴리스(acropolis)'와 '아고라(agora, 광장)'라는 두 개의 기능지대로 선명하게 분화되어 있었다. 얼마나 상업을 중시했는가를 알 수 있다. 무역을 위한 도시들은 대부분 특정한 입지 조건을 갖춘 곳에 발달하였다.[21]

그런데 해안 가까이 위치한 해항도시는 기본적으로 대부분 강과 연결

---

20) 《강좌 한국고대사》 7 – 촌락과 도시, 가락국, 사적개발연구원, 2002, p.216.

21) 테리조든 비치코프;모나 도모시 지음/ 류제현 편역, 《세계문화지리》, 살림, 2008, pp.253~257 참조.

이 된다. 따라서 강의 수로를 통한 내륙지방과의 연결이 원활하므로 공급지와 수요지, 그리고 집결지를 연결시켜 주기에 적합한 곳이다. 특히 외국과 교역할 경우에는 바다를 이용하여 무역상의 이익을 얻을 수 있다.[22] 또한 산업과 기술의 발달이라는 측면에서 조선술을 발전시키고 용도에 맞는 선박들을 건조해야 한다. 또한 상업 및 무역을 발전시키려면 광범위한 무역망을 구축하고 꾸준하게 효율적이고 다양한 항로를 개설해야 한다. 아울러 산업을 발전시키고, 무역을 장려하는 구조 등이다.

필자는 오래 전부터 '나루국가'라는 용어를 사용한 바가 있으며, 특히 강과 바다가 만나는 접점에서 발전한 도시를 '강해도시'라고 개념화시켰다.[23] 한국역사를 보면 소국들뿐만 아니라 대부분의 국가들이 강가의 나루나 바다와 만나는 하류의 포구에서 건국했고, 강을 최대한 활용하여 나라의 힘을 강하게 키우고 백성들을 잘살게 하는 데 활용했다. 중국 동진(東晉)의 난징(建康, 南京), 북송(北宋)의 개봉(開封),[24] 남송(南宋)의 항저우(臨安, 杭州, 吳越國의 수도이기도 하였다) 등은 수로와 연결된 경제수도의 역할을 한 대표적인 도시이다.[25] 중세 유럽 한자동맹(Hanseatic Leegue)의 도시들, 지중해세계의 도시들, 중세의 도시들, 근대의 도시들은 다 해양과 강을 이용한 항구도시였다. 일본의 오사카(難波) 및 에도(東京)도 항구에 세워진 경제도시이다.

---

22) 위만조선이나 삼한 78개국의 일부는 그러한 성격을 가지고 있었을 것으로 여겨진다. 일본의 노국(奴國)·말로국(末盧國)·이도국(伊都國) 등은 그러한 해항국가였을 것이다(江上波夫, 〈古代日本の對外關係〉, 《古代日本の國際化》, 조일신문사, 1990, p.72 참조. 武光 誠, 《大和朝廷は古代の水軍がつくった》, JICC, 1992, pp.32~36 참조).

필자는 '해항도시국가'와 함께 '나루국가'라는 용어를 사용하고자 한다.

23) 윤명철, 〈강해도시 김포시의 역사성과 21C가치 효용성〉, 《김포 수로도시 국회 공청회》, 김포저널, 2006.

24) 개봉(開封)은 황하와 4개의 운하가 교차하는 교통의 요지이다.

25) 수(隋)나라가 통일을 이룩한 후 수야제가 완성한 '대운하(大運河)'는 국내의 상업유통을 촉진시켰으며, 대제국의 경제적 동맥의 역할을 담당하였다. 董鑒泓 等 편/ 成周鐸 역주, 앞의 책, 1993, p.65.

넷째, 도시는 문화의 공간역할을 수행해야 한다. 지배계급이 다수 거주하는 도시는 중요한 문화의 집결지와 개화지이며, 생산지(공급)이고, 소비지(수요)이다. 모든 건축물과 종교시설물이 건설되었고, 연희와 각종 예술, 체육 등이 이루어지는 현장이다. 그리고 주변의 거주민들이 다시 건설하고 누리고하자 하는 문화의 모델이었다. 전근대사회에서 외국문화를 처음 받아들이는 곳은 국경지역의 도시들이다. 그런데 내륙의 '산정도시(hilltop town)' 외에 해항도시들과 강이 국경선의 역할을 담당한 유럽에서는 하항도시들이 그러한 역할을 담당했다. 일종의 경제 상업도시 역할을 겸한 것이다.

다섯째, 도시는 신앙공간의 역할을 담당해야 한다. 지배계급이 거주하는 공간에는 신앙공간이 있다. 인도의 하라파, 메소포타미아의 도시, 그리스의 폴리스, 중세 도시들이 그러한 공간을 갖추었다. 수도와 대도시에는 신앙 및 제사유적지가 있어야 한다. 고구려는 수도였던 '홀본(忽本)' '국내성(國內城)' '평양성(平壤城)' 지역에 시조묘 및 기타 신앙 대상지가 있었으며, 요동성(遼東城), 안시성(安市城) 등에도 주몽사(朱蒙祀) 등이 있었음이 기록되어 있다. 물론 백제의 웅진(곰마을, 神都)도 마찬가지였고,[26] 신라의 금성(金城, '곰' '감' '神都')도 동일했다. 삼한(三韓)의 소도(蘇塗) 등은 도시 내의 또 다른 종교적인 공간이다.

이처럼 수도 또는 대도시는 종합적인 목적을 갖고 형성되었으며, 종합적인 기능을 수행했다. 때문에 궁성 및 정치시설물, 방어용의 군사시설, 신전 같은 종교시설물, 지배계급의 고분군(古墳群), 그 외에 대외교류와 연관된 시설물들을 갖추고 있기에 적합해야 한다.[27] 그렇다면 고대국가들은 내부적으로는 경제생활의 향상과 영토의 확장 및 권력의 중앙집중화와 관리체제의 일원화를 목적으로, 대외적으로는 교류와 무역 진출, 방어

---

26) 《삼국사기》, 32, 잡지, 제사조. 《周書》 49, 열전 백제조.

27) 테리 조든 비치코프. 모나 도모시 지음/ 류제현 편역, 앞의 책, pp.192~197에는 선사시대 고대 중세에 이르기까지 중요한 도시들을 열거하면서 특성을 설명하고 있다.

를 목적으로 해양활동은 필요했다. [28] 따라서 육지영토 외에 주변 해양에 영향력을 강화시켜야만 했다. 실제로 고조선문명권처럼 육지와 해양을 유기적으로 연결한 '터' 속에서 생성하고 발전한 나라들은 해륙정책을 적극적으로 추진했을 때 발전했다. 그러기 위해서 '해양력(Sea Power)'을 강화시키고 그에 적합한 국토개편계획이나 국가발전정책 등이 필요하다.

### (1) 항구도시의 특성과 체계-항구도시 모델

인류는 헤아릴 수 없이 다양하고 풍요로운 해산물과 물새가 풍부한 바닷가와 강변을 따라 영구적으로 정착하여 어촌을 형성하였다. 그것은 농업혁명보다 훨씬 앞서 만들어진 역사상 최초의 영구 정착지였다. 전근대 시대까지 대부분 국가의 수도들은 비록 내륙에 위치해 있어도 강가 또는 수로의 통로에 위치한 도시였으며, 강 또는 운하를 통해서 바다와 연결되었다. 서부와 동부유럽의 대부분 도시들은 '라인강' '도나우강' '드네프르강' '템즈강' 등을 수로망으로 이용하여 해양과 연결되었다. 시베리아는 모든 도시들이 일부의 해항도시를 제외하고는 거의 하항도시였다.

동아시아의 전 지역을 연결하는 물류는 육지의 각종 도로와 운하를 포함한 수로망, 해로들이 면·선·점의 형태로 골고루 배합된 '해륙교통망'을 통해서 이루어졌다. [29] 그러므로 항구를 건설하고, 다양한 항로들을 개설하는 일을 비롯한 해양 교통망을 정비하고 확장하는 정책이 필수적

---

28) 고든 차일드, 《고든 차일드의 신석기혁명과 도시혁명》, 주류성, 2013. 서구 문명에서 도시의 의미, 구조, 활동, 역사와의 연관성이 독특한 관점으로 언급되어 있다. 특히 신석기시대에 도시혁명이 일어난 것으로 보고 있다. 또한 도시의 제1중심지, 제2중심지, 제3중심지를 설정하고, 교역과 전쟁을 통하여 제1중심 문화가 제2중심지 혹은 제3중심지로 전파되어 나갔다고 하였다.

29) 점, 선, 면과 관련된 공간개념과 유형화 문화와의 관계는 윤명철, 〈역사해석의 한 관점 이해-공간의 문제〉, 《한민족학회 18차 학술회의》, 한민족학회, 2010; ---, 〈역사활동에 나타나는 '운동성' 문제〉, 《윤명철 해양논문선집⑥-역사활동과 사관의 이해》, 학연문화사, 2012, pp.77~94.

이었다. 그리고 해양 및 강변방어체제를 구축하고, 조선 산업을 발전 시
키는 일 등을 유기적으로 체계화해야 했다. 그리고 국가발전의 거점이며,
정책구현의 핵심공간인 수도는 필수적으로 해륙도시의 성격을 가져야 한
다. 중요한 도시와 대성들 또한 수도 및 국토 전체와 유기적 체제를 가져
야하는 항구였을 가능성이 크다. 특히 핵심인 동아지중해의 수도 및 중
요도시 또한 해륙적 성격을 지닌 항구도시를 조성하는 것이 바람직하다.
특히 수도의 경우는 다양한 조건을 고려할 때 다음에서 언급할 '강해도
시'일 가능성이 높다.

우리 역사에서는 어느 시대를 막론하고 서해안(요동만, 발해만 포함)
과 남해안은 촌락이나 도시들이 지형상으로 육지와 강과 해양이 연결된
지역, 즉 강가의 나루나 바다의 만 내부, 포구에서 생성되었다. 왕험성,
국내성, 평양성, 한성, 웅진성, 사비성, 금성, 홀한성(상경성), 개경, 한양
은 모두 그러하다. 중국지역은 주로 해안선에서 160㎞이내에서 주요한 도
시들이 생성되었는데,[30] 이 또한 해양과의 연계성 때문이다.

일본 또한 고대부터 현대에 이르기까지 대부분은 해안가에 위치한 항
구도시들이었다. 고대국가가 발생하는 초창기에는 주로 한국의 동해 및
남해와 마주보는 지역들에서 발달했다.《삼국지》위서 왜인전에 기록된
소국들은 주로 규슈 해안 및 혼슈 남단의 항구도시들이었다. 그 외 혼슈
중부에 이즈모(出雲), 쓰루가(敦賀) 등 항구도시들이 발달하였다. 오사까
의 전신인 나니와(難波), 심지어는 에도(東京)도 항구도시였다.

항구도시는 대도시가 갖추어야 할 일반적인 조건 외에도 몇 가지 더
독특한 특성과 조건에 적합해야 한다.

첫째, 항해에 영향을 끼치는 해양환경이다. 해류의 흐름은 항해술이
나 조선술 등 인간의 의지 또는 문화발전과는 관련없이 인간과 문화를
일정한 장소에서 일정한 장소로 이동시켜 준다. 조류는 전근대까지 항해

---

30) 이때 160㎞는 중국의 현대 연해개방지구와 연관시켜서 필자가 자의적으로 선택
    한 것이다.

의 성격, 성패, 방법 등 모든 면에서 절대적인 역할을 했다. 육지가 가까운 해역의 물길에 익숙한 집단이 그 지역의 해상권과 정치력을 장악하면서 세력화할 수 있었다. 아시아는 '몬순(monsoon)'지대이므로 해양활동과 도시 생성 등에 강하게 영향을 끼치는 요소는 계절풍이다. 고대 항해는 바람의 메카니즘과 영향을 최대한 이용하였다.[31] 때문에 계절풍이 항해 방향과 다를 때는 대기할 수밖에 없었다. 이러한 상황들은 국가의 정책 및 도시의 생성 및 발달과 직결되었다. 또한 각 지역 간의 항해거리와 항법(航法)도 항해에 영향을 미쳤다. 황해 및 남해의 전 해역은 상대 해안 사이의 간격이 넓지 않은 내해로서, 근해항해의 대상지역이다.

위에서 언급한 이러한 해양현상들은 무역체계, 문화전파, 산업구조, 심지어는 전쟁 등에 최대한 활용되었다. 또한 항로의 개설과 이용은 물론이고 항구의 선택과 도시의 발달과도 직접 연관되었다. 특히 지리적인 위치를 고려했을 때, 항구도시는 내륙의 육지나 내륙의 강가 또는 호수가 아니라 육지와 강 또는 육지와 해양이 직접 만나는 해안가의 포구, 바다와 하구가 만나는 나루(津) 및 포구에서 생성된 도시이다.[32] 그래야만 항구를 거점으로 면, 선과 점을 유기적으로 이용하여 대부분의 지역과 이어지는 대내항로 및 대외항로를 사용할 수 있다.

그리고 상선 외에도 사신선을 비롯한 군선 등 각종 선박들이 정박하고 발착하는 훌륭한 부두시설이 필요하다. 특히 대외항로가 발달하려면 외항뿐만 아니라 양질의 내항이 필수적이다. 고구려는 국내성(國內城) 궁궐(도성이 아니다)의 남쪽 벽에 돌로 쌓은 부두시설이 있었다.[33] 압록강

31) 윤명철, 〈해양조건을 통해서 본 고대 한일 관계사의 이해〉,《일본학》15, 동국대 일본학연구소, 1995; 茂在寅南,《古代日本の航海術》, 小學館, 1981, pp.96~97; 荒竹淸光, 〈古代 環東シナ海文化圈と對馬海流〉,《東アジアの古代文化》29號, 大和書房, 1981, p.91 참조.

32) '나루국가설'과 그 개념 및 성격에 관해서는 윤명철, 〈한반도 서남해안의 해양 력사적 환경에 대한 검토〉, 전주박물관 죽막동 유적 학술회의, 1995 및 윤명철, 《동아지중해와 고대일본》, 청노루, 1996에 언급하였다.

33) 손영종,《고구려사》2, 과학백과사전종합출판사, 1997, p.39;《文物》1984-1,

하류에는 외항(外港) 외에 내항(內港)이 있었는데, 여러 기록들을 고려할 때 내항은 서안평성(西安平城)과 박작성(泊灼城)이 있는 박작구(泊灼口)였을 것이다. 1920년대에 압록강의 하구인 단동시(丹東市)에서 석축부두시설이 드러났는데, 고구려 시대의 것으로 추정한다.[34] 서울 지역에는 백제가 최초로 수도항구를 설치했다.[35] 그러나 강화도와 인천 지역에 시대별로 사용한 몇몇 외항이 있었을 것으로 보인다.

셋째, 교통망[36]이 발달해야 한다. 항구도시는 육로교통도 중요하지만, 내륙수로교통, 해양교통에도 적합해서 외국과 교류하는 국제항로와 쉽게 연결돼야 한다. 또한 공급지와 수요지, 집결지를 연결시켜 주기에 적합해야 한다. 즉 내륙수운을 발전시키고, 이를 토대로 내륙으로 뻗은 육운과 바다로 확장된 해운을 유기적으로 활용할 수 있어야 한다. 한반도는 길이 1000㎞, 폭 200~300㎞인데, 황해와 남해는 일종의 內海로서 중국지역 및 일본열도와 단거리로 연결된다. 그러므로 강상수운과 해운은 간단하고 편리하게 유기적인 체계로 조직할 수 있다.

넷째, 선박 건조 및 수리에 용이해야 한다. 선박의 건조에 필요한 나무를 조달하는 능력에 따라 항구의 사용도가 영향을 받고 존폐가 결정되었다. 심지어는 국력이 결정되기도 하였다.[37] 서울은 주변에도 숲이 발달했지만 남한강, 북한강의 수로들을 이용하여 백두대간으로부터 뗏목 등을 이용하여 목재를 보급받았다. 다섯째, 생산 도구와 무기들을 제작하는 데 필요한 제철업 등이 발달해야 하며, 어업환경도 좋아야 한다. 여섯째, 항해와 연관된 신앙의 대상지, 즉 적절한 제사 유적지가 있어야 한

---

pp.39~40.

34) 손영종, 위의 책, 1997, p.39.

35) 그 후보지로 추정되는 곳은 풍납토성의 동쪽 주변, 삼전도, 몽촌토성 부근 등 이다.

36) 교통로와 교통망은 의미와 기능상에 차이가 있다.

37) 대표적인 나라가 그리스의 미케네이다. 조선용 목재의 중요성과 그것이 국가의 흥망과 연관된 부분은 존 펄린 지음/ 송명규 옮김, 《숲의 서사시》, 따님, 2006 참조.

다. 특히 강 및 바다와 연관된 활동을 할 경우에는 위험성이 높고 실패율이 높다. 따라서 일반적인 도시에서의 신앙 외에 이와 연관된 신앙이 발달하고, 제사처[38]가 반드시 있어야 한다.

일곱째, 해양군사적인 측면에서 몇 가지 조건을 구비해야 한다. 수군을 양성하고, 적절하게 이용할 수 있어야 한다. 또한 조선소를 비롯하여 수군함대기지 등을 설치하는 장소가 필요했다. 그런데 바다에 인접한 '해항도시' 또는 가까운 '강해도시'는 해양으로 진출하는 데 강점으로 작용하는 반면에 수비에는 약점이 될 수 있다. 대규모의 상륙군이 급습할 경우에 해양의 메커니즘상 방어에 한계가 노출된다. 따라서 강해도시는 방어적인 측면에서 강변방어체제와 해양방어체제 및 육상방어체제와 유기적인 시스템을 구축해야 한다.[39] 해양방어체제와 강변방어체제는 위치와 규모, 용도 등에 차이가 있으나 형태와 기능은 유사하다.

해양방어체제는 크게 나누면 성곽(城郭)과 봉수(烽燧), 소규모의 해안초소체제로 나눌 수 있다.

1차 임무는 관측과 검문이다. 때문에 시설물은 섬 또는 해안에서 가까우면서도 높은 지대에 있어야 한다. 하지만 해안초소나 섬에서는 육지의 관측장소에 견주어 고도가 낮기 때문에 먼 곳까지 관측하기에 불리하다. 때문에 비교적 작은 선단의 소규모 침입을 관측한다. 또한 야음(夜陰)이나 시계(視界)가 불량한 날씨에는 해안까지 접근하는 적을 감시해야 한다. 이러한 해안초소들은 물길을 장악하여, 적의 수로침투를 경계하기도 한다.

2차 임무는 적군진입의 제어 및 저지이다. 해안선은 일반적으로 길고 복잡하므로 대규모의 군사를 동원한 상륙군을 방어한다는 것은 현실적으로 불가능하다. 다만 소규모의 산발적인 공격과 교란작전을 써서 상륙

---

38) 이와 유사한 예로 전북 부안의 죽막동 제사유적, 순천 검단산성 유적, 남해사천 늑도 유적, 김해부원동 유적, 김포의 감바위, 일산의 멱절산보루 등은 용도와 성격을 파악하는 데 주의를 기울일 필요가 있다.

39) 이러한 유기체적인 방어시스템에 관한 연구는 윤명철, 〈천리장성의 구축 SYSTEM 및 해륙적 성격의 검토〉, 《韓民族共同體》 제16호, 2008 참조.

과 이동 속도를 지연시키는 역할을 해야 한다.

3차 임무는 공격과 격퇴이다. 선박들의 해전에 직접 참여하거나, 측면 지원을 해 주는 경우도 있다. 고조선과도 연관이 있을 비사성(卑沙城), 석성(石城), 해양도(海洋島), 석성도(石城島) 안의 성들, 압록강 하구의 대행성(大行城), 박작성(泊灼城), 구련성(九連城) 등의 해안방어성들이 있었다. 4차 임무는 수로를 보호하고 적 선단의 작전을 간접적으로 방해하는 임무이다.

해양방어체제는 위치에 따라 형태의 종류가 다르다. 서해안은 리아스식 해안이 복잡하게 발달하였기 때문에 곶(串)과 포(浦), 만(灣)이 헤아릴 수 없이 많아 '곶성(串城)' '포성(浦城)' '진성(津城)'이 있다. 또한 만 전체를 주변지역과의 유기적인 관계 속에서 작전을 수행하고, 내륙에 있는 대성(大城) 또는 치소(治所)와 이어지는 길목(項)을 집중 방어하며, 공동작전을 수행하는 대성이 있다. 고구려에서는 요동반도 남단의 비사성(卑沙城), 서한만으로 가는 중간인 장하의 석성(石城), 압록강 하구의 서안평성(西安平城), 박작성(泊灼城) 등이 있고, 청천강을 지키는 안주성(安州城), 대동강 하구를 방어하는 장수산성(長壽山城), 황해도의 남부해안을 방어하는 수양산성(首陽山城) 등이 그러한 역할을 수행하였다. 고조선은 비록 후대의 성들과 규모와 기능의 차이는 있지만 이러한 지역에 방어체제가 구축되었을 가능성이 있다.

또한 섬방어체제가 있다. 장산군도는 대장산도를 중심으로 주변의 섬들이 울타리처럼 둘러싸고 있어 마치 거대한 만 혹은 내해적(內海的)인 성격을 지니고 있다. 따라서 대규모의 수군선단기지가 될 만한 조건을 갖추고 있다. 또 육지에 구축된 해양방어체제들과 연결하여 유기적으로 작전을 펼칠 수 있으며, 실제로 수군을 움직일 수 있다. 필자는 1995년 고구려성이 있다는 사실을 확인한 후[40] 재차 입도해서 조사한 결과 몇 개

---

40) 遼寧省博物館 旅順博物館 長海縣文化館 〈長海縣廣鹿島大長山島貝丘遺址〉,《考古學報》1981, 제1기. p.79. 여기 인용된 지도에는 장해현에 고구려성이 있음을 표시하고 있다.

의 고구려성을 발견하였다.[41] 고구려성은 대장산도의 장해현청에서 북쪽으로 떨어져 있는 해안가 절벽 위에 있었다.[42] 월량만(月亮灣) 근처에도 광록도(廣鹿島)에도 고려성이 있었다. 신석기시대 패총유지였고, 선박관계유물, 즉 주형도기(舟形陶器)들이 발견되었던 곳이다. 이외에 장하현의 석성도(石城島), 석성열도의 해양도에도 고구려 산성이 있다. 이러한 환경이라면 고조선문명권 시대에도 어떠한 형식과 형태로는 주민들이 집단으로 거주했고, 방어와 연관된 시설들이 구축됐을 가능성이 있다.

해양방어체제 외에도 강변방어 체제들이 있다. 강들에는 수로를 관측하고 물길을 장악하는 길목에 반드시 방어체제들이 있어야 한다. 특히 강을 활용하여 만들어진 정치체나 국가에서는 강변방어체제들이 중요한 역할을 담당하였다. 유럽의 내륙과 시베리아 일대에는 강변방어체제들이 발전하였고, 고조선문명권에도 길고 폭이 넓을 뿐 아니라 전략적으로 가치가 높은 강들이 있다.

강변방어체제는 해양방어체제와 유사한 몇가지 체계와 기능을 갖고 있다. 첫째, 강·능선·골·강상·강변 등의 자연환경을 최대한 활용하여 구축하였다. 둘째, 축성한 지역은 도강 지점이나 수군의 상륙 지점을 막기에 효율적인 장소 또는 벌판과 관련성이 깊은 장소이다. 셋째, 강안(江岸)을 마주보는 짝 형태로 강변에 구축한 곳이 많다. 넷째, 내륙에 대성을 둔 채로 주변 지역에 방사상 형태로 구축한 전술적 기능의 소성이나 보루의 형태가 많았다. 다섯째, 소규모의 보루들을 많이 운영하였다. 송화강변, 압록강변, 두만강변, 혼강변, 요하변, 청천강변, 대동강변 등에 쌓았고, 예성강, 한강, 영산강·금강 하구·섬진강 하구 등에도 있었다. 위에서 살펴본 바와 같이 해양방어체제와 강변방어체제는 위치와 규모에 따라서 다양한 형태가 있으며, 목적과 기능에 따라서 여러가지 종류가 있다.

---

41) 윤명철, 〈遼東지방의 해양방어체제연구〉, 《정신문화연구》 겨울호, 통권 77호, 1999; ---, 〈고구려 산성과 해양방어체계 연구〉, 《고구려 산성과 해양방어체제 연구》, 백산자료원, 2000, pp.108~111.
42) 이 마을은 현재도 '고려방'이라고 불리우고, 과거에는 지명이었다.

## (2) 항구도시의 유형화

위에서 언급한 조건과 이론을 근거로 필자는 고조선문명권에서 생성된 항구도시들을 '내륙항구(河港)도시', '해항(海港)도시', '강해(江海)도시'로 유형화시켰다.

첫째, '내륙항구(河港)도시'는 내륙의 한중을 흐르는 큰 강의 옆에 생성된 항구도시이다. 강은 때때로 넓은 면적과 규모가 크고 작은 선(線, 支川)들을 매개로 사방으로 연결된 매개망이다. 즉 내륙의 중간에 항구도시가 형성된다. 고구려의 전기 수도였던 국내성은 전형적인 내륙항구도시이다.[43] 현재 요양시인 요동성은 하항도시였다. 조조(曹操)가 3세기 전반에 벌인 전투기록을 고려하고, 당시의 해안선 등의 지형, 요하의 수계와 주변의 자연환경 등을 고려하면 당연하다. 그 밖에도 북만주의 송화강과 흑룡강 주변의 도시들, 예를 들면 길림시(吉林市),[44] 하얼빈(哈爾濱)시, 대안시(大安市), 흑하시(黑下市),[45] 가목사시(佳木斯市), 동강시(同江市), 영안시(발해의 수도인 홀한성忽汗城) 등은 내륙적 항구도시, 즉 하항도시였다. 러시아령인 우스리스크[46], 하바롭스크,[47] 불로벤스크, 이루

---

43) 윤명철, 〈고구려 수도의 해륙적 성격〉,《백산학보》80, 2008 참조.

44) '질린우라'라는 것은 만족어로 '강안 도시'라는 의미이다.

45) 러시아의 극동지방에서 세 번째로 큰 도시인 Haiilan boo와 흑룡강을 중간에 두고 마주 보고 있다. 가장 가까운 거리는 750m 불과하여 구석기시대 만기의 인류활동, 기원전 16세기 동호(東胡), 예맥(穢貊) 등 현재 흑하시 북부, 또 눈강(嫩江) 유역 일대 활동 등이 있다. 이에 대해《일주서》왕회편에서 "東胡黃羆, 山戎戎菽"이라고 하였다. 또한 서주 초년, 숙신족이 흑룡강의 중하유역에서 활동하였다. 삼국시대 이 지역은 부여의 속지로 하였고 당나라 시기에 흑수말갈의 속지로 되었다. 이후 黑水都督府(당), '上京路-蒲峪路'(금), '遼陽行省-開元路-水達達路'(원나라), 그리고 奴爾幹都司(명나라) 등의 관할구역으로 되었다.

46) 우스리스크(Ussuriysk, 만주어: Juru Hoton; 중국어: 雙城子)는 수분하(綏芬河)·랍과부가하(拉科夫加河)·소보제가하(蘇普提加河)의 3개 물길 합류 지역에 있다.

47) Khabarovsk( 만주어: Bohori; 중국어: 伯力城)로서, 만주어로 '발리', '부아리', '파리', '파리', '박화리', '파력', '백리' 등으로 표시된 적이 있었고 의미는 '완두콩'이다.

크츠크 등도 마찬가지였다. 뿐만 아니라 시베리아의 대부분 도시들은 내륙 항구도시였다.

한반도에서는 평양을 비롯하여, 백제의 수도였던 공주(熊津), 후백제의 수도였던 전주(全州)[48] 등이 항구도시였다. 중국에서는 남조(南朝)정권에서와 같이 대부분 수도 역할을 담당했던 현재의 남경(南京)은 양자강 하구의 오송(吳淞)에서 상류로 300㎞ 떨어진 지점에 있다. 양주(揚州) 또한 마찬가지이다. 기타 장강에는 다양한 항구도시들이 발달하였다. 그 밖에 황하인 장안(長安), 낙양(洛陽)을 비롯하여 개봉(開封), 북경(北京) 등은 운하와 강을 적절하게 활용한 하항도시이다.[49]

둘째, 해항도시는 육지와 해양이 직접 만나는 접점에 형성된, 면을 매개로 접촉하는 나루나 포구에서 형성된 도시이다. 삼한(三韓) 78개국의 상당수는 강 하구나 해안가 가까이 위치했으므로[50] 해양문화가 발달했고, 만의 내부나 나루, 포구 등에서 정치적으로 성장하고 교역을 통해서 번창한 '항구도시 국가'의 성격을 가지고 있었다.

고조선문명권과 관련한 해항도시들은 다음과 같다.

① 발해만

발해만에는 산해관(山海關), 진황도(秦皇島), 창려(昌黎), 갈석(碣石), 당산(唐山) 등의 고대 항구도시들이 있었다. 발해는 어양(漁陽)에서 빠져나오는 항구들이 많다. 상곡군은 계현(薊縣)인데, 탁군에서 나오면 천주(泉州)항이다. 지금의 천진(天津) 안쪽지역이다. 천주 북쪽의 항구로는 창

---

48) 윤명철, 〈후백제 시기 전주의 국제도시적 성격 검토〉,《후백제의 대외교류》, 2004, pp.119~146.

49) 이 부분에 대해서는 朴漢濟, 〈中國歷代 수도의 유형과 사회변화〉,《역사와 도시》, 서울대학교출판부, 2000, pp.65~72에 상세하게 기술되어 있다.

50) 이 부분에 대해서는 필자의 다른 논문에서 충분히 언급하고, 각주를 달았다. 이병도, 천관우의 위치비정과 해안선 등 고대의 자연환경을 고려하여 필자가 내린 결론이다.

〈그림 6-2〉 현재 창려현에 있는 갈석산

성(昌城, 지금 唐山市)이 있고, 그 북쪽이 해양(海陽), 노룡(盧龍)이 있는 고죽성(孤竹城)은 난하(灤河)의 하구이다. 상주시대(서기전 16세기~서기전 841년)에 진황도의 연해지구는 고죽이라고 불렸다.[51] 창려에는 고죽방국(孤竹方國) 즉 '고죽국'이 있었고, 근처에 조선현이 있었다.[52] 거슬러 올라가면 상나라의 수도에 도달하였다. 산해관이 있는 진황도시는 지금처럼 강 하구가 아니었다. 진황도항은 발해만에서 가장 오래된 항구이며 사적에서 갈석수(碣石水)로 나타난 적도 있다.

이곳에서 난하는 낙정(樂亭)으로 빠져나오는데, 현재 난하구로 된 곳은 바닷가 곳이고 하구가 아니었다. 또 갈석항으로서 갈석수가 있는 지역이다.[53] 전국시대의 《尙書》禹貢, 《史記》진시황 본기, 《한서》 등에 '갈석'으로 기록되었다.[54] 전국시대에는 연국의 소유였는데, 고대 갈석항 부근

---

51) 王綿厚; 李健才, 《東北古代交通》, 沈陽出版社, 1990, pp.10~13에 '遼西傍海之屠何孤竹道' 등에 관한 내용 일부 참조.

52) 李鵬, 《秦皇島港史(古, 近代部分)》, 人民交通出版社, 1985, pp.27~29.

53) 난하의 하구가 갈석(碣石)이다. 갈석의 위치와 성격, 기능 등은 위만조선의 수도는 물론 낙랑군의 위치를 규명하는 데 절대적이다. 그런데 전국시대까지만 하더라도 갈석의 위치에 대한 설명은 거의 일치하였다. 《尙書》禹貢에서 "太行恒山 至於碣石 入於海"라고 하였다. 즉 태행항산(太行恒山)의 동북 쪽 일측의 여맥이 갈석까지 뻗어간다는 뜻이며, 말하자면 갈석이 한때 태행항산 동북여맥의 종점으로 인식되었다. 즉 발해의 북쪽에 위치한다. 물론 그 이후에도 상황은 거의 유사하다. 결론적으로 전한시대의 갈석은 현재의 갈석항 근처가 틀림없다. 다만 갈석 주변지역, 특히 해안선은 시대에 따라 변화를 겪어 왔다. 이러한 부분은 嚴賓, 〈碣石新考〉, 《遼寧大學學報(哲學社會科學版)》, 1989-3, p.15 참조.

54) 《尙書》우공에 "壺口 雷首 至於太嶽 底柱 析城至於王屋 太行 恒山至 於碣石 入於

〈그림 6-3〉 영평부에 있는 조선성의 유적(왼쪽)과 진황도에 남아 있는 '고려채' 비석

에서 발굴을 통해서 전국시대의 문물들을 발견하였다. 진시황의 2차, 4차, 그리고 호해(胡亥)의 동순(東巡)활동은 진황도 연해, 갈석 지역의 항구들을 개척하고 발전시키려는 정책이었다.[55] 특히 4차 순해(巡海)는 목적지가 갈석항과 북방장성 변방 요새지구였다. 한 무제도 갈석항에서 배를 타고 순해하였다.

② 래주만

현재 산동반도의 북부 해안으로 래주시(萊州市), 봉래시(蓬萊市), 용구(龍口) 등이 있는 항구도시[56]들이 있었다. 황하는 청해성(靑海省)에서 시작해서 5,464km를 흘러와 산동성 간리현(墾利縣)에서 래주만으로 들어온다. 래주만은 삼면이 자루모양으로 육지로 둘러싸여 있어서 항구조건이 양호하고 해양교통에 편리하다. 래주만은 한나라 시대에는 북해군(北海郡)으로 불리워졌다. 북해는 발해를 의미한다. 《후한서》 일민전에는 "蓬萌字子康 北海郡都昌人也…將家屬浮海 客於遼東."[57]이라는 기록이 있

海."라는 기재가 있다. 嚴賓, 위 논문, p.15 재인용.

55) 윤명철, 〈서복의 해상활동에 대한 연구—항로를 중심으로〉, 《제주도연구》 21, 2002에서 진시황의 동방개척 정책의 일환이라고 논리를 전개하였다.

56) 張鐵牛; 高曉星, 《中國古代海軍史》, 八一出版社, 1993 참조.

57) 《後漢書》, 卷 83, 《逸民傳》.

〈그림 6-4〉 래주만의 서쪽인 래주항 입구의 삼산도(왼쪽)와 래주항 삼산도의 어항

다. 이 기록에서 '北海郡 都昌'은 서한의 경제(景帝) 때(서기전 148년)에 설치한 곳으로서 산동성의 창락현(昌樂縣)이다.

대표적인 항구는 고대에 '액'(掖), '등주(登州)' 등으로 알려진 현재 봉래(蓬萊)이다. 봉래는 요동반도와 산동반도를 이어주는 노철산(老鐵山) 수도의 출발점이고 도착점이었다. 삼산포(三山浦)는 현재 봉래시의 앞바다 50리에 있었다.[58] 당나라군이 고구려를 공격할 때도 무기와 식량 등을 비축하였다.[59] 그리고 항해하여 요동반도의 남쪽인 '답진(遝津)'에 도착했다.[60] 이곳은 진나라 사람들이 말한 마석진(馬石津)이다. 그 다음에는 육로 또는 수로로 이동하여 평곽(平郭), 안시(安市), 양평(襄平)에 닿았다. 래주만 앞에는 묘도열도(廟島列島)에 소속된 여러 섬들이 있는데, 대표적인 섬은 장도(長島)[61]이다. 묘도열도 해역의 점점이 이어진 섬들을 따

---

58) 《太平環宇記》에서 "三山(浦)在掖縣北五十里"로 기재하였다.

59) 《신당서》 "唐貞觀中, 爲從海路征高麗"; "詔儲糧械於三山浦"; 《신당서》 권227 《고려전》. 수·당 수군의 공격로에 대해서는 윤명철, 〈고구려 말기의 해양활동과 동아지중해의 질서재편〉, 《國史館論叢》 제52집, 국사편찬위원회, 1994 참조.

60) 《삼국지》에 기록된 답진은 위한 시대 요동군의 답현, 답저이다.

61) 장도는 남·북장산도, 남·북황성도, 대·소흑산도, 대·소흠도, 묘도, 오호도, 고산도, 타기도 등 32개의 섬으로 구성된다. 고산도는 해발 202.8m로 가장 높고 가장 낮은 섬은 7.2m인 동취석도이다. 장도의 자연환경 및 역사상에 대해서는 필자의 현지답사와 함께 다음 책을 참조하였다. 焦戰鍔 主編, 《海上仙山 長島》,

라 북상하면 요동반도를 지나 장해현의 장산군도, 석성열도, 해양도 등
을 경유하여 서한만에 도달하고, 결국은 연근해 항해를 통해서 대동강
하구, 경기만까지 갈 수 있다.

③ 요동만

요하(대요하, 소요하)의 하구를 중심으로 소릉하, 대릉하, 노합하, 시
라무렌강, 서요하 등이 흘러든다. 금주만(錦州灣), 연산만(連山灣) 등의
작은 만이 있다. 금주시가 있는 도하(徒河)는 의무려산(醫巫閭山)의 서쪽
에 있다. 대릉하는 요녕성 서쪽의 가장 큰 강이다. 동쪽에는 대양하(大
洋河), 벽류하(碧流河), 찬자하(贊子河), 사하(沙河) 등이 복주만(復州
灣), 보란점만(普蘭店灣), 금주만(金州灣) 등을 경유하여 황해 북부로 흘
러간다.[62] 요동만의 쌍대자(雙臺子) 하구는 현재 반산(盤山, 盤錦市)에
있다. 양평(襄平, 遼陽)[63]은 연나라가 운영한 요동군의 중심지였다. 요하
의 동부 지류인 태자하의 하류에 위치하여, 현재 중국 요녕성의 중부지
역에 있다. 주변에 산천과 구릉, 평원이 모두 존재하며, 고조선 당시에는
위치가 바다 근처에 있었으므로 '주즙지리(舟楫之利)'에 유리하여 '어미지
향(魚米之鄕)'라는 지역으로 인식되었다. 그리고 해성인 안시(安市), 여순
인 답진(遝津) 등도 항구도시였다.

  기타 고조선문명권과 간접적으로 연관된 해항도시들이 있었다. 성산
항(城山港)은 연대(煙臺), 위해(威海)의 남쪽에 있는 지역이다. 성산은 중
국 황해의 동안을 남북으로 연결시켜 주는 중심이다. 남북을 오고가는

---

  山東省出版總社煙臺分社, 1987; 劉文權 編著, 《人間海市－長島》, 海洋出版社,
  1997; 穀克智, 《長島 旅遊大全》, 中國文麗出版社, 2001 등 참조.

62) 윤명철, 〈고구려 문화형성에 작용한 자연환경의 검토-'터와 多核(field & multi-
  core)이론'〉을 통해서〉, 《한민족》 4호, 2008 참조.

63) '양평(襄平)'이라는 어원에 대한 고찰은 李蘊, 〈襄平淵源初考〉, 《中國地名》, 1997,
  pp.12~13 참조.

〈그림 6-5〉 한무제가 이곳 성산에 오른 후 해에 배례를 했다는 표지석.

선박들은 반드시 산동반도를 돌아가거나, 중간에서 쉬어야 한다. 진시황은 戰國을 통일하고 성산을 방문했으며, 한 무제도 방문했다.

낭야(琅琊)는 서기전 473년 월왕(越王)인 구천(句踐)이 남쪽에서 북상한 후에 낭야산(琅邪山)터에 도읍을 정하고 번영을 이룩했다. 그 후에 진시황은 3차에 걸쳐 이 지역에 순행을 하였으며, 이곳에 궁전을 지은 후에는 3만 호의 사람들을 이주시켰다. 서복(徐福)이 출항한 지역을 놓고 대략 네 군데의 설이 있는데, 그 가운데 하나는 이곳으로 추정되고 있다. 앞글에서 진시황에 펼친 정책들을 해양적인 관점에서 살펴보았는데, 동방으로 진출하려는 정책을 폈을 때, 진 등 중국세력이 한반도 혹은 일본열도를 대상으로 하는 해양활동의 전진기지로 삼는 데는 아주 적합한 환경을 갖춘 지역이다.[64] 훗날 그 아래인 교주만은 재당 신라인들은 물론이고, 고려와 북송이 교섭할 때도 많이 이용되던 항구 지역이다.

영파(寧波)는 장강 및 전단강의 수계이면서, 북쪽에는 항주만(杭州灣), 동쪽으로는 주산군도(舟山群島)와 이어진다. 주산은 1,390개의 섬으로 구성된다. 허무뚜(河姆渡) 제2문화층에 속하며 5000년 이전의 신석기시대부터 문화가 발달했고, 한반도 남부와의 연관성, 벼농사 전파와 관련이 있다. 특히 벼농사가 시작된 허무뚜(河姆渡)문화의 중심지였다. 당나라 시대에 명주(明州)로 개칭되었다. 광주(廣州)는 광동성의 항구도시이며, 남중국해 연안의 대외무역 항구이자 교통의 요지였다. 고대에는 판위(番禺)가 핵심지역이었다. 진나라와 한나라 시대에 남월국의 수도이자 영

---

64) 《中國航海史》, 古代編, pp.35~41 참조.

〈그림 6-6〉 산동성 낭야(왼쪽)와 밀주 고려관터

남 지역의 중심지였다. 진시황 때 조선소를 세웠다. 한무제는 남월지역을 평정한 후에 사신을 파견하여 황지국(黃支國, 인도남부)과 이정불국(已程不國, 스리랑카)에 도착했다.

고구려 평양의 외항인 남포항, 백제의 미추홀(彌鄒忽, 인천), 관미성(關彌城, 강화도), 당성(唐城),[65] 익산(고대에는 바다와 붙어 있었다고 생각한다), 경주(신라의 금성金城), 포항, 울산, 나주(영산포), 김해[66] 등도 해항도시였다. 일본열도에서 노국(奴國), 말로국(末盧國), 이도국(伊都國) 등은 그러한 해항도시 소국이었을 것이다.[67] 현재 오사카인 고대의 나니와(難波), 이즈모(出雲), 쓰루가(敦賀) 등은 전형적인 해항도시였다. 한편 동해와 연관하여 연해주(沿海洲)의 해항도시로서는 크라스키노(발해의 염주鹽州), 블라디보스토크 등이 있다.[68]

---

65) 윤명철, 〈남양(화성)지역의 해항도시적 성격과 국제항로〉, 《황해의 문화교류와 당성》, 한양대학교 문화재연구소, 2012 등 참조.

66) 전형적인 해항도시국가로 출발했으며 고대 가야의 수도였다.

67) 윤명철, 《동아지중해와 고대일본》, 청노루, 1996, pp.93~94; 江上波夫, 〈古代日本の對外關係〉, 《古代日本の國際化》, 朝日新聞社, 1990, p.72; 武光 誠, 《大和朝廷は古代の水軍がつくった》, JICC, 1992, pp.32~36 등 참조.

68) 핫산스키에는 석기시대의 고대 유물(V-Ⅲ B.C.시대의 Boisman과 Zaisan 고대문화), 청동기와 초기 철기시대의 유물(XI-Ⅳ B.C.시대의 Kroun과 양코브스키문화 유적. '조개언덕')과 같은 역사적 유물이 많이 있다.

셋째, 강해도시[69]는 강과 바다가 만나는 접점에 생성된 내륙도시이면서, 항구의 기능을 하였다. 역사의 초기단계에서는 정치집단이 형성되는 조건이 내항도시보다는 해항도시가 유리하다. 하지만, 일정한 시간이 흐르고 국력이 강력해지면서 해항도시는 오히려 불리한 요소로 작동할 수 있다. 방어상에 불리하고, 조수의 영향 등으로 말미암아 물길이 불안정하다.

그런데 강해도시는 이러한 불리한 요소가 비교적 적다. 해양교통뿐만 아니라 강상교통과 육상교통이 직접 연결되는 교통망의 중핵에 있다. 자체적으로 농산물과 수산물을 생산할 뿐 아니라, 내륙으로부터 임산물 및 광산물 등을, 바다로부터는 해산물 등과 다른 지역의 산물들을 유리한 조건으로 공급받을 수 있다. 따라서 상대적으로 경제생활의 풍부함이 보장된다. 또한 정보의 허브(hub) 역할에도 유리하다. 내륙에서는 차단되어 소통이 부재할 수 있는 대외적인 정보들과 국제정세를 비교적 신속하고 정확하게 입수할 수 있다.

강해도시는 문화의 수입처이면서 생산처이고, 동시에 배급처 기능도 하였다. 산골문화를 비롯한 내륙의 농경문화 등이 중간 지역이나 중간 단계를 거치지 않고 강 하구로 전달될 수 있으며, 해양문화와 외국문화도 여과 없이 전달될 수 있다. 그러므로 이질적이고, 다양한 문화들이 교류하면서 새로운 문화가 태동하는 데 적합하다.

또한 취약할 수밖에 없는 해양방어에 더욱 안정적으로 대비할 수 있다. 방어면적이 넓고, 방어시간을 연장할 수 있기 때문이다. 이러한 이유들로 말미암아 필자는 상대적으로 강해도시의 역사적인 위상과 역할에 대하여 의미를 두고 있다. 고조선문명권, 특히 동아지중해에서는 지정학적, 지경학적, 지문화적 조건상 각 나라의 수도나 대도시가 강해도시일 가능성이 높다.

위만조선의 왕험성, 압록강 하구의 박작구(泊灼口)와 서안평(西安平,

---

69) 윤명철, 〈한민족 歷史空間의 이해와 江海都市論 모델〉, 《동아시아 고대학》 23, 2012.

신의주, 중국의 단동丹東)은 강해도시이다. 백제의 첫 수도인 한성(漢城),[70] 부여(泗沘城)도 금강의 중하류에 위치한 강해도시였다. 고려의 수도였던 개성(開京)도 예성강과 연결된 위치나 역할로 보아 전형적인 강해도시이다. 두만강 하구인 중국의 훈춘(琿春)은 발해의 동경(東京)이었는데, 역시 강해도시였다. 남쪽의 나진도 강해도시였다.

## 2) 왕험성의 위치와 성격

위만조선이 멸망할 때의 수도에 관해서는 《사기》를 비롯하여 여러 기록들이 있다. '왕험성(王儉城)'은 소위 위만조선의 수도이며, '조한전쟁'의 결과로 설치되었다는 '한사군'의 위치와 직결되고 있다. 따라서 그 성의 위치를 비정하고 성격을 규명하는 일은 매우 중요하다. 이와 연관해서 다양한 주장들과 연구성과들이 발표되었다.[71]

사료에 기록된 왕험성의 위치와 성격을 규명하고, 위만조선의 전반적인 정치, 경제, 군사적인 상황을 이해하려면 몇 가지 전제가 필요하다.

우선 기록을 보면 왕험성은 한나라의 대군에 의해서 공격을 당하였고, 그 이전에 위만이 세운 조선의 수도임이 분명하다. 또 하나, 조선은 수도가 하나가 아닐 가능성이 있다. 또는 조선이라는 명칭을 갖고 있건 아니건 고조선문명권의 중핵은 하나가 아니고 세 곳일 가능성을 살펴보자. 우선 시대적인 환경과 고조선이 활동한 공간의 자연환경을 고려한다. 또한 부실하고 엉성한 사료들과 고고학적인 유물과 유적의 분포도를 비교한다. 그럴 경우에는 왕험성을 수도로 삼은 위만조선이 광대한 공간에

---

70) 조수의 영향은 서빙고까지 끼쳤다고 한다. 조선시대에 남한강은 영월까지, 북한강은 화천군 간동면 방천리까지 배가 올라갔었다고 한다. 한강 하류는 중요한 2개의 항로가 마주치는 동아지중해 해양교통의 결절점으로서 수륙교통과 해륙교통이 교차되면서 상호호환성을 지닌 강해도시이다.

71) 왕험성의 위치에 대해서는 '요녕설', '평양설', '개주설' 등 다양하다. 이 책에서는 이에 대하여 구체적으로 연구사적 검토를 하는 일은 생략한다.

지방관을 파견한다거나, 주변 지역의 정치적인 수장을 임명하고 통제할 능력은 갖지 못했을 가능성을 생각하지 않을 수가 없다.

주나라 또는 그 시대와 비교적 가까운 춘추전국시대와는 물론이고, 직후의 진, 한의 관리체제와 동일하거나 유사할 수는 없다. 앞에서 언급을 했고, 또 뒤에서도 교통로 등을 통해서 보완 설명을 하겠지만, 고조선 문명권 속의 정치체들은 3개 정도가 각각 자기 지역을 중심으로 관리했을 가능성이 크다. 즉 3핵 체제임을 전제로 하는데, 고구려, 발해, 요, 원 등 유목적 성격을 띠거나 넓은 영토를 갖고 있는 경우에는 몇 개의 도읍을 운영했다. 유목민족들은 수도 또는 왕궁을 여러 곳에 두는 경우가 많고, 필요에 따라 수도를 이동한다. 북한의 역사학은 고구려가 부수도들을 두었다고 한다. 실제로 남평양 등의 용어를 사용하였다.

신채호는 고조선이 '3경제'를 운영했을 것이라는 주장을 했는데, 여기서는 그 주장과 동일하지는 않지만 유사할 수 있다. 필자가 계속해서 주장하는 '1산 2해 3강론'이라는 틀 속에서 3강의 중심이 3핵이 되고, 이러한 고조선문명권 또는 조선적 질서 속에서 위만이 통치한 조선과 수도인 왕험성이 사료에 기록된 것일 가능성도 염두에 둘 필요는 있다. 실제로 왕성은 여러 곳에 존재했을 가능성을 생각해 볼 필요가 있다.

왕험성이 기존의 견해대로 '수도(首都, capital)'이고 3핵 가운데 하나인 중요도시라면 앞에서 열거한 수도 또는 대도시의 조건에 적합한지 검증해야 한다. 위치를 검증하거나 찾는 과정에서 특별히 해양과의 연관성을 검토하는 작업은 반드시 필요하다. 왕험성에 대한 기록은 한과 벌어진 전쟁과 연관해서 나타났고, 그 전쟁은 육지전과 함께 해양전의 성격을 띠고 있었기 때문이다.

필자는 위만조선의 해양활동을 논하면서 해양상황, 전황 등 해양질서의 관점에서 '조한전쟁(朝漢戰爭)'이라는 용어를 사용하여 국제대전으로 파악하고, 왕험성의 위치와 성격에 대해서 견해를 피력한 바 있다.[72] 또

---

72) 이 글은 필자가 발표했던 몇 편의 글을 토대로 새로운 이론과 사실을 부가하여

한 중국 역사서의 기록과 발해의 자연 환경을 분석하면서 발해의 해양문
화와 성격을 논하였고,[73] 왕험성의 성격과 위치를 밝히는 작업을 했었
다.[74] 앞에서 서술한 발해의 항구들과 해양환경을 근거로 왕험성의 위치
를 다시 한번 규명하려고 한다.

사료에서는 '왕험성'과 '왕검성'을 구분한다는 점을 인식할 필요가 있
다.[75] 왕검성은 왕검의 성이라는 의미이고, '왕검'은 언어학상으로 왕 더하
기 신을 의미한다.[76] 안재홍은 왕검에 대해서 "한국인은 웅(熊)을 곰이라
고 하는 데 신(神)을 의미하는 검(금)과 같은 말이다. 왕검(王儉)은 '금'의
한자식 표기이므로 '큰 임금'이라는 뜻이다. '금'은 신(神)이라는 뜻이니 그
대로 신인(神人)이라는 뜻이 된다. 또 현대어 '임검'의 원래 의미로도 볼
수 있다. '왕'은 '크다'는 의미를 지닌 한국어 고유의 언어로 왕(王)자의 음
을 빌려 쓴 것이다."라고 하였다.[77] 언어학자들이 대체로 주장하는 이러

---

작성하였다. 윤명철, 〈黃海文化圈의 형성과 해양활동에 대한 연구〉, 《先史와 古
代》11호, 1998.

73) 윤명철, 〈渤海 유역의 역사문화와 동아시아 세계의 이해-'터(場, field) 이론'의
적용을 통해서〉, 《동아시아 고대학》17집, 2008; ---, 〈고조선문화의 형성과
멸망에 작용한 해양적 질서〉, 《한국 상고문화의 기원연구》, 북방문화사업단,
2010.

74) 윤명철, 〈해양질서의 관점으로 본 王險城의 성격과 위치〉, 《고조선단군학》33,
2015.

75) 《삼국사기》, 동천왕 17년조. "平壤城 本仙人王儉之宅也 或云 王之都王險"이 기
록에 따르면 왕검(王儉)은 선인(王儉)을 가리키고, 왕험(王險)은 왕의 도읍을 의
미한다. 《東國史略》에는 단군이 왕검성에 도읍하였다고 기록하였다. 거의 대부
분의 기록과 연구는 왕험과 왕검을 동일시하고 있다. 《鷄林類事》, 《東史》, 《東國
文獻備考》 등에는 왕검을 단군의 이름으로 기록하고 있다.

76) 왕검에 대해서는 단재 신채호 등을 비롯해서 언어학적인 접근을 한 논문들이
많다. '금'계 언어에 대한 필자의 견해와 정리는 윤명철, 〈壇君神話에 대한 構造
的 分析〉, 《韓國思想史學》, 2집, 韓國思想史學會, 1988; ---, 《단군신화, 또 하
나의 해석》, 백산, 2008 참조.

77) 대표적인 지역은 백제의 왕성이었던 웅진(熊津)이다. 《주서》에는 '고마성(固麻
城)'으로 기록하였다.

한 논리라면 왕검성은 '임금성', '왕성'의 의미를 갖고 있다. 따라서 사료의 기록이나 고조선문명권의 지정학적인 환경 등을 고려할 때 '왕험성'은 위만조선의 왕성일 수는 있지만 이 '왕험성'이 곧 '왕검성'은 아니다. 따라서 명칭의 문제를 떠나서 사료에 나타난 왕험성 위치와 성격을 이해하는 것이 중요하다.

이 문제를 해결하기 위하여 몇 가지 방법을 적용해서 살펴본다.

첫째, 한나라의 군사전략과 양국 사이의 전쟁 과정을 해양적인 관점에서 분석하는 방식이다. 전쟁의 배경과 과정은 다음 장에서 후술할 예정이므로 여기에서는 위치를 규명하는 일과 연관하여 비교적 간략하게 기술한다. 전쟁의 과정도 의외로 간략하게 기술되어 있다.

天子募罪人擊朝鮮 其秋 遣樓船將軍楊仆從齊浮渤海 兵五萬人 左將軍荀彘出遼東 討右渠 右渠發兵距險 左將軍卒正多率遼東兵先縱 敗散 多還走坐法斬 樓船將軍將齊兵七千人先至王險 右渠城守 窺知樓船軍少 即出城擊樓船 樓船軍敗散走 將軍楊僕失其衆 遁山中十餘日 稍求收散卒 復聚 左將軍擊朝鮮浿水西軍 未能破自前[78]

앞 조항에서는 국경의 강으로 나타났고, 여기서는 작전범위 안에 있는 패수의 위치가 확실하면 왕험성의 위치 논쟁은 불필요하다. 하지만 패수(浿水, 沛水)의 위치에 대해서 다양한 설이 있다. 이 글에서는 논하지 않고 다음으로 넘긴다.[79] 그런데 신채호는 《조선상고사》에서 위만이 동으로

---

78) 《사기》 제115권, 〈조선열전〉, 55.

79) 徐德源, 〈關於朝鮮歷史地理研究中若幹問題的解誤〉, 《東北史地》, 2006, pp.2~10. 패수(浿水)가 어느 곳인가에 대해서는 대동강, 청천강, 압록강, 어니하(淤泥河), 사하(沙河), 요하(遼河), 대릉하(大淩河), 고려하(高麗河), 난하(灤河) 등으로 보는 견해가 있었다. 신채호는 《조선상고사》에서 '위만이 동으로 건너온 패수는 《위략》의 만번한; 《한서》 지리지의 요동군의 문, 번한―지금의 해평, 개평 등지이므로 지금의 한우락이 그곳이다'라고 하였다. 혼하설(渾河說)은 김남중을 비롯하여 서영수·박준형·박경철 등이 하고 있다. 이 부분은 김남중의 앞 논문에서 언

건너온 패수는 《위략》의 만번한(滿潘汗), 《한서》 지리지(地理志)의 요동군의 문(汶), 번한(番汗)-지금의 해평(海平), 개평(蓋平) 등지이므로 지금의 한우락(蛘芋濼)이 그곳이라고 하였다.

당시의 전황에 따르면 한나라의 수군이 왕험성을 공격할 때 성 내부의 군사들과 누선군의 접촉은 지극히 짧은 거리에서 이루어졌다. 즉 '… 누선장군은 먼저(先) 왕험성에 이르렀는데, 우거(右渠)는 성을 지키고 있다가 누선의 군사가 적음을 엿보아 알고 즉시성을 나와 누선을 치니 누선군은 패해 흩어져 도망갔다'라고 하였다.[80] 이 글의 내용을 고려하면 왕험성은 누선의 정박지점 및 상륙지점과 매우 가깝고, 그렇다면 두 나라의 군대는 상대 군의 시인거리 또는 공격범위 안에 있었다.

또한 한나라는 수군과 육군이 빠른 시간 안에 조우해야 했고, 합동작전을 구사해야 한다. 이 지역에서 이러한 수륙협공방식을 쓰려면 식량 등 군수물자를 보급받을 때 수군의 도움이 절대적으로 필요했다. 때문에 고구려와 수나라, 당나라가 전쟁을 벌일 때도 이러한 군사동원과 이동시스템을 운영한 것이다. 그렇다면 한나라의 수륙군은 신속하게 단거리 작전을 펼쳐야만 했다. 특히 이동 속도가 느린 육군으로서는 이동거리가 되도록 짧아야만 한다.

그런데 한나라는 왜 그랬는지는 모르지만 5만의 수륙군을 비교적 작전을 수행하기 부적합한 원봉 2년 가을(秋)에 출동시켰다. 만주 일대에서 음력 9월은 겨울이 시작된 시점이다. 육군은 장거리를 이동하여 진격하는 일이 불가능하다. 또한 전투는 몇 달 동안 지속되고, 또 실제로도 전투지역이 남만주 일대 또는 한반도 북부해안일 경우에는 장기간에 걸친

---

급되었다. 요하(遼河)가 고조선의 국경을 이룬 것으로 보는 견해는 많다. 한편 혼하(渾河)로 보는 견해도 있다. 그런데 요하와 혼하는 매우 근접한 거리에 있을 뿐 아니라 혼하는 요하로 흘러 들어간다.

80) 《漢書》, 西南夷 兩粵 朝鮮傳. 朝鮮 元封 2年 "樓船將軍將齊兵七千人先至王險 右渠城守 窺知樓船軍少 即出城擊樓船 樓船軍敗散走 將軍楊仆失其衆 遁山中十餘日 稍求收散卒 復聚"라고 기록하였다.

작전기일이 필요하다. 그런데 이 계절에는 이동이 어렵고, 군수물자를 보급하고 비축하는 것이 불가능하므로 보급선이 끊어질 수 밖에 없다. 겨울 전쟁에서 승리하는 일은 거의 불가능에 가깝다.

요서 지역과 요동지역을 잇는 지역 가운데 '요택(遼澤)'이라는 교통이 매우 불편한 습지대(소택지)가 있었다. 이 길을 통과하는 데는 요대(遼隊, 현재 법고현)와 험독(險瀆, 현재 태안현)이 교통로의 중심지였다. 요대는 약간 남쪽에 있었고 험독은 상대적으로 북에 있었다. 진나라는 경초 2년 (287년)에 요동지방을 공격했는데, 그때의 상황을 이렇게 기록하였다. 《三國誌》公孫度傳 "景初 二年春 遣太尉司馬宣王征淵 六月 軍至遼東 淵遣 將軍卑衍 楊祚等步騎數萬屯遼隊 圍塹二十余里 會霖雨三十余日 遼水暴長 運船自遼口徑至城下." 다소 길지만 내용은 의외로 간단하다. 즉, 군대는 봄에, 그것도 요동에서 가능한 한 가까운 곳에서 발진했지만 음력 6월에야 요동에 도착했다. 오랜 시간이 걸려 한여름인 7월에 도착한 것이다. 그리고 그 군대는 큰 비가 내리기를 기다렸다가 요수가 넘칠 정도가 되었을 때 배를 타고 요하를 거슬러 올라가 양평성 아래에 도착했다.[81] 이 사건을 《자치통감》에서도 유사하게 기록하였다.[82]

645년에 겨울이 다가오자 안시성에서 철수한 당태종의 군대는 요택 (遼澤) 지대에 빠져서 대손실을 입고 간신히 퇴각했다. 그 비참한 상황은 《자치통감》에 상세하게 기록되어 있다. 이러한 자연환경을 고려한다면 수 군보다 늦게 출발한 육군의 이동거리와 작전기간은 짧을 수밖에 없었고, 작전범위는 결코 요동반도를 넘을 수 없을 것이 분명하다.[83] 수군 또한 가을에 산동반도를 출항해서 발해를 건넜다(其秋, 遣樓船將軍楊僕從齊

---

81) 233년에 손권이 보낸 사신인 장미와 허안은 공손연이 참수하였다. 그 사신단이 배를 타고 황해 서안을 따라 항해한 후에 도착한 곳은 《자치통감》에 따르면 양평(襄平), 즉 요양이었다.

82) "景初 二年 秋七月 大霖雨 遼水暴漲 運船自遼口逕至城下 雨月餘不止."

83) 《사기》 조선열전에서 "樓船軍敗散走 將軍楊仆失其眾 遁山中十餘日 稍求收散卒 復聚 左將軍擊朝鮮浿水西軍, 未能破自前"이라고 하였다.

浮渤海). 그런데 늦가을의 바다는 매우 거칠다. 북서 계절풍이 불어와 춥고 파도가 높다. 심지어는 발해처럼 내해이며 암초가 많고 작은 섬들이 점점이 이어진 좁은 해협에서 안정적인 항해를 하기는 매우 힘들다.

598년에 수나라가 고구려를 공격할 때 주라후(周羅睺)가 이끄는 수군은 산동반도의 북부 해안을 출발했지만 결국 대풍을 만나 표몰하고 말았다.[84] 그러니까 이러한 여러 기록들과 상황들을 고려할 때 한나라가 육군 또는 해양을 이용해서 공격한다는 것은 여러 가지 면에서 위험부담이 크다. 그럼에도 불구하고 무리하게 가을에 해양작전을 벌였다는 사실은 장기간을 필요로 하는 장거리 작전이 아니라 빠른 시간에 작전을 종료시킬 수 있는 단거리 작전이었음을 반증한다. 중국세력이 겨울 전쟁을 벌이면서 만주 또는 한반도를 이기는 것은 불가능에 가깝다. 주요한 전투 지역이 만약 한반도 북부 해안이나 대동강 유역 등이라면 상상할 수 없는 장기간에 걸친 작전기간이 필요하다. 실제로 어떤 사료에도 요동지역을 넘어서 대동강 하구까지 이어지는 지명은 물론이고 작전 상황이 전혀 기록되지 않았다. 그렇다면 늦은 가을에 출발한 작전은 공격의 최종목표가 요동지방을 넘어서는 것은 절대 아니었다.

특히 수군보다 늦게 출발한 육군의 이동거리와 작전기간은 더욱 짧을 수밖에 없었고, 작전범위는 결코 요동반도를 넘을 수 없었다. 실제로 5만 이상의 대군이 한반도의 북부인 대동강 유역을 겨울에 공격한다는 것은 불가능한 작전이다.

육군은 과거 연, 진, 한나라의 영토, 그것도 자국의 국경선 안에서는 먼 안정된 내부에서 출발했을 것이다. 그리고 패수를 가운데에 두고 동쪽과 서쪽에서는 조선군이 강변방어체제를 구축하고 방어를 하고 있었다. 그런데 한나라 육군은 1차로 벌어진 패수 공방전에서 패배했다. 그리

---

84) 《삼국사기》 권20 고구려 본기 第8 嬰陽王 9年;《隋書》 권2 帝紀 제2 高祖 下 開皇 18年.
  《수서》 열전 주라후전에서 "(開皇) 十八年 起遼東之役 徵爲水軍總官 自東萊泛海趣平壤城 遭風船多飄沒 無功而還"이라고 하였다.

고 시간이 흐른 다음에 재차 공격했을 때에야 비로소 험독에 도달하였다. 먼저 도착한 수군은 장기간 대기할 수밖에 없었다. 그런데 도하작전 등 전쟁 상황이나 통과한 지형 등의 전황에 대한 묘사가 간략하게는커녕 전혀 기록되지 않았다. 이러한 모습은 3세기 전반에 위(魏)나라의 관구검이 고구려를 공격할 때나, 전연, 수나라, 당나라 등이 고구려를 공격할 때와는 전혀 다른 양상이다.[85] 뿐만 아니라 한 무제가 북방의 흉노, 남방의 남월 등과 벌인 전쟁 때와도 다르다.

더구나 중국의 어떤 사료에도 이 전쟁을 기록하면서 요동지역을 넘어서 대동강 하구까지 이어지는 지명은 물론이고, 간단한 지형조차 기록되지 않았고, 작전 상황도 전혀 기록되지 않았다. 특히 교통망, 전투기록, 무기 운반의 과정과 방법, 수군이동과 전투 등이 전혀 기록되지 않았다.

이러한 내용과 실질적으로 벌어진 전황의 기록을 보면 한나라 육군의 군대는 최소한 요동선을 넘지는 않았다.

그렇다면 수군은 어떠했으며, 출발지역 또는 항구는 어디일까?

수나라와 당나라가 고구려를 공격할 때와 동일하다면, 7000명에 달하는 제나라의 산동병은 래주만을 출항했을 가능성이 있다. 하지만 발해만의 난하 하구도 가능성이 높다고 판단된다. 산해관, 진황도와 가깝고, 해양전략적 가치가 매우 높기 때문이다. 난하는 하북성에서는 두 번째로 큰 강이다. 장도가 87km이고, 란현→창려현에서 바다로 들어가는데,[86] 9개의 지류로 구성되었다.[87] 현재의 난하구는 바닷가 곶(串)이었지, 하구가 아니었다.[88] 창려(昌黎)는 "四海咸通 風帆易達"의 요지이다. 갈석항은 갈석수가 있는 지역이다.

---

85) 윤명철, 《고구려 해양사 연구》, 사계절, 2003; ---, 〈고구려 말기의 해양활동과 동아지중해의 질서재편〉, 《국사관논총》 제52집, 1994.

86) 河北省 豊寧縣 駱駝溝鄕 동쪽의 小梁山에서 발원, 壩上草原→多倫大河口→隆化縣 郭家屯→潘家口→長城→遷西縣→遷安市→盧龍縣→灤縣→昌黎縣.

87) 小灤河・興洲河・伊遜河・武烈河・老牛河・柳河・瀑河・撒河・青龍河.

88) 王綿厚; 李健才, 앞의 책, 1990, 10~13쪽에 '遼西傍海之屠何孤竹道' 부분 참조.

《창려현지》(昌黎縣志)에는 "무녕현(撫寧縣, 古 臨渝) 남쪽 산으로 이어진 일대가 다 갈석이다"라고 되어 있다. 갈석은 우북평을 비롯하여 흉노가 있었던 북방지역과 연결되는 통로이기도 하였다.[89] 창려에는 '고죽방국' 즉 고죽국이 있었고, 근처에 조선현이 있었다. 고대 갈석항이 있었던 부근에서 전국시대의 문물들을 발견하였다. 해안가에서는 제와 연나라의 도폐가 발견되어 상업활동과 무역이 있었음을 알려준다.[90] 이 갈석산을 한반도로 비정한 것은 후대의 일이다.[91]

진황도항(秦皇島港)은 발해만에서 가장 오래된 항구이다. 은주시대(서기전 16세기~서기전 841년)에 진황도의 연해 지구는 고죽(孤竹)이라고 불렀다. 그 이후에도 이 지역은 중대한 항구도시의 역할을 담당했으며, 특히 제와 연이 군사작전을 벌였을 때도 사용한 장소였는데, 공격목표가 화북지방과 요서지방이기 때문이었다. 진시황도, 한무제도 갈석 등에서 출항하여 순해(巡海)를 시작했다. 그렇다면 한나라의 수군은 발해만의 항구들을 이용했을 가능성이 높다. 만약 수군의 공격목표인 왕험성이 요동반도에 있다면 적어도 항로상이나 순체가 지휘하는 육군과의 합동작전을 하려면 발해만의 항구에서 출항하는 편이 더 효율적이다.

《사기》의 조선열전에서 '왕험'을 이렇게 기술하였다. 《집해》에서 서광이 말하기를 "창려에 험독현이 있다. 색은에서 〈옛 읍의 이름이다〉"라고 하였다. 응소의 주에서는 "요동에 험독현이 있는데 조선왕 옛 도읍이다."라고 하였다.[92] 또 응소는 《한서》 지리지 험독현을 주석하면서 '험독'은 "조선왕 만의 옛 도읍지다. 험한 강을 끼고 있기 때문에 험독"이라 했다.[93] 이러한 몇몇 기록들은 험독이 큰 물가에 위치한 항구도시임을 알려

---

89) 嚴賓, 위의 논문, pp.15~16.

90) 王綿厚; 李健才, 앞의 책, 1990, p.39.

91) 중국의 《中國歷史地圖集》, 第二冊 漢幽州는 "遼東有番縣, 其故址在今鴨綠江東朝鮮半島北部大寧江西岸博川城南古博陵城."이라고 하였다.

92) 《集解》"(徐廣) 昌黎有險瀆縣也"; (索隱)"古邑名"; (應劭注)"遼東險瀆縣 朝鮮王舊都".

93) "朝鮮王滿都也 依水險 故曰險瀆",《前漢書·地里志》(遼東郡·險督縣注) 참고.

준다.[94]《중국역사지도집》제2권 진, 서한, 동한 편(1982년 간)에 '험독'이
표기되었는데, 그 위치를 보면 심양의 남서쪽 요하변에 있다.

《한서》지리지의 요동군 조항을 보면 다음과 같다. "요동군은 진나라
가 설치했다. 유주에 속하며, 양평, 신창, 무려, 망평(望平), 대요수(大遼
水)가 새외(塞外)로 나와 남쪽으로 안시(安市)에 이르러 海로 들어가며, 1
천 2백 5십리를 간다. 서부도위 치하에 있다. 방(房), 후성(候城)은 중부
도위 치하에 있다. 요양(遼陽)은 대량수(大梁水)가 서남으로 흘러 요양(遼
陽)에 이른 후에 요(遼)로 들어간다. 또한 환차(桓次), 평곽(平郭)에는 철
관(鐵官), 염관(鹽官)이 있다. 패수가 새외로 나와 서남으로 해(海)에 들어
간다. 답씨(遝氏)가 있다."[95]라고 하였다.

이 문장의 내용을 정리하면 '양평(襄平)'은 '은양(昌平)'이고, '신창(新
昌)'은 '안시(安市)'로 연결된다. 현재 해성은 동쪽이다. 그 시대에는 안시
와 가까왔고, 바다와 만나는 곳이었다. 해성은 이름의 의미대로 바닷가에
위치한 성이며, 해항도시였다. 이러한 상황들을 고려하면 험독은 발해만
근처의 창려나 대동강 하구가 아니라, 오히려 요동군의 요하가에 속하였
다고 보는 것이 옳다.

그런데 '험독', '요양', '안시', '답'을 설명하는 가운데 서안평이 거론되
고 있다. 압록강의 하구인 현재 단동시 근처의 '애하첨(靉河尖) 고성(故
城)'에서 발견된 '안평'이라는 글자가 있는 와당을 갖고 그곳이 '서안평'이
라고 주장한다. 그런데 "西安平 莽曰 北安平", "沛水出塞外 西南入海"라는
기록을 근거로 본다면 서안평은 요동반도에 위치한 것이다.[96] 또 마찬가
지로 후대의 사료인 《대청일통지》는 험독고성(險瀆故城)이 광녕현(廣寧

---

94) 림건상, 〈고조선의 위치에 관한 고찰〉에서 란하의 하류, 현재 반산 일대 등으
   로 보았다.
95)《한서》지리지. 제8권 (하)에서 "遼東郡 秦置"; "屬幽州 襄平 新昌 無慮 西部都尉
   治"; "望平 大遼水出塞外 南至安市入海 行千二百五十里"; "房候城"; "遼陽 大梁水
   西南至遼陽入遼"; "桓次 平郭 有鐵官 鹽官";
96) 嚴賓, 앞의 논문, 1989, p.15; 李文信, 앞의 논문, 1983, pp.164~172.

縣) '동남 빈해(濱海)의 땅'에 있다고 기록하였다.[97] 즉 바닷가 근처에 있음을 말하고 있다.

1세기 중엽에 고구려의 모본왕(慕本王)은 하북 요서지역을 공격했었다. 그 직후에 태조대왕은 요서 지역에 10성을 설치하였다. 그 시대의 상황 등을 고려하면 우북평(右北平)을 비롯한 요서 지역은 전한은 물론 후한 시대에도 안정적으로 관리하지 못했음을 알 수 있다. 그렇다면 왕험성은 발해에 있었고, 항구도시였을 가능성이 있다. 특히 전황을 고려한다면 강과 바다가 만나는 접점에 있는 강해도시일 가능성이 크다. 대련(大連)은 고대부터 현대까지 요동반도 끝에 위치한 해항도시이다.[98]

그런데 '조선'이란 명칭에 대하여 이렇게 기록하였다. 《사기》 제115 조선열전 55에서 "조선에는 습수(濕水), 열수(洌水), 산수(汕水) 등 삼수가 모여 열수가 되었고, 이에 낙랑 조선이라는 이름을 취했다"라고 하였다. 이렇게 3개의 강이 모인 곳이라면 강해도시 또는 해항도시일 가능성이 크다. 이러한 위치, 지형, 상황 등을 묘사한 사료의 내용을 고려하면 왕험성의 후보지가 될 수 있는 곳은 몇 군데 있다. 황해나 대동강 하구는 일단 해당되지 않는다. 그렇다면 요동반도와 발해로 좁혀야 하고, 그럴 경우에 대릉하 하구, 쌍대자 하구, 요하 하구 등이 가능성이 가장 높다.

《한서지리지》의 기록을 갖고 이렇게 해석한 경우도 있다. '험독'은 요양이서 지역에 있었을 것이다. 요동군의 서쪽 경계선은 오늘의 대릉하를 넘어서지 못하였다. 그렇게 보는 것은 요동군의 서부도위부에 속한 무려현이 의무려산 부근에 위치하였기 때문이다. 결국 험독은 대릉하로부터 요하 사이에 있었다는 말이다. 일찍이 현재 해성(海城)지역을 주목하는 주장들이 있었다. 신채호는 《조선사연구초》의 〈패수고〉(上)에서 중국 사료의 오류를 지적하면서, 험독현의 주석에 험독을 "조선왕 만(滿)의 도읍,

---

97) 《大淸一統志》 권43 錦州府 조 "險瀆故城 今廣寧縣東南漢置隷屬遼東郡".

98) 윤명철, 〈遼東지방의 해양방어체제연구〉, 《정신문화연구》 겨울호, 통권 77호, 1999; ---, 〈고구려의 요동 장산군도의 해양전략적 가치 연구〉, 《고구려발해연구》 15, 2003. 대련 및 주변 지역의 자연환경 등을 상세하게 묘사하였다.

즉 왕검성이라 하였으므로, 왕검성(평양)인 험독은 지금의 해성인 것이 명백하다"고 하였다.[99] 또한 북한의 학계도 해성(海城) 부근 또는 개주(蓋州)를 왕험성으로 비정하고 있다.

그런데 앞에서 인용한 지형도와 지도에 따르면, 그 시대에는 해안선이 해성까지 올라간다.[100] 그리고 근처의 삼차하(三岔河) 지역은 3개의 물길이 만나고 있다. 만약 안시(安市)가 해성(海城)이라면[101] 그 시대 교통로의 종점에 해당하였고, 바닷가에 있었던 항구도시였다. 그러므로 왕험성일 가능성이 크다.

하지만 필자는 다른 견해를 주장한다. 고대의 중요한 정치도시와 군사도시의 성격을 지닌 도시들은 방어에 주력했으므로 내륙으로 들어간 지점에 건설하였다. 그런 점에서 해성은 내륙이면서, 수로망으로 연결되는 양평(襄平), 즉 현재의 요양이 더 적합하다. 더구나 양평은 연, 진, 한대에도 중요한 정치의 중심지였다. 앞에서 인용한 《지도집》을 보면 현 요양시 서남 지역에 '험독'이라고 표기된 장소가 있다.[102]

왕험성의 위치를 파악하는 또 하나의 방법론은 그 시대의 교통시스템을 통해서 한나라 군대의 작전 범위를 찾아내는 것이다.

연나라는 서기전 300년을 전후하여 조선을 공격하였다. 그 후 5군을

---

99) 단재 신채호, 《조선사연구초》, 동아일보, 1925.01.03.~10.26; 신채호 지음/ 박인호 옮김, 앞의 책, 2003.

100) 《한서》 지리지에서 "大遼水出塞外, 南至安市入海, 行一千二百五十里"라고 하였고, 또한 《水經註》에서 "遼水亦言出砥石山 自塞外東流 直遼東望平縣西 屈而西南流 逕襄平縣故城丙"; "東逕遼隊縣故城西 南小遼水 右會白狼水 至安市縣入海"라고 하였다. 《通典》에서 "大遼水源出秣鞨國西南山 南流至安市入海"라고 기재하였다.

101) 안시의 위치에 대해서는 두 가지 설이 있다. 우선, 《盛京通誌》와 《奉天通誌》에서 "海城東南十三裏之英城山 卽漢唐之安市"라고 하여 그의 위치를 海城縣南의 英城子로 주장하였으나, 다른 설에서는 《遼史》 지리지와 明나라의 《遼東誌》의 "安市廢縣 在蓋州城東北七十裏 漢置…今為湯池堡"란 기록을 근거하여 요녕 영구현 북의 탕지보로 주장한다.

102) 《中國 歷史地圖集〈秦 西漢 東漢時期〉》, 地圖出版社, 1982, 幽州刺史部. pp.27~28.

설치하였는데, 그 가운데 하나가 요동군이다. 물론 그때 설치한 요동군은 위치가 어디인지 정확하게 알 수가 없고, 이 문제에 대해서도 다른 견해들이 있다. 어쨌든 현재의 요동과 요서지방 전체를 하나로 본다면 중심지역이 될 수 있는 지역은 요서의 현재 조양 일대이고, 요동은 현재의 요양지역(고조선 당시 양평)이었다.

진나라도 요양지역을 공격했다는 기록이 있다. 그때 육로로 발해만과 이어지는 육로길은 고죽(孤竹)과 도하(屠何)가 있었던 길을 경유하여 다시 요택(遼澤) 지대의 북쪽인 지역을 통과하면서 요수를 넘고 연(燕) 요동군의 수도인 양평(요양)을 점령하였다는 해석을 한다. 즉《사기》에는 "始皇二十一年(서기전 226年)燕王及太子丹率其精兵東保遼東, 李信急追之. 代王嘉遺燕王書, 令殺太子丹以獻. 丹匿衍水中."[103]이라고 하였다. 또한 "築長城, 自朝陽至襄平, 置上穀·漁陽·右北平·遼西·遼東郡以拒胡."라고 기록하였다.[104]

그렇다면 전국 시대에 사용된 육로는 조양지역과 요양지역을 거점으로 활용한 것이다. 이 두 지역은 해로와도 연결되는데, 특히 요동지역은 양평성을 중심으로 남북 육로와 함께 해로로 구성된다. 안산(鞍山)이나, 해성(海城) 이남, 평곽(平郭), 또 웅악하(熊嶽河)의 북안 등의 지역에서 그 시대에 사용된 명도전(明刀錢)·양평포(襄平布) 등이 대량으로 출토되었다. 이러한 유물들은 교통로가 그것도, 정치적인 그리고 경제적인 목적으로 사용된 길이 있었음을 알려준다. 이처럼 요서와 요동 사이의 육로 교통은 양평(요양)[105]과 연수(衍水, 태자하[106]·대량수)를 중심에 두어 구성되었다.

---

103)《사기》권 7,《秦紀》.

104)《사기》권 101《匈奴烈傳》.

105) '양평'이라는 어원에 대한 고찰은 李蘊,〈襄平淵源初考〉,《中國地名》제4기, 1997, pp.12~13 참조.

106) 태자하에 대한 명칭 및 역사 환경에 대한 소개는 許盈; 王禹浪, 앞의 논문, 2014-05, pp.114~118; 王禹浪; 程功, 앞의 논문, 2012-06, p.2 참조.

한편 이 시대 만주 일대와 중원 사이의 해양교통은 산동반도의 등주(登州)나 래주(萊州) 등에서 바다로 들어가 묘도열도(廟島列島)를 경유하여 요동반도의 남쪽 끝인 노철산 일대의 마석진이나 답진(금주는 답씨遝氏가 있었다)에 도착하였다. 서기전 6~7세기경에 축조된 고조선의 강상무덤, 이후에 축조된 누상무덤, 장군산무덤 등이 있는 지역이다. 비파형동검과 고인돌군들이 집중된 지역이다. 고조선과 산동반도에 있었던 제나라가 교류할 때 사용했을 가능성이 높은 항구지역이다.

또 하나는 발해를 직접 횡단하거나 또는 연안 항해를 이용하여 발해만의 연안을 항해한 후에 사료에는 '요구(遼口)'로 표현된 요하의 하구에 도착한 다음에, 다시 대요수(大遼水)와 양수(梁水)라는 강물을 이용하여 거슬러 올라가 양평에 닿는 것이다. 그렇다면 양평은 중간에 있는 해성 등을 통해서 바다와 연결된 '내륙 항구도시'였다. 여러 지역으로 해로망과 수로망이 연결되었다.[107] 양평성의 근처인 삼도호촌(三道壕村)에서 자갈돌〔河卵石〕을 사용해서 만들어진 고대 교통길이 발견되었는데, 주도로의 양측에는 수구(水溝)와 호릉(壕棱)을 설치하였을 정도로 정비된 도로였다.

양평(요양)은 초기부터 고조선의 영토였으며, 하가점 하층·상층문화가 발달한 지역이었다. 요하의 동부쪽에서 흘러들어 온 지류인 태자하의 하류에 위치하고, 남으로 황해와 발해가 요동반도와 연결되어 있어 태자하와 혼하, 해성하 등의 수계들이 광범위하게 분포하고 있다. 또한 위치가 바다 근처에 있으므로 고대부터 '주즙지리(舟楫之利)'에 유리하여 '어미지향(魚米之鄉)'라는 지역으로 인식되었다.

이렇게 방어환경과 해양환경 등과 해로, 강상 교통로를 고려하고, 전쟁 상황 등 역사상을 분석하며, 고고학적인 성과를 고려할 때, 그 시대를

---

107) 김남중이 재미있는 견해를 내었는데 앞 논문 p.77에서 '요양시보다 좀 더 상류에 위치한 본계시(本溪市)나 무순시(撫順市)까지도 수군의 진격이 가능하지 않았을까 한다. 예전에 본계현치(本溪縣治) 부근에는 배가 드나들 수 있는 나룻터〔碼頭〕가 있었다.' 그러면서 무순시 부근은 왕검성으로 보기에 무리가 있다고 하였다.

전후해서 양평인 현 요양은 요동 지방의 정치·군사·경제의 중심지였다. 그렇다면 한나라의 육군은 요서를 거쳐 요동으로 진군했는데, 한나라 수군은 래주(萊州) 또는 난하(灤河) 하구를 출항해서 횡단하여 요하 하구에 도착한 다음에 강을 거슬러 올라와 내륙의 한 지점인 왕험성에서 공방전을 펼쳤다. 그곳은 양평일 가능성이 높다. 적어도 사료에 근거한 군사전략과 활동 상황, 그리고 해양활동 및 메커니즘, 교통망 등을 고려한다면 그 시대 한나라의 육군과 특히 양복이 지휘한 수군이 요하를 넘어 깊숙하게 요동으로 전진했을 가능성은 희박하다. 더욱이 요동반도 남단에 산재한 장산군도의 섬들과 석성열도, 해양도 등의 방어망을 뚫고 압록강 하구와 황해 북부를 통과하여 한반도 깊숙이까지 대규모의 군사를 이동시키고, 전장화시키는 전략은 현실적으로 불가능했다.

그 시대의 사료에 기록된 것도 전무할 뿐 아니라 복잡하고 장거리인 교통로의 개설 및 사용 사례, 군수물자와 군사의 이동로, 위만조선의 복잡했을 해륙방어체제 등 어느 것 하나 증명해 주는 것이 없다. 특히 '대동강 유역설'은 두 지역을 연결하는 '원거리 교통망' 속에서 존재한 '거점도시'들의 역할과 전투상황, 복합적인 교통망 시스템, 해양과 육지에 걸친 '방어체제'들이 발견되지 않으면 성립될 수 없다. 또한 설화적, 민속적인 증거들도 구비되어야 한다. 전투가 벌어졌던 왕험성의 위치는 적어도 군사작전과 연관하여 살펴보면 현재의 요동지역이며, 개연성이 가장 큰 지역은 현재 요양시 일대인 '양평'이다.

## 2. 고조선문명권의 해양경제

하나의 문명권이 성립하려면 앞에서 설명하였지만 몇 가지 적합한 조건들을 갖추어야 한다. 그 가운데 하나는 내부적으로 '정치권' '경제권(자원권, 상업권, 무역권)' '언어권' '신앙권' 등이 '공질성'을 갖추어야 한다. 특

히 공동의 생존 방식과 생활구조, 그리고 상호호혜구조인 산업과 공동의
경제권은 중요하다. 문명권이 질적으로 성숙하고, 주변 지역과 교류하며,
활동영역들과 인식들이 확장되어야 한다. 그 중에서도 무엇보다도 핵심적
인 경제력과 연관하여 중요한 것은 자원과 상업, 그리고 무역이다.

　이 절에서는 고조선문명권의 경제를 산업 및 무역과 관련하여 서술한
다. 자연환경을 고려할 때 고조선문명권에서는 일반적인 산업 즉 토지를
활용하는 농업이 발전하고, 초원에서는 유목이, 숲에서는 사냥업과 모피
산업이 발달했을 것이다. 그런데 또 하나 중요한 요건 가운데 하나가 해
양경제의 발달이다. 이른바 어업 위주의 조선업, 항해업, 광업, 임업 등이
다. 이 절에서는 어업에 촛점을 맞춰 고조선문명권의 산업을 살펴본다.

　인류는 언제부터 어업을 시작했을까? 그것도 강 냇가가 아닌 큰 강의
한 가운데 또는 바다 한가운데로 나가 어업을 했을까?

　고조선문명권에서 어업은 구석기시대부터 발달하였다. 구석기시대를
연구하는 전문가들은 어로기술이 이미 구석기시대 중기의 고인들에 의하
여 개발되었다고 보고 있다. 구석기시대 후기의 유적들에서 사슴뿔로 만
든 여러 가지 형태의 찌르개살 또는 작살이 나오고, 구석기시대 후기의
동굴벽화에 송어, 연어, 상어 등의 물고기를 그린 그림들이 보이는 것은,
당시에 어로기술이 이미 보급되어 있었다는 것을 말해 준다. 어로기술에
대한 자료는 중석기시대 이후의 유물들에서 더욱 뚜렷이 찾아볼 수 있다.

　중석기시대부터 나타나는 조개무지(패총)들에서는 여러가지 형태의
찌르개살과 작살뿐 아니라 낚시바늘도 발견된다. 많은 연구자들은 중석
기시대부터도 사람들이 모여 통나무배를 타고 바다로 나가 어로작업을
하였을 것으로 본다. 실제로 중석기시대 이후부터 사람들은 바닷가 또는
강가에서 정착생활을 하면서 어로작업을 널리 하였고 그에 따라 어로기
술도 많이 발전하게 되었다. [108] 신석기시대는 현세인 충적세이므로 기후

---

108) 전상운, 《한국과학사》, 원시어로기술 편, 사이언스 북스, 2000.

조건이 현재와 유사했으며, 육지와 해양의 구별도 현재처럼 오늘날과 비슷했다. 대한해협이 생겼고, 서해는 바다가 되었다. 수산물은 종류가 많아서, 강가와 호수 등에서 담수어는 물론이고, 바다에서는 도미, 삼치, 상어 등을 어획할 수 있었다. 이 절에서는 고조선문명권의 어업현황을 '강'과 '해양'이라는 두 분야로 나누어 서술한다.

### 1) 강 주변의 어업

만주는 매우 넓은 지역인데, '강(江)어렵경제'는 일반적 생활방식이었다. 이미 앞 장에서 필자의 강에 대한 체계 및 기능, 역사적인 역할 등은 살펴보았다. 또한 필자와 마찬가지로 만주 출신의 중국학자들은 만주 공간이 가진 어렵문화의 발달에 대해서 매우 큰 의미와 가치를 부여하고 있다는 사실도 살펴보았다. 실제로 대부분 초원 사회에서 물고기는 매우 중요한 섭취물이었다. 소비되는 음식물의 50퍼센트를 차지하기도 했다.[109]

만주 공간의 강 환경에 대해서는 앞 장에서 살펴보았듯이 근대까지 배가 다닐 수 있는 강이 60여 개에 달하고, 동강시(同江市) 등을 비롯하여 송화강 하류와 흑룡강의 전 수역에서 어업이 활발하게 이루어져 일종의 산업 형태를 띠었다. 만주에서 이루어진 경제활동 양식의 분포 상황은 아래와 같이 규명할 수 있다. 북만주와 중만주의 동쪽편은 어렵경제의 활동 지역이었다. 반면에 서만주 지역에서는 유목경제가 주도하였으며, 어렵을 겸용하였고, 일부에서는 농업생활을 하기도 하였다. 그리고 길림시(吉林市)와 장춘시(長春市) 주변인 중만주의 중심지에는 농업을 위주로 경제활동을 하였지만, 길림시는 송화강이 흘러가기 때문에 어렵은 신석기시대부터 주요한 경제생활방식이었다. 이외에 일부는 목축경제도 함께 존재하였다. 물론 지역경제를 이렇게 세분화하는 것은 엄격한 기준으로 할 수는 없다. 다만 실제적으로 다양한 경제대(經濟帶)의 교차가 존

---

109) 데이비드 W.앤서니 지음/ 공원국 옮김, 앞의 책, 2015, p.190.

재했음은 분명하다.

이렇게 세분화하는 방식은 그 시대 만주에서 이루어진 경제생활의 전체적인 윤곽과 장기변화의 추세를 규명해 주었다. 여러가지 경제생활 방식들을 보면, 그 비중과 중요성 등은 모두 다를 수 있지만 어렵이 중요한 역할을 한 것은 분명하다. 한반도에서도 비록 만주보다는 약했지만 강 어업이 발달하였다. 황해도의 지탑리 유적, 평양 지역의 금탄리 유적과 남경 유적을 비롯한 강가의 유적에서 나온 어로도구에는 그물추, 찌르개살과 같은 것들이 있다. 시기별로 양적인 차이는 있으나 형태에서는 뚜렷한 변화가 보이지 않는다. 실제로 어로도구는 발전 속도가 느리고 변화의 폭이 적을 수가 있지만, 바닷가는 조개무지로 말미암아 유물들이 잘 보존된 반면에 강가는 뼈와 같은 유물들이 잘 보존되지 않는 특성이 있기 때문이다.

신석기시대에 사용한 한민족의 어로방법은 몇 가지가 있다. 첫째로, 그물로 물고기를 잡는 것이 보편적이었다. 유물들 가운데 제일 많은 것이 그물추이다. 신석기시대 유적들에서 발굴된 그물추들 중에는 질그릇 조각과 조개껍질의 복판을 따내고 만든 것도 더러 있지만 대부분은 강돌로 만든 것이다. 바닷가 유적들에서 나온 돌그물추들은 강돌의 두 옆모서리를 때려 깨어 만든 것이다. 함경북도의 두만강 하구인 서포항 유적에서 나온 가장 작은 돌그물추는 길이가 3㎝ 정도이고 보통은 5~7㎝ 정도이다. 반면에 황해도 궁산리 유적의 돌그물추들은 길이가 7㎝ 정도이다. 반면에 남경 유적, 금탄리 유적과 같은 강가의 유적들에서 발굴된 돌그물추들은 대체로 작다. 금탄리 유적 2기층의 경우는 돌그물추가 길이 3㎝ 정도인 것이 96점, 그 아래의 것은 1,279점이나 된다. 이처럼 그물추의 크기가 작은 것은 그 시대에 이용된 그물실이 매우 가늘고 질긴 것이었음을 말해준다.

당시의 그물과 관련하여 흥미 있는 자료는 돌그물추가 한곳에서 몰려 나온다는 사실이다. 서포항 유적(2기)의 17호 집터에서는 31점의 돌그물추가 집의 벽가에서 몰려 나왔으며, 금탄리 유적(2기)의 5호 집터에는 64점의 그물추가 몰려 있었고, 10호 집터의 서북쪽 일대에는 200점 가까이의 그물추가 몰려 있었다. 그리고 9호 집터의 동쪽구획선 밖에는 600여 점의 그물추가 한곳에 모여져 있었다.[110] 남경유적 31호 집터에서도 600여 점의 그물추가 몰려 있는 채로 발굴되었다.[111]

이렇게 한곳에서 몰려 나오는 그물추들을 통하여 그물의 종류가 여러 가지였다는 것을 알 수 있으며, 예상과 달리 매우 큰 그물도 있었다는 것을 알 수 있다. 또한 그물 한 채에 600여 개의 그물추가 달려 있는 사실은 상당한 정도로 긴 그물이었다는 것을 보여주며, 당연히 한두 사람이 다루기 어려웠으리라는 것도 추측할 수 있다. 기술적인 분석에 따르면 이 그물은 오늘날의 자릿그물(정치망)과 비슷한 것이었다. 자료에 따르면 그물로 물고기를 잡는 데는 여러 가지 방법이 있으나, 크게 보면 그물을 일정한 기간 물 속에 고정시켜 놓고 물의 흐름을 따라 오르내리는 물고기들이 걸리게 하는 방법과 그물을 쳐서 물고기떼를 포위한 다음 그물을 끌어당겨 잡는 방법으로 갈라볼 수 있다.

돌그물추에서 주목되는 다른 하나는 남경유적에서 나온 2개의 돌그물추인데, 지름이 15~16cm, 두께 4cm 정도의 큰 조약돌 좌우 측면을 밧줄에 매기 좋게 잘룩하게 만든 것이다. 이 그물추는 강물에 친 그물이 떠내려가지 않도록 그물의 좌우 끝에 달았던 것으로 보인다. 이러한 여러 가지 사실들은 당시 옛 유형 한민족이 어로작업을 상당히 큰 규모에서 진행하였다는 것을 증명해 준다.

둘째로, 신석기시대 사람들은 찌르개살과 작살을 이용하여 어로작업을 진행하였다. 찌르개살에는 돌로 만든 것과 뼈로 만든 것이 있는데 그것들의 횡단면은 일정하지 않다. 찌르개살들은 뿌리쪽을 끝부분과 비슷하게 뾰족하게 만들거나 납작하게 만들어 장대끝에 비끌어 매기 좋게 하였다. 또한 돌을 갈아서 좁고 긴 활촉모양으로 만든 것도 있는데, 그 중에는 뿌리부분을 오므라뜨린 것도 있고 납작하게 만든 것도 있다. 찌르개

---

110) 《금탄리 원시유적 발굴보고》, 사회과학출판사, 1964, pp.12~15.
111) 《남경유적에 관한 연구》, 과학백과사전출판사, 1984, p.21.

살 중서 굵고 단단하게 생긴 것은 한 개를 장대 끝에 메워서 썼을 것이며 가는 것과 좁고 긴 것들은 여러 개를 한데 비끄러매어 썼을 것이다.

서포항 유적을 비롯한 바닷가유적들에서 여러 종류의 물고기뼈들과 대합조개를 비롯한 비교적 깊은 물 속에서 사는 조개껍질이 적지 않게 나왔는데 그 일부는 찌르개살 같은 것으로 잡은 것일 수 있다. 찌르개살은 신석기시대 이래로 강하천 유역의 유적들에서 흔한 석기의 하나이다.

작살에는 쌍민지를 가진 것과 독특한 형태의 작살이 있다. 작살은 보통뼈 또는 뿔로 만들었다. 작살들의 민지나래는 한 쌍인 것도 있고 여러 쌍인 것도 있는데 예외 없이 뿌리 부분은 몸체보다 넓게 하였다. 심지어 작살의 뿌리가 민지와 대칭되게 두드러진 것도 있다. 이것은 작살 몸체에 비끄러맨 노끈 같은 것이 빠지지 않도록 하기 위한 장치로 볼 수 있다. 결국 이것은 작살에 노끈을 매고 던져서 물고기를 잡았다는 것을 보여준다. 독특한 형태의 작살로는 묶음식작살을 들 수 있다. 이러한 작살은 서포항 유적 4기부터 나타나는데 매우 세련된 솜씨로 만든 것들이다. 민속학 자료에 따르면 이러한 묶음식 작살로는 바다짐승 잡이를 한 것으로 볼 수 있다.

어로작업에 사용된 낚시에는 '갈고리 낚시'와 '묶음식(이음식, 結合式 釣針) 낚시'가 있었다. 서포항 유적에서는 멧돼지 이빨을 갈아서 만든 갈고리낚시들이 나왔는데, 민지가 있는 것과 없는 것이 있다. 민지가 있는 것은 도드라진 민지와 낚시줄을 맬 수 있는 구멍까지 정교하게 만든 것으로서 후세의 쇠낚시와 대체로 같은 모습을 띠고 있다. 민지가 없는 낚시들은 낚시끝이 매우 날카롭고 뾰족하다. 이 낚시들에는 귀를 만들지 않았는데 이것은 여러 개를 한데 묶어서 쓴 겹낚시 유형이었던 것으로 추정된다. 묶음식 낚시는 낚시의 끝 부분과 머리 부분을 따로 만들어 조립한 것으로서 서포항 유적과 동삼동 유적에서 여러 개 나왔다.

낚시로 물고기를 잡는 기술과 관련하여 흥미 있는 자료의 하나는 서포항 유적에서 흔히 보이는 '홀리개'이다. 이것은 짐승뼈를 갈아서 만든 것인데 한쪽이 물고기의 지느러미처럼 보이게 하였다. 이것은 당시의 사

람들이 물고기의 습성을 잘 파악하고 있었다는 것을 보여준다. [112]

어량(魚梁) 어업은 하천이나 바다에 발을 쳐서 하천의 유세 또는 조수의 간만을 이용하여 들어오는 고기를 잡는 가장 원시적인 정치(定置)어업이다. 발 대신 골이나 흙을 쌓아 잡는 소위 석전 또는 석제 어업도 행해졌을 것이다. 그런데 발트해(Baltic Sea)에서는 서기전 8000년에 발트 해안을 따라 정착한 수렵·채집인 무리들이 조개류를 모으고, 얕은 물에서는 덫과 섬유질 그물로 물고기를 잡았다. 덴마크의 리틀 카납스트럽(Little Knabstrup) 유적에서 발견된 나무로 만든 어량이 있는데, 어량조각은 갈대와 함께 묶여져 있다. 서기전 5000년 말인 중석기 시대 후기의 에르테뷜레(Eletebolle)문화에 속한다. [113]이 밖에도 물속에 나뭇가지나 돌을 쌓아 집어 하여 고기를 잡는 것, 하천이나 호소의 일부를 막아 물을 퍼낸 뒤에 그 곳에 잔류하는 고기를 잡는 것, 간석지에 웅덩이를 만들어 놓고 만조 때에 몰려온 어류가 간조 때에는 빠져나가지 못하고 이 웅덩이에 갇힌 것을 잡는 것, 도수로써 잡는 것, 유독성 식물의 분말을 뿌려 어류를 마취시켜 잡는 것 등등 원시적인 어구 어법이 동원되었을 것이다.

(1) 송화강 수계

6000~7000년 이전에 만주의 북부와 동부의 강(江), 하(河), 호(湖)의 근처에 위치한 산림 지역에서 거주했던 소규모 촌락은 수렵과 어렵이 지배적인 경제 형태였다. [114] 북만주 일대의 홀룬베이얼(呼倫貝爾) 대초원, 하이라얼(海拉爾)의 서사강(西沙岡), 흑룡강 본류인 막하(漠河) 일대 지역

---

112) 한국과학사 제4절 수렵과 어로기술. 2 원시어로기술 편의 신석기시대의 어로 기술 참고.

113) 브라이언 페이건·존 호페커·마크 마슬린·한나 오리건 지음/ 이승호·김맹기·황상일 옮김, 《완벽한 빙하시대》, 푸른길, 2011, p.193.

114) 소수민족으로 남은 통구스계, 몽골계 종족들은 현재도 이러한 형태를 유지하고 있다.

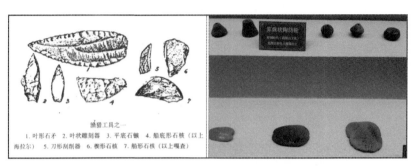

〈그림 6-7〉 송화강 주변에서 출토된 어렵용 유물(출처: 佟東, 《中國東北史》, 吉林文史出版社, 1987, p.80)(왼쪽)과 청동기시대에 사용된 어망추(길림시박물관)

에서 원시적인 수렵문명이 활발하였으며, 한편으로는 어렵경제가 시작되었다. 몽골계의 선비족들과 퉁구스계 선주민들이 거주하였는데, 이들의 주업은 어업과 사냥이었다.

어구들도 점차 발전했다. 6000~7000년 이전의 신석기 초기에 만주지역에서는 어렵도구의 행태가 상대적으로 단순하며, 세석기, 석편석기, 석핵석기 등으로 구별할 수 있다. 눈강 유역인 하이라얼(海拉爾)의 송산(松山) 유지에서 발견된 세석기 엽계는 날이 예리하여 어피에 구멍을 뚫기 쉽다. 또한 평저(平底)석촉은 하이라얼(海拉爾)의 전형적인 어렵도구였다. 눈강 유역의 앙앙계(昂昂溪)문화에서 어렵 생산이 발달하였다. 이곳의 어렵경제는 분포 범위가 넓고, 그 기술이 신개류(新開流)문화에 비해 뒤지지 않았다. 어렵용 석족(石鏃)은 마제 방식으로 제조하였다. 유적에서 뼈로 만든 창두(槍頭), 어표(魚鏢), 도경(刀梗), 단배도구골창두(單排倒鉤骨槍頭) 등이 발굴되어 어렵문화가 발달했음을 입증하였다. 4000년 이전의 시기에 만주 북부의 송화강 중류인 安達 靑肯泡 유지에서도 어렵용 도구가 발견되었다.

### (2) 흑룡강 수계

신개류문화는 이 시대 어렵경제의 대표격이었다. 홍개호(興凱湖) 일대

는 수산 자원이 풍부하여 어
류의 종류도 다양하므로 발전
에 매우 유리하였다. 또한 어
렵도구의 제조업이 번영하여
생선을 잡는 방법이 다양하였
다. 이곳에서 발견된 골각기의
대다수는 어렵 용구들이었다.
망포(網捕, 어망 사용), 조포
(釣捕, 어구魚鉤 사용), 자포
(刺捕, 어차魚叉 사용), 척포
(擲捕, 어표魚鏢 사용), 유포
(誘捕, 어잡魚卡 사용) 등이 있
다. 그 밖에 동물 뿔로 만든

〈그림 6-8〉 혁철족(나나이족)이 사용한 어렵
도구(동강시박물관)

〈그림 6-9〉 어업생활을 하는 모습(동강시박
물관)

어차(漁叉), 모두(矛頭), 뼈로 만든 어표(魚鏢), 투창두(投槍頭), 도병(刀
柄), 어구(魚鉤) 등 그리고 어망을 만들 때 사용한 골천침(骨穿針) 등이 출
토되었다. 이 가운데 '어카(魚卡)'라는 특이한 어렵용 도구가 있었는데, 양
쪽 끝이 날카롭고 붕긋하며 작은 물고기 모양으로 되어 미끼와 유사하다.
이곳에서 뼈로 만들어진 독수리머리 골조공예품이 발견되었다. 가마우지
와 비슷한 독수리를 키워 물고기를 잡는 어렵방식이 존재하였음을 입증
한다.

신개류문화의 하층에서 십여 개의 물고기 구덩이가 발굴되어 이 문화
의 주민들이 생선을 신선하게 보관하는 방법을 알고 있었다는 가설이 입
증되었다. 물고기 구덩이(물고기움)는 타원형으로 직경이 약 1m, 깊이
0.5m 크기 정도이고, 안에서 저장한 물고기뼈와 어린까지 나왔다. 뼈를
분석한 결과 연어, 잉어, 붕어 등이며, 이 가운데 일부는 현재 흑룡강과
흥개호에 있는 어종들과 거의 동일하다.

한편 고기잡이철에는 다량의 물고기를 땅굴에 넣은 뒤 흙 또한 막(幕)
을 위에 덮고 물고기를 저장하는 습관이 있었다. 이러한 물고기 구덩이의

〈그림 6-10〉 동강시 흑룡가에서 잡힌 물고기들(현지인이 제공한 사진)(왼쪽)과 현재도 만드는 어피(가운데) 및 소흥안령의 작은 천에서 어업하는 소수민족

존재는 물고기가 많았으며, 어렵생활이 발달하였음을 증명해 준다. 땅굴에는 소금을 넣지 않으면 여름에는 2~3일 정도 저장할 수 있었고 겨울에는 더 오래 저장할 수 있었다. 이러한 선사시대의 물고기 저장 습관은 이 지역에서는 근대까지 사용되었다. 연해주 북부의 아무르강 하구에는 어업자원이 풍부해서 연어, 송어 등 많은 종류의 어류들이 서식했다.[115] 상업적 가치가 있는 어류가 25종이 넘고, 바다와 이어진 하류지역은 어업이 활발했다.[116] 말린 연어들은 캄차카에서와 마찬가지로 긴긴 겨울 동안 사람과 개들의 주요 식량원이 된다.[117]

### (3) 요하 수계

요동반도는 만주 남부의 어렵생산지로 불릴 수 있을 정도로 대표적인 곳이었다. 북방지역과는 달리 어렵이 농업과 함께 존재한 것이 특징이다. 요서지방의 소하연(小河沿)문화 지역은 농업과 수렵, 어렵이 혼합된 경제

---

115) 加藤晉平, 三上次男 神田信夫 編, 〈東北アジアの自然と人類史〉, 《東北アジアの民族と歷史》, 山川出版社, 1992, pp.9~10.

116) 吳文衡, 〈明代黑龍江民族分布及其社會經濟狀況〉, 《黑龍江民族叢刊》 總16期, 1989, p.70에 어렵 사냥감이 海驢, 海豹, 海豬, 海牛, 海狗皮, 兀角(象牙), 魴須 등 있다"는 구체적 설명이 있다.

117) 리차드 부시, 〈순록과 함께한 시베리아 탐험 일지, 흑룡강-캄차카-축치 반도 탐사 기록〉, 《우리역사 연구재단》, 2016, 참조.

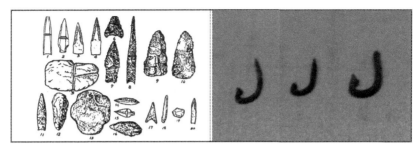

〈그림 6-11〉 신락 하층, 소주산 상층, 앙앙계, 신개류 하층, 홍산, 부하 등 유적에서 발견된 어렵용 도구들(출처: 佟東, 《中國東北史》, 吉林文史出版社, 1987, p.82) (왼쪽)과 요녕성박물관에 전시된 신석기시대 낚시고리

형태였다. 이 유적지에서 조개가 발견되었는데, 민물조개로 추정된다. 시라무렌(西喇木倫) 이북의 부하(富河)문화는 어렵문화의 대표적인 유적이다. 시라무렌허(西喇木倫河), 우얼지무렌허(烏爾吉木倫河), 서요하 등의 수계와 가까워 주변에 산지와 삼림이 많고 어렵경제가 발전하기에 매우 좋은 조건을 지니고 있다.

부하문화에서 발견된 석제 어렵공구는 보통은 타제방식으로 만들어졌으나, 뼈로 만든 골족(骨鏃), 골어구(骨魚鉤), 골어표(骨魚鏢)는 매우 세밀하게 만들었다. 구문(溝門) 유적에서는 대량의 동물 해골이 발견되었고, 사슴은 이곳 사람들의 주요한 수렵대상이었으며 이외에 멧돼지, 들개 등의 사냥감도 중요한 비중을 차지하고 있었다. 따라서 어렵보다는 수렵활동이 전체 경제생활에 상당히 큰 비중을 차지하고 있었다. 어구(魚鉤), 어표(魚鏢) 등 원시형태의 어렵 용구 등도 발견되었다. 홍산문화(紅山文化) 또한 어렵경제가 발달한 지역이었다.

요동 지방의 대표적인 신석기 유적지인 심양시 신악(新樂) 하층문화의 거주지 유적에서 어망추, 석촉 등이 발견되었다.

(4) 압록강 수계

압록강 수계에도 어업이 발달했다. 중류에서는 집안에서 비록 고구려

〈그림 6-12〉 장해현 광록도 오가촌 유적지인 혼강

초기의 상황이지만 집안시 우산하(禹山下) 묘구 3283호 적석묘에서 물고기잡이 도구, 흙그물추 등이 출토되었으며, 같은 시기에 출토된 것으로 철낚시고리〔鐵漁釣〕 등이 있다.[118] 또한 유리왕이 수도를 이 지역으로 옮길 때 몇가지 유리한 점을 말했는데, 거기에는 물고기가 많다는 내용이 있다.

이로 보아 고구려인들은 압록강에서 활발한 어로활동을 벌였으며, 생산의 중요한 수단으로 삼았음을 알 수 있다.[119] 유적에서 연어, 붕어, 초어, 흑어, 메기 등 게, 자라, 새우 등도 발견되었다

혼강의 중류에서도 어망추 등이 발견되었다. 고구려인들은 어응(魚鷹, 가마우지 또는 물독수리)를 이용해서 잡았다. 《삼국사기》 고구려 본기에 기록된 '어량'이라는 단어를 보면 역시 어량을 사용해서 고기잡이를 한 것이다. 민중왕(閔中王) 때(47년)와 서천왕(西川王) 때(288년) 고래의 야광눈을 잡아서 왕에게 바친 기록도 있다. 선사시대부터 이어온 포경업이 더욱 발전했음을 알려준다. 이는 고조선시대에도 동일하였을 것이다. 또한 압록강 수계인 혼강은 길이는 445㎞로서 상류에는 부이강(富爾江)을 비롯하여 6개의 지류가 흘러들어 오고, 하류에선 압록강과 합류한다.[120]

압록강 하구의 동구(東溝) 등 지역에서 발견된 어렵공구는 주로 타제석기였다. 동구 1기인 '후와 유적'에서 어렵공구 등을 발견하였다. 도제 선박모양이었다. 평안남도의 용반리(龍磻里) 패총에서는 패류와 함께 도미의 뼈를 비롯한 많은 어류의 골편 및 이빨과 패각 속에 보존된 어류의 비늘이 발견되었다. 그리고 이 패총에서는 극피 동물에 속하는 섬게의 가시도

---

118) 耿鐵華, 〈高句麗 漁獵經濟初探〉, 《博物館研究》 3期, 1986.

119) 李殿福; 孫玉良 著, 앞의 책, pp.188~189. 현재도 압록강이나 동가강에서 잡히는 물고기는 지역의 경제생활에 많은 도움을 준다.

120) 李金榮 主編, 《桓因之最》, 桓因縣: 滿族自治縣地方志辦公室出版, 1992.

발견되었다. 하구인 평안북도 룡천군 신암리와 룡연리 유적들에서 어구들이 적지 않게 드러났다. 중류인 자강도 강계 공귀리 유적에서는 제5호 집자리 한곳에서 38개의 그물추가 발견되었고, 황해북도 봉산군 신흥동 유적에서도 제2호 집자리 한곳에서 14개의 그물추가 출토되었다.[121]

### (5) 두만강 수계

두만강은 청동기시대의 유적들에서 갈구리가 진 **뼈낚시**들과 작살이 적지 않게 나타났다. **뼈낚시**는 함경북도 무산의 범의구석, 온성군 강안리의 수남 등 청동기시대의 집자리들에서 **뼈낚시**들이 발견되었다. 또 유적에는 남아 있지 않지만 고정된 장소에 설치하는 '살막이' 또는 '오틀통막이' 같은 것으로도 고기를 잡았다.[122] 두만강 유역에서 발견된 몸체에 구멍이 난 창끝은 구멍에 끈을 꿰어 쓴 던지개식 창(투창)으로서 어구이지 사냥도구는 아니다.[123]

나진의 초도를 비롯하여 연해주 지방의 조개무지, 왕청의 백초구, 영안의 모란둔 등 청동기시대의 유적들에서 나온 돌창끝 중 구멍이 뚫려 있는 것들이 있다. 이것들 또한 무기나 짐승 사냥에 쓰인 창끝으로 보기는 어려운 것인 만큼 역시 물고기를 잡는 데 쓰인 투창끝으로 보인다.[124]

### (6) 대동강 수계

대동강 유역의 청동기시대 유적들에서 일부 보이는 창끝 중 던지개식 창끝(투창끝)으로 불리는 작은 창끝이 있다. 짐승을 사냥하는 도구가 아닌 물고기잡이에 쓴 돌작살로 보아야 할 것이다. 청동기시대 유적들에서

---

121) 홍희유 지음, 《조선 상업사》, 백산자료원, 1999, p.13.

122) 백산자료원 지음, 《조선의 청동기시대》, 백산자료원, 1994, p.110.

123) 백산자료원 지음, 위의 책, 1994, p.101.

124) 백산자료원 지음, 위의 책, 1994, p.106.

돌작살도 출토된다. 평양시의 사동구역 금탄리 및 낙랑구역 원암리 유적에서 나온 이러한 종류의 석기는 뿌리나래 화살촉처럼 나래끝이 뾰족하여 '민지'의 역할을 하게 되어 있다. 큰 물고기잡이에 쓴 돌작살로 추정된다. 강하천 유역의 청동기시대 유적들에서 발견되는 그물추는 바다 연안의 유적들에서 나오는 그물추와 비교하면 크기는 작고 또 그 수도 훨씬 적다. 크기는 보통 길이 5~7cm, 너비 3cm, 두께 0.5cm 정도이다. 투망과 같은 데 썼을 것이다. 이와 관련한 것이 황해북도 봉산군 신흥동유적 2호 집자리와 자강도 강계시 공귀리 유적 5호 집자리에서 발견된 그물추이다.[125]

평안남도 고적 조사 보고서에 보이는 대동강변의 낚시 추석은 평평한 타원형의 석편 양단에 낚싯줄을 매는 홈을 판 것이다. 지금도 아시아 동북방 및 북미의 원주민들 사이에서 사용되는 것과 같다고 한다. 그리고 황해도의 해주 지방의 어느 유적에는 한자리에 많은 어망의 추석이 군집해 있었다. 흑룡강변의 퉁구스족들이 사용하고 있었던 방법이라고 하며, 당시 강원도 부근 산지의 계곡에서도 이와 비슷한 방법으로 담수어를 낚았다고 한다.[126] 중부, 남부 지역에서 골(骨), 각(角) 등 어렵도구의 제조 기술이 빠르게 발전하였다. 한반도 남쪽의 청도 오진리 유적에서는 신석기시대 석제 어망추들이 출토되었다. 영월의 연당쌍굴에서는 조개팔찌들이 발견되었는데, 이 투막조개는 제주도와 동남해안에서만 채취가 가능하다. 역시 내륙의 강을 통해서 이동했을 가능성이 있다.[127]

## 2) 해양 어업

### (1) 요동만

요동반도의 남쪽 지역인 대련 근처의 곽가촌(郭家村) 유적에서는 홈소

---

125) 백산자료원 지음, 위의 책, 1994, pp.108~109.

126) 박구병,《한국어업사》, 정음사, 1975. 일부 관한 내용 참조.

127) 제주 국립박물관.

라, 붉은 소라[螺], 굴껍질[牡蝸介殼], 기타 해산물, 멍게 등이 출토되었
다. 상층의 주거지에서는 홈소라, 가지소라[蒸枝觸], 붉은 소라, 청합(靑
哈), 붉은색 홍합[紫石房給], 굴 등이 나왔다. 또한 근처의 상마적 유적에
서는 좀 더 이른 시기에 해당하는 곱돌로 만들어진 낚시와 거푸집이 발
견되었다.[128]

요동반도의 남쪽바다에 위치한 장산군도(長山群島)는 해역이 넓고, 수
심이 10~40m이다. 해저가 평평하고 물이 깨끗하며, 해안선에 굴곡이 많
아 만이 발달하고 항구들이 많다.

지금도 어(魚), 하(蝦), 패(貝), 조(藻) 등 해양 천연자원이 400여 종류
나 된다. 성게, 흑군어, 우럭바리, 미역, 소라, 조개 등은 특산물이다. 이
곳의 오가촌(吳家村) 유적은 장해현(長海縣) 광록도(廣鹿島) 중부에 있는
데, 신석기시대의 유적지로서 유명하고 토기들도 출토되었다. 그런데 출
토품 가운데 홈소라, 가지소라, 붉은 소라, 삽조개, 버마재비[沙海鄉], 조
개[紫石房給], 이두포눈조개[伊豆布目給], 소라[雲螺], 외이빨소라[單齒
螺], 모자조개, 복조개[福氏玉螺] 등이 있다.

소주산(小珠山) 유적은 장해현의 오가촌(吳家村) 서쪽의 소주산 동쪽
높지 않은 언덕에 위치하고 있다. 하층에서 어망추 등과 함께 짐승이나
개, 돼지 외에 고래뼈들도 출토되었다. 그 밖에도 다량의 패류가 발굴되
었고, 굴, 가막조개 등이 같이 발견되었다. 이곳에서는 동물뼈와 함께 약
30여 종의 해산물이 함께 발견되었는데, 검증한 결과 요라(凹螺), 선옥라
(扇玉螺), 홍라(紅螺), 려지라(荔枝螺) 등 연체동물이 대부분이었다. 북오
둔(北吳屯) 유적의 하층문화에서는 굴[牡嘱], 조개[文哈], 청합(靑哈), 맛
살조개(정, 긴맛 정), 소라[脈紅螺] 등이 나왔다.

특히 6000~7000년 이전의 소주산 유지 하층에서 어렵 생산의 비중
이 조금 더 커 보이고, 5000~6000년 이전의 중층에서는 농업 용구가 전
보다 많이 발전되었다. 이로 보아 5000~6000년을 전후하여 어렵 용구가

---

128) 리태영, 《조선광업사 1》, 백산자료원, 1998, p.21.

〈그림 6-13〉 소주산 오가촌 신석기 유적지

석기 위주에서 동물의 골(骨), 각(角), 방(蚌), 아(牙) 등으로 바뀌었음을 알 수 있다.

소주산 유지, 곽가촌 유지, 어가촌(於家村) 유지 등에서 발견된 골(骨), 각(角), 방(蚌), 아(牙)로 만든 어렵도구들은 골촉(骨鏃), 골모(骨矛), 골착(骨鑿), 골구침(骨鉤針), 아도(牙刀), 방도(蚌刀), 골추(骨錐), 아촉(牙鏃) 등이다. 물론 석촉(石鏃), 망추(網墜) 등 어렵용구도 대폭 발전되었다. 소주산 유지 상층의 석망추가 대표적이다. 또 돌, 동물의 뼈, 이빨, 민물조개 등으로 만들어진 화살촉도 발견되어, 화살이 이곳의 수렵 및 어렵생활에서 자주 사용된 것이 입증되었다. 이곳에서는 어렵을 할 때 갈고리, 작살, 어망을 같이 사용하였다. 그물추의 형태는 다양하였는데, 가장 큰 추는 돌뭉치와 비슷하여 2kg 정도의 무게였다. 모양이 평평하여 양 측에 딱 매는 모양도 있고, 배모양으로 만들어진 것도 있다. 모두 바다에서 큰 물고기를 잡기 위해 만들어진 거대한 형태의 추들이다.

(2) 동한만

동해안에서도 해양활동이 구석기시대부터 있었다는 증거들이 발견된다. 함북 선봉군 웅기 굴포리의 구석기 유적, 그리고 약 8만 년 전에서 4만 년 전의 것으로 추정되는 함북 웅기 굴포리 하층문화 유적은 바닷가와 가까운 곳이다. 양양군 손양면 도화리의 유적은 전기 구석기시대의 것으로 추정[129]된다. 또한 강릉시 강동면 심곡리의 해안 단구에서는 시기

---

129) 강릉대학교 박물관, 《양양군의 역사와 문화유적》, 1994, pp.42~46; 이선복, 《동북아시아 구석기 연구》, 서울대학교 출판부, 1989.

가 불분명하다는 주장이 있으나[130] 전기 구석기시대에 속할 가능성이 있는 석기들이 발견되었다. 그 밖에 동해시 발한동 유적에서는 12만 5천 년~6만 년 전 사이의 석기들이 발견되었다.[131] 이러한 구석기시대의 해양 관련 활동은 신석기시대에 들어와 본격적으로 바뀐다.

신석기시대에 들어와 동해도 내륙과 해양에서 어업이 발달했다. 고아시아계 여러 민족은 '빈하어인'과 '해렵수인'의 두 양태이다. 고고학적인 증거들로 보아 흑룡강의 하류에는 보편적으로 정착어렵인의 문화가 존재하고 있다.[132] V.A.라꼬프와 D.L.브로단스끼가 연구한 〈보이스만 신석기 문화에서의 굴 재배〉라는 논문에 따르면 연해주 보이스만 문화에서 굴 양식 흔적이 발견된다. 연해주의 남쪽인 글라드까야강 하구에서 두 군데의 자이싸노브까 패총이 발견되었다. 그 속에 굴들이 굴의 천적인 다량의 소라껍질과 섞여 있음을 확인했다.[133]

아래 기록은 시베리아 캄차카반도와 오호츠크해 일대의 18세기 말 모습을 기록한 것이다. "집들은 해안가 근처에 불규칙적으로 한데 모여 있었고, 높이가 매우 낮고 통나무로 만들어졌으며, 끝 부분에 흠을 파 연결하고 그 틈새를 마른 이끼 덩어리들로 채운 사각형 집이었다. 집과 집 사이 여기저기에 다리가 4개 달린 대여섯 채의 희한한 구조물들이 서 있었는데, 그것들은 '볼로간(bologan)'이라 불리는 물고기 저장고였다. 집집마다 옆에는 수평으로 여러 개의 장대가 걸려 있는 사각형의 높은 건조대가 수천 마리의 연어를 가득 달고 서 있었고, 그 생선 냄새가 주위를 다 진동시키고 있어서…"[134] 또한 이러한 기록들도 있다. 즉 "하류 쪽 아무르강은 너비가 거의 약 1.5㎞에 달한다. 강둑마다 잡아 놓은 수백 마리의 싱싱한 연

130) 관동대학교 박물관, 《삼척의 역사와 문화유적》, 1995, p.92; 아시아문화 연구소, 《강원도의 선사문화》, 한림대학교, 1986. p11.

131) 강원고고학연구소, 《발한동 구석기 유적 발굴조사 보고서》, 1996.

132) 손진기, 앞의 책, p.425.

133) 이윤선의 집필 자료에서 인용하였다.

134) 조지 캐넌 지음/ 정재겸 옮김, 《시베리아 원주민의 역사》, 우리역사연구재단, 2011, p.105.

〈그림 6-14〉 청어, 연어 등의 생선을 건조하는 모습(나나이박물관 민속품, 왼쪽)과
청어(홋카이도박물관)

〈그림 6-15〉 뼈로 만든 작살(홋카이도박
물관)

어들이 여기저기 쌓여 있었는데,
햇빛을 받아 마치 백색의 은을 쌓
아 놓은 것처럼 빛났다.… 말린 연
어들은 캄차카에서와 마찬가지로
긴긴 겨울 동안 사람과 개들의 주
요 식량원이 된다."[135]

물개는 식량으로 사용되었지만
기타 생활용품으로도 사용되었다.
물개가죽으로 밧줄을 만들어 사용한 예들이 시베리아 원주민들 사이에서
발견되었고, 또 배를 만들 때 씌우기도 하였다.[136] 또한 물개기름을 짜서
다양한 용도로 사용하여, 후에 러시아 일본인들은 이 물개와 바다사자에
눈독을 들였다. 추운 바다에서 서식하는 족제비과의 동물모피 중에서 가
장 가격이 높은 것은 검은담비였고, 그 다음으로 검은 여우, 그리고 일반
담비였는데,[137] 가장 좋은 모피를 지녀서 '부드러운 황금'이라고 불리운 것

---

135) 리차드 부시 지음/ 정재겸 옮김, 〈순록과 함께한 시베리아 탐험 일지, 흑룡
    강-캄차카-축치 반도 탐사 기록〉, 《우리역사 연구재단》, 2016.
136) 조지 캐넌 지음/ 정재겸 옮김, 위의 책, 2011, p27.
    물개가죽을 씌워 만든 '바이데라(baidera)'라 불리는 배가 있다.
137) 조지 캐넌 지음/ 정재겸 옮김, 위의 책, 2011, p.86로서 표트르 1세가 파견한
    베링은 베링해협과 함께 해달의 서식지를 발견하였다. 모피는 러시아 왕실의
    재정수입을 상당한 부분 충당했다.

〈그림 6-16〉 동해에서 서식한 물개(일본 시마네현 오끼제도 자료관, 왼쪽)과 연해주일대에서 서식한 물개(하바로프스크 향토박물관)

은 해달(海獺, 바다수달)이었다. 해달은 주로 오호츠크해의 연안과 섬들, 베링해, 연해주 해역에 살았는데,[138] 동해남부 해안에서도 서식하고 있었다. 1832년의《경상도읍지》는 장기현 영일현을 서식지로 기록하였고,《신증동국여지승람》도 영일현에 해달이 서식한 것으로 기록하였다.[139] 물론 울릉도에도 서식하였을 것이다. 그 경제적인 가치는 막대하였을 것이다.[140]

함경북도 나진의 비파도와 초도 유적들에서 다양한 어구들이 출토되었다. 두만강 중류와 상류에 인접한 지역인 함경북도 회령의 오동, 무산의 범의구석, 만주 연길의 소영자, 왕청의 천교령 등지에 있는 서기전 2000년기의 집자리들에서 동해의 생산물인 명태의 뼈들과 밥조개 등이 나타났다. 모두 19개의 무덤에서 바다조개껍질로 만든 팔찌들이 많이 출토되었다. 이것은 청동기시대 말기에도 동해에서 근해어업이 이루어졌음을 증명한다.[141]

초도유적에서 나온 어구 가운데 가장 흔한 것은 그물추돌이다. 그물추돌에는 세 가지 종류가 있다. 큰 조개껍질에 구멍을 뚫어 만든 그물추는 신석기시대의 것과 다를 뿐 아니라, 강·하천에서 쓰던 것과도 전혀 다르다. 또한 그물추들의 규격이 크고 무거우며 몸체에 넓은 홈이 파여져

---

138) 쿠릴열도 원주민들은 러시아인들에게 바칠 야삭(yasak)으로 해달을 잡아야만 했다.
139)《신증동국여지승람》23권, 영일현.
140) 현지 주민들의 증언을 청취하면 해달이 있었다고 한다.
141) 홍희유,《조선상업사 (고대·중세)》, 백산자료원, 1989. p.13.

있다. 바닷가에서 상당히 큰 규모의 후리그물 또는 자망어로가 사용되었던 상황을 보여준다.[142]

굴포리 서포항 유적의 신석기시대 및 청동기시대 문화층에서 나온 묶음식 낚시는 초도의 것과는 달리 한쪽 끝 또는 양쪽 끝이 뾰족하고 몸집은 곧고 둥글다. 두 개의 부분품을 결합하여 만든 묶음식 낚시는 강하천 유역에서 쓴 보통의 갈구리식 뼈낚시보다 견고하고 만들기도 쉬웠을 것이다.[143] 묶음 낚시는 요동반도 여대시(旅大市) 쌍타자 유적의 청동기시대 문화층에서도 작살과 함께 출토되었다. 서포항 패총에서는 서기전 5000년기 말~4000년기 초에 어망추·작살, 등과 고래뼈로 만든 노가 발견되었다. 근해 어업과 본격적인 집단어업에 활발했음을 알려 준다. 잡힌 물고기들의 종류도 방어, 명태, 상어, 복아지, 은어 등이고, 함박조개, 키조개, 밥조개 등 조개류들도 적지 않았다.[144]

동해 중부의 양양군 오산리(鰲山里) 유적은 서기전 6000년~4500년 사이의 것이다. 이곳에서 발견된 융기문토기, 다량으로 출토된 결합식 조침[145]과 흑요석제 석기[146]를 보면 중국의 흑룡강성, 백두산지역, 일본 규슈지역을 연결하는 문화 교류가 있었음을 알 수 있다. 정징원과 소원철은 융기문토기가 노보페트로브카 유적을 위시한 동북지역에서 시작하여 오산리를 거쳐 남해안 및 규슈지역으로 퍼져 나갔을 것이라는 견해를 피력하였다.[147]

2007년도에 '예맥문화재연구소'가 발굴한 오산리 최하층의 자료를 보면 직립구연의 무문토기들도 다수 출토되었으며, 오산리 최하층의 일부

---

142) 과학원 고고학 및 민속학연구소, 《라진 초도 원시유적 발굴보고서》, 과학원, 1956, p.78.

143) 백산자료원 지음, 앞의 책, 1994, pp.105~106.

144) 과학원 고고학 및 민속학연구소, 위의 책, 1956, p.50.

145) 임효재, 〈신석기시대의 한일문화교류〉, 《한국사론》 16, 1986, pp.17~21.

146) 임효재, 〈중부 동해안과 동북 지역의 신석기문화 관련성 연구〉, 《한국고고학보》 26집, 1991, p.45.

147) 임효재, 위의 논문, p.48.

유물은 압인문 및 채도로 말르이쉐보(малышево)문화와 비교된다[148]고 하였다. 이곳의 제3기, 4기 토기가 연해주나 흑룡강성 지역까지 넓게 분포된 것은 확실하고, 흑룡강 중류와 깊은 관련이 있다고 한다. 그렇다면 이 또한 육

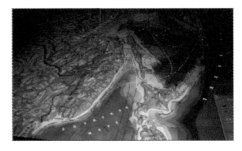

〈그림 6-17〉 타타르해와 오호츠크해의 해류도(하바로프스크 향토자료관)

로, 강, 해안을 통한 교류의 흔적이라고 볼 수 있다. 역사시대에 들어와 연해주 일대에서 해양과 연관하여 활동을 벌인 주체는 읍루로 추정된다.[149] 《삼국지》 동이전에 따르면 그들은 오곡농사를 짓고, 우마를 키우며, 마포를 사용했다. 또 흑요석으로 된 석촉을 사용하였는데, 독화살이었다고 한다. 바다에서 물고기도 사냥하였으며 조선술도 뛰어났다. 옥저인들은 고구려에 맥포, 어염 및 해중식물을 바쳤다는 《삼국지》의 기록도 있다. 발해는 다시마 무역으로 매우 유명했는데, 동해 북부의 찬물에서 생산이 가능했다. 특히 일본에 매우 많은 양의 다시마를 수출했다. 흥개호에서 물고기들을 많이 잡았다.[150]

---

148) 강인욱, 〈두만강 유역 청동기시대 문화의 변천 과정에 대하여〉, 2007. 이외에도 고성 문암리는 아무르지역의 말르이쉐보 및 연해주의 루드나야(руднинска я культура), 보이스만 문화와 같은 압인문계통의 확산증거로 보인다.고 하여 문화적으로 깊은 관련이 있음을 주장하고 있다.

149) 이 부분에 대해서는 한규철, 〈肅愼 挹婁 硏究〉를 비롯하여 〈渤海人이 된 高句麗靺鞨-The Koguryo-Malgal of Palhae People〉, 《고구려연구》 26집, 2007 등이 있다. 그는 근래 논문에서 말갈 연구사와 함께 자기 견해를 주장하고 있다. 즉 6세기 이후부터 사용되기 시작한 말갈(靺鞨)은 타칭의 통칭(범칭)이면서 비칭이었다는 점, 고구려시대 말갈로 불리는 사람들은 흑수(黑水)말갈 즉 흑룡강지역 주민(黑龍江地域住民)들을 제외하고는 대개가 고구려 변방주민들을 이민족시하여 비칭한 결과라는 점이다. 그렇다면 읍루의 성분에 대해서도 다양한 관점에서 볼 필요가 있다.

150) 박구병, 《어업사》 및 조선향토 대백과 민속문화관 : 노동 생활풍습. 등 참조.

〈그림 6-18〉 강원도 오산리 유적. 중이 이음낚시 바늘(결합식 조침)(출처: 오산리 선사박물관)

〈그림 6-19〉 일본 오야 신석기 유적지(오산리형과 동일한 낚시도구)

〈그림 6-20〉 바닷가 어민들이 생활하는 광경(오산리박물관)

동해 중부에서도 어업과 무역이 발달하였다. 강원도 속초시의 조양동 유적 제2호 집자리에서는 어망추가 발견되었고, 강릉 등 동해 중부 해안가에서는 패총유적들도 많이 발견되었다. 양양군의 오산리 유적은 서기전 6000년~4500년 사이의 것으로서 융기문 토기와 낚시바늘 등이 많이 출토되었다. 다량으로 출토된 결합식(結合式) 조침(釣針)은 동삼동(東三洞), 상노대도(上老大島) 등의 유적지, 쓰시마 중부의 시다루(志多留) 유적지에서도 발견됨으로써 이것이 서북 규슈에서 쓰시마·한반도 남부까지 사용된 공통적인 형태의 어로구였음을 보여준다.

농소리(農所里) 등의 유적지에서 빗살무늬토기와 함께 발견된 결합식 조침은 서북 규슈형으로서, 일본 동북지방의 결합식 조침과는 형식이 다르다. 이 서북 규슈형 결합식 조침의 전형이 오산리형 최고의 신석기시대 층에서 다량 출토됨으로써 서북 규슈형의 원류로 여겨진다.[151] 청동기시대 유적들에서는 뼈낚시들과 작살들이 많이 나타났다.

---

151) 任孝在, 앞의 논문, pp.7~21.

반구대에는 다양한 종류
의 고래를 비롯해서 작살에
꽂힌 고래[152] 등과 물고기들
이 나타나[153] 먼 바다로 항해
를 하며 고래잡이를 했음을

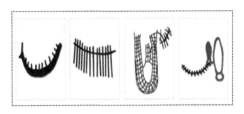

〈그림 6-21〉 반구대 암각화에 그려진 어업관
련 그림

알 수 있다. 고래는 동아시아
의 북쪽 바다 전역에 서식하
였다. 영일만은 북으로는 연
해주 북부와 오호츠크해와
베링해, 남으로는 울산만과
울릉도 해역, 그리고 일본의
동해연안 해역에 이르는 지역
과 연결되어 있다. 고래는 회
유성(回遊性)[154]이 있으므로,

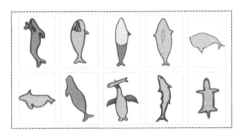

〈그림 6-22〉 울산 대곡리 반구대 암각화에 새
겨진 고래들(출처: 울산 암각화 전시관 자료)

이 행동권을 따라 다니는 어업민 집단들도 '회유성 문화권(回遊性 文化
圈)'[155]을 형성하였을 것은 자명하다. 울산의 반구대 암각화에는 향유고
래를 비롯한 여러 종류의 고래들이 새겨져 있다. 한국 근해에는 주로 밍
크고래가 서식했다. 《삼국사기》에는 민중왕 때와 서천왕 때에 고래의 야
광눈을 특별하게 왕에게 바친 기록을 남기고 있다. 이때 포경을 비롯한
어업집단은 동예, 옥저 또는 물길과 깊은 관련이 있었을 것이며, 거주한

---

152) 아무르천 유역에서 특별하게 외경하는 것은 곰과 호랑이와 범고래[鯱]이다.

153) 國分直一, 〈古代東海の海上交通と船〉, 《東アジアの古代文化》 29號, 大和書房,
    1981, pp.37 참조; 金元龍, 〈蔚州盤龜臺 岩刻畵에 대하여〉.

154) 이브 코아 지음/ 최운근 옮김, 《고래의 삶과 죽음》, 시공디스커버리, 1995에는
    고래의 삶과 활동 죽음에 대한 내용들을 설명하고 있다.

155) 필자는 해양문화의 특성과 메커니즘을 규명하는 시도들을 하고 있는데, 그 하
    나는 운동의 특성을 설명하는 것이다. 순록 양떼나 연어 등의 어류와 고래 등
    의 해양포유류 등처럼 회유성 동물들을 따라 이동하면서 살아가는 집단의 문
    화는 정착민과는 다른 독특한 특성이 있다.

〈그림 6-23〉 아무르강가에 살면서 수렵을 겸한 어렵민들이 제작한 암각화(시카치 알리안 암각화)

〈그림 6-24〉 상품과 무역품으로 사용된 다시마(홋카이도박물관)

지역은 두만강 이북의 해안일 가능성이 크다. 동옥저는 바다 멀리까지 나가서 고기잡이를 하였다.[156] 이러한 기록들은 당시 동해에서 고래잡이를 비롯한 어로활동능력이 있었고, 원양항해와 상업어업이 실시되었음을 보여준다.

동해와 연관해서는 비록 고조선문명권이 붕괴된 지 한참 후의 상황이지만 통일 신라에서 이루어진 어업활동들이 있다. 그들은 잠수를 했고, 해조류를 채취했다. 당나라 현종 때인 8세기 전반에 진장기(陳藏器)가 찬술한 《본초습유》(本草拾遺)는 신라인들이 허리에 새끼줄을 맨 채로 잠수하여 심해에서 대엽조, 즉 다시마를 채취하였다고 기록했다. 《남해약보》(南海藥譜)에는 신라인이 다시마를 채취하여 중국에 수출한 기록이 있다.[157] 통일 신라는 해표(海豹, 반어)도 많이 잡았다. 《삼국사기》에는 신라가 성덕왕 22년에 해표피를 당에 바쳤고, 이어서 동왕 29년에 해표피 10장을, 33년에는 16장을 당에 바쳤다는 기록이 있다. 해표잡이가 성행한 당시의 상황을 알려준다. 또한 신라는 바다사자인 해구(海狗) 또는 온눌수도 포획하였다. 당나라의 견권(甄權)이 펴낸 《약성본초》(藥性本草)에는 신라의 온눌제, 즉 해구신이 소개되어 있다. 백제도 개로왕 18년에 곤포를 북위에 보냈는데, 이는 서해에서의 어업활동일 가

156) 《삼국지》 위서 동옥저에서 "國人嘗乘船捕漁, 遭風見吹數十日, 東得一島"라고 기재하였다.

157) "다시마는 신라에서 생산되는데 누르거미한 색에 잎은 잘다. 그곳 사람들은 다시마를 채취하여 새끼로 묶어 그늘에 말려 배에 싣고 중국에 온다"라는 기록이 있다(조선향토 대백과 민속문화관 : 노동 생활풍습) 참조.

〈그림 6-25〉 사할린 남부 해역에서 겨울에 잡힌 생선들(왼쪽)과 청어, 연어 등의 생선을 건조하는 모습. 함경도 강원도를 거쳐 경상도 해안에서도 동일한 형태로 이루어졌다.

능성이 크다. 그 곤포는 서해안의 산물이라서 질은 상대적으로 떨어질 것으로 추정된다.《삼국지》동이전에는 동예조에는 사람들이 고구려에 반어피(斑魚皮)를 바쳤으며, 먼 바다까지 항해하였다는 기록이 있다. 또한, 동옥저에서는 동해가에 사는 노인들에게서 들은 동쪽바다의 한 섬에 대한 이야기가 기록되어 있다. 그들이 수십 일을 표류하다가 큰 바다 가운데 어느 섬에 닿았는데, 그곳 말을 알아들을 수 없었고, 또 이어 한 나라에는 여자만 있고 남자는 없는 여인국이 있다는 등의 이야기이다. 그 섬들의 위치에 대해서는 여러 설이 있다. 울릉도[158]라는 주장도 있고, 쿠릴섬(사할린섬)일 것이라는 견해도 있으며,[159] 풍속 등을 근거로 니가타(新潟)현의 사도(佐島)섬이라는 견해도 있다.[160] 이처럼 고대에도 모든 해양에서 명태, 고등어, 꽁치, 조기 등의 물고기를 잡았고, 선사 시대에도 큰 차이는 없었을 것이다.

　　동해 남부지역은 울산의 반구대 벽화에서 보이듯 선사시대부터 연해주 일대의 해양문화와 관련이 깊다. 또한 해양환경에는 큰 변화가 없으므

158) 池內宏,〈伊刀の賊〉,《滿鮮史研究》中世1, 1933, p.316에서 여진 해적과 울릉도 문제에 대해서도 다루고 있다.

159) 孫進己,《東北民族源流》, p.417.

160) 王俠,〈集安 高句麗 封土石墓與日本須曾蝦夷穴 古墓〉, 博物館研究 42期, 2期, 1993, p.43.

로 이 해역의 어종과 이를 잡는 어업은 고조선문명권의 어업현황을 살펴
보는 데 도움이 된다. 오호츠크해 근해에서 남하하는 리만해류에서 갈라
져 나온 한류인 북한해류가 겨울에는 동한해류의 안쪽을 타고 영일만까
지 남하한다. 난류와 한류가 교차하는 조경수역(潮境水域)이 형성되어,
플랑크톤이 풍부하고 난류성 어족과 한류성 어족이 모여드는 훌륭한 어
장이 만들어진다. [161] 한류성 어족인 대구·명태는 울진 근처에서 회유한
다. 연어, 송어, 방어, 대구, 명태, 자해(紫蟹, 대게) 등이 잡히고 특히 흥
해(興海)에서는 해삼도 채취된다. [162] 《신증동국여지승람》의 동해 남부지
역 등에 수록된 토산품을 보면 어류들 가운데 청어, 상어, 연어, 송어 등
은 대체로 일치한다. 이러한 상황으로 보아 어로잡이 기술, 도구, 신앙 등
이 유사할 가능성이 높다.

   현재 포항 일대에서 생산하는 과메기는 바람이 차게 느껴지기 시작하
는 11월 중순부터 12월 말까지 꽁치를 추위와 해풍에 얼려 건조한 것이
나 과거에는 청어를 말렸다. 이러한 방식은 연해주 및 사할린 일대의 어
부들이 지금도 사용하는 방식이다. 동해안의 어로문화는 해안선을 따라
남북으로 활발하게 진전되었을 것이다. 이에 따라 함경도 일대로부터 퍼
져 내려온 어로문화가 강원도를 거쳐 경상도 동남부로 확산되며 울릉도
로 전파되었다고 볼 수 있다. 반대로 울릉도에서 동해안으로 역류되었을
가능성도 있다.

## (3) 한반도 남부

   서해 중부의 경기만 이남은 갯벌이 발달하고, 강과 바다가 만나는 곳
들이 많았다. 따라서 생선은 물론이고, 패류들이 많고 채취하기도 쉬웠
다. 서해안 중부지방, 즉 경기·충청·전북의 3개 도에 걸쳐 모두 38개의

---

161) 해수부, 《한국의 해양문화》 동남해역(上), 해양수산부, 2002, p.167.
162) 《신증동국여지승람》 및 국립수산진흥원에서 발간한 《한국연근해유용어류도
    감》 참고.

패총이 발견되었다. 신석기
시대의 패총은 광범위한 도
서지역에 산발적으로 있으
며,[163] 청동기시대와 소위 원
삼국시대의 패총은 충남과
전북의 경계인 금강 하구에
집중적으로 분포되어 있다.
호남지역에서 패총은 1993
년까지 모두 23개소가 확인
조사되었으나, 이후 군산지
역과 나주시 동강면에서 수
문 패총이 추가되어 40개소
이상 발견되었다.

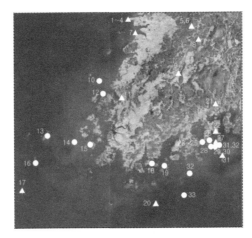

〈그림 6-26〉 호남지방 신석기시대 패총 출토
유물(출처: 이은·김건수, 《호남고고학보》, 49권
2015, p.47)

　남해안은 리아스식 해안과 수많은 섬들, 따뜻한 기온, 그리고 조석 간
만의 차이와 복잡한 조류의 움직임 등으로 수산자원이 풍부했다. 신석기
시대 전기의 최대 규모의 집단 묘역인 부산의 가덕도 장항 유적에서 출토
된 인골을 콜라겐으로 분석하자, 패류, 포유류, 해양성 어류 등 해산물을
주로 섭취한 것으로 나타났다. 고남리 패총의 연구 결과, 청동기시대 사람
들은 잡곡(조, 기장)이 주식이었을 것으로 추정되지만, 어업을 하였다.

　부산의 동삼동 전기 패총에서는 패류들이 발견되었고, 조개로 만든
장식품과 도미와 삼치의 뼈, 상어류뼈, 해표뼈, 심지어는 고래뼈로 만든
접시도 발견되었다.[164] 투막조개로 만든 완제품 또는 미완성 조개팔찌도
1500여 점이나 출토되었다. 이로써 조직적인 패류어업이 성행했음을 알
수 있다. 도미는 악골(顎骨)의 크기로 미루어 보아 몸길이 40~58cm로 추
정되었다. 상어류와 같은 연골류의 추골도 발견되었으며, 어골로 만든 장

163) 김건수, 《한국 원시·고대의 어로문화》, 학연문화사, pp.54~55.
164) 鄭永和, 《韓國史論 1》, 국사편찬위원회, 1983, p.39.

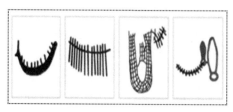

〈그림 6-27〉 반구대 암각화에 그려진 어업 관련 그림

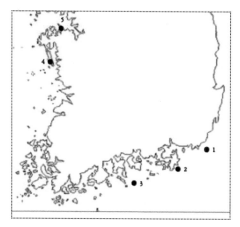

〈그림 6-28〉 동삼동, 대포, 안도, 고남리, 대죽리 패총 유적 위치도(출처: 안덕임, 〈동위원소 분석을 이용한 신석기시대의 식생활과 패총유적의 점유계절성연구〉, 《동방학》 21, 한서대학교 동양고전연구소, 2011, p.187)

식품도 많이 나왔다. 그 밖에 패각으로 만든 식도와 패륜 장신용구 등의 패각 제품이 출토되었음이 보고되었다. 부산시 영도의 영선동 패총에서는 바다표범〔海豹〕의 뼈가 출토되었다. 창원군 웅천의 자마산 등성이의 패총에서도 많은 어류의 뼈가 나왔다. 특히 해수류의 뼈도 포함되어 있었다. 패총의 연대는 서기 1세기로 밝혀졌다.

근처인 김해 패총에서도 패류 34종이 확인되었는데 대합 및 굴이 대부분을 차지하였다. [165] 극피동물인 섬게의 가시도 출토되었다. 김해의 수가리 패총에서는 대구의 뼈가 발견되었다. [166] 그 외 평안남도의 용반리 패총에서도 패류와 함께 도미의 뼈를 비롯한 많은 어류의 골편 및 이빨과 패각 속에 보존된 어류의 비늘이 발견되었다. 김해 패총에서는 국자가리비의 한쪽 끝에 두 개의 작은 구멍이 뚫려 있는 것이 있었다. 요코하마도 1931년 부산 동삼동 패총 조사 보고 때 패각으로 만든 식도와 패륜 장신용구 등의 패

---

165) 여기에 대한 종합적 검토는 郭鍾喆, 〈洛東江 河口域에 있어서의 先史時代의 漁撈活動〉, 《가야문화》에 있다. 이윤선에 따르면 선사시대의 굴은 가시굴이 많았다고 한다. 참굴은 한국 연안에 널리 분포되어 있는 종이다.

166) 《金海 水佳里 貝塚1》, 부산대학교박물관, 1981.

각 제품이 출토되었다고 하였다.[167]
현재 그 구멍 뚫린 장식품은 사람얼
굴로 보고 있다.

〈그림 6-29〉 조개 반달칼(국립 제주
박물관)

　이 시대 패총을 보면 전 해역에서
굴이 많이 채취되었음을 알 수 있다.
투막조개. 피조개, 새꼬막 등 조개의
종류도 다양하여, 이를 이용한 각종
산업이 발달하였다. 예를 들면 조개

용기, 조개어망추, 조개칼, 조개결합식 낚시바늘축부, 조개가면, 펜던트
뿐만 아니라 조개옥(玉)도 생산했다. 청동기시대를 지나 철기시대에도 조
개제품들이 만들어졌는데, 해남 군곡리 패총에서는 관옥과 유사한 조개
옥이 십수 점 출토되었다. 또한 여천 봉계동 유적에서도 관옥 목걸이가
출토되었고, 제주도에서는 조개반달칼[168], 조개화살촉 등이 출토되었
다.[169]

　일본의 석기시대 패총에서 2백 종 이상의 패류와 어·해수류가 발견되
는 것도 이 사실을 방증하는 것이다. 웅천군에서만 신석기시대의 패총으
로 추정되는 안골포 패총을 비롯하여 웅천(자마산) 패총, 자은동 패총,
수도동 패총, 여좌동 패총, 망산도 패총, 용원 패총, 마천동 패총, 가주동
패총 등이 분포되어 있다. 자마산(子馬山) 등성이의 패총에서는 약 4000
여 건의 유물들이 출토되었는데, 사슴뼈 등의 동물뼈와 함께 낚시바늘,
복골, 동물뼈로 만든 작살〔銛〕, 그물추, 물고기뼈, 조개, 소라, 굴 껍질
등이 나왔다. 이곳에서 출토된 숯을 미국 미시간대학 방사능연구소에 보
내 방사능 탄소 측정법으로 측정한 결과 패총의 연대가 1910±150. B.P.로
밝혀졌다.

167) 박구병, 〈한국어업사〉,《정음사》, 1975.
168) 제주도 곽지리 패총에서 발견된 철기시대 제품.
169) 국립제주박물관, 〈한국의 조개제품〉,《선사시대의 재발견》, 2005, pp.144~155
　　참조.

〈표 2〉 남해안지역의 패총 입지

| 유 적 명 | 입지유형 | 해발고도(m) | 형성시기 | 공 반 유 구 | 참 고 문 헌 |
|---|---|---|---|---|---|
| 양산패총 | C | 110 | Ⅲ·Ⅳ | 환호, 목책 | 小泉顯夫·梅原末治 1923 윤무병 외 1993 |
| 부산 조도패총 | A | 0~10 | Ⅰ-Ⅲ | | 한병삼·이전무 1976 |
| 부산 파정패총 | A | 평지 | | | 심봉근 1993 |
| 부산 동래패총 | A | 0~10 | Ⅱ·Ⅲ | | 홍보식 1997, 1998 |
| 김해 회현리패총 | A | 5~15 | Ⅰ-Ⅳ | | 梅原末治·濱田耕作 1923 |
| 김해 봉황대패총 | A | 5~25 | Ⅰ-Ⅳ | 주거지, 환호 | 부산대박물관 1998 |
| 김해 부원동유적 | A | 10 | Ⅱ-Ⅳ | 주거지, 구상유구 | 심봉근 1981 |
| 김해 칠산패총 | C | 80 | Ⅲ·Ⅳ | | 심봉근 1993 |
| 김해 수가리패총 | A | 5~10 | Ⅲ·Ⅳ | | 정징원 외 1981 |
| 김해 예안리패총 | A | 10 | Ⅲ·Ⅳ | 분묘 | 정징원 1985 |
| 진해 웅천패총 | C | 240 | Ⅲ·Ⅳ | | 김정학 1967 |
| 진해 용원패총 | A | 24 | Ⅱ-Ⅳ | 주거지 | 심봉근·이동주 1996 |
| 창원 외동 성산패총 | B | 49 | Ⅱ·Ⅲ | | 이호관 외 1976 |
| 창원 남산패총 | C | 90 | Ⅲ·Ⅳ | 주거지, 환호 | 창원대박물관 1995, 1998 |
| 창원 내동패총 | B | 40 | | | 창원대박물관 1995 |
| 창원 가음정동패총 | C | 73 | Ⅲ·Ⅳ | 주거지, 환호 | 이주헌 외 1994, 창원대박물관 1998 |
| 마산 현동패총 | B | 60 | Ⅲ·Ⅳ | 주거지, 고분 | 박동백 1990 유병일 1992 |
| 고성 동외동패총 | B | 30 | Ⅰ-Ⅲ | 주거지, 야철지 | 김동호 1984, 김종철 외 1992 |
| 사천 늑도패총 | A | 10 | Ⅰ | 주거지, 분묘 | 부산대박물관 1989 |
| 여수 송도패총 | A | 0~10 | Ⅲ | | 지건길·조현종 1989, 1990 |
| 순천 야동패총 | C | 80~100 | Ⅰ(?) | | 국립문화재연구소 1998 |
| 보성 척령리 금평패총 | A | 28 | Ⅰ-Ⅲ | 주거지 | 임영진 외 1998 |
| 보성 예당리 호동패총 | B | 40~50 | | | 임영진 1992 |
| 보성 조성리패총 | B | 50 | Ⅰ | | 순천대박물관 2001 |
| 해남 군곡리패총 | A | 27 | Ⅰ-Ⅲ | 주거지, 가마 | 최성락 1988 |
| 해남 백포만패총 | A | 0~30 | | | 최성락 1986 |
| 해남 옥녀봉패총 | C | 200 | Ⅰ-Ⅲ | 토성 | 최성락 1986 |
| 나주 장동리 수문패총 | A | 10~30 | Ⅰ-Ⅲ | | 조현종 외 1997 |
| 제주 곽지리패총 | A | 20~30 | Ⅱ-Ⅳ | | 이백규·이청규 1985 |

* 형성시기는 필자들의 추정연대임(출토유물이 불확실한 일부 유적은 제외함)

〈그림 6-30〉 최성락(Sung Rak Choi), 김건수(Geon Soo Kim), 〈철기시대 패총의 형성 배경〉, 〈호남고고학보〉 15권, 호남고고학회, 2002, p.66.

김해 패총[170)]에는 패각(貝殼)에 인공을 가한 것, 즉 국자가리비의 한 쪽 끝에 작은 구멍을 두 개 뚫은 것이 있었다. 특히 동래의 조개무지에서 는 쇠돌을 녹이던 터가 발견되었고, 김해의 조개무지에서는 쇠찌끼가 나 왔다. [171)] 이것은 어구와 연관 있을 가능성이 크다. 동삼동 패총에서는 뼈

---

170) 《김해 수가리 패총》 1, 부산대 박물관, 1981 참조.
　　김용기, 《농소리 패총 발굴보고서》, 부산대학교 박물관, 1965 참조.
171) 장국종 지음, 《조선농업사 1》, 백산자료원, 1989, p.38.

로 만든 낚시바늘들이 발견되었는데 미늘이 있는 것도 있고 없는 것도 있었다. 미국 서북안 원주민의 낚시바늘은 동삼동의 것과 형태가 같았으며, 일본의 아오모리(靑森)현의 죠몬문화기 패총에서도 이와 같은 조침이 발견되었다. [172]

### 3. 해양 무역

#### (1) 상업의 발전

'상업'과 '무역'의 정의에 대해서는 그 기원과 상태, 지역, 시스템 등에 따라 다양하게 정의된다. 상업과 무역의 차이점에 대해서도 정설은 없다. 다만 근대 이후의 체제를 기준으로 하여 국가와 국가 간의 상업, 또는 이질집단과 장거리 상업일 경우에는 무역으로 보기도 한다. 동아시아의 한자문화권에서는 '교역(交易)'이라는 용어를 사용하고 있다.

소박한 형태의 물물교환은 초기 인류부터 시작되었다. 인류의 직계조상인 호모 사피엔스는 초기 단계부터 상업 및 무역활동을 벌였다고 주장한다. 하지만 이전 단계의 인류들도 단거리·장거리 물물교환과 무역을 했을 것이다. 소규모의 자급자족경제를 영위하는 '개인', '무리', '집단'이라도 기본적으로는 주변 공간 및 집단과 물건을 교환하지 않으면 생존할 수 없었다. 따라서 물물교환에 의한 인접집단 간의 교류는 어디에서나 이루어졌다. 우연한 접촉, 의례적인 방문, 신부를 구하는 '족외혼' 등을 계기로 이루어졌을 것으로 추측한다. 이러한 근거리 상업은 정기적 원거리 무역으로 발전했다. [173]

유럽 대륙의 중심부인 3만 년 전의 사피엔스 유적지에서 지중해나 대서양 연안에서 온 조개껍데기가 발견된다. 뉴기니와 북부 뉴아일랜드섬에

---

172) 박구병, 앞의 책, 1975.

173) 고든 차일드 지음/ 유태용 옮김, 《고든 차일드의 신석기혁명과 도시혁명》, 한국고고학연구소, 주류성, 2013, p.132.

살던 사피엔스 무리들은 특별히 단단하고 날카로운 도구를 만들 때 예리한 도구를 만들 수 있는 화산석인 흑요석을 사용했는데, 그것은 400㎞ 떨어진 뉴브리튼섬의 광산에서 가져온 것으로 밝혀졌다. 이들은 원거리 무역을 하는 숙련된 항해자들이었던 것이다. 발트해의 호박과 지중해의 조개껍질이 1500㎞나 들어간 유럽 내륙의 홍적세 크로마뇽인 유적지에서 발견되었다. 또한 흑요석과 부싯돌, 벽옥 등 단단한 돌들도 채석된 곳에서 수백 ㎞씩 옮겨진 증거들이 발견되었다.[174] 비스마르크 제도에서는 오스트로네시아인들이 도착하기 최소 18000년 전부터 흑요석 무역이 번창했었다.[175]

이집트 파이윰 호수에 정주하던 집단들도 지중해와 홍해에서 나오는 조가비를 가질 수 있었다. 지중해의 홍합 조가비로 만들어진 팔찌는 체코 서부지방의 보헤미아와 남부 독일까지 원거리 교역으로 전해져 그곳 신석기 무덤에서 발견된다. 초기 인류의 무역품은 이처럼 조가비나 호박, 염료, 흑요석 같은 귀중품으로 한정되었다.

신석기시대에 들어오면 자급자족적 경제는 상호의존적 경제체제로 변모해 나갔고, 무역이 발달했다. 농경이 시작되었고, 이로 말미암아 조직력을 갖춘 정치체가 탄생했다. 개인이나 소규모 집단이 아닌 정치체로서 다른 정치체들과 공식적인 교환이 필요했다. 충적지대의 정착민의 경우, 잉여농산물이 풍부한 반면에 축산물·어류·사냥고기, 귀금속 등은 부족하므로 주변의 수렵채집민, 유목민과 무역하여 부족분을 보충하였을 것이다. 정착 농경집단과 수렵집단·어로집단·유목집단 사이에 일종의 상호의존적 관계가 매우 쉽게 형성되었을 가능성이 높다.[176]

비록 후대이지만, 고대의 방식을 유지하는 부족들의 예를 보더라도 인류는 선사시대부터 장거리 해양무역을 했음을 추측할 수 있다. 원거리

---

174) 재레드 다이아몬드 지음/ 강주헌 옮김, 《어제까지의 세계 전통사회에서 우리는 무엇을 배울 것인가?》, 김영사, 2013, p.92.
175) 제럴드 다이아몬드 지음/ 김진준 옮김. 《총, 균, 쇠》, 문학과 시상사, 2008, p.521.
176) 고든 차일드, 앞의 책, p.165.

장사꾼인 시아시족은 '마상이(매생이, outrigger)'를 타고 거친 바다를 헤치면서 480㎞까지 항해하여 돼지와 개, 항아리와 구슬, 흑요석 등을 실어 날랐다. 시아시족의 쌍둥이 돛이 달린 마상이는 길이가 약 18m, 높이가 1.5m 정도여서 약 2톤의 짐을 실을 수 있었으며 목선으로는 당시 과학기술의 결정판이었다.[177]

연장과 무기를 만드는 데 사용되는 돌, 소금과 식량, 나무, 동물 가죽과 모피, 틈새를 메우기 위한 역청, 항아리를 만드는 데 필요한 점토들이 교환되었다. 새의 깃털, 연체동물의 껍질과 거북의 등껍질, 목걸이와 팔찌의 원재료 및 가공품, 염료, 붉은 황토와 망간산화물 같은 염료의 원료, 나무기름, 담배와 술, 빈랑나무 열매 같은 흥분제가 전통사회의 사치품이나 장식품 등과 교환되었다. 2000년 전 아시아의 원거리 무역상인들은 뉴기니의 극락조 깃털을 중국에까지 가져왔고, 다시 페르시아와 터키까지 옮겨 가 무역하였다. 탈라시 흑요석은 6400㎞나 떨어진 보르네오 섬부터 동쪽으로 3200㎞ 떨어진 피지섬까지 거래되었다.[178]

수메르인들은 절단도구 제작에 필요한 흑요석을 아르메니아에서 수입하였다.[179] 특히 청동기문화의 시작인 청동제품을 완성하려면 동(銅)과 주석(朱錫)이 동시에 필요하고, 경우에 따라서는 아연(亞鉛)도 소량이 필요하다. 그런데 동과 주석은 동일한 지역에서 생산되는 경우가 드물다. 비록 수메르인들의 예이지만, 일찍부터 무역이 발달할 수밖에 없는 이유가 있는 것이다. 농경이 본격적으로 시작되면서 관개 제방 공사 등의 공공작업이 매우 늘어났기 때문에, 필요한 원자재를 안정적으로 확보하려면 정기적·규칙적인 무역과 교환시스템을 마련해야만 했다.[180]

따라서 청동기시대에 이르면 무역이 본격화될 수밖에 없었다. 이러한

177) 재레드 다이아몬드 지음/ 강주헌 옮김, 앞의 책, p.91.
178) 재레드 다이아몬드 지음/ 강주헌 옮김, 앞의 책, pp.106~110.
179) 고든 차일드 지음/ 유태용 옮김, 《고든 차일드의 신석기혁명과 도시혁명》, 한국고고학연구소, 주류성, 2013, p.202.
180) 고든 차일드 지음, 위의 책, 202.

〈그림 6-31〉 홋카이도박물관에 전시된 흑요석제 품 발견 지역

상황은 동아시아 지역도 마찬가지였을 것이고, 특히 고조선문명권의 공간은 육지와 육지 사이의 바다가 좁은 내해적 성격을 띄고 있어서 비교적 이른 시기부터 해양을 이용한 교환과 무역이 발전했을 것이다.

또 '무역품목'에 대해 이해하는 것도 매우 중요하다. 우선 집단의 생존과 번영에 생필품 구비는 필수적이다. 그중 가장 중요한 것은 식량이고, 그 식량은 곡식이 주가 된다. 인류가 농경을 시작한 것은 홍적세가 끝이 나고 간빙기인 충적세에 들어선 이후인 신석기시대부터이다.

그러나 기본적으로 농토에는 한계가 있고, 기후와 전쟁, 질병 등 갖가지 요인으로 농사가 중단되거나 축소되는 일이 많았다. 또한 곡식의 종류는 다양했지만, 대부분의 인류는 1~2종류의 곡식만을 생산했으므로 편식의 경향도 있었다. 이러한 이유들로 말미암아 인류는 근대에 이르기까지 전지구적으로 식량난에서 벗어날 수 없었다. 그러므로 근대 이전에 가장 중요한 무역품목은 곡식과 연관된 것이다. 아울러 소금 등도 필수적인 무역품목이다.

목재 또한 전근대까지 세계 무역사에서 중요한 품목 가운데 하나였다. 무기용, 수레용, 건축용, 난방용, 토기 및 제련에 필요한 화목용, 그리고 무엇보다도 선박을 만드는 데 필요한 나무도 매우 중요한 무역품목이었다. 생산도구를 만드는 흑요석이나 돌을 비롯한 금속들도 무역품목이었다. 이는 일본도 동일하여서, 일본의 북부 또는 연해주 일대와 남부지역은 흑요석을 교역하였다.

뿐만 아니라 정치단위가 커지고 종교가 발달하면서 위세품이나 의례용에 필요한 각종 물품들도 무역품목이 되었다. 금, 은, 옥 등을 비롯한 보석과 각종 의류용 품목들이 교환되었다. 모피 등은 선사시대, 고대에도 중요한 무역품목이었다. 그 밖에도 각종 선진 무기들, 토기, 책, 동전 등이 무역품목이었다.

동아시아에서는 특히 고조선문명권 속에서 활발하게 무역이 이루어졌다. 고조선문명권은 터가 그리 넓지는 않지만, 자연현상이 극단적이고, 혼재한 다양한 문화가 상호 교류하며 발전한 곳이다. 농경의 정주(定住, stability) 문화와 유목 및 해양의 이동성(移動性, mobility) 문화, 수렵 및 어렵문화가 만나 상호보완하면서 독특한 성격을 탄생시킨 것이다.[181] 지리경제학적으로는 서로가 경제교류나 교역 등에 필요한 존재였다. 자연환경이 다르면 생태계가 다르고, 산물의 종류가 다르기 때문이다. 때로는 적대관계에 있더라도 필요의 원칙에 따라 교역을 할 수밖에 없었다.

무역이란 물자를 교환하고 이익을 발생시키는 것 외에도 인적인 교류가 이루어지고, 생산력을 확대하는 선진기술과 상부구조인 문화, 사상, 신앙을 수입하는 계기 또한 마련해 준다. 하지만 한국에는 무역과 연관된 역사 기록들이 많지 않다.[182] 따라서 중국과 일본 학계의 연구성과와 무역에 대한 인식, 그리고 후대의 기록과 발견된 유물 등을 참고로 삼아 고조선문명권의 무역현황을 살펴보고자 한다.

### (2) 해양무역

고조선문명권은 신석기시대부터 무역이 활발했으며, 계속해서 확장 발전하였다. 무역은 어떻게, 어떤 규모로, 어떤 범위에서 이루어졌을까?

---

181) 윤명철, 〈고구려인의 시대정신에 대한 탐구〉, 《한국사상사학》 7, 한국사상사학회, 1996 내용 참조.

182) 이 부분에 대한 연구는 박남수, 《동아시아 고대 교역사》, 주류성, 2015 참조. 이성시 지음/ 김창석 옮김, 《동아시아의 왕권과 교역》, 청년사, 1999.

고조선문명권 속에서 전개된 무역품으로는 토기를 비롯하여 석제도구와 어구들 외에도 많은 물품들이 있었다. 이 글에서는 금, 은, 옥, 모피, 조개제품 같은 사치품 위주로 분석하고, 곡식 및 흑요석의 무역 가능성을 살펴보겠다.

우선 조개〔貝〕제품을 보자. 강에서는 조개가 많이 채취되었다. 조개는 식용이기도 했지만 진주의 생산도구로서도 중요했다. 중국에서는 한나라 시대에 만주에서 산출된 담수진주를 '북주(北珠)' 또는 '동주(東珠)'라고 하는데, 만주어에서는 오직 동부지역 가운데 특히 송화강, 흑룡강, 우수리강, 압록강 지역의 지류에서 산출된 귀한 진주만을 '동주'라고 한다.[183] 요동반도 대련지구에 있는 강상무덤은 서기전 7세기경에 축조된 고조선 해양호족의 무덤인데, 내부에서 아열대산의 자안패(自安貝)가 출토되었다.

두만강 중류와 상류에 인접한 지역인 함경북도 회령의 오동, 무산의 범의구석, 만주 연길의 소영자, 왕청의 천교령 등지에 있는 서기전 2000년기의 집자리들에서 동해의 생산물인 명태의 뼈와 밥조개 등이 나타났다. 19개의 무덤에서 바다조개껍질로 만든 팔찌들이 많이 출토되었다. 이것은 내륙과 육로 및 수로 교통망을 이용한 상업이 이루어졌음을 증명한다.[184]

남해안의 동삼동 패총에서는 1500여 점의 조개팔찌가 규슈산 흑요석과 함께 출토되었다. 이 조개팔찌들을 규슈지역으로 보내는 품목으로 보기도 하므로, 이미 신석기시대부터 조개가공업이 발달하였고, 내륙으로도 상업이 이루어졌다는 것이 확인된다. 조개팔찌를 만드는 대표적인 재

---

183) 만주어로 'tana(타나)'라고 하며 몽골어를 어원으로 만들어졌다. 청나라 황실의 황후와 황태후의 동조관(冬朝冠, 겨울용 금관 조복)에 사용되었는데, 특히 동주(東珠)로 만들어진 조주(朝珠)는 황제, 황후, 황태후 세 사람만이 패용 가능하여 최고의 신분과 권위를 상징하였다. 동주 채집 작업과 기술은 주로 여진인들이 장악하였는데, 청나라 때 채집 전용 배가 몇백 척이나 있었고 채집 전문 인원 또한 천여 명 존재하여 규모화된 산업이었음을 알 수 있다. 고조선문명권에서 사용된 예는 현재까지는 확인할 수 없다.

184) 홍희유, 앞의 책, 백산자료원, 1989, p.13.

료인 투막조개는 한반도 서해안이나
내륙에서는 서식하지 않는다. 그런데
청도 오진리, 단양의 상시 바위그늘
유적, 단양 금굴 유적, 군산 노래섬
유적에서 발견되었다. 이것은 상업 또
는 해양무역의 결과이다.[185]

〈그림 6-32〉 강원도 고성 문암리
유적지

또 하나가 옥제품이다. 고조선문
명권에서 가장 시기가 이르고, 가장 문화가 발달한 곳은 요서지역에서
발전한 홍산문화이다. 홍산문화를 대표하는 문화지표는 '옥제품'이다. 옥
의 질과 가공기술, 색채와 조각 등의 예술성, 그것이 지닌 논리와 신앙
등의 미학 수준이 매우 뛰어났다. 옥제품은 그 이전인 사해(査海)문화,
흥륭와(興隆窪)문화부터 생산되기 시작했는데, 홍산문화 시기의 그 많은
옥 원석은 외부로부터 들어온 것이다. 현재로서는 요동과 압록강 하구
사이의 수암산(岫岩産)으로 규정되었다. 거리가 2300㎞에 달하는 무역이
이루어진 것이다.

고조선에서도 옥제품들이 만들어졌다. 청동기시대의 대표적인 보석광
물은 비취, 벽옥, 천하석, 연옥, 흑요석, 활석(곱돌) 등이다. 벽옥단추가 두
만강 유역의 범의구석 유적의 청동기시대층에서 발견되었고, 청동기시대
사람들이 연옥을 채취했음이 드러났다. 황해북도 연탄군 오덕리 제31호
고인돌과 길림지방의 돌상자 무덤에서 나온 '백석관'이라는 토막구슬은 연
옥으로 만들어진 것이었다. 범의구석 유적 제19호 집자리에서는 2개의 연
옥고리가 나왔다.[186] 연옥은 목단강 유역을 거쳐 송화강 유역 이북 먼 곳
까지 교환[187]되었다. 강원도 고성의 문암리 유적은 동아시아 최초로 밭농
사가 시작된 유적지인데, 옥귀걸이가 결합식 낚시도구와 함께 출토되었다.
전라남도 여수의 안도 패총에서도 옥귀걸이가 출토됐다.

185) 국립제주박물관, 앞의 책, 2005, p.144 참조.

186) 리태영, 《조선광업사 1》, 1998, pp.28~29.

187) 리태영, 앞의 책, 1998, p.14.

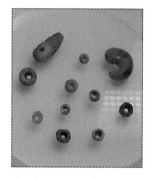

〈그림 6-33〉 치토세시의 기우스 제4호 주제묘 유적 출토 약 3500년 전 비취제 옥류(홋카이도박물관)

대련시 여순구의 윤가촌 무덤에서는 수정 구슬이 나왔고, 강상무덤을 비롯한 고조선의 많은 무덤들에서는 강옥, 수정, 마노를 비롯한 여러 가지 보석광물로 만들어진 구슬들이 대량으로 발굴되었다. 특히 강상무덤에서는 구슬이 모두 771개나 출토되었고, 8호묘광에서는 459개의 구슬이 나왔다. 대롱구슬, 장고형 구슬, 둥글고 납작한 구슬 등 여러 가지 종류들이었다. 고조선 사람들은 홍옥·청옥과 기타 광물들로 여러 가지 구슬류와 가락지, 고리 등을 만들어 옷과 몸에 장식했다.[188]

부여는 옥의 산지였다. 《삼국지》 동이전, 《후한서》 동이전에는 부여에서 적옥(赤玉)이 난다고 기록하였다.[189] 이것은 부여에서 홍옥이나 자수정과 같은 보석 광물들을 개발·이용하였으며, 또 품질이 우수하였기 때문이다. 부여에서는 황옥, 마노 등의 보석광물들도 채취하여 가지각색의 구슬과 세공품을 만들었다. 읍루에서도 붉은옥이 생산됐다. 그 외에도 호박이 있었는데, 호박은 바다에서 나오는 것이 땅에서 얻는 것보다 품질이 매우 좋다.[190] 그렇다면 호박은 해안가에서 내륙으로 수출된 것이 분명하다.

한편 무역품으로서 '금'이 있다. 《삼국지》 부여전에는 부여의 귀족층들이 금은으로 모자와 옷을 장식하였다고 하였다.[191] 《고광록》을 보면 부여지역이었던 마의하, 고동하, 훈춘(금현), 영고탑, 삼성(의란현) 등지에서 모두 금이 나온다고 했다.[192] 송화강 중상류 연안과 그 지류의 작은 강 연

188) 리태영, 앞의 책, 1998, pp.66~67.
189) 《삼국지》 권30 위서 동이전.
190) 《우리나라 보석》, 과학백과사전출판사, 1981, p.96.
191) 《삼국지》 권30 위서 부여전.
192) 《고광록》(중문) 권10 길림조, 1954.

안에도 사금광산들이 있었다. 회성(연길현) 근방의 목제하, 위사하, 태평구 봉밀산 등지에서도 금이 난다고 하였다. 부여의 금 산지들이 모두 강의 이름과 관련되어 있다.[193]

고조선의 은광석 매장지는 한반도 서북지방과 요하 하류 일대였다.[194] 《성경통지》에는 옛날 부여땅에 속해 있던 연길 근방의 천보산 일대에서 은이 나며, 오라(연길 북쪽 60리 지점의 송화강 동쪽)에서는 은을 돈으로 널리 이용하였다는 기록이 있다.[195] 《위서》 고구려전에는 장수왕이 한번에 황금 2백 근, 백은(白銀) 4백 근을 조공했다고 하였으며, 고조때는 전보다 두 배로 조공을 하여 답례품이 증가했다는 기록이 있다.[196] 비록 고조선문명권이 붕괴된 이후이지만 이 시기에는 엄청난 규모의 금 은 수출이 이루어진 것이다.[197]

또한 모피무역이 활발했다. 모피는 선사시대부터 현대에 이르기까지 고부가가치 상품이다. 특히 동만주와 연해주 일대의 담비가죽은 엄청나게 고가로 팔린 무역상품이었다. 고조선은 춘추 전국시대에 산동의 제나라 등과 교역을 하였다. 《관자》 권23 규도(揆度)에는 조선의 명산물이 문피(文皮)라고 하였다. 같은 책의 경중갑 제80조에는 "발조선이 복속하지 않는 조건에서 문피와 탈복을 예물로 바치게 하면… 발조선을 조공하게 할 수 있다"는 기록이 있다. 그런데 문피의 집산처는 산동반도의 남동단에 있는 영성시(榮城市)의 척산(斥山)이었다.[198]

---

193) 리태영, 위의 책, 1998, p.112.

194) 《고광록》 권10 요녕성 은광조; 리태영, 앞의 책, 1998, p.55. 《고광록》에 따르면 지금의 해성지방과 철령지방은 옛날부터 중요한 은 산지였다. 특히 철령에서는 발해 이전 시기부터 은광석 해장을 만들어 놓고 은광석을 녹여 은을 생산했다.

195) 《고광록》 권10, 길림조.

196) 《삼국지》 권100, 위서 열전 고구려조.

197) 金鍾完, 앞의 논문, p.78; 申瀅植, 〈三國의 對中關係〉, 《한국 고대사의 신연구》, 일조각, 1984, p.307에서 이 시기의 조공관계는 공무역적인 면이 있다는 견해를 보이고 있다.

198) 陳尙勝, 《中韓交流三千年》, 中華書局, 1997, p.50.

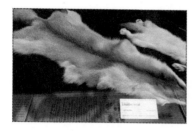

〈그림 6-34〉 사할린 지역에서 사냥
하여 제품으로 만든 여우가죽(사할린
박물관)

문피는 해양을 통해서 무역되었
다. 그렇다면 당시 고조선에서는 해양
운송 시스템을 활용한 무역의 비중이
높았음이 분명하다. 북한사학은 '서기
전 2세기에 이르러 고조선에서 락랑
단궁, 돈피, 문피(표범가죽), 과하마
등과 해산물인 반어피 등을 가지고
한나라와의 무역이 활발하였다"라고
하였다.[199] 고조선과 제나라 사이의 육지에는 주의 제후국 간 갈등이 벌
어지는 상황이었으므로 안전하게 해로를 사용했을 가능성이 충분하다.

만주 일대는 서만주를 제외하고는 숲이 발달해서 생태계가 풍부하고,
온갖 동물들과 약초, 어류들이 자라고 있는 곳이다. 앞 글에서도 설명하
였지만, 호랑이, 곰, 표범, 여우, 살쾡이, 너구리, 늑대, 담비뿐만 아니라
흰 사슴, 흰 노루, 자색 노루 등도 서식했는데, 이 동물들 대부분은 훗날
제작된 고구려의 고분 벽화에서도 확인할 수 있다. 예를 들면 막하(漠河)
부근은 현재까지 발견된 야생식물이 8,000종, 23목, 41과, 99속에 달한
다. 곰·스라소니·검정 담비·갈색곰·수달·사향노루·마록·타록·고산토
끼 등의 희귀한 동물들이 서식하고, 금·석탄·사금 등이 생산된다.[200]

훗날 부여나 고구려는 중국지역에 가죽을 수출하였다. 고구려가 오
(吳)나라와 첫 교섭할 때 초피(貂皮) 1000매와 할계피(鶡鷄皮) 10구 등
북방 토산물을 주었으며,[201] 각궁(角弓) 등 고구려 특유의 군수물자를 보
냈다.[202] 손권(孫權)은 사굉(謝宏)을 다시 사신을 고구려에 파견할 때에

---

199)《후한서》동이열전 동옥저 예조; 홍희유,《조선상업사(고대·중세)》, 백산자료
　　원, 1989.
200) '한급(寒級)' 또는 '북극촌(北極村)'이라고 한다. 주된 민족은 한족이며, 이 외
　　에 만(滿)·몽고(蒙古)·조선(朝鮮)·회(回)·석백(錫伯)·악륜춘(鄂倫春)·악온극(鄂
　　溫克) 등 16개 소수민족이 있다.
201)《삼국지》권47 吳書 제2 吳主傳에서 "…貢貂皮千枚 鶡鷄皮十具"라고 기재하였다.
202)《海東歷史》권33 交聘誌 1에서는 각궁(角弓)을 보냈다고 기록하고 있는데, 그

〈그림 6-35〉 반구대 암각화에 새겨진 고래그림들과 유사한 그림이 장식된 연해주 일대의 소수민족들이 만든 모피제품(왼쪽)과 동물 가죽을 활용하여 만든 각종 제품(사할린박물관)

'의복진보(衣服珍寶)' 등 사치품을 보냈다.[203] 고구려는 모피가공업이 발달했기 때문에 옷이나 무기는 물론이고 신발까지도 황색 가죽신을 신을 정도였다. 이것들은 그 시대에는 부가가치가 매우 높은 중요한 수출품이었다.

또한 《삼국지》의 기록에 따르면 동예에서는 순전히 상업을 위한 특산물로서 반어피(班魚皮)가 생산되었다.[204] 동일한 기록이 《후한서》에도 나온다. 반어는 해표를 말하는데, 가죽에 반무늬가 있어서 반어피라고 한다. 낙랑 동이현에서 산출되며 신작 4년에 잡았다는 기록이 있다. 옹어라고도 하며, 패총에서도 출토되었다. 훗날 발해는 일본에 초피(貂皮),[205] 대충피(大虫皮), 웅피(熊皮), 꿀, 인삼, 철 동 같은 광물, 다시마 같은 토산 수산물, 해표피, 해상어 등으로 만든 수공업제품이 수출되었고, 심지어는 대모주배(玳瑁酒盃)라는 붉은 바다거북의 껍질로 만든 술잔도 수출하였다. 이 대모주배처럼 중계무역품이 아닌 상품을 통해 고조선시대에도 해산물이 중요한 교역품목으로서 상업어업이 실시되었을 가능성을 엿볼 수 있다. 이러한 어피의 실용화와 상품화는 흑룡강 유역에 거주하는

---

전거는 알 길이 없다.

203) 《삼국지》권47 吳書 제2 吳主傳.

204) 《삼국지》권30 魏書 제30 濊.

205) 일본에서 발해모피의 중요성은 鈴木靖民, 1999, 〈渤海の遠距離交易と荷担者, 《アジア遊學》, 東京, p.101. 초피(貂皮)는 고구려 발해의 수출상품이었다.

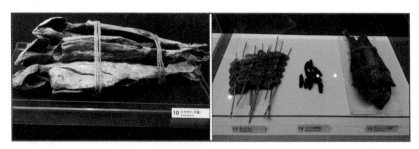

〈그림 6-36〉 말린 복어(홋카이도 박물관)왼쪽)와 해삼 조개 등의 건어물 상품들(연해주 타타르해에서 해삼은 특산품이었다.)

퉁구스계의 주민들이 주도하였다. 그렇다면 고조선 시대에도 문피 외에 비(貔)가죽, 붉은 표범가죽, 누런 말곰가죽, 반어피, 흰 사슴, 흰 노루, 자색 노루, 꼬리 길이가 9척인 주표(朱豹) 등을 수출하였을 것이다.[206]

생선도 무역품목이었다. 《삼국지》의 동이전 동옥저에는 고구려에 신속한 옥저가 맥포와 어염 및 해중식물(海中食物)을 고구려에 바쳤다는 기록이 있다. 각종 생선은 물론 조개들까지도 무역품목이었다. 발해는 다시마 무역으로 매우 유명해서 당나라와 일본에 수출했는데, 특히 일본국에 보내는 곤포(다시마)의 양은 엄청났다. 백제는 개로왕 18년에 곤포와 함께 해물을 북위에 보냈다.

《남해약보》(南海藥譜)에 따르면 통일신라시대에도 곤포를 채취해서 당나라에 팔았다. 해표피의 경우 《삼국사기》에 신라 성덕왕 때 세 차례에 걸쳐 당에 보냈다는 기록이 있을 만큼 중요한 수출 품목이었다. 신라의 해구신이 유명하다고 당나라 시대의 견권(甄權)이 지은 《약성본초》(藥性本草)에 기록되어 있다. 발해는 740년과 925년에 다시마를 당나라에 보냈고, 729년에는 치어, 730년에는 해표피 5매, 738년에는 건문어 1백 구를 보냈다. 모두 수산업 무역이다.

한류성 어족인 대구·명태는 울진 근처에서 회유하므로 연어, 송어, 방어, 대구, 명태, 자해(紫蟹, 대게) 등이 잡혔고, 특히 포항 근처의 흥해

---

206) 박선희, 《우리 금관의 역사를 밝힌다》, 지식산업사, 2008, p.68.

에서는 해삼 등이 생산되었다.[207]《신증동국여지승람》의 동해 남부지역 등에 수록된 토산품을 보면 어류들 가운데 청어, 상어, 연어, 송어 등은 대체로 연해주 해양과 일치하고 있다.

또한 군수 물자의 무역이 있었다. 숙신(肅愼)은 서주시대에 그 지역을 방문하면서 싸릿대로 만든 활과 화살, 돌화살촉을 갖고 갔다. 훗날 고구려는 479년에 고시(楛矢, 화살) 석노(石砮, 석궁) 등의 군수물자를 보냈다. 군수물자 가운데 중요한 것은 말이다.《사기》에 따르면 위만조선의 왕인 우거왕은 한나라에 태자를 보내 말 5천 필과 군량미를 보내려 하였다.[208] 이때 위만조선이 보내려 했던 말의 종류와 품질은 알 수 없지만, 한나라로서는 대단히 유효한 전략물품이었다. 그 시대에 말은 가장 중요한 군수 품목이었을 뿐 아니라, 고가의 무역 품목이었다.

한 무제는 초원의 군마를 독점하고 기마군단을 활용하는 흉노의 세력을 꺾기 위하여 말을 구해야 했다. 그래서 어렵게 귀국한 장건을 재차 중앙아시아에 파견하였고, 그는 타클라마칸 사막을 넘어 한혈마(汗血馬)의 산지로 알려진 페르가나(Fergana, 大宛, 拔汗那, 오늘날 우즈베키스탄 남부지역)가 있는 중앙아시아까지 갔다. 그 과정에서 중국의 서역 진출이 시작되었고, 흉노와 월지의 실크무역망을 탈취하게 되었다. 중국 역사에서 말 무역의 사례는 헤아릴 수 없이 많다.

고구려는 3세기 전반에 동천왕이 오나라의 사신단에게 말 수백 필을 주었으나, 사신이 타고 온 배가 적어 80필만 싣고 갔다. 오(吳)는 말이 필요해서 공손씨와 해양을 이용하여 마필(馬匹)무역을 벌였다.[209] 또 439년에 장수왕은 군수물자인 800필의 말을 배에 실어 중국 남쪽의 송나라에

---

207)《신증동국여지승람》및 국립수산진흥원에서 발간한《한국연근해유용어류도감》참고.

208)《사기》권115, 조선열전, "右渠見使者頓首謝, '願降, 恐兩將詐殺臣, 今見信節, 請服降.' 遣太子入謝, 獻馬五千匹, 及饋軍糧"하였다.

209) 彭德淸 主編,《中國航海史》, 古代篇, 1988, p.65에서 오(吳)와 고구려(高句麗) 사이의 이러한 교역 가능성을 언급하고 있다.

보냈다. 이러한 말 무역은 가장 규모가 큰 무역이자 모두 해양을 통한 무역이었다. 6세기경에 고구려는 실위(室韋)에게 철을 팔고 말을 사는 마필무역을 벌였다는 기록이 있다.

식량도 중요한 무역품목이었다. 고조선은 기록이 없지만, 훗날의 고구려에는 식량수입과 연관된 기록이 있다. 고국원왕 8년(338)에 화북 지역의 후조(後趙)가 요하 일대를 차지한 연나라를 협공할 목적으로 고구려에게 군사동맹을 제의하였다. 그때 후조는 배〔船〕300척을 동원하여 양곡 30만 곡을 고구려에 보낸다고 했다. 3만 가마, 1200톤에 달하는 식량을 1척당 최소 100가마 4톤씩 실었다. 물론 다른 화물과 수송요원, 선원이 동승했을 것이다.

고조선문명권에서는 목재가 무역품목이었을 가능성도 있다. 만주 일대는 삼림지대가 많다. 대흥안령, 소흥안령, 흑룡강 상류, 송화강 하류, 백두산 산록, 모란강과 흑룡강 중류, 우수리강 일대는 대삼림지대이다. 이곳에서 자라는 소나무, 참나무, 잣나무, 호두나무, 자작나무 같은 곧고 단단한 침엽수들은 다양한 용도로 사용되는 부가가치가 매우 높은 나무이다. 흑요석도 무역품목이었을 것이다. 만주 일대와 한반도에서 신석기시대부터 흑요석으로 만든 제품들이 나타난다.

평양시 승호구역 만달리에서 나온 석기들의 재료가 흑요석이었다. 내륙에서 상업이 이루어진 증거이다. 동해안의 여러 지역 및 일부 내륙에서 발견된 흑요석 도구와 한강 주변의 남양주에서까지 발견되는 흑요석은 백두산과 연관된 무역권을 입증한다. 함경북도 청진의 농포동(農圃洞)에서는 흑요석으로 만든 타제 석기가 검출되었다. 충청남도 공주군 장기면 석장리에서 나온 석기들은 반암, 분암, 유문암, 수석, 석영암, 흑요석으로 만들어졌다. 또한 부산의 동삼동에서 발견된 흑요석은 일본열도의 규슈와 연관된 무역권의 증거이다. 일본에서는 동해에 선사시대의 '흑요석문화권'을 설정하고, 이것을 '무역망'으로 표현하고 있다.

비단, 명주 등의 옷감 등 역시 중요한 무역품이었다. 특히 만주 지역의 비단은 매우 유명했다. 이미 홍산문화 유적에서 다양한 형태의 아름답고

수준이 높은 옥잠(玉蠶)제품들이 발
견되었다. 만주지역의 비단은 너무나
아름답고 뛰어나서 천잠(天蠶)이라고
불렀다. [210] 일부에서는 흑룡강성의 앵
가령(鶯歌嶺)문화와 서단산(西團山)문
화를 '천잠사주(天蠶絲綢)문화'라고
부른다. 따라서 고조선문명권 내부에
서도 무역이 활발했다고 판단된다, 그

〈그림 6-37〉 흑요석은 선사시대부터
중요한 생산도구이자 무역품이었다(사
할린박물관).

밖에 토기를 만드는 데 필요한 고령토 같은 흙도 무역품목이었는데, 고조
선문명권에서 흙이 상업에 이용되었다는 증거는 찾을 수 없다.

중국은 일찍부터 고조선문명권과 무역이 발달했을 것이다. 춘추전국
시대에 이르면 원격지 무역이 발달했다. [211] 해양을 이용하여[212] 무역범위
가 확산된 것이다. [213] 《월절서》(越絕書)의 기록에 따르면 월인(越人)들은
월남의 북부 지방까지 이동하면서 교역을 하였다. 장강 하류에 거주한 월
과 산동지방의 제는 해양활동이 활발했으며, 《해내북경》(海內北經)에는
하북과 요서에 있는 연(燕)이 발해로 나가 '왜'와 해상으로 왕래한 것이
기록되었다. [214]

한편 양자강 유역에 기반을 두었던 월인들은 탁월한 해양민으로, 랑
야에서 산동반도의 남쪽 연안을 항해하여 산동의 제(齊), 발해안 안쪽인
하북(河北)의 연과 무역이 가능했다. 거기서 점점히 이어진 묘도군도(廟

210) 이 누에가 뱉는 실크는 남색인데, 빛이 비출 때마다 색이 변하며 내구력도 강
    했다. 또 성충이 되면 날개가 금색이 되어 아름답다. 이 지역에는 잠신(蠶神)이
    있었다고 한다.
211) 李春植, 《中國史序說》, 교보문고, 1992, p.82.
212) 대규모 수상통행의 예는 許進雄, 洪熹 譯, 《中國古代社會》, 동문선, 1991,
    pp.446~447 참조.
213) 전국시대 상업도시의 번성에 대한 구체적인 기록과 상황은 許進雄. 洪熹 譯,
    위의 책, 1991, p.447 참조.
214) 李永采 외, 앞의 책, pp.52~57, 참조.

島群島)의 섬을 따라가면 요동반도에 닿는다. 요동반도의 남쪽 곶(串)인 노철산 해역을 지나 장산군도의 해역을 통과한 후 몇몇 섬해역을 지나면 서한만에 도달하고, 계속해서 연안항해를 하면 대동강 입구까지 갈 수 있다. 또는 산동반도 동단에서 직접 황해 중부를 횡단했을 가능성도 높다.[215] 이러한 상황이라면 그 무렵에 월인들이 고조선문명권과의 무역에 직접 또는 간접으로 종사했을 가능성은 많다.[216]

연나라의 지역은 전국 시대부터 서한 시대에 이르기까지 고조선과 무역을 하여 막대한 경제적 이득을 취하였다. 《사기》 화식열전에는 "무릇 연은 사람이 많이 모여 사는 곳이다. …북쪽으로는 오환, 부여와 이웃하였고 동쪽으로는 예(濊), 조선, 진번으로부터의 이익을 관장하였다."[217]라는 기록이 있다. 한은 여러 지역에 염관과 철관을 두었는데 실제로 요동반도에 설치한 평곽(平郭)은 소금생산의 중요한 산지였다.[218] 요동반도의 와방점(瓦房店), 보란점(普蘭店) 등은 지금도 대규모의 염전이 발달해 있다.

철덩이[鐵鋌]도 무역의 대상이었다. 요동지방은 최고의 철 생산지이다. 위만조선이 멸망한 이후이긴 하나 삼한의 각국과 중국 지역의 관계를 기록한 《후한서》, 《삼국지》 등의 기록으로도 확인된다.[219] 이 기록은 삼한 각국의 정치외교적인 활동을 기록한 것이지만 행간에는 무역과 관계 있는 듯한 정보들이 있다. 각국의 정황을 설명하면서 특산물에 대한 내용을 많이 표현하고, 무역의 산물인 듯한 구슬과 금, 보화, 비단, 모직물 등

---

215) 필자는 2003년도에 뗏목 장보고호를 타고 성산반도 앞 바다에서 출항하여 덕적도를 통과한 지 약 4일 만에 인천만 외해까지 진입하였다. 847년에 일본 승려 엔닌이 탄 신라선단의 배는 만 하루 반이 지나서 한반도 서안의 육지를 관측하였다.

216) 岡田英弘, 〈倭人とシルクロード〉, 《東アジアの古代文化》, 大和書房, 1978, p.7.

217) 윤내현, 〈고조선의 경제적 기반〉, 《백산학보》 제41호, 1993, 백산학회 貨殖列傳에서 "夫燕亦勃碣之間 都會也, 北隣 烏桓 夫餘 東綰濊貊 朝鮮 眞番之利"라고 하였다.

218) 《한서》 권28 地理志 遼東郡.

219) 《후한서》 권80 동이열전 韓조.

을 귀하게 여기지 않는다는 기록도 있
다. 이때 삼한이 입조와 입견을 통해
무역을 벌였을 가능성은 충분히 있
다. [220] 《삼국지》 위지 한전에는 또한
삼한이 연접한 남쪽의 왜와 북쪽의
예와 낙랑, 대방 등 두 군과 무역을
진행한다는 내용이 있고, 진국은 마

〈그림 6-38〉 김해 다호리에서 출토된 주조철부

한 서쪽바다에 있는 섬나라인 주호(洲胡)와 무역했음을 기록하였다. [221]

삼한에서는 나라(소국) 간의 무역을 진(辰)의 장(長)이 통제하는 경우
도 있었겠지만, 78개의 소국들이 자율성을 유지하고, 내부에서도 소규모
의 개별집단들이 상대적으로 독자성을 가진 채로 활동하였을 것으로 추
정된다. [222] 국가 간 공적인 관계가 아직 형성되지 못했으며 고대에 이루어
진 해양활동임을 고려한다면, 국가가 아닌 지방세력, 또는 규모가 크고
일정한 경제력을 갖춘 상인들에 의한 민간교역이 활발하게 일어났을 것
이다. 한반도의 곳곳에서 한나라 계열의 유물들이 다량으로 발견되는 현
상은 민간인들 사이의 사무역이 많이 벌어졌을 가능성을 보여준다.

《후한서》, 《삼국지》 등에서 "통상을 하고 상국(上國)과 교역하니 풍속
이 나빠졌다"고 한 기록은 무역이 활발했음을 반증한다. 진한(辰韓)은 철
을 화폐로 사용하는 무역을 하였으며, 소금을 매매하였다. [223] 《삼국지》

220) 全海宗의 〈고대 중국인의 한국관〉, 《진단학보》 46·47 합집, 1979, p.71에서 조
   공관계 기사를 분류한다. 또한 p.75에는 지리 산물에 대한 기사가 나와 있다.
   동덕모, 〈韓國 對外關係의 歷史的 背景〉, 《朝鮮朝의 國際關係》, 박영사, 1970에
   서 전통외교 조공에 대한 기본 이론과 내용을 소개하였다.
221) 《삼국지》 위서 동이열전 한전.
222) 일본열도에 있었던 야요이시대 소국들이 각각 독립된 정치체로서 자율성을 가
   진 것은, 그 시대 삼한의 정치, 사회, 그리고 경제적인 상황을 이해하는 데 시
   사점을 준다.
223) 《후한서》, 《삼국지》 한전에서 "주호국(州胡國)이 배를 타고 왕래를 하면서 한
   (韓)의 국중에서 물건을 사고 판다"고 하였다.

한전에 따르면 "삼한은 철을 매매하였으며 교역의 범위는 바다 건너 주호 (州胡)와 왜에 이르렀다"고 하였고, 《후한서》 한전에도 "국내에서 철이 생 산되므로 예(濊)와 왜(倭) 및 마한(馬韓)에서 모두 와서 철을 가져간다"고 하였다. 변진조에서도 유사한 내용이 있다. 즉 "대개 물건을 교역할 때 모 두다 철을 돈으로 쓴다"고 하였다. 왜(倭)와의 교섭은 말할 것도 없고, 주 호국(州胡國)은 배를 타고 왕래를 하면서 한(韓)의 국중(國中)에서 물건을 사고 판다는 기록이 있다. [224)

제주도가 사료에 처음으로 등장한 것은 《사기》에 도이(島夷)라는 이름 으로 설명된 것이다. 그러나 신빙할 만한 본격적인 기록은 진수(陳壽)가 편찬한 《삼국지》 위지 동이전 한전에서 나타나고 있다. 3세기 후반에 쓰여 진 이 책에는 현재의 제주도를 가리키는 '주호(州胡)'의 존재와 그 성격에 대해서 비교적 상세하게 기록하고 있다. 그 가운데 특별하게 관심을 불러 일으키는 표현이 두 가지가 있다. 즉 "마한(馬韓)의 서해상에 주호국(州胡 國)이 있었는데… 배를 타고 왕래하며 韓 中에 와서 매매한다"라는 부분 이다. [225) 이를 보면, 우선 그들이 배를 타고 왕래하면서 한·중에서 물건 을 사고팔았음을 알 수 있다. 소금을 매매한 사실 등에서는 활발한 상업 활동이 보인다. 소금은 부가 가치가 높은 상품으로서, 인류 역사를 보면 자체가 화폐의 기능을 한 지역도 있었다.

경상남도의 사천의 늑도(勒島) 유적에서는 청동기 후기에서 철기 시대 초기인 대략 2000년 전의 유물들이 집중적으로 출토되었다. 저울추들이 발견됐고, 철제품들이나 활석 제품들도 발견되었다. 가락바퀴(방추차)들 과 함께 남한에서는 처음으로 낙랑계 토기가 발굴되었고, 또한 일본 야요 이식 토기들도 대거 출토되었다. 거기다가 전한 때 만들어 사용했던 반량 전(半兩錢)도 나왔다. 단순한 소국의 무역항이 아니라 중국 지역과 일본열

---

224) 《삼국지》 권30, 위서 烏丸鮮卑 東夷傳 韓條.
225) 《삼국지》 권30, 위서 동이전 한전.
　　"又有州胡在馬韓之西海中大島上 其人差短小 言語不如韓同 … 其衣有上無下 略如 裸勢 乘船往來 市買韓中."

도 지역을 연결하는 삼각 또는 중계무역의 거점이었음을 알려준다. 이 시기는 위만조선이 멸망하기 전부터 후까지이다. 이러한 무역 거점은 여러 군데 있지만, 여수의 안도 패총을 비롯하여, 낙동강 하구이면서 바다와 직접 연결되는 김해의 다호리, 그리고 제주도의 산지항도 있다.

일본열도 또한 해양을 매개로 무역활동이 활발했다. 그 증거와 중요성은 중국에서 쓰여진 사서에서 일본열도의 위치가 변화하는 데서 확인된다. 즉 왜(倭)라는 정치단위가 중국 및 삼한의 소국들과 교섭하는 과정이 중국의 문헌과 일본의 고고학적 유물들에 드러나는 것이다. 《한서》 지리지에는 '왜'란 명칭으로 나타난다. 뒤를 이어 《후한서》 제기 편에는 "…東夷倭奴國王遣使奉獻(倭在帶方東南大海中 依山島爲國)…"라고 기록되어 왜의 노국(奴國)²²⁶⁾이 한과 교섭을 하였음을 보여준다. 그때 광무제는 노국의 왕에게 인수(印綬)를 주었다. 그런데 하카타(博多)만의 바로 앞 조그만 섬인 시가도(志賀島)에서 '한왜노국왕(漢倭奴國王)'이라고 새긴 금인(金印)이 발견되었다. 사료에 기록된 도착순서로 볼 때 시가도가 노국으로 여겨지지는 않으나, 당시에 이 둘을 혼동했으리라고 충분히 짐작할 수 있다.

또한 《삼국지》 동이전에는 "舊百餘國 漢時有朝見者, 今使譯所通三十餘國……"라는 기록이 나온다. 《후한서》 동이전에도 "…倭在韓東南大海中 依山島爲居凡百餘國 自武帝滅朝鮮 使譯通於漢者三十許國 國皆稱王 世世傳統 其大倭王居邪馬臺國…"라는 기록이 있다. 이 두 기록을 보면 일본열도에는 서기전 2세기 무렵부터 100여 개의 나라가 있었으며, 위만조선이 멸망한 이후로 한나라와 외교관계를 맺을 때 각자 왕(王)을 칭했음을 알 수 있다. 《삼국지》와 《후한서》가 편찬될 당시에 중국인들의 지리적인 인식이 미치는 범위의 일단을 보여주고 있는데, 한과 통하려고 시도한 나라가 30여 국에 달하며, 가장 큰 나라가 야마대국(邪馬臺國)이라고 말했다.²²⁷⁾ 그런데 《삼국지》 변진전에는 "國出鐵 韓濊倭皆從取之 諸市買皆用鐵 如中

---

226) 노국의 위치는 다소 논란이 있지만, 도장이 발견된 '시카시마'라고 추정한다

227) 《삼국지》에 따르면 소국들은 적게는 1000여 호에서 많게는 5만 혹은 7만여 호에 달하는 크기였다.

〈그림 6-39〉 대마도 북부인 조일산(朝日山) 고분 상자식 석관(왼쪽)과 오키노시마 (沖島)에서 발굴된 제사유물

國用錢"이라고 기록되었다. 또한《통전》진한전에는 왜와 한반도 남부 사이에 무역이 있었고 철을 화폐로 사용한 사실이 쓰여 있어, 일본열도는 한반도의 남부와 직접 교류했고, 이 지역을 통해서 간접 무역 혹은 직접 무역의 형태로 중국과 교류했던 것으로 판단된다.

일본열도의 일부 지역에서 발견되는 고고학적 유물들도 이러한 상황을 뒷받침한다. 옹관묘나 상자식 석관묘, 고인돌 등에서 한반도 남부의 청동제 무기인 동검·동모·동과와 다뉴세문경 같은 거울, 그리고 철제 농기구, 무구, 화폐 등이 발견된다. 그리고 벼농사의 유적인 우키쿤덴(宇木汲田) 패총, 나바타케(菜畑) 유적에서 발견된 토기들을 보면 당시 한륙도 남부와의 교섭이 활발했던 것이 입증된다. 무역은 중국과도 이루어진 것 같다. 수입품목 중에는 전한경(前漢鏡), 후한경(後漢鏡, 전한경은 북규슈에서 16개소, 후한경은 14개소가 출토되었는데 지금은 더 증가했을 수 있다), 위경(魏鏡), 오경(吳鏡) 등이 있으며, 관옥, 곡옥 등이 적지 않은 것으로 보아 교역의 양을 짐작할 수 있다. 특히 오경은 양자강 유역의 오나라(吳)와 일본열도가 직접 교섭했을 가능성을 보여준다.[228] 하지만 한반도 남부를 통한 간접교역의 형태도 있었고 직접교역도 있었던 것으로 추정된다.

---

228) 王仲殊, 〈古代の日中關係〉, 《古代日本の國際化》, 朝日新聞社, 1990, p.20.

〈그림 6-40〉 야요이 시대의 유적지인 규슈 요시노가리(왼쪽)와 규슈 사가현 요시노가리 유적 복원지

1세기 후반경에는 전한경을 다량으로 매장한 왕묘들이 조성되었다. 후쿠오카현 이토시마군(伊都郡)의 미쿠모 미나미쇼지(三雲 南小路) 유적 일대에서는 2개의 대형옹관을 비롯한 유물들이 발견되었다. 옹관에서는 57개의 전한경을 필두로 검(劍), 모(矛), 과(戈)의 청동제무기형 제기(祭器), 유리벽옥(璧), 유리제 곡옥, 관옥, 금동제 사엽좌식금구(四葉座飾金具) 등 새롭고 화려한 부장품들이 들어 있었다. 그런데 그 가운데 일부 전한경과 2개의 금동제 사엽좌식금구가 한룍도의 원료로 되어 있었다.

〈그림 6-41〉 사가현에서 출토된 야오이인의 복원된 모습

야요이 후기(1~2세기)에는 후한경, 유리옥, 파형동기 등이 만들어졌고, 점차 신상(神像)과 신수(神獸)로써 신선사상을 표현한 삼각신수경(三角神獸鏡)이 많이 발견된다. 3세기 중반에 중국-일본 지역 무역을 벌인 증거와 품목은 고고학적 유물뿐만 아니라 기록에도 나타난다. 즉 위에게 노비를 비롯하여 반포(斑布) 등을 주고, 위로부터는 백견직(白絹織) 등 옷감이나 동경(銅鏡)·칼·진주 등을 받은 것이다. 규슈의 전 지역, 혼슈의 남부지역이 이러한 무역권에 들어갔다. 그런데 최근에는 홋카이도 등에서

〈그림 6-42〉 요시노가리에서 출토된 야요이 토기들(한반도 남부의 양식과 유사하다. 왼쪽)과 요시노가리 주변에서 출토된 세형동검

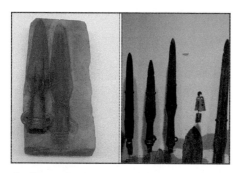

〈그림 6-43〉 동모 거푸집과 모형(요시노가리 박물관)(왼쪽)과 서기전 2세기~1세기 사가현 가라쓰(唐津)시 출토 세형동모

도 야요이문화가 전파된 흔적들이 발견됐다. 그렇다면 동해 북부와 연해주 일대가 홋카이도 사할린 지역과 교류했던 증거들로 보아, 고조선문명권의 후기 단계에는 일본열도의 북부지역도 연관되었을 가능성이 있다.

혼슈 하단 시마네(島根)현에 있는 이즈모 지역, 마쓰다(益田市) 지역 등은 동해를 사이에 두고 포항, 울산 등 신라 세력권과 마주보고 있어 일찍부터 한륙도에서부터 선진문물이 유입된 바 있다. 야요이시대에 소국들이 병립할 때부터 독자적인 세력을 구축하고 있었는데, 지정학적 위치나 해류의 움직임으로 보아 신라계 세력들이 진출하기에 좋은 조건을 갖추고 있다. 때문에 일본신화에서는 신라계와 연관이 깊은 스사노노미코토나 천일창(天日槍)신화의 무대가 되기도 했다.

다타라(たたら)철 생산지가 많았고, 고진타니(荒神谷)에서는 엄청난 양의 철제품들이 발견됐다. 이 지역에는 특히 방분이나 전방후방분 등이 집중 분포되어 있는데, 돗도리, 시마네, 도야현 등의 지역에는 고구려 계통으로 보이는 사우돌출형(四隅突出形) 고분들이 많이 있다.

결론적으로 다양한 문헌자료와 곳
곳에서 발견된 고고학적 유물로 볼 때,
적어도 고조선 말기에는 고조선 내부는
물론이고, 문명권으로 설정한 넓은 범위
내에서는 단거리 상업뿐만 아니라 해양
을 넘나드는 원거리 무역이 일어났다.

이 시대에 위만조선이 삼한의 소국
들, 왜의 세력들과 교섭했다는 직접적인
기록은 없다. 그러나 전 시대부터 해당
지역 간에 교류가 있었다는 고고학적

〈그림 6-44〉 한반도에서 온 서기
전 1세기~1세기의 토기들(이즈모
시 잔모치(山持) 유적, 이즈모시
박물관)

증거들이 많이 나타났다. 그러므로 위만조선은 무역행위는 물론이고, 이
무역망 속에서 중요한 위치를 차지하였을 것은 분명하다.

이러한 무역 시스템 속에서 화폐를 사용했을 가능성이 있다. 화폐의
성격 종류, 기능 등에 대해서는 많은 이론들이 있다. 그중 가장 최신의
생각이 엿보이는 정의로서 유발하라리는 다음과 같이 말하였다. 즉 화폐
(돈)는 물질적 실체가 아니라 심리적 구조물이며, 화폐란 인간이 고안한
것 가운데 가장 보편적이고 효율적인 상호신뢰 시스템이라는 것이다. 그
는 역사상 최초의 화폐로 알려진 수메르인의 '보리 화폐'를 사례로 들면
서, 세계 각국에서 고안된 서로 다른 화폐제도 사이의 공통점을 파악하
였다.[229]

화폐의 종류는 무궁무진하다. 화폐라는 명칭은 가치 평가와 교환의
기능을 하는 것에 부여된 일종의 기호이다. 돌덩이건, 광물이건, 조개껍
데기건, 뿔이건, 새깃털이건 상관없다. 다만 역사가 진행되면서 보편적인
가치평가의 기준과 수단이 필요해졌고, 운반과 사용에 필요한 측면이 가
미되었다. 기타 화폐 자체가 지닌 위신재로서의 기능과 신령성까지 더해
져 현재 인류가 보편적으로 인지하는 형태의 화폐가 문명의 발생 이후에

---

229) 유발 하라리/ 조현욱 옮김, 《사피엔스》, 김영사, 2015, pp.261~264.

〈그림 6-45〉 안시성 내부 발견된 오수전(전한 시대부터 사용)

발명되었고, 사용된 것이다. 분명한 점은, 화폐가 발행되었고 조직적으로 상업활동들이 이루어졌으며 특히 외국 화폐 기능을 하는 매체 기호 등이 사용되었다면(교환, 재산축적, 또는 기타용도), 소박한 형태로라도 '무역시스템'이 구축되었을 가능성이 높다는 것이다.

중국은 일찍부터 화폐를 사용했다. 은(殷)문화에서 사용한 갑골문에도 화폐가 등장할 뿐 아니라 춘추 전국시대에도 많이 사용되었다. 이미 중앙아시아로 진출해 온 페르시아인이나 그리이스인도 자국의 동전들을 갖고 와서 사용하였다.[230] 고조선문명권과 연관된 중국지역의 화폐는 서기전 2세기에서 서기후 2세기에 걸쳐 주조된 연나라가 주조한 명도전(明刀錢)을 비롯하여 반량전(半兩錢), 포전(布錢) 화천(貨泉), 대천오십(大泉五十), 오수전(五銖錢)[231] 등이다.

요서 지역에서 유통되던 금속화폐들은 만주, 한반도, 일본열도 등의 동아시아 여러 지역에서 소량씩, 또는 대량으로 드러났다. 대릉하, 요하 하류, 요동반도 해안, 압록강 중류 등 강가를 중심으로 발견되었다.[232] 요양 지역에서도 발견되었다.

또한 안시성(安市城)으로 비정되고 있는 영성자(英城子) 산성에서 명도전(明刀錢), 오수전(五銖錢) 등의 화폐가 발견되었는데, 이곳은 요하와 연결되어 요동만으로 나가는 길이다.[233] 현 단동시 진안구(振安區) 구련성

---

230) 이러한 증거들은 중앙아시아의 성터, 궁전, 고분 등에서 아주 흔하게 발견된다. 심지어 우즈베키스탄 사마르칸드의 아프라시압 궁전터에서도 그리스 동전들이 많이 발견됐다.

231) 오수전은 서기전 118년에 주조되었으나, 수나라 시대까지 통용되었다.

232) 崔夢龍, 〈고대국가의 성장과 무역〉, 《한국고대의 국가와 사회》, 일조각, 1990, p.72에 《조선전사》 권2, 1977, p.65에서 인용한 명도전의 분포도가 실려 있다.

233) 李殿福 著, 車勇傑; 金仁經 譯, 《中國內의 高句麗 遺蹟》, 학연문화사, 1994, p.81.

진(九連城鎭) 애하(靉河) 상첨촌
(上尖村)인 서안평성에서 오수전
등이 발견되었다.[234] 고구려의 국
내성이었던 집안 지역에서는 오
수전 외에 명도전, 포전, 반량전,
화천(貨泉) 등이 발견되었다.[235]
또한 M195호분에선 오수전이 32

〈그림 6-46〉 김해시 다호리 고분에서 출
토 된 오수전

매 발견됐다.[236] 강과 해양이 가진 이러한 교통과 상업적 측면 때문이다.

가장 일반적인 화폐인 명도전이 드러난 곳은 고조선 영역 내에서만도
20여 개 지역이다. 5000점(자강도 운송리 유적), 4280점(평남 청송로 동자
구 유적), 4000점(자강도 길다동 유적) 그 외 수백에서 3천 점에 달하는
명도전이 출토되었다. 서기전 3~2세기의 것인 세죽리(영변), 연화보 유적
(무순시)에서도 명도전 등이 대량으로 발견되었다. 특히 세죽리의 한 무덤
에서는 2,000개가 발견되었고, 평양 근처인 토성동 2호분에서는 오수전
등이, 45호분에서는 오수전 구슬 옥장식품들이 출토되었다. 시중이군 로
남리 제철로의 터자리 곁에서 명도전(서기전 4세기 말~3세기에 쓰인 돈)
과 오수전(서기전 1세기 이후에 쓰인 돈)이 나왔으며, 토성리의 쇠부리터
자리에서도 오수전이 나왔다. 이 돈은 이웃 지방의 상인들이 이 고장에
와서 철재를 비롯한 특산물들을 사 갔을 가능성을 보여준다.[237]

강릉시 초당동에서 오수전이 출토되었다. 전라남도 해남의 군곡리 패
총, 경상남도 김해 회현리 패총에서는 '화천(貨泉)'이란 글자가 박힌 동전
들이 발견되었다. 늑도 유적에서도 반량전들이 출토됐다. 제주도의 산지

234) 李殿福·孫玉良 著/ 姜仁求 金瑛洙 譯《高句麗簡史》, 삼성출판사, 1990, p.187.

235) 古兵, 〈吉林輯安歷年出土的古代錢幣〉, 《考古》64-2 참조. 국내지역에서 발견된
    화폐의 종류와 유적 설명이 있다. M 195호분에선 오수전이 32매 발견됐다. 최
    무장, 《고구려 고고학》 1, 민음사, 1995, P.334. 재인용.

236) 최무장, 위의 책, 1995, P.334에서 재인용.

237) 사회과학출판사 지음, 《조선 상업사》, 사회과학출판사, 2012, p.97.

〈그림 6-47〉제주도 산지항에서 출토된 중국계 오수전 등 화폐들(왼쪽)과 제주도 산지항에서 출토된 중국계 오수전 대천 오십, 화포 등 화폐들(제주 국립박물관)

항 유적에서도 오수전 4개, 대천 오십 2개, 화천 11개, 화포 1개로 모두 18개의 한나라 화폐가 출토되었다. 애월읍의 금성리 유적, 구좌읍의 종달리 패총 등에서도 한대 화폐가 출토되었다. 이것은 남쪽의 진국(辰國)과 한나라가 무역을 활발하게 전개했다는 것을 의미하지만 동시에 고조선문명권의 상인들이 무역활동을 한 증거일수도 있다.[238] 해남의 군곡리, 경남의 김해 패총, 다호리 유적, 경남 마산의 성산(城山) 패총, 삼천포의 늑도 패총 등에서도 비슷한 시대의 화폐들이 발견되었다. 강진(康津, 일설에는 무안務安) 등에서 명도전이 발견되었다. 그 외 일본열도 등지에서도 유사한 시대의 화폐들이 발견됐다. 기원을 전후한 무렵에 바다를 매개로 지역들 사이에 교역이 활발했음을 반증한다.

일본열도에서는 주로 규슈 북부지역에 밀집한 고인돌 주변과 아라이(新町) 유적, 히라쯔카가와조에(平塚川添) 유적, 하루노쓰지(原の辻) 유적 등 야요이문화 유적지에서 화천, 대천오십, 반량전 등 화폐들이 발견되었다. 이 화폐들은 주로 전한과 후한 사이인 신나라 때 주조된 것이다. 이때 물론 한나라의 화폐들이 거의 통용되지 않았을 가능성도 크다.

그런데 북한은 새로운 주장을 했다. '일화전(一化錢)', '명화전(明花錢)'이라는 금속화폐가 고조선 영역 내의 여러 곳에서 발견되었다. 요동반도

---

238) 홍희유,《조선상업사(고대·중세)》, 백산자료원, 1989, pp.18~22 내용 참조.

남단인 요녕성 금현 고려채(高
麗寨) 유적에서는 일화전이 23
개, 려대시 목양성터에서 일화
전 2개와 명화전 3개가 드러났
다. 또 자강도 자성군의 서해
리 무덤에서는 무려 650개나
되는 많은 일화전이 나왔으며,
평안남도 덕천군 청송리에서
도 91개의 일화전이 발견되었
고, 목양성터에서는 일화전과
함께 명화전 3개가 드러났
다. [239] 북한은 일화전을 고조
선의 화폐로 보았다.

또 이를 바탕으로 요녕성
서북의 일부 지역에서 일화전

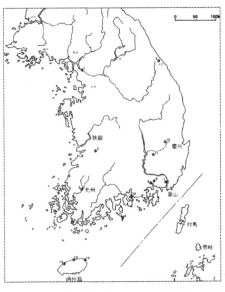

〈그림 6-48〉 김경칠, 〈남한 지역 출토漢代
금속화폐와 그 성격〉, 《호남고고학보》 27권,
2007, p.109.

이 나타난 것은 대륙과 무역이 진행되는 과정에서 그 돈이 고조선 영역
밖까지 광범하게 유통되었다는 것을 보여준다고 주장한다. [240] 한국학계
에서도 일화전이 고조선 화폐라는 주장이 있다. [241] 고조선문명권 지역에
서 중국화폐가 아닌 화폐들이 중국화폐와 동반해서 출토된 사실은, 주조
국가가 어디인가를 떠나서 기원을 전후한 무렵에 어떠한 형태로든 고조선
문명권 또는 동아시아를 유기적으로 연결시키는 무역권이 형성되었음을
말해준다.

---

239) 홍희유, 앞의 책, p.18.
240) 《고조선문제연구》, 사회과학출판사, 1973, p.39.
241) 박선미, 《고조선과 동북아의 고대 화폐》, 학연문화사, 2009, 참조.

## 3. 고조선문명권의 조선술

고조선문명권에서 어업과 상업, 무역을 가능하게 하려면 몇 가지 조건이 갖춰져야 하는데, 기본은 교통의 발달이다. 즉 교통수단과 교통망의 발달해야 한다.

이 글은 해양과 연관하여 해양산업과 해양무역을 발달하게 만든 해양문화의 산업 가운데 조선술과 항해술, 그리고 항로를 살펴본다. 앞글에서 살펴본 바와 같이 어업이 발달했고, 어구들도 발달했다. 그런데 강안, 호숫가, 해안선에서 채취하는 조개나 해초류를 제외한 모든 어류들은 깊은 강, 호수 또는 바다에서 잡은 것이다. 그렇게 어업이 이루어졌다면 탈 것인 배가 필요하다.[242]

지구상의 모든 생명체는 물에서 시작되었다. 인류의 조상인 생명체들의 언제 최초로 육지로 나왔는지는 아직도 여러 설들이 분분하다. 대략 600만 년 전에 유인원과 결별한 인류는 오히려 나무 위(樹上) 생활에 더욱 익숙한 존재였다. 그런데 언제부터인가 땅으로 내려와 두 발을 사용하여 걷게 되었고, 자연스럽게 물이 많은 강·호수 등과 접촉하기 시작하였다. 그 과정에서 먹이를 찾다 보니 자연스럽게 물을 식수만이 아닌 조개나 물풀 등의 먹이를 구하는 '터'로서 인식하게 되었고, 점차 그 가치를 알아 가면서 새로운 관점으로 방식으로 물을 대하게 되었다. 구석기시대의 유적이나 동굴 유적을 보면 대부분 물과 가까운 곳에 있다. 그리고 마침내는 물가를 벗어나 물속으로 들어가기 시작했다. 배의 필요성이 최초로 인식된 순간이다.

최초의 인류는 나무토막, 조롱박, 풀대(갈), 가죽주머니 등 띄우개를 이용하여 물 위에서 어로작업을 비롯한 활동을 하였다. 그 뒤 물 위에서의 경험이 축적됨에 따라 떼, 속을 파낸 통나무배를 만들어 이용하였으

---

242) 우리 학계에서 선박문제를 본격적으로 연구한 학자는 김재근이다. 다만 근대 이전의 조선업에 관해서는 간략하게 서술하였다(金在瑾, 《배의 歷史》, 正宇社, 1980; 金在瑾, 《우리 배의 歷史》, 서울대학교).

며, 나아가서 굽은 나뭇가지와 각
재를 골재로 하고 여기에 나무껍데
기나 가죽, 또는 나무널판을 씌워
구조선(構造船, 조립선)을 만들었
다. 놀랍게도 인류는 이미 4만 년
전 이전에도 대양항해를 했다. 아
시아 본토에서 오스트레일리아 뉴
기니로 건너가려면 최소한 여덟 개
의 해협을 지나야 하고, 그중 가장
넓은 해협은 적어도 80㎞가 넘는
다. 오스트레일리아 뉴기니에 사람
이 살게 되었다는 것은 곧 배가 있

〈그림 6-49〉 경상남도 창녕시 비봉리에
서 발견된 8000년 전의 통나무배

었다는 뜻이며, 현재로서는 그것이 역사상 처음으로 배가 사용되었다는
증거라는 점에서 중요한 의미를 갖는다. 지금으로부터 13000년 전에 이르
러서야 비로소 세계의 다른 지역(지중해 연안)에서도 배가 있었다는 증거
가 발견된다.

약 4만 년 전에 오스트레일리아 원주민 사회는 세계 최초로 자루가
달린 도구(손잡이에 고정시킨 돌도끼)를 만들었으며, 배를 만든 것도 다
른 사람들보다 훨씬 앞섰다. 그곳에 정착한 사람들은 동남아시아에서 출
발하여 인도네시아 열도의 섬들을 차례차례 건너면서 이주해 왔으리라는
것을 짐작할 수 있다. 40000년 전에 바다를 건널 때는 대나무 뗏목을 사
용했다.[243] 뗏목은 어느 지역에서나 최초로 사용한 원시적이고 간편한 수
단이었고, 상황에 따라서는 시대를 불문하고 사용되었다. 선사시대 이집
트의 항아리에는 보트 그림이 있었다. 파피루스를 다발로 묶어서 제작하
였고, 40명 내외의 사람이 노를 젓는 형태이며, 가운데에는 선실까지 마

---

243) 제럴드 다이아몬드 지음/ 김진준 옮김, 《총, 균, 쇠》, 문학과 사상사, 2008,
   pp.445~451.

련되어 있다. 서기전 3500년 무렵까지는 이집트의 그림에서 범선이 확인
되지 않지만, 서기전 3000년 무렵이 되면 범선이 동부 지중해를 자유로
이 항해하게 되었음은 확실하다.[244]

5000여 년 전 메소포타미아에서는 강에서 나뭇가지를 엮어서 만든
바구니모양의 배들을 사용하였다. 중국에서는 황하, 양자강, 주장강 등
에서 뗏목을 만들어 사용했다. 짐승가죽이나 넝쿨 등을 엮어 만든 바구
니뗏목으로 도강하는 데 사용했고, 통나무나 대나무를 엮어 커다란 뗏목
을 엮어 장기간 하류로 타고 내려오기도 했다.

어쩌면 같은 시대부터 사용되었을 수도 있지만 보통은 뗏목보다는 늦
게 이용한 것이 통나무배이다. 선사시대에는 통나무배 또는 몇 개의 통나
무판을 이어붙인 배들을 사용해서 먼 바다로 나가 항해하거나 건너다녔
다. 처음에는 통나무의 속을 파서 만든 통나무배(중국에서는 獨木舟, 일
본에서는 丸木舟, 카누)도 있었다. 1978년 1월 양자강 유역인 절강성 여요
(余姚)의 허무뚜(河姆渡) 유적지에서 통나무배의 노가 발견되었다. 측정
결과 연대는 B.P.7960±100으로 추정되었다.

점차 조선기술이 발전하고 도구가 만들어지면서 쌍쪽배와 두쪽배가
만들어졌다. 쌍쪽배는 외쪽 통나무배를 두 개 붙여서 만든 배로서, 발전
하면 '쌍동선(雙胴船, catamaran)'이 된다. 쌍동선은 안쪽을 파낸 통나무
를 두 개 연결하여 공간을 넓히고 안정성을 강화시킨 배이다. 또 하나 남
태평양에서는 '아우트리가(outrigger, 미상이)'라고 부르는 배가 있었다. 작
고 긴 선체의 양쪽에 약간의 간격을 두고 묶어 쌍동선과 유사한 형태로
만든 배이다. 다이아몬드는 이 배가 중국 본토부터 오스트로네시아인의
팽창을 촉발시킨 획기적인 기술발전이었을 것으로 추정했다.[245] 현재도
인도네시아, 필리핀, 남태평양의 여러 곳에서 애용된다. 이집트에서는 이
미 서기전 3500년경에 구조선을 사용했으며, 서기전 3100년경에는 소박

---

244) 고든 차일드 지음/ 유태용 옮김, 《고든 차일드의 신석기혁명과 도시혁명》, 한
　　국고고학연구소, 주류성, 2013, p.185.
245) 제럴드 다이아몬드 지음, 앞의 책, p.509.

〈그림 6-50〉 필리핀 루손섬에서 현재 사용 중인 뗏목(왼쪽)과 필리핀 루손섬에서 사용 중인 아우트리가

하지만 범선을 사용했다.

북한 학계는 원시시대 배의 유형에 '띄우개', '뗏배', '통나무배'가 있다고 하였다. 띄우개로는 '조롱박', '독〔甕〕', '뜰주머니(가죽주머니)' 등을 들었다. 독은 질그릇 형태로 만든 띄우개이다. 독 한 개로도 만들었고, 또는 여러 개를 묶어서도 이용하였다. 뜰주머니는 가죽주머니로 만들고 속에 바람을 넣은 띄우개이다. [246] 뗏배는 일반적으로 긴 나무토막이나 통나무 같은 것을 엮어 물 위에 띄우는 것이다. 물 위에 뜰 수 있는 물체는 한 개일 때는 부력이 작지만 여러 개를 묶어 부력을 키우면 균형을 잘 잡을 수 있다. 여기에 가로 또는 세로 방향으로 덧대어 묶으면 띄우는 강도가 커지면서 매우 안전해진다.

이 시기의 뗏배는 띄우개의 결함을 보완하고 그 위에서 활동할 수 있도록 띄우개를 구조적으로 변화 발전시킨 묶음식 배였다. 이 시기 뗏배로는 '뗏목배'와 '풀뗏배'가 있었다. 뗏목배는 통나무 토막들을 이용한 배로서, 둘레에는 난간을 치고 바닥에는 마루를 깔았으며 앞과 뒤를 높게 하여 배의 모습을 갖추었다('筏船'이라고도 한다).

---

246) 북한 사회과학원 력사연구소, 김일성종합대학 역사학부 저, 한국과학사 편찬위원회 편저, 《한국과학사》, 여강출판사, 2001의 제5장 1절과 2절 참고. 선박 발달의 초기 단계에 대한 대부분의 이론은 이와 유사하다.

〈그림 6-51〉 대마도 사고(佐護)마을
에 있는 오카리부네

이 시기의 우리나라 뗏목배에 대
하여 문헌[247]에는 5대의 통나무를
나란히 하고, 그와 직각으로 가로지
른 통나무 4대로 고정하였다고 기록
하였다. 꼬리부분에는 노걸개를, 머
리부분에는 돛대를 세웠다. 돛자리
(풀로 엮은 멍석)로 돛을 만들고 닻
까지 갖추어 배의 모습을 제대로 나
타냈다. 길이가 6.9m, 너비가 1.3m
인 이 뗏목배는 구조선으로 이행하
는 과도적인 것으로 볼 수 있다고 소
개하였다. 풀뗏배는 갈대 다발을 서
로 묶어 배의 형태로 만든 배이다. 뗏목배는 굵은 통나무를 구유처럼 파
서 만든 배로, '통궁이'라고도 한다. 신석기시대에 이러한 배들이 만들어
져 사용되었고, 이는 고조선문명권에서도 동일하였다. 대한해협의 도항
용(渡航用)으로서 뗏목을, 연안항해용으로서 통나무배(丸木舟·獨木舟)를
상정할 수 있다.[248] 특히 뗏목의 경우는 그 발생과 이용 용도 및 안정성이
라는 구조적 특성으로 보아 운송수단으로서 상정이 가능하다.[249]

동아시아에서도 뗏목은 해협 도항용으로서 사용되었다. 1925년까지는
해안선에서 사용되었고, 지금은 제주도의 테우와 울릉도의 뗏목이 남아
있다. 제주도의 테우와 대마도 북부 사고(佐護)에 남아 있는 오카리부네

247) 《昔の船, 今の船》, 文祥堂, 1943, pp.2~19에서 재인용.

248) 柴田惠司·高山久明, 〈古代人の航海術 對馬海峽 시뮤레이션シミュレーション〉,
《考古學ジャナル》 12月(通倦 212號), 뉴사이언스사(ニューサイエンス社), 1982.

249) 20세기 초에는 濟州道, 對馬島의 어민들이 뗏목을 사용하여 해협을 횡단해서
목포(木浦)·강진(康津)·당진(唐津)·박다(博多) 방면까지 나갔었다는 어부들의
말이 있다(江坂輝彌, 〈朝鮮半島 南部と西九州地方の先史·原史時代における交易と
文化交流〉, 《松阪大學紀要》 第4號, 1986, p.7).

〈그림 6-52〉 강원도 정동진에서 사용된 통나무배(왼쪽)와 연해주 일대에서 근대에 사용된 뗏목배(러시아 블라디보스토크 향토박물관)

는 형태와 제작방식이 동일하다는 논문이 발표된 지 오래이다.[250] 울릉도의 뗏배는 나무를 엮어 만든 원시적인 배로, 길이 3m 내외, 직경 20㎝ 정도의 오동나무를 10개 정도 엮고 한쪽에 높이 약 60㎝ 정도의 노대를 만들어 노를 저어 앞으로 가게 만든 것이다.[251]

블라디보스토크 향토박물관에는 금각만, 즉 현재 블라디보스토크만의 100년 전 모습을 재현한 것이 있는데, 거기에는 몇 종류의 배와 함께 뗏목이 있었다. 목재 뗏목 외에도 그 지역에서는 생산되지 않는 대나무로 만든 것이 있었다.

캄차카 반도에서는 19세기 말에도 통나무 뗏목들이 사용되었다. 속이 파인 원주민 카누 3대를 단단한 가로대에 약 1m 간격으로 나란히 놓고 물개가죽 끈으로 동여맨 구조였다. 그 위에는 약 3x4m 크기의 판자를 깔았고, 각 카누의 이물과 고물에는 노 젓는 사람들이 앉을 만한 공간을 남겨 두었다.[252]

고조선문명권에서도 신석기시대부터 배를 만들어 탔던 유적들이 발견

---

250) 柴田惠司·高山久明, 위의 논문, 1982; 柴田惠司 鄭公炘 [濟州島と對馬の筏舟] {韓國文化}, 1982, p.49.
   鄭公炘 [濟州道 周邊의 筏船調査] {제주대 자연과학} p.15.
251) 해양수산부, 《한국의 해양문화-동해해역》, 해양수산부, 2002, p.31.
252) 바닥에는 방금 베어온 풀을 15cm 두께로 깔았으며, 우리는 그 위에 텐트를 치고 곰가죽, 담요, 베개 등을 이용해 아주 아늑한 특실을 만들었다(제임스 포사이드, 앞의 책, p.129).

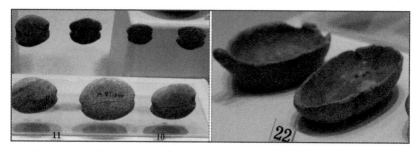

〈그림 6-53〉 도제 어망추들(왼쪽)과 압록강 하구 후와 유적지에서 발굴된 배모양 토기(요녕성박물관)

되었다. 요동반도의 끝인 대련시 대대산(大臺山)과 왕장채(王莊寨)의 용산문화 유적 출토품들은 산동반도 서북부 연해의 것과 기본적으로 동일하다. 대련시 여순구구(旅順口區) 곽가촌(郭家村) 신석기 유지(상층 4870±100년, 하층 5015±100년)에서도 배모양 도기가 발견되었다. 또한 바다인 장산군도 내의 장해현(長海縣) 광록도(廣鹿島)바닷가 언덕에 있는 오가촌(吳家村) 유지에서는 1945년 이전에 배모양의 도기가 발견되었고, 대장산도(大長山島) 마석패구(馬石貝丘)에서는 요녕성 신락문화의 비문도기(篦文陶器)를 발견하였는데, 이것은 6600여 년 전의 유물이다.

발해만인 산동반도의 북부해양인 장도(長島)의 북쪽인 대장산도(大長山島)의 유적지에서는 6600년 전의 바다생물을 식료로 한 인간의 유적지가 발견되었다.[253] 장도 대호촌(大浩村)에서 출토된 용산문화 유지(4000여 년 전)에서는 선미(船尾)의 부서진 조각이 발견되었는데, 선장(船槳, 삿대)은 근대의 것과 크게 다르지 않다. 또 장도의 북경(北慶)유적지에서는 석망추(石網墜)가, 바다에서는 돌닻[石錨]이 발견되었다. 산동반도 대문구(大汶口)문화의 석기들 가운데는 독목주(獨木舟)를 가공하는 공구들이 있어서 일찍부터 조선술이 발달했음을 알 수 있다.[254] 발해에서 신석기시대에 이미 먼 거리 항해를 했다는 물증이다.

253) 汶江, 《古代中國與亞非地區的海上交通》, 四川省 社會科學院 出版社, 1989, p.6.
254) 彭德淸, 《中國航海史(古代航海史)》, 人民交通出版社, 1988, pp.5~6.

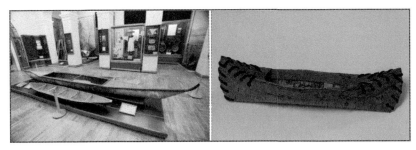

〈그림 6-54〉 자작나무껍질로 감싼 배. 앞뒤가 올라간 모습이 반구대암각화의 배와 유사하다.(하바로프스크 향토자료관)(왼쪽)와 소흥안령 주변 흑룡강 지류에서 사용된 자작나무로 만든 배 모형(오론춘족 박물관)

6000년 이상 된 압록강 하구의 신석기 유적지인 단동시(丹東市) 동구현(東溝縣)의 마가점향(馬家店鄉) 삼가자촌(三家子村) 후와(後窪) 유적지 하층에서는 비록 크지는 않지만 배 모양의 도기(陶器, 주형도기) 3개가 발견되었다.[255] 이러한 상황들을 고려하면 발해에서는 아마도 6000여 년 전 내지 7000여 년 전, 신석기 중기에는 산동반도와 요동반도 연해 사이를 오가며 항해하였고, 5000여 년 전에 해운업이 형성되었던 것으로 보인다.[256]

동해에서도 마찬가지였다. 서포항 유적 4기층에서 나온 고래뼈로 만든 노의 술 부분은 당시 사람들이 배를

〈그림 6-55〉 연해주 일대의 숲 사이를 흐르는 강에서 사용된 배-민속화

255) 汶江, 위의 책, 1989, pp.5~6; 孫光圻, 《中國古代海洋史》, 압록강 하구 후와 유적지에서 발굴된 배모양 토기( 요녕성 박물관) 出版社, 1989에는 pp.34~36까지 중국지역에서 발견된 선사시대 통나무〔獨木舟〕 배 유적지 일람표가 상세하다.

256) 나이도 스케(內藤雋輔) 역시 하마다(濱田) 박사의 고고학적인 해석을 수용하여 남만주와 요동반도 사이에 항로가 있었다고 주장하고 있다(內藤雋輔, 《朝鮮史研究》, 東洋史研究會, 1962, p.378).

〈그림 6-56〉 오호츠크해 등에서 사용된 나무배(왼쪽)와 연해주 후르겔므 해안에서 발견한 돌닻·발해 시대의 것으로 추정하고 있으나, 이러한 형태의 돌담은 선사시대에도 유사했을 것이다.

만들어 해상활동을 진행하였다는 것을 실증해 주고 있다. 노의 술부분은 등쪽이 좁고 끝쪽이 넓으며, 길이가 31㎝, 두께가 1.5㎝, 끝쪽의 너비가 13㎝ 정도이고, 옆모서리에는 비교적 큼직큼직한 홈들이 여러 곳에 나 있다. 옆모서리에 난 홈들은 노의 술 부분을 나무장대 끝에 매기 위한 것이라고 볼 수 있다. 고래뼈를 갈아서 노의 술 부분을 만들었다는 점에서 나무로 만든 노와 함께 배도 있었다는 것을 엿볼 수 있다.

한편 서포항 유적의 유물 가운데 홈대패날과 도끼, 자귀, 끌, 대패날과 같은 목재가공에 이용되는 도구들이 있었다. 범의구석 유적의 15호 집터를 비롯한 이 시기의 집터 유적에서 바닥에 깐 두껍고 긴 널판(보통 길이는 150㎝, 너비는 40㎝, 두께는 5㎝ 정도) 등은 당시 조건에서 얼마든지 나무배를 만들 수 있었다는 것을 보여준다. 특히 초도 유적에서 판자를 켜는 데 이용된 쐐기도끼들이 나왔다는 것은 여기서 켠 판자들이 주로 배를 만드는 데 이용되었다는 것을 짐작할 수 있다.

동해의 배라는 것은 앞은 높고 뒤는 낮으며 윗 부분이 고기 머리 같이 뾰족한데, 한 발 남직한 돗자리를 달고 파도와 함께 떠다닌다. 튼튼하고 큰 통나무를 합하여 만든 것은 길이가 대여섯 발이나 되며, 비록 17세기경의 기록이지만 구조적인 특성으로 보아 선사시대부터 사용되었을 가능성이 크다.

경상남도 창녕군의 부곡면 비봉리에서 통나무로 만든 쪽배유물이 발견되어 사람들을 놀라게 했다. 언제쯤 만들어졌을까를 추정해 보고 나서 내린 결론은 대략 8000년 전의 것이라는 것이다. 선체는 소나무로 만들었고, 길이는 3m 정도에 불과하지만 귀중하기 짝이 없는 현재로서는 가장 오래된 배이다. 지금은 내륙 한중이지만 조개더미(패총)가 있었던 것으로 보아 바닷가였음은 분명하다. 그 패총과 함께 있었던 것을 고려하면 바다로 나가서 고기잡이하던 배임이 틀림없다. 그 배를 복원해보니 1930년대경만해도 두만강 한강이나 대동강에서

〈그림 6-57〉 연해주 해역에서 근대에 사용한 고래잡는 광경

는 마상이, 메생이로 알려진 일종의 통나무배와 유사했다. 그 배는 보통 1~2명이 탈 수 있었는데, 비봉리배는 직접 제작한 후에 필자를 비롯하여 4명 정도가 탑승하여 부산 동삼동 앞바다에서 실험 항해를 했었다.

그 다음 단계로 나온 선박들은 반구조선(半構造線) 또는 구조선(構造線)이다. 일종의 조립식 배인데, 초기에는 간단하게 판자 몇 개를 봉합해서 만든 수준이었으나, 점차 발전하여 판자를 배가 선체의 세로방향으로 놓이는 용골과 가로방향으로 놓이는 늑골, 테두리에 놓이는 외판이 서로 결합되어 이루어지는 구조선으로 발전하였다.

경상남도 울산광역시에 있는 태화강변의 반구대에는 약 10여 개의 바위 판에 숱한 종류의 암각화들이 있다. 신석기시대 말 혹은 청동기시대 초로 추정하고 있지만 시대를 뛰어넘는 인류문화의 걸작품이다. 그 암각화에는 다양한 종류의 고래를 비롯한 물고기들과 함께 배들이 있다. 그 배들은 비록 돛은 안 달렸지만 여러 개의 판을 붙인 구조선임에 틀림없고, 노는 서양식으로 알려진 옆에서 젓는 도(櫂, oar)식으로서 양쪽에 십

〈그림 6-58〉 5세기경 삼국시대에 사용된 배모양 토기

〈그림 6-59〉 갑골문자의 주자도 (舟字圖)[257]

〈그림 6-60〉 갑골문자의 범자도 (帆字圖)[258]

수 개 설치되어 있다. 그림으로 보아 20여 명 정도가 탈 수 있다고 하는데, 연해주의 아무르강(흑룡강) 하구나 바다에서는 근대까지도 이러한 모양의 배에 돛을 세우고 고래잡이에 나섰다.

이처럼 고조선문명권에서는 선사시대부터 어업 무역 등 해양활동이 활발했고, 원거리 교통망이 있었다.[259] 《좌전》,《논어》,《죽서기년》 등에는 당시 하인(夏人)들이 해양활동을 했음을 보여주는 내용들이 있다.[260] 뒤를 이어 고조선문명권과 깊은 관련이 있고, 활동영역이 발해만과 산동반도 해양이었던 은(殷)시대에는 선박이 발전하였다. 갑골문자(甲骨文字) 등에는 선박과 관련된 글자들이 여러 종류가 나타나고 있다. 또한 청동으로 만들어진 정(鼎)에도 범(帆)이 표현되어 있다.[261] 이 시대에 해양활동이 활발했고 범선 등 돛을 단 배의 종류가 다양해졌다는 것을 반

257) 彭德淸,《中國航海史(古代航海史)》, 人民交通出版社, 1988, p.13.

258) 彭德淸, 위의 책, p.14.

259) 윤명철,《한국해양사》, 학연문화사, 2003; ---,〈고조선문화권'의 해양경제에 대한 탐구〉,《 고조선 단군학》36호, 2017 등 참조.
    오봉근·손영종 집필,《조선 수군사》, 사회과학출판사, 1991에서 아주 간략하게 서술하였다.

260) 孫光圻,《中國古代航海史》, 海洋出版社, 1989; 李永采·王春良·蓋莉·魏峰,《海洋開拓爭覇簡史》, 海洋出版社 1990; 中國航海學會,《中國航海史》, 人民交通出版社, 1988 참고 .

261) 許進雄, 앞의 책, p.336, p.354 내용 참조.

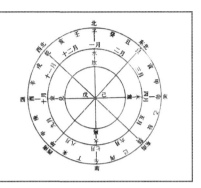

〈그림 6-61〉 갑골문 관련 범자 복사

증한다.[262]

　서주시대의《국어》제어(齊語)에는 '越裳獻雉 倭人貢暢'이란 기록이 나온다. 월상(越裳)은 현재 베트남으로, 왜(倭)는 일본으로 추정하고 있다.[263] 그렇다면 일본열도와 베트남 지역까지 항로가 있었던 것이다.《주례》에는 12풍에 대한 분류와 기록이 있는데 이것을 항해에 이용했다면 그 배는 발달된 구조선이어야 한다.[264]

　1958년에 강소성 무진현에서 배가 출토되었다. 춘추시대 말기에서 전국시대 초기의 것으로 판명됨으로써 기록으로 나타난 해양활동을 실물로서 증명한다.[265] 서기전 7세기부터 시작된 춘추전국시대에는 6개월 정도를 장기항해할 수 있을 정도의 선박을 제조하였다. 후한 시대에 쓰여진 오나라와 월나라의 전쟁을 다룬《월절서》(越絕書)에 따르면 '대익(大翼)'이란 군

262) 은허에서 발굴된 청동기의 원료인 동(銅), 석(錫) 등은 중원에서 채굴된 것만은 아니고 화남(華南) 인도차이나 원산도 있다. 그리고 화폐로서 사용된 자안패(自安貝) 역시 남방이 원산이다. 이러한 사실들은 황해연안을 따라서 항해가 이루어진 것을 입증한다. 國分直一,〈古代東海の海上交通と船〉,《東アジアの古代文化》29號, 大和書房, 1981, p.39 참조.

263) 이 외에《전국책》《사기》《산해경》등 왜에 대한 기록이 있다. 그런데 에가미 나미오(江上波夫) 등 일본학자들과 일부학자들 중에는 이 왜를 현재의 일본이 아니라는 견해를 펴고 있다.〈古代日本の對外關係〉,《古代日本の國際化》, 朝日新聞社, 1990, pp.58~62 참조.

264) 李永采;王春良;蓋莉;魏峰, 위의 책, 1990, pp.52~57 참조.

265) 許進雄;洪熹 譯,《中國古代社會》, 동문선, 1991 등 참조.

〈그림 6-62〉 한나라에 정복당한 남월에서 우인(羽人)들이 사용한 배

〈그림 6-63〉 수륙공전동감(水陸攻戰銅鑒, 수전을 묘사한 중국 전국시대의 청동항아리)

선은 길이가 120척(그 시대의 척도로 1척은 약 23cm), 폭이 1장 6척, 총승무원은 91인이 승선하였다. 그 가운데 전사 26인 도졸(櫂卒, 노꾼)이 50인, 축로(舳艫, 고물, 키가 있는 곳)에 3인이 있었다. 엄청나고 조직적으로 구성된 군선이었다. 그 밖에도 중익(中翼)·소익(小翼)·루선(樓船) 등이 있었다.[266] 1964년에 성도(盛都)의 백화담(百花潭)에서 출토된 전국 초기의 감착동호(嵌錯銅壺)에는 수전도(水戰圖)가 그려져 있는데, 그 표면에는 이층으로 된 누선이 그려져 있고, 물속에서 단검을 가지고 격투를 벌였다.[267]

춘추전국시대에 산동반도의 제와 장강, 회하유역의 오·월 등은 해양활동이 뛰어났고, 수군(水軍)을 동원하여 수전(水戰)을 벌였다. 《좌전》이나 《사기》의 오태백세가(吳太伯世家)에는 주(周)나라 경왕(敬王) 5년에 오

---

266) 孫光圻; 李永采, 위의 책, 같은 곳.
267) 許進雄; 洪熹 譯, 위의 책, p.337, p.359 등 내용 참조.

〈그림 6-64〉 광주시내에서 발굴된 진나라 시대의 조선소(왼쪽)와 발굴 후의 모습이다. 2대를 만들 수 있었다.

(吳)가 제(齊)를 공격한 기록이 있다. 이때 오나라의 부차(夫差)는 근거지인 장강 하류를 출항하여 해로로 연안을 따라 북상한 후 진(晉)과 노(魯)를 공격하고, 다시 해로를 통해 산동의 제와 충돌하면서 중원제패를 노렸다.[268] 이렇게 오나라와 월나라 사이에 해전과 수전이 빈번했다.[269]

월왕인 구천(句踐)은 오의 대주(大舟)를 포획한다. 서기전 473년 월은 드디어 오를 멸망시키고 수도를 소주(蘇州)에서 산동성 교주만(膠州灣)의 남서에 있는 낭야(瑯琊)로 옮긴다. 그리고 낭야산(瑯琊山)에 관대(觀臺)를 쌓고 8000인, 군선 300척을 배치하였다.[270] 이러한 시도는 해안의 제해권을 확보하려는 움직임의 일환이다.[271] 또한 전국 초기에는 돛을 사용한 것으로 보인다. 항해할 때에는 당연히 계절풍을 이용했을 것이다. 월나라는 낭야에서 약 1세기 반 동안 번영했지만 결국은 서기전 333년경 초나라에 멸망되었고, 월인들은 사방으로 흩어졌다. 그리고 그들 가운데 일부가 한반도 또는 일본열도로 갔을 가능성도 제기된다. 그 후에도 낭야는 화북에서 유일의 항구로서 명맥을 유지하였다. 앞에서 설명하였지만 진나라는 해양발전정책을 추진했고, 항해에 비중을 두었던 것 같다. 정부에 기관으로서 루선관(樓船官)을 설치하여, 선박과 연관된 일을 관장했

268) 李春植,《中國史序說》, 교보문고, 1992, p.7 참조.

269) 彭德淸,《中國航海史(古代航海史)》, 人民交通出版社, 1988, p.16.

270)《越絶書》권8.

271) 李春植, 앞의 책, p.73.

다. 선대의 조직이 컸으며, 동남아시아 방면으로 교통망을 확충했다. 《회남자》(准南子) 인간훈(人間訓)에는 그 시대에 남방의 특산물들을 구해서 이익을 얻었다고 기록하였다.[272] 1974년에 광주(廣州)시 주강(珠江) 북안에서 진대(秦代)의 대규모 조선공장(造船工場)을 발견되었다. 서기전 240년으로 추정되는데, 길이가 20m에 25~30톤의 물량을 실을 수가 있었다.[273] 당시의 해운산업이 매우 활발하였음을 알 수 있다.

《사기》에 따르면 서기전 219년에 진시황은 누선함대로 월국을 공격하였고, 번우(番禺, 廣州)를 통해서 일남(日南, 越南)과 해상교역을 실시하였다. 또한 해군은 몽념(蒙恬)이 황하 이남의 44개 현을 수복하고 그 지역에 군대를 주둔시키고 있을 때에 대형 선대가 산동 연해의 항구를 출발하여 발해를 건너 황하로 들어와 북하(北河)를 향하여 양식을 운송했다. 이 사건은 중국에서 최초로 벌어진 해상조운(海上漕運)이라고 한다.[274] 이어 33년(서기전 214)에 병력을 보내서 남방을 개척하고 계림(桂林), 상군(象郡), 남해(南海)의 삼군(三郡)을 설치했다. 남해는 현재의 광동성으로서 그 곳의 번우(番禺)는 옛날부터 서남해상무역의 거점이었다.[275] 이후 인도양까지 항해가 이루어져 활동범위가 더욱 넓어졌다.

이러한 중국 지역의 놀랄만한 조선술은 한나라로 계승되었다. 《한서》 식화지에는 한 무제가 남월(南越)을 공격할 때 누선을 사용하여 병사 20만을 동원하였다는 기록이 있다. 한나라 시대의 벽돌[塼]에는 고기를 잡는 소선이 양각되었는데 돛대도 표시되어 있다.[276] 돛을 사용한 증거이다. 당시 만들어진 배들은 용도에 따라서 다양했다. 《태평어람》의 한궁전소(漢宮殿疏)에는 무제 때에 건조된 대선이 나온다. 선박들은 철(鐵)을

---

272) 汶江, 《古代中國與亞非地區的海上交通》, 四川省 社會科學院 出版社, 1989, p.14.

273) 1975년 광주시(廣州市) 주강(珠江) 북안에서 진대의 조선공장이 발견되었다. 李永采·王春良·盖莉·魏峰, 앞의 책, p.52~57 참조. 3척이 발견되었다.

274) 張鐵牛·高曉星, 《中國古代海軍史》, 八一出版社, 1993, pp.18~19.

275) 藤田豊八·池內宏編, 〈支那港灣小史〉, 《東西交渉史の研究, 南海編》, 萩原星文館, 1943, p.636.

276) 彭德清, 《中國船譜》, 人民交通出版社, 1988, p.34.

이용하여 건조되었다. '예장(豫章)'은 만
인을 실을 수 있고, 배 위에는 루실(樓
室)이 있고 호화스럽기가 궁전과 같다.

전선(戰船)에는 '선등(先登, 沖鋒
艦)', '두함척후(鬥艦斥候, 偵察艦)', '몽
충(蒙沖, 主要戰艦)', '주가(走舸)', '적마
(赤馬, 快船)'가 있다. 물론 이러한 전선
들을 건조하는 조선공장도 여러 곳에
있었다. [277] 누선은 몸체가 길고 폭이
좁으며 기동성이 빠른 소규모의 배는
아니다. 글자의 뜻에서 나타나듯이 갑
판에 몇 층의 누(樓)를 세우고, 그 안
에 많은 병사와 물자를 실을 수 있는

〈그림 6-65〉 한나라가 사용한 누선(樓船)

대규모의 선박이다. [278] 《석명》에는 누선에 대해 "…其上屋曰盧上盧舍也,
其上中屋曰飛也, 在上故曰飛也. 在其上曰爵室, 於中候望之如爵之驚視也"
라고 설명을 하고 있다. 누선이 공격과 방어에 힘이 되어 마치 이동할 수
있는 수상보루와 같음을 알 수가 있다. 이 누선은 이미 전국시대에도 사
용되었다. [279] 이처럼 한은 뛰어난 조선술을 보유하였다. 장기간 항전할 수
있었던 위만조선의 해양활동 능력은 당연히 뛰어났고, 동원된 선박 크기

---

277) 李永采·王春良·蓋莉·魏峰, 《海洋開拓爭覇簡史》, 海洋出版社, 1990, pp.52~57
참조.

278) 송나라때 증공량(曾公亮)이 저술한 《武經總要》에는 누선(樓船)을 이렇게 설명
하고 있다. "배위에 삼중으로 루를 세우고 전사와 격군을 현장 뒤에 두고…마
치 그 모양이 성루(城樓)와 같고 그 길이는 가히 차를 달리고 말을 뛰게할 만하
다"라고 되어 있어 그 전체적인 모양을 짐작케 한다. 김재근《우리배의 역사》,
1989 참조.

279)  당시 선박의 종류와 규모 등에 대해서는 보론을 참조. 최광남, 〈중국의 조선
술 발달〉, 《한국상고사학보》 2집, pp.167~180에 상세히 설명되어 있다. 《史記》
에는 秦始皇은 서기전 219년 누선으로 월국을 공격했다고 되어 있다. 《古代中國
與亞非地區的海上交通》, 汶江 著, 四川省 社會科學院出版社, 1989 내용 참조.

〈그림 6-66〉 일본 조몬시대에 사용된 배 유물(이즈모시 三田谷 1유적(3600년 전)

〈그림 6-67〉 근대 일본인들이 바다에서 사용한 배

나 규모 등 조선술도 뛰어났다고 추정할 수 있다.

이 시대 일본열도의 조선술은 어느 정도의 수준이었을까?[280] 야요이시대(서기전 3세기부터 서기후 2세기)의 선박은 노를 사용한 준구조선(準構造船)이었다. 오사까부(大阪府)의 하쓰다(蓮田) 유적에서 발견된 과주는 초기의 것으로 전장이 18m에 봉(棒, 느릅나무)으로 만들었는데, 약 30인승 정도이다. 그 외 치바현에서도 환목주와 함께 야요이 시대의 과주들이 대거 발견되었다.[281] 돗토리(鳥取)현의 스미다(角田) 유적지에서 발견된 항아리의 표면에는 배를 선각한 그림이 있다. 이 그림에 보이는 당시 배는 선수에 1인, 선미에 1인이 노를 젓고 있는데 양끝이 올라가 있다. 한편 최근에는 근처인 후쿠오카 유적지에서 노가 발견되었다. 이외에도 나라의 가라코(唐古)에서 발견된 토기표면의 그림, 후쿠이(福井)의 이노무카이(井向)에서 발견된 동탁문, 이바라끼(茨城)현 토요타(豊田)에서 발견된 2척의 배 등 여러 곳이 있어 당시 해양문화가 발달했음을 알려준다.

---

280) 일본열도의 조선술에 대한 전문가의 연구로서는 國分直一, 〈古代東海の海上交通と船〉, 《東アジアの古代文化》29號, 大和書房, 1981, pp.28~30 참조.
　　　清水潤二, 〈日本古代の船〉, 《船》(大林太良 編) 社會思想社1975; 須藤利一, 《船》, 法政大, 1983. 또한 근래에는 항해술과 조선술 등을 군사작전의 입장에서 연구한 松枝正根, 《古代日本の軍事航海史》上·中·下, かや書房, 1994 등 내용 참조.
281) 독목주(丸木舟)에 대해서는 清水潤二, 위의 책, pp.53~64 참조.

〈그림 6-68〉 일본 미아자키현 니시도바루 고분군에서 출토된 반구조선(5세기경으로 추정. 왼쪽)과 규슈 메즈라시 고분(珍敷塚) 벽화(6세기경으로 추정)

규슈의 미야자키(宮崎)현의 니시도바루(西都原) 고분에서 발견된 배모양의 하니와(土俑)로 좌, 우 현측에 각각 6개의 노(櫓)가 달렸다. 규슈 서북부 지역인 다께하라(竹原)고분 벽화에는 배 또는 뗏목 형태의 물체들과 말들이 같이 그려져 있다. 근처인 메즈라사키 고분(珍敷塚)에서는 간단한 형태의 배가 있고, 선수에는 비교적 큰 새가 그려져 있다. 때문에 이 새는 남태평양의 해양문화에서 특별하게 여겨지는 군함조라고 주장하기도 한다.[282]

고조선문명권에서 항해술이 어떤 정도의 단계에 이르렀는지는 확인할 수 없다. 다만 근래 평양에서 발견된 2000년 전경으로 추정되는 나무곽 무덤에서 방위관측기가 나왔다. 천체의 별자리를 통해서 방위를 관측하도록 만든 것으로, 이는 천문항법에 활용했을 가능성이 높다.[283] 또 고조선의 천문학 발전을 보여주는 자료로서 '천상열차분야지도(天象列次分野之圖)'가 있다. 세계에서 가장 오래된 전천천문도(全天天文圖) 가운데 하나라고 알려져 있다. 고조선과 고구려가 뛰어난 천문관측 능력을 갖고 활용하였음을 알수 있다. 그렇다면 원양항해에 필요한 천문항법을 할 수 있는 항해능력을 갖추었을 가능성이 매우 높다. 한나라는 항해술도 뛰어났다. 《한서》 예문지에는 《해중성점험》(海中星占驗) 12권, 《해중오성경잡사》

---

282) 茂在寅南, 《古代日本の航海術》, 小學館, 1981 참조.

283) 세계일보 1993. 5. 19에 따르면 이 방위 관측기는 가운데 북두칠성이 그려져 있고 둘레에 12개월과 28개의 별자리를 표기한 원형판을 방형판 위에 올려 이를 회전시키도록 구성되어 있다.

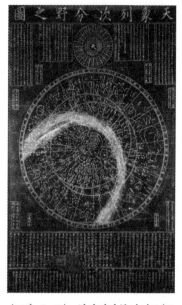

〈그림 6-69〉 천상열차분야지도(조선 태조 때 고구려가 돌에 새긴 천문도를 탁본한 것을 토대로 다시 돌에 새긴 천문도)

(海中五星經雜事) 22권, 《해중일월혜홍잡점》(海中日月彗虹雜占) 18권 등의 책들 이름만 기록되어 있다. 이는 타클라마칸 사막 여행이나 해양실크로드를 항해할 때 사용하는 등 실용적인 측면에서 발달하였고, 또한 '성점천문학(星占天文學)'의 연구가 발달했다고 생각된다. 이 당시 태양이나 별, 달을 이용한 방향판정술이 이용되었음을 알 수 있다. 《회남자》에는 서기전 120년에 북극성을 보고 항해를 했다는 기록이 있고, 천체진행과 항해에 대한 기록이 실려 있다.[284]

남북을 가리키는 간단한 형태의 지남(指南)의 사용은 한무제 때 사신들의 항정(航艇)에서 나타나기 시작하여 삼국(三國) 시대에서 남북조(南北朝)시대에 이르면 사적이나 문헌 중에 기록이 다수 나타난다.[285] 《한비자》 유도편(有度篇)에는 '…立司南以端朝夕…'이라고 하여 사남(司南)으로 방향을 측정했음을 알려준다.[286] 훗날이지만 《삼국사기》에는 문무왕(文武王) 9년에 당나라의 승려인 법안(法安)이 신라에서 자석을 구했고, 그해 5월에는 신라가 급찬(級湌)인 기진산(祇珍山) 등을 당에 보내어 자석 2상자를 바쳤다는 기사가 나온다.[287] 이러한 기사는 자석의 용도로 보아 나침반으로 사용됐고, 신라 역시 항해

---

284) 孫光圻, 《中國古代航海史》, 海洋出版社, 1989, pp.77~81; 彭德清, 앞의 책, pp.19~21.

285) 孫光圻, 앞의 책, 1989, p.240.

286) 孫光圻, 위의 책, p.124; 《航運史話》上海科學技術出版社, 1978.

287) 《삼국사기》 권 6 신라본기 文武王 9년.

에 나침판을 사용했을 가능성을 보여준다. 왜도 나침판을 사용한 듯한 기록이 나온다.[288] 한편 일본의 고대고분에서 발견되고 일본신화에 등장하는 삼종신기(三鍾神器) 가운데 하나인 동경(銅鏡)이 방향을 판정하며 항해하는 데에 이용했다는 견해도 있다.[289]

해도(海圖)는 처음으로 사용된 시기, 내용 등에 대해 정확하게 알 수가 없으나 중국의 경우에는 양진시대(兩晉時代)부터 사용했다.[290] 이것은 공식적인 기록이다. 그런데 해양문화의 중요한 특성인 불보존성 등을 고려한다면 대양항해도 이루어졌을 것이 분명하다. 특히 발해 황해 북부 동해는 항해상으로 특별하게 난이도가 높은 해역이 아니다. 필자는 뗏목을 이용하여 여러 번의 횡단을 하였는데, 자연환경을 활용한다면 선사시대에도 항해가 충분했다고 판단한다.

288) 《일본서기》 권 26 齊明 4년; 권27 天智 5년.
289) 茂在寅男, 《古代日本の航海術》, 小學館, 1979, pp.169~173 참조.
290) 孫光圻, 위의 책, p.241.

# 제7장 고조선문명권의 해양활동과 해륙교통망 [1]

'고조선문명권', 특히 고조선과 그 주변 지역은 면적이 넓다. 만주는 동몽골의 일부를 제외하면 155만 평방 ㎞이다. 필자의 기준에 따르면 5개의 생태구역으로 구성되었으므로 자연환경이 매우 복잡하고, 지역마다 편차가 심하다. 화북 이하의 중국 지역과는 색다른 특징을 갖고 있다. 그러므로 중국적인 시각 또는 반도사관적인 시각으로 고조선문명권을 이해하는 방식은 잘못된 것이다. 이 장에서는 고조선문명권이 생성하고 발전하는 과정에서 해양활동이 어떤 정도로 발전했고, 어떤 영향을 끼쳤는가를 살펴본다. 즉 고조선문화가 발달하고 역사가 발전해 갈 때, 또한 동아시아의 주변지역으로 문명을 확산시켜 나갈 때 해양활동은 어떻게, 어느 단계로 발전했으며, 정치, 경제, 문화적으로 어떠한 역할을 했을까? 그 구체적인 상황과 증거들을 문헌과 고고학적 유물들을 통해서 살펴본다.

따라서 이 장의 1절은 해양의 메카니즘을 고려하여, 고조선문명권의 전체가 아닌 해양 활동공간을 몇 개로 유형화시킨다. 2절에서는 고조선의 초기부터 해양활동과 관련이 깊은 공간을 설정한 후에 항로들을 살펴본다. 현재 발해만, 요동만, 압록강 하구인 서한만, 대동강 하구를 포함한 황해 북부 해양이다. 또한 두만강 하구 주변인 동한만과 연해주 남부의 피터대제만, 동해 북부 해양은 미약하지만 초기부터 관련이 있다. 그리고 점차 확장되면서 황해 중부와 남부, 남해 및 동해 중부 이남, 그리고 후기에는 일본 열도의 규슈 및 일부 해양도 관련성이 있다. 그러므로

---

1) 윤명철, 〈황해문화권의 형성과 해양활동에 대한 연구〉, 《先史와 古代》 11호, 1998.

발해권, 황해 북부권, 동해권, 남해권으로 유형화시켜 항해라는 관점에서 사용되었을 항로들을 살펴본다. 2절에서는 고조선문명권에서 해양 및 강과 연결되면서 사용되었던 육로교통망을 살펴본다. 역시 중국문명이나 농업문명의 관점에서 고조선문명권의 교통망을 이해해서는 문제가 심각하다. 평지에 해당하는 지역이 넓지 않을 뿐만 아니라 교통 자체가 힘들거나 불가능한 지역들이 많기 때문이다.

## 1. 해양활동과 항로

항로의 메카니즘에 대해 몇 가지 설명이 필요하다고 본다. 해양교통로인 항로는 기계동력이 본격적으로 사용되기 전까지는 시기를 불문하고 유사한 형태를 띠었다. 그러므로 항로를 설정할 때는 몇 가지 주의점이 있다.

첫째, 출발항구가 반드시 하나가 아니라는 점을 인식해야 한다. 수도나 큰 도시에서 출발할 경우에 항로는 대부분 강을 통해서 바다로 나간 다음에 출발한다. 때문에 출발지인 하항(河港) 도시나 해항(海港) 도시와 실제로 바다로 출발하는 항구는 꼭 동일한 것이 아니다. 더구나 바람에 의존하는 고대항해는 바다, 혹은 원양으로 나가기 직전에 항해에 적합한 바람과 날씨를 기다리면서 피항(避港)할 수 있는 외항에 대기하였다. 이 외항은 주항의 가까이 있거나 그 연결선상에 있는 경우도 있지만, 먼 곳에 있는 경우도 적지 않다. 예를 들면 신라인들과 고려인들은 명주(明州, 현재 영파)에서 진해(鎭海, 현재 진해)를 거쳐, 진해에서 바다로 나가 주산군도의 보타도(菩陀島)에서 바람을 기다렸다가 출발하였다. 고조선인들은 양평이 왕험성이었다면 요하를 타고 나온 후 해성 근처의 항구에서 대기하였다가 요동만을 향하여 출항하였고, 평양 지역이 수도권이었다면 남포항 근처의 적당한 부두에서 대기하였다가 황해를 향하여 출항했을 것이다.

둘째, 사료에서 출발항이라고 언급한 곳을 곧 항로의 기점으로 이해하는 일은 신중해야 한다. 출발한 항구에서 도착한 항구까지 항로가 육로처럼 직선으로 이어지는 것은 절대 아니다. 항해는 주어진 해양환경에 따라 연안항해, 근해항해, 원양항해를 상황에 맞춰서 골고루 사용해야 한다. 따라서 외항을 출발하였다 해도 원양으로 나가는 해역은 그곳과 전혀 다른 곳일 경우가 많다. 그러므로 실제 항로를 찾기가 매우 힘들다.

셋째, 사료에도 항로에 대한 표현들이 몇 가지 나타났다. 그런데 이 표현들은 추상적일 뿐만 아니라, 일정한 기준이 없으며, 기술자의 세계관과 표현양식이 과도하게 반영되었다. '교섭로(交涉路)'라는 표현은 역사적인 성격이 담겨 있으므로 가능할 수 있을지만, 그러한 사료의 기술 내용을 '항로' 또는 '해로'라고 표현하기에는 부적합하다. 또한 사신들에 의한 공식적인 항로뿐만 아니라 교역선 혹은 민간인들에 의한 항로도 있다. 항로의 실체를 정확히 파악해야 교섭의 성격 또한 정확하게 구체적으로 이해할 수 있다. 이러한 몇 가지 점과 현실적인 어려움을 전제로 하면서 각 국가들이 사용한 다양한 항로와 역사상의 연관성을 파악해야 한다.

## 1) 발해권의 해양활동과 항로

### (1) 해양활동

황해는 일종의 내해(內海, inland-sea)로서 그 핵심 공간은 발해만이다. 발해(渤海)는 바다와 대륙 그리고 요동반도와 산동반도가 함께 만나는 곳이고, 동아지중해 중에서도 지중해적 성격이 강한 지역이다. 이곳에서 동물의 해골들이 출토되어 요동과 산동이 한때는 연결된 육지인 것을 증명해 준다. 하지만 자연환경은 지속적으로 변화하였다. 현재의 발해만은 황하 하구와 난하(灤河) 하구의 사이에 놓여 있으며, 8000년~5000년 전에 빙하가 후퇴하면서 지구의 해수면이 전체적으로 상승할 때 발해만의 해안은 지금보다 4m 가량 높았다. 이때 요동만의 북쪽을 흐르는 '하요하(동·서요하가 합류하는 지점 이하의 요하)' 유역의 평원 중에서 제4기 후빙기의 해침(海浸)으로 물에 잠기지 않은 해안 부분은 배수 불량으로 말미암아 호수와 연못〔湖沼〕지대를 형성하였다.

현재 발해는 북위 37도 11분에서 북위 41도에, 동경 117도 30분에서 동경 122도 사이에 걸쳐 있다. 동서남북으로 육지에 둘러싸인 바다는 계란모양으로 동북방향에서 서남방향으로 뻗어 있는데, 남북이 550㎞이고, 동서는 330㎞로서 면적은 7.7만 ㎢에 달한다. 독립된 바다로서 넓이가 적당하다. 해저지형은 평탄하며 보통 수심은 20~30m 정도이고, 연해안 부근은 10m 내외로 얕다. 동부 북부해안은 바위벽으로 되어 있고, 대부분의 해안은 모래해안으로 되어 있다.

해안선은 래주만(萊州灣)의 일부를 빼놓고는 리아스식 해안이 아니라 비교적 일직선에 가까우며, 암초들은 적은 편이다.[2] 또한 리아스식 해안과 섬들이 많아서 해양교통에 편리하므로 어업과 무역 등 경제적으로 풍요로운 환경이다. 고대사회에서는 문명이 발전하기에 적합한 환경과 크기이다. 또한 만주지역의 초원 삼림문화, 동몽골과 북방의 건조한 유목문화, 요동반도의 농경문화, 그리고 황해의 해양문화가 모이는 문화의 수렴 공간이었다.

산동반도의 북부해양에는 장도(長島)가 있다. 그 북쪽인 대장산도(大長山島)의 유적지에서는 6,600년 전 인간의 유적지를[3] 비롯하여 장도의 대호촌(大浩村)에서 출토된 용산문화의 유적지(4,000여 년 전)에서는 조선(造船)의 흔적도 발견됐다. 산동반도에서 발전한 대문구(大汶口)문화에서도 조선술이 발달했음을 알 수 있다.[4] 신석기시대에도 발해에서 항해가 활발했다는 물증들이다.

압록강 하구의 신석기 유적지인 단동시 동구현(東溝縣)의 마가점향(馬

---

2) 孫光圻, 《中國古代航海史》, 海洋出版社, 1989, pp.13~22.

3) 汶江, 《古代中國與亞非地區的海上交通》, 四川省社會科學院出版社, 1989, p.6.

4) 彭德淸, 《中國航海史(古代航海史)》, 人民交通出版社, 1988, pp.5~6.

家店鄕) 삼가자촌(三家子村) 후와(後窪) 유적지의 아래층(6000년 이상 된 곳)에서 비록 크지는 않지만 배 모양의 도기〔舟形土器〕가 3개 발견되었다.[5] 이러한 상황들을 고려하면 발해에서는 6,000여 년 전 내지 7,000여 년 전인 신석기시대 중기에는 산동반도와 요동반도의 오고가는 항해가 있었으며, 5,000여 년 전에는 해운업이 형성되었다.[6]

## (2) 항로

그러면 발해에서 그 시대에 사용된 항로들은 어떠한 것들이 있을까?

고조선문명권의 핵심인 남만주 지역과 화북과 산동반도 일대인 발해와 황해를 횡단하는 2개의 '육척(陸脊)'지역이 해상교통로서 중요했다. 신석기시대에 이르러 산동반도와 요동반도의 문화가 동질성을 지니고 있다는 고고학적인 증거들은 앞에서 여러 번 설명하였듯이 많다. 예를 들면 요동반도의 여순(旅順) 곽가촌(郭家村) 하층, 장해현(長海縣) 광록도(廣鹿島)의 소주산(小珠山) 유적 등이 대표적이다. 한편 건너편 산동반도에서 봉래(蓬萊)의 자형산(紫荊山), 연대(煙台)의 백석촌(白石村), 장도현(長島縣)의 대흑산도(大黑山島), 장도현의 북장(北莊) 등의 유적지가 발굴되면서 두 지역의 신석기문화가 유사하다는 것이 증명되었다. 특히, 산동반도와 요동반도에서 유사한 무늬를 가진 실족도심(實足陶鬻), 왜권족두(矮圈足豆), 둥근 바닥의 분형추족정(盆形錐足鼎) 그리고 삼각형 적문(摘紋)무늬를 가진 붉은 바탕색의 흑색 채문 도기 등이 발굴되어 두 지역 문화의 동질성을 보여주며 교통길의 존재를 증명하였다.[7] 이미 서기전 3000년 이전에 인류가 교료고륙(膠遼古陸)을 통해 교류한 흔적이다. 당시 두 지

5) 汶江, 앞의 책, pp.5~6; 孫光圻, 《中國古代海洋史》, 海洋出版社, 1989에는 pp.34~36까지 중국지역에서 발견된 선사시대 통나무배〔獨木舟〕 유적지 일람표가 상세하다.
6) 內藤雋輔, 《朝鮮史研究》, 東洋史研究會, 1962, p.378.
7) 宋承均, 〈膠東史前文化與萊夷的歷史貢獻〉, 《東嶽論叢》, 1984.

역 사이의 교통길은 육로가 아닌 수로뿐이었다.

고조선시대에 만주와 화북지역을 이어주는 교통로는 육로 외에도 해로도 있었다. [8] 이 부분은 왕험성(王險城) 위치를 논하는 글에서 언급한 바 있으므로 간단하게 언급한다. '교료고륙(膠遼古陸)'이란 원고시기에 만주, 특히 요동 지방과 산동반도 사이에 있었던 해상교통을 뜻한다. 요동반도와 산동반도, 즉 발해와 황해를 횡단한 2개 '육척' 사이의 해상교통이 있다. 즉 서기전 11세기, 즉 상말~주초부터 요서 및 그 이동지역은 중원과 교류를 시작하였다. 첫 번째는 '연안항로'이다. 숙신이 온 것은 《상서》(尙書), 《좌전》(左傳), 《국어》(國語), 《후한서》(後漢書)에 기록되어 있다. 이들이 사용한 교통로 가운데 해로가 있었다. 요서 지역에는 도하(屠何), 고죽(孤竹)[9]의 교통로도 있었다. 도하, 고죽, 영지(令支) 등은 현재 하북성 난하 하류의 천안(遷安), 노룡(盧龍), 창려(昌黎) 일대에 위치하였다. [10] 특히 영지와 고죽은 모두 난하(灤水) 하류의 근해 지역에 있었다.

난하 하구는 항구도시였고, [11] 이후에 춘추전국시대 이래로 계속해서 발전했다. 당시 성들이 소재한 위치를 근거로 추측하면 도하와 고죽을 경유한 요서 교통길은 해로도 사용되었음을 알 수 있다. 황하 일대로 진입하는 해로도 있었다. 도이(島夷)는 이 시기에 해로를 통해 황하 유역과 교류하였다. 즉, 《상서》 우공에는 "島夷皮服夾右碣石入於河"라는 기록이 있다. 이때 갈석(碣石)은 앞에서 살펴보았지만 빈해갈석(濱海碣石)으로서 현재 수중현(綏中縣) 산해관(山海關) 이외에 위치하는 만가향(萬家鄕) 석비지(石碑地) 강녀분(薑女墳) 일대의 연해지역이다. [12] 《죽서기년》(竹書紀年)의 기록을 보면 어업활동이 있었음을 알려준다. 《창려현지》(昌黎縣志)에

---

8) 孫光圻는 《中國古代海洋史》3장, p.69에서 하대(夏代)의 항해담당자를 동이(東夷)라고 하였다.

9) 도하(屠何), 고죽(孤竹)에 대해 《逸周書·王會解》에 "不屠何靑熊, 東胡黃羆" 등이 있다.

10) 晉王隱, 《地道記》에 "孤竹, 在肥如南二十里, 秦之離支縣, 漢令支也"라고 하였다.

11) 李鵬, 《秦皇島港史》(古, 近代部分), 人民交通出版社, 1985, pp.27~29.

12) 《遼西碣石宮的考古發現》, 제2장 제3절 내용 참조.

는 '무령현(撫寧縣 古 임투臨渝) 남쪽 산으로 이어진 일대가 다 갈석이라고 되어 있다. 두우가 쓴 《통전》에도 "秦築長城所起在今高麗界, 非此(右)碣石也"라고 기록하여 도이(島夷)가 중원과 교류 도중에 있는 좌표지인 '갈석'의 구체적 위치에 대해 설명해 주었다. 도이는 좌·우 갈석을 좌표로 삼아 중원 황하 유역까지 도착하였다는 것이다. 여기에 갈석항, 고죽항 등이 있다.

진·한 시대에는 난하 하구와 청룡하(靑龍河) 이동에서 요하 이서에 이르기까지 요서군을 설치하였다. 그리고 갈석항을 발전시키는 정책을 추진하였다. 따라서 이 지역은 주변 도시와 교통망이 발달하였고, 산해관을 비롯해서 주변에 방어체제가 구축되었고, 앞바다에는 섬들이 있어서 중요한 항구의 역할을 담당할 수 있었다. 진시황은 이곳에 군항을 설치하여 수륙으로 병사를 활용하고, 군수물자를 운송하는 중요한 항구로 삼았다.[13] 이 지역은 후에 한나라가 동쪽으로 진출하는 데 전진 거점의 역할을 했었을 것이다.

두 번째는 '발해 횡단항로'이다. 한나라와 위나라 시대의 발해에서 이루어진 해양교통은 요동반도의 남쪽에 있는 몇몇 현이나 진들을 출발하여 남쪽으로 발해를 건너거나 혹은 황해 연안을 따라서 산동반도의 제군(齊郡)이나 동래군(東萊郡)에 도달하는 것도 있었다. 반대로 산동반도의 등주나 래주 등에서 바다로 들어가 묘도열도(廟島列島)를 경유하여 북로인 해로를 사용하는데, 요동반도에 이르러 노철산 일대에 상륙한 후에 북행하여 마석진이나 답진에 도착한다. 또 하나는 산동의 동래군이나 어양군의 천주(泉州, 지금 천진시 일대)에서 발해를 건너 요구(遼口)인 요하 하구에 도착한다. 그 다음에 대요수(大遼水)와 양수(梁水)를 거슬러 올라가 양평에 닿는 것이다.[14] 즉 수로망이 연결되었다.

한나라 말기와 위나라 시대는 복잡한 정치적인 상황으로 말미암아 산

---

13) 王綿厚; 李健才, 앞의 책, 1990, pp.48~49.
14) 王綿厚; 李健才, 앞의 책, 1990, p.72.

동의 제 지역에서 바다를 건너 요동으로 피하는 사람들이 많았다.[15] 또한 전쟁이 벌어지거나 국가 간의 무역이 이루어질 때도 이 항로를 사용하였다. 예를 들면 삼국시대에 오나라와 요동의 공손씨(公孫氏) 정권이 교류하고 갈등을 벌일 때 사용한 항로도 이와 유사하다.[16] 즉, 래주군인 북해군(北海郡)에서 노철산(老鐵山) 수도를 활용하거나, 또는 그대로 바다를 건너 요동반도의 여러 항구에 도착하였다. 이때 이용한 삼산도(三山島)를 《삼국지》의 기록을 근거로 하면 삼산포(三山浦)라고도 칭했다.

이 지역의 교통상황을 이해할 때 반드시 고려해야 할 내용은 육로와 해로의 연결 관계 및 '동시 이용' 가능성이다. 요동만의 해양에서 수로망이 양평까지 연결되고, 이것을 충분하게 활용하였다. 앞글에서 예를 들었지만 《삼국지》 공손도전(公孫度傳), 《자치통감》의 '景初 二年 秋七月' 기사를 분석하면 한나라와 위나라 시대에 요동에는 내항도(內港道)가 있었다. 즉 요구에서 양평까지는 수백 리에 달하는 내하수운 교통이 발달하였고, 이는 명나라 말, 청나라 초기까지 이용되었다.

《사기》 권30에 기술된 "平準書 東至滄海郡…築衛朔方轉漕遼遠…費數十萬巨萬"이라는 내용은 요동을 경영하는 일에 수로를 이용했었다는 사실을 입증한다. 《사기》 조선열전에 따르면 한은 위만조선을 공격할 때 "가을에 누선장군(樓船將軍) 양복(楊僕)을 파견하여 제에서 발해로 항해하게 하고"라고 하였다. 이러한 예들을 볼 때 당시 교통로는 육로로 끝나는 것이 아니라 수로망, 해로와 상호 유기성을 맺고 있었다. 이것은 고조선문명권에서 요동지방 등 만주 일대의 교통망을 이해하는 데 중요한 시사점을 준다.

---

15) 孟古托力, 〈戰國至秦東北地區華夏人口探討〉, 《黑龍江社會科學》, 2002, p.51.

16) 윤명철, 〈고구려 전기의 해양활동과 고대국가의 성장〉, 《한국상고사학보》, 18 호, 1995 참고. 《삼국지》 및 《후한서》에는 '장병만인'의 거대한 선대船隊)가 "九錫備物 重舳巨帆 由江浙吳地 數千里海道至遼東襄平"이라고 하여 종착점을 양평으로 하고 있다. 그리고 대선대(大船隊)가 '요구(遼口)'를 경유하여 '양평(襄平, 遼陽)'에 닿았다고 기록하였다.

결국 이 시대의 상황을 기록한 사료들을 종합적으로 고려하면 다음과 같다. 한나라 및 위나라 시대에는 산동반도에 있는 래주만의 항구들을 출항하여 노철산 수도가 시작되는 초입부인 삼산도(三山島)를 경유하여 요동반도 남단의 마석진(馬石津), 답진(遝津) 등에 상륙한 후에[17] 육로를 사용하여 목적지에 도착하는 것이다. 또 하나는 발해를 횡단하여 요구(遼口)에 상륙한 후에 배를 타고 내륙에 있는 강을 거슬러 올라가는 것이다.

## 2) 황해권의 해양활동과 항로

### (1) 해양활동

황해는 현재 중국의 동쪽 바다(동중국해 일부 포함, 발해), 만주 남부의 요동지방, 한반도의 서부해안 전체를 하나로 연결하고 인접한 각 지역들이 공동으로 활동하는 장의 역할을 하였다. 경기도의 여주 흔암리(欣岩里), 부산의 동삼동(東三洞), 동래, 다대포(多大浦) 등 유적에서 소주산 1기 문화와 같은 압인의 돗자리무늬를 가진 수직구연 원통형 단지가 발견되었다. 평안북도의 미송리 동굴 내에서도 소주산 2기 문화와 같은 거획평행 사선문의 수직구연 원통형 단지가 발견되었다. 함경북도 서포항(西浦港)에서 출토된 거획무늬 가운데 일종의 이중 보조개무늬[螺旋文]는 소주산 2기 문화와 산동반도의 봉래(蓬萊) 근처에서 발견된 보조개무늬[雙句滿文]를 가진 채색토기의 문양과 일치한다. 이를 보면 한반도의 신석기시대 문화는 자체의 특징을 가졌지만, 요동지역과 문화상으로 연결되었다.[18]

신석기시대의 해양활동은 청동기시대에 들어오면서 더욱 활발해졌다. 앞에서 언급한 바와 같이 무역 전통이 있었는데, 그 증거가 고조선문명권

---

17) 《太平環宇記》 "有三山浦舟橫北行,在今遼寧省旅順口老鐵山一帶登陸,老鐵山即晉人所稱馬石津者"라고 기재하였다.

18) 유준용 지음/ 최무장 옮김, 《중국대련고고연구》, 학언문화사, 1997, p.45 참조.

의 지표유물인 고인돌의 분포이다. 요동반도의 동쪽 해안가에 밀집한 고
인돌은[19] 주로 요남지구의 보란점(普蘭店), 와방점(瓦房店), 북부와 개주
(蓋州) 남부의 구릉지대와 낮은 산기슭에 있다. 반면에 요하의 서쪽인 금
주(錦州), 부신(阜新), 조양(朝陽)지구에서는 나타나지 않는다. 장산열도
장해(長海)의 소주산 유적에서도 고인돌이 발견되었는데, 서기전 4000년
경의 것으로 추정한다.[20] 산동성의 일부 지역에서도 적은 숫자지만 고인
돌들이 발견된다.[21] 이러한 현상을 보면 발해만과 황해 유역의 여러 지역
사이에는 해양을 통해서 문물과 주민의 이동이 있었다.[22]

또 하나는 비파형 동검을 비롯한 청동제품의 전파이다. 요동반도 남
부인 대련시(大連市) 여순구(旅順區)의 류가촌(劉家村), 곽가촌(郭家村)
전산두(轉山頭), 장해현(長海縣) 상마석(上馬石) 등에서 청동단검이 발견
되었다. 상마석 묘지는 대장산도 동쪽 연해의 산언덕에 10여 기가 위치하
고 있다. 이곳에서 2기의 청동단검이 발견됐다.[23] 요동반도 일대에서 청
동단검 등이 많이 발견되고 있으나, 섬 내부의 무덤에서 발견된 사실은
섬 지역에도 일정한 정치력을 가진 해양세력 집단이 있었음을 의미한다.
대련지역에는 서기전 8~7세기의 것인 강상(崗上)무덤과 서기전 7~5세기
의 것인 누상(樓上)무덤, 장군산무덤 등을 비롯하여 적석총들이 만들어
졌다. 그런데 내부에서 많은 인골들과 함께 비파형 동검들이 출토되었다.

강상무덤은 현재 바닷가에서 몇백 m 떨어져 있지 않은데, 앞에서 살

---

19) 이 지역의 고인돌의 위치, 크기, 성격 등에 대해서는 하문식, 《고조선 지역의 고
    인돌 연구》, 백산자료원, 1999; 허옥림 지음/ 최무장 옮김, 《요동반도 고인돌》,
    백산자료원, 2010; 하문식, 〈遼寧지역 고인돌의 出土 遺物 硏究〉, 《선사와 고대》
    제11호, 1998, pp.45~87 참조.
20) 許玉林, 《遼東半島石硼》, 遼寧科學技術出版社, 1994, p.74. 이곳에서는 신석기시
    대 유물들이 발견된다.
21) 하문식, 《고조선 지역의 고인돌 연구》, 백산 자료원, 1999.
22) 하문식은 고인돌의 분포현황을 고려해 '환황해고인돌 문화권'을 설정하는 일이
    가능하다고 주장한다.
23) 유준용 지음/ 최무장 옮김, 앞의 책, 1997, p.91.

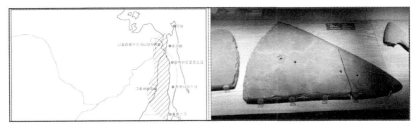

〈그림 7-1〉 하모도 앞바다인 주산군도에서 발견된 신석기시대 농사도구인 반달형 돌칼(왼쪽)과 돌보습(주산시 박물관)

펴보았듯이 고조선 시대에는 더 안쪽까지 해안가였을 것이다. '환환해 연근해항로'의 중간을 장악할 수 있는 전략적인 거점으로서 조건이 충분하다. 따라서 이 무덤의 피장자들은 해양능력을 바탕으로 정치력과 경제력을 갖춘 해양세력들과 깊은 관계가 있었을 것이다. 후술하겠지만 신석기 시대부터 이미 항로가 있었고, 이 시대를 전후한 시대에는 항로가 빈번하게 사용된 것이다. 그렇다면 요동반도에서 산동반도 남단간에 항로가 발달했고, 해양활동을 통해서 무역이 이루어졌다.

압록강 하구인 단동의 후와 유적과 여순 곽가촌 유적에서 큰 석망추(石網墜)들이 대량으로 발굴되었다. 특히 주형(舟形)도기가 출토되었는데 도주(陶舟)는 절강성 여요(餘姚) 하모도(河姆度)의 신석기 유지에서 출토된 것과 모양이 매우 비슷하다. 황해연안·요동반도 그리고 근해의 일부 섬들에서 출토된 거형 석망추(石網墜)과 어망문(魚網紋)의 장식 토기 등은 지역 주민들이 바다를 이용하여 왕래했고, 해양경제활동을 활발하게 벌였음을 알려준다.

청동기시대에 해양과 연관하여 주목할 만한 문화는 벼농사문화권의 생성이다. 일반적으로 한반도의 벼농사는 화북지방에서 육로 혹은 연안을 따라서 한반도의 북부를 거쳐 남부지방으로 전파된 것으로 이해되어 왔다. 그러나 최근에 한강유역에서 잇달아 장립미(長笠米)가 발견되고 있다. 강화도와 경기도의 금포(金浦), 일산(一山) 고양(高陽)에서 발견된 장립미는 방사능 탄소측정법에 의해 시대를 측정한 결과 4000년을 상회하는 것으로 나타났다.

〈그림 7-2〉 주산군도에서 발견된 고인돌. 최근에 연구물들이 발표되고 있다.

장립미의 본산인 장강 (長江) 유역의 하모도(河姆渡) 유적지는 6000년을 상회하고 있다. 장립미가 화북지방 및 요동(遼東)의 해안지방에서 발견되었다. 해류의 흐름, 계절풍, 조선술, 항해술 등을 감안할 때 양자강 하류 유역과 요동반도, 한반도 서해안 사이에는 교류가 있었을 가능성이 충분하다. [24] 특히 한반도에서 볍씨의 발견지가 해안가와 한강의 하구 지역이라는 것은 이러한 가능성에 신빙성을 높였다. 그리고 벼농사 집단과 문화는 해양을 통해서 한반도의 여러 지역에 도착했을 가능성이 크다.

황해의 서해안 지역에는 대동강 유역, 한강 유역, 금강 유역, 영산강 유역, 보성강 유역 등이 각각 특색을 가진 청동기문화권으로 분류가 되었다. 서해안의 청동기문화권은 고조선의 해양활동과 연관하여 시사하는 바가 있다. 특히 금강유역의 청동기문화권은 준왕이 망명한 이후, 한반도의 북부를 통하지 않고 직접 건너왔을 가능성을 시사한다. [25]

이 밖에도 중국 황해안 지역과 한반도의 서부지역이 교섭을 가진 흔적은 여러 가지 면에서 확인된다. 익산(盆山), 완주(完州) 등의 금강(錦江), 만경강(萬頃江) 유역과 함평(咸平)이라는 영산강(榮山江) 유역에서는 중국계의 도씨검(刀氏劍)이 발견이 되었다. 도씨검은 중국의 춘추시대 후

24) 필자는 이러한 가능성을 입증하기 위하여 1997년 황해학술탐험을 시도하고 성 공하였다. 황해의 해양조건과 당시의 실제항로는 윤명철, 〈황해의 지중해적 성 격연구1〉, 《한중문화교류와 남방해로》, 국학자료원, 1997 등 내용 참조.

25) 전영래의 금강문화권 주장은 전영래, 〈한국 청동기문화의 연구-錦江 유역권을 中心으로〉, 《마한백제연구》 6; ---, 〈錦江 유역 청동기문화권 신자료〉, 《마한 백제연구》 10, p.113 참조.

기부터 후한 때까지 사용이 되었는데 이 지역의 주민들이 황해를 직항해서 무역을 했을 것이라는 주장이 있다.[26] 오·월(吳·越) 계통인 강남지역에서 출발한 집단인가, 또는 제(齊) 등 산동지역에서 출항한 집단인가는 견해의 차이가 있다. 기타 청동기문화의 분포권에서 확인되듯이 한반도 서해 남부해안지역은 고조선 지역과 해양을 매개로 연관성이 강하고, 문화적 낙차로 보아 그 영향권 아래에 있었을 가능성이 크다.

경기만은 북으로 황해도(黃海道)의 장산곶(長山串)부터 해주만(海州灣), 강화만(江華灣), 인천만(江華灣), 안산만(安山灣), 남양만(南陽灣), 평택만(平澤灣)까지 이르는 넓은 해역을 가리킨다.[27] 동아지중해에서 가장 의미있는 역학관계의 핵이고, 실제로 힘의 충돌과 각축전이 벌어진 곳이 경기만이다. 일본열도를 출발하여 압록강 하구와 요동반도를 경유하여 산동까지 이어지는 남북연근해항로의 중간 기점이고, 동시에 한반도와 산동반도를 잇는 동서횡단항로와 마주치는 해양교통의 결절점이다.

경기만에서는 청동기시대와 철기시대의 지석묘와 주거지 등이 많이 발견되었다. 강화도에는 삼랑성(三郎城)[28]이 있는데, 전하는 바에 따르면 단기(檀紀) 67년에 단군이 세 아들을 시켜 쌓았다고 한다. 혹은 '삼랑'이라는 신하를 시켜서 쌓았다는 설도 있다. 지정학적 위치, 항로상의 위치로 보아 고조선 당시에 이곳은 매우 의미있는 장소였을 것이다. 이 시대에 한반도 남부에서 청동기와 무문토기문화를 사용한 소국가였던 마한지역에서는 서기전 3~2세기 이래 고조선과 관련된 세형동검 등 청동기 유물이 집중적으로 출토되고 있다. 소국들은 대체로 해안가 가까이나 강하류의 구릉지대에 집단 거주지를 만든 일종의 '나루국가[津浦國家]'로서

26) 權五榮, 〈고고자료를 중심으로 본 백제와 중국의 문물교류〉, 《진단학보》 66, pp.181~182 내용 참조; 尹明喆, 〈서해안 일대의 해양역사적 환경에 대한 검토〉, 《扶安 竹幕洞 祭祀遺蹟》, 국립전주박물관, 1988, p.120.

27) 1955년 자료에 따르면 해안선 총 연장은 1,415.6㎞로 나타난다. 《경기도지》. 그 크기는 약 4,000㎢에 달한다.

28) 《朝鮮古蹟圖譜》에는 나타나 있지 않다. 현재는 사적 제130호로 지정되어 있다.

해양활동을 본격적으로 하고 있었다.

황해에서 이루어진 고조선의 해양활동을 확인할 수 있는 또 하나의 사실은 《삼국지》한전에 기록된 준왕과 관련된 기사이다. 고고학적 유물을 보면 그 시대에 익산으로 추정되는 '한'의 영토에는 토착세력들이 정치단위를 구축하고 있었다. [29] 그럼에도 불구하고 준왕과 그의 세력은 서기전 195~180년경 바다를 이용하여 남천에 성공하고, 마침내 한왕이 되었다.

이러한 역사는 해양적인 관점에서 두 가지 사실을 말해준다. 하나는 항해술의 규모이고, 다른 하나는 당시 해양활동의 일반적 상황에 대한 문제이다. 준의 첫 출발지가 수도였던 왕험성과 직결된 것은 분명하다. 사료에 따른다면 근해를 따라서 항진(航進)한 후에 한반도 중부 이남 또는 남부의 어떤 지역으로 들어갔다. [30] 이동집단은 선단을 구성하여 압록강 하구 유역을 출발하여 의식적으로 연근해 항해를 하다가(필요에 따라서는 연안항해도 병행하였을 것이다) 도중에 몇 군데에 상륙하였을 것이다. 이것은 유사시에 피항(避港)이나 물자의 보급 또는 정치군사적인 목적 등을 고려하였기 때문이다. 또한 주변 지역에 대한 정탐도 하였을 것이다. 그들은 청천강 하구에도 상륙하였을 가능성이 크고, 이 지역을 떠나 남항하다가 대동강 하구 유역을 멀리서 우회한 다음에 경기만의 한 지점으로 상륙하였을 것이다.

그런데 서해안은 연안 항해구역이 있을 경우 초행자들에게는 용이한 지역이 아니다. 고도의 지식과 함께 숙련된 경험이 절대적으로 필요하다. 준왕과 관련된 기사는 단편적이어서 항해와 도착 과정은 물론이고, 가장

---

29) 《사기》조선열전에 "又未嘗入見 眞番旁衆國欲上書見天子 又擁閼不通"이라는 기사가 있다. 진번(眞番)의 위치문제, 중국(衆國)에 대한 해석상의 문제가 있으나 이들이 고조선의 이남 지역에 있었다는 것이다.

30) 준왕의 도착지점에 대해서는 《제왕운기》, 《고려사》, 《세종실록지리》, 《신증동국여지승람》 등과 현대의 여러 설들이 있다. 경기도 광주, 충남 직산, 익산(益山), 홍성(洪城) 금마(천관우), 내포(이기동) 등 해안가와 공주(公州), 직산(稷山) 등 내륙, 그리고 경기도의 경안(京安)을 주장한 실도 있다. 그리고 전영래는 금강 유역으로 시사했다.

기본적인 토착세력의 저항에 대하여도 언급이 없다. 준왕의 세력은 그 시대의 선박을 이용한 군사운송의 한계로 말미암아 토착세력을 압도할 만한 정도는 아니라고 판단된다. 더구나 그가 좌우 궁인만을 거느리고 왔다는 기록은 대규모의 군사를 거느리지 않았음을 간접적으로 보여준다. 그는 위만에 의해 왕위를 찬탈당하였다. 이러한 모든 상황들을 고려한다면 고조선의 해양활동은 매우 활발했으며, 황해항로의 능숙한 경험을 가진 선원집단들이 존재하고, 수군활동도 있었다고 판단된다.

또 하나 중요한 사실은 남쪽지역이 이미 고조선의 영향력 아래 있었고, 항해를 인도했던 사람들 역시 영향권 안에 있었음을 반영한다. 기존의 거주민들과 남하한 조선의 유민들, 그리고 산동 요동 지역에서 황해를 건너온 유이민들로 구성되었다. 그들 가운데 해양교류의 경험을 가진 사람들은 항로를 숙지하였고, 당연히 해양을 매개로 한 교류에 앞장섰을 것이다. 뿐만 아니라 준왕이 선택했던 항로는 이미 개발되어 일상적으로 사용되었을 가능성이 크다. 준왕이 남천한 이후에 성립한 위만 조선이 한과 삼한 지역 사이의 통교를 방해했다고 기록한《사기》와《한서》의 기록을 보면 황해연안항로, 혹은 근해항로를 통해서 교류와 이동이 활발했었다.

### (2) 항로[31]

첫째, 황해 북부 연근해항로(沿近海航路)이다. 환황해 연근해항로[32]

---

31) 윤명철,《장보고 시대의 해양활동과 동아지중해》, 학연문화사, 2002; ---,《한민족의 해양활동과 동아지중해》, 학연문화사, 2002; ---, 해양논문선집 제3권,《해양활동과 국제항로의 이해》, 학연문화사, 2012 참고. 동아시아의 모든 항로와 역사상이 종합적으로 정리되었다.

32) 이 용어에 관해서는 연구자에 따라 약간의 차이가 있으나 항로나 항해범위 등은 대체로 일치하고 있다. 동일한 지역 내에서의 이동이나, 짧은 거리에서는 연안항해가 가능하다. 그러나 먼 거리이면서, 선박이 크고, 또 우호적이지 못한 집단이 영향력을 행사하는 해역을 통과할 때는 근해항로를 택해야 한다. 따라서 엄격하게 말하면 연안항로가 아니라 근연해 항로라고 해야 한다. 국제항로

는 황해의 서쪽인 중국의 남쪽 절강성의 해안부터 산동반도를 거쳐 요동반도까지 북상한 다음에, 연근해 항해를 하여 압록강 유역인 서한만에 진입한다. 이어 대동강 하구, 경기만을 지나 계속 남하하여 서남해안, 남해안의 일부, 대마도, 규슈 북부까지 이어진 장거리 항로이다. 크게 보면 4개 구역으로 이루어졌으나 기본적으로는 환상형(環狀形)의 항로이므로 특정한 출발지와 도착지가 없고, 다만 경유지가 있다.

한반도를 기준으로 살펴보면, 경기만의 남양반도 지역, 인천만, 강화만, 해주만, 강령만 등과 금강 하구, 영산강 하구 등이 출발지에 해당하고, 황해 북부의 대동강 하구, 압록강 하구, 요동반도의 남부군도들이 중요한 경유지이다. 도착지는 요동반도의 하단부인 여순(旅順), 산동반도의 봉래(蓬萊, 등주登州), 영성(榮城, 적산赤山), 회하(淮河) 하구, 양자강 하구, 절강성의 항주만, 영파지역 및 주산군도 등이다. 일본열도는 대마도 규슈 북부의 가라쯔, 하까다 지역, 동북부 우사(宇佐) 지역, 서북부의 지역 등이 항로상에 위치한다. 이 항로는 거리가 멀고, 중간 중간에 적대집단의 방해와 약탈 등 위험부담이 다소 있으나 항해자체로서는 가장 안전한 항로이다. 비록 처음과 끝이 일률적으로 연결되지 않고, 중간 중간 거점을 연결해야 하는 불연속적인 항로이지만 신석기 및 청동기시대에도 황해 서안의 각 연안을 이어주었다. 그 이후도 모든 나라들이 정치적인 한계를 고려해 가면서 해역별로 사용한 항로이다.

황해 북부의 연근해를 이용하는 항로는 두 가지로 나눌 수 있다.

a항로 : 대동강을 출항한 후에 서해 북부의 근해안을 타고 북상하여 요동반도 남쪽해역을 항해한다. 그리고 다시 남단을 돌아 발해만으로 깊숙히 들어가서 연안을 타고 내려가다가 산동반도의 북부해안, 아니면 막바로 천진이나 황하 입구 등의 항구로 접안하는 항로이다. 역으로 하면 산동지방의 한나라 제군(齊郡)과 동래군(東萊郡)에서 바다로 들어가서 묘도 군도의 외곽으로 항해하여 황해 연안을 따라 항해하다가 압록강 하구

---

로서 많이 사용되었다.

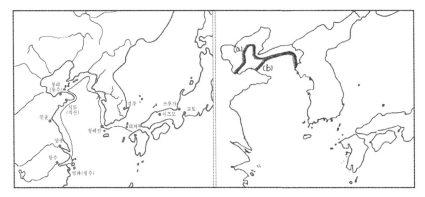

〈그림 7-3〉 환황해 연근해항로(왼쪽)와 황해 북부 연안항로

에 도착한 다음에 서한만 해역을 거쳐서 대동강 하구로 가는 항로이다.

b항로 : 대동강에서 출발하여 압록강 하구유역을 거쳐 요동반도의 끝까지는 점(點)으로 연결된 묘도군도를 따라 산동반도의 북부인 봉래, 혹은 끝으로 접안(接岸)하는, 이른바 노철산 항로이다.[33] 중간의 섬들이나 육지 등 중간거점을 활용하는 항해방법이다. 이른바 징검다리식으로 항해를 계속하는 것인데 안전성이 높고 강력한 방해집단과 부딪칠 확률이 비교적 적다. 요동반도와 산동반도를 연결하는 묘도군도를 이용하는 노철선 수도는 징검다리식 항해의 전형적인 예이다.

황해 북부의 연근해항로를 사용할 경우에는 주로 자기 영토의 한계를 벗어나지 않고 연근해항해를 통해서만 이루어지기 때문에 고대항해에서 가장 난점인 자기위치를 확인하는 일과 유사시에 피항(避港)을 확보하는 일에 매우 유리하다. 따라서 선사시대부터 가장 많이 사용된 항로이다. 더구나 날씨가 좋거나 바람의 방향이 순풍이면 힘들여 압록강이 있는 서한만까지 북상할 필요가 없이 막바로 먼 바다로 나가 항로를 잡을 수가 있다. 고조선시대에 가장 많이 이용한 이 항로는 고구려의 미천왕·고국

---

33) 노철산 항로에 대해서는《당서》권43 下 지리지의 가탐(賈眈)이 쓴《道里記》‘登州海行入 高麗渤海道’에 노정(露呈)과 지명(地名), 거리수(距離數) 등이 상세하게 기록되어 있다.

원왕 때 역방향으로 사용되었고,[34] 북조(北朝)와 교섭하는 데에도 활용하였다.[35]

수나라와 당나라가 고구려를 공격했을 때도 사용했을 가능성이 높다. 그러나 역사 기록에 구체적으로 남긴 것은 당나라 시대이다. 즉 《신당서》에 인용된 가탐(賈耽)의 《도리기》(道理記)에는 구체적으로 기술하고 있다.[36] 즉 등주항(登州港)을 출항하여 대사도(大謝島, 장도현 장산도), 귀흠도(龜歆島, 장도현 타기도砣磯島), 말도(末島, 장도현 묘도廟島), 오호도(烏湖島, 장도현 성황도城皇島), 도호해(島湖海) 등을 거쳐 마석산 동쪽의 도리진(여순구旅順口)에 닿았다. 이어 요동반도의 남쪽에 있는 청니포(靑泥浦, 대란시), 도화포(桃花浦), 향화포(香花浦, 도화포 대란시 향수둔), 석인왕(石人汪, 장해현 석성도) 등의 항구들을 활용하여 항해한 후에 오골강(烏骨江, 단동시 애하靉河)까지 이르렀다. 이어 압록강을 거슬러 올라가 최종적으로 현재 단동시의 외곽인 박작구(泊灼口)에 도착하였다는 내용이다.

이 기록을 갖고 손광기(孫光圻)는 지부(芝罘)에서 봉래두(蓬萊頭)를 거쳐 묘도군도(蓬萊頭), 요동반도 남단의 노철산, 압록강구, 한반도 서해안, 한반도 동남 연해(부산, 거제도), 쓰시마(對馬島), 오키노시마(沖島), 오시마(大島), 북구주(北九州) 연안, 간몬(關門)해협, 세토 내해(瀨戶內海), 오사카(大阪灣), 와카야마(和歌山) 신미야정(新宮町), 구마노(熊野灘)

---

34) 윤명철, 〈고구려전기의 해양활동과 고대국가의 성장〉, 《한국 상고사학보》 18호, 1995; 윤명철, 《고구려 해양사연구》, 사계절, 1995.

35) 고구려와 북위와의 교섭은 육로를 통한 경우도 있었지만 해로를 이용한 경우도 많이 있었다. 《海東高僧傳》에 나타난 승려들의 통교는 해로를 사용한 예를 보여 준다. 또한 위(魏)가 북연(北燕)을 멸하기(436년) 전에 있었던 양국의 교섭은 해로를 사용할 수밖에 없었다. 고구려와 북위의 첫 교섭은 장수왕 13년(425)인데 북위가 북연을 멸망시킨 때는 장수왕 24년(436)이기 때문이다.

36) '登州東北海行, 過大謝島, 龜歆島, 末島, 烏湖島 三百里—浿江口 椒島 得新羅西北之長口鎭, 又過 秦王石橋, 麻田島, 古寺島, 得物島, 千里之鴨綠江 唐恩浦口, 東南陸行, 七百里至新羅王城.'

으로 이어진다고 논증하였
다.[37)]

둘째, 황해 북부 사단항
로이다.

대동강 하구에서 출항하
여 요동반도의 남쪽 해역과
묘도군도의 근해를 부분적
으로 이용하면서 산동반도
의 해역권에 들어온 다음에,
황해 서안의 근해권을 이용
하여 양자강 하구 유역까지
남진해 가는 항로이다. 근해

〈그림 7-4〉 황해종단 사단항로

항해의 이점을 최대로 살린다면 항해의 안전성을 기할 수가 있고, 적으로
부터 공격을 받아도 비교적 안전하다. 이 항로 또한 고조선문명권에서 활
용했을 가능성이 높다. 오나라와 233년에 첫 교섭할 때 [38)] 그 후 고구려
와 화북의 후조(後趙)가 요서지역과 해양을 장악한 중간의 연을 두고 교
섭했을 때, 상대적으로 연은 건강(後趙)에 도읍을 둔 동진(東晉)과 교섭
을 했는데 이는 중간에 있는 후조를 피해야 가능한 것으로서 모두 바다
를 통해서 이루어졌다.[39)] 고구려가 중국의 송·제·양·진 등과 교섭할 때
이용하였다.

37) 郭泮溪, 〈中韓海上絲路與板橋鎭 市舶司〉,《海洋文化硏究》 제2권, 靑島大學校 海
    洋文化硏究所, 海洋出版社, 2000, p.53 재인용.
38) 孫兒鉉·李永澤은(〈遣使航運 시대에 관한 연구〉,《논문집》 16, 한국해양대학, 1981,
    p.25) 이때 양국이 사용한 항로를 '동지나해 사단항로(東支那海 斜斷航路)'라고
    하고 있다. 그런데 양국의 첫교섭항로와 다음 항로는 다르므로 구분할 필요가
    있다. 또한 모든 교섭이 황해 내부에서 이루어졌기 때문에 동지나해라는 명칭
    에는 재고를 요한다.
39)《資治通鑑》 권95  晉紀 17; 內藤雋輔, 앞의 책, pp.422~423; 孫光圻, 앞의 책,
    pp.194~195.

〈그림 7-5〉 동중국해 사단항로

셋째, 황해 중부 횡단항로이다.

황해 중부에 해당하는 한반도의 중부지방, 즉 경기만 일대의 여러 항구에서 서쪽으로 횡단성 항해를 하여 산동반도의 여러 지역에 도착하는 단거리 항로이다. 그런데 황해 중부 횡단항로는 두 개로 분류된다. 첫째는 황해도 해역을 출발하여 산동반도의 동단 또는 북단에 도착하는 항로이다. 황해도의 육지에서 산동까지는 직선거리로 약 250㎞이다. 옹진반도(甕津半島) 앞쪽에 백령도(白翎島) 등이 있는데, 이곳은 고구려 때 혹도(鵠島)였고, 황해 중부 횡단항로에서 매우 중요한 물표 역할을 하였던 섬이다. 백령도를 지나 그 다음에는 먼 바다로 나아가 직횡단을 하면 산동반도에 닿는다. 고구려인들 대동강 하구 경기만 반대로 활용하면 기록에 나온 진나라의 망인들이나 서복이 사용했을 가능성이 높은 항로이다.

또 하나는 남양만이나 그 이하에서 출발한 후에 황해를 직접 횡단하여 산동반도의 북부지역인 봉래(등주) 지역, 아래인 청도만의 여러 항구로 도착하는 항로이다. 배는 경기만의 남쪽 끝까지 내려간 다음에 북서진으로 항해하면 산동반도의 끝 부분에 도착하거나 봉래지역(등주)로 들어갈 수 있다. 늦봄에 부는 남풍계열의 계절풍을 이용하면 옹진반도(甕津半島)의 끝에서 직접 횡단하는 것보다 시간은 더 걸릴 수 있는 반면에 효율적이고 안전하게 항해할 수 있다. 또한 직횡단하면 남풍 계열 혹은 동풍 계열의 바람을 이용하여 산동반도 남단 안쪽의 청도만으로 진입할 수 있다.

이 밖에도 고조선문명권과는 관계가 없지만, 황해에서 활용된 기타 항로들이 있다. '황해남부 사단항로'는 전라도 등의 해안에서 출발하여 사단으로 항해한 후에 강소성·절강성 등의 해안으로 도착하는 것이다. '동중국해 사단항로'는 절강 이남지역을 출발하여 동중국해와 제주도 해역, 황해 남부를 거쳐 들어오는 항로로서 일부 항로는 남중국과 일본열도가 교섭하는 데에 사용되었다.

### 3) 동해권의 해양활동과 항로

#### (1) 해양 활동

동해권은 동해와 타타르해, 연해지역은 연해주 일대, 한반도, 사할린, 홋카이도 일본열도의 일부 지역을 포함한다. 동해안에서 해양활동이 구석기시대부터 있었다는 증거들이 있다. 함북 선봉군의 웅기 굴포리 구석기 유적은 약 8만 년 전에서 4만 년 전의 것으로 추정되는데, 바닷가와 가까운 곳이다. 강릉시 강동면 심곡리의 해안 단구에서는 전기 구석기시대의 것일 가능성이 있는 석기들이 발견되었다. 물론 시기는 불분명하다는 주장도 있다.[40] 해안가인 동해시의 발한동 유적에서는 125,000~60,000년 사이의 석기들이 발견되었다.[41]

해양과 관련된 활동은 신석기시대에 들어와 본격적이 된다. 함경북도 해안에 서포항(西浦港)에 패총 유적지가 있다. 1기층은 서기전 5000년기 말~4000년기 초로 추정된다. 4기층에서 발견된 고래뼈로 만든 노는 서기전 4000년기 후반의 제국으로 추정된다.[42] 두만강과 가까운 연해주 지

---

40) 관동대학교 박물관, 《삼척의 역사와 문화유적》, 1995, p.92; 아시아문화연구소, 《강원도의 선사문화》, 한림대학교 아시아문화연구소, 1986, p.11.

41) 강원고고학 연구소, 《발한동 구석기 유적 발굴조사 보고서》, 1996.

42) 이 서포항 유적지의 편년에 대해서는 대체로 의견이 일치되고 있다. 특히 임효재의 경우는 김용간의 초기 견해를 수용하고 있다.

역의 이즈웨스또프까에서도 일찍이 세형동검이 출토되었다. [43]

신석기시대 동해 중부인 해안의 문화는 해안가에 집중분포 되었고, 가장 길고 확실한 동해안 남북연근해항로를 사용하였다. 실제로 속초시의 조양동 유적 제2호 집자리에서는 어망추가 발견되었고, 양양군 오산리(鰲山里) 유적은 서기전 6000년~4500년 사이의 것이다. 이곳에서 발견된 융기문토기와 다량으로 출토된 결합식 낚시바늘, [44] 흑요석제 석기[45]를 보면 중국의 흑룡강성, 백두산지역, 규슈지역을 연결하는 문화의 교류가 있었음을 알 수 있다. 결합식 조침(結合式 釣針)은 부산의 동삼동, 상노대도 등의 유적지에서도 발견되었다. [46] 융기문토기는 연해주지역에서 시작하여 오산리를 거쳐 남해안 및 규슈지역으로 퍼져 나갔을 것이라는 견해도 있다. [47]

강릉 등 동해 중부 해안가에서는 패총유적들도 많이 발견되었다. 또한 울산 지역의 암각화들이 북방문화에 기원을 두고 있을 경우에는 아래와 같은 길을 상정할 수 있다. 즉 출발지인 시베리아 및 연해주 북부 등 내륙에서 흑룡강을 따라 내려오다가 연해주 북부 및 남부 일대나 두만강 하구를 최종 출발항구로 삼고 연근해항해를 한다. 그리고 항구조건을 고려하고, 혹은 어업과 관련하여 중간 중간에 정착을 한다. [48] 일부는 해로를 이용하여 남해안의 일부지역에 영향을 주었을 가능성도 있고, 일본열도로 건너갔을 것이다. [49] 청동기시대에 들어오면 무문토기도 동해안을 따라 확

43) 姜仁旭;千羨幸, 〈러시아 沿海州 세형동검 관계유적의 고찰〉, 《韓國上古史學報》 제42호, 2003, pp.1~34(송호정, 앞의 논문에서 재인용).

44) 임효재, 〈신석기시대의 한일문화교류〉, 《한국사론》 16, 1986, pp.17~21.

45) 임효재, 〈중부 동해안과 동북 지역의 신석기문화 관련성 연구〉, 《한국고고학보》 26집, 1991, p.45.

46) 임효재, 위의 논문, 1986, pp.17~21.

47) 임효재, 위의 논문, 1991, p.48. 정징원과 소원철의 견해이다.

48) 이는 일종의 '강해(江海)루트'라고 볼 수 있으며 이 용어는 주채혁이 우리문화의 기원을 시베리아와 연결시키는 과정에서 설정한 것이다.

49) 윤명철, 〈영일만 지역의 해양환경과 암각화의 길의 관련성 검토〉, 《포항 칠포리 암각화의 세계》, 한국암각화 학회, 2005 참고.

산 정착된 것으로 나타난다.[50]

한편 동해는 어류의 이동과 연관해서도 주목할 필요가 있다. 한류성(寒流性) 어족인 대구·명태는 울진바다 근처에서 회유한다. 따라서 동해 남부 해안은 어로집단이 정착하거나 어렵의 장소로 활용가능성이 높은 곳이다. 청동기시대 또는 신석기 말기의 것으로 추정되는 경상남도 울주군 대곡리 반구대의 암각화에는 고래잡이 그림이 있다. 울산해역은 고래가 서식하는 곳이었다. 융기문 토기는 울산(蔚山) 신암리

〈그림 7-6〉 하바로프스크 외곽 아무르 강변의 시카치알리안 암각화. 이 밖에 연해주 일대에 암각화들이 많이 분포되었다.

나 양양(襄陽) 오산리를 비롯하여 경상남도 해안과 도서지역에서 발견되었다.[51] 울산 서생포의 신암리 유적에서도 역시 조몬 토기들과 흑요석 석기들이 발견되었다. 대한 난류와 남풍 계열의 바람을 이용하면 남쪽에서 북으로 항해가 가능하다.

동해 남부해안 일대인 경상북도 흥해읍(興海邑)의 칠포리, 흥안리, 용곡리에 고인돌이 많이 분포되어 있다. 특히 암각화가 있는 칠포리에는 지석묘 54기가 있어, 특별한 지역임을 알려준다. 근처인 북구 청하면, 남구 연일읍, 동해면, 구룡포읍, 대보면 장기면에도, 구평리(새바위)에도 고인돌이 분포되어 있다. 울산시에는 북구의 상안동 지석묘와 창평동 지석묘군 등이 있어서 일정한 정치세력들이 형성되었음을 밝히고 있다. 삼한시

50) 강원도, 《강원도사》(역사 편), 1995, p.220.
51) 임효재, 〈신석기시대의 한일 문화교류〉, 《한국사론》 16, 1986, p.5; 崔夢龍〈고고 분야〉, 《일본 대마 일기도 종합학술조사보고서》, 서울신문사, 1985, pp.115~124

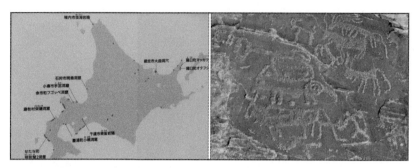

〈그림 7-7〉 홋카이도에 분포한 암각화들(홋카이도 박물관)(왼쪽)과 홋카이도 다마
이지 암각화(시베리아 일대와의 유사성이 보인다)

대에는 중산동 고분군, 동구 일산동 고분군 등이 있다.[52]

암각화들은 경상도 해안과 관련한 지역에서 집중적으로 발견되고 있
다. 영일만 지역의 칠포리, 울산 반구대 암각화, 천전리 고령 및 경주 시
내의 암각화 등이 있다. 암각화의 기원과 문화적 성격에 관하여 많은 논
란이 있다. 전파론의 입장에서 그동안 연구성과를 정리하면 북방 연해주
지역에서 내려온 것으로 이해하고 있다. 시베리아의 미누신스크, 예니세
이강, 아스키스, 아무르강 유역과 우리나라의 함북 웅기, 강원도 양양의
오산리, 경남 울주군 대곡리 반구대, 천전리, 부산 동삼동과 일본 규슈
지방까지가 연결되는 하나의 분포대로 규정되고 있다.[53]

울산만과 영일만과 연결되는 위치인 해역은 한류와 난류가 합치면서
어장이 형성되고, 남북 동서항로가 마주치는 교차점 가운데 하나이다.
울주 반구대 암각화에서는 동물문양들과 함께 고래들과 물고기들이 보
이는데, 곤도라형의 선문(船文)[54]과 뗏목 형태도 보인다. 신석기시대 또는

---

52) 그 외에 동구 전하동 고분군, 중구 다운동 고분군, 다운동 운곡 고분군, 남구
   두왕동 고분군, 울주군 온산읍 온산 고분군, 울주군 서생면 신암리 중리 고분
   군 등이 있다. 해양수산부, 《한국의 해양문화》 동남해역(上), 해양수산부,
   2002, p.58.
53) 송화섭, 〈한국 암각화의 신앙의례〉《한국의 암각화》, 한길사, 1996, p264.
54) 國分直一, 《古代東海の海上交通と船》, 《東アジアの古代文化》 29號, 大和書房,
   1981, p.37.

청동기시대에 초기제작된 추정하고 있는데, 많은 종류의 고래들과 작살에 꽂힌 고래 등 그려져 있다. 포경업이 성행했음을 알 수 있다.

어업수렵민의 습성을 고려한다면 고래잡이 집단의 한시적인 정착을 생각해 볼 수 있을 정도이다. 어쩌면 일부는 해로를 이용하여 남해안의 일부 지역에 영향을 주었을 가능성도 있고, 일본열도로 건너갔을 것이다. 시마네(島根)현, 돗토리(鳥取)현, 후쿠이(福井)현, 이시가와(石川)현, 니가타(新潟)현, 홋카이도, 그리고 규슈지역에서 발견된 그림과 관련된 문화현상들이 동해남부의 암각화문화와 관계가 깊을 가능성도 고려해 봐야 한다. 울릉도 지역에서 암각화가 발견될 가능성이 있다.

동해에는 고조선문명권과 관련하여 '오호츠크문화'가 있다. 홋카이도(北海島)문화 및 사할린문화를 말한다.[55] 그것들은 연해주지방에서 아무르강 하구 및 오호츠크해 타타르해협을 경유하여 들어온 것이다.[56] 오호츠크문화와 고리야크문화에 있는 골각기로 제작기술, 해수(海獸)나 고래의 수렵이라는 경제형태는 환(環)오호츠크해에서 발달한 독자적인 연해문화로서 파악되고 있다.[57]

두 지역 사이에는 선사시대부터 교섭이 있었다. 일본의 조몬도기(繩紋陶器)와 대륙의 승문도기는 문화의 연원이 유사하며, 대륙과 사할린(高項島)은 교섭이 있었다.[58] 홋카이도를 포함하여 동북 일본의 선사문화는 대륙 동부와 밀접한 관계가 있었음을 생각할 수 있는 요소가 적지 않다. 조몬 전기에 있었던 석도촉문화의 유적은 삿포로(札幌) 저지대부터 동에 분포하고 있는데, 그 수는 80여 곳을 헤아린다. 이곳에서는 수혈주거, 석도촉, 석부, 움푹팬 돌, 돌접시 돌어망추 등의 석기, 컵형의 기형을 가진

55) 菊池俊彦 著,《北東アジアの古代文化の研究》, 北海道大學 圖書刊行會, 1995, p.70.

56) 菊池俊彦 著, 위의 책, p.28.

57) 菊池俊彦 著, 위의 책, p.29.

58) 王健群,〈古代 日本北方海路的形成和發展〉,《博物館研究》55, 1996, pp.51~52; 江上波夫,〈古代日本の對外關係〉,《古代日本の國際化》, 朝日新聞社, 1990, pp.52~53.

토기들이 나오는데, 아무르강 중유역의 노뵈페토로프카문화가 일치하고 있다.[59] 신석기시대에 들어오면 석도를 이용한 화살의 촉으로 석도촉이 북아시아의 각지에서 거의 8000년경에 출현했다.[60]

야스다 요시노리(安田喜憲)는 도리이 류조(鳥居龍藏)의 《東部シベリアの以前》에서 이를 인용하고 있다. 즉 "일본인의 본거지, 일본문화의 고향으로 보여지는 것은 동부 시베리아에서 흑룡강 유역 연해주, 그리고 만주에 이어지는 일본해의 대안(對岸)이다. 그리고 이것에 조선을 잇고, 가라후토(樺太, 사할린), 북해도, 그리고 사도섬(佐渡嶋), 노토(能登)반도 등 일본해 일대의 지방을 일괄해서 볼 필요가 있다."고 하였다. 에가미 나미오(江上波夫)는 동북아시아의 석도문화, 특히 세석기문화가 홋카이도, 혼슈로 전래되었고, 더욱이 특이한 석도촉이 홋카이도로 전파되었다고 주장하였다.[61]

그런데 이 문화는 해양환경 등을 고려할 때 우리 동해 북부는 물론이고 남부 문화와도 연결되었을 가능성이 매우 크다. 연해주지역의 주민들은 연해주 항로를 통해서 사할린이나 홋카이도로 건너갔을 가능성이 크다. 그렇다면 고조선문명권의 주민들도 사할린, 홋카이도, 혼슈 북부지역으로 항해했을 것이다. 이 지역에 거주했던 주민들과 문화를 고조선 계통 주민들과의 연관성에서 살펴볼 필요가 크다.

서기전 5세기에서 서기후 1세기까지 도문강(圖門江) 유역을 포함한 수분하(綏芬河) 유역, 목릉하(穆稜河) 상류 및 이 일대의 해변지역, 즉 연해주 남부일대에서 발전한 단결문화(團結文化)는 옥저문화임이 확정되었다.[62] 이들은 이곳을 거점으로 산발적 또는 조직적으로 연해주 남부반도, 동해북부항로를 이용하여 사할린, 홋카이도 등 일본열도로 건너갔을 것

59) 松山利夫, 〈ナラ林の文化〉, 《季刊考古學》 15號, 雄山閣出版社, 1986, p.45.

60) 大林太良, 《北方の民族と文化》, 山川出版社, 1991, p.8.

61) 江上波夫, 〈古代日本の對外關係〉, 《古代日本の國際化》, 朝日新聞社國際 심포지움 (シンポジウム), 1990, p.52.

62) 孫進己 지음/ 임동석 옮김, 《東北民族源流》, 동문선, 1992, p.262.

이다. 이는 해양의 메커니즘상 고조선시대에도 있었을 가능성을 보여준다. 그렇다면 고조선문명권의 동해지역의 해양활동과 연관해서 주목할 지역은 타타르해 문화권이다.

후대의 상황을 기록한 것이지만 고조선문명권의 해양활동을 구체적으로 확인할 수 있는 자료들이 있다. 《삼국지》동이전 옥저전의 기사이다. 즉 옥저사람들은 고구려에 어염(魚鹽)과 해중식물을 바쳤고, 동예 사람들은 반어피(斑魚皮)를 바쳤으며, 먼 바다까지 항해하였다. 같은 책에는 그 무렵 기로(耆老)들에게 들은 내용을 전달한다. 즉, 수십 일을 표류하다가 큰 바다 가운데 섬에 닿았고, 그곳에서는 말을 알아들을 수 없다고 하였다. 바다 가운데 한 나라의 이야기를 하면서, 그곳에는 여자만 있고 남자는 없는 여인국이 있다고 하는 등의 이야기들이다. 그 섬의 위치를 놓고 이병도(李丙燾)나 이께우찌(池內宏)[63] 등처럼 울릉도인 어산국(於山國)이라는 견해가 있고, 일부에서 현재 쿠릴섬(사할린섬, 가라후토)일 것이라는 견해도 있다.[64] 물론 현재 아이누족인 하이(遐夷)들이 살았던 홋카이도(북해도)일 가능성도 배제할 수는 없다.

그런데 동해안에서 일본열도의 중부 이남뿐만 아니라 북부 지역을 가고자 할 때에 울릉도의 존재는 상상할 수 없는 큰 역할을 담당했다. 교류의 거점 또는 중계지 역할을 한 것이다. 울릉도에는 이미 선사시대부터 사람이 거주하고 있었다. 일제 시대부터 도리이 류조(鳥居龍藏)를 비롯하여 석기시대의 흔적을 주장하였다. 본토의 철기시대 전기 말경(기원전 300년경), 아무리 늦어도 서력 기원 전후의 전형적인 무문토기들이 발견되었다. 또 남서동의 성혈이 있는 바위는 지석묘의 덮개석일 가능성이 있는데, 현포동(縣浦洞)에서 수습된 무문토기와 같은 시기에 형성되었을 가능성이 높다.[65] 물론 이 설에 대해서는 약간의 이견도 있고, 전에는 고인

63) 池內宏, 〈伊刀の賊〉,《滿鮮史硏究 中世》弟1, 1933, p.316. 이 글에서 여진 해적과 울릉도 문제에 대해서도 다루고 있다.

64) 孫進己,《東北民族源流》, p.417.

65) 최몽룡, 〈鬱陵島 地表調査 報告書〉 1, 서울대학교 박물관학술총서 6, 1997, p.48.

돌 등이 발견되지 않는다고 하였다. 그러나 최근의 조사(1998년)를 통하여 고인돌을 비롯하여 선돌 제사 유적지들이 발견된 것으로 보아 이미 역사시대 이전부터 인간이 살았을 가능성이 높다.

고조선인들이 동해에 진출한 것은 해양활동을 중시하였음을 보여준다.

역사시대에 들어와 연해주 일대에서 해양과 연관하여 활동을 벌인 주체는 읍루로 추정된다. 그런데 옥저가 연해주의 바다에서 활동했고, 연해주 항로를 활용했을 가능성이 크다. 《삼국지》 위서·동옥저에는 '북옥저는 일명 《치구루》(置溝婁)라 하였다. 남옥저에서 팔백여 리를 가면 된다.[66] 즉 북옥저는 연해주 지역에서 해양활동을 전개했고, 다양한 항로를 이용했던 것 같다.[67]

### (2) 항로

고조선문명권에서 동해 해역을 중심으로 이루어진 문화접촉과 교류에 사용한 항로를 유형화하였다. 지문항법을 활용한 근해항해의 가능성을 알아보기 위해 다음과 같은 방식을 사용하였다. 해안 전체에서 두 지역 사이에 항해의 기점이 될 수 있는 몇 개의 지점을 자연환경 역사상을 고려하여 선정하였다. 이 지점들은 항구나 항로의 기점으로 이용됐던 곳이며, 기록에 남아 있고 현재도 활용되고 있는 곳이다. 그 다음 선택한 지점을 바다에서 인지할 수 있는 최장거리를 계산한다. 그러면 육지에서 가장 멀리 떨어져서 항해가 가능한 해역이 나온다. 그 다음에 점들과 해

---

66) 《삼국지》·위서 옥저.

67) 울산광역시 울주군 두동면 천전리 태화강의 지류인 대곡천변에 있다. 바위그림은 전체 6조각인데, 다양한 모양의 기하학적문양과 금속도구를 사용하여 사슴 등을 비롯한 동물문양(動物文樣), 새, 물고기 등이 새겨진 것과 마름모꼴, 삼각, 십자, 원형, 동심원(同心圓) 등을 포함한 기하학적 문양, 선각화 및 명문으로 구성하였다. 그림들이 상징성을 띠고 있어 주로 풍요와 다산의 의미로 선사시대의 주술과 관련된 요소로 이해된다(김영민, 《고고학사전》, 국립문화재연구소, 2001).

역을 연결하면 전체에서 지문항법을 이용해서 근해항해를 할 수 있는 범위가 나온다. 계산법은 아래와 같다.[68]

시인거리(視認距離)

$$K(해리) = 2.078(\sqrt{H} + \sqrt{h})$$

H = 목표물의 최고 높이

h = 관측자의 눈높이(10m)

〈표 7-1〉 동해 연안 각 지점의 시인거리(위 계산 방식으로 산출)

| 차례 | 物 標 | | 높이(m) 해리 | 거리 | | 비고 |
|---|---|---|---|---|---|---|
| | | | | km | | |
| 1 | 웅기 | 松眞山 | 1146 | 77 | 142 | |
| 2 | 나진 | 白沙峰 | 1139 | 77 | 142 | |
| | | 保老地峰 | 815 | 66 | 122 | |
| 3 | 청진 | 高烟臺 | 609 | 58 | 107 | |
| | | 瑟峰 | 1049 | 74 | 137 | |
| 4 | 경성 | 冠帽峰 | 2171 | 104 | 192 | |
| 5 | 북청 | 大德山 | 1442 | 86 | 159 | |
| 6 | 함흥 | 泗水山 | 1747 | 93 | 173 | |
| 7 | 원산 | 白岩山 | 1220 | 80 | 147 | |
| 8 | 고성 | 金剛山 | 1638 | 91 | 168 | |
| 9 | 속초 | 雪嶽山 | 1708 | 93 | 171 | |
| 10 | 강릉 | 黃柄山 | 1407 | 85 | 156 | |
| 11 | 삼척 | 頭陀山 | 1353 | 83 | 154 | |
| | | 鷹峰山 | 1267 | 81 | 150 | |
| 12 | 후포 | 白岩山 | 1003 | 72 | 134 | |
| 13 | 경주 | 吐含山 | 745 | 63 | 117 | |
| 14 | 부산 | 金井山 | 802 | 65 | 121 | |
| 15 | 울릉도 | 聖人峰 | 984 | 72 | 133 | |
| 16 | 독도 | 西島 | 174 | 34 | 63 | |

68) 이 방법은 시인거리를 계산하는 방법이다. Bart J. Bok·Frances W. Wright 지음/ 정인태 옮김, 앞의 책, p.26; 茂在寅南, 《古代日本の航海術》, 小學館, 1981, p.22 참조.

| 일본 | | | | | | |
|---|---|---|---|---|---|---|
| 1 | 大山 | 鳥ケ山 | 1386 | 84 | 155 | |
| 2 | 能登 | 寶立山 | 469 | 52 | 96 | |
| 3 | 石川 | 立山 | 3015 | 121 | 223 | |
| 4 | 佐渡嶋 | 金北山 | 1172 | 78 | 144 | |
| 5 | 新潟 | 白山 | 1012 | 73 | 135 | |
| 6 | 上越 | 火打山 | 2462 | 110 | 203 | |
| 7 | 秋田 | 太平山 | 1171 | 78 | 144 | |
| | 秋田 | 南鹿半島 | 715 | 62 | 115 | |
| 8 | 北海道 | 松前半島 | 1072 | 75 | 138 | |
| 9 | 奧尻島 | 神威山 | 585 | 57 | 105 | |

위 도표는 해당지역 근처에서 가장 높고 가능한 한 해안에서 가까운 산으로 선택했다.

이렇게 계산과 도표 그리고 예를 든 것을 종합해서 결론을 내리면 다음과 같다(위 자료 〈근해항로(近海航路) 가능범위도〉[69]를 참조하여야 한다).

동해 어느 지역에서든 육지를 보면서 자기위치를 확인하고 항해를 할 수 있는 지역은 원 또는 타원 내부에 있는 점들이 찍힌 부분이다. 그리고 나머지는 자기위치를 정확히 알지 못한 채 망망대해를 항해하는 지역이다. 이 부분이 차지하는 범위는 황해에 견주어 매우 광범위하다. 이처럼 동해는 황해와 달리 지문항법을 활용한 근해항해와 함께 원양항해를 병행해야 한다. 따라서 원양항해를 하면서 일본열도로 갔다.

원양행해를 하기 위해서는 천문항법을 숙지해야 한다. 더욱이 일본열도로 항해하는 계절은 가능하면 늦가을에서 겨울, 즉 북서풍이 부는 계절이어야 한다. 그렇다면 얼음이 얼 정도의 낮은 수온과 거센 겨울의 북서풍, 그것이 일으키는 높은 파도를 맞으며 항해하여야 한다.

동해에는 몇 가지 항로가 사용되었다.

첫째, '동해 남북연근해 항로'이다. 연해주 일대와 한반도 동해안은 연

---

69) 1등의 숫자는 물표가 되는 지점.

각 ●은 목표확인 최대지점

A 부분 안에서는 일기가 좋을 때 목표를 관측하며 항해할 수 있다.

안 항해 혹은 근해 항해를 통해
서 남북으로 오고 가는 항로이
다. 전 해역이 수심이 깊고, 가을
과 겨울에는 북풍 계열의 바람이
불어 파도가 높다. 또한 해안에
암초지대가 발달했으며, 항구시
설과 배후지가 될 만한 충분한
공간과 지역이 절대 부족하다.
반면에 서해나 남해에 비해서는
해안선이 복잡하지 않고, 조류의
변화가 심하지 않다. 따라서 항
구만 잘 선택하면 연안항로를 이
용하여 교류가 활발할 수 있다.

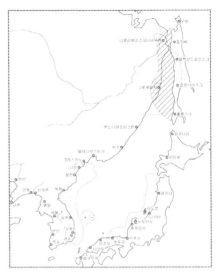

〈그림 7-8〉 시인거리를 계산한 결과, 점
선 부분은 시인이 가능한 범주이다. 울릉
도와 독도가 중요한 위치임을 확인할 수
있다. 또한 타타르해협에서는 사선의 영역
처럼 어디서나 육지를 바라보면서 항해할
수 있다.

항구거점 지역은 몇군데가 있
다. 북으로 흑룡강의 하구가 만
나는 연해주의 북부 해안 일대에

서 남부 해안인 두만강 하구의 나진항, 동해의 북부인 북청, 원산, 중부
해역인 속초, 삼척, 강릉, 남부의 울진, 포항, 울산, 그리고 남해 동부의
여러 지역이다.[70] 속초시의 조양동 유적 제 2호 집자리에서는 신석기시대
의 어망추가 발견되었고, 강릉 등 동해 중부 해안가에서는 패총유적들도
많이 발견되었다. 청동기시대에 들어오면 무문토기도 동해안을 따라 확
산 정착된다.[71] 또한 다량으로 발견되는 결합식 조침들은 부산의 동삼동
등만이 아니라 일본의 규슈까지 연결[72]된다. 동해 남북연근해항로를 사

---

70) 연해주 일대에서 선사시대부터 역사활동이 있었으며, 해양과 직접 간접으로 관
　　계를 맺었을 것이다. 하지만 그 역사와 문화유적들이 우리 문화와 해양을 매개
　　로 어떻게 연결될 수 있는지에 대해서는 아직 살펴볼 수가 없다.
71) 강원도, 《강원도사》(역사 편), 1995, p.220.
72) 任孝宰, 〈신석기시대의 한일문화교류〉, 《한국사론》16, 1986, p.17~21.

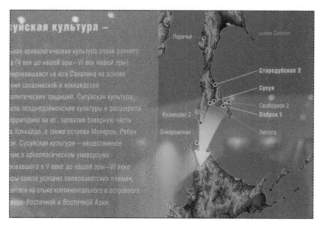

〈그림 7-9〉 홋카이도와 쿠릴열도, 사할린과의 문화교류를 보여
주는 유스노사할린스크 박물관 자료.

용한 증거이다.

둘째, 연해주 항로(또는 타타르 항로)[73]이다.

이 항로는 북부항로와 남부항로로 구분한다. 출항은 북으로는 아무르
강(黑龍江)의 하구인 니콜라예프스크부터 그로세비치, 사마르가(강과 만나
는 지역), 그리고 남으로는 블라디보스토크 등에 이르는 연해주이다. 이곳
에서 출발하여 타타르 해협을 도항한 다음에 사할린(高項島)의 최북단인
오카, 사카린, 오를보, 코름스크, 그리고 홋카이도(北海道)의 와카나이(海
內), 오타루(小樽) 등에 도착한다. 타타르 해협은 폭이 좁아서 소베츠카야
가반에서 건너 편인 사할린의 오롤보까지는 불과 150km에 불과하고, 연해
주의 가장 북부지역에서는 사할린과의 간격이 2.5km에 지나지 않는다.[74]

그런데 이 항로는 북서풍이 불어오는 겨울이 아니라 남서풍이 불어오
는 봄 여름에 사용하는 항로라는 것을 주목할 필요가 있다. 연해주의 동
부에는 시호테알린산맥이 있고, 반대편인 사할린과 홋카이도에도 산맥들

---

73) 육지적인 관점에서는 연해주라는 용어가 적합하며, 해양적 관점에서는 타타르
(Tatar-strait)라는 용어가 적합하다. 다만 타타르라는 용어와 개념에 대한 우리
의 인식이 미흡한 관계로 우선 '연해주 항로'라는 용어를 상용한다.
74) 그 외 6.4km설, 7km 설 등이 있지만 10km 미만인 것에는 일치하고 있다.

이 있다. 그러므로 바다 한가
운데의 어디서도 사방을 바라
보면서 지문항해를 할 수 있
다. 봄·여름에는 남풍계열의
바람이 불고 6·7·8월에는 편
남풍이 분다.[75] 또한 날씨도
따뜻하고 바람도 세지 않아
해상상태도 상대적으로 안정
되어 있으며, 해류(리만해류)
는 북에서 남류하고 있다. 연
해주 해안에서 바다를 바로
동북상하면 사할린 해역에
도착할 수 있다. 또한 홋카이
도에 상륙하거나, 접근한 후

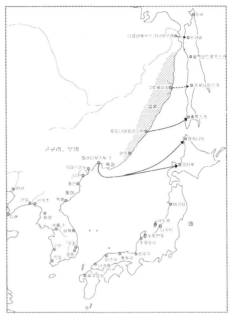

〈그림 7-10〉 연해주 항로도

에는 연안항해를 통해서 데와시(出羽) 등 혼슈 북부지역에 도착할 수 있
다. 비교적 난이도가 낮은 항해이다. 다만 일본열도의 혼슈지역으로 항해
하는 데는 난이도가 높다. 한겨울에 북서풍을 이용해야 하므로 난파, 표
류 등의 실패확률이 높다. 또한 겨울 항해이므로 적합한 항구가 필요했
다. 연해주 일대는 남쪽 끝인 불리라디보스토크 등을 제외하고는 겨울에
사용할 수 있는 부동항이 없다.

　연해주 항로는 선사시대 이래 고아시아 계통의 주민들이 사용하면서
상호 간에 교류하고, 이주하였다. 후에는 주로 읍루·말갈·여진 등으로
이어지는 퉁구스 계통이 사용하였다. 《후한서》 동이전에는 '읍루는 옛 숙
신국(肅愼國) 땅이다. 남으로는 북옥저(北沃沮)와 접해 있다'는 기록이 있
다. 3~4세기 전후의 상황을 표현한 것인데, 연해주 일대로 보여진다. 동
일한 상황을 기록한 《신당서》에는 '흑수(黑水)말갈은 숙신땅에 있는데, 이

75) 《근해항로지》, 대한민국 水路局, 1973, p.22.

것은 읍루라고 했다. 북위때는 물길로 불리었다.…동쪽은 바다에 닿아 있고…'[76]라고 기록하였다.

《삼국지 동이전》에 따르면 그들은 오곡농사를 짓고, 우마를 키우며, 마포도 사용했다. 바다에서 물고기도 사냥하였으며 조선술도 뛰어나 배를 타고 다니면서 노략질을 하였다.《진서》동이전에는 숙신씨는 "일명 읍루… 읍루는 부여의 동북 1천여 리에 있고 바다를 접하고 있으며, 남으로는 북옥저와 닿고, 북으로는 그 끝이 어디까지인지 알 수 없다."라고 되어 있다.

이러한 기록들을 고려하면 읍루는 연해주 남부에서 북부에 걸쳐 있었으며, 연해주 북부항로와 남부항로를 다 사용할 수 있는 위치에 거주하였다. 이 읍루와 연관을 맺었던 것은 부여, 고구려, 북옥저, 동옥저, 동예 등이다. 특히 옥저는 북옥저, 남옥저, 동옥저 등의 명칭으로 나타나는데,[77]대체로 같은 종족이며, 다만 위치에 따라 구분한 것으로 이해된다.

셋째, 동해 북부항로이다. 이 항로는 두만강 이남의 나진(羅津) 청진(清津) 등과 원산(元山) 이북에서 출항하여 동해 북부해양을 횡단 또는 사단한 다음에 일본의 동북 지방인 아키다(秋田), 니가타(新潟), 후쿠리큐(北陸)인 이시가와(石川)현의 가가(加賀)와 노토(能登)반도, 월(越)지역인 후쿠이(福井)현의 쓰루가(角鹿) 등에 도착한다. 겨울에 연안부의 풍향은 북서 또는 서풍의 계절풍이 탁월하지만, 여름에는 태평양 고기압의 영향으로 남쪽은 남동의 바람이 탁월하다.[78] 10월·11월은 비교적 북서풍이 약하게 분다.

또한 해류는 동해의 북서부에서 한반도의 동안에 잇닿아 있어서 리만한류, 북한한류가 남하하고, 동해를 반시계 방향으로 순환하며, 중앙부

---

76)《신당서》권 219 北狄, 黑水靺鞨傳

77) 鄭永振,〈沃沮 北沃沮 疆域考〉,《한국상고사학보》제7호, 1991에 중국학자들의 연구성과가 잘 정리되어 있다.

78) 日本海洋學會沿岸海洋研究部會編,《續日本全國沿岸海洋誌》, 東海大學出版會, 1985, pp.805~810.

인 39도~40도 부근에는 극전
선(極前線)이라고 불리우는
현저한 조류 경계(潮境)가 동
서방향에서 형성된다.[79] 이러
한 자연조건과 돛을 활용하
여 바람을 사선(斜線)으로 받
고 동쪽으로 항진한다면 일본
열도의 동북지역에 자연스럽
게 도착할 수 있다. 그러나 역
시 쉬운 항해는 아니어서 훗
날 발해사신들이 침몰하는
일도 있었다.[80]

원산은 조류는 불규칙적
이지만 조석의 차이가 별로

〈그림 7-11〉 동해 북부 횡단항로

없어 안정된 환경인데다 난류와 한류가 만난 지점이다.[81] 따라서 어항으
로서의 조건이 좋을 뿐 아니라 항해에도 물길을 탈 수 있어 항구로서 유
용하다. 출항한 후에도 일단 연안항해를 해서 정치적으로 문제가 없는
한 최남단까지 내려온 다음에, 삼척 또는 그 이하에서 먼 바다로 나가 사
단(斜斷)으로 일본열도 혼슈, 중부 이북지방으로 항진한다. 물론 중간에
는 지형지물이 없으므로 울릉도와 독도를 좌우로 보면서 방향을 측정해
야 한다. 훗날 발해인들도 동일하게 이 항로를 애용했다. 이들이 도착한
지역은 위로는 노토(能登)반도의 북쪽부터[82] 니가타(新潟), 쓰루가(敦賀)

79) 《續日本全國沿岸海洋誌》 p.810 참조.

80) 윤명철, 〈발해의 해양활동과 동아시아의 질서재편〉, 《고구려연구》 6호, 1998.

81) 대한민국 수로국, 《한국해양환경도》, 1982, p.61 참조.

82) 森浩一, 《古代日本海文化の源流と發達》, 大和書房, 1985, pp.185~186; 森浩一,
〈越の世界と豪族〉, 《古代史 津津浦浦》, 1979, pp.66~67; 上垣外憲一, 〈高句麗使
と惠便法師〉, 中西 進 外, 《エミシとは何か》, 角川書店, 1993, p.102 등 참조.

를 거쳐 남으로는 이즈모(出雲)까지 있다. 필자의 항해경험과 자연환경, 그리고 훗날 발해인들의 항해 과정 등을 고려하면 일본으로 가는 항행기간은 보통 1~2주일 정도였다고 판단한다.

20만 년 전 이후로 동해의 해양환경은 유사했고, 조선술도 획기적인 발전이 이루어지지 않았으므로 이 항로는 거의 유사했을 것이다. 따라서 고조선문명권의 전파와 확산을 이러한 관점에서 볼 필요가 있다. 발해 사신들은 훈춘 또는 방천항(東京 龍原府)이나 그 아래인 현재 선봉(先鋒)에 해당하는 두만강 하류 지역에서 출발했으나[83] 현재 경성의 토호포(吐號浦, 남경 남해부)근처에서 출발했다.

동해북부 해양은 포괄적으로 고아시아족의 활동범위였다. 현재도 극히 일부 생존하는 사할린 캄챠카반도에 거주하는 종족들이다. 그 후에는 숙신족들이 거주하였으나 역시 고조선시대를 거쳐 고구려, 발해로 내려오면서 깊은 연관을 맺은 해역이었다.

넷째, 동해 종단항로이다. 이 항로는 이 동해북부 해안의 항구가 다 출항지역에 해당된다. 선박들은 일단 근해로 빠져나와 동해를 사선으로 종단한 다음에 일본열도의 산인(山陰)인 돗토리(鳥取)현의 타지마(但馬), 호키(伯耆), 시마네(島根)현의 이즈모(出雲), 오키(隱岐), 그리고 그 남쪽인 야마구치현(山口縣)의 나가도(長門) 등에 도착할 수 있다. 항법상으로는 가장 어려운 항해이다. 산인(山陰) 이남 해역에 도착하려면 동해안을 연안항해 내지 근해항해를 하면서 가능한 한 남쪽으로 내려오다가 먼 바다로 떠서 동진해야 한다. 그런데 이 방식은 정치적인 상황과 밀접한 연관이 있다. 하지만 위험을 감수하거나 항해능력이 뛰어나면 연해주 남부의 포시에트나 두만강 하구 등을 출항한 후 해류의 영향을 감안하지 않고, 강한 북풍을 타고 남진하면 된다. 포시에트만과 돗토리현과 시마네현까지는 경도상으로 동일하여(동경 132도에서 134도 사이) 거의 일직선에 가깝다. 고

---

83) 李龍範은《魏志東夷傳의 諸問題》,《大東文化硏究》13, 1979, p.161. 토론에서 '일본열도로 내왕하는 중요한 길이었다'라고 하여 이 시기에 이미 고구려와 왜가 교섭하고 있었음을 시사하고 있다.

조선문명권의 주민들, 옥저인
들, 읍루인들, 말갈인들, 발해
인들이 사용했을 항로이다.

《속일본기》(續日本紀)에는
발해인들과 철리인(鐵利人)이
8세기 중엽에 출우국(出羽國)
에 도착한 사실이 나타나 있
다. 746년에 출우에 도착한
1100여 명은 민간인들이었다.
또 니가타현 마기마치(卷町)
아카사카(赤坂) 유적에서는 5
세기 초의 흙구덩이에서 토기
들이 검출되었는데 러시아 남
부의 연해주지방과 관련이 있

〈그림 7-12〉 동해종단 항로

다. 이 사건을 《일본서기》
544(欽明 5)년 조에 숙신인이
사도에 머물면서 봄, 여름에
고기를 잡는다는 기록과 연관
시킨다. [84] 《일본서기》 660년
(齊明 6)년 조에는 아베(阿部)
수군(水軍)이 사도섬(佐渡島)
에서 숙신과 이른바 '침묵교역

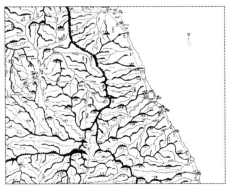

〈그림 7-13〉 대동여지도 삼척

(沈黙交易)'에 실패한 후 전투를 벌였던 기사가 있다. 이렇게 고대에도 동
해를 건너다니면서 교류와 무역을 하고, 때로는 약탈과 전투도 벌였다.

　　여섯째, 동해 중부 횡단항로(울릉도 항로 포함)이다. 이 항로는 동해
의 중부인 삼척, 강릉 등의 해역을 출항하여 울릉도와 독도까지 도착한

---

84) 小嶋芳孝, 〈古代日本と渤海〉, 《考古學 ジャ-ナル》 411, 1996, p20.

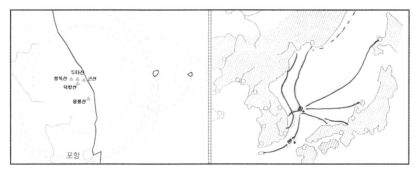

〈그림 7-14〉 동해 중부해안과 울릉도, 독도를 기준으로 설정한 근해항해 가능범위
도(왼쪽)와 울릉도를 중계거점으로 삼은 동해의 항로도

후, 또는 그곳을 경유하여 일본열도에 도착하는 항로이다. 비록 고조선
시대 이후의 일이지만 고구려가 동해 중부 연안을 놓고 신라와 갈등을
벌이는 이유 가운데 하나는 바로 일본열도로 진출하는 항로의 확보와 연
관이 깊다. 물론 강릉, 삼척 등은 항구 기능을 하기에는 적합한 곳이 아
니다. 그렇지만 겨울 북서풍을 이용해야 하고, 원양항해와 천문항법을 시
도할 수 밖에 없는 나라들이 사용하기 좋은 항로이다.

동해의 자연환경 및 항법을 고려할 때 동해 종단항로와 동해 중부항
로를 이용할 경우에는 울릉도와 독도를 중간거점으로 이용할 수밖에 없
다. 시인거리를 계산하면 원 안의 범위 내에서는 각각 위치를 확인하면서
항해가 가능하다. 그러므로 동해 한 가운데에서 항해상의 지표 및 피항
지 역할을 할 수 있다. [85]

고구려는 동해중부 이북지역에서 원양으로 나갔으므로 도착지가 주로
월 지방이었다. 후대의 발해 사신선들, 사무역선[86]과 신라의 사무역선들
도 이곳에 도착하였다. [87] 이는 고조선인들도 마찬가지였을 것이다. 동해

---

85) 윤명철, 〈울릉도와 독도의 해양 역사적 환경검토〉,《독도와 해양정책》, 해양문
   화연구소,《제1회 해양정책세미나 논문집》, 2001 등 참고.
86) 門脇禎二,《日本海域の古代史》, 東京大學出版會, 1986, p.17.
87) 門脇禎二, 위의 책, 1986, pp.90~93. 신라는 일본과 국교를 맺지 않았으나, 현
   실적인 필요에 의해 정부는 묵인해 주었고, 그러한 비공식성 때문에 사무역선

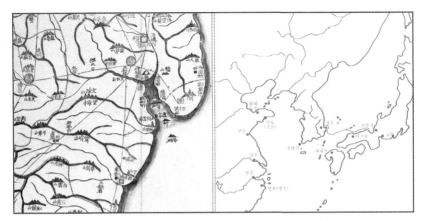

〈그림 7-15〉 대동여지도 울산만(왼쪽)과 동해남부 횡단항로

중부 횡단항로가 선사시대, 고조선시대부터 우연히 또는 의도적으로 이용됐을 가능성은 표류 등을 통한 자연현상에서 추측할 수 있다. 〈그림 7-17〉인 〈해류병의 표저(漂著) 상황도〉[88]는 동해남부의 해양환경을 보여준다. 여섯째, 동해남부 횡단항로이다. 동해의 남부 지역인 울진, 포항, 감포, 울산 등을 출항하여 동해남부를 횡단한 후에 혼슈 남단인 돗토리(鳥取)현의 타지마(但馬), 호키(伯耆), 시마네(島根)현의 이즈모(出雲), 오키(隱岐), 야마구치(山口)현의 나가도(長門) 등에 도착하는 항로이다. 이즈모 지역 등은 동해 남부해양을 사이에 두고 경상남도 울산이나 포항지방과 위도상(북위 35.5도)으로 거의 비슷한 위치에 있다. 두 지역 사이에는 항로가 2개 있었다. 제1항로는 동해남부 또는 남해로부터 리만한류를 타서 북위 30도 부근에서 대한난류 서파(西派)를 횡단하여 본류에 올라타서 이즈모(出雲) 서안에 도달하는 직접항로이다. 제2항로는 한반도 동안에서 출발하여 오키제(隱岐)도에 도착한 후, 다시 시마네(島根)만 또는 인바(因幡)해안에 도착한다.[89]

---

들은 표착이 많았던 것으로 판단된다.

88) 日本海洋學會 沿岸海洋研究部會編,《日本全國沿岸海洋誌》, 東海大學出版會, 1985, pp.925~926.

89) 中田 勳,《古代韓日航路考》倉文社, 1956, pp.123~127.

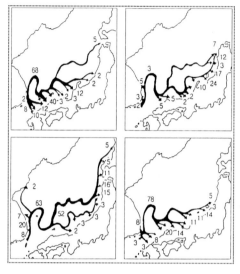

<그림 7-16> 해류병의 표저 상황도

동해남부 해역에서 자연환경의 영향을 받아 표류할 경우에 울산, 포항, 울진 등에서 출발한 배들은 표류병처럼 야마구치현과 시마네현 등 일본열도 혼슈 남단지역에 표착한다. 겨울에는 전체 표류병의 40%가 이즈모지역에 도착하고 있다. 선박들은 이렇게 도착한 다음에, 목적에 따라 연안 혹은 근해항해를 이용하여 북으로는 후꾸이(福井)현의 쓰루가(敦賀)지역으로,[90] 남으로는 규슈지역으로 들어갔다. 이러한 항해는 선사시대부터도 가능했고, 기원을 전후한 시대부터는 매우 활발했다고 추정된다.[91] 이 항로 사이의 중간에는 오키(淤岐, 隱岐)섬이 있었다.

## 4) 남해권의 해양활동과 항로

### (1) 해양활동

남해권에서는 일찍부터 해양활동이 활발했었다. 여수의 안도(雁島) 패

---

90) 쓰루가(敦賀)는 머리에 뿔이 난 사람들이 왔으므로 고대에는 쯔누가(角鹿)라고 불리웠는데, 이것은 투구를 쓴 가야인들이 왔기 때문이다. 그러나 신라계와 관련이 깊었으므로 지금도 신라계 지명 및 신사가 곳곳에 남아 있다. 武藤正典, 〈若狹灣とその周邊の新羅系遺跡〉, 《東アジアの古代文化》, 大和書房, 1974, pp.88~94 참조.
91) 권경근·박종승, 〈일본 오키(隱岐)방언과 울진방언의 악센트유형의 대조연구〉, 《日本語文學》, 제38집에서 방언비교를 통해 매우 흥미 있는 결과를 내놓고 있다.

총을 비롯하여 부산의 동삼동 패총 등에서는 신석기시대 초기부터 해양
활동과 어업 활동을 한 흔적이 있다. 빗살무늬 토기는 한반도의 남해안
에서도 발견되었지만, 요동반도와 연결되고, 서해의 일부 도서[92] 및 제주
도에서도 다수 발견되고 있다. [93] 뿐만 아니라 7000년 정도 전부터 한반도
남부와 일본열도 사이에는 사람들이 오고가며 물건을 교환한 증거물들
이 발견된다. 융기문 토기는 한반도의 남부와 동부의 해안지대 외에 대마
도에서도 발견된다. [94]

  대마도의 중부지역인 고시다까(越高) 유적지에서 출토된 융기문토기
는 일본열도 내의 다른 지역에서 출토된 융기문토기와 다르다. 오히려 동
삼동(東三洞)의 융기문토기와 그 기형(器型), 문양 등에서 공통성을 보인
다. 편년이 6860±120, 6590±160 B.P.로서 동삼동과 비슷하다. [95] 토요다
마촌(豊玉村)의 가토오(加藤) 해저 유적지에서는 조몬 중기층에서 빗살무
늬토기가 다량으로 출토되었다. [96] 양 지역 사이의 접촉 성격과 규모의 정
도를 짐작할수 있다. 또한 빗살무늬토기와 일본의 소바다(曾田)식 토기는
유사성을 갖고 있다. 동삼동 2, 신암리 2 등의 직접적인 영향은 서기전
3000년경으로 추정되는 소바타식 토기에서 발견되는데, 남해 해상에서
벌어진 우발적 교섭의 소산이라는 주장도 있다. [97]

  이러한 교섭 가능성을 처음 지적한 사람은 후지타 료사쿠(藤田亮策)

92) 崔盛洛, 〈전남지방의 마한문화〉, 《馬韓百濟文化》 12, 1989.

93) 全海宗, 〈탐라의 上古史 論考〉, 《논문집》 10, 인문사회, 1979 참조.

94) 임효재, 〈신석기시대의 한일교류〉, 《한국사론》 16, 1986; 鄭澄元, 〈남해안지방
   융기문 토기에 대한 연구〉, 《釜大史學》 9, p.3; 金元龍 〈신석기 문화〉, 《한국사》
   1, 국사편찬위원회 1984. p.163, p.166; 崔夢龍, 《日本 對馬 一岐島 綜合學術調査
   報告書》, 서울신문사, 1985; 永留久惠, 《對馬の文化財》, 杉屋書店, 1978; 《古代史
   の鍵》, 大化書房, 1975.

95) 永留久惠, 《古代史の鍵·對馬》, 大和書房, 1975, pp.31~32; ---, 《對馬の文化
   財》, 杉屋書店, 1978.

96) 崔夢龍, 앞의 책, 1985 등 참조.

97) 金元龍, 앞의 책, 1984, pp.163~166.

였다.[98] 그는 이러한 유사성이 빗살무늬토기인의 이주 내지는 교역품의
교류에 따른 것으로 생각된다고 했다.[99] 대마도는 물론이고, 규슈 서쪽인
오도열도뿐만 아니라 오키나와 등에서도 발견되어 전파 범위가 확산되었
음을 알 수 있다. 부산 동삼동의 가장 오래된 패총에서는 융기문 토기와
함께 빗살무늬토기, 조몬시대의 세노깡식(塞ノ神式)토기, 도도로키식(轟
式)토기, 소바타식(曾田式)토기들과 함께 규슈의 이마리산 흑요석으로 만
든 석기들이 나왔다. 일본인들은 동삼동과 조도패총에서 출토된 흑요석
제의 세석기(細石器)들은 규슈 지방인 사가현(佐賀縣) 니시아리타정(西有
田町) 요악(腰嶽)산의 흑요석으로 생각된다고 하였다.[100]

바로 옆인 조도패총에서는 흑요석으로 만든 돌톱[石鉅], 돌칼 등
이,[101] 울산 서생포의 신암리(新岩里) 유적에서는 조몬 토기들과 흑요석
석기들이 발견되었다.[102] 이 흑요석들은 서북 규슈인 이마리(伊万里) 부근
에서 배로 해협을 횡단하여 운반된 것으로 생각된다고 하였다.[103] 김원룡
(金元龍)도 후기에는 흑요석 자체를 이키섬 같은 데서 무역해 왔을 가능
성이 있다고 하였다.[104] 강원도 오산리(鰲山里)에서 다량 출토된 결합식
조침은 동삼동(東三洞), 상노대도(上老大島) 등의 유적지에서 발견되었다.
이 결합식 조침은 서북 규슈형의 원류로 여겨진다.[105] 또한 쓰시마 중부
의 시다루(志多留) 유적지에서도 결합식 조침이 발견되었다. 따라서 서북
규슈에서 쓰시마·한반도 남부까지 사용된 공통적인 형태의 어로구였음

---

98) 任孝宰, 앞의 책, 1986, pp.10~11.

99) 任孝宰, 위의 논문, p.16; 林墩은 〈朝島의 史的 考察〉 p.380에서 조도를 선사시
   대 교역의 중요거점으로 보고 있다.

100) 林墩, 위의 논문, p.225.

101) 林墩, 〈朝島貝塚 出土遺物 小考〉, 《해양대 논문집》13집, 1978, p.224.

102) 任孝宰, 앞의 논문, 1986, p.5.

103) 江阪輝彌, 앞의 논문, p.7.

104) 金元龍, 앞의 논문, 1984, p.49; 동삼동 3기의 석기는 흑요석제가 많이 있다
   (金元龍, 앞의 논문, p.143).

105) 任孝宰, 앞의 논문, p.17~21.

을 보여준다. 이외에 흑요석을 이용해서 만든 돌톱도 서북 규슈형 결합식 조침의 분포와 일치하는데, 원류는 한반도로 보고 있다.[106] 이처럼 한반도 남부와 쓰시마 지역, 또는 다른 지역의 담당자가 동일하거나, 활발한 교류가 있었다는 사실은 조몬 토기인들이 한반도 남부까지 왔었으며 교류를 한 것을 반증한다.

일본문화의 생성과 해양교류의 관계는 아래와 같다.[107] 일본의 문화와 종족의 형성은 지리적 관련성으로 볼 때 크게 두 가지로 나눠진다. 하나는 대륙과 한류도로부터 서해와 대한해협을 건너 진입하는 북방 대륙계 문화이다. 또 다른 하나는 남중국 방면에서 황해 혹은 동중국해를 횡단하거나, 동남아시아 해안에서 쿠로시오(黑潮)를 타고 오키나와 규슈지역으로 들어오는 문화가 있다.[108] 그러나 이 시대의 항해는 조선술이 발달하지 못했고, 항해상의 어려움 때문에 대규모 이주가 조직적으로 이루어질 수는 없는 한계가 있다. 당시의 항해능력으로 볼 때 주류는 한반도에서 대한해협을 직접 건너 진입하는 북방 대륙계 종족이다.

이 같은 흐름으로 보아 후기 조몬 시대인은 먼저 거주하였던 구석기시대인의 일부와 한류도 및 대륙에서 건너간 대부분의 종족으로 구성되었다. 물론 이들의 대부분은 한반도의 신석기문화, 청동기문화 담당자들이었다. 신석기문화 담당자들은 대체로 고아시아족이며 청동기문화는 알타이어족으로 구성되어 있다.[109] 따라서 일본열도로 이주해 간 주민들 역시

---

106) 任孝在의 앞의 논문 p.21. 그리고 林墩, 〈朝島의 史的考察〉, p.380에서 '동삼동 출토 흑요석은 일본 佐賀縣 西有田町 腰嶽産의 黑曜石과 동계'라는 江坂輝彌의 설을 이용하며, 조도를 선사시대 교역의 중심지로 생각하고 있다.

107) 이하의 글은 윤명철, 《동아지중해와 고대일본》, 청노루, 1996에서 참고한 것이다.

108) 여기서 말하는 남중국이란 양자강 이남의 지역을 말한다. 양자강 이남의 문화 혹은 그 지역을 통과해서 일본열도로 들어오는 문화의 흔적은 적지 않다. 특히 역사시대 이후 발달된 항해술을 사용하면서는 남중국과의 문화교류가 더욱 활발하다.

109) 그러나 이 설에 대해서 최근 다른 견해가 나타나고 있다. 한반도 청동기문화의 담당자, 벼농사 담당자, 고인돌문화의 당사자들이 북방계 혹은 중국 화북문화의 영향을 받은 것은 아니라는 내용이다. 한편 한반도 중부 이남의 지역은 남방

그들로 여겨진다. 그런데 조몬(繩文)시대가 끝나고 야요이(彌生)시대[110]에 들어오면서 변화가 생겼다.

야요이문화는 서기전 3C~서기후 3C에 이르는 기간에 존재했던 문화로서 일본문화의 근간을 이루며 한류도에서는 철기시대와 전기 삼국시대에 해당하는 시기이다. 즉 한반도 남부에서 대규모로 건너온 주민들로 말미암은 고조선문명권의 확장이 이루어지는 시기이다. 위경과 오경 외에 중국의 화폐들이 발견되었다. 유적으로 후쿠오카현의 아라이마치(新町) 유적, 히라쓰카가와조에(平塚川添) 유적, 어상송원(御床松源) 유적, 시마마치(志摩町)의 상관자(上罐子) 유적이 있다. 또한 나가사키현의 일기(壹岐) 하루노쓰지(原の辻) 유적, 대마도(対馬島)의 시게노탄(シゲノダン) 유적 등이 있다. 아라이마치 유적은 유물포함층에서 반량전과 함께 화천(貨泉)이 출토되었고, 히라쓰카가와조에 유적에서 화천이 출토되었다. 하루노쓰지 유적에서는 환호 근처에서 대천오십(大泉五十)과 함께 화천이 출토되었다.[111]

제주도도 해양활동이 있었다. 구석기시대부터 인간이 거주하고 있었다.[112] 65,000(?)~35,000년 사이의 것인 석들이 빌레못 동굴에서 발견됐다. 또한 천지연(天地淵) 근처의 바위그늘 집터에서 발견된 구석기들은 25,000~15,000년의 것이다.[113] 신석기시대에도 사람들이 거주하였는데

---

계적인 성격을 가지고 있으며, 언어 또한 알타이어계가 아니라는 주장도 있다.

110) 야요이란 용어는 당시 문화의 특징을 기준으로 해서 설정한 용어가 아니다. 야요이식의 특징을 가진 토기가 처음 발견된 곳이 동경도(東京都) 문경구(文京區) 미생정(彌生町)이기 때문에 그 지명의 이름을 따서 명명한 것이다.

111) 강창화, 〈고대 耽羅의 실체와 물자의 교류〉 참조.

112) 구석기시대의 유물 유적에 대해서는 鄭永和, 〈고고학적 측면(제주연구의 현황과 전망)〉, 《탐라문화》 3호, 제주대학교 탐라문화연구소, 1984.

113) 고산리식(高山里式)문화의 편년과 성격에 대하여 임효재는 '고신석기(古新石器)' 단계라고 설정하고(임효재, 1995 참조), 12,000~8,000 B.P.로 편년하였다. 최몽룡은 후기 구석기시대부터 신석기시대로, 李憲宗은 시대를 조금 아래로 잡고 있으면서 고토기(古土器)의 일종으로 아무르, 연해주, 바이칼, 일본, 중국, 한국에 걸쳐 넓은 분포를 보이고 우스티노브카 3유적, 아무르 유역에 위치한 가

북제주군의 고산리 유적은 신석기시대의 융기문토기, 타제석창이나 돌도끼 등 기원전 3000년 이전의 유적으로 추정된다.[114] 신석기시대 후기 토기인 변형 빗살무늬토기가 제주도의 각지에서 발견된다. 남제주군 상모리 패총에서 발견된 무문토기들은 한반도와의 교류를 알려준다. 패총유적에서는 어망추 등도 발견되었다. 겹아가리 토기는 제주도, 전남과 경남의 해안지방 등 남해 해양권의 특징적인 토기이다.[115] 또한 농기구인 반달칼, 고인돌 등이 발견되는데, 고인돌은 다양한 형태로 존재하며, 용담동·오라동·외도동 등에서 100여 기가 보고되었다. 한편 삼양동에서는 청동기 말에서 초기 철기시대에 해당하는 원형의 주거형태가 발견되었다. 집자리의 형태와 유물들은 서기전 6세기경의 송국리(松菊里)에서 발견된 것과 유사한 형태이다. 애월읍의 곽지리 패총에서 군곡리 토기인 점토띠무늬토기가 출토되었다. 이러한 몇 가지 사례들로 보아도 그 시기에 제주도는 외부와 교섭과 교역을 하는 중요한 정치공간이었으며, 교역의 장이었다.

제주도를 가리키는 주호의 주민들은 여러가지 기록들을 볼 때 바다에서 생활하고 선박을 능숙하게 다룰 줄 아는 해양민임을 알 수 있다. 어업에 종사하는 어민뿐만 아니라 한반도의 다른 지역과 교역을 하며, 심지어는 먼 나라인 중국 지역과도 무역을 한 것도 알 수 있다. 제주도에서는 비록 정치적인 교섭의 흔적과 빈도수가 기록으로는 부실하지만,[116] 여러

---

샤 유적, 그로마투하 유적과 노보페트로브카 유적에서 유사성을 찾았다.

114) 李淸圭, 〈제주도 고산리 출토 융기문토기〉, 《탐라문화》 9호, 제주대학교 탐라문화연구소; 李淸圭·高才元, 〈고산리 유적과 석기유물〉, 《제주 신석기문화의 원류》, 발표요지, 한국신석기연구회, 1995.

115) 《제주의 상고문화》, 제주대학교 박물관, 1993.

116) 한이 위만조선을 공격한 이유가 입조 입견에 대한 방해였다고 한다면, 삼한 각국의 입조와 공적인 교섭은 반드시 기록이 되었을 것이다. 삼한과 중국 측의 공식적인 교섭을 보여주는 자료는 《삼국지》 동이전에는 경초 연간에(魏 明帝의 연호 237~239) "…… 여러 한국의 신지(臣智)에게는 읍군(邑君)의 인수(印綬)를 더해주고 그 다음 사람에게는 읍장(邑長)을 주었다"고 나와 있다.

곳에서 한계(漢系)의 유물들이 다량으로 발견된다. 정치적인 교섭 외에도 민간인들 사이에 사무역이 이루어졌던 증거들이다.

### (2) 항로

남해를 활용한 항로에는 남해동부→대마도 경유→규슈북부 항로는 대표적이었다.

남해의 특정해역을 출항하여 대마도를 경유하거나, 또는 통과물표로 삼으면서 규슈 북부 해안에 도착하는 항로이다. 일반적으로 고대 대왜항로의 기점을 낙동강 하구로 인식한다. 거제도 사천 여수의 안도, 해남 등에서 보다는 부산에서의 거리가 55km로서 가장 가깝다. 또한 시인거리 안에 있으므로 항해 도중에도 물표의 확인이 가능하고 심리적인 안정감도 크다. 그러나 물길을 이용하는 방식에는 문제가 있다. 대한해협을 통과하는 해·조류 및 바람의 기본적인 특성을 구체적으로 고려하면 남해동부해안에서 고대항로의 기점으로서 바람직한 조건을 갖춘 곳은 거제도이다.

거제도의 남단은 대마도의 북단과 위도상으로 동일하다. 그러므로 항해할 때는 기본적으로 북동진하면서 북동향하는 해류와 낙조시(落潮時)에 북동진하는 조류의 흐름을 유효적절하게 활용해야 한다. 거제도나 그 서쪽에서 출발하면 만약에 정상적인 항해에 실패했더라도 1차적으로 대마도의 북단에 걸릴 확률이 많으며, 최소한 표류일망정 일본열도에는 도착할 수 있다.[117]

대마도는 이러한 중간자적 조건 때문에 신석기시대의 토기를 비롯한 야요이시대 유물들, 그리고 가야, 신라 등과 관련된 유물·지명·설화 등

---

117) 윤명철, 〈해로海路를 통한 선사시대 한·일 양 지역의 문화접촉 가능성 검토〉, 《윤명철 해양논문선집3-해양활동과 국제항로의 이해》, 학연문화사, 2012, pp.21~28에 있는 '해로를 통한 접촉방법과 자연조건' 일부 내용 참조.

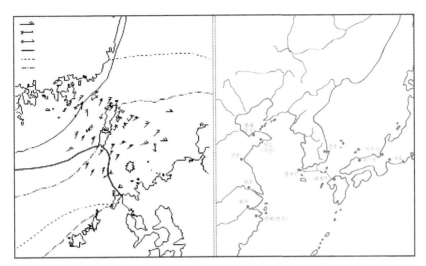

〈그림 7-17〉 대한해협의 해류와 조류도(왼쪽)와 남해항로

이 분포되어 있다.[118] 대마도 중부해안인 시다루(志多留)의 소위 '항아리 설화'는 항해 및 가야와 관련되어 매우 주목된다. 다시 대마도에서 출항하면 항해환경을 고려할 때 이끼섬을 경유하여 가장 적합한 도착지점이 규슈 북서부에 있는 요부코(呼子付)나 가라쯔(唐津)만이다. 즉《삼국지》위서 왜인전에 기록된 순서라면 이도국(伊都國), 말로국(末盧國), 노국(奴國) 등의 순서였다. 말로국의 상륙지점은 보통 마쓰우라(東松浦)반도 북단의 요부꼬라든가 가라쯔 근처로 말해진다.[119] 일본열도에서 출발할 때도 가라쯔만(당진만)이 사용됐다.[120]

한편 서남해안 혹은 남해 서부해안에서 출발하여 규슈 서북부로 직항하는 항로도 있다. 이 때 영산강 하구, 해남, 강진 등 한반도의 서남해안과 사천 등 섬진강 하구 및 중간의 큰 섬들은 중요한 역할을 하였다.

118) 대마도의 역사적 성격·유물·유적에 대한 것은 永留久惠,《古代史の鍵·對馬》;
 ---,《對馬の文化財》; 城田吉之,《對馬, 赤米の村》등이 있다.

119) 森 繁弘,《發見 邪馬臺への航跡》, 講談社, 1987, p.41.

120) 견수사(遣隋使)의 행로는 당진(唐津)-치가도(値嘉島)-대마도-한반도 가까이 간 다음에 다시 연안항해를 하였다. 그 시대도 조류를 이용했음을 알려준다.

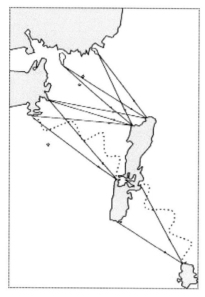

〈그림 7-18〉 남해동부와 대마도 경유하는 규슈 북부 항로(시바다 게이시 교수 개인 자료)

남해안을 따라 연안항해를 하거나 근해항해를 하다가 대마도를 시인거리 안에 둔 채로 항해하거나, 직접 경유한 후에 규슈 북부로 상륙하였다. 또는 제주도를 우현(右舷)으로 바라보면서 해류와 바람 등을 이용하여 규슈 서북쪽으로 자연스럽게 항진하면 고토(五島)열도에 속한 섬들을 만나게 된다. 거기서 갈라져 북으로 동진(東進)하면 규슈 북부에 있는 가라츠(唐津) 등의 육지에 닿고, 다시 다자이후(太宰府)가 있는 하까다(博多)까지 연안항해를 할 수 있다. 물론 남으로도 항해를 할 수 있지만, 그것은 허용되지 않았을 것이다.

규슈의 북서부 지역은 야요이문화가 시작되고 발달한 곳으로서 벼농사가 발달이 됐고 소국가의 형성이 비교적 일찍부터 시작된 곳이다. 이러한 지리적, 해양적 조건으로 말미암아 가라쯔(唐津) 부근의 우끼군덴(宇木汲田) 패총·나바타케(菜畑) 유적, 이다츠케(板付) 유적지에서는 야요이시대의 농경문화 유물이 다수 발견 되었다.

남해안에는 제주도 항로가 있다. 이 항로는 고조선문명권과는 직접 연관이 되지 않는다. 제주도는 해류와 바람 등을 고려하면 다양한 지역과 교류하는 것이 비교적 용이하다. 필리핀 북부 해역에서 발생하여 동북상하는 쿠로시오와 봄여름에 걸쳐 부는 남풍 계열의 계절풍을 활용하면 동남아시아, 오키나와, 중국의 절강 이남 등에서 제주도나 한반도 남부까지 항해가 가능하다. 때로는 동력이 없이도 자연의 힘으로 무의지로 표류하여 오는 경우도 있다. 특별한 계절에는 항법상으로 제주도 주변의

해역을 항해할 수밖에 없다. 뿐만
아니라 제주도는 또 다른 점에서
항해조건이 매우 좋았다. 육지와
멀리 떨어져 있는 섬으로서 '해중지
(海中地)'의 성격을 지녔다. 섬의 면
적은 1,820㎢ 정도이고, 전남 해안
지방에서 추자군도를 중간에 두고
100㎞ 이상이다. 중간에 위치한 한
라산은 해발 1995m로서 시인거리
가 약 100마일이나 되었다.[121] 그러
므로 주변 해역뿐만 아니라 먼 해

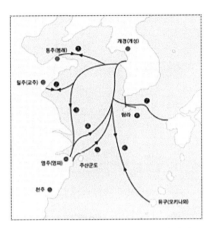

〈그림 7-19〉 제주도도 포함된 기원전후
한 시대의 동아지중해 항로도

역을 항해하는 선박들도 자기위치를 측정하고, 항로를 결정하는 데 이상
적인 이정표의 역할을 했다.

또한 제주도는 지리적으로 보아도 북으로는 한반도 남부, 남으로는 오
키나와의 여러 섬들, 서로는 중국의 산동성, 강소성, 절강성 등과 마주하
고 있다. 그리고 동으로는 대마도 및 오도열도, 일본열도와 해양으로 연
결되고 있다. 이러한 조건은 바다 한가운데에서 태풍 폭풍 등 비상사태를
만나 대피해야 할 경우에 피항지로서 가장 적합한 곳이기도 하다. 현재
남서쪽인 안덕면 청천리에 있는 '당포항'은 현재도 중국 등 어선들이 피항
하는 곳이기도 하다. 그뿐만 아니라 장기적으로, 원양항해를 할 경우에
는 물 식량 등 보급품을 얻는 장소로도 중요하였다.

이러한 해양환경과 역사적인 상황을 고려할 때 제주도는 동아시아 해
양에서 핵심 중간 정거장 기능을 할 만한 곳이다. 따라서 제주도를 거점
으로 하는 항로는 매우 다양할 수밖에 없으며, 출발항구와 도착항구를
이어주는 단선의 항로가 아니라 다양한 항로의 중간에 있는 경유항로이

---

121) 여기서의 시인거리는 바다에서 자기 위치를 확인할 수 있는 거리로서, 100마
일은 항해관측자의 눈높이를 7m로 하여 필자가 계산한 결과이다.

다. 후기 구석기시대인들은 연륙된 길을 걸어서 유입하였을 것이다. 그런
데 후기 구석기 또는 신석기시대로 추정되는 고산리토기들은 바다가 생
긴 이후라서 해로를 이용해 전달됐을 가능성이 크다.


## 2. 육로 교통망과 교류 상황

앞글에서 고조선문명권이 발전했던 만주와 한반도 북부 지역에 구석
기시대부터 인간이 거주했음을 열거하였다. 제4기 맹마상(猛瑪象)·피모
서(被毛犀)·하투대각록(河套大角鹿) 등 동물의 해골들이 출토되어 요동
과 산동이 한때는 연결된 육지였음을 알 수 있다. 또한 신석기시대에 이
르면 직접 또는 간접으로 모든 지역 간에 교류가 있었음도 확인하였다.
이 장에서는 더욱 구체적인 육상 교통망을 알아보기 위하여 고고학적인
유물 유적과 함께 역사상의 기록들이 필요하다. 그러므로 고조선이라는
정치체가 성립한 후부터 사용된 육상 교통망을 살펴본다. 하지만 도로
구조와 구체적인 도로 시스템을 알아보는 작업은 아니다.

### 1) 고조선 전기(제1기~제2기)의 교통망

은나라와 주나라 시대(서기전 16세기~서기전 841년)에 중국의 산동
화북지역과 발해안가에는 사료상에 나타나는 국명, 족명들을 가진 정치
집단들이 있었다. 이들을 '방국(方國)'이라고 표현한다. 그 가운데에 고조
선과 직접 연관이 깊은 나라는 '도하(屠何)', '고죽(孤竹)' 등이다. 이 시대
에 '오복지국(五服之國)' 사이에는 상호교류가 활발하였으며 교통수단과
교통로도 큰 발전이 있었다.

서기전 11세기 즉 상나라 말~주나라 초부터 요서 및 그 이동지역은
중원과 교류를 시작하였다. 그 시대에는 《설원》(說苑) 수문(修文)에 따르

면 9도를 이용하여 북으로는 산융(山戎), 숙신(肅愼), 동으로는 도이(島夷) 등에 닿았다고 기록되었다.[122] 이때 북쪽은 산융의 위치문제를 놓고 다소 간에 의견 차이가 있지만, 기본적으로 만주 일대로 이해하면 될 것이다. 즉 화북을 중심으로 동서남북으로 이어지는 교통로가 있었다.《좌전》(左傳) 양공(襄公) 4년조에도 "망망우적(芒芒禹跡) 화위구주(畫爲九州) 징계구도(徑啟九道)"라고 하였다. 이때 '구도(九道)'는 당시 방국(方國), 소국(小國)들이 왕래를 했을 때 자주 사용한 9개의 큰 길을 말한다. 이 9도가 어느 방향, 어느 지역으로 퍼져나갔는지 등은 당시 은·주의 핵심지역과 중심범위, 그리고 도로의 체계 및 활용도 등에 대한 고찰이 필요하다. 그런데 소위 중원에서 북쪽, 즉 만주 일대로 가는 길은 '유주지도(幽州之道)'라고 하였으며, 그 시대의 사료에는 숙신(肅愼)·도이의 조공길로 기록되었다.

이 시기에 고조선문명권과 연관된 길들이 있다.《태강지기》(太康地記)에는 "樂浪遂城縣有碣石山"이라고 하였으며, 두우(杜佑)의《통전》(通典)에는 "秦築長城所起在今高麗界, 非此(右)碣石也"라고 기록하였다. 이는 도이가 중원과 교류하는 중간에 있는 갈석의 구체적인 위치를 설명해 주었다. 그렇다면 도이는 요서지방 남부의 발해 주변의 도로를 이용하여 좌·우의 갈석을 좌표로 삼아 중원의 황하 유역까지 도착하였다는 설명이다. 이는 비록 서쪽에 치우쳐 있지만 만주 지방에서 사용된 가장 이른 시기의 육로간선 가운데 하나이다.

그런데《좌전》(左傳)이나《국어》에도 은나라 시대에 숙신은 북쪽에 위치하였으며, '고시석노(楛矢石砮)'를 교역하였다고 기록하였다.[123] 또한《상서》(尙書)에 "武王既伐東夷, 肅愼來賀"[124]라는 기록이 있으며, 그 외에도 자료들이 있다. 최소한 주나라의 초기에는 숙신과 교류가 있었음을

---

122)《說苑·修文》에서 "禹陂九澤, 通九道, 定九州, 各以其職來貢…北至山戎·肅愼, 東至長夷, 島夷"라고 하였다. 즉 북방으로 가는 길들의 총칭으로 볼 수 있다.

123)《左傳》昭公 9年,《國語》·魯語下에 관련된 내용 참조.

124)《尙書》卷十一 周書序.

알 수 있다. 이때 숙신의 성격과 위치에 대해서는 다양한 견해들이 있다. 산동성의 연해 일대라는 주장이 있으나,[125] 이미 은나라 말부터 주나라 초기 사이에 만주의 동북쪽으로 이주하였다는 주장도 있다.

그런데《산해경》대황북경(大荒北經)에는 "東北海之外…大荒之中有山, 名曰不咸, 有肅愼之國"이라는 기록이 있다. 이 불함산의 위치 또한 일반적으로 알려진 백두산인지에 대해서도 견해가 다를 수 있다. 곽박(郭璞)은 "肅愼國去遼東三千餘里"라고 하였다. 정확하게 표현한 듯한 수치이지만 꽤 먼거리인 것은 분명하다. 그런데 송화강의 중류·하류 유역, 또 목단강 일대에서는 숙신의 석노(石砮) 같은 유물들이 발견된다. 이러한 증거들을 고려하여 숙신은 송화강 중류 일대에 있었고, 서기전 11세기부터는 숙신과 중원을 이어주는 교통로가 있었음을 알 수 있다. 특히 만주의 특산인 '천잠(天蠶)' 즉 비단을 수입하기 위해 무역로가 개설되었다고 본다.

은·주 시대 제후의 국(方國)인 도하(屠何), 고죽, 영지(令支) 등은 현재 하북성(河北省) 난하(灤河) 하류의 천안(遷安)·노룡(盧龍)·창려(昌黎) 일대에 위치하였다.[126] 특히 영지와 고죽은 모두 난하(유수濡水) 하류이며, 발해의 근해 지역에 있었다.《수경주》(水經注) 유수(濡水)조에는 "東南流經令支縣故城東…南流, 經孤竹城西, 左合玄水"라고 하여 고죽과 난하가 아주 가까운 위치에 있음을 설명하였다. 즉, 영지성(令支城)이 고죽성(孤竹城)의 서북쪽에 흐르는 난하의 서쪽 강안에 위치하였다는 뜻이다.[127]

황하 고도에서 발해만의 서북쪽 해안에서 바다에 들어갔다(현재 천진 天津). 즉 고죽의 연해를 통한 것이다. 이곳은 어양(漁陽)에서 바다로 연결되는 곳이고, 상곡군(上谷郡)의 계현(薊縣), 탁군(涿郡, 현재의 북경시 주변 일대)에서 나오면 천주항(泉州港), 즉 지금의 천진 안쪽 지역에 도착한다. 천주의 북쪽 항구는 창성(昌城, 지금 당산시唐山市)이고, 그 북쪽이

---

125) 吳澤,《中國歷史大系:古代史》, p.36에 숙신 위치에 대해 "當今山東濟南一帶"로 주장한다.

126) 晉王隱,《地道記》에 "孤竹, 在肥如南二十裏, 秦之離支縣, 漢令支也"라고 하였다.

127)《水經注》권6 濡水조.

해양(海陽) 노룡(盧龍)이 있는 고죽성이었다. 고죽성은 난하 하구인데, 낙정(樂亭)으로 빠져나온다. 창려는 "四海鹹通 風帆易達"의 요지이다. 고죽고성(古城, 노룡현老龍縣) 근처에 조선현(朝鮮縣)이 있었고, 현재도 조선성이 남아 있다.

당시 방국들의 위치를 근거로 추측하면 '도하'와 '고죽을 경유한 요서 교통로'는 연산(燕山)의 산맥들과 발해 연안의 사이인 요서 주랑 일대에 있을 수 있다. 이 길은 당연히 군사로이기도 하다. 서기전 10세기를 전후해서 화북에서 은나라 및 뒤를 이은 주나라가 존재하고 있을 때 고조선은 존재하고 있었다. 고조선문명권에 속한 사람들은 이 교통망을 활용했을 가능성이 높다.

이 시대의 큰 육상 교통로를 살펴보면 다음과 같다.

황하 이북과 발해연안에서 산해관을 넘어 육로 또는 연안을 활용하여 요서지방에 도착한 이후 여러 개의 방향으로 분리된다. 고조선문명권과 연관된 육로는 요동을 지나 남만주와 중만주에 분포한 육로와 수로들을 활용하면서 동만주 일대와 연해주로 나가 해양으로 연결되었다. 또 하나는 산동반도 해안과 발해만의 항구에서 묘도군도를 활용하여 요동반도 남단에 도착한 이후에 다시 요동반도 남단에서 해안선과 가까운 내륙을 이용하여 압록강 하구 유역을 경유한 다음에 한반도로 접근하는 길이다.

## 2) 고조선 제3기(서기전 5세기~)의 교통로

서기전 5세기부터 고조선 후기가, 중국지역에서는 전국·진·한 시대에 들어갔다. 요동·요서 지역과 화북지역은 교류가 더욱 빈번하였다. 《관자》에 따르면 고조선은 춘추시대에 산동에 있었던 제나라 등과 문피교역을 하였다. 문피의 집산처는 산동반도의 남동단에 있는 영성시의 척산(斥山)이었다.[128] 그 후에 발해만의 안쪽 지역을 장악한 연나라 사람들도 고조

---

128) 陳尙勝, 《中韓交流三千年》, 中華書局, 1997, p.50.

선과 교류를 했다.

연나라는 서기전 300년을 전후하여 고조선을 공격한 후에 장성을 설치하였고, 5군을 설치하였다. 그때 설치한 요동군의 위치는 정확하게 알수가 없다. 어쨌든 현재의 요동 요서지방의 중심 지역은 양평(요양)이었다. 요서와 요동 사이의 교통은 양평(襄平, 요양遼陽)과 연수(衍水, 태자하太子河·대량수大梁水)에 중심을 두어 구성되었다. 훗날 진나라는 이곳을 점령하였다. 그때 육로로 관중(關中)에서 출발한 다음에 고죽 도하의 교통길을 경유한 후 다시 요택(遼澤)를 지나, 요수(遼水)를 넘고 연나라가 설치한 요동군의 수도인 양평을 점령하였다는 것이다. 즉 "始皇二十一年(서기전 226年)燕王及太子丹率其精兵東保遼東, 李信急追之. 代王嘉遣燕王書, 令殺太子丹以獻. 丹匿衍水中"[129]이라는 기사이다. 《사기》는 "築長城, 自朝陽至襄平, 置上穀·漁陽·右北平·遼西·遼東郡以拒胡"라는 기록이 있다. [130] 그렇다면 이것이 그 시대에 사용된 육로 교통이다.

요동 지역은 양평성을 중심으로 육로는 남과 북으로, 그리고 해로로 구성된다. 남로 구역인 안산(鞍山)과 해성(海城) 이남, 평곽(平郭), 또 웅악하(熊嶽河)의 북쪽 강가 등에서 대량으로 명도전(明刀錢)·양평포(襄平布) 등이 출토되고 있다. 이는 이 시대에 이 길을 이용해서 교류와 교통길이 존재한 사실을 증명한다고 주장된다. 한편 북로는 양평성에서 침양 등으로 이어지는데 정가와자(鄭家窪子)의 청동단검묘, 철령(鐵嶺) 남신태자진(南新台子鎭)의 전창(磚廠) 유적지 등은 그 시대 교통의 이동 방향, 기점 등을 알려준다.

다시 말하자면 전국 시대에 연나라·제나라와 조선 간의 교통은 요서부터 요동, 양평을 경유하여 동쪽으로 진행하였음을 알 수 있다. 구체적으로 양평(襄平, 요양遼陽)과 연수(衍水, 태자하, 대량수)를 중심으로 구성되었다. [131] 이것이 당대의 육로교통이다.

---

129) 《사기》 권 7, 秦紀.

130) 《사기》 권 110 흉노열전.

131) 태자하에 대한 명칭 및 역사 환경에 대한 소개는 許盈;王禹浪, 앞의 논문,

그러면 그 후 위만조선 시대에는 어떠한 육로 교통이 사용되었을까?

우선 화북지역과 만주일대 사이에 개설된 교통로를 살펴본다. 한나라 가 사용한 만주지역의 교통로와 시설들은 대부분 연나라를 이어 진나라 때부터 계승된 것이다. 하지만 흉노와의 전쟁, 동호와의 전쟁 등은 교통 로를 더 개척하고 발전시켰을 것이다. 《태평환우기》(太平寰宇記)와 《기주 도》(冀州圖)에 있는 기록에 따르면 한나라의 동북쪽인 만주지역으로 나 가는 교통길은 대체로 3개가 있었다.

첫째, '중도(中道)'는 중간에 위치한 도로를 말한다. 화북 지역의 태원 (太原)을 출발하여 정북 방향으로 안문(濡水)·마읍(馬邑)·운중(雲中)을 경유한 후에 마지막으로 오원(五原)에서 요새를 지나 용성(龍城)까지 간 다. 용성(6~7세기 龍城, 현재 조양朝陽)은 그 당시에 흉노(匈奴)의 임금인 선우가 매년 10월 제사를 지내면서 수령들과 국정을 논의하는 대회가 열 리는 장소였다. 둘째, 동북 지역으로 가는 길이다. 중산에서 출발하여 북 평(北平)을 경유하여 어양(漁陽), 백단(白檀)을 지나 요서(遼西) 일대에 도 착하였고, 다시 평강을 경유하여 노룡(盧龍) 요새에서 빠져나가 직접 흉 노 좌현왕(左賢王)이 다스리는 속지에 가는 길이다. 셋째, 서북으로 가는 길이다. 농서(隴西)에서 출발하여 무위(武威), 장액(張掖), 주천(酒泉), 돈 황(敦煌), 역이(曆伊), 오새(吾塞)를 경유하여 흉노의 우현왕이 다스리는 영토에 도착한다. 《사기》 흉노열전이나 《한서》 지리지 등에 기록된 한나 라 사신들의 북방 교류는 이 길들을 통해 이루어졌다.[132] 이 3개의 길은 모두 한나라 무제시기에 만들어졌으며, 많은 민족과 부족들이 활용한 북 부지방의 주요 통로였다. 고조선의 운명과 연관되었다.

둘째, 요동(遼東)·현토(玄菟) 지역 내의 육로교통이 있다.

《한서》 지리지의 요동군 조항을 보면 다음과 같다. "요동군, 진나라가 설치했다. 유주(幽州)에 속한다. 양평(襄平), 목사관(牧師官)이 있다. 평

<hr />

2014, pp.114~118; 王禹浪; 程功, 앞의 논문, 2012, p.2 참조.

132) 《한서》 권 6 《武帝紀》; 《사기》 권 110 흉노 열전; 《한서》 권 99 왕망전.

(平)이라 불렀다. 신창(新昌)-무려(無慮)-망평(望平), 대요수(大遼水)가 새
외(塞外)로 나와 남쪽으로 안시(安市)에 이르러 해(海)로 들어가며, 1천 2
백 5십리를 간다. 방후성(房候城)-요대(遼隊)-요양(遼陽)은 대량수(大梁
水)가 서남으로 흘러 용양에 닿은 후에 요(遼)로 들어간다. 험독(險瀆)-
안시(安市)-평곽(平郭)에는 철관(鐵官)·염관(鹽官)이 있다. 번한(番汗)은,
패수(沛水)가 새외로 나와 서남으로 해(海)에 들어간다. 답(遝)씨가 있다."
이 문장을 해석하면 고대에 요동, 현도 지방의 교통은 당시 요동군의 수
부(首府)인 양평(襄平), 요서군의 수부인 차려(且慮), 또 양락(陽樂), 이외
에 우북평(右北平) 치하의 평강(平岡) 등을 중심으로 구성되었다. 《사기》
에는 한무제 시대에 한군은 "군사 5만 명으로 좌장군 순체(荀彘)는 요동
에 출격하여 우거(右渠)를 토벌하게 하였다…조선은 누선과 화평을 유지
하고 항복교섭도 누선과 하려고 했다고 기록하였다."[133] 이 때 육로군은
필시 아래에 열거하는 몇 개의 길을 활용하였을 것이다.

　현재 요양인 양평은 한나라 시대부터 만주지역의 정치, 경제 중심지였
다. 한나라 말기에 공손도(公孫度)가 요동을 정복한 후 양평을 평주로 개
칭하였다.[134] 또한 "大興 2년(319년), "平州刺史崔毖遣別駕高會使來獻肅慎
氏之弓矢"라는 기록이 있다. 그렇다면 이 지역의 교통 상황은 요동군의
양평을 중심으로 해서, 남쪽으로는 요동반도 끝의 연해 일대인 답진(遝
津)까지 연장되었고, 서쪽으로는 요수를 건너 요서군의 관할 지역인 그
시대의 유성(柳城, 현재 조양)까지 연결되었다. 또한 동쪽으로는 현토와
낙랑을 연결시키며, 북쪽으로는 부여까지 갈 수 있는 이른바 '수륙사통
팔달(水陸四通八達)'의 교통망이 구성되었다.

---

133) 《사기》 조선열전 제 55 元封2年 "天子募罪人擊朝鮮. 其秋, 遣樓船將軍楊僕從齊
　　浮渤海, 兵五萬人, 左將軍荀彘出遼東…樓船將軍將齊兵七千人先至王險."라고 기
　　재하였다.
134) 《진서》 권 14 《지리지》 平州條에 "後漢末 公孫度自號平州牧…魏置東夷校尉 居襄
　　平 而分遼東 昌黎 玄菟 帶方 樂浪五郡 爲平州";"鹹寧 二年 十月 分昌黎 遼東 玄
　　菟 帶方 樂浪等 郡國五置平州."라고 하였다.

이러한 서만주 일대의 근간이 되는 교통망은 다시 5개의 주요 간선을 통해 세밀하게 연결되었다. 구체적으로 ① 양평에서 남쪽으로 가는 평곽(平郭), 묘씨도(杳氏道)이다. 즉, 양평에서 남쪽으로 신창(新昌)·안시(安市)·평곽(平郭)·문(汶)·답씨(遝氏) 등 많은 현을 연결하여 바다 연안까지 가는 길이다. ② 양평에서 서쪽으로 가서 요대(遼隊), 험독(險瀆)으로 가는 교통로이다. ③ 양평에서 출발하여 서쪽으로 의무려산(醫巫閭山)을 넘어 요서로 가는 길이다. ④ 요수 하류의 소택지를 경유하며 이어 우북평(右北平)으로 가는 길이다. ⑤ 다시 우북평을 중심으로 유주 또한 만리장성 이북 지역으로 가서 현지와 연결할 수 있는 길이다.

이러한 조건 때문에 한나라 시대에는 요동군의 요대와 험독(險瀆) 두 개 지역이 점차 요동, 요서 사이에 있는 중요한 요새가 되었다. 이곳에 대해 《자치통감》에는 "使儉帥諸軍及鮮卑 烏桓屯遼東南界 璽書徵淵 淵遂發兵反 逆儉於遼隧"라고 하였다. 즉 이 길은 관구검(毌丘儉), 사마의(司馬懿)가 요동의 공손씨(公孫氏) 정권을 공격할 때 사용된 군용물자의 운송 길이었다. 《삼국지》 공손도전(公孫度傳)에 "景初二年春, 遣太尉司馬宣王征淵. 六月, 軍至遼東. 淵遣將軍卑衍, 楊祚等步騎數萬屯遼隊, 圍塹二十餘裏. 會霖雨三十餘日, 遼水暴長, 運船自遼口徑至城下" 즉, 군대는 봄에 발진했고, 요동에서 더 가까운 곳에서 발진했지만 음력 6월에야 요동에 도착했다. 즉 오랜 시간이 걸리고 한여름인 7월에 도착한 것이다. 그 군대는 큰 비가 내려 요수가 넘칠 정도가 되었을 때 배를 타고 요하에서 양평성 아래에 도착했다.

셋째는 양평에서 동으로 가서 무차(武次) 서안평(西安平) 낙랑군(樂浪郡)으로 나가는 길이다.

양평을 출발한 후 남으로 태자하(太子河), 탕하고도(湯河古道), 양갑(亮甲), 안평(安平)을 경유하여 애하(靉河), 초하(草河)의 상류를 따라 무차와 압록강 서부 강변에 있는 서안평을 통해 압록강의 동부 강변으로 진입한 길이다. 즉, 현도군 북행의 부여길이다. 요동, 요서, 우북평, 낙랑 사이에 있던 교통로 외에도 북행 간선으로서 현토군에서 부여로 가는 교통로도 매우 중요하다. 《사기》화식열전(貨殖列傳)에서 이 길에 대해 "夫燕亦勃碣之間一都會也 南通齊趙 東北邊胡…北鄰烏桓 夫餘 東綰 穢貉 朝鮮 真番之利"[135]라고 하였다. 이곳이 북방 무역이 발전된 지역임을 알려주는 것이다. 이 밖에 《한서》왕망전에 "其東出者 至玄菟 樂浪 高句麗 夫餘"라고 하였다.[136]

넷째는 요동군·현도군의 변경길인 이른바 '수변(戍邊)'길이다.

한·위 시대에 사용된 만주의 교통 상황을 보면 동쪽의 요동군의 양평(요양)을 중심으로 동쪽으로는 예맥, 조선, 고구려와 연결되었고, 북쪽으로는 현도, 부여, 읍루의 영지까지 갈 수 있었다. 또한 서쪽으로는 요서군과 우북평을 중심으로 유주 또한 만리장성 이북 지역 부족들과 연결시켜주는 중요한 지역이었다.

요서에서 북쪽으로 가는 주요한 교통길은 두 가지가 있었다. 하나는 북으로 우북평, 노룡으로 향하는 평강도(平剛道)이다. 한·위(漢·魏) 시기에는 요서를 경유하여 북방의 노룡새(盧龍塞)로 나가려는 길은 우북평 지역을 경유해야 한다. 이는 전국시대 이래 중원에서 흉노의 좌부(左部)로 가는 간선 도로였다. 또 다른 하나는 요서 대릉하의 고도(古道)이다. 서만주 지역은 중원 문화와의 교류, 그리고 북방민족들이 이동하는 주요 통로였다. 청동기시대의 하가점(夏家店) 하층문화는 이 지역의 대표적인 유적이다. 때문에 주변에는 북표현(北票縣)의 풍하(豐下) 유지, 조양시의 북교(北郊) 유지, 건평현(建平縣)의 수천(水泉) 유지, 건원현(建源縣)의 '우하량(牛河梁)' 유지, 능원현(淩源縣)의 삼관전자(三官甸子) 유지, 객좌현(喀左縣)의 동산취(東山嘴) 홍산문화, 객좌현의 합자동(鴿子洞) 채도(彩陶) 유지 등이 있다. 신석기시대와 청동기시대 초기에는 이 지역이 문명과 정치의 중심이었다.

---

135) 《사기》권 129, 〈貨殖列傳〉.
136) 《한서》권 99, 〈王莽傳〉.

### 3) 고조선 멸망 후(서기후 1세기 이후) 고대의 교통로

고조선이 역사에서 사라진 이후에 그 지역에서 멸망한 종족들은 끊임 없이 국가를 세우면서 중국지역과 교류를 하였다. 특히 고조선을 계승했 다는 인식이 강한 나라들은 분열과 통일과정을 계속하면서 중국지역과 교류하였다. 이 때 이들이 사용한 교통로는 자연환경의 불변성으로 볼 때 특별한 경우가 아니면 기본적으로 유사하다고 생각한다.

송화강 유역에 있는 길림(吉林)·장춘(長春) 일대에서 건국된 부여는 고구려의 압박을 받다가 결국 남북조시대에 들어가면서 서쪽의 모용씨 (慕容氏)가 수립한 전연(前燕), 후연(後燕) 그리고 동쪽에 위치한 고구려 의 공격을 받아 쇠퇴일로를 걷다가 멸망하고 있었다. 한편 요서 지방에서 성장한 모용씨가 세운 전연, 후연, 북연, 남연 등은 고구려와 대결하였으 나 결국 멸망하였다. 따라서 요동과 요서의 일부를 비롯하여 만주 일대 는 고구려가 독점하였다. 고구려의 세력은 당시 북으로 확장했다. 이곳에 서 북방의 신흥 세력으로 등장한 물길과 만났다. 남북조(南北朝) 시기에 이르면 흑룡강, 눈강, 제1 송화강 서쪽에서 실위(室韋), 오락후(烏洛侯), 두막루(豆莫婁) 등이 잇따라 성장하기 시작했으며, 중원 지역과의 왕래가 더욱더 활발해졌다. 이들이 사용한 주요한 교통로는 다음과 같다.

첫째, 두막루 위치와 자주 사용한 교통로를 보겠다.

'두막루'라는 명칭은《위서》(魏書) 두막루국(豆莫婁國)에서 최초로 나 타났으며,《위서》물길전에서 '대막로(大莫盧)'라고 하였다. 또《신당서》 유귀(流鬼)에 '달말루(達末婁)'로 기록되었다.《위서》두막루국에 두막루 는 "舊北扶餘也"라고 설명하였다. 그 위치에 대해《위서》두막루국에 "豆 莫婁國在勿吉北千里, 去洛六千里, 舊北扶餘也. 在失韋之東, 東至於海"라 고 하였다. 즉 두막루는 물길의 북쪽 천리 바깥에  위치하는 국가였다. 당시 두막루의 남쪽은 물길과 경계를 접하며 서쪽으로는 실위와 인접하 였고, 동쪽은 바닷가까지 닿았다. 남북조 시대에 실위는 현재 흑룡강 상 류의 호마하 유역에 있었다. 그렇다면 두막루는 아마 현재 흑룡강 중류

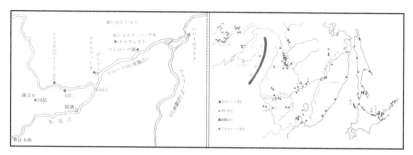

〈그림 7-20〉 말갈과 동인문화의 유적(왼쪽)과 오호츠크문화와 동인문화의 유적 분포도(출처: 菊池俊彦 著, 《北東 アジアの 古代文化の研究》, 北海道大學 圖書刊行會, 1995, p.259·p.280)

의 이동, 그 동쪽은 동해 북부의 타타르 해협 일대, 즉 흑룡강 하류에 있었을 것이다.

《위서》 물길전에 따르면 대막로, 즉 두막루는 12개 속국으로 구성되었고, 북위에 조공하였다. 그들의 조공 노선은 물길과 동일하였다. 두막루와 연관하여 주목할 지역은 아무르강 중류 일대이다. 몇 개의 참고 자료를 제시한다. 그들은 흑룡강 중류 동쪽의 넓은 영토를 가졌으며, 수렵 어렵이 발달하였고, 특히 강과 깊은 연관이 있었다. 그들은 시대적인 상황과 거주했던 공간으로 보아 훗날 말갈로 편입되었을 것이다. 그렇다면 발해와 갈등을 빚었던 흑수말갈의 성격에 대해서는 그 다양성을 고려할 필요가 있다. 이 무렵에 연해주와 가까운 지역에서 동인(同仁)문화가 발전했다.

둘째, 옥저(沃沮)의 위치 그리고 그들이 사용한 교통로는 아래와 같다.

옥저의 종족적인 성격, 역사, 문화에 대해서 구체적인 분석은 생략하고 일반적인 견해로 대신한다. 옥저와 관련된 문화로서 '동인(同仁)문화'가 있다. 5세기부터 10세기에 걸쳐서 송화강 유역, 흑룡강 유역, 목단강 유역과 그 동쪽에 거주한 물길에서 말갈로 이어지는 문화인데, 러시아는 말갈문화라고 부르고 있다.[137] 손수인(孫秀仁), 장태상(張泰湘)은 동인문

---

137) 菊池俊彦 著, 《北東 アジアの 古代文化の研究》, 北海道大學 圖書刊行會, 1995,

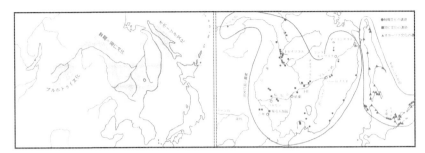

〈그림 7-21〉 부르호토이문화 말갈문화, 동인문화 오호츠크문화의 유적 분포도(왼쪽)와 오호츠크 문화와 동인문화의 유적 분포도(출처: 菊池俊彦 著, 《北東 アジアの 古代文化の研究》, 北海道大學 圖書刊行會, 1995, p.248·p.280)

화를 5~6 세기에서 하한은 6세기말부터 10세기 초 즉, 수당(隋唐)시기로 보는데,[138] 당연히 이 시기 말갈과 이 지역은 고구려 영역 내에 있었다. 장태상(張泰湘)은 동인문화는 그 후 발해문화로 변용된다고 하고, 양둔대해맹(楊屯大海猛) 유적에서는 동인문화와 발해문화가 공존하고 있다고 지적하고 있다. 그런데 말갈문화는 제르칼나야천 부근, 루드나야천 하류, 아무르천 부근, 코피천 하구 등 연해주 연안의 강 하류와 유적지는 핫산지역, 블라디보스톡 등 해안가 지역에 있다.[139] 또한 이 문화는 바다를 건너 사할린과 홋카이도(北海道)의 남단과 교류했을 것이다. 이곳에 거주하고 있었던 '유귀'[140]등에 대해서는 간략하게 언급한바 있으나 본 주제와 연관하여는 추후에 논의한다.

　앞에서 설명하였듯이 선사시대부터 두 지역 사이에는 교섭이 있었다.

---

　　p.66.

138) 菊池俊彦 著, 위의 책, 1995, p.192.

139) 菊池俊彦 著, 위의 책, 1995, p.207.

140) 《통전》권 100. 정관 14년(640)에 류귀가 삼역을 통해서 조공한 사실이 기록되어 있다. 유귀는 말갈과 무역을 했다. 유귀에 대해서는 여러 설이 있으나 거주지가 사할린이라고 보는 견해도 있다. 酒寄雅志(1997), 〈日本と渤海靺鞨との交流〉, 《先史와 古代》, 한국고대학회, pp.88~89. 中西 津, 〈東アジアの環流〉, 《アジア遊學》3, 勉誠出版, 1999, pp.10~11. 제1회 견당사가 귀국한 후 8년에 류귀가 조공을 했다.

조몬 전기에 있었던 석도촉 문화의 유적은 차황(劄愰, 샷포로) 저지대부
터 동에 분포하고 있는데, 아무르강 중류 유역의 '노뵈페토로프카문화'와
일치하고 있다.[141] 연해주 및 그 이북의 바닷가와 붙은 지역에 지금도 거
주하고 있는 나나이족, 우데게족, 축치족, 에벤키족 등의 소수종족들은
두막루, 옥저, 발해 등 우리 문화와 관련하여 살펴볼 필요가 있다.

셋째 물길(勿吉)의 위치와 그들의 교통로이다.

물길은 《위서》 물길전에 "勿吉國, 在高句麗北, 舊肅愼國也"로 기록이
되었다. 하지만 그 위치에 대해 여러 가지 가설이 있다. 남북조시대에 연
흥(延興) 연간, 물길의 중심지는 현재 제1 송화강 하류에 위치한 통하(通
河)와 의난(依蘭) 일대에 있다. 북위는 493년에 수도를 낙양으로 옮겼다.
북위 효문제(孝文帝) 연흥년에 물길의 사신인 을력지(乙力支)를 북위로 보
냈다.[142] 그러나 물길의 남부에는 고구려가 있었고, 도중에 거란(契丹)이
있었다. 《위서》 물길전에 화룡(和龍, 현재 조양朝陽)으로 가는 교통길에
대해 "初發其國, 沂難河西上, 至太魯河"로 기록되었다. 즉, 사신들은 우
선 배를 타고 제1 송화강 하류에서 출발하여 서쪽의 방향으로 조아하(洮
兒河, 길림성 조남시洮南市 일대)까지 항행한 것이다. 이후 육로로 남쪽으
로 내려갔다. 용성은 옛 북연(北燕)의 요새이며 북위가 북연을 멸망시킨
후 "改置營州, 治和龍城",[143] 즉 이름을 용성으로 바꿨다. 《북사》의 거란
전(契丹傳)은 용성을 "皆得交市於和龍. 密雲之間, 貢獻不絕" 즉 모두 화
룡에서 시장을 열었고, 화룡과 밀운 사이에 공물을 받치는 것이 끊이지
않았다[144]고 기록하였다.

넷째 오락후(烏洛侯)의 주요 교통로이다.

오락후라는 명칭은 최초로 《위서》 오락후국 편에서 나타났다. 그 위치

---

141) 松山利夫, 〈ナラ林の文化〉, 《季刊考古學》 15號, 雄山閣出版社, 1986, p.45.
142) 《위서》 물길전에서 "延興中, 遣使乙力支朝獻"이라고 하였다. 또한 《册府元龜》
　　 권 99 《外臣部》에서도 비슷한 내용이 있다.
143) 《魏書》 肅宗紀 北魏 熙平 二年(기원 517년).
144) 《北史》 권 94, 契丹傳.

를 "烏洛侯國, 在地豆於之北, 去代都四千五百餘里, 其土下濕, 多霧氣而寒"
이라고 하였다. 또한 지형을 설명하기를 "其国西北有完水, 東北流合于难
水 ; 其地小水皆注於难, 東入于海" 및 "世祖真君四年来朝, 稱其國西北有國
家先帝舊墟石室. 南北九十步, 東西四十步, 高七十尺, 民多祈請. 世祖遣中
書侍郎李敞告祭焉, 刊祝文於室之壁而還"이라고 하였다. 《위서》권 108,
《예지》에 따르면 "魏先之居幽都也, 刻石爲祖宗之廟於烏洛侯國西北…石室
南距代京可四千里"라고 하였다. 즉 여기서 나온 석실(石室)은 1980년에 발
견된 대흥안령 북쪽의 악룬춘(鄂倫春) 자치기(自治旗)인 아리진(阿里鎭)
서북 10㎞에서 위치하는 사선동(嘎仙洞)에 있는 북위 조상의 석실이다.
오락후는 사선동의 동남 500리쯤에 있었다. 즉 눈강 상류의 지류인 감하
와 눈강 두 강이 합류한 곳이다. 여기가 오락후의 중심지이다. 그런데 북
조에서는 눈강 중·상류 일대의 실위 부락을 줄곧 오락후라고 불렀다고도
한다.

다섯째, 실위(室韋)가 자주 사용한 교통로가 있다.

남북조 시대 실위의 위치에 대해 여러 학설이 존재한다. 《위서》 실위
국에 "失韋國, 在勿吉北千里, 去洛六千里. 路出和龍北千餘里, 入契丹國"이
라고 하였다. 실위, 특히 북실위의 위치는 눈강 상류가 아닌 흑룡강의 상
류, 그리고 그 지류(支流) 호마하 유역에 있는 가능성이 훨씬 더 높을 수
있다. 훌룬·부이르호 일대가 실위와 오락후 등의 확실한 지리좌표로 설
정되었다. 반면에 실위는 당연히 눈강 중·하류 유역에 위치해야 한다는
주장도 있다. 실위는 고구려와 마철교역을 하였으므로 남으로 눈강과 북
류 송화강 유역을 활용하여 고구려와 연결된 교통로가 있었을 것이다. 그
선상에는 부여성을 비롯한 고구려 성들이 포진해 있었다. 한편 중국지역
과는 눈강의 서부에 있는 지류를 따라 남하하여 고구려 등과 공유한 화
룡(和龍, 조양朝陽)을 통해 중원에 진입하였을 것이다.

# 제8장 고조선문명권의 붕괴과정과 의미

## 1. 고조선문명권 붕괴의 요인

'붕괴란 무엇인가?'

앞 글에서 주장하였듯이 모든 존재물은 '유기체(有機體, Organism)'이므로 자기 존재 양식이 있고, 존속을 유지하려는 본능이 있다. 마찬가지로 역사나 문명 또한 '유기체(Organism)'의 성격을 갖고 있으므로 생성과 발전을 계속하면서 성장과 영원한 존속을 유지하고자 노력한다. 일반적으로 동양사상은 이러한 유기체적인 사고로 문명을 대해 왔다. 때문에 자연과의 합일을 지향하면서 자연과의 관계를 공존하는 방향으로 조정하는 노력을 기울여 왔다.

서양문명 또한 이러한 인식은 기본적으로 다르지 않았다. 다만 인식의 정도와 실천하는 방식에 차이가 있었다. 심지어는 르네상스(Renaissance) 시대에도 우주는 살아 있는 유기체로 보았다. 세계가 살아 있는 유기체라는 것은 별과 행성이 살아 있다는 것뿐 아니라, 대지도 그 위에서 살아가는 존재들에게 생명과 운동을 불어 넣어주는 힘으로 충만해 있다는 것을 의미한다.[1]

유기체의 성질을 갖고 있으므로 문명은 약화되거나 붕괴되고, 때로는 존재 자체가 사라진다. 인류의 장구한 역사상에서 수많은 문명이 지구의 곳곳에서 탄생하고 붕괴했다. 영원하거나, 심지어는 장기간 지속 가능한 문명 또한 한 번도 존재하지 않았다. 광범위한 범주의 문명뿐만 아니라

---

[1] 캐롤린 머천트 지음/ 허남혁 옮김, 《래디컬 에콜로지》, 이후, 2001, p.72

협의의 문명 또한 마찬가지였다. 잘 알려진 문명 가운데 메소포타미아문명, 이집트문명, 인더스문명, 황하문명, 그리스 로마문명을 비롯한 알려진 고등문명들, 몽골문명, 마야문명, 잉카문명, 올메카문명 등이 붕괴되었다.

동일한 공간에서, 유사한 주체들에 의해서 동일한 명칭으로 불리우는 문명들조차 이미 붕괴하거나 사라진 문명의 흔적들이거나, 그것을 질적으로 개선하여 변신을 꾀한 문명들이다. 하지만 실제로 소생한 문명들은 존재하지 않는다. 다만 변형되어 계승되었을 뿐이었다. 유럽문명사에서 큰 획을 그으면서 등장한 '르네상스(Renaissance)'는 옛 로마지역 또는 혈연적인 계승자들에 의해 그리스 로마문명을 계승하고 재현한다는 명분을 내세웠다. 하지만 사실과 '원본(本, paradime)'은 많이 다름은 누구나 알 수 있다. 중국이 중화문명의 영원성과 계승성을 주장하고 있지만, 그 허구성은 알려져 있다.

문명은 왜 붕괴하고, 또 붕괴해야만 할까? '붕괴(collapse)'라는 것은 체제, 존재 등의 심각한 파괴 또는 절멸을 뜻한다. 즉 존재로서는 기본인 '유기체'로서의 기능을 전부 또는 많은 부분을 상실하는 것이다. 모든 존재물은 '유지본능'을 갖고 있다. 이 명제가 깨지는 것은 오로지 일정한 '단위존재(單位存在)'가 스스로를 파기 시켰거나 또는 외력에 의해 단위존재가 절멸되었을 때이다. 그것은 운명이다.

그런데 일종의 자기변호이면서 자기 위안일 수 있지만 존재의 당위성과 이유가 있듯이, 붕괴 또한 때로는 필연적이기까지 한 당위성과 합당한 이유가 있다. 유기체로 구성된 자연의 부분들과 동일하게 문명은 항상 '붕괴(COLLAPSE)' 하거나 '멸망(DESTROY)'해야 한다. 질적으로 변신하여 재생 또는 전혀 다른 새로운 문명이 탄생해야 한다. 지구라는 '생명계(生命系)'를 위해서도, '인간계(人間系)'를 위해서도 다양한 존재들이 다양한 방식으로 존재하는 것이 건강하고 아름다운 지구와 인류를 지속시킨다. 특히 인간계는 자연환경 같은 외적인 요인들이 끊임없이 변화하고 변동하기 때문에 그 상황들에 적응하는 새로운 문명들이 탄생한다. 그 '신문명(新文明)'들이 가진 강력학 신선한 힘과 해결능력 등의 역할로 말미암아 활력을 갖고 재생할 수 있다. 아울러 다른 지역, 다른 문명, 약해지거나 효용성을 다한 문명에 힘과 능력을 제공하거나 또는 대체할 수도 있다. 왜냐하면 인류의 역사 또는 인간계라는 전체의 입장에서는 특정한 문명은 사라져도 인간은 존재하고, 문명은 존재해야 하기 때문이다. 유기체의 입장에서는 자연스럽고 당연한 일이다.

그럼에도 불구하고 인간은 본능적으로 문명의 붕괴를 원하지도 않고 두려워한다. 뿐만 아니라, 항상 조바심을 하면서 붕괴가능성에 적지 않은 관심을 기울인다. 그리고 '왜 문명들은 붕괴했을까?'라는 유사한 질문을 항상 던져왔다.

역사란 자연의 부분이지만, 일부는 일탈한 존재와 과정이다. 이들은 시간을 인식하였고, 사고의 단계를 넘어 사유를 하였으며, 자연의 질서에 굴복하려 하지 않았고, 본능만 추수하자는 걸 거부했다. 추상과 상징, 창조능력을 확대시켜 왔으며, 시간조차 운영하는 능력을 갖게 되었다. 앞에서 말하였지만 역사의 의식이 존재하고, 특히 시간에 대하여 다른 존재물과는 다른 방식으로 대하였다. '자연적 시간' '물리적 시간'만이 아닌 '역사적 시간' '신화적 시간'도 동시에 인식하고 운용하는 능력을 가졌다. 개체가 지닌 물리적인 한계를 전체의 존속으로 극복하는 지혜를 배양했다. 때문에 인간 개체는 전체인 문명과 자신을 동일시하려는 심리적 본능이 있다. 문명의 붕괴는 국가 또는 지역 공동체, 가족, 궁극적으로는 현재의 자기 또는 생물학적인 계승자인 후손의 붕괴로 연결될 가능성이 높아진다는 것을 본능적으로, 학습과 경험을 통해서 알고 있다.

특히 현대인들이 바라보고 인식하는 문명의 붕괴는 과거와 또 다른 면이 있다.

과거에는 문명의 탄생과 발전 붕괴가 지역적, 종교적, 국가적인 범주에 머물러 있는 상태였다. 이미 '인류 문명' '현대 문명' '지구 문명' 등으로 표현될 만큼 지구나 인류 전체를 하나의 문명으로 인식하고 있다. 심지어는 'IT' 'BT' 'NT' 등의 발달로 말미암아 '종(種, species)'으로 구분할 수 없을 정도의 새로운 인류가 탄생하면서 문명은 또 다른 위상으로 변했다. [2] 하지만 어느 문명이던지 크고 작음을 막론하고 자기 문명의 붕괴라는 사건은 인류 자체 또는 지구 자체의 파멸을 가져온다고 인식하였다. 이러한 현상은 문명 붕괴론자들이 주장하고, 예를 들어 묘사한 내용을 보면 확인할 수 있다. 최근에는 다양한 요인들을 거론하면서 현대 문명의 한계와 붕괴의 과정, 인류의 미래를 어둡게 조망한 책, 영화, 예술들이 많이 등장했다. [3] 그 밖에도 개체가 심리적으로 압박당하는 두려움도 무시할 수는 없다. 인간은 개체로서의 죽음과 종말을 두려워하는 것보다는 덜하지만, 문명 또한 그렇게 인식하는 경향이 있다.

이러한 문명의 속성과 숙명 때문에 인간은 문명의 생성과 붕괴에 대하여 집요한 태도로 끝없는 관심을 기울인다. 문명은 인간이 생물학적인 운명을 거부하면서 끝없이 '문명' 또는 '기술'이라는 이름으로 인간들만의 운명을 만들려고 시도해 온 과정과 결과이다. 따라서 운명을 거부하면서, 문명의 붕괴를 가능한 한 막거나 지연시킬 목적으로 필사적인 노력을 기울인다. 때문에 문명이 붕괴하면 반드시 '소생(revival)' 또는 '재생(recycle)' 시켜야만 한다는 또 하나의 본능을 만들었다. 실제로 부분적으로는 성공을 하고, 다른 방식으로 재생한다. 그래서 이 글에서는 문명의 '파멸(destroy)', '멸망(destruction)' 등의 용어가 아닌 '붕괴(collapse)'라는 용어를 사용한다.

---

2) 2004년도에 끝난 게놈(Genom) 프로젝트 이후에 이러한 현상들이 두드러졌다. 유전자 조작과 줄기세포를 이용한 인간 복제가 현실화되면서 복제인간의 출현이 가능해진다. 인위적인 진화를 통해 기계를 몸속에 임플란트하는 '트랜스휴먼' 단계를 거쳐 사이보그형 인간, 다양한 비인간 생명체인 '포스트휴먼'이 된다. 인공지능을 갖춘 로봇이 탄생하고, 사이버 나우를 이용한 '가상현실'이 현실화 될 수 있다. 윌리엄 하랄은 지능형 컴퓨터와 인터넷의 통합으로 강력해진 한 단계 진화한 인터넷인 '인텔리전트 인터넷'이 곧 현재의 인터넷을 대체할 것이라 예측한다. 이러한 상황 속에서 새로운 종교, 문화, 경제 등을 포함한 문명이 탄생할 수 있다고 예측한다.

3) 리쳐드 코치·크리스 스미스 지음/ 채은진 옮김, 《서구의 지멸》(SUICIDE OF WEST), 말 글 빛냄, 2008.

문명의 붕괴를 막으려는 다양한 시도들을 하는데, 그 가운데 하나가 이미 붕괴한 문명을 분석하고, 그를 통해서 요인과 과정, 결과와 영향을 살펴보면서, 대안 모델들을 만들어 가는 것이다. 인간은 동식물이 가진 예지본능과는 다른 또 다른, 미래에 대한 확신과 예측능력이 있다.[4] 따라서 문명의 붕괴는 인류문명이 탄생한 이후부터 현재에 이르기까지 '종말론(Eschatology)'과 함께 종교, 철학, 문학, 음악, 미술 등의 예술들, 과학 분야의 종사자들, 심지어는 최대의 피해자이면서 수혜자가 되고 싶은 정치가들에게조차 끝없이 관심을 불러일으키는 주제였다.

그렇다면 고조선 문명은 왜, 어떤 과정을 겪으면서, 어떻게 붕괴했을까? 심지어는 정말 붕괴했을까? 라는 근거없는 믿음을 갖는다. 또는 그 문명이 완벽하게 재생했거나 또는 변형된 상태로 계승되고 있을지도 모른다는 신앙조차 갖는다. 때문에 고조선이라는 정치체가 멸망한 직후부터 이를 계승하고 복원하려는 소국들이 수없이 생겨났다. 소국들은 계승성과 정통성을 다양한 방식으로 표방하였고, 재생과 통일을 지향하는 명분을 내세우며 국가들을 빠른 시간 내에 발전시킬 수 있었다.

그런데 고조선문명권의 붕괴는 또 다른 관점에서 중요하다. 고조선문명권은 출발의 시원이고 정체성의 핵심이기 때문이다. 따라서 문명권의 종말 역시 근원을 탐구하려는 생물학적인 본능의 발로이다. 또 하나는 '자의식'과 역사를 운영하는 '동력'과 연관된 문제이다. 우리에게는 고조선문명권의 붕괴가 다른 집단, 다른 문명과 벌인 정치적이고 군사적인 경쟁에서 최초로 당한 패배의 결과였다. 또한 현실적으로도 필요성이 있다고 판단한다. 상처받은 집단에게 가장 기본적이고, 근본적인 것이지만 망각한 정체성을 회복하는 데 절실하다. 일상생활에서도 사실과 진실을 알 권리와 의무가 있듯이, 역사에서도 사실을 규명하고 확인하는 일이 필요하다. 이것은 다른 표현으로 바꾼다면 우리문명의 원모습을 확인하는 것

---

4) 윤명철, 《역사는 진보하는가》, 온누리, 1992 참조.

이다. 시간적으로, 공간적으로, 또한 의식과 세계관 등을 찾아야 하는 것이 옳은 태도이다. 그리고 수복하고, 재생시킬 수 있는 것은 재생시켜야한다. 가능하다면 지향해야 하는 문명의 모델을 찾고 만드는 데도 활용할 수 있다.[5]

인간은 문명이 발생하고 발전한 이유와 동일하게 붕괴한 요인에 대해서도 무한한 관심을 기울이면서 수많은 학설들을 내세웠다.[6] 고대에 만들어진 신화에서 가장 중요한 주제와 소재는 우주의 생성과 붕괴 및 재생, 창조와 파괴 또는 소멸, 인간의 탄생과 죽음, 부활 등이다. '기능'이라는 특정한 목적과 무(無)문자시대[7]라는 제한된 표현방식의 메커니즘이작동한 탓도 있지만, 붕괴에 깊은 관심이 있기 때문이다. '수메르 홍수설화'를 비롯하여 호메로스의 《일리어드》 등의 문학작품들도 문명의 붕괴를다루었고, 헤로도토스(Herodotus)의 《역사》(Histories), 중국 고전인 《서경》(書經) 등도 문명의 붕괴를 다루면서 교훈을 준다.

근대 세계에 들어오면서 지리적 공간의 영역이 확대되었다. 지도가 발달하고, 항해술과 천문학이 발달하면서 다른 문명들에 대한 지식의 양이엄청난 속도로 축적되었다. 18세기 이후에는 탐험가들, 지리학자들, 종교인들, 심지어는 상인과 선원들의 정력적인 활동으로 지구와 문명에 대한많은 정보들이 수집되었다. 그 결과 중의 하나로 인류 문명 전체를 조망하는 능력이 생겼고, 문명의 붕괴를 진단하는 능력과 방식도 한층 달라졌다. 18세기 중후반경에 에드워드 기번(Edward Gibbon)이 쓴 《로마제국

---

5) 필자는 '비문명론(non-civilization)'을 설정했고, 대안의 하나로서 우리민족의 문화와 역사를 모델로 삼고, 고조선문명권의 가치와 의미를 평가하고 있다.

6) 문명이 붕괴한 원인을 연구한 학자들의 견해를 가장 잘 정리한 사람은 조지프 A 테인터이다. 조지프 A 테인터 지음/ 이희재 옮김, 《문명의 붕괴》(The Collapse of Complex Societies), 대원사, 1999 참고.

7) 대표적인 신화학자인 조셉 캠벨은 '문자전통'과 '無문자 전통'으로 구분하였다. 조지프 캠벨 지음/ 홍윤희 옮김, 《신화의 이미지》(THE MYTHIC IMAGE), 살림출판사, 2006, p.94.

흥망사》(History of the Decline and Fall pf Roman Empire)는 이러한 시대적인 배경 속에서 쓰여진 대작이다.

19세기 들어오면서 이러한 현상은 더욱 확대되었다. 인류학자들, 초기 고고학자들, 심지어는 종교학 연구자들의 현장조사(field work)와 연구성과들이 많이 보고되고, 출판됨으로써 인류의 문명과 붕괴의 실상을 추론해보게 되었다. 제임스 조지 프레이져 같은 신화학자, 멀치아 엘리아데 등의 종교학자, 에드워드 타일러 등의 인류학자들은 소위 '원시미개부족'이라는 가치 평가의 개념이 적용된 집단들을 대상으로 연구를 하면서 적지 않은 새로운 견해들을 발표했다. 이 견해들은 몇 가지 특징을 갖고 있는데, 적어도 주류는 산업혁명과 식민지 진출로 특징지어지는 서구문명, 도시문명 등에 대한 성과를 바탕으로 인간의 선, 자의식, 진보에 대한 확신 등으로 채워진 사명감도 작용했다. 하지만 점차, 특히 20세기에 들어서면 근대 서양문명에 대한 강력한 비판의식이 일어나고, 대안을 모색한다는 의도가 많이 작동한, 일종의 자기반성이라는 시각이 강한 연구들이 나왔다. 거대한 제국이나 도시문명이 아닌 소규모의 도시나 촌락 등의 삶을 문명의 관점으로 조명하기 시작했다.

그럼에도 교훈을 얻지 못한 소수의 권력자들과 학자들, 이를 무비판적으로 추종한 대중들로 말미암아 인류는 존재한 이후 처음으로 '제1차 세계대전(The First World war)' '2차 세계대전(The Second World war)'이라는 본격적인 세계적인 규모의 대붕괴에 직접 간접으로 참여하였다. 예상치 못했던 진행 과정과 참혹한 결과에 인류는 경악했고, 절망감에 빠졌다. '야만'의 반대인 '문명'이 발전했다고 과신하던 인류는 붕괴현상의 피해자이면서 가해자였다. 철학과 예술을 비롯한 모든 분야에 걸쳐서, 소수 정치가들과 학자들만이 아닌 대다수의 인류가 진지하게 문명의 본질과 성격을 점검하였고, 특히 '붕괴'를 논하게 되었다.

이 대규모의 붕괴현상에 대한 진단들이 수많이 등장했고, 발생한 요인들을 분석한 무수한 이론들이 제시되었다. 특히 지성사 및 문명사 연구에서 일어난 주목할 만한 변화가 있었다. 위기 극복의 필요성에 대한 절실한 태도들이 드러났고, 실제로 극복하는 방법론을 제시하는 양상으로 변하였다. 물론 현대 이전의 대부분 설들은 소위 '4대 문명(Cradle of civilization)'을 비롯해서 고전적인 개념의 문명을 대상으로 만들어진 것들이다. 20세기 초반까지 인간은 인류문명에 대하여 자각하는 능력도 미흡했다. 뿐만 아니라 붕괴의 요인에 대한 진단과 치유방법의 제시도 비교적 단순했다. 즉 종교가 주장한 도덕적 요인을 강조하는 데서 크게 벗어나지 못했다. 현대과학이 발달하기 이전이므로 사회현상에 대한 다양한 분석, 자연현상의 과학적인 이해가 부족했다. 주로 현상들의 관찰과 유추, 상호비교를 통해서 문제점을 찾았고, 해결방법을 모색했다.

문명의 붕괴는 모든 존재물과 동일하게 내부에서 발생한 주요요인들 및 국제관계로 나타나는 외부적인 주요요인들, 자연환경을 비롯한 몇몇 변수들이 동시에 상호작용한 결과이다.

일반적으로 알려진 붕괴요인을 몇 가지로 정리한 글이 있다. 조지프 A. 테인터는 문명의 붕괴요인과 붕괴에 대하여 연구한 150여 개 이상의 이론들을 분석하고 난 후, 자기 견해를 밝힌 학자이다. 그는 자기 책에서 문명들이 붕괴한 원인을 크게 11가지의 주제로 분류하여 설명했다. 1. 사회가 의존하는 중요한 자원의 고갈, 2. 새로운 자원의 확보, 3. 극복하기 어려운 재난의 발생, 4. 상황에 대한 불충분한 대응, 5. 다른 복잡한 사회들의 존재, 6. 침략자, 7. 계급 갈등, 사회적 모순, 지배층의 과오나 부패, 8. 사회적 기능 마비, 9. 신비적 요인들, 10. 우연적 사건들의 연속, 11. 경제적 요인들이다. 이렇게 정리한 후에 자기 견해를 다음과 같이 밝혔다. "이렇게 정리를 해도 모호한 점은 여전히 남는다. 어떤 범주들은 서로 겹치며 또 어떤 범주는 더 잘게 나누어야 할 듯한 느낌이 든다."[8] 그 역시 자연환경과 문명 붕괴의 관련성을 다양하고 풍부한 예를 들어 설명하고 있다.

---

8) 조지프 A 테인터 지음/ 이희재 옮김, 《문명의 붕괴》(The Collapse of Complex Societies), 대원사, 1999, pp.87~88.

우선, 외부적인 요인을 살펴본다. 문명이 붕괴하는 데 가장 크고 결정적인 요인은 기후의 악화 또는 적응과정을 추월하는 자연환경의 변화, 화산, 지진, 태풍, 운석의 충돌 등의 천재지변이다. 앞에서 살펴보았듯이 동아시아 지역에서도 온도, 기상, 지질, 해류 등을 비롯한 큰 요인에 의해서 대재앙들이 발생해서 문명이 심대한 타격을 받은 경우가 많았고, 심지어는 사라진 경우도 많다.

자연재앙과 연관하여 실질적인 사례를 들어가면서 가장 광범위하게 인류문명을 종합적으로 연구한 책은 재레드 다이아몬드의《문명의 붕괴》(The Collapse of Complex Societies)이다. 그는 주로 환경에 근거해서, 아래 다섯 가지 요인을 근거로 과거 사회가 붕괴한 이유와 존속한 이유를 진단했다. 첫 번째, 사람들이 환경에 무모하게 가하는 피해이다. 두 번째, 기후변화이다. 인간이 야기시킨 지구온난화와 관계가 있는 것으로 여겨진다. 세 번째, 적대적인 이웃이다. 넷째, 우호적인 이웃의 지원이 중단되거나 줄어든 사실이다. 다섯째, 한 사회에 닥친 내부문제이다.[9] 결국 그도 문명의 붕괴에 자연환경이 큰 요인으로 작동하였음을 말하였다.

그런데 이미 20세기 초부터 등장하여 중반부터 더욱 본격적으로 되었지만, 인간과 무관한 자연의 작용이 아닌 '환경(environment)', '생태(ecology)', '질병 및 전염병(communicable diseases)'[10] 등으로 표현되는 자연현상도 있다. 즉 환경에 대한 관심들, 생태계의 위기 등에 관한 인식이 확장되면서 생태사관,[11] 환경사관 등의 과거에 제기되었던 자연재앙설과

---

9) 재레드 다이아몬드 지음/ 강주헌 옮김, 《문명의 붕괴》(The Collapse of Complex Societies), 김영사, 2008 프롤로그 부분.

10) 셸던 외츠 지음/ 태경섭·한창호 공역, 《전염병과 역사》(Epidemics and History), 모티브북, 2009.
　　이 책은 14세기 이후의 상황만을 다루고 있어서 아쉬운 점이 있지만, 전염병이 인류 문명과 국가 또는 종족의 흥망에서 얼마나 결정적인 영향력을 행사했는가를 알려준다. 고대사회에서도 질병과 전염병으로 문명의 흥망이 영향을 받은 사례는 많다.

11) 梅棹忠夫의《文明의 生態史觀》이 유명한 이론서인데, 일본적 개념에서 설정한

는 또 다른 의미로 자연의 작용을 문명 붕괴의 큰 원인으로 삼고 있다. [12)] 따라서 자연 자체에 대한 관심, 성격을 규명하려는 노력들이 활발해졌다. 동물학, 동물행동학, 식물학, 유전학 등의 연관된 학문들이 연구방향을 수정하거나 또는 독창적인 학문을 만들어서 자연에 대한 지식을 발견하고, 인식을 질적으로 전환시키고 있다. 특히 '가이아 이론(Gaia theory)'은 가이아(Gaia)가 생물권을 포함하며 30억 년 넘게 우리 행성을 생명에 알맞게 유지해 온 역동적인 생리학 시스템이라고 주장하면서 생명이나 생물권만이 아니라 자기 조절을 진화시킨 것이 이 엄청난 지구 시스템이라고 주장하였다. [13)] 기후의 변동, 자원의 고갈, 식량부족, 인간의 타락으로 인한 도덕성 상실, 소비지상주의 등 전반적으로 파국을 향해가는 인류문명을 공포스러운 눈길로 분석하고 있다. [14)]

자연재앙에는 여러가지 종류가 있다. 일반적으로 자연재앙은 자연 자체의 문제로서 갑작스러운 기후의 변동과 연결되었다. 기후의 변동이 문명의 발전과 붕괴에 얼마나 중요한가를 알려주는 역사적인 실례들은 너무나 많다. 단기간에 예측불허로 발생한 대재앙은 아니지만 인류의 역사는 물론 문명의 붕괴에도 심각한 영향을 주는 몇 가지 요인들이 있다.

우선 '물(水. WATER)'의 문제이다. 식수는 강, 호수, 지하수로서 충당되었지만, 결국은 일부를 빼놓고는 강우량에 절대적인 영향을 받았다. 강우량은 식생의 형태를 결정하고, 관개를 도입하면서 농지가 확대되며, 따라서 자연스럽게 대량의 수확이 가능해지고, 도시화, 즉 문명화가 이루어졌다. K. A. 비트포겔(wittfogel)은 관개 농업에 기반을 둔 사회를 '수력 사

---

개념과 용어이다. 필자는 '생명사관'을 논하면서 일련의 논문들을 발표하였다.

12) 캐롤린 머천트 지음/ 허남혁 옮김, 《래디컬 에콜로지》, 이후, 2001은 기본적으로 자연을 유기체로 보면서 윤리와 철학의 관점에서 자연과 인간의 관계를 철학자별로 논하고 있다.

13) 제임스 러브록 지음/ 이한음 옮김, 《가이아의 복수》, 세종서적, 1992, pp.41~52.

14) W. 워런 와거 지음/ 이순호 옮김, 《인류의 미래사》(A Short History of the Future), 교양인, 2006.

회(hydraulic society)'라 총칭하였다. [15] 유목사회나 강에서 활동하는 수렵 사회에서도 물의 중요성은 물론이고 동력으로 이용하는 것이 동일하였 다. 또 하나 물이 지닌 문제는 수운, 해운 등 교통 시스템으로서의 기능 과 함께 동력을 만드는 수력(水力, water power) 등으로의 이용 등이다. 따 라서 물의 소유와 이용권을 놓고 부와 권력을 쟁취하는 것이 인류문명의 투쟁이라는 관점이 있을 정도이다. [16]

또 하나 삼림(森林, forest)의 문제가 있다. [17] 삼림은 우선 목재를 생산 하는 장소로서 의미가 있다. 문명과 무역에서 목재의 중요성은 앞글인 해 양무역 편에서 설명하였다. 나무는 목탄을 비롯한 땔감으로 사용됐다. 따라서 토기와 도기 등을 만드는 데 사용되었으며, 각종 건축의 자재는 물론이고, 벽돌, 타일 등의 부품들을 제작하는데 필수적이었다. 그리고 금속(철, 동, 주석, 금, 은)의 정련을 위해, 배를 만드는 조선용[18]으로 나 무는 수요가 매우 많았다. 문명이 발달할수록, 도시가 발달하고 규모가 커질수록 나무의 수요는 기하급수적으로 증가되었다. [19] 도시가 발달하는 장소로서 숲 주변이 선택되기도 했었고, 도시가 발달하면서 도시 주변은 물론이고, 먼 거리에 있는 숲도 황폐화되었다.

삼림의 황폐화로 말미암아 발생되는 문제점들은 워낙 많다. 물의 저 장능력이 사라지고, 공급능력도 사라진다. 또한 산사태의 발생을 야기시 켜 농토를 유실시키게 한다. 또한 홍수에 취약한 구조가 됨으로써 유로 가 변경되고, 항구에 토사가 쌓여 기능을 상실함으로써 무역에 바탕을

---

15) 유아사 다케오 지음/ 임채성 옮김, 《문명 속의 물》, 푸른길, 2011, p.34.

16) 이러한 관점과 사례들을 상세하게 열거하였다. 스티븐 솔로몬 지음/ 주경철 안 민석 옮김, 《물의 세계사》(WATER), 민음사, 2013.

17) 존 펄린 지음/ 송명규 옮김, 《숲의 서사시》, 따님, 2002.

18) 마스트나 용골용에는 곧은 단단한 목재가 필요했다. 16세기경 범선을 건조하려 면 30m가 되는 곧게 뻗은 나무가 있어야 마스트를 세울 수 있었다.

19) 유아사 다케오 지음/ 임채성 옮김, 《문명 속의 물》, 푸른길, 2011, p.78.
  광산에서는 막대한 양의 연료가 사용되었기 때문에, 당시의 금속 정련 지역에 서는 100만 acre(약 4,000㎢)의 숲이 필요했다고 전해진다.

둔 국가나 문명이 붕괴되는 경우도 많았다. 연구에 따르면 로마시 부근의
토양 침식이 극적으로 진행된 것은 서기전 2세기부터로, 토지 개혁의 결
과로 광대한 개간이 행해졌던 시기였다고 한다. [20] 로마문명의 쇠퇴와 삼
림은 연관이 있었다는 주장이다. 그 밖에도 삼림 및 목재의 중요성은 미
케네문명, 크레타문명 등을 비롯해서 앞글에서 예를 들은 바 있다.

재레드 다이아몬드도 문명이 붕괴하는 요인으로 기후 부분에 비중을
두고 있다. 하지만 그는 문명이 꼭 기후의 변동이라는 자연환경의 영향을
항상 받는 것은 아니라고 한다. 몇 가지 실례를 들었는데, 북극권 가까운
아이슬란드(Iceland)와 서태평양의 티코피아(Tikopia)는 "극단적으로 어려
운 환경문제를 성공적으로 해결했고, 덕분에 오랫동안 존속할 수 있었으
며 오늘날에도 여전히 꿋꿋하게 살아가고 있다"고 하였다. [21]

식량의 부족도 문명이 붕괴되는 요인 가운데 하나이다. [22]동아시아 역
사의 북방 초원 유목문명권에서는 기상재해 등으로 말미암아 식량이 부
족해졌고, 이러한 현상은 문명이나 국가 자체의 멸망은 물론이고, 이로
말미암아 주변의 정주농경문명이 붕괴된 사례들이 있다. 그 밖에 소금,
동, 철, 금, 은, 고령토, 대리석 등의 지하자원도 수요에 못 미치면 전쟁과
투쟁, 심지어는 다른 요인들과 겹쳐 문명의 붕괴를 초래한다. 상업과 무
역을 위한 교통로의 독점, 그리고 비록 생존과 직결된 현실적인 문제가
아니지만 종교, 문화를 비롯한 문명 사이의 갈등도 있다.

또 다른 문명 붕괴의 요인으로는 문명의 이름으로 나타난 가치관의 갈

---

20) 유아사 다케오 지음/ 임채성 옮김, 《문명 속의 물》, 푸른길, 2011. p.81.

21) 재레드 다이아몬드 지음/ 강주헌 옮김, 《문명의 붕괴》(COLLAPSE), 김영사,
    2008, p.3.

22) 앨프리드. W. 크로스비 지음/ 안효상·정범진 옮김, 《생태 제국주의》, 지식의
    풍경, 2002, p.343에는 동아시아 세계가 아닌 유럽의 예를 들은 것이 있다. 즉
    '전국적인 식량 부족에 관해서는, 유럽에서 가장 부유한 농업국이었던 프랑스의
    경우 18세기에 16번이 일어났다. 굶주림과 주기적인 아사는 생활의 일부였으며,
    빈민들은 식량 공급과 인구 사이에 일종의 균형을 유지하기 위해 심지어 유아
    살해를 자행하기까지 했다.'

등이 있다. S. 헌팅턴은 '문명의 충돌은 지구적 규모에서 펼쳐지는 부족 간의 분쟁이다. 세계사는 국가 간의 대립과 이데올로기 간의 대립을 마치고 이제 '문명' 간 대립 단계에 들어섰다'고 하였다. 그리고 세계문명은 종교를 구심점으로 나눌 수 있으나 지역의 중요성을 고려하여 몇 가지로 분류했다. 그리고 다만 정치력의 중요성을 조금 강조하면서, 각각의 문명은 하나의 핵심국을 갖는다고 주장했다.[23]

헌팅턴의 이 주장은 많은 비판을 받았으며, 반대 주장들이 나왔다. 대표적인 것이 하랄드 뮐러가 쓴 《문명의 공존》이다.[24] 그는 문명은 결국 상호적인 것이며 공존할 수 있으며, 반드시 갈등이 발생하는 것은 아니라고 말한다.

그들의 논쟁과는 관련없이 인류의 국가사는 물론이고, 문명을 보면 그 단위가 크고 작건 간에 문명과 문화 사이의 충돌이 예상 외로 심각했다. 특히 종교전쟁은 가장 치열하고 장기적이며, 잔인한 성격을 지녔다. 특히 십자군 전쟁을 비롯하여, 남아메리카에서 카톨릭이 마야문명 등 토착종교에 행한 행위들은 거의 '학살'과 '말살' 수준이었다. 물론 동아시아 지역에서도 종교와 연관된 문명 간의 갈등, 종족들 간의 갈등은 있었지만, 심각한 수준은 아니었다.

또한 내부적인 요인도 강력하게 작동할 수 있다. 동일한 문명 공동체들 간의 내부에서 다른 정치권력을 둘러싼 소공동체들 간의 갈등도 중요한 요인이다. 제국 또는 문명권 내부에서 신분 간, 계급 간, 종족 간, 언어 간, 종교 간, 문화 간의 갈등이 심각할 수 있으며, 이는 불가피한 현상이다. 이집트 지역, 메소포타미아 지역, 그리스 지역, 로마제국 지역 등에

---

23) 서구 기독교문명(유럽, 북미, 오세아니아주), 동방 정교문명(슬라브, 그리스), 이슬람문명(중부아프리카에서 근동을 지나 중앙아시아와 아프리카문명), 인도의 힌두문명, 일본문명, 유교문명(중국과 그 주위의 동아시아 및 동남아시아)이다.
24) 그는 1부 〈비판〉에서는 헌팅턴의 이론을 비판하고 있다. 그리고 2부에서는 문명과 문화의 개념을 전개하였고, 3부부터는 현대문명을 분석하면서 헌팅턴과는 다른 결론을 내렸다.

서 이러한 현상들이 많이 나타났다. 제국화된 중국도 초기부터 현재까지 이러한 문제들로 말미암아 내부에서 각종 충돌들이 난무하고 있다. 즉 중화문화의 원형이 성립되고, 완성된 시대가 있었지만, 곧 주변 이민족들의 군사적인 점령과 이로 인한 외부문화의 유입과 정치적인 적용으로 말미암아 변형이 불가피했고, 이 변형은 한 번에 수백 년이라는 장기간 동안 주류의 위치를 차지했다.

문명이 발전하고 확장해 가는 과정 자체가 주변 공간과 주민의 강제적 점령을 통해서 확장된 성과물이라면 종족 간 및 문화 간, 종교 간의 갈등은 불가피한 요소이다. 모든 사건 및 상황 등과 동일하게 문명이 붕괴하는 과정에서도 한 가지 요인은 반드시 기타의 요인들과 연동해서 상승작용을 하면서 더욱 복잡해진다. 따라서 다만 그 개별 갈등들을 최소화시키고, 연장시키는 일이 최선의 방책이다.

이러한 자연과의 갈등으로 인한 문명의 약화 또는 붕괴현상은 고대 또는 고조선문명의 붕괴와 일정한 연관이 있다고 판단한다. 실제로 자연환경 등의 요소들을 중요하게 인식하는 이러한 이론들을 적용하여 동아시아에서 문명의 붕괴현상들을 연구한 결과들이 있다. 다만 아직까지는 그 대상이 중국 일본 등에 국한됐을 뿐이다. 그 밖에 최근에는 인간의 '기술문명' 또는 현대문명으로 말미암아 환경파괴가 일어나면서 현대문명의 붕괴 가능성을 거론하고, 이러한 인식과 연구방식을 전근대, 심지어는 선사시대까지도 적용하는 연구들이 늘어나고 있다.

문명 또는 문명권이 붕괴하는 데 가장 직접적이고 파급력이 큰 요소는 국가의 멸망이라고 판단한다. 문명(civilization)이 발생하는 요인과 발달과정 자체가 '도시(polis, civitas, city, town, 고국古國, 방국方國)'의 발생 및 발전과 깊은 연관이 있다. 도시는 결국 몇 단계를 거쳐 '국가(kingdom, nation, state)'[25]로 발전했기 때문이다. 국가는 문명권의 중핵역할을 하기

---

25) 국가의 정의는 다양하다. 정치 공동체로서의 개념에 근접한 단어는 플라톤의 'Politeia' 이후 많은 내용들이 첨가되었다. 헤겔과 킨트, 홉스, 로크, 심지어는 마르크스에 이르기까지 '의미'와 '가치'에 대해서 논했다. 동아시아에서는 '국가(國

때문에 국가의 멸망은 곧 문명권의 붕괴 또는 약화로 이어진다. 비록 연구자에 따라서 순서와 경중의 차이는 있지만 국가의 멸망에 가장 치명적인 요인은 외부세력과의 갈등에서 패배하는 것이다. 즉 강력한 이웃국가 또는 제국의 탄생, 다른 문명권의 성장 등이라는 현실이고, 이것들은 자국 또는 자문명을 압박한다.

　이로 인한 갈등들이 발생하는 이유는 다양하다. 전쟁포로의 획득과 이용, 관개농업으로 말미암은 노예 노동력의 필요성 등은 승리한 종족과 패배한 종족들 간의 갈등을 발생시킨다. 뿐만 아니라 다양한 요인들이 상호작동하면서 필연적으로 피지배 계층이거나 지배받는 집단 사이에 경제적인 격차, 정치적인 권리의 불균등이 심화되면서 갈등은 심각해진다.

　그 밖에도 몇 가지 요인들이 있다. 그 가운데에는 심리적 요소로서 도덕성의 상실 등이 있다. 체제가 안정적이며, 경제적으로 풍요롭고, 문화가 발달했을 때뿐만 아니라 외부에 있는 경쟁 집단이 부재함으로 말미암아 '목표감을 상실'하고 '사치에 빠지는 현상'도 문명이 붕괴하는 원인이 된다. 내부에서 '역동성'과 '야성(野性)'을 상실한 것이다.[26] 거기에 필수적으로 동반하는 또 하나의 요인은 '도덕성의 상실'이다. 이 부분은 의외로 많은 문명론자들이 지적하고 있다. 심지어는 슈펭글러도 지적을 하였고,

---

家)'라고 번역한 일본을 필두로 청나라 심지어는 조선, 월남에 이르기까지 근대국가인 'state'라는 서양의 언어를 표현하는 과정에서 국가라는 조어를 놓고 개념과 성격, 기능 역할 등에 대하여 혼란스러운 논쟁을 벌였다. 뿐만 아니라 많은 복잡한 문제들이 발생하였다. 물론 한국사회에서는 국가의 정의와 개념을 전근대사회와 구체적으로 연결시키는 작업은 거의 이루어지지 않았다. 따라서 이 글에서 사용하는 국가라는 단어의 의미는 특별한 각주가 달리지 않으면, 일반적으로 이해하는 국가로 수용해야 한다. 다만 현대인이 이해하는 'state' 개념이 아닌 것은 분명하다.

26) 야성이라는 용어에 대해서는 이해에 혼란을 가져올 수가 있다. 과거에 레비 스트로스가 그의 신화적인 이론과 조사대상 종족과의 체험을 통해서 '야생적 사고'라는 용어를 사용한 바가 있다. 이 글에서 사용한 야성은 근래에 일부에서 사용하는 야성이란 용어들과는 개념이 다르다. 필자는《역사는 진보하는가》등에서 탐험정신, 한계상황의 극복의지 등과 연관하여 야성을 표현하였다.

《로마제국 흥망사》(History of the Decline and Fall of Roman Empire)를 쓴 에드워드 기번(Edward Gibbon)도 입장이 동일하다.[27] 인상적인 것은 《서구의 자멸》(Suicide of West)에서는 이 부분을 매우 중요하게 여긴다. 현대 문명이 한계를 드러내는 원인도 그러한 측면에서 찾고 있지만, '인간이 다른 동물과 질적으로 구별되게 만드는 요인은 사고와 관계'라고 하면서, 서구의 성공이 낙관주의에 의해 이루어졌다고 주장하였다.[28]

그뿐만 아니라 '새로운 시대와 질서에 대한 무지', '대응의지의 상실' 등도 장기간에 걸쳐 문명을 약화시키게 하는 요인이다. 과거에 흥망했던 역사와 문명을 보면 몇 번에 걸쳐서 새로운 시대로 이행한 것임을 알 수 있다. 문명의 전환기 또는 역사의 변환기를 'epoch'이라고 부르기도 한다.[29] 특별한 대재앙이 발생했을 때, 질적으로 변화된 기술력이 발견되고 이용될 때 등은 인간과 문명은 신속한 대응을 필요로 한다. 대응능력의 발현과 속도, 정도 여부가 문명의 성쇠 여부는 물론, 존속까지 결정지을 수 있다. 기본적으로 존재의지를 갖고 역동적으로 발휘해야 하는 개체와 동일하게 문명도 역사운영의 동력과 의지를 상실하면 붕괴될 가능성이 크다. 이러한 요소와 내용들은 이미 고대 이전부터 인간이 본능적으로 깨달은 것이다. 그러므로 이러한 의지를 강화시키려는 노력과 시도를 다양한 방법으로 추진했다. 예를 들면 '의례'의 끝없는 시행,[30] 또한 공동체 의식과 단결을 이끌어내는 '스포츠 행사의 만연'[31]과 '정규적인 약탈행위',

---

27) 에드워드 기번 지음/ 강석승 옮김, 《로마제국 쇠망사》, 동서문화사, 2017 참고

28) 리쳐드 코치·크리스 스미스 지음/ 채은진 옮김, 《서구의 자멸》(Suicide of West), 말글빛냄, 2008, pp.111~112.

29) 'epoch'의 정의와 개념은 지질학에서 사용하고 있으나, 몇몇 학문에서도 사용하고 있으며, 분야마다 다른 용례로 사용되고 있다. 역사학에서도 통일된 견해는 없다고 본다. 물론 'era'하고는 다르다. 필자는 제2장의 시간 부분에서 일부 설명을 했고, 더욱 자세한 관점과 이론은 2장에서 예시한 논문 및 저서들을 참고 바란다.

30) 거대하고 엄청난 규모의 의례행위와 이로 인한 내부 붕괴를 가져온 집단들로는 이집트 남아메리카 문명 등이 있다.

31) 그리스와 로마문명, 그리고 일부의 초원 유목문명은 이러한 행사를 치룬 대표

'전투의 실시' 등이다. [32]

위에서 살펴 보았듯이 붕괴를 가져오는 이러한 요소들은 결코 한 두 가지만 작동하지는 않는다. 주요요인과 부차요인들이 있지만, 거의 대부분의 요소들이 중첩적으로 작동하면서 가속도가 붙고 결국은 치명적인 상태로 끌어간다. 다만 문명에 따라서 각 요소들의 '배합비율(配合比率)'에 차이가 있고, '선후관계', '비중의 차이'가 있을 뿐이다. 비율이 다르고, 적용되는 과정이 다르기 때문에 각각 다른 양상을 보일 뿐이다.

한 문명은 일정기간은 자기 양식으로 존재하다가 결국 언젠가는 붕괴한다. 그리고 그 파편들은 동일한 구성원들에 타문명에 종속되어 절멸하거나 사라지고, 또는 습합에 의해 다른 형태로 존속한다. '그레코 로만(Greco-Roman)'이나 '헬레니즘(Hellenism)' [33] 등은 대표적인 예이다. 또는 붕괴되거나 형해화된 문명을 숙주로 삼아 새로운 문명으로 부활하기도 한다. [34] 문명의 발전된 공동체를 이루고 집단의 구성원들이 가능한 한 행복하려면 불필요한 갈등들을 최대한 줄이고, 공존을 실현시키는 것이 문명의 유지와 발전에 필요하다.

앞글에서 인류 문명과 공간과 주체에 대한 몇 가지 이론과 우리 '터'의 자연환경과 역사의 고유한 운영방식을 탐색하면서, 문명에 관한 새로운 관점을 적용하여 '고조선문명권'을 설정하였다. 실제로 고조선문명권의 생성과 존재하는 방식은 기타 문명과 다른 부분이 있다. 그렇다면 당연하

---

적인 사례이다.

32) 이러한 예는 역사 사료에서 확인하거나 연구된 바가 없는 것으로 여겨진다. 하지만 근대 이후의 인류학적 보고서 등에 따르면 소위 소수민족들이나 원시 미개부족에 해당하는 집단들에서 제사의식과 함께 이와 유사한 사례들이 보고된다.

33) 이 탁월하고 매력적인 단어는 독일인인 드로이젠(Johan Gustav Droysen)이 처음 사용한 'Hellenimus'에서 나왔다. 실제로 중앙아시아와 서아시아 일대, 그리고 파키스탄 북부와 일부 인도 북부의 문화를 보면 그러한 현상들이 예술뿐만 아니라 문화 전반 및 종족들에서도 분명하게 드러난다.

34) 헌팅턴을 비롯한 문명 갈등론자와 다른 견해를 가지면서 반박하는 이론들이 일종의 '봉합이론'으로서 '문명의 공존', '문명 간의 대화' 등이다.

게 고조선문명권의 붕괴와 소멸과정 또한 다른 점이 있다고 생각한다. 모든 문명의 붕괴와 동일하게 자원의 문제, 자연재앙, 동력의지의 약화, 외적인 충격, 내부문화의 갈등 등이 있을 수 있다.

하지만, 구체적인 증거들을 모두 구체적으로 찾기가 힘들다. 패배한 문명이 그렇듯이 문자 기록이 부재하거나 왜곡되었고, 남아 있고 분석과 해석이 가능한 유물과 유적들마저도 부족하기 때문이다. 또 중국이나 인도 또는 이탈리아 반도에서 생성·붕괴한 일반적이고 전형적인 문명들과는 다른 독특한 자연환경 때문에 더욱 이러한 현상이 심하다. 고조선문명권의 자연환경 속에서는 일반적인 형태와 성격의 문명이 탄생하지 않듯이, 거대한 폐허로 남은 고대의 일반적인 문명과 달리 남아 있는 유적과 유물 또한 드러나거나, 많을 수가 없다.

그러한 한계들을 자각하면서 고조선 문명은 왜? 어떻게? 어떠한 과정을 거쳐서 붕괴했을까?를 주로 외적인 요소들, 즉 표면상 드러난 외부세력과 벌인 정치적 군사적인 경쟁에서 패배한 사실을 통해서 살펴본다. 아울러 그 문명의 여파와 역사적인 의미를 동아시아적 관점, 한민족사적인 관점에서 살펴본다.

### 1) 외부환경과 국제질서의 변동

정치적인 요인, 국제질서의 변동과 재전쟁, 이로 인한 고조선문명권의 균열 또는 붕괴요인을 살펴본다.

문명의 생성과 발전에는 중심핵의 존재와 적극적인 역할이 필요하다. 때문에 일반적으로 문명권의 핵심 요소는 '정치', 즉 주도하는 국가의 정치적인 위상이 핵심이다. 고조선문명권의 중핵은 '조선'이라는 정치적 실체이므로 조선의 위기와 조선의 멸망은 곧 문명권의 붕괴에 결정적인 요인이 된다. 앞에서 상세하게 언급하였지만 고조선문명권을 둘러싼 동아시아의 국제환경은 서기전 3세기를 전후해 질적으로 변했다. 정치 군사력의 중심으로서 농경문명을 이룩한 중국 지역과 그를 압박해 온 북방 초원에서 발흥한 유목문명권은 각각 내부에서 폭발적인 갈등이 발생하면서 새로운 체제를 구축하였다.

중국 지역은 진나라가 서기전 3세기 중반에 이르러 '춘추전국시대'라는 무려 오백 년 동안에 걸쳤던 대분열과 갈등의 시대를 종식시켰다. 그리고 형식적이고, 명분적인 면이 강하지만 일시적으로 통일을 이룩했다. 군사력을 동원한 진나라의 정치적인 통일과 영토의 확장은 중국지역에서 문명의 질(質)이 변화하고, 중국적인 형식과 체제 등이 확립되면서 새로운 통일문명이 출현된 것을 의미한다. 또한 진나라는 내부적으로 문명과 문화를 정리하는 작업들을 추진하였고, 사상의 정비와 재정립, 교통망의 구축과 도량형의 통일, 군수산업의 발달과 장성(만리장성) 및 영거(靈渠) 등 운하의 구축 등을 비롯한 창조적인 재건 작업들을 착수하였다. 즉 중국적 형식과 정치체제, 사상을 비롯한 학문 등이 점차 통일된 모습을 띠기 시작했다.

뿐만 아니라 그 과정의 여파로서 정복당하거나 패배한 집단의 종족들, 구체제에 속한 주민들 또는 민족들의 대이동이 사방을 향하여 일어나고, 그들이 그동안 실현시켜 왔던 내부의 문화가 중국 지역의 외부세계로 여과없이 속도감 있게 전달되었다. 그리고 이때 발생한 유이민들은 기록과 유물 등에서 확인되듯 주변 지역의 정치질서에 문화형성에 큰 영향을 끼쳤다. 국제질서가 변동하는 과정에서 육지는 물론이지만 해양이 동아시아의 역사상에서 본격적으로 강력한 역할을 하였다. 반면에 이들이 외부로 팽창하면서 주변 문화권은 타문화, 타문명을 비자발적 또는 강제적으로 수용당하는 상황이 되버렸다. 이러한 충격을 받게 된 지역 가운데 하나로서 한반도의 중부 이남을 비롯한 고조선문명권에 속한 지역도 있었다.

진나라는 앞에서 설명했지만 정책적으로 남방지역뿐만 아니라 요동 발해, 황해로 표현되는 동쪽지역에도 관심을 기울였고, 이것은 육지와 해양으로 동시에 발현되었다. 그 과정에서 고조선문명권은 정치 군사적으로 위협받기 시작했다. 진나라는 조선의 질서에 영향을 끼칠 수 있는 주변

지역에서 여러 나라들과 전쟁을 벌였다. 또한 조선은 연나라의 공격을 받아 '1000리' 또는 '2000리'에 달하는 적지 않은 전략적 요충지를 상실했다.

이와 같은 급격한 변동양상은 동몽골 초원, 타클라마칸 사막, 천산산맥 일대에서 번성하던 유목문명권에서도 동일하게 일어났다. 그 시대 사료에서 '호(胡)'라고 기록된 '흉노'라는 유목종족들이 서기전 3세기 중엽 무렵에 초원을 통일하고 화북지역으로 남진하였다. 그렇다면 중국지역을 비롯한 고조선문명권에서 혼란이 발생할 것은 당연한 것이었다.

진나라는 국내외적으로 발생한 정세에 따라 과도기적인 역할을 40년 동안 수행한 다음에 멸망하였다. 이어 서기전 206년에 건국한 한나라가 재통일을 이루면서 중국지역은 본격적으로 소위 한족(漢族)에 의한 중국문명의 토대를 만들었다. 한나라는 다양한 내부 정책들과 함께 정치군사적으로 팽창을 시도하였다. 진나라와 동일한 방식과 순서대로 한나라는 남방·북방 그리고 동방으로 진출하고자 시도했다. 이 정책에는 제국지향적인 중국문명의 성격도 작용했지만, 지정학적으로 불가피한 선택이었다. 중국역사에는 이러한 정책 때문에 위기를 자초하거나 실제로 멸망한 나라들도 있다.

한편 북방의 초원지대에서는 스키타이문화의 한 축을 담당했던 투르크 계열의 한 부족인 흉노(匈奴)가 타클라마칸 사막지역과 실크로드 지역의 교통로를 장악했던 페르시아 계통의 월지(月支)를 공격해서 실크로드 서쪽으로 패주시켰다. 그리고 진군을 계속하여 중앙아시아에서 페르시아와 그리스 문명의 산물인 '오손(烏孫)' '대완(大宛)' '안식(安息, 파르티아)' 등을 정복하거나 영향권 아래 두었다. 그리고 동아시아 지역의 많은 유목부족들을 통일시켰다. 이렇게 해서 인류역사상 최초로 실크로드 무역망과 유라시아 지역의 동반부를 거의 장악하면서 강력한 군사력과 경제력을 보유한 초원 유목문명의 제국이 탄생하였다.

이러한 정치권의 상황에서 그동안 다소 추상적이며 문화적이었던 '중화문명', '북방유목문명'은 새로운 동아시아의 정치적인 핵심으로 만들어지면서 강고해졌다. 따라서 동아시아의 질서는 소국가 사이의 경쟁이나 자연스러운 '문명의 교류와 접촉'이라는 상황에서 탈피하였다. 이제 강대국들은 '영토의 확대', '풍부한 자원의 확보', '활발한 무역망과 유효성이 높은 무역체제의 획득', '상대방으로부터의 안전 확보' 등 다양한 문제들을 놓고 경쟁과 갈등을 벌이기 시작했다. 이 갈등은 강대국들 사이의 식량과 무역망을 둘러싸고 생존을 건 경쟁으로 본격화되었다. 이 경쟁은 발달된 무기와 대규모 병력을 동원한 전면전의 양상을 띤 종족 간의 경쟁, 문명 간의 경쟁으로 비화되었다. 본격적인 군사력을 동반한 전쟁의 형태를 띠면서 '문명의 충돌'이 일어나는 새로운 시대로 변화되었다. 그 주변에 고조선문명권이 있었고, 그를 주도하는 정치세력으로서 '위만조선'이 있었다.

## 2) 고조선(箕子)의 멸망과 한(漢)의 등장

서기전 3~2세기에 국제질서가 급격하게 재편되는 와중에서 고조선문명권은 어떠한 상황에 처해 있었을까? 조선은 연, 제, 진 등의 주변의 국가들과 협력과 갈등, 때로는 전쟁을 벌이면서 질서재편에 참여했다. 중국 지역과 북방 유목지역에서 정치 군사적인 충돌이 일어나는 와중에 조선에서는 내부의 분열 및 외세의 진입으로 정치주도 세력, 즉 왕조의 교체라는 사건이 발생했다. 서기전 198년에 소위 '위만조선(衛滿朝鮮)'이 탄생하였다. 사료의 부족으로 위만에게 축출된 준왕(準王)과 그의 세력들의 성격과 규모, 국가구성 능력 등은 검증할 수 없다.

위만의 찬탈과 준왕 세력의 갑작스러운 남하는 고조선문명권의 핵심을 뒤흔들었을 것이고, 내부의 균열은 이미 시작되었다고 판단한다. 약 60년 후에 위만조선이 멸망하는 데 결정적인 요인으로 작용할 내적인 토대가 건국과정에 이미 만들어진 것이다. 반면에 조선 유민들은 비록 비자발적으로 남하하였지만 고조선문명권을 확산시키는 긍정적인 측면도 있었다. 한반도 중부 이남에는 소위 삼한(三韓) 소국들이 역사의 전면에 등장하면서 초기 단계의 강한 정치체들을 이루었다. '진(辰)'이라는 연맹체에 속한 70여 개의 소국들은 해양을 활용하여 이미 정치제도 관료체제, 사상의 확립과 문화의 발달 등으로 제국 단계에 진입한 중국 지역과 정치 경제, 문화적인 교류를 벌였다. 뿐만 아니라 이를 일본열도 지역에 전달하는 중계자 역할도 하면서 자체적으로 일본열도로 진출하였다.

위만조선은 복잡한 국제관계를 효율적으로 이용하면서 정치 경제적으로 빠르게 성장하였다. 관련된 기록들을 보면, 위만조선의 주변 지역으로 자국의 세력권을 확장시키면서 고조선문명권도 자연스럽게 확장되었다. 그 시대 위만조선의 영토와 중심지, 고조선문명권의 핵심지역이 어딘가에 대해서는 여러 설이 있다. 서기전 2세기 초 무렵에는 일부의 기록들, 발견된 청동기 후기 시대와 초기 철기시대의 유물의 성격과 규모, 그리고 분포 범위를 고려하면 한반도의 북부와 요하 일대, 현재의 남만주 일대에 걸쳐 있었으며, 서기전 2세기 말까지 존속한 정치세력이었다는 데는 대체로 일치하고 있다. 특히 중국 지역의 한, 북방 초원의 흉노와 국경 내지 영역이 맞닿아 있던 것은 본문에서 언급한 몇 가지 사실들 통해서 알 수 있다.

위만조선은 건국한 후에 새로운 상황을 맞이하게 되었다. 즉 오랜 기간에 걸쳐서 펼쳐졌던 한과 흉노라는 양 강대국 또는 문명권의 대결에서 한이 최종 승리한 것이다. 한무제는 앞글에서 설명하였지만 즉위한 직후부터 제국의 완성과 자국 중심의 신질서를 구축할 목적을 갖고 동서남북으로 전방위 정책을 펼쳤다. 즉 주변지역들을 군사적으로 공략했다. 특히 건국 초기의 상대적인 열세를 극복하고, 60년 동안 억압해 왔던 흉노를 제압해야만 했다. 따라서 주적인 남쪽의 남월(南越)을 복속시키고 북방의 흉노를 공략하는 한편, 동방의 위만조선을 향하여 본격적인 팽창을 시도하였다.

위만조선을 정치적인 핵으로 삼은 고조선문명권은 지정학적으로 보면 새롭게 편성된 국제질서에서 승리할 수 없었다. 동아시아에서 새롭게 전개된 국제관계는 흉노-한-동호(또는 조선)의 '삼각 균형체제'였고, 그 속에서 발전했는데, 균형과 공존의 질서 축이었던 흉노가 패배하였기 때문이다. 이제 동아시아 정치질서는 한나라 중심의 '1극 체제'로 변모하였다. 한나라는 어떠한 형태로든 어떠한 방식으로든 진나라와 동일하게 제국지향적인 국가를 완성해야 했다. 그 목적을 달성하기 위해서는 숙명적으로 만리장성 너머의 유목세력들과 갈등과 전투를 벌여야 했다. 그리고 힘의 역학관계를 고려한다면, 북방유목세력의 배후이면서 흉노세력과 동맹 또는 우호관계를 맺을 가능성이 있는 요서 이동의 세력을 자기 세력권 안으로 편입시켜야만 했다.

위만은 그 시대 국제정치의 상황과 현실, 그리고 자국의 지정학적 본질을 잘 인식한 것으로 판단된다. 그는 한과 흉노, 그리고 중간에 끼인 연나라가 처했던 현실과 위상을 체험했었다. 따라서 신질서 속에서 위만조선의 외교적 입장을 어떻게 설정할 것인가를 잘 알고 있었다. 그러므로 《사기》〈조선열전〉에 '요동군 태수(遼東郡 太守)'라는 직위를 수락하였다는 기록이 있다. 즉 한나라의 외신(外臣)이 되는 형식을 취하여 명분상으로 한나라 중심체제에 자발적으로 편입한 것이다. 그는 한으로부터 위임권을 받아 내부는 물론이고, 주변의 소국들과 종족들에 대한 정치력을 신장시키고, 무역망을 확장시키면서 자국을 경제적으로 성장시켰다. 하지만 이러한 형식의 관계는 한계가 있었으며, 국제질서와 역학관계로 보아 두 나라 간에는 궁극적으로 충돌이 불가피했다.

국제 질서가 변하면서 이제는 국가와 국가, 체제와 체제, 그리고 문명 간의 자연스러운 경쟁과 공존이 불가능하게 되었다. 정치력뿐만 아니라 경제력을 놓고도 충돌이 불가피했다. 요서지역과 요동지역은 철, 동, 금 등의 지하자원이 풍부했고, 발해만에서 생산되는 고부가 가치 상품인 소금, 말의 공급지였다. 또한 북방과 동북방, 한반도의 중부 이남과 일본열도 등 주변지역들과 교류하기에 적합한 해륙교통망의 요지였다.

한나라를 중심으로 하는 중화문명과 흉노를 중심으로 하는 초원 유목문명은 거대한 정치력, 광범위한 무역과 함께 약탈행위로 보완되는 풍부한 경제력, 강력한 군사력을 보유하였다. 이를 토대로 내적으로는 강력한 통일을 추진하고 외적으로는 항상 군사적인 팽창을 지향하는 중앙집권적인 시스템이었다. 반면에 고조선문명권은 비중심적인 관리체제, 미약한 군사력, 비집중적인 무역망, 그리고 종교 지향적이며 '공존과 상생'을 추구하는 체계였다고 판단된다. 따라서 두 문명 간의 만남이 군사적인 충돌 또는 정치적인 경쟁체제로 변화할 경우에는 고조선문명권이 현실적으로 승리하는 일은 특별한 예외가 아니라면 불가능하다.

이러한 신국제질서와 새로운 문명의 도래는 위만조선과 한나라의 충돌을 막을 수가 없었다. 위만조선은 종주권과 자원·무역 등 경제권을 놓고 중국세력과 여러 차례에 걸쳐 군사적으로 대결하였고, 정치적으로도 대결을 여러 차례 벌였다. 서기전 2세기 3대 우거왕 때에 이르러는 1년에는 걸쳐 치열하게 한나라와 전쟁을 벌였다.[35] 결과는 위만조선의 멸망이었으며, 고조선 문명의 붕괴로 나타났다. 신질서가 수립되면서 일부지역에서는 한나라의 식민지체제가 성립되었고, 주변의 각국과 지역들은 한세력에 의해 정치적으로 관리를 받고, 경제적인 교섭도 비자발적으로 관리받게 되었다.

이러한 관계는 그 이후 동아시아 세계에서 항상 적용된 틀이며 질서이다. 그렇다면 이러한 현실적인 한계를 극복하는 방식과 능력을 배양하는 것이 고조선문명권의 숙명이었다. 후대에 고조선문명권의 특성을 계승하였으면서도 군사력을 동원하고, 국제관계를 활용함으로써 유리한 지정학적 환경을 복원하고 활용하면서 성공한 후발국가가 고구려다.

### 3) 위만 조선의 내부갈등과 전쟁 패배

붕괴과정을 국제질서라는 외적 요인뿐만 아니라 고조선문명권 내부에서 발생한 갈등이라는 측면에서 살펴볼 필요가 있다. 한 국가, 한 문명을 비롯하여 한 질서의 붕괴에는 반드시 내부적인 요인이 있다. 그것은 신분

---

35) 윤명철, 〈황해문화권의 형성과 해양활동에 대한 연구〉, 《先史와 古代》 11호, 한국고대학회, 1998 참고.

모순과 계급모순의 심화로 말미암아 발생한 내부 통일성의 균열, 사치와
부패 등으로 인한 도덕적 타락, 역사를 운영하는 원동력의 약화 등의 다
양한 요소들이다.

위만조선이 전쟁에서 패배한 요인들은 다양하게 있을 수 있다. 비록
자료는 없지만 일반적인 상황을 고려한다면 다음 몇 가지 요인들을 예시
할 수 있다. 첫째, 자연재앙, 둘째, 정치권 내부에 있었던 기타 세력 및
백성을 비롯한 중간세력들의 향방, 셋째, 군사 동원 능력의 문제점, 넷째,
산업과 무역망의 위축 등으로 인한 국가재정의 약화, 다섯째, 교통망의
약화와 붕괴, 여섯째, 식량과 자원 확보의 문제점 발생, 일곱째, 문화의
오염, 여덟째, 사치와 부패의 만연, 아홉째, 자신감의 상실과 역사동력의
의지 약화 등이다. 그러나 역사학계에서는 일반적인 것으로 '내부의 분열'
과 '토착세력의 반발'을 들고 있다. 실제로 그러한 측면이 있었고, 그것을
입증할 만한 상황들이 기록되었다.

위만조선의 패배와 멸망이라는 상황은 사료의 부족 때문에 정확한 실
상들을 파악하기 힘들다. 그럼에도 일부의 자료, 국제정세, 내부의 현상
들을 파악하면, 가장 큰 요인은 지배계층 내부의 분열과 권력 쟁탈전, 국
가정체성에 대한 회의감 등이 복합적으로 작용한 결과로 판단된다. 특히
초기부터 지배계층 내부에서 갈등이 발생하는 등 양상이 독특했다. 위만
(衛滿)은 연(燕)나라 지역에서 들어온 외부세력이다. 위만의 '출자(出自)'와
종족적 성격에 관해서 다양한 설들이 있다. 그렇지만 분명한 사실은 그
가 조선의 왕인 준(準)을 내쫓고 기존의 세력을 축출한 뒤에 정권을 장악
한 '외세(外勢)'라는 점이다.[36] 하지만 그것이 전적으로 멸망을 야기한 주
요한 요소는 아니라고 판단한다.

그 시대의 역사적인 상황들을 고려하고 고조선문명권의 특성을 본다
면, 그가 고조선문명권의 지역에서 성장하였고, 종족적으로도 고조선문

---

36) 《사기》 권115 朝鮮列傳. "會孝惠 高後時天下初定 遼東太守卽約滿爲外臣." 효혜(孝
惠) 고후(高後)시대는 서기전 195~180년이다.

명권의 주체인 것만은 분명하다. 이미 전국시대부터 하북과 요서지역에서는 본격화된 공방전이 벌어졌다. 연(燕), 제齊, 진(秦), 조선(朝鮮)이 맞물려서 돌아가는 정치적이고 군사적 상황들과 각종 사료들의 복잡한 기록들은 그 시대에 벌어지는 국제관계의 실상을 알려준다. 이 무렵에 고조선이 상실했던 지역의 위치를 고려할 때, 연나라에서 온 유이민 집단인 '위만'은 고조선 계열과 직간접으로 연결된 인물인 것은 분명하다.

앞글에서 살펴 보았지만, 위만조선은 동아시아의 군사적인 패권을 장악한 한나라와 1년 동안 전면전을 치룰 수 있을 정도의 국력을

갖고 있었다. 몇 차례에 걸쳐서 벌어진 해륙 양면전에서 승리를 거두었고, 때로는 전세가 위만조선이 주도적이었던 듯한 정황도 있다. 《사기》에 따르면 전쟁이 진행되는 도중에 우거왕(右渠王)이 항복을 요청하고, 태자(太子)를 보내 사죄하면서 말 5천 필을 바치고 군량미를 보내려고 시도하였다.[37] 그런데 말은 당시로서는 가장 중요한 군수 품목이었을 뿐 아니라, 고가의 무역 품목이었다. 군마를 독점하고 대규모의 기마군단을 활용하는 흉노의 세력을 꺾으려면 군마가 필요했다. 한무제는 그 목적 때문에 천신만고 끝에 13년 만에 귀국한 장건을 다시금 서역으로 파견했다. 장건은 타클라마칸(Taklamakan) 사막(西域)을 지나 중앙아시아의 초입까지 가서 오손 등을 방문하고 외교협상을 벌였다. 그러한 과정에서 중국의 소위 서역 진출이 시작되었고, 흉노와 월지의 실크무역망을 일시적이지만 탈취하였다. 하지만 그는 뜻한대로 양질의 군마를 구할 수는 없었다. 이러한 상황에서 5000필의 말이란 한나라로서는 대단히 유효한 전략물품이었다.

이때 위만조선이 보내려 했던 말의 종류와 품질, 전투능력은 알 수가 없다. 자체에서 생산했을 수도 있고, 외부에서 수입했거나 탈취한 것으로도 추정할 수 있다. 그런데 자체 생산품이라면 양마지(養馬地)는 한반도

---

37) 《사기》 조선열전. "右渠見使者頓首謝, '願降, 恐兩將詐殺臣, 今見信節, 請服降.' 遣太子入謝, 獻馬五千匹, 及饋軍糧" 하였다.

의 북부는 분명 아니었다. 말먹이가 풍부하고 달릴 수 있는 광활한 평원과 초원이 발달한 지역이어야만 했다. 그렇다면 후보지는 몇 군데로 추정할 수 있다. 첫째, 북류 송화강과 눈강의 하류가 합수하는 중만주의 대안시와 농안시 지역의 초원지대이다. 두 번째는 대흥안령 일대의 훌룬보이르 초원과 동몽골 일대이다. 세 번째는 요서지방에서 동용골로 이어지는 거란계 오환(烏丸)의 거주지인 시라무렌강 상류 지역이다. 네 번째는 현재 연해주 남부인 우스리스크 일대의 초원성 평원이다. 이 지역은 그 시대 한나라의 국경까지는 거리가 멀지만, 발해가 8세기 중반에도 그곳인 솔빈부(率賓府)에서 압록강 하구까지 몰고 온 후 선박으로 산동지방(登州)에 수출한 예를 볼 때 불가능한 일은 아니다. 이 사실은 위만조선이 양마 산업과 군수산업이 발달했을 뿐만 아니라 대단한 경제력을 보유했고 국력이 강했음을 입증한다.

반대로 말을 주변 지역에서 수입했을 가능성도 훗날 실위와 마철무역을 벌인 고구려의 예로 보아 배제할 수는 없다. 비록 기록에는 없지만 수출이건 수입이건 간에 동아시아의 말 무역 시스템에 참여했음을 추정할 수 있다. 그리고 앞글에서 북한의 연구성과를 이용해서 일부 언급한 바 있지만 고조선은 후기에 들어서면 각종 자원의 확보와 광업 등의 산업발달이 있었고, 특히 금은 등의 귀금속을 활발하게 생산하였다. 그렇다면 국력의 일방적인 약세가 패전 또는 붕괴의 주요한 원인이 되지는 않았을 것이다.

아래 기록들은 내부에서 이미 균열이 심각해졌음을 보여준다. "좌장군이 이미 양군을 합하여 조선을 맹렬히 공격하였다. 그러자 조선상(朝鮮相) 노인(路人), 상(相) 한음(韓陰), 니계상(尼谿相) 삼(參), 장군 왕겹(王唊) 등은 서로 상의를 하였다. 그리고 말하였다. '처음에는 누선(樓船)에게 항복하려 하였으나 누선은 지금 잡혀 있고, 좌장군이 혼자 군사들을 거느리고 두려워 싸우려 하지 않는데 왕은 항복하려 하지 않는다.'"[38]

---

38) 《사기》 조선열전. "左將軍已并兩軍, 卽急擊朝鮮. 朝鮮相路人·相韓陰·尼谿相參,

이 기록을 믿는다면 한음(韓陰), 왕겹(王唊), 노인(路人) 등으로 대표
되는 주화파들은 토착세력일 가능성이 높다. 한나라에 대하여 외교적인
해결을 시도하는데도 우거왕은 강경책을 구사하면서 항복을 하지 않는다
고 강한 불만을 토로했다. 이러한 과정에서 결국 일부는 남으로 도망갔
고, 일부는 한나라에 항복하였다. 한무제는 항복한 대신들을 위만조선의
내부를 분열시키는 데 이용할 목적으로 삼(參)은 홰청후(澅淸侯)로, (한)
음은 적저후(荻苴侯), (왕)겹은 평주후(平州侯), 태자인 장(長)은 기후(幾
侯), 노인의 아들은 온양후(溫陽侯)로 삼았다.[39] 이러한 내부갈등은 이미
조선의 왕위를 찬탈당한 '준(準)'이 소수의 신하들만 거느리고 남쪽으로
피신할 때부터 시작된 것이었다. 사료상에는 기록이 없지만, 이때 토착세
력의 핵심인 주민들의 이탈도 적지 않았을 것으로 추정된다.

이렇게 내부갈등이 심각해지면서 위만조선은 보다 유리한 조건에서
전쟁을 종결시킬 가능성도 있었음에도 불구하고, 기회를 상실한 것으로
판단된다. 내부에서 일어난 갈등은 강력한 적과 장기간의 전쟁을 벌일 때
몇 가지 치명적인 결과들을 낳는다. 우선 내부 구성원들의 균열과 반목
을 야기시키면서 내부의 통일성이 깨진다. 자연스럽게 운명공동체로서의
성격이 변질된다. 따라서 결사항전의 충력전을 펼 수 없을 뿐 아니라, 전
쟁에 대응하는 전략과 전술을 수립하는 데도 불신과 반목이 일어난다.
적의 공격에 효율적으로 대응할 수 없게 되는 것이다.

또 하나, 외교전략의 실패와 함께 군사전술의 실수일 가능성을 살펴
본다. 국가의 전쟁수행능력은 군사력의 총체적 평가만으로 이루어지는 것
은 아니다. 전략적 평가와 전술적 평가는 항상 동일한 것이 아니며, 상황
에 따라서 승패가 달라질 수가 있다. 이러한 예는 역사상에서 많이 확인
할 수 있다. 예를 들면 그리스의 도시연합과 페르시아만의 전쟁, 그리스

---

將軍王唊, 相與謀曰, 始欲降樓船, 樓船今執, 獨左將軍并將, 戰益急, 恐不能與, 王
又不肯降. 陰·唊·路人皆亡降漢."이라는 기록이 있다.

39) 以故遂定朝鮮, 爲四郡. 封參爲澅淸侯, 陰爲荻苴侯, 唊爲平州侯, 長爲幾侯. 最以
父死頗有功, 爲溫陽侯.

의 도시 연합과 트로이 간의 전투, 로마와 카르타고 사이에 벌어진 100년 전쟁 등은 물론이고, 훗날 고구려와 수 및 당나라 사이에 벌어진 전쟁은 총체적 군사력의 절대 우위라도 전술적으로 역전시킬 수 있음을 보여준다. 해전도 동일해서 '칼레 전투(Naval Battle of Calais)', '레판토 해전(Battle of Lepanto)', '러일전쟁(Russso-Japanese Wars)', 그리고 임진왜란에서 보이듯 소수의 해군력을 바탕으로 전술을 효율적으로 활용해서 절대적인 승리를 이끌어 낼 수 있다.

왕험성의 위치가 어디였던 간에, 위만조선은 육지와 해양을 동시에 활용했던 나라이다. 요서 지역과 위만조선의 일부 영역이었을 요동 지역은 각종 자원들, 특히 철 등의 군수자원이 풍부하여 매우 경제적으로 가치가 높은 지경학적 전략지구이다. 또한 지정학적으로는 남진하는 북방 유목세력과 동진하는 중국의 화북 세력, 서진하는 조선으로 대표되는 동방 세력이 조우하는 삼각 꼭지점이다. 따라서 이 지역을 조정하는 방식과 활용 능력에 따라서 각 소문명들은 물론이고, 동아시아 전체의 국제 역학관계와 문명의 발전이 영향을 받는다. 특히 상대적으로 군사적인 열세에 놓인 조선에게는 사활이 걸린 중요한 지역이다.

이 지역은 해양질서와도 깊은 연관성이 있다. 발해라는 내해(內海, inland-sea)와 요동반도의 남부 해양 및 장산군도, 석성열도, 해양도 등 군도들은 조선에게는 해양활농을 적절하게 활용하면서 정치 군사적으로 활용할 가치가 높았다. 그 시대에 위만조선이 발해와 황해북부, 서한만과 대동강 유역을 활용하여 해군력을 강화시켰을 경우에는 몇 가지의 전술적인 이점들이 생길 수 있다. 예를 들면 위만조선의 수군이 산동반도 및 발해 내부의 거점 지역들에 상륙을 시도한 후에 한나라의 배후를 공격하거나, 항구나 연해에 정박해 있는 적의 수군을 급습하는 방식이다.

이러한 전술과 전략은 앞글에서 언급하였지만 이미 유사한 방식으로 시도되었다. 제, 연, 조, 조선 사이에 벌어진 전쟁과정 등이 그러했다. 이후에도 동아시아 역사에서, 특히 고구려와 중국북부 세력 간의 갈등 과정에서도 여러 차례 등장하였다. 위(魏)나라의 요동 공격, 고구려와 오나라, 위나라, 공손씨(公孫氏) 정권 간의 복합적인 관계가 그러했다. 또한 후조(後趙)와 전연(前燕), 동진(東晉), 고구려(高句麗)의 관계도 유사했으며, 고구려와 수(隋), 당(唐) 사이에 벌어진 전쟁과정, 732년 발해의 수군인 장문휴(張文休)가 시도했던 등주성 공격작전 등도 동일하다. 물론 그 이후에도 이러한 예는 많이 있다.

또한 요동 지역은 전략적인 이점으로 활용할 수 있었다. 초원의 유목 세력들은 전형적인 대륙세력이다. 흉노는 한나라와는 적대적인 관계로서 한무제와 공방전을 벌였다. 따라서 위만조선이 흉노에게 해양력의 일부를 제공하면서 해륙 양면으로 공동의 군사작전을 추진한다면 한나라의 배후를 위협하거나 공격할 수 있다. 또한 항상 곡물의 취득과 마필무역, 황금의 획득 등에 비중을 두는 흉노에게, 무역망을 공유하고 해륙무역망을 제공한다는 제안을 할 수 있다. 그렇다면 해양을 매개로 한나라를 해륙으로 포위하는 전략을 시도할 수도 있다. 가정이지만 이러한 전략적 이점들이 실제로 활용되었다면 위만조선의 운명은 달라졌을 가능성도 있다. 훗날 고구려는 광개토태왕, 장수대왕, 문자명왕 등이 재위한 전성기에 이러한 전략과 전술을 효율적으로 활용하여 강국이 되는 데 성공하였다. 기본적으로 문명의 충돌이라는 관점에서 보면 고조선문명권의 체계상 위만조선이 실질적인 군사전에서 승리하기는 힘들다.

## 2. 문명권 붕괴의 여파와 의의

위만조선은 동아시아 질서의 종주권과 교역권을 놓고 중국세력과 군사적 대결, 정치적인 대결을 여러 차례 벌였다. '조한전쟁'은 1년에 걸쳐 치열하게 진행된 끝에 조선의 패배로 귀결되었고, 역사에서 사라졌다. 새로운 질서가 수립되면서 고조선문명권의 일부 지역에서는 한나라의 식민지

체제가 성립되었고,[40] 주변의 각 국가와 지역들은 한 세력에 의해 정치적이고 경제적인 교섭을 비자발적으로 관리받게 되었다. 뿐만 아니라 강력한 힘을 갖게 된 한나라는 주변의 흉노와 남월 등의 국가와 지역들을 강력하게 압박하였다. 따라서 동아시아 신질서의 중심핵이 되었고, 중화문명의 기본 토대를 만들 수 있었다.

고조선문명권의 붕괴는 다른 지역의 붕괴와는 차이점이 있다고 생각한다. 군사적인 패배로 말미암아 정치적으로 패배한 것이 실상이다. 하지만 전쟁 직후에 전개된 국제관계를 보면 고조선문명권은 한나라 또는 중화문명의 장기적이고 조직적인 지배를 받지 않았다. 위만조선이 멸망함과 거의 동시에 주변지역들에서 소국들이 탄생하였고, 한의 관리체제인 군(郡)들은 빠른 시간에 철수하는 현상들이 나타났다. 이는 공간이 지닌 특이성도 한 요인이 된다. 고조선문명권의 공간, 특히 중핵공간은 독특한 지정학적인 유효성이 있다. 그 공간을 둘러싼 지형과 함께 정치·역학관계로 말미암아 자체의 독립성을 보존하기 쉬운 장점이 있다.

앞글에서 설명했지만 이 공간은 다른 세력들이 외부로부터 진입하여 토착세력들의 저항을 받지 않은 채로 장기간 정치적으로 지배할 수 있는 환경이 아니다. 또한 외부 문화들이 사방에서 동시에 일시적으로 진입하여 강제로 이식시킬 수 있는 자연환경이나 문화적인 환경이 아니다. 때문에 오랫동안 문화적인 공질성을 유지해 온 공간이다. 실질적으로 현재의 '만주'라는 공간은 명나라 때를 빼놓고는 한족의 정치·군사력이 미치지 못했다.

이러한 점들을 이해하면서 고조선문명권의 중핵인 위만조선이 전쟁에서 패배하고 사라진 것은 고조선문명권에서 어떠한 결과를 가져왔으며, 어떠한 의미를 지녔을까를 살펴본다.

---

40) 이 사건에 대하여는 전해종, 〈고대 중국인의 한국관〉, 《진단학보》 46~47합집, 1979, pp.68~69.

1) 부정적인 측면

위만조선이 패배한 현실을 고려하면서 부정적인 측면을 살펴본다.

첫째, 고조선의 영토 및 문명권의 중핵공간을 일부 상실했다. 고조선 문명권의 중핵역할을 했던 '조선'이라는 정치체는 결국 멸망했다. 따라서 문명권의 중요한 요소인 공간, 주체인 종족들, 그리고 산업, 자원, 무역, 정치 외교 등의 국가정책과 각종 문화들을 상실했다. 하지만 가장 직접적인 것은 영토를 상실하고, 활동영역이 축소된 것이다.

한나라는 조선을 항복시킨 후에 중요한 지역을 중심으로 행정단위인 군(郡)들을 설치하였다. 소위 '한4군'의 위치와 성격, 규모, 존속기간 등에 대해서는 앞에서 설명하였듯이 다양한 설들이 있다. 특히 장기간 존속한 것으로 이해되는 '낙랑군(樂浪郡)'에 대해서는 성격과 존속기간, 위치 등의 문제를 놓고 심한 논쟁들이 벌어졌다.

그러나 그동안 제기되었던 논쟁의 근거가 되던 기준들과는 달리해야 한다. 그 시대에 만들어지고 운영된 동아시아 정치질서 체계를 이해하고, 한나라가 주변 및 정복한 지역들에 취한 대외정책들을 고려하면서 상대 비교할 필요가 있다. 뿐만 아니라 위만조선의 정치체계와 국가체제, 관리 방식도 함께 고려해야 한다. 그 무렵 신흥 강국인 한나라는 위만조선의 모든 영토를, 더구나 직접 지배할 능력이 없었으며, 지배하는 데 따르는 이점도 별로 없었다. 그 몇 년 전인 서기전 111년에 한나라는 광동성 지역에 있었던 강국인 남월국을 멸망시키고 그 지역에 9군을 설치하였지만, 실제로는 강력한 지배를 하지 않았다. 그 이전에 진나라도 군을 설치하였지만 실질적으로는 관리하지 못했다. 아직은 정치력과 정치구조, 그리고 교통망 등이 주변 지역까지 직접 지배할 정도의 발전단계에 못 미쳤기 때문이다.

또한 당시에 복잡하게 전개된 한나라의 내부 사정과 복잡한 국제질서도 한나라로 하여금 위만조선의 영토를 전적으로 직접 관리할 수 없게 만들었다. 흉노는 한무제때 벌인 6차의 전쟁에서 비록 패배했지만, 멸망하거나 사라진 것이 아니다. 허약해진 흉노가 완전하게 분열된 것은 서기 48년이고, 남흉노가 항복한 것은 후한 광무제(光武帝) 때이며, 실제로 항복한 것은 그 후 수백 년 지난 서기 216년이었다. 더구나 서쪽으로 팽창한 북흉노는 건재해서 언제든 후한을 공격할 수 있었다. 또한 서역(西域)으로 표현된 동부 실크로드 지역은 장기간 월지와 흉노가 장악했고, 흉노의 전성기에는 도망간 월지의 잔존세력인 '소월지'가 있었다. 따라서 한으로서는 이제 막 개척단계에 있었고, 월지, 북흉노를 비롯한 현지 세력들과 무역권을 놓고 갈등을 벌이는 상태였다. 그러므로 낙랑 등 일부지역을 제외하고는 한의 직접적인 관리를 받은 영토로 편입되지 않았다고 판단하는 것이 옳다. 그 밖에도 패배에 따른 정치적인 측면들은 또 있다.

둘째, 경제적인 손실이다.

영토의 상실은 우선 자원의 상실과 동일하다. 요동 및 남만주 일대는 사료의 기록과 고고학적인 유물 유적을 통해서 입증되었듯 곡식이 풍부하게 생산되는 지역이었다. 철, 동, 주석, 황금 등의 지하자원이 또한 풍부했다. 이 지역이 철 및 동의 산지임은 해당 지역과 발굴된 생산품들을 통해서 밝혀졌다. 특히 왕험성이 있었던 요동 지역은 고대부터 근대에 이르기까지 동아시아 최대의 철 생산지였다. 그 밖에도 다른 지하자원과 소금 등이 있다.

또 하나 중요한 것은 무역망의 붕괴이다. 한나라의 무제가 경제정책을 본격적으로 취하고, 자원의 확보와 대외무역을 활성화시키는 데 노력을 기울인 사실은 앞에서 서술하였다. 두 나라 사이에서 전쟁이 발발한 요인 가운데 하나가 '무역권'인 만큼 위만조선의 멸망은 고조선문명권에서 무역망을 상당한 부분 탈취당하는 결과를 가져왔다. 그 증거들은 소위 '낙랑계'라고 명명된 철제품, 한나라계의 각종 화폐들, 각종 한나라 문화상품들이 한반도의 곳곳에서, 심지어는 일본열도에서 발견되는 데서 확인할 수 있다.

셋째, '정체성'의 약화와 종족적 패배감의 자각이다.

정치체의 붕괴, 영토의 상실은 단순하게 땅이나 자연환경의 손실이 아니다. 그 공간과 인연을 직접 간접으로 맺은 모든 부분과 연결된다. 특히 추상적이고 관념적이지만 주권의 상실, 정체성의 상실을 가져오고, 나아가서 삶의 상실, 역사의 상실과 분열을 낳는다. 때문에 고조선문화는 상당한 기간 동안 왜곡되거나 감추어져 왔다. 뿐만 아니라 사람 또한 분열되었다. 가치관의 분열, 관계망의 분열, 이산가족의 발생 등이다. 즉 분열이란 공동체의 파손을 가져온다.

문화는 일반적으로 정치가 기본 핵이 되는 구조를 이룬다. 중핵에서 발생한 힘의 파장들은 주변지역으로 퍼져나가, 토착문화들에 영향을 끼친다. 그러면 토착문화들은 중핵문화를 자력 또는 타의로 수용하면서 새로운 형태와 질의 작은 핵들을 생성한다. 하지만 일정한 시간이 흐른 다음에는 주변의 작은 핵들이 자력·타력으로 성장하면서 일정한 단계에 진입하고, 이어서 다양한 목적과 방식으로 중심을 향하면서 영향을 끼친다. 즉 문화 또는 문명은 비록 '시차(時差)' '단계(段階)' '역할(役割)'의 차이는 있지만 '상호보완관계'를 갖고 있다. 그런데 체제가 어느 정도 구축된 안정된 상태에서 전쟁의 패배, 국가의 멸망, 자연재앙 등으로 인하여 갑자기 '주변'이 없어지면 '중핵'까지도 붕괴의 위험이 생긴다. 반대로 중핵이 없어지면 부분들을 포함한 전체는 그야말로 전면적으로 진공상태에 이른다.

이와 동일하게 고조선문명권의 구심점이 상실되자 문명의 주체적이고 독자적인 성장은 저지되었다. 정치력의 차용, 위세품의 수여 등 주변 지역으로 영향을 끼치는 힘이 미약해졌으며, 빈도수도 적어졌다. 반면에 주변지역들은 한이라는 중화문명의 중핵을 통해서 중화문명과 그 주변 지역의 신문명을 수용하는 이점도 있었다. 하지만 주체적인 면은 약해지고, 일부는 강제적, 비자발적, 수동적으로 이식되는 수준이었을 것이다.

이로 인해서 문화에는 전반적으로 혼란이 생기고, 지역 주민들을 주도하는 문화가 상실되고, 정체성의 약화와 상실 등이 생긴다. 따라서 종족적으로 패배의식이 강해지고, 상대적으로 중화의식이 강해지는 계기가 되었다. 비록 몇백 년이란 유예기간과 극복의 기회들이 있었음에도 불구하고, 이러한 현상은 '한자(漢字)'라는 기호의 적극적인 차용, 중국 화폐의 부분적인 유통, 그리고 고도의 논리성과 중화중심적인 유교를 수용하는 계기를 만들었다. 중화문명의 특성 가운데 하나는 논리적이고 정치제도가 발달했으며, 농경중심의 경제체제와 문화라는 점이다.

넷째, 해양활동의 축소와 해양문명의 약화이다. 고조선문명권의 붕괴는 문화환경과 자연환경에 적지 않은 변화를 만들고, 이것은 궁극적으로 문명의 변질을 가져올 수밖에 없었다. 그 가운데 하나가 해양과 연관된 것이다. 고조선은 느슨하지만 하나의 정치공동체이고, 문명체의 중핵이었다. 그런데 그 문명이 발전한 중핵은 북방 유목문명이나 중화문명과는 달리 해양과 직접 연관되었다. 앞글에서 '해륙국가론'과 '해륙문명론'의 논리와 실제를 주장했으며, '해륙교통망'이 유기적이고 체계적으로 구성되었을 가능성을 확인하고 검증하였다.

위만조선이 멸망하면서 발해의 근해와 황해 북부 해양을 고조선문명권에서 상실하였다. 또 비록 직접적인 영향권 안에 있지는 않았지만, 동해 북부의 해양은 황해 해양과 유기적인 해륙교통망으로 활용할 수 있었고, 해양무역과 어업 등으로 활용하였었다. 하지만 이런 가능성은 상당한 부분 약화가 되었다. 또한 만주 일대를 흐르는 큰 강들을 유효적절하게 이용할 기회와 권한이 약해졌다. 해양과의 유기적인 체계성을 상실한 강상교통망은 한계를 드러냈을 것이고, 물류망도 효율성이 약해졌을 것이다. 만주 내륙의 큰 강을 이용하여 발달했던 수로교통망 또한 활용할 수 없었다. 크게 보면 '1山 2海 3江' 시스템에 균열이 발생했을 것이다. 그렇다면 남만주 일대는 물론이고, 한반도 북부 내부의 각 지역 간에도 관계를 맺기가 불편해졌다.

이러한 부정적인 결과들이 나타나면서 고조선문명권의 각 지역들은, 특히 주변 지역과 방계종족들은 서서히 이탈하면서 독자적인 문화와 정치질서를 구축해 갔다. 결과적으로 고조선문명권은 해륙적 시스템을 상실하고, 해륙문명이 약화된 채 중국 중심의 체제에 영향력을 받았다.

위만조선의 멸망은 동아시아 역사와 문화 민족들에게 다양한 의미를 지녔다. 동아시아적인 관점에서는 다음과 같은 구도가 되었다. 즉 한나라 중심의 '1극 중심' 체제로 재편되었다. 북방의 강자였던 흉노는 남흉노, 북흉노로 분열됨으로써 힘을 상당한 부분 상실했다. 고조선과 함께 중국세력을 견제하거나 국제관계의 균형을 잡아줄 수 있는 존재가 사라진 것이다. 그들의 활동은 약화되었고, 모든 역할은 줄어들었다. 끝내 흉노는 멸망했고, 상당한 시간이 지난 후에 그 후예들은 지역 단위의 국가들을 세우면서, 때로는 오호십육국시대의 후조처럼 중국지역을 다시 점령했다.

또한 고조선문명권과 관계가 깊었던 선비(鮮卑), 오환(烏桓) 등 동호계통의 종족들은 이탈하였고, 이후에는 독자적으로 성장을 거듭하면서 국가들을 세웠다. 선비는 연(燕)이라는 국명으로 등장하여 요서지방을 근거지로 삼았으며, 북연이 멸망할 때까지 고구려, 부여 등의 국가들과 줄기차게 요동확보전을 벌였다. 선비족들은 그 후 중국의 회하 이북을 점령하여 북위, 수 등의 정복국가들을 세웠고, 역으로 우리를 압박하였다.

한편 고조선문명권의 붕괴는 동아시아 문화, 문명의 정체현상을 가져왔다. 고조선문명권은 중화문명과 경쟁하고 대응하면서 교류할 능력을 지녔고, 중국보다는 불확실하지만 국가운영 시스템과 국가를 이끌어가는 논리와 사상, 질적으로 높은 문화 등이 있었다. 그렇지만 결국 중국문화에 동화되는 계기가 되었다. 중국문화 및 북방 유목문화, 동쪽의 삼림문화와 '환류(環流) 시스템(Triple Circuration System)'을 구축하면서 동아시아 문화의 다양성과 역동성을 생산할 수 있는 문화공간은 사라졌고, 동아시아 문화는 정체되고 편향된 문화양식을 띨 수밖에 없었다.

## 2) 긍정적인 측면

위만조선과 멸망과 고조선문명권의 붕괴는 부정적인 측면이 압도적으로 많았지만, 역사의 큰 흐름 속에서는 긍정적인 면도 낳았다. 또 그 후예들이 의도적이고 적극적인 노력을 기울임으로써 역사의 발전을 한 단계 더 성숙시켰다. 몇 가지로 정리하면 다음과 같다.

첫째, 동아시아에서 고조선문명권의 내용과 형식 등이 보다 넓은 주변지역으로 확산됐다. 이미 이전부터 확산된 고조선문명권은 앞글에서 설명하였다. 그런데 위만조선의 후기를 전후하여 고인돌문화는 한반도의 남부 각 지역으로 확산됨으로써 여러 지역에서 기술력, 토목공학 등 산업과 문화의 발전을 이루는 계기를 제공했다. 남한 지역에서는 서기 이후에도 고인돌들이 제작되었다. 또한 한반도의 전 지역에서 비파형 청동검이 전파되고, 세형동검 등이 제작되었으며, 고조선 토기의 전파, 청동거울의 제작과 사용 등의 현상들이 나타났다. 비록 비자발적이고 비주체적이었지만, 중핵문명은 주체의 이동 등을 비롯한 요인에 의하여 '외방(外邦, outsider)'으로 확산되었고, 기록들에서 입증되듯이 한반도 중부 이남 지역으로 조직적인 전파와 확장이 이루어졌다.

뿐만 아니라 고조선문명권은 이미 일본열도 및 연해주 일대로도 확산되었다. 북쪽에서 이주하여 남한지역에 정착한 세력들의 일부와 남한지역에서 수백 년 동안 거주했던 토착세력들 가운데 일부는 조직적이고 체계적으로 일본열도로 진출하였다. 그 결과 '고인돌', '세형동검'을 비롯한 각종 무기들, 야요이(彌生) 토기의 제작, 벼농사 도구와 철제품 등이 정착되면서 새로운 문화가 형성되었다. 그런데 야요이 시대 전기에 있었던 비조직적, 불연속적, 문화적인 이동과는 달리 후기는 고조선문명권의 붕괴와 깊은 연관을 맺었다. 위만조선의 멸망은 이러한 현상을 가속화시켜서, 한반도 전체로 문화가 전파되었고, 일본열도로도 각종 선진 기술과 정치제도, 문화 등이 보다 조직적이고 연속적으로 전파되었다. 주민의 대량 이동은 여러 유적에서 발굴된 인골들을 분석한 결과로 확인할 수 있다.

둘째, '고조선문명권의 정체성 자각'과 '소국들의 탄생'이 일어났다. 한 국가가 군사적인 공격 등의 외적인 충격을 받아 멸망했다는 사건은 국가체제가 소멸함으로써 정치적으로 진공상태가 되고 담당자가 바뀐 것일 뿐이다. 역사와 삶의 터전인 땅 자체가 없어지거나, 구성원인 주민들이 죽음, 포로, 노예 등으로 인하여 모두 사라지는 상황이 도래하는 것은 아니다. 남은 주민들은 자신들의 터전을 운영하는 능력을 숙지하고 있었고,

기술력을 보존했고, 또한 성공과 실패의 경험들을 축적했다. 무엇보다도 자신들의 복잡한 역사와 오랫동안 생성되어 온 자의식을 보존하고 있었다. 따라서 빠른 시간 안에 문화능력, 사회시스템, 기술력 등을 본능적으로 복원하고, 파손된 부분을 복구하며, 유기체와 마찬가지로 끊임없는 자기복제를 한다. 그래서 복국운동이 일어나고, 건국한 나라들은 망한 나라의 계승성과 정통성을 주장한다.

정체성을 이루는 가장 기본적인 요소는 자기존재의 원(原)근거이다. 그러므로 역사적인 집단은 존재해야 하는 이유가 필요하다. 또한 생성과정이 불투명하거나 후발국가들인 경우에는 민족들은 선점집단(先占集團)과는 본능적으로 경쟁의식을 갖고 있으며, 선행국가를 계승했다는 명분과 당위성이 있어야 한다. 따라서 계승성과 정통성을 더욱 강화시킬 필요가 있었다.

이러한 일반론에 근거하여 위만조선이 멸망한 이후의 상황을 재구성하면 다음과 같다. 갑자기 발생한 커다란 진공상태를 메우기 위해 주변부 또는 몇 개의 소핵(小核) 등을 중심으로 구심력이 강화되면서, 여러 종류의 힘이 모여들었다. 힘이 강화된 옛 주민들은 통제력이 비교적 약한 지역을 중심으로 복국운동을 펼치면서, 소규모의 정치형태를 갖추었다. 그 결과 진번, 임둔을 몰아내고, 서기전 75년에는 현도(玄菟)군을 몰아냈다. 이 지역들을 중심으로 나라를 세웠다. 이러한 과정 속에서 조선의 옛 땅에서는 고구려를 비롯한 소국들이 생성하고 난립하면서 자기증식을 하였고, 국가들 사이에 치열하게 경쟁을 벌였다.

때문에 신질서 속에서 등장한 초기의 소국들은 모(母)질서이며 선행국가인 고조선을 계승했다는 계승의식을 강하게 주장하면서, 실제적으로도 그것을 실천해야 했다. 고조선 계승성은 일종의 생존전략이었고, 건국을 성공시킬 확률이 높은 국가 발전정책의 일환이었다.

그런데 이 소위 '조선 後(post-Joseon) 질서'는 소국들이 독립적으로 존재하고, 갈등과 경쟁을 통해서 각각의 역사발전을 꾀하는 병렬의 열국

(列國)구조는 아니었다.[41] 이 구성원들은 하나의 '모(母)질서'가 깨어진 파편들로 출발했으며, 종족, 언어, 문화 등의 유사성을 갖고, 공동의 역사적인 경험을 보유한 일종의 '역사유기체'였다. 따라서 소국들은 본능적으로 '회복(回復)'과 '통일(統一)'이라는 공동의 목표를 추구한 '체계'였다고 생각한다. 비록 무의식적이고 암묵적일 수도 있지만 소국들 간의 경쟁과 갈등은 일종의 통일전쟁이고, 조선적 질서의 복원과정이었다. 소위 '한사군'의 급격한 위치 이동과 급속한 소멸은 동아시아의 국제관계 및 한나라 내부의 상황도 작동했을 것이지만, 소국들 간의 경쟁이라는 정치적인 상황도 작용했을 것이다.

한국역사 속에서 후발 국가들이 선행국가들을 계승했다고 자처한 예는 흔히 발견된다. 고구려는 건국과정, 기원, 단계 여부를 떠나서 이러한 세력들 가운데 가장 강력하고 대표적인 소국이었다. 신채호 등이 이러한 사고와 고대사체계를 갖고 있었는데, 이러한 인식을 계승한 북한에서는 '고구려는 일찍부터 고조선의 실력 있는 지방정치세력, 즉 후국(侯國)이 되었다'[42]고 하여 '후국체제'로서 출발한 것으로 설정했다. 또한 맥국(貊國)이 서기전 3세기 초경에 연나라에 멸망하면서 '후신'이 고조선의 옛 땅에서 고구려를 이루었다고 하였다. 특히 고구려가 발생한 지역은 '일찍이 고구려가 건국되기 전부터 이 지방에 '졸본부여'가 있었는데, 졸본부여는 고조선 옛 땅의 한 작은 나라에 자리 잡았음을 보면 고구려가 어느 곳에서 건국했는지 알 수 있으며, 이 지방에 수많은 고조선인이 살고 있었다'고 하여 공간 및 주민의 자연적 계승성을 주장한다.[43] 그리하여

---

41) 열국적인 시각에 대해서는 신채호·문정창 등 선학들이 주장하였고, 남한에서는 윤내현이 거수국체제를 설정하면서 발전시켰으며, 북한 학계 또한 이러한 역사해석을 해 왔다. 다만 필자는 '역사유기체론'을 설정하면서 소국들의 성격과 당시의 시스템을 다른 관점에서 이해해 보고자 한다.

42) 조선사회과학원 역사연구소 지음/ 연변대학 조선문제연구소 옮김, 《조선전사》 제3권, 연변대학출판사, 1988.

43) 필자는 광개토태왕비문의 기록을 중시하여 홀본(忽本)이란 용어가 정확하다고 판단한다. 즉 모든 '홀'의 근본이 홀본부여이다. 리지린·강인숙, 《고구려사 연

'고구려는 동족의 나라인 고조선의 옛 땅을 되찾기 위한 치열하고 완강한 세기적인 투쟁을 이끌어간 나라였다'고 주장하였다.[44]

이 붕괴 이후 고조선문명권의 활동범위는 먼 지역까지 확산되었다. 고조선과 깊은 관계였던 부여가 멸망한 후에 유민들이 세운 두막루국(豆莫婁國)은 "물길의 북쪽으로 천여 리에 있다. 옛날의 북부여이다. '실위'의 동쪽에 있고, 동쪽은 바다까지 이르렀고, 사방이 이천 리이다."[45]라고 기록되었다. 그렇다면 고조선문명권은 연해주의 바다 근처까지 확장되었을 가능성이 크다. 또한 선비(鮮卑)·오환(烏桓)·거란(契丹)을 비롯해, 거기서 갈라져 나온 실위(室韋)·해(奚)[46]·고막해(庫莫奚) 등은 고구려 체계의 한 부분이 되었다. 문화와 언어상은 물론이고, 혈연적으로 연결이 있었을 것이다.[47] 《위서》(魏書) 및 《북사》(北史)의 〈실위〉(室韋)에는 "언어가 고막해·거란·두막루국과 같다"(語與 庫莫奚 契丹 莫婁國同)고 했다.

셋째, 고조선문명권에서는 반주변부에 해당하였던 한반도의 중부 이남 지역이 한민족사의 중요한 공간으로 부상하였다. 남만주와 한반도 북부에서 발생한 소국들과 한반도 중부 이남에서 존재하였거나 새로 건국한 소국들은 위만조선이 멸망하기 전에는 비조직적이고, 간접적이며, 때로는 기록들에서 나타나듯이 정치적으로는 갈등관계에 있었다. 하지만 이후에는 정치적인 제약이 없이 직접적이고 긴밀한 관계를 맺으면서 주민들, 언어들, 신앙, 각종의 생활습관들, 경제 양식, 문화들의 공유 범위가

---

구》, 사회과학출판사, 1976, pp.15~16.

44) 손영종, 《고구려사》, p.63.

45) 《위서》 열전 豆莫婁. "…豆莫婁國在勿吉北千里, 舊北夫餘也. 在室韋之東, 東至於海, 方二千餘里."; 《북사》 열전 豆莫婁國, '豆莫婁國. 在勿吉北千里, 舊北夫餘也.'

46) 《위서》, 《북사》 〈실위〉에 "실위어는 고막해·거란·두막루와 같다(語與 庫莫奚 契丹 豆莫婁國同)"고 했는데 거란어는 몽고어에 속한다. 그런데 《북사》에 해는 우문(宇文)의 별종(別種)이라고 되어 있다.

47) 거란은 특히 고구려와 깊은 관련을 맺고 있다. 미천왕·고국원왕 시기에 화북의 후조와 매우 긴밀한 관계를 맺었는데, 후조는 흉노계이며 유목생활을 하던 종족이다. 《위서》에는 그의 외모를 서구인에 가깝게 묘사하였다.

확장되었다.

즉 북쪽에 비중을 두었던 고조선문명권은 남쪽에서 그 지역의 문화를 적극적으로 수용하면서 질의 변화가 불가피했다. 물론 지정학적으로, 지경학적으로 차이가 있고, 문화적으로 이질성이 있었지만 상호 교류와 습합을 통해서 점점 공동의 문화권을 만들어갔다. 이러한 증거들은 한반도의 중부 이남 지역에서 만들어진 토기, 동검, 동경, 고인돌 등의 고고학적인 유물들을 통해서 알 수 있다. 결론적으로는 한민족사에서 한반도 중부 이남의 역사적인 위상이 확립되는 계기가 만들어졌다.

넷째, 해양문화의 발달과 '무역권(貿易圈)'의 확장이다. 동아시아 지역에서 해양문화의 성격과 질이 달라지는 계기가 되었다. 위만조선을 비롯한 고조선문명권에 소속된 중핵 정치집단이나 주민들의 영향력은 줄어들었다. 또한 그들이 주도했던 정치·군사적인 의미의 해양활동은 위축되었을 것이 분명하다. 그러나 시대적인 발전과 더불어서 그 시대 최고의 수준인 '조선술' '항해술' 등을 비롯하여 우수한 한문화의 영향을 받아 발전을 계속하였다. 또한 필요에 따라 항로가 계발되고, 경험이 축적되며, 필요성이 증가하면서 활성화되었다.

또한 전에는 위만조선으로 말미암아 제약을 받았던 황해 연근해항로와 황해 중부 횡단항로가 활용되면서 중국지역과 한반도 중부 이남, 일본열도를 잇는 해양활동과 물류망이 연결되고 활성화되었다. 그러한 증거들이 《삼국지》《후한서》 등의 기록과 발굴된 무역품의 종류, 그리고 한반도와 일본열도의 항구 지역을 중심으로 발견된 화폐들이다. 일부에서는 황해 남부 사단항로와 동중국해 사단항로를 이용해서 중국의 양자강 이남 지역과 교류권과 물류망을 확장하였다. 따라서 이미 동남아시아 인도양을 거쳐 서아시아 지역까지 연결된 한나라의 무역권과 연결되면서 일반적인 해양활동과 국가 간, 지역 간의 해양무역은 더욱 활성화되었을 것이다. 결과적으로 위만조선의 멸망은 한편으로는 고조선문명권이 확산되고, 한민족국가의 활동 범위를 한반도 남부는 물론 일본열도와 연해주 남부 일대와 그 윗쪽까지 확장시키는 계기를 만들었다.

실제로 고조선문명권의 공간에 거주하는 크고 작은 정치체와 다양한 성분을 지닌 주민들은 지경학적으로 공동의 생존구조와 함께 해륙적 성격을 갖고 있어야 한다. 구성원들이 거주한 대략 7개 지구의 공간은 기후·지형·지질 등 자연환경이 다르므로 생태계가 달랐고, 생산물의 종류 또한 다를 수밖에 없었다. 이러한 생태환경 속에서 자급자족으로 충족되던 경제 단계를 벗어난 시대에 이르면, 외부세계와 물자를 교환하는 일은 집단의 존속 여부와 직결된 문제였다. 이미 국가체제를 갖추고, 국가 간의 경쟁이 본격화된 상황에서는 불가피했다.

그렇다면 고조선문명권을 포함한 동방문명권 내지 동아지중해권 내부에서 각 생활 공동체, 또는 정치체들은 상호 간에 필요한 존재였다. 생활에 필요한 물품들은 필요의 원칙에 따라 정치력과는 무관하게 심지어는 적대관계에 있더라도 무역을 할 수밖에 없었다. 그리고 이러한 무역과 물류는 육지의 각종 도로와 수로망, 해로, 즉 '해륙 교통망'48)을 통해서 이루어졌다.

다섯째, 국제질서의 진입과 발달된 외국문화의 수입이다.

문화는 주변의 지역들과 물자, 기술, 문화, 사상 등 다양한 분야에서 활발한 교류가 있어야 양적으로 풍성해지고, 질적으로 성숙해지며 발전한다. 기원을 전후한 시기에 이르면 유라시아 세계와 동아시아 세계는 자체는 물론 이 상호 간의 관계에도 변화가 있었다. 페르시아제국, 그리스를 거쳐 로마제국, 파르티아제국, 월지, 흉노제국, 중국 등의 거대한 국가들이 직접적으로 교류하거나 충돌을 하고, 여러 지역 간 활발하게 무역을 하는 시대로 변화하였다. 특히 문화의 교류는 양적·질적으로 급속하게 신장하였다.

한 제국과 중화문명은 서쪽으로 실크로드를 통한 서아시아까지 이어지는 대륙 유라시아의 문화와 함께 남쪽으로는 동남아시아의 여러 지역

---

48) 로(路, road)와 망(網, network)은 체계와 역할, 의미가 다르다. 상세한 내용은 다른 논문에서 언급하였다.

과 인도를 포함하면서 서아시아 지역까지 이어지는 해양유라시아의 문화를 수용했다. 뿐만 아니라 북방의 초원 유목문화 및 동방의 문화 또한 수용하면서 국제적인 정치체, 문명으로 성장하였다. 위만조선이 멸망한 이후에 고조선문명권은 비자발적이지만 이러한 한나라 문화의 영향을 많이 받았다. 주민과 문화, 정치체들은 한나라를 통해서 공간적으로는 북방 초원문화와 실크로드상의 유라시아 지역과 간접 교류를 하였고, 심지어는 그들 사이에 벌어지는 역학관계에도 영향을 받았다.

그러한 국제 질서의 거대한 변화를 파악하고, 적절하게 이용해서 시도된 것이 고조선의 계승을 표방하면서 등장한 신정치세력들의 성장이다. 특히 고구려는 중국의 잔재세력들을 몰아내고, 이미 서기 1세기 중엽인 모본왕과 태조대왕 때 요동·요서 지역으로 진격하여 영토를 넓히는 전쟁을 계속하였다. 이것은 고조선 땅을 회복하고 계승함으로써 정통성을 확보하려는 의도도 있었을 것이다. 북한 역사학은《전사》에서 고구려가 건국 초기에 주변의 소국들을 공격하여 정복하는 일을 고조선 세력을 결집하는 행위라고 해석하고 있다. 고구려가 초기부터 강국이 되고, 후한과 전쟁을 벌이는 힘은 유라시아 세계의 일원으로서 그 힘의 역학관계를 효율적으로 활용한 결과였다. 이는 남쪽의 소국들도 마찬가지였다.

# 3. 고조선문명의 계승과 고구려

한국 역사 속에서도 후발 국가들이 선행국가들을 계승했다고 자처한 예는 흔히 발견된다. 부여는 북부여, 동부여, 홀본부여, 갈사부여 등 끊임없이 이름을 계승하면서 신흥국가들로 재탄생했다. 백제는 홀본부여를 탈출하여 남쪽지역에서 건국한 국가임에도 불구하고, 부여의 계승성을 시조신앙(동명제의)의 실천, '남부여'라는 국호의 사용 등을 통해서 실현해 갔다. 고구려 또한 멸망한 이후에 소고구려, 후고구려 등을 세워

복국전쟁을 전개하였다.

발해 또한 고구려 계승의식을 대내외에 과시하였다. 제2대 무왕인 대무예(大武藝)는 일본의 쇼무(聖武)천황에게 보낸 국서에서 고구려[49]의 옛터를 회복하고, 부여의 옛 습속을 가졌다[50]고 썼다. 제3대 문왕인 대흠무는 국서에서 "고구려의 왕 대흠무가 말하노라(高麗王大欽茂言)"고 선언했다. 또 국서에서 고구려와 동일하게 '천손(天孫)'으로 자칭했다. 일본 또한 "발해는 옛날 고구려이다(渤海郡者 舊高麗國也)"[51]라고 하여 고구려를 계승하였음을 인식하였다.[52]

후삼국시대에 후백제는 백제를 계승한다는 인식을 지니고 있었고, 견훤은 실제로 이를 표방하여 국명으로 정했다.[53] 궁예 역시 나라를 세우면서 고구려의 복수를 한다는 인식을 지니고 있었으며, 국호를 고려라고 정했다.[54] 고려는 국명 또는 왕건이 가계를 표방할 때도 고구려와 관련 있고, 고구려를 계승한다는 인식이 있었다.[55] 특히 원나라의 지배기에 들어서서는 역사를 기술하면서 중국과는 전혀 다른 천하가 있었다는 인식을 표방하고, 고조선과 단군을 상고사에 첫머리에 실었다.[56] 심지어는 조선도 시원국가 및 선행국가와의 계승성을 중요시하였다. 태조 때에 이미 단군과 기자사전을 정비하였고,[57] 단군사당을 건립하기도 하였다. 조선을

---

49) 원문에 '고려(高麗)'라고 되었지만 고구려를 뜻한다.

50) 《속일본기》神龜 5년 1월 17일조 '復高麗之舊居 有扶余之遺俗'

51) 《속일본기》神龜4년 9월 12월 29일조.

52) 발해는 멸망한 이후에 복국운동을 펼쳤다. 후발해국이 세워졌다가 935년에 멸망했고, 그 후에도 정안국(定安國), 올야국(兀惹國), 흥료국(興遼國), 대원국(大元國, 대발해大渤海) 등을 세웠다.

53) 《삼국사기》권 2 紀異 후백제 甄萱.

54) 《삼국사기》권 50 열전 弓裔傳.

55) 최병헌, 〈고려시대 단군신화 전승문헌의 검토〉, 《단군 그 이해와 자료》, 서울대학교출판부, 1994 참고.

56) 김성환, 〈高麗 後期의 檀君認識〉, 《단군학 연구》4, 2001, pp.38~55.

57) 姜萬吉, 〈李朝時代의 檀君崇拜－實錄記事를 中心으로－〉, 《李弘植博士回甲紀念韓國史學論叢》, 신구문화사, 1969.

소위 고조선과 연결시키고, 계통성을 지니고 있다는 인식은 보편적이었다.[58] 하지만 조선은 단군의 조선이 아니라 기자의 조선이라는 인식이 강했다. 훗날인 1897년에 고종은 국명을 대한제국으로 선포하였다. 이것은 '한' 계승성을 표방한 행위였다. 그만큼 우리 역사에서 선행국가를 계승했다는 의식은 중요했고, 그것을 실제로, 구체적으로 표방했다.

고구려가 고조선 계승을 실현한 나라로서 그 위상과 역할이 얼마나 중요했고 미묘한 문제였는가는 이에 대한 현대까지 이어지는 중국과 일본의 인식 태도와 역사 기술을 보면 알 수 있다. 1940년대에 김육불(金毓黻)은 '고구려 일족은 본래 부여에서 나와, 우리 중화민족의 한 부분이 되었는데, 지금 동북 국경지방에서 가장 먼저 나라를 세웠다'[59]고 하였다. 그 뒤 손진기(孫進己)의 《동북민족사고》(東北民族史稿), 장박천(張博泉) 등의 《동북역대강역사》(東北歷代疆域史), 담기양(譚其驤)의 《중국화중국역대강역》(中國和中國歷代疆域), 장박천의 《동북지방사고》(東北地方史稿), 설홍(薛虹) 등의 《중국동북통사》(中國東北通史), 옹독건(翁獨健) 등의 《중국민족관계사강》(中國民族關係史綱), 왕중한(王仲翰) 등의 《중국민족사》(中國民族史)는 모두 견해가 동일하다. 고구려족은 중국 고대의 한 민족이고, 고구려국은 중국 고대의 한 지방정권이라는 것이다.

특히 손진기(孫進己)는 〈關於高句麗歸屬問題的幾個爭議焦點〉에서 "우리는 고구려를 중국의 영토라고 본다. 오늘의 국경만 가지고 말하는 것이 아니라 역사 속에서 고구려는 장기적으로 우리나라 중앙 황조(皇朝)에 예속되고 있었다. 고구려인의 후예들도 조선족뿐 아니라 거의 대부분 현재 중국의 각 민족에 속해 있다."라고 하였다. 이는 영토적이고 주민적인 계승성을 인정하지 않고, 당시의 역사적인 상황도 고려하지 않는 태도이다. 중국의 이러한 인식은 발해에 대해서도 동일하게 나타난다. 즉 발해는 우리나라 당 왕조가 관할한 소수민족 지방정권이고,[60] 발해국은 우리나라

---

58) 한영우, 《조선전기 사학사 연구》, 서울대학교출판부, 1989 참고.

59) 金毓黻, 《東北通史》 참조.

60) 楊昭全, 《求是學刊》, 1982-2. '渤海是我國唐王朝轄屬的少數民族地方政權'

소수민족이 건립한 하나의 지방정권이라는 주장이다.[61]

이 글에서는 이러한 문제점을 인식하면서, 정치체로서 고조선은 비록 멸망했지만, 고조선문명권은 우리 민족과 역사, 특히 고구려 문화에서 재생하고 부흥하였음을 세 가지 관점에서 찾아본다.

## 1) 역사적인 관점

고구려의 고조선 계승에 대해서는 민족주의 사학자들의 연구와 주장들이 있었고, 이후에 북한학자들에 의해 수용되면서 적극적인 이론들과 증거들이 발견됐다. 북한은 《통사》 2에서 고구려는 고조선의 생산력과 문화를 계승하였으며, 고구려국의 성립은 고조선 사회 내부의 반노예제 투쟁이자 고조선을 무너뜨린 중국세력을 상대한 반침략투쟁이라고 인식하면서 서술하고 있다. 이후 그것을 《전사》 제3권의 내용에까지 고구려사를 서술하는 기본틀로 사용했다. 또한 고구려는 '동족의 나라 고조선의 옛 땅을 되찾기 위한 치열하고 완강한 세기적인 투쟁을 이끌어간 나라'[62]라는 주장을 하였다.

《위략》에 따르면 부여가 건국하기 이전에도 '고리(索離, 槀離, 藁離, 槀離)국'이 있었다. 《상서》나 《일주서》 등을 보면 서기전 12세기에 '구려(句驪)'란 나라가 주(周)나라와 교섭을 하였다. 북한에서는 구려가 서기전 277년에 건국하였다는 주장[63]과 함께 구려국(句驪國)이 서기전 5세기경의 국가라는 주장이 있다. 집안시의 북쪽인 대평(大坪)의 오도령 부근에서 발견된 무기단 돌각담 무덤, 세형동검 등은 서기전 5~4세기의 것으로 고구려의 것과 유사하다.[64] 이들 세력들과 부여 또는 고조선이 어떠한 관

61) 嚴聖欽, 《社會科學輯刊》, 1981-2, '渤海國是我國少數民族建立的一個地方政權'
62) 손영종, 《고구려사》, 과학백과사전 종합출판사, 1990, p.63.
63) 강인숙, 〈구려국에 대하여〉, 《조선 고대 및 중세초기사연구》, 교육도서출판사, 1992.
64) 손영종, 위의 책, p.14.

계에 있는지 연구가 필요하다. 북한은 1990년대에 들어와 이른바 '대동강 문화론'[65]과 함께 고조선, 부여, 진국 외에 구려국을《전사》의 고대편에 기술하였다. 그리고 고조선은 강상무덤이 축조된 시기(중기 비파형 단검시기)인 서기전 8세기보다 더 먼저인 서기전 10세기경에 성립되었다고 주장하였고, 부여는 서기전 7세기, 구려는 서기전 5세기 이전으로 보면서 고구려의 건국시원을 보다 높이고 있다. 위만조선이 멸망한 이후에 전개된 일반적인 역사적인 상황을 고려한다면 고구려는 그 지역의 선행국가였고 문화의 창조자인 고조선을 계승하였을 개연성이 매우 높다.

그럼 고구려의 건국과 관련하여 고구려인들은 조선 계승성을 어떻게 기록하고 인식하였을까?

고대인들은 건국신화에 자기존재에 대한 해석과 역사적 경험, 목표, 후손에게 남기고 싶은 메세지 등을 표현했다. 고구려의 건국신화는 고구려가 부여를 계승하였음을 알린다. 그런데 부여가 아닌 조선을 계승했다는 사실과 인식을 알리는 기록들도 있다.《삼국유사》의 서술편제는 조선(왕검조선, 고조선)을 최초의 국가로 설정하고, 그 후에 건국한 국가들의 역사를 차례대로 기술하고 있다. 이른바 '조선정통론'이 보인다. 왕력(王曆) 편에는 "주몽은 단군의 아들(朱蒙…鄒蒙 壇君之子)"로 기술하여 고구려의 '조선계승성'을 언급하고 있다. 또한 고조선 조항의 마지막 구절에는 "唐 裵矩傳云 高麗本孤竹國(今海州), 周以封箕子爲朝鮮,漢分置三國, 謂玄菟樂浪帶方(北帶方)"이라고 하여 고죽국과의 관계를 강조했다. 고죽국에 대해서는 앞에서 상세하게 설명하였지만 동이계의 소국으로서 조선과 연관된 것임이 기록들에서 나타나고, 관련된 유물들도 발견되었다.

한편《삼국유사》는 〈단군기〉를 인용하면서 단군이 비서갑(非西岬)의 딸과 결혼하여 부루(夫婁)를 낳았음을 밝히고 있는데, 이는 단군이 곧 해모수라는 인식이다.《제왕운기》또한 "故尸羅 高禮 南北沃沮 東北扶餘 穢與貊皆檀君之壽也."라고 하여 고구려, 신라, 옥저, 부여 등의 국가들은

---

단군의 자손임을 칭했다고 기술하였다. 이어 〈한사군급열국기〉(漢四郡及列國紀)에도 "…三韓各有幾州縣…數餘七十何足徵,於中何者是大國, 先以扶餘沸流稱,次有尸羅與高禮 南北沃沮穢貊膚…世系亦自檀君承."이라는 유사한 내용이 있다. 《제왕운기》는 《국사》의 〈단군본기〉(檀君本紀)를 인용하여 비서갑 하백의 딸이 부루를 생하였다 하고, 또한 송양(宋讓)이 '의단군지후'라고 하여 단군과의 계승성을 주장하고 있다. 《삼국사기》 고구려본기 동천왕 21년(247년)조의 "春二月 王以丸都城經亂不可復都 築平壤城 移民及廟社 平壤者 本仙人王儉之宅也 或云王之都王儉"라는 기사 역시 단군이 평양과 특별한 관련이 있는 인물이라는 인식을 보여준다.

그런데 고구려시대에도 단군에 대한 인식이 있었다는 주장이 있다. 《구당서》에는 "其俗多淫祀 祀靈星神 日神 可汗神 箕子神"[66]이라고 기록되어 있다. 이때 가한이 가진 정치군장적인 의미, 언어학적인 의미를 고려해 가한신(可汗神)을 단군으로 비정하고, 이미 고구려시대에 단군과 기자를 제사했다는 것이다.[67] 가한은 칸(Khan, Gan) 또는 한(Han) 등으로 발음되는 알타이어계 민족들이 임금 또는 국명으로 사용하였다.[68] 그 가운데 하나가 '텡그리칸(하늘임금)'인데, 최남선은 단군을 하늘(天)을 뜻하는 텡그리계 언어라고 주장했다.

한편 중국 측의 사료에도 고구려의 고조선 계승성을 엿볼 수 있는 기록들이 있다. 주나라의 《일주서》(逸周書)에 고구려가 성주(成周, 현 낙양)에서 참여한 성주대회에 참여하였다고 하였다. 《상서》에는 무왕이 동이를 공격할 때 숙신이 와서 축하했다는 구절이 있는데, 공안국(孔安國)은 이를 주석하기를 해동의 여러 이족(夷族)은 구려(駒麗), 부여(扶餘), 한(韓), 맥(貊) 등과 같은 족속인데 무왕이 은(商)나라를 이기니 모두 길이

---

66) 《구당서》 권199 상; 열전 149 상 동이 고려.

67) 한영우, 〈고려와 조선전기의 기자조선〉, 《조선전기사회사상연구》, 지식산업사, 1989. p.232.

68) 윤명철, 〈한국(韓國), 국호의 어원과 의미 분석〉, 《고조선단군학》 36호, 2017.

통하였다고 하였다.[69]《후한서》예전에서는 "濊及沃沮 句驪本皆朝鮮之地也", 곧 예, 옥저, 고구려 등이 모두 조선 땅에 있다[70]고 하여 영토적으로 고조선을 계승하였음을 알려준다. 역시 같은 책의 고구려전에서 고구려는 부여의 별종이라고 하였고, 동옥저전에는 언어가 구려와 대체로 같으며…, 예전(濊傳)에서는 노인들이 스스로 말하기를 구려와 같은 종으로서, 언어와 법속이 대체로 비슷하다고 하였다. 결국은 해당된 국가들이 존속하고 있었던 당 시대에 부여, 고구려, 동옥저, 예는 종족적으로 동일하거나 유사한 집단임을 스스로는 물론이고, 중국인들도 인식하고 있었던 것이다.

《수서》배구열전,《구당서》및《신당서》배구열전,《삼국사기》고구려 본기의 영양왕조에는 고구려 사신과 수양제가 동돌궐의 칸인 계민가한(啓民可汗)의 장막에서 만난 내용이 기술되어 있다. 그런데 이 문장에 고구려의 땅은 본래 고죽국이라는 글이 있다. 역시 고죽국과 고구려 사이의 영토적인 계승성을 인식하고 있는 대목이다. 한편《괄지지》(括地志)에는 '평양성은 본래 한의 낙랑군 왕험성으로서, 옛 조선'이라고 하였다.《구당서》고구려전은 고구려의 도읍인 평양성이 한 낙랑군의 옛 지역이라고 표현하였으며,《통전》은 고구려 도읍인 평양성은 옛 조선국 왕험성이라고 하였다. 이들은 고구려의 후기 수도였던 현재 평양지역을 낙랑과 연결시키려는 의도가 작용한 결과이겠지만, 역시 평양을 매개로 삼은 조선과 고구려의 계승성은 여러 사료에서 언급되고 있다. 가장 결정적인 증거는 당나라시대의 금석문인《천남산묘지명》(泉男産墓地銘)에 "동명의 후예가 참으로 조선을 세워 호를 위협하고 맥을 제어하여 서주와 통하고 연을 막아 지켰다(東明之裔, 寔爲朝鮮, 威胡制貊, 通徐拒燕)"고 한 것이다.

이렇게 고구려인들이 스스로 기록한 금석문과 후대의 기록들, 중국인들의 기록들을 종합적으로 살펴보면 고구려는 부여와 조선의 계승의식이

---

69) 이 부분에 대하여는 윤내현의 설들이 참고 된다.

70)《후한서》권85, 동이열전 濊傳. "濊及沃沮 句驪本皆朝鮮之地也."

분명히 있었다. 부여와 고조선의 관계에 대해서는 다양한 견해가 있으나, 이 책에서는 일반적인 견해를 수용하여 부여는 조선과 깊은 관련이 있으며, 고조선의 정치체제에 속해 있을 가능성이 크다는 인식을 전제로 논리를 전개하였다.

### 2) 고고학적인 관점

고고학적인 관점으로 유적과 유물을 통해서 고구려의 조선계승성을 증명할 수 있다. 그 가운데 묘제를 보존하고 형식을 계승하는 일은 유효성이 있다. 역시 다양한 설이 있지만,[71] 일반적으로는 고조선의 기본적인 무덤양식은 지석묘이며, 고구려 전기의 기본적인 양식은 적석묘로 알려져 있다.

고인돌은 기원 문제와는 별도로 고조선의 전 '영역'에서 발견되고 있다. 요동지역에는 남단 개주시(盖州市)의 석붕산(石棚山) 고인돌을 비롯하여 비교적 큰 규모의 고인돌이 약 100여 기가 존재하고 있다. 현재의 남만주 일대인 고구려의 중심영역에서도 고인돌은 많이 발견되고 있다. 《통화현 문물지》에는 고구려 이전의 청동기시대 묘제인 입봉(砬縫) 고인돌〔石棚〕과 서강(西江) 묘지 두 곳을 소개하고 있다. 《통화시 문물지》에는 고구려 이전의 고분으로서 서산(西山)의 남파(南坡)묘군은 원시사회의 무덤이고, 금창(金廠) 남두둔(南頭屯)에는 고인돌이 두 곳 있다고 소개하였다. 또한 무송현(撫松縣) 송교향(松郊鄉)에는 무생(撫生) 고인돌이 있다. 유하현(柳河縣) 난산향(蘭山鄉)의 야저구(野猪溝) 고인돌, 선가점향(善家店鄉)의 삼괴석(三塊石) 고인돌, 태평구(太平溝) 고인돌(이 지역에 또 석관묘가 있다), 안구(安口)의 대사탄(大沙灘) 고인돌, 장안(長安) 고인돌,

---

71) 고인돌의 소개, 분포 범위 등의 이해는 河文植, 《古朝鮮 地域의 고인돌 연구》, 백산자료원, 1999; 허옥림 지음/ 최무장 옮김, 《요동반도 고인돌》, 백산자료원, 2010 참조. 연구사 정리는 김병곤, 〈고조선사에 보이는 지석묘사회와 그 장의 성격 변화〉, 《洪景萬교수 정년기념 한국사학논총》, 경인문화사, 2002를 참고하였다.

태평천(太平川) 집안둔(集安屯) 고인돌 등이 있다.[72] 이들 고인돌이 분포
한 지역은 모두 고구려가 초기에 성립된 지역이다.

고인돌은 한반도의 서북지방, 황해도 일대, 그리고 남으로 내려오면서
크기와 형식은 다르지만 골고루 있다. 북한은 평양 일대는 고인돌의 발원
지로서 기원과 관련되는 초기의 시초형부터 중기형, 말기형에 이르기까지
다양한 형식이 다 보인다고 발표하였다.[73] 그런데 고인돌과 고구려의 전형
적인 양식인 적석묘는 축조의 시간적인 격차가 있지만, 유사한 지역에서
발견된다. 즉 지역적인 계승성을 지녔음을 보여준다. 한편 변형고인돌을
토대로 해서 고구려의 적석총이 시작되었다는 견해도 있다.[74]

진대위(陳大爲)의 《遼寧境內 高句麗 遺迹》에 따르면 요녕성의 고구려
고분은 주로 태자하(太子河), 혼하(渾河), 청하(淸河) 상류 및 혼강(渾江)
중·하류와 부이강(富爾江) 유역의 양쪽 강안에 분포되었다.[75] 양지룡(梁
誌龍)·왕준휘(王俊輝)는 《遼寧 桓仁出土 靑銅遺物墓及相關問題》에서 "환
인의 청동유물과 고분은 서한 시기 또는 약간 이른 시기에 집중되어 고
구려의 부흥 시간과 접근하거나 이어져서 고구려의 초기 문화에 작용과
영향을 일으켰다. 이는 고구려의 초기 문화를 연구하는 데 무시할 수 없
는 중요자료이다."라고 하여 고구려 계승성을 시사하고 있다.

한편 허옥림(許玉林)·최옥관(崔玉寬) 등은 단동(丹東)시 봉성현(鳳城
縣) 동산(東山) 내석개묘군(大石蓋墓群)을 보고하였는데, 지금부터 약
3000년 떨어져 있고, 이것이 고구려의 선인(先人)과 관련 있는지는 더욱

---

72) 孫進己, 〈中國 高句麗 考古硏究에 對한 綜合考察〉, 《高句麗硏究》 12(高句麗 遺蹟
    發掘과 遺物), 고구려연구회, 2001.
73) 석광준, 〈평양은 고대문화의 중심지〉, pp.75~76.
74) 三上次男, 《滿鮮原始墳墓の硏究》, 吉川弘文館, 1961, pp.204~208.
75) 辛占山은 《遼寧境內高句麗城址的考察》에서 고분들이 모두 혼강(渾江) 및 그 지
    류 부근에 있고, 그 가운데 오녀산(五女山) 아래의 동남부에 제일 밀집해 분포되
    어 있으며, 고력묘자(高力墓子), 혼강의 고분 형식은 원구식(圜丘式) 적석묘와 계
    단식 적석묘가 주를 이루는데, 이는 모두 고구려 초기 고분의 특징이라고 말하
    고 있다.

고증해야 한다고 말하였다.[76] 그런데 고인돌이 많이 발견되는 지역인 대련시 감정자구(甘井子區)의 사평산(四平山)과 여순시의 노철산(老鐵山), 장군산(將軍山) 등지에서도 적석묘는 비교적 일찍부터 만들어졌다. 이 지역에는 고조선의 적석고분인 강상무덤과 누상무덤 등이 있는데, 이는 무기단 적석총과 연관이 있다고 주장한다.[77] 반면에 고구려에서 적석총이 초기에 등장한 시기가 서기전 2~3세기이기 때문에 시간적으로 간격이 지나치게 크다는 점이 문제라는 견해도 있다.[78]

그런데 두 형태의 묘제는 지역적인 일치성 외에 형식면에서도 관련성이 있는 듯하다. 석실묘는 고구려의 대표적인 묘제인데, 그 기원 문제를 중국학계에서 대략 세 가지 의견으로 정리하였다. 첫째, "고구려 석실묘의 기원은 당연히 석붕묘(지석묘)-석관묘를 계승 발전하였다", 둘째, "적석묘는 자생 발전되어 나타난 것이다", 셋째, "석실묘의 기원은 한문화의 영향을 받았거나 또는 직접 한문화를 받아들여 나타났다"[79]고 하여 고인돌이 석실묘와 관계 있을 가능성을 열어두고 있는 것이다.

그런데 근래에는 고구려의 전기 핵심지역인 혼강 중·하류와 태자하, 혼하 상류의 요동지구에서 고인돌(大石棚)을 이어 대석개, 석개적석, 석관를 위주로 한 단검이 있는 청동시대 고분이 많이 발견되었다. 대표적으로 신빈현 남잡목(南雜木), 영능향 포가촌(包家村) 북쪽 산의 석관묘, 환인현 사도하자향의 대전자 석관묘 무덤떼, 본계현(本溪縣)의 이도하자 석관묘, 봉성현의 서혁가보(西赫家堡) 석관묘 등이 있다.[80] 이를 고려할 때 적석묘와 고인돌은 시간적으로 계승성이 있었을 가능성이 높다.

---

76) 孫進己, 앞의 논문, 2001 참고.

77) 리지린·강인숙, 《고구려문화》, 사회과학출판사, 1973, p.43.

78) 이남석, 〈북한의 고구려 고분연구 현황〉, 《북한의 고대사 연구와 성과》, 대륙연구소, p.194.

79) 孫仁杰, 〈高句麗 石室墓의 起源〉, 《高句麗 遺蹟發掘과 遺物》, 학연문화사, 2001, p.371.

80) 〈漢 이전 동북 '맥'족에 관한 고고힉적 문화적 고찰(關于漢以前東北 '貊' 族考古學文化的考察)〉이란 논문 부록의 도표를 통해 상세하게 살펴볼 수 있다.

또한 동달(佟達)·장정암(張正岩)은《遼寧省 新賓縣 黑溝 高句麗 早期 山城》에서 "이 구역에서 석붕(고인돌)과 소형 적석묘를 발견했는데, 그 가운데 소형 적석묘는 고구려 초기 고분의 특징을 가지고 있다"고 제기하고 있다. 장백(長白) 조선족 자치현에는 고구려 이전의 고분으로서 십사도구(十四道溝)의 전참(電站)묘군, 금화(金華)의 동강(東江)묘장, 십일도구(十一道溝)의 합천(蛤川)묘장, 십사도(十四道)의 구간구자(溝幹溝子)묘군이 있는데, 모두 청동기시대에 속한다. 정우현(靖宇縣)에는 고구려 이전의 고분으로 유수림자(楡樹林子) 고분이 있는데, 산정수혈암(山頂竪穴岩) 석묘에 속한다. 연변 지구에서는 고구려 고분을 발견하지 못하였고, 모두 청동기시대의 고분과 옥저인의 고분이다.[81] 그런데 고구려가 건국하기 이전에 있었던 고분과 옥저인 등의 고분으로 알려진 것들은 고구려와 깊은 관련이 있을 것이다. 왜냐하면 문헌과 역사상에서 나타난 고구려와 옥저는 종족적이고 문화적인 유사성 때문이다.

또한 통화시 만발발자(萬發撥子, 속칭 왕팔발자王八脖子) 유적을 주목할 필요가 있다.[82] 왕면후(王綿厚)는 다음처럼 주장한다.[83] 압록강 중류와 혼강 중류의 유적지로서 '2강' 유역이 있다. 3, 4기의 유적지는 요동맥(맥이)의 문화유지이다. 이 유적의 '제4시기'를 대표로 한 석실 화장묘는 "길림성 남부에서 전국시대 말기부터 한나라 초기까지 만들어진 고분의 보편적인 특징이다. 적석묘, 계단식 적석묘는 고구려시기의 일종의 특수한 화장습속"이라고 하였는데, 그 결론은 기본적으로 정확하다. 보충해야 될 것은 대석개묘, 석관묘, 적석묘와 화장습속을 대표로 한 춘추전국시대부터 한나라 초기까지의 고분형식은 혼강의 중·상류인 길림성 남

---

81) 孫進己,〈위 논문〉, p.52.

82) 이 유적은 1950년대에 발견되어 현재까지 발굴을 계속하고 있다. 필자가 여러 경로를 통해서 입수한 자료에 따르면 이 유적은 고구려 선대 및 고조선 연구와 깊은 관련이 있다.

83) 이 유적과 관련하여 기술한 아래 내용은 王綿厚의〈通化 萬發撥子 遺址에 關한 考古學的 考察〉,《高句麗 遺蹟發掘과 遺物》, 제7회 고구려 국제학술대회 발표문집 인용.

부뿐만 아니라 혼강의 하류와 혼하, 태자하의 상류, 집안, 임강과 요동 산지에도 보편적으로 존재한다. 고구려의 전기 영역과 지역적으로 일치하는 것이다. 전형적인 예는 1978년에 집안시 태평향(太平鄕)의 오도령(五道嶺)에서 발견한 정방형계단식 적석묘인데 청동단검을 부장하고 있었다.

또한 만발발자 3, 4기의 고분 구조 및 출토된 동단검(銅短劍), 동포(銅泡), 동부(銅斧) 등 동류의 청동기와 기본적으로 같다. 결국 압록강 중류의 임강과 혼강 중류의 만발발자 유지는 '2강' 유역의 전형적인 '고구려 선대' 맥족의 석구(石構) 고분에서 화장 습속을 가진 것과 공통적인 특징이 있다는 것을 보여준다. 왕면후는 "만발발자 4기는 고구려 조기의 토착 유적"이라는 보고서를 긍정하고 "고구려 선대 유적"이라고 다시 부르고 있다. 이어 김욱동(金旭東)이 만발발자 유적의 주된 내용을 분석하면서 "고구려는 부여에서 나왔다(高句麗出于夫餘)"(서산단문화)라는 관점은 고고학적 의의가 부족하다고 지적했다는 글을 인용하면서 부여 계승성을 부인하고 있다.

이러한 묘제에 관한 다양한 견해들을 살펴보면 적석묘(적석총)는 고구려가 성립하기 이전부터 존재해 왔으며, 고조선의 일부 주민들에 의해서 축조되었을 가능성이 있다. 고인돌과 적석묘는 통칭 고조선이라는 역사시대에 유사한 지역에서 한시적이고 부분적으로 교차하고 있었을 수도 있다. 그런데 북한은 최근에 발굴된 단군의 무덤이 고구려 양식과 동일한 것은 고구려 사람들이 자기들의 시조인 동명왕(고주몽)을 단군과 함께 숭배한 것이라는 주장을 하고 있다.

북한에서는 이러한 형태의 적석총이 발생한 시기를 서기전 3세기경으로 보는데, 이는 독로강 유역의 노남리(魯南里), 심귀리의 적석총을 근거로 편년한 것이다. 정찬영은 강돌로 만든 적석총을 서기전 2세기경에 출현한 양식으로 보았다.[84] 참고로, 북한은 노남리 유적을 서기전 3세기 이

---

84) 정찬영, 〈기원전 4세기까지의 고구려 묘제에 관한 연구〉, 《고고민속론문집》 5, 사회과학출판사, 1973.

전의 문화층이라고 한다. 또한 운평리(雲坪里) 4지구 8호 무덤에서 나온
주머니식 쇠도끼는 고조선시기의 버선코모양 청동도끼〔銅斧〕, 구려국의
오도령(五道嶺) 구문묘(溝門墓)에서 나온 버선코모양 청동도끼, 로남리유
적 웃문화층과 북창군(北倉郡) 대평리(北倉郡)의 초기 고구려유적에서 나
온 쇠도끼와 생김새가 같다는 점을 고려하여 서기전 3세기경의 유물로
인정하고 있다.[85] 이는 결국 고구려가 고조선을 시간적으로 단절 없이 계
승했다는 인식을 반영하고 있다.

한편 무덤의 기능이라는 측면에서도 살펴볼 필요가 있다. 중국은 초기
에는 고인돌을 일종의 종교기념물이나 제사기능을 하는 장소로 인식하였
다. 석묘자(石廟子), '석붕묘(石棚墓)'라고 부르는 것은 이러한 의미와 관련
이 있을 것이다.[86] 그러나 후에 발굴이 이루어지면서 무덤의 기능을 하였
음을 알고 나서는 고인돌은 제단과 무덤의 기능을 동시에 갖고 있다고 이
해하고 있다. 실제로 요녕지역에서 발견된 고인돌 가운데에는 조영위치도
좋고, 지석과 개석에 기호와 신상이 새겨져 있다.[87] 북한지역도 은률의 관
산리와 운산리, 배천의 용동리, 용강 석천산에서 조사된 지석묘 등은 조
영상의 특징 면에서 제단의 기능을 겸비한 것으로 보기도 한다.[88]

그런데 적석곶묘(積石串墓) Ⅱ,Ⅲ식에서 '묘설(墓舌)'이라는 형식이 발견
되고 있다. 적석묘의 아래 비탈 묘역변에 쌓은 것인데 방형, 반원, 반원형
계단식이 있다. 유실의 방지라는 토목공학적인 관점 외에 제사시설이라
는 견해도 있다.[89] 근래에 압록강 중류 좌안의 북한 경내인 자강도(慈江
道) 초산군(楚山郡), 만포시(滿浦市) 등지에서 많은 고구려 적석묘가 발굴
되었는데, 무덤 언덕에 낮은 제단 시설이 발견되고 출토 유물도 사람들의

85) 석광준, 〈고구려고고학의 새로운 성과〉, 사회과학원 고고학연구소.
86) 이에 대한 소개는 하문식, 앞의 책, pp.275~278 참고.
87) 許玉林, 《遼東半島 石棚》, 1994.
88) 김병곤, 앞의 논문, p.23.
89) 孫仁杰, 〈高句麗串墓的考察與研究〉, 《高句麗研究文集》, 延邊大學出版社, 1993.

주목을 끈다.[90]

그런데 운평리, 송암리 등의 지역에서 일본의 전방후원분의 원형이 있다는 주장이 북한이나 일본 등에서 나왔다. 고구려의 무덤에 제단시설을 갖춘 형태가 있었다면 천손사상과 조상숭배를 표현한 것이며, 이는 고인돌의 제의기능과 연관이 있을 가능성이 있다. 참고로 장군총의 개정석 위에 건물이 있었다. 이를 이형구(李亨九)는 동이계(東夷系)의 '형당설(享堂說)'을 주장했고, 신영훈(申榮勳)은 '불탑설(佛塔說)'을 제기했다. 집안 외곽의 4회분들 위에 개석들이 덮여져 있는 사실, 또 고구려의 무덤에 '묘상입비(墓上入碑)'라고 하여 돌을 올려놓은 것 등은 일련의 연관성을 시사하고 있다.[91] 필자는 장군총이 고구려 건국자인 주몽을 모시는 신전(神殿) 또는 주몽의 무덤일 가능성을 여러 지면을 통해서 제기해 왔다.[92] 그런데 2004년 이후에 중국이 집안지역에 있는 왕릉급 유적들을 재조사하는 과정에서 고분의 뒷분에 대형 제단시설이 갖추어져 있음을 발견하였다.

다음으로 중요한 것은 고분에서 출토된 무기와 토기이다. 이는 고조선의 문화는 물론 담당자인 주민들, 그리고 영역까지 추정할 수 있는 지표가 된다. 북한의 주장에 따르면 고조선의 첫 시기는 서기전 8~7세기 미송리-강상시기라고 부르는데, 비파형 단검을 특징으로 하고 있다. 두 번째 시기는 서기전 7~5세기 묵방리-루상시기로서 전형적인 것과 함께 변형 비파형단검이 있다. 묵방리 유형의 변형 고인돌은 서북조선과 요동지방의 문화적 공통성을 잘 보여주며, 두 지역 사이의 연계가 다른 어느 지방과도 깊었다는 것을 보여주고 있다.

특히 미송리형 토기는 요동 비파형 단검문화의 주인공과 관련하여 주목받게 되었다. 이 시대를 대표하는 토기로서 독특한 모양을 갖추고 있

---

90) 柳嵐, 〈高句麗 積石串墓硏究〉, 《高句麗 遺蹟發掘과 遺物》 제7회 고구려 국제학술대회 발표문집, p.488.

91) 필자는 1994년 직접 올라가서 확인한 바 있다. 윤명철, 《말타고 고구려가다》, 청노루, 1995, pp.246~247.

92) 윤명철, 〈壇君神話 해석을 통한 장군총의 성격 이해〉, 《단군학연구》 19호, 2008.

다. 서쪽으로는 요하-대릉하선에서부터 한반도에서는 두만강 유역, 압록
강 유역, 청천강 유역 그리고 대동강 유역 및 황해도 지역에 분포되었다.
특히 압록강 유역에는 신암리·미송리·용연리 유적이 있다. 그런데 미송
리형 토기를 동반하는 청동기문화는 후기에는 주변으로 확산되어 길림의
서단산문화와 대동강 유역의 팽이형 토기에도 영향을 주었다.[93]

북한에서는 근래에 들어서서 '요동중심설'을 수정하면서 팽이형 토기
를 주목하고, 이것을 고조선문화로 보는 견해가 제시되고 있다.[94] 박진욱
은 비파형 동검문화를 고대 조선족 전체의 문화로 보고 있다. 그리고 분
화를 시도하여 요동·서북조선의 비파형 단검문화는 고조선문화, 즉 예족
의 문화로 보고, 요서지방·길림-장춘지방 등 두 지역의 비파형 단검문화
는 맥족문화로 보고 있다.[95]

세죽리-연화보류형 유적은 서북조선문화로서 좁은 놋단검 관계 유적
이 발견된다. 이 유적은 서기전 1000년 전반기의 고조선문화를 계승 발
전시킨 서기전 3~2세기의 고조선문화이다. 집안에서 고구려 이전의 청동
단검이 방단계제적석묘(方壇階梯積石墓)에서 발견되었는데, 상한은 서기
전 3세기 말이며 하한은 서기전 1세기 초이다. 이렇게 동검은 비파형에서
세형으로 변해가면서 고조선문화가 고구려로 계승되었음을 시사하고 있
다. 그 외에도 고구려가 급속하게 대두한 이유를 고조선 사람들의 제철기
술을 고구려인이 이어받아 높은 단계로 끌어올려 생산력을 발전시킨 결
과로 인식한다.[96] 즉 고조선의 제철 주조유적인 세죽리-연화보류형 유적
을 계승한 것이 고구려의 시중군 로남리의 단조유적이며, 바로 기술의 계

---

93) 徐榮洙·金希燦, 〈미송리형 토기와 청동기시대 유물에 대하여〉, 《고구려연구》 5,
    1998, p82.
94) 徐榮洙·金希燦, 위 논문, p.99.
95) 박진욱, 〈비파형단검문화의 발원지와 창조지에 대하여〉, 《비파형단검문화에 관
    한 연구》, 1987; 황기덕, 〈비파형 단검문화의 미송리류형 -3.미송리류형문화의
    주민-〉, 《조선고고연구》 1990-1에서 비파형동검문화의 주인공을 예·맥족으로
    주장하고 있다.
96) 리지린·강인숙, 《고구려문화》, 사회과학출판사, 1973, pp.11~17.

승이 이루어졌다는 것이다.[97]

### 3) 사상적인 관점

계승성이라는 관점에서 사상적인 체계는 중요하다. 고대는 현대처럼 이데올로기를 지향하는 사회가 아니므로, 신앙이나 세계관 등이 절대적인 요소는 아니지만 계승성 여부를 살펴보는 '지표'가 된다. 특히 자신들의 존재 이유, 탄생의 과정, 지향성을 등을 밝힌 건국신화는 매우 중요하다. 특히 지배계급으로서는 신흥국가의 정통성과 권력소유의 명분을 제공하기 때문에 의미가 더욱 크다. 두 나라의 건국신화인 단군신화와 주몽신화를 비교하므로써 그 구조적 관계, 각종 신화소의 유사성, 세계관 등을 통해서 고구려의 고조선 계승성 여부를 살펴보고자 한다.

고조선과 고구려의 건국신화는 그 나라 및 역사의 비중에 걸맞게 시대를 달리하는 각종 기록에 다양한 형태로 기술되어 있다. 즉 일연의 《삼국유사》에 기록된 단군신화와 이규보의 《동국이상국집》에 실린 동명왕편이다. 이 두 편을 토대로 다른 자료를 일부 활용하고, 아울러 고분벽화의 부분적인 관찰과 해석도 응용할 예정이다.

'조선'은 우리민족의 시원국가이다. 따라서 조선의 건국자인 단군(壇君)의 존재와 탄생과정 등을 표현한 단군신화는 '시원(始原)신화'이다. 시원신화는 앞에서 살펴본 바처럼 집단의 정체성을 형성하는 데 가장 중요한 요소이다.[98] 단군신화는 철저히 조직적으로 구성되어 있고 자신의 논리를 치밀하고 정확하게 표현한다. 특히 분석의 대상으로 삼은 《삼국유사》의 고조선 조항에 기록된 단군신화는 이승휴의 《제왕운기》에 실려 있는 단군신화 및 기타 기록과 몇 가지 면에서 차이가 있다. 신화적으로 기술한 부분은 "昔有桓因부터 號曰壇君王儉"까지이다. 이 부분은 전체문장

---

97) 全虎兒, 〈고구려 중심의 三國時代觀〉, 《한국사 시민강좌》 21, 일조각, 1997, p.69 에서 정리.

98) 윤명철, 〈근대사관 개념으로 분석한 단군신화〉, 《경주사학》 10집, 1989 참고.

이 3부의 구조로 되었고, 내부에 24개의 주요한 신화소로 구성되어 있다. 1부는 천손강림신화이고, 2부는 지모신 신앙이며, 3부는 2개의 이질적인 신앙 내지 문화가 습합하는 과정과 '단군왕검'으로 상징되는 통일체를 완성하는 대단원이다.[99]

1부는 천손강림신화로서 '석유환인'부터 재세이화까지를 나타내고 있다. 천손이 내려오는 내용이므로 천숭배집단의 문화적 특성을 보여주는 다양한 신화소가 신화 전체에서 반복·중첩되면서 표현되고 있다.[100] 이러한 하늘숭배는 구체적인 대상체로서 '해〔太陽〕'에 대한 신앙으로 나타난다. '삼위태백(三危太伯)', '태백산정(太伯山頂)' 등의 태백은 하늘 혹은 해와 관련이 깊다. 2부는 지모신(地母神) 신앙으로서 '時有一熊一虎 同穴而居'이다. 웅(熊)은 생물학적인 의미의 곰만을 의미하는 것은 아니다. 생산의 중요성이 강하게 되면서 곰은 이제 대지를 상징하는 신적인 의미를 가진 여성의 성격을 띠게 되었다. 즉 지모신을 표상하게 되었다.

3부는 "常祈于神雄~號曰壇君王儉" 부분으로서 천손인 환웅과 지모신인 웅이 결합하여 금기와 중간 단계 예비상황 등 변증법적 인식과 행위를 통해서 단군왕검이 탄생하는 과정이다.

단군신화에 표현된 이러한 인식과 의례행위를 계승한 고구려는 당대의 사료와 금석문, 예술작품, 건축물, 그리고 이를 실천하려는 역사적 행위를 통해서 표현히였으며, 동맹(東盟)·서옥제(婿屋制) 등을 통해서 실제생활에서 재현하였고, 그 후에도 전수되어 우리의 혼인풍습에 영향을 끼쳤다. 하지만 가장 대표적인 것은 역시 건국신화이다. 고구려인들은 그들의 건국과 탄생 과정, 그리고 발전기의 시대정신을 건국신화에 충실하게

---

99) 尹明喆, 〈壇君神話에 대한 구조적 분석〉, 《한국사상사학》 2집, 1998에서 상세하게 논하였다. 아래 글에서 전개하는 단군신화의 논리와 구조는 이 글을 토대로 기술하였다.

100) 宋恒龍은 〈한국고대의 道敎思想〉, 《철학사상의 제문제》, 정신문화연구원, 1984, p.245에서 "단군신화는 우리 고대인이 가졌던 하늘에 대한 신앙 곧 천사상을 드러내고 있는 신화라 할 수 있다"고 하였다.

반영하였다.

고구려의 건국신화는 흔히 주몽신화라고도 부르고 있는데,[101] 여러 곳에서 나타나고 있다. 《삼국사기》, 《삼국유사》, 《동국이상국집》의 동명왕편 등 우리사료들과, 《위서》, 《주서》, 《수서》, 《북사》, 《논형》, 《통전》 등이 있다. 그 외에도 그때 사람들이 직접 기록한 〈광개토태왕릉비문〉, 〈모두루묘지문〉(牟頭婁墓誌文) 등 각종 금석문, 무엇보다도 풍부한 고분벽화가 있다. 이곳에 기록되거나 표현된 내용은 문자 표현상에서 약간씩 차이가 있으나 거의 유사하다.

신화적 색채가 가장 풍부한 자료는 이규보가 쓴 《동국이상국집》의 동명왕편이다. 이에 따르면 이 신화의 첫 부분은 역시 천손강림신화의 형태로서 단군신화와 구조는 물론 의미도 동일하다. 고구려인들은 천숭배신앙과 천손민족이라는 자의식, 주체하기 힘들 정도의 자신감을 곳곳에서 다양한 소재와 주제로서 반영했다. 마치 고분의 벽화들을 두루 본 후에 기술한 듯한 느낌마저 들고, 그때까지 고구려의 건국신화가 전승되었음을 추론하게 만든다.[102]

고구려인들은 구체적으로 자연현상인 해를 숭배하고, 해에서 태어났음을 표현하고 있다. 즉 릉비문에는 추모가 '부란강세(剖卵降世)'하였다고 하였는데, 이때 알[卵]은 해를 뜻한다.[103] 연남산의 묘지명에는 "주몽은 해를 품고 패수(浿水)에 임해 도읍을 열었다"라고[104] 하였으며, 그 외 《논형》,[105] 《삼국지》부여조, 《삼국사기》등도 주몽의 탄생이 해와 관련 있음

---

101) 동명과 주몽이 꼭 같은 한 인물이 아닐 가능성이 있으나, 동명이라는 범부여계의 시조 범주 속에 주몽이 포함되는 것은 틀림이 없다.
    吳舜濟, 〈百濟의 東明과 高句麗의 朱蒙〉,《실학사상연구》12, 무악실학회, 1999, p.55.
102) 윤명철, 위 논문, p 222.
103) 李玉,《高句麗 민족형성과 사회》, 교보문고, 1984, pp.138~140.
104) '朱蒙孕日, 臨浿水而開都'
105) 변태섭(邊太燮), 김재붕(金在鵬) 등은 이 난생신화를 남방적인 요소로 생각하고 있으며, 이은창(李殷昌)은 황해 연안에 분포된 동이계의 문화로 보고 있다.

을 기술하였다. 모두루총[106)]의 묘지석에도 "하백지손(河泊之孫) 일월지자(日月之子) 추모성왕(鄒牟聖王)"이란 글과 "하백지손 일월지자 소생(所生)"이라는 글이 반복되고 있다. 고구려인들에게 하늘〔天〕이란 곧 일월이고, 특히 일(日)인 해를 가리키는 용어이면서 개념이었다.

이러한 주몽의 탄생과정은 단군신화에서 웅이 햇빛이 차단된 유폐상태(同穴而居 不見日光百日)에서 일정한 금기와 몇 단계를 거쳐서 이룬 것과 동일하다.

한편 주몽이 탄생하는 데 결정적인 역할을 한 상대적인 존재로서 '수(水)'가 등장하는데, 곧 유화부인이다. 이규보의 《동국이상국집》에 따르면 유화는 웅심산(熊心山) 아래의 웅심연(熊心淵)에서 해모수를 만나, 물가에서 결합을 하였다. 그 후 아비인 하백에게서 버림받은 채로 물속에 있다가 금와[107)]에게 구출되어 주몽을 생(生)하였다. 단군신화에서 '웅'이라는 한자의 우리말 발음인 '곰'은 언어학적으로 '고마'[108)], 즉 알타이어에서 '신(God)'을 뜻하는 고어이다. 백두산을 가리키는 다른 명칭들 가운데 '개마산(蓋馬山)' '개마대산(蓋馬大山)'이 있다. 이때 개마는 바로 고마 등 '굠'계의 언어이다.[109)] 그러니까 웅신산(개마산), 웅심연(개마못)에 있었던 유화부인은 바로 웅녀와 동일한 지모신을 의미한다.

필자가 다른 논문들에서 언급한 바와 같이 두 신화는 구조가 유사하다. 해모수와 유화는 성격, 역할, 신화상의 구조로 보아 환웅과 웅녀의 위치와 동일한 것이다. 주몽은 부계는 천숭배집단이고 모계는 하백신과

---

106) 모두루총은 1935년 5월에 일본인 이토 이하치(伊藤伊八)가 발견하였다. 길림성 집안시 하해방촌 남쪽에 있다. 염모묘라고 불리워지는데 절첨방추형(截尖方錐形)의 봉토 석실묘로서 둘레 70m, 높이 4m이다.

107) 금와는 신화적인 의미로 보면 '달동물(lunar animal)'로서 달신을 상징하며, 결국은 유화부인과 동일한 의미를 지니고 있다.

108) 감계의 언어에 대해서는 양주동의 《增訂古歌研究》, 일조각, 1980 참조.

109) 웅의 언어학적 의미, 지모신적 성격에 대해서는 윤명철, 〈壇君神話에 대한 구조적 분석〉에서 신화소 '웅(熊)' 조항 및 '왕검(王儉)' 조항에 필자의 견해 및 참고사항을 기술하였다.

연결되며, 알을 깨고 나왔으므로 난생신화적인 요소가 있다. 하백 및 유화는 수신이건 지모신이건 간에 구조적으로는 단군신화의 웅과 일치한다. 주몽은 '단군지자(壇君之子)'라고 하여 해모수를 단군으로 파악한 《삼국유사》나 《동국이상국집》은 《구삼국사》, 《고기》 등을 인용했다. 두 신화의 이러한 유사성은 두 집단의 문화적인 계승성이 있었음을 알려준다. 고구려는 영토가 확대되면서 고조선의 영역을 수복하고, 그 과정에서 신앙을 자연스럽게 받아들였다.[110] 고구려가 고조선 문화의 계승성을 갖고 있었음은 신앙이나 제의, 고분벽화[111]에서도 다양한 형태로 나타났다.

그 밖에도 고구려 건국신화를 단군신화와 연결시킬 수 있는 소재는 더 있다고 판단한다. 근래에 고구려 고분벽화에 반영된 단군 관련 소재에 대한 연구가 있다. 북한의 강룡남이 지적한 각저총과 장천 1호분에 묘사된 그림이다. 즉 각저총에는 곰과 호랑이가 신단수로 추정되는 나무 아래에서 장사들의 씨름을 구경하고 있다고 하며, 장천 1호분에서는 나무를 향해 있는 여인을 웅녀와 연결시킨다.[112]

두 신화의 유사성은 언급한 구조적 측면뿐만 아니라 포함하고 있는 세계관과 내적 논리 등도 유사하다. 태양을 상징하는 삼족오[113]는 해모수와 그 혈손인 동명계 왕들을 의미한다. 그 의미는 단군신화의 구조 및 논리, 변증법적 세계관과 관련이 있다. 삼족오는 벽화뿐만 아니라 평안남도 중화군 진파리 1호나 7호 고분에서 출토된 금동관형 투조장식에서도 볼 수 있다.[114] 그 밖에 벽화에 등장하는 다양한 존재물들과 그들의 행위,

---

110) 김성환, 〈단군신화의 기원과 고구려의 전승〉, 《단군학연구》 3, 2000, p.131.

111) 정재서, 〈고구려벽화의 신화적제재에 대한 새로운 인식〉, 《이화여대 인문과학 대학 교수학술제》, 1995 참고

112) 강룡남, 〈단군에 대한 고구려 사람들의 리해와 숭배〉, 《력사과학》 1996-3, p.54~56.

113) 李殷昌, 〈고구려 신화의 고고학적 연구〉, 《한국전통문화연구》 창간호, p.119~124에서 태양사상은 동심원이나 삼족오 등으로 표현되었다는 견해를 나타내고 있다.

114) 李亨求, 〈고구려의 삼족오(三足鳥) 신앙에 대하여〉, 《동방학지》 86, 1994; 김주

그들을 연결시키는 구조를 파악한다면 고분벽화와 단군신화, 또 이규보가 기록한 주몽신화는 매우 긴밀한 관계가 있음을 밝힐 수 있다.

　고구려는 광개토태왕, 장수태왕 시대에 이르러 내적인 발전과 함께 외적인 팽창으로 인한 자기성장, 다종족·다문화국가로서의 변화를 인식하게 되었다. 고구려의 역할과 국가의 탄생과정과 목적 등 자기정체성(identity)을 자각하고 승화시켜 가는 재발견(rediscovery) 시대였다. 천손의식(天孫意識)을 강조하였고, 모델로 삼았던 고조선을 적극적으로 계승하면서 고구려 세계를 재정립(re-foundation)하였다.[115] 비록 건국 시기, 건국한 지역, 주민구성 면에서는 동일성을 충분하게 회복하지 못하였지만, 고구려가 조선적 질서를 재현하였고 고조선을 계승하였음을 알 수 있다. 이러한 논리의 전개는 단군신화를 비롯하여 고조선문명의 모습이 구체적이고 명확하게 전승되지 않는 한계를 안고 있다.[116]

---

　미, 《한(韓)민족과 '해 속의 삼족오': 한국의 일상문(日象文) 연구》, 학연문화사, 2010; 허흥식·이형구·손환일·김주미, 《삼족오》, 학연문화사, 2017

115) 尹明喆, 〈고구려인의 시대정신에 대한 탐구 시론〉, 《한국사상사학》 7집, 한국사상사학회, 1996, pp.227~229.

116) 김성환은 〈단군신화의 기원과 고구려의 전승〉, 《단군학연구》 3, 2000, p.33에서 이러한 원인 가운데 하나로서 고구려인들이 시조를 미화시키는 데 적극 활용하여 용해시켰기 때문이며, 또 한편으로는 고구려 왕실이 출자가 하늘과 연결된 단군신화의 독립된 전승을 용납하지 않았을 가능성도 있다는 독특한 견해를 제기하고 있다.

# 제9장 맺음말

이 책의 주제는 '고조선문명권'의 설정 가능성을 모색하고, 그 증거들을 찾기 위해 어떠한 공간에서, 어떠한 구성원들이, 어떠한 방식으로 활동하였는가를 시간대로 구분하면서 구체적으로 탐색한 것이었다. 아울러 우리 문화와 역사의 실상, 의미, 가치 등을 구체적으로 이해하기 위하여 한 부분인 해양활동의 실상을 규명하는 것이었다. 다만 동아시아의 역사 또는 고조선문명권의 문명과 역사는 육지와 해양이 유기적으로 연결된 공간에서 생성하고 발전하며 붕괴했기 때문에 육지환경 또한 중요한 요소로서 파악하였다. 특히 강(水)의 역할과 기능을 규명하기 위해 만주 및 한반도의 환경을 구체적으로 찾아 소개하고, 관련된 문화와 유적 유물들을 조사하면서 이 책의 연구주제와 연결시켰다. 또한 해양활동과 문화가 고조선의 역사는 물론이고 고조선문명권의 생성과 발전, 붕괴에 어떤 작용을 하였으며, 그 의미는 무언인가를 찾는 작업이었다. 따라서 '해륙사관' '해륙문명론' '해륙교통망' '강해도시론' 그리고 '1산 2해 3강론' 등 필자의 몇 몇 이론들을 토대로 연구를 진행시켰다.

제2장에서는 '문명'에 대한 기존의 몇 가지 이론을 소개한 후에, 우리 문화공간의 특성과 역사발전을 근거로 필자의 이론과 모델을 적용하여 새로운 문명개념을 설정하였다. 그 목적을 위해 역사와 문화를 '거시적'이고 범공간적인 관점, 국가 등 정치단위가 아닌 '질서(system)' '문명(civilization)'의 틀 속에서 살펴보았다.

일반적으로 문명은 '多자연(自然)', '多공간(空間)', '多종족(種族)', '多언어(言語)', '多경제(經濟)', '多문화(文化)', '多경험(文化)'으로 이루어진 성격을 갖고 있으나, 그와 함께 '비중심적', '비조직적', '비가시적'인 현상들로

나타난 문명들의 존재가 있었음을 살펴보았다. 이를 근거로 삼아 고조선
문명권이 설정될 수 있는 논리적인 근거를 마련하였다. 또한 과학적이고,
논리적이며 다양한 연구방식을 도입하고, 적용하였다. 특히 이론을 구체
화시킬 목적으로 몇 개의 해석 모델들을 제시하여 분석의 도구로 삼았
다. 그리하여 역사와 문명을 구성하고 생성시키는 주요한 요인으로서 '공
간' '시간' '주체' '내적 논리'를 선택한 후에, 특히 고조선문명권과 연관하
여 이에 대한 필자의 이론들을 전개하였다.

'공간'은 문명의 생성과 발전의 가장 중요한 요소로서, '자연'보다 더
포괄적이며, 더 강력하게 작동했다. 공간을 기준으로 문명권을 각각 삼림
문명(어렵漁獵 수렵狩獵 채취採取를 포함), 유목문명(초원 산록 사막을 포
함), 농업문명(논 밭 오아시스 포함), 해양문명(어업 항해 포함) 등으로 구
분한 후에 그 특성들을 열거하였다. 또한 고조선문명권의 공간적인 범주
에 대한 기준을 제시하고 몇 몇 소공간으로 유형화 시켰다.

'시간' 또한 중요한 요소였다. 고조선문명권의 시작과 생성, 발전의 단
계 가운데에는 역사적 사실로서 규명하기 힘든 부분들이 있다. 그러나
최근의 문명이론들과 필자가 설정한 문명 이론에 따르면 '문자'라는 정교
한 기호가 없어도, 거대한 문화유산이 부족해도, 발달된 도시와 조직적
이고 체계화된 국가의 유적이 없더라도 문명의 범주에 넣을 수가 있다.
그리고 그러한 역사와 문명의 존재를 '신화'와 '설화' '제의' '민속' 등의 포
괄적인 기호를 분석하고 의미의 부여를 통해서 증명할 수 있다. 따라서
고조선문명권처럼 문자로 기록되지 않은 시대는 '신화적 시간'이라는 개념
을 도입하여 분석하였고, 이후 시대는 문자라는 사료와 고고학적인 유물
과 유적을 통해서 입증하였다.

'주체'는 문명의 역사적인 성격을 명확하게 만드는 요소이다. 다종족
체제라는 문명의 일반적인 특성과 고조선문명권의 자연환경, 역사적 배
경, 문명의 사상적 성격에 따른 특성을 고려하였다. 따라서 실질적인 주
체였고, 각 분야에서 주도적인 역할을 담당했던 집단, 주민, 종족을 '중핵
(中核) 종족'이라고 명명했고, 이는 현재 우리 민족의 주체를 이룬 집단과

직접 연결되는 종족들이었다. 그 외 종족들은 거주와 활동 공간, 역사활동, 언어의 유사성, 문화의 유사성 등을 고려하여 사료와 유물들 근거로 '방계(傍系) 종족'이라고 명명하였다. 이러한 방식은 중국문명, 유목문명 등 어디서나 적용이 가능하다고 판단한다.

'내적 논리'는 일반적으로 사상 등으로 표현되던 부분이다. 하지만 신앙 종교 신화 제의 민속 그리고 사상 등이 종합적으로 작동하여 문명을 이루는데 필요한 '세계관', '인간관', '사회관'을 비롯하여 '윤리'와 '법체계'에 영향을 끼친 것이다. 이는 고조선문명권에서도 동일하였고, 그런 의미에서 단군신화는 매우 중요한 의미가 있다.

제3장에서는 동아시아 세계를 '중화' '북방' '동방' 등 세 문명권을 설정하고, 고조선문명권을 동방문명(동이문명, 조선 한공동체)의 중핵으로 보았다. 그리고 '해륙사관'과 '해륙문명론'을 적용하여 고조선문명권으로 추정되는 공간의 자연환경, 특히 소홀히 취급하였던 강 환경과 해양 환경을 구체적으로 분석하고 파악하였다. 그 결과를 토대로 고조선문명권의 공간을 '중핵 공간'과 '주변 공간'으로 범주화하고, 중핵 공간은 백두산인 1산, 황해 북부(발해 포함) 동해 북부라는 2해, 송화강유역, 요하유역, 대동강유역이라는 3강으로 유형화시켰다. 즉 '1산 2해 3강권'이라는 공간의 범주화를 시도해 모델을 만들었다. 또한 주변 공간은 고조선문명이 확장된 북만주 서만주와 내몽골 지역, 동만주와 연해주 일대, 한반도의 중부 이남, 산동반도와 일본열도, 그리고 황해중부 해양, 남해, 동해중부 이남의 해양 등으로 구분하여 설정하였다.

산·평원 등의 육지 환경과 강 환경, 해양환경을 기후, 지형, 지질, 토양, 식생대, 해류, 조류, 바람 등으로 구분하여 구체적으로 분석하면서 실상을 파악하였다. 그 결과 고조선문명권은 다양한 자연환경을 갖고 있음에도 불구하고, 하나의 지리공간으로 유형화될 수 있었고, 자연환경은 구성원들과 지역문화들로 하여금 유기적인 관계망을 가질 수밖에 없었음을 증명하였다.

제4장에서는 고조선문명권이 생성되는 데 중요한 역할을 한 인문환경

을 살펴보았다. 고조선문명권이 생성되려면 고조선이라는 정치적인 실체가 등장하기 이전에도 토대가 되는 문화가 발달해야만 한다. 구석기시대와 신석기시대에 중핵이었던 공간의 문화를 고고학적인 연구 성과를 활용하여 재구성하였다. 구석기시대 초기 단계부터 말기까지, 지역에 따라서 시간적인 차이는 있었지만, 만주 일대와 한반도, 일본열도에는 사람들이 거주하였다. 이들과 이들의 문화는 신석기시대인과 문화로 연결됐음이 부분적으로 밝혀졌다. 북한은 이러한 설을 강력하게 주장하고 있다. 특히 신석기시대는 생물학적 특성, 언어의 부분과 함께 문화 등이 다음 단계인 고조선문명권의 생성단계인 청동기시대와 계승되는 것을 각종 유적과 유물 등을 통해서 입증하였다.

이어 이 책의 중요한 논거인 해양활동과 연관하여 큰 강의 유역, 해양과 연접한 해안가, 섬 지역을 살펴보았다. 그 결과 신석기시대에 유물, 유적 등의 유사성은 물론이고, 발달한 지역들이 해양과 밀접하였거나, 대부분은 강 유역에 분포되었음을 확인하였다. 뿐만 아니라 고인돌의 분포지역과 동쪽과 서쪽으로 구분되는 다른 양식의 토기들이 전파되는 과정에서 드러나듯 해양과 강을 매개로 고조선문명권이 생성되었음을 확인했다.

또한 주체의 개념과 함께 구성원들의 종족적인 성분과 관계들을 필자의 관련된 이론들을 토대로 사료적 관점, 언어적 관점, 문화적 관점에서 살펴보았다. 중핵종족으로서 동이, 예맥(한 포함)의 성분, 역할, 거주 지역들을 살펴보고, 그 과정에서 동이(이 포함)가 동아시아는 물론 고조선문명권에서 해양활동이 활발해지는 과정에 중대한 역할을 하였음을 규명하였다. 또한 방계종족으로서 동호 계열, 숙신 계열, 흉노 계열들의 종족적인 성분, 사용한 언어, 생활 양식들, 거주한 지역, 중핵종족과의 관계 등을 파악하였다. 그 결과, 이 종족들은 거주환경에 적응하고, 활용하는 과정에서 약간씩 다른 생활양식을 가졌지만, 중핵 종족들과 친연성이 강했을 뿐만 아니라 상호협조 체계를 이루었으며, 기본적으로는 한족 또는 북방 유목종족들과는 차별성이 강한 문명공동체, 역사공동체였음을 입증하였다. 특히 숙신계(肅愼系)와 선비계(鮮卑系)의 일부는 강을 활용하여 역사발전을 이룩하였음을 발견하였다.

제5장에서는 고조선문명권이 생성하는 첫 과정, 즉 제1기를 청동기문화의 성립과 발전을 통해서 살펴보았다. 특히 발전한 지역이 강 유역 및 해안가, 해양(항로 포함)과 연관성이 얼마나 깊은가를 구체적으로 살펴보았다. 또한 고조선이 건국한 후에 주변의 국가들 및 문명권과 어떤 방식으로 교류와 경쟁을 하며 발전했는가를 해양과 연관하여 살펴보았다. 이어 고조선문명권의 중핵지역인 대동강 유역, 요하 유역, 송화강 유역 등 '3강'의 고고학적인 발굴성과들을 검토하여, 문화가 발달하였음을 확인하였다. 또한 발해만의 위상과 역할을 중요시하고, 요하문명의 한 단계인 하가점 하층문화와 하가점 상층문화가 고조선과 연관 있을 가능성을 기존의 연구성과와 비교하면서 살펴보았다.

하지만 이 시기는 필자가 설정한 '1산 2해 3강론'에 해당하는 공간들이 유기적인 관계를 어떤 정도로 맺고 있었으며, 공동문명을 인식하였는지 확인할 수 없었다. 여기에는 자료의 부족이라는 한계와 함께, 연구의 부족도 중요한 요인이었다. 따라서 본문 제2장에서 전개한 '신화적 시간'이라는 이론을 적용하여 문화적인 양상의 일부만은 살펴보았다. 그리고 고조선문명권과 직접 관련있는 고인돌문화, 서해안의 '之'자형 토기와 벼농사문화, 동해안의 덧띠무늬 토기들은 강과 바다를 매개로 전파되었음을 확인하였다.

또한 제2기로 설정한 시대에는 고고학적 유물과 사료를 분석하여 서기전 16 세기부터 서기전 6세기 까지로 설정하였고, 다시 서기전 12세기를 기준으로 전기와 후기로 나누었다. 전기는 만주 일대와 한반도 서북부 지역에서는 본격적인 청동기 문화가 시작되었다. '요하문명권'에서는 하가점 상층문화 시대인데, 남북의 대부분 학자들은 이 문화를 고조선과 연관시키고 있다. 이 시대의 유물 유적의 분포도를 충분하게 인용하여 소개하였다. 이 시대부터 동아시아 세계에서 문자로 기록된 역사가 등장한다. 특히 고조선문명권과 연관성이 있고, 요서지방에 거주하였던 은인들이 서남쪽의 황하유역으로 들어가 하인들을 구축하고 상나라를 건국하였다. 그 과정에서 발해안과 산동지역, 강소성 일대의 해안지대에 거주하였고, 흑도(黑陶)의 룽산문화(龍山文化)와 연관성이 깊은 것으로 추정되는 '이'의 존재가 등장했다. 이후 은인들과 이들의 각축전이 벌어졌고, 남만주 및 중만주 일대에서는 청동기문화가 발달하고 고인돌들이 집중적으로 축조되었다. 한편 '훈죽(獯鬻)', '귀방(鬼方)'이라고 불리운 북방 종족들의 명칭이 등장하는 것으로 보아 어떤 형식으로든 그들과 교류가 있었을 것으로 추정했다.

후기는 서기전 11세기부터 서기전 6세기까지로 설정했다. 서기전 11세기에는 은(商)이 멸망하고 주가 세워졌다. 이후 은의 유민들과 주족들과의 싸움이 지속되면서, 기자의 동천이라는 사건이 생겼고, 발해 연안에 있었던 해항도시국가들인 고죽국, 영지 등이 주족과 싸우면서 요서지역을 비롯한 동쪽으로 이주하는 상황이 벌어졌다. 그리고 숙신을 비롯하여 조선으로 추정되는 '국'들 또는 종족들이 사료에 나타났다. 그 가운데 하나가 '맥' '예' 등으로 표현되는 실체들이다. 또한 북방에서는 '험윤', '산융' 등이 활동하였다.

이러한 상황 속에서 북방 초원 지대로부터 주민과 문화가 화북, 요서, 요동, 서북만주 일대로 들어왔다. 요서지방에서는 고조선의 지표유물인 비파형 동검들이 제작됐고, 북방계유물인 북방식 청동검들도 제작되었다. 이것들은 아마도 산융의 소산이었을 것이다. 또한 중국식 동검들도 전해졌다. 이 과정에서 문화의 혼용현상이 벌어졌고, 남산근 101호 무덤처럼 동시에 발굴되는 사례도 있다. 이 때문에 중국학자들이 비파형 동검을 만든 주체를 '동호족(東胡族)'이라고 규정하면서 고조선과의 연관성을 부정한다. 하지만 고조선문명권의 지표유물인 것은 확실하고, 그러한 이유와 근거를 다른 연구자들의 연구를 활용하여 상세하게 언급하였다. 비파형 동검은 만주 일대는 물론 한반도의 서북부 일대, 그리고 시대가 내려가지만 한반도 전역에서 발견되었다. 무덤양식도 고인돌을 이어 적석총 등이 나타났다.

전기 말에 해당하는 서기전 7세기에는 '조선'이라는 실체가 역사 기록에 나타나고, 중국 지역에서는 춘추전국시대라는 내부의 질서 재편전이 일어났다. 산동의 제와 하북의 연, 조, 고죽국, 그리고 조선 등이 복잡한 관계를 연출하면서 군사적인 충돌을 벌였다. 그리고 산융, 험윤 등으로 표현된 세력들도 남하하였다. 또한 동아시아 세계에서 해양문화가 중요해졌음을 중국의 고고학적 유물과 사료들을 통해서 확인함과 동시에 고조선문명권의 해양문화를 규명하였다. 고조선의 초기 과정과 영토 및 영역이 강 및 해양과 연관이 깊었음을 알 수 있었다.

제3기는 사료에 근거한 '역사적 시간'으로서 서기전 5세기부터 서기후 1세기까지인데, 이를 전기와 후기로 분류했다. 전기는 준왕이 말왕이었던 조선의 성장과 주변세력 간의 갈등이 벌어지고, 중국지역에서는 춘추시대의 시작과 갈등, 진의 통일로 이어졌고, 북방유목민족들 가운데 흉노가 성장하여 중국과 갈등을 시작한 시대이다. 고고학적으로는 후기 청동기인 '세형동검'과 '철기시대'에 해당한다. 후기는 '위만조선'의 성립과 발전, 한의 통일과 한무제의 정복활동, 북방 흉노의 팽창과 한족과의 전쟁, 그리고 위만조선과 한나라의 국제대전이 일어났던 시대이다. 그 시대 동아시아의 국제질서와 한무제의 정책을 동아시아와 유라시아의 일부까지 연결하여 규명하였고, 또한 한무제의 해양정책과 남방정책 등을 위만조선의 역할과 한반도 남부 및 일본열도의 상황과 연결하여 규명하였다. 따라서 고조선문명권의 붕괴에 직접 연관이 깊은 '조선-한 전쟁'은 정치적으로는 본격적인 동아시아 국제대전의 한 부분이었으며, 좁게는 위만조선과 황해의 무역권과 질서를 둘러싼 전쟁이었음을 살펴보았다.

제6장에서는 고조선문명권의 해양 정책과 산업을 살펴보았다. 정책 가운데 중요하고 의미 깊은 것 가운데 하나가 도시의 선정과 발달이고, 특히 수도의 선정은 동서고금을 막론하고, 국가의 발전 및 운명과도 직결되었다. 아울러 항구도시 이론을 전개하면서 고조선문명권에서 '해항도시' '하항도시'들이 중요했음을 입증한 후에 몇몇 항구도시들을 소개하였다. 특히 해양질서와 해양역사상 등을 고려하여 분석한 후에 왕험성은 항구도시였으며, 그 시대에는 요동만과는 요하로 가깝게 연결되는 양평

(襄平, 현재 요양시)일 가능성을 제시하였다.

또한 해양경제를 중요하게 여겨 고고학적인 발굴 성과와 몇몇 기록들을 통해서 고조선문명권의 몇몇 산업과 무역, 어업, 항해술, 조선술 등의 실상을 찾아내었다. 하지만 '불보존성(不保存性)'이라는 해양문화의 한계로 말미암아 자료는 충분하지 않았지만 유물과 유적을 통해서 선사시대부터 어업활동이 활발했으며, 몇몇 사례들을 통해서 고조선문명권의 발전기에도 어업활동이 활발했을 가능성을 제시하였다. 그리고 무역의 중요한 품목이면서 매개물인 화폐들이 주로 강유역과 해안가 등에 분포되었음을 확인하였다.

제7장은 문화교류와 무역을 통해서 해양활동의 실상과 해양환경을 살펴보았으며, 이미 선사시대부터 '육로교통망'과 '해양교통망'이 있었음을 찾아서 확인하였다. 고조선을 건국 시기, 발전기, 쇠퇴기로 분류한 후, 고고유적과 사료 등을 근거로 육로와 강, 그리고 해양교통망을 과학적으로 규명하여 유형화했다. 즉 '발해권' '황해권' '동해권' '남해권' 등으로 구분한 후 각 해역에서 벌어진 해양활동과 항로를 구체적으로 규명하였다. 다양하게 활용된 항로들은 고조선문명의 확산에 큰 역할을 했다. 또한 고조선문명권의 북부인 만주일대에서 개설되고 사용됐던 육로 교통망을 조사 규명하였다.

다만 해당시대의 자료가 불충분하였으므로 후대의 기록과 사례들, 그리고 지리적인 환경을 토대로 재구성하였다. 물론 한계가 있지만 고대 교통망 체제의 특성을 고려한다면 고조선문명권 시대의 교통로와 큰 차이는 없었을 것으로 판단한다. 결과적으로 고조선문명권은 중핵 공간뿐만 아니라 주변 일대도 육로와 강수로 및 항로를 이용한 교통망이 발달하므로써 먼 거리 사이에도 교류가 활발했다.

제8장은 고조선문명이 왜, 어떠한 과정을 거쳐서 붕괴했을까? 또한 그 사건은 역사적으로, 문명사적으로, 그리고 동아시아적으로, 한민족사적으로 어떠한 결과와 의미를 지녔는가를 살펴보았다. 우선 인류문명의 붕괴현상에 관한 다양한 이론들을 소개하였다. 고조선문명권의 붕괴는 1

차적인 요인으로 외부환경, 즉 국제질서의 변동에 영향을 받은 것이다. 서기전 7세기 이후부터 본격화된 각축전을 벌이던 동아시아의 질서는 서기전 3세기를 전후해 한나라 중심의 중화문명과 흉노 중심의 초원 유목문명, 비중심적인 관리체제인 고조선문명 사이에서 본격적인 충돌이 불가피했다. 고조선문명권은 내부적인 요인으로는 위만조선의 정치권에 균열이 발생하고 내분이 촉발됐다. 위만의 건국으로 일부세력들은 한반도 중부 이남은 물론이고, 여러 지역으로 흩어졌다. 전쟁이 발생하기 직전에도 내부의 갈등들이 심했다.

이러한 상황 속에서 결국 서기전 2세기 초에 위만조선은 동방의 종주권과 황해북부 및 발해, 황해권의 무역권을 놓고 중국세력인 한과 대결을 벌였다. 해륙양면전을 펼치면서 장기간 항전했지만 결국 국력의 소진과 국제환경의 변화, 그리고 내부의 배반으로 위만조선은 결국 멸망했다. 이로 인하여 위만조선은 영토의 일부를 상실했고, 정체성이 약화되었으며, 종족적인 패배감도 발생했다. 그리고 중화문명의 일부가 강제적으로 이식되면서 중화의식이 강해졌다. 또 하나 이 책과 연관해서는 능동적인 해양활동의 축소로 말미암아 '해륙적 시스템'을 상실하고, '해륙문명'이 약화되었다. 결국 고조선문명권은 붕괴되었다.

반면에 위만조선의 멸망은 긍정적인 결과도 낳았다. 고조선문명권의 확장이다. 중핵문명의 주체들이 대거 이동하면서 '외방(外邦, outsider)'으로 확산되었다. 특히 한반도 중부이남 지역을 넘어 일본열도의 일부 지역까지 조직적인 전파와 확장이 이루어졌으며, 연해주 남부 너머로 확산되었을 가능성도 있다. 또한 정체성의 자각이 일어나 만주 일대를 비롯하여 한반도 중남부에도 소국들이 탄생하였고, 문명적 자의식이 강해졌다. 명실 공히 한반도와 만주 일대를 하나의 역사공동체, 공질성이 강한 문명으로 구성하는 계기가 되었다. 멸망한 직후에 성립한 소국들은 '조선계승의식'을 갖고 있었고, 이 의식은 이후 한국사 전개와 발달에 기본 핵을 구성하였다.

그리고 우리역사에서 해양문화가 발달하고, 무역권의 확장이 이루어졌다. 또한 '조선술' '항해술'이라는 기술이 발전하는 시대적인 상황 속에서 항로가 계발되고 활성화되었다. 이로 말미암아 한반도의 중부 이남, 일본열도 이어지는 해양활동과 물류망이 활성화되었다. 뿐만 아니라 한 나라라는 중국 문명을 매개 또는 중간으로 삼았다는 한계는 있지만 유라시아의 서쪽까지 이어지는 국제질서와 무역망으로 진입하고, 발달된 외국 문화들을 수입할 수 있었다.

결론적으로 고조선문명권은 몇 가지 특성을 갖고 있다. 첫째, 동방문명으로서 중화문명 및 북방 유목문명과는 체계, 논리, 현상 등에서 차이점이 많았다. 또한 자연현상의 다양성으로 말미암아 '농경문화' '농목문화' '삼림문화', '어업문화' '해양문화'가 골고루 조화를 이룬 '혼합문명'이었다. 또한 '동이'라는 문화적, 지역적인 의미의 주민들과 '예' '맥'으로 기록된 중핵종족을 근간으로 방계종족들, 기타 종족들로 구성된 문명권이었으며, 언어 또한 일치하지 않는 여러 집단들로 구성된 문명이었다. 둘째, 남만주와 한반도 북부와 양쪽 해양을 중핵으로 공유한 해륙국가·해륙문명으로서, 그에 걸맞는 해양활동과 정책을 추진하였고, 해륙 교통망을 이용해서 문명권의 발전과 확산도 이루어졌다. 셋째, 비록 위만조선은 국제질서의 재편과정과 내부갈등으로 붕괴되었지만, 현재 우리를 이루는 역사의 핵을 만들었고, 동아시아문명의 성격이 형성되고, 발전하는 데 큰 역할을 담당하였다. 문명은 탄생하고 성장하며, 결국은 수명이 다해 존재가치를 상실하면서 붕괴하는 것이다. 하지만 붕괴된 문명이라도 가치가 있고 의미를 간직한 문명은 다시 또 다른 형식과 내용으로 재건되고 부활한다. 그 가치와 의미가 무엇이며, 그것을 어떻게 현재에 적용하는가를 찾는 작업은 앞으로도 계속 될 것이다.

그렇다면 고조선문명권은 현재도 그 의미와 가치가 있으며, 특히 한민족이 당면한 현재의 상황을 극복하는 한편 미래의 발전모델로서 가치가 있다.

# 참고문헌

《廣開土太王碑文》《三國史記》《三國遺事》《帝王韻紀》《東國李相國集》《高麗史》《新增東國輿地勝覽》《大東水經》《我邦疆域考》《增補文獻備考》《管子》《左傳》《史記》《漢書》《後漢書》《山海經》《三國志》《水經注》《通典》《魏書》《梁書》《隋書》《舊唐書》《晋書》《北史》《金史》

## 자료

강릉대학교 박물관, 《양양군의 역사와 문화유적》, 1994.
강릉문화원, 《강릉시사(江陵市史)》, 1996.
강원고고학 연구소, 《발한동 구석기 유적 발굴조사 보고서》, 1996.
경기도사편찬위원회, 《경기도사》 11.
고고학 및 민속학 연구소, 《강계시공귀리 원시유적 발굴보고》 제6집, 사회과학원출판사, 1959.
고고학 및 민속학연구소, 《궁산리 원시유적 발굴보고》 제2집, 사회과학원출판사, 1957.
고고학 및 민속학 연구소, 《나진초도 원시유적 발굴보고서》 제1집, 사회과학원출판사, 1956.
고고학 및 민속학 연구소, 《회령오동 원시유적 발굴보고》 제7집, 사회과학원출판사, 1960.
고양시사 편찬위원회, 《高陽市史》 제1권, 2005.
과학백과사전종합출판사, 《조선고고학전서》, 1990.
관동대학교 박물관, 《삼척의 역사와 문화유적》, 1995.
국립나주문화재연구소, 《중국지석묘》, 동북아시아지석묘(5), 2011.
국립문화재연구소 편, 《북한 문화재 관계 문헌 휘보》, 1990.
국립문화재연구소 편, 《북한 문화재 자료 목록》, 1992.
국립문화재연구소, 《한국고고학 사전》, 2001.
국립중앙박물관 편집, 《스키타이 황금》, 1991.
군산대 박물관, 《옥구지방의 문화유적》, 전라북도 옥구군, 1985.
김복기 외 10인, 《한국해양편람》 제4판, 국립수산진흥원, 2001.
김신규 외, 《평양부근 동굴유적 발굴보고》, 평양: 과학백과사전출판사, 1985.
대한민국 수로국, 《근해항로지》, 1973.
대한민국, 水路局, 《韓國海洋環境圖》.
문화재연구소, 《北韓文化財 實態와 現況》, 1985.
부산대학교박물관, 《金海 水佳里 貝塚1》, 1981.
부안군, 《扶安郡誌》, 1991.
徐榮洙 외 역주, 《중국정사조선전 역주》, 국사편찬위원회, 1.
서울특별시사편찬위원회, 《漢江史》, 1985.
조선유적유물도감편찬위원회, 《조선유적유물도감》 1, 원시편, 조선유적유물도감편찬위원회, 1988.
조선유적유물도감편찬위원회, 《조선유적유물도감》 2, 고조선·부여·진국편, 조선유적유물도감편찬위원회, 1989.
충청남도역사문화연구원, 《백제의 기원과 건국》, 충청남도역사문화연구원, 2007.
한국향토문화전자대전, 한국학중앙연구원, 《조선고고연구》 110호, 1999.
해수부, 《한국의 해양문화》 동남해역(上), 해양수산부, 2002.

## 저서

薑大玄, 《도시지리학》, 교학사, 1980.
고구려연구재단, 《고조선 단군 부여》, 고구려연구재단, 2004.
高柄翊, 《東亞交涉史의 硏究》 서울대 출판부, 1970.
고양시사 편찬위원회, 《高陽市史》 제1권, 2005.
《고조선문제연구》, 사회과학출판사, 1973.
고조선사연구회, 동북아역사재단 지음, 《고조선사 연구 100년》, 학연문화사, 2009.
과학백과사전종합출판사, 《조선고고학전서》, 1990.
구자일, 《한국 고대 역사 지리》, 북캠프, 2005.
국립나주문화재연구소, 《중국지석묘》, 동북아시아지석묘(5), 2011.
국립문화재연구소 편, 《북한 문화재 관계 문헌 휘보》, 1990.
국립문화재연구소 편, 《북한 문화유적 발굴개보》, 1991.
국립문화재연구소 편, 《북한 문화재 자료 목록》, 1992.
군산대 박물관, 《옥구지방의 문화유적》, 전라북도 옥구군, 1985.
권오중, 《낙랑군연구》, 일조각, 1992.
권영필 지음, 《실크로드의 에토스》, 학연문화사, 2017.
권태훈 구술, 정재승 편, 《백두산족에게 告함》, 2004.
金烈圭, 《韓國의 神話》, 一潮閣, 1976.
金在瑾, 《배의 歷史》, 正宇社, 1980.
기수연, 《후한서 동이열전 연구》, 백산, 2005.
김건수, 《한국 원시·고대의 어로문화》, 학연문화사, 1999.
김경용, 《기호학이란 무엇인가》, 민음사, 2005.
김교헌·박은식·유근 엮음, 김동환 해제, 《단조사고》, 한뿌리, 2006.
김동환·배석 지음, 《금속의 세계사— 인류의 문명을 바꾼 7가지 금속 이야기 우리 삶에 녹아든
　　금속의 뜨겁고 흥미로운 역사》, 다산에듀, 2015.
김두진, 《한국 고대의 건국신화와 제의》, 일조각, 1999.
김복기 외 10인, 《한국해양편람》 제4판, 국립수산진흥원, 2001.
김성배, 《한국의 민속》, 集文堂, 1980.
김성환, 《고려시대의 단군전승과 인식》, 경인문화사, 2002.
김신규 외, 《평양부근 동굴유적 발굴보고》, 평양: 과학백과사전출판사, 1985.
김양동, 《한국 고대문화 원형의 상징과 해석》, 지식산업사, 2015.
김영작, 《한말 내셔널리즘 연구—사상과 현실》, 청계연구소, 1989.
김용간·석광준, 《남경유적에 관한 연구》, 과학·백과사전출판사, 1984.
김용간, 《조선 고고학전서—원시》, 1990.
김용남·김용간·황기덕, 《우리나라 원시집자리에 관한 연구》, 백산, 1975.
김일권, 《동양천문사상, 하늘의 역사》, 예문서원, 2007.
김일성 종합대학 인류진화연구실, 《룡곡 동굴유적》, 1986.
김재원, 《단군신화의 신연구》, 탐구당, 1974.
김정배, 《한국민족문화의 기원》, 고려대학교출판부, 1973.
김정배, 《북한의 우리고대사 인식(Ⅰ)》, 대륙연구소, 1991.
김주환·이형석·한국하천연구소 공편, 《(國境河川硏究)압록강과 두만강: 백두산 천지》,
　　홍익재, 1991.
김중규, 《잊혀진 百濟, 사라진 江》, 신아출판사, 1998.
김철준 외, 《민족문화의 원류》, 한국정신문화연구원, 1980.
김추윤 장산환 공저, 《中國의 國土環境》, 대륙연구소, 1995.
김태정·이영준, 《백두고원》, 대원사, 2002.
김호연, 《韓國의 民畵》, 庚寅文化社, 1977.
나동현, 《중국북방이족과 조선상고사》, 홍문당, 1994.
盧道陽, 《서울의 自然環境》, 서울六百年史 第1卷, 1977.
단국대학교 동양학연구원, 《동북아시아의 문명 기원과 교류》, 학연문화사, 2011.
단군학회, 《남북 학자들이 함께 쓴 단군과 고조선 연구》, 지식산업사, 2005.

丹齋 申采浩 先生 記念事業會, 《丹齋 申采浩 全集 上》(개정판) 형설출판사, 1995.
대한건축학회, 《한국건축통사: 선사시대부터 현대건축까지》, 대한건축학회, 2014.
도유호, 《조선 원시 고고학》, 백산자료원 영인본, 1994.
동아시아사연구회, 《한국사와 동아시아》, 東史, 1997.
력사편집실, 《단군과 고조선 연구》, 한국문화사, 1994.
력사편집실, 《단군과 고조선에 관한 연구 론문집》, 조선민주주의 인민공화국 사회과학원, 1994.
리상호 옮김, 《삼국유사》, 사회과학원출판사, 1959.
리순진·장주협 편집, 《고조선문제 연구》, 사회과학원출판사, 1973.
리지린, 《고조선연구》, 평양: 과학원출판사, 1964.
리지린·강인숙, 《고구려사 연구》, 사회과학출판사, 1976.
리태영, 조선광업사 공업종합출판사, 1991(백산자료원, 1998).
문성재, 《한사군은 중국에 있었다》, 우리역사연구재단, 2016.
문안식, 《요하문명과 예맥》, 혜안, 2012.
문화재연구소, 《北韓文化財實態와 現況》, 1985.
미래로 가는 바른 역사협의회, 《미래로 가는 바른 고대사》, 유라시안 네트워크, 2016.
민성기, 《조선농업사연구》, 일조각, 1988.
박경철 외, 《동북아시아 선사 및 고대사 연구의 방향》, 학연문화사, 2004.
박구병, 《한국어업사》, 정음사, 1975.4
박남수, 《신라 수공업사》, 신서원, 2009.
박남수, 《동아시아 고대 교역사》, 주류성, 2015.
박대재, 《중국 고문헌에 나타난 고대 조선과 예맥》, 경인문화사, 2013.
박득준, 《고조선의 력사 개관》, 백산자료원, 2000.
박문기, 《맥이》, 정신세계사, 2004.
박선미, 《고조선과 동북아의 고대 화폐》, 학연문화사, 2009.
박선희, 《한국 고대복식 : 그 원형과 정체》, 지식산업사, 2002.
박선희, 《고조선복식문화의 발견》, 지식산업사, 2011.
박시인, 《한국상고사의 제문제》, 한국정신문화연구원, 1996.
朴容淑, 《韓國古代美術文化史論》, 일지사, 1976.
박원길, 《유라시아 초원제국의 역사와 민속》, 민속원, 2001.
박진석·강맹산 외 공저, 《中國境內 高句麗遺蹟研究》, 예하출판주식회사, 1991.
박진석·강맹산, 《고구려 유적과 유물연구》, 東北朝鮮民族敎育出版社, 1999.
박진욱, 《조선고고학전서》-고대편, 과학·백과사전종합출판사, 1997.
박홍규·이종찬·채운·최석영·이인범, 《한국문화와 오리엔탈리즘》, 보고사, 2012.
방민규, 《치아 고고학으로 본 한국인의 기원》, 맑은샘, 2017.
백산자료원, 《비파형 단검 문화에 관한 연구》, 과학백과사전출판사, 1987.
백산자료원, 《조선의 청동기 시대》, 백산자료원, 1994.
白山學會 편, 《古朝鮮·夫餘史研究》, 백산자료원, 1995.
백산학회, 《고조선 부여사 연구》, 백산자료원, 1995.
백산학회, 《한국고대어와 동북아시아》, 백산자료원, 2001.
백산학회, 《한국의 고대문화 형성》, 백산, 2007.
복기대, 《요서 지역 청동기시대 문화연구》, 백산자료원, 2002.
부안군, 《扶安郡誌》, 1991.
북한 사회과학원 역사 연구소, 김일성 종합대학 역사학부 저, 한국과학사 편찬위원회 편저,
    《한국과학사》, 여강 출판사, 2001.
사회과학원 고고학연구소, 《고조선문제연구론문집》, 사회과학원출판사, 1977.
사회과학원 고고학연구소, 《조선고고학개요》, 과학·백과사전출판사, 1977.
사회과학원 력사연구소 고고학연구소, 《원시사》, 과학·백과사전출판사, 1997.
사회과학원 력사연구소, 《조선전사》 1-원시편, 과학·백과사전출판사, 1979.
사회과학원 력사연구소, 《조선전사》 2-고대편, 과학·백과사전출판사, 1979.
사회과학원 력사연구소, 《조선전사》 3 -중세편-, 청년사, 1991.
사회과학원 력사연구소, 《조선고대사》, 과학·백과사전출판사, 1979.
사회과학원 력사연구소, 《고조선사·부여사·구려사·진국사》, 과학·백과사전출판사, 1991.

사회과학원 력사연구소·김일성 종합대학 역사학부 저, 한국과학사 편찬위원회 편, 《한국
　　과학사》, 여강 출판사, 2001.
서국태, 《조선의 신석기시대》, 평양: 사회과학출판사, 1986.
서영대, 《북한학계의 단군신화연구》, 백산, 1995.
서울특별시사편찬위원회, 《漢江史》, 1985.
석광준, 《조선의 고인돌 무덤 연구》, 중심, 2002.
석광준, 《각지 고인돌 무덤조사 발굴보고》, 백산, 2003.
석광준, 《북부조선 지역의 고인돌 무덤》(I)(II), 2009.
성삼제, 《고조선 사라진 역사》, 동아일보사, 2005.
손보기, 《상시 바위그늘 옛 살림터》, 연세대 박물관, 1983·1984.
손보기, 《구석기 유적: 한국·만주》, 한국선사문화연구소, 1990.
손보기 외, 《일산지역 고고학조사》, 일산 새도시 개발지역 학술조사보고, 1992.
손영종, 《조선 수공업사》, 공업출판사, 백산사자료원, 1990.
손영종, 《고구려사》2, 과학백과사전종합출판사, 1997.
孫晉泰, 《朝鮮民族文化의 硏究》, 을유문화사, 1948.
宋啓源·李茂夏·蔡榮錫, 《皮革과 毛皮의 科學》, 先進文化社, 1998.
송호정, 《한국 고대사 속의 고조선사》, 푸른역사, 2003.
승천석 지음, 《고대 동북아시아와 예맥한의 이동》, 책사랑, 2009.
신용하 편, 《민족이론》, 문학과 지성사, 1986.
신용하, 《韓國民族의 形成과 민족사회학》, 지식산업사, 2001.
신용하, 《增補 申采浩의 社會思想硏究》, 나남출판, 2004.
신용하, 《古朝鮮 국가형성의 사회사》, 지식산업사, 2010.
신의주력사박물관, 〈1966년도 신암리유적 발굴 간략보고〉, 《고고민속》2(북한), 1967
신종원 지음, 송지연 옮김, 《일본인들의 단군 연구》, 한국학중앙연구원, 2005.
신채호, 《讀史新論》(《大韓每日申報》연재), 1908.
신채호, 《改訂版丹齋申采浩全集》, 단재신채호선생기념사업회, 1977.
신채호, 《朝鮮上古史》, 人物硏究所, 1982.
신채호 지음, 박인호 옮김, 《단재 신채호의 조선사 연구초》 동재, 2003 보론.
신채호 지음, 박기봉 옮김, 《조선상고사》, 비봉출판사, 2006.
申瀅植, 《新羅史》, 이화여대출판부, 1988.
심백강, 《잃어버린 상고사 되찾은 고조선》, 바른역사, 2014.
안승모, 《동아시아 선사시대의 농경과 생업》, 학연문화사, 1998.
안재홍, 《정민 교수가 풀어 읽은 백두산 등척기》, 해냄, 2010.
안호상, 《민족의 주체성과 화랑얼》, 배달문화연구원, 1967.
안확 지음, 송강호 옮김, 《조선문명사》, 우리역사재단, 2015.
양민종 옮김, 《바이칼의 게세르 신화》, 솔출판사, 2008.
梁柱東, 《朝鮮古歌硏究》, 박문서관, 1942.
오강원, 《비파형 동검문화와 요령 지역의 청동기문화》, 청계, 2006.
오강원, 《서단산문화와 길림지역의 청동기문화》, 학연문화사, 2008.
오봉근, 《조선 수군사》, 사회과학출판사, 1991,
오영섭·류준필·권희영·이영화, 《한국 근현대의 상고사 담론과 민족주의》, 한국학중앙연구원, 2005.
王彬, 《神話學入門》, 금란출판사, 1980.
우실하, 《동북공정 너머 요하문명론》, 소나무, 2007.
우장문, 《경기 지역의 고인돌 연구》, 학연문화사, 2006.
원광대학교 마한백제문화연구소·전라북도 부안군, 《전라북도문화재지표조사보고서(부안군편)》,
　　1984.
유동식, 《민속종교와 한국문화》, 현대사상사, 1978.
유동식, 《한국무교의 역사와 구조》, 연세대학교출판부, 1989.
유재헌, 《중국역사지리》, 문학과 지성사, 1999.
尹乃鉉, 《商王朝史의 硏究》, 景仁文化社, 1978.
尹乃鉉, 《中國의 原始時代》, 檀國大學校 出版部, 1982.
尹乃鉉, 《商周史》, 民音社, 1984.

윤내현,《중국의 원시시대》, 단국대학교출판부, 1986.
윤내현,《한국고대사신론》, 일지사, 1988.
尹乃鉉,《중국사 1》, 民音社, 1991.
윤내현,《고조선 연구》, 일지사, 1995.
윤내현,《한국 열국사 연구》, 지식산업사, 1998.
윤내현,《동아시아의 지역과 인간》, 지식산업사, 2005.
윤내현·박선희·하문식 공저,《고조선의 강역을 밝힌다》, 지식산업사, 2006.
윤내현,《우리 고대사, 상상에서 현실로》, 지식산업사, 2014.
윤명철 외,《고구려 산성과 해양방어체제》, 백산출판사, 2000.
윤명철,《동아지중해와 고대일본》, 청노루, 1988.
윤명철,《역사는 진보하는가?》, 온누리, 1992.
윤명철,《한민족의 해양활동과 동아지중해》, 학연, 2002.
윤명철,《장보고 시대의 해양활동과 동아지중해》, 학연, 2002.
윤명철,《고구려 해양사 연구》, 사계절, 2003.
윤명철,《한국 해양사》, 학연, 2003.
윤명철,《고구려 해양사 연구》, 사계절, 2003.
윤명철,《역사전쟁》, 안그래픽스, 2004.
윤명철,《역사전쟁》, 안그래픽스, 2004.
윤명철,《단군신화, 또 다른 해석》, 백산자료원, 2008.
윤명철,《윤명철 해양논문 선집》 8권, 학연, 2012.
　　　　1권《해양활동과 해양문화의 이해》
　　　　2권《해양활동과 국제질서의 이해》
　　　　3권《해양활동과 국제항로의 이해》
　　　　4권《해양방어체제와 강변방어체제의 이해》
　　　　5권《해양역사사상과 항구도시들》
　　　　6권《해양활동과 사관의 이해》
　　　　7권《고구려와 현재의 만남》
　　　　8권《해양역사와 미래의 만남》
윤명철,《해양사연구방법론》, 학연, 2012.
윤명철,《고구려, 역사에서 미래로》, 참글세상, 2013.
윤명철,《유라시아 실크로드와 우리》, 경상북도, 2015.
윤명철,《우리민족 다시본다.》, 상생출판사, 2015.
尹武炳,《韓國 靑銅器文化硏究》, 藝耕産業社, 1996.
윤이흠·서영대·김성환·이욱·장장식,《강화도 참성단과 개천대제》, 경인문화사, 2009.
이계회 외 지음, 장진근 옮김,《만주원류고》, 파워북, 2008.
李光奎,《레비·스트로스》, 대한기독교서회, 1979.
李光奎,《문화인류학개론》, 일조각, 1980.
李奎報,《東國李相國集》, 조선고전간행회, 1913.
이도상,《한국 고대사 바꿔 써야 할 세 가지 문제》, 역사의 아침, 2012.
이두현 外,《한국민속학 개론》, 乙酉文化社, 1975.
李萬烈,《丹齋 申采浩의 歷史學硏究》, 문학과 지성사, 1990.
李丙燾,《韓國古代史硏究》, 博英社, 1979.
이상시,《단군실사에 관한 고증연구》, 고려원, 1990.
李成市 著/ 김창석 옮김,《동아시아의 왕권과 교역》, 청년사, 1999.
이순진·장주협,《고조선문제연구》 평양, 사회과학백과출판사, 1973.
李榮文·鄭基鎭,《여수 오림동 지석묘》, 전남대 박물관·여천시, 1992.
이영문·정기진,《여천 적량 상적 支石墓》, 전남대 박물관·여천시, 1993.
李玉,《高句麗民族形成과 社會》教保文庫, 1984.
李龍範,《韓滿交流史 硏究》, 同和出版公社, 1989.
이융조·우종윤 편저,《선사유적 발굴도록》, 충북대 박물관, 1998.
이융조 편,《舊石器人의 生活과 遺蹟》, 학연문화사, 2003.
이융조 편,《국제학술회의, 수양개와 그 이웃들》, 충북대 박물관, 2007.

840

이융조, 《한국선사문화의 연구》, 평민사, 1980.
이은봉, 《단군신화 연구》, 온누리, 1986.
이정철, 《한강유역의 구석기 문화》, 진인지, 2012.
이종기, 《가락국탐사대》, 일지사, 1974.
李鍾旭, 《古朝鮮史硏究》, 일조각, 1993.
이종욱, 《한국사의 1막1장 건국신화》, 휴머니스트, 2004.
이찬주, 《춤 예술과 미학》, 금광미디어, 2008.
이청규, 《제주도 고고학 연구》, 학연문화사, 1995.
이춘식, 《중화사상: Sino-centralism》, 교보문고, 1998.
李賢惠, 《韓國 古代의 생산과 교역》, 일조각, 1998.
이형구, 《단군을 찾아서》, 살림터, 1994.
이홍직, 《한국고대사의 연구》, 신구문화사, 1987.
이희철, 《튀르크인 이야기》, 리수, 2017.
임영주, 《한국의 전통 문양》, 대원사, 2004.
임재해·김진순·조정현·김형근·박선미, 《우리산림의 인문학적 자산》, 민속원, 2013.
임재해, 《민속문화의 생태학적 인식》, 당대, 2002.
임재해, 《고조선문화의 높이와 깊이》, 경인문화사, 2015.
임효재, 《한국고대문화의 흐름》, 집문당, 1992.
임효재, 《한국신석기문화》, 집문당, 2000.
任孝宰·權鶴洙, 《鰲山里遺蹟》 서울대학교박물관 考古人類學叢刊 9冊, 서울대박물관, 1984.
任孝宰·李俊貞, 《鰲山里遺蹟 III》, 서울대학교박물관 , 1988.
장국종·홍희유, 《조선농업사》 1, 농업출판사, 1989.
장우진 외, 《단군릉의 발굴과정과 유골감정》, 백산자료원, 2008.
장우진, 《조선사람의 체질》, 백산, 2002.
장호수 편, 《북한의 선사고고학: 청동기시대와 문화》, 백산문화사, 1992.
전덕재 집필, 고석규 외 9명 지음, 《장보고 시대의 포구조사》, 재단법인 해상왕 장보고 기념사업회, 2005.
전상운, 《한국과학사》, 원시어로기술 편, 사이언스 북스, 2000.
전창범, 《아름다운 한국 공예의 역사》, 학연문화사, 2002.
전해종, 《東夷傳의 文獻的硏究》, 일조각, 1980
정수일, 《고대문명교류사》, 사계절, 2001.
정수일, 《문명담론과 문명교류》, 한국문명교류연구소 학술총서 1, 살림, 2009.
정신문화연구원, 《한국민족문화대백과사전》, 고양 및 한강 조항.
정재남, 《중국의 소수민족》, 한국학술정보, 2007.
정찬영, 《압록강, 독로강 유역 고구려유적 발굴보고》, 유적발굴보고 제13집, 과학·백과사전
　　　출판사, 1983.
조동일, 《동아시아 문명론》, 지식산업사, 2010.
조법종, 《고조선·고구려사 연구》, 신서원, 2006.
조선기술발전사편찬위원회, 《조선기술발전사》 원시·고대편, 과학백과사전종합출판사, 1997.
조선사회과학원 역사연구소 지음, 연변대학 조선문제연구소 옮김, 《조선전사》 제3권, 연변대학
　　　출판사, 1988.
조자룡, 《韓虎의 美術》, 에밀레, 미술관, 1974.
조중 공동 고고학 발굴대, 《중국 동북지방의 유적발굴보고》, 사회과학원출판사, 1966.
趙鎭先, 《細形銅劍文化의 연구》, 학연문화사, 2005.
조희승, 《초기조일관계사》 하, 사회과학출판사, 1989.
진덕규 지음, 《現代民族主義의 이론구조》, 지식산업사, 1983.
차기벽 편, 《民族主義》, 종로서적, 1983.
차기벽 지음, 《民族主義原論》, 한길사, 1990.
채희국, 《태성리 고분군 발굴보고》, 과학원출판사(북한), 1959.
千寬宇, 《古朝鮮史·三韓史硏究》, 일조각, 1989.
천관우, 《한국상고사의 쟁점》, 일조각, 1989.
崔吉成, 《한국민간신앙의 연구》, 계명대 출판부, 1989.
崔南善, 《朝鮮의 山水》, 동명사, 1947.

崔南善, 《六堂 崔南善 全集》(V), 현암사, 1973.
최남선 지음, 정재승·이주현 역주, 《불함문화론》, 우리역사연구재단, 2008.
최남선, 《단군론》, 경인문화사, 2013.
최동, 《조선상고민족사》, 동국문화사, 1966.
최몽룡, 《나주 보산리 支石墓 발굴보고서》, 1977.
최몽룡 외, 《한강유역사》, 민음사, 1993.
최몽룡·최성락, 《한국 古代國家 형성론》, 서울대 출판부, 1997.
최몽룡·이형구·조유전·심봉근, 《고조선문화 연구》, 한국정신문화연구원, 1999.
최몽룡·김경택·홍형우, 《동북아 청동기시대 문화연구》, 주류성, 2004.
최몽룡 편저, 《경기도의 고고학》, 주류성, 2007.
최상준 등, 《조선기술발전사》 2—삼국시기·발해·후기신라편, 과학백과사전종합출판사, 1996.
최성락, 《한국 고고학의 새로운 방향》, 주류성, 2013.
崔在錫 지음, 《百濟의 大和倭와 日本化 過程》, 일지사, 1990.
충청남도역사문화연구원, 《백제의 기원과 건국》, 충청남도역사문화연구원, 2007.
하문식, 《고조선 지역의 고인돌 연구》, 백산자료원, 1999
한국고대사연구회, 《한국고대국가의 형성》, 민음사, 1990.
한국고대사연구회, 《고조선과 부여의 제문제》, 신서원, 1996.
한국고대사학회, 《한국 고대사 연구의 새 동향》, 서경문화사, 2007.
한국상고사학회, 《한국상고사》, 민음사, 1989.
한양대학교 아태지역연구센터, 러시아·유라시아 연구사업단 엮음, 《《시베리아 근대성과 소수
    민족 담론: 시베리아 이야기 2》》, 민속원, 2107.
한종만 김정훈 김태진 공저, 《러시아 우랄, 시베리아, 극동 지역의 이해》, 배재대학교 한국 시베
    리아센터, 2008.
한창균, 《요하문명과 고조선》, 지식산업사, 2015.
해수부, 《한국의 해양문화》, 동남해역(上), 해양수산부, 2002.
허대동, 《고조선 문자》, 경진, 2011.
許進雄, 洪熹 譯, 《中國古代社會》, 서울: 동문선, 1991.
현재선 지음, 《식물과 곤충의 공존 전략》, 아카데미 서적, 2007.
홍기문, 《조선신화 연구》, 지양사, 1989.
홍희유, 《조선상업사 (고대·중세)》, 백산자료원, 1989.
황기덕, 《조선 원시 및 고대 사회의 기술발전》, 과학백과사전출판사, 1997.
황기덕·도유호, 《궁산 원시유적 발굴보고》, 평양: 과학원출판사, 1957.


高靑山 外, 《東北古文化》, 春風文藝出版社, 1988;.
郭大順, 《龍出遼河源》, 天津: 百花文藝出版社, 2001.
金毓黻, 《東北通史》, 重慶: 五十年代出版社, 1943.
吉林師範大學 歷史系, 《中國古代及中世紀史歷史地圖》, 吉林師範大學 函授育院, 1912.
吉林省 文物考古硏究所, 集安市 博物館 編著, 《集安 高句麗 王陵》 文物出版社, 2004.
寧騷, 《民族與國家—民族關系與民族政策的國際比較》, 北京大學出版社, 1995.
譚其驤, 《中國歷史地圖集》第2冊 - 秦·西漢·東漢時期, 1982.
潭英傑, 孫秀仁, 趙虹光, 幹志耿, 《黑龍江區域 考古學》, 中國社會科學出版社, 1991.
佟東, 《中國東北史》, 吉林文史出版社, 1987.
董粉和, 《中國秦漢科技史》, 人民出版社, 1994.
董學增, 《西團山文化硏究》, 吉林文史出版社, 1994.
孟繁淸 主編, 《中國古代環渤海地區與其他經濟區比較硏究》, 河北人民出版社, 2004. 第1版.
汶江, 《古代中國與亞非地區的海上交通》四川省 社會科學院 出版社1989.
方衍主 編, 《黑龍江少數民族間史》, 中央民族學院出版社, 1993.
逢振鎬, 《東夷文化硏究》, 齊魯書社, 2007.
憑恩學 主編, 《田野考古學》, 中國 吉林大學 出版社, 2008.
《辭海·語詞分冊》, 文明條, 修訂稿, 上海: 上海人民出版社, 1977.
山東省文物管理處; 齊南市博物館 編, 《大汶口—新石器時代墓葬發掘報告》, 文物出版社, 1974.
徐旭生, 《中國古史的傳說時代》, 廣西師範大學出版社, 2003.

孫進己,《東北歷史地理》제1권, 黑龍江人民出版社, 1989.

楊寬,《中國古代冶鐵技術發展史》, 上海人民出版社, 1982.

梁容若,《中日文化交流史論》, 商務印書館, 1995.

王迅,《東夷文化與淮夷文化研究》, 北京大學出版社, 1994.

王恢,《中國歷史地理》上下册, 臺灣 學生書局, 1976.

王錦州,《中國古代環渤海地區與其他經濟區比較研究》, 河北人民出版社, 2004年12月, 第1版.

王綿厚, 李健才,《東北古代交通》, 沈陽出版社, 1990.

王綿厚,《秦漢東北史》, 遼寧人民出版社, 1994.

王育民,《中國歷史地理概論》, 上册, 人民出版社, 1987년 11월판, 제160항.

王孝通,《中國商業史》, 臺灣商務印書館, 1974.

遼寧省文物考古研究所 編,《遼東半島石棚》, 遼寧科學技術出版社, 1994.

遼寧省文物考古研究所,《牛河梁紅山文化遺址與玉器精粹》, 文物出版社, 1997.

遼寧省博物館·遼寧省文物考古研究所,《遼河文明展文物集萃》, 2006.

《遼東半島石棚》, 遼寧省文物考古研究所 編, 遼寧科學技術出版社, 1994.

刘金明,〈东北亚古代民族的出现与分布〉,《黑龙江民族丛刊》, 1998(4).

劉子敏,《高句麗歷史研究》, 延邊大學出版社, 1996.

李健才, 孫進己,《東北各民族文化交流史》, 春風文藝出版社, 1992.

李金榮 主編《桓因之最》, 桓因縣 蠻族自治縣地方志辦公室》, 1992.

李永采,《海洋開拓 爭霸簡史》, 海洋出版社, 1990.

林干,《东胡史》, 呼和浩特: 內蒙古人民出版社, 1989(10).

林占德 編,《呼倫貝爾考古》, 香港天馬圖書有限公司, 2001.

張博全,《東北古代民族考古與疆域》, 吉林大學出版社, 1998.

章贊,《我國古代的海上交通》, 商務印書館, 1986.

朱學淵,《中國北方諸族的源流》, 華東師範大學出版社, 2010.

中國社會科學院考古學研究所,《雙砣子與崗上-遼東史前文化的發掘和研究》, 科學出版社, 1996.

中國航海學會,《中國航海史》, 人民交通出版社, 1988.

陳雍,《西團山文化陶器的類型學與年代學研究》, 青果集, 1993.

巴德瑪 外,《鄂溫克族歷史資料集》, 內蒙古文化出版社, 1993.

馮繼欽 外,《契丹族文化史》, 黑龍江人民出版社, 1994

航運史話編寫組,《航運史話》, 中國科學技術出版社, 1978.

許啟賢 主編,《世界文明論研究》, 濟南: 山東人民出版社, 2001.

許玉林, 遼寧省 文物考古研究所 編,《遼東半島 石棚》, 遼寧科學技術出版社, 1994.

《呼倫貝爾民族文化》, 內蒙古文化出版社, 2006.

華玉冰,《中國東北地區石棚研究》, 科學出版社, 2011.


江上波夫,《ユーテンの古代北方文化の研究》, 山川出版社, 1951.

古廐忠夫 編,《東北アジアの再發見》, 日本, 有信社, 1994.

谷川健一(共編),《日本古代文化の原像—環シナ海文化の視点—》, 三一書房, 1977.

菊池俊彦 著,《北東 アジアの古代文化の研究》, 北海道大學 圖書刊行會, 1995.

宮崎市定,《中國の歷史》2,《秦漢帝國》, 講談社, 1974.

內藤雋輔,《朝鮮史研究》, 東洋史研究會 刊, 1962.

藤田元春,《上代日支交通史の研究》, 刀江書院, 1943.

梅掉忠夫,《文明の生態史觀》, 中央公論新社, 1990.

木宮泰彦,《日支文化交涉一覽圖と年表》, 富山房, 1940.

茂在寅男 等,《遺唐史と史料》, 東京: 東海大學出版部, 1989.

茂在寅南,《古代日本の航海術》, 東京: 小學館, 1981.

門脇禎二,《出雲の古代史》, 東京: 日本放送出版協會, 1986.

森公章編,《シンポジウム 東アジアと日本海文化》, 小學館, 1984.

森公章編,《古代日本海文化》, 小學館, 1983.

森浩一,《古代日本海文化の源流と發達》, 東京: 大和書房, 1985.

森浩一,《古代史 津津浦浦》, 東京: 小學館, 1993.

上山春平·佐佐木高明, 中尾佐助 編,《續 照葉樹林文化》, 東京: 中公新書, 1986.

上田雄(共),《日本渤海交涉史》, 六興出版, 1990.

西嶋定生,《日本歷史の國際環境》, 東京: 東京大出版部, 1985.

石井謙治,《日本の船》, 創元社, 1957.

城田吉之,《對馬·赤米の村》, 葦書房, 1977

新妻利久,《渤海國史及び日本との國交史の研究》, 東京電機大學出版局, 1969.

永留久惠,《古代史の鍵》, 大化書房, 東京, 1975.

永留久惠,《對馬の文化財》杉屋書, 店, 東京: 1978.

永留久惠,《古代史の鍵·對馬—日本と朝鮮を結ぶ島》, 大和書房, 1985.

鈴木靖民,《古代對外關係史の研究》, 吉川弘文館, 1985.

奧野正男《鐵の古代史》, 白水社, 1994.

王仲殊,〈古代の日本關係〉,《古代日本の國際化》, 朝日新聞社, 1990.

王輯五 原著, 今井啓 譯註,《日支交通史》, 立命館出版部, 1941.

伊東 俊太郎,《比較文明》, 東京大學出版會, 2013.

田村洋幸編,《東アジア貿易史論—日中·日朝貿易の史的展開》, 嵯峨野書院, 1973.

井上秀雄,《變動期の東アジアと日本》, 日本書籍, 1983.

佐伯有清,《古代の東アジアと日本》, 日本, 教育社, 1987.

佐佐木高明,《照葉樹林文化の道》, 東京: 日本放送出版協會, 1988.

中田 勳,《古代韓日航路考》, 倉文社, 1956.

池內宏,〈伊刀の賊〉,《滿鮮史研究》中世1, 1933.

池田 溫 編,《唐と日本》, 東京: 吉川弘文館, 1992.

千田稔 編,《環シナ海文化と古代日本—道教とその周邊》, 人文書院, 1990.

千田稔,《海の古代史-東アジア地中海考》, 角川書店, 2002.

樺山紘一 編著,《長江文明と日本》, 福武書店, 1987.

環日本海松江國際實行委員會,《環日本海(東海)松江國際シンポジウム報告書—日本海沿岸地域の文
　　　　化交流と地域振興》, 同委員會, 1987.

《古代能登と東アジア》, 蝦夷穴古墳國際シ ポジウム實行委員會, 1992.


## 역서

董鑒泓 等 편, 成周鐸 역주,《中國 都城 發達史》, 학연문화사, 1993.

부사년 지음, 정재서 옮김,《이하동서설》, 우리역사연구재단, 2011.

傅波 지음, 吳正潤 옮김,《東北地方史》, 1984년 1기

孫進己 지음, 임동석 옮김,《東北民族源流》, 동문선, 1992.

王承禮 지음, 송기호 옮김,《발해의 역사》, 한림대학 아시아문화연구소, 1988.

위안리 지음, 최성은 옮김,《도작문화로 본 한국문화의 기원과 발전》, 민속원, 2005.

유소민 지음, 박기수 옮김,《기후의 반역》, 성균관대학교 출판부, 2005.

유준용 지음, 최무장 옮김,《중국대련고고연구》, 학연문화사, 1997.

李殿福 著, 車勇傑·金仁經 譯,《中國內의 高句麗 遺蹟》, 학연문화사, 1994.

趙賓福 著, 崔茂藏 譯,《中國東北新石器文化》, 集文堂, 1996.

許玉林 지음, 최무장 옮김,《요동반도 고인돌》, 백산, 2010.


고바야시 신지 지음, 김경자 옮김,《무용미학》, 현대미학사, 2000.

고바야시 히데오 지음, 임성모 옮김,《滿鐵·일본제국의 싱크탱크》, 산처럼, 2008.

도리이 류조(鳥居龍藏) 지음, 최석영 역주,《인류학자와 일본의 식민통치》, 서경문화사, 2007.

미즈우치 도시오현; 심정보 옮김,《공간의 정치지리학》, 푸른길, 2010.

사와다 이사오 지음, 김숙경 옮김,《흉노》, 아이필드, 2007.

스기야마 마사아키 지음, 이경덕 옮김,《유목민의 눈으로 본 세계사》, 시루, 2013.

오다니 나카오 지음, 민혜홍 옮김,《대월지, 중앙아시아의 수수께끼 민족을 찾아서》, 아이필드,
　　　　2008.

오모토 케이이치·하마시타 다케시·무라이 요시노리·야지마 히코이치 엮음, 김정환 옮김,
　　　　《바다의 아시아 5-국경을 넘는 네트워크》, 다리미디어, 2003.

844

와쓰지 데스로(和鐵郞) 지음, 박건주 옮김, 《풍토와 인간》, 장승, 1993.

유아사 다케오 지음, 임채성 옮김, 《문명 속의 물》, 푸른 길, 2011.

이시 히로유키, 야스다 요시노리, 유아사 다케오 지음, 이하준 옮김, 《환경은 세계사를 어떻게 바꾸었는가》, 경당, 2003.

靑木榮一 지음, 최재수 옮김, 《시파워의 세계사 - 해군의 탄생과 범주해군의 발달》, 한국해사 문제연구소, 1995.


고든 차일드, 《신석기혁명과 도시혁명》, 한국고고학연구소, 주류성, 2013.

그레이엄 크랄크 지음, 정기문 옮김, 《공간과 시간의 역사》, 푸른길, 1999.

그렉 클라이즈데일, 김유신 옮김, 《부의 이동》, (주)21세기 북스, 2008.

니얼 퍼거슨 지음, 구세희·김정희 옮김, 《시빌라이제이션》, 21세기북스, 2011.

니오라체(Nioradze) 지음, 李弘稙 옮김, 《시베리아 諸民族의 原始宗敎》, 신구문화사, 1976.

데스몬드 모리스 지음, 김동광 옮김, 《피플워칭(보디 랭귀지 연구)》, 까치, 2004

데이비드 크리스천 지음, 김서형·김용우 옮김, 《거대사: 세계사의 새로운 대안》, 지구사연구소 총서 1, 서해문집, 2009.

데스몬드 모리스 지음, 김석희 옮김, 《THE NAKED MAN(털없는 원숭이)》, 정신세계사, 1991.

데이비드 W. 앤서니 지음, 공원국 옮김, 《말, 바퀴, 언어》, 에코리브르, 2015.

데이비드 크리스천 지음, 김서형·김용우 옮김, 《세계사의 새로운 대안 거대사》, 서해문집, 2009.

데이비드 크리스천·밥 베인 지음, 조지형 옮김, 《빅 히스토리(Big History)》, 해나무, 2013.

드니 게디 지음, 김택, 《수의 세계》, 시공사, 2005.

루이스 멈퍼드 지음, 문종만 옮김, 《기술과 문명》, 책세상, 2013.

로버트 벤투리 지음, 임창복 옮김, 《건축의 복합성과 대립성》, 동녘, 2007.

로버트 켈리 지음, 성춘택 옮김, 《수렵채집사회: 고고학과 인류학》, 사회평론, 2014.

루츠 붕크 지음, 안성찬 옮김, 《역사와 배》, 해냄, 2006.

르네 그루쎄 지음, 김호동 외 옮김, 《유라시아 유목제국사》, 사계절, 1998.

리차드 부시 지음, 정재겸 외 옮김, 《순록과 함께한 시베리아 탐험 일지, 흑룡강 - 캄차카 - 축치 반도 탐사 기록》, 우리역사 연구재단, 2016.

마이클 겔브 지음, 정준휘 옮김, 《위대한 생각의 발견》 추수밭, 2003.

미르치아 엘리아데, 鄭鎭弘 옮김, 《우주의 역사》, 現代思想社, 1976.

미르치아 엘리아데 지음, 이은봉 옮김, 《성과 속》, 한길사, 1998.

미르치아 엘리아데 지음, 이재실 옮김, 《이미지와 상징: 주술적-종교적 상징체계에 관한 시론》, 까치글방, 1998.

바트 J. 보크 지음, 정인태 옮김, 《기본항해학》, 대한교과서주식회사, 1963.

브라이언 페이건 지음, 남경태 옮김, 《기후, 문명의 지도를 바꾸다.》, 예지, 2007.

브라이언 페이건·존 호페커·마크 마슬린·한나 오리건 지음, 이승호·김맹기·황상일, 《완벽한 빙하시대》, 푸른길, 2011.

브루스 트리거 지음, 성춘택 옮김, 《고고학사 (사상과 이론)》, 학연문화사, 1997.

빌 브라이슨 지음, 이덕환 옮김, 《거의 모든 것의 역사》, 까치, 2007.

새뮤엘 헌팅톤 지음, 이희재 옮김, 《문명의 충돌》, 김영사, 1997.

서예드 모함마드 하타르 지음, 이희수 옮김, 《문명의 대화》, 지식여행, 2002.

쉴레이만 세이디, 《터키 민족 2천년 사》, 애플미디어, 2012.

스테판 다나카 지음, 박영재 외 옮김, 《일본 동양학의 구조》, 문학과지성사, 2004.

스타븐 솔로몬 지음, 주경철 안민석 옮김, 《물의 세계사》, 민음사, 2013.

스타븐 호킹 지음, 김동광 옮김, 《호두껍질 속의 우주》, 까치, 2007.

시베리아와 극동민족 구비문학 기념비, 김은희 옮김, 《시베리아 설화집, 유카기르인 이야기》, 2017.

시베리아와 극동민족 구비문학 기념비, 안동진 옮김, 《시베리아 설화집, 돌간인 이야기》, 지식을 만드는 지식, 2017.

시베리아와 극동민족 구비문학 기념비, 엄순천 옮김, 《시베리아 설화집, 에벤키인 이야기》, 2017.

시베리아와 극동민족 구비문학 기념비, 이경희 옮김, 《시베리아 설화집, 셀쿠프인 이야기》, 2017.

신시아 브라운 지음, 이근영 옮김, 《빅 히스토리》, 바다 출판사, 2017.

안톤 체호프 지음, 배대화 옮김, 《안톤 체호프 사할린섬》, 동북아 역사재단, 2013.

알렉스시 카렐 지음, 류지호 옮김 《인간, 그 미지의 존재》, 문학사상사, 1998.

알프레드 레이니 지음, 조응천 기종석 옮김, 《數學의 발견》, 과학과 인간사, 1977.
엠마누엘 아나티 지음, 이승재 옮김, 《예술의 기원》, 바다출판사, 2008.
앤서니 기든스 지음, 홍욱희 옮김, 《기후변화의 정치학》, 에코리브르, 2009.
앨프리드 W. 크로스비 지음, 안효상 정범진 공역, 《생태제국주의》, 지식의 풍경, 2002.
에드워드 홀 지음, 최효선 옮김, 《숨겨진 차원-공간의 인류학을 위하여》, 한길사, 2000.
에른스트 카시러 지음, 최명관 옮김, 《인간이란 무엇인가?》, 전망사, 1984.
에머리 존스 지음, 이찬 권혁재 옮김, 《人文地理學 原理》, 법문사, 1985.
에반스 프리챠드, 지음, 김두진 옮김, 《원시종교론》, 탐구당, 1985.
엘리란 스토로스베르 지음, 김승윤 옮김, 《예술과 과학》, 을유문화사, 2002.
엘빈 토플러, 이규행 옮김, 《권력 이동, 한국경제신문사, 1990.
엠마누엘 아나티 지음, 이승재 옮김, 《예술의 기원》, 바다출판사, 2008.
오스카 할레키, 《유럽사의 境界와 區分》, 탐구당, 1993.
요한 갈퉁·소하일 이나야툴라 편저, 노영숙 옮김, 《미래를 보는 거시사의 세계》, 우물이 있는 집, 2005.
월레스타인, 지음, 김인중 이동기 옮김, 《근대세계체제》 1,2,3, 까치, 2013.
위르겐 슐롬봄 지음, 백승종 장현숙 공편역, 《미시사의 즐거움》, 돌베개, 2003.
유발 하라리, 조현욱 옮김, 《호모 사피엔스》, 김영사, 2015.
유발 하라리, 김명주 옮김 《호모 데우스- 미래의 역사》, 김영사, 2017.
유엠부찐 지음, 이항재, 이병두 옮김, 《고조선 역사 고고학적 개요》, 소나무, 1990.
이언 모리스 지음, 이재경 옮김, 《가치관의 탄생》(원제: Foragers, Farmers, And Fossil Fuels), 반니, 2015.
이브 코아 지음, 최운근 옮김, 《고래의 삶과 죽음》, 시공디스카버리, 1995.
제러드 다이아몬드 지음, 강주헌 옮김, 《어제까지의 세계 전통사회에서 우리는 무엇을 배울 것인가?》, 김영사, 2013.
제러드 다이아몬드 지음, 강주원 옮김, 《문명의 붕괴(COLLAPSE)》, 김영사, 2005.
제러드 다이아몬드 지음, 김진준 옮김, 《총 균 쇠》, 문학사상, 2005.
제임스 E.매클렐란 3세 지음, 전대호 옮김, 《과학과 기술로 본 세계사 강의》, 모티브북, 2006.
제임스 포사이스 지음, 정재겸 옮김, 《시베리아 원주민의 역사》, 솔출판사, 2009.
조류즈 이프라 지음, 김병욱 옮김, 《신비로운 수의 역사》, 예하, 1990.
조셉 니담 지음, 이석호 옮김, 《중국의 과학과 문명》, 을유문화사, 1989.
조지 프리드먼 지음, 김홍래 옮김, 《넥스트 디케이드》, 쌤앤파커스, 2011.
존 펄린 지음, 송명규 옮김, 《숲의 서사시》, 따님, 2006.
자크 아탈리 지음, 이효숙 옮김, 《호모 노마드 유목하는 인간》, 웅진닷컴, 2005.
찰스 파스테르나크 지음, 서미석 옮김, 《호모 쿠아에렌스- 자연과학자의 눈으로 본 인류 문명사》, 길, 2005.
칼 G. 융 외 지음, 이윤기 옮김, 《인간과 상징》, 열린책들, 2004
클리퍼드 기어츠 지음, 문옥표 옮김, 《문화의 해석(THE INTEREPRETATION OF CULTURES)》, 까치, 1998.
테리조든 비치코프·모나 도모시 지음, 류제현 편역, 《세계문화지리》, 살림, 2008.
템플 그랜딘·캐서린 존슨 지음, 권도승 옮김, 《동물과의 대화》, 샘터, 2006.
표트르 A. 크로포트킨 지음, 김훈 옮김, 《만물은 서로 돕는다》, 여름언덕, 2015
프란시스 후쿠야마 지음, 이상훈 옮김, 《역사의 종말》, 한마음사, 1992.
프리초프 카프라·김용정 김동광 옮김, 《생명의 그물》, 범양사, 1998.
피터 데피로 메리 데스몬드 핀코우시 지음, 김이경 옮김, 《숫자 문명사전》, 서해문집, 2003.
피터 콜릿, 박태선 옮김, 《몸은 나보다 먼저 말한다.(The Book of Tells)》, 청림출판, 2004.
피터스탠스 지음, 문명식 옮김, 《문화는 흐른다》, 궁리, 2003.
하워드 오덤 지음, 박석순·강대석 옮김, 《시스템 생태학 1》, 도서출판 아르케, 2000.
하워드 오덤·조셉 캠밸 빌 모이어스 지음, 《신화의 힘》, 이윤기 옮김, 21세기 북스, 2017.
하랄트 뮐러 지음, 《문명의 공존 푸른 숲》, 2000.
한나 홉스 지음, 박종성 옮김, 《인간 생태보고서》, 웅진 지식하우스, 2010.
A.J. 토인비 지음, 홍사종 옮김, 《역사의 연구》, 동서문화사, 1978.
Colin S. Gray 지음, 임인수 정호섭 공역, 《역사를 전환시킨 해양력》, 한 국 해양전략연구소, 1998.
Edward W Said 지음, 박홍규 옮김, 《오리엔탈리즘》, 교보문고, 1991.

E. G. 리처즈 지음, 이민아 옮김, 《시간의 지도 : 달력》, 까치, 2004.
Ernest Gellner, 이재석 옮김, 《민족과 민족주의》, 예하, 1988
Ernest Gellner, 이재석 옮김, 《민족과 민족주의》, 예하, 1988.
H. Lautensach 지음, 金鍾奎 옮김, 《韓國의 氣候誌》, 한울아카데미, 1990.
H.H. 램 지음, 김종규 옮김, 《기후와 역사》, 한울 아카데미, 2004
N. G. 가린 지음, 金學秀 옮김, 《저것이 백두산이다》, 民族社, 1980.
Nioradze 지음, 李弘稙 옮김, 《시베리아 諸民族의 原始宗敎》, 신구문화사, 1976.
T. W. 아도르노, 홍승용 옮김, 《미학 이론》, 문학과지성사, 1984.
W. 워런 와겨 지음, 이순호 옮김, 《인류의 미래사》, 교양인, 2006.
W. 타타르 키비츠 지음, 손효주 옮김, 《미학의 기본 개념사》, 미술문화 1999.

## 논문

姜鳳龍, 〈5~6세기 영산강유역 '甕棺古墳社會'의 해체〉, 《백제의 지방통치》, 학연문화사, 1998.
姜鳳龍, 〈3~5세기 영산강유역 '甕棺古墳社會'와 그 성격〉, 《역사교육》 69, 1999.
강승남, 〈고조선시기의 청동 및 철 가공기술〉, 《조선고고연구》 2호, 1995.
강정인·안외순, 〈서구중심주의와 중화주의의 비교 연구: 그 전개과정 및 특성을 중심으로〉, 《國際政治論叢》 제40집 3호, 2000.
강중광, 〈룡연리유적 발굴보고〉, 《고고학자료집》 4(북한자료), 1974.
고고학연구소, 〈기원전 천년기전반기의 고조선문화〉, 《고고민속론문집》 1, 사회과학원출판사, 1969.
고고학연구소, 〈서포항 원시유적 발굴보고〉, 《고고민속론문집》 4, 사회과학원출판사, 1972.
고고학연구실, 〈청진 농포리 원시유적 발굴〉, 《문화유산》 4(북한자료), 1957.
공봉진, 〈'중화민족' 용어의 기원과 정체성에 관한 연구〉, 《CHINA 연구》 제2집, 부산대학교 중국연구소, 2007.
권오영, 〈고조선사연구의 동향과 그 내용〉, 《북한의 고대사연구》, 일조각, 1991.
권오중, 〈점(點)과 선(線)의 고대사─중국 동북 "예맥(濊貊)"의 경우〉, 《인문연구》, 2010.
權赫在, 〈韓國의 海岸地形과 海岸分類의 諸問題〉, 《高大教育大學院》 3, 1975.
琴章泰, 〈韓國古代信仰과 祭儀〉, 《文理大學報》 19, 1963.
기수연, 〈中國 文獻에 보이는 '東夷'와 '朝鮮'〉, 《고조선단군학》 4, 2001.
기수연, 〈《後漢書》《東夷列傳》에 나타난 韓國古代史의 인식〉, 《고조선단군학》 7, 2002.
奇修延, 〈中國學界의 漢四郡 硏究 동향과 분석〉, 《문화사학》 27, 2007.
기수연, 〈중국학계의 고조선, 한사군 인식에 대한 비판적 검토〉, 《고조선단군학》 23, 2010.
김경칠, 〈남한 지역 출토 漢代 금속화폐와 그 성격〉, 《호남고고학보》, 27권, 2007.
김교경, 〈청청암 및 해상동굴유적 발굴보고〉, 《고고학자료집》 4(북한자료), 1974.
김교경, 〈새로 발견된 만달리 동굴유적〉, 《력사과학》 4, 평양: 과학백과사전출판사, 1981.
김교경, 〈평양일대의 단군 및 고조선 유적유물에 대한 년대 측정〉, 《조선고고연구》 1호, 1995.
김기웅, 〈평안남도 개천군 묵방리 고인돌 발굴 중간보고〉, 《문화유산》, 1961-2(북한).
김동일, 〈사리원시 광성동 고인돌 발굴에 대하여〉, 《조선고고연구》 4(북한), 1988.
金杜珍, 〈三韓 別邑사회의 蘇塗신앙〉, 《한국고대의 국가와 사회》, 역사학회, 1985.
金範哲, 〈중서부지역 靑銅器時代 水稻生産의 政治經濟〉, 《한국고고학보》 58, 2006.
김병곤, 〈고조선 왕권의 상장과 지배력의 성격 변화〉, 《동국사학》, 2000.
金秉駿, 〈漢이 구성한 고조선 멸망 과정〉, 《한국고대연구》 50, 2008.
金庠基, 〈東夷와 淮夷·徐戎에 대하여〉, 《東方學志》 2, 1955.
김상기, 〈한·예·맥 이동고〉, 《사해》 창간호, 조선사연구회, 1948.
金成俊, 〈舊韓末의 國史教育에 대하여〉, 《大東文化研究》 8, 1971.
도유호, 〈지탑리 원시유적 발굴보고〉, 평양: 과학원출판사, 1961.
金庠基, 〈韓·濊·貊移動考〉, 《東方史論叢》, 서울대출판부, 1974.
김성숙, 〈모용선비와 탁발선비의 발전과정 비교〉, 《한국의 고대문화 형성》, 백산학회 편, 2007.
김성철, 〈만발발자 유적의 성격에 대하여〉, 《조선고고연구》 1, 2009.
김승옥, 〈청동기시대 주거지의 편년과 사회변천〉, 《한국고고학보》 60, 2006.

김신규, 〈함경북도 화대군에서 털코끼리(맘모스)의 유골 발견〉, 《문화유산》 2(북한자료), 1962.

김신규, 〈미송리 동굴 유적의 동물 유골에 대하여〉 《고고학자료집》 3집, 1963.

김신규, 〈승호 제3호 동굴에서 새로 알려진 만달 짧은턱 하이에나에 대하여〉, 《조선고고연구》 4(북한자료), 1987.

김신규, 김교경, 〈상원 검은모루 구석기시대유적 발굴보고〉, 《고고학자료집》 4, 1974.

김양선, 〈다뉴기하문경연구초〉, 《매산국학산고》, 승전대학교박물관, 1973.

김영근, 〈하가점 하층문화에 대한 고찰〉, 《단군학연구》 제14, 단군학회, 2006.

金永培·安承周, 〈扶餘 松菊里 遼寧式銅劍出土 石棺墓〉, 《百濟文化》 7·8, 1975.

金映遂, 〈賓子朝鮮은 中國蒙縣 : 東國朝鮮과는 異地 同名일 뿐〉, 《논문집》 3(전북대학교), 1960

김영우, 《중화군 강로리유적 조사보고》 《고고민속》 1. (북한)1964

김외곤, 〈일본식 오리엔탈리즘의 기원에 대한 탐구—스테판 다나카〉, 《실천문학》 74호, 실천문학사, 2004.

김용간, 〈미송리 동굴유적 발굴 중간보고(II)〉, 《문화유산》 2, 1961.

김용간, 〈미송리 동굴유적 발굴보고〉, 《고고학자료집》 3집, 1963(북한).

김용간, 〈대동강 류역은 신석기시대문화의 중심지〉, 《조선고고연구》 1호(110호), 1999.

김용남, 〈해주시 룡당리 조개무지유적 조사보고〉, 《고고민속》 1(북한자료), 1963.

김원룡, 〈한국 반월형석도에 대한 일고찰〉, 《사학지》, 1975.

金元龍, 〈沈陽鄭家窪子 靑銅時代墓와 副葬品〉, 《東洋學》 6, 1976.

金仁喜, 〈上古史에 있어 韓·中의 文化交流 : 중국 大汶口文化와의 관계를 중심으로〉, 《東아시아 古代學》 제2집, 2000.

김일권, 〈고구려 고분벽화의 천문관념 체계 연구〉, 《진단학보》 82, 1996.

김일권, 〈별자리형 바위구멍에 대한 고찰〉, 《고문화》 51권, 1998.

김일권, 〈壁畵 天文圖를 통해서 본 高句麗의 正體性〉, 《고구려 발해연구》 18호, 2004.

김일권, 〈고구려 초기 벽화 시대의 神話와 道敎사상〉, 《역사민속학》 18, 2004.

金壯錫, 〈충청지역 송국리유형 형성과정〉, 《韓國考古學報》 51, 2003.

金在瑾, 〈張保皐時代의 貿易船과 그 航路〉, 《張保皐의 新研究》, 莞島文化院, 1985.

김재근, 〈韓國 中國 日本 古代의 船舶과 航海術〉, 《環黃海 韓中交涉史 研究 심포지움》, 진단학회, 1989.

金正基, 〈靑銅器 및 初期鐵器時代의 竪穴住居〉, 《韓國考古學報》 34, 1996.

김정문·김영우, 〈세죽리유적 발굴중간보고〉, 《고고민속》 2(북한), 1964.

金貞培, 〈고조선의 민족구성과 문화적 복합〉, 《백산학보》 12, 1972.

김정배, 〈고조선의 재인식〉, 《한국사론》 14, 국사편찬위원회, 1984.

김정배, 〈단재의 사학과 북한의 고대사〉, 《신채호의 사상과 민족독립운동》, 단재신채호 선생 기념사업회, 1986.

金貞培, 〈동북아의 비파형동검문화에 대한 종합적 연구〉, 동북아역사재단, 2000.

김정배, 〈고조선 연구의 사적 고찰〉, 《고조선단군학》 7, 단군학회, 2002.

김정배, 〈고조선 연구의 현황과 과제〉, 《단군학연구》 9, 단군학회, 2003.

김정배, 〈古朝鮮과 琵琶形銅劍의 問題〉, 《고조선단군학》 12, 단군학회, 2005.

金廷鶴, 〈韓國 靑銅器文化의 編年〉, 《韓國考古學報》 5, 1978.

김정학, 〈고고학상으로 본 고조선〉, 《한국상고사의 제문제》, 한국정신문화연구원, 1987.

金廷鶴, 〈古朝鮮의 起源과 國家形成〉, 《韓國上古史研究》, 범우사, 1990.

金之龍, 〈馬場里 冶鐵住居址〉, 《역사학보》 50·51, 1971.

김종복·박준형, 《대동역사(고대사)》를 통해 본 신채호의 초기 역사학〉, 《동방학지》 162, 연세대학교 국학연구원, 2013.

金哲俊, 〈魏志東夷傳에 나타난 韓國古代社會의 性格〉, 《한국문화사론》, 1990.

김형수, 〈신채호의 역사인식에 관한 연구 : 고대사 인식을 중심으로〉, 전남대학교 석사논문, 1995.

남궁효, 〈정인보의 "조선학" 이론에 관한 연구〉, 《실학사상연구》(제8권), 1996.

남일룡·김경찬, 〈청암동 토성에 대하여 1〉, 《조선고고연구》 1998, 제2호(누계 107호).

盧重國, 〈한국고대의 邑落의 구조와 성격—국가형성과정과 관련하여〉, 《대구사》, 1989.

노태돈, 〈고조선사 연구의 현황과 과제〉, 《한국문화》 8, 1987.

노태돈, 〈고조선 중심지의 변천에 대한 연구〉, 《한국사론》, 1990.

檀國大學校 史學會, 《史學志》 12, 丹陽新羅赤城碑特輯號, 1978.

도유호, 〈조선 거석문화 연구〉, 《문화유산》 2, 1959.

도유호, 〈조선의 구석기시대 문화인 굴포문화에 대하여〉, 《고고민속》(북한자료), 1964.

도유호·황기덕, 〈지탑리 유적 발굴 중간보고(1)〉, 《문화유산》 5, 사회과학원출판사, 1957.

라명관, 〈약사동 고인돌 발굴보고〉, 《조선고고연구》 2(북한), 1988.

羅壽承, 〈錦江水運의 變遷에 關한 地理學的 硏究〉, 《公州敎大論文集》, 16, 1980.

렴주태, 〈함경북도에서 새로 알려진 유적과 유물〉, 《고고민속》 2(북한자료), 1965.

로성철, 〈미송리형단지의 변천과 그 년대에 대하여〉, 《조선고고연구》 4기, 1993.

로철수·김광명·김정희 지음, 《단군릉과 고대성곽 및 제단》, 《조선 고고학전서》 10, 고대편 1, 사회과학원 고고학연구소, 2009.

리규태, 〈배천군 대아리 돌상자 무덤〉, 《고고학자료집》 6, 1983.

리기련, 《석탄리유적 발굴보고》, 평양: 과학백과사전출판사(북한), 1980.

리병선, 〈중강군 토성리 원시 및 고대유적 발굴 중간보고〉, 《문화유산》 5(북한자료), 1961.

리상우, 〈평양시 상원군 중리 독재굴유적에 대하여〉, 《조선고고연구》(북한자료) 1, 1988.

리순진, 〈신암리 유적 발굴 중간 보고〉, 《고고민속》, 사회과학원출판사, 1965년 2호.

리순진, 〈평양일대 나무곽무덤의 성격에 대하여〉, 《조선고고연구》, 1996.

리순진, 《대동강 문화》의 기본내용과 우수성에 대하여〉, 《조선고고연구》 1999-1호(110호).

리원근, 〈선천 원봉리 및 정주군 석산리 원시유적 조사보고〉, 《고고민속》 1(북한), 1964.

리원조, 〈황해남도 북부지방 유적 답사〉, 《문화유산》 6(북한), 1961.

문정창, 《古朝鮮史硏究》, 한뿌리, 1969.

문창로, 〈星湖 李瀷(1681~1763)의 삼한 인식〉, 《한국고대사연구》 74, 2014.

박광용, 〈일제시기 단군 논쟁〉, 《논쟁으로 본 한국사회 100년》, 역사문제연구소, 2000.

박선미, 〈고조선의 교역과 화폐사용에 관한 시론적 검토〉, 《동북아 역사논총》 20, 2008.

박선미, 〈동북아시아의 交流史 復原을 위한 明刀錢의 초보적 探討〉, 《동북아문화연구》 18, 2009.

박선희, 〈유물자료로 본 고조선 이전 시기의 복식문화수준〉, 《단군학연구》 제19호, 2008.

박선희, 〈복식비교를 통한 고조선 영역 연구〉, 단군학회편, 《단군과 고조선 연구》, 2005.

박성수, 〈단재의 고대사관〉, 《소헌 남도영박사화갑기념 사학논총》, 태학사, 1984.

박성수, 〈위당 정인보의 단군문화론〉, 《동양학》 제18권 1호, 1988.

박성수, 〈단군문화론-단재와 위당을 중심으로〉, 《정신문화연구》 47, 1992.

朴淳發, 〈한강유역의 청동기 초기철기문화〉, 《한강유역사》, 민음사, 1993.

박용안 외 25인, 《우리나라 현세 해수면 변동》, 《한국의 제 4기 환경》, 서울대학교 출판부, 2001.

박정미, 〈한국 선사시대 재배벼의 특징에 관한 연구〉, 《충북사학》 18권, 2007.

박준형, 〈"예맥"의 형성과정과 고조선〉, 《학림》, 2001.

박준형, 〈고조선의 해상교역로와 萊夷〉, 《북방사논총》 10, 2006.

박준형, 〈고조선의 대외교역과 의미-춘추 제와의 교역을 중심으로-〉, 동북아역사재단, 《고조선의 역사를 찾아서》, 학연문화사, 2007.

박준형, 〈한국 근현대 기자조선 인식의 변천〉, 《고조선사 연구 100년-고조선사 연구의 현황과 쟁점》, 학연문화사, 2009.

박준형, 〈백암 박은식의 고조선 인식-신채호와 비교를 중심으로〉, 《한국사학보》 54호, 고려사학회, 2014

박진욱, 〈비파형단검문화의 발원지와 창조자에 대하여〉, 《비파형단검문화에 관한 연구》, 과학백과사전출판사, 1987.

박진욱, 〈고조선의 비파형 단검문화에 대한 재검토〉, 《조선고고연구》 2호, 1995.

박창범, 〈청원 아득이 고인돌유적에서 발굴된 별자리판 연구〉, 《한국과학사학회지》 23-1, 2001.

박태식·이융조 〈한국선사시대 벼농사에 관하여: 고양 가와지 1 지구 출토 벼 낱알〉, 《한국작물학회 학술발표대회 논문집》 39(2), 1994.

박태식·이융조, 〈고양 家瓦地Ⅰ지구 출토 벼 낱알들과 한국선사시대 벼농사〉, 《농업과학논문집》 제37집, 1995.

박태식, 〈고대 한반도에서 재배된 벼의 전래 경로에 대한 고찰〉, 《한국작물학회지》 제54권 제1호, 2009.

박한용, 〈안재홍의 민족주의론-근대를 넘은 근대?〉, 《한국사학보》 9, 고려사학회, 2000.

배기동, 〈북한 선사고고학의 성과와 평가〉, 《北韓의 韓國學 硏究成果 分析》, 한국정신문화연구원, 1991.

裵勇一, 〈申采浩의 郞家思想考〉, 《丹齋先生 誕辰100周年 紀念論集》, 1980.

배철현, 〈'유럽'의 모체를 찾아《오리엔탈리즘》다시 읽기〉, 《사상》 가을호(통권 제50호), 사회과학원, 2001.

백종오, 〈북한학계의 고조선 성곽 연구 동향〉, 《단군학연구》 14호, 2006.

백종오·오대양, 〈遼南地域 靑銅器時代遺蹟의 發掘現況과 硏究成果〉, 《고조선단군학》 29, 2013.

변사성·고영암, 〈마산리유적의 신석기시대 집자리에 대하여〉, 《조선 고고연구》 4, 1989

卜箕大, 〈夏家店 下層文化의 기원과 사회성격에 關한 試論〉, 《한국상고사학보》 19호, 1995.

복기대, 〈하가점 상층문화에 관한 시론〉, 《박물관기요》(단국대) 14, 1999.

복기대, 〈중국요서지역 청동기시대 문화의 역사적 이해〉, 《단군학연구》 제5호, 2001.

복기대, 〈高台山文化에 대하여〉, 《白山學報》 제65호, 2002.

복기대, 〈마성자 문화에 관한 몇 가지 문제〉, 《선사와 고대》 22, 한국고대학회, 2005.

복기대, 〈한국상고사와 동북아시아 청동기문화〉, 《단군학연구》 14, 2006.

서국태, 〈영흡읍 유적에 관한 보고〉, 《고고민속》 제2호, 1965.

서국태, 〈거북등형의 뚜껑돌을 가진 고인돌 무덤의 피장자에 대하여〉, 《조선고고연구》 4, 2006.

리병선, 〈평안북도 룡천군, 염주군 일대의 유적 답사 보고〉, 《문화유산》 1(북한), 1962

서영대, 〈東濊社會의 虎神崇拜에 대하여〉, 《역사민속학》 2, 1992.

徐永大, 〈참성단(塹城壇)의 역사적 의의〉, 《단군학연구》 제19호, 2008.

서영대, 〈한국 고대의 祭天儀禮〉, 《한국사 시민강좌》 45, 일조각, 2009.

서영수, 〈위만조선의 형성과정과 국가적 성격〉, 《한국고대사연구》 9, 1996.

서영수, 〈고조선의 대외관계와 강역의 변동〉, 《동양학》 29, 1999.

서영수, 〈고조선과 우리민족의 정체성〉, 《백산학보》, 제 65호, 2003.

서영수, 김희찬, 〈미송리형 토기와 청동기시대 유물에 대하여〉, 《고구려연구》 5집, 1998.

서오선·권오영·함순섭, 〈천안 청당동유적 제2차발굴보고〉, 《松菊里》 Ⅳ(국립중앙박물관), 1991.

서일범, 〈북한의 고구려산성〉, 신형식 외, 《고구려산성과 해양방어체제연구》, 백산자료원, 2000.

석광준, 〈오덕리 고인돌 발굴보고〉, 《고고학자료집》 4(북한), 1974

석광준·허순산, 〈장촌유적 발굴보고〉, 《조선고고연구》 4(북한자료), 1987.

손준호, 〈한반도 출토 반월형석도의 변천과 지역성〉, 《선사와 고대》 17, 2002.

孫晉泰, 〈朝鮮古代山神의 性에 구하여〉, 《진단학보》 11, 1934.

孫晉泰, 〈古代山神의 性에 就하여〉, 《朝鮮民族文化의 硏究》, 을유문화사, 1948.

孫兒鉉, 〈古代에 있어서의 海上交通〉, 《논문집》 15, 한국해양대학, 1980.

宋正鉉·李榮文, 〈牛山里 내우 지석묘〉, 《住岩댐 수몰지역 문화유적 발굴조사 보고서》 Ⅱ, 전남대박물관, 1988.

宋恒龍, 〈한국고대의 도교사상〉, 《철학사상의 제문제》, 정신문화연구원, 1984.

송호정, 〈요동지역 청동기문화와 미송리형토기에 관한 고찰〉, 《한국사론》 24, 서울대학교국사학과, 1991.

송호정, 〈한국고대의 국가 형성 요동~서북한지역에서 고조선의 국가 형성〉, 《역사와현실》 21, 1996.

송호정, 〈古朝鮮·夫餘의 국가구조와 정치운영-부 및 부체제론과 관련하여-〉, 《한국고대사연구》 17, 2000.

송호정, 〈두만강 유역의 고대문화와 정치집단의 성장〉, 《역사와 담론》 50, 2008.

송호정, 〈古朝鮮의 位置와 中心地 문제에 대한 고찰〉, 《한국고대사연구》 58, 2010.

신숙정, 〈북한의 신석기문화 연구 40년〉, 《북한의 고대사 연구와 성과》, 1994.

신용하, 〈한국민족의 기원과 형성〉, 《韓國學報》 제100집, 2000.

신용하, 〈고조선 '아사달 문양'이 새겨진 山東 大汶口문화유물〉, 《韓國學報》 102집, 2001.

신용하, 〈古朝鮮文明圈의 三足烏太陽 상징과 朝陽 袁台子壁畵墓의 三足烏太陽〉, 《한국학보》 제105집, 2001.

신용하, 〈고조선 국가의 형성-3부족 결합에 의한 고조선 개국과 아사달〉, 《사회와 역사》 80집, 2008.

신용하, 〈고조선의 통치체제〉, 《고조선연구》 1집, 2008.

신용하, 〈고조선 국가의형성과 고조선 금속문화〉, 《단군학연구》 제21호, 2009.

신용하, 〈한국민족의 기원과 형성에 대한 '한', '맥', '예' 3부족 결합설〉, 《학술원논문집》, 인문

850

·사회과학편 제55집 1호, 2016.

신의주 력사박물관, 〈동림군 인두리 당모루 원시유적 조사 간략보고〉,《문화유산》 5(북한), 1959.

沈奉謹, 〈韓日 支石墓의 관계〉,《한국고고학보》, 제10,11집, 1981.

안병찬, 〈평안북도 박천군·녕변군의 유적 조사보고〉,《문화유산》 5(북한), 1962

안승모, 〈한국반월형석도의 연구-발생과 변천을 중심으로〉, 서울대학교 석사학위논문, 1985.

안호상, 〈古代韓國思想에 관한 硏究〉,《아세아연구》 9, 1962.

양태진, 〈民族地緣으로 본 白頭山 領域 考察〉,《백산학보》, 28호, 1984.

오강원, 〈서요하상류역 청동단검과 그 문화에 관한 연구〉,《한국고대사연구》 12, 1997.

吳江原, 〈春秋末東夷系萊族木槨墓 출토 비파형동검〉,《韓國古代史硏究》 제23집, 2001.

吳江原, 〈동북아지역 扇形銅斧의 형식과 시공간적 양상〉,《강원고고학보》 2, 2003.

오강원, 〈萬發撥子를 통하여 본 通化地域 先原史 文化의 展開와 初期 高句麗 文化의 形成過程〉, 《北方史論叢》 1, 2004.

오강원, 〈중국 동북지역 세 청동단검문화의 문화지형과 교섭관계〉,《선사와 고대》 20, 2004.

오강원, 〈내몽고 중남부 지역의 청동기~초기 철기시대 문화와 사회〉,《내몽고 중남부의 오르 도스 청동기와 문화》, 고구려연구재단·내몽고문물고고연구소, 2006.

오강원, 〈청동기시대 길림성 일대의 지역군 분류와 서단산문화〉,《한국상고사학보》 69호, 2008.

우실하, 〈요하문명, 홍산문화 지역의 지리적 기후적 조건〉,《고조선 단군학》 30호, 2014.

우장문, 〈고인돌을 만든 사람들의 사유에 관한 연구〉,《선사와 고대》, 29권, 2008.

윤내현, 〈古朝鮮의 疆域〉,《정신문화연구》 21, 1984.

윤내현, 〈고조선의 도읍 천이고〉,《백산학보》 30·31, 1985.

윤내현, 〈한사군의 낙랑군과 평양의 낙랑〉,《한국학보》 41, 일지사, 1985.

윤내현, 〈위만조선의 재인식〉,《사학지》 19, 단국대 사학회, 1985.

윤내현, 〈고조선의 역사적 인식〉,《민족지성》 11, 민족지성사, 1986.

윤내현, 〈고조선의 종교와 그 사상〉,《동양학》, 1993.

윤내현, 〈고조선의 도읍 위치와 그 이동〉,《고조선단군학》 7, 2002.

윤내현, 〈고조선의 국가구조와 그 성격〉,《고조선단군학》 9, 2003.

윤내현, 〈고조선의 종교와 사회성격〉,《고조선단군학》 12, 2005.

윤내현, 〈朝·燕戰爭의 전개와 국경 변화〉,《고조선단군학》 20, 2009.

윤내현, 《三國遺事》와 《潛夫論》의 고조선 인식〉,《고조선단군학》 22, 2010.

윤내현, 〈고조선의 붕괴 원인〉,《고조선단군학》 23, 2010.

윤명철, 〈歷史學 硏究 對象으로서의 民俗〉,《慶州史學》 8집, 동국대 국사학회, 1989.

윤명철, 〈歷史活動에서 나타나는 運動性의 問題〉,《國學硏究》 2집, 국학연구소, 1989.

윤명철, 《韓國民族文化大百科事典》(정신문화연구원) 항목명 : 東夷, 王儉, 桓因, 桓雄 外, 1990.

윤명철, 〈남북역사학의 비교를 통한 공질성 회복〉,《國學硏究》, 3집, 1990.

윤명철, 〈南北歷史學의 比較를 통한 共質性 回復〉,《國學硏究》 3집, 1990.

윤명철, 〈근대사관 개념으로 분석한 壇君神話〉,《경주사학》 10, 1991.

윤명철, 〈黃海海流의 歷史的 環境〉,《황해연안의 환경과 문화》, 한국학술진흥재단, 1993.

윤명철, 〈해양조건을 통해서 본 고대 한일관계사의 이해〉,《일본학》 14, 1995

윤명철, 〈황해의 地中海的 성격 연구〉,《한중문화교류와 남방해로》, 국학자료원, 1997.

윤명철, 〈黃海의 地中海的 性格硏究〉,《韓中文化交流와 南方海路》, 국학자료원, 1997.

윤명철, 〈古代 東아시아의 歷史像에 있어서 海洋의 問題-古代 韓日關係를 中心으로〉,《歷史와 文化》 2집, 1997.

윤명철, 〈壇君神話에 대한 構造的 分析〉,《韓國思想史學》 2집, 1988.

윤명철, 〈渤海의 海洋活動과 東아시아의 秩序再編〉,《高句麗硏究》 6, 學硏文化社, 1998.

윤명철, 〈西海岸 一帶의 海洋歷史的 環境에 대한 檢討〉,《扶安 竹幕洞祭祀遺蹟 硏究》, 국립 전주박물관, 1998.

尹明喆, 〈역사활동에서 나타나는 운동성 문제〉,《국학연구》 2, 1988

윤명철, 〈黃海文化圈의 形成과 海洋活動에 대한 연구〉,《先史와 古代》 11호, 1998.

윤명철, 〈渤海의 해양활동과 동아시아의 질서재편〉,《고구려연구》 6, 학연문화사, 1998.

윤명철, 〈江華지역의 해양방어체제연구-關彌城 位置와 관련하여〉,《사학연구》 58,59 합집호, 1999.

윤명철, 〈遼東지방의 해양방어체제연구〉《정신문화연구》 겨울호, 통권 77호, 1999.

윤명철, 〈고대 東亞地中海의 海洋交流와 榮山江流域〉,《지방사와 지방문화》 3, 2000.

윤명철, 〈고구려의 고조선 계승성에 관한 연구 (1)〉, 《고구려연구》 13, 2002.
윤명철, 〈서복의 해상활동에 대한 연구-항로를 중심으로〉, 《제주도연구》 21, 2002.
윤명철, 〈단군신화와 고구려 건국신화가 지닌 정체성(identity)탐구〉, 《단군학연구》 6, 2002.
윤명철, 〈제주도의 해양교류와 대외항로〉, 《동국사학》 37, 2002.
윤명철, 〈단군신화와 고구려 건국신화가 지닌 정체성(identity)탐구〉, 《단군학연구》 6, 2002.
윤명철, 《海洋史觀으로 본 한국 고대사의 발전과 종언》, 《한국사연구》 123호, 2003.
윤명철, 〈고구려의 요동 장산군도의 해양전략적 가치 연구〉, 《고구려연구》 15, 2003.
윤명철, 〈국내성의 압록강 방어체제연구〉, 《고구려 연구》 15, 2003.
윤명철, 〈북한사학의 고대문화 인식과 현황〉, 《한국 고유사상 문화론》, 정신문화연구원, 2004.
윤명철, 〈한국 고대사 연구의 반성과 대안〉, 《단군학 연구》 11, 2004.
윤명철, 〈한국의 고대문화 형성과 해양남방문화-소위 해양실크로드와의 관계를 중심으로〉, 《국사관 논총》 106, 2004.
윤명철, 〈고대 한강 강변방어체제연구 2〉, 《鄕土서울》 64호, 2004.
윤명철, 〈후백제 시기 전주의 국제도시적 성격 검토〉, 《후백제의 대외교류》, 후백제문화사업회, 2004.
윤명철, 〈단군신화에 표현한 생명사관의 편린 탐구시론〉, 《한국의 생명담론과 실천운동》, 세계생명문화포럼 자료집, 2004.
윤명철, 〈한국사 이해를 위한 몇 가지 제언〉, 《한국사학사학회보》 9집, 2005.
윤명철, 〈영일만 지역의 해양환경과 암각화의 길의 관련성 검토〉, 《포항 칠포리 암각화의 세계》, 한국암각화학회, 2005.
윤명철, 〈동아시아 고대문명 네트워크의 현대적 부활을 위하여〉, 《동아시아 문예부흥과 생명평화》, 세계생명문화포럼, 2005.
윤명철, 〈동해문화권의 설정 검토〉, 《동아시아 역사상과 우리문화의 형성》, 한국학중앙연구원 동북아고대사연구소, 2005.
윤명철, 〈東아시아의 海洋空間에 관한 再認識과 活用-동아지중해모델을 중심으로〉, 《동아시아 고대학》 14집, 2006.
윤명철, 〈고구려의 고조선 계승성에 관한 연구 (2)〉, 《단군학 연구》 14, 2006.
윤명철, 〈迎日灣의 해양환경과 岩刻畵 길의 관련성 검토〉, 《韓國 岩刻畵研究》, 2006.
윤명철, 〈해안도서지역과 동아시아 역사와 문화〉, 《동아시아 고대학》 14집, 2006.
윤명철, 〈고구려 문화형성에 작용한 자연환경의 검토-'터와 多核(field & multi-core)이론'을 통해서〉, 《한민족》 제4호, 2007.
윤명철, 〈고구려 수도의 해륙적 성격〉, 《백산학보》 80, 2008.
윤명철, 〈한민족 형성의 질적 비약단계로의 고구려 역사〉, 《한민족 연구》 5호, 2008.6.
윤명철, 〈渤海 유역의 역사문화와 동아시아 세계의 이해-'터(場, field) 이론'의 적용을 통해서〉, 《동아시아 고대학》 17집, 2008.
윤명철, 〈경주의 해항도시적 성격에 대한 검토〉, 《동아시아 고대학》 20집, 2009.
윤명철, 〈고조선 문화 해석을 위한 역사관의 모색〉, 《북방 문화와 한국상고문화의 기원연구》, 단군대 북방문화연구소, 2009.
윤명철, 〈단군신화 해석을 통한 장군총의 성격 이해〉, 《단군학연구》 19호, 2009.
윤명철, 〈역사학적 측면에서 본 한민족의 정체성〉, 《한민족은 누구인가》, 한민족학회, 동국대학교, 2010.
윤명철, 〈해양문화와 천전리 암각화〉, 《川前里 岩刻畵의 神話와 象徵世界》, 울산 암각화박물관, 2010.
윤명철, 〈한민족 歷史空間의 이해와 江海都市論 모델〉, 《동아시아 古代學》 제23호, 동아시아고대학회, 2010.
윤명철, 〈東海 文化圈의 성격과 迎日灣의 문화적 위상〉, 《암각화연구》, 한국암각화학회, 2011.
윤명철, 〈한국역사학, 과거를 안고 미래로-신사학을 제안하며〉, 《근대 100년 한국역사학연구의 반성과 제언》, 한민족학회 학술세미나, 2011.
윤명철, 〈반도사관의 극복과 해륙사관의 제언〉, 《고조선 단군학》 25호, 2011.
윤명철, 〈울산의 해항도시적 성격과 국제항로〉, 《한일 관계사연구》 38집, 2011.
윤명철, 〈한민족 문화의 생성을 이해하는 몇 가지 모델의 설정과 제언— 범아시아라는 관점에서-〉, 《한민족 문화의 형성과 범아시아의 문화》, 한민족학회 20차 학술회의, 한민족학회, 해양문화연구소, 2011.
윤명철, 〈한민족 역사공간의 이해와 江海都市論 모델〉, 《강과 동아시아 문명》, 동아시아 고대학회 편, 경인문화사, 2012.

윤명철, 〈고대 도시의 해양적 성격(港口都市)에 대한 체계적 검토-고대국가를 대상으로〉, 《동국 사학》 55권, 2013.

윤명철, 〈고조선 문화권 설정을 위한 역사관의 모색-몇 가지 이론의 적용〉, 《고조선단군학》 제29호, 2013.

윤명철, 〈동아지중해 모델과 '해양문명론'의 제언〉, 《2014년 제5회 전국해양문화학자대회》, 2014.

윤명철, 〈巫敎에서 본 생명관-巫敎사관의 설정을 위한 시도〉, 《동아시아 古代學》, 제33집, 2014.

윤명철, 〈광개토태왕비, 美 論 意〉, 《고조선 단군학》, 제30집, 2014.

윤명철, 〈동아시아 고대국가의 계보〉, 《동양정치사상사에서 본 동아시아국제질서-과거와 미래-〉, 동양정치사상사학회, 2015.

윤명철, 〈유라시아 실크로드 문명의 또 다른 해석과 신문명론의 제안〉, Silk-Road International Academic Conference, 2015.

윤명철, 〈유라시아 실크로드의 역사와 현재, 그리고 미래〉, 실크로드 문화창조 융합전략포럼, 2015.

윤명철, 〈반도(半島)사관의 극복과제와 해륙(海陸)사관의 제언〉, 《고조선 단군학》, 제25호, 2015.

윤명철, 〈고구려 문화속의 '3의 논리' 탐구 시론〉, 고조선단군학회 제64회 학술발표회 《고대 문화와 숫자〉, 2015.

윤명철, 〈해양질서의 관점에서 본 왕험성의 성격과 위치〉, 《고조선 단군학》 33집, 2015.

윤명철, 〈신채호의 고조선 인식〉, 《고조선 단군학》 35호, 2016.

윤명철, 〈동아지중해(EastAsian-mediterranean-sea)와 동남아지중해(Southeast Asian-mediterranean-sea)'의 해양 교류 가능성 탐구〉, 2016.

윤명철, 〈고조선 문화권의 海洋經濟에 대한 탐구〉, 《고조선 단군학》, 제36호, 21017.

윤명철, 〈'한국(韓國)' 국호의 어원과 의미 분석〉, 《단군학 연구》 제37호, 2017.

윤명철, 〈극북 시베리아의 역사와 문화의 검토〉, 《우리나라 북극연구의 방향과 과제》, 한국 해양정책학회 및 극지연구소 주최, 2018.

윤세영·이홍종, 《美沙里》 V, 고려대 미사리 발굴 조사단, 1994.

尹昊弼, 〈靑銅器時代 墓域式支石墓에 대한 硏究〉, 《慶南硏究》 창간호, 2009.

윤휘탁, 〈중국 중·고교 역사 교과서에 반영된 '중화의식'〉, 《중국 역사 교과서의 민족·국가· 영토 문제》, 동북아역사재단, 2006.

이강승, 〈요령지방의 청동기문화〉, 《한국고고학보》 5, 1979.

이강승, 〈청동기 시대 유적〉, 《북한의 문화유산》 I, 1990.

이강식, 〈천지인 3신사상의 조직론적 구조, 기능과 과정〉, 《國學硏究》 7, 국학연구소, 2002.

李健茂 외, 《의창 다호리유적 발굴진전 보고》, 《고고학지》 1, 한국고고미술연구소, 1989.

이기백, 〈단재 사학에서의 민족주의 문제〉, 《서양사론》 20, 한국서양사학회, 1979.

이만열, 〈단재 신채호의 고대사인식 시고〉, 《한국사연구》 15), 한국사연구회, 1977.

李萬烈, 〈民族主義史學의 韓國史認識〉, 《韓國史學》 6, 국사편찬위원회, 1983.

이만열, 〈한영우, 《한국민족주의역사학》-민족주의 역사학을 체계화하려는 개적인 시도〉, 《한국학보》 제20권 3호, 1994.

李丙允, 〈檀君神話의 精神分析(上)〉, 《思想界》, 1963.

이상길, 〈支石墓의 葬送儀禮〉, 《古文化》 45, 1994.

이상익, 〈신채호의 민족주의적역사관과 그 비판〉, 《동양문화연구》 제12권, 2012.

李鮮馥, 〈民族 單血性起源論의 檢討〉, 《북한의 고대사연구》, 역사학회편, 일조각, 1993.

이성규, 〈先秦문헌에 보이는 '東夷'의 성격〉, 《한국고대사논총》(1), 1991.

李成珪, 〈中華思想과 民族主義〉, 《철학》 37, 1992.

이용범, 〈高句麗의 成長과 鐵〉, 《韓滿交流史》, 동화출판공사, 1989.

이융조·박태식·우종윤, 〈고양 가와지 볍씨의 발굴과 농업사적 의미〉, 《고양가와지 볍씨와 아시아 쌀 농사의 조명》, 고양 600주년 기념 학술회의, 고양시 한국선사문화연구원, 2013.

이융조, 〈구석기유적〉, 《북한의 문화유산》 I, 1990.

이융조, 〈구석기 시대의 소로리 볍씨 발굴과 관제〉, 《한국대학박물관 협회 학술대회》, 2003.

이정남, 〈묵방리 고인돌에 관한 몇 가지 고찰〉, 《력사과학》1(북한), 1985.

이존희, 〈서울의 자연과 입지조건〉, 《서울역사강좌》, 서울특별시사편찬위원회, 2004.

이종수, 〈西岔溝古墳群의 性格과 使用集團에 대하여〉, 《白山學報》 77, 2007.

이종호 〈게르만 민족 대이동을 촉발시킨 훈족과 韓民族의親緣性에 관한 연구〉,《백산학보》, 제66
　　　호, 2003.
이진한, 〈민세 사상의 새로운 이해: 민세 안재홍의 조선사 연구와 신민족주의론〉,《한국사학보》
　　　20, 2005.
李昌起, 〈대한해협 서수도의 해류 및 조류에 관하여〉,《국립수산 진흥원 조사보고서》12.
이창기, 〈한국서해에 있어서의 해류병 시험조사(1962~1966)〉,《수진연구보고》1, 1974.
이필영, 〈단군신화의 기본구조〉,《白山學報》26, 1981.
李海濬,〈新安 도서지방의 력사문화적 성격〉,《도서문화》, 1989.
이헌종, 〈동북아시아 후기구석기시대 세형돌날몸돌의 기술체계 비교 연구 : 아무르강 중류
　　　셀렘자 후기구석기문화를 중심으로〉,《동북아 문화연구》16, 2008.
이형구, 〈남산근청동기문화〉,《중국동북신석기시대 및 청동기시대의 연구》, 국립대만대학교
　　　석사논문, 1978.
李亨求, 〈발해연안 석묘문화의 원류〉,《한국학보》50, 일지사, 1988.
이형구, 〈발해연안 빗살무늬토기문화의 연구〉,《한국사학》10, 한국정신문화연구원, 1989.
이형구, 〈대륙하유역의 은말 주초 청동기문화와 기자 및 기자조선〉,《한국상고사학보》5, 1991.
이형구, 〈리지린과 윤내현의 '고조선 연구' 비교〉,《역사학보》146, 역사학회, 1995.
이형구, 〈발해연안 대능하유역 기자조선의 유적·유물〉,《고조선과 부여의 제문제》, 신서원, 1996.
이형구, 〈고조선 시기의 청동기문화연구〉,《고조선문화연구》(역사분야 연구논문집 99-1), 한국
　　　정신문화연구원, 1999.
이형구, 〈발해연안북부 요서·요동지방의 고조선〉,《단군학연구》제12호, 2003.
이형구, 〈요서지방의 고조선〉,《단군학연구》18, 단군학회, 2008.
李浩官·趙由典, 〈楊平郡兩水里支石墓發掘報告〉,《八堂·昭陽댐水沒地區遺蹟發掘綜合調査報告》,
　　　文化財管理局, 1974.
임돈, 〈韓半島에 있어서의 先史時代 海洋文化의 전파경로〉,《해양대논문집》12, 1977.
林墩,〈朝島의 史的考察〉,《해양대 논문집》11, 1976.
林墩,〈朝島貝塚 遺物小考〉,《해양대학교 논문집》13, 1978.
임효재,〈新石器時代의 韓日交流〉,《韓國史論》16, 1986.
任孝在, 〈京畿道 金浦半島의 考古學的 調査研究〉,《서울대박물관 연보》2, 1990.
임효재, 〈중부 동해안과 동북 지역의 신석기문화 관련성 연구〉,《한국고고학보》26집, 1991.
張壽根,〈三國遺事의 巫俗記錄의 考察〉,《三國遺事의 研究》(東北亞細亞研究所).
장줘쭝·천창푸·양위짱, 〈중국의 농업기원과 조기 발전의 동태비교〉,《고양가와지 볍씨와 아시
　　　아 쌀농사의 조명》, 고양 600주년 기념 학술회의, 고양시 한국선사문화연구원, 2013.
장호수 엮음, 〈범의구석유적 청동기시대층(2˜4기)〉,《북한의 선사고고학》3, 청동기시대와 문화,
　　　백산문화, 1992.
장호수 엮음, 〈서포항유적 청동기문화층〉,《북한의 선사고고학》3, 청동기시대와 문화, 백산문화,
　　　1992.
장호수 엮음, 〈청동기시대 짐승〉,《북한의 선사고고학》3, 청동기시대와 문화, 백산문화, 1992.
장호수, 〈청동기시대와 문화〉,《북한 선사문화 연구》, 1995.
全圭泰, 〈韓國神話와 原初意識〉, 二友社, 1980.
全榮來, 〈錦江流域 靑銅器 文化圈 新資料〉,《마·백》10.
全榮來, 〈韓國靑銅器文化의 研究-錦江流域圈을 中心으로-〉,《마·백》6.
전주농, 〈평안남도 룡강군 석천산 동록의 고인돌〉,《고고학자료집》3(북한), 1963.
全海宗,〈東亞古代文化의 中心과 周邊에 대한 試論〉《東洋史學研究》제8-9합집, 1975.
郑敬高, 〈海洋文明的历史类型—兼论欧洲文明不等于海洋文明〉,《福建论坛：人文社会科学版》,
　　　2004.
정백운, 〈강남 원암리 원시유적 발굴 보고서〉,《문화유산》1(북한), 1958.
정백운·도유호,《라진 초도 원시유적 발굴보고》, 평양: 과학원출판사, 1955.
정일섭, 〈평안북도 벽동군 송련리와 룡천군 왕산 원시유적 답사 보고〉,《문화유산》1(북한), 1962.
정찬영, 〈북창군 대평리 유적 발굴 보고〉,《고고학자료집》4(북한), 1974.
정찬영, 〈심귀리 무덤떼 유적 발굴 보고〉,《압록강·독로강 유역 고구려유적 발굴보고》, 1983.
鄭昌烈, 〈韓末의 歷史認識〉,《韓國史學史의 研究》, 乙西文化社, 1987.
조법종, 〈고조선관련연구의 현황과 과제〉《단군학연구》1, 1999.

조법종, 〈中國學界의 東北古民族 및 古朝鮮硏究動向과 問題點〉, 《한국고대사연구》 33, 2004.
조법종, 〈고구려 고분벽화에 나타난 단군 인식 검토-한국 고대 동물숭배전통과의 관련성을 중심으로-〉, 《고조선단군학》 12, 2005.
조법종, 〈한국 고대사회의 고조선, 단군인식 연구-고조선, 고구려시기 단군인식의 계승성을 중심으로〉, 《선사와 고대》, 2005.
조법종, 〈중국학계의 고조선연구 검토〉, 《한국사학보》 25, 2006.
조원진, 〈기자조선 연구의 성과와 과제〉, 《단군학연구》 20호, 2009.
조윤경, 〈중국 어룬춘족 어원커족의 기원신화와 한국 熊津전설을 중심으로〉, 《동북아문화연구》 20집, 2011.
주채혁, 〈거북 信仰의 分布〉, 《月刊 文化財》 3-8, 1973.
지건길, 〈支石墓 社會의 復元에 관한 一考察〉, 《梨大史學硏究》 13-14, 1983.
지배선, 〈匈奴·鮮卑에 관한 二·三〉, 《동양사학 연구》 제25호, 1987.
陳元甫, 〈중국 浙江의 지석묘 試論〉, 《호남고고학보》 15집, 2002.
최광식, 〈민족의 기원과 국가의 형성에 대한 북한의 연구성과〉, 《북한의 고대사 연구와 성과》, 대륙연구소출판부, 1994.
崔夢龍, 〈古代國家의 成長과 貿易〉, 《韓國古代의 國家와 社會》, 일조각, 1990.
崔夢龍, 〈上古史의 西海交涉史 硏究〉, 《國史館論叢》 3집, 1989.
최몽룡·이형구·조유전·심봉근, 〈고조선문화 연구〉, 한국정신문화연구원, 1999.
崔盛洛, 〈全南地方의 馬韓文化〉, 《마·백》 12, 1989.
최영성, 〈한국사학: 일제시기 반식민사학의 전개-신채호·정인보·문일평·안재홍·백남운을 중심으로〉, 《한국사상과 문화》 9, 2000.
崔在錫, 〈渤海와 日本의 관계〉, 《일본 고대사의 진실》, 일지사, 1998.
崔在錫, 〈統一新羅와 日本과의 關係〉, 《정신문화연구》 43, 한국정신문화연구원, 1991.
최정필, 〈농경도구를 통해 본 한국 선사농경의 기원〉, 《한국선사고고학보》 7, 한국선사고고학회, 2000.
崔鶴根, 〈韓國語의 北方由來(Altai語族說)의 可能性〉, 《韓國古代語와 東北아시아》, 백산학회, 1966.
沈隅俊, 〈其子朝鮮 問題 新考察〉, 동국대 석사학위논문, 1957.
표영열, 〈단재 신채호의 고대사 인식과 영향〉, 연세대학교 석사논문, 1997.
하문식, 〈고인돌의 장제에 대한 연구(1)-화장(火葬)을 중심으로-〉, 《白山學報》 51, 1998.
하문식, 〈고조선의 돌돌림 유적에 관한 문제〉, 《고조선 단군학》 12, 단군학회, 2004.
하문식, 〈고조선의 무덤연구 -북한 지역을 중심으로-〉, 《고조선 단군학》 12, 단군학회, 2005.
하문식, 〈고조선사람들이 잠든 고인돌과 동굴무덤〉, 《고조선의 역사를 찾아서》, 2007.
하문식, 〈고조선의 돌돌림 유적 연구: 추보〉, 《고조선 단군학》 16, 단군학회, 2007.
하문식, 〈한국 상고사연구의 경향과 성과 요령지역을 중심으로〉, 《비교민속학》 35, 비교민속학회, 2008.
하문식, 〈渾河유역 고인돌의 특이 구조와 성격〉, 《東洋學》 43, 2008.
하문식, 〈고조선 시기의 고인돌의 축조방법 연구(1)〉, 《고조선 단군학》 22, 단군학회, 2010.
하문식, 〈혼강(渾江) 유역의 적석형 고인돌 연구〉, 《선사와 고대》, 32권, 2010.
하문식, 〈고인돌 출토 말종방울의 몇 예〉, 《白山學報》 89, 2011.
하문식, 〈중국 요북지역 고인돌의 성격〉, 《선사와 고대》 40, 2014.
한국고고학연구소, 〈한국고고학지도〉, 《한국고고학보》 특집1, 1984.
한영희, 〈신석기시대 유적〉, 《북한의 문화유산》 1, 1990.
韓英熙, 〈호남지역의 신석기문화〉, 《호남고고학보》 7, 호남고고학회, 1998.
한창균, 〈고조선 성립배경과 발전단계 시론〉, 《국사관논총》 제33집, 1992.
한창균, 〈북한의 구석기문화연구 30년〉, 《북한의 고대사연구와 성과》, 대륙연구소출판부, 1994.
韓興壽, 〈민족주의와 민족공동체 형성〉, 《민족주의의 탐구》, 정신문화연구원, 1985.
홍영호·김상태, 〈경북 동해안지역의 새로운 구석기유적〉, 《한국구석기학보》 3, 2001.
홍형우, 〈아무르강 하류의 신석기문화 고찰-수추섬 유적을 중심으로〉, 《선사와 고대》, 34권, 2011.
황기덕, 〈1958년 춘하기 어지돈지구 관개공사 유적 정리 간략보고(I)〉, 《문화유산》 1(북한), 1959.
황기덕, 〈무산범의구석유적 발굴보고〉, 《고고민속론문집》 6, 사회과학원출판사, 1975.
황기덕, 〈료서지방의 비파형단검문화와 그 주민〉, 《비파형단검문화에 대한 연구》, 과학백과사전출판사, 1987.

황기덕·이원군, 〈황주군 침촌리 청동기시대 유적〉, 《고고민속》 3(북한), 1966.
황철산, 〈狗皮衣에 관한 고찰〉, 《문화유산》 5호, 사회과학원출판사, 1957.


郭大順, 〈西遼河流域靑銅文化硏究的新進展〉, 《中國考古學會第四次年會論文集》, 文物出版社, 1985.
郭大順, 〈遼河流域"北方式靑銅器"的發現與硏究〉, 《內蒙古文物考古》 1·2, 1985.
郭大順, 〈試論魏營子類型〉, 《考古學文化論集》 1, 1987.
郭大順, 〈東北文化區的提出及意義〉, 《邊疆考古硏究》, 2002(1).
廣守川, 〈遼寧大凌河流域的殷周靑銅器〉, 《東北亞考古學硏究》, 文物出版社, 1997.
靳楓毅, 〈夏家店上層文化及其族屬問題〉, 《考古學報》 2期, 1987.
金旭東, 〈1987年吉林省東豊南部蓋石墓調査與淸理〉, 《遼海文物學刊》 2, 1991.
金旭東 外, 〈高句麗早期遺存及起源〉, 《1999年中國重要考古發現》, 2001.
金岳, 〈东胡源于土方考〉, 《民族研究》, 1987.
譚英傑; 孫秀仁; 越虹江; 幹志耿, 《黑龍江區域 考古學》, 中國社會科學出版社.
陶炎, 〈遼東半島的巨石文化〉, 《理論與實踐》 1, 1981.
東北考古發掘團, 〈吉林西團山石棺墓發掘報告〉, 《考古學報》, 1964-3.
董新林, 〈魏營子文化初步硏究〉, 《考古學報》 1期, 2000.
東亞考古學會, 《貔子窩》, 東方考古學叢刊, 1929.
董學增, 〈試論吉林地區西團山文化〉, 《考古學報》, 1983-4.
杜在忠, 〈萊國與萊夷古文化探略〉, 《東嶽論叢》, 1984-1.
馬戎, 〈關於"民族"定義〉, 《雲南民族學院學報(哲學社會科學版)》, 2000年01期.
苗威, 〈山戎, 东胡考辨〉, 《中国邊疆史地研究》, 2008.
武家昌, 〈撫順山龍石棚與積石墓〉, 《遼海文物學刊》, 1997.
武家昌, 〈石棚初探〉, 《北方文物》, 1994-4.
武家昌, 〈遼東半島石棚初探〉, 《北方文物》 4, 1994.
文傳洋, 〈不能否定古代民族〉, 《學術研究》, 1964年 第5期.
蔺工, 〈中國模式禮制淵源〉, 《文明起源의 中國模式》, 第1章, 北京: 科學出版社出版社, 2007.
付文才, 〈普蘭店市核桃溝石蓋石棺墓整理簡報〉, 《大連文物》 12, 2000.
傅大中, 〈第六章 东北江防舰队投敌〉, 《满洲国军简史》, 吉林文史出版社出版, 19999.
傅斯年, 〈夷夏東西說〉, 《中國上古史論文選集》(上), 華世出版社, 1979.
謝德民, 〈中國 '三'文化研究論綱〉, 《學術研究》 2006-1.
徐家國, 〈遼寧省撫順市渾河流域石棚調査〉, 《考古》 10, 1990.
徐娜娜, 〈廟島群島在古代海上交通史上的歷史地位研究〉, 中國海洋大學, 碩師學位論文,
徐知良, 〈中國的巨石文化與石棺墓介紹〉, 《人文學雜誌》 2, 1958.
薛春汀, 〈7000年來渤海西岸南岸海岸線變遷〉, 《地理科學》, 2009年 02期.
宋小燕 外, 〈松花江哈爾濱站近100年來徑流量變化趨勢〉, 《自然資源學報》, 2009(10).
旅順博物館 等, 〈遼寧長海縣上馬石靑銅時代墓葬〉, 《考古》, 1982.
旅順博物館, 〈大連於家村砣頭積石墓址〉, 《文物》, 1983.
旅順博物館, 〈遼寧大連新金縣碧瀏河大石蓋墓〉, 《考古》 1984.
瑜瓊, 〈東北地區半月形穿孔石刀硏究〉, 《北方文物》, 1990年 第1期.
劉子敏, 《高句麗歷史研究》, 延邊大學出版社, 1996.
吳文衡, 〈明代黑龍江民族分布及其社會經濟狀況〉, 《黑龍江民族叢刊》, 1989, (總16期).
王綿厚, 〈高夷濊貊與高句麗-再論高句麗族源主體爲先秦之高夷卽遼東"二江"流域貊部說〉, 中國吉
        林省社會科學院, 《社會科學戰線》, 2002.
王綿厚, 〈縱論遼河文明的文化內涵與遼海文化的關系〉, 《遼寧大學學報(哲學社會科學版)》 第40卷
        第6期, 2012.
王嗣州, 〈論中國東北地域大石蓋墓〉, 《考古》, 1998(2).
王嗣洲, 〈試論遼東半島石棚與大石蓋墓的關係〉, 《考古》, 1996(2).
王素玲, 〈'長白山文化研土會'綜述〉, 《社會科學戰線》, 1994, 6期.
王禹浪; 劉述昕, 〈遼河流域的古代民族與文化〉, 《黑龍江民族叢刊》, 2007.
王禹浪; 程功, 《哈爾濱學院學報》, 2012.
王俠, 〈集安 高句麗 封土石墓與日本須曾蝦夷穴 古墓〉, 博物館研究 42期, 1993, 2期.
王洪峰, 〈吉林海龍原始社會遺蹟調査〉, 《博物館研究》 2, 1985.

856

王洪峰,〈吉林東豊縣南部古代遺蹟調査〉,《考古》6, 1987.

王洪峰,〈石棚墓葬研究〉,《靑果集》第1輯, 知識出版社, 1993.

王洪峰,〈吉林南部石棚及相關問題〉,《遼海文物學刊》, 1993(2).

遼寧省考古文物研究所 等,〈遼寧本溪縣新城子靑銅時代墓地〉,《考古》, 2010(9).

遼寧省考古研究所,〈大連莊河平頂山靑銅時代遺址發掘簡報〉,《北方文物》, 2011(3).

遼寧省博物館 旅順博物館 長海縣文化館,〈長海縣廣鹿島大長山島貝丘遺址〉,《考古學報》1981-1.

遼寧省文物考古研究所·撫順市博物館,〈趙家墳石棚發掘刊報〉,《北方文物》, 2007(2)

熊增瓏 等,〈撫順河夾心墓地發掘簡報〉,《遼寧省博物館刊》3, 2008.

熊增瓏,〈撫順河夾心石棚與石板墓地〉,《中國考古學年鑑》, 文物出版社, 2006.

瑜瓊,〈東北地區半月形穿孔石刀研究〉,《北方文物》, 1990年 第1期.

柳金明,〈東北亞古代民族的出現與分布〉,《黑龍江民族叢刊》, 1998(4).

劉瑛,〈試論遼東半島石棚遺存〉, 中央民族大學 碩士學位論文, 2001.

柳嵐,〈高句麗 積石串墓研究〉,《高句麗 遺蹟發掘과 遺物》第7回 高句麗 國際學術大會發表文集.

劉俊勇·戴延德,〈遼寧新金縣王屯石棺墓〉,《北方文物》, 1988(3).

李健才; 孫進己,《東北各民族文化交流史》, 春風文藝出版社, 1992

李新全,〈高句麗早期遺存及其起源研究〉, 吉林大 博士論文, 2008.

李新全,〈遼東地區 積石墓的演變〉,《東北史志》, 2009(1).

李蘊,〈襄平淵源初考〉,《中國地名》1997 제4기.

張博泉,《魏書·豆莫婁傳》中的幾個問題〉,《黑龍江文物叢刊》, 1982(02).

張博泉,〈肅愼·挹婁·女眞考辨〉,《史學集刊》, 1992年, 第1期.

張博泉,〈勿吉·靺鞨·渤海名稱別議〉,《博物館研究》1994, 第3期.

莊振業 外,〈渤海南岸6000年來的岸線演變〉,《靑島海洋大學學報》, 1991年 02期.

錢起遠,〈中世紀寧波與韓國間的航海交往〉,《海洋文化研究》第2卷, 靑島大學 海洋文化研究所, 2000.

田村晃一著·白雲翔譯,〈東北亞地域의 支石墓〉,《博物館研究》, 1995.

朱永剛,〈西團山文化墓葬分期研究〉,《北方文物》, 1991.

朱永剛,〈遼東地區雙房式陶壺研究〉,《華夏考古》, 2008.

中日考古合作研究測量組,〈遼寧省風城縣東山大石蓋墓墓地考古勘測〉,《東北亞考古學研究-中日合作研究報告書》, 文物出版社, 1997.

陣大爲,〈試論遼寧"石棚"的性質及其變化〉,《遼寧文物學刊》, 1991.

陳明達,〈海城縣的巨石建築〉,《文物參考資料10》, 1953.

陳山 外,〈趙家墳石棚發掘簡報〉,《北方文物》2, 2007.

肖景全;張波;李榮發,〈新賓旺淸門鎭龍頭山大石蓋墓〉,《遼寧考古文集》2, 2010.

叢佩遠,〈略論吉林省境內現存的滿語地名〉,《延邊大學學報》(社會科學版), 1983(3).

崔玉寬,〈風城東山, 西山大石蓋1992年墓發掘簡報《遼寧文物學刊》, 1997(2).

許明綱,〈大連古代石築墓葬研究〉,《博物館研究》, 1990(2).

許明綱·許玉林,〈新金雙房石棚和石蓋石棺墓〉,《遼寧文物》, 1980(1).

許明綱·許玉林,〈遼寧新金雙房石蓋石棺墓〉,《考古》, 1983(4).

許玉寬,〈風城縣南山門古墓調査〉,《遼海文物學刊》, 1987(1).

許玉林·許明綱,〈遼東半島石棚綜述〉,《遼寧大學學報》1981(1).

許玉林·崔玉寬,〈鳳城東山大石蓋墓發掘簡報〉,《遼海文物學刊》2, 1990.

許玉林,〈遼東半島石棚之研究〉,《北方文物》, 1985(3).

許玉林,〈遼寧蓋縣夥家窩堡石棚發掘簡報〉,《考古》, 1993(9).

許玉林,〈遼東半島石棚與大石蓋墓概要〉,《東北亞考古學研究-中日合作研究報告書》, 1997.

洪峰,〈東豊縣南部故遺跡調査〉,《考古》, 1987(7).

華玉冰·王來柱,〈新城子文化初步研究〉,《考古》6, 2011.


加藤晋平,〈東北アジアの自然と人類史〉,《東北アジアの民族と歷史》(三上次男·神田信夫 編), 山川出版社, 1992.

甲元眞平,〈朝鮮支石墓的編年〉,《朝鮮學報》66, 1973.

甲元眞之,〈中國東北地方の支石墓〉,《森貞次郎博士古稀記念古文化論集》, 1982.

江上波夫,〈古代日本의 對外關係〉,《古代日本의 國際化》, 朝日新聞社國際 심포지움, 1990.

江阪輝彌,〈朝鮮半島南部と西九州地方の先史·原史時代における交易と文化交流〉,《松阪大學紀要》

第4號, 1986.

高瀨重雄, 〈越の海岸に着いた高句麗使〉, 《東アジアと日本海文化》, 森浩一 編, 小學館, 1985.

國分直一, 〈古代東海の海上交通と船〉, 《東アジアの古代文化》, 29號 大和書房, 1981.

宮本一夫, 〈中國東北地方の支石墓〉, 《東アシアにわける支石墓の總合的研究》, 1997.

內田吟風, 〈古代アジア海上交通考〉, 《江上波夫敎授古稀記念論集》民族・文化篇, 山川出版社, 1977.

內田吟風, 〈東アジア古代海上交通路汎論〉, 《內田吟風博士頌壽記念東洋史論集》, 同朋出版 社, 1978.

藤田亮策, 〈朝鮮的石器時代〉, 《東洋史講座》18, 雄山閣, 1942.

藤田豊八・池內宏 編, 〈支那港灣小史〉, 《東西交涉史の研究, 南海編》, 萩原星文館, 1943.

武藤正典, 〈若狹灣とその周邊の新羅系遺跡〉, 《東アジアの古代文化》, 大和書房, 1974.

富永祐治, 〈交通學の生成─交通學說史研究〉, 《富永祐治著作集》제1권, やしま書房, 1989.

三上次男, 〈八～九世紀の東アジアと日本〉, 《圖說日本の歷史》4, 集英社, 1974.

上田雄, 〈遣唐使・新羅使・渤海使の歷史氣候學的研究─古代海上交通と季節風との關係─〉, 《法政 通信》28, 1974.

小嶋芳孝, 〈日本海を越えてきた渤海使節〉, 大林太郞編《日本の古代》3(中央公論社), 1986.

小嶋芳孝, 〈高句麗・渤海との交涉〉, 網野善彦ほか編《海と列島文化》1(小學館), 1990.

小嶋芳孝, 〈潮の道 風の道〉, 《松原客館の謎にせまる》, 氣比史學會, 1994.

松木哲, 〈船と航海を推定復原する〉, 《日本の古代海とこえての交流》, 中央公論社, 1986.

松山利夫, 〈ナラ林の文化〉, 《季刊考古學》15號, 雄山閣出版社, 1986.

松山利夫, 〈ナラ林の文化〉, 古廏忠夫 編, 《東北アジアの再發見》, 有信社, 1994.

松永章生, 〈魏志 倭人傳 行程〉, 《東アジアの古代文化》, 大和書房, 1987.

柴田惠司; 高山久明, 〈古代人の航海術對馬海峽圖解시뮬레이션〉, 《考古學 저널》212, 1982.

安田喜憲, 〈日本海をめぐる歷史の胎動〉, 《季刊考古學》15號, 日本, 雄山閣出版社, 1986.

有光敎一, 〈朝鮮支石墓譜系的考察〉, 《古代學》16券2─4號, 1969.

荻原眞子, 〈民族と文化の系譜〉, 三上次男 神田信夫 編, 《東北アジアの民族と歷史》, 山川出版社, 1992.

鳥居龍藏, 〈中國石棚之硏究〉, 《燕京學報》31號, 1946.

鳥居龍藏, 〈平安南道黃海道古跡調査報告〉, 《大正五年度古跡調査報告》, 朝鮮總督府, 1917.

酒寄雅志〈日本と渤海靺鞨との交流〉, 《先史와 古代》한국고대학회, 1997.

村山七郎, 〈言語學から見た古代環東シナ海文化圈〉, 《東アジアの古代文化》14號, 大和書 房, 1978.

土田直鎭, 〈遣唐使と正倉院〉, 共編《海外視点 日本の歷史》4 (ぎょうせい), 1986.

八木奘三郞, 〈日鮮支三國交通略史〉, 《東亞》1─3, 1928.

八木充, 〈古代東アジアと日唐關係〉, 《山口大學文學會誌》39, 1988.

荒竹淸光, 〈古代 環東シナ海 文化圈 と對馬海流〉, 《東アジアの 古代文化》29, 大和書房, 1981.

# 찾아보기

## ㄱ

862

868